Dr. Heber Rodrigues

Genebra | 2018

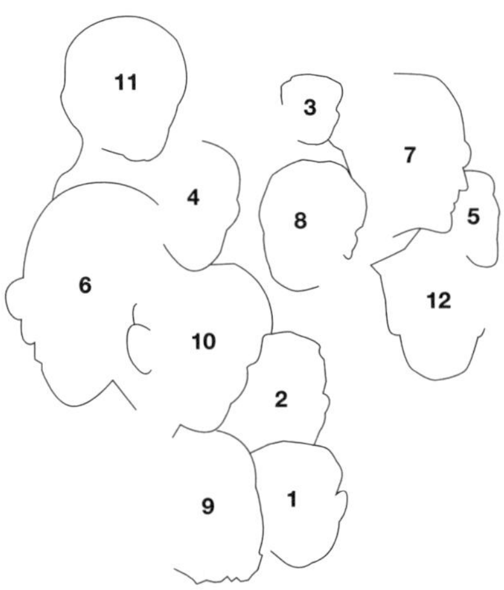

1 | **John B. WATSON** (1878-1958). *Psychologue américain, il fut professeur à l'Université de Chicago et au laboratoire psychologique de l'Université Johns Hopkins. Il a eu un impact majeur sur le développement de la théorie behavioriste.*

2 | **Albert BANDURA** (1925-). *Psychologue canadien, il enseigne à l'Université de Stanford depuis 1953. Ses recherches portent sur les différents aspects de la théorie sociale cognitive.*

3 | **Françoise DOLTO** (1908-1988). *Médecin et psychanalyste française, elle est une disciple de Freud. Son œuvre est consacrée à ce qu'elle nomme elle-même « la cause des enfants ».*

4 | **Carl ROGERS** (1902-1987). *Psychologue américain, il développa une approche humaniste visant à libérer le potentiel du patient pour qu'il résolve lui-même ses problèmes personnels.*

5 | **Hermann RORSCHACH** (1884-1922). *Médecin, psychiatre et psychanalyste suisse, il exerça dans plusieurs asiles. Son œuvre principale est consacrée à la psychologie religieuse.*

6 | **Sigmund FREUD** (1856-1939). *Médecin et psychanalyste autrichien, il est considéré comme le père de la psychanalyse moderne.*

7 | **Carl Gustav JUNG** (1875-1961). *Médecin et psychologue suisse, il a été l'élève de Freud. En désaccord avec celui-ci, il va créer sa propre théorie. Il a créé sa propre théorie et est ainsi devenu le fondateur de la psychologie analytique.*

8 | **Anna FREUD** (1895-1982). *Fille de Sigmund Freud, elle se consacra dès 1926 à la psychanalyse des enfants. Elle a été toute sa vie en opposition avec Mélanie Klein.*

9 | **Ivan Petrovich PAVLOV** (1849-1936). *Chimiste russe, il travailla à l'Académie militaire de Saint-Petersbourg. Il a mis en lumière l'existence du réflexe conditionné appelé aujourd'hui « réflexe pavlovien ».*

10 | **Jacques LACAN** (1901-1981). *Médecin et psychanalyste français, il a défendu les théories freudiennes. Il a expliqué la structure de l'inconscient et a défini la structure du sujet.*

11 | **Mélanie KLEIN** (1882-1960). *Psychanalyste autrichienne, elle est autodidacte. Elle a élaboré la technique du jeu comme moyen d'accès à l'inconscient. Elle a été toute sa vie en opposition avec Anna Freud.*

12 | **Burrhus Frederic SKINNER** (1904-1990). *Psychologue américain, il a enseigné dans plusieurs universités. Il affirme que les comportements humains sont déterminés par l'effet qu'ils produisent dans l'environnement.*

Les représentations sociales

Dans la même collection

Série internationale

ASHTON M. C., *Psychologie de la personnalité et des différences individuelles*
BARLOW D. H., DURAND V. M., *Psychopathologie. Une approche intégrative*, 3e éd.
FISKE S., *Psychologie sociale*
LANGIS P., GERMAIN B., *La sexualité humaine*, 2e éd.
OGDEN J., *Psychologie de la santé*, 2e éd.
PAQUET Y., CARBONNEAU N., VALLERAND R. (dir.), *La théorie de l'autodétermination. Aspects théoriques et appliqués*
REEVE J., *Psychologie de la motivation et des émotions*
SAROGLOU V. (dir.), *Psychologie de la religion. De la théorie au laboratoire*
SPECTOR P., *Psychologie du travail et des organisations*
WHITLEY B., KITE M., *Psychologie des préjugés et de la discrimination*

Série LMD

BÈGUE L., DESRICHARD O. (dir.), *Traité de psychologie sociale. La science des interactions humaines*
BOBILLIER-CHAUMON M.-É., SARNIN P., *Manuel de psychologie du travail et des organisations*
CHATAIGNÉ C., *Psychologie des valeurs*
HANSENNE M., *Psychologie de la personnalité*, 4e éd.
LICATA L., HEINE A., *Introduction à la psychologie interculturelle*

Ouvertures Psychologiques

Les représentations sociales

Théories, méthodes et applications

Sous la direction de Grégory **Lo Monaco**,
Sylvain **Delouvée**
et Patrick **Rateau**

de boeck supérieur

Pour toute information sur notre fonds et les nouveautés dans votre domaine de spécialisation, consultez notre site web : **www.deboecksuperieur.com**

Imprimé en Belgique

Dépôt légal :
Bibliothèque Nationale, Paris : septembre 2016
Bibliothèque royale de Belgique, Bruxelles : 2016/13647/111

ISSN 1376-2273
ISBN 978-2-8073-0546-5

SOMMAIRE

PRÉSENTATION DES AUTEURS

Adassen-Bouhadjar Naïma *(Conservatoire National des Arts et Métiers, Paris, France)*

Doctorante au Conservatoire National des Arts et Métiers de Paris, elle travaille sur la question des transitions professionnelles dans des contextes organisationnels en mutation. Elle s'intéresse plus précisément aux dynamiques identitaires et aux processus qui les sous-tendent par une double approche mêlant biographisation et égo-écologie.

Amer Amena *(London School of Economics, Londres, Grande-Bretagne)*

Doctorante à la London School of Economics and Political Science de Londres, ses recherches concernent les représentations racialisées de l'Islam et leur impact sur la construction, la négociation et l'utilisation de l'identité des musulmans blancs britanniques. De façon plus générale, ses intérêts de recherches concernent l'identité, la religion, le pouvoir particulièrement dans le domaine des représentations culturelles et des identités des arabes et des musulmans en Angleterre. Elle est actuellement assistante éditoriale de la revue *Papers on Social Representations.*

Apostolidis Thémis *(Aix-Marseille Université, France)*

Professeur de psychologie sociale de la santé et directeur du Laboratoire de Psychologie Sociale (EA 849) d'Aix-Marseille Université. Ses travaux portent sur les aspects socio-symboliques et idéologiques des représentations sociales et sur la triangulation méthodologique. Il est membre du comité directeur du Réseau mondial Serge Moscovici (REMOSCO-FMSH). Il a réalisé de nombreuses missions d'expertise scientifique pour différents organismes de recherche nationaux et internationaux et plusieurs conférences et interventions dans le domaine de la santé publique.

Bangerter Adrian *(Université de Neuchâtel, Suisse)*

Professeur de psychologie du travail à l'Université de Neuchâtel, ses recherches portent sur la coordination des processus conversationnels (coordination des interactions, communication multimodale et gestuelle), sur la communication en milieu de travail, sur la communication médiatique, et sur les croyances populaires, en particulier en lien avec les nouvelles maladies émergentes. Il est actuellement éditeur associé de la revue *Discourse Processes*.

Ben Alaya Dorra *(Université de Tunis-El-Manar, Tunis, Tunisie)*

Maître de conférences-HDR, ses travaux en cours traitent des oppositions distinctives à la base de la représentation de notions fondatrices de la vie collective, ainsi que de l'expression des représentations sociales sur les réseaux sociaux virtuels. Elle est, en Afrique du nord, la représentante du courant de la pensée sociale et de la théorie des représentations sociales, et traite de problématiques suscitées par un contexte en transition comme celui de la Tunisie, dans une perspective qui tient compte d'éléments culturels spécifiques.

Bertoldo Raquel Bohn *(Aix-Marseille Université, France)*

Maître de conférences en psychologie sociale et environnementale, ses recherches portent sur les éléments socialement construits et partagés de l'environnement immédiat, des risques naturels, industriels, ainsi que de l'environnement en tant qu'enjeu socio politique. La plupart de ses publications portent sur des études de psychologie sociale appliquée aux champs de l'environnement – particulièrement en ce qui concerne les risques – et de la santé.

Bobowik Magdalena *(Université du Pays Basque, Saint-Sébastien, Espagne)*

Chercheuse associée dans le « Department of Social Psychology and Methodology of Behaviour Sciences » à la « University of the Basque Country ». Magdalena Bobowik a effectué son doctorat dans cette université et a fait ses études universitaires à la « Warsaw University ». Ses intérêts de recherche se situent dans le domaine de la psychologie des relations intergroupes, la psychologie interculturelle, politique, et positive. Son travail porte, entre autres, sur la mémoire collective de la violence collective passée et les représentations sociales de l'histoire.

Bousfield Andréa Barbará S. *(Universidade Federal de Santa Catarina, Brésil)*

Professeur adjointe au Département de Psychologie de l'Université Fédérale de Santa Catarina (Brésil) et Directrice du Laboratoire de Psychologie Sociale de la Communication et Cognition Sociale (LACCOS-UFSC). Son champ de recherche est la psychologie, en mettant l'accent sur la psychologie sociale. Elle a publié des articles et des chapitres de livres sur les sujets suivants : la représentation sociale, le risque, le VIH/SIDA, les maladies chroniques et le vieillissement.

Buschini Fabrice *(Université Sorbonne Nouvelle – Paris 3, France)*

Maître de conférences en Psychologie sociale de la communication à l'université Sorbonne Nouvelle – Paris 3 (membre de USPC), ses domaines de recherche portent sur l'influence sociale, les représentations sociales et les relations intergroupes. Ses travaux étudient les processus à l'œuvre dans ces différents domaines en s'intéressant notamment à l'impact du langage et des communications sur les attitudes et les représentations, ainsi qu'à celui des niveaux de représentation sur les comportements à risque. Dans ses recherches, il prête une attention particulière aux aspects méthodologiques et aux applications de la psychologie sociale, mais aussi à l'analyse textuelle informatisée. Il est membre de l'équipe MCPN au sein du laboratoire CIM (EA1484).

Caillaud Sabine *(Université Paris-Descartes, France)*

Maître de conférences et membre du Laboratoire de Psychologie Sociale : menaces et sociétés. Ses recherches s'intéressent notamment aux représentations sociales dans le domaine de l'écologie et s'interrogent sur l'effet du contexte culturel, des changements sociaux (lois, modification de l'environnement, etc.). Elle s'est spécialisée dans l'utilisation des méthodes qualitatives et notamment dans la méthode des focus groups sur lesquels elle a publié différents articles et chapitres d'ouvrage. Elle est également co-directrice d'un ouvrage sur le concept de menace.

Camargo Brigido Vizeu *(Universidade Federal de Santa Catarina, Brésil)*

Professeur titulaire à l'Université Fédérale de Santa Catarina (Brésil). Ses recherches portent sur les représentations sociales, le vieillissement, le corps et la beauté, les maladies chroniques. Il est l'auteur d'une centaine d'articles et de chapitres de livres. Fondateur du Laboratoire de Psychologie Sociale de la Communication et Cognition Sociale (LACCOS-UFSC), Directeur de recherche invité par la Fondation MSH (Paris), il collabore avec le Collegio del Dottorato in Scienze Sociali – Università Degli Studi di Padova (Italia). Il est professeur dans le cadre du doctorat International/Européen sur les Représentations Sociales et la Communication de l'Universitá Degli Studi di Roma (La Sapienza).

Campos Pedro Humberto *(Pontifícia Universidade Católica de Goiás, Brésil)*

Professeur de psychologie sociale, ses recherches portent sur les rapports entre pratiques sociales et représentations, l'exclusion sociale, la violence et la dimension affective des représentations. Il a été Directeur de la Formation Doctorale en Psychologie (PUC-Goiás, 2003-2009), Secretaire Général de la Société Brésilienne de Psychologie (2009-2011) et Coordinateur du Groupe de Travail « Représentations Sociales » de l'Association Nationale des Chercheurs en Psychologie (ANPEPP - 2010-2014). Auteur de *Representações sociais e Comunicaçã : a imagem social do professor na mídia e sua re-significação identitária* publié en 2016.

Chryssochoou Xenia *(Université Panteion, Athènes, Grèce)*

Professeur de Psychologie Sociale et Politique à l'université Panteion à Athènes. Elle a obtenu son doctorat à Paris Descartes et a enseigné dans différentes universités en France, Suisse, et Grande Bretagne avant de s'installer en Grèce où elle s'intéresse aux aspects psycho-sociaux de l'identité et de leur développement dans les sociétés libérales ainsi qu'aux questions de diversité culturelle. Elle a écrit plusieurs articles et dirigé plusieurs ouvrages sur ces sujets. Son intérêt actuel porte sur les conflits et la participation politique. Elle a siégé au comité exécutif de l'EASP, elle a édité la section psycho-sociale pour l'Encyclopedia of Social and Behavioral Sciences de Elsevier et est actuellement éditrice associée de la Revue Internationale de Psychologie Sociale.

Clémence Alain *(Université de Lausanne, Suisse)*

Professeur en psychologie sociale, il donne des enseignements sur les représentations et les cognitions sociales, l'insécurité et la violence. Ses principales thématiques de recherche articulent étroitement l'analyse des raisonnements dans la vie quotidienne avec celle de théories scientifiques sur des questions sociales qui suscitent des interrogations, des peurs, ou encore des mobilisations. Il a ainsi travaillé sur les conceptions de la solidarité, la définition et l'adhésion aux droits humains dans différents pays, les réactions ordinaires face à la grippe aviaire ou au « gène » de la fidélité.
Pour accéder à ses publications :
http://www.unil.ch/unisciences/AlainClemence

Cohen-Scali Valérie *(Conservatoire National des Arts et Métiers, Paris, France)*

Docteur en psychologie sociale, Professeure de psychologie de l'orientation au Conservatoire National des Arts et Métiers (Cnam) et rattachée au Centre de Recherche sur le Travail et le Développement. Elle est également directrice adjointe de la Revue *L'Orientation Scolaire et Professionnelle*. Ses recherches portent sur la construction de soi des jeunes adultes, la socialisation organisationnelle, et l'évolution de l'identité et des compétences des professionnels de l'orientation et de la formation. Elle est membre du comité scientifique de la chaire UNESCO en Orientation tout au long de la vie et du projet ECADOC (Programme d'études doctorales européennes en conseil en orientation).

Contarello Alberta *(Université de Padoue, Italie)*

Professeur de Psychologie sociale, ses recherches portent sur les processus psychosociaux relatifs au changement et à la continuité de la connaissance sociale. Dans ce cadre, elle s'est récemment intéressée aux représentations sociales du vieillissement et de la science en fonction du genre. Une de ses thématiques centrales concerne le lien entre la psychologie sociale et les textes littéraires. Elle a coordonné les cours doctoraux de personnalité et psychologie sociale et est à présent membre du corps doctoral sur les sciences sociales : interactions, communication, constructions culturelles. Elle est régulièrement professeur invitée dans les universités d'Oxford (GB), de Budapest/Pécs (Hongrie), de Florianópolis et de Paraíba-Joao Pessoa (Brésil).

Dany Lionel *(Aix-Marseille Université, France)*

Professeur de Psychologie Sociale et membre du Laboratoire de psychologie Sociale (LPS, EA 849) d'Aix-Marseille Université, ses recherches portent sur l'analyse psychosociale de la santé, de la maladie et des situations de soins, sur la construction sociale du risque et sur les aspects théorico-méthodologiques des représentations sociales.

de Calan Cécile *(Trans-FaiRH, Paris, France)*

Directrice des ressources humaines dans le secteur des nouvelles technologies, puis au sein d'organisations humanitaires, elle s'appuie sur une double formation en Management et en Psychologie du travail. Familière des problématiques de ressources humaines à l'international, elle contribue actuellement à un projet de recherche sur les reconversions professionnelles vers l'économie sociale et solidaire avec le Conservatoire National des Arts et Métiers de Paris.

De Guissmé Laura *(Université Libre de Bruxelles, Belgique)*

Doctorante en psychologie sociale dans le « Center for Social and Cultural Psychology » à l'Université libre de Bruxelles et financée par le FNRS-FRS. Ses intérêts de recherche portent principalement sur la mémoire collective, le sentiment de victimisation collective et la compétition des victimes. Elle travaille également sur les représentations sociales de la Seconde Guerre Mondiale en Belgique et a publié en 2014 (avec Laurent Licata) un article à ce sujet dans la revue Kultura : « Collective Memories of WWII Collaboration in Belgium and Attitudes About Amnesty in the Two Main Linguistic Communities ».

De Rosa Annamaria S. *(Université la Sapienza, Rome, Italie)*

Ph.D. et Professeur de représentations sociales, de la communication, des nouveaux médias et du web-marketing. Fondatrice de l'European/International Joint PhD in Social Representations and Communication (http://www.europhd.eu) et du SoReCom THEmatic NETwork, elle est la directrice du *European/International Joint Ph.D. on SR & C Research Centre and Multimedia Lab*. Auteur de plus de deux cents publications inspirées par le paradigme « modeling » et les approches multi-méthodologiques des représentations sociales sur une variété de sujets, son dernier livre est intitulé « *Social Representations in the Social Arena* » (Routledge, 2013).

Degraeve Béatrice *(Aix-Marseille Université, France)*

Titulaire d'un doctorat en psychologie sociale obtenu à l'Université d'Aix-Marseille. Elle est actuellement post-doctorante au sein du Laboratoire Parisien de Psychologie Sociale (EA4386). Ses recherches portent sur le rôle du pouvoir social sur les conduites individuelles, ainsi qu'à l'analyse des asymétries positionnelles au niveau socio-représentationnel. Elle est notamment co-auteure d'un article sur cette thématique dans la revue *Transportation Research Part F: Traffic Psychology and Behaviour*, et a présenté de nombreuses communications orales ou affichées à ce sujet dans des congrès spécialisés.

Delouvée Sylvain *(Université Rennes 2, France)*

Maître de Conférences à l'Université Rennes 2 (membre du Laboratoire de Psychologie : Cognition, Comportement, Communication). Ancien vice-président de cette université, il se consacre maintenant à ses recherches sur les croyances collectives et la pensée sociale. Directeur de rédaction de la revue scientifique *Les Cahiers Internationaux de Psychologie Sociale*, il est également l'auteur ou le co-auteur de plusieurs ouvrages scientifiques et de vulgarisation.

Demarque Christophe *(Aix-Marseille Université, France)*

Maître de conférences en psychologie sociale à l'Université d'Aix-Marseille, ses recherches se centrent sur la perception des problématiques environnementales ainsi que sur l'implication et la prise de décision dans le champ des comportements pro-environnementaux. Il s'intéresse également aux rapports au temps des travailleurs précaires. Ses travaux ont été publiés dans des revues internationales telles que *Nature Climate Change* ou le *Journal of Environmental Psychology*. Il est également vice-président de l'*Association pour la recherche en psychologie environnementale* (ARPEnv) depuis 2012.

Dos Santos Aléssio Lira *(Universidade Federal de Pernambuco, Brésil)*

Maître de Conférences à l'Université Fédérale de Pernambouc au Brésil, ses recherches portent sur la bioéthique, les représentations sociales et la psychologie du développemment.

Elsey James W.B. *(Amsterdam University, Pays-Bas)*

Doctorant en psychologie clinique et expérimentale, ses recherches portent des problématiques de recouvrement de la mémoire en lien avec les désordres anxieux, et sur les liens entre cognition, émotion et comportement. Il est titulaire d'un Master en psychopathologie et neurosciences développementales de l'University College de Londres au cours duquel il a travaillé à l'Ecole Médicale de Yale et au Centre d'Etudes de l'Enfant de Yale sur l'impact de l'adversité entre enfants sur le développement du cerveau. Il a aussi travaillé avec le Prof. Helene Joffe sur les représentations sociales de la maladie et sur l'élaboration de méthodes d'étude qualitatives (la « Grid Elaboration Method »).

Emiliani Francesca *(Université de Bologne, Italie)*

Professeur de psychologie sociale, ses recherches portent sur les représentations sociales, la petite enfance et la vie quotitidenne. Elle est membre de la Société Italienne de Psychologie et coordinatrice du centre pour l'étude de la détresse, de l'addiction et de la consommation de drogue au département de l'éducation de l'université de Bologne. Elle fait partie du comité éditorial du *Clinical and Developmental Psychology Journal*. Elle est l'auteur de plusieurs livres et d'articles scientifiques sur les représentations sociales de l'enfance, le sens commun et la vie quotidienne.

Ernst-Vintila Andreea *(Université Paris Ouest Nanterre La Défense, France)*

Maître de conférences en psychologie sociale, ses recherches portent sur la pensée sociale dans les sociétés contemporaines lorsque celles-ci rencontrent des situations extrêmes, ou pouvant conduire à l'extrêmisation (risques et menaces liés à l'environnement, la santé, mentalité conspirationniste, comportements de haine, radicalisation, terrorisme, totalitarisme). Elle s'intéresse notamment au rôle de l'implication personnelle dans ces processus. Elle est membre du comité scientifique du réseau mondial « Serge Moscovici », éditrice de la revue *Psihologia Sociala*, et coordinatrice du réseau international de recherche en sciences sociales XTREAMIS-DP (Xenophobia, Radicalism in Europe, Anti-semitism, Islamophobia – Deradicalisation and Prevention), soutenu par l'Agence Nationale de Recherche. Elle est auteure de plusieurs articles scientifiques et chapitres d'ouvrage.

Flament Claude *(Aix-Marseille Université, France)*

Ancien directeur d'études de psycho-sociologie mathématique à l'École des Hautes Études en Sciences Sociales, Claude Flament a été Professeur puis Professeur émerite de psychologie sociale à l'Université d'Aix-Marseille. Co-initiateur de la théorie du noyau central, auteur de plusieurs textes de référence sur l'approche structurale, il est l'inventeur et le promoteur de nombreux développements théoriques et de plusieurs méthodes fondamentales pour l'étude des représentations sociales.

Flick Uwe *(Freie Universität, Berlin, Allemagne)*

Professeur de recherche qualitative en science sociale et éducation, ses domaines de recherche concernent les méthodes qualitatives, les représentations sociales dans le champ de la santé individuelle et publique, la vulnérabilité dans les domaines de la migration et des adolescents sans-abri, ainsi que le changement technologique dans la vie quotidienne. Il est l'auteur de plusieurs ouvrages et articles de référence et régulièrement invité dans de multiples universités étrangères en tant que visiting professor.

Fraïssé Christèle *(Université de Bretagne Occidentale, Brest, France)*

Maître de conférences en psychologie sociale et membre du Centre de Recherche en Psychologie, Cognition et Communication (EA1285), ses recherches portent sur les représentations de l'homosexualité et de l'homoparentalité en lien avec les processus d'homophobie, et sur les représentations de la différence des sexes en développant une réflexion critique sur la construction du binarisme de sexe. Elle a dirigé l'ouvrage collectif *L'homophobie et les expressions de l'ordre hétérosexiste* (2011) et plus récemment (2016) publié un article de synthèse et de réflexion sur l'homophobie dans la revue *Sexologies* en collaboration avec Jaime Barrientos (Chili).

Gil de Montes Lorena *(Université du Pays Basque, Saint-Sébastien, Espagne)*

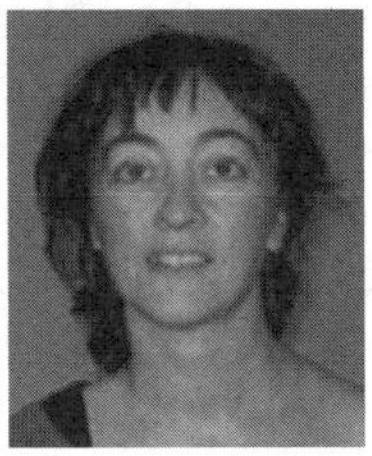

Docteur de l'Université Libre d'Amsterdam et professeur de psychologie sociale au département de psychologie sociale et de méthodologie des sciences du comportement de l'université du Pays Basque, ses travaux portent sur le langage et la communication. Elle s'intéresse notamment aux processus d'auto-régulation (affectifs, cognitifs et motivationnels) dans l'utilisation du langage.

Girandola Fabien *(Aix-Marseille Université, France)*

Fabien Girandola est professeur de Psychologie sociale à Aix-Marseille Université (Laboratoire de Psychologie Sociale, LPS). Ses recherches concernent le changement des attitudes et des comportements (engagement, soumission, dissonance cognitive, persuasion et communication engageante, représentations sociales). Il enseigne la psychologie sociale en lien avec les thématiques de la santé publique, de l'environnement. Il est notamment co-éditeur de : *Psychologie et développement durable* (2010), *La théorie de la dissonance cognitive : quand les actes changent les idées* (2013), co-auteur de : *Attitudes et comportements : comprendre et changer* (2016).

Granié Marie-Axelle *(IFFSTAR, Salon-de-Provence, France)*

Directrice de Recherche à l'Institut Français des Sciences et Technologies des Transports, de l'Aménagement et des Réseaux (IFSTTAR). Ses recherches portent sur les processus et construits sociaux en jeu dans la construction du rapport à la règle et sur l'influence de l'identité sexuée sur la prise de risque et la conformité aux règles routières. Elles interrogent le rôle des normes sociales et des valeurs dans l'internalisation et la conformité aux règles légales et sociales, au croisement de la psychologie sociale et de la psychologie du développement.

Guegan Jérôme *(Université Paris-Descartes, France)*

Maître de conférences et membre du Laboratoire Adaptations Travail-Individu (LATI, EA 4469). Il s'intéresse à l'étude des processus sociocognitifs en situation de communication médiatisée par ordinateur et au travail de groupe à distance (via des plateformes de travail collaboratif et/ou des environnements virtuels). Dans cette optique, il étudie également la façon dont les interactions sociales à distance peuvent influencer les relations et les représentations intergroupes, le sentiment d'appartenance et les modalités d'expression des représentations sociales. Il est l'auteur ou le co-auteur de plusieurs travaux dans ce domaine.

Guimelli Christian *(Aix-Marseille Université, France)*

A commencé sa carrière d'enseignant-chercheur en Psychologie Sociale à Montpellier. En 1995, il est nommé Professeur des Universités à l'Université d'Aix-Marseille où il a dirigé le Département de Psychologie Sociale de 1997 à 2010. Il est l'auteur de très nombreux travaux concernant les liens entre pratiques sociales et représentations, la pensée sociale et la problématique des méthodes d'étude des représentations sociales.

Hall Rob *(University of Western Sydney, Australie)*

Docteur en psychologie et psychologue de l'environnement spécialiste des échelles de mesure psychologique, il dirige un laboratoire privé de recherche en science sociale et ses intérêts scientifiques actuels concernent l'étude de la nature des environnements restauratifs. C'est sur ce thème qu'il travaille en collaboration avec des collègues des universités de Zurich (Suisse) et de Vérone (Italie).

Hidalgo Maud *(Aix-Marseille Université, France)*

Docteur en psychologie sociale et Attachée Temporaire d'Enseignement et de Recherche à l'université d'Aix-Marseille. Ses recherches portent sur l'expression du contenu des représentations sociales et plus précisément sur les processus psychosociaux qui autorisent ou interdisent l'expression d'éléments représentationnels tels que les attitudes, les stéréotypes ou les préjugés. Elle s'intéresse notamment au rôle des caractéristiques normatives de la situation sur les stratégies discursives et comportementales mises en place par les individus dans un contexte social plus ou moins permissif quant à la transgression normative.

Howarth Caroline *(London School of Economics, Londres, Grande-Bretagne)*

Professeur de Psychologie sociale à la London Shool of Economics and Political Science de Londres, ses recherches récentes sont consacrées aux représentations sociales d'autrui dans des contextes centrés sur l'Islam, l'éducation, les identités nationales, ou les communautés de migrants des nations d'Europe de l'Est. Elle tente de développer une analyse critique des pratiques citoyennes, de la discrimination institutionnelle, de la justice sociale et du nationalisme. Elle est co-éditrice de la revue *Political Psychology* et éditrice en chef de la revue *Papers on Social Representations.*

Idoiaga Mondragon Nahia *(Université du Pays Basque, Saint-Sébastien, Espagne)*

Formée à la psychologie et aux sciences de l'éducation, elle est actuellement doctorante à l'Université du Pays Basque. Ses recherches portent sur les maladies infectieuses émergentes, les mass media et les représentations sociales.

Jedrzejczyk Christopher *(Southern Cross University, Coffs Harbour, Australie)*

Diplômé en science psychologique de l'université de Southern Cross, Australie, avec les félicitations, ses intérêts de recherche concernent les croyances sociales, le changement social et les relations humaines. Il suit actuellement une formation diplômante sur le leadership et le travail de groupe.

Joffe Helene *(University College London, Londres, Grande-Bretagne)*

Professeur de psychologie, ses recherches sont centrées sur les réponses humaines aux risques et leurs déterminants. Elle est notamment l'auteur de *Risk and the Other* (Cambridge University Press, 1999) et éditrice de *Cities at Risk : Living with Perils in the 21st Century* (Springer, 2013).

Juárez Romero Juana *(Universidad Autónoma Metropolitana-Iztapalapa, Mexico, Mexique)*

Professeure de psychologie sociale, ses recherches portent sur les représentations collectives et sociales, et la mémoire sociale sur les thèmes du Mexique et des mexicains, de la justice, de l'insécurité et de la politique entre autres. Auteur de nombreux ouvrages au Mexique, elle a coordonné, en 2013, le numéro spécial de la *Revista Internacional de Ciencias Sociales y Humanidades, SOCIOTAM*, vol. XIII en hommage au Professeur Michel-Louis Rouquette, et en 2014, le vol. 103 des *Cahiers Internationaux de Psychologie Sociale*, consacré aux apports de la théorie des représentations sociales aux questions liées à la justice et à l'injustice dans différents contextes sociopolitiques.

Kalampalikis Nikos (*Université Lyon 2, France*)

Professeur de psychologie sociale à l'Université Lyon 2 où il dirige le laboratoire GRePS (EA 4163) et membre du comité directeur du Réseau mondial Serge Moscovici (REMOSCO) à la Fondation Maison des sciences de l'homme. Ses recherches portent sur la pensée sociale d'un point de vue symbolique, historique et anthropologique. Il a édité récemment deux ouvrages avec Serge Moscovici (*Raison et cultures*, 2012 ; *Le scandale de la pensée sociale*, 2013) aux Éditions de l'Ehess, ainsi que le dernier ouvrage de Denise Jodelet (*Représentations sociales et mondes de vie*, 2015) aux Éditions des Archives contemporaines.

Kirchler Erich *(Université de Vienne, Autriche)*

Diplômé en 1979 en psychologie et anthropologie humaine à l'Université de Vienne, en Autriche, Erich Kirchler a ensuite obtenu son habilitation en psychologie, en 1989, de l'Université de Linz, en Autriche. Depuis 1992, il est professeur de psychologie appliquée (psychologie économique) à l'Université de Vienne, Autriche. Il a été reçu comme professeur invité dans plusieurs universités et a été chercheur invité à l'Université de l'Illinois, Urbana-Champaign, USA et ANU, Canberra, Australie. Ses recherches portent sur la gestion de l'argent dans les ménages et sur les comportements relatifs aux taxe/impôts.

Kmiec Ruxanda *(Université de Reims-Champagne-Ardenne, France)*

Psychologue et docteur en psychologie, elle travaille actuellement comme responsable de projets pédagogiques au sein de Neoma Business School, campus de Reims. Ses recherches portent sur les représentations sociales, la perception des risques et la crise économique comme risque collectif. Ses articles ont été publiés dans les revues *Les Cahiers Internationaux de Psychologie Sociale* et *Social Science Information*.

Laurens Stéphane *(Université Rennes 2, France)*

Professeur de psychologie sociale, il étudie les phénomènes d'influence et de conversion, afin de saisir comment la société, porteuse de désirs et d'exigences, forme l'individu dans ses croyances, ses perceptions, ses rapports aux autres. Directeur de publication du *Bulletin de psychologie*, il a publié une quarantaine d'articles sur les mécanismes d'influence ainsi que sur les représentations scientifiques et naïves de ces phénomènes.

Lavoie Claude *(Université d'Ottawa, Canada)*

Doctorant en travail social à l'Université d'Ottawa et au PhD International en Représentations Sociales et Communication, il est membre du Groupe de Recherche en Sciences Sociales sur les Interventions en Santé (GRESSIS). Il s'intéresse aux représentations sociales et à leurs effets sur les traitements offerts dans les services de psychiatrie. Le sujet de sa thèse porte sur les représentations sociales de l'hypnose comme pratique d'intervention en expansion au Canada.

Lemoine Fabien *(Université d'Angers, Cholet, France)*

Ses recherches portent sur la construction sociale de la réalité et plus particulièrement sur l'exploration des caractéristiques du répertoire de réponses. Il a soutenu en 2014 sa thèse sous la direction de S. Laurens et est le co-auteur des articles « Rapport dialogique et répertoire de réponses », publié au CIPS en 2012 et « Mapping position repertoire », publié au *Journal of Constructivist Psychology*, en 2013.

Licata Laurent *(Université Libre de Bruxelles, Belgique)*

Professeur de psychologie sociale et interculturelle, ses recherches portent sur les liens entre mémoires collectives, identités sociales et relations intergroupes. Il dirige l'Action COST IS1205 « Social psychological dynamics of historical representations in the enlarged European Union ».

Liu James Hou-Fu *(Massey University, Plamerston North, Nouvelle-Zélande)*

Professeur de psychologie et Directeur de la « School of Psychology » à la Massey University en Nouvelle-Zélande. Il effectue des recherches en psychologie interculturelle, sociale et politique et travaille plus précisément sur les liens entre représentations de l'histoire et l'identité, les préjugés et les relations internationales. Il était Editeur en chef de l'« Asian Journal of Social Psychology » de 2008 à 2011 et Président de l'« *Asian Association of Social Psychology* » de 2013 à 2015.

Lo Monaco Grégory *(Aix-Marseille Université, France)*

Maître de Conférences en Psychologie Sociale à l'Université d'Aix-Marseille, Grégory Lo Monaco est l'auteur de nombreux travaux portant sur les représentations sociales aux niveaux théorique, méthodologique et appliqué. Il est actuellement co-directeur du département de psychologie sociale et du travail de l'Université d'Aix-Marseille et membre du Laboratoire de Psychologie Sociale (EA 849) de cette même université. Il est également actuellement membre du bureau et trésorier de l'Association pour la Diffusion de la Recherche Internationale en Psychologie Sociale.

Lopez Alexia *(Aix-Marseille Université, France)*

Chercheuse associée au sein de l'équipe aixoise du laboratoire ESPACE (UMR 7300 – CNRS), ses travaux portent sur l'appréhension de l'environnement physique (les transformations liées à l'aménagement du territoire, les risques environnementaux, ou encore le réchauffement climatique) par les populations. Son approche, entre psychologie sociale et psychologie environnementale, combine l'analyse de paramètres de la relation hommes-environnement et le repérage des significations symboliques associées aux éléments de l'environnement à travers la théorie des représentations sociales, et ce afin de comprendre et d'anticiper les attitudes et les comportements des groupes humains.

Lorenzi-Cioldi Fabio *(Université de Genève, Suisse)*

Professeur de psychologie sociale à la Faculté de psychologie et des sciences de l'éducation à l'université de Genève. Ses recherches portent sur les représentations sociales de soi et d'autrui dans les groupes dominants et dominés, et en particulier sur l'émergence de conceptions de soi et du monde focalisées sur l'identité personnelle et sur l'identité collective, domaine dans lequel il a publié plusieurs ouvrages et articles scientifiques.
Il co-dirige l'Ecole doctorale de psychologie sociale des Universités de Genève et de Lausanne, et dirige la Collection « Vies sociales » auprès des Presses Universitaires de Grenoble.

Marchand Pascal *(Université Paul Sabatier-Toulouse 3, France)*

Professeur et directeur du Laboratoire d'Etudes et Recherches Appliquées en Sciences Sociales (Lerass). Ses recherches portent sur l'analyse des discours politiques et médiatiques (discours institutionnels, débats, controverses et polémiques, médias traditionnels et alternatifs) et les situations de négociation en situation de crise aiguë. Il est spécialisé dans les méthodes et outils d'analyse du discours assistée par ordinateur (textométrie, analyses morphosyntaxiques). Il est l'auteur de *Psychologie sociale des médias* (Dir., PUR, 2004), *Le Grand oral* (De Boeck ; 2007), *Être Français aujourd'hui...* (avec Pierre Ratinaud, Les Liens qui libèrent, 2012).

Marzouki Yousri *(Aix-Marseille Université, France)*

Maître de conférences en Psychologie cognitive et modélisation statistique appliquée en sciences du comportement. Il est membre du Laboratoire de Psychologie Cognitive du CNRS et également membre de la Fédération 3C (Comportement – Cognition – Cerveau) du Comité National de la Recherche Scientifique. Il mène actuellement des travaux de recherche sur la relation entre attention, émotion et conscience. Auteur de plusieurs articles scientifiques et de vulgarisation, il a développé récemment un modèle intitulé « Conscience Collective Virtuelle » qui tente de décrire et de comprendre le succès des actions collectives en ligne.

Masson Estelle *(Université de Bretagne Occidentale, Brest, France)*

Maître de Conférences à l'Université de Bretagne Occidentale, ses recherches portent sur les représentations sociales de l'alimentation, du corps et de la santé. Elle est notamment l'auteur, avec Claude Fischler, du livre *Manger : Français, Européens et Américains face à l'alimentation* paru chez Odile Jacob.

Mias Christine *(Université de Toulouse – Jean Jaurès, France)*

Christine Mias est Professeur des Universités en sciences de l'éducation à l'université de Toulouse 2 Jean Jaurès. Ses recherches portent sur les processus de professionnalisation et plus particulièrement sur l'implication professionnelle des acteurs dans des situations éducatives, de formation, en lien avec les représentations professionnelles. Elle est auteur ou co-acteur de plusieurs articles sur le sujet.

Milland Laurent *(Université de Poitiers, France)*

Maître de Conférences en psychologie sociale à l'Université de Poitiers, il est membre du Centre de Recherche sur la Cognition et l'Apprentissage (CNRS & Université de Poitiers) et directeur adjoint de l'Institut Universitaire de Technologie de Poitiers-Châtellerault-Niort. Ses principaux intérêts de recherche concernent d'une part, le développement d'une approche multi-facettes des représentations sociales en collaboration avec C. Flament, et, d'autre part, les processus impliqués dans des situations contre-normatives mobilisant des représentations sociales et générant de la dissonance cognitive.

Moliner Pascal *(Université Paul Valéry-Montpellier, France)*

Professeur de psychologie sociale, ses travaux concernent la structure des représentations sociales, l'exploration des liens entre les représentations et les processus sociocognitifs ainsi que celle des liens entre identité et représentations. Il est par ailleurs l'auteur de plusieurs articles et ouvrages consacrés aux liens entre les représentations et l'iconographie. Son dernier ouvrage sur ce sujet *Psychologie sociale de l'image* est paru aux Presses Universitaires de Grenoble en 2016.

Moloney Gail *(Southern Cross University, Coffs Harbour, Australie)*

Docteur et professeur de psychologie, ses intérêts de recherche portent sur les articulations théoriques entre représentations sociales et identité sociale sur des thèmes tels que le don d'organe, le don du sang, la réaction des populations envers l'accueil des réfugiés et la description des groupes minoritaires diffusés par les médias visuels tels que les dessins politiques.

Navarro Oscar *(Université de Nantes, France)*

Maître de Conférences en psychologie sociale, ses recherches portent sur l'analyse des facteurs psychosociaux et environnementaux qui peuvent intervenir dans la gestion des risques (représentations sociales des risques, attachement au cadre de vie, sentiment de vulnérabilité et capacité perçue d'action). Il est coéditeur du *Handbook of environmental psychology and Quality of Life research*, publié par Springer (2015). Il est membre du comité scientifique des *Cahiers Internationaux de Psychologie Sociale* et a collaboré avec plusieurs revues en Europe et en Amérique.

Negura Lilian *(Université d'Ottawa, Canada)*

Professeur à l'École de service social de Université d'Ottawa, il dirige le Groupe de recherche en sciences sociales sur les interventions en santé (GRESSIS). Son domaine d'intérêt englobe les problématiques de la santé et du travail dans la perspective théorique des représentations sociales. Ses travaux de recherche portent, entre autres, sur la dimension représentationnelle des changements dans le monde du travail. Il a édité récemment le livre *Intervention en sciences humaines. Le rôle des représentations* aux Presses de l'Université Laval.

Orfali Birgitta *(Université Paris-Descartes, France)*

Sociologue, spécialiste de sociologie politique et de psychologie sociale, Maître de conférences à la faculté des sciences humaines et sociales – Sorbonne- de l'Université Paris Descartes, ses travaux portent sur des questions relatives à l'activisme, à la famille et à l'extrême droite française et européenne d'un point de vue psychosocial.

Paez Dario *(Université du Pays Basque, Saint-Sébastien, Espagne)*

Professeur de psychologie sociale, il est directeur du groupe de recherche « Culture, Cognition and Emotion ». Ses principaux domaines de recherche portent sur les processus sociaux de la cognition et des émotions ainsi que sur la psychologie sociale interculturelle, la mémoire collective et la justice transitionnelle. Il a édité le livre *Collective memories of political events* (avec J. Pennebaker et B. Rimé, 1997), une monographie sur le « climat émotionnel » dans le *Journal of Social Issue* (2007) et *Overcoming Political Conflict and Building Culture of Peace* (2011) avec J. de Rivera. Il s'intéresse actuellement à la régulation sociale de l'affect.

Palmonari Augusto *(Université de Bologne, Italie)*

Professeur Emérite de Psychologie Sociale à l'Université di Bologna où il a été professeur de 1981 à 2010, ses recherches ont porté sur les relations intergroupes et la théorie de l'identité, la théorie des représentations sociales, la vie de groupe à l'adolescence, la psychologie des communautés. Il est membre du Comité de Direction du *Giornale Italiano di Psicologia* et a fondé la revue *Psicologia Sociale* qu'il a dirigé de 2006 à 2012. Il a longuement collaboré avec Willem Doise de l'Université de Genève avec qui, en 1986, il a édité *L'étude des Représentations Sociales* (Delachaux et Niestlé). En collaboration avec Francesca Emiliani, il a édité deux volume sur la théorie des représentations sociales : *Paradigmi delle Rappresentazioni Sociali* et *Psicologia delle rappresentazioni sociali* (Il Mulino, 2009 et 2014). Avec Nicoletta Cavazza et Monica Rubini il a publié un manuel Italien de Psychologie Sociale (Il Mulino, 2012). Il a participé à la réalisation de *The Developmental Science of Adolescence (History through Autobiography)* édité par R. Lerner, A. Petersen, R. Silbereisen et J. Brooks-Gunn (2014, N.Y.Psychology Press). Le 14 octobre 2010 l'Université de Genève lui a conféré le grade de Docteur Honoris Causa.

Piaser Alain *(Université de Toulouse-Jean Jaurès, France)*

Maître de conférences en sciences de l'éducation et de la formation, il est un spécialiste reconnu des représentations sociales dans le domaine professionnel. Initiateur de la notion de représentations professionnelles, il est auteur et co-auteur de plusieurs ouvrages et articles sur ce thème.

Piermattéo Anthony *(Université Catholique de Lille, France)*

Maître de Conférences en psychologie sociale, ses recherches portent sur les rapports intergroupes et la déviance ainsi que sur les représentations sociales au travers de deux orientations : le développement de méthodes d'étude (méthodes centrées sur l'expression des cognitions contre-normatives et l'étude de la structure représentationnelle) et l'articulation entre représentations sociales et processus sociocognitifs (émotions, dissonance et engagement).

Rateau Patrick *(Université de Nîmes, France)*

Professeur de psychologie sociale et membre du Laboratoire CHROME (EA7352) à l'Université de Nîmes. Ses travaux portent sur les aspects théoriques et méthodologiques des représentations sociales, leurs liens avec les processus sociocognitifs et, plus largement, sur tous les aspects de la pensée sociale. Auteur et co-auteur de plusieurs travaux sur ces questions, il est l'actuel président de l'Association pour la Diffusion de la Recherche Internationale en Psychologie Sociale (ADRIPS).

Ratinaud Pierre *(Université Toulouse-Jean Jaurès, France)*

Maître de Conférences en Sciences de l'Éducation, ses recherches portent sur la dynamique des systèmes de représentations sociales. Il développe également le logiciel libre IRaMuTeQ pour l'analyse statistique de textes et de données d'enquêtes.

Richardot Sophie *(Université Picardie-Jules Verne, Amiens, France)*

Maître de Conférences en sciences de l'éducation et membre du CURAPP-ESS (UMR 7319, CNRS). Ses recherches portent sur l'obéissance à l'autorité et la socialisation morale, les représentations sociales de l'injustice et des inégalités. Elle a contribué à l'ouvrage de M. Duru-Bellat et D. Meuret, *Les sentiments de justice à et sur l'école* (Bruxelles : De Boeck, 2009), et à celui de M. Chaib et al., *Education, Professionalization and Social Representations* (Londres : Routledge, 2010). Elle a publié une revue de la littérature sur le sens de la justice distributive chez les enfants (*Cahiers Internationaux de Psychologie Sociale.* Vol. 3, 103, p. 221-454, 2014).

Roland-Lévy Christine *(Université de Reims-Champagne-Ardenne, France)*

Professeur des Universités à l'université de Reims Champagne-Ardenne, ses recherches portent sur la psychologie économique et la psychologie du travail, plus particulièrement autour des représentations sociales, avec un focus sur le risque et les risques psychosociaux. Elle est actuellement Présidente élue de l'Association Internationale de Psychologie Appliquée (IAAP) et a été précédemment Présidente de l'Association Internationale de Recherche en Psychologie Economique (IAREP) et) de l'Association Européenne sur Citoyenneté et Identité (CICEa). Elle a publié plus de 50 articles académiques et 15 ouvrages.

Roussiau Nicolas *(Université de Nantes, France)*

Professeur de psychologie sociale à l'université de Nantes. Il dirige l'équipe de recherche Cognition et Croyances du Laboratoire LPPL (EA 4638). Ses recherches portent sur les représentations sociales et les croyances, dans le domaine de la religion, de la spiritualité et des croyances a-scientifiques. Il est conseillé scientifique de la collection Le Point psychologie (édition De Boeck) et il est auteur, éditeur de plusieurs ouvrages et articles sur les représentations sociales et les croyances. Principaux ouvrages : *Les représentations sociale*, 1999 ; *Les représentations sociales : état des lieux et perspectives*, 2001 (avec C. Bonardi) ; *Psychologie sociale de la religion*, 2009.

Sammut Gordon *(Université de Malte, Malte)*

Enseignant à l'université de Malte et chercheur invité à la London School of Economics and Political Science, ses recherches concernent les relations intergroupes et interculturelles, la théorie des representations sociales, l'influence sociale et les divergences au sein des relations sociales. Il est co-éditeur de la revue *Papers on Social Representations* et éditeur en chef des travaux suivants : *Cultural Encounters and Social Solidarity* (Special Issue: Papers on Social Representations, 20(1)), *The Cambridge Handbook of Social Representations* (Cambridge University Press) and *Understanding Self and Others: Explorations in intersubjectivity and interobjectivity* (Routledge).

Souchet Lionel *(Aix-Marseille Université, France)*

Docteur en Psychologie Sociale, Maître de Conférences en Sciences de l'Information et de la Communication à l'Université d'Aix-Marseille. Dans ses recherches, il étudie comment les représentations sociales orientent les communications, les influences et les engagements. Il cherche aussi à mieux comprendre la dynamique représentationnelle qui résulte de ces interactions sociales. Ses travaux sont principalement appliqués aux domaines de la santé et de l'environnement.

Staerklé Christian *(Université de Lausanne, Suisse)*

Professeur associé de psychologie sociale à l'Université de Lausanne en Suisse. Ses recherches portent sur une vision sociétale de la psychologie sociale dans laquelle l'approche des représentations sociales est articulée avec des théories des relations intergroupes, de l'identité sociale et de la justice sociale. Auteur de plus de 70 articles et chapitres dans ce domaine, il est actuellement éditeur associé du *British Journal of Social Psychology* et du *Swiss Journal of Psychology*.

Stark Jennifer *(Université de Vienne, Autriche)*

Jennifer Stark a obtenu un Master de psychologie de l'Université de Vienne, Autriche, en 2012. Depuis, elle travaille en tant que chercheuse, enseignante associée et collaboratrice de projets au sein du Département de psychologie appliquée : Travail, Education et Economie de la Faculté de Psychologie de l'Université de Vienne. Elle termine actuellement un doctorat de psychologie. Ses axes de recherches concernent les comportements relatifs aux impôts, la transmission intergénérationnelle des richesses et de l'héritage, et les représentations sociales.

Stewart Isobel *(Université de Bourgogne, France)*

Maître de conférences en psychologie sociale à l'Université de Bourgogne jusqu'à sa retraite fin 2011, ses recherches portent sur les aspects théoriques et méthodologiques des représentations sociales, permettant ainsi le développement d'outils pour étudier les représentations sociales (voir, par exemple, le chapitre de Stewart & Fraïssé dans l'ouvrage *La pensée sociale* de M.-L. Rouquette, 2009). D'autres recherches s'appuient sur ces travaux afin d'éclaircir les représentations sociales des un-e-s et des autres dans des situations spécifiques, notamment dans les domaines de l'environnement, la santé et le genre.

Tateo Luca *(Aalborg University, Aalborg, Danemark)*

Professeur agrégé au Centre for Cultural Psychology à l'Université d'Aalborg, Danemark. Sur la base de l'étude de l'histoire et l'épistémologie de la psychologie, il développe de nouvelles idées dans l'étude des processus d'imagination, de la logique affective, l'art et la psychologie dans l'expérience individuelle et collective. Sa publication la plus récente est *Giambattista Vico and the new (psychological) science*, Transaction Publisher, 2016.

Valencia Jose F. *(Université du Pays Basque, Saint-Sébastien, Espagne)*

Professeur de psychologie sociale à l'Université du Pays Basque, ses recherches sont consacrées aux attitudes, aux relations et aux conflits intergroupes, aux représentations sociales, au langage, à la cognition et aux émotions intergroupes.

Il est l'initiateur et le porteur de plusieurs programmes de recherche nationaux et internationaux.

Valentim Joaquim Pires *(Université de Coimbra, Coimbra, Portugal)*

Professeur, il a obtenu son doctorat de psychologie sociale à l'Université de Coimbra et est aussi titulaire du doctorat européen sur les Représentations Sociales et la Communication (Université de Rome 'La Sapienza', Université de Helsinki et ISCTE Lisbonne). Ses recherches portent sur les représentations sociales, les relations entre groupes, la diversité culturelle, la mémoire collective et la psychologie politique. Parmi d'autres publications dans ces domaines il a publié *Escola, Igualdade e Diferença* [*École, égalité et différence*] (1997, Campo das Letras) et *Societal Approaches in Social Psychology* [*Approches sociétales en psychologie sociale*] (2011, Peter Lang).

Volodarskaya Elena *(Académie des Sciences de Russie, Saint-Petersbourg, Russie)*

Professeure de psychologie à l'Institut d'Histoire des Sciences de l'Académie des Sciences de Russie, ses recherches portent sur l'image des sciences dans la société russe moderne, des caractéristiques psychosociales de la vulgarisation scientifique dans les médias, et de l'interaction de la communautée scientifique avec différents groupes sociaux. Elle est auteur des ouvrages : *Phénomène psychosocial de l'image de la recherche* (2006), *Image de la recherche: problèmes psychosociaux* (2007), *Science et société : relations et interactions* (2010), *Aspects psychosociaux de la réforme de l'Académies des sciences de Russie* (2014).

Wachelke Joao *(Universidade Federal de Uberlândia, Brésil)*

Professeur de psychologie sociale, ses recherches portent sur la stratification sociale des croyances idéologiques. Il est l'auteur de plusieurs articles empiriques et théoriques sur l'approche structurale de la pensée sociale.

Washer Peter *(Institution of Structural Engineers, Londres, Grande-Bretagne)*

Les recherches du Docteur Peter Washer portent sur les représentations sociales des maladies infectieuses émergentes telles que le SRAS, la maladie de la vache folle et les résistances bactériennes. Il est l'auteur de *Emerging Infectious Diseases and Society* (New York: Palgrave Macmillan 2010).

Wolter Rafael Pecly *(Universidade do Estado do Rio de Janeiro, Brésil)*

Professeur-Assistant en psychologie sociale, ses recherches portent sur les objets de polémique dans nos sociétés contemporaines, dont les objets mobilisateurs. Un autre axe de recherche concerne les avancées théoriques et méthodologiques de l'approche structurale des représentations sociales, notamment les relations entre structure de pensée et action.
Après avoir été directeur-adjoint du Programme de psychologie sociale de l'Université de l'État de Rio de Janeiro il est actuellement Éditeur-associé de la revue *Psicologia e Saber Social* de cette même université.

Zouhri Bouchra *(Aix-Marseille Université, France)*

Maître de Conférences à l'Université d'Aix-Marseille et membre du Laboratoire de Psychologie Sociale (LPS, EA 849). Ses travaux portent principalement que les processus de construction identitaire au travers de l'approche structurale des représentations sociales. Elle est notamment l'auteur d'un article, Social representation and social identity in the black sheep effect (Zouhri & Rateau, 2015) établissant un pont théorique entre théorie de l'identité sociale et la théorie du noyau central. Elle s'intéresse également aux problématiques environnementales au travers des principales théories de la psychologie sociales, et plus particulièrement sur les thématiques relatives aux risques environnementaux.

INTRODUCTION

Grégory LO MONACO, Sylvain DELOUVÉE & Patrick RATEAU

L'idée de rassembler plusieurs chercheurs au sein d'un ouvrage de synthèse sur la théorie des représentations sociales est née fin 2011. Une première ébauche de sommaire a été imaginée durant l'été 2012 chez l'un d'entre nous lors d'un séminaire estival. Les auteurs ont été contactés pour la première fois en 2013 et l'ouvrage paraît en 2016. Ces quelques repères temporels sont le témoin d'un parcours long et sinueux. Toutefois, le sentiment d'impérieuse nécessité de voir paraître ce type d'ouvrage ne nous a pas quittés et persiste encore au terme de sa rédaction.

Autant le noter tout de suite, et cela n'échappera à personne, cet ouvrage ne comporte pas de préface. Cet espace revenait de droit et d'âme à Serge Moscovici. Il était irremplaçable dans cette tâche. Inspirés tous trois par l'idée que *se représenter, c'est rendre présent quelque chose d'absent*, cette absence de préface est notre manière de rendre hommage à S. Moscovici.

Vient ensuite le temps des remerciements. Ceux-ci sont loin d'être à la hauteur du sentiment de gratitude qu'ils souhaitent exprimer. En premier lieu, un ouvrage qui se veut collectif ne saurait voir le jour sans que les auteurs qui y ont contribué n'aient répondu présents et nous aient accordé toute leur confiance en nous faisant bénéficier de leurs compétences et de leur expertise. Qu'ils en soient tous ici chaleureusement remerciés car ils ont su donner de leur temps malgré, le plus souvent, un contexte académique et temporel très chronophage. Ensuite, du fait du caractère international des auteurs sollicités, beaucoup de textes nous sont parvenus en langue anglaise. Il nous a donc fallu assurer un travail de traduction conséquent. L'aide inestimable de nos collègues et amis Jérôme Guegan (Université Paris Descartes), Anthony Piermattéo (Université Catholique de Lille) et Jean-Louis Tavani (Université Paris 8 Saint-Denis) doit être signalée. Merci à tous les trois pour leur investissement sincère et amical lors d'une semaine acharnée de travail dans notre belle Drôme provençale, et pour la rigueur dont ils ont fait preuve dans cet exercice toujours difficile que représente le travail de traduction. Enfin, cet ouvrage n'aurait jamais pu exister sans la confiance que les éditions De Boeck nous ont accordée. Nous les remercions vivement d'avoir su considérer notre projet, ainsi que pour leur aide et leur assistance jusqu'au terme du processus éditorial.

À l'origine de cet ouvrage se pose évidemment la question de sa motivation : pourquoi vouloir entreprendre un tel travail de synthèse sur la théorie des représentations sociales ? Trois grandes raisons ont motivé notre décision de nous y consacrer. D'abord le constat d'une nécessaire « mise à jour » des recherches effectuées depuis l'ouvrage majeur dirigé par Denise Jodelet en 1990. Une mise à jour importante au vu du nombre de travaux et de nouvelles propositions théoriques et méthodologiques qu'a su susciter le concept de représentations sociales. Mais pas seulement. Ce concept s'est imposé comme un regard, un cadre théorique et méthodologique de référence, non seulement au sein de la communauté scientifique mais aussi pour les acteurs de terrain. Les innombrables applications pour lesquelles il a fait, et fait encore aujourd'hui, l'objet de sollicitations témoignent de l'importance qui lui est accordée. Il nous semblait donc nécessaire de proposer un ouvrage d'envergure et de référence. Enfin, il n'existait pas de livre en langue française embrassant l'ensemble des approches du concept de représentations sociales.

Cette volonté d'une vue d'ensemble nous est apparue comme non négociable et a constitué le leitmotiv de la façon de concevoir cet ouvrage : traduire la pluralité dans un esprit de complémentarité et de confrontation. Cette orientation apparaît dès la lecture de la table des matières.

Restait ensuite à dessiner la structure de l'ouvrage. Cette entreprise pouvait nous conduire sur bien des chemins. En témoigne d'ailleurs le peu de convergence qu'ont manifesté les collègues sollicités pour leurs conseils. Cela ne peut que traduire l'idée qu'il n'existe pas de plan optimal, tant chaque structuration présente toujours ses avantages et ses inconvénients. Mais il fallait poser un choix. Le plan que nous avons adopté reste classique mais présente l'avantage de faire apparaître cet esprit de complémentarité et de confrontation scientifique que nous souhaitions mettre en avant.

Enfin, notre ambition était de proposer une source de référence utile à la fois à l'étudiant, au chercheur et au praticien. Les chapitres et les focus, même s'ils font appel à des connaissances préalables, autorisent autant une prise de contact avec la théorie des représentations sociales qu'ils sont en capacité d'amener un lecteur plus averti vers une découverte d'aspects moins diffusés. Telle était encore une fois notre volonté de réunir dans un seul et même ouvrage cette pluralité des points de vue.

Objet d'un mouvement constant, cette théorie ne cesse de donner lieu à des développements et, avec le temps, ses champs d'applications se sont multipliés. Il fallait donc que cet ouvrage permette de faire le point sur un ensemble de savoirs qui ont déjà fait l'objet ici ou là de synthèses et d'en proposer une actualisation. Au-delà de ce qui est connu et reconnu, il nous est apparu essentiel de rendre compte de la vivacité du concept de représentation sociale et de sa capacité à se renouveler, à proposer des développements, des articulations nouvelles avec d'autres concepts, issus de champs disciplinaires plus ou moins proches. Si nous estimions important de conserver un regard vers le passé, il était tout aussi primordial de rendre compte de la capacité de cette théorie à se projeter vers un « à venir » très stimulant. Ce travail de synthèse des éléments fondateurs, de leur actualisation mais aussi de recensement des nouveautés nécessitait la contribution de chercheurs spécialisés. Les collègues sollicités ont, dans leur grande majorité, répondu favorablement à notre invitation. Cette richesse et cette diversité s'expriment dans le regroupement de 85 spécialistes de 49 universités différentes et de 19 nationalités. Sans toutefois prétendre à l'exhaustivité, quelque 55 années de recherche ont ainsi pu être retracées. Cette pluralité et le nombre toujours croissant de travaux révèlent sans conteste l'impact et l'écho de la théorie des représentations sociales à l'international.

Nous avons fait le choix d'organiser l'ouvrage en trois grandes parties composées de plusieurs chapitres extensifs associés chacun à un focus destiné à mettre synthétiquement en lumière un aspect particulier ou une illustration concrète du thème traité dans le chapitre. La première partie est consacrée aux aspects théoriques et méthodologiques. Elle comporte dix chapitres accompagnés chacun de leur focus. Cette partie a été pensée comme un croisement des théories et des méthodes et a tenté, de la sorte, d'éviter la distinction trop courante entre ces deux aspects. Après les deux premiers chapitres, qui permettent respectivement de retracer la théorie dans son histoire et dans sa diffusion internationale, les contributions suivantes ont pour vocation de présenter les différentes approches théoriques et méthodologiques qu'a suscitées le concept de représentations sociales.

La deuxième partie est consacrée aux champs d'application et se propose d'illustrer la capacité de la théorie des représentations sociales à faire preuve de son utilité sociale à travers neuf chapitres accompagnés chacun de leur focus. Les chapitres présentés ont pour but de montrer en quoi la théorie des représentations sociales a su se montrer pertinente dans les champs d'application considérés et les focus viennent illustrer cette pertinence au moyen d'un exemple précis et détaillé.

La troisième partie, enfin, est tournée vers l'avenir et propose une sélection de travaux exposant des développements récents. C'est ainsi que dix chapitres accompagnés chacun de leur focus proposent des présentations orientées vers des questionnements, des articulations théoriques et des innovations méthodologiques.

Nous sommes conscients du fait que cet ouvrage, malgré sa taille et le nombre conséquent d'informations auxquelles il donne accès, peut souffrir de carences. Toutefois, le lecteur pourra se référer à la bibliographie, qui compte plus de 1 800 références, pour approfondir certaines questions restées sans réponse. Enfin, nous espérons vivement que chacun prendra autant de plaisir à lire ce livre que nous en avons eu à y participer en tant qu'auteurs et à le coordonner.

Dieulefit (France), 7 août 2015
Grégory LO MONACO
Sylvain DELOUVÉE
Patrick RATEAU

PARTIE 1
APPROCHE THÉORIQUE ET MÉTHODOLOGIQUE

Sommaire

CHAPITRE 1a

La théorie des représentations sociales : quelques repères socio-historiques

Sylvain DELOUVÉE[1]

Sommaire

1. Université Rennes 2, France.

1. L'histoire (re)présentée

Quiconque ouvrira un ouvrage de synthèse consacré à la théorie des représentations sociales (Bonardi & Roussiau, 1999 ; Jodelet, 1989a ; Jodelet, Viet & Besnard, 1972 ; Moliner & Guimelli, 2015 ; Sammut, Andreouli, Gaskell & Valsiner, 2015 ; Secca, 2010 ; Valence, 2010) aura bien souvent l'occasion de lire quelques lignes, quelques pages, voire un chapitre entier consacré à des éléments historiques proposés comme passage incontournable ou prolégomènes à toute présentation scientifique.

Selon cette « histoire », l'origine de la théorie puisera alors ses racines dans la conception durkheimienne des représentations collectives s'élaborant en opposition aux représentations individuelles. Il sera ensuite fait mention de l'absence inexpliquée (sans qu'elle ne soit vraiment interrogée) pendant près d'un demi-siècle de la notion, avant que Moscovici ne la réactualise. La recherche princeps sur l'image de la psychanalyse sera présentée et la date de 1961 retenue comme l'origine de la théorie. Piaget et Lévy-Bruhl seront évoqués. La diffusion de la théorie dans toutes les sciences humaines et sociales sera soulignée. Et, enfin, l'éventuelle opposition avec une conception anglo-saxonne des rapports humains et du fonctionnement de la société sera plus ou moins développée.

C'est une écriture particulière de l'histoire avec ses mythes fondateurs, ses grandes figures, ses expériences princeps (Delouvée, Kalampalikis, & Pétard, 2011 ; Kalampalikis, Delouvée, & Pétard, 2006). D'autant plus particulière que, dans notre cas, l'un de ceux qui ont le plus écrit à propos de cette histoire est le promoteur même de la théorie : Serge Moscovici (Moscovici, 1982, 1984, 1989, 2001, 2003, 2013 ; Moscovici & Markovà, 2006 pour ne donner que quelques exemples). Ce chapitre n'a évidemment pas vocation à retracer une histoire officielle de la théorie des représentations sociales. Il ne sera certainement pas exempt de quelques travers de l'historien amateur et évoquera, évidemment, Durkheim et 1961… Même si la présentation pourra paraître assez linéaire, notre objectif est de poser quelques repères socio-historiques permettant, d'une part, un regard réflexif sur la théorie et, d'autre part, de saisir le contexte d'émergence et les influences réciproques :

> « L'un des développements récents les plus importants dans la psychologie sociale européenne est l'émergence du concept de "représentations sociales". L'apparition d'un nouveau concept n'indique pas toujours la formulation d'une idée nouvelle. Parfois, en psychologie sociale, un concept est créé afin de décrire la nouveauté d'une procédure expérimentale, et parfois afin d'accorder les prétentions scientifiques à un truisme connu. À l'opposé, ce qui caractérise le concept de représentations sociales, ce sont les ambitions intellectuelles de ses partisans. Ils ont annoncé une véritable révolution intellectuelle et la transformation de la psychologie sociale, délaissant les racines de la psychologie individuelle anglo-saxonne au profit des traditions de la science sociale européenne » (Billig, 1988, p. 1, cité par Moscovici, 2013).

2. Explications du monde

2.1 *Magie, religion et science*

À partir du XVe siècle, les explorateurs portugais, espagnols, anglais, hollandais et français établissent les premiers contacts entre l'Europe et le reste du monde. Ils ramèneront de leurs expéditions un grand nombre d'observations (quand ce ne sont pas directement des femmes et des hommes) concernant ces populations rencontrées qualifiées de « sauvages », « barbares », « païennes » ou encore « primitives ».

Hernán Cortés au Mexique ou Francisco Pizarro et Diego de Almagro au Pérou sont quelques-unes de ces figures emblématiques de *conquistadors* espagnols. Les peuples indigènes sont alors réduits en esclavage. En 1550 et en 1551, Bartolomé de Las Casas – dominicain favorable aux Indiens – et Juan Ginés de Sepúlveda s'opposeront dans la célèbre controverse de Valladolid sur la conversion et l'évangélisation des Indiens. Rappelons que le pape Paul III avait pourtant déjà tranché la question de l'âme des Indiens et de leur esclavage :

> « Nous décidons et déclarons, par les présentes lettres, en vertu de Notre Autorité apostolique, que lesdits Indiens et tous les autres peuples qui parviendraient dans l'avenir à la connaissance des chrétiens, même s'ils vivent hors de la foi ou sont originaires d'autres contrées, peuvent librement et licitement user, posséder et jouir de la liberté et de la propriété de leurs biens, et ne doivent pas être réduits en esclavage » (*Veritas ipsa*, lettre du 2 juin 1537 du pape Paul III au cardinal Juan Pardo de Tavera). Dans les colonies la réalité est parfois différente.

Ces nouveaux peuples aux coutumes, aux traditions, aux mœurs, aux habits différents interrogent : sont-ils des êtres humains, ont-ils une âme, pourquoi ne semblent-ils pas avoir « évolué » comme nous ? Les philosophes vont essayer de penser cette altérité.

Giambattista Vico sera l'un des premiers à formuler une évolution en trois âges (divin, héroïque, humain) influençant toutes formes de production humaine. Mais ce sera évidemment Montesquieu, avec son ouvrage *De l'esprit des lois* (1748), qui distinguera les trois étapes successives dans l'histoire de l'humanité : la sauvagerie, la barbarie et la civilisation. Nous avons affaire à une conception unilinéaire : de la société la moins évoluée à la société la plus évoluée ; l'évolution conduisant inévitablement et inexorablement vers le progrès.

Edward Burnett Tylor, premier professeur d'anthropologie en 1896 à l'Université d'Oxford, reprend les trois étapes de l'évolution définies par Montesquieu et établit une correspondance avec l'évolution de la religion : sauvagerie/animisme, barbarie/polythéisme et civilisation/monothéisme. L'esprit humain, selon lui, fonctionne de manière relativement similaire dans toute société (c'est l'idée d'unité psychique) : les mythes d'Amérique du Nord, par exemple, ressemblent à ceux d'Amérique du Sud. L'anthropologue britannique James Georges Frazer va compiler dans les 12 volumes du *Rameau d'or* (1890-1915) les rites et croyances des peuples primitifs en présentant les trois attitudes de l'esprit à l'égard de l'univers que sont la magie, la religion et la science. Les lois de la pensée magique (loi de similarité et loi de contagion) ne sont, selon lui, que des superstitions et des illusions qui seront remplacées par la religion reconnaissant alors des pouvoirs supérieurs à ceux de l'Homme avant d'être supplantées par la science. L'évolutionnisme anthropologique explique les différences entre les peuples comme des degrés d'évolution. Sont opposés les peuples dits « inférieurs » aux peuples dits « supérieurs » qui se différencient selon leur organisation, leurs croyances, leur raisonnement, etc., comme on peut le voir dans le tableau 1.1.

Tableau 1.1.
Différences entre les peuples

Peuples dits « inférieurs »	Peuples dits « supérieurs »
Raisonnement enfantin	Raisonnement scientifique
Absence d'invention	Capacité technologique
Anarchie ou tyrannie	Démocratie parlementaire
Communisme primitif	Propriété privée
Communisme sexuel	Monogamie
Ignorance religieuse	Monothéisme

En contrepoint de cette vision anthropologique, le diffusionnisme va se développer en tentant d'expliquer le fait que des éléments culturels (traits) passent d'une société à une autre en y étant intégrés. En ce sens, Franz Boas, qui s'intéressera aux conséquences des migrations notamment en étudiant l'influence de l'environnement sur le mode de vie des Eskimos, peut être considéré comme le père fondateur de l'anthropologie culturelle américaine. Parmi ses élèves, on comptera R. H. Lowie, E. Sapir, R. Linton, M. Mead ou encore R. Benedict.

S'inscrivant dans une perspective holiste[2], le fonctionnalisme va parallèlement tenter d'interpréter les données sociales à partir de leurs interrelations et, surtout, de leurs fonctions. Bronisław Malinowski dans *Les argonautes du Pacifique occidental* (1922) montre bien le rapport complexe des Trobriandais avec la magie et la science. Les Trobriandais, en effet, estiment que la nature doit être contrôlée par le travail : pour éloigner les animaux sauvages des plantations, par exemple, il faut construire des clôtures pour les protéger et non effectuer quelques rites magiques. Ceux-ci seront jugés comme inefficaces. En revanche, certains aléas de la nature peuvent être maîtrisés par les forces de l'esprit. Les Trobriandais feront alors appel à quelques rites ou croyances magiques pour faire tomber la pluie ou apparaître le soleil. Un Trobriandais est donc soit magicien, soit cultivateur mais il ne confond pas les deux tâches. Elles se complètent plutôt qu'elles ne s'opposent. Quand le cultivateur européen ne fera appel qu'à la science pour faire pousser ses légumes, le Trobriandais disposera, en plus, du recours à la magie. Notons, au passage, que cette opposition n'est pas si simple car notre cultivateur européen fera parfois également appel à la lune, aux jours de la semaine, à un savoir-faire particulier transmis de père en fils et à quelques autres « croyances ». Son comportement pourrait donc paraître, à première vue, irrationnel à tout observateur extérieur et pas uniquement basé sur les savoirs scientifiques. Mais c'est surtout le rôle d'Edward Evan Evans-Pritchard qu'il convient de souligner ici. Dans son ouvrage *Sorcellerie, Oracles et Magie chez les Azande* (1937), il note que les croyances magiques des Azande sont éminemment cohérentes et reliées les unes aux autres par des liens logiques. La magie et la sorcellerie sont la cause de toute maladie et de tout malheur (même la mort est expliquée par la magie), mais les Azande peuvent être aussi réalistes et pragmatiques que les Européens selon Evans-Pritchard. Sont-ils tiraillés entre une pensée scientifique et une pensée magique ? L'explication pragmatique (le comment) et l'explication mystique (le pourquoi) ne sont pas contradictoires et n'entraînent, chez eux, aucun conflit d'interprétation : « Un Zandé ne voit pas un sorcier foncer sur un homme, mais un éléphant. Il ne voit pas un sorcier faire tomber un grenier, mais des termites qui érodent les montants. Il ne voit pas une flamme psychique mettant le feu au chaume, mais une poignée d'herbe ordinaire que l'on a allumée. Comment les événements arrivent, il en a une perception aussi claire que la nôtre » (trad. fr., 1972, pp. 105-106).

La magie est une tentative d'expliquer le monde, une forme primitive de religion et de science si l'on suit les anthropologues évolutionnistes tels que Tyler ou Frazer. Pour Malinowski, et du côté des fonctionnalistes, la magie sert à combattre les angoisses de l'échec des techniques et à gérer les aléas. Pour Mauss, magie et religion suivent les mêmes principes mais dans des formes ou des niveaux différents (la magie est de l'ordre du privé pour des usages irréguliers à visées concrètes avec des effets immédiats lorsque la religion est de l'ordre du public pour des usages réguliers à visées abstraites avec des effets médiatisés). Dans « Esquisse d'une théorie générale de la magie » (1902-1903), Mauss insistera sur l'importance des représentations dans les pratiques magiques. Lévy-Bruhl opposera, lui, les mentalités prélogiques (pas de contradiction ou de syllogisme par exemple) et les mentalités scientifiques. Au cœur de la théorie des représentations sociales, il y a cette interrogation de la relation et de l'interaction possible entre la science et le savoir profane et cette volonté de devenir une « anthropologie de la culture moderne » (Moscovici, 1989).

2.2 *Science et sens commun*

La connaissance sociale a très rapidement été pour Moscovici une clef de lecture de la psychologie sociale (Moscovici, 2001), ce qui permet de comprendre l'importance qu'il a attachée à la communication et à la diffusion du savoir dans l'élaboration de sa théorie des

2. À propos du positionnement de la théorie des représentations sociales entre holisme et individualisme, lire Garnier (2015).

représentations sociales. On ne connaît un objet qu'à travers notre rapport médié à autrui[3] et le fameux regard ternaire (Moscovici, 1984) en est une parfaite illustration. Cette connaissance sociale repose en grande partie sur la confiance : la confiance dans l'enseignant, dans les parents, dans les journalistes, dans les scientifiques, dans les livres. Nous prenons en effet pour acquis un certain nombre de choses sans les avoir vérifiées par nous-mêmes (c'est d'ailleurs parfois tout simplement impossible). Nous devons donc faire confiance[4].

Comment passe-t-on de la pensée primitive à la pensée civilisée ou de la pensée magique à la pensée scientifique (Horton & Finnegan, 1986) ? Comment, pour reprendre la distinction de Lévy-Bruhl, passe-t-on de la mentalité prélogique à la mentalité scientifique ? C'est une question qui peut se poser au niveau de la société mais également au niveau de l'individu. Piaget s'interrogeait de la même manière dans ses premiers travaux sur la genèse de la causalité et de la représentation du monde chez l'enfant.

Si les chercheurs sont capables de dépasser le sens commun pour aboutir à des connaissances scientifiques, celles-ci ont vocation ensuite à être diffusées et transmises en dehors de la communauté scientifique. Ces connaissances vont alors se diffuser auprès du grand public et la science, en se transmettant, va se transformer. Elle va se mélanger au sens commun et permettre l'élaboration d'un savoir profane. Nous allons acquérir une géographie profane, une physique populaire, une économie naïve, etc., nous permettant d'agir, de nous comporter, d'interagir, de faire des choix, de voter, de nous exprimer dans l'espace public, de revendiquer ou de prendre position.

Finalement la science ne remplacera jamais, d'une certaine manière, le sens commun. Les connaissances scientifiques peuvent parfaitement coexister avec un savoir profane. Bien au contraire, ce savoir profane se nourrit des connaissances scientifiques. Moscovici indique avoir été fortement influencé par les écrits de Flaubert et en particulier *Bouvard et Pécuchet* qui illustre la diffusion de la science dans la société : « Ce roman à la fois vivifiant et pathétique dresse un portrait convaincant des modes de diffusion et de communication de la connaissance scientifique » (Moscovici, 2001, cité dans Moscovici, 2013, p. 28). Bouvard et Pécuchet vont tenter de s'approprier bon nombre de connaissances scientifiques, vont essayer de les appliquer et vont, surtout, en discuter. C'est un point ici essentiel : il faut être au moins deux pour que s'élabore la connaissance. Le *Dictionnaire des idées reçues* de Flaubert est une autre source d'inspiration revendiquée par Moscovici. Il est constitué de référentiels pour une population donnée à une époque donnée comme tout dictionnaire (la définition du moustique, par exemple, « Plus dangereux que n'importe quelle bête féroce », peut aussi bien faire écho à l'impossibilité de trouver le sommeil réparateur qui est assez universel qu'à l'image très actuelle et contextuelle du virus Zika). À leur manière, celles et ceux que l'on appelle aujourd'hui les « youtubers » et qui vulgarisent la science en vidéo participent par leur travail, et les commentaires permis par le web 2.0[5], à cette transformation et à cette élaboration de savoir(s) profane(s).

Si la science et si les connaissances scientifiques se transforment en se transmettant, si la connaissance populaire qui en résulte semble trompeuse, erronée, remplie d'imperfections, de contradictions, d'oublis, il n'en demeure pas moins qu'elle ne doit pas être ignorée ou rejetée. Elle fait partie de notre quotidien. C'est un mythe de penser que les masses racontent n'importe quoi et qu'elles sont le lieu même de l'irrationalité. Avons-nous à faire, individuellement, à du traitement de l'information erroné ? à des biais cognitifs ? à des erreurs de raisonnement ? à des capacités cognitives limitées ? Si l'individu se trompe, c'est peut-être plutôt parce qu'il base ses raisonnements et ses logiques sur des représentations sociales qui peuvent entrer en contradiction avec des représentations scientifiques. Les premiers anthropologues comparaient les sociétés dites primitives étudiées à leur propre société en expliquant « ces aberrations [superstitions, croyances diverses, etc.] par les limitations des individus, incapables de raisonner

3. Voir chapitre 8.

4. C'est d'ailleurs certainement en partie une crise de confiance qui explique le succès actuel des théories du complot en tout genre.

5. Voir chapitre 19.

comme nous, et par des fautes d'association mentale dont l'origine serait psychologique. Or, si l'on rattache croyances, mythes, formes symboliques en général à la société elle-même, tout change. "Absurdité" et "erreurs" ne sont plus dues à la logique fautive des individus mais à la représentation collective elle-même dont il s'agit de comprendre la signification » (Moscovici, 1989, p. 84). Demandez à quelqu'un de vous expliquer la théorie darwinienne et il ne manquera pas d'évacuer le rôle du hasard et de faire appel à Lamarck dans un mélange satisfaisant bon nombre de ses croyances. Ce recours aux représentations pour penser le monde et en parler, c'est Durkheim qui, le premier, va en proposer une théorisation.

3. Représentations individuelles et représentations collectives

Émile Durkheim est né au milieu du XIXe siècle, en 1858. Philosophe de formation il est considéré comme le père fondateur de la sociologie française. Dans son ouvrage consacré au suicide, Durkheim (1897) évoque que la religion ne peut se comprendre qu'en faisant appel aux représentations collectives : « Mais, en séparant ainsi la vie sociale de la vie individuelle, nous n'entendons nullement dire qu'elle n'a rien de psychique. Il est évident, au contraire, qu'elle est essentiellement faite de représentations. Seulement, les représentations collectives sont d'une tout autre nature que celles de l'individu. Nous ne voyons aucun inconvénient à ce qu'on dise de la sociologie qu'elle est une psychologie, si l'on prend soin d'ajouter que la psychologie sociale a ses lois propres, qui ne sont pas celles de la psychologie individuelle » (Durkheim, 1897, p. 382). Dans *Les formes élémentaires de la vie religieuse* (1912), il consacrera plusieurs passages aux rôles de ces représentations collectives dans les croyances en général et dans la religion en particulier.

Mais c'est évidemment dans son article de 1898, « Représentations individuelles et représentations collectives », qui paraît dans la *Revue de métaphysique et de morale* qu'il présente le lien entre représentations individuelles et regard sociologique à travers les représentations collectives : « La vie collective, comme la vie mentale de l'individu, est faite de représentations, il est donc présumable que représentations individuelles et représentations collectives sont, en quelque manière, comparables. »

Durkheim insiste sur la représentation de la réalité et non sur la réalité elle-même. La réalité devient secondaire d'une certaine manière. Il propose la notion de représentations collectives en considérant qu'il y a des représentations qui sont partagées par tout le monde, donc collectivement, du simple fait de l'appartenance des individus à une société donnée. Et cela vaut pour tout phénomène idéel (religions évidemment mais également mythes, espaces, temps ou sciences). Ces représentations collectives vont donc différer d'une société à une autre, d'une culture à une autre et ce sont ces représentations que Lévy-Bruhl (1951) proposera d'analyser bien plus tard : « Il faut renoncer à ramener d'avance les opérations mentales à un type unique, quelles que soient les sociétés considérées, et à expliquer toutes les représentations collectives par un mécanisme psychologique et logique toujours le même. S'il est vrai qu'il existe des sociétés humaines qui diffèrent entre elles par leur structure comme les animaux sans vertèbres diffèrent des vertébrés, l'étude comparée des divers types de mentalité collective n'est pas moins indispensable à la science de l'homme que l'anatomie et la physiologie comparée ne le sont à la biologie » (Lévy-Bruhl, 1951, p. 20).

Les représentations collectives ne sont pas égales à la somme des représentations individuelles. Cela dépasse l'addition des représentations des individus. La position de Durkheim est assez révolutionnaire pour l'époque puisqu'il considère que nous n'avons pas besoin des individus pris isolément, mais de l'ensemble qui permettra l'émergence d'une représentation collective :

> « Si l'on peut dire, à certains égards, que les représentations collectives sont extérieures aux consciences individuelles, c'est qu'elles ne dérivent pas des individus pris isolément, mais de leur

concours ; ce qui est bien différent. Sans doute, dans l'élaboration du résultat commun, chacun apporte sa quote-part ; mais les sentiments privés ne deviennent sociaux qu'en se combinant sous l'action des forces *sui generis* que développe l'association ; par suite de ces combinaisons et des altérations mutuelles qui en résultent, ils deviennent autre chose » (Durkheim, 1898b).

Il oppose donc les représentations individuelles propres à l'individu et pouvant faire l'objet de variations considérables aux représentations collectives partagées par l'ensemble d'une société, stables et résistantes à l'épreuve du temps. À la manière d'une langue partagée, ces représentations sont partagées par l'ensemble d'une société, elles ont « pour fonction de préserver le lien entre eux, de les préparer à penser et agir de manière uniforme » (Moscovici, 1989, p. 81). Durkheim s'attache alors à l'élément symbolique de la vie sociale. Loin de disparaître, la notion de représentation (collective) va au contraire être reprise et se diffuser au sein des sciences humaines et sociales en sociologie, évidemment, mais aussi en anthropologie, en ethnologie, en histoire, en linguistique (Lévy-Bruhl, 1922 ; Linton, 1945 ; Mauss, 1903 ; Piaget, 1932). Evans-Pritchard (1981) décrit bien cette dissémination : « Ces modes de pensée qui dans leur ensemble composent l'esprit ou la mentalité d'un peuple sont ce que Lévy-Bruhl appelle des représentations collectives, une expression d'usage courant parmi les sociologues français de cette époque et une traduction, je crois, du terme allemand *Vorstellung* » (1981, p. 124). La sociologie universitaire durkheimienne n'existera pratiquement plus au sortir de la Seconde Guerre mondiale (Farrugia, 2000 ; Pickering, 2014). La psychologie collective de la fin du XIXe siècle (et les débats entre Durkheim et Tarde) laissera la place, quant à elle, à une psychologie sociale cherchant à s'institutionnaliser.

4. Formes de pensée sociale

Kalampalikis (2013) insiste sur le courant d'idées de la psychologie collective qui a permis à la théorie des représentations sociales d'être élaborée. Il souligne que « cela permet de dissiper certains malentendus établissant des généalogies directes et automatiques, ou considérant la réflexion psychosociale sur les représentations comme une reprise mécanique et consciente de l'héritage durkheimien » (p. 10). On va voir apparaître un certain nombre de réflexions autour de ce que l'on pourrait appeler aujourd'hui la pensée sociale (Kalampalikis, 2014 ; Rouquette 1973, 2009 ; Guimelli 1999). Les travaux sur la mémoire collective et sur les rumeurs illustreront parfaitement ces réflexions « scandaleuses » pour reprendre le terme de Moscovici (2013).

4.1 *La mémoire collective*[6]

À partir d'observations anthropologiques menées auprès des Swazi (population bantoue d'Afrique australe) et en les croisant avec une série de recherches expérimentales réalisées en Grande-Bretagne, Frederic Charles Bartlett va mettre en évidence le processus de conventionnalisation sociale. Les points communs et les similarités seront nombreux entre ce processus et ceux d'objectivation et d'ancrage ou encore ceux mis en évidence par Allport et Postman (1947). Moscovici rencontrera pour la première fois Bartlett au XVe Congrès international de psychologie à Bruxelles en 1957 où il participait à un débat concernant la méthodologie des échelles. Il reconnaîtra d'ailleurs lui-même l'influence de la conventionnalisation sur sa théorie : « Cette rencontre m'a incité à lire son livre, *Remembering* (Bartlett, 1932). Je travaillais à cette époque sur la théorie des représentations sociales et son analyse de la conventionnalisation m'a aidé à mieux cerner le processus d'objectivation » (Moscovici & Duveen, 2000, cité dans Moscovici, 2013, p. 260).

6. Voir chapitre 27.

Bartlett va proposer une méthode originale : la reproduction sérielle. À partir d'un premier document (image ou texte), il va analyser la déformation que celui-ci va subir en se transmettant d'individu à individu dans une chaîne. Bartlett montre que tout nouvel élément introduit sera modifié selon les normes sociales et la culture propre au groupe. Ce processus est influencé par deux facteurs sociaux selon lui : les tendances persistantes et la proximité physique des membres du groupe. La communication joue ici un rôle central.

Le processus de conventionnalisation sociale regroupe ce que Bartlett va nommer l'assimilation, la simplification, la conservation et, enfin, la construction sociale. L'assimilation correspond au processus par lequel les différents aspects ou détails du matériel sont transmis et directement adoptés ou modifiés. Le matériel transmis va s'intégrer ou être transformé pour s'adapter. La simplification, quant à elle, entraîne la perte des détails ou des particularités liées aux normes et à la culture d'origine du matériel transmis. Le processus de conservation ou d'élaboration permet de conserver des détails qui sont mineurs ou alors qui sont importants seulement pour le groupe social dans lequel se transmet le message. La construction sociale, enfin, définit l'orientation de l'assimilation de la simplification et de la conservation : le matériel sera assimilé comme nouvel élément et deviendra un élément constitutif du schéma social du groupe dans lequel il prend forme.

Bartlett proposera également la notion de « schemata » que Moscovici (1988) considérera bien plus tard comme des représentations sociales simplifiées et faiblement enracinées dans le monde social. Les liens sont forts entre l'œuvre de Bartlett et la théorie des représentations sociales et nombreux sont les travaux l'analysant (Bangerter & Lehmann, 1997 ; Tavani, Collange, Rateau, Rouquette & Sanitioso, 2015 ; Viaud, 2003 ; Wagner, 1996 ; Wagner, Duveen, Farr, Jovchelovitch, Lorenzi-Cioldi, Markova, & Rose, 1999 ; Wagoner, 2008).

4.2 *Les rumeurs*[7]

Les rumeurs sont le lieu privilégié de l'expression de la pensée sociale, puisqu'elles sont le fruit d'une élaboration collective. Elles mettent également en scène des acteurs et situations de la vie quotidienne réelle et, enfin, elles expriment de manière symbolique les peurs et espoirs qui animent les groupes sociaux, et qui ne peuvent être formulés dans un langage intellectuel et abstrait. Dès 1945, les frères Allport (Gordon Willard et Floyd Henry) seront les premiers à tester expérimentalement les processus des rumeurs (Allport & Lepkin, 1945). Avec Lepkin, Floyd Henry Allport montrera que plus une rumeur (de guerre) est crue, plus elle est transmise. Mais d'autres auteurs ont également montré que l'on peut transmettre une rumeur sans nécessairement y adhérer mais simplement parce qu'elle est nouvelle, qu'elle permet de convaincre le locuteur, qu'elle permet d'apaiser des tensions, d'être au centre de l'attention, etc. Ce n'est pas parce que l'on adhère que l'on va diffuser et inversement.

En se proposant d'étudier les rumeurs à l'aide de la communication par relais, Allport et Postman (1947) se posent la question suivante : comment évolue un message lorsqu'il est transmis d'individu à individu ? Pour cela, ils proposent des images comportant un certain nombre de détails à un premier individu qui doit le visualiser durant quelques secondes, puis le cachent et demandent à cet individu de décrire à un autre ce qu'il a vu, puis ce deuxième doit rapporter ce que le premier lui a dit à un troisième, lui-même à un quatrième, etc. De cette manière, Allport et Postman peuvent analyser ce que devient le message au fur et à mesure de sa transmission et comparer le message final au contenu du dessin initial.

Au cours de sa transmission de relais en relais, la narration du dessin subit un certain nombre de distorsions. Au bout du septième relais, le message a pris sa forme définitive puisqu'il est devenu suffisamment court pour être répété de façon mécanique. La réduction maximale semble

7. Voir Delouvée (2013) pour une présentation plus détaillée des éléments repris ici et la littérature abondante sur le sujet. Citons, entre autres, Morin (1969), Rouquette (1975), Reumeaux (1999), Renard (1999), Froissart (2002), Bronner (2006)...

même être atteinte après quatre relais. Ceci montre que plus le récit est court et concis, plus il a de chances d'être reproduit correctement. Cette stabilisation s'explique aussi par le fait que la possibilité de travail d'élaboration et de construction imaginaire diminue du fait de la disparition de la plupart des détails (ceux-ci servant souvent de base aux distorsions ultérieures).

Le premier processus mis en évidence par Allport et Postman (1947) dans la formation d'une rumeur est la réduction : le message évolue progressivement pour aller vers une structure plus simple et devient donc plus facile à comprendre, à mémoriser puis à raconter. Cette réduction, cependant, ne se produit pas de manière aléatoire. À ce premier mécanisme s'ajoute en effet un mécanisme complémentaire : l'accentuation. Les quelques éléments conservés ont tendance à devenir essentiels dans les récits que se transmettent les individus. L'accentuation implique la rétention puis la reproduction sélective d'un certain nombre de détails jugés remarquables (en nombre limité).

Ces deux mécanismes trouvent leur origine dans un troisième processus qu'Allport et Postman nomment l'assimilation. Les ajouts, les erreurs, les oublis ou les exagérations trouvent en effet leur source dans le fait que les individus, en se relayant successivement l'information, assimilent celle-ci en la rendant compatible avec leur système de valeurs, de normes et d'attitudes. Allport et Postman (1947) distinguent plusieurs formes d'assimilation : l'assimilation au thème central (modification des détails du récit afin d'augmenter sa cohérence et sa vraisemblance) ; l'assimilation par condensation (consiste à résumer des détails plutôt qu'à les conserver séparément) et l'assimilation par anticipation (le sujet modifie ou introduit des informations en fonction de ses anticipations personnelles). Là encore les liens sont forts avec la sociogenèse des représentations sociales.

5. Élaboration théorique

5.1 *Le contexte*[8]

Dans les années 1930, la psychologie sociale est à la recherche d'une méthodologie pour « étudier le comportement de l'individu en contexte social » (Vallerand, 1994, p. 23). En 1934, Moreno introduit la notion de sociométrie, puis c'est au tour de Sherif (1936) de lancer le premier programme de recherche en psychologie sociale consacré à l'étude des normes sociales (Sahakian, 1982). Les échelles d'attitudes sont mises au point (Thurstone, 1928 ; Likert, 1932). Les années 1940 et 1950 se caractérisent, aux États-Unis, par une véritable explosion de la psychologie sociale, favorisée par l'introduction de l'approche expérimentale et par l'apport des psychologues sociaux européens fuyant le nazisme. Il s'agit du début de l'âge d'or (« Golden Age » ; Apfelbaum, 1992) qui va durer jusqu'à la fin des années 1960. L'Europe, après la Seconde Guerre mondiale, se tourne vers les méthodes et les techniques développées aux États-Unis. En France, ce n'est qu'à partir des années 1950 que la psychologie sociale se (re)construit et s'institutionnalise (CNRS, laboratoires universitaires, formation, sondage) sous l'impulsion de personnalités telles que Daniel Lagache, Jean Maisonneuve, Robert Pagès, Jean Stoetzel et, bien sûr, Serge Moscovici. Pendant cette période, la psychologie sociale se dote d'outils statistiques et diversifie ses champs de recherche : attitudes, perception sociale, conformité, comparaison sociale, dissonance cognitive, etc.

En 1951-1952, l'Unesco (de Bie, Lévi-Strauss, Nuttin & Jacobson, 1954) dresse un portrait de l'enseignement de la sociologie, de l'anthropologie sociale et de la psychologie sociale dans le monde. Selon les rapporteurs, « la France peut être considérée comme le pays de la psychologie sociale » (*ibid.*, p. 141). Mais s'enseigne-t-elle après la guerre et où ? Depuis 1947, il existe une

8. Voir Bègue et Desrichard (2013) pour une présentation plus complète de l'institutionnalisation de la psychologie sociale en France et Vermès, Sellier et Ohayon (1993) pour la période particulière de l'entre-deux-guerres (1913-1947).

licence de psychologie qui comporte un certificat de psychologie de la vie sociale. « Toutefois, l'enseignement de la psychologie sociale proprement dite est encore peu répandu en France » (*ibid.*, p. 143).

Dans ces années d'après-guerre, l'enseignement et la recherche fondamentale ne sont pas coupés de la recherche appliquée. Les techniques importées des États-Unis sont très à la mode et un certain nombre de chercheurs font le voyage, dont des sociologues : « Nous passâmes [à l'Université du Michigan, à Ann Arbor] une semaine à écouter les plus importants chercheurs en psychologie sociale faire le point sur leur spécialité et présenter leurs hypothèses et résultats. Jamais je n'ai appris tant de choses en si peu de temps » (Crozier, 1980, p. 48). Au début donc, enseignement, recherche fondamentale et appliquée sont unis. La recherche psychosociale n'est pas coupée de la demande sociale et des enjeux sociaux qu'elle porte en elle. C'est d'ailleurs ceci qui lui a permis de se développer en France à la fin du XIXe siècle et c'est ce que la psychologie sociale retrouvera aux États-Unis pendant la Seconde Guerre mondiale. Petit à petit, recherche appliquée et recherche fondamentale vont s'éloigner au profit de cette dernière. La recherche fondamentale, dite aussi recherche pure (l'adjectif n'est pas anodin), devient de plus en plus valorisée. On pourrait expliquer cette valorisation en France, à notre avis, par deux raisons tenant à la culture française. Tout d'abord, la longue tradition philosophique française privilégie la connaissance pour la connaissance, ce que Durkheim exprimait très bien : « La science étudie les faits uniquement pour les connaître et en se désintéressant des applications auxquelles peuvent se prêter les notions qu'elle élabore » (1910 ; 1975, p. 609). Une explication complémentaire porte sur le fait de ne pas « se faire exploiter » dans les « lieux de damnation que sont le commerce et l'industrie » (Plon, 1969).

Entre 1951 et 1953, donc, Daniel Lagache, titulaire de la chaire de psychologie à la Sorbonne (Faculté des Lettres et Sciences humaines), décide avec quelques chercheurs du CNRS et quelques enseignants de créer un laboratoire de psychologie sociale qui sera rattaché à sa chaire. Lors d'une des premières réunions[9] où fut évoquée la création d'un laboratoire de psychologie sociale, le dimanche 17 juin 1951, étaient présents notamment Didier Anzieu, Guy Durandin, Joseph Gabel, Robert Pagès, Alexandre Vexliard et, bien entendu, Daniel Lagache. C'est Stoetzel, après avoir occupé la chaire de sociologie inaugurée par Durkheim, qui occupe la première chaire de psychologie sociale créée à la Sorbonne en 1956.

En 1961, le laboratoire est rattaché à cette chaire tout en restant lié à Lagache. Un an plus tard, en 1962, le laboratoire se trouve dans ses locaux « définitifs » au 18, rue de la Sorbonne tout en conservant encore un local au numéro 16. Le laboratoire est alors dirigé officiellement par Lagache et Stoetzel mais le chef du laboratoire est Pagès. Cohabitent alors des cliniciens sous la direction de Lagache comme Anzieu ou Pontalis, des enseignants et des chercheurs plus ou moins expérimentalistes tels que, entre autres, Apfelbaum, Bouillut, Faucheux, Herzlich, Lemaine, Moscovici, Valabrega... Serge Moscovici va rapidement prendre la tête d'un petit groupe et gagner son autonomie se méfiant des institutions. Il faut attendre 1966 pour que la deuxième chaire de psychologie sociale soit créée à l'Université de Nanterre pour Jean Maisonneuve.

5.2 *La psychanalyse, son image, son public*

Impossible, évidemment, de revenir sur l'histoire de la théorie des représentations sociales sans évoquer la thèse principale du doctorat ès lettres de Serge Moscovici sous la direction de Daniel Lagache : « La psychanalyse, son image et son public. Étude sur la représentation sociale de la psychanalyse » (publiée aux Presses universitaires de France en 1961 dans une collection consacrée à la psychanalyse et refondue et rééditée en 1976).

Il s'agit d'une thèse commencée en 1951 après son obtention en 1949 de la nouvelle licence de psychologie. Moscovici est alors un jeune réfugié : « Je dois dire que cette théorie est née

9. Réunion citée par Pagès (1974).

d'une époque que je qualifierais de période d'innocence. J'entends par là que j'ai commencé à travailler dans ce sens alors que j'étais encore réfugié politique à Paris. J'étudiais à la Sorbonne et n'avais aucune idée de mon éventuel avenir professionnel. D'une manière générale, la psychologie sociale, en France ou en Europe, était une discipline assez marginale à cette époque. Je n'avais aucun contact avec mes homologues américains ou anglais » (Moscovici & Duveen, 2000, cité dans Moscovici, 2013, p. 235).

Les premiers résultats de son travail seront publiés dès 1952 dans la *Revue française de psychanalyse*, mais il faudra attendre une dizaine d'années pour qu'elle aboutisse (ce qui, à l'époque, fait partie de la norme). Dans cet article de 1952, Moscovici détaille les résultats partiels d'une enquête présentée comme portant sur les opinions concernant la psychanalyse. Il y précise (1952, p. 387) « qu'une étude d'opinion – si elle veut être tant soit peu scientifique – doit saisir et analyser à travers certaines images et leur mode de production, les conditions d'interaction, dans un groupe, des comportements psychiques individuels et des représentations sociales, sans essayer, à elle seule, de les expliquer ». Un peu plus de 1 000 étudiants de Sciences, Lettres, Droit et Médecine sont interrogés. Moscovici s'intéresse à la connaissance de l'objet à travers notamment les termes psychanalytiques connus et il note qu'« à ce niveau déjà, on peut se rendre compte que la psychanalyse est devenue, pour le public visé par l'enquête, une "image sociale", objet d'opinion, au même titre que le relativisme, le communisme, etc. » (pp. 393-394). Le savoir profane se façonne en s'imprégnant et en sélectionnant certaines connaissances. Il est également question, dans cet article, de l'image du psychanalyste. Si les premiers résultats sont déjà là, il lui faudra conceptualiser et théoriser ces représentations sociales à travers les deux processus fondamentaux que sont l'objectivation et l'ancrage. Ce sera également l'occasion de formaliser trois phénomènes marquant, au plan individuel et collectif, la pensée sociale en général et les représentations sociales en particulier : la dispersion et le décalage des informations ; la focalisation de l'attention et la pression à l'inférence. C'est cette pensée en mouvement qui intéressera dès le début Moscovici : « Nous devons au moins reconnaître que les représentations sont d'une façon ou d'une autre créées et modifiées. Chez Durkheim, cela n'arrive qu'exceptionnellement, dans des conditions extraordinaires [...]. Ce que nous avions en tête était les représentations en train de se faire, dans le contexte des interactions et actions [...]. Notre but était de comprendre l'innovation plutôt que la tradition, une vie sociale en train de se faire plutôt que déjà faite » (Moscovici, 1988).

Sa thèse se présente comme un travail de sociologie de la connaissance et de psychologie sociale. Comme nous l'évoquions précédemment, son rapport à la connaissance est central. L'accueil de sa thèse est pourtant mitigé et, dans la refonte de 1976, il indiquera même qu'elle a provoqué un « malaise » chez les psychanalystes : un non-psychanalyste qui prend la psychanalyse comme objet et qui s'intéresse à la perception « déformée » qu'en a le grand public, voilà une position bien intrigante. Les sociologues de l'époque ne sont pas beaucoup plus tendres et insistent sur des réserves méthodologiques concernant les questionnaires ou les entretiens. Isambert (1961), dans la *Revue française de sociologie*, à propos de la publication de l'ouvrage s'interroge : « Un pont a-t-il été jeté entre la psychologie sociale et la sociologie de la connaissance ? » et de conclure : « Il paraît difficile d'en douter, surtout si l'on se réfère à la seconde partie [du livre] où la jonction se trouve faite entre la représentation collective d'un groupe et le mode d'expression de certains de ses représentants » (p. 330). La « représentation collective d'un groupe » correspond bien entendu à la représentation sociale.

6. L'histoire en train de se faire

La théorie des représentations sociales est une tentative pour répondre à une double question, « celle du pouvoir des idées et celle du pouvoir des minorités » (Ohayon, 2013, p. 283). Après la publication de *La psychanalyse, son image et son public*, Moscovici poursuit ses travaux expérimentaux. S'amorce alors une période calme du point de vue de la théorie d'une dizaine d'années avant que ne se structure de manière plus ou moins formelle, autour de Moscovici, à partir des années 1970 une équipe : Faucheux, Abric, Doise, Jodelet... Les publications se feront plus nombreuses et donneront une visibilité à la théorie (Faucheux & Moscovici, 1971 ; Jodelet, Viet & Besnard, 1972 ; Moscovici, 1972 ; Abric, 1976) ; ou encore un workshop à la Maison des Sciences de l'Homme en 1979 qui aboutira à la publication, en anglais, d'un ouvrage codirigé avec Farr. À partir du début des années 1980, on assistera à l'essor de la théorie avec l'importance grandissante qu'ont joué les réseaux nationaux et surtout internationaux (voir le rôle du Laboratoire Européen de Psychologie Sociale : Kalampalikis, 2003 ; Moscovici & Markova, 2006)[10].

Ce chapitre s'arrête là où commence cet ouvrage. Dans les chapitres suivants, on prendra connaissance de la vitalité de la théorie à travers plusieurs approches. On constatera qu'il est loin de s'agir d'une théorie franco-française, que les filiations sont nombreuses, que les débats sont toujours nombreux et que les discussions et échanges sont nécessaires. L'histoire s'écrit et continue à s'écrire.

10. Voir également chapitre 1b dans le présent ouvrage.

CHAPITRE 1b

Mise en réseau scientifique et cartographie de la dissémination de la théorie des représentations sociales et de son impact à l'ère de la culture bibliométrique[1]

Annamaria Silvana DE ROSA[2]

Sommaire

---

1. Traduit de l'anglais vers le français par Patrick Rateau (Université de Nîmes, France).
2. Université La Sapienza, Rome, Italie.

1. La mise en réseau scientifique au sein d'un cadre académique dominé par la culture de l'évaluation bibliométrique

La première question que nous aborderons dans ce chapitre est : quelle est la valeur des activités en réseau, de la formation et de la documentation dans le nouveau cadre académique dominé par la culture de l'évaluation bibliométrique et par l'impact de la technologie pour la production de la science et du partage (science *data-driven*, *big data*, *open data*, revues *open access*, etc.) ?

Afin de discuter de « l'impact de l'impact » de la théorie des représentations sociales à l'ère de la culture bibliométrique, nous allons présenter une sélection de résultats relatifs à la diffusion de la théorie à travers les continents, sur la base de données et de métadonnées concernant, d'une part, les pays et les affiliations institutionnelles des auteurs et, d'autre part, les publications relatives aux différents indices bibliométriques (facteur d'impact et SJR) tels qu'ils dérivent des deux plus grandes bases de données bibliométriques : Isi-Web of Science de Thomson et Reuters et Scopus-Elsevier.

Nous avons ailleurs (de Rosa, 2015) décrit et discuté de façon critique l'évolution de la culture bibliométrique dans les dernières décennies, et de la portée de la *Citation Science* (Garfield, 1955), de Webometrics (De Bellis, 2009) et Altmetrics, basée sur des transactions d'utilisateurs dans le nouveau cadre du Web 2.0 et de la croissance des réseaux sociaux auprès des chercheurs qui entreprennent maintenant la migration à grande échelle vers la publication en ligne et mobile dans un univers de communication « web-native » (Kurtz & Bollen, 2010 ; Priem et al., 2010 ; Priem & Piwowar, 2012 ; Torres-Salinas, Cabezas-Clavijo & Jiménez-Contreras, 2013 ; De Bellis, 2014 ; Cronin & Sugimoto, 2014 ; Aventurier, 2014 ; Chimes, 2014 ; Van Noorden, 2014 ; entre autres). Bien qu'il soit évident que le cadre du réseau scientifique ouvert (Tapscott & Williams, 2008 ; Nielsen, 2012) et de l'informatisation progressive du processus de recherche modifie les pratiques de recherche dans l'ère de la Science 2.0., des doutes raisonnables quant à l'utilisation des médias sociaux dans l'évaluation de la recherche et la nécessité de faire la distinction entre la popularité sociale des auteurs (fondée sur l'opinion) et l'impact scientifique (basé sur le filtre de l'évaluation par les pairs des résultats de recherche) ont récemment été exprimés par Moed (2014a, 2014b).

L'évolution de cette nouvelle culture bibliométrique, de *Citation Sciences* à *Scientometric* en passant par *Altmetrics*, est largement intégrée dans un domaine de recherche multidisciplinaire qui va des sciences de l'information à l'informatique, aux statistiques, aux mathématiques, à la technologie, à la communication ou aux nouvelles études sur les médias, mais qui, en raison de ses applications asymétriques dans le domaine des sciences sociales et humaines, comparé à celui des sciences naturelles et appliquées, a traversé des questions épistémologiques dans l'histoire des sciences et de leurs politiques disciplinaires.

Il est évident que la logique de marché concurrentiel a été une force motrice dans le développement d'Informetrics et des appareils méthodologiques complémentaires de référencement. Cela est dû aux forts intérêts commerciaux des maisons d'édition dans le positionnement de leurs revues dans les bases de données bibliométriques, de sorte que les auteurs sont amenés à identifier les méthodes de référencement utilisées. Depuis que l'application de données bibliométriques a commencé à être largement utilisée pour la mesure de la performance de la recherche universitaire (Moed, 2005, 2010) (avec des conséquences majeures dans de nombreux secteurs de la distribution des ressources, des fonds de recherche à l'allocation des ressources humaines et à la promotion de carrière), elle s'est étendue aux institutions universitaires de recherche, donnant lieu à une multiplication d'agences de classement externes et de comités d'évaluation interne portant sur le processus d'évaluation aux niveaux local, national et international. Elles sont de plus en plus les cibles de plusieurs systèmes de classement et de référencement destinés à orienter les politiques ministérielles (parfois en collaboration avec des évaluations émises par les maisons d'édition elles-mêmes ou avec l'apport d'organismes de classement commercial). Lorsque l'appel aux données bibliométriques a été mal utilisé, la concurrence saine et loyale a souvent dégénéré en conflits insensés « dans » et « entre » les services de recherche, les communautés scientifiques et les différentes affiliations disciplinaires pour conduire à de mauvaises pratiques (comme écrire et publier plus que ce qu'on lit ; échanger mutuellement des citations d'auteurs et même des signatures d'auteurs pour augmenter le nombre de citations ou de publications individuelles ; collaborer instrumentalement plutôt que partager de véritables intérêts scientifiques ; dévaluer la production des livres en faveur des articles dans des revues indexées, etc.).

Les controverses relatives à l'impact de la culture bibliométrique sur le système d'évaluation académique, tant institutionnel qu'individuel, ont également donné lieu à une abondante littérature sur les usages et les abus des outils bibliométriques et de leur application dans divers champs disciplinaires (parmi beaucoup d'autres auteurs : Seglen, 1997 ; Figà-Talamanca, 2000 ; Adam, 2002 ; Moed, 2002, 2014a, 2014b ; Van Raan, 2005 ; Batista, Campitelli & Kinouchi, 2006 ; Bar-Illan, 2008 ; Allen et al., 2009 ; CRUI, 2009, 2012 ; Delle Donne, 2010 ; Baccini, 2010 ; Molinié & Bodenhausen, 2010 ; Ernst, 2010 ; Fanelli, 2010 ; Ségalat, 2010 ; Labini, 2013 ; De Bellis, 2009, 2014 ; Van Leeuwen, 2014 ; Vincent, 2014 ; Glaser, 2014 ; Zuccala, 2014 ; Halevi & Moed, 2014 ; Rehn et al., 2014 ; Zigoni, 2015).

Moed (2014a, 2014b), par exemple, a souligné combien les citations en sciences sociales sont influencées par les tendances de la mode pour les idéologies politiques, montrant sur la base de données empiriques le déclin des citations de Marx et de Lénine, qui est devenu extrêmement évident après la chute du mur de Berlin.

À notre avis, l'impact de la culture bibliométrique sur le système d'évaluation de la qualité académique n'a pas encore été examiné de manière adéquate sur la base d'une enquête empirique systématique. D'autres recherches sont nécessaires sur les pratiques de recherche et l'interaction avec l'adoption des outils bibliométriques pour les évaluations scientifiques dans des disciplines différentes, en tenant compte également du fait que l'histoire de la science coïncide presque avec l'histoire des sciences naturelles et que les sciences sociales et humaines y sont largement ignorées. L'attitude envers la culture bibliométrique continue d'être imprégné de préoptions idéologiques, souvent biaisées par l'avantage individuel de valoriser/dévaluer l'adoption d'indices bibliométriques pour mesurer la qualité scientifique.

Compte tenu de notre responsabilité pour les futures carrières universitaires des chercheurs débutants inscrits au *Doctorat Européen/international sur les représentations sociales et la communication* (DEIRSC), nous avons commencé à les informer sur les outils bibliométriques, leurs usages et leurs abus. Il s'agit de stimuler leur prise de conscience de « l'impact de l'impact » produit par la culture bibliométrique sur le système d'évaluation de la qualité académique, et de les former à la manière de choisir stratégiquement « où » et « comment » ils peuvent publier avec succès. En cohérence avec le regard critique sur le système complexe de formation des chercheurs débutants dans le contexte contemporain de production/diffusion de la science et des carrières scientifiques dans et en dehors du contexte académique, nous poursuivons cet engagement :

- sans diminuer l'attitude critique du « si » ou du « quand » publier et sans écarter l'intérêt du « quoi » et du « dans quel but » (en conséquence, il s'agit de réviser la devise académique « publier ou périr » en ajoutant « à condition que ça vaille la peine ! ») ;
- sans dévaluer l'importance de formats multiples pour la diffusion des connaissances : pas seulement par des articles, mais aussi par les livres (de Rosa, 2014b), le multimédia et les nouveaux outils médiatiques ;
- sans diminuer l'intérêt de « lire les publications au lieu de simplement les évaluer en comptant les citations ! » ni celui de l'originalité et de l'innovation dans la découverte des connaissances et leur diffusion, en lieu et place du biais scientifique tendant à cloner le matériel « mainstream » sous la pression à la publication – comme cela est empiriquement confirmé par des données sur des auteurs basés aux États-Unis (Fanelli, 2010).

L'esprit qui anime notre intérêt à considérer « l'impact de l'impact » est cohérent avec l'article d'opinion rédigé pour le *Bulletin de l'Association européenne de psychologie sociale*, en collaboration avec d'autres psychologues sociaux reconnus à l'échelle internationale, lors d'un meeting qui s'est tenu à Lausanne (12-14 juin 2013) dans le but de réfléchir au nouveau conformisme dominant les pratiques de recherche et de lancer le débat au sein de l'Association européenne de psychologie sociale (EASP). Il y est dit :

> « L'excellence et la qualité semblent de plus en plus assimilées au scientisme résultant de publications de brefs rapports de recherche et de l'utilisation de critères limités pour décider des carrières, du prestige et des financements.
>
> La qualité scientifique est essentielle pour la viabilité de toutes les disciplines et pour apporter une contribution éclairée et responsable aux débats de société. Mais le seul accent sur le nombre de publications, les facteurs d'impact, le H-index, etc., contribue à une homogénéisation indésirable du champ en général et de la psychologie sociale européenne en particulier. Est-ce la raison pour laquelle les chercheurs européens préfèrent publier dans des revues américaines ? Pourquoi le facteur d'impact de l'*European Journal of Social Psychology* reste-t-il très faible malgré des taux élevés de rejet ? Pourquoi les revues américaines sont-elles plus diversifiées ? Cette quantification ethos de notre discipline sape le travail risqué et potentiellement innovant, ainsi que l'utilisation d'un plus large éventail de canaux de diffusion et de publication de la connaissance. Pour reconnaître et évaluer les idées de recherche, les propositions, les documents, et les autres types de livrables, une psychologie sociale pertinente a besoin d'un ensemble pratique, diversifié et équilibré de critères qui inclut la diffusion active et l'utilisation des connaissances produites. »

Une autre source de motivation de notre implication dans le domaine de la culture bibliométrique est étroitement liée à l'amélioration de la *SoReCom 'A.S. de Rosa' @-Library*, et à son exploitation comme outil scientifique pour mener des recherches empiriques sur le développement et la diffusion de la littérature concernant les représentations sociales dans le monde (par continents, pays, villes et institutions, et même par simples affiliations d'auteur), par des générations de scientifiques appartenant à des cultures et des contextes universitaires variés, travaillant dans différents domaines thématiques et à partir de différentes approches paradigmatiques et méthodologiques. Reconstruire le type et l'évolution des coopérations interindividuelles et interinstitutionnelles constitue un autre objectif de l'analyse métathéorique. Ajouter les indices bibliométriques au riche ensemble de données et métadonnées détectées pour chaque document bibliographique et remplir les analyses bibliographiques et métathéoriques des dépôts contribuent à évaluer également « l'impact de l'impact » de la littérature inspirée par la théorie des représentations sociales (de Rosa, Dryjanska & Bocci, 2016).

2. Cartographier la diffusion mondiale de la théorie des représentations sociales et son impact à l'ère de la culture bibliométrique

De manière cohérente avec le titre de ce chapitre, notre objectif est de discuter de certains aspects de « l'impact de l'impact », présentant une sélection de résultats visualisés selon une technique conçue *ad hoc* (de Rosa, 2014c) afin de cartographier le développement et la diffusion de la théorie à travers les continents, sur plusieurs générations de scientifiques et selon des approches thématiques, paradigmatiques et méthodologiques diversifiées. Compte tenu de l'espace limité disponible, nous ne présenterons ici que quelques-unes des analyses comparatives fondées sur le « Big Data » et les « métadonnées » déposées dans notre *SoReCom 'A.S. de Rosa' @-Library*, et qui concernent les pays des auteurs et les affiliations institutionnelles,

les années de publication par décennies, les domaines thématiques, la langue de publication et, en particulier :

a. les métadonnées liées aux différents indices bibliométriques (facteur d'impact et SJR) tels qu'ils dérivent des deux plus grandes bases de données bibliométriques (Isi Web of Science de Thomson et Reuters et Scopus-Elsevier), en présentant la cartographie par continent selon le pays de l'affiliation institutionnelle de l'auteur relativement à l'inclusion de la production scientifique dans les deux bases de données (a.1) ou exclusivement dans une seule des deux bases de données bibliométriques (a.2) ;
b. la cartographie de la production scientifique au sens large dans le champ des représentations sociales et les résultats comparatifs avec les sources restreintes incluses dans les bases de données bibliométriques ;
c. la dynamique de l'épidémiologie de la connaissance par le biais des collaborations interinstitutionnelles entre auteurs appartenant à des institutions de différents pays et continents : qui travaille avec qui, (sur quoi) et où ?
d. la pertinence transversale du choix thématique pour les articles publiés dans le top six des « revues indexées ».

3. Sources pour les analyses empiriques et principaux résultats

Les sources bibliographiques des données empiriques utilisées pour nos analyses ont été extraites de plus de 10 325 références bibliographiques (à partir de juillet 2015), dont 8 740 éléments spécifiquement liés aux représentations sociales et à la communication (incluant aussi les ouvrages, les chapitres d'ouvrage, les conférences, les documents web, les manuscrits, les rapports universitaires, les mémoires de master et les thèses de doctorat) et déposés dans la bibliothèque de *SoReCom 'A.S. de Rosa' @-Library* (de Rosa, 2014a, 2014d, 2016).

Les résultats montrent que, sur un total de 3 239 articles :

- 1 747 articles (54 %) ont été publiés dans 624 revues « non indexées » ;
- 1 492 articles (46 %) ont été publiés dans 450 revues indexées dans au moins une des deux bases de données bibliométriques (ISI Web of Science de Thomson et Reuters ou Scopus-Elsevier). Bien que la majorité des revues (65 %, f = 295) soient indexées à la fois par IF et SJR, celles uniquement indexées par IF (inclus dans Isi-Web of Science) représentent 9 % (f = 40) par rapport aux 26 % (f = 115) indexées par SJR (incluses dans Scopus-Elsevier).

Cette large gamme de 450 revues « indexées » est en soi un indicateur de l'impact du champ de la théorie et de la recherche sur les représentations sociales, qui a gagné sa visibilité au-delà des frontières de la psychologie sociale et, grâce au pouvoir épistémologique supradisciplinaire de l'attractivité, a atteint l'audience de nombreux champs disciplinaires et thématiques.

Basées sur une sélection de 3 239 articles liés au champ des représentations sociales et de la communication publiée dans les revues, les analyses des résultats montrent que 1 088 articles (34 %) sont inclus dans les deux bases de données à partir desquelles les indices bibliométriques étaient extraits :

- Impact Factor (Thomson et Reuters) = 1 174 articles, dont seulement 81 (7 %) ont été inclus exclusivement dans Isi Web of Science ;
- SJR (Scopus-Elsevier) = 1 414 articles, dont seulement 323 (23 %) ont été inclus exclusivement dans Scopus.

L'inspection de la distribution des fréquences des revues indexées incluses dans une ou deux bases de données bibliométriques par « rang de pays » montre clairement la prédominance des pays anglo-saxons : Royaume-Uni (en particulier pour la production scientifique publiée dans des revues indexées par Scopus-Elsevier : SJR) pour l'Europe en tant que continent et les États-Unis (le seul pays nord-américain apparaissant pour la production scientifique publiée dans des revues indexées par l'ISI Web of Science : IF) pour le continent d'Amérique, suivis par les Pays-Bas (un pays où les scientifiques publient principalement en anglais, qui sont étroitement liés avec le monde scientifique britannique et nord-américain et où est situé le siège de la maison d'édition multinationale Elsevier).

3.1 *Résultats de la cartographie par continent des articles sur les représentations sociales incluses dans les deux bases de données bibliométriques (WoS et Scopus) de revues indexées, en fonction du pays d'affiliation institutionnelle de l'auteur*

Si nous passons de l'optique « classement du pays des revues » à la visualisation de la distribution des fréquences, en pourcentage, des 1 082 articles publiés dans des revues indexées incluses dans les deux bases de données bibliométriques (WoS Thomson et Reuters pour IF et Scopus-Elsevier pour SJR SCImago) par continents, et selon cette fois le pays d'affiliation institutionnelle de l'auteur, on trouve l'ordre de classement suivant :

Europe (f = 723 ; 66,82 %), Amérique du Nord (f = 131 ; 12,10 %), Amérique latine (f = 129 ; 11,92 %), Océanie (f = 51 ; 4,7 %), Asie (f = 44 ; 4,07 %), Afrique (f = 4 ; 0,36 %).

En regardant de plus près la répartition par pays d'Europe, une nette prédominance du Royaume-Uni (f = 287 ; 39,70 %) apparaît parmi les 24 pays de l'UE avec près du double des articles publiés dans des revues indexées par des auteurs appartenant à des institutions en France, le pays de naissance de la théorie des représentations sociales (f = 137 ; 18,95 %). Ce résultat est encore plus impressionnant si l'on considère que le nombre d'articles publiés dans des revues non indexées par des auteurs appartenant à des institutions françaises est presque le triple (f = 449), alors que ceux des auteurs appartenant à des institutions dans le Royaume-Uni sont inférieurs à la moitié (f = 120) par rapport aux articles publiés dans des revues indexées. Les pays qui suivent dans le classement des articles publiés dans des revues indexées sont : l'Espagne (f = 56 ; 7,75 %), la Suisse (f = 46 ; 6,36 %), l'Autriche (f = 37 ; 5,12 %), l'Italie (f = 33 ; 4,56 %), la Finlande (f = 22 ; 3,04 %), l'Allemagne (f = 17 ; 2,35 %), les Pays-Bas et le Portugal (avec f = 16 ; 2,21 %), qui montrent plus de 15 articles sur les représentations sociales publiés dans des revues indexées incluses dans les deux bases de données bibliométriques. Les contributions des auteurs appartenant à des institutions dans d'autres pays européens suivent avec des fréquences absolues plus basses (de 9 à 1) : Norvège (f = 9 ; 1,24 %), Belgique, Grèce, Roumanie (tous les trois f = 6 ; 0,83 %), Chypre, République tchèque, Malte, Suède (tous les quatre f = 5 ; 0,69 %), Estonie, Irlande, Turquie (tous les trois f = 2 ; 0,28 %), Bulgarie, Danemark et Pologne (tous les trois f = 1 ; 0,14 %).

De l'autre côté de l'Atlantique, les articles publiés dans des revues indexées incluses dans les deux bases de données bibliométriques sont produits en Amérique du Nord par des auteurs appartenant davantage à des institutions états-uniennes (f = 103 ; 78,63 %) plutôt que canadiennes (f = 28 ; 21,37 %), malgré le lien plus fort que ce pays entretient avec la culture française, en particulier dans sa région francophone.

En Amérique latine, 8 pays sont représentés par des auteurs qui publient dans des revues indexées incluses dans les deux bases de données bibliométriques, selon l'ordre suivant : le Brésil (f = 78 ; 60,47 %), le Mexique (f = 19 ; 14,73 %), l'Argentine (f = 12 ; 9,3 %), la Colombie (f = 11 ; 8,53 %), le Venezuela (f = 5 ; 3,88 %), le Chili (f = 2 ; 1,55 %), la Jamaïque et Trinidad-et-Tobago (tous les deux avec f = 1 ; 0,78 %).

L'analyse de « l'impact » de la production indexée sur les représentations sociales dans les contextes culturels émergents pour sa diffusion, comme l'Océanie, l'Asie et l'Afrique, indique une fois de plus la domination de l'anglais et de la connaissance du contexte universitaire nord-américain, où la culture bibliométrique est plus ancienne et plus diffuse, ce qui explique la prévalence des auteurs appartenant à des institutions d'Océanie, en particulier d'Australie (f = 32 ; 63 %) et de Nouvelle-Zélande (f = 19 ; 37 %).

Parmi les nouveaux contextes culturels émergents pour la diffusion de la théorie des représentations sociales, l'Asie suit, représentée par des auteurs appartenant à des institutions en Israël (f = 20 ; 45,45 %), en Chine (f = 11 ; 25 %), en Russie (f = 4 ; 9,09 %), au Japon (f = 3 ; 6,82 %), aux Philippines (f = 3 ; 6,82 %), en Inde (f = 2 ; 4,55 %) et à Taiwan (f = 1 ; 2,27 %).

Les quatre auteurs africains (100 %) qui ont publié des articles dans des revues indexées incluses dans les deux bases de données bibliométriques appartiennent à des institutions sud-africaines, étroitement liées à la culture académique de langue anglaise.

3.2 Résultats cartographiques par continent de la production scientifique sur les représentations sociales exclusivement incluse dans l'une des deux bases de données bibliométriques de revues indexées, en fonction du pays d'affiliation institutionnelle de l'auteur

Il est également intéressant de visualiser distinctement la distribution des fréquences, en pourcentages, des revues indexées exclusivement dans l'une des deux bases de données bibliométriques (Isi-Web of Science de Thomson et Reuters pour IF ou Scopus-Elsevier pour SJR) par continent/pays selon le pays d'affiliation institutionnelle de l'auteur.

Il est évident que, dans la mesure où elle concerne la littérature sur les représentations sociales, la base de données Scopus-Elsevier est plus inclusive que celle de Thomson et Reuters (respectivement 186 contre 49 en fréquences absolues). Les 14 pays européens les plus représentés (fréquence absolue supérieure à 10) par des auteurs qui publient dans des revues indexées SJR sont : la France (f = 48 ; 25,81 %), l'Italie (f = 36 ; 19,35 %), le Royaume-Uni (f = 32 ; 17, 20 %), l'Espagne (f = 16 ; 8,60 %), la Suisse (f = 16 ; 8,60 %), alors que parmi les 11 pays représentés par des auteurs qui publient dans des revues indexées par Isi-Web of Science de Thomson et Reuters (IF), seuls la France (f = 11 ; 25,81 %) et le Royaume-Uni (f = 10 ; 20,41 %) atteignent le seuil de plus de 10 fréquences absolues, suivis par la Suisse et l'Espagne avec plus de 5 fréquences absolues et l'Allemagne, l'Italie, l'Autriche, le Portugal, la Finlande, les Pays-Bas et la Suède, avec des fréquences absolues comprises entre 3 et 1.

L'examen de la production scientifique de l'Amérique latine selon ce même critère indique une fois de plus la prédominance des publications dans des revues indexées SJR plutôt qu'IF (respectivement 87 contre 19 en fréquences absolues avec plus de pays représentés : 8 contre 3).

Parmi les 8 pays représentés par des auteurs qui publient dans les revues indexées SJR, seuls le Brésil (f = 48 ; 55,17 %) et le Mexique (f = 36 ; 19,35 %) atteignent plus de 10 en fréquences absolues, suivis par le Venezuela, le Chili, la Colombie, Cuba et la Jamaïque (entre 9 et 1 article). Parmi les 3 pays représentés par des auteurs qui publient dans des revues indexées SI, seul le Brésil (f = 16 ; 84,21 %) atteint une fréquence absolue supérieure à 10, suivi par la Colombie et le Venezuela, respectivement avec 2 et 1 fréquences absolues.

Pour ce qui est de la production scientifique nord-américaine, la base de données Scopus-Elsevier est, cette fois encore, plus inclusive que celle de Thomson et Reuters (30 contre

5 fréquences absolues) et plus diversifiée en termes de pays. Le Canada et les États-Unis sont en effet uniformément répartis dans les revues indexées SJR (f = 15 ; 50 % pour les deux pays), alors que seuls les États-Unis sont représentés par des auteurs qui publient dans des revues indexées SI (f = 5 ; 100 %).

La base de données de Thomson et Reuters n'apparaît comme plus inclusive que pour l'Océanie (5 contre 3 en fréquences absolues) et plus diversifiée en termes de pays, dont l'Australie et la Nouvelle-Zélande. Les deux pays représentés par des auteurs qui publient dans des revues indexées IF présentent une répartition quasiment identique (Nouvelle-Zélande, f = 3 ; 60 % ; Australie, f = 2 ; 40 %), tandis que seule l'Australie est représentée par des auteurs qui publient dans des revues indexées SJR (f = 3 ; 100 %).

En ce qui concerne l'Asie, une fois de plus la base de données Scopus-Elsevier s'avère plus inclusive que l'ISI-Web of Science (8 contre 1 en fréquences absolues) et plus diversifiée en termes de pays (Israël, Chine, Japon et Inde), alors que dans WoS n'apparaît qu'Israël (f = 1 ; 100 %). Les 4 pays représentés par des auteurs qui publient dans des revues indexées SJR présentent une production comprise entre f = 4 ; 50 % pour Israël, f = 2 ; 25 % pour la Chine, et f = 1 ; 12,5 % à la fois pour le Japon et l'Inde.

Enfin, le contexte géoculturel africain est seulement représenté par des auteurs qui publient dans des revues indexées dans la base de données Scopus-Elsevier et appartiennent à l'Afrique du Sud et à la Tanzanie, respectivement avec des fréquences absolues de 2 (66,6 %) et 1 (33,3 %).

4. Cartographie de la production scientifique sur les représentations sociales et comparaison avec les sources incluses dans les bases de données bibliométriques indexées

La comparaison des résultats entre l'indexation des supports de publication et l'appartenance institutionnelle, sur la base des 3 234 articles sur les représentations sociales que recense la *SoReCom A.S. de Rosa @-Library* témoigne de la prédominance de l'Europe, et plus encore de l'Amérique latine (par rapport à l'Amérique du Nord), pour la publication d'articles dans des revues non indexées. Inversement, l'Amérique du Nord, l'Asie et l'Océanie sont les continents les plus importants en termes d'articles publiés dans des revues indexées, par rapport à l'Europe (où la théorie a été initialement générée et développée) et à l'Amérique latine (où la théorie a été largement diffusée au cours des deux dernières décennies). La figure 1b.1, réalisée par le logiciel Tableau Desktop permet de visualiser ces résultats.

Un effet paradoxal encore plus impressionnant émerge lorsque l'on considère la prédominance de trois pays (Royaume-Uni, États-Unis et Pays-Bas) dans la distribution de 450 articles indexés, rapportée à l'ensemble de la production scientifique (8 348 productions spécifiquement liées aux représentations sociales et à la communication, y compris les livres, chapitres de livres, conférences, documents Web, manuscrits, rapports universitaires, thèses de doctorat, etc.) déposée dans la *SoReCom A.S. de Rosa @-Library* par continent et pays selon l'affiliation institutionnelle de l'auteur.

Sur la base de ce total de 8 348 productions scientifiques et des 72 pays représentés au total, on observe une nette prédominance des pays européens (notamment France, Royaume-Uni, Italie, Espagne et Suisse) et des pays latino-américains (notamment Brésil, Argentine, Mexique et Venezuela) dans la production/diffusion de la littérature consacrée aux représentations sociales.

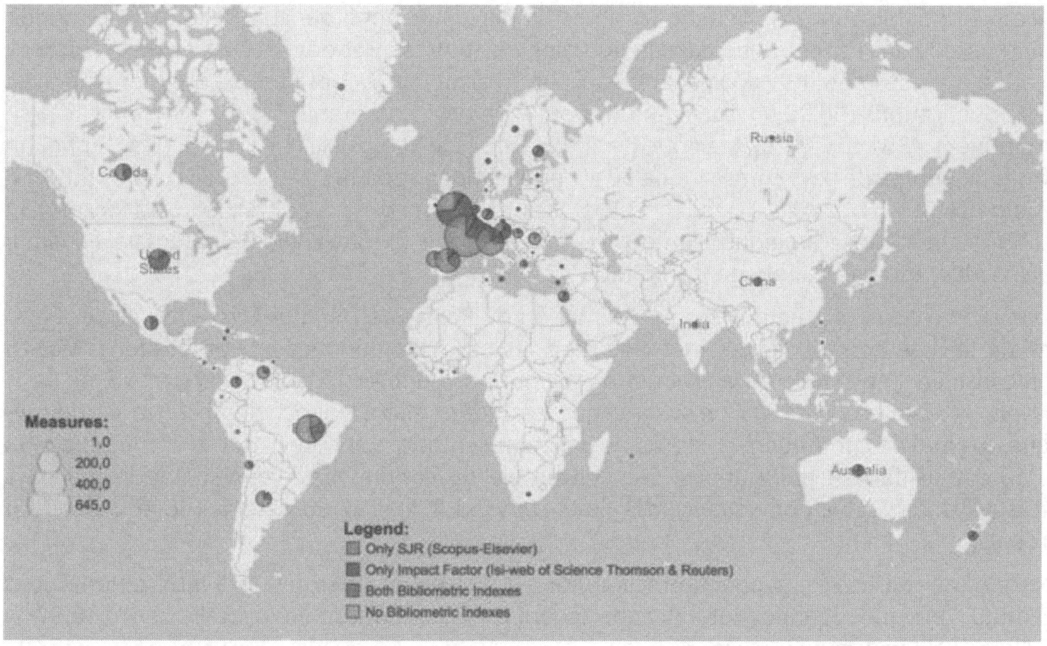

Figure 1b.1. *Distribution (en fréquences absolues) des 3 234 articles déposés dans la SoReCom 'A.S. de Rosa' @-Library selon qu'ils ont été publiés dans des revues (indexées ou non), en fonction de l'appartenance géographique-institutionnelle de l'auteur.*

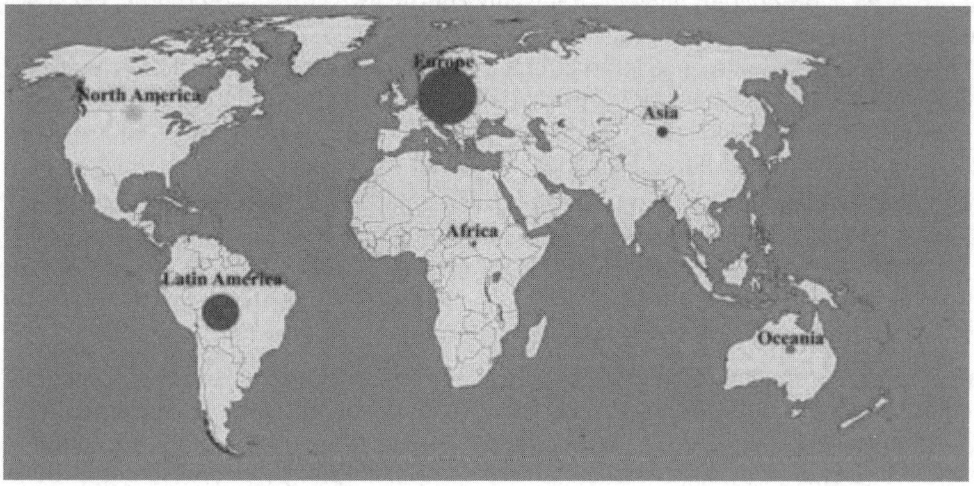

Figure 1.2. *Distribution par continent selon l'affiliation institutionnelle de l'auteur de 8 348 publications déposés dans la SoReCom 'A.S. de Rosa' @-Library.*

En termes de fréquences absolues, on compte 5 488 publications européennes, incluant 28 pays, dans les plus importantes fréquences de publications (avec f supérieur à 150) concernent la France (f = 1847 ; 33,66 %), le Royaume-Uni (f = 820 ; 14,94 %), l'Italie (f = 752 ; 13,70 %), l'Espagne (f = 472 ; 8,6 %), la Suisse (f = 464 ; 8,5 %), l'Autriche (f = 276 ; 5,03 %), le Portugal (f = 231 ; 4,2 %) et l'Allemagne (f = 150 ; 2,73 %).

Ce premier groupe de pays de premier plan est suivi par un deuxième groupe de pays avec des fréquences de publications comprises entre 10 et 86 : Finlande (f = 86 ; 1,57 %), Roumanie (f = 71 ; 1,29 %), Hongrie (f = 55 ; 1 %), Grèce (f = 54 ; 0,98 %), Belgique (f = 42 ; 0,77 %), Pays-Bas (f = 34 ; 0,6 %), Suède (f = 31 ; 0,56 %), République tchèque (f = 23 ; 0, 42 %), Norvège (f = 14 ; 0,26 %), Pologne (f = 13 ; 0,24 %), Slovaquie (f = 12 ; 0,22 %), Malte (f = 10 ; 0,18 %). Enfin apparaît un troisième groupe de pays avec des fréquences de publications comprises entre 1 et 7 : Turquie (f = 7 ; 0, 13 %), Chypre (f = 6 ; 0,11 %), Estonie (f = 6 ; 0,11 %), Danemark (f = 3 ; 0,05 %), Irlande (f = 3 ; 0,05 %), Lettonie (f = 3 ; 0,05 %), Bulgarie (f = 2 ; 0,04 %) et Luxembourg (f = 1 ; 0,02 %).

Avec 2 112 publications l'Amérique latine est la deuxième zone géoculturelle dans le monde pour la production scientifique dans le domaine des représentations sociales et de la communication avec des auteurs appartenant à 17 pays. Parmi eux le Brésil est au premier plan avec 1 191 publications (56,39 %), suivi par un groupe de pays comptant plus de 100 publications : Argentine (f = 361 ; 17,09 %), Mexique (f = 286 ; 13,54 %), Venezuela (f = 130 ; 6,16 %). Enfin, un troisième groupe de pays comptant de 60 à 1 publications apparaît avec le Chili (f = 60 ; 2,84 %), la Colombie (f = 51 ; 2,41 %), Cuba (f = 11 ; 0,52 %), le Pérou (f = 8 ; 0,38 %), le Costa Rica (f = 3 ; 0,14 %), l'Équateur, la Jamaïque, l'Uruguay (f = 2 ; 0,09 %), et le Salvador, le Guatemala, Panama, Puerto Rico, Trinidad-et-Tobago (f = 1 ; 0,05 %).

Nous avons relevé plus haut la surreprésentation du Royaume-Uni, des États-Unis et des Pays-Bas sur la base des 450 revues indexées dans les bases de données bibliométriques. Mais si l'on considère l'ensemble de la production scientifique déposée dans la *SoReCom 'A.S. de Rosa' @-Library* (8 348 productions), on observe que les auteurs appartenant à des institutions d'Amérique du Nord ne contribuent au domaine des représentations sociales et de la communication qu'à hauteur de 424 publications. Sur l'ensemble du continent, la représentation par pays est la suivante : 226 en provenance des États-Unis (53,3 %), 197 du Canada (46,46 %) et 1 du Groenland (0,24 %).

Lorsque l'on considère la production scientifique de l'Océanie, on trouve 119 publications, dont 75 (63,03 %) signées par des auteurs appartenant à des institutions en Australie et 44 (36,97 %) en Nouvelle-Zélande.

En ce qui concerne la production dans les nouveaux contextes culturels émergents, l'Asie est représentée avec 174 publications d'Israël (f = 62 ; 35,63 %), 30 de Chine (17,24 %), 20 d'Indonésie (11,49 %) – où la 9e Conférence internationale sur les représentations sociales a eu lieu à Bali en 2008, contribuant ainsi à élargir la diffusion de ce domaine scientifique sur ce continent – 18 du Japon (10,34 %), 17 d'Inde (9,77 %), 9 de Russie (5,17 %), 6 des Philippines et de Taiwan (3,45 %), 2 de Hong-Kong (1,15 %), et 1 d'Iran et du Koweït (0,57 %).

Enfin, l'Afrique est présente avec 31 publications par des auteurs appartenant à des institutions en Tunisie (f = 9 ; 29,03 %) – où la 10e Conférence internationale sur les représentations sociales a eu lieu en 2010, contribuant à la diffusion de la théorie sur ce continent – en Afrique du Sud (f = 7 ; 22,58 %), en Côte d'Ivoire (f = 5 ; 16,13 %), au Sénégal (f = 3 ; 9,68 %), au Ghana (f = 2 ; 6,45 %), et en Algérie, Cameroun, Maroc, Maurice et Tanzanie (tous avec f = 1 ; 3,23 %).

Si l'on compare les 450 sources restreintes extraites des « revues indexées » avec l'ensemble de la production enregistrée au *SoReCom 'A.S. de Rosa' @-Library*, on observe non seulement une différence en termes de volume de la cartographie de la littérature produite par des auteurs appartenant à différents pays, mais aussi en termes de diversité des pays représentés et donc des contextes géoculturels qui contribuent au développement de la théorie et de la recherche dans le domaine des représentations sociales et de la communication. En fait, le nombre de pays à travers le monde représentés dans l'ensemble du corpus de 8 348 articles est de 72 (dont 44 pays correspondent à des publications dans des revues indexées), tandis que la liste des pays inclus dans une seule des bases de données bibliométriques est limitée à 29.

Il est évident, à partir des résultats statistiques présentés, qu'une étude épidémiologique sérieuse sur la diffusion d'un domaine scientifique ne peut pas s'en tenir exclusivement aux sources d'information partielles, c'est-à-dire aux seules publications indexées et non à l'ensemble de la production scientifique.

5. La dynamique de l'épidémiologie de la connaissance par le biais des collaborations interinstitutionnelles entre auteurs appartenant à des institutions de pays et de continents différents : qui travaille avec qui et où ?

Du point de vue de l'épidémiologie de la connaissance, il est fascinant d'analyser la diffusion d'un domaine scientifique en considérant la dynamique des collaborations interinstitutionnelles entre auteurs appartenant à des institutions de différents pays et continents. Dans d'autres contributions, nous avons déjà pu explorer le phénomène lié à l'organisation des conférences internationales en tant que canaux de médias scientifiques interactifs. En particulier, nous nous sommes intéressé à l'histoire de la théorie des représentations sociales à travers les huit éditions des Conférences internationales sur les représentations sociales, de Ravello (1992) à Rome (2006) (voir de Rosa, 2008 ; de Rosa & d'Ambrosio, 2003, 2008), sur la base d'analyses statistiques systématiques que nous sommes en train de mettre à jour pour l'ensemble de la série de conférences jusqu'en en 2016 à Marseille (France).

Afin de rendre compte de la dynamique de l'épidémiologie de la connaissance, nous présentons ici un tableau exhaustif des métadonnées détectées à partir de l'ensemble du référentiel déposé au *SoReCom 'A.S. de Rosa' @-Library* concernant le total des collaborations interinstitutionnelles entre auteurs appartenant à des institutions de pays différents. Étant donné les limites de ce chapitre, nous ne pouvons pas reconstituer ici le détail de ces collaborations. Par conséquent, nous avons adopté une perspective de collaboration « dans » et « entre » différents continents, en tant que contextes géoculturels différemment exposés à la diffusion de la théorie des représentations sociales.

Comme l'indique le tableau 1b.1, sur un nombre total de 289 collaborations détectées à l'intérieur d'un même continent, on observe une impressionnante fréquence de collaborations entre auteurs appartenant à différents pays « au sein de » l'Europe (95,6 %), suivie de quelques collaborations parmi les auteurs appartenant à différents pays « au sein de » l'Amérique latine (seulement 2,07 %), de l'Asie (1,38 %), de l'Amérique du Nord (0,69 %) et de l'Océanie (0,35 %).

Toutefois, les résultats montrent des fréquences plus élevées de collaborations « entre » les continents, détectées à partir de l'institution continentale du premier auteur dans les publications conjointes. Dans ce cas, les collaborations intercontinentales avec un premier auteur appartenant à une institution européenne, bien que toujours importantes (42,15 %), ne représentent plus la majorité absolue (comme dans le cas décrit ci-dessus de collaborations intra-européennes), tandis que les collaborations intercontinentales avec un premier auteur appartenant à un établissement situé dans d'autres continents augmentent régulièrement : 23 % dans le cas de l'Amérique latine, 17,15 % pour l'Amérique du Nord, 8,82 % pour l'Océanie, 6,86 % pour l'Asie et 1,47 % pour l'Afrique (qui n'est d'ailleurs pas représentée dans les collaborations intracontinentales entre auteurs de pays africains).

Tableau 1b.1.

Collaborations internationales selon la double perspective « dans » et « entre » les continents telles que détectées par les appartenances institutionnelles des auteurs des textes déposés dans la SoReCom 'A.S. de Rosa' @-Library

Collaborations internationales (f = 493) « dans » (f – 289) et « entre » (f = 204) les continents	Fréquences absolues	Fréquences en %
Collaborations entre auteurs de différents pays d'EUROPE	276	95,60 %
Collaborations entre auteurs de différents pays d'AMÉRIQUE LATINE	6	2,07 %
Collaborations entre auteurs de différents pays d'ASIE	4	1,38 %
Collaborations entre auteurs de différents pays d'AMÉRIQUE DU NORD	2	0,69 %
Collaborations entre auteurs de différents pays d'OCÉANIE	1	0,35 %
Total	289	100 %
Collaborations intercontinentales avec premier auteur EUROPÉEN	86	42,15 %
Collaborations intercontinentales avec premier auteur LATINO-AMÉRICAIN	48	23,52 %
Collaborations intercontinentales avec premier auteur NORD-AMÉRICAIN	35	17,15 %
Collaborations intercontinentales avec premier auteur OCÉANIEN	18	8,82 %
Collaborations intercontinentales avec premier auteur ASIATIQUE	14	6,86 %
Collaborations intercontinentales avec premier auteur AFRICAIN	3	1,47 %
Total	204	100 %

Par l'utilisation de la technique de géo-cartographie (de Rosa, 2014c), la figure 1b.3 permet de visualiser les 86 collaborations intercontinentales dans les publications dont le premier auteur appartient à une institution européenne. Celles-ci représentent 42,15 % du nombre total des collaborations intercontinentales et montrent l'attractivité intellectuelle du vieux continent (la patrie de la théorie des représentations sociales).

On s'intéressera ici au premier auteur, considéré comme l'initiateur de la publication conjointe, dans ses collaborations avec des auteurs appartenant à des institutions de tous les continents autres que le sien. Dans ce cadre, les 21 collaborations sous la gouverne de la France concernent des coauteurs d'Amérique latine (Argentine, Bolivie, Brésil, Mexique), d'Amérique du Nord (États-Unis et Canada), d'Océanie (Nouvelle-Zélande) et d'Afrique (Tunisie).

Les 15 collaborations sous la gouverne du Royaume-Uni impliquent des coauteurs de tous les continents : Amérique du Nord (États-Unis et Canada), Amérique latine (Brésil), Océanie (Australie), Asie (Russie, Malaisie, Chine) et Afrique (Afrique du Sud). Les publications intercontinentales conjointes menées par un premier auteur appartenant à un autre pays européen montrent que les plus actifs sont l'Espagne (f = 12), l'Autriche (f = 10), l'Italie (f = 8), la Suisse (f = 7) et le Portugal (f = 6). On observe aussi quelques collaborations intercontinentales menées par un premier auteur des Pays-Bas (f = 2), d'Estonie (f = 1) et d'Allemagne (f = 1).

Avec 23,52 % du nombre total, les 48 collaborations intercontinentales dirigées par un premier auteur d'Amérique latine impliquent des coauteurs européens, mais aussi nord-américains et océaniens montrant dans certains cas le rôle de l'affinité linguistique (mais pas sous une forme exclusive) pour les auteurs de langue espagnole d'Argentine, du Chili, de Colombie, de Cuba, du Mexique et du Venezuela vers des coauteurs espagnols (Figure 1b.4). Il convient de noter que géographiquement parlant les collaborations entre les auteurs d'Amérique latine et d'Amérique du Nord (tous deux appartenant à l'Amérique) ne doivent pas être classées comme des collaborations intercontinentales. Mais nous avons préféré considérer qu'il s'agissait de deux zones géoculturelles différentes en raison de leurs approches propres de la psychologie sociale et de l'histoire de leurs contacts avec les Européens, ambassadeurs de la théorie des représentations sociales, surtout dans l'Amérique Latine.

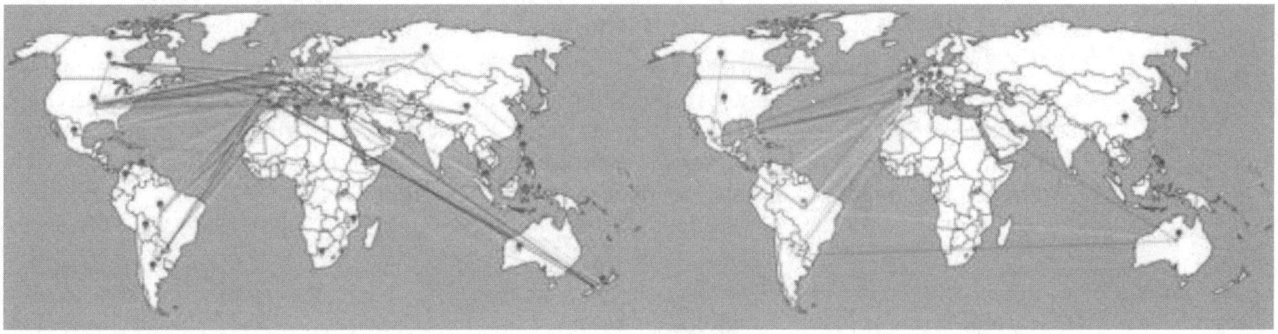

Figure 1b.3. (gauche)

Réseau des publications intercontinentales incluant un premier auteur d'un pays d'EUROPE

Figure 1b.4. (droite)

Réseau des publications intercontinentales incluant un premier auteur d'un pays d'AMÉRIQUE LATINE

Les 35 collaborations (17,15 % du total), dirigées par un premier auteur du Canada ou des États-Unis associent principalement des coauteurs de plusieurs pays européens (France, Allemagne, Suisse, Danemark, Royaume-Uni, Pays-Bas, Pologne, Espagne), mais aussi quelques-uns d'Afrique (Kenya), d'Asie (Israël, Oman, Indonésie) et d'Océanie (Australie), mais aucun coauteur d'Amérique latine (voir figure 1b.5).

La figure 1b.6 permet de visualiser les collaborations en réseau des 18 publications inter-institutionnelles dont le premier auteur est océanien. Bien que dans ce cas le nombre de collaborations ne représente que 8,82 % du total des 204 collaborations intercontinentales détectées, ce réseau est intéressant. En effet, il implique tous les autres continents, à l'exception unique de l'Afrique, et présente même une publication conjointe comprenant 9 pays de 4 continents (Océanie, Europe, Amérique, Asie) et impliquant un premier auteur néo-zélandais et des coauteurs d'Espagne, des États-Unis, du Portugal, de la Turquie, de l'Inde, de la Hongrie, de l'Indonésie et de la Chine.

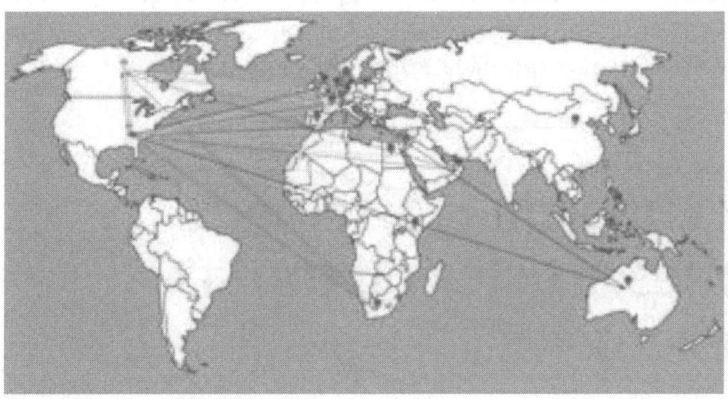

Figure 1b.5. (gauche)

Réseau des publications intercontinentales incluant un premier auteur d'un pays d'AMÉRIQUE DU NORD

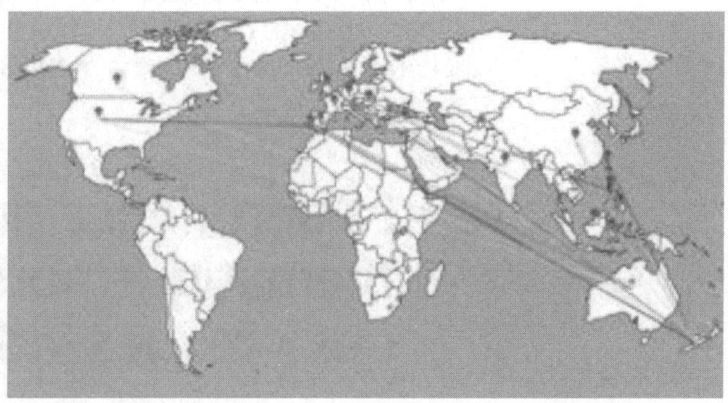

Figure 1b.6. (droite)

Réseau des publications intercontinentales incluant un premier auteur d'un pays d'OCÉANIE

Tournons désormais notre regard vers l'Asie, un continent émergent où la diffusion de la théorie des représentations sociales est un phénomène relativement récent (notamment suite à l'effet de propagation due à la 9e Conférence internationale sur les représentations sociales tenue à Bali en 2008). Les collaborations intercontinentales impliquant un premier auteur de Chine, de Hong-Kong, d'Inde, d'Israël, de Russie, de Taiwan ou de Turquie représentant un total de 14 contributions, principalement avec un unique coauteur installé aux États-Unis, en Australie, en Nouvelle-Zélande ou dans pays de l'Union européenne (Autriche, France, Espagne, Royaume-Uni). On note seulement deux cas de collaboration trilatérale entre des auteurs du Japon, des États-Unis et d'Autriche et dans un cas, parmi des auteurs rattachés à l'Inde, l'Autriche et l'Espagne (voir figure 1b.7).

Enfin, en ce qui concerne l'Afrique, les quelques collaborations intercontinentales (seulement 1,47 % du total) concernent 3 publications qui ont comme premier auteur un chercheur d'Afrique du Sud avec des coauteurs du Royaume-Uni et des États-Unis, ou un premier auteur de Tunisie avec des coauteurs français, montrant l'effet de l'affinité de la langue anglaise dans le premier cas et de la langue française dans le second (voir figure 1b.8).

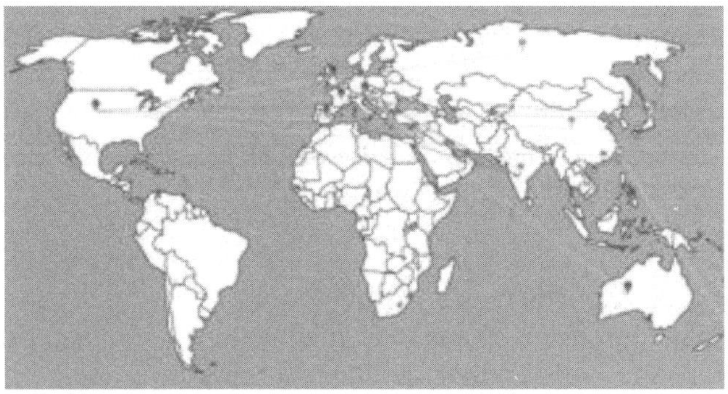

Figure 1b.7. (gauche)

Réseau des publications intercontinentales incluant un premier auteur d'un pays d'ASIE

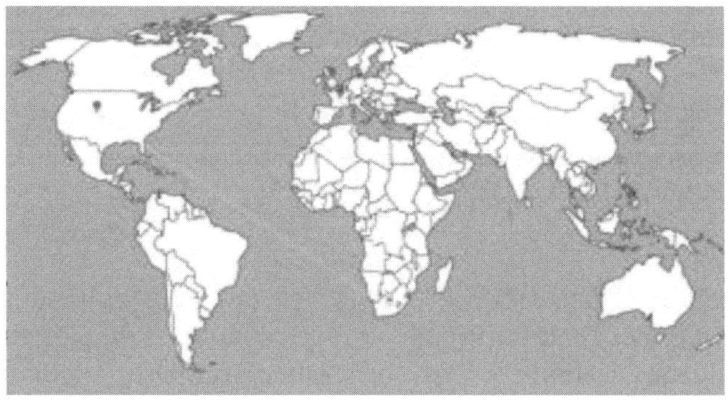

Figure 1b.8. (droite)

Réseau des publications intercontinentales incluant un premier auteur d'un pays d'AFRIQUE

La portée de notre analyse est beaucoup plus large que celle présentée ici et ne devra pas se limiter à l'utilisation d'une seule variable (le pays-continent du premier auteur) pour non seulement identifier « qui travaille avec qui et où », mais aussi, par exemple, « sur quoi ». Pour cela, il sera nécessaire d'utiliser l'approche paradigmatique, en articulant ou en différenciant les approches théoriques, les types de méthodes, etc., selon la riche « grille pour l'analyse métathéorique de l'ensemble du corpus de la littérature des représentations sociales » (de Rosa, dernière version février 2014). La présentation des résultats est ici limitée à un accent particulier de « l'impact de l'impact » et nous devons désormais intégrer l'image définie jusqu'ici en portant notre attention sur l'un des facteurs clés de la pertinence bibliométrique : le choix thématique.

6. La pertinence du choix du croisement thématique pour les articles du top six des « revues indexées »

Comme mentionné ci-dessus, l'analyse de la pertinence de la production scientifique exige d'affiner le croisement de beaucoup d'autres métadonnées intéressantes, par exemple la collaboration interinstitutionnelle « dans » et « entre » continents, les approches paradigmatiques, les designs de recherche et les options méthodologiques, les choix thématiques, etc.

À titre d'exemple, on analysera le lien entre le support de la publication et le choix thématique, qui semble évident lorsqu'on considère l'intersection entre le top six des revues indexées (sélectionnées par le facteur d'impact supérieur à 10) et le thème choisi par les auteurs, y compris les sujets multidisciplinaires (ingénierie ou biochimie, génétique et biologie moléculaire, science agricole et biologique, neurosciences, psychologie) et seulement un seul en psychologie, traitant de sujets transversaux de pointe, comme la génétique, la nanotechnologie ou la biotechnologie.

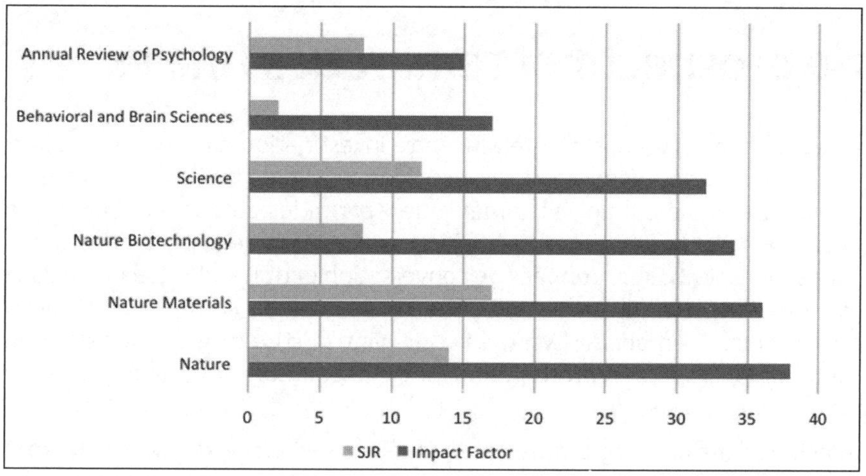

Figure 1b.9.

Le top six des revues indexées (sélectionnées par un facteur d'impact supérieur à 10).

Ce commentaire sur la pertinence du choix thématique transversal, des domaines pluridisciplinaires et des valeurs sociétales appliquées à des thématiques reçoit une validation externe *via* les explications fournies par les auteurs du top 24 des articles cités et indexés dans Scopus entre 2001 et 2011 – choisis parmi un nombre impressionnant de 13 millions d'enregistrements initiaux (à partir du 11 juin 2014), puis réduits afin d'inclure uniquement les articles de recherche complets et d'exclure les commentaires, les éditoriaux ou les chapitres de livres – et interviewés par Halevi et Moed (2014), « afin d'obtenir un aperçu des raisons pour lesquelles ils pensent que leur article est cité comme il l'est ». Une des trois raisons avancées par Halevi et Moed (2014) sur la base des commentaires des auteurs est que « la recherche, indépendamment de son origine disciplinaire, traverse plusieurs domaines disciplinaires et a un impact sur un large éventail de domaines, dont certains sont tout à fait surprenants. Il est plausible que la capacité croissante des chercheurs à être exposé et à lire un large éventail de la littérature encourage le transfert des connaissances d'une discipline à une autre. » Les deux autres observations concernent : a) la valeur appliquée de la description des logiciels pour le développement de la connaissance et b) la collaboration inter-institutionnelle et internationale entre des chercheurs intéressés par des questions d'intérêt mondial : « Il est à noter que 4 des 10 articles présentés ici traitent du développement de logiciels. La pratique de citer un logiciel lorsqu'il est utilisé dans une étude explique en partie ce phénomène. Quel que soit le champ d'étude, les outils informatiques développés et sur lesquels on écrit, sont les plus cités.

Sur les 10 articles sélectionnés, 6 sont le résultat d'une collaboration scientifique entre deux ou plusieurs chercheurs. La collaboration entre les institutions et les pays pourrait être le résultat d'une préoccupation mondiale commune aux phénomènes environnementaux dommageables » (Halevi & Moed, 2014).

Il est impossible d'inclure ici la liste complète des 450 revues indexées dans lesquelles les 1 492 articles (46 % de notre corpus) ont été publiés et que nous avons répartis en différentes catégories selon leur classement dans les bases de données bibliométriques Isi-Web of Science et Scopus-Elsevier, ainsi que la liste des revues non indexées, dans lesquelles les 1 747 articles (54 % de notre corpus) ont été publiés. Ces résultats méritent à eux seuls une publication spécifique, fournissant à la fois une contribution à la géo-cartographie systématique des chaînes éditoriales pour la diffusion de la théorie des représentations sociales et de la littérature de recherche dans le monde entier, une illustration de la dynamique de la connaissance produite en fonction du niveau de génération des scientifiques, de leur langue et des contraintes culturelles, une analyse de la collaboration interinstitutionnelle dans et entre les pays et les continents, etc. Il s'agira, en même temps, d'en extraire un outil stratégique pour l'orientation des carrières de la nouvelle génération de chercheurs, à l'ère de la culture bibliométrique.

7. Scénario prospectif et remarques finales

Dans un proche avenir, nous comptons étendre cette investigation dans plusieurs directions, de l'analyse de « l'impact de l'impact » sur la base de ressources textuelles à l'analyse des « représentations sociales de la culture bibliométrique » parmi les auteurs eux-mêmes, à l'aide de plusieurs méthodes d'enquête de nature projective et structurée (associations libres, interviews, focus groups, questionnaires, données de conversation extraites de réseaux sociaux universitaires). Nous avons l'intention de procéder à cette étude *via* notre communauté universitaire mondiale, le *So.Re.Com. THEmatic NETwork*, en y incluant sa structure de formation (le Doctorat européen/international sur les représentations sociales et la communication), comme une étude de cas dans les sciences sociales.

Cette enquête sera incluse dans un programme pluriannuel de recherche dirigé par de Rosa (2013), guidé par l'objectif principal d'évaluer *l'impact de la production scientifique conduite par la théorie des représentations sociales dans le domaine social et face à la demande sociale*. Le but de ce projet, lancé en 1994, est de faire le point sur un domaine scientifique développé depuis plus de 50 ans, en effectuant une analyse métathéorique empirique de la littérature sur les représentations sociales, en procédant à la cartographie de l'évolution des différents paradigmes, des méthodes de recherche connexes, des domaines thématiques et de leur impact sur les différents domaines appliqués au sein de la communauté multigénérationnelle et multiculturelle des scientifiques.

Les représentations sociales de la nouvelle culture bibliométrique (comme un ensemble articulé d'opinions, de croyances, d'attitudes, de valeurs, de systèmes de significations sociales, de pratiques partagées, etc.) seront mises en relation non seulement avec les profils bibliométriques des auteurs, mais aussi avec d'autres variables qui caractérisent le style scientifique de l'individu et de ses choix parmi les pratiques académiques telles que :

1. les préférences individuelles de publication d'articles, de chapitres de livres ou de livres, en tenant compte également de la relation avec les rôles académiques et les niveaux de générations ;
2. les stratégies d'édition préférées (auteurs individuels, équipes de collaborateurs, coauteurs, etc.) ;
3. la langue préférée de publication (nationale, anglais, autre) ;
4. l'internationalisation de la carrière scientifique (collaborations internationales, périodes d'études à l'étranger, etc.) ;
5. les approches préférées : expérimentale/quantitative *versus* qualitative (et dans quelle mesure d'exclusivité) ;
6. les divers indicateurs de la productivité scientifique et de la reconnaissance institutionnelle (subventions de recherche, prix, rôle de leadership, nomination à des comités internationaux, responsabilités éditoriales et ainsi de suite).

Grâce à la synergie récemment établie entre le Doctorat européen/international sur les représentations sociales et la communication et la société Elsevier, un nouveau partenaire non universitaire dans le secteur stratégique de l'édition et de la diffusion de la science, les analyses comparatives comprendront les pays et les affiliations institutionnelles, les générations, les niveaux, les rôles académiques, les collaborations interindividuelles et interinstitutionnelles dans et entre les continents et les pays, ainsi que les divers indices bibliométriques (facteur d'impact et SJR SCImago). En développant la collaboration de recherche avec Elsevier, nous envisageons de fusionner nos domaines respectifs d'expertise pour étendre la portée de cette enquête.

Le Doctorat européen/international sur les représentations sociales et la communication et Elsevier ont hâte de travailler ensemble pour développer encore ce réseau de formation doctorale novateur et son importante infrastructure physique et numérique. En particulier, la collaboration visera à cartographier la dynamique de la production et de la diffusion des connaissances dans le domaine des représentations sociales et de la communication grâce à l'enrichissement de la *SoReCom 'A.S. de Rosa' @-Library*. Elle permettra d'améliorer son développement actuel dans une plateforme de pointe pour la découverte des connaissances, le partage et l'analyse, et elle appuiera la mise en réseau des chercheurs et leurs collaborations. En mettant en œuvre des fonctionnalités supplémentaires telles que l'enrichissement de publications avec des métadonnées bibliographiques supplémentaires, les indicateurs bibliométriques, les profils d'auteurs et d'institutions, les outils de réseautage des chercheurs, etc., la plateforme permettra non seulement des recherches bibliographiques complètes et précises, mais permettra aussi des analyses sophistiquées visant à identifier la dynamique pertinente du milieu de la recherche, les modes de collaboration, les grappes sémantiques, les tendances de recherche, l'impact scientifique et d'autres propriétés émergentes qui peuvent être capturées à partir d'une approche analytique *bottom-up*. En outre, l'intégration des outils de réseautage social destinés aux doctorants permettra d'améliorer leurs collaborations, contribuant ainsi à promouvoir à la fois le développement de la discipline et la carrière des membres de cette communauté. En cas d'approbation et de financement de ces projets par la Communauté européenne, Elsevier et l'Université de la Sapienza géreront conjointement ce flux de travail.

L'extension de notre enquête sur « l'impact de l'impact » fournira des informations importantes à Elsevier. Basée sur une investigation empirique et systématique, axée sur la communauté universitaire mondiale SoReCom des sciences sociales (une étude de cas intéressante à l'interface entre les sciences humaines et les sciences appliquées), cette étude pourra être prolongée en considérant d'autres communautés scientifiques en sciences sociales partageant différentes options paradigmatiques au sein d'une même discipline.

Nous allons également intégrer cette étude avec l'analyse textuelle de prises de position controversées, publiées dans des revues, et circulant sous diverses formes entre les membres de la communauté universitaire, les dirigeants des agences nationales pour l'évaluation des systèmes universitaires (e.g., l'ANVUR en Italie, l'HCERES en France ou HEFCE en Angleterre, Pays de Galles et Irlande du Nord) et les associations universitaires scientifiques.

Compte tenu de l'importance du débat controversé en cours sur les systèmes d'évaluation académiques de la qualité et de la production de connaissances à l'aide de gros volumes de données, nous sommes convaincus que l'enquête permettra d'attirer l'intérêt des scientifiques appartenant à notre communauté et incitera à collaborer activement.

En s'emparant du débat qui anime et divise la communauté des scientifiques et des responsables institutionnels, qui affecte non seulement leur carrière personnelle mais aussi leurs relations intergroupes, leurs identités personnelles, sociales et scientifiques, en fonction de la discipline, du niveau de génération et de l'ancrage dans différents contextes géoculturels, notre étude – appuyée sur des données empiriques – peut stimuler la discussion et les échanges de vues entre les membres de notre communauté scientifique sur les options de publication à préférer et les stratégies de collaboration à adopter dans le cadre éditorial et académique actuel.

Il est indiscutable par ailleurs que, pour les « informétriciens » les plus réputés, « davantage de recherches sont nécessaires dans la communication, la publication et les pratiques de citation et d'évaluation en sciences sociales et humaines » (Moed, 2014b).

Cela est encore plus vrai à l'ère de la Science 2.0, caractérisée par l'informatisation grandissante des processus de recherche, qui va modifier profondément les pratiques scientifiques. Notre communauté scientifique ne sera pas exempte d'être affectée par ces modifications rapides des pratiques de recherche, et l'étude pionnière présentée dans ce chapitre devra être régulièrement mise à jour afin d'afficher une image claire et dynamique de l'impact de la littérature sur les représentations sociales dans le monde entier et à travers l'ensemble des disciplines.

CHAPITRE 2

La perspective sociogénétique des représentations sociales

Nikos KALAMPALIKIS[1] & Thémis APOSTOLIDIS[2]

Sommaire

1. Université Lyon 2 Lumière, France.
2. Aix-Marseille Université, France.

Ces cinquante dernières années, la théorie des représentations sociales a fait l'objet d'évolutions, d'inflexions, d'interprétations, de critiques. Peu d'auteurs ont réussi, au cours de cette évolution, à imprimer leur marque sur un édifice théorique dont l'ombre conceptuelle est aussi riche qu'imposante. Encore moins nombreux sont ceux ou celles qui ont véritablement contribué à tracer une ligne de réflexion propre suffisamment puissante du point de vue épistémologique et empirique pour constituer un véritable courant de pensée donnant une perspective interprétative réflexive et féconde au développement du paradigme initial. Denise Jodelet fait partie de cette seconde catégorie d'auteurs et l'objectif de ce chapitre s'inspirera largement de son apport dans la constitution d'une perspective spécifique.

Il est vrai que, ces dernières années, de nombreux vocables servent à qualifier différentes orientations de travail avec et sur les représentations sociales. Ces vocables s'inspirant de lieux (principalement géographiques comme les noms de villes, se confondant souvent aux institutions) ou de noms d'auteurs. Dans ce contexte, l'expansion des travaux sur les représentations sociales, ces trente dernières années, a comme conséquence l'émergence d'une formidable diversité. De surcroît, ces qualificatifs couvrent plus au moins complètement les aires de recherche actuelles sans pour autant réussir à les englober. D'autant plus que des modèles plus intégrateurs de ces approches ont émergé (voir Wagner et al., 1999), sans parler des réflexions qui les ignorent sans trop se poser la question de leur historicité et de leurs raisons d'être (voir Sammut et al., 2015). Sans négliger ou minimiser le rôle des auteurs, des institutions et de leur localisation géographique, notre choix dans ce chapitre sera différent. En effet, nous tenterons d'inscrire la perspective sociogénétique ou anthropologique dans une trajectoire de travaux sur les représentations sociales réalisés ces 35 dernières années. Nous l'illustrerons à l'aide d'exemples de nombreuses études et réflexions classiques et plus récentes.

1. Les fondements de la perspective sociogénétique

Il convient de rappeler que, lors de la période 1960-1980, le « moment fondateur » de l'émergence de la théorie des représentations sociales, les premiers tenants de cette approche en France tentaient deux choses à la fois : orienter épistémologiquement la psychologie sociale en tant que discipline et, dans le même temps, lui donner une matière propre, un horizon épistémologique, approfondissant la théorie sur la connaissance sociale initiée par Moscovici (Kalampalikis, 2014). Une première synthèse des tendances du champ naissant des représentations sociales est esquissée par Jodelet en 1982 (voir Jodelet, 2015) posant clairement les jalons de la perspective sociogénétique et anthropologique, sans pour autant la nommer. Cette dernière est située à cette époque dans « l'aire d'étude des représentations sociales en milieu réel ».

Deux spécificités la caractérisent d'ores et déjà : a) le type d'objets choisis comme cibles de représentation (objets situés, holistes, complexes, systèmes) (e.g., une théorie scientifique, la culture, la femme, l'enfant, la santé, le corps, la justice, etc.) ; b) le choix du matériel utilisé pour les étudier (verbal, spontané, issus d'entretiens, iconographique, documentaire, épistolaire, etc.). Denise Jodelet préconise une orientation spécifique d'étude des représentations sociales, dans le cadre d'une réflexion sur le sens commun et l'idéation collective, comme une *forme de pensée sociale*.

Reprenant ainsi une des propositions initiales de Moscovici en 1961, elle considère que les représentations sociales : a) ont une autonomie et une efficacité propres ; b) sont des modalités de connaissance ; c) « doivent être rapportées dans leur genèse, fonctionnement et fonction aux processus qui affectent l'organisation, la vie et la communication sociales, aux mécanismes qui concourent à la définition de l'identité et de la spécificité des groupes sociaux et aux rapports que ces groupes entretiennent entre eux » (Jodelet, 2015, p. 21). Cette vision des représentations sociales impose *de facto* un regard au chercheur et oriente forcément ses choix méthodologiques, afin d'être en phase avec l'exigence de l'objet posé sous l'angle de l'inscription et de la participation sociales.

Voici sans doute l'un des deux sens du qualificatif « sociogénétique » de cette perspective. Saisir l'objet représentationnel comme phénomène dynamique, sa genèse comme une trajectoire dans le temps présent et l'histoire, son expression en tant que connaissance sociale et pratique, fruit des conjonctures historiques, politiques et culturelles et de la communication sociale.

Le second sens du qualificatif « sociogénétique » peut orienter, de manière plus métaphorique, à la genèse de la théorie elle-même dans l'histoire et le présent des idées au sein des sciences sociales. D'un côté, cette perspective a revendiqué une continuité directe avec le paradigme initial de Moscovici, poursuivant, dans le sens de l'approfondissement, les multiples voies offertes pour penser la connaissance en société. Pour autant, elle a apporté très tôt une inflexion forte au paradigme initial, élargissant le spectre d'étude du binôme science/sens commun, aux formes d'altérité et aux rapports sociaux symboliques (1976a, 1985), mais aussi à l'urbain (1976a), aux politiques publiques (1978), à l'environnement (Chiva et al., 1983) et à la mémoire collective (Haas & Jodelet, 2007 ; Jodelet & Haas, 2014). De l'autre côté, d'un point de vue épistémologique, cette perspective tente d'interroger les origines de la théorie et les liens originels entretenus avec les autres théorisations issues des sciences humaines et sociales dans l'objectif de contribuer à une psychologie sociale de la connaissance. Issue principalement des travaux du courant durkheimien de la psychologie collective, cette théorie porte en elle toute une axiomatique de recherches qui lui permet de communiquer avec les autres sciences du social (Jodelet, 2015 ; Kalampalikis & Haas, 2008).

Nous allons par la suite présenter ces spécificités (objets, posture méthodologique) à l'aide d'exemples classiques et récents, mais aussi de réflexions qui ont été inspirées par cette perspective.

2. Objets tensionnels, holistes, socialement ancrés

Les objets d'étude dans le champ des représentations sociales ne sont pas fondamentalement différents de ceux des disciplines voisines en sciences sociales. Alfred Schutz indiquait à peu près cela lorsqu'il écrivait que les sciences sociales sont des contextes de significations objectives de contextes de significations subjectives (« all social sciences are objective meaning-contexts of subjective meaning-contexts », 1967, p. 241). Prenons l'exemple de la santé, du travail, de l'identité, de la ville, de la mémoire collective ou de l'éducation, même si là il s'agit davantage de champs que d'objets à proprement parler, ou encore la régulation normative des conduites, les savoirs profanes, et on peut multiplier les exemples.

Bien que la question de l'objet doive concerner toute étude socio-représentationnelle, force est de constater qu'elle constitue souvent une sorte de point obscur, et donc aveugle, dans un paysage dominé de plus en plus par le principe un peu iconoclaste de « tout est représentation ». De ce fait, on peut dire que la question de l'objet n'est plus ni centrale ni systématique au niveau de l'élaboration conceptuelle et de la construction de dispositifs d'étude ou d'outils de mesure des phénomènes représentationnels.

Dès lors, on peut en toute logique se poser au moins trois questions :

1. Quelle est la valeur ajoutée de notre approche dans l'examen efficace, aussi bien conceptuel qu'empirique, de ces objets « communs » ?
2. Quel est le statut spécifique de l'objet pour la psychologie des représentations sociales ?
3. Y a-t-il des manières différentes de travailler les objets à l'intérieur même de la tradition de travaux des représentations sociales ?

L'examen systématique de ces questions dépasse largement le cadre de ce chapitre. Nous allons essayer de nous concentrer sur un point principal qui, à l'heure actuelle, nous paraît comme un point de départ possible pour expliciter la perspective sociogénétique.

Voici un premier *postulat* : tout objet représentationnel en milieu réel est un objet traversé par des zones de tensions, autrement dit, *tout objet représentationnel est un objet tensionnel*.

Et ses *corollaires* :

a. ces zones de tensions sont *essentielles*, aussi bien pour la nature de l'objet en question que pour la nature du regard qu'on porte sur lui ;
b. elles sont le fruit de la nature à la fois *constituée* et *constituante* des représentations sociales ;
c. elles sont étudiées *via* des *dispositifs méthodologiques pluriels* adéquats.

Nous allons essayer brièvement d'expliciter ce postulat et ses corollaires.

Il est vrai, que « les représentations sociales sont censées attribuer à des idées, mais aussi et surtout à des objets, des propriétés qui n'existent sous aucune forme ni apparence » (Moscovici, 2013, p. 45). Autrement dit, nous sommes toujours dans un effort ou un mouvement d'attribution, d'affectation, d'imputation qui va, sans doute fatalement, au-delà de l'apparence première des contours de l'objet.

Indépendamment du statut ontologique des objets d'étude et du débat classique en sciences sociales sur la nature construite de leur réalité sociale, les objets, par exemple l'identité sociale ou nationale (Kalampalikis, 2007 ; Villas Boas, 2010), les conduites à risque (cf. Apostolidis & Dany, 2012), la violence (Santos et al., 2010), la transmission de savoirs (Haas, 2006), les pratiques écologiques (Caillaud et al., 2010), l'urbain (Jodelet & Milgram, 1977), etc., existent pour nos sujets, influencent leurs modes de pensée et d'agir, conditionnent, à des degrés différents, leur propre vie à l'intérieur de leurs groupes d'appartenance, construisent une connaissance courante commune. Nous entendons par là que la construction sociale de notre réalité n'impacte pas la réalité vécue ou perçue des objets pour ceux qui les vivent de l'intérieur. Notre travail à partir de là se situe sur l'identification fine de cette zone de tensions qui crée le contexte à partir duquel naissent les significations et pratiques des sujets vis-à-vis de cet objet. Ces significations et pratiques peuvent être consensuelles, variées, polarisées, en un mot plurielles, véhiculant l'héritage vivant des cadres culturels et historiques d'appropriation, d'adhésion et d'interprétation. Elles ont, en tout état de cause, une nature *instituante* et *instituée* pour ceux qui sont impliqués dans leur appropriation, leur négociation et leur communication.

Si on revient un instant sur le postulat annoncé, cela mérite quelques clarifications supplémentaires. En effet, on peut identifier au moins trois zones de tensions : l'une liée au statut de l'objet dans la sphère sociale, culturelle et subjective, la deuxième liée à la nature des représentations sociales, et la troisième liée au statut du regard déployé pour étudier et analyser l'objet.

L'exemple d'une recherche nationale multicentrique réalisée au laboratoire de psychologie sociale de l'Université de Lyon peut servir d'illustration de la première zone de tension. Il s'agit d'une recherche qui porte sur les enjeux psychosociaux du don de sperme (Kalampalikis et al., 2010, 2013). Voici un sujet polémique, socialement sensible, revêtant des aspects très différents selon les cadres législatifs qui régissent une même technique de procréation médicalement assistée. Faut-il donner accès aux personnes célibataires, aux couples du même sexe, faut-il rémunérer les donneurs, donner le choix aux couples demandeurs de déterminer les critères de leur futur donneur en fonction de sa couleur de cheveux, de sa taille, de son diplôme, de sa religion, d'un test de QI ? Les enfants doivent-ils avoir accès aux informations identifiantes concernant le donneur ? Comment les parents doivent-ils construire le récit de la conception ?

Voici certaines des multiples questions qui se posent et que différentes sociétés posent en construisant un cadre législatif de référence qui conditionne le type d'expérience et la nature du faire face que des individus souhaitant faire famille par ce biais affrontent. Ces questions bioéthiques sont fondamentales et trouvent des réponses très différentes selon les pays construisant un contexte social chargé de normes, de morale, de tabous et, bien sûr et avant tout, de vie. L'examen de la littérature internationale (Golombok et al., 2002) nous a amenés à constater que, malgré la divergence législative, il existe une forte convergence des pratiques parentales. Voici une première fenêtre psychosociale qui s'ouvre consistant à interroger les systèmes de significations et de pratiques partagées par des groupes culturels sans contact direct, mais avec le même vécu en dehors de ce que la loi leur impose ou leur permet. Toutefois, au-delà de la bioéthique et de la loi, la littérature anthropologique récente sur les métamorphoses de la parenté nous enseigne une leçon capitale. Ainsi, selon Godelier (2004), un invariant à première vue surprenant traverse les sociétés dans le temps : « Nulle part dans aucune société, un homme et une femme ne suffisent à eux seuls pour faire un enfant » (Godelier, 2004, p. 325). L'intervention d'autres agents immatériels, imaginaires (l'esprit, le divin, les ancêtres), garantit le passage, la transformation, d'un fœtus anonyme à un enfant éponyme. Sous cet angle, pour le cas de figure qui nous préoccupe ici, celui du don de sperme, cet invariant devient d'autant plus saillant que le troisième « agent » qui intervient lors de la première phase du processus de procréation est un « autre » matériel, sous la forme d'un don de matériel génétique en provenance d'une autre personne. Les parents, l'enfant, l'institution et le donneur, les protagonistes du processus de ce type de procréation, forment ainsi une configuration parentale inédite, traversée par des zones de tension sociétales, mais aussi culturelles, politiques et privées.

Voici l'exemple d'une zone de tension qui traverse l'objet d'étude, en quelque sorte malgré lui. C'est précisément cette zone-là qui rend son étude nécessaire étant donné les répercussions sociétales de cet enjeu de l'intervention de la médecine, de la technologie, mais aussi d'un tiers dans le phénomène de la parenté. Jodelet exprimait très justement cette idée en introduisant un concept phénoménologique par excellence, celui d'*horizon* : « Un même objet ou événement pris dans des *horizons* différents donne lieu à des échanges d'interprétation, des confrontations de position par lesquelles les individus expriment une identité et une appartenance. Chacun des horizons met en évidence une signification centrale de l'objet en fonction de systèmes de représentations transsubjectives spécifiques aux espaces sociaux ou publics dans lesquels évoluent les sujets. Ceux-ci s'approprient ces représentations en raison de leur adhésion, de leur affiliation à ces espaces » (Jodelet, 2015, p. 77).

L'exemple d'une recherche, thématiquement proche et socialement sensible, sur l'embryon humain en tant qu'objet de représentation en France et au Brésil réalisée au laboratoire de psychologie sociale d'Aix-Marseille Université permet d'illustrer cet aspect (Alessio et al., 2011). L'analyse des états représentationnels étudiés montre l'incidence du contexte socio-culturel et de l'appartenance religieuse dans la composition et l'organisation du champ représentationnel de l'embryon humain. D'un point de vue anthropologique, ce sont les controverses sociales qui fournissent un cadre interprétatif par lequel l'embryon humain sera doté de sens (Morgan, 2001). Les états représentationnels étudiés sont ainsi symptomatiques des enjeux sociétaux saillants dans chaque contexte socio-culturel. Les enjeux moraux et scientifiques, antinomiques dans le contexte brésilien (e.g., embryon comme *personne versus objet de recherche*), renvoient à deux dimensions distinctes dans le contexte français. L'univers sémantique brésilien montre l'image de la *vie* revêtant la thématique symbolique de « l'origine » par contraste avec l'univers sémantique français investi par la question de l'origine, mais aussi du « devenir ».

Ces résultats montrent l'intérêt de considérer l'horizon dans lequel est situé l'objet, c'est-à-dire la perspective à partir de laquelle il est envisagé. Cette perspective permet notamment de rapporter les états représentationnels étudiés à la sphère de l'appartenance socio-culturelle et aux enjeux liés au contexte social. Cette construction de l'embryon humain en tant que vie « déjà-là » peut être interprétée comme la manifestation d'un processus axiologique qui traverse les individus, processus attestant de l'influence de l'horizon religieux. En effet, l'appartenance religieuse intervient de manière analogue dans la formation de l'univers sémantique et dans la dynamique des ancrages du champ représentationnel de l'embryon humain au Brésil et en France.

Essayons à présent d'examiner la deuxième zone de tension. Une observation s'impose là-dessus. Elle concerne le postulat de base de la ou des théories utilisées à cette fin. Si l'on considère que la théorie des représentations sociales tente d'investiguer le savoir du sens commun comme élaboration sociocognitive et produit culturel de sujets sociaux, définis par leur appartenance de groupe, opérant sous l'emprise des cadres sociaux de pensée et des normes collectives de conduite en intégrant les données de leur pratique et de leur expérience immédiate, ceci a un certain nombre de conséquences. La première est une orientation marquée par la volonté d'étudier *la formation et le fonctionnement des représentations sociales chez des sujets sociaux*. Cela présuppose de considérer les processus de connaissance et de représentation rapportés à l'intégration dynamique d'éléments sociaux et culturels qui forment l'univers de référence et d'étayage à partir duquel les sujets sociaux vont construire leur posture et leur expérience. Cela explique sans doute la raison pour laquelle nous nous intéressons, à l'intérieur de cette perspective, à des objets *complexes*, c'est-à-dire des objets qui engagent de manière systémique entièrement les sujets en tant que membres de groupe devenant un lieu d'investissement psychologique et social (Jodelet, 2015).

Un court exemple d'une recherche sur la contraception masculine médicalisée (CMM) peut nous permettre d'illustrer cette deuxième zone de tension. La CMM, incarnée souvent par la « pilule pour l'homme », reste depuis plus de cinquante ans à l'état d'une promesse médicale. Elle suscite peu de débats dans l'espace public et elle est caractérisée par une forte méconnaissance collective, voire une méfiance. Il s'agit en quelque sorte d'un objet « virtuel » qui, néanmoins, véhicule un imaginaire riche de projections, de désirs et de peurs autour de son *modus operandi*, de son action, de son efficacité et des changements possibles provoqués sur le plan des rapports sociaux de genre. Les résultats montrent l'ancrage, *via* un transfert sauvage, de ses modes d'action dans l'univers de la contraception féminine, les craintes imaginaires qu'elle mobilise, la menace qu'elle représente pour la virilité, la puissance masculine, l'équilibre sensible des rôles sociaux aussi bien chez les hommes que chez les femmes. Dans ces projections se jouent des rapports de force et des positions sociales qui, objets de conflits et d'anxiété de la part des deux sexes, sont régis par une forte normativité sociale. Ainsi, la peur fantasmatique de l'introduction d'une nouvelle méthode de régulation des naissances est elle-même régulée par la matrice socio-symbolique qui régit les rapports sociaux de sexe (Apostolidis, Buschini & Kalampalikis, 1998 ; Kalampalikis & Buschini, 2007).

À partir de là, il est délicat de parler de « la » représentation sociale d'un seul et unique objet ou encore de se pencher sur des représentations flottantes et errantes. Nombreux sont les auteurs qui se trompent et encore plus les lecteurs qui ont sans doute à peine remarqué un détail important du titre de la célèbre monographie de Jodelet (1989a) sur la maladie mentale : *Folies* et *représentations sociales*. Or, précisément, l'usage du pluriel et de la conjonction renvoie à ce « double mouvement, visant d'une part à isoler les conceptions qui orientent le rapport entretenu avec les malades mentaux, d'autre part à préciser comment le contexte dans lequel ce rapport est noué concourt à l'élaboration de ces conceptions ». Autrement dit, « prendre les représentations en tant que production, expression et instrument d'un groupe dans sa relation à l'altérité » (Jodelet, 1989a, p. 40). On voit ici tout l'intérêt d'une conception des représentations sociales à la fois comme des produits et des processus, étudiant de manière concomitante les contenus et les processus. En d'autres termes, prendre sérieusement en compte le fait que la pensée sociale est à la fois *constituée* et *constituante*, décrivant la réalité sociale telle qu'elle se construit à travers nos interactions, actions et communications et formant un « environnement de pensée » qui détermine notre perception et conception de la réalité et qui guide nos actes. Le troisième corollaire nécessite une explication plus approfondie.

3. Postures méthodologiques

L'idée que l'étude des représentations sociales ne peut se satisfaire d'une seule méthode n'est pas nouvelle. Étudier, comme le suggérait Moscovici (1961, 2013), la connaissance que les individus possèdent au sujet d'un objet complexe et la manière dont celle-ci est organisée et utilisée par les autres et les groupes, implique la perspective incontournable du « polythéisme méthodologique ». Sans oublier une donnée de taille : en matière de méthodologie, « il faut compter davantage sur la créativité des chercheurs que sur des recettes » (Moscovici, 2013, p. 168). Rappelons que l'intérêt et la nécessité de l'approche pluriméthodologique[3] pour circonscrire les phénomènes représentationnels dans leur complexité sont des enjeux constamment développés et discutés aussi bien à l'intérieur de la psychologie sociale (e.g., Abric, 2003a ; Jodelet, 2003), mais aussi plus largement au sein des sciences sociales (Flick, 2007). Cette orientation méthodologique (méthodologies mixtes, triangulation systématique des perspectives) est fondamentale pour penser l'objet et pour produire des connaissances valides et transférables, tout particulièrement dans le cadre de la perspective présentée ici. D'autant plus que de nombreuses recherches classiques (l'une des plus emblématiques étant celle de Jodelet sur la maladie mentale) sur les représentations sociales ont utilisé une démarche méthodologique de type triangulation, avant même qu'elle émerge sous cette appellation dans la littérature des sciences sociales.

La complémentarité méthodologique a comme critère de choix l'adaptabilité et la pertinence des stratégies et des outils par rapport aux objets, aux objectifs et aux conditions de la recherche. Elle est fondée sur le principe d'un polymorphisme méthodologique, faite de découvertes, de tâtonnements, de tentatives d'opérationnalisations *ad hoc*, face à des phénomènes intrinsèquement complexes et difficiles à circonscrire au moyen d'une seule méthodologie. Le polymorphisme méthodologique se construit dans les tensions du continuum théorique entre méthodes, avec une certaine conviction quant à l'impossibilité d'objectiver la dynamique topologique et le caractère holistique des phénomènes de façon monolithique. Il se traduit par une démarche d'ouverture et de découverte qui laisse place à l'analyse de la factualité de l'objet (le saisir comme il apparaît, tel qu'il émerge dans un contexte, tel qu'il se donne à voir ; Merleau-Ponty, 1945) et cherche à promouvoir une forme d'éclectisme méthodologique justifié et l'inventivité des procédures en fonction des objectifs de la recherche et de la nature du phénomène étudié.

De ce point de vue, la triangulation présente un intérêt primordial pour l'étude des représentations sociales lorsque l'on s'intéresse à l'étude des contenus de représentation concernant la construction d'un objet du monde social (Apostolidis, 2006). Les enjeux théoriques (statut des contenus – variant/local – et des processus – invariant/universel ; lecture multi-niveaux) et méthodologiques (accessibilité, création des procédures *ad hoc*, opérationnalisation des dispositifs d'articulation multi-niveaux) d'une telle perspective sont largement attestés. Ces enjeux sont au cœur de débats épistémiques plus globaux concernant la production des connaissances en psychologie sociale (descriptif *versus* explicatif, opposition en termes de validité et de légitimité entre procédures qualitatives et expérimentales, valeur prédictive ou interprétative de la théorie). Il est dorénavant clair que pour montrer l'intérêt scientifique de l'étude des contenus de représentation et pour concevoir des dispositifs variés et adaptés permettant de les analyser, l'application de la triangulation constitue une démarche féconde et transposable. De plus, en tant que stratégie de recherche inductive, elle paraît appropriée à la spécificité épistémologique des représentations sociales, théorie paradigmatique, à visée explicative générale et à portée prédictive seulement locale (Moscovici, 2001), s'intéressant à un ensemble de phénomènes complexes et déterminés par l'interdépendance dynamique des facteurs psychologiques, relationnels et sociaux.

Dans cette perspective, la triangulation à travers les différentes formes qu'elle peut prendre (Flick, 2007) permet de mettre en place des pratiques de recherche basées :

a. sur une posture d'ouverture et compréhensive du chercheur qui doit rester sensible à la découverte et s'efforcer de questionner et d'analyser la logique interne de production et d'actualisation des représentations, leurs aspects subjectifs et sociaux ;

b. sur la mise en place d'opérations de croisement et de mélange (des méthodes, des techniques, des données, des apports disciplinaires, des orientations théoriques) permettant d'orienter la recherche (objectifs, problématique) et d'étudier les différents aspects des influences contextuelles qui s'exercent sur la production et sur la dynamique des représentations (Apostolidis, 2006).

3. Voir chapitre 10 et focus 10.

Ainsi, par exemple, la triangulation peut présenter une stratégie méthodologique pertinente pour étudier le rapport entre les processus et les produits de l'activité représentationnelle. Bien que des travaux expérimentaux aient montré le rôle des représentations « déjà-là » en tant que systèmes d'accueil pour l'appropriation des nouvelles informations (Abric, 1987 ; Flament, 1984), « on a tendance à négliger le fait que l'aspect processuel se trouve en amont et en aval du produit, et seule la prise en compte des contenus permet une étude systématique des aspects processuels » (Jodelet, 2015, p. 24).

Dans cette optique, le travail sur les contenus permet de considérer les représentations et autres « théories » préexistantes des sujets et donc d'étudier leur rôle en tant que filtres sociocognitifs, c'est-à-dire en tant que systèmes d'accueil, de décodage et d'interprétation des informations provenant de la réalité sociale. Cette piste de travail nécessite l'articulation entre « opérations cognitives » et « données sociales », ce qui permet de montrer notamment que la dimension sociale est présente dans les deux faces produit/processus de la connaissance sociale. Elle peut s'opérationnaliser au travers des dispositifs utilisant (y compris comme stimulus quasi expérimental) un matériel social. Ce type de dispositif demande, d'une part, le repérage d'un « déjà-là » représenté signifiant et pertinent du point de vue « idéo-logique » (symptomatique de la structure et régulant les relations interpersonnelles et sociales), d'autre part, un travail d'analyse qui ne peut se faire qu'à partir d'un va-et-vient problématisé entre différentes opérations de croisement sur les plans théorique, méthodologique et des données. Sur le plan théorico-méthodologique, ces développements montrent l'intérêt d'étudier les processus sociocognitifs en conceptualisant et en opérationnalisant la cognition du côté de la société en tant que produit situé. La stratégie de triangulation pose l'incontournable d'une approche plurimethodologique qui permet de travailler sur la complexité des phénomènes représentationnels et sur leur caractère holistique à partir de leur naturalité.

Une perspective d'opérationnalisation consiste à étudier les contenus de représentation à partir de matériaux verbaux spontanés et/ou interactifs (associations verbales, cartes associatives, entretiens semi-directifs, focus groups), documentaires (presse, archives), iconographiques (images), esthétiques (littérature, musique) pour analyser la construction d'un « état des savoirs et des significations » et examiner la dynamique de leur production et de leur liaison aux pratiques, aux interactions et aux prises de position sociales. D'un point de vue opérationnel, deux notions permettent d'analyser la pensée ordinaire : celle de *sens* et celle de *filtre* (Apostolidis, 1994). La notion de *sens* renvoie à la signification attribuée à un objet donné, à la fois au niveau individuel et au niveau social. La notion de *filtre*, constituée par les réseaux d'ancrage des informations et des significations concernant l'objet, renvoie au cadre interprétatif « déjà-là » à finalité pratique (maîtrise de la situation, guide pour l'action, expression). Cette notion permet d'envisager comment les constructions de la pensée sociale, sous forme de théories implicites, affectent le traitement des significations nouvelles sur les objets sociaux. Sur le plan théorico-méthodologique, il s'agit de recueillir dans un cadre raisonné des matériaux pour analyser : (a) les processus d'élaboration des significations par des jeux d'ancrage et d'objectivation qui construisent les objets ; (b) leur caractère de formes de connaissance historiquement, culturellement et socialement située ; (c) leur instrumentalisation dans l'interprétation et la maîtrise de la réalité sociale, et notamment leur rôle médiateur et régulateur des interactions avec les autres.

Les démarches de triangulation se construisent de façon située et particulière, à partir de terrains réels spécifiques, en fonction de la problématique et des objectifs de la recherche, sur la base des options théoriques et épistémologiques des chercheurs. Il est difficile de définir une seule démarche type de triangulation et de présenter de façon formelle les étapes et les opérations à entreprendre. L'hétérogénéité et la non-superposition systématique des procédures de triangulation à partir d'un cadre prédéfini sont revendiquées dans une posture non positiviste. Cette posture renvoie aux prérogatives de la démarche et à la capacité du « chercheur-bricoleur » (Denzin & Lincoln, 1998) à mobiliser de façon raisonnée des outils propres à chaque situation pour étudier la complexité des phénomènes auxquels il est confronté. En ce sens, la triangulation est avant tout une *stratégie inductive* de recherche (partir d'un phénomène particulier et observé sur le terrain pour le décrire et le comprendre) se donnant pour objectif général de construire un savoir pertinent et consistant sur le phénomène à partir des différentes opérations de croisement sur les plans théorique, méthodologique et/ou de production des données. Au cœur de cette démarche demeure la notion du terrain, ce milieu réel de genèse et d'émergence des représentations et de l'expérience naturelle en situation, qui occupe une place cardinale au sein de la perspective présentée ici.

Le focus suivant[4] permet d'illustrer deux recherches récentes différentes qui utilisent ce dispositif méthodologique dans le cadre de la perspective présentée ici.

4. Conclusions

La perspective sociogénétique et anthropologique, inspirée de la phénoménologie sociale, se différencie des autres orientations de recherche sur et avec les représentations sociales par la spécificité accordée à l'objet d'étude, vu sous l'angle du phénomène. Les phénomènes représentatifs « sont des produits mentaux qui peuvent être abordés au plan individuel et collectif, en tant que systèmes de connaissances, savoirs et significations. Au plan individuel, ils sont tenus pour basés sur les appartenances sociales, la place dans les rapports sociaux, les échanges intersubjectifs et induisant des engagements idéels et pratiques. Au plan collectif, ils correspondent à des visions partagées, communes à une formation sociale, et diffusées en son sein par le biais des communications. Ce qui conduit à faire porter l'accent sur la pensée sociale, en tant que construction mentale d'objets du monde et que source de formes de vie ayant une incidence sur le devenir social » (Jodelet, 2015, p. 7).

Cette perspective implique un regard holiste et une façon de faire polymorphe sur le plan méthodologique pour traiter les phénomènes représentatifs. Elle invite à sortir des cloisonnements théorico-méthodologiques et disciplinaires classiques et à s'aventurer à pratiquer une psychologie sociale de plein air. Elle a donné lieu, depuis 35 ans, à de nombreux travaux de recherche, impossibles à résumer ou à présenter *in extenso* dans ce chapitre. Elle a permis des avancées conceptuelles ces dernières années (e.g., sens/filtre, ancrage stigmatique/symbolique, mémoire/oubli, savoir expérientiel, représentations époccales, représentations sociales totales, etc.) et influencé de nombreuses réflexions qui se sont inspirées de son apport (Duveen, 2000 ; Jovchelovitch, 2007 ; Wagner et al., 1999). On lui doit l'introduction de certaines notions clés (horizons, phénomène, mondes de vie, mais aussi primitifs représentationnels, pratiques signifiantes) qui deviennent opératoires dans l'analyse de l'expérience quotidienne du monde en tant que forme de pensée symbolique à finalité pratique.

Elle a réintroduit de façon opératoire la place du sujet et des pratiques signifiantes, afin de produire une conceptualisation qui réunit fait subjectif et objectif en se centrant sur la relation entre la subjectivité et les mondes de vie. Somme toute, il s'agit de rendre compte du lien entre réalité subjective et objective, de la codétermination dynamique entre existence individuelle et structure sociale (Berger & Luckmann, 1996 ; González Rey, 2015). Cette approche permet *in fine* de poser un regard contextualisant, compréhensif et interprétatif pour analyser la pensée sociale, pensée si efficiente dans le rapport ordinaire au monde, l'expérience quotidienne qui façonne la vie en société. C'est, selon nous, l'une des perspectives les plus à même de continuer le dialogue ouvert au sein de cette théorie avec les autres sciences du social (Augé, 1994 ; Becker, 2007 ; Boltanski & Thévenot, 2015 ; Descola, 2006) pour réaliser le projet d'aboutir, selon Moscovici (2012), à une véritable *anthropologie de notre culture*.

4. Voir focus 2.

FOCUS 2

Deux exemples de recherches illustrant la perspective sociogénétique

Nikos KALAMPALIKIS[1] & Thémis APOSTOLIDIS[2]

Sommaire

1. Université Lyon 2 Lumière, France.

2. Aix-Marseille Université, France.

Deux exemples différents de recherches représentationnelles se basant sur la perspective sociogénétique peuvent nous servir d'illustration des propos tenus dans le chapitre précédent[3]. Ils ont en commun : des objets « chauds », holistes, culturellement situés et politiquement actuels ; l'appel aux théorisations anthropologiques, sociologiques et historiques pour saisir la genèse les enjeux psychosociaux de leur mise en représentation ; des dispositifs méthodologiques de type triangulation ; l'investigation de l'idéation collective comme composante essentielle des pratiques ; l'efficacité du symbolique dans la construction identitaire.

1. Sexualité et sida : logique du sens et construction des risques

Le sida a constitué un contexte « quasi expérimental » pour les sciences humaines et sociales. Convoquées à contribuer aux finalités de prévention et de prise en charge face à l'épidémie, elles ont dû confronter leurs concepts à la réalité *in vivo* de l'expérience individuelle et sociale de cette maladie. De façon récurrente, différentes observations mettent en évidence l'existence de relations dynamiques et complexes entre connaissances, attitudes et comportements face au VIH. L'adoption par les individus de différentes « stratégies préventives à risque » (e.g., sélection des partenaires) a montré l'intérêt d'étudier les comportements sexuels en tant que formes de relations interpersonnelles et sociales au travers notamment de l'analyse des systèmes de représentation qui leur donnent sens (Apostolidis, 1994).

Thémis Apostolidis a mené un programme de recherche basé sur une démarche de triangulation méthodologique qualitatif/expérimental pour étudier la construction du risque lié au VIH à partir des représentations de la sexualité. Il a d'abord mis en évidence deux principaux constats issus du dispositif qualitatif :

1. La référence à l'univers de l'amour et des sentiments amoureux constitue un lieu de mise en discours commun et signifiant dans la construction du rapport au sexuel. Cette thématique actualise un mode de construction distinctif de différents types de relations sexuelles : quand il y a de l'amour et quand il n'y en a pas, « avec » ou « sans » sentiments amoureux. L'étayage de cette distinction en tant que « lieu commun » de représentation (partagé, ordinaire, de vérité commune, qui se fait ensemble), mobilise des « *systèmes d'opposition* » qui inscrivent de façon multiple la différence entre les deux formes relationnelles dans des univers cognitifs et sociaux plus larges et anthropologiquement fondamentaux (sale *versus* propre, dedans *versus* dehors, beau *versus* laid, éphémère *versus* durable). Deux caractéristiques isomorphiques du régime discursif sous-tendent cette mise en représentation : (a) la mobilisation d'un jugement évaluatif intense qui valorise les relations « avec » et dévalorise les relations « sans », (b) la construction de ce jugement par des jeux de représentation mettant en discours des élaborations, s'apparentant à des « *thèses* », qui l'incarnent (par objectivation) et le légitiment (par ancrage). Ces « *thèses* » puisent dans l'imaginaire, le symbolique, le social, dans l'expérience du sujet, ainsi que dans l'expérience collective. Cette double isomorphie illustre comment, diversement, mais de façon analogique, de systèmes de représentations plus larges s'actualisent et s'expriment lorsque l'on se représente la sexualité sous le prisme de l'amour.
2. L'analyse des expériences et des inter-confrontations « préventives » face aux risques liés au VIH a permis d'identifier différentes stratégies de prévention bricolées et variables tant sur le plan intra- que sur le plan interindividuel, faites d'écarts entre connaissances et comportements, entre décisions et actions, à partir de conduites fluctuantes en fonction des partenaires, des espaces de rencontre (familiers *versus*

3. Voir chapitre 2.

impersonnels), des climats relationnels (confiance en tant que « bien interpersonnel ») et des aléas des situations (désirs et sentiments éprouvés, excitation et laisser-aller). L'adoption de ces stratégies varie. L'auteur les analyse comme des formes de bricolage d'une « autre prévention » (Apostolidis, 2000), composée de savoirs véhiculés par les campagnes de prévention (usage du préservatif) et de savoirs ancrés dans des normes préexistantes au sein de la structure sociale concernant la sexualité. Les différentes stratégies (tri sélectif des partenaires, usage du préservatif selon les cas, attente, présomption, déni) peuvent coexister au sein d'une même trajectoire individuelle en fonction des contextes relationnels (e.g., utilisation à géométrie variable du préservatif en fonction des caractéristiques du partenaire).

Parmi les paramètres en fonction desquels se construit le caractère amoureux d'une relation intime sexuelle, le rôle modalisant du délai séparant le début d'une rencontre de son aboutissement en un rapport sexuel a été identifié : les relations sans délai étant associées à l'univers des relations sans sentiments amoureux (superficielles, éphémères, vénales, égoïstes, à risque). Ce principe d'attente s'est révélé également intéressant pour saisir les ressorts psychosociaux (sens, intention, fonction) de l'adoption de différentes stratégies préventives (sélection ou évitement des partenaires, confiance, utilisation variable du préservatif).

Cette dimension de délai comme règle de conduite a été retenue pour construire un protocole expérimental à l'aide de vignettes (on présente aux sujets, en fonction des conditions expérimentales, un scénario de rencontre aboutissant à une relation sexuelle dans des situations avec ou sans délai, une semaine après la rencontre ou le soir même). Deux principaux résultats se dégagent et se confirment de manière transnationale (France, Portugal, Suisse ; Apostolidis & Deschamps, 2003).

Le premier : la valence sentimentale en jeu dans une relation sexuelle est fonction de la variable délai. L'effet modulateur de cette variable illustre le rôle de l'attente dans la construction des états amoureux (Barthes, 1993) et l'enracinement de ce mode de construction dans l'arrière-fond des significations (sentimental *versus* sexuel) que médiatise l'amour en tant que catégorie culturelle. L'incidence de ce mode de représentation montre la prégnance d'une norme romantique dans la perception d'autrui engagé dans une relation intime sexuelle. Cette règle de construction socialement normée est partagée et valorisée dans tous les contextes nationaux étudiés et traverse les frontières de genre.

Le second : la construction des risques liés au sida dans le contexte d'une relation sexuelle dépend de la signification donnée à la relation. Le risque perçu varie en fonction de la valence sentimentale attribuée. Ces résultats montrent comment cette construction est fonction du principe distinctif « sentimental *versus* sexuel », principe qui donne du sens aux relations sexuelles. Ils illustrent comment le sida apparaît comme une maladie associée davantage à une sexualité sans sentiments amoureux.

La construction du risque VIH, dans le contexte des relations sexuelles, apparaît comme une activité éminemment symbolique qui renvoie à un processus d'insertion de l'objet dans un système organisé de représentations exprimant une valeur sociale. Ce mode sociocognitif s'enracine dans l'arrière-fond des valeurs de la culture occidentale et illustre comment la construction des significations puise dans la « boîte à outils » qu'offre la culture (Bruner, 1990). En effet, la codification évaluatrice et idéalisatrice de la sexualité sous le prisme de l'amour en tant qu'*idée-source* est prégnante historiquement et peut être analysée comme une forme de *représentation hégémonique* (Apostolidis, 2006). Elle renvoie à une distinction culturellement fondamentale qui médiatise des principes d'idéalisation et d'idéologisation. Au cours de l'histoire, cette distinction a joué un rôle de noyau signifiant au cœur de la prophylaxie morale face aux maladies sexuellement transmissibles. La mobilisation de ce « noyau signifiant » face au VIH montre qu'au travers de l'expérience de la maladie, comme au travers d'autres domaines essentiels de la vie humaine, « les hommes ne vivent pas seulement d'information : il leur faut aussi des significations » (Moscovici, 1992).

2. Identité nationale, noms et mythes contemporains

Un travail monographique peut nous servir de second exemple (Kalampalikis, 2002a, 2007). Il concerne l'antagonisme entre deux groupes nationaux pour un nom. Ce dernier, véritable pomme de discorde, représente des enjeux identitaires capitaux pour chaque groupe, à la fois vitaux et incompatibles.

L'histoire récente du différend démarre avec l'indépendance de la République de Macédoine en 1991. Cet acte politique a provoqué des réactions vives de la part de son pays voisin, la Grèce, qui refuse, encore de nos jours, de la reconnaître avec ce nom en prétendant qu'il appartient exclusivement à l'héritage de la culture hellénique. Ce conflit, fréquemment à la une de l'actualité politique, révèle une menace identitaire et imaginaire assez palpable entre les deux groupes nationaux, un risque d'indifférenciation identitaire. Cet antagonisme a donné lieu en Grèce à des réactions politiques, publiques et médiatiques orageuses *via* l'usage d'un argumentaire faisant appel à l'histoire ancienne de la région. Nikos Kalampalikis s'est penché sur l'impact de cette affaire en Grèce au niveau de la mémoire collective, l'histoire et les représentations qu'elle a générées, son apparition et son déclin soudains, ses traces. Pour cela, il a interrogé sur le terrain, à l'aide d'une méthodologie mixte de type triangulation, une population de jeunes Grecs (entretiens individuels, *focus groups*, associations verbales, recherche documentaire, analyse de manuel d'histoire, de presse). Son interprétation a fait appel à des modèles théoriques issus de la psychologie sociale, mais également de l'anthropologie (mythe) et de l'histoire (narrations nationales historiques).

Cet auteur est parti du principe que les formations symboliques de la pensée sociale (croyances, idéologies, mythes) font partie intégrante de notre réalité et soutiennent continuellement les pratiques communes, en constituant leur partie dynamique. Ainsi, à l'occasion de ce conflit symbolique, il a revisité la notion du mythe contemporain. Car si certains écrits de Wundt et de Durkheim incluaient les mythes dans un programme de recherche d'une psychologie sociale naissante, et que Moscovici leur attribuait dès 1961 une valeur inestimable pour un programme heuristique et comparatif des représentations sociales, peu d'études avaient contribué à les étudier et à les prendre en compte (Chombart de Lauwe, 1971 ; Farr, 1996 ; Jodelet & Paredes, 2010). Dans cet exemple, les mythes, savoir culturel par excellence dans le contexte hellénique (Veyne, 1983), ont été mobilisés par le biais de la communication sociale sous forme d'un message identitaire au cœur duquel se trouvait le récit d'Alexandre le Grand. Son histoire, telle qu'elle a été écrite, racontée, propagée, représentée, est devenue une narration mythique des origines du groupe hellénique (Barthes, 1993). La force de son évocation et son association directe à l'objet du conflit ont fait de lui un reflet du groupe dans son ensemble.

Les principaux résultats soulignent l'importance des noms dans ce qu'ils véhiculent d'imaginaire, d'identitaire et de menaçant pour les groupes nationaux. Le sentiment d'une mise en cause identitaire est illustré dans l'effort des Grecs de refuser de reconnaître une dénomination trop chargée, celle de *Macédoine*, et de persister à en utiliser une autre, celle de *Skopje*, qui élimine toute ressemblance sémantique et phonétique (donc identitaire, historique et géographique) entre les deux régions, pays, peuples. Le nom *Macédoine* véhicule un message qui renvoie à l'origine du groupe hellénique dans un champ mnémonique mythique dont la figure d'Alexandre le Grand sert de métaphore. L'auteur met en évidence la difficulté à nommer, penser, percevoir, classifier, bref, se représenter l'autre à partir d'un nom-étiquette que le groupe a décidé de lui attribuer, celui de « Skopje-Skopjiens ». Ces qualificatifs conçus et utilisés uniquement par et pour le groupe national obéissent à une stratégie identitaire de mise en altérité, afin de rendre « l'autre » différent, étranger, étrange, et néanmoins familier. Kalampalikis soutient que la familiarisation traditionnellement attribuée à l'ancrage peut aussi fonctionner à l'envers, transmettant et garantissant le non-familier, s'assurant que le non-familier reste ainsi, instituant l'étrangeté. Il pose l'hypothèse de deux formes d'ancrage, symbolique et stigmatique, permettant d'expliquer une forme de familiarisation à l'envers garantissant le statut de l'étrange.

À partir de l'étude d'un épisode historique conflictuel contemporain, Kalampalikis propose d'étudier le mythe contemporain comme forme d'expression d'une pensée sociale, véhicule d'un imaginaire collectif culturel et historique, ancrage par strates dans la mémoire historique et culturelle, support de la construction et de l'expression d'une identité nationale. L'objectif de cette monographie est de démontrer la cohérence et la force explicative de l'approche représentationnelle dans l'étude d'une affaire socio-politique contemporaine. Son leitmotiv : saisir le reflet d'une histoire en train de se faire dans la conscience de ceux qui la vivent dans le présent. Dans ce but, il lui a paru incontournable d'articuler les regards psychosocial, anthropologique et historique dans l'analyse *in vivo* d'un phénomène inscrit dans le cadre d'une région particulièrement sensible. À ce titre, cette monographie teste les fondements de son approche théorique et méthodologique en s'appuyant aussi bien sur l'histoire des idées qui l'alimentent, son historicité, les sources de son questionnement, que sur sa capacité à expliquer, interpréter, l'expérience active du monde dans le présent, autrement dit l'expérimentation du monde et sur le monde, « du monde qui pense en nous » (Durkheim & Fauconnet, 1903).

CHAPITRE 3

Analyse qualitative du contenu des représentations sociales

Lionel DANY[1]

Sommaire

1. Aix-Marseille Université, France ; APHM, Timone, Service d'oncologie médicale.

« Une représentation sans contenu constitue un oxymore. »
(Bauer & Gaskell, 1999)

Les différents chapitres introductifs à cet ouvrage ont permis de clarifier la notion de représentation sociale et les différents modèles ou approches développés. Quel que soit le modèle retenu, une question fondamentale se posera pour tout chercheur intéressé à l'étude des représentations sociales : quel est le contenu de la représentation de l'objet que je souhaite étudier ? Autrement dit, de quels éléments la représentation est-elle constituée ? D'autres questions essentielles suivront rapidement : Comment s'organisent ces éléments ? Dans quelle mesure témoignent-ils de l'existence de phénomènes psychosociaux ? Quelles significations portent ces éléments ? En quoi ces significations témoignent-elles de l'inscription et de la participation sociales des individus et des groupes ? De quelle manière ces contenus peuvent-ils nous renseigner sur les rapports sociaux et la texture historique des savoirs sociaux ?

Cet ensemble de questions pose les contours d'un enjeu majeur de la recherche dans le champ des représentations sociales pour lequel une réponse unique (en termes de méthode ou de technique) ne saurait satisfaire toutes les facettes de celui-ci. La présentation de diverses méthodes et celle de leur articulation possible[2] dans cet ouvrage permettent de contribuer de façon significative à cet enjeu. Dans ce chapitre, nous nous efforcerons de proposer un cadre d'analyse du contenu des représentations sociales s'inscrivant dans une démarche qualitative. Notre contribution s'articule autour de deux axes complémentaires visant (1) à circonscrire dans un premier temps la spécificité du contenu à analyser dans le cadre de l'étude des représentations sociales (caractéristiques conceptuelles et implications pour l'analyse) ; (2) à présenter une démarche d'analyse qualitative du contenu, s'appuyant sur des principes généraux communs à différents auteurs, en illustrant certaines étapes qui nous semblent essentielles pour l'étude des représentations sociales.

1. La représentation sociale comme contenu

Deux aspects principaux composent les représentations sociales comme modalité de la pensée sociale : son aspect *constituant* (processus) et son aspect *constitué* (produits ou contenus) (Mannoni, 1998 ; Moscovici, 1976a). Elle est « le produit et le processus d'une activité mentale par laquelle un individu ou un groupe reconstitue le réel auquel il est confronté et lui attribue une signification spécifique » (Abric, 1987, p. 64). Comme produit/contenu, la représentation témoigne des éléments qui la constituent ; comme processus, elle donne sa forme et sa fonction au sens qu'elle véhicule.

Si la représentation est simultanément processus et contenu, il n'en demeure pas moins qu'il semble *a priori* plus aisé d'accéder au contenu de celle-ci[3] : « En tant que modalité de connaissance, la représentation sociale implique d'abord une activité de reproduction des propriétés d'un objet, s'effectuant à un niveau concret » (Herzlich, 1972, p. 305). C'est le caractère « concret » du contenu comme expression de la représentation qui contribue à envisager qu'il est plus « simple » d'accéder à ce qui exprime la représentation, à ce qui lui confère un statut de « réalité » re-présentée, tangible et observable dans l'espace psychosocial (nous discuterons plus en détail les limites de cette proposition par la suite).

L'accès au contenu pourrait permettre – éventuellement dans un deuxième temps – la mise au jour des logiques psychosociales sous-jacentes qui régulent la production de tels ou tels contenus et leurs fonctions. Toutefois, il nous faut prendre en compte que, dans bien des cas, la représentation sociale est un savoir qui s'ignore, non pas tant parce que l'on ne peut accéder à

2. Voir chapitre 10 et focus 10.

3. Une présentation trop rapide pourrait laisser penser que ces deux caractéristiques renvoient à des formes distinctes facilement séparables et observables comme telles, or on peut envisager une réelle interdépendance entre ces caractéristiques (Wagner & Hayes, 2005).

ce savoir, mais davantage parce que (1) ce savoir peut se retrouver sous des formes multiples et diverses et (2) que ses caractéristiques intrinsèques sont en mesure de lui assigner un caractère d'*évidence* qui peut contribuer à partiellement « l'invisibiliser ».

Comme le souligne Jodelet (1989b), les représentations « circulent dans les discours, sont portées par les mots, véhiculées dans les messages et images médiatiques, cristallisées dans les conduites et les agencements matériels ou spatiaux » (p. 48). Une telle diversité des modalités d'expression de ce savoir, même lorsqu'elles disposent d'une certaine saillance (dans le sens ou elles sont directement disponibles), ne rend pas pour autant ce savoir identifiable en première intention pour l'acteur social et le chercheur malgré cette accessibilité formelle dans l'espace social. Se pose, dans ce contexte, la question de la pertinence potentielle de telle ou telle source pour l'analyse de la représentation.

Par ailleurs, la représentation constitue une réalité, une construction du réel (Herzlich, 1972), un « reflet du réel » (Moliner, 1996) pour les individus et les groupes qui les produisent et les véhiculent. Mais, bien entendu, nous n'accédons pas au réel ou à la réalité mais aux représentations d'un monde que l'on ne peut pas « capturer » directement. La réalité sociale ne parle pas par elle-même, la construction sociale est un « processus involontaire », elle renvoie à ce que les individus font et pas à ce qu'ils envisagent de faire (Wagner, 1996). Nous étudions « la façon dont les individus se représentent leurs expériences pour eux-mêmes et pour les autres » (Denzin, 2010, p. 11). Ce caractère ou cette texture de réalité, le fait que la représentation puisse constituer une « évidence directe » peut empêcher le sujet « naïf » comme le chercheur de l'appréhender comme « une élaboration complexe surchargée d'éléments venants d'ailleurs » (Herzlich, 1972, p. 306) car elle « va de soi » (Moscovici, 2012, p. 50). Cette connaissance est également évidente car elle « se fonde sur la tradition et le consensus » (Moliner, 1996, p. 20). Toutefois, comme le souligne Doise (1990), « il ne faut pas en conclure que toute évidence serait représentation sociale. Elle ne l'est que dans la mesure où l'on peut montrer qu'elle joue un rôle dans l'organisation des rapports symboliques entre acteurs sociaux » (p. 149).

Comme le suggèrent Bauer et Gaskell (1999), c'est « une conscience réflexive qui peut nous permettre de parler de nos représentations, de distinguer le signifiant du signifié[4], de prendre de la distance avec elles » (p. 169). Cette démarche réflexive ne constitue pas une activité quotidienne, nous n'accédons pas de façon continue aux contenus et processus qui font de nos représentations des représentations (Schütz, 1987). Parler de « savoir qui s'ignore » à propos des représentations – même si le terme est fort – permet donc de souligner que ce savoir peut s'actualiser sous les formes les plus diverses et donc rendre la tâche d'identification et d'analyse des contenus de la représentation plus ou moins difficile, et que, par ailleurs, ce savoir par son statut de réalité peut s'actualiser, s'exprimer, être véhiculé sans que les acteurs sociaux n'en aient pleinement « conscience ».

Ce préalable comporte un enjeu majeur quant à l'analyse du contenu de la représentation sociale car au-delà des questions de l'accès aux divers contenus et de leur pertinence se posera la question – dans la démarche d'analyse – de la capacité du chercheur à garantir sa réflexivité et sa capacité à dépasser une certaine « transparence » (Dany, 2015, p. 18) :

- *transparence des faits et des contenus représentationnels* (circonscription d'un phénomène tenu pour conforme à la réalité psychosociale) ;
- *transparence des liens entre les éléments* (articulation visible ou reconstruite des liens et agencements entre les éléments représentationnels) ;
- *transparence des causes et des logiques représentationnelles* (sous-jacentes aux observations réalisées par recours à des hypothèses qui s'appuient sur la théorie et ses « enseignements »).

4. Le signifiant (représentant) est l'entité expressive à laquelle est associé un concept (ou signifié) ; le signifié (représenté) est l'entité de sens associée au signifiant.

Ces quelques éléments préliminaires visent à circonscrire les objectifs et les défis qui pourront être assignés à l'analyse de contenu (comme pratique de recherche) pour l'analyse du contenu des représentations sociales. L'analyse du contenu des représentations sociales doit permettre de dépasser le simple relevé de l'univers d'opinions car les opinions exprimées ne peuvent nous renseigner pleinement sur le contexte, les critères de jugement ou les concepts qui les sous-tendent. Comme le relevait Moscovici (1976a) à propos de son étude sur la psychanalyse, sa recherche ne se proposait pas seulement de « décrire des distributions d'opinions à propos de la psychanalyse, mais aussi d'analyser leur insertion dans le champ psychosocial de la personne et du groupe » (p. 31). En ce sens, la visée descriptive des opérations d'analyse ne sera pas suffisante pour satisfaire les enjeux de l'étude de la représentation.

L'analyse de contenu des représentations sociales s'apparente ainsi à une analyse de la *pensée constituée* comme savoir social avec tous les enjeux inhérents à cette analyse : recherche d'*assertions significatives* (résumé d'une position importante dans la vision de celui qui émet l'assertion) et de *relations* entre ces assertions (Moscovici, 1976a, p. 33). Par ailleurs, l'analyse de contenu des représentations doit permettre également une analyse de la *pensée constituante* qui donne forme et sens aux contenus. En effet, « limiter l'étude des représentations sociales à leur contenu pourrait les faire apparaître comme des réalités en soi, dotées d'une existence autonome. Ce serait privilégier une démarche descriptive aux dépens d'une démarche explicative » (Doise, 1992, p. 189). Or le sens se « réfère nécessairement à d'autres significations régissant les relations symboliques entre acteurs sociaux » (Doise, 1992, p. 189) et témoigne de l'inscription et de la participation sociale de ces acteurs (Apostolidis & Dany, 2012).

L'analyse du contenu des représentations, telle que nous l'abordons dans ce chapitre, s'inscrit dans une démarche qualitative. Les approches qualitatives[5] visent à cerner la singularité et la complexité des phénomènes, à explorer la pluralité des phénomènes et mondes sociaux, à les situer dans leur dynamique psychologique et sociale et à restituer leur logique interne sans les évaluer à partir d'un standard de raisonnement extérieur à leurs conditions de production (Santiago-Delefosse & Rouan, 2001). Plusieurs raisons et conditions peuvent conduire à l'usage des méthodologies qualitatives (Jodelet, 2006), par exemple, (a) le développement d'une approche holistique et globale (prise en compte de la complexité des phénomènes étudiés, l'analyse conjointe des différentes composantes des faits humains, le dépassement d'une causalité linéaire) ; (b) une épistémologie socio-compréhensive (le monde social comme monde interpersonnel et expériencé comme signification, le rôle des significations et la nécessité d'une démarche compréhensive). La force des données qualitatives repose sur leur ancrage de proximité, leur richesse, leur caractère englobant et leur puissance explicative des processus (Miles & Huberman, 2007).

Nous allons maintenant présenter une démarche d'analyse qualitative du contenu des représentations sociales en nous appuyant sur la méthode de l'analyse de contenu comme « instrument » visant la circonscription et l'analyse des contenus représentationnels. Pour répondre aux contraintes de notre présentation (sur le fond et sur la forme), notre propos se centrera sur l'analyse de codes linguistiques écrits ou oraux (Bardin, 1998)[6]. Nous traiterons donc

---

5. Nous utilisons le pluriel car la recherche qualitative se « définit » par une variété des approches et des méthodes (Bauer & Gaskell, 2012 ; Flick, 2014 ; Miles & Huberman, 2007).

6. L'analyse du contenu des représentations sociales ne se limite pas, en effet, à la seule analyse des données verbales/textuelles. Les formes iconiques (e.g., signaux, images, photographies, dessins...), d'autres formes de codes sémiotiques (e.g., comportements, communication non verbale, musique, espace, temps...) constituent à bien des égards des sources non négligeables d'informations sur le contenu et le sens des représentations (e.g., Boissonnat, 1988 ; Devine-Wright & Devine-Wright, 2009 ; Hass, 2004 ; Jodelet, 1989a ; Milgram, 1982 ; Milgram & Jodelet, 1976 ; Moliner, 2008 ; Moloney, Holtz, & Wagner, 2013). Par exemple, l'utilisation des jouets comme « signe » peut nous renseigner sur le développement des représentations sociales du genre (Lloyd & Duveen, 2005).

préférentiellement des données verbales/textuelles (i.e., données issues d'entretiens individuels ou collectifs, de corpus d'associations libres, d'articles de presse, de produits culturels ou de documents divers)[7].

2. L'analyse qualitative du/de contenu

Après un bref détour par les définitions de l'analyse de contenu et la présentation d'un type d'analyse fréquemment mis en œuvre (analyse de contenu catégorielle de type thématique), nous présenterons les différentes étapes de l'analyse de contenu en nous centrant sur certaines étapes « significatives » de cette analyse. Nous illustrerons notre propos avec des exemples issus de recherches. Enfin, nous aborderons la question de l'analyse informatisée du contenu.

2.1 *L'analyse de contenu*

Définitions – S'inscrire dans une démarche d'analyse de contenu revient à refuser « l'illusion de la transparence des faits sociaux » et à tenter de s'écarter des « dangers de la compréhension spontanée » (Bardin, 1998, p. 31). Nous l'avons évoqué dans la première partie de ce chapitre, l'analyse visera à identifier les contenus significatifs d'une représentation, les liens qu'ils entretiennent entre eux, tout en permettant une articulation avec les conditions de production de ces contenus.

Les différentes définitions présentées dans l'encadré 3.1 permettent de dresser les contours de l'analyse de contenu. Il s'agit d'une technique qui vise le traitement systématique et objectivé de messages/communications afin d'en dégager le sens et de produire des inférences sur les conditions qui conduisent à la production de ces significations. Le caractère objectif du traitement à opérer renvoie à l'idée que des procédures systématiques, suivant une procédure explicite et réplicable, seront appliquées (Bauer, 2012). Ce point est important car il contribue à la scientificité de la méthode, à dépasser la pseudo-transparence des savoirs spontanés et à lutter contre l'évidence des savoirs subjectifs. Nous n'irons pas jusqu'à dire comme d'autres que la démarche vise à « détruire l'intuition au profit du construit » (Bardin, 1998, p. 31) car l'intuition (si elle s'exprime dans un cadre « contrôlé ») peut permettre le dépassement de cadres d'analyse préexistants trop contraints et ainsi participer à des formes d'innovation potentielle. Il existe un nombre assez conséquent de types d'analyse de contenu[8] qui dans leur application sont en mesure de répondre à des objectifs différents pour les chercheurs. Pour les besoins de notre

---

7. À notre connaissance, il existe peu de propositions théorico-méthodologiques concrètes proposant une analyse du contenu (en tant que matériel qualitatif). Une méthode intégrée d'analyse a été développée par Negura (2006). Elle repose sur trois niveaux d'interférence possible des représentations sociales avec le discours qui est l'objet de l'analyse de contenu, Negura (2006) : le niveau du contenu en termes de cognitions ou d'éléments (Moscovici, 1976a), le niveau de la structure en termes d'ensemble organisé (Abric, 1994a) et le niveau des conditions de production (Doise, 1990). La démarche présentée propose de travailler à l'analyse des opinions (via l'analyse thématique), sur les attitudes (via l'analyse des propositions évaluatives) ; l'analyse des stéréotypes ; l'analyse des relations entre les éléments (fréquences et co-occurences) et l'analyse de l'ancrage sociologique.

8. Bardin (1998) distingue par exemple l'analyse catégorielle (classification d'éléments constitutifs d'un ensemble par différenciation puis regroupement d'après des critères) ; l'analyse de l'évaluation (mesure des attitudes du locuteur à l'égard d'objets au sujet desquels il s'exprime) l'analyse de l'énonciation (analyses logique et séquentielle) ; l'analyse propositionnelle du discours (variante de l'analyse thématique qui vise à identifier l'univers de références en se centrant sur la structure argumentative qui exprimerait les enjeux et actions des acteurs sociaux) ; l'analyse de l'expression (e.g., centration sur l'analyse des indicateurs formels : indicateurs lexicaux, stylistique, enchaînement logique, agencement séquentiel, structure narrative) ; l'analyse des relations (e.g., analyse des relations que les éléments entretiennent entre eux ; analyse des co-occurrences, analyse structurale, analyse du discours et du récit). Mucchielli (1991) distingue quant à lui les méthodes logico-esthétiques et formelles (e.g., analyse stylistique, analyse de la communication entre plusieurs personnes, analyse de discours et des procédés de discours), des méthodes d'analyse sémantique et structurale (e.g., analyse des connotations, analyse thématique et sémique, analyse sémantique conceptuelle, analyse structurale du récit symbolique).

présentation, et du fait de son application relativement fréquente, nous centrerons notre propos sur l'analyse de contenu catégorielle, en particulier l'analyse de contenu thématique.

Encadré 3.1.
Sélection de définitions de l'analyse de contenus

Une technique de recherche pour la description objective, systématique et quantitative du contenu manifeste d'une communication (Berelson, 1952).

Une méthodologie de recherche qui utilise un ensemble de procédures pour produire des inférences valides à partir d'un texte. Ces inférences portent sur le producteur du message, le message lui-même ou l'audience du message (Weber, 1985).

Analyser le contenu c'est, par des méthodes sûres, rechercher les informations qui s'y trouvent, dégager le sens ou les sens de ce qui y est présenté, formuler et classer tout ce que « contient » ce document ou cette communication (Mucchielli, 1991).

Un ensemble de techniques d'analyse des communications visant, par des procédures systématiques et objectives de description du contenu des messages, à obtenir des indicateurs (quantitatifs ou non) permettant l'inférence de connaissances relatives aux conditions de production/réception (variables inférées) de ces messages (Bardin, 1998).

L'analyse de contenu se définit comme une technique permettant l'examen méthodique, systématique, objectif et, à l'occasion, quantitatif du contenu de certains textes en vue d'en classer et d'en interpréter les éléments constitutifs, qui ne sont pas totalement accessibles à la lecture naïve (Robert & Bouillaguet, 2007).

L'analyse qualitative de contenu est une méthode de recherche pour l'interprétation subjective du contenu des données d'un texte par un processus de classification systématique de codage et l'identification de thèmes ou *patterns* (Hsieh & Shannon, 2005).

L'analyse qualitative de contenu est une méthode pour décrire systématiquement le sens de données qualitatives... Cette analyse procède en assignant les parties successives du matériel dans des catégories issues d'une trame de codage (Schreier, 2014).

L'analyse de contenu catégorielle – L'analyse catégorielle comprend deux formes : l'analyse thématique (registre sémantique) et l'analyse lexicale (registre linguistique) (Bardin, 2002). Le niveau de catégorisation peut ainsi porter (a) sur l'aspect *sémantique* et prendra en compte derrière la surface des mots et des phrases les unités de signification de base ou thèmes ; (b) sur l'aspect *lexical* et prendra en compte les mots ou unités linguistiques sécables. Pour Bardin (1998), l'analyse de contenu peut être une analyse des « signifiés » (e.g., analyse thématique) et une analyse des « signifiants » (e.g., analyse lexicale) (Bardin, 1998).

Le développement des catégories peut répondre à deux grandes orientations (Mayring, 2000) : une démarche inductive[9] de développement des catégories *versus* une démarche déductive d'application des catégories[10]. Une démarche purement inductive dans le champ des représentations sociales nous semble difficile à envisager. La raison principale, quasi tautologique, est qu'une démarche d'analyse de contenu inscrite dans un cadre théorique (tel que celui des représentations sociales) ne peut se prévaloir d'une orientation strictement inductive. Toutefois, l'alliance d'une perspective déductive ancrée sur la théorie des représentations sociales et d'une « orientation » inductive (visant à favoriser une lecture spécifique des données et de leur potentiel) nous semble tout à fait envisageable sans poser de problème épistémologique majeur.

9. Notons toutefois que la démarche inductive n'est pas exempte de préconceptions ou d'idées directrices ou de centres d'intérêts (Miles & Huberman, 2007).

10. Cette dichotomie peut renvoyer pour partie à celle proposée par Ghiglione et Matalon (1985) entre « procédure close » (avec formulation préalable d'hypothèses) et « procédure ouverte » (aucune hypothèse ne guide l'analyste).

3. Les étapes de l'analyse de contenu

3.1 *Présentation générale*

L'analyse de contenu nécessite la réalisation de différentes étapes (cf. figure 3.1). La présentation d'une démarche par étape subsume un continuum, or dans les faits, si l'ensemble de l'analyse s'inscrit dans une certaine progressivité, il n'en demeure pas moins qu'il s'agit d'une démarche plus dynamique qui tolère voire oblige à des « allers-retours » entre les différentes étapes. L'analyse ne constitue pas un processus linéaire par lequel on passerait systématiquement d'une étape à la suivante, nous sommes face à un « processus récursif », l'analyse impliquant un constant « mouvement en arrière et en avant » entre les données de base, les extraits codés et l'analyse des données (Braun & Clarke, 2006). Bardin (1998) parle de « va-et-vient de l'analyse de contenu, entre théorie et technique, hypothèses, interprétations et méthodes d'analyse » (p. 80). La mise en œuvre des différentes étapes vise à se mettre en position de construire une interprétation à base de preuves vérifiables, tendant vers l'objectivité. La solution peut se trouver du côté d'une méthode : un « cheminement », un « parcours » menant à la mise à jour d'une forme de vérité des contenus analysés. Schématiquement on peut distinguer quatre grandes « phases » ou étapes : (1) la circonscription

La circonscription de l'objet de recherche La sélection du corpus	Aspects théoriques et circonstances suggérant la sélection de données particulières. Choix du matériel à étudier (origine). Échantillonnage (sélection, saturation). Formulation d'hypothèses et objectifs préalables. Choix et mise au point des techniques à appliquer au corpus.
La pré-analyse	Constitution du corpus soumis à l'analyse (échantillonnage). Familiarisation avec les données lecture « flottante » et relecture. Reformulation des hypothèses et des objectifs. Mise au point des techniques à appliquer au corpus (règles de découpage, de catégorisation, de codage). Élaboration d'une grille d'analyse de contenu (sur une partie du corpus) correspondant aux considérations théoriques et au matériel. Test et révision de la grille d'analyse de contenu. Test de la fiabilité/validité de la grille d'analyse et des codes/catégories (double codage ; accord entre les codeurs).
Les procédures de traitement L'exploitation du matériel	Stabilisation de la grille d'analyse de contenu (stabilisation des codes/catégories), saturation des thèmes/catégories. Administration des techniques sur le corpus. Création d'une base de données (e.g., tableur ou à partir d'un logiciel d'assistance) pour la réalisation d'analyses statistiques. Établissement d'un dictionnaire comprenant (a) le rationnel de la grille d'analyse (explicitation des catégories et exemples), (b) la fréquence de distribution des codes/catégories, (c) la fiabilité du processus de codage.
L'inférence / L'interprétation La synthèse des résultats	Inférences, interprétation. Synthèse et sélection des résultats. « Confrontation » de l'analyse à la question de recherche (hypothèses, objectifs) et aux aspects théoriques. Production d'un document de synthèse.

Figure 3.1.
Les différentes étapes de l'analyse de contenu (adapté de Bardin, 1997, 2003 ; Bauer, 2012 ; Robert & Bouillaguet, 2007 ; Schreier, 2014)

de l'objet de recherche / la sélection du corpus ; (2) la pré-analyse ; (3) les procédures de traitement / l'exploitation du matériel ; (4) l'inférence et l'interprétation / la synthèse des résultats.

Afin d'illustrer certains enjeux spécifiques associés à ces différentes étapes, nous allons présenter quelques éléments de réflexion sur certaines opérations de l'analyse de contenu : le choix du matériel ; la catégorisation / le codage ; la validité de l'analyse ; l'inférence et l'interprétation.

3.2 Le choix du matériel

L'origine du contenu – La première question qui peut se poser à tout chercheur voulant travailler sur le contenu d'une représentation concerne « la source » de ce contenu. On peut distinguer de façon schématique deux types de contenus.

1. Le *contenu « naturel »*, ce premier type concerne les contenus qui préexistent à l'intervention du chercheur, autrement dit, les contenus qui existent et sont véhiculés dans l'espace social indépendamment de l'action ou de l'influence directe du chercheur (sur leur production ou expression). À titre illustratif, on peut évoquer la presse (e.g., Caillaud, Kalampalikis & Flick, 2012 ; Dany, Salas & Dudoit, 2009 ; Joffe & Haarhoff, 2002 ; Moscovici, 1976a ; Washer, 2004), les programmes télévisés (e.g., Rose, 1998 ; Wagner et al., 1999), les produits culturels comme les chansons, les romans ou les autobiographies (e.g., Chombart de Lauwe, 1979 ; Dany, 2015 ; Laplantine 1986).
2. Le *contenu « provoqué »* constitue le deuxième type de contenu et renvoie aux contenus qui sont produits du fait de l'intervention plus ou moins directe du chercheur. On peut distinguer principalement les questions ouvertes dans un questionnaire ou les associations libres[11] (e.g., Camargo & Bousfield, 2009 ; Dany, Urdapilleta & Lo Monaco, 2015), les entretiens (e.g., Flick, 2000 ; Jodelet, 1989a ; Jovchelovitch & Gervais, 1999 ; Murray, Pullman & Rodgers, 2003) et les *focus groups* ou entretiens collectifs (e.g., Jovchelovitch & Gervais, 1999 ; Kalampalikis, 2004 ; Markova, Linell, Grossen & Orvig, 2007 ; Moloney & Walker, 2002 ; Murray, Pullman & Rodgers, 2003).

Chaque mode de production/diffusion du contenu représentationnel est en mesure de générer des contraintes sur ce contenu (e.g., forme de l'information, extensivité de l'information, qualité informationnelle du contenu, accès plus ou moins aisé au sens associé au contenu, niveau de réflexivité lié au contenu produit).

Par ailleurs, l'exercice qui vise à catégoriser les sources possibles est délicat, les frontières entre ces deux catégories pouvant parfois être « floues »[12]. De fait, quelles que soient les sources, formes de communications ou les techniques utilisées par le chercheur, c'est bien ce dernier qui est à l'origine du contenu analysé avec une intervention plus ou moins « directive » sur la nature, la forme, l'extensivité du contenu recueilli et finalement analysé.

La sélection du contenu – Le type de données textuelles/verbales retenu par le chercheur dépend, bien entendu, en grande partie de ses objectifs de recherche[13]. Autrement dit, on se trouve assez souvent en situation d'une construction *a priori* de la pertinence du matériel sur la base de sa « capacité » à répondre aux questions que le chercheur se pose ou de ses intérêts de recherche. Les étapes de construction du corpus pour la recherche qualitative proposées par Bauer et Aarts (2012) peuvent nous aider à clarifier certains enjeux de la constitution du corpus pour l'étude du contenu d'une représentation. La première étape vise à décider d'un thème de recherche (c'est souvent

11. Voir chapitre 5.

12. Par exemple, un chercheur alimentant un forum de discussion ou participant à un forum de discussion sur internet dont les contributions seraient analysées dans un deuxième temps ; on pourrait également considérer par exemple que l'entretien de recherche révèle un contenu « naturel » préexistant bien que le chercheur intervienne dans cette production, de même le contenu de l'entretien correspond à une co-construction qui implique l'intervieweur dans cette production).

13. Nous renvoyons le lecteur aux différentes contributions de cet ouvrage pour appréhender les enjeux sous-jacents à la sélection et à la régulation psychosociale des contenus.

l'objet qui joue ce rôle dans les études de représentations sociales). Cette étape est soumise à quatre règles : (1) procéder par étapes (sélectionner, analyser et effectuer de nouvelles sélections si nécessaire) ; (2) faire précéder la variété des strates sociales, catégories et fonctions à la variété des représentations[14] ; (3) la caractérisation de la variété des représentations doit avoir la priorité sur leur ancrage dans des catégories existantes d'individus ; (4) il faut maximiser la variété des représentations en élargissant la gamme de strates, fonctions et catégories considérées. Les étapes suivantes viseront à croiser strates sociales et fonctions avec les représentations, à explorer les représentations du thème au sein d'un ensemble de strates/fonctions. Une évaluation devra permettre d'évaluer la pertinence de ces choix et d'étendre le corpus si nécessaire avant l'analyse finale. Ces étapes de construction mettent l'accent sur l'articulation/adéquation entre des situations sociales et les relations que le sujet (ou les groupes) entretient avec l'objet étudié. Il s'agit, pour nous, de ce que l'on pourrait appeler un diagnostic psychosocial préalable exprimant la sensibilité et la connaissance du chercheur vis-à-vis de son objet d'étude et des enjeux psychosociaux afférents.

La constitution d'un corpus visant la représentativité peut être envisagée comme un processus cyclique (Biber, 1993). La conception du corpus est précédée d'investigations empiriques pilotes ou d'analyses théoriques, cette étape est suivie par une compilation d'éléments du corpus, qui fera l'objet dans un dernier temps de l'investigation empirique. Ce processus est cyclique car l'investigation empirique influence directement (en continu, par une boucle « rétroactive ») la conception du corpus. Pour Bardin (1998, pp. 127-128), ce choix des éléments du corpus doit obéir à certaines règles : règle d'exhaustivité, de représentativité, d'homogénéité et de pertinence (on retrouvera certaines de ces règles concernant la constitution des catégories). Nous présentons dans l'encadré 3.2, la stratégie mise en œuvre pour élaborer un corpus de chanson pour l'étude de la représentation sociale du cannabis.

Encadré 3.2.

Stratégie de sélection et d'identification du corpus à analyser pour l'étude des représentations sociales du cannabis dans des chansons (d'après Dany, 2012)

La sélection des chansons s'est effectuée selon trois critères : (1) *l'année de sortie* : les chansons devaient avoir été commercialisées et/ou produites entre 1990 et 2004, le choix de cette période repose sur le fait qu'elle correspond à celle d'une diffusion « massive » du cannabis dans la société française ; (2) *la langue* : les chansons devaient être de langue française afin de garantir une comparabilité des lexiques utilisés en référence à un contexte socio-culturel donné ; (3) *le caractère central du thème du cannabis dans la chanson* : dans la production musicale française un certain nombre de chansons évoquent le cannabis sans qu'il ne constitue la trame centrale de la chanson. L'identification des chansons a reposé sur une stratégie qui visait à identifier des chansons ou des artistes auprès de consommateurs de cannabis.

3.3 *La catégorisation / le codage*

Catégorisation/Codage : principes généraux – La catégorie (ou le code)[15] constitue un élément de base essentiel à l'analyse de contenu. La catégorie correspond à « une notion générale

14. Dans la perspective de Bauer et Aarts (2012, p. 32), les strates sociales, catégories et fonctions renvoient aux variables par lesquelles le chercheur va segmenter la population ; les « représentations » sont des relations particulières entre le sujet et l'objet en lien avec un milieu social. Il ne s'agit pas à strictement parler de représentations sociales même si le schéma proposé s'adapte bien à ces dernières (les « représentations » telles qu'évoquées par Bauer et Arts renvoient à des croyances, attitudes, opinions, stéréotypes, idéologies, conceptions du monde, habitudes, pratiques).

15. Pour les besoins de notre présentation, nous utiliserons de façon équivalente les vocables catégorie/code et catégorisation/codage. Par ailleurs, la catégorie est entendue comme catégorie thématique.

représentant un ensemble ou une classe de signifiés », elle est un regroupement d'unités de sens (Mucchielli, 1986, p. 34). Les unités d'enregistrement généralement retenues sont le mot ou le thème. Les catégories/codes constituent des « traces sensibles » permettant une illustration du texte initial sous une forme « condensée » et « synthétique ». Les codes sont des codes explicatifs ou inférentiels, qui identifient un thème, un *pattern* ou une explication qui émergent et sont suggérés à l'analyste par les données. Leur fonction est de « rassembler une grande quantité de matériels dans des unités d'analyse plus significatives et économiques » (Miles & Huberman, 2007, p. 133).

Le codage « correspond à une transformation – effectuée selon des règles précises – des données brutes du texte. Transformation qui permet, par découpage, agrégation et dénombrement, d'aboutir à une représentation du contenu » (Bardin, 1998, p. 134). Il s'agit de repérer des « noyaux de sens » qui composent la communication et dont la présence ou la fréquence d'apparition pourraient signifier quelque chose pour l'objectif analytique choisi » (Bardin, 1998, p. 137). À ces critères de présence ou de fréquence, on peut ajouter – en deuxième intention – la saillance et l'absence.

Définir des catégories revient à expliciter la compréhension intérieure que l'on a du contenu global du message-source. La compréhension sera d'autant plus fine que le chercheur sera familiarisé avec son objet d'étude (connaissance préalable sur l'objet et ses enjeux psychosociaux) et le corpus (rôle de la lecture « flottante », de lire et relire le corpus). À travers cette familiarisation, ces lectures initiales, il faut saisir « l'univers mental » du corpus et le confronter de manière réflexive aux connaissances théoriques, aux « spécificités » de l'objet de représentation étudié, à la question et aux hypothèses de recherche. Il ne s'agit pas de « finaliser » *a priori* le sens de l'analyse mais de permettre la production d'hypothèses interprétatives et de penser « l'impossible » (Becker, 2002). Ces différentes hypothèses interprétatives devront être soumises à vérification empirique par l'analyse systématique lorsque les catégories/codes seront stabilisés (après saturation[16]) et utilisés de façon systématique.

La constitution/sélection des codes/catégories dépend du choix initial du chercheur en termes de « poids » donné à la théorie (voir tableau 3.1). Comme nous l'avons évoqué précédemment, une démarche « mixte » peut être légitime et heuristique. En effet, la lecture qui permettra la production des catégories/codes se doit d'être à la fois « syntagmatique » dans le sens ou le chercheur est amené à suivre le cheminement d'une pensée dans un matériel donné, et « paradigmatique » car le chercheur doit avoir à l'esprit l'univers des possibles pour envisager ce qui peut advenir dans le traitement des données (Bardin, 1998).

Tableau 3.1.

Différences en termes de codage/catégorisation selon trois approches de l'analyse de contenu (Hsieh & Shannon, 2005).

Type d'analyse de contenu	Séquence temporelle de définition des codes ou catégories	Source des codes ou catégories
Analyse de contenu conventionnelle	Les codes/catégories sont définis durant l'analyse des données.	Les codes/catégories dérivent des données.
Analyse de contenu dirigée	Les codes/catégories sont définis avant et pendant l'analyse des données.	Les codes/catégories dérivent de la théorie et des résultats significatifs (relevants).
Analyse de contenu sommative	Les mots clés sont identifiés avant et pendant l'analyse des données.	Les mots clés dérivent de l'intérêt du chercheur ou d'une revue de la littérature.

16. La saturation renvoie à un critère d'arrêt de la sélection (ou de l'analyse) reposant sur l'idée que l'ajout de donnée ou le développement de nouvelles catégories n'apporteront pas de nouvelles informations. La construction d'une trame de codage est un processus itératif qui à un moment donné doit être clôturé, ce à quoi contribue la saturation.

Braun et Clarke (2006) proposent de suivre les étapes suivantes : (1) familiarisation avec les données (lire à plusieurs reprises) ; (2) génération d'un système initial de catégories (grille) ; (3) recherche des catégories (thèmes) dans le corpus ; (4) révision du système de catégories ; (5) définition et dénomination des catégories (thèmes).

Qualités fondamentales des catégories – La catégorisation en tant que démarche mise en œuvre par le chercheur visera à appliquer un traitement au corpus qui permettra d'accéder à une signification non immédiatement visible. Tout en présentant le texte différemment (*via* les codes/catégories/thèmes), il faudra veiller à ne pas en dénaturer le contenu initial (double exigence de fidélité et d'originalité). La « forme » des catégories dépendra du niveau d'abstraction généralisante auquel le chercheur décide de situer son appréhension. Plusieurs niveaux de catégories intermédiaires peuvent s'avérer nécessaires : catégories génériques ou métacatégories, sous-catégories (ou thèmes et sous-thèmes par exemple), items.

Le thème comme catégorie doit capturer quelque chose d'important dans les données en relation avec la question de recherche. Il doit représenter un certain niveau de réponse ou de connaissance concernant l'ensemble des données (Braun & Clarke, 2006). La pertinence du thème ne relève pas nécessairement de mesures quantifiables (e.g., la fréquence) mais de la façon dont il capture quelque chose d'important en relation avec la question de recherche dans sa globalité (sa pertinence, son caractère heuristique). Ces catégories thématiques doivent répondre à des qualités fondamentales (voir tableau 3.2).

Ces qualités fondamentales sont à prendre comme des guides pour l'élaboration des catégories et leur mise en discussion. Comme en toute chose sur le plan des méthodes de recherche en sciences humaines et sociales, il faut se préserver d'une trop grande « rigidité » dans l'application des techniques et méthodes. Notamment si cette application « rigide » est en mesure de limiter la production de la connaissance.

Tableau 3.2.

Qualités fondamentales des catégories issues de l'étape de catégorisation dans l'analyse de contenu (d'après Bardin, 1998 ; Moliner, Rateau & Cohen-Scali, 2002 ; Robert & Bouillaguet, 2007)

Qualité	
Pertinence	Capacité des catégories à tenir un équilibre entre le reflet scrupuleux du corpus et l'expression de la problématique. Le système de catégories doit refléter les intentions de recherche, les questions de l'analyste et/ou correspondre aux caractéristiques des messages. Le système de catégorie retenu doit correspondre aux objectifs et hypothèses de la recherche.
Homogénéité	Une seule dimension doit présider à la construction des catégories. Elles doivent avoir un même niveau de généralité.
Exhaustivité	Tout le corpus pertinent doit se trouver enregistré dans la grille. Une catégorie « inclassables » peut être (le moins souvent possible) utilisée.
Exclusivité **Exclusion mutuelle**	Chaque unité du texte doit être classée dans une seule catégorie. Les catégories doivent être discriminantes.
Objectivité **Fidélité**	Plusieurs codeurs enregistreraient les unités du corpus dans les mêmes catégories. Si on est seul, il faut être en mesure de « justifier » les choix par une réflexion épistémologique ou la présentation d'indicateurs.
Productivité	Un ensemble de catégories est productif s'il apporte des résultats riches en indices d'inférences, en hypothèses nouvelles, en données fiables.

Un exemple de catégorisation d'associations libres – Le tableau 3.3 présente un exemple de travail de catégorisation à partir d'un corpus d'associations libres[17] produites à partir du terme « *Cannabis* » (Dany & Apostolidis, 2002). L'étude visait l'étude de la représentation sociale du cannabis auprès de deux populations distinctes par leur pratique vis-à-vis de cette substance (Non-Consommateurs *versus* Consommateurs). Les mots produits ont fait l'objet d'une analyse de contenu, visant, dans un premier temps, à produire progressivement des catégories thématiques pertinentes pour l'analyse. Ces catégories ont été élaborées en prenant en compte (1) les caractéristiques du matériel produit (i.e., démarche inductive à partir d'une approche sémantique et lexicale) et (2) les savoirs disponibles sur l'objet étudié et la théorie sous-jacente à l'analyse (i.e., démarche déductive). Une fois ce travail effectué, l'analyse des catégories permet de spécifier les enjeux de (re)construction de l'objet cannabis à partir des pratiques et des enjeux identitaires qui sont intrinsèques à ces dernières (e.g., moindre inscription dans l'univers de la drogue pour les consommateurs ; présence exclusive des effets positifs chez les consommateurs ; articulation modalités de pensée / modalités de comportement).

Tableau 3.3.

Exemple de catégorisation d'associations libres produites à partir du terme « Cannabis » pour 100 non-consommateurs et 100 consommateurs de cannabis (d'après Dany & Apostolidis, 2002)

	Catégories					
Type de rapport au cannabis	**Caractéristiques générales des « drogues »**	**Modalité d'usages**	**Propriétés positives**	**Produits**	**« Culture »**	**Problématiques sociales**
Non-Consommateurs NC (n = 100)	Drogue (64)[(a)] Dépendance (21) Douce (7)	Joint (32) Fumer (22)		Herbe (22) Plante (22) Shit (10)	Feuille (22) Reggae (8) B. Marley (7)	Légalisation (8) Argent (7)
Consommateurs C (n = 100)	Drogue (16)	Joint (35) Fumer (23) Pétard (8) Fumette (8) Fumée (7)	Détente (14) Plaisir (12) Délire (8)	Herbe (30) Shit (12) Plante (9)	Feuille (10)	
Totaux NC / C	92 / 16	54 / 81	0 / 34	54 / 51	37 / 10	15 / 0

(a) Les chiffres entre parenthèses correspondent à la fréquence d'évocation du terme.

4. La validité

Nous présenterons successivement (a) les critères de validité associés plus spécifiquement à l'analyse de contenu et (b) des critères plus généraux qui concernent la recherche qualitative et donc, par extension, la validité globale de la démarche d'étude du contenu de la représentation. La validité de l'analyse de contenu peut être évaluée non pas par une « lecture vraie » des données

17. L'association libre présente un certain nombre d'atouts : elle permet un traitement direct des données issues de la libre expression des individus, elle est rapide à réaliser et à analyser, elle est facile à employer et à comprendre (Abric, 2003a ; Moliner, Rateau & Cohen-Scali, 2002). Toutefois, le corpus d'associations est difficilement interprétable *a priori*, notamment du fait du caractère polysémique des termes produits par les sujets. Pour dépasser cette limite, on peut demander aux sujets de produire une phrase pour chaque association produite afin de la contextualiser et d'accéder au sens assigné par le sujet à sa production spontanée.

textuelles/verbales, mais par son « émergence » du matériel analysé et sa congruence avec les options théoriques du chercheur « à la lumière » de son objectif de recherche (Bauer, 2012, p. 133). Deux critères principaux sont nécessaires : la fidélité et la validité. La *fidélité* (*reliability*) concerne la stabilité des résultats, elle dépend, par exemple, de l'accord entre différents chercheurs concernant l'analyse du matériel et les catégories produites[18]. La *validité* (*validity*) réfère au degré auquel un résultat représente les données analysées ou leur contexte, autrement dit, elle concerne la véracité des résultats, leurs capacités à rendre compte des données et de leurs enseignements.

À ces deux critères principaux, Bauer (2012) adjoint la *cohérence* et la *transparence*. La cohérence concerne la construction d'une trame de catégorisation dérivant d'idées super-ordonnées qui, de fait, donnent un « ordre » au cadre du codage (une forme de cohérence interne). La transparence relève de la « mise à disposition » de la trame de codage, de l'accès à sa logique afin de permettre une appropriation de la démarche par d'autres chercheurs). Charmaz (2006)[19], quant à elle, évoque également la *crédibilité* (e.g., présence de liens logiques et consistants entre les données et les résultats de l'analyse), l'*originalité* (e.g., capacité à développer de nouvelles perspectives), la *résonance* (e.g., capacité des catégories à décrire pleinement les phénomènes étudiés) et l'*utilité* (e.g., capacité à contribuer à un développement de la connaissance).

Concernant les critères de validité plus généraux associés aux démarches qualitatives, et que l'on peut retenir pour notre propos, on peut distinguer les critères primaires et secondaires (Whittemore, Chase & Mandle, 2001). Les critères primaires ont un caractère nécessaire pour n'importe quelle recherche qualitative, toutefois ils sont insuffisants. Les critères secondaires fournissent d'autres repères de qualité et sont considérés comme plus flexibles quant à leur application à des recherches spécifiques (tableau 3.4).

Tableau 3.4.

Critères primaires et secondaires de validité associés aux recherches qualitatives (Whittemore, Chase & Mandle, 2001)

Critères	Évaluation
Critères primaires	
Crédibilité	Les résultats de la recherche reflètent-ils l'expérience des participants ou du contexte de façon crédible ?
Authenticité	La représentation de la perspective émique (catégorie propre à un contexte socio-culturel donné) démontre-t-elle une sensibilité aux différences subtiles présentes chez chacun des participants ?
Critique	Le processus de recherche fait-il preuve d'une évaluation critique ?
Intégrité	La recherche reflète-t-elle un contrôle récursif et répétitif de la validité ainsi qu'une présentation « humble » des résultats ?
Critères secondaires	
Explicitation	Les choix méthodologiques, les interprétations et les biais liés à l'investigateur ont-ils été abordés ?
Clarté	Les descriptions, dans leur « épaisseur » et leur fidélité, ont-elles été dépeintes avec astuce et clarté ?
Créativité	Des modes imaginatifs d'organisation, de présentation et d'analyse des données ont-ils été incorporés ?
Minutie	Les résultats répondent-ils de façon convaincante aux questions posées par leur exhaustivité et leur saturation ?
Congruence	Le processus et les résultats sont-ils congruents ? L'ensemble des thèmes s'emboîtent-ils ? Les résultats s'inscrivent-ils dans un contexte en dehors de la situation propre à l'étude ?
Sensibilité	L'enquête a-t-elle été mise en œuvre avec des moyens sensibles à la nature des contextes humains, culturels et sociaux ?

18. Il est possible d'utiliser des indices (e.g., phi, kappa, alpha de Cronbach) pour évaluer la fidélité.

19. Les propositions de Charmaz (2006) s'inscrivent dans le champ de la Théorie Ancrée/*Grounded Theory* (Glaser & Strauss, 1967) mais nous semblent pertinentes dans notre contexte.

4.1 *L'inférence et l'interprétation*

Principes généraux – Comme nous l'avons évoqué lorsque nous avons défini l'analyse de contenu, celle-ci vise l'inférence de connaissances. Parler d'inférence ou d'interprétation revient à s'intéresser à la visée (implicite ou explicite) de toute analyse de contenu qui ne se résume pas au dénombrement des éléments de la représentation étudiée. « Les signifiants auxquels s'attache l'analyse de contenu renvoient à des processus sociocognitifs variés (jugements, attributions, catégorisations, etc.) qu'il faut identifier, classer puis interpréter » (Moliner, Rateau & Cohen-Scali, 2002, p. 87). L'étude des représentations sociales qui s'expriment dans des données verbales/textuelles devrait être dirigée vers « les modalités de pensée qui sous-tendent le discours, et non sur les caractéristiques d'individus particuliers produisant le discours » (Moloney & Walker, 2002).

L'inférence constitue une opération logique, par laquelle on admet une proposition en vertu de sa liaison avec d'autres propositions déjà tenues pour vraies (Bardin, 1998). Inférer, c'est « tirer une conséquence ». Il s'agit donc de justifier la validité de ce qu'on avance à propos de l'objet étudié en en administrant la preuve à partir d'indices. C'est l'inférence qui fonde l'unité et la spécificité de l'analyse de contenu. Le processus analytique (voir figure 3.2) implique une progression allant de la description des données à leur interprétation (Braun & Clarke, 2006). L'interprétation peut être définie comme une activité centrale visant à comprendre et/ou expliquer un ou des phénomènes (envisagés initialement ou émergents à l'analyse) à partir des données (qu'elles soient explicites ou implicites), c'est un travail de mise en sens, de signification et d'articulation données-cadre de l'analyse.

Figure 3.2.
Schéma du processus analytique de l'analyse de contenu

Étape initiale		Procédure intermédiaire		Étape finale
DESCRIPTION	→	INFÉRENCE	→	INTERPRÉTATION
Énumération, résumé après traitement des caractéristiques des données		Permet le passage, explicite et contrôlé entre les 2 étapes		Signification accordée aux caractéristiques des données suite à leur description

L'inférence et l'interprétation constituent donc des étapes essentielles pour accéder aux conditions de production de la représentation. « Toute analyse de contenu vise, non l'étude de la langue ou du langage, mais la détermination, plus ou moins partielle, de ce que nous appellerons les conditions de production des textes qui en sont l'objet. Ce que l'on cherche à caractériser ce sont ces conditions de production et non les textes eux-mêmes. L'ensemble des conditions de production constitue le champ des déterminations des textes » (Henry & Moscovici, 1968, p. 37). Les conditions de production constituent des « réalités » variées. Elles concernent, par exemple, les variables psychologiques de l'individu émetteur, les variables sociologiques et culturelles, les variables relatives à la situation de communication ou encore au contexte de production. « Ce n'est qu'à l'occasion de la mise en œuvre de la procédure analytique que ces variables et leur relation sont considérées en tant que facteur de production » (Henry & Moscovici, 1968, p. 47). Cette démarche analytique doit permettre d'identifier le système de transformation (dont la logique est celle des processus) « qui permettra de passer des conditions globales aux textes » (Henry & Moscovici, 1968, p. 56).

Une représentation sociale peut être comprise comme un cadre d'interprétation dans lequel des modèles collectivement combinés de pensée, d'action et d'interaction sociale créent un objet (Wagner, Valencia & Elejabarrieta, 1996). L'analyse du contenu de la représentation doit nous permettre d'accéder à ce cadre interprétatif. Ainsi, la lecture de l'analyste n'est pas seulement une lecture au « pied de la lettre ». Il s'agit d'une approche compréhensive, la mise à jour d'un sens au second degré : « Il ne s'agit pas de traverser des signifiants pour saisir des signifiés (déchiffrement normal) mais au travers de signifiants ou de signifiés d'atteindre d'autres "signifiés" de nature psychologique, sociologique, politique, historique, etc. » (Bardin, 1998, p. 46).

De nombreuses recherches pourraient être évoquées pour illustrer le travail d'analyse effectué sur le contenu des représentations et son articulation, *via* un travail d'inférence et d'interprétation, avec ses conditions de productions. Pour illustrer notre propos, nous prendrons appui sur une étude de Liu (2008) portant sur les représentations sociales de la qualité de vie en Chine et sur le travail majeur de Claudine Herzlich (1969) sur les représentations de la santé et de la maladie.

Les représentations de la qualité de vie en Chine – Les données ont été recueillies par des entretiens de recherche et ont fait l'objet d'une analyse de contenu qualitative. L'étude montre que la représentation sociale de la qualité de vie est profondément ancrée dans la mémoire collective de la société chinoise est qu'elle est générée et organisée autour d'un thêma[12] (Moscovici & Vignaux, 2000) : « avoir » / « être » (voir figure 3.3). La circonscription de chaque thêma repose sur la mise à jour, par l'analyse de contenu, de ses manifestations « pragmatiques » qui vont permettre de spécifier le sens de chaque thêma et les caractéristiques de leur relation. Dans une phase ultérieure, la discussion autour de l'origine socio-historique de cette représentation permet à Liu (2008) de dresser les contours des conditions de productions de cette élaboration composite et de son ancrage dans le contexte socio-culturel chinois.

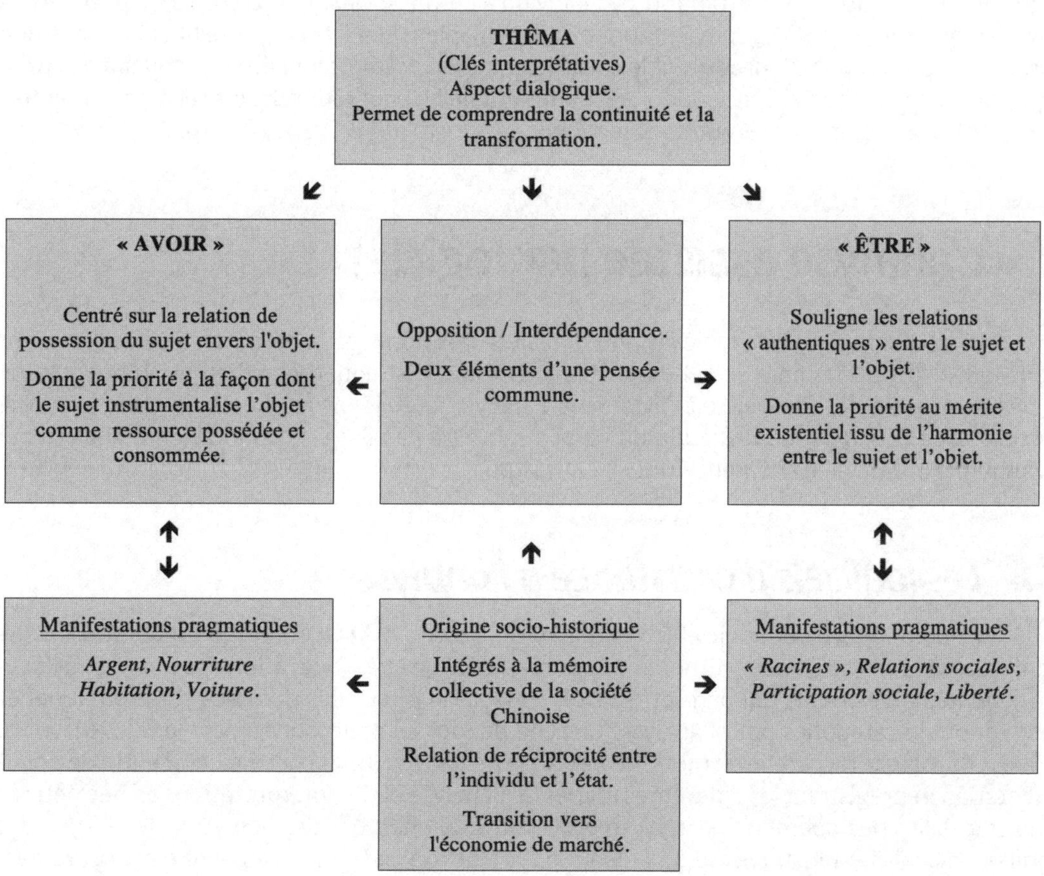

Figure 3.3.
Schéma présentant les résultats d'une étude sur les représentations sociales de la qualité de vie en Chine (adapté de Liu, 2008)

---

1. Singulier de *thêmata*. Les *thêmata* renvoient au caractère antinomique de la pensée de sens commun (Markova, 2007),
2. Voir focus 9.

Les représentations de la santé et de la maladie – L'étude de Claudine Herzlich (1969) sur les représentations de la santé et de la maladie, réalisée par entretiens de recherches en France, a contribué de façon importante à la diffusion de la théorie des représentations sociales. L'analyse des données a permis de mettre en évidence une conception pluraliste de la santé : la santé comme vide dont il n'y a rien à dire (« ne pas être malade » ») ; la santé comme capital ou fond disponible qu'on peut gérer (une réserve, un réservoir) ; la santé comme équilibre ou expérience d'autonomie (le bien-être, à la fois une valeur et une norme). Par ailleurs, trois conceptions de la maladie en tant que relation de l'individu à la société ont été mises en évidence dans cette étude : la maladie destructrice (« une mort sociale », inactivité sociale, stigmatisation, désocialisation) ; la maladie libératrice (allégement des charges et des responsabilités, dépassement de soi, restauration de l'identité, changement de valeurs) ; la maladie métier (installation dans la maladie, concentrer ses efforts sur la perspective de la guérison). L'apport majeur de cette étude, au-delà du travail de circonscription des contenus, réside dans sa capacité à montrer comment la santé et la maladie appellent une interprétation qui dépasse le corps individuel et l'état organique. En paraphrasant Herzlich et Pierret (1991) nous pouvons dire que l'individu qui est en bonne santé ou malade « l'est aux yeux de la société, en fonction d'elle, et selon des modalités qu'elle fixe » (p. 13). Le langage sur la santé et la maladie « s'élabore dans le langage même des relations de l'individu au social » (Herzlich & Pierret, 1991, p. 13). Ainsi, comme le souligne Herzlich (1969), à travers nos conceptions de la maladie nous parlons de notre rapport à elle (e.g., la maladie incarne et cristallise l'agression sociale). Les représentations de la santé et de la maladie « transcrivent sur le plan propre de l'explication du biologique des visions du monde plus larges… la maladie est un signifiant dont le signifié est le rapport de l'individu à l'ordre social » (Herzlich, 1986, p. 161). Ces travaux montrent que « les représentations de la maladie (signifiant) expriment sui generis une forme de rapport entre l'individuel et le social (signifié) et permettent ainsi d'accéder à des principes plus larges (appartenance, idéologie, intentionnalité) qui régissent les relations qu'entretiennent les individus avec les autres et le monde » (Apostolidis & Dany, 2012, p. 70).

5. L'analyse assistée par logiciel

Le développement de logiciels pour l'analyse des données qualitatives a connu un essor conséquent depuis les années 1980 (Kelle, 2012). Nous distinguerons schématiquement deux types de logiciel, les logiciels d'assistance à l'analyse qui aident le chercheur dans le travail fastidieux de codage et d'indexation du corpus soumis à l'analyse, et les logiciels d'analyse qui offrent une option de traitement « direct » du corpus.

5.1 *Les logiciels d'assistance à l'analyse*

Le premier type de logiciel (e.g., ATLAS/ti ; NVivo ; MAXQDA) a une fonction d'« assistant » dans le sens ou il va constituer un support au codage et à l'indexation des données à l'aide de fonctionnalités/outils qui permettront un codage en direct des données sur le matériel et la création de catégories pour l'analyse. Ce type de logiciel peut jouer un triple rôle (Mayring, 2000) : il facilite la recherche de mots, de passages de textes ; il agit comme un « centre de documentation » enregistrant les différentes étapes de l'analyse et des interprétations en permettant une traçabilité des opérations d'analyse et il permet d'effectuer des liens/transferts avec des logiciels d'analyse statistiques (e.g., SPSS). Ce type de logiciel permet aussi une meilleure gestion du corpus par rapport à une analyse manuelle, notamment lorsque le nombre de données (e.g., entretiens, articles de presse) est important ; il peut permettre de manipuler de grande base de données et de d'effectuer plus facilement des comparaisons entre des groupes ou corpus de données ; enfin, il facilite la récupération des données comme des segments de textes ou des attributs quantitatifs de la base de données (Joffe, 2011 ; Kelle, 2012).

5.2 *Les logiciels d'analyse*

Le deuxième type de logiciel (e.g., ALCESTE, IRaMuTeQ[3], LEXICO3, TROPES) est en mesure d'effectuer un traitement du corpus de façon plus ou moins autonome. Parmi les logiciels disponibles, ALCESTE occupe une place à part du fait de son utilisation importante dans le cadre de la théorie des représentations sociales[4] (e.g., Caillaud, Kalampalikis & Flick, 2012 ; Camargo & Bousfield, 2009 ; Geka & Dargentas, 2010 ; Lahlou, 1996). Le logiciel ALCESTE est un logiciel d'analyse de données textuelles (ADT) capable de traiter des corpus lexicométriques, qui vise à découvrir l'information essentielle contenue dans un texte. L'objectif du logiciel est d'obtenir un classement d'énoncés d'un corpus en fonction de la ressemblance ou de la dissemblance statistique du vocabulaire (mots) qui les compose afin de mettre en évidence des mondes lexicaux. L'hypothèse générale développée dans ce logiciel consiste à considérer les lois de distribution du vocabulaire dans les énoncés d'un corpus comme une trace linguistique d'un travail cognitif de reconstruction d'un objet par un individu. Il étudie la distribution du vocabulaire (mots pleins) dans les énoncés du corpus. Alceste regroupe les énoncés en classe d'énoncés ou classe de discours. Les énoncés d'une même classe peuvent être définis comme ceux qui possèdent le vocabulaire le plus proche. Le coefficient d'association d'un énoncé à une classe est calculé à partir du Chi² d'association, à un degré de liberté, calculé sur le tableau de contingence croisant la présence ou l'absence du mot dans une u.c.e.[5] et l'appartenance ou non de cette u.c.e. à la classe considérée (Reinert, 1990, 1999).

Ces classes de discours sont caractérisées par des mondes lexicaux, c'est-à-dire par une distribution différenciée du vocabulaire. Ces mondes lexicaux sont la trace la plus prégnante du travail de reconstruction cognitive de l'objet de représentation. Ces derniers, reconstitués sous forme de classes de discours, vont pouvoir être regroupés sous forme de thèmes (voir Kalampalikis, 2003). Il y a donc hypothèse d'un objet reconstitué, représenté dans l'énoncé. Un énoncé est associé à la construction d'une référence par le sujet (Reinert, 1993). L'idée est que la trace linguistique de l'énoncé, de par cette double référence à l'objet et au sujet, constitue la plus petite unité de texte susceptible de décrire la représentation sous-jacente du sujet, ce que Reinert appelle « la représentation externe d'une représentation interne » (Reinert, 1990).

Quel que soit le type de logiciel utilisé, il faut garder à l'esprit qu'un logiciel ne se substitue jamais intégralement à l'interprétation du chercheur. Comme le souligne très justement Kalampalikis (2003), « au-delà des calculs automatiques, il ne faut oublier ni le travail réflexif qui précède l'analyse, ni le cadre théorique dans lequel l'usage de telle ou telle méthode doit trouver sa légitimité et son adéquation avec la façon de penser le fait psychosocial » (p. 163).

6. Pour conclure

En paraphrasant Denise Jodelet (1989b, p. 72) nous serions tenté de dire, que l'analyse sur le contenu de la représentation s'apparente à un traitement concret et directement observable des contenus, bien que l'organisation latente des éléments de la représentation fasse l'objet d'une reconstruction de la part du chercheur. Il reviendra donc au chercheur engagé dans l'étude du contenu des représentations de questionner les évidences, de dépasser les « transparences » et d'articuler de façon continue le travail d'analyse aux propositions théoriques.

---

3. IRaMuTeQ est un logiciel libre permettant les analyses multidimensionnelles de textes et de questionnaires. Des analyses de type ALCESTE (méthode Reinert) sont possibles avec ce logiciel (Ratinaud & Déjean, 2009 ; Ratinaud & Marchand, 2012). Il comprend également des modules pour les analyses de similitudes et les analyses prototypiques (http://www.iramuteq.org/). Pour une illustration, voir le focus 3b.

4. Pour une présentation détaillée, nous suggérons au lecteur de se référer au texte de Kalampalikis (2003).

5. L'unité de contexte élémentaire ou u.c.e. est composée d'un ou plusieurs segments de texte marqués consécutifs, elle est considérée comme l'unité statistique de base par le logiciel.

Le chercheur devra se prémunir d'une certaine « fétichisation de la langue » (Secca, 2001, p. 83) qui oublie de considérer les conditions d'élaboration/production de la représentation. Il nous faudra également, comme chercheur, être sensible à un possible « excès d'ancrage » (Doise, 1990, p. 168) qui contribuerait à attribuer des représentations homogènes aux membres de groupes particuliers. À cet excès d'ancrage, on peut adjoindre un possible « excès d'objectivation » (Ramognino, 1984, p. 221) qui viserait à étudier les représentations en dehors de leurs conditions de production. En complément, nous serions tenté d'ajouter qu'il faut se méfier du caractère potentiellement performatif du contenu de la représentation. C'est la méthode, à travers les règles formelles qui seront appliquées, qui peut garantir cet objectif.

Les faits textuels (ou de communication) auxquels nous sommes confrontés dans notre entreprise d'analyse du contenu des représentations sociales ne deviennent pertinents que par leur sélection et leur interprétation. Il s'agit, à proprement parler, d'une construction sociale de la réalité à laquelle se livre le chercheur dans sa confrontation aux données. « À strictement parler, il n'y a pas de choses, telles que des faits purs et simples. Tous les faits sont d'emblée sélectionnés dans un contexte universel par les activités de notre esprit. Ils sont donc toujours des faits interprétés ou des faits considérés comme détachés de leur contexte par une abstraction artificielle ou alors des faits considérés dans leur organisation particulière. Dans les deux cas, ils portent en eux leur horizon d'interprétation interne et externe » (Schütz, 1987, p. 9). Cet horizon d'interprétation, tel que nous l'avons présenté au cours de ce chapitre, et dont on peut saisir la pertinence à travers l'ensemble des contributions de cet ouvrage, est celui qu'offre la théorie des représentations sociales.

FOCUS 3a

L'entretien en profondeur et l'appréhension du sens commun

Estelle MASSON[1]

Sommaire

1. Université de Bretagne Occidentale, France.

Les méthodes qualitatives et l'entretien en profondeur en particulier permettent une approche holistique des représentations sociales et apparaissent précieuses pour les appréhender dans leurs contextes naturels d'émergence, de déploiement et d'évolution (Jodelet, 2003). L'intérêt principal de l'entretien en profondeur est de ne pas imposer les cadres de pensée du chercheur aux sujets sollicités pour l'étude. Ce mode de recueil de données offre de ce fait l'opportunité de saisir, au travers de productions narratives et discursives, les contenus des représentations sociales dans leurs diversités et organisés selon leurs logiques propres. Si ces discours sont produits à la demande du chercheur, les objets de représentations mobilisés ne sont cependant pas prédécoupés selon les hypothèses de recherches du scientifique, mais se donnent à entendre et se laissent appréhender dans leurs imbrications particulières spécifiques à la pensée naturelle et au sens commun. La valeur heuristique de ce mode de recueil de données est de ce fait indéniable. Outre l'isolement des contenus des représentations sociales d'objets particuliers, les matériaux recueillis grâce aux entretiens en profondeur permettent de mettre à jour les thêmata (Moscovici & Vignaux, 1994) et les dimensions autour desquelles se structurent les différentes représentations. L'analyse des contenus des entretiens en profondeur permet également d'étudier l'enchâssement des représentations sociales d'objets distincts.

En psychologie sociale, le recours à l'entretien en profondeur se justifie, selon les problématiques de recherche, tout aussi bien seul que couplé dans un dispositif de triangulation des données à d'autres techniques de recueil (Apostolidis 2003). La réalisation des entretiens peut, de ce fait, correspondre à différentes étapes de la recherche et répondre à différents objectifs, mais s'inscrit toujours dans une approche compréhensive visant à appréhender le sens et les significations que les pratiques et les représentations sociales recouvrent pour les acteurs dans une société donnée.

Les exemples suivants, tous issus de recherches ayant trait à l'alimentation, permettront d'illustrer quelques usages possibles des entretiens en profondeur et de spécifier l'intérêt spécifique qu'ils présentent dans différents dispositifs et problématiques de recherche.

1. Approche exclusivement qualitative : appréhender les significations

Dans le cadre d'un programme de recherche financé par le ministère de l'Agriculture, l'analyse d'un corpus de 50 entretiens en profondeur sur les significations de manger a permis de mettre en évidence la persistance en France d'une représentation idéale de manger s'articulant autour de la notion de manger ensemble. Il apparaît cependant que cette représentation idéale ne s'applique pas à toutes les pratiques alimentaires et que le même mot, « manger », recouvre pour les locuteurs, des situations qu'ils perçoivent et conçoivent de manière radicalement différente. Ainsi, il arrive que « manger » puisse ne pas signifier « manger » comme cela transparaît dans cet entretien où une femme rapportait : « *Parfois, quand j'ai une course urgente à faire je ne mange pas à midi, mais alors je m'achète un truc à la boulangerie que je mange dans la rue, sinon je ne tiens pas !* » Littéralement, il y a manger et manger : d'une part, le manger solitaire hors contexte social ritualisé ; d'autre part, des formes de manger collectives génératrices de sens et d'appartenance. Une analyse Alceste réalisée sur le corpus a mis en évidence l'existence de 4 formes de manger distinctes. Le *manger activité* qui subordonne toujours l'alimentation à d'autres activités et la réduit à ses fonctions de reproduction de la force de travail. Le *manger trophique* qui recouvre les représentations du fonctionnement du corps et les rapports entre nourriture et corporéité. Dans le *manger communion*, il est question de « faire-corps » avec d'autres, d'affirmer et de sceller l'unité du groupe institué, dont les membres, en incorporant les nourritures, s'incorporent eux-mêmes symboliquement au groupe. Enfin, dans le *manger sociable*, ce sont des formes transitoires d'échange et de partage qui sont recherchées. L'analyse du corpus montre que la représentation de manger ne peut être appréhendée comme une représentation uniforme et monolithique et met en évidence un mangeur pluriel qui donne sens à ses pratiques et les interprète en les ancrant dans des « déjà-là » spécifiques, caractéristiques de pans de culture (Masson, 2002).

2. Couplage de l'entretien à d'autres méthodologies : isoler, comprendre et expliciter

Dans certaines recherches aux problématiques complexes et/ou portant sur des objets polymorphes, il est fréquent de recourir à des dispositifs pluri-méthodologiques. La triangulation des données obtenues au moyen de différentes méthodologies a pour objectif, dès la conception de l'étude, de permettre un éclairage et des mesures des différentes facettes et dimensions de l'objet de recherche. Le recueil d'entretiens correspond alors à une étape précise et prédéfinie dans le protocole méthodologique de la recherche. Ce fut le cas des entretiens post-expérimentaux prévus et réalisés par Asch après sa célèbre expérience sur le conformisme, qui lui permirent de définir différentes formes de conformisme (Asch, 1952).

Le couplage de méthodologies spécifiques s'avère le plus souvent indispensable pour répondre aux objectifs des projets pluridisciplinaires. Tel est le cas, par exemple, du programme de recherche participatif BAKERY[2] dont l'objectif est de décrire et d'étudier la diversité biologique et la diversité des pratiques maintenues par des paysans boulangers et des artisans boulangers français fabriquant, à partir de farines issues de l'agriculture biologique, des pains au levain naturel. Les entretiens en profondeur réalisés auprès des boulangers (n = 30) ont permis de répertorier pour chaque étape du processus de fabrication (élaboration et entretien du levain, processus de panification, cuisson) la spécificité des pratiques usuelles de chaque boulanger impliqué dans le projet et d'établir l'existence de différences interindividuelles importantes. Les entretiens ont révélé également l'existence, dans ces pratiques artisanales, de différences intra-individuelles importantes correspondant à autant d'adaptations des pratiques à de multiples facteurs exogènes tels que les conditions climatiques (température extérieure se répercutant sur la température du fournil, taux d'humidité de l'air...), les contraintes d'approvisionnement en matières premières, ou encore les imprévus de la vie privée (qui peuvent engendrer par exemple des retards dans les rafraîchis du levain ou dans le début de la panification). Afin d'établir l'existence de corrélations entre les pratiques et la diversité bactériologique observable dans les échantillons de levains prélevés chez les boulangers et analysés par les biologistes, il est apparu indispensable de recueillir des données précises sur les pratiques réellement déployées lors de la confection de ces échantillons. Les matériaux recueillis durant les entretiens ont permis d'élaborer un questionnaire extrêmement détaillé recouvrant l'ensemble des variables isolées comme déterminantes dans le processus de fabrication. Ce questionnaire, rempli en ligne par les boulangers le jour du prélèvement, c'est-à-dire durant leur temps de travail, devait pouvoir être complété par eux dans un temps raisonnable. Le nombre important d'indicateurs mesurés impliquait de nombreuses questions (88) dont les modalités de réponses ont pu être prédéfinies grâce aux inventaires des réponses possibles dressés lors de l'analyse des entretiens en profondeur et ont permis de réduire les temps de passation par rapport au temps requis pour répondre à des questions ouvertes.

Il arrive également que, confronté à des données et résultats inattendus et/ou difficilement interprétables obtenus au moyen d'autres méthodes, le chercheur décide de compléter son dispositif méthodologique par des entretiens. Lors d'une recherche sur la perception des risques liés à la « maladie de la vache folle », les résultats d'une enquête par questionnaire sur un échantillon représentatif de la population française (n = 916) ont montré que les répondants disposaient de bonnes connaissances relatives au risque et aux mesures prises par les pouvoirs publics pour le contrôler. Cependant, bien qu'ils aient affirmé savoir que le muscle (i.e., la viande) n'était pas contaminant et jugé que le risque d'être contaminé était moins élevé au moment de l'enquête que par le passé, la majorité d'entre eux ont déclaré avoir réduit leur consommation

2. Le programme de recherche BAKERY bénéficie d'un financement de l'Agence nationale de la recherche (ANR-13-ALID-0005-02).

de viande de bœuf. Ces résultats apparurent congruents avec les discours véhiculés par la presse incriminant la « peur disproportionnée et irrationnelle » des consommateurs et dénonçant une « psychose collective ». Cependant, les *focus groups* et entretiens en profondeur réalisés après l'enquête permirent de proposer une autre lecture de la crise. L'analyse de ces matériaux mit en évidence d'une part que les révélations sur les techniques d'élevage moderne concomitantes à l'annonce de la maladie avaient généré chez un certain nombre de consommateurs un véritable dégoût qui contribuait largement à réduire leur désir de consommer cet aliment. D'autre part, on observait l'existence chez un certain nombre de consommateurs de prises de position affirmées, construites, conscientes portant non seulement sur la cause supputée de la maladie (l'introduction des farines animales dans l'alimentation des bovins), mais aussi sur les acteurs de la crise (fabricants de farines, éleveurs, pouvoirs publics, etc.) et s'étendant à des questions relevant de la morale.

Ce que masquait le discours de la peur, ce que masquait la psychologisation des attitudes et des comportements des consommateurs à l'égard de la viande de bœuf, était que refuser d'en consommer ou au contraire accepter d'en consommer était devenu, pour un temps et pour certains, une sorte de bulletin de vote. En mangeant de la viande, ces consommateurs votaient pour les éleveurs, en la boycottant ils votaient contre certaines méthodes d'élevage, contre une logique du profit ayant conduit à la transgression de l'ordre naturel en transformant des « herbivores en carnivores ».

Si, comme le montrent les exemples qui précèdent, la valeur heuristique des matériaux recueillis grâce aux entretiens en profondeur est indéniable, il convient cependant d'insister que cette méthode requiert de l'intervieweur un véritable savoir-faire. Il ne s'agit pas de poser des questions ou simplement d'écouter, mais bien plutôt d'accompagner l'interviewé dans sa démarche d'auto-interrogation, d'autoréflexion et d'explicitation (Haas & Masson, 2006 ; Masson & Haas, 2010).

Focus 3b

Étude d'un large corpus textuel avec IRaMuTeQ : Twitter et le hashtag #mariagepourtous

Pierre RATINAUD[1]

Sommaire

1. Université de Toulouse 1 Jean-Jaurès, France.

Le développement actuel des usages des technologies de l'information et de la communication offre aux chercheurs la possibilité d'accéder à de larges corpus textuels, fréquemment complétés d'informations précises sur les conditions d'élaboration des textes. La taille de ces corpus interdit bien souvent la pratique d'une analyse de contenu manuelle, il faut alors utiliser l'une des méthodes automatiques existantes. Parmi ces méthodes, celle proposée par Reinert (Reinert, 1983, 1990) est, semble-t-il, la plus sollicitée dans le champ de l'étude des représentations sociales (Chartier & Meunier, 2011). L'intérêt de cette méthode[2] *dans ce contexte a déjà été souligné (Kalampalikis, 2003) et nous souhaitons illustrer ici comment l'ouverture de la « boîte noire » dans laquelle elle était enfermée permet d'envisager des approches originales dans ce champ, notamment grâce à son adaptation aux « gros » corpus et à l'ajout d'analyses complémentaires et de fonctionnalités d'aide à l'interprétation dans le logiciel libre IRaMuTeQ (Ratinaud, 2009 ; Ratinaud & Marchand, 2012).*

Nous appuierons nos propos sur un corpus textuel conséquent composé d'un ensemble de tweets qui ont en commun de contenir le hashtag #mariagepourtous. Ces messages ont été produits entre le 7 novembre 2012, date de présentation du texte sur le mariage entre personnes de même sexe au Conseil des ministres, et le 31 juillet 2013, soit deux mois après le premier mariage. Rappelons qu'entre ces deux dates, une très forte opposition au projet s'est mobilisée, sous l'appellation « la manifpourtous », et que de décembre 2012 à mai 2013 de nombreuses manifestations de soutien et d'opposition au projet se sont déroulées.

1. Twitter comme outil de recueil de données

Twitter présente plusieurs avantages pour qui s'intéresse à la pensée sociale. Des outils permettent d'indexer le flux des messages à partir de mots clés ou de hashtags, ce qui a pour conséquence de limiter le recueil à certaines thématiques. Il n'est pas nécessaire d'avoir recours à un échantillonnage : l'intégralité des conversations est indexée. Mais le principal intérêt de ce dispositif est de permettre l'accès à des discours spontanés. Le contrat de communication à l'origine des textes ainsi produits est d'une tout autre nature que celui qui lie habituellement le chercheur et le sujet (Salès-Wuillemin, 2011). On peut faire l'hypothèse que les effets de masquage[3] (Guimelli & Deschamps, 2000) susceptibles d'intervenir sur une thématique comme le mariage entre personnes de même sexe seront en partie annulés par le potentiel anonymat offert par Internet. Les temporalités de suivi des débats peuvent être longues (ce corpus s'étale sur neuf mois) et les tweets s'accompagnent de traces informatiques qui viennent compléter les données et éventuellement permettre d'engager des contacts avec certains utilisateurs.

2. Corpus et analyse lexicale

Le corpus se compose à l'origine de 1 260 092 tweets desquels nous avons retiré les 61,28 % de retweets. Le corpus analysé est donc formé des 453 107 tweets originaux présents dans la collection. Après avoir retiré les url de ces messages, nous les avons analysés avec la méthode Reinert. Rappelons que cette méthode de classification présente trois originalités :

1. l'analyse ne porte que sur les formes « pleines » : il s'agit des mots porteurs de signification (substantifs, adjectifs, adverbes et verbes) qui sont différenciés des mots « outils » (pronoms, préposition, adjectifs possessifs, etc.) ;
2. l'analyse utilise le segment de texte comme unité : dans cet exemple, chaque tweet représentera un segment ;

---

2. Voir chapitre 3.
3. Voir chapitre 25 et focus 25.

3. la classification hiérarchique descendante repose sur une analyse factorielle : elle procède par bipartitions successives du corpus qui produisent, à chaque étape, les deux classes qui maximisent l'inertie interclasse.

Les résultats se présentent sous forme de classes qui sont des ensembles de segments de texte regroupés sur le critère de la co-occurrence du lexique. Les segments sont donc réunis sur leur tendance à contenir les mêmes mots. La figure F3b.1 présente les 12 « mondes lexicaux » issus de l'analyse des 8 000 formes pleines les plus fréquentes dans ce corpus.

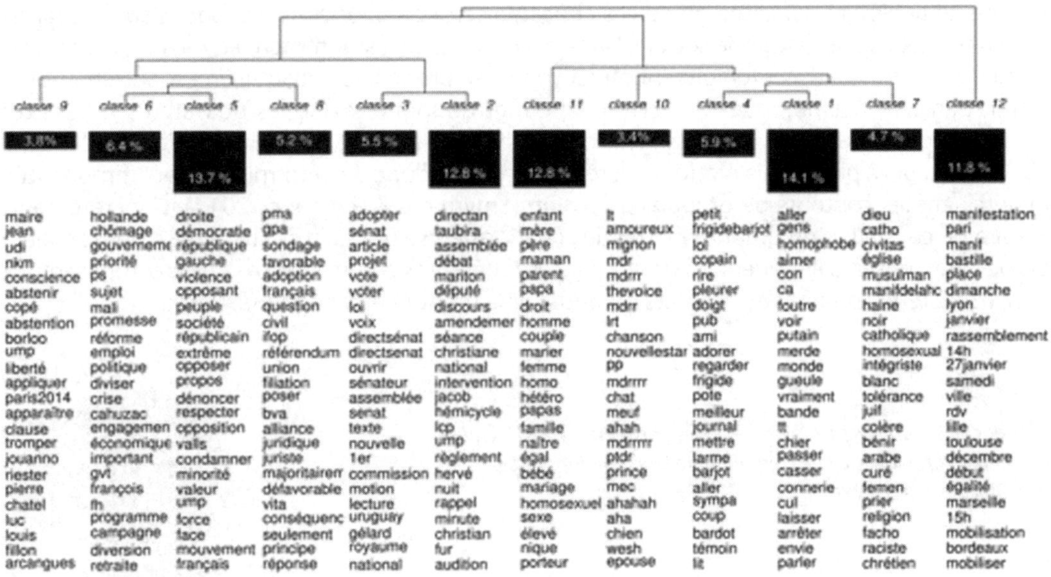

Figure F3b.1.
Dendrogramme de la classification, taille des classes et extraits du lexique caractéristique des classes (par chi^2 décroissant de liaison aux classes)

Cette analyse permet donc de rendre compte des différentes thématiques abordées par les utilisateurs qui glissaient le hashtag #mariagepourtous dans leurs messages. De gauche à droite, nous pouvons voir une classe qui associe la notion de liberté de conscience aux noms d'acteurs politiques (classe 9). La liberté de conscience fait ici référence à la fois au discours de François Hollande qui promettait aux maires la possibilité de ne pas procéder à des mariages entre personnes du même sexe, et à la liberté que revendiquaient certains députés de la droite et du centre d'éventuellement voter le texte (contre l'avis majoritaire de leur parti). Nous trouvons ensuite une classe qui porte sur l'exécutif et son action (classe 6). La tonalité de cette classe peut être résumée ainsi : « M. *Hollande, vous avez mieux à faire (traiter le problème du chômage, de la guerre au Mali, de l'affaire Cahuzac…) que de perdre du temps avec le mariage pour tous.* » Cet ensemble est proche dans l'arbre d'une classe qui traite à la fois de la façon dont le mouvement d'opposition est perçu, de la place de la droite dans ce mouvement et des violences qu'il engendre (violence contre la communauté homosexuelle et violence entre policiers et une partie de la « manifpourtous » – classe 5). La dernière classe de cette partie du dendrogramme (classe 8) rassemble des tweets qui traitent de la gestation pour autrui (GPA) et de procréation médicalement assistée (PMA), notamment par le biais de commentaires de sondages sur ces questions. Les deux classes suivantes portent sur les débats au sénat (classe 3) et à l'assemblée (classe 2). L'autre partie de l'arbre commence avec une classe sur l'enfant et le couple (classe 11), puis une classe représentée essentiellement par des onomatopées et des références à des émissions de télévision pour adolescents (classe 10). La classe 4 rassemble les tweets portant sur le traitement « people » de la manifpourtous, en partie autour de la personne de Frigide Barjot et de l'émission de télévision « Le petit journal ». La classe suivante est la plus massive de cette analyse (classe 1) et rassemble les tweets d'insultes entre partisans et détracteurs du projet. La classe 7 regroupe les tweets faisant référence aux religions, ce sont aussi fréquemment des insultes. Enfin, la première classe à se distinguer, la classe 12, contient les tweets qui appellent aux manifestations et l'ensemble des commentaires sur ces événements.

3. Mais qui dit ça ?

La théorie des représentations sociales est une théorie du lien entre des réalités sociales, ici représentées par des mots, et des appartenances groupales. Le succès de la méthode proposée par Reinert dans ce champ repose en partie sur la possibilité qu'offrent ces analyses d'estimer le lien statistique entre les thématiques qu'elles mettent en évidence et les métadonnées associées préalablement aux différents textes, comme le groupe d'appartenance par exemple. Dans les études sur les représentions sociales, les groupes étudiés sont régulièrement déterminés *a priori*. Le contexte ou l'objet concerné guide ces choix qui seront le plus souvent fondés sur l'appartenance des sujets à une catégorie sociale. Dans ce contexte, on est rarement en mesure de pouvoir affirmer que ces individus interagissent effectivement à propos de l'objet. Il en est autrement sur Twitter. L'analyse des pratiques du retweet[4] permet de montrer que les utilisateurs de Twitter sont plus enclins à retwitter les messages correspondant à leur positionnement. L'étude des liens entre utilisateurs à partir de la pratique du retweet permet donc de déterminer des communautés qui dessinent les contours de groupes d'opinion (Smyrnaios & Ratinaud, 2014). Concrètement, il s'agira de construire un graphe orienté des relations entre utilisateurs sur la base des retweets puis de caractériser, à l'intérieur de ce graphe, les différentes communautés qui le composent. La figure F3b.2 rend compte des résultats obtenus sur le hashtag #mariagepourtous :

Figure F3b.2.

Graphe des retweets des 58 587 utilisateurs ayant au moins 4 tweets – 418 844 liens. Les numéros signalent l'appartenance à une communauté calculée dans gephi[5] avec l'algorithme de Blondel et al. (2009).

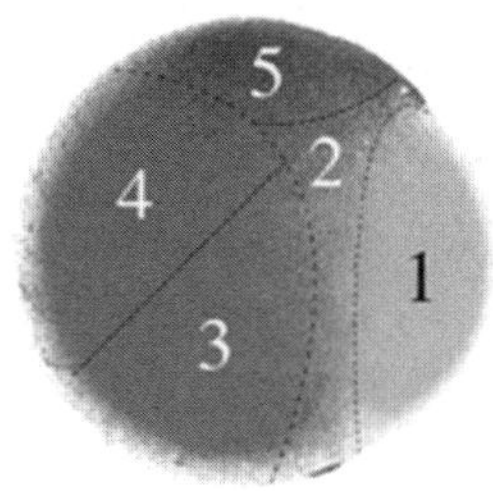

Cinq communautés principales sont identifiées. Nous les avons nommées en fonction des utilisateurs les plus retweetés dans chaque groupe. Le tableau F3b.1 rend compte de leur taille respective dans le graphe et dans le corpus, ainsi que de leur densité[6].

Tableau F3b.1.

Proportion et densité de chacune des communautés

	Proportion dans le graphe	Proportion dans le corpus	Densité
Opposants (1)	15 %	16 %	0.001036
Soutien-Autres (5)	27 %	7 %	0.000106
Soutien (Association LGBT) (4)	25 %	37 %	0.000451
Soutien (Parti Socialiste) (3)	21 %	17 %	0.000411
Médias (2)	9 %	4 %	0.000304

4. Cette pratique consiste à faire suivre un tweet aux utilisateurs abonnés à votre compte (aussi appelé *followers*).
5. http://gephi.org
6. Dans un graphe, la densité mesure le rapport entre le nombre de liens existants et le nombre de liens possibles.

Ces communautés sont utilisées pour marquer chacun des tweets du corpus afin de pouvoir étudier leurs liens avec les classes de discours issues de l'analyse lexicale :

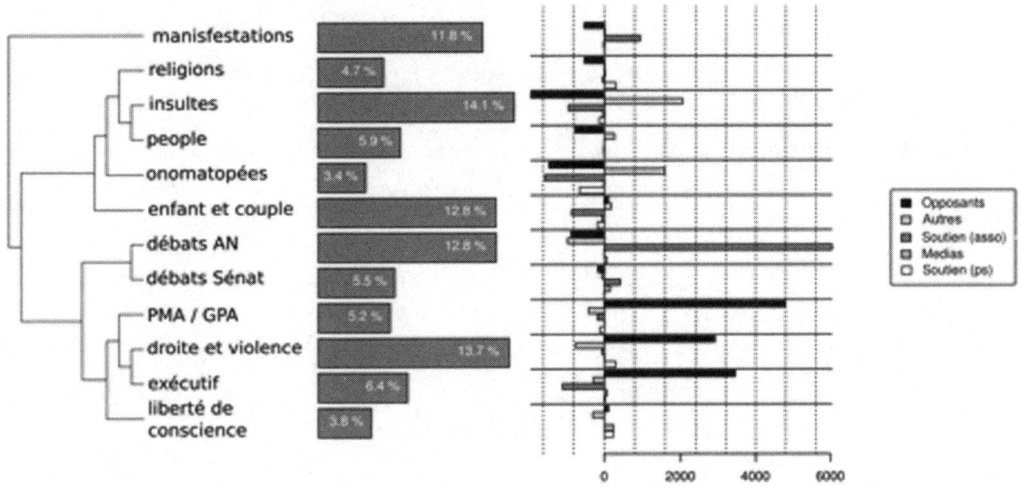

Figure F3b.3.

Dendrogramme de la classification, taille des classes et chi² de liaison des communautés aux classes

Cette figure illustre la tendance de chacune des communautés à être sur- ou sous-représentée dans chacune des classes (sur la base d'un chi²). On voit ici clairement que les opposants sont très surreprésentés sur les thématiques de la PMA/GPA, de la perception du mouvement d'opposition et sur la dénonciation de l'exécutif. Les associations qui défendent le projet sont surreprésentées dans les commentaires des débats à l'assemblé et au sénat, ainsi que dans les appels à la manifestation.

À partir de ce corpus, nous sommes donc en mesure de pouvoir déterminer les différentes thématiques qui sont abordées en rapport avec le mariage pour tous, la structuration des communautés qui se forment autour de ce hashtag et le rapport de chacune d'elles aux thématiques. Cette démarche, complétée par la visualisation chronologique de l'évolution des thématiques (Ratinaud, 2014) et des communautés, devrait participer au développement de l'étude de la dynamique des systèmes de représentations sociales.

CHAPITRE 4

La théorie structurale ou l'horlogerie des nuages

Patrick RATEAU[1] & Grégory LO MONACO[2]

Sommaire

1. Université de Nîmes, France.

2. Aix-Marseille Université, France.

Entreprendre l'écriture d'un chapitre relatif à l'approche structurale des représentations sociales est un exercice rendu difficile par la densité de l'ensemble des éléments à rapporter. Mais il s'agit aussi d'une tâche extrêmement stimulante car elle oblige à mettre en perspective 40 années de recherche qui, depuis la formulation de la théorie initiée par Jean-Claude Abric en 1976, ont vu se succéder des développements théoriques et méthodologiques conséquents[3]*. Ces avancées ont permis à cette théorie de se diffuser largement hors de son berceau d'origine. Ce succès tient à notre sens au moins à quatre raisons : d'abord, parce qu'il s'agit d'une théorie a priori très accessible, simple mais loin d'être simpliste, ce qui lui a donné un grand pouvoir de diffusion. Ensuite, parce que cette théorie permet de répondre de manière particulièrement efficace à des questions sociales et sociétales vives. Troisièmement, parce que cette approche s'est montrée particulièrement soucieuse de ses développements méthodologiques et a fait preuve d'un réel esprit d'innovation, ce qui est loin d'être étranger à son rayonnement international. Enfin, parce qu'elle se prête remarquablement bien à l'expérimentation. Désignée par Abric (1989) lui-même comme une approche expérimentale des représentations sociales, elle a su nouer des liens avec la cognition sociale*[4]*, à travers un travail d'articulation théorique permettant un « enrichissement mutuel » particulièrement fécond (Rateau & Moliner, 2009)*[5]*.*

La présentation de cette approche sera organisée autour de trois sections qui renverront à des ensembles de développements correspondant peu ou prou à trois grandes périodes. Il est nécessaire toutefois de préciser que tant la simultanéité de certains développements ayant trait à des aspects différents que le fait que certains travaux ont stimulé des programmes de recherche ultérieurs n'autorisent un découpage chronologique strict. Néanmoins, l'adoption d'une telle structure de présentation permet de mettre en évidence l'évolution de la pensée des chercheurs ayant travaillé et/ou travaillant toujours dans le cadre de cette approche. Elle permet également de rendre compte des évolutions théoriques, de la diversité des points de vue et de l'actualité de la recherche.

Ainsi, la première section fera référence aux origines et à la première décennie d'existence de la théorie. La deuxième abordera ses grands développements, allant tantôt vers un approfondissement de la théorie initiale, tantôt vers celui de son évolution, entendue comme une nécessité en vue d'une perspective intégrative de résultats parfois contradictoires ou impossibles à interpréter en référence au cadre théorique initial. Enfin, une troisième section présentera les développements actuels qui renverront, pour la plupart, à des aspects traités en profondeur dans d'autres chapitres du présent ouvrage[6]*. Nous conclurons en faisant part de réflexions épistémologiques relatives au positionnement de cette approche au sein des différents courants qu'a suscités la théorie des représentations sociales.*

1. De la formulation à la validation de la théorie du noyau central

1.1 *La formulation de la théorie*

Inspiré par les propositions de Heider (1927) et de Asch (1946), Abric formule la théorie du noyau central en 1976. En référence aux « noyaux unitaires de causalité » définis par Heider (1927) ou encore aux traits centraux et périphériques proposés par Asch dans le cadre de sa théorisation des processus de formation des impressions, Abric (1976) postule que tous les éléments d'une représentation sociale donnée ne jouissent pas du même statut et que certains seraient davantage à l'origine de la signification conférée à un objet. En droite ligne avec les éléments théoriques formulés par Moscovici (1961) à propos du noyau figuratif comme

3. Voir chapitre 5.
4. Voir chapitre 23.
5. Voir chapitre 24 et focus 24.
6. Voir chapitres 23 à 25.

image structurée et structurante, Abric propose de dépasser la perspective génétique moscovicienne. Il considère toute représentation sociale, pas seulement naissante, mais construite, comme étant régie par une organisation structurée autour de quelques éléments signifiants qui assurent la gestion du sens et la cohérence de la vision de l'objet pour un groupe donné. Dès la formulation initiale de sa théorie, Abric (1976) propose donc de considérer le champ représentationnel comme constitué d'un noyau central, d'éléments représentationnels gravitant autour de lui et appelés éléments périphériques, et d'un système de catégorisation.

Dans le cadre de la formulation initiale de la théorie (Abric, 1976), mais également lors de publications ultérieures (e.g., Abric, 1987, 1993, 1994b, 2001a, 2001b), les éléments centraux et périphériques se sont vus attribuer un ensemble de propriétés et de fonctions essentielles.

1.2 *Propriétés du noyau central et du système périphérique*

Le fondement de la théorie du noyau central est de considérer que, dans l'ensemble des éléments cognitifs qui constituent la représentation, certains vont jouer un rôle différent des autres. Ces éléments, appelés éléments centraux, se regroupent en une structure qu'Abric nomme « noyau central ». Cette structure interne à la représentation assure deux fonctions essentielles :

- d'une part une fonction génératrice de sens. C'est par le noyau central que les autres éléments du champ représentationnel acquièrent un sens et une valeur spécifique pour les individus ;
- d'autre part une fonction organisatrice. C'est autour du noyau que s'agencent les autres éléments de la représentation. Et c'est ce même noyau qui détermine les relations que ces éléments entretiennent les uns avec les autres.

Ainsi, en tant que structure cognitive assurant une fonction génératrice de sens et organisatrice, le noyau structure à son tour les éléments se rapportant à l'objet de représentation. Ces éléments, placés sous la dépendance du noyau, sont appelés « éléments périphériques ».

Ainsi que le propose Flament (1989), en référence à la théorie des scripts (Schank & Abelson, 1977), ces éléments périphériques permettent le fonctionnement de la représentation comme grille de « décryptage » des situations sociales rencontrées par les individus. Si le noyau central peut se comprendre comme la partie abstraite de la représentation, le système périphérique doit être entendu comme sa partie concrète et opérationnelle.

En définitive, selon Abric, les représentations sociales fonctionnent comme une entité, mais avec deux composantes dont le statut est différent et complémentaire :

1. Le noyau central structure les éléments cognitifs relatifs à l'objet et est le fruit des déterminismes historiques, symboliques et sociaux particuliers auxquels sont soumis les différents groupes sociaux. Il se caractérise par deux propriétés fondamentales. Il présente tout d'abord une grande stabilité et assure, de ce fait même, la permanence et la pérennité de la représentation. Autrement dit, c'est le noyau central qui va résister à tout ce qui pourrait mettre en cause, d'une manière ou d'une autre, l'assise générale de la représentation. Il est par ailleurs le lieu de consensus de la représentation. Il constitue ainsi la base commune, collectivement partagée de la représentation. Il permet à chaque membre du groupe de « voir les choses » à peu près de la même façon et c'est par son intermédiaire que se définit l'homogénéité du groupe par rapport à un objet de représentation donné. Grâce à lui, les membres d'un même groupe peuvent se reconnaître, mais aussi se différencier des membres des groupes voisins, et il contribue ainsi, dans une large mesure, à l'identité sociale.
2. Le système périphérique, en prise avec les contingences quotidiennes, permet l'adaptation de la représentation à des contextes sociaux variés. Flament lui assigne trois fonctions essentielles : a) il prescrit les comportements et les prises de position en

permettant aux individus de savoir ce qu'il est normal de dire ou de faire dans une situation donnée, compte tenu de la finalité de celle-ci ; b) il permet une personnalisation de la représentation et des conduites qui lui sont attachées. Selon le contexte, une même représentation peut donner lieu à des prises de position interindividuelles différenciées au sein du groupe. Ces différences restent compatibles avec le noyau central mais correspondent à une variabilité à l'intérieur du système périphérique ; c) il protège le noyau central en cas de nécessité et joue le rôle de « pare-chocs » de la représentation. En ce sens, la transformation d'une représentation sociale s'opère dans la plupart des cas par la modification préalable de ses éléments périphériques.

D'un point de vue épistémologique, l'approche structurale constitue un tournant majeur pour la théorie des représentations sociales. D'abord parce qu'elle fournit aux chercheurs un cadre conceptuel permettant d'étudier des représentations stabilisées et non plus des représentations en formation. Dans cette perspective, les représentations sociales ne sont plus de simples « univers d'opinions », mais deviennent des univers structurés. L'étude de leur structure prend dès lors le pas sur celle de leurs contenus. D'autre part, l'approche structurale offre un cadre d'analyse qui permet de saisir l'interaction entre le fonctionnement individuel et les contextes sociaux dans lesquels évolue l'individu. Enfin, parce qu'elle propose des concepts formalisés, l'approche structurale va permettre la formulation d'hypothèses concernant l'adaptation sociocognitive des acteurs sociaux face aux évolutions de leur environnement. Et ces hypothèses sont à l'origine de l'apparition de la méthode expérimentale dans l'étude des représentations sociales.

1.3 *Le système de catégorisation*

Au noyau central et au système périphérique, Abric ajoute une troisième composante de la représentation : un système de catégorisation. Selon Abric (1976, p. 124), ce système est « l'outil essentiel de la dynamique de constitution, de maintien ou d'évolution » d'une représentation puisqu'il a pour fonction générale de « permettre la découverte, la compréhension et l'organisation de la réalité » (*ibid.*). Mais il assure d'autres fonctions puisqu'il autorise la réduction de l'environnement par création de catégories qui en facilitent l'appréhension et la maîtrise. Les catégories ainsi établies et ordonnées offrent une certaine stabilité et un contrôle qui garantissent l'efficacité des communications et l'orientation des comportements. Cette stabilité n'est également pas étrangère à la « cohérence interne » (Abric, 1976, p. 125) de la représentation.

Au-delà de ces considérations générales, Abric (1976) propose également de considérer quelques processus en jeu dans le cadre de cette activité de catégorisation. Ces processus renvoient à l'analogie, l'inférence, l'anticipation et la compensation.

Considérée comme fondamentale par Moscovici (1961), l'*analogie* de par ses fonctions d'organisation et de régulation (Abric, 1976, p. 127) est vue comme un processus à l'œuvre dans l'intégration des informations nouvelles au sein de la représentation. Le processus d'*inférence* permet, lui, de distribuer les objets dans les catégories existantes sur la base des similarités ou de différences inférées. En outre, l'intégration dans une catégorie donnée entraîne l'attribution à l'objet intégré des caractéristiques de la catégorie d'affectation. En définitive, les processus analogique et inférentiel interviennent dans le « remodelage de l'objet » (Abric, 1976, p. 127) afin de le rendre compatible et intégrable au système cognitif du sujet.

De manière complémentaire, le processus d'*anticipation* dérive du fait que les catégories existantes servent de filtres anticipatoires. Toutefois, si les catégories orientent les anticipations, il est également possible de considérer les représentations elles-mêmes comme des déterminants des systèmes de catégories en raison de leur fonction génératrice de systèmes d'attente et d'anticipation (Abric, 1994b).

Enfin, Abric (1976, p. 129) fait état d'un processus de *compensation* qui, en limitant ou en évitant les contradictions au sein de la représentation, permet le maintien de sa cohérence interne. Ce processus joue ainsi un rôle essentiel dans la régulation de l'activité cognitive du sujet.

1.4 *Les premières études empiriques : l'exemple de la recherche sur l'artisanat*

Afin d'étayer la fonction organisatrice des éléments centraux, Abric avance l'hypothèse suivante : si l'on décrit un objet social particulier et que l'on demande à quelqu'un de mémoriser les caractéristiques de cet objet social, alors, les préconnaissances seront beaucoup mieux retenues que des caractéristiques atypiques que possède cet objet social particulier. Ceci implique que si l'on demande à des sujets de mémoriser une liste de mots relatifs à un objet donné, alors ils devraient retenir davantage les mots organisateurs de la représentation de cet objet, c'est-à-dire les éléments centraux de la représentation. Après avoir déterminé cinq expressions pouvant former le noyau central de « l'artisan » sur la base d'une série d'entretiens, de tâches associatives et de hiérarchisation, deux listes de 30 items à mémoriser ont été constituées : l'une contenait les cinq items mis en évidence précédemment, et l'autre aucun des cinq, mais des expressions équivalentes, du point de vue de leur fréquence dans la langue. La mesure consistait à compter le nombre de mots restitués dans les deux cas lors d'une restitution immédiate (i.e., juste après avoir mémorisé les listes) *versus* lors d'une restitution différée (i.e., 15 minutes après, avec une tâche distractrice entre-temps). Abric observe, comme prévu, que les éléments centraux sont mieux restitués, que ce soit en mémoire immédiate ou en mémoire différée. Cette première expérimentation inscrite dans le cadre de l'approche structurale montre bien, selon Abric, que les représentations sociales sont constituées d'éléments centraux stables et organisateurs, des éléments qui structurent la mémoire, aident à retenir le plus important, et donc, permettent de réagir vite et/ou efficacement face à l'objet.

1.5 *La validation de la théorie du noyau*

Ce sont toutefois les travaux menés par Moliner (1988, 1989), dans le cadre de sa thèse, qui vont s'avérer décisifs pour la validation expérimentale de la théorie. À partir d'un schéma expérimental simple, Moliner montre qu'il existe dans les représentations sociales certaines croyances qui jouent effectivement un rôle particulier. Il s'agit de croyances « non négociables » que les individus associent à un objet et qui fondent à leurs yeux sa définition. Il utilise pour cela un principe de double négation à travers une technique dite de Mise en cause (MEC)[7], traduisant l'idée selon laquelle un objet doit nécessairement comporter une ou plusieurs caractéristiques précises pour être reconnu en tant qu'objet de représentation. Ainsi, à propos de la représentation sociale de la drogue, si une substance qui ne crée pas de dépendance (mise en cause de l'élément dépendance) n'est pas reconnue par une large majorité de participants comme étant une drogue (deuxième négation, de l'objet cette fois), cela signifie que la dépendance est un élément central de cette représentation car indispensable à la reconnaissance de l'objet « drogue » (les participants affirment qu'une substance ne peut pas correspondre à de la drogue, si elle ne provoque pas de dépendance). Ce principe, et la technique qui lui est associée, ont non seulement permis de valider les bases fondamentales de la théorie mais également d'en assurer ses développements et sa diffusion.

2. Les grands développements théoriques

2.1 *La dynamique représentationnelle*

Pourvue d'un système central et d'un système périphérique, la représentation est à la fois stable et stabilisatrice : stable, car l'ensemble de ses éléments se trouvent alors rapportés à un même corps de principes normatifs et fonctionnels ; stabilisatrice pour ce qui concerne les rapports à l'environnement, puisque la représentation a précisément pour rôle majeur de guider le

---

7. Voir chapitre 5.

jugement et l'action, la compréhension du monde et les pratiques que nous allons adopter (on désigne sous ce terme l'ensemble des activités, des actes et des conduites que nous mettons en œuvre à une fin précise).

Tant que l'environnement ne change pas, la représentation n'a donc aucune raison de se modifier. Or cet environnement a justement pour caractéristique principale d'être instable. Soumis au poids de l'Histoire, il évolue sans cesse et ces variations conduisent inévitablement à des mises en cause de la représentation : événements affectant l'environnement au point de rendre la représentation inadéquate, confrontations avec des groupes antagonistes, changements dans les rapports de pouvoir, évolution des techniques, etc. Ces événements ont pour principal effet de provoquer l'émergence de pratiques nouvelles pour le groupe, qui peuvent être imposées par l'événement lui-même ou que le groupe s'impose pour s'adapter aux circonstances nouvelles.

2.2 *La thèse de Guimelli (1988, 1998a) et le rôle des pratiques nouvelles*

Les travaux de Guimelli se sont révélés déterminants pour expliciter le rôle des pratiques sociales dans les processus de transformation des représentations sociales. Ils montrent comment et sous quelles conditions les représentations relatives à l'objet se transforment pour s'adapter lorsqu'elles sont affectées par des pratiques nouvelles. Ces conditions, quelles sont-elles ?

En premier lieu, l'événement considéré doit être particulièrement impliquant pour le groupe. Autrement dit, les faits susceptibles d'entraîner des changements de pratiques ne peuvent être saisis sur une échelle objective d'importance. Ce qui compte, c'est leur degré de pertinence pour un groupe donné. Lorsque l'événement est suffisamment impliquant, il modifie l'environnement dans lequel se trouve le groupe, les pratiques sociales se transforment et, par conséquent, des pratiques nouvelles apparaissent qui, à terme, amèneront un changement de la représentation de l'objet relatif à ces pratiques.

En second lieu, Flament (1994) ajoute que l'événement perturbateur peut être considéré par le groupe, à tort ou à raison, comme réversible ou irréversible et que, par ailleurs, les pratiques nouvelles mises en place par le groupe peuvent être plus ou moins en contradiction avec la représentation. Cela conduit Flament à délimiter une typologie des transformations possibles.

2.3 *Le modèle de Flament (1994) et les différentes voies de transformation*

En croisant ces deux paramètres (réversibilité *versus* irréversibilité perçue et contradiction *vs* non-contradiction des nouvelles pratiques), Flament décrit quatre cas de figure possibles :

1. Pratiques nouvelles non contradictoires, situation perçue comme réversible. Dans ce cas, aucune transformation de la représentation n'est à prévoir. Les pratiques nouvelles ne viennent pas mettre en cause le système central de la représentation et le groupe considère, de plus, que les circonstances qui ont amené ces pratiques sont réversibles.
2. Pratiques nouvelles contradictoires, situation perçue comme réversible. Les informations nouvelles et discordantes vont être intégrées dans la représentation mais exclusivement par une transformation du système périphérique. Le noyau central reste stable et insensible à ces modifications. Il s'agit donc d'une transformation très superficielle de la représentation.
3. Pratiques nouvelles non contradictoires, situation perçue comme irréversible. Ce cas correspond typiquement à celui décrit par Guimelli (1988, 1998a). Il renvoie à une

transformation sans rupture de la représentation, c'est-à-dire sans éclatement de son noyau central. Les éléments activés par les pratiques nouvelles s'intègrent progressivement à ceux du système central et fusionnent avec eux pour former un nouveau noyau, et donc une nouvelle représentation (Abric, 1994b).

4. Pratiques nouvelles contradictoires, situation perçue comme irréversible. Des circonstances nouvelles apparaissent et sont opposées à la représentation. Elles sont, de plus, considérées comme irréversibles par les individus concernés. Deux types de transformation peuvent alors apparaître :
   - La transformation résistante, pour laquelle les pratiques nouvelles sont d'abord, et pour un temps plus ou moins long, rendues compatibles avec ce que prescrit le système central, ce qui requiert des mécanismes cognitifs de justification, de rationalisation, qui épousent des « canevas de raisonnement » particuliers (Rouquette & Guimelli, 1995). Notamment, on observe l'apparition de canevas de raisonnement dits « étranges » : les individus font référence à des normes plus ou moins extérieures à la représentation pour justifier les nouvelles pratiques et les rendre compatibles avec le noyau central (Flament, 1987, 1994, 2001a). Ces canevas étranges peuvent être compris comme un mécanisme de défense visant à intégrer les éléments nouveaux sans que le noyau central soit mis en cause. Toutefois, lorsque ces rationalisations se multiplient, en liaison avec la récurrence et la diversification des pratiques nouvelles, le noyau se trouve finalement atteint parce qu'il ne suffit plus à assurer la cohérence de l'ensemble. Une nouvelle représentation plus adéquate apparaît alors (ou se trouve adoptée si elle existait déjà pour un autre groupe en contact) par caducité progressive de l'ancienne.
   - La transformation brutale se distingue du cas précédent par le fait qu'il n'existe pas de rationalisations efficaces permettant de supporter la contradiction entre les pratiques nouvelles et la représentation. Autrement dit, la représentation ne permet pas de comprendre les nouvelles pratiques rendues nécessaires par le changement des circonstances. La signification centrale de la représentation est alors directement mise en cause, sans recours possible aux mécanismes défensifs que l'on vient de décrire. L'importance des nouvelles pratiques, leur permanence et leur caractère irréversible entraînent une transformation directe et complète du système central et donc de toute la représentation.

3. Le débat intra-théorique sur la nature des éléments centraux : la hiérarchie intra-noyau ou le passage du noyau au système central

Comme nous l'avons décrit précédemment, le noyau central regroupe des éléments normatifs et inconditionnellement liés à l'objet. Nous avons également vu que les éléments périphériques rendent compte de variations interindividuelles et contextuelles, donc conditionnelles. C'est ainsi que parler d'éléments normatifs, c'est faire référence au sens prescriptif et descriptif de l'objet que prennent en charge les éléments centraux. En revanche, parler d'éléments conditionnels renvoie aux variations des contextes de production et aux différences interindividuelles, donc aux éléments périphériques. Cette distinction entre nature normative et nature conditionnelle va faire l'objet de multiples débats.

3.1 Les travaux de Moliner (1992)

Dans le cadre de plusieurs études, Flament (1982, 1989) a mis en évidence que la représentation d'un groupe « idéal » avait notamment pour éléments *a priori* centraux l'amitié (les membres d'un groupe idéal entretiennent des relations d'amitié) et l'absence de hiérarchie (un groupe idéal ne comprend pas de chef) et, comme éléments périphériques, des cognitions faisant référence, par exemple, à la communauté d'opinions ou à la similarité d'appartenance sociale des membres qui le composent. Partant de ces recherches, Moliner (1992) a testé l'hypothèse selon laquelle la différence entre les éléments centraux et les éléments périphériques était de nature qualitative et que celle-ci renvoyait soit à des aspects normatifs pour les éléments centraux, soit à des aspects conditionnels pour les éléments périphériques. En utilisant certains connecteurs du Schème cognitif de base[8] « Attribution », Moliner (1992) montre que les éléments centraux sont normatifs en ce sens qu'ils expriment la normalité mais pas la certitude, alors que les éléments périphériques sont conditionnels et expriment la fréquence, parfois l'exceptionnel, mais jamais l'anormal. Moliner (1992) considère donc, et montre de manière expérimentale, que les éléments centraux sont moins inconditionnels que normatifs. Un tel résultat conduit à considérer que ces éléments n'expriment pas nécessairement ce qu'*est* l'objet (la certitude) mais plutôt ce qu'il *doit être* (le « normal », le « bon ordre des choses », voir Lheureux, Rateau & Guimelli, 2008 pour une synthèse). Pour l'auteur, cet aspect normatif des éléments centraux trouve d'ailleurs une confirmation dans beaucoup d'études de terrain (Andriamifidisoa, 1982 ; Domo, 1984 ; Guimelli, 1989, 1998a) qui montrent que les transformations des représentations ont surtout pour effet de mettre en cause la normalité des pratiques sociales nouvelles plutôt que leur vraisemblance.

Ces résultats ont amené à considérer que la définition même de la nature des éléments centraux des représentations sociales se trouvait dans une impasse conceptuelle : s'agit-il, comme l'indique Abric (1976), d'éléments qui indiquent comment *est* l'objet (i.e., inconditionnels) ou, comme l'attestent les résultats obtenus par Moliner (1992), d'éléments qui prescrivent comment il *doit être* (i.e., normatifs) ? Une manière de sortir de cette impasse théorique a été proposée par Rateau (1994, 1995a).

3.2 Une issue par un prolongement théorique : la thèse de Rateau (1994)

Reprenant le scénario élaboré par Moliner (1988) à propos du groupe idéal, Rateau a procédé à une série de mises en cause impliquant deux éléments centraux (i.e., absence de hiérarchie et relations positives) et deux éléments périphériques (i.e., communauté d'opinion et communauté d'intérêts). À la suite de chacune de ces mises en cause, les participants, à l'instar des recherches de Moliner (1988), devaient se prononcer sur le degré de typicalité du groupe qui leur a été présenté. En distinguant les niveaux des réponses produites, il montre que le système central des représentations sociales est lui-même hiérarchisé et qu'il comprend deux types d'éléments centraux différenciés selon que leur mise en cause entraîne une non-reconnaissance absolue ou une non-reconnaissance relative de l'objet de représentation. Cette distinction permet de considérer des éléments centraux dits « Prioritaires » et des éléments centraux dits « Adjoints ». Les résultats avancés par Rateau suggèrent que les éléments centraux Prioritaires sont inconditionnels et expriment la certitude, alors que les éléments centraux Adjoints expriment le normal, le désirable, et renvoient dès lors à une composante plus normative qu'inconditionnelle. Cette distinction est par ailleurs confirmée par Guimelli (1993, 2003) qui considère que les éléments centraux Prioritaires sont davantage inconditionnels que les éléments centraux Adjoints, qui apparaissent comme plus négociables. Selon cette approche, on peut donc considérer que le système central d'une représentation exprime conjointement le certain (inconditionnalité) et le désirable (normativité) et que chacune de ces fonctions est prise en charge par des éléments différents.

8. Voir focus 5.

Mais si les travaux de Rateau ont permis de mettre en évidence une hiérarchie intra-noyau (voir Lheureux & Lo Monaco, 2011), ils ne permettent pas pour autant de spécifier la nature des éléments centraux. Autre point important, le fait de montrer que les éléments centraux ne sont pas équivalents amène également à requestionner les recherches de Moliner, dans lesquelles seul l'élément « égalité » avait été mobilisé. C'est afin de compléter ces aspects que les travaux conduits par Lheureux, Rateau et Guimelli (2008) ont été entrepris.

L'objectif poursuivi par Lheureux et al. (2008) consistait à éprouver la nature inconditionnelle des éléments centraux prioritaires et la nature normative des éléments centraux adjoints. Les auteurs ont repris la procédure utilisée par Moliner (1992) et lui ont ajouté une condition expérimentale mobilisant l'élément « amitié ». Les résultats obtenus révèlent que l'« amitié » est un élément inconditionnel, l'« égalité » un élément normatif et la « communauté d'opinion » un élément conditionnel. En définitive, ces travaux montrent que les éléments centraux Principaux sont inconditionnels, que les éléments centraux Adjoints sont normatifs et que les éléments périphériques sont conditionnels.

3.3 *Négociabilité structurale et négociabilité intra-noyau*

Les résultats faisant état d'une hiérarchie intra-noyau obtenus par Rateau (1995a) expriment une relation d'asymétrie des éléments centraux au niveau de leur tolérance à la mise en cause. Ainsi, l'égalité dans le groupe idéal, mais plus généralement un élément central normatif, pourrait être mis en cause sans pour autant que la façon de se représenter l'objet en soit fondamentalement altérée. Un certain nombre de travaux ont, depuis plus de dix ans, exploré cette voie. Ils attestent notamment qu'il est possible d'amener les sujets à maintenir leur grille de lecture de l'objet, malgré la mise en cause d'un élément central, en confirmant le maintien d'un autre élément central. C'est dans ce cadre d'une possible négociabilité structurale que Katerelos (2003, étude 2) réalise une expérience à propos de la représentation de l'Université en Grèce. L'auteur formulait l'hypothèse que la confirmation d'un élément central viendrait compenser la mise en cause d'un autre élément central. Les résultats produits indiquent qu'un rejet de la grille de lecture habituelle de l'objet n'a lieu que dans la condition où les deux éléments centraux sont mis en cause (i.e., négation). Dans les autres conditions, l'objet reste reconnu. Ce dernier point indique que la confirmation d'un élément central, alors même que le second est mis en cause, autorise le maintien de la grille de lecture.

Ces travaux ont, sans conteste, le mérite d'aborder la question des relations entre éléments centraux, en ce qui concerne la possibilité d'observer la négociation de l'un d'entre eux sous l'effet de la confirmation d'un autre, phénomène désigné par le terme de « négociabilité intra-noyau ». Cependant, ils ignorent le statut hiérarchique intra-noyau des éléments centraux étudiés, conformément aux travaux conduits par Rateau (1994, 1995a, 1995b). Considérer cet aspect permettrait pourtant de mieux comprendre ce phénomène, en précisant dans quelle(s) condition(s) une telle compensation de la mise en cause d'un élément central est éventuellement observable. Pour rappel, selon Rateau (1995a, p. 47), l'élément central prioritaire (ECP) fonde le sens de la représentation, alors que l'élément central adjoint (ECA) « ne fait que le spécifier » (voir également Lheureux et al., 2008 à ce sujet). Dès lors, et afin de tenter de préciser les résultats obtenus par Katerelos (2003), Lheureux et Lo Monaco (2011) ont formulé l'hypothèse selon laquelle la confirmation d'un ECP, défini comme inconditionnel, sera à même de contrarier les effets de la mise en cause d'un ECA, défini, pour sa part, comme normatif. En revanche, toujours selon les auteurs, la réciproque ne sera pas vraie, dans le sens où l'on peut s'attendre à ce que la confirmation d'un ECA ne compense pas l'écroulement du sens engendré par la mise en cause d'un ECP. Les résultats obtenus s'avèrent conformes aux hypothèses posées. En effet, ils montrent que si la confirmation d'un élément central prioritaire est à même de compenser la mise en cause d'un élément central adjoint, l'inverse ne se produit pas. C'est ainsi qu'afin que l'analyse soit complète, la question de la négociabilité structurale doit nécessairement prendre en considération le statut hiérarchique des éléments centraux.

3.4 *La discussion théorique à travers l'intégration de la notion d'attitude : le modèle bidimensionnel*

Moliner (1994a, 1995a, 1995b) va proposer une approche originale visant à articuler les propositions théoriques de l'approche structurale et celles du modèle sociodynamique[9]. Il considère que les représentations sociales peuvent s'analyser à partir de deux dimensions distinctes. La première de ces dimensions est relative à la centralité, telle qu'elle est définie par la théorie du noyau, qui distingue deux groupes d'éléments selon leur statut central ou périphérique. Cette distinction repose sur les consensus observés dans une population donnée. Sont considérés comme centraux les éléments qui sont estimés nécessaires, par une large majorité d'individus, pour définir l'objet de représentation. Et ce consensus porte sur les significations. La seconde dimension est relative au caractère évaluatif des éléments d'une représentation. En effet, certains des éléments peuvent avoir, aux yeux des individus, une valeur positive ou négative qui est socialement déterminée. C'est-à-dire qu'elle trouve vraisemblablement son origine dans les valeurs qui circulent dans une société ou dans un groupe. Les éléments d'une représentation qui sont investis d'une valeur jouent donc le rôle de critères évaluatifs.

La prise en considération des deux dimensions permet à l'auteur de répartir les divers éléments d'une représentation en quatre champs distincts correspondant à des logiques différentes.

1. Le champ des définitions, qui regroupe des éléments centraux peu évaluatifs qui permettent aux individus de *définir l'objet* de la représentation. Ce champ est donc déterminé par une logique des significations.
2. Le champ des normes, qui regroupe des éléments centraux évaluatifs qui, en termes de signification, sont nécessaires pour définir l'objet de représentation et qui, de plus, expriment un *jugement de valeur* sur cet objet.
3. Le champ des descriptions, qui regroupe quant à lui des éléments périphériques peu évaluatifs, c'est-à-dire des caractéristiques fréquemment attribuées à l'objet de représentation mais non nécessaires à sa définition. Par ailleurs, ces éléments ne sont investis d'aucune valeur particulière aux yeux des individus. Les éléments appartenant au champ des descriptions correspondent à la partie opérationnelle du système périphérique. Ils permettent l'action et la compréhension dans la multitude des situations rencontrées par les individus.
4. Enfin, le champ des attentes qui regroupe des éléments périphériques évaluatifs permettant l'expression des attitudes individuelles, des désirs ou des craintes nourris à l'égard de l'objet de représentation. En ce sens, le champ des attentes renvoie au jugement individuel.

On notera toutefois que Flament (1994) a formulé une critique de ce modèle. Pour lui, en effet, une cognition peut être à la fois descriptive et prescriptive. Dans cette optique, comment concilier le fait que pour Moliner le descriptif soit opposé à l'évaluatif alors que pour Flament un schème peut être à la fois descriptif et prescriptif, l'idée de prescription renvoyant à celle de norme ?

Même si ce débat reste ouvert, le modèle bidimensionnel, en introduisant une dimension évaluative au sein de la structure générale des représentations sociales, pose explicitement la question du lien entre la théorie des représentations sociales et le modèle théorique des attitudes[10].

3.5 *Les travaux sur l'attitude*

Dès l'origine de la théorie des représentations sociales, Moscovici (1961) s'interroge sur la place et le rôle des attitudes dans les représentations et leur attribue un rôle très important dans leur genèse : l'élaboration de la représentation se construirait à partir des prises de position

9. Voir chapitre 6.
10. Voir chapitre 23 et focus 23.

par rapport à l'objet. Encore que, complète-t-il, pour qu'une opinion soit émise ou une attitude élaborée, il faut qu'une certaine représentation de l'objet existe préalablement. C'est aussi la position défendue par Doise (1989) pour lequel les attitudes trouvent leurs sources dans des savoirs plus généraux que les individus partagent de leur environnement social.

Plusieurs travaux de l'école structurale ont toutefois permis d'éclairer d'un jour nouveau la relation entre attitude et représentation sociale. Ainsi, Moliner et Tafani (1997) aboutissent à la conclusion que l'attitude renvoie avant tout à de l'évaluation alors que la représentation renvoie avant tout à de la signification. Mais pour pouvoir évaluer un objet, les individus doivent nécessairement en avoir une signification. Autrement dit, les attitudes constitueraient l'expression évaluative de la représentation partagée à l'égard de l'objet. Résumé en une formule lapidaire, probablement excessive, mais qui traduit bien la nature des processus en cause, on dira que si *les attitudes dépendent de représentations* (Rateau, 2000), *les représentations ne dépendent que superficiellement des attitudes* (Tafani, 2001).

C'est aussi ce que tendent à montrer certaines études inscrites dans le paradigme de la théorie de l'engagement (Roussiau & Bonardi, 2001), de la persuasion (Renard & Roussiau, 2007) ou de la théorie de l'élaboration du conflit (Perez & Mugny, 1993) : si l'engagement dans un acte problématique ou l'exposition à une influence persuasive possèdent un impact important sur les attitudes des individus, il n'en a que très peu sur les représentations sociales, au sens où cet impact ne concerne principalement que les éléments périphériques de celles-ci (Moliner, Joule & Flament, 1995 ; Roussiau, 1996 ; Bonardi & Roussiau, 2000). Lorsqu'il parvient à atteindre les éléments centraux, cet impact n'est subi qu'à très court terme (Mugny, Quiamzade & Tafani, 2001), principalement sur la dimension évaluative du système central (Mugny, Moliner & Flament, 1997), dimension habituellement liée aux attitudes, ou bien génère des stratégies de défense visant à opérer un glissement du sens de l'objet vers un autre objet de représentation (Moliner, Joule & Flament, 1995).

3.6 *Les rapprochements avec l'école de Genève*

En analysant, comme on vient de l'évoquer, les processus de transformations des représentations sociales à l'aune des travaux menés dans le cadre de la théorie de l'élaboration du conflit (Mugny, Moliner & Flament, 1997 ; Mugny, Tafani, Butera & Pigière, 1998 ; Mugny, Tafani, Falomir & Layat, 2000) et en introduisant, d'autre part, une dimension évaluative au sein de la structure socio-représentationnelle, avec le modèle bidimensionnel proposé par Moliner (1994a, 1995a, 1995b), il devenait tentant de vouloir intégrer la théorie du noyau central et le modèle sociodynamique proposé par Doise (1990 ; Doise, Clémence & Lorenzi-Cioldi, 1992)[11] dans un cadre explicatif unique. En effet, le postulat sur lequel se fonde ce modèle est que le consensus dont il est question dans la théorie du noyau est un consensus fondé sur la signification de l'objet, alors que les divergences inter-individuelles auxquelles s'intéresse le modèle sociodynamique se fondent sur l'évaluation de l'objet. Autrement dit, ce modèle envisage qu'un même principe organisateur peut générer des prises de position à propos desquelles il y a consensus et d'autres à propos desquelles il y a divergence au sein du groupe. Par exemple, à propos de la représentation sociale des études chez les étudiants, Moliner (1995b) montre que s'il y a bien consensus, dans cette population, pour accorder aux études une double finalité pragmatique et intellectuelle, il y a souvent divergence entre ceux qui valorisent la finalité intellectuelle et les autres, en fonction notamment de leur position sociale (Tafani & Bellon, 2001). En ce sens, la question de la finalité des études constitue un principe organisateur qui génère d'une part des prises de positions consensuelles (les études ont une double finalité intellectuelle et pragmatique) et, d'autre part, des prises de position divergentes (certains valorisent la finalité intellectuelle par rapport à la finalité pragmatique et inversement).

11. Voir chapitre 6.

Reste à savoir ce qui, dans ces conditions, permet de spécifier et de définir l'identité propre des différents groupes sociaux concernés par un même objet : deux représentations sont-elles différentes parce qu'elles ne s'organisent pas autour des mêmes principes organisateurs ou bien parce que les lieux de consensus qu'organise un même principe organisateur divergent d'un groupe à l'autre ?

Par le croisement de plusieurs résultats portant sur la représentation sociale des études (Tafani & Bellon, 2001 ; Tafani, Bellon & Apostolidis, 2002 ; Guimelli & Rateau, 2003), Rateau (2004) montre que ce sont bien les principes généraux et abstraits qui sont actualisés sous la forme de prises de position consensuelles et non négociables différentes en fonction de la façon dont les individus s'attribuent l'objet et lui assignent une signification spécifique. Autrement dit, on observe l'existence de principes organisateurs transversaux aux populations étudiées et, dans le même temps, de nettes différences entre ces populations, en termes d'éléments centraux.

C'est aussi à cette conclusion qu'aboutissent les travaux de Tafani et Bellon (2001). Mais, au-delà de la mise en évidence de cette répartition des éléments centraux et de ces lieux de consensus, l'intérêt majeur des résultats qu'ils recueillent résident dans le fait que ces principes font l'objet de fortes régulations sociales. C'est ainsi que les lieux de consensus expriment des visions totalement différentes de l'objet (i.e., les études supérieures) qui apparaissent comme socialement régulées par un ensemble de rapports symboliques relatifs aux positions occupées par les individus et les groupes dans le champ social, conformément au principe d'homologie structurale défini par Bourdieu (1977).

On notera que cette idée renvoie à une position exprimée dès le départ par Abric (1976, pp. 137-138) à savoir « qu'une représentation sociale est déterminée par la structure sociale dans laquelle elle se développe, et qu'elle reflète l'ancrage de l'individu dans son environnement physique et social. Sa structure interne, la pondération des éléments qui la constituent, permettent dès lors de connaître ou d'approcher les caractéristiques du groupe auquel elle se réfère. [...] Elle permet aux rapports sociaux de s'y exprimer sous une forme symbolique ou imagée. »

Les jonctions entre ces deux approches théoriques majeures des représentations sociales ont permis par ailleurs de nourrir des développements féconds autorisant l'utilisation de méthodes d'analyse des données qui n'étaient pas habituellement employées au sein de la théorie du noyau (voir chapitre suivant sur les méthodes).

3.7 L'évolution de la théorie : la proposition du noyau matrice

En 2005, Moliner et Martos interrogent l'un des fondements de la théorie du noyau, à savoir sa capacité à déterminer la signification des autres éléments de la représentation. Ils s'appuient notamment sur des travaux de Bataille (2002) pour qui ce seraient au contraire les éléments périphériques qui moduleraient la signification des éléments centraux. Caractérisés par une forte polysémie, la signification des éléments centraux serait, pour cet auteur, précisée par les éléments périphériques, alimentant ainsi l'idée de Flament (1994, p. 85) selon laquelle « le fonctionnement du noyau ne se comprend qu'en dialectique avec la périphérie ».

Dans ce cadre, et dans une série de trois expériences portant sur deux représentations sociales, Moliner et Martos amènent des participants à se prononcer sur le sens d'un élément repéré comme central *versus* périphérique, présenté seul ou précédé d'un autre élément central *versus* périphérique. Ils constatent que le sens des éléments périphériques n'est jamais affecté par l'ordre de présentation, tandis que celui des éléments centraux s'y avère sensible. Dès lors, comment concevoir que les éléments centraux, dont la signification serait instable, puissent générer le sens des autres éléments ?

Pour répondre à cette question, Moliner et Martos (2005a, 2005b) proposent de redéfinir les fonctions du noyau central en suggérant de distinguer trois fonctions. Les éléments centraux rempliraient avant tout une fonction de *dénotation*, reposant sur leur propriété symbolique plus que sur leur signification propre. Dans le cours des échanges ordinaires, ils permettraient donc aux individus de savoir et de partager dans quel univers d'opinions général ils situent leur discours et leurs interactions. Ils rempliraient ensuite une fonction d'*agrégation* : relativement flous sur le plan de leur signification propre, ils permettraient aux individus de rassembler, sous un même terme « générique », des expériences diverses, multiples et contextualisées de l'objet. Ils rempliraient enfin une fonction de *fédération* : en offrant au groupe des éléments de dénotation polysémiques, le noyau central serait conçu comme un noyau-matrice permettant à chacun d'évoquer l'objet de manière commune tout en autorisant la cohabitation d'expériences individuelles variées. Le noyau serait ainsi défini comme un cadre notionnel général, générateur de consensus et intégrateur des différences individuelles permettant de spécifier son rôle véritablement structurant au sein de la représentation (voir aussi Moliner & Abric, 2015 ; Moliner & Guimelli, 2015).

3.8 *Les prolongements théoriques et empiriques : la zone muette et l'interconnexion avec les processus sociocognitifs*

3.8.1 La zone muette et ses enjeux sociocognitifs : réduction de la pression normative, clairvoyance ou comparaison sociale ?

Une ligne de recherche originale, relative à la « zone muette » des représentations sociales[12], a été initiée par Guimelli (1998b) et a motivé un programme de recherche visant à expliciter les processus explicatifs en jeu dans le phénomène.

Les premiers travaux réalisés par Guimelli et Deschamps (2000 ; Deschamps & Guimelli, 2002, 2004), à propos de la représentation sociale des gitans[13], montrent que les individus ont tendance à masquer un certain nombre d'opinions négatives dans l'expression spontanée de leur représentation, opinions qui seraient produites dès lors que l'on leur demande de répondre « au nom d'autrui » (consigne de substitution). Selon eux, ce processus de masquage relève de l'effet d'une pression normative venant réprimer un discours socialement proscrit ou encourager un discours socialement prescrit, que la consigne de substitution permet de lever. Pour ces auteurs, s'exprimer en lieu et place d'autrui permettrait donc de réduire le niveau d'implication de l'individu, qui se trouverait en quelque sorte libéré du poids de la pression normative, ce qui le conduirait à exprimer davantage d'opinions contre-normatives et moins d'opinions pro-normatives. Cette interprétation reçoit quelques arguments dans le cadre d'études portant sur le « racisme subtil ou voilé » dont l'expression est bien moins virulente que celle du racisme flagrant (Pettigrew & Meertens, 1995). De même, Pérez et Mugny (1993) et plusieurs auteurs autour d'eux (voir Falomir-Pichastor et al., 2004) ont développé une série de recherches qui explorent, dans le cadre des processus d'influence sociale, l'action d'une « norme de non-discrimination », qui conduit à autocensurer les discours xénophobes, racistes, homophobes, sexistes, et autres discours stigmatisants. La consigne de substitution en désimpliquant l'individu viendrait donc lever cette norme interdictive qui pèse sur l'expression de ses propres réponses.

Une explication alternative va toutefois être proposée, fondée sur l'hypothèse d'une possible *transparence* d'une représentation sociale. Flament et Rouquette (2003) expliquent que les étudiants français *savent* ce que les Français pensent des Gitans, de l'Islam ou des raisons de l'insécurité. Ils s'efforcent donc, en réponse substitutive, de faire preuve de clairvoyance. Une étude classique dans le champ des stéréotypes racistes va dans ce sens. Devine (1989)

12. Présentée de façon extensive ailleurs dans cet ouvrage, voir chapitre 25 et focus 25.

13. Voir chapitre 25 pour une présentation détaillé de cette étude.

utilise une échelle de racisme anti-Noirs (considérée comme fiable, au moins aux États-Unis et à l'époque) et divise un groupe d'étudiants (blancs) selon leur niveau de préjugés (forts ou faibles). Elle demande à tous d'exprimer par écrit « non pas leurs croyances personnelles (sur les Noirs), mais leur connaissance du stéréotype culturel » (Yzerbyt, 1997, p. 182, traduit la question posée aux participants par : « comment, d'après vous, les gens voient-ils les Noirs ? »). Les réponses montrent que, quelle que soit la force de leurs préjugés, le stéréotype est connu de tous les sujets. Cela ressemble fort aux résultats obtenus par Guimelli et Deschamps à propos des Gitans : les 26 % des participants qui les déclarent « voleurs » en consigne normale sont peut-être plus racistes que les autres, bien que cette forme d'interrogation ne soit pas conçue pour tester le racisme. Mais la consigne de substitution est l'exact équivalent de celle utilisée par Devine : elle révèle que tout le monde connaît le stéréotype qui accuse les Gitans d'être des voleurs (un terme donné à 64 % dans une épreuve d'associations libres peut être considéré comme consensuel).

Pour d'autres auteurs (Chesterman, 2015 ; Chokier & Moliner, 2006 ; Chokier & Rateau, 2009), le phénomène observé relèverait davantage d'un processus implicite de comparaison sociale : en s'attribuant davantage d'opinions socialement valorisées et en attribuant à autrui davantage d'opinions socialement dévalorisées, les individus chercheraient à maintenir une auto-évaluation positive (Tesser, 1988) et s'exposeraient soit à un biais de faux consensus (Marks & Miller, 1987 ; Mullen et al., 1985 ; Ross, Green & House, 1977), soit à un biais de fausse unicité (Alicke, 1985 ; Goethals, Messick & Allison, 1990 ; McFarland & Miller, 1990 ; Suls, Wan & Sanders, 1988 ; pour une revue récente, voir Chambers, 2008) en fonction du caractère désirable ou indésirable des opinions en question. Ainsi, lorsque les sujets s'expriment à propos d'opinions ou de comportements non désirables, ils auraient tendance à surestimer la fréquence de ces opinions ou de ces comportements dans la population (effet de faux consensus). En revanche, à propos d'opinions ou de comportements socialement désirables, on assisterait à l'effet contraire : les individus auraient tendance à en sous-évaluer leur fréquence dans la population (effet de fausse unicité), rejoignant ainsi le point de vue de Codol (1984, p. 317) selon lequel « plus un item est considéré par un sujet donné comme normatif, plus ce sujet a tendance à déclarer que cet item le caractérise lui-même plus que les autres ».

Flament, Guimelli et Abric (2006) vont finalement résumer le phénomène et rassembler les hypothèses alternatives de son explication, en indiquant que les sujets sélectionnent les aspects exprimables de la représentation en fonction de l'enjeu normatif qu'ils perçoivent dans la situation où ils se trouvent. Cela revient finalement à dire que, quels que soient les processus en jeu, formuler une réponse sous consigne de substitution conduit fatalement l'individu à convoquer ce qui est, par rapport à l'objet, socialement valorisé et socialement dévalorisé. Qu'il s'agisse d'exprimer ce qui est inexprimable en condition standard, de faire état d'une certaine transparence à propos d'opinions indésirables, ou qu'il s'agisse d'exprimer ce qui permet à l'individu de s'autovaloriser par rapport à autrui, nécessite impérativement que l'individu sache ce qui est valorisé ou non et qu'il convoque cette connaissance pour fournir sa réponse. Autrement dit, si la consigne de substitution vient augmenter les réponses contre-normatives et réduire les réponses pro-normatives, c'est avant tout parce qu'elle rend saillant ce qui est normativement prescrit et proscrit, qu'elle vient activer ce qui est socialement désirable et indésirable, bref, qu'elle constitue une forme de rappel de ce qui, à propos de l'objet, est pro-normatif et contre-normatif.

Nous n'avons pas abordé volontairement les travaux les plus récents sur ce sujet étant donné que le présent ouvrage comporte un chapitre et un encadré qui y sont directement consacrés. Le lecteur pourra donc se référer à ces parties de l'ouvrage pour approfondir cette question.

3.8.2 Le travail d'interconnexion avec les processus sociocognitifs

L'ouvrage publié par Rateau et Moliner (2009) a sans conteste permis d'établir un bilan des articulations possibles entre la théorie des représentations sociales et les paradigmes ancrés dans le champ de la cognition sociale. Dresser un bilan consiste toujours à poser un regard rétrospectif, toutefois ce n'est qu'en réalisant la synthèse que l'on prend conscience des possibilités et des perspectives dessinées par d'autres, mais également des limites et des vides à combler.

Les développements actuels vont dans le sens d'un travail d'interconnexion (Lo Monaco, Girandola & Guimelli, sous presse) entre l'approche structurale des représentations sociales et les processus sociocognitifs. On entend par là un travail permettant un enrichissement mutuel à propos duquel Rateau et Moliner (2009 ; voir également Rateau et al., 2011) font le constat de la nécessité. Ce travail d'articulation concerne les jonctions établies entre les représentations sociales et l'influence sociale au sens large, mais également les liens possibles avec la théorie de la dissonance cognitive, les émotions, les théories de l'attribution, les stéréotypes, la comparaison sociale ou encore l'identité sociale. La plupart de ces aspects sont abordés dans différents chapitres de cet ouvrage même s'ils ne sont pas nécessairement en lien avec l'approche structurale des représentations sociales. Pourtant, l'ouvrage de synthèse proposé par Rateau et Moliner (2009), spécifiquement centré sur cette approche, fait d'ores et déjà état de tels travaux. De plus, un article récent vient confirmer cet intérêt en proposant un programme de recherche pour les années à venir (voir Lo Monaco et al., sous presse). Les travaux actuels témoignent donc d'une volonté d'articulation des concepts. Preuve en est le travail réalisé par Eyssartier, Joule et Guimelli (2007) à propos du don d'organes. Il montre que lorsqu'un acte préparatoire est fondé sur les éléments centraux de la représentation (i.e., la signature d'une pétition dont l'en-tête active un élément central comme « donner ses organes c'est faire don de soi »), la probabilité d'obtention d'un acte attendu ou final (i.e., signer une carte de donneur) est plus importante, comparativement aux conditions où ce sont les éléments périphériques qui ont été activés. De tels résultats ont été confirmés par la suite par Souchet et Girandola (2013) et améliorés dans le cadre de la technique du double-pied-dans-la-porte. On remarquera également que si les éléments centraux jouent un rôle dans l'optimisation des effets du pied-dans-la-porte, Piermattéo, Lo Monaco et Girandola (sous presse) ont récemment montré qu'ils sont également susceptibles, lorsqu'ils sont mis en cause, de contrecarrer les effets d'une procédure d'amorçage (i.e., *Low Ball*).

Ces résultats montrent tout l'enjeu de la prise en compte de ce que Skandrani-Marzouki, Lo Monaco et Marzouki (2015, p. 511) proposent d'appeler le *SR Structure-Effect*, ou l'effet de la structure des représentations sociales. Un bel exemple est fourni par les travaux de Zouhri (2013 ; Zouhri & Rateau, 2015) qui explicite le rôle modérateur de la structure socio-représentationnelle dans le cadre des dynamiques intra- et intergroupes et, plus spécifiquement, dans le paradigme de l'effet « brebis galeuse » (Marques, Yzerbyt & Leyens, 1988).

Ces quelques rapides exemples indiquent bien que la différence de statut des éléments constitutifs des représentations sociales (central *versus* périphérique), prônée par l'approche structurale, s'avère extrêmement propice à l'exploration expérimentale et à la meilleure compréhension des processus en jeu dans d'autres paradigmes majeurs de la psychologie sociale.

Avant de conclure ce chapitre et afin de fournir au lecteur une vue d'ensemble des éléments développés, une synthèse graphique de nos trois principales sections est représentée à la figure 4.1. Celle-ci permet de saisir à quel point l'approche structurale des représentations sociales a fait l'objet, et continue de faire l'objet, de remarquables développements depuis son origine.

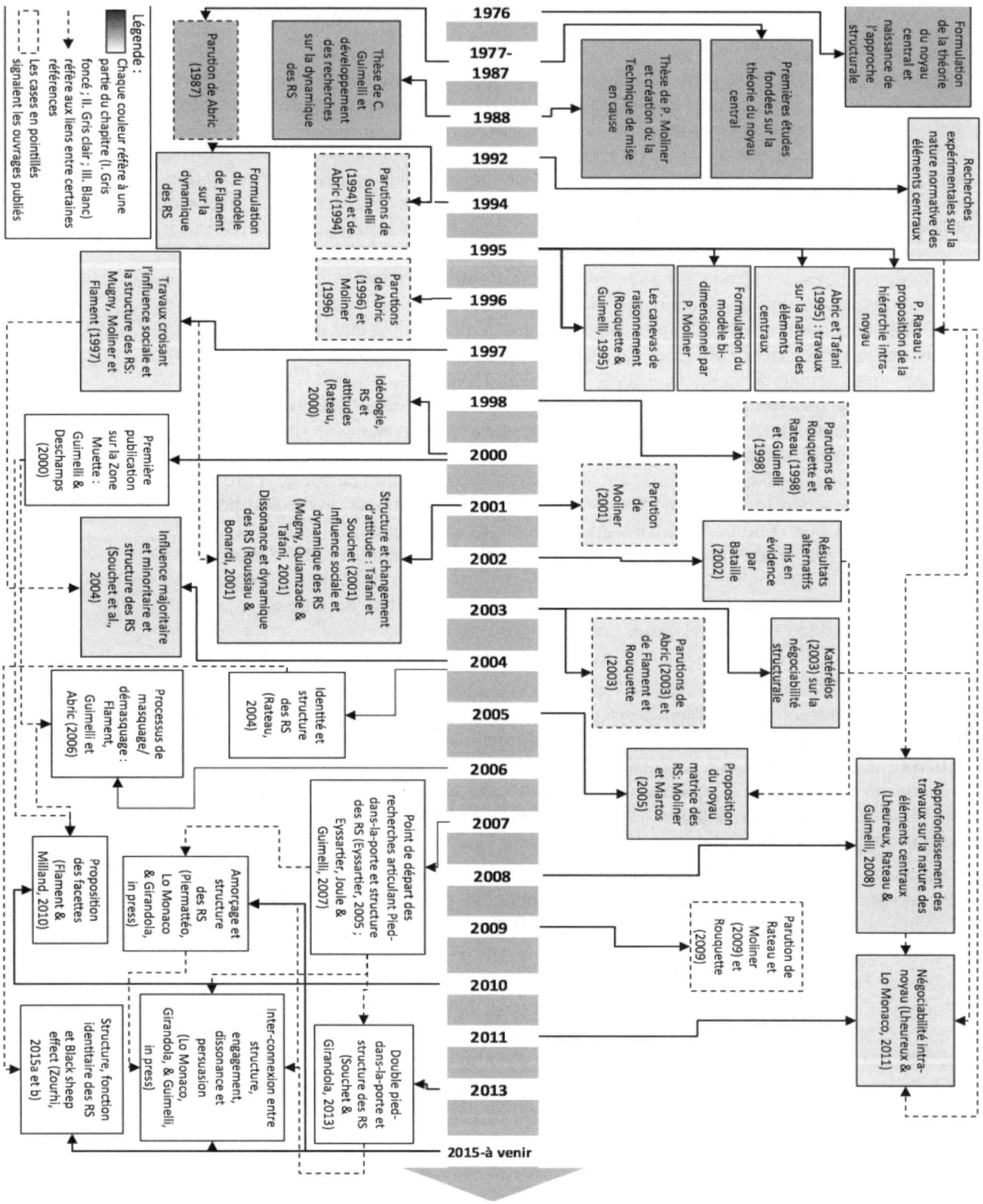

Figure 4.1.

Synthèse graphique des trois grandes sections du chapitre avec leurs dates clés.

Nota bene. Les éléments en gris foncé correspondent à la première partie, les éléments en gris clair à la deuxième et ceux en blanc à la troisième.

4. Conclusion. Structure, formalisme et représentations sociales : réflexions et positionnement épistémologique

En forme de conclusion de ce bref panorama de l'approche structurale des représentations sociales et des développements qu'elle a suscités, nous aimerions évoquer un texte célèbre de Karl Popper (1966) sur les « Nuages » et les « Rouages » (traduction approximative de « Of Clouds and Clocks »). Les « Nuages » sont la métaphore des systèmes désordonnés, imprévisibles ou émergents. Les « Rouages » renvoient sans ambiguïté aux mécanismes et conséquemment au déterminisme. Et voici d'ailleurs, entre parenthèses, une bonne question de travaux dirigés pour des étudiants avancés : « Répartissez la littérature traitant des représentations sociales en deux grandes catégories, selon la dominante nébuleuse ou horlogère de chaque publication. » Cela serait beaucoup plus intéressant que la rituelle opposition du qualitatif et du quantitatif. Il existe en effet de belles descriptions qualitatives des rouages, qui nous les font comprendre (pensons, par exemple, à l'œuvre de Claude Lévi-Strauss) et de lourdes analyses quantitatives des nuages, c'est-à-dire de telle représentation sociale particulière (ne pensons à personne). La question qui se pose alors est : au fond, les représentations sociales sont-elles des nuages de sens ou des structures de formes ?

Selon Popper, deux conceptions coexistent dans les sciences : la conception newtonnienne selon laquelle les nuages sont finalement des rouages (*All clouds are clocks*) et la conception que Popper attribue à Pierce selon laquelle tous les rouages sont finalement des nuages (*To some degree, all clocks are clouds*). Or, dépassant ces deux conceptions, ce que propose la théorie du noyau central, c'est de travailler sur *l'horlogerie des nuages*. Cela n'a rien de paradoxal. Nous savons bien que le contrôle exercé par les représentations ou les idéologies sur les individus n'est qu'un contrôle « plastique », comme dit Popper (il emploie même l'expression d'« un système de nuages contrôlés par des nuages »). Mais nous savons aussi que la véritable intellection des choses n'est pas dans la reproduction de celles-ci : le mouvement *se prouve* en marchant, il ne *s'explique* pas ou tout simplement ne *se décrit* pas en l'effectuant (disons les *focus groups* et ce qu'ils simulent, par exemple, ou encore le simple recensement des significations dans plusieurs populations). Pour transformer les représentations en objets scientifiques, il faut d'abord les instituer en totale extériorité, de telle manière qu'elles soient décomposables en concepts et en constructs. Par exemple, justement, « le noyau » et la « structure du noyau », les « relations de similitude » et les « valences des Schèmes cognitifs de base », et ainsi de suite.

Une mise en garde s'impose toutefois contre une certaine interprétation naturaliste de ces constructs, qui a tendance à en faire des « choses », alors qu'il ne s'agit que de manières de comprendre les choses, ce qui n'est pas du tout pareil. Le positivisme d'il y a deux siècles ne faisait pas la distinction lorsqu'il identifiait nature de la science avec science de la nature. Nous en sommes heureusement sortis, les physiciens les premiers, à peu près à la même époque que les sociologues, lorsque la modélisation a remplacé la théorisation, toujours un peu métaphysique.

Tout cela va aussi bien contre les pratiques « nuageuses » que contre cette forme de naturalisme un peu naïf, mais si fréquent encore en psychologie sociale, qui imagine volontiers qu'il suffit de mesurer pour comprendre. Observer, mesurer et expérimenter, certes, mais *quoi* ? Certainement pas ce qui tombe sous le sens. Notamment le sens commun et les théories naïves. La physique, encore elle, a compris voici quelques siècles que le véritable réalisme passait par l'abstraction. Cette exigence théorique, qui est la plus fondamentale de toutes les exigences scientifiques, requiert une attention permanente et doit constituer un guide pour toute démarche relative aux représentations sociales. Et c'est pourquoi la théorie du noyau central – parce qu'elle propose de filtrer les propriétés contingentes de chaque cas et d'en abstraire une classe de cas, et parce qu'elle a su construire un référentiel conceptuel et opératoire – constitue un acquis important pour toute la communauté « scientifique » qui s'attache à l'étude des phénomènes socio-représentationnels. En somme, et pour le dire autrement, la théorie du noyau central a permis de faire entrer l'étude des représentations sociales dans le champ de la science « normale ».

Focus 4

Les systèmes de représentations sociales[1]

João WACHELKE[2]

1. Traduit de l'anglais vers le français par Grégory Lo Monaco (Aix-Marseille Université, France).
2. Universifé fédérale d'Uberlândia, Brésil.

L'approche structurale des représentations sociales a connu un développement important depuis sa formulation dès le milieu des années 1970[3]. Parmi les sujets les plus étudiés, certains concernent la question de la compréhension des différents rôles joués par les éléments de la représentation, les caractéristiques du système central et du système périphérique, ainsi que les relations entre représentations ou encore le rôle des pratiques sociales et la dynamique représentationnelle.

Il peut sembler compliqué d'étudier des représentations sociales isolées car analyser une représentation sociale suppose d'identifier ses contenus et de comprendre comment ceux-ci interagissent dans leur ensemble, guidant de la sorte l'action d'un groupe à l'égard d'un objet social. Cependant, même si isoler une représentation sociale apparaît comme une nécessité pour simplifier les modèles et connaître les processus impliqués, il serait difficile pour quiconque de défendre l'idée selon laquelle les diverses représentations sociales constituent des entités séparées aux frontières bien définies. En effet, à l'évidence, les idées construites, apprises et partagées avec autrui dans la vie quotidienne sont interconnectées dans le cadre de réseaux de connaissances que l'on peut qualifier de systèmes de représentations sociales.

Malgré l'intérêt de cette thématique de recherche, force est de constater que peu de travaux ont abordé cette question. Malgré tout, certaines études traitent indirectement de ce sujet, même si elles ne nomment pas cette thématique de façon explicite. Par exemple, Bonardi, De Piccoli, Larrue et Soubiale (1994) ont relevé le défi d'étudier différents ensembles de représentations sociales en identifiant les équivalences sémantiques et les associations statistiques relatives aux représentations de l'Europe et des politiques. Par ailleurs, Milland (2001) a pour sa part conduit des travaux portant sur les connexions entre les représentations sociales du travail et du chômage et a pu conclure au fait qu'elles appartenaient à une même famille de représentations. Pour les étudiants interrogés, la représentation du chômage est dépendante de la représentation du travail, dans le sens où les croyances concernant le fait d'être au chômage deviennent autonomes à partir du moment où débute la vie professionnelle. Valence et Roussiau (2012) ont également fait référence aux réseaux de représentations sociales dans leur étude portant sur les droits de l'homme et l'immigration. Leur recherche soutient l'idée selon laquelle les valeurs politiques et idéologiques expliquent les associations entre les deux représentations.

Les premiers développements concernant la proposition de modèles structuraux pour les systèmes de représentation ont impliqué une classification de co-incidences d'éléments, qui est appelée « relation de conjonction ». Selon Flament et Rouquette (2003), la conjonction entraîne une intersection des noyaux centraux de deux représentations ou plus. Une telle intersection peut consister en une relation de dépendance ou d'emboîtement dans le cas notamment d'une relation de subordination d'une représentation sur une autre. Par exemple, la structure représentationnelle contient un élément dans son noyau central qui correspond au nom de l'objet social de la représentation supra-ordonnée, qui possède à son tour un élément périphérique qui renvoie à la représentation subordonnée.

Un exemple classique est fourni par l'étude d'Abric et Vergès (1996) sur les représentations de l'argent (représentation supra-ordonnée), de la banque (intermédiaire) et du profit (représentation subordonnée). Notons qu'un autre type de conjonction renvoie à la question de l'antinomie ou de l'opposition dans laquelle les éléments composant le noyau central de deux représentations renvoient à des enjeux similaires mais ont des sens opposés, comme cela est le cas dans l'étude conduite par Guimelli et Rouquette (2004) à propos de la sécurité et de l'insécurité.

Il reste toutefois que l'on peut se demander comment caractériser des relations qui ne sont pas si claires et non ambiguës. C'est dans cette perspective que Fraïssé (2003) a avancé une piste prometteuse qui consiste à formaliser les relations entre les objets de représentation au moyen des connecteurs issus du modèle des Schèmes cognitifs de base[4] (SCB ; Guimelli & Rouquette, 1992).

3. Voir chapitre 4.

4. Voir chapitre 5 et focus 5.

Fraïssé a utilisé le modèle des SCB afin de mesurer les relations entre représentations sociales en incluant les objets sociaux en tant qu'unités cognitives. Son étude a ainsi permis de montrer que, pour certains groupes, la représentation sociale de la médecine naturelle était dépendante de la représentation sociale de la médecine conventionnelle et que cette représentation pouvait s'émanciper en fonction du niveau de pratiques des individus interrogés.

C'est aussi le modèle des SCB qui a servi de cadre à notre propre étude visant à évaluer les relations entre représentations sociales au niveau des éléments faisant partie de chacune d'elles, l'ensemble s'intégrant dans un programme de recherches consacrées à l'étude des croyances d'étudiants italiens envers le vieillissement et la vieillesse (Wachelke, 2011, 2012).

Un certain nombre d'études exploratoires conduites au moyen d'évocations et de la technique de mise en cause[5] ont permis de faire émerger l'hypothèse selon laquelle, chez les étudiants interrogés, certaines représentations telles que celles de la famille, de la mort ou de la santé étaient liées aux représentations du vieillissement. L'objectif a ensuite été de mesurer le rôle des connaissances relatives à une représentation (que l'on appellera Représentation 1 ou R1) dans le cadre de l'activation de connaissances relatives à une seconde représentation (i.e., R2). Si une telle relation pouvait être évaluée expérimentalement, il serait alors possible de formaliser ces associations de représentations sociales coordonnées dans un système, et ce, même en l'absence de conjonction de leurs éléments.

Le point central de cette recherche consistait à manipuler expérimentalement l'information concernant la représentation sociale de la santé (R1). Des études antérieures avaient révélé qu'il pouvait exister des relations entre l'élément « soin médical » de la représentation (exprimée dans l'affirmation suivante : « Les soins médicaux spécialisés pratiqués par les docteurs et les infirmières sont essentiels pour une bonne santé ») et deux éléments de la représentation sociale du vieillissement (R2) : « déclin général » (« Le processus de vieillissement est associé aux capacités physiques et mentales ») et « problèmes de santé » (« Le processus de vieillissement est associé aux problèmes de santé »). Seuls les éléments périphériques ont été choisis pour l'étude, car les éléments centraux sont généralement stables et résistants aux effets de contexte[6].

Soixante-douze étudiants italiens ont rempli un questionnaire comportant une manipulation des consignes visant à observer si l'activation du contenu d'une représentation pouvait activer le contenu d'une autre représentation qui lui est reliée.

En premier lieu, les participants prenaient connaissance d'une information fictive, mais présentée comme réelle, soi-disant tirée d'un quotidien italien. Le texte présentait les résultats d'un projet interdisciplinaire européen (appelé « Eurosanté ») qui était censé surveiller les changements dans les façons de penser la santé sur le continent.

Quelques résultats provenant du programme Eurosanté étaient présentés. Une première version du questionnaire tentait de renforcer l'importance de l'élément « soin médical » de la représentation du vieillissement (condition appelée « accentuation »), alors qu'une deuxième version affaiblissait cette importance (condition appelée « relativisation »).

Dans la condition d'accentuation, il était dit que 68 % des Européens interrogés avaient déclaré que consulter un médecin régulièrement pour prévenir et traiter les maladies et d'autres problèmes était essentiel pour avoir une bonne santé – confortant ainsi les participants dans l'idée selon laquelle, d'après notre étude préliminaire, l'élément « soin médical » était un élément important de la représentation sociale de la santé.

Dans la condition de relativisation, le scénario était inversé : le texte informait ici que 68 % des participants européens interrogés avaient déclaré que faire de l'exercice et manger de manière saine étaient plus importants pour être en bonne santé que de prendre des rendez-vous médicaux. Dans cette perspective, on soumettait l'idée d'une faible importance du soin médical. Plus loin dans le texte, un commentaire d'un expert était fourni pour renforcer l'intérêt de l'enquête

5. Voir chapitre 5.
6. Voir chapitre 4.

européenne et lui donner toute crédibilité. Ainsi, dans cette étude, chaque condition soit accentuait, soit affaiblissait l'importance de l'élément de la R1.

Suite à la prise en compte de l'information, les participants devaient répondre à un questionnaire SCB dans lequel ils se positionnaient à propos des relations descriptives, instrumentales ou évaluatives entretenues par les deux éléments de la R2, c'est-à-dire les deux éléments de la représentation sociale du vieillissement : « déclin général » et « problèmes de santé ». Les variables dépendantes étaient constituées par les valences[7], c'est-à-dire l'indice d'importance des connecteurs activés par chacun des deux éléments. Les résultats sont présentés dans la figure F4.1.

Figure F4.1.

Proportions d'activations (valences des SCB « description ») pour chaque condition expérimentale concernant chaque élément de la R2

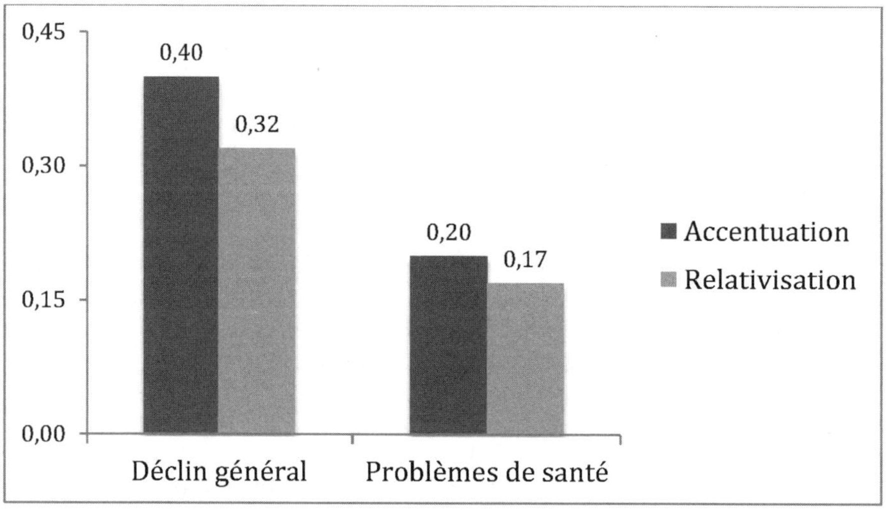

On observe que, pour les deux éléments de la R2, en ce qui concerne les relations descriptives, les valences sont plus fortes dans la condition « accentuation » que dans la condition « relativisation ». Ce résultat démontre l'effet d'une représentation sur l'activation d'une autre au niveau de leurs éléments, et ce dans un contexte dynamique. Cet aspect fournit des indications à propos de la validité d'un modèle sur la manière dont les représentations interconnectées interagissent. Il constitue par ailleurs un support empirique à la notion de systèmes de représentation en tant que structures de connaissances supérieures. Le cadre offert par les SCB, en permettant de caractériser les relations entre représentations sociales, autorise à aller au-delà de l'identification de chevauchement d'éléments dans les représentations sociales. L'évaluation des relations au niveau des éléments socio-représentationnels est compatible avec le cas de la conjonction, tout en étant capable, dans le même temps, de saisir des connexions plus subtiles et indirectes.

7. Voir focus 5.

CHAPITRE 5

Méthodes d'étude de la structure des représentations sociales

Grégory LO MONACO[1] & Patrick RATEAU[2]

Sommaire

1. Aix-Marseille Université, France.
2. Université de Nîmes, France.

1. Introduction

Depuis les premiers travaux réalisés sur les représentations sociales, plusieurs ouvrages de synthèse ont tenté d'exposer une vue, parfois exhaustive, parfois partielle, de l'état de la connaissance liée à cette théorie (pour une vue liée à une ou des approches particulières, voir par exemple Abric, 1994c ; Guimelli, 1994). Certains articles, chapitres ou encore des ouvrages complets se sont davantage attachés à présenter les différentes méthodologies utilisées (Abric, 1994c, 2003a, 2003b ; Doise, 2005 ; Doise, Clémence & Lorenzi-Cioldi, 1992, 1993 ; Doise & Palmonari, 1986 ; Flament & Rouquette, 2003 ; Guimelli, 1994 ; Jodelet, 1989c ; Moliner, Rateau & Cohen-Scali, 2002 ; Moscovici & Buschini, 2003 ; Rateau & Lo Monaco, 2013a, 2013b ; Rouquette & Rateau, 1998).

Ce chapitre se propose d'aborder une présentation de quelques voies méthodologiques utilisées dans le cadre de l'approche structurale des représentations sociales. C'est ainsi que seront abordées la méthode des évocations (libres et hiérarchisées), le questionnaire de caractérisation (Q. Sort), la technique de mise en cause (MEC), le test d'indépendance au contexte (TIC), l'induction par scénario ambigu (ISA) et l'analyse de similitude (AS)[3].

Nous avons vu[4] que l'on doit à Abric (1976) le fait d'envisager l'idée d'une structure représentationnelle composée d'un noyau central et d'un système périphérique. On a également rapporté le fait que cette approche théorique a suscité un nombre important de travaux au niveau théorique (développements intra-théoriques ou recherches portant sur l'articulation avec d'autres paradigmes issus notamment de la cognition sociale)[5]. Ces développements ont également porté sur les voies méthodologiques aptes à étudier le contenu[6] et la structure des représentations des objets sous étude. Dans cette perspective, plusieurs méthodes et techniques ont été développées. Les développements méthodologiques ont été une préoccupation constante des chercheurs travaillant dans le cadre de cette approche théorique, en témoignent les nombreuses contributions à propos desquelles nous proposons une synthèse chronologique (figure 5.1).

Figure 5.1.

Synthèse chronologique des contributions méthodologiques dans le cadre de l'approche structurale des représentations sociales

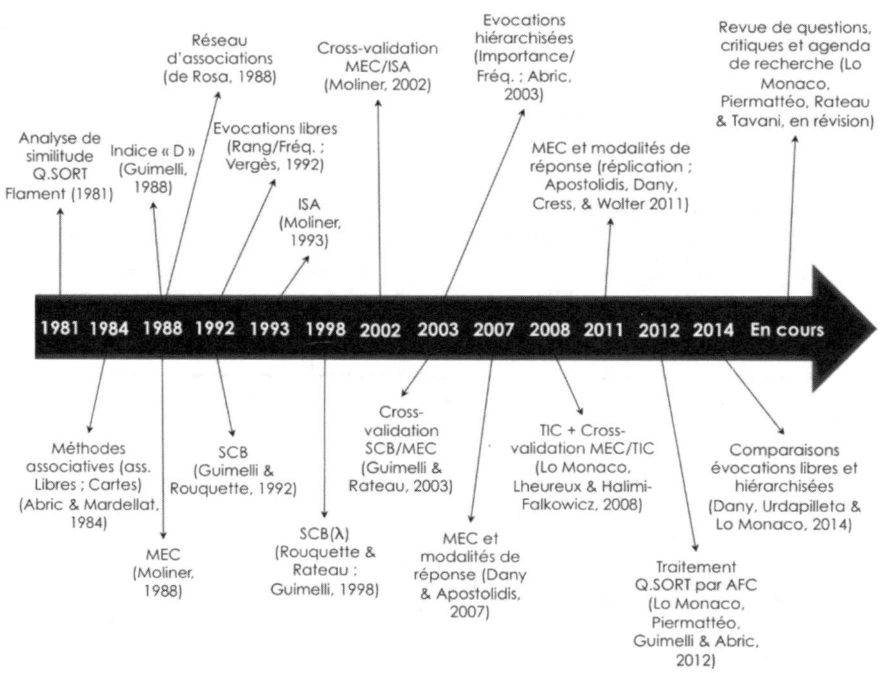

3. Le modèle des Schèmes cognitifs de base (SCB) fera l'objet d'une présentation spécifique dans le focus 5.
4. Voir chapitre 4.
5. Voir chapitre 24.
6. Voir chapitre 3.

Concernant d'une manière plus particulière les méthodes et non les travaux réalisés à leur propos dans le sens des critiques ou cross-validations, parmi ces voies méthodologiques, certaines sont aptes à travailler sur le contenu, d'autres sur la structure et d'autres encore à la fois sur le contenu et la structure. Par ailleurs, il est possible, en référence aux propositions de Lo Monaco, Piermattéo, Rateau et Tavani (sous presse), de considérer trois critères pour classer les méthodes utilisées dans le cadre de l'approche structurale. Ces critères (tableau 5.1) renvoient à la possibilité d'identifier premièrement le contenu (oui *versus* non), deuxièmement la structure (i.e., établir un diagnostic de centralité : central *versus* périphérique) et troisièmement la nature des éléments centraux (fonctionnel *versus* normatif *versus* mixte).

Tableau 5.1.

Classification des méthodes utilisées dans le cadre de l'approche structurale des représentations sociales en fonction des critères (1) d'identification du contenu, (2) de diagnostic structural et (3) d'identification de la nature des éléments centraux

		Identification possible du contenu ?			
		Oui		Non	
		Diagnostic structural possible ?			
		Oui	Non	Oui	Non
Identification de la nature des éléments centraux possible ?	Oui	SCB*	_	_	_
	Non	_	Cartes associatives ; réseau d'associations ; analyse prototypique et évocations hiérarchisées (hypothèses de centralité)	MEC TIC ISA	Analyse de similitude et questionnaire Q. Sort / caractérisation (hypothèses de centralité)

* Le contenu identifié au moyen de cette méthode peut concerner l'objet sous étude mais dans la plupart des cas il renvoie davantage aux associations en lien avec un ou plusieurs éléments de la représentation.

2. Tour d'horizon des méthodes

2.1 *Les tâches d'association verbale*

Les tâches d'association verbale qui prennent racine dans le cadre de la psychologie expérimentale (Jodelet, 1965, 1972 ; voir Moliner & Lo Monaco, 2016 pour une synthèse récente) constituent l'une des principales méthodes de recueil de contenus des représentations sociales. Ces propos peuvent d'ailleurs être appuyés par le nombre de recherches réalisées sur différents objets de représentation sociale dont les contenus ont été révélés par des associations verbales (e.g., Abric & Vergès, 1994 ; Ahn & Jung, 2014 ; Bonnec, Roussiau & Vergès, 2002 ; Campos & Rouquette, 2000, 2003 ; Dany, Urdapilleta & Lo Monaco, 2015 ; Deschamps & Guimelli, 2002 ; Deschamps & Guimelli, 2004 ; Deschamps, Paez & Pennebaker, 2001 ; de Rosa, 1988, 1993 ; Di Giacomo, 1980, 1981, 1986 ; Ernst-Vintila, Delouvée & Roland-Levy, 2011 ; Gaymard & Bordarie, 2014 ; Guimelli & Abric, 2007 ; Guimelli & Deschamps, 2000 ; Jung & Pawlowski, 2014a, 2014b ; Lacassagne, Salès-Wuillemin, Castel & Jebrane, 2001 ; Le Bouedec, 1984 ; Lebrun, 2014 ; Lo Monaco & Guimelli,

2008, 2011 ; Lo Monaco et al., 2009 ; Mouret, Lo Monaco, Urdapilleta & Parr, 2013 ; Piermattéo, Lo Monaco, Moreau, Girandola & Tavani, 2014 ; Pozzi, Fattori, Bocchiaro & Alfieri, 2014 ; Roland-Levy, Lemoine & Jeoffrion, 2014 ; Salès-Wuillemin et al., 2011 ; Tavani, Zenasni & Pereira-Fradin, 2009 ; Tsoukalas, 2006 ; Vergès, 1992). Elles consistent à demander aux individus de produire les mots qui leur viennent à l'esprit lorsqu'ils pensent à l'objet de représentation. Deux méthodes ont recours à ce type de tâche, il s'agit de la méthode des associations libres et de la méthode des évocations hiérarchisées (voir Abric, 1994c, 2003b ; Flament & Rouquette, 2003 ; Moliner, 1994b ; Moliner et al., 2002 ; Vergès, 1992, 1994, 1995).

Ces méthodes reposent sur l'hypothèse de la saillance du noyau central de la représentation (Vergès, 1992, 1994, 1995). Aussi, dans le cadre des associations libres, l'analyse effectuée sur les données recueillies relève de l'analyse prototypique (Vergès, 1992). Elle permet de mettre en évidence la saillance de certains éléments de la représentation en croisant deux critères indépendants : la fréquence d'apparition d'un élément et son rang d'apparition (Vergès, 1992, 1994). Ainsi, mis à part le fait de demander au sujet de produire *n* mots à l'inducteur[7], aucune autre contrainte n'est alors posée, ce qui n'est pas le cas de la méthode des évocations hiérarchisées (pour des synthèses à ce sujet, voir Dany et al., 2015 ; Flament & Rouquette, 2003 ; Moliner & Lo Monaco, 2016). En effet, dans le cadre de la méthode des évocations hiérarchisées, les participants ont la possibilité de revenir sur leur production et de classer par ordre d'importance les termes évoqués lors de la première étape. Bien entendu, les participants ne sont pas obligés de changer l'ordre initial produit (i.e., le classement lié à l'ordre d'évocation en première instance).

Concernant les critères dans le cadre de l'analyse des données recueillies, le premier (i.e., la fréquence) est à considérer comme un critère quantitatif et collectif, le second (i.e., le rang d'apparition dans le cadre des associations libres *versus* rang d'importance dans le cadre des évocations hiérarchisées) est à considérer comme un critère qualitatif qui est exprimé par le sujet à travers l'ordre d'apparition des évocations (i.e., associations libres) ou le classement en termes d'importance (i.e., évocations hiérarchisées).

En distinguant les valeurs fortes et faibles dans ces deux indices, on peut ainsi construire un tableau à double entrée (tableau 5.2).

Tableau 5.2.
Tableau construit sur la base du rang *versus* importance et de la fréquence d'apparition d'associations verbales (librement adapté à partir d'Abric, 2003b)

		Importance / Rang	
		Élevé(e)	**Faible**
Fréquence	Élevée	Zone de centralité	Première périphérie
	Faible	Zone des éléments contrastés	Seconde périphérie

La case comprenant les éléments les plus fréquents et ceux qui ont été évoqués dans les premières productions de la chaîne associative (rang d'apparition faible ou importance forte) seront donc les plus saillants, il convient alors de parler de candidats au noyau central. Dans les autres cases du tableau, on trouve les éléments ayant une fréquence importante et un rang d'apparition important ou une faible importance, les éléments ayant une fréquence d'apparition faible et un rang moyen d'apparition faible ou une forte importance, et pour finir, les éléments ayant une fréquence faible et un rang moyen d'apparition haut ou une faible importance (e.g., Abric, 2003b ; Dany et al., 2015 ; Ernst-Vintila, Roland-Levy & Delouvée, 2011 ; Flament & Rouquette, 2003 ; Lo Monaco & Guimelli, 2008 ; Lo Monaco et al., 2009 ; Lo Monaco et al., en révision ; Moliner & Lo Monaco, 2016 ; Mouret et al., 2013 ; Vergès, 1995).

7. En pratique, selon Flament et Rouquette (2003), le nombre varie entre 3 et 5.

Le classement des éléments dans ce tableau nous permet de formuler des hypothèses quant au statut structural des éléments représentationnels. Cela nous permet également d'avoir un accès très rapide à un corpus d'éléments relatif à l'objet sous étude. Malgré les inconvénients que cette méthode peut présenter (Lo Monaco et al., en révision), elle constitue une voie propice à l'étude des représentations sociales (Moliner & Lo Monaco, 2016) et trouve une utilité particulièrement intéressante pour la recherche appliquée (Lo Monaco et al., en révision ; Moliner et al., 2002).

2.2 *Les choix par blocs ou Questionnaire Q. Sort ou Questionnaire de caractérisation*

La technique de caractérisation est directement inspirée de la technique du Q. Sort, technique de Tri (*Sort*) Qualitatif (Q.) qui a été proposée à l'origine par le statisticien américain Stephenson (1935), en tant que nouvel instrument de recueil d'informations permettant de récolter, plus finement que les questionnaires ou les échelles d'attitudes, des appréciations subjectives et des réflexions personnelles.

C'est Claude Flament qui a eu l'idée d'introduire cette technique dans l'étude structurale des représentations sociales. Du point de vue de la procédure, les sujets sont amenés à procéder à des choix par blocs à partir d'une liste d'items. Par exemple, pour une liste comportant vingt items, ils doivent repérer les 4 items qui correspondent le mieux à leur conception de l'objet et à leur affecter le score de +2. Puis, parmi les items restants, ils doivent sélectionner les 4 items qui sont les plus éloignés de leur conception et leur affecter le score de -2.

Ensuite, à nouveau, ils doivent repérer les 4 items qui correspondent encore assez bien à leur conception de l'objet présenté (score de +1). Puis, parmi les items restants, ils doivent sélectionner les 4 items qui correspondent assez mal et leur attribuer le score de -1. Il reste alors 4 items qui sont notés 0.

Chaque item est ainsi pondéré sur une échelle comportant cinq modalités. On note toutefois que l'on peut également procéder en trois blocs au lieu de cinq.

La technique de caractérisation présente plusieurs possibilités de traitement des données qu'elle fournit. En ce sens, elle est intéressante dans la mesure où non seulement elle permet d'obtenir une moyenne pour chacun des items testés dans le cadre de la procédure mais elle permet surtout de pouvoir procéder à d'autres analyses qui permettent de révéler l'organisation interne du champ représentationnel. En guise d'illustration, on relève les travaux de Guimelli (1998a) portant sur la représentation sociale de la chasse. L'auteur a en effet eu recours à l'analyse de similitude (Flament, 1981) afin de voir quelles relations les items pouvaient entretenir dans son étude réalisée auprès d'un groupe de chasseurs languedociens. De plus, cette technique permet d'observer les oppositions présentes au sein du champ. Dans cette perspective, il est possible d'avoir recours à des comparaisons de moyenne (Guimelli, 1989, 1998a), à des comparaisons de distribution au moyen du test Kolmogorov-Smirnov (Salesses, 2004), ou encore dans une perspective multidimensionnelle à l'analyse factorielle des correspondances (Lo Monaco, Piermattéo, Guimelli & Abric, 2012). Dans ce dernier cas, il s'agit de considérer les fréquences de réponse sur chacune des trois modalités de réponse en tant que variables dépendantes catégorielles et d'examiner les correspondances entre les fréquences relatives à ces modalités de réponse et les variables indépendantes mobilisées dans le cadre de la recherche. Ajoutons que ce travail peut être réalisé également dans une perspective expérimentale en étudiant les correspondances entre les fréquences relatives aux modalités des items et les différentes conditions expérimentales d'une recherche, l'analyse factorielle des correspondances pouvant tout à fait être utilisée à cette fin (voir Deconchy & Deschamps, 2006 ; Piermattéo et al., 2014 pour des exemples à partir d'associations verbales[8]). Enfin, les données

8. Notons qu'une telle voie d'analyse peut être mobilisée en utilisant les données recueillies au moyen du questionnaire de caractérisation. L'analyse factorielle des correspondances étant plus pertinente sur ce type de données à choix forcé que l'analyse en composantes principales qui, de par la nature de la tâche, a tendance à générer des oppositions systématiques sur les facteurs.

recueillies au moyen du questionnaire de caractérisation offrent la possibilité de calculer un indice de distance qui peut faire l'objet d'un traitement dans le cadre de l'analyse de similitude (voir Guimelli, 1998a pour le détail de ce calcul).

2.3 L'analyse de similitude

L'analyse de similitude repose sur le critère de connexité. La connexité s'appuie sur l'idée qu'entre deux éléments de représentations, il peut exister une plus ou moins grande relation. Celle-ci peut être évaluée par la cooccurrence ou la co-apparition des éléments dans une production verbale du sujet (discours, entretien, réponses à une tâche d'associations verbales, etc.). Ainsi entre un cognème A et un cognème B, on peut calculer un indice de relation reposant sur le nombre de fois où ces deux éléments ont été associés par le sujet. On parle alors de connexité quantitative. L'analyse de similitude, fondée sur des indices de cooccurrence entre les cognèmes de la représentation[9], est la première méthode de traitement de données des résultats qui permet la prise en compte de la connexité (Bouriche, 2003 ; Flament, 1981, 1986 ; Flament & Rouquette, 2003 ; Guimelli, 1989, 1994, 1998a ; Moliner et al., 2002 ; Galli et al., 2010 ; Jung & Pawlowski, 2014a, 2014b pour des recherches plus récentes). Cette voie d'analyse est utilisable à partir de données recueillies au moyen d'une tâche d'associations verbales. Par ailleurs, il est utile de souligner que l'analyse de similitude peut procéder de plusieurs types d'indices[10], par exemple l'indice de similitude, fondé sur les co-occurrences de deux éléments dans un corpus, l'indice de Distance (i.e., Indice « D », Guimelli, 1989, 1998a), ou encore l'indice de Jaccard (voir Jung & Pawlowski, 2014a, 2014b). Notons que l'indice « D » nécessite l'utilisation préalable de la méthode des choix par blocs (i.e., présentée dans le présent article en tant que questionnaire de caractérisation ou questionnaire Q. Sort). Malgré son intérêt certain, et notamment concernant des perspectives en matière d'application (Moliner et al., 2002 ; Tavani, Piermattéo, Collange & Lo Monaco, 2014), l'analyse de similitude ne permet de travailler à partir de la connexité que d'un point de vue quantitatif et n'autorise pas l'étude de cette dernière sur un versant plus qualitatif. Rappelons qu'une cognition n'est pas centrale car elle est saillante et connexe mais que ces deux propriétés en sont des caractéristiques. Ainsi, si l'analyse de similitude permet d'identifier le fait que des éléments « vont ensemble » (Flament, 1981, 1986 ; Flament & Rouquette, 2003) et que certains « ne vont pas ensemble », cette analyse ne nous renseigne pas sur la nature du lien qui unit ou au contraire oppose les deux éléments considérés. Dans cette perspective, le modèle des SCB peut permettre de pallier cette limite[11].

2.4 La technique de mise en cause (MEC)

Développée par Moliner (1988, 1989, 1992), la technique de mise en cause (MEC) constitue la technique qui a permis pour la première fois le repérage systématique du statut « central *versus* périphérique » des éléments représentationnels. La MEC repose sur la propriété symbolique des éléments centraux (i.e., assignation de sens à l'objet). Ces éléments, nous l'avons vu, sont indispensables (non négociables, pour reprendre le terme utilisé par Moscovici, 1993) pour définir l'objet. Sans eux, il est impossible pour l'individu de se représenter l'objet, il perd son sens.

Cette technique permet donc de tester le caractère non négociable des éléments représentationnels. Très souvent utilisée, Flament (2001b) considère qu'elle représente la méthode la plus efficace pour révéler la structure d'une représentation.

9. Voir chapitre 4.

10. Hubalek (1982) a inventorié plus de 70 indices de similitude, voir également Vergès et Bouriche (2001) pour une revue de ces indices.

11. Voir focus 5.

Cette technique repose sur un principe de double négation et permet de savoir si l'absence de lien entre l'élément représentationnel et l'objet de représentation (première négation) est inacceptable (deuxième négation) ou acceptable (absence de deuxième négation). Si l'absence du lien entre l'élément et l'objet de représentation s'avère inacceptable pour la majorité des personnes interrogées, cela signifie que cet élément participe de façon non négociable à la définition de l'objet et qu'il est donc central. Voici un exemple d'item utilisé dans le cadre de la MEC : « À votre avis, une activité, peut-elle être qualifiée de "travail" si celle-ci ne donne pas lieu à une rémunération ? »

On souligne également que le modèle des schèmes cognitifs de base (Guimelli & Rouquette, 1992 ; Rouquette & Rateau, 1998) a permis une cross-validation de la technique de mise en cause (Guimelli & Rateau, 2003). Par ailleurs, cette technique est également utilisée pour valider les résultats obtenus au moyen de nouvelles méthodes d'identification du statut structural des éléments représentationnels. Dans ce cadre, on relève très récemment l'utilisation de la technique de mise en cause pour la validation du test d'indépendance au contexte (TIC, Lo Monaco, Lheureux & Halimi-Falkowicz, 2008).

2.5 *Le Test d'indépendance au contexte (TIC)*

Face aux différentes contraintes liées aux diverses méthodes de diagnostic structural et en particulier aux problèmes posés par la double négation inhérente à la MEC qui a amené Flament (2001b, p. 63) à déclarer que celle-ci était « pénible pour tout le monde », Lo Monaco et al. (2008) ont proposé une méthode qui se fonde sur une autre propriété des éléments centraux : l'insensibilité au contexte (Abric, 1994b). Considérant donc qu'un élément central est « trans-situationnel », celui-ci devrait être caractéristique de l'objet de représentation quelle que soit la situation. Ainsi, il est possible de demander aux sujets : « À votre avis, "le travail" est-ce une activité qui donne toujours, dans tous les cas, lieu à une rémunération ? » Face à cette question, si les sujets répondent de manière affirmative, alors l'élément peut être considéré comme central. Au travers de leur présentation de cette méthode, Lo Monaco et al. (2008) ont pu démontrer qu'elle permettait de recueillir les mêmes résultats qu'un test de mise en cause, tout en représentant un coût cognitif perçu moins important pour les sujets (voir Auzoult, Abdellaoui & Lheureux, 2012 ; Bouriche, 2014 ; Gachassin, 2013 ; Jeziorski, 2014 ; Lheureux, 2010 ; Piermattéo, Lo Monaco & Girandola, 2015 pour des utilisations récentes).

2.6 *Seuils de décision dans le cadre de la MEC et du TIC*[12]

Concernant les seuils de décision aptes à nous renseigner sur le statut structural d'un élément, trois informations sont identifiables dans la littérature. Dans le cadre de la MEC, on peut considérer un élément comme étant central si la majorité des participants réfute la possibilité d'une absence de lien entre l'élément et l'objet. Concrètement, dans le cadre de cette méthode si la majorité des personnes interrogées répondent par la négative à la question « À votre avis, une activité peut-elle correspondre au fait de *faire des études supérieures* si celle-ci ne permet pas d'acquérir des connaissances ? », on considérera alors que l'élément « acquisition des connaissances » est un élément central de la représentation sociale des études supérieures. De la même manière, dans le cadre du TIC, si la majorité des personnes interrogées répondent par la positive à la question « À votre avis, une activité peut-elle correspondre au fait de *faire des études supérieures* si celle-ci permet toujours, dans tous les cas, d'acquérir des connaissances ? », on considérera alors que l'élément « acquisition des connaissances » est un élément central de la représentation sociale des études supérieures. Cependant, que ce soit pour la MEC ou le TIC, selon Lo Monaco (2008, p. 52), « l'idée de majorité est évidemment trop relative pour constituer

12. Notons que ces seuils peuvent être éventuellement appliqués aux données issues du questionnaire de caractérisation (Q. Sort).

une référence fiable pour un enjeu si important ». Ainsi, plusieurs solutions existent pour s'assurer du seuil de décision à adopter.

Premièrement, dès le départ, c'est le seuil arbitraire des 75 % qui a été proposé et que l'on peut observer dans de nombreuses recherches (Flament, 1999). Deuxièmement, par la suite, certaines recherches (voir notamment, Moliner, 1996 ; Roussiau & Bonardi, 2001 ; Tafani, 2001 ; Tafani & Souchet, 2001) ont utilisé une norme d'équifréquence en ayant recours au test du Khi². Cette voie d'analyse consiste à considérer comme centraux les éléments dont la proportion des réfutations diffère significativement du hasard. On peut également comparer la fréquence des réponses négatives (i.e., réfutations) à une norme de 75 % (Tafani, Haguel & Ménager, 2007). Enfin, troisièmement, outre le fait d'envisager idéalement le pourcentage théorique de 100 % (Moliner, 1998 ; Flament, 1999) qui est rarement observé en pratique, il est possible d'utiliser, « en toute rigueur théorique » (Moliner et al., 2002, p. 137) et d'un « point de vue radical »[13] (Moliner, 2002, p. 276), le test de Kolmogorov-Smirnov (Abric, 2003b ; Moliner, 1998 ; Moliner et al., 2002) dont le principe consiste à calculer[14] un seuil au-delà duquel la proportion des réfutations ne se différencie statistiquement pas de 100 %.

2.7 L'Induction par scénario ambigu (ISA)

L'Induction par scénario ambigu (ISA) a été proposée à l'origine par Moliner (1993). Directement inspirée des propositions méthodologiques de McCauley et Stitt (1978, cités par Moliner, 2002), l'ISA consiste en la présentation d'un scénario présentant un objet de manière floue, imprécise et ambiguë. Cette méthode est fondée sur les inférences que les participants vont générer après avoir pris connaissance d'une information venant lever l'ambiguïté induite par le scénario. Du point de vue opérationnel, le scénario proposé aux participants se doit de respecter a minima deux règles essentielles (Moliner, 1993, 2002). Cela peut paraître évident mais le scénario ne doit jamais faire apparaître le nom de l'objet sous étude et les caractéristiques de l'objet (i.e., les éléments) dont le chercheur est en train d'investiguer le statut structural.

Il s'agit donc de proposer un scénario du type de ceux utilisés par Moliner (1993, 2000) ou encore Papet, Louche et Pansu (2000) : « Depuis de nombreuses années, SOLITEC réunit plusieurs dizaines de personnes aux compétences et aux intérêts divers. Chacune de ces personnes contribue à sa manière au fonctionnement de cette organisation qui est reconnue comme l'une des plus importantes de sa spécialité. » La réalisation d'un tel scénario étant particulièrement délicate, il convient tout d'abord de le pré-tester en proposant à un groupe de participants à la suite de la lecture de la description, une courte liste d'objets. Le statut ambigu du scénario et s'il est bien construit doit conduire dans l'idéal à une équirépartition des réponses. C'est ainsi que Moliner (1993) observe qu'à la suite de la lecture du scénario, 38 % des participants associent SOLITEC à une association, 33 % à une entreprise, 28 % à un centre de recherche et 1 % à aucune des trois propositions.

Dans le cadre de la procédure d'identification de la structure de la représentation sociale de l'entreprise et lors d'un second temps impliquant des participants différents mais en tous points comparables, Moliner (1993) dans le cadre de deux conditions expérimentales fournit les informations suivantes à la suite du scénario. En effet, soit le scénario se terminait par « SOLITEC est sans doute l'une des entreprises les plus représentatives de son secteur », soit il se terminait par « Cependant, SOLITEC n'est pas une entreprise ».

Les participants des deux groupes, après avoir pris connaissance de l'ensemble des informations devaient prendre position à propos de 14 éléments préalablement identifiés en lien avec

13. Notre traduction.

14. La formule du test Dmax de Kolmogorov-Smirnov est donnée par Kanji (1999) pour un seuil $\alpha = .05$ et un échantillon $N \geq 35$:

$$D\max = \left[\left(1 - \frac{1.36}{\sqrt{n}}\right) \times 100\right]$$

la représentation de l'entreprise. La comparaison des moyennes obtenues pour chaque item en fonction des deux conditions expérimentales révèle peu de différences. Moliner (1993) en conclut que, lorsque les différences apparaissent, c'est qu'elles concernent les éléments dont le rôle en termes d'attribution de sens est décisif pour la reconnaissance de l'objet sous étude. C'est ainsi que, dans l'étude que nous venons de rapporter, ce sont les éléments « profit », « économie », « patron » et « concurrence » qui donnent lieu à ces différences.

Cette option méthodologique qui autorise le repérage de la structure des représentations n'a donné lieu, malgré son intérêt certain, qu'à peu d'utilisations (Moliner, 2002). Pourtant, la procédure mise en place par l'auteur trouve une compatibilité certaine avec les critères méthodologiques que toute méthode se doit de rechercher lorsqu'elle se fixe comme objectif le repérage de la structure représentationnelle.

Si les méthodes que nous venons de présenter renvoient à la possibilité (parfois relative) d'identifier le statut structural des éléments représentationnels, force est de constater qu'elles ne nous apprennent pas ou peu de choses quant à l'organisation du champ représentationnel et des relations existant entre les différents éléments qui le composent. Deux méthodes reposent en particulier sur l'idée que la représentation sociale est un ensemble d'éléments cognitifs, interconnectés entre eux (Flament & Rouquette, 2003). Ces méthodes concernent en particulier ces relations entre les éléments composant le champ représentationnel. Il s'agit d'un point de vue chronologique de l'analyse de similitude (Degenne & Vergès, 1973 ; Flament, 1975, 1981, 1986 ; Guimelli, 1998a ; Vergès, 2001 ; Vergès & Bouriche, 2001), qui repose sur la théorie des graphes (Flament, 1962), et du modèle des Schèmes cognitifs de base (SCB, Guimelli, 2003 ; Guimelli & Rouquette, 1992 ; Rouquette, 1990, 1994 ; Rouquette & Rateau, 1998).

3. Conclusion

L'ensemble des aspects rapportés dans ce chapitre témoigne de la diversité et des possibilités méthodologiques dont dispose l'approche structurale. À l'évidence, les recherches ne cessent d'être entreprises avec un souci constant d'innover et/ou d'améliorer les moyens méthodologiques existants. Cependant, même si cette approche a su se doter d'un ensemble méthodologique lui permettant de travailler les éléments théoriques à un niveau empirique à la fois de manière expérimentale ou quasi expérimentale, certaines limites persistent, des limites qui ne sont pas sans poser de problèmes aux niveaux expérimental et appliqué (pour une revue de questions sur le sujet, voir Lo Monaco et al., en révision). Force est d'admettre que la définition des seuils, en ce qui concerne notamment la méthode des évocations hiérarchisées, repose sur des critères somme toute assez arbitraires qui n'ont pas donné lieu à un véritable travail d'investigation et ont été fixés davantage de manière empirique que de manière théorique. C'est ainsi que le lecteur ne sera pas étonné de lire ici ou là des variations en termes d'utilisation des critères permettant de statuer sur le statut structural des éléments représentationnels. Ce constat ne faisant que renforcer notre propos. Lo Monaco et al. (en révision) montrent, en référence à la loi des grands nombres, que le test Kolmogorov-Smirnov est probablement le test le plus justifié pour procéder au diagnostic structural dans le cadre notamment de la MEC, du TIC ou encore du Q. Sort. Cependant, tout comme dans le cas de la norme d'équifréquence, ces seuils sont sensibles aux variations d'effectif et lorsque le KS devient sévère quand l'effectif augmente, la norme d'équifréquence devient, quant à elle, laxiste. C'est ainsi que plutôt que procéder à une sophistication des analyses statistiques, Lo Monaco et al. (sous presse) proposent de revenir à la théorie afin de trouver une voie permettant d'éclairer ce problème. Ils proposent, et même si cette proposition reste provisoire, de reconsidérer cette question des seuils au regard des liens entre la théorie des représentations sociales et les approches identitaires. Dans cette perspective, ils préconisent, à l'instar des critiques formulées par Potter et Litton (1985) et plus tard Hogg et Abrams (1988), d'aller plus en avant dans la définition du groupe considéré dans le cadre de la théorie des représentations sociales. Il s'agit probablement d'une voie prometteuse permettant d'entrevoir un travail d'articulation théorique nécessaire. Cette problématique méthodologique reste donc une voie de recherche incontournable tant la fiabilité du diagnostic structural est d'une importance capitale pour les avancées théoriques de l'approche structurale et les liens qu'elle tente d'établir avec d'autres paradigmes (e.g., Chokier & Rateau, 2009 ; Lo Monaco, Girandola & Guimelli, in press ; Piermattéo et al., 2015 ; Souchet & Girandola, 2013 ; Zbinden et al., 2011 ; Zourhi & Rateau, 2015[15]). En conclusion, nous soulignerons le fait que les aspects que nous venons de souligner ne font que confirmer les propos de Di Giacomo (1981) pour qui les questions méthodologiques ne peuvent pas se départir des questions théoriques.

15. Voir également chapitre 4, chapitre 24 et focus 24.

Focus 5

Le modèle des schèmes cognitifs de base : des procédures empiriques pour étudier les représentations sociales

Christèle FRAÏSSE[1] & Isobel STEWART[2]

Sommaire

1. Université de Bretagne Occidentale, France.

2. Université de Bourgogne, France.

Le modèle des schèmes cognitifs de base (modèle SCB) développé par Rouquette (1994a) s'inscrit dans une approche structurale des représentations sociales[3] mettant l'accent sur l'organisation des éléments représentationnels. Ainsi, c'est la spécificité des relations entre les éléments qui donne son sens à une représentation. Le modèle SCB propose donc une conception formelle des différentes relations pouvant lier les éléments d'une représentation entre eux, ainsi que plusieurs procédures empiriques visant à analyser les représentations sociales en termes d'organisation de leurs éléments.

Après un rapide exposé du modèle SCB[4], suivra la présentation des trois principales procédures empiriques développées au fil du temps.

1. Le modèle des schèmes cognitifs de base

Le modèle est composé d'un nombre fini de connecteurs (c) spécifiant des relations entre deux éléments, soit deux items lexicaux A et B. Vingt-huit relations possibles entre ces deux éléments sont identifiées et renvoient à 28 connecteurs[5] (tableau F5.1). Ceux-ci sont regroupés en cinq familles appelées *schèmes cognitifs de base*. Chaque schème correspond à une classe d'événements, par exemple, le schème Lexique comprend trois connecteurs lexicographiques d'équivalence, d'opposition et de définition[6]. Les cinq schèmes peuvent être rassemblés pour former un modèle tripartite de méta-schèmes (Rateau, 1995b).

Tableau F5.1.
Modèle tripartite des méta-schèmes

Méta-schèmes	Schèmes
Description	Lexique, Voisinage et Composition 3 schèmes x 3 connecteurs liés à la définition d'un objet social
Praxéologie	Praxie 12 connecteurs visant la description d'une action et correspondant à la formule Acteur*Action*Objet*Outil
Évaluation	Attribution 7 connecteurs exprimant des relations entre un objet et ses attributs

2. Les procédures empiriques

Dès la création du modèle, une procédure empirique a été proposée (Guimelli & Rouquette, 1992) mais face à certaines de ses limites, d'autres formes d'opérationnalisation ont été développées. Elles sont présentées ci-après.

3. Voir chapitre 4.
4. Pour une présentation détaillée du modèle et des différentes procédures, voir Stewart et Fraïssé (2009).
5. On trouve la liste des connecteurs dans Rouquette (1994a).
6. Par exemple, le connecteur SYN renvoie à un synonyme B de l'item A : Livre SYN bouquin.

2.1 *La procédure SCB classique*

La procédure initiale, composée de trois étapes et visant l'exploration des différentes relations entre deux items lexicaux A et B, est fondée sur une technique d'association libre. La première étape consiste à présenter au répondant un terme inducteur A et à lui demander de donner par écrit trois mots ou expressions qui lui viennent spontanément à l'esprit. On obtient alors trois réponses : B_1, B_2 et B_3. Dans l'étape 2, on lui demande de justifier chacune de ses réponses afin de clarifier chez lui les relations entre le terme inducteur et ses réponses. Dans l'étape 3, le répondant analyse sa propre production à partir d'une liste d'expressions correspondant à chaque connecteur du modèle SCB. Pour chacune, il indique si *oui*, *non* ou *peut-être*, la relation existe entre l'item inducteur et ses réponses. Une réponse positive indique l'activation du connecteur correspondant.

Ainsi, dans une étude sur les représentations des métiers dits « masculins » et « féminins » (Fraïssé & Stewart, 2002), un des items inducteurs est *UN officier de l'armée* (ou *UNE femme officier de l'armée*) à partir duquel le répondant va associer des termes tels que : B1 *guerre*, B2 *autorité* (étape 1). Après avoir clarifié ses associations (étape 2), il doit ensuite répondre aux expressions standardisées (étape 3). Par exemple, une réponse positive à *Un officier de l'armée fait la guerre* signifie l'activation du connecteur OPE[7] du SCB Praxie.

À partir de l'ensemble des réponses, on calcule un indice de valence qui permet de mesurer le degré d'activation d'un connecteur donné en rapportant le nombre de réponses positives à la totalité des réponses obtenues pour ce connecteur[8]. Il est également possible de mesurer le degré d'activation d'un schème et d'un méta-schème en procédant de la même façon[9]. Dans le cas de l'officier de l'armée, les résultats montrent pour le schème Praxie une valence significativement supérieure en condition UN (.28) qu'en condition UNE (.18), confortant l'hypothèse d'une représentation de l'action militaire plus élaborée pour l'homme, la norme pour ce métier.

Toutefois, cette procédure a quelques limites. Elle est relativement longue et fastidieuse pour le répondant et, selon l'item inducteur, le sens de certaines expressions standardisées n'est pas toujours clair. Pour pallier ces problèmes, on peut limiter le nombre d'expressions de l'étape 3 en ne retenant que certains schèmes ou connecteurs pertinents pour la recherche.

Les deux procédures présentées ci-dessous constituent une autre façon d'alléger la première et de dépasser certaines de ses limites. En outre, elles ont été développées pour répondre à des questions théoriques ou méthodologiques spécifiques.

2.2 *La procédure SCB association constituée*

Dans cette procédure, les deux premières étapes sont éliminées, et on présente uniquement au sujet des expressions standardisées du type AcB, précédées d'un texte court justifiant l'analyse des relations demandée entre les deux items. Ceux-ci restent donc constants pour toutes les expressions proposées, et le sujet doit indiquer pour chacune, si *oui*, *non* ou *peut-être*, la relation existe entre A et B. Cette technique a été développée dans le cadre de recherches sur la médecine naturelle (MN), afin d'explorer et de spécifier ses relations avec la médecine conventionnelle (MC). Dans une étude (Fraïssé, 2010) utilisant un modèle partiel des SCB à 16 connecteurs où 114 étudiants de psychologie sont interrogés, l'hypothèse d'une opposition entre les deux thérapeutiques est infirmée grâce au connecteur ANT *est le contraire de*. Les 39 réponses

---

7. Renvoyant à une action dont *A* désigne l'acteur.

8. Si N = nombre total de sujets, la valence d'un connecteur pour un induit B^1 est : Réponses positives au connecteur/ N. Le calcul de la valence d'un connecteur pour les 3 termes induits B^1, B^2, B^3 est : Réponses positives au connecteur pour les 3 induits/ (3*N).

9. La valence d'un schème pour un induit B^1 nécessite de prendre en compte les réponses à tous les connecteurs constituant ce schème. Par exemple, pour Praxie comprenant 12 connecteurs, on obtient : Réponses positives aux 12 connecteurs du schème/ (12*N).

positives pour ce connecteur sont rapportées au nombre total de réponses. Dans cet exemple, pour un même connecteur les répondants ont à évaluer aussi bien *MN est le contraire de MC* que l'inverse, ce qui implique de doubler le nombre total de réponses : 114*2 = 228. La valence de ANT est donc : 39/228, soit .17 indiquant par sa faiblesse que la relation d'opposition entre les deux objets n'existe pas pour ces répondants.

2.3 *La procédure SCB phrases à compléter*

Le principe de cette procédure est de présenter au répondant le terme inducteur et un connecteur « A c… » et de lui demander de compléter la phrase. Une liste de plusieurs phrases à compléter est ainsi proposée, chacune avec un connecteur différent choisi selon les objectifs de l'étude. Dans une autre étude sur les représentations des métiers (Stewart, 2004), on propose un questionnaire dont l'item A de chaque phrase est *UNE infirmière* (ou *UN infirmier*) suivi par un des connecteurs du schème Attribution, soit, par exemple, pour le connecteur FRE[10] : *Une infirmière est souvent caractérisée par…* Les données sont ensuite soumises à une catégorisation sémantique[11] dont les résultats révèlent des différences significatives dans les fréquences de réponses selon les conditions UNE et UN. Par exemple, il y a plus de références aux attributs tels que « gentil », « sympathique » pour UNE infirmière que pour UN alors que pour des attributs tels que « intelligent », « compétent », c'est l'inverse.

Les procédures SCB permettent donc de faire des *comparaisons* entre des représentations sociales ou de comparer des représentations d'un objet donné dans différents groupes sociaux. Elles rendent aussi possible l'étude des *relations* entre deux objets de représentations ou entre une représentation sociale et un élément de son champ. Le modèle SCB montre ainsi toute son utilité pour l'étude des représentations sociales.

10. Renvoyant a un attribut fréquent de *A*.
11. La part de subjectivité dans cette analyse est minimisée car les relations avec l'item A sont connues.

CHAPITRE 6

Le modèle sociodynamique[1]

Augusto PALMONARI[2] & Francesca EMILIANI[3]

Sommaire

1. Traduit de l'italien vers le français par Jean-Louis Tavani (Université Paris 8-Saint-Denis, France).
2. Université de Bologne, Italie.
3. Université de Bologne, Italie.

1. Premiers développements de la théorie des représentations sociales et approche sociodynamique

Après une période de méconnaissance, délibérée, la théorie des représentations sociales est de plus en plus reconnue dans le champ de la psychologie sociale contemporaine. Duveen propose que l'absence d'une traduction anglaise du texte fondateur de Moscovici (1961) explique cette période d'ombre. Pourtant, dès 1981, Moscovici a cherché à diffuser cette théorie en langue anglaise, notamment à travers un chapitre intitulé « On social representation » publié dans un ouvrage portant sur la cognition sociale dirigé par Forgas. Puis, en 1984, Farr et Moscovici publient un livre en langue anglaise intitulé *Social representations*. Cet ouvrage regroupe les contributions à un workshop organisé à la Maison des sciences de l'homme à Paris, en 1979. Malgré ces tentatives de diffusion en langue anglaise, les approches dominantes en psychologie sociale ont continué à négliger les valeurs heuristiques de la théorie des représentations sociales au profit de la cognition sociale.

On se doit toutefois de reconnaître que, dès les premières années qui ont suivi la publication de l'œuvre princeps de Moscovici, des paradigmes de recherche inspirés de sa théorie ont été élaborés. Une documentation précise du développement initial de la théorie des représentations a été réalisée par Angela Maria Almeida et Willem Doise, dans l'ouvrage publié en 2009 par Palmonari et Emiliani.

Ces élaborations théoriques et les recherches inspirées par cette théorie se sont développées, sous l'impulsion de spécialistes de plusieurs nationalités. Si au départ leurs propositions sont restées lettre morte, la production de travaux et d'échanges scientifiques de plus en plus importants a permis de diffuser la théorie aussi bien en Europe qu'en Amérique latine. L'une des étapes particulièrement importantes dans le développement de la théorie des représentations sociales est l'organisation d'une conférence « Representation of the social » organisée à la City University of New York en 1998. De nombreux chercheurs européens et nord-américains y participent, et présentent des travaux importants aussi bien sur le plan théorique que méthodologique. Les textes présentés feront d'ailleurs l'objet d'une publication, suite à une élaboration plus complète, dans un ouvrage collectif édité par Deaux et Philogène en 2001 et publié aux éditions Blackwell. Dans cet ouvrage se trouve notamment un chapitre original de Moscovici portant sur les raisons qui l'ont poussé à partir de ses premiers travaux sur l'histoire des sciences et sur les fondements épistémologiques des sciences sociales pour élaborer la théorie des représentations sociales.

La contribution de Markus et Plaut (2001) comporte également un passage particulièrement intéressant. Ils écrivent : « Pourquoi est-ce que le fait d'amorcer un individu avec des termes comme jazz ou ghetto rend saillants des stéréotypes raciaux chez tout le monde, que leur score sur une échelle de préjugés soit faible ou fort (Devine, 1989) ? Pourquoi est-ce que le Test d'associations implicites (IAT) permet de révéler les attitudes négatives des répondants alors même que ceux-ci affirment ne pas les posséder (e.g., attitudes négatives à l'égard de membres de groupes raciaux ou ethniques) ? Pourquoi est-ce que lorsque des étudiants afro-américains doivent décrire leur appartenance raciale avant de réaliser un test complexe, cette description détériore davantage leurs performances qu'une condition dans laquelle leur appartenance raciale n'est pas activée (Steele & Aronson, 1995) ? Ou encore pourquoi le fait d'amorcer une personne avec des concepts liés à l'attachement sécure (e.g., sécure, confiance, etc.) réduit l'expression de l'hostilité vis-à-vis d'un exogroupe (Shaver, 2000) ? La réponse à toutes ces questions semble impliquer ce que Greenwald, McGhee et Schwartz (1998, p. 1464) appellent "les structures associatives socialement significatives", cependant la source de ces structures et la diversité des voies qu'elles peuvent emprunter pour modeler le comportement restent à comprendre. C'est ce que Bargh, Chen et Burrows (1996) appellent "une preuve de plus en plus importante de l'automaticité des phénomènes psychosociaux". Ils suggèrent ainsi un rôle prépondérant des représentations sociales dans la coordination des comportements sociaux des individus et la localisation de la source de ces comportements non seulement au niveau pré- ou inconscient, mais de manière plus importante dans la distribution et la concentration des représentations sociales dans un contexte donné » (Markus & Plaut, 2001, pp. 185-186, notre traduction).

Ce passage est ainsi une reconnaissance explicite de l'importance de la théorie des représentations sociales pour rendre compte de phénomènes étudiés dans le cadre de la cognition sociale sans être expliqués de manière exhaustive par cette approche[4]. Cette reconnaissance provient de deux des leaders du courant dominant en psychologie sociale (reconnus notamment pour leurs travaux sur la structure et la fonction psychologique du soi).

Il semble ainsi primordial que le rôle des représentations sociales soit pris en compte dans la compréhension du comportement social individuel, mais également dans les dynamiques collectives qui rendent possibles les différents comportements humains. À cet égard, un progrès significatif a été réalisé sur la précision de la théorie des représentations sociales, en repensant l'approche sociodynamique de la théorie même. Le plus grand mérite de cette contribution revient à W. Doise et ses collaborateurs de Genève qui ont proposé que le point de départ de cette approche soit l'interdépendance entre le système cognitif du raisonnement humain et le métasystème symbolique. Moscovici avait déjà constaté que deux systèmes cognitifs interviennent et sont à l'origine de leurs caractéristiques communes : « Nous voyons à l'œuvre deux systèmes cognitifs, l'un qui procède à des associations, inclusions, discriminations, déductions, c'est-à-dire le système opératoire, et l'autre qui contrôle, vérifie, sélectionne à l'aide de règles, logiques ou non : il s'agit d'une sorte de métasystème qui retravaille la matière produite par le premier » (Moscovici, 1976a, p. 254).

Ce métasystème est constitué de régulations sociales normatives qui contrôlent, vérifient et dirigent les opérations cognitives (Doise, 1990).

Ces processus cognitifs ne sont pas déployés dans un vide social, mais ils le sont toujours dans des contextes historiquement définis. En d'autres termes, ils sont élaborés dans des contextes relationnels précis et variés, contextes qui sont à leur tour ancrés dans des situations historiques et culturelles. Par conséquent, les processus cognitifs et les systèmes opératoires sont régulés par un métasystème socio-relationnel qui d'une certaine façon les façonne afin de les rendre congruents avec la situation concrète dans laquelle ils ont lieu : le raisonnement scientifique n'est pas la même chose que le raisonnement de la vie quotidienne ou le raisonnement littéraire. À leur tour, les métasystèmes sociaux sont influencés par les conditions historiques dans lesquelles la vie sociale se déroule et, par conséquent, les régulations aujourd'hui sont différentes de celles activées à d'autres moments historiques.

À la base de cette réflexion, Doise soutient que les processus d'ancrage et d'objectivation, considérés comme des processus clés dans la genèse des représentations sociales par Moscovici, font le lien entre les représentations et les régulations sociales. L'étude spécifique des représentations sociales consisterait donc à analyser les régulations mises en œuvre par le métasystème social sur le système cognitif, dans les situations où ils sont explicitement liés à des positions spécifiques dans un ensemble de rapports sociaux (Doise, 1990, p. 115). Il est important de garder à l'esprit qu'en raison de telles positions, les caractéristiques du métasystème sont différentes : si, dans un travail scientifique, l'application rigoureuse de la logique formelle est nécessaire, lorsqu'il sera question de maintenir la cohésion du groupe auquel l'acteur appartient, par exemple dans le cas d'un conflit avec un autre groupe, des raisonnements fortement conditionnés par les exigences du métasystème seront utilisés.

Ce point a clairement été démontré par Moscovici dans les recherches sur le rapport entre la psychanalyse et la presse française. La dynamique des rapports et la dynamique des représentations sont intimement intriquées : les premières modèlent les secondes, qui expliquent en retour les premières. En fait, « les représentations servent bien à entretenir une modalité de rapports entre

4. Voir chapitres 4 et 24.

et dans les groupes, tout comme ces rapports suscitent des représentations organisant d'une manière spécifique l'approche cognitive et évaluative de l'environnement social » (Doise, 1990, p. 125). L'intérêt de cette intrication entre les dynamiques relationnelles et les dynamiques représentationnelles conduit Doise à proposer la définition suivante : « Les représentations sociales sont des principes générateurs de prises de position liées à des insertions spécifiques dans un ensemble de rapports sociaux et organisant les processus symboliques intervenant dans ces rapports » (*ibid.*).

Si, plusieurs fois, il a été objecté à Moscovici de ne pas avoir voulu proposer une définition des représentations sociales, l'objection n'est qu'en partie correcte. Car en réalité, il en a fourni plusieurs (dans son livre de 1976, il en a au moins cinq, cf. Palmonari & Emiliani, 2009, p. 40), néanmoins il n'en considère aucune comme étant exhaustive. Pour lui, le concept de représentations sociales est trop complexe et polysémique pour pouvoir le résumer dans une définition rigide. Malgré cela, Doise en propose une qui, en plus de s'inscrire dans les travaux de Moscovici, emprunte à ceux de Bourdieu : une telle définition insiste sur l'idée que les représentations sociales, considérées comme des principes générateurs de prise de position insérée dans des contextes sociaux précis, organisent les processus symboliques intervenant dans les rapports sociaux. Il tient alors à souligner que ces prises de position se réalisent dans le cadre des rapports de communication concernant les objets de connaissance perçus comme importants par les acteurs sociaux qui interagissent. Les principes organisateurs se situent donc au niveau de l'articulation entre les dynamiques cognitives et sociales. « Ils se manifestent dans les organisations de contenus représentationnels qui sous-tendent les dynamiques symboliques des rapports sociaux. À proprement parler on ne devrait utiliser le terme de représentation sociale que dans la mesure où on établit un lien entre organisation cognitive et rapports sociaux symboliques » (Doise, 1990, p. 127). À partir du moment où l'individu, inséré dans un contexte social précis, élabore une prise de position spécifique, de multiples processus de fonctionnement interviennent, ainsi le fait qu'il existe une pluralité de façons de développer une prise de position devient compréhensible.

Donc, il n'est pas possible de soutenir que ce qui caractérise les représentations sociales est avant tout le consensus[5]. Étant donné que les insertions sociales ne sont pas toutes identiques, les processus intervenant dans les prises de position sont divers et variés. En pratique, une multiplicité de prises de position peut être générée à partir de principes organisateurs communs. L'apport princeps de Moscovici (1961, 1976a) est clair à ce propos. Si les stéréotypes sont consensuels dans certains groupes de la société, les attitudes peuvent varier en fonction des positions adoptées dans des systèmes complexes de communications sociétales, et les opinions sont, quant à elles, de nature variable selon les informations, elles-mêmes fluctuantes, qu'échangent les individus. Mais dans tous les cas, les stéréotypes, les attitudes et les opinions constituent des modalités d'expression des positions à l'intérieur d'une représentation sociale.

Selon Doise (1990, p. 115), les processus d'ancrage et d'objectivation, générant les représentations sociales, stabilisent le lien entre les représentations et les régulations mis en acte par le métasystème social sur le système cognitif, dans les situations dans lesquelles sont explicites les liens avec certaines positions spécifiques dans un ensemble de rapports sociaux.

Quant à l'ancrage, qui consiste à rendre familier ce qui apparaît ambigu ou inconnu, il tend à rendre fonctionnelle une certaine connaissance des exigences historiques et culturelles du groupe dans une situation donnée. Il est question, en pratique, d'une assignation de sens aux objets sélectionnés, en les enracinant dans un système de pensée préexistant dans l'esprit des individus et la culture dans laquelle ils s'inscrivent. Ainsi, c'est une transformation en instrument interprétatif de la réalité qui va ensuite définir les rapports sociaux. Selon Moscovici (1976a), à travers l'ancrage, la psychanalyse va être considérée comme l'attribut d'un groupe, c'est-à-dire qu'elle vient s'associer à différentes catégories sociales comme « les riches », « les femmes », « les personnes ayant des troubles psychiques » : sa représentation exprime une vision des rapports existant entre les groupes sociaux (entre la France et les États-Unis, entre les classes

5. Voir chapitre 4.

sociales, etc.). Enfin, elle incarne un système de valeurs morales liées à son acceptation ou à son refus. Tous les points que nous avons évoqués témoignent de l'importance et de la nécessité de dynamiques entre le système et le métasystème.

Une expérience inattendue qui génère parfois de l'anxiété vient ancrer au moment historique dans lequel il met en évidence et vient relier les éléments préexistants, présents dans l'expérience de ceux qui viennent à découvrir (et à élaborer) cette même donnée inattendue.

Dans notre étude sur le travail des psychologues (Palmonari, 1981), nous avons pu montrer qu'à travers le processus d'ancrage, les différentes représentations sociales émergentes sont mises en relation avec des pratiques sociales diffuses. Il faut tenir compte que cette étude, réalisée de la moitié des années 1970 aux années 1990, s'est déroulée durant une période historique en Italie durant laquelle, pour la première fois, la psychologie fut considérée comme une science grâce à laquelle il était possible d'exercer une profession, à partir du moment où en partie les individus ont acquis une compétence disciplinaire spécifique et actualisée. Sur les participants les plus jeunes, les arguments issus des révolutions étudiantes des années 1970 avaient encore une certaine influence. La recherche a mis en évidence que pour les participants, tous diplômés en psychologie, il existait quatre représentations sociales portant sur l'activité clinique, la pratique de la psychanalyse, l'intervention psychosociale en contexte, et l'activité politique.

Si le travail psychologique était représenté comme une activité clinique, ancrée dans une compétence clinique qui n'est pas seulement théorique, il était alors défendu que l'exercice de la profession était possible après une longue formation théorique et pratique portant sur les sujets pertinents pour la psychologie clinique. Des résultats similaires ont été trouvés pour les autres représentations sociales du même objet. Lorsque la psychologie est envisagée comme l'exercice de la psychanalyse, elle est ancrée nécessairement dans la science psychanalytique, et perçue comme nécessitant une formation spécifique antérieure par la société de psychanalyse. Pour la représentation de la psychologie en tant qu'intervention psychosociale aux besoins sociétaux, la garantie et la régulation de l'efficacité des interventions étaient dépendantes d'une compétence interdisciplinaire fondée non seulement sur la psychologie mais aussi sur d'autres sciences socio-anthropologiques. Enfin, pour la représentation sociale du travail du psychologue vu comme une activité politique, la formation à la science psychologique n'est pas nécessairement importante, mais c'est plutôt la sensibilité politique acquise par le contact avec les besoins réels des populations qui prime, et ce afin de réduire le risque d'être utilisée par le pouvoir pour mystifier les besoins sociaux réels.

Malheureusement, il n'a pas été possible de répliquer la même recherche dix ans et vingt ans plus tard, comme cela était initialement prévu. En revanche, des données recueillies à Genève, dans les années qui ont suivi la publication de notre livre, à l'aide d'un questionnaire construit sur la base des résultats de nos entretiens, ainsi que des recherches réalisées (ou en en cours de réalisation) dans différents pays à l'aide de méthodologies variées, ont permis de mettre en évidence des résultats assez différents. Les modifications des époques et des cultures ont évidemment affecté les significations du travail du psychologue et la représentation de celui qui l'exerce.

L'objectivation également, comprise comme un processus qui tend à rendre concret ce qui est communiqué en termes abstraits, présente le grand avantage de la simplification : objectiver, c'est résorber l'excès de sens en le matérialisant, en le transférant au niveau de l'observation qui serait une inférence ou un symbole. Les idées ne sont plus perçues comme des produits de l'activité intellectuelle, mais comme le reflet de quelque chose qui existe à l'extérieur, c'est un passage qui transfère sur le plan de la perception ce qui a été uniquement pensé : ainsi, les concepts et les idées subissent un effet de naturalisation et acquièrent un caractère de concrétude qui les rapproche des phénomènes naturels. Si la réification, ou la réalisation d'idées dans des choses, est proscrite par la logique scientifique, elle est prescrite par le sens commun qui est dominé systématiquement par les aspects concrets plutôt qu'abstraits. La transformation de l'abstrait et son immersion dans les éléments métaphoriques imaginatifs constituent une étape importante de l'objectivation, c'est-à-dire lorsque la construction théorique est réduite à des schémas.

Par exemple, dans la représentation sociale de la psychanalyse, le modelé de l'appareil psychique dérivé de la psychanalyse se compose de deux éléments essentiels : l'inconscient et le conscient. Ces éléments rappellent le contraste entre le vrai et le faux, entre le volontaire et l'involontaire, l'externe et l'interne. Les deux parties sont ensuite vues comme des lieux concrets : une partie supérieure, plus superficielle et visible, l'autre inférieure, interne, plus profonde et cachée. Qu'est-ce qui entre en jeu dans le processus d'objectivation pour la sélection des éléments ? Qu'est-ce qui fonctionne comme un filtre sur les éléments qui seront retenus ou rejetés ? C'est le processus d'ancrage qui agit de la sorte. Ces deux processus sont donc complémentaires et agissent de manière coordonnée en lien avec les contextes dans lesquels ils sont activés.

La centralité des processus d'ancrage et d'objectivation proposés par Doise se retrouve dans l'œuvre princeps de Moscovici (1961, 1976a). Cependant, l'intérêt fondamental des propositions de cet auteur est d'approfondir la relation entre les dynamiques sociales et les processus sociocognitifs pour rendre compte de l'articulation entre l'individuel et le collectif. Cet objectif principal a été démontré dans les premiers travaux de Doise, même s'il ne travaillait pas encore sur les représentations sociales.

2. Le modèle sociodynamique en trois étapes

Nous pouvons dire que le modèle sociodynamique de la théorie des représentations sociales, élaboré par Doise et ses collaborateurs (que l'on peut regrouper sous le terme d'école de Genève ; Palmonari & Emiliani, 2009), est la conclusion logique d'un projet de recherche conduit par des chercheurs depuis la fin des années 1970 dans la perspective socio-constructiviste. L'objectif principal de ce champ de recherche était alors de montrer l'influence des régulations sociales sur les formes de pensée et sur l'acquisition cognitive des enfants. Les résultats des nombreuses études conduites dans cette perspective démontrent l'étroite interdépendance entre les conditions sociales et le fonctionnement mental. Ces résultats ont permis à Doise et Mugny (1997) de soutenir que les interactions sociales sont à la base de l'acquisition des capacités individuelles qui, à leur tour, permettent à l'individu de participer aux interactions sociales toujours plus complexes. Les processus sont ainsi décrits en termes de spirale de causalité qui réunit le fonctionnement social et individuel. Dans cette production riche, il ne faut pas oublier :

- les études sur le marquage social qui mettent en jeu la familiarité et le métasystème normatif dans l'acquisition des instruments cognitifs (Mugny, De Paolis & Carugati, 1988) ;
- les études qui insistent sur le rôle des points de vue des interlocuteurs dans la discussion, qui sont résumés dans la série de travaux sur les conflits sociocognitifs (Doise & Mugny, 1981) ;
- les études qui relient directement les routines quotidiennes aux instruments de raisonnement, ou encore les travaux qui définissent les schèmes pragmatiques de raisonnement (Gilly & Roux, 1984).

L'objectif de toutes les recherches réalisées dans ce cadre était de démontrer empiriquement l'influence des facteurs sociaux sur le fonctionnement cognitif.

Il existe une littérature abondante sur ces travaux (Carugati & Selleri, 2001 ; Emiliani, 2008 ; Iannaccone, 2010). Nous ne mentionnerons ici que les recherches sur le marquage social qui analyse le rôle des connaissances préliminaires, ce qui est déjà connu et familier, en tant que modulateur et facilitateur de la performance cognitive. Ce type de recherche souligne, particulièrement, l'importance des normes et des représentations des rapports sociaux lorsqu'il est question de la construction des instruments cognitifs, surtout dans les contextes scolaires et familiaux. Seulement à titre d'exemple, il est possible de mentionner les résultats obtenus à l'aide des tâches de conservation des relations spatiales, car elles permettent de démontrer les rapports entre le métasystème et le système opérationnel. Les résultats montrent que si la tâche proposée à des enfants, participants à la recherche, est de placer les pupitres de la classe en fonction de la position spatiale de la chaise de l'enseignante, les enfants, en respectant les normes sociales qui régulent la relation entre l'enseignante et les étudiants, n'ont aucune difficulté à placer les pupitres de façon correcte. En revanche, si le matériel utilisé pour la tâche est plus abstrait, et qu'il ne permet pas de faire référence à une norme sociale, les résultats sont moins bons. Dans la même lignée, il apparaît que les enfants ont moins de difficultés à admettre l'égalité de quantité de liquide versé dans des verres de tailles différentes, lorsqu'est introduite une règle qui suit le principe de distribution juste, comme dans le cas où le liquide serait une récompense pour l'exécution d'une tâche (Carugati & Selleri, 2001).

Un tel résultat expérimental montre comment la familiarité avec le contexte, et en particulier avec les règles et les normes qui le gouvernent, est un élément crucial dans la construction des connaissances et dans les acquisitions cognitives. Dans ces travaux développés par Doise et al., ainsi que dans plusieurs études réalisées par des chercheurs d'autres pays, la relation entre le système cognitif et le métasystème normatif est très claire, et c'est le point fondamental de la théorie des représentations sociales. L'ancrage, comme nous l'avons évoqué, fonctionne sur le principe de la familiarité, en rendant l'étrange familier, c'est-à-dire en utilisant des catégories connues pour interpréter un phénomène ou un stimulus ambigu. C'est un mécanisme de base des processus de la connaissance. Il est également reconnu par la psychologie sociale expérimentale qui, tout en valorisant la généralisation systématique, continue à l'interpréter comme une mauvaise stratégie, à défaut de saisir le pouvoir de structuration et d'adaptation de ce processus, en particulier lorsqu'il est question de prendre des décisions rapides dans la vie quotidienne.

Un aperçu du travail scientifique de Doise permet de comprendre son intérêt pour l'étude des représentations sociales à travers son intérêt particulier pour la position sociale des individus. Le résultat de son approfondissement théorique a été l'élaboration d'un modèle pour l'étude des représentations sociales, appelé le modèle des trois étapes. Ce résultat est maintenant enrichi par des enquêtes minutieuses à travers les recherches sur les représentations sociales effectuées depuis le début des années 1990 (Doise, Clémence & Lorenzi-Cioldi, 1992). Ce modèle permet l'opérationnalisation des études portant sur les représentations sociales, en éclaircissant les méthodes de recueil et d'analyse des données. Les auteurs le définissent comme une perspective intégrée qui tend à relier dans un ensemble les études et les approches qui se prétendent différentes. La diversité des approches reflète un réel paradoxe, car certains chercheurs affirment, encore aujourd'hui, étudier les représentations sociales uniquement en mettant en évidence un ensemble de croyances partagées, alors que d'autres affirment la même chose en adoptant des techniques d'analyse de données permettant de mettre en évidence l'organisation des variations individuelles ou groupales sur le contenu de la représentation. Le modèle en trois étapes propose d'articuler chaque type de recherche à l'intérieur d'un processus d'étude et d'analyse plus vaste.

La première étape consiste à analyser le savoir partagé, c'est-à-dire les croyances et les connaissances partagées portant sur un objet social pertinent pour les membres d'un groupe plus ou moins large. Il s'agit de l'analyse du champ représentationnel et du contenu objectivé : la première étape poursuit donc l'étude de l'objectivation. La notion de champ renvoie à la notion de champ psychologique de Lewin, qui implique l'importance de la hiérarchie des valeurs, des besoins et des motivations, ainsi que les études des individus et des groupes dans l'organisation de la représentation de l'environnement de vie.

La seconde étape consiste à étudier les principes organisateurs des prises de position individuelle, ou des sous-groupes, en fonction de la trame représentationnelle.

La troisième étape analyse les liens entre ces prises de position et les insertions spécifiques à l'intérieur des rapports symboliques.

Ces deux dernières étapes témoignent des rapports étroits qui existent entre la contribution de Doise à la théorie des représentations sociales et les modèles d'explication en psychologie sociale en quatre niveaux (1982), niveaux qui sont interdépendants et qui s'articulent entre eux pour comprendre un phénomène social. Ces niveaux renvoient au niveau individuel intrapsychique (voir Doise, 1986 pour une présentation). Dans ce niveau sont compris les aspects neurologiques (étudiés avec beaucoup d'insistance dans les neurosciences sociales). Le second niveau renvoie aux rapports interpersonnels, le troisième aux rapports de pouvoir en lien avec les différentes positions sociales des groupes auxquels les individus appartiennent. Enfin, le quatrième niveau renvoie à l'adhésion à des systèmes de croyances, d'idéologie et de religion.

En résumé, nous pouvons mettre en évidence les caractéristiques des trois étapes de la façon suivante : systèmes de croyances et de significations partagées, principes organisateurs de prises de position, ancrage. La continuité du travail scientifique de Doise se base sur l'importance accordée à l'incidence des niveaux relationnels et positionnels, c'est-à-dire sur les interactions et les positions prises dans un groupe et dans un système de croyances. Nous n'approfondirons pas davantage l'analyse de chacune des étapes, car cela n'est pas l'objectif poursuivi par ce chapitre. Dans la section suivante, nous montrerons comment ce modèle s'est progressivement développé. À la fois Doise et ses collaborateurs, mais également d'autres chercheurs travaillant dans le champ des représentations sociales, ont étudié en profondeur les caractéristiques et les fonctions de ces trois étapes (Spini & Doise, 2005 ; Doise, Clémence & Lorenzi-Cioldi, 1992 ; Doise, Spini & Clémence, 1999 ; Palmonari & Emiliani, 2009).

3. Quelques recherches significatives dans l'approche sociodynamique

L'ancrage et l'objectivation sont des processus participant à la formation des représentations, qui s'organisent comme des formes de connaissances spécifiques, lorsque trois conditions fondamentales sont vérifiées pour le groupe et l'individu :

- être impliqué dans une relation significative avec les objets saillants et importants ;
- subir des pressions pour prendre des décisions par rapport à l'objet ;
- manquer d'informations exhaustives à propos de l'objet en question.

Ces trois conditions, proposées par Moscovici (1961), précisent la dynamique par laquelle est rendue possible la construction d'une représentation sociale dans des situations culturellement et socialement définies.

Ce sont dans ces conditions que se trouvent, par exemple, les enseignants et les parents, devant les problèmes de compréhension des modalités du développement des enfants. Des travaux sur les représentations sociales, dans une approche sociodynamique, se sont développés sur ce thème : un premier groupe de recherche mené par Mugny et Carugati (1985) a travaillé sur les représentations sociales de l'intelligence, suivi par le groupe d'Emiliani et Molinari qui a travaillé sur le développement des caractéristiques spécifiques des enfants (Emiliani, Geleati & Molinari, 1989 ; Molinari & Emiliani, 1990 ; Emiliani & Molinari, 1995). Ces deux groupes se développent autour d'un objet, l'intelligence ou le développement des enfants, envers lequel certains groupes se trouvent exactement dans les conditions proposées par Moscovici (1961, 1976), avec de plus la nécessité et l'urgence de construire des représentations sociales pour pouvoir faire face à la situation, en la rendant compréhensible et contrôlable.

Dans les recherches sur les représentations sociales de l'intelligence, Mugny et Carugati (1985) ont largement montré que l'intelligence constitue, pour différentes catégories sociales, comme les parents et les enseignants, un objet mystérieux que les représentations cherchent à rendre compréhensible et permettent aux individus d'y faire face dans leurs choix éducatifs quotidiens. Cette recherche traite du thème général de l'intelligence : un ensemble de caractéristiques qui impliquent non seulement sa définition, en la liant au problème central des différences interindividuelles des niveaux d'intelligence, les critères qui serviront à l'évaluer, et les méthodes d'enseignement afin de pallier les difficultés d'apprentissage des élèves. Ce travail, mené sur un large échantillon (plus de 700 participants) composé de jeunes adultes (étudiants universitaires) et d'adultes (parents et non-parents, enseignants parents et enseignants non-parents), met en lumière la grande richesse et la complexité des termes associés aux termes de l'intelligence. L'hypothèse générale qui a inspiré cette recherche est que l'expérience d'un phénomène d'importance (ici l'intelligence et son développement) associée à la difficulté de l'expliquer sont à l'origine d'un discours riche et articulé portant sur le phénomène. Plus les individus manquent de connaissances spécifiques et d'expertise sur un objet auquel ils sont confrontés quotidiennement, tout en devant prendre des décisions et en ayant des responsabilités propres à l'objet, plus leurs discours seront complexes. C'est à cause de l'effet combiné de la focalisation sur les différences individuelles et d'un manque de confiance perçue dans les informations scientifiques que va se concrétiser une théorie de l'intelligence comme un don distribué de façon inégale entre les enfants.

La recherche de Mugny et Carugati (1985) a été une des premières à illustrer comment les connaissances communes sont organisées différemment à travers l'ancrage, lui-même régulé par les insertions sociales des individus et du jeu dynamique des relations sociales dans lequel les individus sont impliqués.

De la même façon, le développement des enfants est un objet mystérieux pour ceux qui s'y intéressent ; lorsqu'ils doivent y faire face, les trois conditions proposées par Moscovici (1961) vont se mettre en place : avec ses propres enfants ou élèves, les individus sont impliqués, ils sont quotidiennement sollicités pour agir et prendre des décisions, alors qu'ils manquent objectivement d'information exhaustive.

Le développement des enfants dans notre culture se trouve au centre d'une contradiction essentielle et radicale fondée sur l'antinomie nature-culture, que l'on peut représenter comme un continuum qui peut prendre une infinité d'explications des différences interindividuelles, mais également des caractéristiques de l'enfant en particulier dans leurs variabilités développementales ou contextuelles. Les études menées sur les représentations sociales du développement mettent en évidence qu'une modalité permet de puiser dans l'un ou l'autre des domaines du discours, avec plusieurs possibilités d'expliquer les résultats du développement. Il s'agit de la sorte de rendre ces résultats fonctionnels pour ceux, parents et enseignants, qui doivent être confrontés quotidiennement aux comportements et aux caractéristiques des enfants. Une question demeure en suspens : est-ce que ce comportement dépend de l'enfant (de la génétique, du caractère) ou de moi (de l'éducation, des relations) ?

Emiliani et Molinari (1995), sur la base de ces considérations, ont mis au point une série de travaux relevant de l'approche sociodynamique, qui se centrent sur l'insertion sociale du fait d'être mère *versus* ne pas être mère, afin d'analyser l'arrière-plan des explications possibles de la personnalité de l'enfant (comme l'autonomie, l'intelligence, la sociabilité et l'obéissance, des caractéristiques valorisées et demandées précocement par les institutions de l'enfance, de la maternelle à l'école élémentaire). Par exemple, il semble que la perspective centrée sur « la nature » se concentre sur l'idée de caractère, et toutes les femmes parlant des enfants font des références constantes à ce concept qui résume les traits distinctifs, l'empreinte de l'objet. Ce sont surtout des femmes – mères qui adhèrent à l'explication du développement basée sur la conception du *don de la nature.* Le fait d'être mère fait que les femmes adhèrent à l'idéologie de l'intelligence comme *don*, car cette dernière fournit une explication puissante des différences entre enfants. Durant le déroulement de l'étude, l'insertion sociale entre les mères et les non-mères a décliné ; à l'intérieur du groupe des mères, trois échantillons ont émergé : mères au foyer, mères employées et mères enseignantes. Ce choix se justifie par la position de ces femmes dans la relation qu'elles entretiennent avec leurs enfants. Les mères au foyer sont à la maison avec les enfants, les employées sont celles qui passent le plus de temps éloignées de leurs enfants, enfin les enseignantes sont en contact constant avec les enfants, que ce soit les leurs ou les élèves.

Un questionnaire qui a été administré à ces groupes de femmes (la variable niveau d'étude a été maintenue constante) comportait les quatre composantes du développement de l'enfant (autonomie et intelligence, obéissance et sociabilité), qui pouvaient être expliquées par trois approches théoriques (biologie et hérédité ; relation et interaction ; stimulation et environnement) et qui prenaient la forme de deux thématiques : dans la première version, les femmes devaient répondre en pensant à un enfant « en général », c'est-à-dire un enfant dans la société, dans la seconde version elles devaient penser à leur propre enfant. Dans une logique sociodynamique, les données les plus intéressantes concernent les mères enseignantes qui répondent pour un enfant « en général », car elles se centraient sur des explications liées aux interactions et aux relations, alors que lorsqu'elles répondaient en pensant à leur propre enfant, elles se centraient sur les explications fondées sur la nature (don, caractère et hérédité).

Le mouvement systématique, et statistiquement significatif, entre les explications utilisées pour évaluer les deux cibles sur les mêmes caractéristiques révèle la façon dont les mères enseignantes, dans une relation quotidienne et importante avec les enfants, qu'ils soient leurs enfants ou leurs élèves, cherchent à se libérer de la responsabilité dans le développement de leur propre enfant en favorisant des explications basées sur le caractère et l'hérédité, du type : « son grand-père était à deux cents pour cent ! ». Les explications basées sur le caractère, souvent utilisées pour expliquer les éléments les plus contradictoires, ambigus ou conflictuels, des comportements des enfants, libèrent la mère d'un excès de responsabilité et lui permettent de maintenir une évaluation positive de soi. Les mécanismes sociodynamiques mis en évidence renvoient aux déplacements des explications sur la dimension *nature-culture* selon la nécessité de maintenir une image positive d'elles-mêmes, que ce soit comme mère ou comme enseignante. Le vaste champ des représentations sociales du développement des enfants se construit et se module en fonction des insertions sociales des femmes.

Au début des années 1990, Doise a lancé un programme de recherche sur les représentations sociales des droits de l'homme. Les résultats de cette série d'études sont décrits dans une monographie publiée en 2001. Les droits de l'homme sont des principes normatifs qui, au moins au niveau des intentions, devraient organiser les interactions et les relations à l'intérieur des groupes sociaux. Ces recherches ont été réalisées sur le modèle des trois étapes prévues dans le cadre de l'étude des représentations : l'organisation et la genèse du champ des représentations, l'ancrage à l'intérieur d'un système de rapports symboliques et sociaux à travers les insertions socioprofessionnelles (Doise & Herrera, 1994), les appartenances nationales (Clémence, Devos & Doise, 2001), les contextes politiques et les systèmes de valeurs (Spini & Doise, 1998). Comme Abric et Tafani (2009) l'ont noté, une étude de Doise, Spini et Clémence (1999) met en évidence les façons dont les ancrages psychologiques, psychosociologiques et sociologiques modulent les représentations sociales des droits de l'homme. Cette recherche portait sur un vaste échantillon de 6 791 participants provenant de 38 pays de tous les continents. Le premier objectif était d'identifier le fil conducteur qui met en évidence les noyaux objectivés à travers lesquels sont perçus les droits de l'homme ; d'identifier les principes qu'organisent les variations interindividuelles dans les prises de position à l'égard des droits de l'homme ; et de mettre en relation ces variations systématiques avec un système de valeurs auquel adhèrent les individus (ancrage psychologique), avec leurs représentations et leur expérience des conflits sociaux (ancrage psychosociologique), et avec leur insertion dans des contextes socio-politiques spécifiques (ancrage sociologique). Pour une présentation détaillée des résultats, le lecteur intéressé pourra consulter les nombreuses publications sur ces travaux, ou le chapitre d'Abric et de Tafani (2009). L'ensemble de ces recherches souligne la façon dont l'approche sociodynamique développée par Doise fournit un cadre conceptuel qui permet de replacer les études des représentations sociales dans une dynamique relationnelle et communicationnelle qui contribue aux développements et à la diffusion de la théorie, en fournissant en même temps une méthode d'analyse pertinente.

Cette avancée méthodologique, réalisée dans les années 1990, est particulièrement importante : Doise, Clémence et Lorenzi-Cioldi (1992) ont présenté les techniques de traitement de données regroupé en trois grands groupes liés aux trois étapes du modèle visant à comprendre respectivement le champ représentationnel, c'est-à-dire la connaissance objectivée, les prises de position individuelles et enfin l'ancrage de telles connaissances des groupes sociaux impliqués dans l'étude. Les analyses diffèrent pour chacun de ces objectifs. Pour le premier objectif, les auteurs suggèrent d'utiliser trois techniques spécifiques, à savoir l'analyse de classification géographique, l'analyse multidimensionnelle et l'analyse factorielle des correspondances. Ils proposent d'analyser les prises de position individuelles à l'aide d'analyses factorielles ou multidimensionnelles des différences individuelles ; l'effet du groupe sur ces prises de position peut être analysé à l'aide des régressions multiples et des analyses discriminantes. Le troisième groupe d'analyse permet aux chercheurs de relier les représentations aux appartenances sociales et ainsi de dépasser la multiplicité des simples positions individuelles en réalisant de cette façon pleinement l'objectif des approches sociodynamiques, qui vise à montrer comment les différentes prises de position sont organisées et ancrées dans les expériences sociales et psychologiques des individus.

Ce qui permet d'illustrer comment les modifications dans les régulations sociales modifient les représentations. Le volume en question constitue un travail important qui cherche à ordonner, une fois pour toutes, les nombreuses recherches sur les représentations sociales conduites avec une certaine ambiguïté dans les objectifs et les méthodes. Cet ensemble d'analyses propres à chaque stade de l'analyse des données permet de dépasser, sur certains aspects, des analyses statistiques plus récentes. De cette façon, l'approche sociodynamique de la théorie permet une spécification précise des méthodes et des analyses statistiques pertinentes pour chaque étape de l'enquête, avec l'objectif de mettre en évidence les liens entre les présupposés théoriques, la méthodologie et les analyses statistiques.

Dans la même ligne, Clémence et ses collaborateurs se sont intéressés à la représentation sociale de la solidarité en Suisse (Clémence, Egloff, Gardiol & Gobet, 1994). Comme les travaux précédents sur les droits de l'homme avaient mis en évidence que les perceptions et les expériences de différents types de conflits influencent les prises de position à l'égard de ces mêmes droits, Clémence et ses collaborateurs ont proposé que la représentation de la solidarité s'organise en fonction de ce que les individus pensent des possibilités d'offrir de l'aide à des individus ou des groupes en difficulté. La recherche a mis en évidence qu'il existe deux conceptions de la solidarité, ou deux représentations sociales de l'ordre social : l'une inspirée des principes libéraux plus ou moins accentués, l'autre est inspirée des principes communautaires. Pour valider l'hypothèse que l'existence de ces deux conceptions correspond à deux prises de position différentes en fonction des possibilités de venir en aide à autrui, une enquête a été réalisée sur des habitants de quatre cantons suisses. L'idée à la base de la recherche était que ces deux conceptions de la solidarité correspondent à deux prises de position sur l'altruisme : une *naturelle* pour la société considérée comme un ensemble consensuel d'individus, une *activité* pour une société considérée comme un ensemble caractérisé par les conflits et les divisions.

D'autres recherches ont été conduites successivement sur les droits et sur les valeurs (Doise & Spini, 2005 ; Staerklé, Delay, Gianettoni & Roux, 2007). Elles sont largement décrites dans l'ouvrage de Palmonari et Emiliani (2009). Une autre contribution importante, réalisée dans le cadre de l'approche sociodynamique élaborée par l'école de Genève et qui est actuellement développée par les psychologues sociaux de l'Université de Lausanne (École Lémanique), concerne la perspective sociale offerte par les représentations sociales (Himmelveit & Gaskell, 1990). Une telle approche permet d'étudier le fonctionnement symbolique de la société en créant des relations entre les systèmes de croyances, de valeurs et de normes. Les chercheurs travaillant dans ce cadre ont déjà réalisé plusieurs études importantes sur les droits de l'homme (Staerklé et al., 2007), sur les droits humains en situation de guerre (Elcheroth, 2006), en mettant l'accent sur les différentes réponses, tant au niveau individuel qu'au niveau collectif, que les victimes peuvent mettre en œuvre. La violence subie par la victime va avoir pour conséquence la recherche des moyens de se venger, ayant perdu confiance dans les institutions judiciaires, les réactions des communautés affectées par la guerre tendent à réaffirmer les conceptions légales.

Pour confirmer la validité des résultats obtenus dans les études déjà citées, Elcheroth et Spini (2007) ont étudié une autre situation de vulnérabilité liée cette fois à des problèmes économiques. Leur étude met l'accent sur les risques liés au chômage touchant plus particulièrement les générations les plus jeunes dans différents pays européens. L'étude, prenant la forme d'une enquête, a été réalisée en France, qui est le pays où les difficultés à trouver un métier à la fin des études secondaires sont plus élevées dans certaines régions que dans d'autres. Trois cents étudiants en fin d'études secondaires et provenant de trois régions différentes ont été interrogés. Selon les régions, le risque objectif de chômage était plus ou moins élevé (risques faibles, modérés, ou élevés). Tous les participants ont été amenés à donner des définitions spontanées des « droits sociaux », et ils étaient invités à donner leurs opinions sur quatre scénarios de violations de droit, inspirés par des situations réelles et reconnues comme telles par le Comité européen des droits sociaux. Une analyse de contenu a été réalisée sur les représentations élaborées de la sorte pour déterminer dans quelle mesure elles font référence à la définition institutionnelle des droits correspondant au texte de loi. Comme attendu, la définition institutionnelle était la moins fréquemment évoquée lorsque les droits sociaux étaient peu menacés ; en revanche, son utilisation était plus fréquente lorsque les droits sociaux étaient fortement menacés, et ce indépendamment de l'origine sociale des étudiants. En outre, dans ce dernier contexte, il était possible d'observer une polarisation des jugements sur la violation des droits : les jeunes issus de milieux socio-économiques privilégiés condamnent davantage les violations de droit que les jeunes issus de milieux plus modestes. Ce résultat, en apparence paradoxal, peut s'expliquer par le fait que le débat social se déroule plus intensément dans les contextes les plus touchés par une situation de vulnérabilité. Et ce ne sont pas ceux qui vivent dans cette situation précaire qui vont parvenir à s'approprier des références normatives pour exprimer et faire valoir leurs droits.

Les résultats obtenus dans la recherche déjà citée montrent que des attitudes plus critiques sont activées systématiquement à l'égard des autorités, et elles sont plus intransigeantes à l'égard des violations des droits de l'homme dans des contextes plus sévèrement touchés par le manque de respect des droits fondamentaux. Plus l'expérience collective est impactée par la violation des droits institutionnalisés, plus le soutien populaire pour la condamnation de ces violations par les tribunaux internationaux est important. Ces résultats montrent donc que les fonctions sociales et psychologiques sont organisées en dynamique complexe à travers laquelle une communauté donnée réagit à la mise en discussion des représentations normatives qui génèrent une identité commune.

L'approche sociodynamique a commencé à se développer durant les années 1970 autour du groupe genevois, avec des recherches conduites dans le cadre d'un environnement socio-constructiviste post-piagétien. Elle a été élaborée largement par Doise et ses collègues. Elle permet d'utiliser la théorie des représentations sociales à plusieurs niveaux : celui des rapports interpersonnels, celui des rapports intra- et inter-groupes, et également le niveau des événements qui s'active dans le cadre de notre société. Sur le plan théorique et appliqué, elle permet d'amplifier le rayon d'action de la psychologie sociale trop souvent envisagée sous l'angle de l'interprétation des processus cognitifs intra- et interindividuels.

Focus 6

Les principes organisateurs des représentations sociales

Fabio LORENZI-CIOLDI[1]

1. Université de Genève, Suisse.

L'approche des représentations sociales en termes de principes organisateurs des prises de position individuelles a été développée par Willem Doise (1986) et ses proches collaborateurs (Clémence, Doise & Lorenzi-Cioldi, 1994)[2]. Les représentations sociales y sont conçues comme des « principes générateurs de prises de position liées à des insertions spécifiques dans un ensemble de rapports sociaux et organisant les processus symboliques intervenant dans ces rapports » (Doise, 1986, p. 85). Toute représentation sociale repose ainsi sur un socle commun, un consensus qui porte sur des principes qui sous-tendent et structurent l'objet de représentation. Si les individus s'accordent sur l'existence de ces principes, ils diffèrent en revanche sur le sens ou l'importance qu'ils leur accordent, et qui dépendent à leur tour de leurs insertions sociales, c'est-à-dire de leurs ancrages. Dans toute étude de représentation sociale, il convient donc tout d'abord de mettre à jour le contenu de la représentation, pour ensuite repérer comment se structure ce contenu afin d'en dégager les principes organisateurs.

Illustrons cette approche en considérant l'exemple de la quête de l'unicité individuelle telle qu'elle s'exprime dans nos sociétés. Si tout le monde s'accorde pour saluer la valeur d'une telle quête, qui est donc un principe organisateur de leurs représentations d'eux-mêmes et du monde, seuls certains, à savoir les mieux lotis dans la hiérarchie sociale, parviennent à l'exprimer en maintes circonstances. Cette quête n'est donc pas sans liens avec les groupes d'appartenance de l'individu. Dans ce qui suit, j'illustre d'abord la manière avec laquelle œuvre le principe organisateur de l'unicité, en considérant le champ de la publicité. Je discuterai ensuite son ancrage dans le collectif, à savoir dans une hiérarchie de rapports entre groupes.

C'est un truisme d'affirmer que nos sociétés valorisent des manières d'être prônant la distinctivité et l'unicité personnelles. Ces manières d'être éveillent une cascade d'antonymies dont un pôle valorise l'originalité et le libre arbitre individuels, alors que l'autre pôle renvoie pêle-mêle à des états jugés indésirables, comme la similitude interpersonnelle, l'uniformité, la massification, la standardisation, l'anonymat, voire le comportement moutonnier.

C'est ainsi que nous valorisons des ressources rares, qu'il s'agisse de biens, d'activités, d'opinions ou de goûts, car leur possession rehausse notre unicité et notre distinctivité et, par là même, notre estime de nous-mêmes. Il s'agit d'un phénomène savamment orchestré par les concepteurs de publicité. Ainsi, un slogan du type « *Un produit pour ceux qui voudraient être différents* » l'emporte sur « *Le meilleur choix pour tous les Français* ». Les stratégies qui exaltent l'unicité individuelle sont légion : propositions de séries limitées, appels à la différence, exhibition et omniprésence des logos des marques, etc. En particulier, la valeur distinctive d'un produit provient, pour une grande part, de sa disponibilité réduite sur le marché, et donc de sa rareté. L'accès à la rareté confère unicité, prestige et statut, et permet de se comparer favorablement aux moins fortunés, davantage orientés vers l'acquisition de produits fabriqués en série. Dans une enquête, nous avons demandé aux participants de juger ce qui confère du prestige à différents produits aussi variés que des habits, des chaussures, des montres, des voitures, etc. (Lorenzi-Cioldi, 2009). Une analyse factorielle de leurs réponses est montrée à la figure F6.1.

On remarque, sur le premier facteur, des contenus qui soulignent les idées d'exclusivité, d'unicité et de petit nombre. Ces contenus suggèrent que le sentiment d'unicité personnelle et de différence interpersonnelle que procure un produit est au fondement de son prestige. La référence à la « marque » n'est pas étrangère à cette représentation du prestige du produit, mais elle est également associée à ses qualités intrinsèques, ses performances, son coût. Il s'agit d'éléments que l'on retrouve, sur le facteur 2, en opposition au rôle que joue la publicité dans la promotion d'un produit.

Cette idée d'unicité découlant de la rareté est tangible dans la plupart des messages publicitaires. La publicité a recours, autant par les images que par les slogans, à toutes sortes de subtilités pour évoquer le plaisir de l'unicité et amplifier l'horreur de la massification. Des exemples d'appels à l'unicité issus de publicités récentes sont présentés au tableau F6.1.

2. Voir chapitre 6.

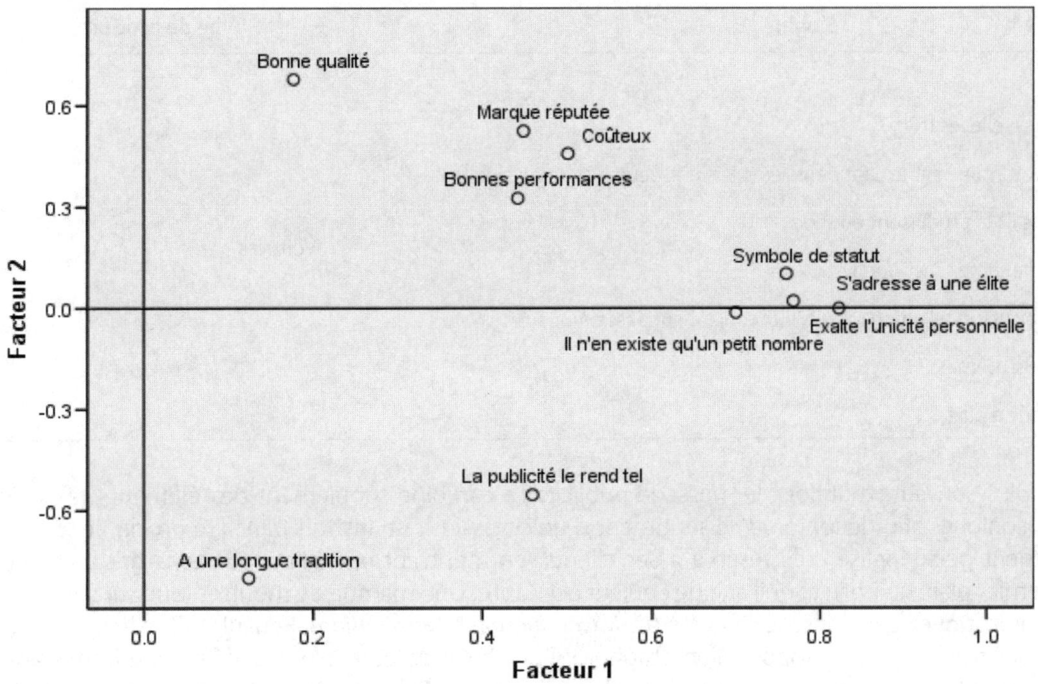

Figure F6.1.
Qu'est-ce qui confère du prestige à un produit ?

Tableau F6.1.
Exemples de slogans publicitaires appelant à l'unicité individuelle

Slogan	Type de produit
Évidemment vous êtes unique. La nouveauté, c'est que vous l'êtes partout dans le monde	Banque
Être moi, exactement Toi, t'es pas comme les autres	Habits
Envie d'individualité ?	Chaussures
Moi, mon coiffeur, notre secret	Cosmétiques
L'insolite *Only one per customer* Désir d'être	Bijoux
Uniqueness beyond the differences *Innovators by tradition* *Top. No model; Very high. No society; A park. No avenue* Quelles femmes choisirez-vous d'être dans les *prochaines* 24 heures ?	Montres
Pas un voyage, Votre voyage; Pas une plage, Votre plage	Tourisme

Slogan	Type de produit
Take a different route	
Elle ne suit pas les normes, elle les fixe	
Nombre de voitures tout terrain sont exceptionnelles. Mais une seule est aussi excellente	
Cela paraît étrange, mais ils la produisent en série	
Why do all the cars look the same? They don't	Voitures
Bientôt, vous connaîtrez personnellement quelqu'un roulant surclassé. Vous	
La route, créez-la par vous-mêmes	
Édition limitée : Un monde à part	

Le plus souvent, toutefois, le message publicitaire combine subtilement des éléments textuels et iconiques afin de renforcer le sentiment d'unicité. Ainsi, un institut bancaire proclame le traitement personnalisé qu'il réserve à ses clients, en montrant une plage aux tons gris avec, au premier plan, un beau coquillage de couleur éclatante. Une marque de montres joue sur son nom pour instiguer le sentiment d'unicité (*Only Nomination is Nomination*). Renault utilise le nom d'un de ses modèles pour proposer la métaphore d'une solitude agréable opposée à une immersion écœurante dans la foule (*Et si le vrai luxe, c'était l'espace ?*). De manière analogue, une image attise le sentiment de la différence en présentant un sac à main de couleur noire posé face à un troupeau de brebis blanches, les regards dirigés dans la même direction, ou en montrant une voiture 4x4 au sommet d'une montagne, loin de tout chemin, et en lui accolant la phrase *Demain, la plage !*

Est-ce à dire que l'exaltation de l'unicité rend caduque toute idée de collectif, donc de groupe ? Rien n'est moins sûr, car la quête de l'unicité individuelle a partie liée avec les groupes d'appartenance. Ainsi, les travaux qui ont concerné la signature, par le biais de laquelle le nom devient un marqueur de l'unicité personnelle, montrent que sa taille (la longueur multipliée par la hauteur) varie en proportion directe du sentiment d'unicité personnelle du signataire. Mais ce sentiment est lié à son tour au statut social du signataire (Zweigenhaft, 1970). Un programme de recherches menées par Vincenzo Iacoviello illustre cette connivence qui relie unicité et statut social de manière convaincante. Iacoviello manipule expérimentalement les positions hiérarchiques de deux groupes sur la base des compétences esthétiques de leurs membres, créant ainsi un groupe de haut statut (compétents) et un groupe de bas statut (peu compétents). La suite de l'expérience varie selon les études. Dans l'expérience 1, les participants se voient proposer que leurs propres opinions à propos d'une peinture qui vient de leur être présentée figureront dans une revue d'art, et qu'ils peuvent choisir un logo, parmi trois logos, pour se présenter eux-mêmes dans la revue. Un logo comporte uniquement la mention de leur groupe d'appartenance (*logo endogroupe*) ; un autre logo y ajoute un pseudonyme librement choisi (*logo mixte*). Enfin, le dernier logo mentionne uniquement le pseudonyme (*logo pseudonyme*). Ainsi, les logos s'ordonnent le long d'un continuum qui oppose un pôle groupal, déindividué, à un pôle personnel, chargé d'unicité. Dans les expériences 2 et 3, le choix du logo est introduit en demandant aux participants de se présenter à d'autres participants de l'étude avec lesquels ils vont être amenés à engager une compétition dans une tâche mobilisant les compétences esthétiques (voir Iacoviello & Lorenzi-Cioldi, 2015a, pour plus de détails).

Les résultats d'une analyse factorielle des correspondances de ces expériences montre la manière dont les différents logos se rangent dans le plan des deux premiers facteurs en fonction de leur teneur d'unicité, à partir du logo de pseudonyme jusqu'au logo de groupe en passant par le logo mixte (figure F6.2). Or les choix des participants assignés au groupe de haut statut se positionnent en proximité des deux logos personnalisés (pseudonyme et mixte), tandis que les choix des participants de bas statut demeurent amarrés au groupe d'appartenance par le biais du logo endogroupe.

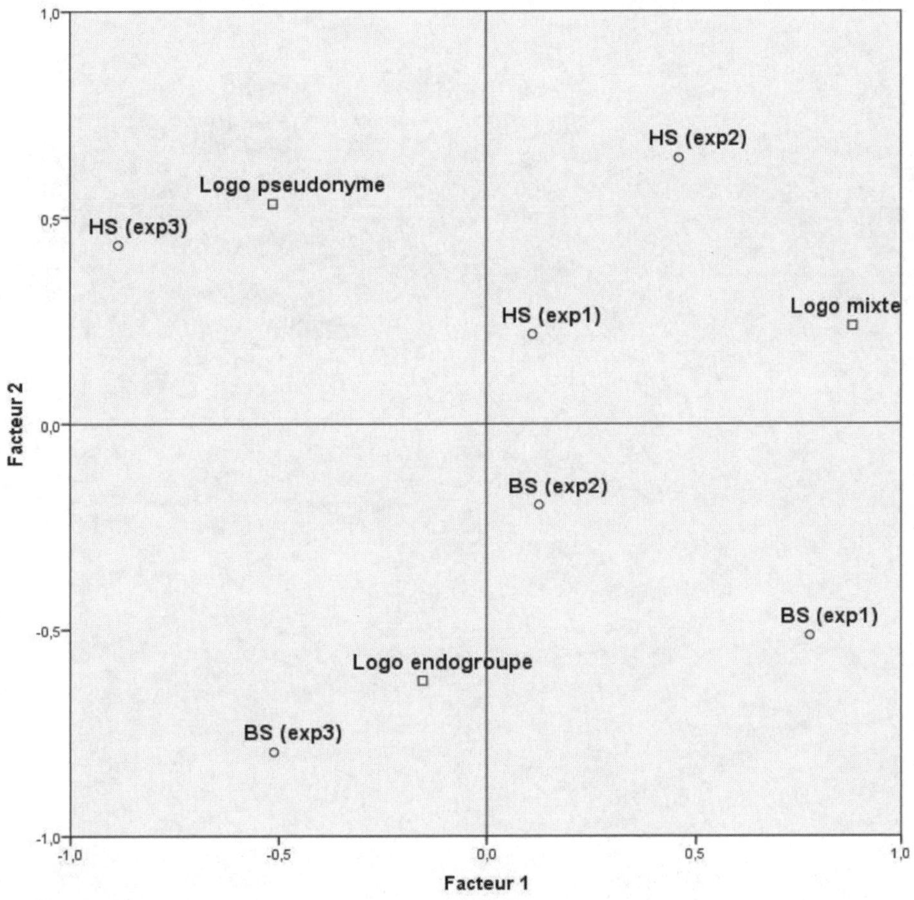

Figure F6.2.
Choix d'un logo en fonction du statut social du groupe d'appartenance.

Nota bene.
BS = Bas statut ; HS = Haut statut. (exp *n* = numéro de l'étude).

Est-ce à dire que l'unicité est l'apanage des groupes dominants ? Une réponse positive à cette question rendrait caduque l'idée même du principe organisateur partagé par tous. Une autre série d'études du programme de recherches de Vincenzo Iacoviello dément cette idée (Iacoviello & Lorenzi-Cioldi, 2015b). Dans ces études, les membres des groupes de haut et de bas statut sont amenés soit à se focaliser sur leur propre groupe, soit ils sont mis en confrontation avec les membres du hors-groupe. Dans ce dernier cas, la hiérarchie des deux groupes est donc rendue plus prégnante. Or, dans les situations d'absence de confrontation, tous les participants, quel que soit leur groupe d'appartenance, manifestent des propensions élevées à s'autodéfinir en termes d'unicité personnelle. Mais lorsque la confrontation intergroupes est prégnante, seuls les dominants persistent à se définir en termes d'unicité, les dominés quant à eux se tournant résolument vers l'assimilation au groupe et la dépersonnalisation.

C'est ainsi que, dans leur ensemble, les études mentionnées dans cet encadré montrent : (1) que la quête de l'unicité est un principe organisateur consensuel ou partagé des représentations de soi et du monde social ; (2) que ce principe organisateur produit des différences entre individus en fonction de leur ancrage dans des positions sociales spécifiques.

CHAPITRE 7

L'analyse multidimensionnelle des représentations sociales

Alain CLÉMENCE[1] & Fabio LORENZI-CIOLDI[2]

Sommaire

1. Université de Lausanne, Suisse.
2. Université de Genève, Suisse.

L'étude des représentations sociales comporte trois principales étapes (Doise, Clémence & Lorenzi-Cioldi, 1992 ; Clémence, 2003a). Il s'agit tout d'abord d'en restituer le contenu. Celui-ci est le produit d'une objectivation par laquelle un objet abstrait se transforme en un schème figuratif[3]*, un tout, que l'on peut assimiler à un champ doté d'une certaine cohérence. Cette transformation aboutit donc à une hiérarchisation de mots, d'images, etc., bref, à la mise en évidence d'un contenu partagé. La deuxième étape vise à dégager les principes organisateurs de la représentation sociale. Ceux-ci consistent en des dimensions qui font émerger des enjeux, ou principes organisateurs, reconnus par tous mais à propos desquels se dessinent des degrés divers d'adhésion. En effet, le consensus à propos de ce qui structure un objet de représentation n'empêche pas l'émergence d'une hétérogénéité de prises de position et d'opinions. Cette diversité est tout d'abord référée à des différences entre individus. C'est lors de la troisième étape que cette idée de principe organisateur des différences conduit à l'étude des ancrages collectifs de la représentation. Ce sont ici des groupes d'individus, leurs positions dans la hiérarchie sociale, et non plus des individus comme tels, qui assument le rôle de porteurs de représentations.*

1. Approche théorique des analyses multidimensionnelles

D'une manière générale, les techniques d'analyse multidimensionnelle visent à résumer de grands ensembles de données, en révélant les ressemblances et les différences entre réponses et entre individus ou groupes d'individus. Il existe une grande variété de techniques, qui peuvent être regroupées de sorte à faire écho à ces trois étapes de l'étude d'une représentation sociale. Certaines techniques, comme les échelles multidimensionnelles (MDS) ou l'analyse typologique, sont particulièrement adaptées à la mise en évidence du champ représentationnel, produisant une sorte de cartographie des opinions et des images. Ici, le consensus prime, et les différences entre individus ou groupes d'individus se fondent dans une structure consensuelle. D'autres instruments, comme l'analyse factorielle, concourent à mettre en évidence la manière dont une représentation organise les différences entre individus. Enfin, d'autres techniques, le plus souvent des extensions des précédentes, font apparaître les ancrages sociologiques des représentations. Puisant dans cette pluralité de techniques, on voit alors apparaître plusieurs conceptions de la nature et du rôle des positions sociales dans le dialogue des représentations sociales.

Nous proposons ici d'effectuer un classement des différentes techniques d'analyse multidimensionnelle en fonction de deux critères : le type d'information auquel elles permettent d'accéder, et le type de population de répondants concernés par l'enquête. À l'aide de ces deux critères, nous allons développer une typologie simple des techniques qui retrace les trois étapes de l'analyse de toute représentation sociale : l'identification du contenu de la représentation, de ses principes organisateurs, et de ses ancrages (Doise, Clémence & Lorenzi-Cioldi, 1992).

2. Type d'information : niveau et profil

Le premier critère de classement des techniques multidimensionnelles porte sur le type de lien entre les réponses. Il faut en effet distinguer ce qui se ressemble du point de vue du niveau ou intensité de l'adhésion (accord, présence, etc.) de ce qui se ressemble du point de vue de la forme des distributions des réponses. Dans le premier cas, on utilise une mesure de similitude (dont le choix dépend notamment du niveau de mesure des variables concernées) et on vise à

3. Voir chapitre 2.

mettre en évidence l'espace des proximités entre les composantes de la représentation sociale. Dans le second cas, on a recours à une mesure de corrélation (là aussi, le coefficient dépend du niveau de mesure) et l'objectif est de saisir des faisceaux de covariations entre les réponses. Ces faisceaux de covariations dépendent des profils des réponses, à savoir de la ressemblance entre les formes des distributions des différentes composantes. Il est possible que les deux approches aboutissent à des résultats convergents, mais cela n'est pas nécessairement le cas (pour plus de détails, voir Lorenzi-Cioldi, 1996, 1997).

3. Type de population : homogène et hétérogène

L'homogénéité d'une population n'implique pas que tous les individus possèdent, par exemple, les mêmes attributs de personnalité ou les mêmes caractéristiques socio-démographiques. Elle signifie plutôt que tous les regroupements possibles d'individus (ils sont potentiellement nombreux, par exemple en fonction du sexe, de l'âge, de la profession, mais également en fonction de paramètres plus contextuels comme des conditions expérimentales, l'ordre dans lequel sont posées les questions dans une enquête, etc.) sont effectués seulement *a posteriori*, c'est-à-dire après l'analyse des réponses sur l'ensemble des individus. Les éventuelles différences entre sous-groupes de participants ne sont pas connues ou ne sont pas pertinentes en tant que telles eu égard aux hypothèses de l'étude. Elles ne sont donc pas prises en compte lors de l'analyse des réponses. À l'opposé, les techniques adaptées aux populations hétérogènes opèrent de manière explicite un examen des liens entre les réponses en fonction de certaines caractéristiques des répondants connues *a priori*, par exemple leurs caractéristiques socio-démographiques ou leurs appartenances expérimentales. Le tableau 7.1 présente le classement des techniques multidimensionnelles issu du croisement des critères de type d'information et de type de population.

Tableau 7.1.
Classification des principales techniques d'analyse de données multidimensionnelles, selon le type d'information et le type de population

	Population	
	Homogène (objectivation et principes organisateurs)	**Hétérogène (ancrages)**
Information		
Profil	A. en composantes principales ; A. factorielle des correspondances multiples (tableau logique disjonctif) ; *INDSCAL* sur matrices individuelles	A. discriminante ; A. des correspondances statistiques (tableaux de fréquences)
Niveau	A. multidimensionnelle : *MDS*	A. multidimensionnelle : *INDSCAL* sur matrices de groupes

L'analyse des représentations sociales comprend donc trois étapes, qui peuvent être réalisées simultanément ou séparément, selon les objectifs de la recherche et selon les données à disposition. Le tableau 7.1 présente une entrée commode permettant d'associer aisément les différents types d'analyse multidimensionnelle aux étapes successives de l'analyse des représentations sociales.

4. Le champ de la représentation sociale

Le MDS dégage la structure de l'espace commun des objets, c'est-à-dire la façon dont les éléments d'une représentation sont associés entre eux. Les différents constituants de la représentation apparaissent rapprochés en fonction de leurs similitudes de niveau (intensité d'accord, fréquence d'apparition dans un corpus, etc.). Un algorithme permet d'ordonner les disparités observées sur des dimensions d'importances décroissantes. Le nombre de dimensions retenues dépend du nombre d'observations et de la complexité de leurs relations, mais il est admis par convention que l'ensemble des dimensions rende compte d'au moins 90 % de la variance des disparités observées (RSQ). Une mesure communément utilisée est dénommée *Stress*. Celui-ci est une mesure de l'écart entre les proximités présentes dans le jeu de données et celles pouvant être reconstituées en considérant la solution retenue. Un modèle est considéré acceptable pour rendre compte des données lorsque le *Stress* est inférieur à .10 (Kruskal & Wish, 1978).

À ce stade, on ne voit pas encore apparaître de lignes de fracture entre sous-groupes d'individus. Mais notons au passage que l'analyse MDS peut également être appliquée à un ensemble d'individus plutôt qu'à leurs réponses. Cette approche ne présuppose néanmoins aucune connaissance de l'hétérogénéité de la population au départ. Elle recherche au contraire des groupes « naturels » d'individus, dans le sens qu'ils ne sont pas connus *a priori* mais sont issus des similitudes entre les réponses individuelles. On peut ensuite examiner la composition des groupes produits par l'analyse en examinant les caractéristiques (socio-démographiques, expérimentales, etc.) de leurs membres.

Relevons également qu'il est possible de comparer la structure multidimensionnelle du MDS avec la structure catégorielle obtenue par une analyse de classification hiérarchique. Les classes d'attributs obtenues avec cette dernière sont généralement différenciées par les dimensions résultant de la première. Une telle comparaison permet de vérifier quelle est l'analyse la plus appropriée, c'est-à-dire de savoir si les attributs suivent plutôt une logique de catégorisation ou plutôt une logique d'échelonnement. Elle facilite par ailleurs l'interprétation des dimensions en offrant la possibilité de différencier les groupes d'attributs sur chaque dimension. Une autre façon d'interpréter les dimensions peut s'appuyer sur d'autres évaluations des attributs (Kruskal & Wish, 1978 ; Rosenberg, Nelson & Vivekananthan, 1968). Les attributs peuvent ainsi être étalonnés sur une échelle selon la moyenne de chaque évaluation pour être soumis à une analyse de régression avec les dimensions comme sources explicatives. Les droites de régression obtenues, à condition qu'elles rendent compte d'une part substantielle de la variance, peuvent finalement être projetées sur l'espace dimensionnel. Elles vont constituer une aide précieuse à l'interprétation de la configuration de proximités.

5. Les principes organisateurs des variations individuelles

Les analyses factorielles et en composantes principales mettent en évidence les profils des réponses. Elles sont les techniques les plus appropriées afin de dégager les enjeux ou principes organisateurs qui sous-tendent l'émergence d'une représentation sociale. Les facteurs, composantes, ou dimensions, résument des parts au fur et à mesure moindres de la variance. Ils font apparaître des covariations entre réponses pour lesquelles la variabilité interindividuelle est maximale, à savoir pour lesquelles l'opposition entre les participants qui y adhèrent et ceux qui s'y opposent est la plus importante.

6. Les ancrages

Les principales techniques vouées à l'examen des ancrages sont l'analyse discriminante, l'analyse des correspondances et l'analyse INDSCAL. Considérons la manière dont œuvrent ces techniques.

Le modèle INDSCAL (*Individual Differences Scaling*) est une extension du MDS qui examine les différences de niveaux entre individus et plus généralement entre groupes d'individus (cf. Doise, Clémence & Lorenzi-Cioldi, 1992, pp. 111-132, pour un exposé détaillé). L'INDSCAL produit d'abord des dimensions partagées par tous les individus ou groupes d'individus, à savoir un espace commun à toutes les unités analysées qui est analogue et souvent similaire aux dimensions extraites par un MDS. Il produit ensuite des *poids* pour chaque individu ou groupe d'individus analysés qui traduisent la manière dont chaque dimension de l'espace commun est prégnante chez les individus ou groupes correspondants (Clémence, 2003b ; Lorenzi-Cioldi & Joye, 1988).

L'analyse discriminante recherche des dimensions, appelées fonctions discriminantes, qui maximisent précisément les différences entre groupes d'individus connus *a priori* (sur la base d'un critère, comme le sexe, les appartenances expérimentales, etc.). L'analyse discriminante s'apparente ainsi à l'analyse factorielle, à l'exception capitale que l'extraction des fonctions discriminantes est subordonnée à la maximisation des variations intergroupes et non pas interindividuelles.

Enfin, l'analyse factorielle des correspondances produit une sorte de carte géographique des liens entre les contenus d'une représentation et les individus ou groupes d'individus. Elle tire d'ailleurs son nom de cette capacité à faire correspondre des éléments issus d'ensembles distincts (e.g., les caractéristiques des répondants et leurs réponses). Elle permet ainsi d'aborder non seulement la structure des éléments objectivés mais également l'ancrage de ces éléments dans les groupes sociaux. On remarque en lisant le tableau 7.1 que cette technique d'analyse figure à la fois dans le type de population hétérogène et homogène. Il s'agit en réalité de deux variantes d'analyses des correspondances, dénommées respectivement statistique et multiple, qui sont explicitées dans la section suivante.

7. Positions et poids

La question des positions et des poids concerne la manière dont, à partir d'une configuration des réponses, on remonte aux individus ou aux sous-groupes d'individus dans lesquels sont ancrées ces réponses. Ici, la prise en compte du critère de type de population, homogène ou hétérogène, est décisive.

Le cas des populations homogènes est concerné par la variabilité interindividuelle. Ici, l'analyse factorielle permet de remonter aux répondants par le calcul des scores factoriels associés à chacun des facteurs ou composantes retenus. L'information qui se rapporte au niveau est ainsi réintroduite, mais seulement après coup, dans ce type d'analyse portant rigoureusement sur les profils des réponses. Concrètement, chaque individu se voit attribuer un score sur chaque facteur. Ce score indique sa position sur le facteur, c'est-à-dire la manière dont ses réponses se situent vers l'un ou l'autre pôle de ce facteur (selon le signe algébrique du score) et l'intensité de ce positionnement (selon la valeur absolue du score). Les scores factoriels sont standardisés (moyenne = 0, écart-type = 1), et ce quelle que soit l'importance statistique du facteur concerné. C'est la raison pour laquelle il ne fait aucun sens de comparer l'intensité des scores factoriels que les individus possèdent sur des facteurs distincts issus d'une même analyse. Il suffit en revanche de connaître les appartenances groupales des individus (par exemple leur sexe, leur condition expérimentale, etc.) pour ensuite examiner les valeurs de chaque score factoriel à travers une analyse de la variance.

Mais cette approche a une forte teneur descriptive. Lorsque l'appartenance des individus à des groupes distincts et potentiellement pertinents par rapport aux hypothèses du chercheur est connue a priori, il est préférable de soumettre les données à d'autres types de traitements, par exemple l'analyse discriminante. Les scores discriminants, analogues aux scores factoriels, fournissent les positions de chaque individu sur les fonctions, et leurs moyennes, appelées « centroïdes », indiquent les positions de chaque groupe d'individus. L'analyse factorielle, lorsqu'elle comporte l'examen des scores factoriels, ressemble donc à l'analyse discriminante: toutes deux examinent profils et niveaux et produisent des solutions dimensionnelles. Mais elles diffèrent sur un point essentiel, car la première fait apparaître des différences *a posteriori* entre individus ou groupes d'individus en fonction de critères internes aux données, tandis que la seconde organise les réponses des individus en fonction de critères externes, connus et préalables à ces réponses.

Un cas particulier est fourni par l'analyse des correspondances. Lorsque les données analysées se présentent sous la forme d'un tableau disjonctif logique (en bref, un tableau comportant des 0 et des 1 qui indiquent l'absence ou la présence d'un critère), on peut apposer sur la solution obtenue des éléments illustratifs ou supplémentaires. Ceux-ci indiquent généralement les positions individuelles (sexe, âge, etc.) dans l'espace des réponses. Mais, en tant qu'éléments illustratifs, ils ne participent pas à la construction des facteurs eux-mêmes. Cette approche est donc très similaire à celle consistant à calculer les scores factoriels dans l'analyse factorielle ou en composantes principales. En revanche, lorsque les données analysées se présentent sous la forme d'un tableau croisé (qui peut d'ailleurs comporter plusieurs entrées), le positionnement des participants en fonction de leurs appartenances participe activement à la construction des facteurs. En ce sens, l'analyse des correspondances devient un analogue de l'analyse discriminante, à l'exception du fait qu'ici les deux ensembles, positions groupales et réponses, jouent des rôles parfaitement symétriques pouvant bénéficier d'une projection graphique simultanée.

Enfin, l'analyse INDSCAL offre une autre possibilité intéressante. Nous avons mentionné que cette analyse produit un espace des réponses commun à tous les individus ou groupes d'individus analysés, et des poids qui pondèrent cet espace commun en fonction de la saillance ou de l'importance des dimensions chez les individus ou groupes d'individus. Or ces poids ne signalent pas leurs positions sur ces dimensions. Ils opèrent plutôt des distorsions de l'espace commun (allongement ou raccourcissement de cet espace) qui permettent l'ajustement de chaque dimension commune aux réponses fournies par chaque individu ou sous-groupe d'individus (appelés espaces « privés »). Le modèle INDSCAL est donc lui aussi flexible. Tout comme l'analyse des correspondances, il présuppose, s'il est effectué sur des matrices de proximités qui agrègent des sous-groupes d'individus selon un critère connu *a priori*, ou ne présuppose pas, s'il est effectué sur les matrices de proximités correspondant à chaque individu, l'hétérogénéité ou l'homogénéité de la population concernée.

Le classement des techniques d'analyse des données ici proposé n'est certes pas exclusif (e.g., Shepard, 1972 ; Lorenzi-Cioldi, 1997, pour des classifications fondées sur d'autres critères). Pouvant être concurrencé voire supplanté par d'autres classements, il a néanmoins le mérite de souligner les spécificités de chaque technique et surtout de favoriser leur usage raisonné en tant qu'outils complémentaires dans l'analyse des représentations sociales. En d'autres termes, il permet de fonder un choix adapté aux buts spécifiques de l'enquête, même s'il demeure que le meilleur choix d'une technique ne doit pas être basé sur des considérations exclusivement techniques et est en dernière instance dicté par des considérations théoriques. Doise (1992) fournit une illustration intéressante de cette idée. Il relève les corrélats théoriques (et idéologiques) de l'usage de techniques dimensionnelles ou discrètes dans la description des ressemblances biologiques entre groupes ethniques, en vue de leur classification. Il montre comment l'analyse typologique – qui met en évidence des regroupements discontinus, aux frontières bien délimitées – est compatible avec un postulat qui accentue les différences entre les groupes, tandis que le MDS – une technique qui situe les stimuli sur des dimensions graduées – est davantage compatible avec un postulat qui accorde plus de crédit à l'échange génétique entre populations en fonction notamment de leurs distances géographiques.

8. Application des analyses multidimensionnelles : la représentation sociale de la femme idéale

Il existe une littérature scientifique considérable sur la représentation sociale de la femme, littérature qui fait écho au nombre incalculable de fois où des femmes sont au cœur de discussions, d'articles de presse, de films, de publicités et de romans. L'analyse des représentations, mais aussi des comportements, des femmes est marquée par la distinction forgée notamment dans les années 1950 par le sociologue Talcott Parsons (1954) entre les fonctions instrumentales et expressives des petits groupes, et de la famille comme un prototype de groupe social. Même si des approches critiques de l'héritage parsonien ont permis de remettre en question, tant théoriquement que méthodologiquement une opposition essentialisant le rapport entre femmes et hommes, les travaux actuels mettent toujours en évidence une représentation stéréotypée de ce rapport sous forme de traits de personnalité associés à des rôles sociaux (pour une revue, voir Lorenzi-Cioldi & Kulich, 2015 ; Poeschl, 2003). Et l'opposition reprend peu ou prou celle évoquée par Parsons, même si les approches ont évolué et se traduisent désormais moins dans une opposition catégorielle que dans une graduation pluridimensionnelle. Ainsi, depuis les travaux de Rosenberg, Nelson et Vivekanthan (1968), la qualification des dimensions s'est déplacée vers une opposition entre *sociabilité* et *intelligence*, puis sous la forme d'une différence entre *communial* et *agentique* (Diekman & Eagly, 2000), et plus récemment encore d'une opposition entre *chaleur* et *compétence* (Fiske, Cuddy, Xu & Glick, 2002). Notons que les dénominations des dimensions sont parfois associées à des prises de position différentes sur le rapport homme/femme, notamment entre celles prônant une valorisation des expériences et attributs féminins (Wood & Eagly, 2010) ou celles plaidant pour une relation d'égalité (Deaux & Major, 1987 ; Ridgeway & Correl, 2004).

Parallèlement aux raffinements des dimensions qualifiant le concept de femme dans des contextes variés, s'est développée une approche focalisée sur les typologies, approche qui fait voler en éclats l'opposition catégorielle entre sexes. Dans cette perspective, femmes et hommes sont abordés comme des assemblages de sous-groupes d'hommes et de femmes qui se côtoient et s'opposent, et tendent, avec leur hétérogénéité, à brouiller les frontières entre les catégories de sexe (e.g., DeWall, Altermatt & Thompson, 2005 ; Six & Eckes, 1991). Par exemple, la représentation sociale des femmes peut se décomposer entre la cadre supérieure, l'athlète, la ménagère et l'objet sexuel (ce qui équivaut à la prostituée en langage moins diplomatique !). Les deux premières convoquent des attributs traditionnellement réservés aux hommes (par exemple ambitieuse, indépendante, intelligente, compétitive et musclée), tandis que les secondes convoquent des attributs classiquement associés aux femmes (e.g., dépendante, fidèle, maternelle, belle, élégante et manipulatrice).

Cet ensemble de travaux fournit de multiples illustrations de l'usage de techniques d'analyse multidimensionnelle, en particulier dans l'exploration des dimensions organisant les traits de personnalité, les rôles sociaux, et plus rarement l'apparence physique et vestimentaire, selon les catégories sexuelles et/ou les sous-catégories de genre (e.g., Altermatt, DeWall & Leskinen, 2003 ; Vonk & Ashmore, 2003). Notre objectif n'est pas de les passer en revue, mais de montrer à partir d'une étude spécifique la pertinence de l'application de notre classification des analyses multidimensionnelles dans l'étude de la pensée représentative.

8.1 *L'étude*

Notre étude porte sur la représentation sociale de la femme idéale. Au même titre que le groupe idéal constitue une représentation distincte du groupe au sens générique du terme (Flament, 1986), la femme idéale constitue un concept spécifique dans le contexte de la représentation des rapports de sexe. Nous supposons en effet qu'il concentre les attributs que valorisent les personnes pour elles-mêmes (la femme que nous souhaiterions être ou rencontrer) avec ceux auxquels elles sont exposées par le biais des médias, de la publicité ou encore des discussions quotidiennes.

Cent participants (50 femmes et 50 hommes) de la ville de Lausanne (Suisse) recrutés par les étudiant-e-s d'un enseignement de psychologie sociale ont d'abord complété une tâche d'association de mots aux termes *Femme idéale* et *Homme idéal*, selon un ordre aléatoire. Nous avons retenu les 17 attributs les plus fréquemment associés aux deux cibles, en supprimant les redondances sémantiques (par exemple, nous avons retenu « beau/belle » parmi les termes évoquant l'attirance physique comme « joli/e », « mignon/ne », « superbe », etc.). Cette liste d'attributs a été soumise aux mêmes personnes environ un mois plus tard. Les participants commençaient par indiquer l'importance de chaque attribut sur une échelle graduée (1 = pas important, 5 = indispensable) pour qu'une femme corresponde à leur propre idéal et à la femme idéale dans notre société. Ils répondaient de la même manière pour l'homme idéal, pour eux-mêmes et pour la société. L'ordre de présentation des quatre cibles était aléatorisé. Ensuite, ils complétaient la version française de l'échelle de sexisme ambivalent de Glick et Fiske (1996 ; Dardenne, Delacollette, Grégoire & Lecocq, 2006) et terminaient en indiquant leurs principales caractéristiques sociodémographiques (âge, situation familiale, formation) ainsi que leur orientation politique et leur pratique religieuse. Les analyses portent sur 96 personnes, 4 participants ayant été exclus du fait qu'ils n'avaient pu être recontactés ou qu'ils avaient répondu en utilisant systématiquement le milieu de l'échelle. La figure 7.1 présente l'importance moyenne accordée aux 17 attributs pour décrire la femme idéale pour soi et la femme idéale pour la société.

Figure 7.1.

Importance de 17 attributs pour décrire la femme idéale pour la société et pour soi

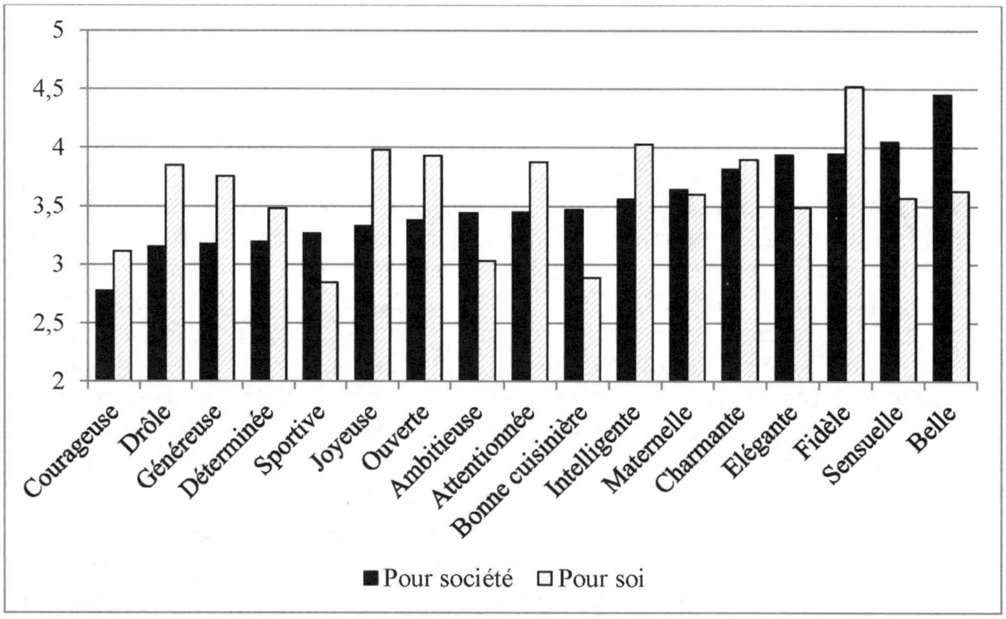

Légende : Les moyennes des attributs sont ordonnées en ordre croissant d'importance pour définir la femme idéale pour la société (1 = pas important, 5 = indispensable).

8.2 *Stratégie d'analyse*

Nous avons suivi une logique d'analyse qui correspond à la distinction opérée plus haut sur les trois étapes de l'analyse d'une représentation sociale. Nous avons d'abord effectué une analyse multidimensionnelle (MDS) sur les proximités entre les 17 éléments du champ de la représentation de la femme idéale pour la société, dans le but de montrer comment ces éléments objectivent cette cible. Dans un second temps, nous avons conduit une analyse factorielle en composantes principales sur ces mêmes items permettant de mettre à jour les principes qui structurent les prises de positions des répondant-e-s. Enfin, nous avons conduit une analyse multidimensionnelle des différences individuelles (INDSCAL) pour analyser simultanément les relations entre éléments et les relations entre les répondant-e-s. À chaque étape, nous montrons les outils qui permettent d'interpréter les dimensions qui organisent les éléments et les principes qui structurent les prises de position et les variations entre les individus.

8.3 *Le champ de la représentation*

L'analyse multidimensionnelle situe des objets ou des stimuli sur un nombre minimal de dimensions de manière à rendre compte de leurs proximités. Il faut donc disposer d'une mesure de ces objets pour calculer une matrice de distances entre eux. La mesure peut prendre différentes formes, mais nous nous intéressons ici à des jugements effectués par des personnes sur des échelles. Dans le domaine des représentations sociales, il peut s'agir d'une échelle visant à mesurer l'importance de divers stimuli (des mots, des images, des expressions) pour décrire, traduire, en un mot objectiver un concept. Les stimuli sont généralement extraits d'une recherche préalable basée sur l'association libre d'expressions au concept étudié et éventuellement à quelques termes proches. Ils peuvent aussi provenir d'une analyse d'entretiens ou d'une revue de la littérature.

Une matrice de distances entre les 17 termes a été calculée (automatiquement) en utilisant un coefficient de distance euclidienne. Il s'agit donc pour chaque paire de mots de la somme des distances individuelles (qui peut varier, dans notre cas entre 0 et 4). Nous observons par exemple que la distance entre les attributs *Ambitieuse* et *Déterminée* est beaucoup plus faible (d = 68) que celle entre ces deux attributs et *Fidèle* (respectivement, d = 258 et d = 320).

Dans notre étude, un modèle bidimensionnel offre une adéquation aux distances observées légèrement supérieure au seuil admis (Stress = .109 ; RSQ = .931). Nous avons donc retenu un modèle tridimensionnel (Stress = .073 ; RSQ = .961) qui rend compte d'une part importante des disparités entre les attributs. La figure 7.2 présente les attributs projetés sur les deux premières dimensions. La première dimension répartit les 17 attributs de gauche à droite en suivant approximativement l'évaluation de leur importance pour définir la femme idéale pour la société, ce qui se traduit par un pôle marqué par l'apparence et les rôles sociaux de la femme et un autre caractérisé par des traits de personnalité évoquant l'indépendance (courage, ambition ou humour). Sur la seconde dimension, les attributs se déploient entre un pôle traditionnel, alliant la ménagère à des caractéristiques relationnelles, et un pôle moderne où s'associent l'élégance et l'ambition, la beauté et l'intelligence. Enfin, la troisième dimension rend compte de proximités résiduelles en opposant particulièrement l'attribut sportif à l'intelligence, l'humour et la fidélité.

Les deux premières dimensions organisent les attributs dans quatre espaces différents qu'une analyse de classification hiérarchique confirme clairement. Les quatre types de femmes idéales qui émergent de cette classification recouvrent ceux mis en évidence dans d'autres études (e.g., Altermatt, DeWall & Leskinen, 2003 ; DeWall, Altermatt & Thompson, 2005). Le quadrant de gauche en haut de la figure 7.2 comporte trois attributs classiques de la mère au foyer, qui se distingue des attributs qui définissent l'apparence physique de la femme désirable, objet sexuel, en bas à gauche, et des attributs valorisant la sociabilité, typiques des rôles féminins traditionnels, de la sphère professionnelle (l'infirmière, l'institutrice ou la secrétaire) à la sphère privée (la mère, l'épouse ou la confidente). Enfin, en bas à droite se détachent les attributs qui qualifient la femme engagée dans une carrière professionnelle, attributs qui qualifient habituellement les stéréotypes masculins. Relevons cependant que la distinction des quatre classes n'apparaît pas clairement pour la partie droite de l'espace dimensionnel, ce qui incite à considérer que la logique de définition de la femme idéale suit davantage une logique de différences graduées qu'une logique de catégorisation.

Dans notre étude, les attributs étaient associés à trois autres cibles que la femme idéale pour la société. Nous pouvons ainsi calculer les corrélations entre les dimensions sur lesquelles sont ordonnés les attributs, avec les scores moyens d'importance de ces mêmes attributs pour définir les autres cibles (Kruskal & Wish, 1978). En particulier, la différence entre l'importance moyenne des attributs pour décrire la femme idéale pour la société et pour soi peut fournir des indications pertinentes pour savoir si et comment les personnes interrogées distinguent ces deux modèles de femme idéale. La figure 7.1 nous en donne un premier aperçu, mais nous cherchons ici à interpréter plus rigoureusement le champ de la représentation en utilisant une information supplémentaire fournie par les participants.

Figure 7.2.

Représentation spatiale des 17 attributs de la femme idéale pour la société sur les deux premières dimensions de l'analyse multidimensionnelle

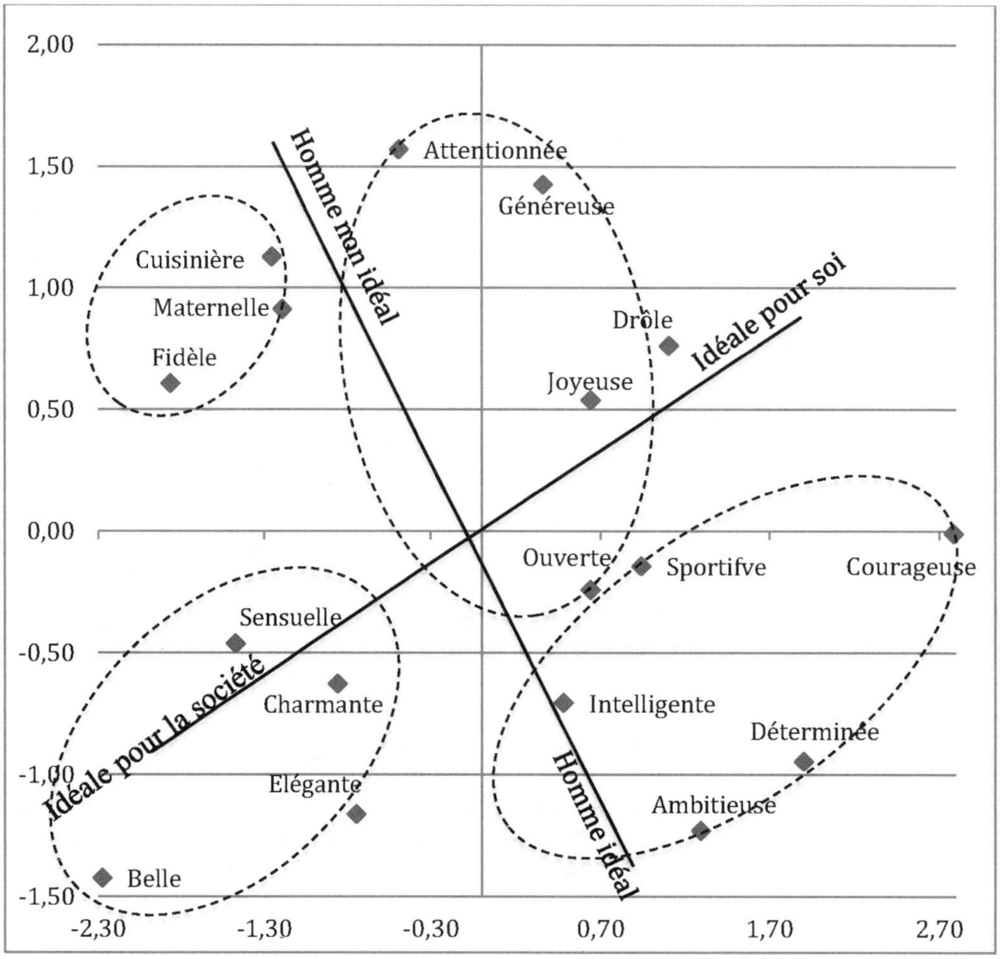

Nous avons réalisé une analyse de régression avec les coordonnées des dimensions comme facteurs explicatifs et les moyennes des attributs comme variable dépendante. Ainsi, la variable dépendante consiste, pour chaque attribut, en la différence entre son importance pour définir la femme idéale pour la société et son importance pour définir la femme idéale pour soi. L'analyse rend compte de 83,2 % de la variation de cette échelle ($F(3, 16) = 21.47$, $p < .001$) et révèle que les trois dimensions sont significativement corrélées négativement à l'échelle (respectivement $ß_1 = -.39$, $p < .005$), $ß_2 = -.47$, $p < .001$ et $ß_3 = -.63$, $p < .001$). La droite de régression issue de ces analyses peut être tracée sur l'espace dimensionnel en transformant les coefficients standardisés (ß) pour déterminer les angles avec les axes du graphique. Nous avons reporté cette droite de régression sur la figure 7.2 qui se déploie du pôle (femme) idéale pour soi, situé dans le quadrant du haut à droite, vers le pôle (femme) idéale pour la société. Par conséquent, les attributs les plus importants pour définir la femme idéale pour la société par comparaison à la femme idéale pour soi se trouvent sur le quadrant en bas à gauche, alors que c'est l'inverse pour le quadrant du haut à droite. La droite permet ainsi de montrer que les répondant-e-s augmentent l'importance de l'attraction physique et diminuent celle accordée en particulier aux attributs relationnels pour définir la femme idéale pour la société par comparaison avec la femme idéale pour soi. La femme idéale pour la société traduit en quelque sorte l'image des femmes figurant dans les publicités et s'oppose à la représentation de la femme idéale pour soi en minimisant principalement la facette communiale, relationnelle, de la femme idéale pour soi. Une analyse de régression comparable a été effectuée sur l'échelle de l'importance moyenne des attributs pour qualifier l'homme idéal pour la société. Les résultats sont moins probants, les trois dimensions expliquant 56,6 % de la variance de l'échelle ($F(3, 16) = 5.65$, $p = .011$), et seul le coefficient de régression de la seconde dimension atteint un seuil de signification statistique acceptable ($ß_2 = -.68$, $p < .005$). Reportée sur la figure 7.2, la droite de régression donne sens à la seconde dimension qui rappelons-le différenciait les attributs stéréotypés de la femme traditionnelle à ceux, contre-stéréotypés, associés à la femme insérée dans une carrière professionnelle. La corrélation négative de la droite avec cet axe montre que ces derniers attributs sont davantage associés à l'homme idéal que la femme idéale, contrairement aux autres. La droite permet donc d'observer que l'homme idéal est distingué de la femme idéale selon une opposition classique et stéréotypée, les attributs agentiques ayant davantage d'importance pour qualifier l'homme idéal et les attributs relationnels pour qualifier la femme idéale.

9. Les principes organisateurs et les prises de position

Le champ de la représentation, tel que nous l'avons abordé, est organisé par les proximités entre les éléments indépendamment de la variabilité interindividuelle dans les réponses. L'analyse factorielle en composantes principales permet, comme nous l'avons indiqué en introduction, de mettre au jour les principes qui organisent les prises de position des personnes. Les composantes factorielles rassemblent les attributs qui sont corrélés entre eux ou, en d'autres termes, ceux qui ont des profils de covariation similaires (qui « pointent dans la même direction », comme on le dit parfois). Elles rendent compte ainsi des variations interindividuelles face au champ de la représentation, de la manière dont les individus viennent en quelque sorte s'y installer.

L'analyse factorielle de l'image de la femme idéale pour la société dégage quatre composantes, dont la valeur propre est supérieure à un, qui expliquent 60,4 % de la variation globale. Pour obtenir une structure factorielle plus claire et plus homogène, les facteurs sont habituellement soumis à une rotation (le plus souvent, de type Varimax) qui vise à maximiser une facette ou l'autre de la structure. Le tableau 7.2 présente les saturations des attributs sur les quatre composantes. Au premier coup d'œil, nous observons une forte ressemblance entre les composantes factorielles et les types de femmes idéales du champ de la représentation dégagés par l'analyse MDS. Ce qui résulte du fait que la proximité sémantique des attributs est partagée par les répondant-e-s. Néanmoins, nous notons quelques modifications. Ainsi *Attentionnée* figure parmi la composante qui comprend les attributs de la mère au foyer, et nous constatons que trois attributs au moins se situent à l'interface de deux composantes : *Sportive* covarie autant avec les attributs de la femme cadre qu'avec ceux de la femme objet, *Ouverte* figure à la fois parmi les attributs de la femme cadre et parmi ceux de la femme qui prend soin des autres, et *Généreuse* corrèle avec cette dernière composante, mais également avec celle de la mère au foyer.

Grâce à l'analyse factorielle, nous pouvons ajouter à la figure de la femme idéale une information sur les prises de position des personnes, prises de position qui apparaissent finalement organisées par des principes proches qui cadrent étroitement avec la structure du champ de la représentation. Ainsi, les quatre principaux types de femmes idéales mises en évidence par les deux premières dimensions de l'analyse multidimensionnelle correspondent à quelques nuances près aux principes qui fondent les prises de position des personnes. Les principes organisateurs émergent bien ici comme une articulation des différences entre les items, d'une part, et les variations entre les individus, d'autre part.

Tableau 7.2.

Composantes de l'analyse factorielle sur l'importance de 17 attributs pour définir la femme idéale pour la société après rotation Varimax

	Composantes			
	1	2	3	4
Déterminée	**.848**	–.236	.068	.061
Courageuse	**.748**	–.085	.080	.120
Ambitieuse	**.730**	–.284	–.006	.031
Intelligente	**.704**	.157	–.003	.184
Sportive	**.462**	.154	**.414**	.131
Fidèle	–.058	**.819**	.044	.066
Maternelle	.024	**.814**	.165	–.059
Attentionnée	–.085	**.589**	.012	.151
Bonne cuisinière	–.381	**.565**	.378	–.036
Belle	–.006	.043	**.806**	.034
Sensuelle	–.213	.001	**.791**	.190
Élégante	.392	.090	**.664**	.130
Charmante	.162	.162	**.583**	–.098
Drôle	.083	.021	.029	**.820**
Joyeuse	.154	.117	.020	**.752**
Ouverte	**.403**	–.057	.254	**.605**
Généreuse	–.046	**.566**	.025	**.594**

10. L'ancrage

Nous disposons à ce stade des éléments structuraux de la représentation, à la fois sous la forme de l'organisation des éléments et des prises de position des personnes. Il nous reste à qualifier l'ancrage, à nous demander si l'articulation des relations entre les éléments et les prises de position dépend d'un autre savoir, de connaissances et de croyances qui distinguent ou au contraire rapprochent les personnes.

Nous avons donc conduit une analyse multidimensionnelle des différences individuelles (INDSCAL) qui, comme nous l'avons évoqué plus haut, consiste à étendre l'analyse multidimensionnelle en tenant compte des entités particulières qui composent la population étudiée. Si l'on disposait d'hypothèses fortes sur les entités pertinentes pour caractériser des ancrages (e.g., le sexe, l'origine sociale, le niveau d'éducation des participants, ou n'importe quel croisement de ces critères), les entités analysées seraient constituées des distances entre les attributs moyennées pour chacun des sous-groupes concernés. Dans le cas présent, en l'absence de telles hypothèses, nous utiliserons les individus comme entité de base. Il s'agit donc ici non pas d'agréger les différences entre les éléments, mais de construire pour chaque individu une matrice de proximités entre les éléments, puis de savoir à quel point l'espace commun des éléments, analogue à celui résultant d'une MDS, est réfléchi dans les espaces individuels. Concrètement, il est possible de calculer, pour chaque dimension commune, un poids individuel qui indique dans quelle mesure cette dimension est utilisée par l'individu dans ses réponses. Ces poids peuvent ensuite être mis en relation avec d'autres caractéristiques des individus qui révèlent certaines connaissances ou croyances.

Pour savoir combien de dimensions permettent de rendre compte des variations individuelles, il est utile de commencer par mener une analyse de type INDSCAL sur les données et de retenir le modèle dimensionnel le plus satisfaisant. L'espace dimensionnel est en effet construit sur la base de l'ensemble des matrices de distances individuelles et, de ce fait, comporte une variation beaucoup plus élevée que celle dérivée de l'agrégation de ces distances dans une seule matrice. Dans notre cas, le *Stress* d'un modèle tridimensionnel est égal à .212 (RSQ = .505) contre .290 (RSQ = .491) pour un modèle bidimensionnel. L'espace commun des stimuli se révèle comparable à celui obtenu par l'analyse MDS : les deux premières dimensions affichent des corrélations très élevées, .93 pour la première et .87 pour la seconde, alors que la troisième dimension est un peu différente (R = .63) du fait qu'elle rend compte de distances entre des attributs qui varient davantage entre les individus, comme les proximités de *Sportive* avec l'apparence physique et/ou avec les attributs agentiques. La troisième dimension organise les attributs selon une logique des attributs valorisés en public (*sensuelle*, *sportive*, *charmante*) et ceux valorisés en privé (*joyeuse*, *maternelle*, *intelligente*).

Considérons les poids individuels, c'est-à-dire la manière dont les répondant-e-s se situent face à l'espace commun des attributs. La figure 7.3 présente les poids individuels pour les deux premières dimensions en mettant en évidence le sexe des participants. La plus grande partie des répondant-e-s sont positionnés autour de la diagonale, ce qui indique qu'ils ont utilisé conjointement, mais à des degrés divers, les deux premières dimensions. Nous observons un nombre plus important de femmes parmi les points situés sur la droite de la figure, soit celles et ceux pour lesquels la première dimension permet de mieux rendre compte de leurs réponses. En répartissant les poids individuels dans trois catégories, avec 50 % d'entre eux dans le groupe central (ceux qui utilisent conjointement les deux dimensions), nous constatons en effet une surreprésentation des femmes parmi les participants qui utilisent principalement la première dimension (17 contre 7 hommes), les hommes étant plus nombreux à utiliser les deux dimensions au même niveau (29 contre 19 femmes), alors qu'il n'y a pas de différence parmi ceux qui utilisent principalement la seconde dimension (11 hommes et 13 femmes), X^2 (2) = 6.38, p = .041.

À ce stade, l'analyse a mis en évidence le champ de la représentation, ainsi que le degré auquel les dimensions de ce champ se répercutent dans les réponses de chaque participant. En disposant de ces éléments, nous pouvons toutefois aller un peu plus loin et examiner la manière dont ce champ s'articule avec toutes sortes d'autres caractéristiques attitudinales et positionnelles des répondants. Ainsi, nous observons par exemple une corrélation significative (r(96) = -.28, p =.005) entre le score de *sexisme hostile* des participants et leur usage de la première dimension. Ce résultat suggère que moins les personnes affichent un sexisme hostile, plus ils perçoivent une présentation de la femme idéale dans la société marquée par la valorisation de stéréotypes traditionnels, que ce soient ses rôles sociaux (mère, cuisinière) ou son attraction physique (belle, sensuelle ou encore élégante) au détriment de traits de personnalité, qu'ils soient communiaux ou agentiques. Ce résultat va de pair avec le lien observé à propos du sexe des répondants, sachant que les hommes ont manifesté un sexisme hostile supérieur aux femmes, respectivement M = 2.96 (SD = 0.74) et M = 2.47 (SD = 0.66), t (94) = 3.42, p = .001. Il indique également que plus les participants ont manifesté du sexisme hostile, plus ils ont différencié la représentation de la femme idéale pour la société et pour soi. Le sexisme bienveillant, dont le niveau est similaire pour les hommes et les femmes, n'est pas associé à cette dimension, ni aux deux autres d'ailleurs. En revanche, la position politique sur une échelle droite-gauche intervient dans l'utilisation de la première dimension, celle-ci permettant de rendre compte davantage des réponses des participants se situant le plus à gauche ($r(84) = .27$, $p = .013$).

Figure 7.3.
Répartition des répondant-e-s selon leur poids individuel en fonction des deux premières dimensions de l'analyse INDSCAL sur les 17 attributs de la femme idéale pour la société

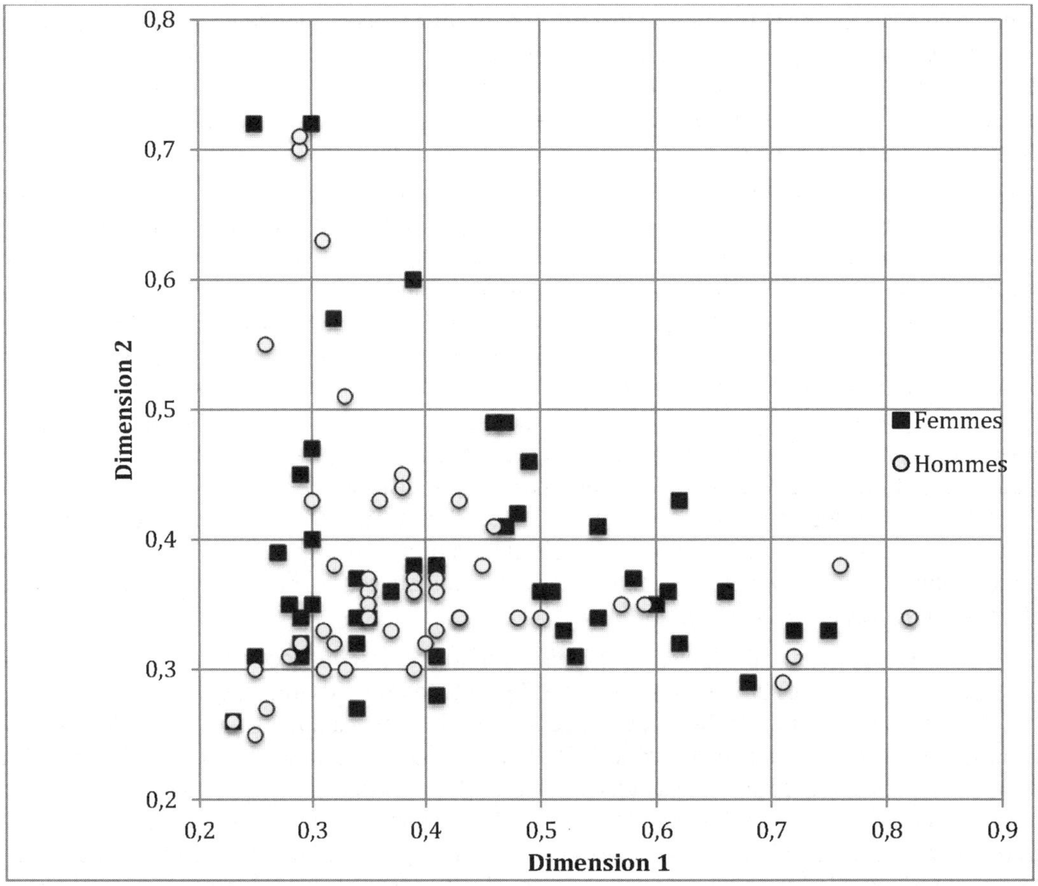

En outre, le fait d'avoir des enfants diminue l'usage de la première dimension ($r(96) = -.22$, $p = .029$), mais augmente celui de la seconde dimension ($r(96) = .24$, $p = .017$), ces corrélations allant de pair avec celles observées pour l'âge. Les participants les plus âgés, et qui ont des enfants, accentuent, par comparaison avec les plus jeunes, la différenciation stéréotypée entre les attributs féminins (maternelle et attentionnée comme prototypes) et masculins (sportif et ambitieux). Enfin, la troisième dimension n'est que légèrement corrélée avec la pratique religieuse ($r(95) = .20$, $p = .051$), les pratiquants distinguant davantage que les autres les attributs de personnalité des attributs de l'apparence.

11. Conclusion

Pour terminer, nous souhaitons souligner la spécificité de la démarche méthodologique que nous mettons en œuvre dans l'analyse des représentations sociales. Il s'agit d'articuler une réflexion théorique sur les représentations sociales avec une réflexion sur les techniques d'analyse des données. Analyser les représentations sociales, c'est pour une large part s'interroger sur le lexique utilisé par les personnes dans la vie quotidienne. Les informations collectées dans cette perspective peuvent être très variées, tant au niveau de leur forme, depuis du matériel iconographique posté sur Internet à des évaluations d'échelles standardisées en passant par des associations de mots, qu'au niveau de leur source, depuis des participants à une étude à des collectifs anonymes en passant par des narrateurs personnalisés. Les analyses multidimensionnelles que nous avons exposées ici ne permettent pas de traiter l'ensemble de ces informations, mais elles offrent des possibilités d'analyser un nombre important de données. En les classant selon deux critères, l'un relatif à la comparaison des profils ou des niveaux des données, l'autre relatif à la recherche des informations partagées ou dispersées au sein d'une population, nous avons montré comment les analyses multidimensionnelles peuvent être appropriées pour répondre au questionnement d'un chercheur à propos de la structure du champ et des variations de points de vue qui composent toute représentation sociale.

Notre approche s'inscrit dans le développement des travaux initiés par Doise (1990 ; Doise, Clémence & Lorenzi-Cioldi, 1992), mais également de travaux d'auteurs qui ont cherché des moyens originaux pour analyser les représentations sociales dans une perspective similaire. Que l'on pense par exemple à la méthode mise en œuvre par Le Boudec (1984), basée sur la comparaison pairée systématique de termes associés à un concept, méthode qui est une forme directe et artisanale de calculer les proximités pour construire par une classification la structure du champ (voir l'exemple proposé par Capozza, Robusto & Busetto, 1999). Que l'on pense également au magnifique travail de Chombart de Lauwe et Bellan (1979) sur la représentation des héros par les enfants, où est véritablement inventée une forme de classification automatique et hiérarchisée des héros à partir de la proximité des attributs que des enfants leur ont associés. Plus généralement, les recherches méthodologiques d'auteurs comme Wish ou Rosenberg sur les approches multidimensionnelles des données répondent aux mêmes interrogations que nombre de chercheurs se posent à propos des représentations sociales. Enfin, les analyses lexicales automatiques, comme celles basées sur les logiciels tels qu'Alceste (Kalampalikis, 2003 ; Lahlou, 1998) et surtout IRaMuTeQ (Ratinaud, 2014)[4], suivent une logique d'analyse proche de celle que nous avons suivie ici et offrent des possibilités de traitement de données textuelles particulièrement bien adaptées à une approche dynamique des représentations sociales.

4. Voir chapitre 3 et focus 3.

Focus 7

Au-delà du consensus dans les études sur les représentations sociales

Joaquim Pires VALENTIM[1]

1. Université de Coimbra, Portugal.

Un des points fondamentaux dans les études sur les représentations sociales est qu'elles offrent une approche qui dépasse les analyses centrées exclusivement sur le consensus. Il s'agissait déjà d'un point central dans la reformulation de la notion de représentation collective de Durkheim, que Moscovici (1976a) a proposé sous la forme de représentation sociale[2]. Cette conception propose de rendre compte soit des caractéristiques diverses – et pas forcément homogènes – que les représentations sociales peuvent présenter, soit de leur rôle dans la production de la société et pas seulement dans sa reproduction. Dans le même sens, son analyse fournit aussi une vue d'ensemble de la dynamique des systèmes de communication à travers lesquels les concepts se disséminent dans la société. Rapprochant la diffusion de l'opinion, la propagation de l'attitude et la propagande du stéréotype, l'existence de consensus se restreint au stéréotype. Même les stéréotypes sur un objet social donné peuvent être socialement connus sans que tous les individus ne les utilisent et y adhèrent personnellement. Bref, l'existence de significations partagées ne mène pas forcément à un consensus.

Cette position théorique trouve une expression claire dans l'approche présentée par Clémence et Lorenzi-Cioldi (voir également Doise, 1990, 1992 ; Doise, Clémence & Lorenzi-Cioldi, 1992)[3], en l'articulant avec une réflexion technico-méthodologique qui a une utilisation paradigmatique dans les études sur les représentations sociales des droits de l'homme (Doise, Spini & Clémence, 1999). En fait, on y trouve d'une façon particulièrement nette et robuste l'articulation entre l'étude du champ commun, ou de l'objectivation, des principes de prises de position, des ancrages et de l'emploi de différentes techniques d'analyse multidimensionnelle.

Dans la conférence de l'École d'été du doctorat européen en représentations sociales en 1997 à Lisbonne, Doise, en reconstituant le parcours d'élaboration de cette approche avec Alain Clémence et Fabio Lorenzi-Cioldi, se réfère aux recherches de Wish (en particulier Wish, Deutsch & Biener, 1970) sur les ressemblances entre nations comme les plus prototypiques des études quantitatives sur les représentations sociales qu'ils avaient analysées à ce moment. Il faut cependant noter que, dans ces recherches, Wish et al. (1970) n'ont pas explicitement mobilisé le cadre théorique des représentations sociales. Ces recherches ont été menées aux États-Unis auprès d'étudiants universitaires. En analysant la perception des ressemblances entre nations, à travers l'INDSCAL (INdividual Differences SCALing)[4], les auteurs obtiennent d'abord une carte générale des nations qui est commune aux participants. Cette carte n'est pas consensuelle puisqu'elle résulte d'une sorte de compromis des réponses des différents individus. Trouver une structure parmi ces différentes positions individuelles correspondrait à l'identification des principes organisateurs des représentations sociales des pays. Avec l'INDSCAL, les auteurs identifient quatre dimensions permettant d'organiser 21 nations. Les deux dimensions les plus importantes sont l'« alignement politique et idéologique » (qui oppose les nations alignées avec la Russie et la Chine aux nations plus alignées aux États-Unis) et le « développement économique » (qui oppose les nations plus développées aux sous-développées). Les troisième et quatrième dimensions apparaissent, bien qu'elles aient moins d'importance, désignées respectivement comme « géographie et population » et « culture et race ». Ensuite, les auteurs analysent les corrélations entre les réponses à différentes échelles avec les dimensions obtenues avec l'INDSCAL et le poids moyen dans ces dimensions de différents groupes d'individus. Ces groupes ont été construits sur la base des attitudes, du sexe et des pays d'origine des participants. Dans ce but, les auteurs utilisent différentes mesures, parmi lesquelles un item attitudinal sur le rôle des États-Unis dans la guerre du Vietnam, à partir duquel les participants ont été classifiés comme « colombes » (favorables à un retrait américain), « modérés » (favorables à des concessions américaines qui conduisent à une paix négociée) et « faucons » (favorables à une escalade militaire américaine). On peut voir ici une illustration de l'étude de l'ancrage, soit en prenant les variables dans un continuum avec les corrélations, soit en utilisant des variables catégorielles avec le poids moyen des groupes dans ces dimensions. Les résultats obtenus ne se réduisent pas à ces données,

---

2. Voir chapitre 1.
3. Voir chapitre 6 et focus 6.
4. Voir chapitre 7.

mais ils montrent que les participants « faucons », les femmes et les membres des pays sous-développés ont un plus grand poids dans la dimension de l'alignement politique que dans la dimension du développement économique. En revanche, pour les « colombes », les hommes et les membres des pays développés, la dimension du développement économique est plus importante que celle de l'alignement politique.

Une autre illustration de l'usage de cette approche se trouve dans les études menées au Portugal sur le lusotropicalisme et la lusophonie (Valentim, 2005, 2011) dont quelques-unes sont en cours de publication. Voyons rapidement ce que ces deux concepts signifient. Le lusotropicalisme met l'accent notamment sur l'idée d'une prédisposition supposée des Portugais à établir des relations pacifiques et bénévoles avec d'autres peuples, associée à une absence de préjugés. Ces conceptions ont été avancées à partir des années 1930 par le sociologue brésilien G. Freyre. À partir des années 1950, ces idées, liées à l'idéologie coloniale de l'époque, ont été largement disséminées dans la société portugaise, où elles continuent à marquer les pratiques et les savoirs sociaux dans différents domaines. La lusophonie, en bref, se réfère à une communauté de nations guidée par l'affinité de peuples liés par une histoire et par une langue (le portugais) communes.

Puisque différentes méthodes ont été utilisées pour la récolte des données, j'indiquerai seulement quelques-unes des conclusions principales à partir des résultats obtenus avec un questionnaire diffusé à des étudiants universitaires portugais provenant des cinq pays africains de langue officielle portugaise. Dans ces recherches, une question fondamentale visait à savoir s'il était possible d'identifier une dimension lusophone dans les représentations sociales sur les Portugais. Pour y aboutir, le questionnaire incluait une section dans laquelle on demandait aux participants de se prononcer sur le degré de ressemblance et de différence entre les Portugais et vingt peuples différents, incluant les pays lusophones. Les analyses en composantes principales ont permis d'identifier, d'une façon consistante, un « facteur lusophone » – soit entre les réponses des individus portugais, soit entre les individus africains – qui agrège le Portugal avec les pays de langue officielle portugaise qui ont été des colonies portugaises (Angola, Brésil, Cap-Vert, Guinée-Bissau, Mozambique, São Tomé et Príncipe, Timor-Oriental).

Est-ce que ce principe organisateur lusophone est lié au lusotropicalisme ? Étant donné qu'une des questions courantes dans les débats sur la lusophonie est de savoir si celle-ci est ou n'est pas un simple substitut moderne du lusotropicalisme, nous nous sommes interrogés sur les liaisons (ancrages) éventuelles entre ce principe organisateur lusophone et le lusotropicalisme. Les résultats des corrélations et des corrélations partielles entre les ponctuations factorielles dans la dimension lusophone et les différents indicateurs de lusotropicalisme montrent que la lusophonie n'est pas réductible aux idées lusotropicalistes sur le passé colonial portugais dans le sens où – spécialement chez les Portugais – l'adhésion à cette dimension lusophone est indépendante de l'acceptation des idées lusotropicalistes.

Une autre sorte d'ancrage a été étudiée envisageant le groupe ethnique-national : les Portugais et les Africains. Les résultats montrent que si la lusophonie est un principe de prise de position commun aux Portugais et aux Africains, il n'y a pas accord entre les deux groupes sur ce sujet. En fait, dans cette dimension lusophone, la moyenne du score factoriel des Portugais est positive et celle des Africains est négative.

Pour vérifier si cette opposition se maintient par rapport aux indicateurs du lusotropicalisme, on a réalisé une analyse discriminante ayant les deux groupes de participants (les Portugais et les Africains) comme critère et utilisant l'ensemble des données à partir desquelles les indicateurs de lusophonie et de lusotropicalisme ont été identifiés comme variables discriminantes. Dans ceux-ci, au-delà de la moyenne des ponctuations factorielles dans les facteurs sur la similarité des Portugais (les peuples lusophones et non lusophones), on a inclus un indicateur sur la perception de bonnes relations coloniales et un autre sur la perception des tensions et des conflits dans la société portugaise contemporaine (provenant de Doise et al., 1999).

Les résultats opposent les Africains aux Portugais qui sont négativement liés à la valorisation des conflits d'origine ethnique au Portugal et positivement associés à la valorisation des conflits idéologiques-identitaires, à la ressemblance des Portugais avec les autres peuples lusophones et à la croyance aux bonnes relations coloniales. Ces données de l'analyse discriminante corroborent clairement l'importance des indicateurs de lusophonie et de lusotropicalisme dans la séparation des Portugais et des Africains.

Avec ces illustrations, j'ai essayé de montrer la pertinence de ne pas réduire l'étude des représentations sociales à l'étude d'opinions consensuelles. Dans cette optique, les développements théoriques et méthodologiques proposés par Doise, Clémence et Lorenzi-Cioldi (1992)[5] méritent d'être mis en relief dans la mesure où, avec cette approche, comme le souligne Bourdieu (1992, p. 7), « une [...] opposition se trouve ainsi dépassée, tant au niveau des techniques que des concepts, celle du consensus et du conflit : les prises de position différentes, voire antagonistes, ne se constituent comme telles que par rapport à des enjeux communs ».

Il n'y a pas, inévitablement, d'applications strictes et mécaniques des approches théoriques pour les techniques d'analyse de données, mais les techniques d'analyse multidimensionnelle se prêtent particulièrement bien à la réflexion et à la recherche empirique qui cherchent à aller au-delà de l'opposition entre le consensus et le conflit dans le domaine des représentations sociales.

5. Voir chapitre 6, focus 6 et chapitre 7.

CHAPITRE 8

Dialogicité et représentations sociales

Stéphane LAURENS[1]

Sommaire

1. Université Rennes 2, France.

Si plusieurs théories psychosociales élaborées par Serge Moscovici ont connu un certain succès (i.e., l'influence minoritaire, les décisions collectives et, évidemment, les représentations sociales), un aspect central de sa pensée, un point commun à toutes ses théories, n'a semble-t-il jamais été directement développé sinon dans les introductions théoriques à des manuels de psychologie sociale par Moscovici lui-même (1970, 1984a) : c'est l'idée que plutôt que d'entretenir un rapport au monde, à l'objet, le sujet entretient d'abord un rapport à l'autre, autrement dit que ses opinions, attitudes, jugements, représentations viennent d'abord du rapport à autrui plutôt que d'une perception et d'une analyse personnelle et directe du monde.

Sans cette axiomatique, point de représentations sociales, mais simplement des perceptions individuelles, sans cela, point d'influence minoritaire, mais une adaptation conformiste à une réalité toute-puissante.

Moscovici a consacré ce postulat de son système de pensée en en faisant la spécificité du regard psychosocial (Moscovici, 1984a). Pour lui, le sujet élabore une opinion, un jugement non en se livrant à une analyse personnelle et indépendante du monde, d'un objet, mais il le fait par sa relation aux autres. Une relation avec des autrui réels, mais aussi imaginaires ou symboliques. Sa relation à l'objet est médiatisée par autrui, c'est une relation de sujet à sujet dans leur rapport à l'objet (Moscovici, 1984a) et ainsi, la relation à autrui précède et fonde le rapport du sujet à l'objet. La relation à autrui, la culture, les représentations partagées priment sur les perceptions individuelles de l'objet et les raisonnements de chacun.

Ce modèle ternaire (structurellement similaire à ceux utilisés dans les perspectives dialogiques ; Marková, 2001 ; Raggatt, 2010) affirme, à l'instar de ce que Bakhtine décrit grâce aux concepts de dialogisme et de polyphonie, « une conception de l'être humain en général, où l'autre joue un rôle décisif. Le principe est donc celui-ci : il est impossible de concevoir l'être en dehors des rapports qui le lient à l'autre » (Todorov, 1981, p. 145)

Figure 8.1.

Regard psychosocial (tiré de Moscovici, 1984a, p. 9)

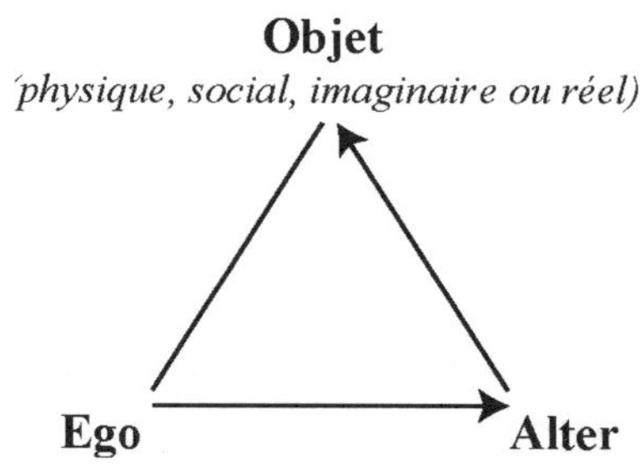

On peut aisément illustrer ce processus par lequel l'autre et ses prises de position interviennent pour fonder notre prise de position. Par exemple, nos discussions qui portent sur des objets aussi divers que la politique vis-à-vis du chômage, la mode, l'intervention militaire en Syrie, l'avortement... montrent bien que nous ne fondons pas nos opinions sur une analyse et une connaissance élaborée de manière solipsiste. Lorsqu'un individu prend position en faveur ou en défaveur de l'intervention en Syrie, il est bien rare qu'il ait véritablement pris connaissance de la situation politique, économique, sociale, religieuse de la Syrie. Il n'a pas été sur place pour voir l'objet ni même étudier les raisons variées qui pourraient motiver cette intervention. Néanmoins, il peut avoir une position et même, lors de discussions, la défendre avec des arguments. Cette position ne vient donc pas d'un rapport direct au monde, elle vient d'un rapport aux autres et à leurs prises de position : l'individu ne s'est pas tourné vers l'objet, il ne s'est pas lancé dans une analyse complexe du monde, mais il s'est tourné vers les autres, et il a, à sa disposition, leurs prises de position. C'est sur cette base qu'il élabore son opinion, ses propres prises de position.

C'est là le rôle principal des représentations : façonner le monde, « les individus et les groupes ayant plutôt affaire à des objets, des actes et des situations constituées par et au cours des myriades d'interactions sociales » (Moscovici, 1976a, p. 26).

1. Le sujet et l'objet : un rapport critique, une absence d'autrui

À l'inverse, le rapport direct sujet-objet fournit une conception de l'individu indépendant et une doctrine de la société constituée par de tels individus.

Ces derniers sont considérés comme étant naturellement et habituellement en dehors de l'influence d'autrui : en situation d'indépendance, ils seraient rationnels, intelligents, percevraient correctement le monde et en élaboreraient des jugements valides. Chaque sujet, grâce à ses propres facultés perceptives et cognitives observerait le monde et, traitant ces informations perçues, élaborerait un jugement sur la réalité. Si l'objet n'est pas ambigu ou excessivement complexe, le sujet (disposant d'un système perceptif correct et d'un système de traitement de l'information opérant) aboutirait à un jugement valide.

Suivant cette perspective individualiste et objectiviste, il y aurait un primat du rapport du sujet à l'objet – ce rapport serait permanent et essentiel – sur le rapport de sujet à autrui.

Le rapport interindividuel serait éphémère et second tandis que le rapport au monde serait permanent et premier. Autrui et ses jugements permettraient (après coup, après l'observation personnelle et l'élaboration d'un jugement) au sujet de voir si son jugement est correct et permettraient au sujet de déterminer s'il peut valider (ou rejeter en cas de divergences) son analyse personnelle : des sujets disposant de facultés similaires et observant une même réalité, devraient faire les mêmes observations et aboutir logiquement aux mêmes jugements. Cette similarité de jugements élaborés isolément par des sujets différents (une similarité qu'ils pourraient constater grâce à des interactions éphémères ou de brefs échanges) prouverait la validité de leurs jugements individuels (Festinger, 1954). La réalité sociale résulterait de tels consensus.

Le champ de cette doctrine dépasse largement celui de la psychologie. Par exemple, les journalistes qui, quotidiennement, rendent compte des fluctuations des marchés financiers expliquent ces variations par des achats ou des ventes de valeurs motivées par des perspectives de développement d'entreprises, de débouchés de produits, de productions... Ils décrivent ainsi des individus qui perçoivent correctement le monde, l'analysent et y agissent au mieux de leurs intérêts personnels respectifs. Ces individus, qui n'entretiennent aucun lien entre eux, constituent le marché libre, une émergence non intentionnelle qui assure un fonctionnement social harmonieux (Friedman, 1981).

> « Le système des prix est le mécanisme qui accomplit cette tâche [échange entre individus orientés par leurs intérêts particuliers] sans direction centrale, sans exiger que les gens se parlent ou se plaisent. [...] L'éclair de génie d'Adam Smith a été de reconnaître que les prix résultant des transactions de gré à gré entre acheteurs et vendeurs – bref dans le cadre d'un marché libre – pouvaient coordonner l'activité de millions de personnes ne cherchant que leur propre intérêt, de façon que chacun en retire un avantage. Le fait qu'un ordre économique puisse naître des conséquences involontaires d'actions de nombreuses personnes ne cherchant que leur propre intérêt était à l'époque une idée stupéfiante, et elle le demeure aujourd'hui. Le système des prix fonctionne si bien et avec tant d'efficacité que la plupart du temps nous ne sommes même pas conscients de son existence » (Friedman, 1980, p. 26).

Cette logique économique des échanges de biens, si tant est que dans ce domaine elle soit valide, se voit ainsi généralisée aux connaissances et aux opinions. Suivant cette conception, le bon fonctionnement du marché exige que certaines conditions soient remplies et l'une des plus importantes de ces conditions est justement la préservation de l'autonomie des acteurs. Il est nécessaire de les protéger des influences d'autrui, des autorités, des pouvoirs, des modes, des rumeurs, des croyances... qui pourraient venir interférer et influencer leurs jugements en créant par exemple du conformisme ou de l'imitation. Il convient d'éviter que quoi que ce soit[2] ne se

2. Ce qui est soit une économie planifiée (qui pour ces tenants du libre-échange conduit à un ralentissement économique, à la récession et à la pauvreté), soit pression de certains acteurs (par exemple un groupe pourrait exercer des pressions pour éliminer ses concurrents afin de se trouver en situation de monopole, pouvant ainsi augmenter les prix sans faire aucun effort pour innover, améliorer biens et services ; ainsi, un groupe pourrait mettre en place une propagande aliénante affectant les jugements individuels).

substitue au jugement supposé valide de chacun, et donc de garantir que chacun reste bien libre, indépendant, autonome.

L'exception, dans cet idéal individualiste et objectiviste est la situation de crise (objet complexe, incertain, décisions difficiles à prendre, etc.) dans laquelle l'individu ne pourrait appréhender seul la réalité (car il manquerait d'information, que ces informations seraient incertaines, contradictoires, trop nombreuses ou au contraire trop peu nombreuses...) et ne pourrait donc pas aboutir à un jugement valide. Face à cet échec, il se tournerait alors vers autrui, regarderait ceux qu'il croit compétents ou informés, et les imiterait.

Cette théorie d'économie est fondée sur des postulats identiques à ceux de la théorie individualiste de la comparaison sociale de Festinger : l'individu souhaitant avoir un jugement valide évaluerait directement et par lui même les objets, et c'est seulement lorsque ce serait impossible (objet social complexe par exemple) qu'il se référerait aux jugements des autres.

> « En l'absence de moyens objectifs non sociaux, on évalue ses opinions et ses aptitudes en les comparant avec les opinions et les aptitudes des autres. [...] Si l'on dispose de moyens objectifs autres que sociaux pour évaluer ses opinions ou ses aptitudes, on ne le fait pas en fonction des autres » (Festinger, 1954).

Ainsi, avec des objets complexes ou dans des situations incertaines, « sachant que notre propre jugement est sans valeur, nous nous efforçons de nous rabattre sur le jugement du reste du monde, qui est peut-être mieux informé. En d'autres termes, nous tentons de nous conformer au comportement majoritaire ou moyen » (Keynes, 1937, p. 214). Mais dans ces situations, l'autre étant lui même tout aussi incertain n'a d'opinion que s'il s'est lui-même tourné vers un autre et ainsi de suite...

Les mécanismes d'imitation émergeraient dans ces situations anormales et angoissantes pour des individus qui voudraient avoir des opinions et des jugements valides, mais qui ne pourraient pas les obtenir par leurs propres moyens. Il s'ensuivrait des mécanismes d'imitation en chaîne puis en boucle aboutissant à la création d'une réalité sociale momentanément consensuelle, mais détachée des réalités qu'elle se donnerait pourtant pour objectif de juger.

Ces mécanismes d'imitation ne conduiraient pas à des jugements valides. L'échec de l'individu signerait l'échec de la société : l'imitation conduirait à de l'absurde, par exemple, dans le domaine de l'économie, à acheter les mêmes actions que les autres, des actions dont la valeur monte parce qu'elles sont achetées dans une spirale d'imitation. Mais sa valeur sans cesse plus grande perdrait son lien avec la valeur de l'entreprise, ses perspectives de ses ventes, les biens qu'elle possède... Et, à terme, le mécanisme s'inverserait : l'explosion de la bulle conduirait à l'effondrement de l'action, à la vente immédiate et inconditionnelle de cette ancienne valeur sûre maintenant considérée un attrape-nigaud. C'est la panique qui conduirait à la fermeture d'entreprises, au chômage, au suicide... (Dupuy, 1991).

En résumé, selon cette doctrine, un monde déchiffrable et compréhensible permettrait l'existence de l'individu rationnel et autonome qui n'aurait aucun besoin d'autrui.

À l'inverse, dans un monde incertain ou trop complexe, alors l'autre et ses opinions deviennent des recours. Des mécanismes d'imitation émergent, mais ils ne seraient finalement d'aucune utilité (sinon pour diminuer momentanément l'incertitude et l'angoisse des individus qui ne savent pas) puisque, dans le meilleur des cas, cette imitation conduirait à élaborer des réalités sociales chimériques et, dans le pire des cas, ils mèneraient à la panique.

Suivant cette logique, il faudrait protéger chaque individu de chacun des autres pour le laisser accéder seul aux données objectives de la réalité, car dès lors que des influences s'exerceraient sur lui, il serait en péril, il pourrait passer sous l'emprise d'autrui : ses perceptions et jugements seraient troublés par l'influence, faussés par l'intervention des autres. L'emprise, ou la tentative d'emprise d'autrui sur l'individu lui ferait perdre son autonomie, ses moyens. Influencée par autrui, sa nature même serait modifiée : il serait transformé en automate, en agent, en assujetti...

Avec cette conception individualiste et objectiviste, le sujet et l'autre sont fondamentalement distincts et indépendants, leur interaction n'étant qu'un instant éphémère de contact. Pour Marková (2003/2007a), l'interaction se voit alors décomposée en actions séparées de deux entités (sujet, autrui, groupe, institution, etc.) présentées comme indépendantes l'une de l'autre, des unités bien séparées les unes des autres qui agissent momentanément les unes sur les autres. Le résultat de cette interaction éphémère est bien souvent désastreux comme en témoignent les analyses économiques précédemment présentées, mais comme le montrent aussi les fameuses expériences de Milgram ou de Asch puisque l'individu y est anéanti par l'autre (e.g., autorité, groupe majoritaire, source crédible), devenant suggestible, soumis, lorsqu'il ne bascule pas dans un état agentique.

2. Partage et dialogue

Cette conception individualiste est paradoxale, car l'interaction a pour effet premier d'anéantir l'une des entités qui interagit : de fondamentalement indépendante et autonome, l'individu tombe sous l'emprise d'autrui et devient dépendant, il n'est plus sujet de ses actes, de ses décisions, car c'est autrui (celui qui l'influence ou le manipule) qui décide pour lui[3]. De plus, cette conception décentre de l'étude de l'interaction pour ne voir et ne penser que ceux qui interagissent, ou, plus précisément, agissent – envoyant des stimuli – et réagissent à d'autres stimuli (Marková, 2001, 2011).

Si on déplace le regard, abandonnant l'individu, pour le porter véritablement sur l'interaction, on est amené à envisager les choses bien différemment.

L'interaction n'est ni à l'un ni à l'autre, et si l'on tente de la répartir en actes de l'un et en actes de l'autre, on passe à côté, la démembrant en la réduisant à une série de stimulus-réponse (une autre manière de formuler le rapport direct sujet-objet) comme le firent autrefois les béhavioristes (pour une analyse critique de ces thèses, voir la critique de Mead sur la psychologie de Wundt)[4]. Comme le soutenait Durkheim (1898a), on ne peut pas expliquer une association par ses parties et la société n'est pas composée que d'individus, car leur association crée quelque chose de nouveau (Durkheim, 1897/1990, pp. 350-354).

Pour Merleau-Ponty (1945, p. 407), l'interaction crée un « être à deux », elle se déroule sur un plan commun dans lequel soi et autrui « s'insèrent dans une opération commune ». Dans l'interaction, la position de l'autre n'est plus seulement la sienne puisque je la saisis de même que la mienne est saisie par lui. Cette perspective écarte la conception de soi monologique pour se centrer sur l'inter, la communication, le dialogue (Ajtony, 2011 ; Marková, 2001). C'est là un

3. De ce point de vue, il est assez instructif de revenir sur la théorie de Milgram. En effet, il théorise un état agentique pour expliquer que, dans un système organisé, une entité ne détruise les autres, pour que plutôt que de s'éliminer, elles s'ajustent, l'une devenant l'agent obéissant aveuglément aux ordres de l'autre. D'un côté, l'objectif que s'est fixé Milgram est atteint puisqu'il n'y pas d'affrontement des entités, mais d'un autre côté, cet objectif est manqué car l'une des entités a été anéantie en tant qu'individu autonome, indépendant, responsable...

4. Dans un rapport direct sujet-objet, un geste effectué par l'un est pour l'autre un stimulus. Ce dernier après avoir perçu le stimulus réalisera un geste qui, à son tour sera perçu par le premier comme un stimulus. L'interaction n'est alors qu'une succession de stimulus-réponse entre deux entités fondamentalement distinctes que rien ne rapproche. Par contre, si l'on suppose l'existence d'un système de significations partagé, dans ce cas, en réagissant « à son propre stimulus de la même manière que les autres, le stimulus devient alors significatif : on dit quelque chose » (Mead, 1934/1963, p. 58), le geste signifiant de l'un provoquant « la même réaction à la fois chez celui qui le fait et chez les partenaires » (Mead, 1934/1963, p. 41). Dans cette conception, il y a plus que des individus et des stimuli. Ces derniers sont englobés, c'est-à-dire prennent sens et se définissent. « À l'origine, il n'y avait aucun mécanisme capable de la [la relation à sa propre conduite] contrôler. L'être humain, toutefois, a produit un appareil linguistique de communication qui lui a permis de réaliser ce contrôle. [...] Pouvoir choisir ces significations et les indiquer aux autres et à lui-même donnent une puissance particulière à l'homme. Et c'est le langage qui a permis ce contrôle. Ce mécanisme de contrôle de la signification a constitué, ai-je dit, l'esprit » (Mead, 1934/1963, p. 112).

rôle essentiel de la représentation qui « produit et détermine des comportements, puisqu'elle définit à la fois la nature des stimuli qui nous entourent et nous provoquent, et la signification des réponses à leur donner » (Moscovici, 1976a, p. 26).

Le regard psychosocial s'inscrit dans cette perspective puisque pour Moscovici le sujet n'est pas seul, mais dispose des prises de position d'autrui, comme autrui dispose des siennes. Le modèle ternaire de Moscovici rappelle cette pertinente question de Voloshinov, membre du cercle Bakhtine, à propos de la construction de nos jugements : « D'ou me vient ce "point de vue personnel", sinon de l'opinion de ceux qui m'ont élevé, de mes camarades d'école, des auteurs des livres et des journaux que j'ai lus, des orateurs que j'ai écoutés dans des meetings et des salles de cours ? » (Voloshinov, 1930).

Moscovici s'oppose donc à l'idée souvent admise que, face à un stimulus donné, le sujet disposerait d'une opinion, d'une attitude, de connaissances, d'un répertoire de réponses indépendant (Moscovici, 1970, p. 35). Pour lui, le sujet n'est pas seul face au stimulus, il dispose de la réponse des autres (par leur présence effective ou imaginaire), de leurs actions, de leurs prises de position. Les autres lui fournissent les éléments lui permettant d'avoir une connaissance et un jugement sur le monde. Les autres et leurs influences ne sont pas un biais, une intrusion perverse et insidieuse, une falsification dans le rapport du sujet à l'objet. Ils sont les médiateurs nécessaires par lesquels le sujet peut se constituer en tant que tel et peut élaborer un rapport au monde (Moscovici, 1984a).

> « L'hypothétique solitude du sujet face à son environnement est toujours perturbée ou remise en cause par le lien social, réel ou symbolique. On suppose trop généralement que le sujet dispose, face à un stimulus donné, d'un répertoire de réponses indépendant. Mais il est aisé de remarquer que, dans l'élaboration de son comportement entre en jeu la présence, effective ou imaginaire, d'un autrui dont le répertoire de réponses interfère avec le sien. De plus la réponse ou le comportement sont toujours situés dans un contexte de référence interne : celui des réponses que le sujet a données antérieurement au même stimulus ou à ceux qui lui sont associés, en fonction des différents rôles qu'il a occupés » (Moscovici, 1970, p. 35).

Bakhtine décrivant le dialogisme dans l'œuvre de Dostoïevski met en exergue la polyphonie des voix et plutôt que de voir des *je* uniques, clos les uns aux autres, il voit la pluralité des voix en chacun. La conscience et les pensées intérieures des personnages sont un dialogue, ainsi, dans la conscience de Raskolnikov, personnage principal de *Crimes et châtiments*, se reflètent les autres personnages du roman, des personnages qui ne sont pas aliénés par lui, mais qui constituent des voix distinctes avec lesquelles il dialogue et qu'il fait dialoguer entre elles.

> « Au début, Raskolnikov recrée les paroles de Dounia, avec les intonations d'appréciation et de persuasion qu'elle leur confère, et à ces intonations il superpose les siennes, pleines d'ironie, d'indignation, de mise en garde ; donc dans ces mots on entend simultanément deux voix : celle de Raskolnikov et celle de Dounia. Dans les mots suivants [...] on entend l'intonation de la mère avec son amour et sa tendresse et en même temps la voix de Raskolnikov, avec ses intonations ironiques et amères, l'indignation causée par le sacrifice, la tristesse de tout son amour filial. Plus loin, dans les paroles de Raskolnikov, résonnent les voix de Sonia et de Marmeladov. Le dialogue pénètre profondément à l'intérieur de chaque mot en y provoquant la lutte et les dissonances entre les voix : c'est le microdialogue.
>
> Ainsi, dès les premières pages, on entend toutes les voix principales du grand dialogue. Ces voix ne sont ni fermées, ni sourdes les unes aux autres. Elles s'entendent, se répondent, se reflètent. Et aucune action importante (surtout dans les microdialogues), aucune pensée essentielle des personnages principaux, ne se réalise en dehors de ce dialogue, où "s'affrontent les vérités" » (Bakhtine, 1970, p. 123 ; Dostoïevski, 1866/1975, pp. 48-49).

La pensée des personnages se construit dans ce théâtre intérieur où autrui et ses idées ne sont pas aliénées par l'ego. C'est cela qui constitue le répertoire de réponse et c'est sur cette base que s'élabore la pensée de l'ego et ses prises de position : « Partout sa pensée cherche son chemin dans le labyrinthe des voix et des demi-voix, des mots et des gestes d'autrui. Il ne prouve nulle part ses opinions à partir de conceptions abstraites, ne combine pas les pensées selon le principe objectal, mais confronte différents points de vue et élabore le sien au milieu d'eux » (Bakhtine, 1970, p. 146).

On peut ainsi relire les mécanismes d'influence – ces phénomènes d'interaction par excellence – d'une manière toute différente. Comme nous l'avons vu, dans la conception individualiste, l'influence est réduite au choc de deux individus indépendants (dont l'un cède ou non à l'autre), l'un étant la source omnipotente (caractérisée par des ressources psychologiques : autorité, crédibilité, prestige...) et l'autre un sujet naïf (c'est-à-dire sans ressource). L'influence de la source sur la cible se traduit par une aliénation de la cible qui se soumet, accepte la position de la source. Il n'y a pas d'échange, mais une domination.

Le regard psychosocial, ainsi que la théorie des minorités actives, réfutent cette lecture fonctionnaliste (Moscovici, 1979) en affirmant que la prise de position d'un individu, même minoritaire, ne peut être négligée, que le processus d'influence est une véritable interaction reposant sur une réciprocité entre soi et autrui, quel que soit leur statut respectif. Dans l'interaction, chacun – quel que soit son statut – accède à la prise de position de l'autre, la saisit – éventuellement pour la réfuter –, mais ne peut la négliger, l'ignorer. Ainsi, les prises de position, même lorsqu'elles viennent d'une minorité, sont intégrées aux répertoires de réponse de tous ceux qui interagissent. Les individus majoritaires réfutent ces idées minoritaires, mais ils les connaissent de même que les individus minoritaires savent ce que pensent les individus majoritaires (Moscovici, 1986a ; Laurens, 2006a).

C'est là une condition nécessaire au déroulement pertinent de l'interaction, car sans cela – autrement dit, sans l'intégration en soi de la position de l'autre – il n'y aurait que des réaffirmations stériles (lorsque des personnes partageant les mêmes opinions discutent entre elles) ou des conflits à n'en plus finir (lorsque des personnes qui ne se comprennent pas, qui n'ont pas les mêmes points de référence, s'opposent sans se comprendre).

Ainsi, l'interaction (même lorsqu'elle prend la forme du conflit) rend les individus fondamentalement plus semblables puisqu'à travers les échanges, les débats, le conflit, chacun intègre la position d'autrui (même s'il le fait pour s'y opposer, en contre-argumentant ou en réfutant la position d'autrui, il l'intériorise d'abord ; voir les recherches sur le déni, e.g., Moscovici, 1987). De différents au départ, ils deviennent similaires par leurs interactions et s'ils sont en conflit, ils ne diffèrent que par leur position subjective. Pour reprendre les mots de Mead, les interactions permettent d'intégrer dans leur *moi* les attitudes d'autrui et c'est seulement le choix du *je* qui les distingue : « Le "moi" est l'ensemble organisé d'attitudes des autres que l'on assume soi-même. Les attitudes d'autrui constituent le "moi" organisé, auquel on réagit comme "je" » (Mead, 1934/1963, p. 149).

Enfin, ces interactions ne se déroulent pas dans le vide, mais sur un fond commun : le partage d'une même langue, d'un imaginaire commun, d'un même système signifiant... car c'est grâce à ce fond commun que le geste (vocal ou non) de l'un a le même sens pour tous ceux qui partagent ce même système de significations. C'est cette similarité fondamentale, accrue par les interactions, qui fonde la possibilité des échanges.

Cette possibilité d'accéder au répertoire de réponse d'autrui, aux représentations qui sont celles de son groupe, est fournie par le langage. Il est la clé du rapport à autrui : « Qui dit homme dit langage, qui dit langage dit société » (Lévi-Strauss, 1955, p. 467).

> « Dans l'expérience du dialogue, il se constitue entre autrui et moi un terrain commun, ma pensée et la sienne ne font qu'un seul tissu, mes propos et ceux de l'interlocuteur sont appelés par l'état de la discussion, ils s'insèrent dans une opération commune dont aucun de nous n'est le créateur. Il y a là un être à deux, et autrui n'est plus ici pour moi un simple comportement dans mon champ transcendantal, ni d'ailleurs moi dans le sien, nous sommes l'un pour l'autre collaborateur dans une réciprocité parfaite, nos perspectives glissent l'une dans l'autre, nous coexistons à travers un même monde » (Merleau-Ponty, 1945, p. 407).

Mead avait théorisé ce rôle si particulier du langage, montrant qu'au monde objectif constitué d'organismes, se superposait un système signifiant liant entre eux les organismes qui sans cela s'entrechoqueraient. Des organismes qui sont dotés d'un esprit dès lors qu'ils sont pris dans ce système signifiant. Un esprit qui leur permet de communiquer avec autrui, de partager ses positions, sentiments...

> « Le geste est la partie de l'acte individuel qui provoque, à l'intérieur du processus social, une adaptation d'autrui. Le geste vocal devient un symbole significatif (et comme tel sans importance pour l'effectivité) quand il produit le même résultat sur celui qui l'accomplit et sur celui à qui il est adressé. [...] Le symbole ou geste significatif est très supérieur au geste non significatif pour produire une telle adaptation ou réadaptation ; en effet, dans l'acte social donné, il provoque la même réaction à la fois chez celui qui le fait et chez les partenaires ; ainsi, l'individu est conscient de leur attitude qui devient une composante de son propre comportement, il peut alors adapter au leur son comportement ultérieur à la lumière de cette attitude » (Mead, 1934/1963, pp. 40-41).

3. Analyses dialogiques des représentations sociales : principes et illustrations

Une approche dialogique des représentations sociales a pour objectif de décrire les représentations d'individus ou de groupes à propos d'un objet et ceci en saisissant ces représentations dans leur rapport à un autre individu ou groupe. Comme l'écrit Marková (2003/2007a, p. 288), « la dialogicité est la capacité de l'*Ego* à concevoir et comprendre le monde dans la perspective de l'*Alter* et à créer des réalités sociales dans la perspective de l'*Alter* ». Il s'agit donc d'appréhender des représentations d'un objet dans un rapport à autrui.

Ce point est essentiel et marque une différence majeure avec des méthodes qui reposent sur des discours de sujets produits dans des contextes qui ne laissent apparaître aucun autrui particulier ou qui se contentent de recueillir une représentation en sachant, dans le meilleur des cas, de quel groupe il s'agit ou à quel groupe appartiennent les individus dont on analyse les représentations, mais en négligeant quels autrui sont mobilisés lors de ce recueil de données.

À l'instar du regard psychosocial, le regard dialogique, suppose *a priori*, pour un objet donné, une pluralité des réponses ou positions de l'individu en fonction des autrui avec lesquels il interagit ou qu'il mobilise.

Par exemple, un militant LGBT (association Lesbiennes, Gays, Bi et Trans) appartient à un groupe spécifique qui a ses propres normes, son langage, ses emblèmes... Tout ceci lui confère des représentations et des attitudes qu'il partage avec les membres de son groupe. On peut donc étudier la représentation des militants LGBT vis-à-vis de l'adoption des enfants, par exemple, et décrire en quoi cette représentation se distingue de celle de personnes appartenant à d'autres groupes. Souvent, l'analyse des représentations se limite à cela (on sait simplement qu'il s'agit de la représentation de tel objet pour les individus de telle population spécifique). Il faut pourtant se demander si, en arrêtant l'investigation à ce point, on épuise le sujet de la représentation sociale des membres de ce groupe vis-à-vis de cet objet.

Cette représentation obtenue auprès des militants n'existe pourtant que dans un rapport aux autres : notamment les divers courants qui structurent la LGBT, ceux qu'ils affrontent dans les débats, les manifestations, ceux avec qui ils composent quotidiennement[5]. Sans ces lignes de tension, sans ces autrui signifiants et leurs positions, les communications ne seraient pas pertinentes et prendraient inévitablement la forme de quiproquos marqués par l'incompréhension. Le militant LGBT peut tenir tel discours avec un autre militant de son groupe, il sera compris, peut-être approuvé, mais ce même discours avec un membre de sa famille ou un collègue de travail lambda ne sera pas compris par eux, car ils ne partagent pas les mêmes normes, les

5. Lorsqu'on recueille des informations avec des méthodes basiques (questions, mots associés...) auprès d'un militant, on ne sait pas quel autrui signifiant il mobilise pour élaborer sa réponse, on ne sait pas non plus si tous les militants mobiliseront le même autrui ou au contraire des autrui variés. Avec des méthodes comme le *focus group* ou l'entretien, cet écueil est généralement contourné puisqu'au long de l'entretien (Haas & Masson, 2006) ou du *focus group* (Markovà, 2004 ; Jovchelovitch, 2004 et plus largement le numéro thématique du *Bulletin de psychologie*, sur les groupes centrés, n° 471, en ligne : http://www.bulletindepsychologie.net/vente/derniers.php), les individus vont mobiliser divers autrui, diverses représentations... et ainsi apparaît cette pluralité des représentations.

mêmes représentations, le même langage. Avec ces derniers, le militant doit trouver d'autres terrains communs, et, éventuellement, adopter une autre position.

Dans le débat, les conflits, se crée au fur et à mesure un plan commun (Merleau-Ponty, 1945, p. 407) qui aboutira à la connaissance de la position de l'autre, à son intériorisation. Une intériorisation qui ne signifie pas acceptation, mais qui est nécessaire au dialogue et à la contre-argumentation. C'est bien ainsi que Moscovici décrit une étape importante de l'influence minoritaire : les membres de la majorité critiquent, dénient les positions minoritaires, mais pour cela ils doivent les saisir. Ainsi, à côté de leur position, ils disposent, pour les rejeter, de la position de ceux à qui ils s'opposent. Par conséquent, pour une population impliquée et/ou un objet important, en débat, il n'existe pas une représentation unique de l'objet, mais une pluralité.

4. Pluralité des représentations et des autrui signifiants

Ces représentations qui sont celles des autrui signifiants existent, le sujet les possède, les mobilise même si ce ne sont pas celles qu'il fait siennes, qui sont au centre, chaudes et proches pour reprendre les mots de William James : « Ce qui nous paraît aujourd'hui chaud, vibrant, essentiel, nous paraîtra demain froid, insignifiant. Tandis que des régions froides du champ de conscience nous laissent passifs et indifférents, il y a des foyers de chaleur dans chaque panorama psychique, centre de lumière et de perspective d'où tout le reste se voit comme en raccourci, centres d'énergie et d'action d'où rayonnent nos désirs » (James, 1908, p. 165).

Ces représentations permettent de saisir ce que dit autrui, de voir les choses comme lui, d'« assumer sa position » (Mead, 1934/1963), mais aussi de changer. Par exemple, en devenant contremaître alors qu'il était ouvrier, l'individu endosse les attitudes et opinions dominantes dans le groupe qu'il rejoint (Lieberman, 1956), en devenant cadre alors qu'il était étudiant, il change de représentations pour faire siennes celles de son nouveau groupe d'appartenance (Viaud, 1996). Avant même le changement de position de l'individu, ces représentations étaient là – elles étaient celles d'un autre groupe – et si le sujet peut les faire siennes si rapidement, c'est bien qu'il en disposait déjà. C'est seulement de cette manière qu'on peut expliquer ces changements de représentations qui accompagnent des changements de position, mais aussi des changements à la fois vastes et rapides comme le sont les conversions politiques ou religieuses par exemple (Laurens, 2009). L'individu disposait déjà de ces représentations, car il interagissait avec ces autrui, parce qu'elles étaient celles de son groupe de référence, celles d'un groupe auquel il s'opposait... et dans les interactions il les a intériorisées et peut les mobiliser pour saisir la position d'autrui, mais aussi parfois pour leur donner une position centrale en cas de changement de position sociale (Viaud, 1996) ou, plus largement, de groupe d'appartenance.

L'approche dialogique des représentations vise à mettre en exergue cette pluralité des autrui et des représentations mobilisées.

Une intéressante étude sur la représentation sociale de manger (Masson, 2001) montrait grâce à des entretiens en profondeur la « coexistence, chez un même mangeur, d'une pluralité de représentations et de significations différentes de manger ». Ainsi, Masson (2001) distinguait deux formes de manger (*manger-communion* et *manger sociable*) « qui puisent leurs significations dans la relation aux autres (corps social, communauté) et sont interprétées en fonctions de cette relation aux autres ». À côté de ces formes de manger directement et consciemment décrites par les informateurs dans leurs relations aux autres (e.g., repas de famille, repas de fête), Masson (2001) discernait deux autres formes qui « prennent sens dans le rapport de soi à son propre corps ». Ces deux autres formes (en apparence les plus centrées sur soi, les moins sociales) étaient pourtant bien étayées en référence à des autrui signifiants et ancrées dans leurs discours ou prises de position. Par exemple, pour le *manger trophique* prédominait une vision biologique du corps avec les notions d'équilibre, d'excès... et se référait donc à des discours sur la santé (e.g., médecins, nutritionnistes). Pour le *manger-activité*, le corps était pensé comme une machine à alimenter pour en tirer de bonnes performances, et ici étaient convoqués les discours des économistes, entrepreneurs, politiques... sur la bonne gestion. La représentation de manger n'était pas unique mais plurielle et apparaissait sous la forme de voix différentes donnant à voir cet objet.

Une série de recherches (Lemoine & Laurens, 2012 ; Lemoine, 2014), inspirées des cartographies du répertoire de positions personnelles (*personal position repertoire* : PPR) d'Hermans (2001) ou de Kluger, Nira et Kluger (2008), avait pour objectif de systématiser le recueil de ces représentations du sujet dans ses rapports ou références à des autrui signifiants et à leurs prises de position[6].

Si Masson (2001) partait d'une analyse classique des représentations sociales à partir d'entretiens pour ensuite distinguer des représentations variées liées à des autrui signifiants et des contextes de consommation, cette série de recherches avait pour but d'atteindre cela directement grâce à cette consigne : « Vous devez imaginer que vous organisez un débat sur l'utilisation des ondes électromagnétiques [OEM]. Vous devez choisir les intervenants de ce débat (groupes, représentants d'institutions, de médias, célébrités, personnes proches...) afin que des opinions ou positions différentes sur les ondes électromagnétiques soient exprimées. »

Les participants étaient ensuite invités à donner une liste d'intervenants puis à décrire l'opinion de chacun de ces intervenants sur une échelle d'attitude. Ce paradigme permettait d'objectiver certains autrui signifiants du répertoire de réponses des sujets[7] afin de voir s'il était constitué d'une réponse unique (ce que mesurent habituellement les études d'opinions) *versus* une variété et, le cas échéant, si cette variété était un chaos *versus* des réponses certes variées, mais cependant cohérentes et partagées.

Les résultats de ces études indiquent tout d'abord que chaque participant peut mobiliser divers autrui signifiants et décrire la position de chacun (ici son attitude vis-à-vis des ondes). Il ne dispose donc pas d'une seule et unique opinion, mais d'une pluralité d'opinions : en moyenne les participants donnent 5 autrui qu'ils décrivent et dont ils donnent l'opinion. On observe ainsi « l'hétérogénéité des positions des sujets, c'est-à-dire la pluralité des voix en présence dans le discours des sujets » (Salazar-Orvig & Grossen, 2001).

Cette pluralité intra-individuelle n'est pas une subjectivité mais bien l'expression individuelle de connaissances partagées. En effet, on observe que les positions des autrui signifiants décrites par un sujet se retrouvent chez les autres. Ainsi, même si quelques autrui ou positions singulières apparaissent, 73 % sont partagées (Laurens & Lemoine, 2014). Il apparaît donc que les participants mobilisent des autrui signifiants et leur position et qu'en outre ces autrui/positions mobilisés par chacun sont généralement partagés par les autres.

Comme l'indique une lecture verticale (c'est-à-dire pour chaque individu) de la figure 8.2, 87 individus (sur 114) disposent de plusieurs réponses distinctes (l'individu n° 1 en décrit trois et l'individu n° 87 en décrit dix). Cette pluralité individuelle laisse néanmoins apparaître quelques positions communes repérables par une lecture horizontale de l'ensemble de ces répertoires

6. Les méthodes aujourd'hui utilisées pour décrire ce type de répertoire de réponses sont des analyses cliniques (e.g., Hermans, 2001) et des entretiens semi-directifs (e.g., Raggatt, 2010) et ceci très souvent dans le cadre d'une thérapie. Le sujet est par exemple amené à répertorier les autrui signifiants et à indiquer la relation qu'il entretient avec chacun d'eux (e.g., Herman & Dimaggio, 2004), ainsi, le contenu et l'organisation du répertoire de réponse peuvent être décrits à partir d'une liste standardisée de positions internes et externes (Hermans, 2001). De nombreuses variantes existent, par exemple analyser les blogs d'individus (Hevern, 2004) ou étudier les écrits pour décrire les différentes formes de positionnement d'un acteur (Raggatt, 2007).

7. Certains seulement car cette situation constitue un cadrage suscitant certaines réponses, en rendant d'autres moins évidentes ou même impossibles (Marková, Linell, Grossen & Salazar Orvig, 2007 ; Grossen & Salazar Orvig, 2011). Par exemple, compte tenu de la consigne, certains autrui signifiants viennent aisément à l'esprit (le scientifique ou l'utilisateur par exemple) tandis que d'autres ne peuvent être énoncés par les participants : les autrui imaginaires ou symboliques ne peuvent participer à un débat (e.g., le diable), de même que des personnes décédées (e.g., les inventeurs de l'utilisation des ondes pour la radio ou le téléphone).

individuels : la plus caractéristique est la position favorable aux OEM (soutenue par un autrui qui est un opérateur téléphonique, un fabricant de téléphones, un ingénieur ou chercheur en téléphonie mobile...) et une position défavorable (soutenue par un autrui responsable de la santé publique, membre d'une association de protection...).

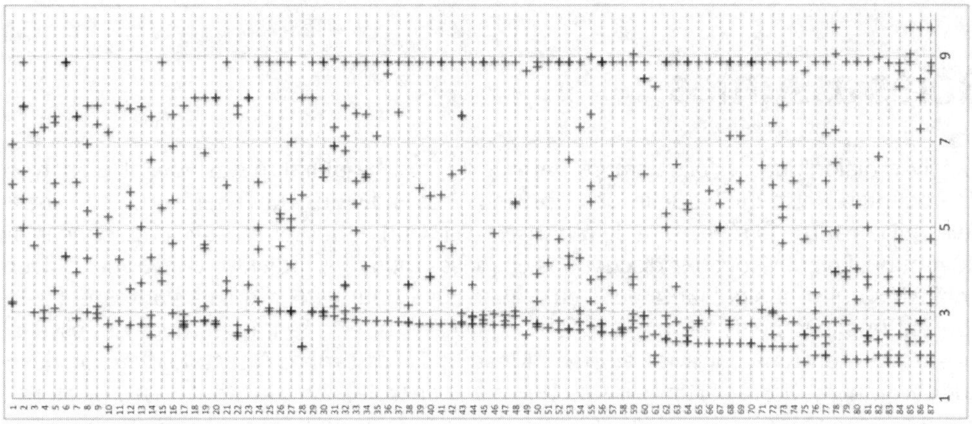

Figure 8.2.
Schématisation des répertoires de réponses de 87 individus (triés par amplitude – écart entre la position la plus favorable et la plus défavorable – des répertoires). En abscisse est indiquée l'attitude (de min 1,83 = très défavorable à max 9,66 = très favorable).

Ainsi, on observe que chaque individu mobilise des représentations variées de l'objet. Des représentations qui sont celles d'autrui et, ce faisant, l'individu voit l'objet, le décrit, à travers les yeux de quelques autrui signifiants qu'il mobilise dans cette situation (ici la consigne, mais plus généralement, le contexte dans lequel se trouve le sujet). Dans la mesure où ces mêmes réponses sont mobilisées par la plupart des individus, on voit que non seulement chacun dispose d'un répertoire de réponses variées, mais qu'en plus ces répertoires contiennent des références communes. Grâce à cela, la communication interindividuelle devient possible. Par exemple, si lors d'une discussion, un individu fait une référence à telle position ou à tel autrui, ses interlocuteurs mobiliseront les mêmes figures (e.g., les opérateurs téléphoniques qui minimisent la dangerosité des ondes ou, à l'inverse, les associations écologistes qui en dénoncent les dangers), il comprendra à qui fait référence son interlocuteur, quelle position il mobilise.

Si tout cela peut sembler évident, il est important de bien prendre la mesure de ces résultats : nous en arrivons à affirmer que chacun n'a pas une attitude vis-à-vis de l'objet, mais dispose d'une pluralité d'attitudes (la réponse des autres) qui lui permet d'établir une communication pertinente avec autrui et lui fournit une base sur laquelle il pourra élaborer une position personnelle en fonction du contexte, de la présence ou absence de tel autrui... Une position personnelle qui est « bricolée » à partir des réponses d'autrui et qui en plus n'est pas forcément durable – elle est l'attitude affirmée momentanément par la personne, mais ce n'est pas son attitude au sens où elle serait une propriété stable de l'individu. On passe ainsi d'une conception aristotélicienne où chacun dispose d'une attitude vis-à-vis d'un objet et où tout changement d'attitude est une rareté mystérieuse à éclaircir, à une conception dynamique où rien n'est possédé, n'est propriété ou attribut de l'individu.

Salazar-Orvig et Grossen (2001) décrivent ainsi ces deux conceptions opposées : « Si l'on considère le langage comme un outil dont l'une des fonctions est d'*ex*-primer un état mental, de mettre son état mental en mots pour communiquer ses représentations internes à autrui et partager son monde privé, alors la réponse qu'un sujet apporte à une question (que ce soit dans un groupe, à un questionnaire ou un entretien) apparaîtra comme l'expression plus ou moins fidèle (voire sincère) de son état mental. En revanche, si, suivant une approche dialogique, on considère que le langage n'est pas un outil transparent, qu'il est toujours orienté sur autrui et qu'il prend son sens dans un certain contexte social et discursif, la réponse du sujet apparaîtra comme le résultat d'un processus par lequel le locuteur oriente son discours vers l'autre, anticipe sa compréhension en tenant compte, à la fois, de la situation et de l'orientation des actions (réelles ou supposées) d'autres acteurs présents ou absents, imaginaires ou existants. Le choix de l'un ou l'autre de ces points de vue a des conséquences importantes sur la manière dont on interprétera une instabilité dans les réponses des sujets : si, dans le premier cas, elle apparaît comme une incohérence interne ou le résultat d'une influence, dans le second elle apparaît comme une manifestation du caractère fondamentalement intersubjectif de l'être humain. »

5. Rôles assumés

L'analyse dialogique de *focus groups* permet de saisir la pluralité des voix et d'analyser cette hétérogénéité intra-individuelle des positions des individus, une hétérogénéité intra-individuelle qui constitue le répertoire de réponse du chacun et qui se retrouve chez chacun au niveau du groupe. En effet, lors des discussions en *focus groups*, les individus convoquent divers autrui signifiants qui sont signifiants pour eux, mais aussi pour ceux à qui ils s'adressent. S'ils le font souvent implicitement, parfois ils le font explicitement « en tant que [médecin, psychologue, juriste...] » montrant, comme l'affirmait Mead, qu'ils assument l'attitude d'autrui, développant une argumentation à partir de la fonction occupée (rôle) par celui dont il assume alors le point de vue. C'est « en tant que », dans ce rôle qu'ils occupent momentanément, qu'ils parlent et sont compris d'autrui qui lui aussi mobilise alors ce rôle et situe le discours.

Comme le repèrent Salazar-Orvig et Grossen (2001), cette manière d'assumer le rôle d'autrui est parfois parfaitement visible puisque des individus peuvent commencer leur intervention en donnant l'avis d'un autrui signifiant (un *médecin* ou un *psychologue* dans l'exemple qui suit) et finissent leur intervention par le *je*, mais un *je* assumant le rôle de cet autrui mobilisé. Voici une belle illustration tirée de *focus group* à propos du maintien ou non de la levée du secret médical dans des circonstances présentant des risques de contamination :

Joe 51.– [...] or le médecin n'a- ou qui- ou le psychologue ou quelque personne dans ce genre de cadre professionnel, on n'a pas le droit de porter de jugement de valeur, on doit juste éviter que **mon** autre patient avec lequel **j**'ai une relation de confiance attrape cette maladie. donc **je** dois tout faire pour le révéler mais sans porter de jugement de valeur (...)

La transition se fait en passant d'un autrui extérieur au sujet (médecin, psychologue) vers le « on » dans lequel le sujet et cet autrui fusionnent et enfin vers le « **je** » qui est alors un médecin ou un psychologue : alors que le locuteur est, en réalité, étudiant en linguistique, il parle de son patient en tant qu'il est, dans son discours, médecin ou psychologue.

L'ensemble des rôles que peut assumer le sujet constitue son répertoire de réponse, ils sont les autrui signifiants, les voix avec lesquelles s'instaure un dialogue interne, les voix signifiantes lui permettant de saisir les prises de position d'autrui et, *in fine*, lui permettant d'établir la position qu'il soutiendra momentanément. Évidemment ces autrui signifiants ne sont pas le fruit des subjectivités, ils sont signifiants pour le sujet comme pour ceux de son groupe avec lesquels il interagit. Ils sont ce qu'il y a de commun aux différents répertoires des individus d'un groupe.

FOCUS 8

Opinion dialogique et répertoire de réponses

Fabien LEMOINE[1]

Sommaire

1. Université Rennes 2, France.

1. Opinion individuelle et opinion dialogique

L'histoire de l'étude de l'opinion est jalonnée de débats qui se disputent la manière de bien la définir ou de bien la mesurer. Les études classiques (e.g., Gallup, 1928 ; Cantril, 1967 aux États-Unis ; Stoetzel, 1943 en France) s'accordent à considérer l'opinion comme une synthèse logique d'un répertoire indépendant, que chacun se constitue au gré de ses expériences. Suivant cette idée, il faut alors s'attacher à en mesurer le plus fidèlement possible les manifestations, comme s'y emploient les enquêtes des instituts lorsqu'elles cherchent, selon l'expression consacrée, à réaliser la photo de l'opinion publique. Si ces études classiques admettent volontiers qu'il existe un avant et un après à cet instantané, ou encore qu'elles puissent être biaisées (e.g., par des effets de champs, Piaget, 1961, p. 172), il leur est plus difficile de reconnaître l'idée de multiplicité, de variation de lectures qui peuvent être faites d'un même événement. En suivant cette approche fixiste et solipsiste, les « enquêtes d'opinion standard » (Blondiaux, 2003) ont souvent considéré ces variations comme des fluctuations irrationnelles du sujet, qui disposent d'une mauvaise connaissance de l'objet ou comme des erreurs de mesures, des différences entre les méthodes de « redressement » utilisées, etc. Le débat sur la nature de l'opinion (e.g., l'opinion est-elle légitimée par sa rationalité – logos – ou par sa popularité – doxa ?) a historiquement laissé place à celui questionnant sa mesure sans que soit remis en question le caractère unique de l'opinion. Ce postulat est pourtant surprenant : si on lui pose la question, un individu est capable de proposer plusieurs opinions bien différentes et toutes très cohérentes à propos d'un même objet. Mieux encore : si on lui demande de choisir parmi l'ensemble de ses réponses celle qui exprime le mieux ce qu'il pense, il ne choisit pas, dans la plupart des cas, la première énoncée (Laurens, 2003 ; Lemoine, 2014).

Dans le sillage des travaux s'inspirant du dialogisme, il semble donc pertinent de faire évoluer les fondements de l'étude de l'opinion vers une psychologie des prises de position[2], qui considère que le sujet « dispose de la réponse des autres, de leurs actions, de leur prise de position et ce sont ces autres, avec leurs prises de position, qui permettent au sujet d'avoir une connaissance et un jugement sur le monde » (Laurens, 2006b, p. 56). Suivant cette approche, nous disposons de plusieurs opinions, plusieurs réponses que nous avons intériorisées lors de nos interactions avec autrui, dans un répertoire de réponses (Moscovici, 1970). Ce faisant, nous assumons l'attitude d'autrui (Mead, 1934/2006) qui médiatise ainsi notre rapport à l'objet (Moscovici, 1984a) : chaque prise de position est le résultat d'un dialogue interne entretenu par le sujet avec autrui et ses réponses (Marková, 2005)[3].

2. Répertoire de réponses : principe et caractéristiques

Il s'agit ici de considérer l'opinion comme un groupe dynamique et plus ou moins logique de positions issues d'un répertoire de réponses, qui répondent à des problèmes actuellement posés.

Avant d'approfondir la question des prises de position, il est important d'établir les caractéristiques de ce répertoire, constitué des réponses d'autrui et qui nous permet d'interagir, de communiquer, de comprendre le monde dans lequel nous évoluons. La figure F8.1 propose une représentation schématique du répertoire de réponses, déclinée de la représentation du regard psychosocial de Moscovici (1984a).

---

2. Voir chapitre 23.

3. Voir chapitre 8.

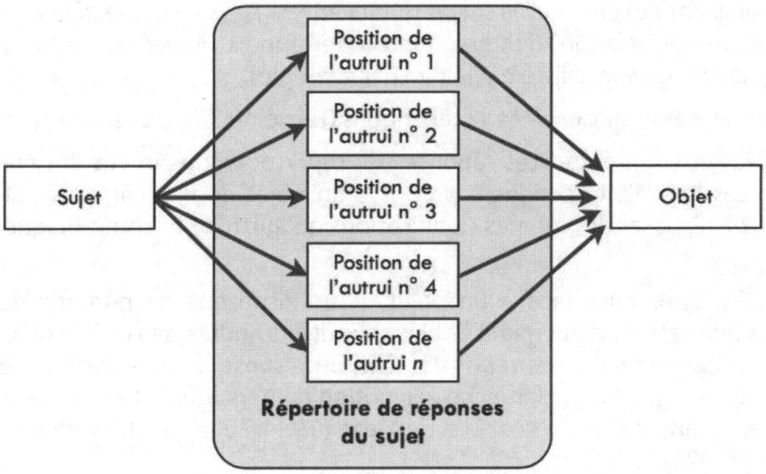

Figure F8.1.
Perception génétique du rapport Sujet-Objet, médiatisé par Autrui

Dans ce répertoire, les voix de plusieurs autrui se côtoient pour offrir au sujet une palette de réponses possibles pour aborder l'objet. La méthode employée pour mettre au jour ces réponses est simple : on demande aux participants de s'imaginer un débat contradictoire autour d'une question, d'un thème, et de décrire l'ensemble des participants possibles à ce débat, ainsi que leur positionnement[4]. On obtient ainsi un aperçu des différentes alternatives qui s'offrent au sujet pour aborder l'objet, indépendamment de son adhésion propre à ces alternatives.

Peu de recherches se sont intéressées à ce répertoire de réponses, sinon celles menées par Hermans (2001) sur le répertoire de positions personnelles (Personnal Position Repertoire – PPR) et sur les voix internes (ce que je pense en tant que...) et externes (ce qu'en dit un parent, un(e) ami(e), un collègue, un journaliste...) qui le composent. L'étude de ce répertoire présente un quadruple intérêt pour Hermans (2001) :

- un intérêt quantitatif : les points communs et les différences entre les voix dont disposent les individus peuvent être comparés ;
- un intérêt qualitatif : l'accès à la signification, la construction et la reconstruction du sens, sont consécutifs de l'histoire de chacun, de l'affect qui marque chaque événement de leur histoire individuelle et collective ;
- un intérêt écologique : les mots, les concepts et les interprétations des sujets sont entendus « comme ils veulent qu'ils soient entendus ». Les participants rapportent eux-mêmes les événements quotidiens pour que les éléments pertinents ne soient pas perdus ;
- un intérêt pluridisciplinaire : chaque discipline peut aider à l'appréhension du répertoire.

Ainsi, l'étude du répertoire de réponses met au jour les ressources dont dispose un sujet pour envisager un objet, ainsi que l'autrui médiateur de cette réponse qui nous renseigne sur le sens attribué à chaque position. Ces associations position/autrui, qui constituent une réponse d'un répertoire, sont indissociables (Lemoine, 2014, p. 189) : une même position n'aura évidemment pas la même valeur pour un croyant s'il l'associe à la parole de Dieu ou à celle du Diable, par exemple.

Deux autrui peuvent ainsi apporter des nuances différentes à une même position, l'important étant qu'elles aient du sens (qu'elles soient signifiantes dans l'activité de l'individu : un parent

4. Pour décrire autrui, on dispose d'un questionnaire armé nous informant sur diverses dispositions utiles de ces intervenants (la sensibilité politique ou religieuse par exemple, l'âge... ou toute autre information utile). De même, on demande aux participants de décrire la position de chacun de ces intervenants sur une échelle de Thurstone préalablement construite.

ou une personne estimée par exemple) ou qu'elles soient significatives (i.e., « ce qui se découvre objectivement dans un système de relation, d'interaction ou de rapport objectif », Léontiev, 1978, p. 94 : son chef d'équipe ou un spécialiste qui fait loi par exemple).

Les réponses du répertoire présentent plusieurs caractéristiques (Lemoine & Laurens, 2012) :

- Elles sont partagées et cohérentes. Les réponses du répertoire constituent des éléments de références lors d'interactions à propos d'un objet donné, car elles permettent à chacun de disposer des mêmes significations qu'autrui pour communiquer avec lui.
- Elles sont multiples. Pour faire face à un objet, nous disposons de nombreuses réponses qui nous permettent d'envisager l'objet sous divers angles, sans nécessairement être en accord avec toutes ces réponses. Chacun dispose bien de différentes manières d'envisager l'objet, ce qui fait écho à la notion de pluralité de l'esprit développée, notamment, dans la théorie des rôles de Mead (1934/2006) ou dans le dialogisme de Bakhtine (1929/1970).

Ce second caractère est cependant à nuancer : tout le monde ne présente pas nécessairement une importante diversité de réponses. En fait, on peut identifier trois types de structures de répertoires (Laurens & Lemoine, 2014, Lemoine, 2014, pp. 204-205) :

- Le répertoire restreint (absence ou quasi-absence de répertoire de réponses), celui des sujets qui ne connaissent pas l'objet qui leur est proposé ou qui présentent une désorganisation de l'esprit (Lysaker & Lysaker, 2002, 2006) qui amènerait les répertoires à se figer autour d'une seule voix (« monological »), à mélanger plusieurs voix (« cacophonous ») ou bien à rester très pauvres, presque vides (« barren »).
- Le répertoire étendu élémentaire, celui des sujets qui ne disposent que d'une connaissance limitée de l'objet qui leur est proposé. Dans ce type de répertoire, les réponses sont différentes, cohérentes, mais faiblement partagées. La description des autrui qui composent ces réponses est approximative et on y mesure un faible effet d'assimilation/contraste (Sherif & Hovland, 1961). Notons que ce peut être aussi le cas d'individus qui découvrent l'objet ou qui se trouvent dans des situations de « monopole cognitif » (Bronner, 2003) : dans ce cas, les réponses qui composent le répertoire étendu élémentaire sont très fortement partagées.
- Le répertoire étendu élaboré, celui d'individus disposant d'une connaissance plus poussée d'un objet et intégrant les principales réponses qui permettent de l'aborder. Ces répertoires sont composés de réponses différentes, cohérentes et fortement partagées. La description des autrui qui composent ces réponses est précise et on y mesure un fort effet d'assimilation/contraste, ce qui souligne une certaine implication sociale de cette catégorie de personnes envers l'objet. En effet, l'implication est « le témoin ou la manifestation des échanges, des discussions entretenues et des confrontations entre les membres d'un groupe donné ou entre les groupes d'une société donnée à l'égard d'un objet donné » (Lo Monaco, Apostolidis & Dany, 2013, p. 116)[5].

3. Répertoire de réponses et représentations sociales

Ces caractéristiques sont les premières pistes explorant la grammaire du répertoire de réponses. Cette grammaire est encore très incomplète, mais elle témoigne de l'intérêt de mobiliser le regard psychosocial et l'approche dialogique pour étudier l'opinion. La mobilisation

5. Voir chapitre 9 et focus 9.

d'une psychologie de la prise de position va ainsi permettre « [d'ancrer] le processus perceptif tout entier dans une dimension sociale et additionnelle qui lui est préalable et qui le détermine » (Semprini, 1995, p. 64). De ce point de vue, le répertoire de réponses entretient des liens étroits avec la théorie des représentations sociales. D'abord parce que, si l'on se réfère à l'architecture de la pensée sociale[6] définie par Rouquette (1973, 1996), les positions d'autrui avec lesquelles l'individu dialogue pour formuler son opinion dérivent d'attitudes plus générales, elles-mêmes dérivées de représentations sociales. Ensuite, parce que la méthodologie utilisée dans l'étude structurelle des représentations sociales peut aider à comprendre la manière dont sont mobilisées les réponses du répertoire : une méthode possible serait ainsi de considérer la valence intrinsèque (pour le sujet) des positions et des autrui comme étant l'abscisse et l'ordonnée qui permettent de situer la réponse sur un plan orthogonal.

Cette méthode dynamique (l'évaluation d'autrui et de la position par le sujet peut être réajustée, par exemple en fonction des situations) permet d'établir une hiérarchie parmi les réponses proposées par le sujet pour identifier les réponses susceptibles d'être prioritairement mobilisées par le sujet.

6. Voir focus 23.

CHAPITRE 9

Représentations sociales et textes littéraires. Récits, structures et au-delà[1]

Alberta CONTARELLO[2]

Sommaire

1. Traduit de l'anglais vers le français par Sylvain Delouvée (Université Rennes 2, France) et Grégory Lo Monaco (Aix-Marseille Université, France).

2. Université de Padoue, Italie.

Dans le cadre de la contribution fondatrice de Serge Moscovici, un article se démarque par son pouvoir d'interprétation et son potentiel d'innovation et a ouvert une voie d'enrichissement mutuel fructueuse entre des champs de connaissance et de savoir (Moscovici, 1986a). Son titre, « The Dreyfus Affair, Proust, and Social Psychology », pourrait paraître « étrange », comme le souligne son auteur lui-même, du fait qu'il associe l'art et la science, ce qui était « loin d'être familier » au milieu des années 1980. Toutefois, les trente années qui nous séparent de cette publication ont vu émerger de nouveaux paradigmes et de nouvelles perspectives au sein de la psychologie sociale et des sciences sociales. C'est ainsi que de riches échanges entre la psychologie sociale et les écrits littéraires sont devenus de plus en plus fréquents et de moins en moins déconcertants.

Les réflexions fondatrices de Moscovici (1986a) portent un regard global sur la psychologie sociale. Du point de vue d'une perspective socio-représentationnelle, cependant, ces réflexions tendent à acquérir une force toute particulière. Avant d'entamer la tâche qui consistera à examiner le potentiel des textes littéraires pour les recherches et les théorisations en lien avec les représentations sociales, il nous paraît approprié de consacrer un temps à cette publication peut-être moins connue que les autres productions de cet auteur.

1. *Gedankenexperiments*[3] à propos des caractères fictifs et des groupes habitant le monde de la littérature. Moscovici, Proust et la psychologie sociale

Pourquoi se tourner vers la littérature dans nos études scientifiques consacrées aux relations et aux conduites sociales ? Dans l'article précédemment mentionné, Moscovici évoque trois raisons principales. Selon ses propres mots : « Premièrement, l'enjeu pour les théories psychosociales existantes à la différence des théories ad hoc imaginées par les critiques littéraires, les historiens ou les sociologues consiste à expliquer les relations humaines, les sentiments ou les comportements décrits dans des nouvelles ou des pièces de théâtre. On peut étudier la dynamique des groupes imaginaires comme s'ils étaient des groupes réels » (pp. 24-25).

Révéler l'enjeu ou, d'une manière plus stricte, tester les théories psychosociales dans les travaux littéraires correspond, à l'évidence, à ce que Harary (1963) a entrepris dans sa brillante analyse du *Così fan tutte* de Mozart dans le but d'appuyer la théorie de l'équilibre de Heider. Adamopoulos et ses collègues ont suivi cette ligne de recherche dans leurs analyses stimulantes de chefs-d'œuvre tels que l'*Iliade* et l'*Odyssée* dans le but de corroborer la théorie dimensionnelle de Triandis (1978) qui considère le statut, l'affect et l'intimité en tant que dimensions fondamentales des rôles et relations personnelles (Adamopoulos, 1982 ; Adamopoulos & Bontempo, 1986). Plus récemment, nous-même, comme nous l'évoquerons ultérieurement, avons essayé de suivre cette piste dans une étude qui visait à interpréter des situations extrêmes telles que celles décrites par Primo Levi dans *Si c'est un homme* (1987) à la lumière de la théorie de l'identité sociale et des conflits intergroupes de Tajfel (Tajfel & Turner, 1979, 1986). Un objectif à plus long terme, incluant d'autres recherches, consistait à fournir un support (mais aussi à étendre) aux principes organisateurs de l'identité personnelle comme cela est suggéré dans la recherche psychosociale.

> « Deuxièmement, chaque histoire courte, chaque nouvelle ou chaque pièce de théâtre contient un protocole d'observation réalisé par l'auteur à propos d'une catégorie d'individus, d'événements sociaux importants, d'un cadre de pensée lié à une période particulière. Chacun de ces protocoles inclut, je pense, une théorie psychologique et sociale à laquelle on n'a pas fait référence de manière explicite. Ainsi, cela nous indique le point de départ que nous devons mettre en valeur… Nous pouvons trouver de l'aide pour cette tâche en se référant à l'écrivain lui-même lorsqu'il présente

3. Expériences de pensée.

> quelques fragments de sa théorie. Merci de bien vouloir noter que je ne suis pas en train de dire que nous devons considérer la théorie d'un artiste de la même manière que celle d'un scientifique. La théorie du scientifique émane des faits selon un ordre aussi général que possible. La théorie de l'artiste est un contenu. La plupart des choses avec lesquelles il fabrique les caractères et les situations de manière à en disposer selon un ordre particulier nous amène à dire : "C'est le monde de Stendhal ou de Balzac, de Dickens ou d'Hemingway." Vous pouvez cependant reconstruire de manière rationnelle la théorie de l'artiste... » (Moscovici, 1986a, p. 25).

De ce point de vue, l'article est extrêmement informatif. Moscovici note comment, juif et dreyfusard lui-même, Proust était explicitement intéressé par le recueil et la présentation « de la vie psychique et sociale des individus emportés avec lui par les événements » (*ibid.*, p. 30). Premièrement avec *Jean Santeuil*, et même plus profondément dans *À la recherche du temps perdu*, il écrit des romans qui offrent « à la fois une analyse fine et un ensemble de théories qui nous rendent capables de saisir les relations et actions de [leurs] caractères dans ces dramatiques circonstances » (*ibid.*, p. 30). Plusieurs théories et interprétations des conduites et relations humaines sont avancées dans ces écrits. Premièrement, l'idée de Proust selon laquelle un désir de reconnaissance est fondamental pour l'action humaine, un désir aussi fort que celui du pouvoir chez Nietzsche. Obtenir de la reconnaissance ne signifie pas qu'elle est acquise une fois pour toutes. C'est de cette manière que Proust a avancé une théorie du courant humain ou, mieux, une recombinaison sociale des individus et des groupes à l'intérieur d'un tel courant. Comme il le pose lui-même de manière magistrale : « Nous ne devons pas perdre de vue que les opinions que nous avons les uns des autres, nos relations avec nos amis et nos familles ne vont pas dans un sens définitif, elles sauvent les apparences mais sont dotées d'une éternelle fluidité comme la mer elle-même. » Et plus encore, « nous ne sommes pas matériellement constitué comme un tout, de manière identique, de telle sorte que chacun d'entre nous peut être étudié comme une liste de spécifications ou une preuve ; notre personnalité sociale est une création de la pensée des autres » (Moscovici, 1986a, p. 34).

Deuxièmement, une bipolarité qui implique une sociabilité publique et privée est suggérée ; la première se rapporte à la dimension de l'espace, la seconde à celle du temps. L'espace public est vu comme étant hautement structuré et organisé de telle manière que les individus et les groupes peuvent être admis à l'intérieur ou déplacés à l'extérieur et, dans un tel cas, déplacés de l'espace public vers l'espace privé. C'est ce qui est arrivé aux dreyfusards, et principalement à ceux qui le sont devenus ou ceux qui ont été découverts comme étant dreyfusards dans une majorité dominante antidreyfusarde. C'est donc ce qui est arrivé à Swann, le personnage principal d'*À la recherche du temps perdu*, ainsi qu'aux autres personnages du roman avec un impact hautement dramatique et particulièrement en ce qui concerne le processus de démasquage.

Réfléchissant sur ces aspects théoriques, Moscovici a mis en lumière comment la psychologie sociale, jusqu'au milieu des années 1980, n'avait pas encore développé de pareilles théories et de pareils modèles modernes et, en les mettant en parallèle avec des perspectives qualifiées de psychosociales – le besoin d'estime de soi et l'inclusion sociale, les relations majorité/minorité et l'influence, la perception sociale –, il conclut en faisant les louanges de la profondeur et du caractère prémonitoire des théories nées des chefs-d'œuvre issus du contexte littéraire.

Clairement, nous avons besoin de garder à l'esprit que l'opus de Proust a été publié dans la première décennie du XXe siècle au moment où William James et George Herbert Mead développaient de riches et profonds cadres théoriques qui entrent en bien des points en résonance avec les points de vue définis. Curieusement, leurs contributions magistrales, qui ont fait autorité en leur temps, ont été quelque peu mises sous silence au cours du siècle bien qu'elles aient pu réapparaître à divers moments pour donner lieu à une réémergence notable de nos jours.

> « Troisièmement, il y a le cas que j'appelle un mélange d'une théorie qui trouve ses origines dans la science et qui est de manière subséquente changée dans et par un travail d'art. Par exemple, en psychologie des masses [...] il suffit de mentionner les noms de Canetti et Broch [...] je suis pleinement convaincu que les psychologues sociaux pourraient trouver dans de tels essais et les romans qui en sont inspirés une idée fondamentale qui pourrait être testée » (Moscovici, 1986a, pp. 25-26).

D'une manière assez évidente, Canetti et Broch constituent de puissants exemples de cet échange entre les façons d'aborder une question de manière à la fois artistique et scientifique. De nombreux autres exemples peuvent être trouvés. Il suffit ici de mentionner le cas de Oatley (1992) qui a étudié les émotions humaines à la fois dans une perspective cognitive (Oatley & Johnson Laird, 1987) et artistique, la première en exploitant des textes littéraires et des chefs-d'œuvre comme des illustrations et des confirmations de théorisations psychologiques, et la deuxième en écrivant lui-même des romans voués à développer l'intérêt qu'il portait aux aspects émotionnels de la vie humaine.

Clairement, comme Moscovici lui-même l'a noté de manière explicite, « ces trois propos ne sont pas aussi distincts que je les présente pour le bien de l'analyse et d'aucuns ne pourraient s'attendre à ce que l'on puisse les atteindre séparément » (Moscovici, 1986a, p. 27).

Comme cela a été mentionné précédemment, dans ses réflexions Moscovici considère la psychologie sociale dans sa globalité ce qui permet une systématisation de son interaction fructueuse avec la littérature artistique. De manière similaire et plus récemment, en tentant de repousser davantage les frontières de son raisonnement, Moghaddam (2004) a proposé une vue d'ensemble des échanges existants entre la psychologie et la littérature tout en tentant de les réordonner selon différents niveaux d'abstraction et en considérant différents chemins selon lesquels les productions littéraires peuvent être conçues : d'une succession de vastes sédiments aux idées théoriques nouvelles et profondes. Ces préoccupations peuvent donc concerner la psychologie sociale, ou même la psychologie de manière plus large, méritant attention, comme le suggère Moghaddam, à des niveaux scientifiques et didactiques.

Le propos de ce chapitre vise davantage à raisonner dans quelles conditions et comment le fait de revenir à la littérature artistique pourrait contribuer à la production de théories et de recherches dans le domaine des représentations sociales. En suivant cette voie, le point d'attention sera consacré à la perspective socio-représentationnelle à la fois selon l'approche classique et en relation avec des approches contemporaines développées à l'intérieur d'une discipline capable de considérer les productions littéraires artistiques comme des supports dans le processus de production de la connaissance. D'une manière particulière, deux approches principales retiendront notre attention, en tonalité avec ce que nous avons considéré comme étant des tournants importants en psychologie sociale : les approches narratives et les approches discursives en référence au mouvement du constructionnisme social. Dans certains cas, l'analyse des textes littéraires vient en quelque sorte ouvrir la voie à des échanges fructueux entre le cadre des représentations sociales et ces différentes approches.

2. Les représentations sociales et leur changement au cours du temps : « Mondes autres et vie quotidienne »[4]

Parmi les premières études souvent citées en tant que recherches empiriques conduites à l'intérieur, ou en parallèle, de la théorie des représentations sociales (Almeida & Doise, 2009), une analyse des textes littéraires a été marquante par sa profondeur et son étendue : l'étude de Chombart de Lauwe (1971) sur les images et les représentations sociales de l'enfance et de l'enfant dans la littérature moderne française. Au centre de l'analyse se trouve la construction de la petite enfance en relation avec les développements contemporains de la révolution industrielle s'étendant de 1850 jusqu'aux années 1960. En particulier, ce qui est en jeu c'est le point de départ depuis les visions négatives antérieures de la prime enfance – très liées à la question des imperfections – à la recherche de nouvelles perspectives à travers une étude qui

4. En français dans le texte.

est présentée comme un « excellent test projectif » d'un système de valeurs et d'aspirations à l'intérieur d'une société.

Une large variété de textes littéraires a été consultée. Il s'agissait de romans et d'autobiographies (incluant les scénarios de quelques réalisations cinématographiques) dont 75 ont été soumis à une analyse thématique[5] qui a été enrichie ensuite par une analyse en profondeur des situations décrites et des caractéristiques des protagonistes, en termes de processus de catégorisation et de symbolisation. Les œuvres sélectionnées incluaient des écrits de grands auteurs de la littérature française (e.g., Victor Hugo et ses célèbres personnages Gavroche ou Cosette), des écrivains qui ont principalement écrit sur la prime enfance et des écrivains qui ont connu un grand succès de leur temps mais qui ont été oubliés. Ils étaient équirépartis selon trois périodes historiques : avant la Première Guerre mondiale, entre les deux guerres et après la Seconde Guerre mondiale. Chombart de Lauwe n'utilise pas de termes, de lexiques ou de concepts qui sont directement reliés à la théorie des représentations sociales ni ne cite ses auteurs mais, en contrepartie, elle réfère aux images, aux représentations, aux images clés et aux modèles en tant que mots clés. Malgré ces différences, l'objectif de cette étude est d'explorer « une représentation signifiante »[6] : la façon par laquelle les images et les concepts vont émerger offre une idée de l'enfant ou de la prime enfance telle qu'elle est incarnée. Selon Chombart de Lauwe, « l'essentiel concerne la manière dont l'enfant devient objet de la conscience, sous forme d'images, des concepts, de représentations, et comment cet objet, par le véhicule du personnage, devient un langage compris des lecteurs » (1971, p. 24). La raison pour laquelle cette étude est souvent considérée comme un exemple dans la recherche sur les représentations sociales apparaît désormais claire : à la fois dans l'explicitation du propos et dans la discussion des résultats sous l'angle de l'analyse d'une forme de pensée sociale, qui est à la fois figurative et conceptuelle comme les deux faces d'une pièce de monnaie ou comme l'image d'une feuille de papier, pour reprendre une citation classique (Moscovici, 1976a). De la même manière, dans le choix des archives au niveau des médias, la recherche fait écho à l'étude fondatrice sur « l'image » de la psychanalyse dans la presse française. Chombart de Lauwe a justifié le choix de la littérature à la place de celui de la presse en montrant comment l'enfant et l'enfance étaient peu traités par celle-ci et, de plus, sous des angles spécifiques et différents. Concernant les analyses de récits, bien qu'elle ait pris en compte les suggestions de fonctionnalistes (Propp, 1928) et de structuralistes (en référence à Barthes, 1966) – se focalisant principalement sur les personnages et sur les processus de catégorisation et de symbolisation –, Chombart de Lauwe a également clarifié que son objectif n'était pas tant d'étudier les œuvres elles-mêmes mais, à travers elles, de rechercher les processus psychosociaux aptes à interpréter – et à identifier – l'enfance dans la société. Une analyse descriptive riche ainsi qu'une typologie bien documentée des enfants et des adultes en relation avec eux fait apparaître une stricte dichotomie qui organise les données : une profonde opposition entre « l'enfant authentique » et « l'enfant modelé » et, à un niveau différent, entre « l'enfant authentique » et la société signifie une intériorisation des restrictions, des normes et des contraintes qui entravent le contact avec l'authenticité et, d'une manière plus globale, avec le désir. Les matériaux littéraires explorés font ressortir, en réalité, un monde désiré imaginé – la prime enfance – opposé à la vie pénible et réelle des adultes. En discutant la prime enfance en tant que forme de mythe à travers la création littéraire, Chombart de Lauwe conclut : « Les termes de “mythisation”, de “langage mythique” ou de “mythe latent” conviennent pour exprimer certains processus mis en évidence par la recherche. Mythiser le personnage consiste en une symbolisation de l'enfant, qui est déréalisé, essentialisé, et inséré dans un système de valeurs dont il forme le centre » (p. 14).

C'est à partir de ce centre, et en relation avec lui, que toutes les autres instances – individus, événements, institutions sociales – trouvent une position dans le champ constitué, la plupart du temps, par des dimensions bipolaires. Le lecteur familier avec les différents paradigmes issus de la théorie des représentations sociales pourra facilement reconnaître la force d'un principe organisateur qui gouverne une variété de prises de position, un principe qui a pour effet de créer

5. Voir chapitre 3.

6. En français dans le texte.

un monde irréductible et incontestable, apte à dissimuler toute autre interprétation ou conduite possible.

Il serait intéressant de mettre à jour la recherche en lien avec les textes littéraires récents traitant de la question de l'enfance dans nos sociétés postmodernes. Dans tous les cas, à ce jour, ce travail est toujours d'actualité et reste un exemple inspirant à la fois au niveau des avancées théoriques et des choix méthodologiques.

Dans la même perspective, une recherche fascinante a été conduite plus récemment sur la question de la vie quotidienne dans les romans d'hier et d'aujourd'hui (Emiliani, 2008). Le nombre et la diversité des romans sélectionnés sont impressionnants : près de quatre-vingts romans anciens et plus d'une centaine de romans récents incluant dans les deux cas des œuvres publiées par de grands auteurs (e.g., Gordimer, Dostoïevski).

Ce matériel, riche et fécond, coïncide avec des textes produits à travers des interviews conduites dans le but de recueillir le contenu de la représentation principalement en termes de descriptions et de fonctions de la vie quotidienne (dans le cadre des romans contemporains) et des habitudes (dans les plus anciens). Emiliani (2008) justifie l'emploi contemporain des romans et des retranscriptions d'entretiens en arguant qu'« il existe une croyance bien répandue selon laquelle les romans constituent dans chaque période historique une sorte de miroir de la réalité dont ils rendent compte qui est basé sur une connaissance que nous pouvons considérer comme étant partagée de manière assez large ou au moins par un groupe social donné » (p. 17). En ce qui concerne les romans contemporains, l'analyse qui porte sur un thème relatif à la vie quotidienne procède au moyen d'une sélection d'extraits dont les significations seront assemblées au sein d'un même corpus et soumises à une analyse lexicographique via Alceste (Reinert, 1983).

Le corpus, soumis à une analyse-classification hiérarchique descendante, a été divisé en différentes classes mettant en valeur d'un côté les répétitions, les émotions et les fonctions, et, de l'autre côté, les événements de la vie quotidienne. Ce même corpus a également été analysé par des juges indépendants, extrait par extrait, dans le but d'illustrer la situation dans laquelle l'épisode se produisait, la fonction qui a été attribuée à son ancrage dans la réalité quotidienne, les émotions exprimées et les thèmes évoqués.

La réalisation d'une analyse des correspondances a permis d'identifier différentes constellations de significations attribuées à cette idée de « quotidien » : un spectre allant de la familiarisation, des relations de protection, du maintien de l'ordre, de la survie et du contrôle, jusqu'à la continuité et au masquage. À travers cette analyse, et en parallèle avec un des anciens romans sélectionnés, l'auteur est en mesure de fournir un support à une vision de la vie quotidienne plus colorée qu'attendu et, plus important encore, vue comme une « structure structurante, supportant, autorisant et connectant toutes les autres sphères de la réalité » (Emiliani, 2008, p. 190).

D'une manière différente, mais de façon convergente, les deux études fournissent une cartographie minutieuse des questions analysées mais rendent aussi possibles des théorisations subséquentes en intégrant les textes littéraires dans les pratiques de recherche en psychologie sociale.

3. Représentation sociale et discours : à la recherche d'unités dynamiques

Bien entendu, parmi les principaux changements que la psychologie sociale a rencontrés au cours de la seconde moitié du siècle dernier, le tournant discursif (Potter & Wetherell, 1987 ; Harré & Gillett, 1994) est entré en résonance aussi bien qu'en débat avec les développements relatifs à la théorie des représentations sociales (e.g., Flick, 1998 ; Hogg & Abrams, 1988 ; Wagner & Hayes, 2005). Les textes littéraires ont souvent été mentionnés dans les écrits des auteurs dont la volonté était de promouvoir le tournant discursif (principalement Harré) et soumis de manière explicite à l'analyse discursive dans une étude conduite par Potter, Stringer et Wetherell (1984). En accord avec ces avancées, Wagner et ses collègues ont formulé une proposition consistant à opérer un retour au modèle littéraire dans le but de se centrer à la fois sur le discours et sur les représentations dans la construction d'un « fait » de pouvoir tel que celui de la chasse aux sorcières (Wagner, Mecha & Carvalho, 2008). Dans cet article, les auteurs se montrent eux-mêmes insatisfaits par les études conduites dans le but de décrire les représentations sociales en tant qu'unité statique. Ils se sont consacrés au déploiement discursif des représentations sociales qui anticipaient et produisaient des conséquences institutionnelles porteuses de pouvoir et de conséquences vitales. L'œuvre littéraire choisie est celle de la pièce d'Arthur Miller, *The Crucible*, traduite dans différentes langues, dont le français, sous le titre *Les Sorcières de Salem*. Son intrigue consiste en une reconstruction partielle des événements qui se sont déroulés à Salem, Massachusetts, en 1692 et jouée en 1953. Elle constitue une allégorie et une réponse au maccarthysme contemporain par lequel le gouvernement américain avait inscrit les communistes et les opposants sur liste noire. L'histoire implique des jeunes filles et des jeunes femmes qui s'évanouissent et tombent dans un état de transe alors qu'elles participent à une activité rituelle initiée par un esclave jamaïquain. Leurs réactions au rituel palpitant, aussi inattendues que perturbantes – comme un état de coma, bien que rapidement résolu –, ont provoqué l'émergence d'une escalade de spéculations à l'intérieur de la communauté qui a abouti à l'accusation et à l'exécution de plusieurs habitants du village pour actes de sorcellerie et de rituels sataniques. À travers une lecture attentive du texte, Wagner et al. (2008) soulignent le passage d'un espace de consensus à une forme réifiée de la pensée sociale. Dans l'espace de consensus, les causes naturelles et non naturelles des conduites « étranges » (qui évoquent un mélange effrayant de sexualité illicite, de la peur du surnaturel et de manipulations politiques) rendent compte d'un principe organisateur partagé qui autorise les individus et les groupes à prendre position de part et d'autre de la dimension. La forme réifiée de la pensée sociale, quant à elle, prend corps à différents niveaux d'institutionnalisation. Ces différents niveaux renvoient au départ aux aspects religieux avec l'invitation d'un exorciste célèbre, ensuite aux aspects juridiques avec une décision du tribunal. Ces changements portent en eux différents types et différentes pratiques de discours (ce qui est très bien illustré dans l'article avec des extraits très nets tirés de la pièce) et c'est avec le renforcement de ces contextes institutionnels que ces pratiques discursives et ces procédures réifiées ont constitué très rapidement et de manière répétitive le centre des conversations autour des croyances en la sorcellerie et les entreprises du Mal.

Comme le soulignent les auteurs, « c'est ici, dans un contexte institutionnalisé et dans le discours relié, que chacun peut aisément identifier une représentation de la sorcellerie qui aurait pu échapper très facilement à l'attention du chercheur » (Wagner, Mecha & Carvalho, 2008, p. 42). Bien que les composantes de la représentation constituent des idées et des croyances préexistantes enracinées dans la socialisation et l'éducation religieuse, elles ont besoin d'être mises en œuvre dans les échanges quotidiens, agrémentées du pouvoir spécifique d'un discours institutionnel, dans le but d'acquérir le statut d'« unités dynamiques », c'est-à-dire de représentations sociales en action.

4. Les représentations sociales et leur organisation narrative : la « Science des histoires » et ses fruits

Un changement fondamental est apparu ultérieurement en psychologie sociale : le tournant narratif. Janos László, dans *The Science of Stories* (2008), identifie cinq paradigmes différents depuis le milieu des années 1980 – qui ont mis en valeur des points de vue psychologiques, culturels, linguistiques aussi bien que des questions théoriques *versus* empiriques. La proposition principale de László tient « en ce que la psychologie narrative scientifique ouvre une nouvelle perspective à propos de phénomènes complexes tels que les dimensions culturelles et évolutionnistes de la personnalité, de l'identité sociale ou personnelle et de la vie de groupe » (László, 2008, p. 1).

En effet, le tournant narratif a fait l'objet d'une telle diffusion dans les dernières décennies qu'il s'est constitué en une méta-théorie, une perspective qui englobe plusieurs positions théoriques et empiriques et, dans tous les cas, a généré un vaste ensemble d'écrits dans des revues spécialisées, des collections (e.g., *The Narrative Studies of Lives*) et des ouvrages (e.g., Bruner, 1986 ; Riessman, 1993 ; Sarbin, 1986).

> « Un récit est un ensemble de manifestations orales, écrites ou filmées transmises aux autres ou à soi-même (monologue) mais cela ne correspond pas à un matériel verbal qui est purement descriptif, démonstratif, déconnecté ou abstrait. Selon nous, le récit est utilisé pour faire référence à des ensembles d'expériences personnelles, ou d'expériences des autres, ou encore des ensembles fictifs tels que des histoires, des mythes, des contes populaires ou des contes de fées » (Smith, 2000, p. 328).

Le récit peut être opposé aux argumentations, descriptions, explications et apparaît plus proche de l'être humain que ces dernières.

Moscovici a distingué deux formes de pensée : la pensée scientifique qui prend appui sur les argumentations, algorithmes, raisonnement rationnel et, de manière globale, sur un méta-système logique basée sur la loi de non-contradiction, et la pensée représentationnelle qui, quant à elle, est gouvernée par un méta-système normatif au sein duquel la pensée opérationnelle est contrôlée et fait l'objet d'une double vérification à travers une architecture de rapports symboliques présents dans un contexte social donné. La pensée scientifique est nourrie et maintenue par des dispositifs mathématiques ; la pensée représentationnelle par des dispositifs narratifs. Cette dernière est également dénommée pensée sociale ou pensée naturelle et basée sur une « logique naturelle ». Au sein de celle-ci, non seulement « les décisions sont prises à travers des processus dynamiques de convergence et d'ajustements, comme ceux qui sont identifiés désormais par les recherches classiques en psychologie sociale » (Jesuino, in László, 2002, p. 31), mais le fait que la causalité soit remplacée par l'intentionnalité, le besoin de cohérence et les versions socialement acceptables des faits (i.e., histoires véhiculées par vraisemblance plus que par la vérité) devient un enjeu majeur.

Bruner (1986) a proposé une distinction qui fait sens en mettant en parallèle deux formes de pensée : une pensée paradigmatique et une pensée narrative. Je n'évoquerai pas les différences et les similarités entre ces deux visions, mais je me limiterai à mettre en valeur la diffusion quotidienne de la pensée narrative. La vie quotidienne, le fait de parler, le fait de penser apparaissent imprégnés de récits et c'est à travers eux que les êtres humains intègrent leur vie sociale en premier puis leur vie intellectuelle ensuite (pour une discussion récente dans le cadre de la littérature sur les représentations sociales, voir Emiliani, 2014 ; Jovchelovitch, 2007). László (2008) a proposé dans cette perspective une approche exemplaire. Il la résume lui-même de cette manière : « L'approche narrative des processus socio-représentationnels met en avant un modèle de la connaissance sociale dans lequel l'objectivation et l'ancrage des phénomènes nouveaux et non familiers sont intimement reliés à ces aspects de catégorie qui les amènent à devenir une partie de récits culturellement acceptables et cohérents. Pour aller plus loin, les positions occupées par les individus ou les groupes, vis-à-vis de ces systèmes de signification partagés, sont aussi saisies pour être mieux comprises, et ce en explorant comment les individus identifient ces catégories dans des contextes narratifs. Finalement, les histoires individuelles et collectives fournissent de manière conjointe une "narration épaisse" des phénomènes qui peuvent par la suite être analysés de manière minutieuse » (p. 37).

L'objectif de László consistait à exposer une étude minutieuse des récits et de leurs composants, cela dans le but de concevoir une forme d'analyse de contenu appropriée pour saisir leur structure qui serait donc, de fait, de type narratif. Il a donc proposé une analyse de contenu psychologique narrative (*narrative psychological content analysis*, NPCA) capable d'identifier des changements, des déplacements, des connexions qui supportent et qui orientent un récit spécifique en concevant un « modèle qui aspire à explorer les significations psychologiques des récits non seulement au niveau des mots et des thèmes mais aussi au niveau du récit de par la prise en compte de ses qualités narratives comme la structure, l'organisation, la perspective, les relations temporelles et sa cohérence » (László, 2008, p. 121). Son hypothèse fondamentale consiste en ce que « les récits contiennent un nombre limité de "catégories" structurales ou compositionnelles qui peuvent être remplies d'un nombre égal et fini de contenus psychologiques signifiants alors que la saisie du texte en surface pourrait en révéler une variété infinie » (*ibid.*, p. 138). En accord avec des auteurs classiques comme Propp, mettant en valeur les narratologues comme Bachtin et les psychologues intéressés par le domaine du récit (et sa mesure, e.g., Pennebaker, Francis & Booth, 2001), László a conçu une méthode dans le but d'identifier ces unités fondamentales, telles que la perspective narrative, l'expérience du temps, le contrôle de la distance spatiale et émotionnelle, la référence à soi, la négation et l'évaluation (Polya, Laszlo & Forgas, 2005 ; Bigazzi & Nencini, 2008). Le groupe hongrois a ensuite adapté un logiciel spécifique conçu par des linguistes spécialisés en informatique, *Nooj*, afin de réaliser les analyses susmentionnées.

Fidèle à la définition du champ de connaissances auquel il adhère, László, avec les collègues qui constituent son groupe de recherche, a opéré un retour au récit intégré dans l'histoire et la culture, essentiellement les textes littéraires, particulièrement des romans historiques qui ont connu un grand succès et qui ont fait l'objet d'une sélection très large dans le contexte universitaire et qui sont considérés comme des dispositifs puissants et générateurs de l'identité nationale. À travers des analyses minutieuses, le groupe hongrois indique dans un de ces romans (*The Stars of Eger*[7]) – qui raconte une victoire temporaire contre les Turcs – des propriétés positives telles que la force, la connaissance, la sagesse, l'excellence morale, qui sont ordonnées dans l'histoire selon une simple et claire composition (i.e., un personnage, une valeur). Une telle construction empathique, comme ils le commentent, « offre des modèles de propriétés de groupe idéalisés et schématiques codés en actions qui rendent plus aisé le processus d'identification » (László, Vincze & Somogyiari, 2003, p. 78). Réciproquement, dans un second roman historique à succès (*Sons of the Cold-hearted Man*), ils identifient une opposition idéale entre l'exogroupe et l'endogroupe qui vient constituer le support d'un *pattern* psychosocial bien documenté dans la recherche en psychologie sociale quand un groupe doit défendre son identité menacée. Cependant, au-delà de cette configuration intergroupe, le roman révèle des caractéristiques négatives existantes en fondant sur ces dernières l'interprétation d'une issue globale négative des événements retracés, c'est-à-dire le succès partiel, et au final la défaite en 1848 de la révolution contre l'Empire des Habsbourg.

Les caractéristiques positives de l'identité hongroise décrites à travers les protagonistes renvoient au courage, à l'honnêteté, à l'altruisme et au leadership démocratique. Les caractéristiques négatives, caractérisant deux personnages dans le roman, sont la naïveté, la passivité, l'obéissance montrant ainsi la supériorité morale et cognitive mais également d'une certaine manière un manque de force et d'autonomie à l'intérieur du groupe. Cependant, plusieurs épisodes montrent des Hongrois qui réalisent des actions qui produisent des effets positifs alors que les non-Hongrois apparaissent comme étant plus agentiques dans leurs actes. Comme László, Vincze et Somogyiari (2003) concluent : « Ici, le roman suit un *pattern* du type "nous avons perdu mais nous avons gagné" » venant « renforcer et transmettre la stratégie de faire-face caractéristique de la culture hongroise, c'est-à-dire le fait de transformer une défaite réelle en une victoire morale » (p. 79). La méthode d'analyse des textes qui a été adoptée est basée sur les analyses de contenu qualitatives au moyen du logiciel *Atlas.ti* à la fois au niveau des mots, mais aussi au niveau des concepts permettant d'identifier les traits et les valeurs des personnages aussi bien que les conséquences de leurs actes. En guise de support des conclusions que nous venons d'évoquer vient aussi une analyse d'un type différent qui a été réalisée dans le cadre d'une étude parallèle conduite avec un troisième roman historique (*Golden Age of Transylvania*, Mór Jókai, 1898) dans le but d'identifier les stratégies de faire-face adoptées par les principaux personnages alors même qu'ils étaient confrontés à des faits de guerre (des stratégies comme

7. Titre d'un film réalisé par Zoltán Várkony (1968) à partir d'un roman de Géza Gárdonyi (1923).

la résistance, la soumission, la confrontation aux mauvaises conduites, l'évasion et la collaboration, László & Vincze, 2002).

En considérant ces propos, une piste de recherche fructueuse a été développée en établissant des liens entre l'histoire et la psychologie sociale permettant de défier les propositions de recherches européennes en déplaçant le point d'attention vers les textes historiques plutôt que vers les textes littéraires. Les études qui ont suivi et qui ont relancé les études hongroises ont été conduites par Alessio Nencini à propos de l'identité nationale italienne en tant qu'identité co-construite à travers des romans à succès du XXe siècle (Nencini, 2011, 2013), en sollicitant de manière explicite l'analyse des marqueurs narratifs. Ces recherches ont été inspirées par les études conduites par László et ses collaborateurs à propos des vices et des vertus nationaux – en explorant les représentations sociales des héros nationaux – à travers les romans historiques à succès en Europe de l'Est (Monténégro, Roumanie) (Nencini, Tzankova, Raicevic & Contarello, 2012).

Comme le note Wagner (2008), l'approche hongroise constitue « l'exemple premier d'une version institutionnalisée des représentations [à travers l'intérêt qu'elle porte] à l'historiographie nationale ainsi qu'à la mémoire historique de groupe » (p. 46). C'est ainsi qu'entre dynamiques et structures, à la fois les tournants narratifs et discursifs ont contribué de manière importante au développement théorique et empirique des représentations sociales.

5. Contenus et structures : vers de possibles correspondances entre les représentations sociales et la littérature

Nous avons nous-même opéré un retour vers les récits littéraires dans le but d'étudier des *patterns* et des processus psychosociaux, leurs contenus ainsi que leurs organisations. Le projet a démarré au milieu des années 1980, dicté d'une certaine manière par une lecture inspirante du *Portrait of a Lady* d'Henry James (1881). Comme le suggérait Moscovici (1986a), nous pensions y trouver des façons magistrales et pertinentes pour la psychologie d'envisager les théories à la fois dans une direction scientifique mais également artistique. Cela peut également se retrouver au cours de la même période et dans le cadre de relations très étroites telles que la fratrie. C'est le cas pour William et Henry James. Des concepts clés avancés par le premier (tels que le flux de conscience, la partition du Soi...) ont été au départ traités par le second dont les écrits étaient tout à fait aptes à nous offrir des formes et des choses, des matériaux et des cadres théoriques, supportant et exemplifiant les avancées théoriques du premier.

Impressionnée par ces lectures et concernée par les réflexions associées, Chiara Volpato s'est associée et un projet a été conçu afin d'étudier l'identité et les relations décrites et analysées à travers les textes littéraires. Les premières études étaient déjà en cours de réalisation lorsque nous avons pris connaissance de l'article de Moscovici (1986a) qui ouvre le présent chapitre. Dans celui-ci, et d'une certaine manière autant que dans la théorie des représentations (qui n'est pas mentionnée dans l'article mais qui supporte clairement l'architecture générale sur laquelle la théorie a été conçue), nous avons trouvé un puissant allié nous offrant à la fois un cadre théorique, des suggestions méthodologiques et un pouvoir heuristique. Depuis le tout début, nous avions fondé notre perspective en prenant en compte à la fois les suggestions venant des courants narratifs et, dans une moindre mesure et plus récemment, des suggestions venant du courant discursif.

Une autre source d'inspiration est venue du mouvement du constructionnisme social et principalement de l'attention prêtée par Gergen et Gergen (1988) aux récits, à leurs formes, à leurs points centraux, à leurs signes de démarcation mais également en faisant référence à Gergen et Gergen (1993) en ce qui concerne leurs recherches de trajectoires et de cadres de vie culturellement délimitée de femmes et d'hommes ayant rencontré le succès.

La première étude concernait l'amitié et ses manières de la décrire ou, mieux, ses constructions à travers le temps (Contarello & Volpato, 1991). Cinq œuvres de la littérature française, couvrant huit siècles, ont été choisies en focalisant l'attention sur des femmes écrivains : *Les Lais* de Marie de France, *L'Heptaméron* de Marguerite de Navarre, *La Princesse de Clèves* de Madame de La Fayette, *Indiana* de Georges Sand et *Les Mandarins* de Simone de Beauvoir. Des analyses de clusters et de correspondances ont été utilisées dans le but d'identifier les contenus et les structures des formes de connaissances proposées et ont permis de confirmer le statut de principes organisateurs de l'affection et de l'intimité. Tout au long de ces analyses, différentes typologies de l'amitié, ainsi que des liens décrits à différents moments ont pris forme. Nous avons aussi trouvé de fascinantes correspondances entre des avancées scientifiques théoriques et artistiques. Par exemple, dans *La Princesse de Clèves*, nous avons trouvé des arguments qui rejoignent les points de vue des historiens et des critiques littéraires qui indiquent que le XVIIe siècle constitue un tournant pour le développement du Soi tel qu'on le conçoit aujourd'hui. Dans *Les Mandarins*, de la même manière, nous avons observé un modèle de l'amitié très similaire à celui du modèle dialectique des relations avancé un peu plus tard par Baxter (1988 ; Contarello, 2008).

Nous avons ensuite porté notre attention sur des questions d'identité à la fois à un niveau social et à un niveau personnel. Au niveau social, nous avons étudié les relations intergroupes et interpersonnelles dans différents contextes sociétaux de faire-face à des transitions culturelles (Volpato & Contarello, 1995) ou d'exposition à des situations extrêmes (Volpato & Contarello, 1999). Au niveau individuel, nous avons opéré un retour à l'idée d'une représentation sociale de l'identité (Doise, 1998 ; Oyserman & Markus, 1998) et avons poursuivi des analyses à propos des personnages et des relations décrites dans des œuvres littéraires provenant de plusieurs contextes culturels couvrant ainsi une zone allant du Mexique à l'Inde (Contarello & Vellico, 2003) en passant par l'Afrique du Sud (Contarello, Gargioni & Mazzotta, 2003).

Dans le dernier cas, nous avons trouvé un bon support pour les tensions dialectiques observées dans le cadre de la recherche psychosociale : pouvoir *versus* communauté et indépendance *versus* interdépendance. Nous avons aussi observé, à partir des résultats obtenus au moyen de l'analyse de contenu et de correspondances de *Clear Light of the Day* d'Anita Desai (1980), que les descriptions des individus et des relations étaient plus situées et contextualisées que prévu. De fascinants mélanges sont apparus dans les résultats, transcendants les catégories dominantes de la psychologie « mainstream », mais constituant des réflexions parallèles avancées par des psychologies « alternatives »[8]. Par exemple, nous avons constaté une référence intéressante au détachement qui ne renvoie pas simplement au désengagement mais plutôt à un mélange puissant de caractéristiques à la fois spirituelles et communes, ce qui est franchement inhabituel pour un lecteur occidental.

Plus récemment, dans un exercice de jeu de miroir avec le travail de Chombart de Lauwe, nous avons focalisé notre attention sur les représentations sociales de la vieillesse et des personnes âgées en utilisant également des textes littéraires (Contarello, Nencini, Marini & Ricci, 2011). À la différence des auteurs précédemment cités, nous n'avons pas choisi un échantillon large d'œuvres dans le but d'explorer des représentations sociales existantes dans des périodes et des lieux. Nous avons pour notre part consacré notre attention à des représentations alternatives (polémiques ou émancipées, voir Moscovici, 1988), par la recherche de voix d'écrivains évoquant, dans une « contre-mélodie », des visions hégémoniques de pertes et de déclins, légèrement contrebalancées par la référence à la sagesse déjà documentée dans la littérature psychosociale. Comme attendu, nous n'avons pas trouvé beaucoup d'œuvres traitant de manière positive la question de la vieillesse et de la personne âgée (une littérature importante qui étaie le récit de la chute hégémonique a été trouvée dans le roman de Philip Roth, *Exit le fantôme*, 2009). Parmi ceux-ci, nous avons analysé un livre d'Alessandro Tamburini, peu connu bien que lauréat de plusieurs prix littéraires, et une collection de nouvelles d'Elena Gianini Belotti très connue en Italie en tant que romancière et essayiste. Le choix des textes a été guidé par leur pertinence, leur accessibilité et leur (relative) popularité, comme cela est préconisé dans les recherches

8. I.e., n'appartenant pas au « mainstream ».

comparatives, mais guidé aussi par leur statut de minorités parlantes, adoptant ainsi dans nos études une approche pragmatique, conformément aux suggestions récentes formulées par Gergen (2014).

À l'aide d'analyses de correspondance et d'analyses de contenu, nous avons fait le tri parmi les principales dimensions présentes dans la description de la vieillesse. Des caractéristiques de déclin et de maladie sont contrebalancées par des relations interpersonnelles intenses dans le premier livre. La perte *versus* l'entretien de l'énergie, les éléments émotionnels *versus* corporels, la beauté passée *versus* la vitalité présente, la résistance *versus* la fragilité, constituent les principales dichotomies rencontrées dans le second ouvrage. Dans tous les cas, un mélange (renvoyant principalement au corps) de contraintes et de potentialités individuelles amène à questionner une vision générale du déclin. Nous avons également identifié le besoin de revenir aux métaphores et aux thèmes et manières d'envisager la vieillesse, comme suggéré par Gergen et Gergen (2002), à travers une analyse qualitative minutieuse apte à faire parler les différents cadres. Différents personnages personnifient différentes manières de vivre pleinement les périodes ultérieures de leur vie : de manière saisissante à travers une histoire d'amour qui dépasse le temps (un thème classique de la littérature), mais aussi de manière plus subtile à travers divers plaisirs esthétiques, relationnels et spirituels. Le projet est actuellement toujours en cours avec l'analyse d'autres œuvres littéraires (par exemple le best-seller *Best Exotic Marigold Hotel* de Deborah Moggach, récemment adapté au cinéma[9]), mais il montre d'ores et déjà son potentiel à éclairer différents types de représentations sociales, des représentations polémiques aux représentations paradoxales (voir Jesuino, 2014).

6. Un mouvement en spirale

Durant les cinquante dernières années, nous avons donc observé différentes manières de revenir sur les œuvres littéraires dans le but d'étudier des processus et des contenus psychosociaux en se focalisant principalement sur les formes de savoirs partagés, leur structure et leur changement. Comme nous l'avons vu, différents choix théoriques et méthodologiques ouvrent la voie à différentes entreprises souvent supportées par une variété de procédures et de logiciels développés au sein de la discipline. Quelques-uns d'entre eux ont laissé des traces claires alors que d'autres sont apparus et disparus plus rapidement. Un sentiment général, qui trace une route globale, consiste à penser que s'appuyer sur les œuvres littéraires dans notre contexte disciplinaire constitue avant tout un « loisir du dimanche » ; plusieurs auteurs mentionnent explicitement l'opportunité de leurs congés sabbatiques dans la décision d'écrire un livre sur et au moyen de textes littéraires (Oatley, 1993). Est-ce réellement le cas et – si oui – pourquoi ? Ce qui est certain, c'est que les œuvres littéraires possèdent une richesse et une autonomie propre qui requièrent un échange harmonieux entre les disciplines, ce qui n'est pas simple à atteindre. Comme a pu le faire Chombart de Lauwe dans son étude, nous consacrons trop de temps et d'efforts à nous familiariser avec des réalisations importantes issues des critiques littéraires et de la narratologie (Contarello & Volpato, 2002). Cependant, au final, nous préférons nous baser sur des méthodes et des procédures adoptées par nos disciplines parfois aux dépens d'une compréhension profonde et riche et au risque d'être considérée comme peu cohérente en termes d'adéquation théorique et méthodologique. L'étude de la science des histoires réalisée par Janos László (2008) a progressé davantage dans la direction d'un échange accompli entre différents champs de connaissances, bien que dans cette perspective l'étude des textes littéraires ne constitue qu'une partie. Il semblerait que la subtilité des œuvres littéraires apparaisse comme décourageante pour les chercheurs en ce qui concerne leur saisie. À l'inverse, elles possèdent un avantage important. Comme nous l'avons déjà noté, elles « offrent un point de vue privilégié, combinant des paysages d'actions et d'intentions (cf. Bruner, 1986), parlant à la première et à la

9. Sous le titre *Indian Palace*.

troisième personne et nous plongeant en profondeur dans des dynamiques psychosociales “de l’intérieur” » (Contarello & Vellico, 2003, p. 44).

Le long de la route que nous avons tracée, nous avons rencontré différentes manières et raisons de revenir aux œuvres littéraires. Parmi les trois mentionnées par Moscovici (1986a), la deuxième reste probablement la plus fréquente : être à la recherche d’un *protocole d’observation* pour mettre en évidence *le cadre de pensée d’une période.* La première manière avancée par Moscovici qui consiste à *étudier les dynamiques des groupes imaginaires exactement comme s’ils étaient réels* a aussi été rencontrée. À l’évidence, nous avons trouvé dans la théorie des représentations sociales une aide précieuse pour l’évaluation empirique et les avancées théoriques de l’étude des productions littéraires.

Étant donné le potentiel que contiennent les textes littéraires pour l’analyse des représentations sociales, nous pouvons nous attendre à un large recours à ceux-ci dans les cinquante prochaines années ou plus en ce qui concerne le développement de la théorie. Il serait probablement temps de planifier une revue de question appropriée des études réalisées tout en anticipant quelques difficultés en ce qui concerne le fait de les situer et de les suivre dans leur propre champ éditorial. Bien qu’assez confidentielle, l’utilisation des œuvres littéraires est loin d’être en voie de disparition et nous pouvons même affirmer que, dans un mouvement en spirale ou d’une subtile mais vibrante manière, à la façon d’un flot karstique, elle permet de garder vivant le fertile échange entre recherche scientifique et production artistique.

FOCUS 9

Thêmata et représentations sociales[1]

Gail MOLONEY[2], Christopher JEDRZEJCZYK[3] & Rob HALL[4]

Sommaire

1. Traduit de l'anglais vers le français par Grégory Lo Monaco (Aix-Marseille Université, France).
2. Université Southern Cross, NSW, Australie.
3. Université Southern Cross, NSW, Australie.
4. Environmetrics Pty, NSW, Australie.

La théorie des représentations sociales (Moscovici, 1984b) concerne la construction et la transformation des savoirs de sens commun. Il s'agit de constructions sociales qui renvoient des enjeux produits entre et par les individus, communautés et leurs institutions au quotidien. Dans le cadre de cet ensemble théorique, le concept de « thêmata » est posé en tant que base de la pensée de sens commun (Moscovici, 1993).

Le concept de thêmata a été introduit pour la première fois par Moscovici (1992) lors de la première conférence internationale sur les représentations sociales à Ravello en Italie. En décrivant ce qu'il entendait par thêmata, Moscovici (1993) a proposé l'analogie d'un cintre qui donne forme et structure à la manière dont un enjeu est socialement compris. Les thêmata ont aussi été décrits en tant que guides latents de la pensée publique (Smith & Joffe, 2012, p. 16), des préconceptions profondément ancrées dans la mémoire collective (Moscovici & Vignaux, 1994, 2000, p. 177) et comme la source des représentations naissantes. Mais, chose importante, « plus qu'aucun autre concept » dans la théorie des représentations sociales, les thêmata permettent de fournir la démonstration de « l'intégration socioculturelle de la pensée sociale » (Markovà, 2000, p. 442).

1. Les origines

En formulant le concept de thêmata, et d'une manière plus spécifique la question de l'origine des représentations sociales, Moscovici s'est tourné vers le domaine des sciences et notamment le travail de Holton. Selon Moscovici, Holton avait déjà démontré le fait que les thêmata jouaient un rôle crucial dans la pensée scientifique, non pas seulement parce qu'ils façonnaient la science mais aussi à travers le modelage de la façon de percevoir la science. Des exemples à ce sujet sont cités et illustrent comment les thêmata ont modelé les travaux d'éminents scientifiques comme Copernic, Einstein et Piaget (Moscovici & Vignaux, 1994, 2000). Selon Holton, le travail réalisé par Copernic en astronomie et en mathématiques était étayé par le thêma de simplicité et de nécessité et celui d'Einstein par le thêma de continuité et de séparation atomique. Pour leur part, les concepts piagétiens d'assimilation et d'accommodation sont aussi proposés en tant que thêmata (Moscovici & Vignaux, 1994, 2000).

2. Représentations sociales et thêmata

Considérés dans le cadre de la théorie des représentations sociales, les thêmata sont des concepts dialogiques à l'intérieur du cadre plus large de la dialogicité et des représentations sociales, cadre qui met l'accent sur la nature relationnelle, dynamique et située d'un savoir élaboré socialement (Markovà, 2000, 2003, 2007b). Dans ce cadre, la pensée sociale est conçue comme étant historiquement, culturellement et socialement située, caractérisée par un mode de pensée antinomique. Markovà soutient que le fait de penser par oppositions fait partie de la socialisation ; nous apprenons ce qui est long par ce qui est court, ce qu'est le jour par ce qu'est la nuit, la mortalité par l'immortalité, etc. (Markovà, 2000).

Les antinomies sont vues et posées en ce qu'elles étayent les pratiques socioculturelles sans en avoir directement conscience et sont considérées comme une partie intégrante de la pensée de sens commun. Certaines antinomies deviendront des thêmata en des temps de défi sociétal (Markovà, 2003), c'est-à-dire lorsque la société est aux prises avec la compréhension de la nouveauté ou d'un phénomène menaçant qui peut prendre la forme d'une idée, d'une pratique, d'un événement. Dans une acception assez proche, Bauer et Gaskell (1999, p. 178) évoquent « les clivages sociétaux, situés à des points dans le temps ou dans l'espace où les chemins de différents groupes se croisent ». Ces antinomies stimulent le débat et le dialogue public qui fait partie d'un processus de coping collectif (Markovà, 2002, 2003). Par exemple, en 1967, le monde occidental était aux prises avec les implications de la première transplantation de cœur de Christiaan Barnard. Le débat public a convergé vers les taxinomies de vie/mort (Moloney &

Walker, 2000 ; Moloney, Hall & Walker, 2005) et soi/autrui (Moloney, Walker & Charlton, 2013), générant un champ représentationnel par tension et contradiction.

En tant que composantes du processus d'ancrage, les antinomies perçues socialement comme pertinentes au regard du phénomène deviennent le point de convergence pour le débat et le dialogue, et le processus apparaît dès lors « reconstruit de manière dialogique » pour émerger en tant que thêma à partir duquel les représentations naissantes sont générées (Markovà, 2000, p. 447). Ce processus était clairement identifiable dans la récente reconstruction de la taxinomie comestible/non comestible, par exemple en Syrie, où les pénuries alimentaires ont conduit les leaders musulmans à émettre une fatwa autorisant la consommation de chat et de chien (Moloney, Gamble, Hayman & Smith, 2015). Il en va de même après le désastre de Tchernobyl, ou encore en Grande-Bretagne et aux États-Unis après l'apparition de l'encéphalopathie spongiforme bovine, ou maladie de la vache folle (Markovà, 2000).

3. Débat théorique

Les taxinomies dans la pensée sociale sont intégrées selon une « interdépendance mutuelle » avec leurs antinomies respectives (Markovà, 2000, p. 444). Il existe cependant un débat qui concerne la façon dont l'interdépendance entre les antinomies est conceptualisée ainsi que sa relation avec la fonction générative[5]. Les antinomies dialogiques (e.g., long/court) devraient-elles être conceptualisées comme des « thêma » (singulier), reflétant une interdépendance entre les antinomies qui peuvent potentiellement se manifester dans un champ représentationnel incohérent et ambigu ; ou comme des « thêmata » (pluriel), correspondant aux situations les antinomies, bien qu'elles soient conceptualisées comme une paire, peuvent potentiellement donner lieu à des paires de représentations (voir Castro & Gnomes, 2005 ; Moscovici 2001). La pertinence de cet aspect concerne la cohérence des représentations. Si les antinomies dialogiques sont vues comme ne faisant qu'une, c'est-à-dire que « long » ne peut être appréhendé qu'en relation avec « court », cette tension entre ces antinomies peut résulter dans le fait que les représentations peuvent être de nature incohérente et contradictoire.

Au-delà de cette question, une distinction a été établie entre les thêmata fondamentaux et symboliques (Markovà, 2000, 2003 ; Moscovici, 2011). Les thêmata fondamentaux sont conçus comme étant des antinomies dialogiques essentielles pour la vie humaine (Markovà, 2003). Par exemple, Markovà suggère que le thêma renvoyant à la reconnaissance sociale et son déni est une motivation humaine fondamentale ; la tension liée à cette motivation fondamentale se manifeste à travers d'autres thêmata comme cela peut être le cas avec nous/eux, invisible/visible, liberté/oppression. Par contraste, les thêmata emblématiques, peuvent apparaître, disparaître et réapparaître à différentes époques (Moscovici, 2011). Moscovici parle ici de séries de thêmata symboliques associés aux gitans, tels que le tabou du contact ou le stigmate, alors que la représentation associée aux gitans, quelle que soit la période, a toujours été articulée à travers un thêma fondamental opposant « nomade » à « sédentaire ».

4. Recherche

Malgré l'introduction du concept de thêmata en 1992 et la publication du chapitre « Le concept de thêmata » en 1994 (Moscovici & Vignaux, 1994, 2000), relativement peu d'études ont exploré le rôle des thêmata dans le fait d'engendrer[6] des représentations sociales. Ceci est probablement dû aux difficultés méthodologiques rencontrées concernant la possibilité de

5. Pour une traduction du terme anglais « generativity ».
6. Pour une traduction du terme anglais « generation ».

discerner les thêmata. En effet, comment identifier quelque chose qui n'est pas nécessairement perceptible ? En tant que contenu potentiel, les thêmata n'apparaissent pas nécessairement dans le langage verbal (Liu, 2004) bien qu'ils soient envisagés comme structurant le contenu des représentations. La référence de Moscovici aux thêmata en tant qu'« images concepts » contient ce challenge méthodologique (Moscovici & Vignaux, 2000, p. 177).

À ce jour, le concept de thêmata a été utilisé pour investiguer, au niveau social, les manières d'appréhender une diversité de questions, par exemple le réchauffement global en Grande-Bretagne (Smith & Joffe, 2012) ; le SIDA en tant que peste des homosexuels (Markovà, 2003) ; les gitans ou le réchauffement global en Europe (Moscovici, 2011), le recyclage de l'eau en Australie (Callaghan, Moloney & Blair, 2012) ; le don d'organes (Moloney et al., 2005 ; Moloney et al., 2013) ; le don du sang (Moloney, Williams & Blair, 2012 ; Moloney et al., 2015) ; les organismes génétiquement modifiés (Castro & Gnomes, 2005) ; la maladie mentale (Foster, 2006).

Le potentiel du concept de thêmata se situe dans l'idée qu'il offre dans le cadre de la compréhension de la construction sociale du savoir. En tant que préconceptions ancrées dans la mémoire collective (Moscovici & Vignaux, 2000), les thêmata ou leur identification autorise la mise en relation entre les anciennes et nouvelles manières de comprendre et de penser les phénomènes sociaux. Ainsi, ils mettent en lumière l'omniprésence du passé à la fois dans la construction et la restriction de la pensée sociale (de Rosa, 1987). L'identification des thêmata pourrait également être à même d'expliquer les processus en jeu dans le chevauchement, l'alternance ou encore la pluralité des représentations (Gillespie, 2008), renvoyant potentiellement à la polyphasie cognitive (Moloney et al., 2012) et aux questions concernant les différentes formes de représentations. Nous allons poursuivre cette dernière question avec une présentation synoptique de recherches récemment conduites en relation avec les représentations sociales du don de sang et de plasma, recherches dans lesquelles notre intérêt était de savoir si le don de plasma était socialement perçu en tant que variante du don de sang ou comme une question sociale à part entière.

4.1 *Thêmata, don de sang et de plasma*

La plasmaphérèse (ou don de plasma) a été médicalement conçue comme une variante du processus de don du sang, ceci dans le but de recueillir de plus grandes quantités de plasma que cela était rendu possible par la collecte de plasma classique via le don de sang (Flood, Wills, Lawler, Ryan & Rickard, 2006). Cependant, les donneurs de plasma sont rares, l'expérience et la compréhension de la procédure étant pour la majorité des gens indirecte. Actuellement, les donneurs actifs de plasma en Australie représentent moins de 0,5 % de la population (Bagot, Bove, Masser, Bednall & Buzza, 2013). Selon la dernière estimation, 5 000 Australiens ont utilisé les plasma-médicaments sur le long terme, et 125 000 utilisent des produits composés de plasma chaque année (Flood et al., 2006). Concernant l'année 2010-2011, 31 millions de dollars ont été dépensés pour l'importation de médicaments fabriqués à base de plasma pour compléter les réserves existantes (van der Berg, 2012). Ces chiffres devraient augmenter compte tenu du vieillissement de la population.

Dans le contexte australien, le plasma provient d'une faible population de donneurs volontaires qui étaient au départ des donneurs de sang depuis longtemps et qui se sont convertis au don de plasma. Il existe un véritable challenge pour le don de plasma car ce groupe de donneurs de sang sur le long terme n'est pas extensible et parce que le don de sang est un service vital (Flood et al., 2006). D'où notre intérêt pour ce qui concerne la façon dont les gens appréhendent socialement le don de plasma.

4.2 *La présente étude*

Moscovici (2011) suggère que les thêmata sont « des contenus ancrés », c'est-à-dire le noyau figuratif qui contient les images associées au problème, à la question, et qui donne forme au thêmata à travers un réseau de significations, de symboles et d'images dans lesquels la question est incorporée. L'analyse des processus par lesquels une question sociale est ancrée pourrait donc nous permettre potentiellement d'identifier les thêmata sous-jacents. À cette fin, nous proposons d'identifier le réseau de significations associées au don de plasma, en formulant l'hypothèse selon laquelle les significations de ce réseau seront associées au don de sang.

Des recherches précédentes (Moloney et al., 2012 ; Moloney et al., 2015) ont pu établir que le don de sang est socialement compris à travers une image symbolique construite autour des aspects renvoyant aux « aiguilles », au « sang », et au fait d'« aider les autres ». Cette image incohérente en apparence suggère une tension et une ambiguïté dans la manière dont la question est comprise ; c'est donc dans le même temps une procédure anxiogène qui permet d'aider les autres.

Dans le cadre de cette étude, nous avons eu recours à une tâche d'association de mots afin d'avoir accès aux manières de penser socialement à la fois le don de plasma et le don de sang. Trois cent quarante-cinq participants avaient pour consigne de donner les 5 mots qui leur venaient à l'esprit lorsqu'ils pensaient soit au don du sang (N = 203), soit au don de plasma (N = 142)[7]. Les réponses ont fait l'objet d'un travail d'homogénéisation et les matrices de cooccurrences ont été établies sur la base des catégories de mots les plus fréquentes. Ces matrices ont été analysées au moyen de techniques d'échelles multidimensionnelles[8] dans le but de tracer un graphique des relations entretenues par les différents mots[9].

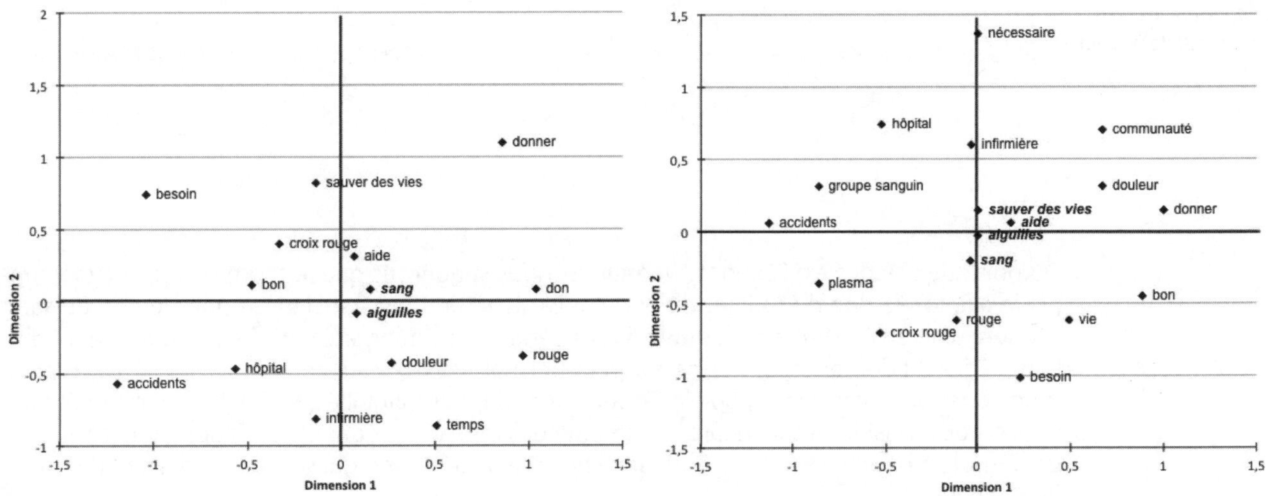

Figure F9.1.

Deux graphiques MDS en deux dimensions a) don de plasma ; stress = 0,153 et b) don de sang ; stress = .182

7. Pour de plus amples détails sur cette étude, contactez directement les auteurs.

8. Voir chapitre 7.

9. Les analyses ont été réalisées au moyen du module MDS dans le logiciel STATA (StataCorp. 2013. *Stata Statistical Software: Release 13*. College Station, TX: StataCorp LP). Les analyses ont été lancées pour chacune pour quatre, trois et deux dimensions, en cherchant le meilleur compromis entre l'adéquation avec les données et le modèle dérivé et le sens de l'interprétation. Les analyses ont été lancées en utilisant l'option MDS non métrique pour être cohérent avec d'autres études utilisant le même modèle. Chaque analyse a été réalisée 20 fois en rendant aléatoire le point de départ à chaque fois en raison du fait que les MDS non métriques ont tendance à révéler des solutions non optimales (i.e., trouver un minimum local plutôt que global dans la surface des réponses).

Les graphiques de l'analyse en MDS mettent en lumière le fait que les associations en lien avec le don de plasma sont très similaires à celles obtenues pour le don du sang, à la fois au niveau du contenu associé et de la structure des relations entre les associations. Concernant le contenu, les deux graphiques révèlent que les termes « sang » et « aiguilles » se trouvent au centre de gravité, ce qui indique que ces deux catégories de mot non seulement apparaissent fréquemment mais sont fréquemment co-occurrentes. Nous suggérons que les termes « sauver des vies » et « aider », ensemble avec les termes « sang » et « aiguilles » constituent le noyau figuratif pour le don du sang. Bien que « sauver des vies » et « aider » soient également associés au don de plasma, ces termes apparaissent moins fréquemment et présentent moins de co-occurrences avec « sang » et « aiguilles ».

La saillance de la normativité en lien avec le processus de don – c'est-à-dire « aider » et « sauver des vies » – est la différence la plus notable dans la structure des associations présentées dans les deux graphiques. Comme attendu, les associations pour le don de plasma apparaissent comme étant focalisées sur le mode opératoire. Cela contraste avec le don de sang pour lequel les associations se fondent à la fois dans les questions relatives au mode opératoire et au bénéfice du don.

Figure F9.2.

Diagramme schématique du thema Soi/Autrui supportant le don de sang et de plasma

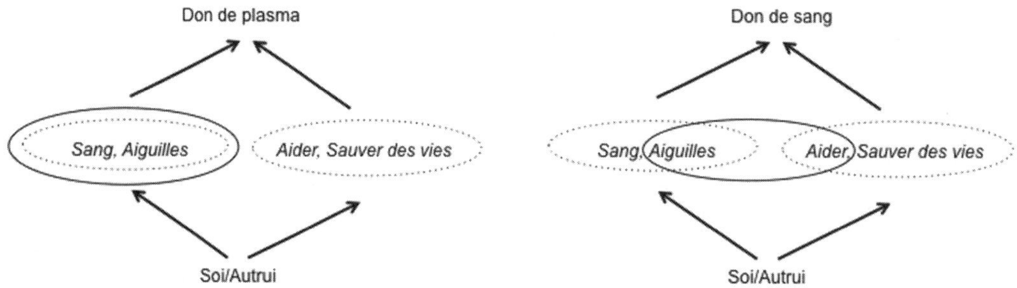

Du point de vue des explications théoriques, nous suggérons que le thêma « Soi/Autrui » supporte à la fois le don du sang et du plasma. La structure des associations pour le don du sang suggère une tension entre Soi et Autrui[10], générant une ambiguïté dans le noyau figuratif entre le bénéfice du don pour les autres, l'aspect normatif (aider, sauver des vies), la perception du mode opératoire centrée sur Soi, les aspects fonctionnels (aiguilles, sang). Cette ambiguïté fait sens si nous considérons la nature dynamique des représentations et, considérant le faible taux de dons, la probable fonction[11] évaluative de la représentation qui sert pour différents groupes de donneurs de sang.

Par contraste, la structure des associations concernant le don de plasma suggère que même si le thêma[12] « Soi/Autrui » supporte les associations réalisées, c'est la saillance du Soi et les aspects fonctionnels ou opératoires du don qui sont les plus remarquables. L'aspect normatif « Autrui » (aider, sauver des vies) est présent, mais dans une moindre mesure. Cela nous renseigne sur le fait que les bénéfices du don de plasma pour l'échantillon interrogé ne sont pas bien compris[13]. En conséquence, ces résultats peuvent offrir des implications pour la conception des campagnes de marketing visant le recrutement de donneurs de plasma.

10. Également rencontrée dans des recherches antérieures (Moloney et al., 2012).

11. Bauer et Gaskell (1999) suggèrent que les représentations présentent une variété de fonctions (e.g., attitudinale, idéologique, de résistance).

12. Nous utilisons le thêma au singulier ici car nous suggérons que Soi et Autrui sont interdépendants et en tant que tels donne lieu à des champs représentationnels incohérents et potentiellement contradictoires.

13. Nous notons que des analyses ultérieures ont permis de trouver une petite différence à la fois dans le contenu et la structure des associations selon les sous-groupes de donneurs. Nous mettons en garde sur le fait que les échantillons relatifs aux sous-groupes de donneurs étaient faibles et que d'autres données sont nécessaires.

Pour conclure, nous pensons que le potentiel du concept de thêmata tient à son intégration permanente dans la pensée sociale à travers le temps et les représentations. En discernant les motivations latentes ou les contenus potentiels qui déterminent comment les enjeux sociaux sont compris, il apparaît possible de théoriser la manière dont les représentations sociales sont reliées entre elles et à travers le temps.

> « Nous ne pouvons pas prouver que les représentations existent, nous pouvons seulement démontrer le pouvoir de ce concept à travers les interprétations que nous pouvons offrir des phénomènes sociaux » (Duveen, 1994, p. 207).

Nous pensons que les thêmata, en analysant leur influence sous-jacente sur nos connaissances, offrent la possibilité de faire cela.

CHAPITRE 10

Triangulation méthodologique, ou comment penser son plan de recherche

Sabine CAILLAUD[1] & Uwe FLICK[2]

Sommaire

1. Université Paris Descartes, France.
2. Université Libre de Berlin, Allemagne.

La théorie des représentations sociales se caractérise par la diversité de ses approches, des niveaux d'analyse et par conséquent des outils méthodologiques à la disposition du chercheur (Bauer & Gaskell, 1999). Nombreuses sont les recherches utilisant la théorie des représentations sociales qui recourent ainsi à différentes méthodes de manière simultanée. Beaucoup moins nombreuses sont celles qui envisagent le sens à donner à ce qui reste souvent une simple juxtaposition des données de différentes méthodes. Pourtant, les premières études sur les représentations sociales n'étaient pas étrangères à ce type de réflexion méthodologique et proposaient une voie pour mener des recherches plus mûres, plus abouties, et offrant une vision globale sur les phénomènes étudiés. Plus tard, des mots ont été mis sur ces pratiques. Et la notion de triangulation est venue rencontrer la théorie des représentations sociales afin de conceptualiser l'agencement des différentes méthodes (Flick, 1992).

De manière générale, la triangulation méthodologique peut être définie comme le fait d'appréhender un objet de recherche d'au moins deux points de vue différents. Ce concept, s'il est assumé franchement, permet de dépasser l'application de recettes toutes faites, prêtes à l'emploi. Par exemple, une de ces bonnes recettes consisterait à combiner systématiquement pour une même recherche des méthodes qualitatives avec des méthodes quantitatives, les dernières souvent considérées comme apportant un gage suprême de sérieux et de scientificité. Ces recettes si rassurantes pour tout chercheur, débutant ou expérimenté, enferment pourtant nos études dans des carcans qui se vident peu à peu de tout sens. Ce chapitre souhaite rappeler des pistes de réflexion pour envisager des plans de recherche plus aboutis, pour dépasser la simple juxtaposition de données issues de méthodes de recueil différentes, et finalement pour envisager de manière plus moderne (ou devrait-on dire postmoderne ?) la combinaison de différentes méthodes, voire entre le qualitatif et le quantitatif.

Nous proposerons tout d'abord une synthèse des discussions autour de la notion de triangulation. Dans une deuxième partie, nous verrons comment ce concept, dans son acception forte, est tout particulièrement pertinent pour la théorie des représentations sociales. Ces propos seront illustrés par des exemples d'études empiriques. Enfin, la dernière partie s'interrogera plus spécifiquement sur les liens entre méthodes qualitatives et quantitatives.

1. La triangulation méthodologique : origines et actualités

L'évolution historique de la notion de triangulation a déjà fait l'objet de nombreuses présentations détaillées (Flick, 1992, 2004). Aussi, nous ne présenterons ici qu'une synthèse des principales manières d'envisager la triangulation. Cette présentation va s'appuyer d'une part sur les différentes métaphores utilisées pour évoquer la triangulation, d'autre part sur la distinction récente entre un programme fort et un programme faible de triangulation (Flick, 2011).

1.1 *Triangle, cristallisation et enquête policière*

La triangulation évoque au départ une technique particulière utilisée dans le domaine de la navigation et dans le domaine militaire pour situer la position exacte d'un objet à partir de deux autres points de référence qui sont connus, d'où la référence au triangle. C'est à Campbell et Fiske (1959) que l'on doit d'avoir « importé » cette notion dans les sciences humaines et sociales. Utiliser cette métaphore pour décrire une démarche méthodologique, c'est donc l'objectiver comme une façon de situer avec *exactitude* l'objet de recherche. Et c'est en ce sens que Denzin (1970, p. 300) proposera au départ de parler de triangulation comme une stratégie de validité : « By combining methods and investigators in the same study, observers can partially overcome the deficiencies that flow from one investigator and/or method. » Cette définition sous-entend que chaque méthode ne permet d'appréhender l'objet que de manière biaisée, un peu comme si on observait l'objet au travers d'un filtre dont on ne sait pas bien dans quelle mesure il déforme la réalité.

Cette perspective de la triangulation méthodologique a été largement débattue, et on a justement reproché à Denzin d'utiliser la triangulation afin de valider les résultats sur le mode d'une corrélation des données, et d'oublier donc que chaque méthode construit son objet plutôt qu'elle ne l'observe (Flick, 2004). Denzin répondra à ces critiques et reviendra sur sa manière d'envisager la triangulation. En 2000, il adopte la métaphore de la cristallisation proposée par Richardson (2000). Partant du principe selon lequel chaque méthode construit son objet, étudie un phénomène sous un certain point de vue, Richardson (2000, p. 934) écrit :

> « Je propose que l'imaginaire central pour la validité des textes postmodernistes n'est pas le triangle, un objet rigide, fixe, bidimensionnel. Je propose plutôt que l'imaginaire central est le cristal, qui combine la symétrie et les matières, les transformations, les multi-dimensionnalités, et les angles d'approche. Le cristal grandit, change, s'altère, mais n'est pas informe. Les cristaux sont des prismes qui reflètent les externalités et se réfractent en eux-mêmes, créant différentes couleurs, *patterns* et matrices, partant dans toutes les directions. Ce que nous voyons dépend de notre angle d'approche[3]. »

Et Denzin et Lincoln (2000, p. 6) commentent cette métaphore : « La triangulation est une vitrine des multiples réalités réfléchies simultanément[4]. » Cette métaphore de la cristallisation permet donc de penser la triangulation d'une manière totalement différente : il n'est plus question de valider les résultats obtenus par une méthode, un chercheur ou une source de données en les confrontant aux données issues d'autres méthodes, chercheurs ou sources. Au contraire, chaque méthode nous renseigne sur une facette, nous donne accès à une partie du phénomène, est une fenêtre ouverte sur l'objet. En les multipliant, on obtient une vision plus globale de l'objet ou du phénomène, un objet qui, comme le cristal, ne cesse d'évoluer.

Une autre métaphore parlante est celle proposée par Haas et Kalampalikis (2007) : « Ainsi, revenant à la métaphore du roman policier, nous pourrions dire que l'enquêteur que nous sommes rassemble sur le terrain une somme d'indices lui permettant de résoudre une intrigue. Bien sûr, comme dans tout roman policier, la résolution de l'intrigue dépend pour une bonne part de la qualité de l'expert qui choisira avec talent (ou non) de croiser un certain nombre de traces, d'empreintes pour donner au final une version plus fine, plus fiable, peut-être plus proche en tous les cas, de la situation étudiée. Comme dans toute intrigue policière, nous ne sommes jamais certains d'avoir fait le tour du problème, ni même d'avoir pu accéder à la vérité. Un doute demeure, même si la somme des indices accumulés semble nous approcher d'une certaine réalité observée. »

Cette métaphore de l'enquête policière porte en elle également cette idée que la triangulation est moins à rapprocher d'une stratégie de validité des données que d'une stratégie de qualité. Elle se distingue pourtant de la métaphore de la cristallisation où la réalité est considérée comme mouvante, changeante, évolutive, et de fait insaisissable.

1.2 *Entre un faible et un fort programme de triangulation*

Ces métaphores sont intéressantes car elles permettent d'illustrer la distinction proposée par Flick (2011 ; Flick et al., 2012) pour synthétiser plusieurs décennies de débats autour de la question.

---

3. « *I propose that the central imaginary for validity for postmodernist texts is not the triangle – a rigid, fixed, two-dimensional object. Rather, the central imaginary is the crystal, which combines symmetry and substances, transmutations, multidimensionalities, and angles of approach. Crystals grow, change, alter, but are not amorphous. Crystals are prisms that reflect externalities and refract within themselves, creating different colors, patterns, and arrays, casting off in different directions. What we see depends upon our angle of repose* » (Richardson, 2000, p. 934).

4. « *Triangulation is the display of multiple, refracted realities simultaneously.* »

Dans un programme faible de triangulation, les différentes méthodes sont combinées de manière pragmatique afin d'évaluer les résultats obtenus par une méthode en les confrontant aux résultats obtenus par une autre méthode. On est ici sur une approche de la triangulation au sens premier du terme, celui d'une stratégie de validité qui correspond donc à la métaphore issue du domaine de la navigation et du domaine militaire. On cherche en quelque sorte à avoir une bonne corrélation entre les données. La validité des résultats qui divergent est remise en cause.

Le programme fort de triangulation renvoie au contraire à la métaphore de la cristallisation. Ici, on ne cherche plus la convergence des données à travers différentes méthodes, au contraire chaque méthode est considérée comme une source supplémentaire de connaissances, comme un point de vue particulier sur l'objet. Les données s'accumulent, donnant au chercheur une vision plus globale du phénomène étudié. Ici, la triangulation n'est plus un critère de validité mais elle est utilisée comme une stratégie de qualité. Les contradictions entre les résultats issus de différentes méthodes ne sont dès lors pas une menace pour le chercheur, mais complètent sa compréhension du phénomène (Barbour, 2001). On parlera plutôt de combinaison de perspectives de recherche plutôt que de juxtaposition de paradigmes (Flick, 2011). Mais cette combinaison est possible uniquement si l'on considère que chaque méthode endosse une certaine perspective, s'appuie sur une approche théorique particulière. C'est seulement dans ce cas que l'on obtient un plan de recherche où aucune méthode ne prévaut sur l'autre et où, par conséquent, les résultats contradictoires pourront être interprétés (Flick, 1992, 2011).

Prenons un exemple célèbre, l'étude de Jodelet (1989a) qui porte sur les représentations sociales de la maladie mentale dans un contexte spécifique : dans une petite commune, les malades mentaux ne sont plus enfermés dans des institutions mais ils sont hébergés et vivent dans des familles d'accueil (appelées les *nourriciers*). Jodelet s'intéresse aux représentations sociales de la maladie mentale chez les nourriciers en utilisant diverses méthodes dont des observations et des entretiens avec les nourriciers. Elle met notamment en évidence des résultats contradictoires entre les pratiques observées et le contenu du discours. En effet, dans les entretiens, les nourriciers affirment que la maladie mentale n'est pas contagieuse et ils s'appuient pour cela sur un savoir médical. En revanche, elle observe au quotidien des pratiques de protection : le linge de la famille et celui du malade mental ne sont pas lavés en même temps, ni même leur vaisselle, une attention particulière est réservée aux objets qui ont été en contact avec la bouche du malade (e.g., les verres). Si l'on se place dans une perspective de triangulation faible, nous pourrions par exemple mettre en doute la parole des interviewés et conclure qu'ils cachent ce qu'ils pensent vraiment. Mais si l'on fait le choix d'une triangulation forte, alors les pratiques de protection deviennent une facette des représentations sociales et le discours de non-contagion en est une autre. Ces deux facettes, qui semblent pourtant contradictoires, sont aussi vraies l'une que l'autre. Il faut, pour leur donner un sens, comprendre qu'elles renvoient en réalité à des aspects différents et pourtant complémentaires des représentations sociales de la maladie mentale : le discours sur la non-contagion renvoie au cadre normatif qui définit le rapport aux malades, les pratiques de protection quant à elles permettent de maintenir dans ce contexte une différenciation sociale entre les « fous » et les « non-fous ». Ces pratiques sont symboliques et prennent sens si l'on se déplace « du corps humain au corps social ». Jodelet écrit : « L'évitement de ce contact, mesure d'hygiène destinée à préserver le corps humain de la contamination, devient clivage social destiné à préserver le corps social du mélange » (1989, p. 341). C'est une réponse à des enjeux identitaires : ne pas se confondre et ne pas être confondu avec les « bredins ».

À présent, il convient de préciser ce que la triangulation n'est pas. On ne parlera pas de triangulation lorsqu'il s'agit d'utiliser une méthode de recueil de données (des entretiens narratifs) et une méthode d'analyse des données (e.g., analyse de contenu). De la même manière, on ne parlera pas de triangulation pour qualifier les situations où une méthode a été utilisée en tant que méthode exploratoire sans donner lieu à des résultats à part entière (e.g., mener des entretiens exploratoires dans l'unique objectif de construire ensuite un questionnaire). Enfin, il ne suffit pas de juxtaposer dans un questionnaire des questions ouvertes et des questions fermées pour parler de triangulation.

Denzin (1970) avait défini différents niveaux de triangulation qui sont intéressants à rappeler car ils restent d'actualité :

- la triangulation des données, autrement dit le fait d'inclure des données issues de sources différentes ;
- la triangulation des chercheurs (différents observateurs ou intervieweurs réalisent le travail) ;
- la triangulation des théories, autrement dit approcher les données avec des perspectives et des hypothèses variées ;
- la triangulation des méthodes, c'est-à-dire l'utilisation de différentes méthodes de recueil de données. À ce dernier niveau, Flick (1992, 2011) propose de distinguer la triangulation inter-méthodes, avec par exemple l'utilisation d'entretiens et de *focus groups*, et la triangulation intra-méthode, avec par exemple l'utilisation d'entretiens épisodiques qui interrogent deux niveaux différents de savoir (le savoir narratif et le savoir sémantique) et qui s'appuie donc sur deux perspectives théoriques différentes sur le savoir.

2. La théorie des représentations sociales et la triangulation : pour penser des pratiques anciennes

Comme nous l'avons évoqué, les premières études sur les représentations sociales utilisaient déjà différentes méthodes. Ainsi, l'étude princeps de Moscovici (1961), *La psychanalyse, son image et son public*, s'appuyait sur deux méthodes : une analyse de presse et une enquête par questionnaire. D'autres études ont ensuite utilisé une combinaison de méthodes : Jodelet (1989a) a eu recours, en plus des observations et des entretiens avec les familles d'accueil, à des entretiens avec des experts et des personnels soignants, des analyses de documents, une enquête par questionnaire. De nombreuses études ont suivi une voie similaire (e.g., Lloyd & Duveen, 1992 ; Gervais, 1997 ; Haas, 2002 ; Kalampalikis, 2007) en ayant parfois explicitement recours à la notion de triangulation.

Ce qui rend si légitime l'utilisation de la triangulation méthodologique, c'est le caractère intégratif de l'approche des représentations sociales. En effet, les représentations sociales sont « un ensemble de croyances, d'images, de métaphores et de symboles qui sont collectivement partagés par un groupe, une communauté ou une culture » (Wagner, 1994, p. 199) ; elles se nourrissent de différentes formes de savoirs, allient différents modes de pensées de manière simultanée (on parle de polyphasie cognitive : Provencher, 2011), reflétant nos rapports pluriels au monde (Kalampalikis, 2006). Les représentations sociales s'actualisent à travers des modes différents : habitudes, cognitions individuelles, communications formelles et informelles (Bauer & Gaskell, 1999, 2008). Elles sont à la fois contenu et processus (Markovà, 2007a). Les modes de transmission, de partage et de transformations sont également multiples : on peut distinguer les communications formelles et informelles, mais aussi la propagande, propagation et diffusion. Pour saisir cette complexité, cette diversité des contenus, de dynamiques, de formes de partage et de transmission, le recours à différentes méthodes est pertinent. La triangulation permet donc de prendre au sérieux le caractère intégratif de l'approche des représentations sociales, et ce, en étudiant les différentes dimensions des représentations sociales ou encore ses différents processus.

2.1 Pour étudier différentes dimensions des représentations sociales

Prenons d'abord un exemple relatif aux différentes formes de savoirs. Bruner (1990) considère que les individus mémorisent les événements sous deux formes de savoirs : narratif et sémantique. Partant de ce constat, Flick (1996 ; Flick, Fischer, Walter & Schwartz, 2002 ; Flick, Garms-Homolova & Röhnsch, 2012) propose d'utiliser des entretiens épisodiques, c'est-à-dire une méthode où l'on interroge successivement au cours d'un même entretien ces deux types de savoirs. L'objectif n'est pas de vérifier en les confrontant les deux formes de savoirs, mais les entretiens épisodiques visent à augmenter la compréhension des représentations sociales, à obtenir une vision la plus complète possible. C'est ici une triangulation intra-méthode (interroger deux formes de savoirs lors d'un même entretien).

De manière similaire, en partant de la proposition de Moscovici (1994) de s'intéresser à la fois aux aspects sémantiques et pragmatiques de la communication, Caillaud, Kalampalikis et Flick (2012) font trianguler deux méthodes d'analyse sur un même corpus. Cette étude concerne les représentations sociales de la conférence de l'ONU sur le climat en France et en Allemagne et repose sur une analyse des articles de presse publiés par les principaux quotidiens de ces deux pays. Les auteurs étudient les aspects sémantiques du discours (à travers une analyse des métaphores) et ses aspects pragmatiques (à travers une analyse Alceste). Les résultats de ces deux analyses sont ensuite interprétés de manière à obtenir une vision plus globale de l'objet. Cette étude offre, par ailleurs, une illustration des différentes façons d'interpréter les résultats issus de la triangulation méthodologique. En effet, en France, les résultats semblent converger (ce qui en rend aisée l'interprétation) tandis qu'en Allemagne les résultats des deux analyses semblent dans un premier temps difficilement compatibles : l'analyse Alceste met en évidence une articulation entre les enjeux pour toute l'humanité et les enjeux locaux du changement climatique, tandis que la deuxième analyse fait apparaître l'utilisation de métaphores religieuses. L'interprétation des résultats s'appuie dès lors sur une analyse des contextes socio-culturels pour proposer des catégories d'analyse supra-ordonnées pertinentes. En effet, en Allemagne, le mouvement écologique a émergé sous forme d'initiatives citoyennes défendant initialement des enjeux locaux. Puis, ces initiatives se sont regroupées car elles ont perçu la dimension globale des nouveaux conflits sociaux qu'elles dénonçaient. Aussi, l'articulation global/local qui ressort de l'analyse de presse fait écho à la manière même dont s'est constitué le mouvement écologique allemand : un rassemblement autour d'enjeux éthiques. Les métaphores religieuses utilisées par la presse et l'articulation global/local peuvent alors être interprétées comme un ancrage moral du changement climatique en Allemagne.

Enfin, pour prendre un dernier exemple illustrant comment la triangulation permet de s'intéresser aux différentes dimensions des représentations sociales, Callaghan, Moloney et Blair (2011) proposent d'interroger deux dimensions des représentations sociales de l'eau recyclée en Australie : la dimension normative (évaluative et saturée en normes et valeurs) et la dimension fonctionnelle (liée aux pratiques sociales et aux relations que le groupe entretient avec l'objet). Ils utilisent pour cela une triangulation intra-méthode : ils combinent dans un même questionnaire une tâche d'association de mots (pour saisir la dimension normative) et des échelles mesurant la proximité acceptable avec l'eau recyclée (pour mesurer la dimension fonctionnelle).

2.2 Pour étudier différents modes et processus de représentations sociales

La triangulation méthodologique peut aussi être utilisée afin de saisir les différents modes des représentations sociales : savoir quotidien, habitudes, communication informelle et formelle (Bauer & Gaskell, 1999). Elle peut aussi être utilisée, comme le propose Gervais (1997), pour s'intéresser aux différents processus de formation des représentations sociales tels qu'envisagés par Duveen & Lloyd (1990) : sociogenèse (formation des représentations sociales à un niveau collectif dans un contexte sociohistorique donné), ontogenèse (développement des individus en relation à l'objet, proche de la socialisation) et microgenèse (comment les individus construisent leur compréhension de la situation). Pour chacun de ces trois processus, Gervais (1997) utilise une méthode spécifique : une analyse de presse (sociogenèse), des *focus groups* et une analyse d'un débat radiophonique (ontogenèse) et des entretiens individuels (microgenèse)

Ici on trouve donc le plus souvent des exemples de triangulation inter-méthodes, c'est-à-dire des plans de recherche élaborés selon l'idée que chaque méthode vient éclairer un mode particulier dans lequel les représentations sociales s'actualisent, ou un processus particulier par lequel elles se forment. La triangulation, toujours dans son acception forte, permet alors d'opérationnaliser les différents modes de représentation.

Par exemple, dans une étude sur les représentations sociales du changement climatique et des pratiques écologiques en France et en Allemagne (Caillaud & Flick, 2013), des entretiens et des *focus groups* ont été menés et analysés afin d'éclairer deux modes des représentations sociales : communication informelle et savoir quotidien sur les pratiques écologiques quotidiennes. Chaque méthode reconstruit l'objet d'une manière spécifique, et chacune est utilisée avec une perspective théorique particulière : interactionnisme social pour les *focus groups*, reconstruction subjective pour les entretiens. Les résultats sont ensuite confrontés, non pas pour être validés puisque chaque méthode est utilisée selon une perspective théorique spécifique, mais pour obtenir une analyse plus fine, une interprétation plus sûre. Ainsi, les résultats dans les entretiens et dans les *focus groups* diffèrent en ce qui concerne le discours sur les pratiques écologiques quotidiennes. Si dans les deux contextes de recueil de données les interviewés soulignent que ces pratiques ne sont efficaces que si tout le monde agit de la même manière, la façon dont ils justifient ensuite leurs pratiques diffère du contexte. Dans les entretiens, les interviewés viennent ancrer leurs pratiques quotidiennes relatives à l'écologie dans des pratiques anciennes de bon sens, des choses que l'on a toujours faites (e.g., faire le compost). Et c'est cet ancrage dans le passé qui rend leurs pratiques légitimes. En revanche, dans les *focus groups*, c'est-à-dire en situation d'interaction sociale, les interviewés inscrivent leurs pratiques quotidiennes dans une perspective future, pour construire un nouveau rapport à la nature. Les résultats ne sont pas contradictoires dès lors que l'on fait l'effort de les replacer dans leur contexte, de les analyser en fonction de la perspective théorique que chaque méthode incarne : lorsque le groupe sert de support, le discours commun sur les pratiques écologiques rend envisageable un changement social, rend possible une projection dans le futur. L'approche des représentations sociales permet de comprendre qu'en fonction du contexte on envisage de manière différente les pratiques écologiques, ici comme des pratiques résolument tournées vers le passé ou vers le futur.

D'une manière similaire, Jacquart et Haas (2006) présentent les résultats d'une recherche portant sur la « rumeur d'Abbeville » faisant suite à de fortes inondations dans cette commune de Picardie. D'après la rumeur, les inondations auraient été causées par un détournement des eaux via le canal du Nord, détournement provoqué par les Parisiens pour protéger leur ville d'une éventuelle inondation et se montrer sous son plus beau jour dans le cadre de sa candidature pour recevoir les Jeux olympiques. Des entretiens et des *focus groups* ont été réalisés dans le cadre de cette recherche. Les entretiens ont permis d'explorer le « savoir vernaculaire », une forme de savoir quotidien dont la teneur dépend du vécu et de la proximité de l'inondation : les auteurs montrent comment les « pieds mouillés » (habitants directement touchés par l'inondation) ont plus souvent recours à la rumeur et utilisent davantage de registres différents pour parler de l'inondation que les « pieds secs » (habitants non touchés par l'inondation). Les *focus groups* sont utilisés pour accéder dans ce contexte aux éléments de la mémoire collective dans lesquels viennent s'ancrer les différentes explications de l'inondation. Les résultats mettent en évidence une absence de transmission de l'histoire maritime de la ville, connue uniquement par les Abbevillois de souche, et permettent de comprendre que les rumeurs comblent cette absence. De nouveau, chaque méthode approche un mode spécifique des représentations sociales et endosse pour cela une perspective théorique particulière. Les résultats permettent d'interpréter la signification de la rumeur : donner un sens à l'inondation dans un contexte de non-transmission.

Enfin, pour prendre un dernier exemple, Flick et Röhnsch (2007 ; Flick, 2011) ont réalisé une recherche sur la santé et la maladie, les comportements de demande d'aide et les représentations institutionnelles des adolescents sans-abri à Berlin. Trois méthodes ont été utilisées pour aborder ce terrain sensible : des observations (centrées sur les pratiques de santé et les relations avec les travailleurs sociaux), des entretiens avec les adolescents sur leurs représentations de la santé et leurs expériences avec les services de soins, et des entretiens avec des experts du monde médical. Ces trois méthodes étudient le phénomène à trois niveaux différents : les pratiques (observation), le savoir des adolescents (perspective interne) et le savoir des experts (perspective externe). Les résultats mettent en évidence comment les adolescents se montrent résignés face à leurs problèmes chroniques de santé (ils rapportent essentiellement des expériences négatives avec les professionnels de santé qui les empêchent de recourir de nouveau à une aide professionnelle) et utilisent la consommation d'alcool et de drogues pour y faire face. De leur côté, les experts considèrent que les adolescents échouent le plus souvent à gérer leurs problèmes de santé et qu'ils ne sont pas prêts à prendre en charge leur maladie. La consommation d'alcool et de drogues est désignée par les médecins comme un empêchement de trouver une solution aux problèmes et le réseau des pairs comme un empêchement de quitter la rue. Les observations mettent en évidence une difficulté pour les adolescents à agir en accord avec leur discours durant les entretiens. La prise en compte des différents points de vue (interne et externe) et le recours aux observations offrent sans aucun doute une meilleure compréhension du phénomène et permettent d'opérationnaliser l'idée que les représentations sociales incluent les points de vue de différents groupes sociaux (Flick, Foster & Caillaud, 2015).

3. Mixed methods? Quelle triangulation entre méthode qualitative et méthode quantitative ?

Jusqu'à présent nous avons essentiellement évoqué des exemples où les méthodes utilisées pour la triangulation étaient des méthodes dites qualitatives. Nous avons déjà souligné la tendance à combiner des méthodes qualitatives avec des méthodes quantitatives[5] (e.g., Apostolidis, 2003, 2006 ; Aléssio, Apostolidis, Santos & Dany, 2011 pour l'étude des représentations sociales). Le terme de « mixed methods » est parfois utilisé pour désigner cette manière de procéder, une revue lui est même dédiée (*Journal of Mixed Methods Research*). Cette notion pose pourtant trois problèmes majeurs (Flick, 2011 ; Flick, Foster & Caillaud, 2015) : 1) elle ne s'intéresse qu'aux combinaisons des méthodes qualitatives et quantitatives (et exclut donc les seules combinaisons de méthodes qualitatives) ; 2) les discussions dans ces recherches se concentrent le plus souvent sur les méthodes, sans s'interroger sur leurs présupposés théoriques et épistémologiques ; 3) la dichotomie entre un paradigme quantitativiste et un paradigme qualitativiste ignore la diversité des approches qualitatives comme celle des approches quantitatives, et réduit ainsi les manières d'utiliser ces méthodes.

En revanche, la notion de triangulation (au sens fort du terme) permet tout à fait de penser la combinaison de méthodes qualitatives et quantitatives. Bien entendu, le principe d'une triangulation forte reste ici le même : chaque méthode construit son objet, s'appuie sur une perspective théorique spécifique, aucune méthode ne prédomine et tous les résultats sont considérés aux mêmes niveaux. Aussi, rappelons-le, dans le cas d'entretiens servant uniquement à créer un questionnaire ou un matériel expérimental, on ne parlera pas de triangulation. On ne parlera pas non plus de triangulation dans les situations où une méthode quantitative est utilisée pour vérifier des résultats obtenus en entretiens ou en focus groups par exemple. Nous prendrons deux exemples de triangulation de méthodes qualitatives et quantitatives.

---

5. Voir focus 2.

Le premier exemple est une triangulation des méthodes de recueil de données. Il s'agit d'une étude sur l'utilisation de somnifères dans les maisons de retraite (voir Flick et al., 2010). Cette recherche s'appuie sur des entretiens menés avec les différents personnels soignants (médecins et infirmiers) et sur des données quantitatives concernant 2 577 résidents de maison de retraite à Berlin. Les données quantitatives montrent que 62,6 % des résidents souffrent de troubles du sommeil, 37 % ont des troubles sévères et 5,4 % en souffrent toutes les nuits. Les données montrent aussi que 5,4 % des résidents sont éveillés moins d'un tiers du temps en journée (passant les deux tiers de la journée à somnoler). De plus, les personnes ayant des troubles du sommeil participent moins que les autres à la vie de la maison de retraite et aux activités sociales. Ces résultats suggèrent que les troubles du sommeil ont aussi à voir avec la gestion de ces problèmes durant la journée et interrogent de ce fait le lien avec l'activité du personnel soignant : plus les résidents sont sollicités durant la journée, moins ils somnolent ou dorment de jour, et moins ils souffrent de troubles du sommeil. Les entretiens avec les infirmières ont mis en évidence des *patterns* différents : les interviewés qui savent qu'il y a un lien entre les activités diurnes et la qualité du sommeil et qui appliquent leur savoir en structurant la journée des résidents, les interviewés qui savent mais où les résidents ne sont pas motivés par les activités proposées, et les interviewés qui ignorent le lien entre qualité du sommeil et activités diurnes. Ici les méthodes prennent en compte deux niveaux différents : la réalité des soins et la perception du problème par les professionnels. Dès le début de l'étude, ces deux approches sont impliquées de la même façon dans la compréhension du phénomène, chacune l'éclaire à sa manière, les données quantitatives ne sont pas considérées comme plus ou moins vraies, elles apportent un regard spécifique.

Notre deuxième exemple illustre la triangulation des méthodes d'analyse (Caillaud, sous presse). Dans une étude, on s'est intéressé à la manière dont les groupes mobilisent et transforment les représentations sociales pour faire face à une menace. Des *focus groups* ont été menés pour étudier plus concrètement la manière dont les groupes font face, collectivement, à un sentiment de responsabilité collective ressentie vis-à-vis des problèmes écologiques (Caillaud, Bonnot, Ratiu & Krauth-Gruber, sous presse). Les participants répondaient d'abord collectivement à un questionnaire portant sur les pratiques quotidiennes des « gens en général » et mesurant l'empreinte écologique (i.e., le nombre de planètes nécessaires pour subvenir au besoin de la population mondiale si tout le monde vivait comme ça). Cette tâche permettait d'induire un sentiment de responsabilité collective, qui entraîne des émotions morales négatives menaçantes (comme la honte ou la culpabilité collective ; Wohl, Branscombe & Klar, 2006 ; Ferguson & Branscombe, 2010). Puis le groupe réagissait à ce résultat et d'autres supports alimentaient la suite de la discussion. Deux analyses ont été menées sur ces *focus groups*. Une analyse qualitative du discours a permis de dégager les stratégies de faire face utilisées tant au niveau de la dynamique de groupe (e.g., maintien de consensus) qu'au niveau des formes de savoirs mobilisés et des négociations identitaires (groupes d'appartenance auxquels on se réfère successivement pendant la discussion). Une deuxième analyse, quantitative, a été menée sur ce même corpus pour mettre en évidence les émotions ressenties et leur évolution durant les étapes de la discussion (régulation émotionnelle). Le logiciel Emotaix (Piolat & Bannour, 2009) qui répertorie et compte le lexique émotionnel permet ainsi d'inférer l'état émotionnel. En effet, le discours porte les traces des émotions ressenties : l'utilisation de termes émotionnels est fortement corrélée avec différents indices physiologiques des émotions (Cohn, Mehl & Pennebaker, 2004 ; Tausczik, Faase, Pennebaker & Petrie, 2012). Ces deux analyses éclairent bien des dimensions différentes (sociale, cognitive et émotionnelle) d'un seul et même phénomène : comment un groupe fait face à un sentiment de responsabilité collective. Les résultats montrent comment, en mobilisant des savoirs spécifiques comme les stéréotypes, en évitant le débat et en jouant sur la saillance de certaines identités sociales, les groupes retrouvent un état émotionnel positif. La triangulation permet ici de mettre en évidence les inter-relations entre savoirs, identités sociales et émotions. Elle offre une analyse approfondie des processus des représentations sociales qui apparaissent dès lors bien comme une réponse efficace à une menace.

4. Conclusion

Bauer et Gaskell proposaient en 1999 le modèle du *toblerone* : les représentations sociales impliquent, a minima, une interaction entre deux sujets concernés par un objet (formant un triangle), à laquelle il convient d'ajouter la dimension temporelle (les représentations sociales évoluant avec le temps). En 2008, les mêmes auteurs abandonnent le *toblerone* pour adopter le modèle de la *rose des vents*, un modèle moins économique certes, mais plus à même de saisir la complexité de cette approche. En effet, les représentations sociales se construisent dans un contexte de relations intergroupes, où certains individus appartiennent à différents groupes en même temps. C'est un peu comme si différents triangles se superposaient et évoluaient en fonction du temps (différents *toblerones* se superposant donc et formant une *rose des vents*). Ce passage du *toblerone* à la *rose des vents* n'est pas sans évoquer le passage du *triangle* à la *cristallisation* que nous évoquions au début du chapitre. Et cette proximité des métaphores utilisées pour parler des représentations sociales et de la triangulation souligne leur proximité épistémologique : « L'application de la triangulation apparaît également appropriée à la spécificité épistémologique de la théorie des représentations sociales, en tant que théorie paradigmatique, à visée explicative générale et à portée prédictive seulement locale » (Apostolidis, 2003, p. 17). Nous souhaitons conclure ce chapitre en soulignant cette proximité épistémologique.

En effet, la triangulation méthodologique, dans son acception forte, devient une manière d'opérationnaliser les aspects essentiels de la théorie des représentations sociales. Nous l'avons illustré, la triangulation offre la possibilité d'étudier simultanément différentes dimensions des représentations (normative et fonctionnelle dans l'exemple de Callaghan et al., 2011), différentes formes de savoirs (narratifs et sémantiques à travers l'entretien épisodique par exemple). Elle permet aussi d'étudier les représentations sociales en tant que processus en tenant compte de l'effet du contexte (e.g., réponses différentes en entretien ou en *focus groups* pour les pratiques écologiques), des relations intergroupes (e.g., personnel soignant et adolescents sans-abri) dans lesquelles les représentations sociales s'expriment, s'actualisent et se transforment. La triangulation méthodologique donne ainsi corps à l'hypothèse de la polyphasie cognitive, « un état où différents genres de connaissance utilisant différents types de rationalités peuvent coexister chez un individu ou au sein d'un groupe » (Jovchelovitch, 2006, p. 215). Au moment de l'analyse des données, la triangulation offre l'assise nécessaire à une interprétation plus sûre, la possibilité d'accéder à un niveau d'abstraction plus élevé et de dépasser le simple niveau descriptif des résultats (e.g., l'ancrage dans des catégories morales dans la presse allemande pour interpréter les métaphores religieuses et l'articulation global/local). Mais plus que ça, la triangulation, parce qu'elle repose sur l'articulation explicite de méthodes ayant des perspectives théoriques différentes, permet d'articuler les différents processus, les différentes dimensions des représentations sociales, les différentes formes de savoirs, parfois contradictoires en apparence. Par exemple, replacer le discours des interviewés dans leur contexte (entretien individuel ou *focus groups*) nous a permis de comprendre pourquoi les pratiques écologiques sont tantôt tournées vers le passé (reconstruction subjective en entretien) et tantôt tournées vers le futur (interaction sociale en *focus groups*). Assumer les perspectives théoriques sous-jacentes à nos méthodes de recueil et/ou d'analyse des données, c'est aussi pouvoir, *in fine*, reconstruire le puzzle, assembler les différents morceaux du cristal, dépasser la simple juxtaposition des données, qui peuvent dans un premier temps sembler contradictoires. C'est aussi donner un sens à ce qui est absent, à ce qui est mis sous silence (Gervais, Morant & Penn, 1999). C'est enfin accepter qu'aucun résultat n'est moins vrai qu'un autre, mais qu'il doit être interprété au regard du contexte de recueil ou d'analyse des données. Utiliser la triangulation au sens fort du terme, c'est donc bien assumer une portée prédictive seulement locale, mais une visée explicative générale.

Nous avons rappelé que les travaux sur les représentations sociales ont eu recours dès le départ à des approches pluri-méthodologiques. La notion de triangulation offre un cadre de réflexion méthodologique pour penser des plans de recherche aboutis, pour s'inscrire dans cette tradition sans appliquer des principes *prêts à l'emploi*. Bien souvent désignée comme un critère de qualité essentiel pour les recherches qualitatives (Barbour, 2001), la rigueur méthodologique que la triangulation nous impose va pourtant de pair avec une grande liberté, une grande source d'inventivité et de créativité. Pas de règles toutes faites ici, simplement quelques principes, directions à suivre et à explorer.

Focus 10

Contenus et processus représentationnels : illustration d'une approche contextualisée de l'embryon humain[1]

Renata Lira DOS SANTOS ALÉSSIO[2]

Sommaire

1. Soutien financier : CAPES/ Brésil processus n° 0559/09-1.

2. Université fédérale du Pernambouc, Brésil.

L'embryon humain est aujourd'hui au centre d'une multitude de préoccupations : personnelles, familiales, scientifiques, sociales, politiques, juridiques et éthiques. Sa manipulation en laboratoire soulève la question de la légitimité de son utilisation à des fins scientifiques. De plus, la notion d'embryon humain reste polysémique et controversée. Ce caractère polymorphique semble cristalliser des débats et des prises de position très chargées du point de vue émotionnel et symbolique qui se retrouvent de façon très distincte et ambivalente dans les législations concernant la recherche sur l'embryon et l'avortement. Ce contexte d'ambivalences justifie, selon nous, une approche psychosociale comparative de l'embryon humain, notamment entre le Brésil et la France. Dans les deux pays, l'encadrement de la recherche sur l'embryon a été un enjeu très saillant dans l'espace public qui a engagé un débat sociétal important sur fond des valeurs. Si, au moment de la réalisation de cette recherche, la France interdisait la recherche sur l'embryon, elle avait dépénalisé et encadré l'avortement depuis 1975. Tandis qu'au Brésil, la recherche sur l'embryon était autorisée (dans une loi qui porte sur les organismes génétiquement modifiés) mais l'avortement resterait une pratique criminalisée au nom du respect de « l'inviolabilité de la vie humaine » prévue par le Code pénal de 1940. La comparaison, comme stratégie de recherche (Vigour, 2005), a imprégné l'ensemble de cette démarche de façon à déplacer le regard dans un va-et-vient problématisé entre la production et l'analyse des données. Il s'agit d'une mise en relation entre la complexité d'un objet sensible et les traits saillants de chaque réalité sociale (notamment la comparaison local/global) qui ne peut pas être réductible à une méthode. D'un point de vue théorique, ces relations renvoient à un univers des cognitions symptomatiques par le caractère éminemment social (genèse, partage) de leurs contenus (Apostolidis, 2006). L'articulation entre contenus et processus est incontournable lorsque l'on cherche à comprendre les dynamiques entre le système cognitif et le méta-système social (Apostolidis, 2006), exigeant ainsi la mise en place d'une triangulation méthodologique[3]. En ce sens, s'écarter des contenus pour ne saisir que des processus laisse inexplorée la relation entre le contexte et la pensée socialement située qui est au cœur de cette problématique de recherche.

1. Les différentes opérations de recherche

Cette recherche s'inscrit dans une approche contextualisée et multi-niveaux des représentations sociales dont l'enjeu théorico-méthodologique est l'étude des phénomènes représentationnels dans différents lieux de production et d'actualisation (formation d'attitudes, communications sociales, pratiques institutionnelles ; situations de naturalité et situations provoquées d'expression des représentations). La mise en place des procédures fermées et ouvertes de recueil des contextes d'expression provoqués et naturels d'éléments représentationnels permet d'accéder à des observations qui corroborent (au sein d'un même contexte, entre contextes différents) et qui montrent ainsi l'incidence du social sur la pensée représentationnelle (formation, actualisation).

C'est au travers du croisement des observations que nous pouvons approcher les modulations contextuelles et ainsi interroger la construction d'un objet sensible et complexe en prise avec des enjeux de société. Par l'approche qualitative (étude documentaire de la presse, des débats parlementaires, de la prise de parole citoyenne), nous avons analysé les mécanismes de construction de l'embryon humain en tant qu'objet de représentation (significations, ancrage dans des systèmes de pensée plus larges) pour l'explorer de façon holistique et naturelle (en lien avec le débat social). L'approche quantitative (questionnaire d'opinions) nous a permis de saisir le champ représentationnel de l'embryon et d'analyser sa modulation socio-contextuelle. Cette stratégie visait à faire apparaître la dimension sociale dans la construction de la pensée représentationnelle, interrogeant notamment la dynamique entre contenus et processus (tableau F10.1).

3. Voir chapitre 10.

Tableau F10.1.
Les différentes opérations de recherche, leurs objectifs et leurs principaux résultats

Opérations de recherche	Objectifs	Principaux résultats
Étude de la presse quotidienne (2005) concernant l'avortement et la recherche sur l'embryon humain au Brésil (N=475).	Diagnostiquer la saillance de l'objet dans un contexte de naturalité.	Thématique saillante au cœur de la communication sociale. Focalisation sur les attitudes favorables à l'égard de la recherche sur l'embryon et sur l'avortement. Dissociation entre la question de l'avortement et de la recherche.
Questionnaire d'évocations hiérarchisées auprès d'une population d'étudiants au Brésil et en France à propos de *l'embryon humain* (N = 341). Questionnaire d'opinions à propos de l'embryon humain auprès d'une population d'étudiants au Brésil et en France (N = 320).	Repérer les éléments du champ de la représentation de l'embryon humain et l'organisation sociocognitive de ce champ. Analyser la modulation des représentations en fonction du contexte national, du sexe et de la religion.	Champ sémantique multi-référentiel (univers scientifique, univers de valeurs). Existence d'un champ représentationnel organisé. Incidence du contexte socio-culturel et de l'appartenance religieuse dans l'organisation du champ représentationnel de l'embryon humain (enjeux de prise de position différents au Brésil et en France).
Étude documentaire des travaux parlementaires et des textes de loi au Brésil (loi de Biosécurité) et en France (loi de Bioéthique) concernant la recherche sur l'embryon humain.	Étudier les systèmes de représentation actualisés au travers des pratiques institutionnelles de réglementation dans les deux contextes nationaux. Identifier les représentations qui sous-tendent la production des normes sociales.	Images, notions, valeurs et croyances sur l'embryon à la base de l'expression d'attitudes à l'égard de la recherche. Mobilisation sélective de la mémoire sociale en fonction de l'attitude exprimée à l'égard de la recherche.
Étude des avis d'internautes en France exprimés dans le cadre de la consultation publique à propos de la recherche sur l'embryon humain, à partir du site internet des États généraux de la bioéthique organisés par le ministère de la Santé (N = 419).	Étudier les systèmes de représentation mobilisés dans les prises de parole citoyenne à propos de la réglementation de la recherche sur l'embryon humain. Saisir la formation des représentations dans un contexte de naturalité en lien avec le débat social.	Attitudes ancrées dans des conceptions anthropologiquement fondamentales (la loi, la famille, l'humain). Différence de participation sociale : investissement de l'aspect public (hommes) et des pratiques scientifiques alternatives (femmes).

2. Contenus, processus et contexte : quelques éléments empiriques

Les principaux résultats qui illustrent les relations entre les modalités de pensée (contenus / processus représentationnels) et le contexte social sont ici présentés. Les différentes opérations de recherche qui se sont centrées sur l'étude des contenus représentationnels (évocations hiérarchisées, études documentaires sur la presse, sur les débats législatif et citoyen) montrent que l'embryon humain en tant qu'objet de représentation est construit par la mobilisation des savoirs composites à la fois de l'univers de sens commun et de l'univers de la science dans les deux contextes étudiés.

Par exemple, dans les champs sémantiques brésiliens et français, les mots évoqués à propos de l'embryon humain puisent à la fois dans deux registres référentiels différents : d'une part, l'univers des valeurs, des croyances et des normes relatives à l'enfantement (e.g., *enfant, bébé, naissance*) et d'autre part, l'univers de la recherche scientifique dans le champ de la reproduction (e.g., *fœtus, cellule, clonage*). L'analyse du questionnaire d'opinions construit à la base des thématiques plus importantes repérées par les évocations nous a montré l'existence de champs représentationnels organisés dans chaque contexte étudié. Les principes organisateurs de ces champs comportaient une organisation différente en ce qui concerne deux notions : l'embryon en tant que personne humaine et l'embryon en tant qu'objet de recherche. Dans le contexte brésilien, où il y avait un climat de débat très vif, ces notions renvoient à un principe organisateur unique et antinomique. Autrement dit, il s'agit d'une dimension reflétant une opposition structurante entre deux conceptions de l'embryon : celle de l'embryon en tant que personne opposée à celle de l'embryon en tant qu'objet de recherche.

Par contre, dans le contexte français, où la question de la recherche sur l'embryon était moins saillante dans la même période, ces notions renvoient à deux principes organisateurs différents. En ce sens, dans le contexte français ces deux dimensions constituent deux registres différents de prise de position à l'égard de l'embryon humain (Aléssio, Apostolidis, Santos & Dany, 2011). L'incidence de la religion plus marquée dans le contexte brésilien (sur le champ représentationnel les croyants adhèrent davantage à la notion d'embryon en tant que personne) témoigne également de ces particularités socio-culturelles. Ainsi, les mêmes contenus représentationnels apparaissent organisés différemment selon des enjeux sociétaux plus ou moins saillants. Ce qui montre l'intérêt d'étudier les contenus et la dynamique des représentations sociales en se rapportant aux contextes sociaux d'émergence (Jodelet, 1984a).

En ce qui concerne la relation entre processus représentationnels et contexte social, il a été identifié une mobilisation sélective de la mémoire sociale (faits historiques, référence à l'avortement) en fonction des attitudes exprimées à l'égard de la recherche sur l'embryon dans chaque contexte, ce qui témoigne selon nous, de l'incidence du processus d'ancrage. La référence à l'avortement constitue la clef de voûte de cette mobilisation sélective des expériences déjà passées et qui permet de repérer comment dans le prisme particulier de chaque contexte socioculturel, les pratiques et les représentations sociales à l'égard de l'embryon humain acquièrent des significations singulières. L'étude des débats législatif et citoyen français révèle que l'avortement constitue un référent normatif (e.g., « qui a le droit de décider ») mobilisé aussi bien par les opposants que par les partisans de la recherche pour penser le statut de l'embryon. Dans le débat législatif brésilien, seuls les députés opposés à son autorisation ont rappelé le principe de criminalisation de l'avortement. De plus, quoique très restreinte, notre étude sur la presse brésilienne (Aléssio, Apostolidis & Santos, 2008) nous permet, tout de même, d'observer que les deux problématiques ont été dissociées aussi bien par la presse (plutôt favorable à l'égard de ces deux pratiques) que par les parlementaires favorables à la recherche. Cette dissociation enracine les attitudes favorables à la recherche dans un système de pensée de type idéologique lié à la notion de progrès scientifique. Ce qui a permis ainsi de faire passer l'autorisation de la recherche dans un milieu très hostile à toute discussion touchant les droits des femmes de décider sur leurs corps.

Les représentations sociales s'apparentent à des « tissus sans coutures », notamment parce que « nous ne pouvons pas savoir où une représentation commence et où elle finit » (Moscovici, 2002a, p. 18). En effet, la notion même de représentation sociale est fondée sur l'idée que la genèse des représentations apparaît liée à différents lieux de construction (e.g., communications sociales, nouvelles pratiques sociales ; Apostolidis, 1998 ; Moscovici, 1989). C'est ainsi au travers de l'exploration des différents lieux de production et d'actualisation (provoqués, naturels, fermés, ouverts, individuels, sociétaux) des représentations sur l'embryon que nous retrouvons l'incidence du social sur sa genèse et son expression. La triangulation méthodologique nous a permis de statuer sur l'embryon en tant qu'objet de représentation et d'ouvrir une piste sur la nécessité d'une réflexion sur les enjeux axiologiques contextualisés des problématiques bioéthiques qui se posent dans les sociétés contemporaines.

PARTIE 2
CHAMPS D'APPLICATION

CHAPITRE 11

Les représentations sociales dans le champ de la santé[1]

Helene JOFFE[2], Peter WASHER[3] & James W. B. ELSEY[4]

Sommaire

1. Traduit de l'anglais vers le français par Jean Louis Tavani (Université Paris 8 Vincennes-Saint-Denis, France).

2. University College de Londres, Royaume-Uni.
3. Royal College of Radiologists, Royaume-Uni.
4. Université Yale, États-Unis.

Ce chapitre examine l'influence du nouvel environnement des médias sociaux sur les représentations de la santé. La santé est définie de façon à inclure à la fois la santé physique et mentale, mais également le bien-être. Cependant, beaucoup des preuves empiriques reportées dans ce chapitre portent sur les maladies infectieuses émergentes (MIE) en particulier. Ceci en raison du fait que l'influence des nouveaux médias sur les récentes épidémies telles que la grippe porcine ou le virus Ebola a apporté des résultats qui suscitent la réflexion sur la façon dont les représentations sociales de la maladie évoluent. L'objectif de ce chapitre est de présenter une réflexion sur les développements conceptuels qui pourraient être réalisés à l'intérieur du champ des représentations sociales de la santé suite à l'avènement des nouveaux médias.

Ce nouvel environnement des médias sociaux, incluant Twitter, Facebook et plus largement Internet avec les blogs et les fonctions de commentaires, n'existait pas encore lorsque Moscovici a posé les bases de la théorie des représentations sociales dans les années 1960[5]. Pour lui, comme pour ceux qui ont importé ce concept dans le champ de la santé, par exemple Herzlich (1968/1973), les médias traditionnels étaient des acteurs clés dans la construction des représentations sociales. Plusieurs représentations sociales étaient alors présentées comme trouvant leurs origines dans la science et se diffusant dans la société grâce à la communication, notamment à cause de la diffusion des résultats scientifiques par les médias de masse (Moscovici, 2001a). Les médias de masse incluaient alors la presse, la télévision et la radio.

Ce modèle était particulièrement pertinent pour les représentations des maladies infectieuses émergentes comme le SIDA (Marková & Wilkie, 1987 ; Joffe, 1999), Ebola dans les années 1990 (Joffe & Haarhoff, 2002), les variantes de la maladie de Creutzfeldt-Jakob (Washer, 2006), le syndrome respiratoire aigu sévère (SRAS, Washer, 2004), le staphylocoque doré résistant à la méticilline (MRSA, Washer & Joffe, 2006), ou les nombreuses autres MIE qui ont émergé, ou réémergé avant l'avènement des nouveaux médias sociaux. Par définition, les MIE sont identifiées comme telles par les autorités biomédicales. Lorsqu'on leur attribue un nom, ces maladies ne sont pas familières au public qui doit alors les assimiler. Avec la diffusion des découvertes médicales par les médias de masse et les communications interpersonnelles, les individus élaborent des représentations sociales de ces nouveaux phénomènes qui, généralement, servent à rendre l'étrange plus familier et plus compréhensible.

Le nouvel environnement des médias modifie radicalement la direction de l'influence des médias traditionnels, qui était vue, lorsqu'ils étaient les seuls à exister, comme une diffusion « top-down ». Les nouveaux médias mettent en avant une influence davantage centrée sur des processus « bottom-up », dans laquelle le tout-venant va modeler les médias auxquels seront exposés ses pairs, mais également les experts. Les changements que leur émergence a produits seront exposés et questionnés dans ce chapitre, par le biais de l'exploration des représentations sociales des MIE qui sont apparues après ce changement.

Si, pour certains, ce changement est absolu, total, dans ce chapitre l'idée que la nouvelle ère des médias sociaux fournit un contexte radicalement nouveau pour la construction des représentations sociales sera récusée. Nous défendrons l'idée qu'il existe à la fois une rupture mais également une continuité avec les anciens patterns de développement des représentations.

5. Voir focus 19b.

1. Représentations sociales et médias de masse traditionnels

Un des points clés dans la littérature portant sur les représentations sociales est le rôle joué par les médias de masse traditionnels dans la construction du sens commun. Le modèle classique des représentations sociales propose que les médias de masse traditionnels sont largement responsables des modifications dans l'attention initiale du public à propos d'une maladie donnée, mais également dans l'émergence de sa représentation sociale. Étant donné que ce sont les médias de masse qui généralement véhiculent l'information en la transposant de l'*univers réifié* des sciences médicales à l'*univers consensuel* du public, les médias de masse sont vus comme des déclencheurs de l'évolution du *sens commun* largement partagé (Moscovici, 1984b).

Dans la littérature sur les représentations sociales, les articles de presse ont souvent été utilisés comme l'artefact de la sphère publique choisie pour l'analyse. Ces articles sont considérés comme des témoins de ce que le tout-venant utilise dans la sphère publique en lien avec un phénomène particulier (e.g., Moscovici, Duveen & Macey, 2008 ; Washer, 2004, 2006 ; Washer & Joffe, 2006 ; O'Connor, Rees & Joffe, 2012). En plus des analyses de textes, les images diffusées par la presse (e.g., Joffe & Haarhoff, 2002 ; Smith & Joffe, 2012) et les images télévisuelles (Rose, 1998) sont également parfois analysées. Bien que ces études rejettent un modèle hypodermique du tout-venant qui internalise les images des médias directement et sans critiques, plusieurs de ces études supposent que les médias de masse traditionnels cultivent le terrain sur lequel le public va conceptualiser les questions soulevées.

En complément de la théorie des représentations sociales, la théorie de la culture postule que les médias de masse traditionnels dominent l'environnement symbolique durant le XXe siècle et qu'ils vont modeler les croyances des individus à propos des événements, particulièrement ceux dont les individus ne font pas l'expérience directe (Morgan & Shanahan, 1996). Cette théorie des médias se penche sur l'effet à long terme des médias et sur son rôle dans la formation des croyances du public, de ses conceptions et de ses visions du monde. Les chercheurs travaillant sur la théorie de la culture s'intéressent aux représentations du public afin de voir à quel point elles reflètent les *patterns* globaux d'images et les idéologies diffusées par les médias de masse (Morgan & Shanahan, 1996). Il existe des preuves qui vont dans ce sens au sein de la littérature sur les représentations sociales de la biotechnologie (e.g., Bauer 2005). Toutefois, la preuve du reflet entre médias et sens commun est moins claire dans le cadre des représentations sociales des MIE. Dans les quelques études qui s'intéressent à la fois aux médias de masse et à la pensée de sens commun concernant une maladie infectieuse donnée, il existe des preuves de la culture, mais également du fait que le public peut avoir des perspectives sur le MIE qui divergent de celles observées dans les médias (Washer, Joffe & Solberg, 2008). En accord avec la théorie de l'agenda-setting (McCombs, 1976), il est ici possible que les médias définissent *à propos de quoi* les gens pensent, mais pas nécessairement ce qu'ils pensent. Les images médiatiques, en particulier, sont considérées comme jouant un rôle clé dans les conceptualisations que les individus élaborent d'un thème particulier (Joffe & Haarhoff, 2002).

2. Le nouveau média social

Étant donné le développement rapide de nouvelles plateformes de communication et d'influence médiatique contemporaine, il convient d'étudier si les médias de masse traditionnels jouent encore un rôle important dans la définition des thèmes auxquels les gens pensent et dans leur façon de penser ces thèmes. Cette section vise à décrire tout d'abord ces nouveaux médias et comment ils sont utilisés dans le domaine de la santé. Une recherche récente détaillant la façon dont le public a été engagé envers les MIE par ces médias sera ensuite présentée.

Lorsqu'Internet a commencé sa diffusion importante dans le public, du début à la moitié des années 1990, le contenu du Web ressemblait à ce qu'on l'on pouvait trouver dans les médias imprimés. Ce contenu était principalement produit par des journalistes professionnels, des réalisateurs de films, des publicitaires et des organisations gouvernementales ou non gouvernementales. Ce contenu fut rapidement dépassé par l'arrivée de ce que l'on appelle le Web 2.0. Le Web 2.0 se caractérise par le fait que ce sont les utilisateurs qui génèrent eux-mêmes les contenus diffusés par le biais de sites de partage de photos et de vidéos (e.g., Instagram, Flickr et YouTube), de sites d'agrégation de commentaires de clients (e.g., TripAdvisor ou TopTable), de sites de classement de sujets par ordre de popularité (e.g., Digg et Reddit), de réseaux sociaux (e.g., Facebook et MySpace), ainsi que par le biais de blogs, de plateformes de microblogging (e.g., Twitter) et même de bloggings de vidéos courtes (e.g., Vine).

Twitter est un service de microblogging qui permet aux utilisateurs d'envoyer et de lire des messages d'au maximum 140 caractères appelés « tweets ». Depuis juillet 2015, Twitter rassemble 304 millions d'utilisateurs actifs par mois (Twitter, 2015a) pour 500 millions de tweets envoyés quotidiennement (Twitter, 2015b). Cela place Twitter comme le second plus important réseau social derrière Facebook. Plus des trois quarts de comptes Twitter se trouvent en dehors des États-Unis et plus de 35 langues différentes sont présentes sur la plateforme.

Les enquêtes indiquent que plus d'un tiers des jeunes adultes utilisateurs d'Internet (18-29 ans) utilisent Twitter, alors que cette utilisation est moindre chez les plus âgés (bien qu'ils représentent tout de même le quart des adultes de 30-49 ans). Les individus ayant une formation universitaire utilisent plus Twitter que ceux ayant un niveau de formation plus faible. De la même façon, la proportion des individus utilisant Twitter augmente avec le niveau de revenu (Pew Research Center, 2015). Twitter a été utilisé pour aider à organiser et diffuser l'information durant des événements majeurs comme les incendies de forêt en Californie en 2008, les attaques terroristes de Mumbai la même année (Lenhart & Fox, 2009) ou encore le printemps arabe de 2011 (Huang, 2011).

3. Représentation sociale des problématiques de santé dans l'ère des nouveaux médias : le cas des MIE

La pandémie de grippe porcine en 2009 marque un tournant. Les médias écrits, la télévision et la radio étaient jusqu'à cette date les acteurs majeurs de la transmission d'information provenant des autorités de santé publique aux populations. Plusieurs études ont décrit ce changement qui a abouti à l'entrée dans l'ère des nouveaux médias. Nous allons les résumer en nous centrant sur l'influence de ces mêmes nouveaux médias sur la représentation sociale des maladies infectieuses émergentes.

En 2009, alors que la grippe porcine apparaît, Jones et Salathe (2009) montrent que les individus citent majoritairement Internet comme source d'information à propos de cette pandémie. Il se trouve également qu'elle était la première pandémie généralisée depuis l'émergence de Twitter (en 2006), la précédente maladie infectieuse globale étant le SRAS en 2003. D'autres avancées technologiques, comme la démocratisation et la sophistication des smartphones, ont également modifié le paysage technique et informationnel dans les années suivantes. Par exemple, dans le cas de la grippe porcine, Google devient un fournisseur actif d'informations en proposant des cartes qui suivent et localisent les foyers de la pandémie. Une application pour iPhone a également été développée en 2007, permettant de montrer « les foyers de grippe porcine près de chez vous » (Nerlich & Koteyko, 2012). De la même façon, la popularité de Twitter grandissant en a fait un espace de partage d'information et de conseil sur la santé, et de diffusion de ces informations à travers les réseaux sociaux via les retweets (lorsqu'un tweet original est reposté par un autre utilisateur ; Scanfeld, Scanfeld & Larson, 2010).

Plusieurs études ont examiné le matériel en lien avec la grippe porcine archivé par Twitter. Chew et Eysenbach (2010) ont réalisé une analyse de contenu sur un échantillon (N = 5 395) de plus de deux millions de tweets archivés entre mai et décembre 2009 portant sur la grippe porcine. Ils ont montré que Twitter avait été utilisé, avant tout, pour diffuser à autrui de l'information provenant de sources présumées comme étant crédibles, par exemple les sites Internet de la presse traditionnelle, tout autant qu'une source d'opinions et d'expériences personnelles. Les retweets des actualités traditionnelles et des ressources informationnels ont été les éléments les plus communément tweetés parmi ceux relatifs au virus H1N1 (52,6 %). De plus, plusieurs pics d'activité sur Twitter ont coïncidé avec les nouvelles majeures diffusées par les médias à propos de la pandémie. Malgré les allégations, diffusées dans les médias traditionnels, concernant la présence de désinformation dans les médias sociaux, les auteurs ont seulement identifié 4,5 % du corpus de tweets relevant réellement de la désinformation, c'est-à-dire les tweets qui contenaient réellement des spéculations, des arguments conspirationnistes ou des références à d'autres maladies non pertinentes (Chew & Eysenbach, 2010). Les médias traditionnels figurent ainsi en bonne place dans les informations qui circulent dans la sphère publique portant sur la pandémie de la grippe porcine : ils sont présents dans la majeure partie des tweets et semblent causer les pics d'activités sur Twitter, ou au moins y être corrélés.

L'OMS a déclaré que la grippe porcine était une pandémie le 11 juin 2009. Kostova, Quincey et Jawaheer, (2010) ont analysé plus d'un million de tweets liés à la déclaration de la maladie et aux symptômes de la grippe diffusés entre mai et août 2009. Les tendances dans la twittosphère reflètent les rapports officiels. Par exemple, l'intérêt initial des utilisateurs de Twitter pour les médicaments antiviraux s'est réduit au moment où les rapports officiels indiquaient que la plupart des cas de grippe avaient été assez bénins. De plus, l'intérêt de la twittosphère pour le lavage des mains et pour les masques de protection semble coïncider avec les messages de santé publique provenant du Centre pour le contrôle et la prévention des maladies (Center for Disease Control and Prevention, CDC) nord-américain à propos des foyers de pandémie. Les individus semblent avoir eu recours à Internet, en plus des sources officielles d'information comme le CDC, afin de s'informer et de bloguer à propos de la grippe porcine. Ils utilisent ainsi des modes de transferts de l'information « top-down », de la même façon qu'à l'époque pré-internet des médias traditionnels.

Il existe cependant un certain nombre de nouvelles tendances dans les comportements, et pas simplement la transmission d'expériences et d'opinions personnelles identifiées dans les précédentes MIE. En effet, une variété de sites web non officiels sont apparus : certains vendant des médicaments ou des masques pour prévenir ou traiter la grippe porcine, ou proposant des fêtes visant à être infectées délibérément par la grippe (Briggs & Nichter, 2009). Des blogs, des vidéos sur YouTube, ou encore des groupes Facebook portant sur la grippe porcine sont également apparus. Des commentateurs contemporains ont proposé que les messages diffusés sur Twitter avaient créé un battage médiatique inutile et trompeur qui a conduit les individus à prendre des précautions sanitaires accessoires, comme les utilisateurs de Twitter qui disaient aux autres personnes les suivant d'arrêter de manger du porc (Sutter, 2009). Internet et la twittosphère ont également « buzzé » autour des théories du complot liées à la pandémie, particulièrement aux États-Unis. Par exemple, l'idée que la grippe porcine était un virus créé par l'être humain et délibérément diffusé comme une arme biologique pour augmenter les profits des compagnies pharmaceutiques, ou encore que la présidence d'Obama était la raison du déclenchement de l'épidémie (Vega, 2009). Alors que Googleblogs estimait le nombre d'occurrence des termes « swine flu » et « conspiracy » à 9404 durant l'épidémie, ces théories ont été parfois contestées par d'autres utilisateurs (Sutter, 2009).

Ainsi, bien que toute une série de nouveaux sites d'actualité proposent des explications alternatives sur la nature et les origines du virus, incluant notamment les théories conspirationnistes, les blogs et les sites n'ont pas simplement diffusé ces théories, mais ils les ont également discutés et contestés. La prolifération des blogs conspirationnistes et de ceux qui contestaient ces propos montre que les nouveaux médias permettent à différentes voies d'interpréter le récit de la grippe porcine en proposant des explications qui n'étaient pas utilisées lorsque les médias traditionnels communiquaient sur les précédentes MIE. Cela soulève ainsi la question de l'impact de ce phénomène sur la représentation sociale de la grippe porcine.

4. Les commentaires du tout-venant envers les médias, les autorités sanitaires (et la science)

Il faut noter, à ce point, qu'une grande partie de la théorie des représentations sociales, élaborée avant l'émergence des nouveaux médias, postulait que les individus, à l'intérieur des groupes, assimilaient l'information d'une façon qui était spécifique au groupe ; l'information ne serait donc pas simplement récupérée d'une façon « top-down ». En particulier, lorsqu'il est question de santé, les idées circulant dans la sphère publique sont saisies de façon à protéger l'identité des personnes se représentant la maladie, comme cela a été indiqué à travers l'altérité des maladies infectieuses (Joffe, 1999). Toutefois, les études portant sur les MIE dans la nouvelle époque des médias fournissent des preuves d'une redirection plus radicale du flux d'informations.

Premièrement, les nouvelles plateformes médiatiques offrent la possibilité à l'activité publique de définir les priorités pour les autorités sanitaires. Plusieurs études ont utilisé les requêtes liées au mot clé « grippe », effectuées sur les moteurs de recherche, comme mesure du suivi épidémiologique de l'épidémie influenza, bien avant la pandémie de grippe porcine (Eysenbach, 2006, 2009 ; Ginsberg et al., 2009 ; Polgreen et al., 2008). Les messages Twitter postés durant la pandémie de grippe porcine ont été utilisés pour prédire, avec succès, le déroulement de l'épidémie aux États-Unis (Signorini et al., 2011) et au Royaume-Uni (Lampos & Cristianini, 2010). Plus largement, les systèmes de santé publique comme le Global Public Health Intelligence Network (GPHIN) observent les sources d'informations formelles et informelles sur Internet afin d'identifier les éventuelles apparitions de MIE (Brownstein et al., 2010 ; Keller et al., 2009). Contrairement aux informations provenant du domaine scientifique, qui sont relayées par les sources traditionnelles avant d'aboutir dans le domaine public, ces exemples montrent que l'information provenant de l'activité de tout un chacun sur les plateformes des nouveaux médias peut modeler l'attention des organisations de santé publique. Deuxièmement, les blogs peuvent également modifier les informations diffusées par les médias traditionnels. Nerlich et Koteyko (2012) examinent rétrospectivement la façon dont les informations concernant la grippe porcine ont été communiquées durant la pandémie. Ils comparent les articles de presse britanniques et les articles de blogs durant une période allant du déclenchement de la pandémie jusqu'à ce que l'OMS l'annonce officiellement. L'autocouverture médiatique (i.e., la façon dont les médias rapportent leurs propres responsabilités dans la création ou l'apaisement de moments de panique) a été explorée en ce qui concerne la pandémie de grippe porcine. Les résultats de Nerlich et Koteykos (2012) montrent comment cette autocouverture développée en parallèle des discussions sur les informations diffusées par les blogs conduit à suggérer que les blogs générés par les utilisateurs ont pu influencer l'autocouverture même des médias traditionnels.

Un autre exemple de l'impact que peuvent avoir les usages des nouveaux médias par le public sur la couverture médiatique réalisée par les médias traditionnels peut se trouver dans l'atténuation des frontières entre la sphère des réponses publiques à la couverture médiatique et ce qui est effectivement couvert par les médias traditionnels.

Avant les médias sociaux, le choix des informations diffusées en une des journaux revenait aux journalistes ou aux éditeurs dans les rédactions, en fonction de ce que le public penserait être important. La possibilité de retweeter une nouvelle histoire provenant des médias traditionnels à ses contacts signifie que le message peut devenir viral, en se diffusant d'un lieu à l'autre comme un virus. Ceci produit une nouvelle possibilité de diffusion différente de ce que permettaient les médias traditionnels au sein desquels les responsables décidaient ce qui était digne d'intérêt médiatique. De cette façon, avec les nouveaux médias sociaux, de nouvelles histoires peuvent prendre de l'ampleur et de l'intérêt médiatique à travers l'implication du public, et ce d'une façon que les médias traditionnels ne pouvaient pas se permettre.

Finalement, en plus de simplement partager le contenu des médias traditionnels au point que l'histoire gagne de l'importance ou de l'intérêt médiatique qu'elle n'aurait pas gagné sans cela, les recherches portant sur d'autres objets que les MIE ont montré que les contenus provenant entièrement des utilisateurs peuvent fournir des possibilités pour les groupes sociaux d'agir lorsqu'ils pensent que leur façon de voir n'est pas représentée dans les médias traditionnels. Un tel effet se retrouve dans l'analyse des médias réalisée par Sayre et al. (2010), portant sur la proposition d'interdire le mariage homosexuel en Californie à travers les relations entre les médias traditionnels et la couverture en ligne ainsi que des milliers de vidéos postées sur YouTube. Ces auteurs ont montré qu'initialement les médias traditionnels ont clairement adapté leur couverture en fonction des deux autres médias. Cependant, en 2009, lors de la décision de la Cour suprême californienne, le contenu des vidéos YouTube a permis de prédire le contenu de la couverture des médias traditionnels. Si, avant la décision, les vidéos étaient à parts égales pro- ou anti-mariage homosexuel, après la décision légale d'interdire ces mariages, les opposants à la proposition de loi représentaient la quasi-totalité de l'activité sur YouTube. Ainsi, il semble, au moins provisoirement, que ces nouvelles formes de médias ont été utilisées comme une plateforme pour diffuser les opinions que les individus pensent ne pas être représentées dans les médias traditionnels. Cela illustre la façon dont les plateformes des médias sociaux peuvent maintenant être utilisées pour attirer l'attention sur des problématiques que les médias traditionnels semblent négliger. Il serait ainsi intéressant de voir si, à l'avenir, les groupes minoritaires profiteront de ces nouveaux médias lors de l'apparition de MIE, s'ils trouvent que leur groupe est injustement stigmatisé, afin de disposer d'une façon de gérer la manière dont leur identité sera traitée dans les médias traditionnels.

L'usage de ces nouveaux médias n'est pas l'apanage du tout-venant. Les sources officielles d'informations sanitaires ont également commencé à les utiliser, que ce soit les organisations gouvernementales comme le CDC ou l'OMS, mais également les entreprises affectées financièrement par la grippe porcine comme les compagnies aériennes, pharmaceutiques ou alimentaires (Liu & Kim, 2011). Le CDC a créé des eCards que les amis ou les proches peuvent envoyer afin d'offrir un « petit coup de pouce » pour se laver les mains ou se faire vacciner contre la grippe. Les vidéos postées par le CDC sur YouTube portant sur la grippe porcine ont atteint les 3 millions de vues entre avril et décembre 2009. En 2006, le CDC a créé une division d'e-marketing sur la santé afin de gérer toutes les campagnes sur les médias sociaux, et avec l'apparition de la pandémie H1N1 en 2009, les comptes officiels du CDC ont diffusé des vidéos des tweets et des messages textes à 15 000 abonnés. Le CDC est ainsi devenu le choix prédominant pour obtenir des informations en ligne : 28 % des utilisateurs de moteurs de recherche souhaitant obtenir des informations sur H1N1 ont visité le site du CDC (Smith, 2009).

Ceci a une implication importante pour la théorie des représentations sociales : en incorporant des plateformes dédiées aux nouveaux médias, nous ne pouvons pas simplement distinguer les organes de presse traditionnels comme les journaux, la télévision et la radio et les nouveaux médias générés par un public profane. En effet, comme les nouveaux médias sociaux gagnent sans cesse en popularité, ils sont de plus en plus utilisés par les sources traditionnelles pour diffuser de l'information au public. En parallèle, des nouveaux médias particulièrement populaires peuvent réussir à rejoindre les médias traditionnels, et les nouveaux conglomérats qui gèrent plusieurs canaux de diffusion pourraient devenir similaires aux sociétés traditionnelles de diffusion des médias.

5. Confiance envers les nouveaux médias

Le développement des nouvelles plateformes de médias comme moyen de s'informer et de discuter des problématiques de santé pose la question de la confiance. Les théories psychologiques sur la confiance envers des acteurs ou des institutions supposent qu'elle est constituée de trois facteurs : la compétence (est-ce que l'acteur/l'institution dispose d'une expertise technique ?), la loyauté (est-ce que l'acteur/l'institution est perçu(e) comme agissant avec de bonnes ou de mauvaises intentions ?), l'objectivité (est-ce que les messages sont biaisés par des intérêts personnels ?) (Slovic, 2000). Étant donné que la nature même des nouveaux médias fait qu'ils sont générés par des individus personnifiés, il est important de considérer la manière dont la confiance ou le manque de confiance peuvent moduler les réponses aux informations qu'ils fournissent. La confiance est particulièrement importante, car lorsqu'on ne fait pas confiance à une information, les individus ne vont pas agir en fonction de cette même information (Joffe et al., 2013).

La littérature sur l'utilisation des nouveaux médias en lien avec les maladies infectieuses émergentes fait apparaître deux éléments saillants. D'un côté, un grand nombre des retweets et de partage d'information était composé d'informations à l'origine diffusées par les médias traditionnels ou les sources officielles comme le CDC. Cependant, il existe également un flux de contenus réellement créés par les usagers. Le fait que la majeure partie du contenu de Twitter est réalisée par les retweets d'informations provenant de médias traditionnels ou de sources officielles suggère qu'elles sont considérées comme des sources fiables par les utilisateurs des nouveaux médias. En effet, lorsqu'elles sont reportées, 90,2 % des tweets fournissent des liens directs vers les sources originales lorsque cela est nécessaire (Chew & Eysenbach, 2010). La désinformation et le contenu généré par les usagers qui suggèrent des origines conspirationnistes à la grippe porcine étaient généralement dénigrés par d'autres utilisateurs, suggérant peut-être que la confiance ou la crédibilité de ce contenu était en réalité assez faible. Ironiquement, si les sondages suggèrent que la confiance envers les journalistes est relativement basse (19 % : Ipsos MORI 2011) et qu'elle est plus faible que celle accordée à une personne dans la rue (55 % : Ipsos MORI 2011), les sources journalistiques ne sont pas négligées dans les nouveaux médias. De plus, l'individu ordinaire, sans doute représenté par l'utilisateur moyen de Twitter, ne dispose pas d'une autorité considérable. Une explication possible est que les informations concernant les maladies infectieuses émergentes se composent d'informations transmises par les scientifiques. Les journalistes profitent ainsi d'une plus grande confiance perçue en raison de la grande confiance accordée aux médecins (88 % : Ipsos MORI 2011).

D'un autre côté, certains pensent que les médias ont accordé beaucoup trop d'attention à la pandémie (Hilton & Smith, 2010), reflétant ainsi un malaise plus global portant sur la crédibilité des journalistes. En outre, des messages alarmistes postés sur des blogs ont préparé et présenté ceci comme étant prévisible, articulant une idée partagée selon laquelle les médias n'étaient pas toujours dignes de confiance.

Enfin, bien que les ressources fournies par Internet aient joué un rôle important pour ceux qui cherchaient des informations sur la grippe porcine, cela n'indique pas un virage radical dans la façon dont les individus agissent à l'égard des problématiques de santé dans l'ère des nouveaux médias.

On devrait également noter que, même si les ressources émanant d'Internet ont clairement joué un rôle prépondérant pour ceux qui cherchent des renseignements sur la grippe porcine, il ne va pas de soi que cela constitue un indicateur d'un changement radical dans la façon dont les gens prennent des mesures concernant les questions de santé dans la nouvelle ère des médias. Une étude récente réalisée à petite échelle auprès de patients ayant une expérience de la recherche d'information sur Internet montre que, lorsque ces patients communiquent cette information à leur médecin généraliste, en dépit du fait que les médecins généralistes sont perçus comme réagissant avec condescendance et tendant à rejeter ces efforts, leur avis est considéré comme ayant plus de poids que les ressources obtenues sur Internet (Bowes et al., 2012).

Lorsqu'il est question d'agir sur la santé, les sources traditionnelles d'où proviennent les conseils pourraient conserver leur importance, en raison des questions de confiance et en dépit de la pénétration des nouveaux médias.

6. Discussion : nouveaux médias et modifications des représentations sociales de la santé ?

Ce chapitre présente les développements conceptuels à l'intérieur du champ de la santé, suite à l'émergence des nouveaux médias. D'après les études qui portent sur la façon dont le public s'engage au sujet des MIE dans les nouveaux médias, un certain nombre de continuités avec le modèle existant des représentations sociales sont évidentes. Contrairement à l'idée que les nouveaux médias devraient développer une communication entièrement nouvelle à propos des MIE, ils relaient au final un contenu qui est essentiellement tiré des sources traditionnelles (Chew & Eysenbach, 2010). Les questions abordées dans les nouveaux médias se diffusent en parallèle de celles abordées par les médias plus traditionnels (Kostova, Quincey & Jawaheer, 2010). Ainsi, il semble qu'en dépit des nouvelles opportunités offertes aux utilisateurs par les nouveaux médias, à savoir un contenu unique, généré par l'utilisateur, elles sont sous-utilisées. Au lieu de cela, la plupart des nouveaux médias semblent fonctionner comme des plateformes de partage et de discussion sur les objectifs des guides d'opinion, comme les scientifiques, ceux dont le travail est relayé par les formes traditionnelles des médias de masse. En ce sens, la plupart des travaux sur les nouveaux médias peuvent être compris de la même façon que la conceptualisation traditionnelle des représentations, en donnant un rôle important aux sources traditionnelles des médias dans la formation des connaissances du large public.

Cependant, certains aspects des nouveaux médias permettent de mettre en évidence les nouvelles complexités dans les interactions entre les scientifiques, les médias et les utilisateurs des nouveaux médias. Même si la théorie des représentations sociales reconnaît les interactions réciproques qui apparaissent dans les rapports entre la science et les représentations, le rôle joué par le tout-venant dans la formation des préoccupations des médias et de la science manque parfois de reconnaissance dans les études portant sur les représentations sociales. À l'inverse, ce rôle semble être particulièrement saillant dans l'ère des nouveaux médias. On admet ainsi que l'information choisie par le tout-venant peut faire rapidement boule de neige et se transformer en un partage viral, ce qui donne alors une nouvelle façon au public de façonner directement ce qui sera saillant dans les messages diffusés par les fournisseurs traditionnels d'information. L'analyse des blogs et des vidéos générées par les utilisateurs montre la façon dont ceux qui se sentent sous-représentés peuvent plus activement façonner les préoccupations du média traditionnel (Sayre, Bode, Shah, Wilcox & Shah, 2010 ; Nerlich & Koteyko, 2012). Enfin, les scientifiques médicaux suivent directement le contenu des messages des nouveaux médias, ce qui donne le moyen au tout-venant d'agir plus facilement sur les préoccupations des scientifiques.

De tels résultats mettent en avant le besoin pour la théorie des représentations sociales de conceptualiser la façon dont les interactions dynamiques entre les individus engagés dans les sciences et différentes formes de média vont façonner les représentations des problématiques contemporaines. Il est certain qu'un modèle hiérarchique supposant que les nouvelles idées provenant d'un domaine scientifique très délimité sont ensuite relayées par les médias traditionnels à l'attention d'un large public n'est plus tenable, même si le public s'approprie ces idées en fonction de son identité. Les références aux interactions complexes qui peuvent caractériser les nouvelles formes d'assimilation des informations doivent attirer davantage l'attention. Des efforts devraient être faits pour étudier empiriquement les développements des représentations sociales de certains phénomènes de santé dans différents secteurs.

C'est ce qui a été réalisé par O'Connor et Joffe (2014) en dehors de la sphère sanitaire. Ces chercheures ont examiné la diffusion d'une étude scientifique de haut niveau concernant les différences neurobiologiques liées au sexe, c'est-à-dire sa publication scientifique dans le domaine public, à travers les médias traditionnels et les commentaires des lecteurs en ligne attachés à ces médias et sur des blogs. Les résultats montrent que les stéréotypes traditionnels de genre sont projetés sur les nouvelles informations scientifiques. Dans ce cadre, l'aspect scientifique est utilisé par les nouveaux médias et les médias traditionnels pour donner de la légitimité à ces anciennes croyances stéréotypées. À cet égard, il n'y a pas de différences fondamentales entre les médias traditionnels et nouveaux, « les représentations médiatiques sont diversifiées par l'implication des nouveaux médias, qui augmentent la gamme des acteurs pouvant imposer leur point de vue culturel et leurs cadres conceptuels sur l'information scientifique » (p. 11). Il semble nécessaire de développer ce type de travaux et de l'étendre au champ de la santé.

Malgré le grand nombre des nouveaux répertoires d'informations liées à la santé disponibles sur Internet, il est encore trop tôt pour dire à quel point l'accès à de telles informations a généré un virage radical dans la façon dont les individus se comportent lorsqu'il est question des problématiques de santé. Il est possible que le développement non régulé de ces informations, combiné au manque de savoir « expert » du tout-venant pour évaluer de telles informations, puisse conduire à des comportements non souhaités.

Plutôt que d'usurper le rôle joué par les sources crédibles, les nouveaux médias servent généralement à partager et à discuter des informations crédibles. De plus, comme des décennies de recherche en psychologie sociale ont pu le montrer, il n'existe pas de relation directe entre les connaissances et les comportements : le simple accès à l'information ne va pas conduire à des comportements avisés. Un des facteurs qui peut faire le lien entre la connaissance et le comportement est la confiance. L'étude de Bowes et al. (2012) suggère que les individus accordent une confiance plus importante à leurs médecins généralistes qu'envers des ressources disponibles sur Internet. Cependant, il reste à identifier comment les développements futurs des nouveaux médias pourraient produire une plus ou moins grande correspondance entre l'information et le comportement. Internet dispose de vastes possibilités pour augmenter la confiance placée dans les informations – bonne ou mauvaise – en utilisant les leviers de l'influence sociale à travers des recommandations publiques des messages postés par les pairs dans le monde.

Enfin, il convient de souligner que, dans l'environnement médiatique moderne, les frontières entre ce qui pourrait être considéré comme des médias diffusant un contenu généré par les utilisateurs, les médias traditionnels et le domaine scientifique deviennent de plus en plus floues. Par exemple, la presse papier dispose maintenant de ses propres sections en ligne et publie davantage que ce qu'elle poste sur ses sites web. Les articles de presse et les programmes de télévision sont accessibles facilement sur les ordinateurs et les smartphones. De plus, ces fournisseurs d'informations plus traditionnels sollicitent activement l'implication de leurs lecteurs à travers les forums et les commentaires, ou à travers leur suivisme sur Twitter ou d'autres médias sociaux. Par ailleurs, même si la science passe pour être relativement indépendante ou constituer un univers réifié, les scientifiques ne vivent pas dans un domaine cloîtré où leur seul contact avec le monde se ferait à travers les médias traditionnels. La récente recrudescence de popularité à l'attention des blogs scientifiques animés par des chercheurs actifs indique la mauvaise définition des frontières entre les contenus publics, générés par les utilisateurs ou les scientifiques. Là encore, les modèles simples qui séparent strictement les sphères du public, des médias et de la science seront dans l'incapacité de saisir les nuances des représentations sociales contemporaines.

7. Conclusion

Ce chapitre s'est intéressé aux recherches récentes sur l'engagement du public à propos des MIE à l'ère des nouveaux médias. Les résultats indiquent un degré de continuité entre l'engagement du public à l'égard des problématiques de santé passées et actuelles. Particulièrement, les nouveaux médias ne semblent pas avoir remplacé le rôle joué par les guides d'opinion traditionnels en modifiant les discussions publiques. Toutefois, les nouveaux médias ouvrent de nouvelles pistes par lesquelles le public peut interagir avec les médias traditionnels et la science pour redéfinir les problématiques d'intérêt actuelles. De plus, la portée importante des nouvelles plateformes médiatiques fournit de nouveaux moyens, sans précédents, par lesquels les fournisseurs de nouvelles peuvent modeler la conscience publique ; il n'est plus simplement possible d'éviter la presse ou la télévision pour éviter leur influence. Les frontières floues entre le public, les médias et la science sont mises en évidence par les nouvelles plateformes médiatiques, laissant apparaître comme un nouveau moyen d'évolution des interactions réciproques entre ces sphères interconnectées. Leurs effets complexes sur la théorie des représentations sociales doivent s'adapter aux interconnexions et aux recouvrements évoluant entre l'univers réifié et l'univers consensuel.

Il est également important de préciser que les représentations sociales de la santé ont été modifiées suite à un changement des paysages informationnels et technologiques depuis l'émergence des médias de masse, et pas simplement depuis l'apparition des nouveaux médias sociaux. L'augmentation sans cesse croissante de la portée des médias a transféré les connaissances des problématiques de santé locale à des contextes globaux. En particulier, les modifications dans les représentations des MIE sont largement dépendantes de la massification des médias. De tels changements entraînent une plus faible compassion à l'égard des malades, une réflexivité quant à la nature des représentations qui apparaissent et augmentent l'accusation des autorités face à l'exacerbation ou au fait de ne pas atténuer les MIE (Joffe, 2011). Peut-être que les nouveaux médias exacerbent ces changements : à travers les blogs, ils augmentent la disponibilité des commentaires critiques, ils augmentent le nombre et la forme des messages, et ainsi ils diminuent la compassion ressentie à l'égard des individus affectés par les MIE. La présence croissante des théories conspirationnistes peut aussi développer la critique des autorités dans leurs échecs à prévenir les épidémies ou même à les causer. Ainsi existe-t-il une interaction entre la forme et le contenu : les médias, qu'ils soient traditionnels ou nouveaux, vont influencer l'évolution du contenu des représentations sociales en partie dues à leurs formes.

Focus 11

Représentations sociales et santé : communication préventive et SIDA

Brigido Vizeu CAMARGO[1] & Andréa Barbará S. BOUSFIELD[2]

Sommaire

1. Université fédérale de Santa Catarina, Brésil.
2. Université fédérale de Santa Catarina, Brésil.

Le paradigme des représentations sociales a contribué à la compréhension de l'impact des différentes formes de diffusion des connaissances scientifiques sur la connaissance quotidienne du SIDA (Camargo, Bousfield & Wachelke, 2011). Les représentations sociales sont organisées autour de trois dimensions : l'information, l'attitude et le champ ou image ; ces trois dimensions donnent un aperçu du contenu et de la signification des représentations. La dimension de l'information se réfère à la connaissance qu'un groupe possède sur l'objet. L'attitude concerne l'orientation évaluative que le groupe a vis-à-vis de cet objet (favorable ou défavorable). Et la dimension du champ concerne l'idée, l'image, la structuration des éléments de la représentation (Moscovici, 1976a).

Dans la conception de Doise (1989)[3]*, les représentations sociales sont des prises de position symboliques entre les acteurs sociaux et dépendent des relations sociales entre eux, des relations de communication. Les jugements des individus sur la conduite, les énoncés et les croyances sont des indicateurs d'attitudes concernant les relations sociales (avec les autres et avec le monde), et l'organisation de ces attitudes est présentée sous la forme de représentations sociales. Les attitudes, comme une dimension de la connaissance quotidienne, indiquent le degré d'adhésion, la croyance à propos de cette connaissance partagée, révélant la coexistence du rationnel avec les aspects irrationnels (Moscovici, 2013).*

La présence des médias a été intense dans les années 1990 par rapport à la diffusion d'informations sur l'épidémie du SIDA (Camargo, 1997). Le SIDA est apparu comme l'une des maladies les plus stigmatisantes de l'histoire humaine. Depuis son apparition en 1981, le SIDA a représenté plus qu'une simple maladie, devenant rapidement un phénomène (Jodelet, 1989b). L'information à son sujet a été développée par la diffusion de connaissances scientifiques (i.e., univers spécialisé) et au travers d'échanges d'informations dans les groupes sociaux (i.e., représentations sociales ; Moscovici, 1981).

Le taux élevé des cas de SIDA, en particulier parmi les jeunes, a été l'une des raisons de la diffusion des connaissances concernant cette maladie au sein de cette population. On se demande dès lors comment les jeunes se sont positionnés par rapport à cette épidémie et quels ont été les éléments les plus importants de l'image partagée du SIDA. Le travail présenté ici illustre l'application de l'approche dimensionnelle des représentations sociales du SIDA auprès d'un échantillon de lycéens brésiliens, à travers deux études complémentaires : la première met l'accent sur les dimensions d'information et d'attitude (Barbará & Camargo, 2004) tandis que la seconde s'intéresse au champ ou aux images résultantes du processus d'objectivation de l'épidémie (Camargo, Barbará & Bertoldo, 2007).

1. Les dimensions d'information et d'attitude

La première étude a consisté en une expérience sur le terrain (Camargo & Barbará, 2004), réalisée auprès de 300 lycéens de villes moyennes du sud du Brésil (entre 200 et 400 000 habitants). Elle portait sur les effets de la lecture de brochures d'information (i.e., dépliants) sur la connaissance relative au SIDA et sur les attitudes envers l'utilisation du préservatif. L'âge moyen des participants était de 16 ans et 3 mois, l'échantillon était équilibré en fonction du sexe.

Trois groupes ont été constitués selon la lecture de trois types de brochure (A, B ou C). Le contenu des pages 1 et 2 était différent. La page 1 comprenait trois parties : a) une introduction, dans laquelle l'adolescence était liée au SIDA de trois façons (de façon générale dans la brochure A, en soulignant les transmissions liées aux drogues dans la brochure B, et en rapport avec la transmission sexuelle dans la brochure C) ; b) une brève explication du concept de SIDA, de ce qu'est la maladie et de ce que signifient les sigles VIH et SIDA ; c) des données épidémiologiques montrant le nombre d'adolescents infectés par le VIH au Brésil et sa proportion selon les formes de contamination (la brochure A présentait la transmission sexuelle et celle par l'utilisation de drogues injectées (UDI), la brochure B évoquait seulement l'UDI et la brochure C la transmission sexuelle). La page 2 de chaque type de brochure présentait des contenus mettant l'accent sur le mode de transmission du VIH. La brochure A présentait le concept de maladies sexuellement

3. Voir chapitre 6 et focus 6.

transmises (MST) : types de maladies, rapport des MST avec le SIDA, notion de drogue, types de drogues, rapport des drogues avec le SIDA. La brochure B mettait l'accent sur la transmission par l'UDI : notion de drogue, effets sur le corps, rapport des drogues avec le SIDA. Enfin, la brochure C mettait l'accent sur la transmission sexuelle du VIH : concept de MST, types de maladies, rapport des MST avec le SIDA.

En ce qui concerne les pages 3, 4 et 5, les trois types de brochures étaient semblables en tous points. La page 3 présentait les formes de transmission et non-transmission du VIH, et les moyens de les prévenir. La page 4 expliquait l'utilisation du préservatif (avec images) et la page 5 comportait des numéros de téléphone de centres d'information et de dépistage dans les villes concernées.

Les questionnaires ont été passés selon trois temps : avant la lecture de la brochure, après l'avoir lue et dix jours après la première passation. Ces questionnaires comprenaient 7 items sur les connaissances de la transmission du VIH et une échelle d'attitudes envers l'utilisation du préservatif en 4 points, composée de 12 items ($\alpha = .75$). L'impact du type de brochure sur les connaissances concernant la transmission du SIDA a été testé au moyen d'une analyse de variance à mesures répétées selon un plan 3x3 (type de brochure A, B ou C *versus* moyenne des scores sur la connaissance au sujet du SIDA en trois temps).

Comme le montre la figure F11.1, bien que les trois groupes aient obtenu une moyenne supérieure à 5 concernant les items répondus correctement (7 items portaient sur la connaissance de la transmission du VIH), on note une nette augmentation des scores sur la connaissance entre le temps 1 (avant la lecture) et le temps 2 (après l'avoir lue), et ce, pour les trois types de brochure.

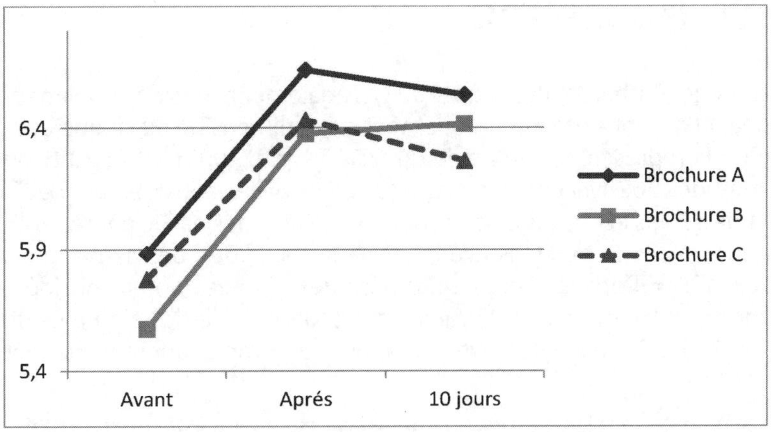

Figure F11.1.

***Évolution à court et moyen terme à propos du score moyen de connaissances sur la transmission du SIDA en raison de la lecture de brochures** (N = 150)*

Ce sont les effets à moyen terme (entre les temps 2 et 3) qui sont différents. Le gain de connaissance est légèrement augmenté parmi ceux qui ont lu la brochure B, et en partie diminué chez ceux qui ont lu les brochures A et C. Cependant, entre la situation première et la situation finale (temps 1 et 3), il existe toujours un gain de savoir, indépendamment du type de brochure. Il y avait une différence significative sur l'indicateur de la connaissance entre les trois mesures (variable « temps »), $F(1, 299) = 110.20$, $p < .001$.

Les données examinées montrent l'existence d'un impact positif de la lecture des brochures sur la connaissance du SIDA. Cependant, à propos de l'attitude à l'égard du préservatif, on n'observe pas de progression d'attitude favorable à propos de l'objet et, dans certains cas, on note même une diminution, comme le montre la figure F11.2, en particulier en ce qui concerne les lecteurs de la brochure C (« Adolescence, la sexualité et le SIDA »).

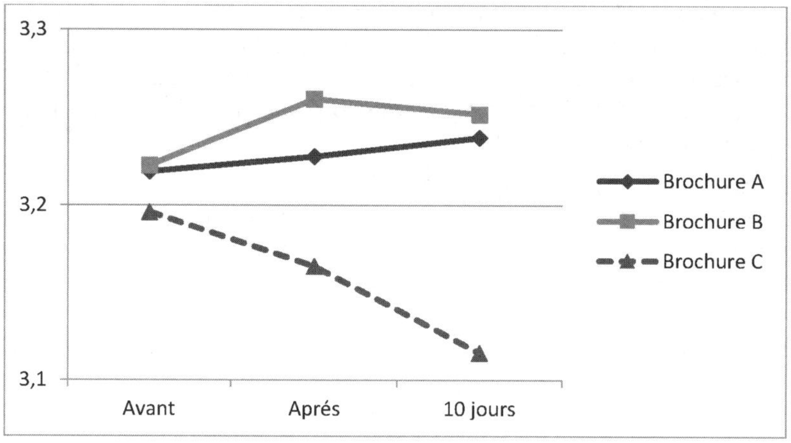

Figure F11.2.

***Changements des scores à court et à moyen terme de l'attitude envers l'utilisation du préservatif comme fonction de la lecture de brochures** (N = 150)*

L'interaction entre le temps et le type de brochure a affecté significativement les scores d'attitude sur le préservatif, $F(2, 289) = 4.34$, $p < .05$. Parmi ceux qui ont lu la brochure C, qui mettait l'accent sur la transmission sexuelle, et donc directement associée à l'objet de l'attitude (i.e., le préservatif), on peut penser qu'ils ont été influencés par les informations sur la procédure de l'utilisation du préservatif (i.e., page 4), ce qui a résulté en l'expression d'une attitude moins favorable quant à l'utilisation du préservatif dans les étapes ultérieures.

2. La dimension du champ

La seconde étude (Camargo, Barbará & Bertoldo, 2007) a également considéré la dimension de l'information, cependant l'accent a été mis uniquement sur la dimension du champ avec une analyse de la structure de la représentation sociale du SIDA (Abric, 2003b). L'échantillon était similaire à la première étude, 262 lycéens dans l'une des trois villes considérées précédemment. L'âge moyen était de 17 ans et 8 mois et la proportion de femmes participantes était légèrement supérieure à la moitié (56,9 %). Nous avons utilisé la technique des associations libres avec le terme inductif « SIDA ». Dans le cadre de l'analyse des données[4], on a considéré la fréquence et l'ordre d'évocation des mots afin d'étudier la prototypicalité des éléments de la représentation de cette épidémie. Ce sont 1 425 évocations avec 275 mots différents qui ont été étudiés.

La représentation sociale du SIDA présente les éléments organisateurs suivants : la mort, la maladie, le sexe, le préservatif, la prévention, la peur et la tristesse. Cela démontre une compréhension du SIDA à deux visages : la compréhension traditionnelle, une maladie mortelle sexuelle ; et toujours, une maladie sexuellement transmissible qui peut être prévenue. Les garçons ont évoqué plusieurs éléments liés à la maladie et au sexe, ce qui caractérise leur représentation comme étant plus fonctionnelle. Les filles associent davantage au SIDA des éléments comme les préjugés, la peur et la tristesse, ce qui indique qu'elles partagent une représentation plus normative. La figure F11.3 montre l'organisation de la représentation du SIDA et la connexité de ses principaux éléments.

La figure F11.3 met en évidence trois triangles : le premier formé par les éléments maladie, mort et sexe (i.e., notion plus centrale) ; le second formé par les éléments sexe, maladie et préservatif (i.e., l'idée que parce qu'il renvoie à une maladie sexuelle, il peut être évité par une sexualité protégée) ; et le troisième composé des éléments maladie, mort et préservatifs (i.e., articulant les deux premiers).

4. Voir chapitre 5.

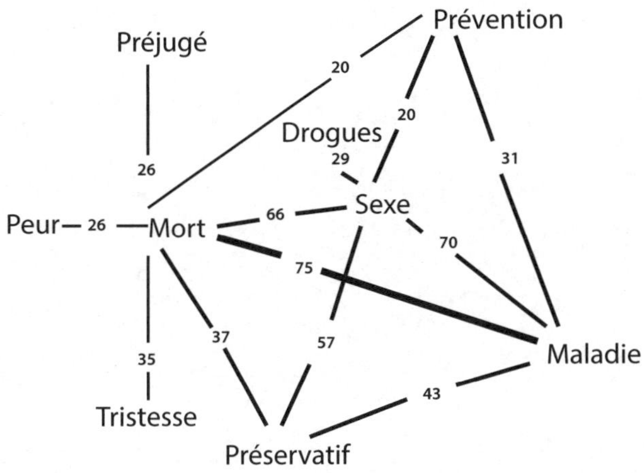

Figure F11.3.

Co-occurrences entre les principaux éléments de la représentation sociale du SIDA des lycéens – clique 25 (N = 262)

3. La communication préventive et les trois dimensions de la représentation sociale

L'accroissement des connaissances sur le sujet indique que le contact avec de nouvelles informations, au-delà de devenir pertinent comme un outil de prévention mis à la disposition des jeunes, interfère sur la dimension de l'attitude envers le préservatif. La diminution de la positivité de l'attitude peut être due à deux facteurs : l'effet de mesures répétées sur une attitude déjà fortement favorable, et l'effet d'une évaluation mieux guidée par les informations sur la transmission sexuelle et la complexité de l'emploi du préservatif.

Les métaphores et les images du SIDA de type écologique (e.g., pollution des forêts), militaire (e.g., guerre immunologique) ou moral (e.g., peine de mort), observées dans les années 1990 (Camargo, 1997), ont été remplacées, dans la première décennie de ce siècle, par l'idée de prévention. Cela doit être lié à des actions de prévention, au développement des traitements du SIDA (e.g., médicaments) et à la diffusion systématique du sujet par les médias.

L'ancrage de l'information est modulé par la mesure de l'attitude, qui renvoie à son tour à un méta-système de nature normative et sociale, où la condition de genre et de génération (e.g., étudiants) occupe une place importante. Mais ce processus d'ancrage a aussi agi sur l'intensité de l'attitude à l'égard des préservatifs.

Les résultats de ces enquêtes ont contribué à la planification de politiques publiques ciblées envers les jeunes, visant la prévention de l'épidémie du SIDA. Elles illustrent l'interaction entre l'expertise et les connaissances quotidiennes (i.e., représentations sociales) concernant la santé et la sexualité.

CHAPITRE 12

Les représentations sociales dans le champ de l'environnement

Oscar NAVARRO[1]

Sommaire

1. Université de Nantes, France.

Dans ce chapitre, nous présenterons les applications de la théorie des représentations sociales dans le champ de l'environnement. Au moyen d'une revue de questions, nous allons tenter d'identifier les thématiques abordées par les chercheurs, en essayant de montrer leur intérêt et de dégager une certaine cohérence d'ensemble. Il est important de signaler que la diversité des objets et des méthodes utilisées dans plusieurs pays rend la tâche tout autant délicate que passionnante. En effet, la théorie des représentations sociales constitue l'une des grandes contributions de la psychologie sociale contemporaine à l'étude de la complexe relation individu(s)/environnement(s). L'apport fondamental de cette approche est d'analyser systématiquement la pensée en relation avec les phénomènes de socialisation et de communication. De cette façon, la dimension sociale est plus que le « cadre » d'élaboration de la pensée, elle constitue également sa condition et lui apporte sa logique. Les représentations sociales servent de guide à la compréhension et à la maîtrise de notre environnement quotidien, du fait qu'il s'agit d'une « pensée contextuelle et contextualisante, soumise aux variations culturelles et sociales » (Rateau & Lo Monaco, 2013b, p. 7) et aux contraintes environnementales. Une représentation sociale se définit toujours par la réunion ou la conjonction d'un Objet et d'un Groupe dans un Contexte (c'est-à-dire une situation historique et sociale particulière) (Rouquette, 2011). Ce sont là les trois composantes essentielles pour l'étude des représentations sociales ; si l'une d'entre elles change, la représentation change ou du moins peut changer. Cette notion de contexte peut prendre différentes formes sémantiques et conceptuelles en sciences sociales, comme le rappellent Depeau et Ramadier (2014), et elle peut poser des problèmes d'opérationnalisation (cadre, support, condition, structure, situation, environnement, etc.). Nous pouvons nous demander si l'environnement constitue l'objet ou le contexte pour l'étude des représentations sociales. En première analyse, on serait tenté de dire que cela dépend du champ disciplinaire (psychologie sociale ou psychologie environnementale) qui va lui accorder un statut différent et l'abordera selon un regard particulier. Mais cela dépendra également de la façon de définir les problématiques de recherche. En effet, la complexité propre au champ environnemental, la diversité d'objets, va déterminer une multiplicité de regards que nous allons essayer d'identifier, en essayant d'en extraire une cohérence d'ensemble.

Nous partons d'un constat intuitif : nous sommes les lieux que nous avons vécus. Cette expérience intuitive fonde la psychologie environnementale : l'expérience humaine est liée à l'expérience spatiale (Moser, 2009) du fait que tout comportement « a lieu » dans un espace donné (Navarro, 2012). Le statut épistémologique de l'environnement a déjà fait l'objet d'un débat entre la psychologie sociale et la psychologie environnementale (Weiss & Marchand, 2006 ; Weiss, Michel-Guillou & Navarro, 2014). Pour la psychologie sociale, l'environnement constitue avant tout un objet social, un objet de connaissance et d'action. La psychologie environnementale partage cet aspect avec la psychologie sociale, mais elle considère également l'environnement comme le contexte où le comportement s'exprime, s'actualise, trouve son sens. En effet, l'environnement n'est pas seulement défini comme un espace physique mais recouvre également l'histoire des lieux, une histoire propre aux individus et aux groupes qui les habitent. Et puisque l'environnement est autant un lieu de vie qu'un objet social, les comportements et les pratiques qui s'y jouent s'inscrivent dans un ensemble de systèmes cognitifs complexes qui constitue la trame de fond de la pensée sociale (Moser, 2009). C'est pourquoi l'environnement nous informe sur les individus, leurs expectatives, leurs valeurs et leurs croyances (Moser & Uzzell, 2002). En bref, on ne peut pas définir l'environnement en dehors de la vie sociale. De cette façon, dans le champ environnemental, nous nous occupons d'étudier tant l'influence de l'environnement (contextes physiques, historiques et sociaux) sur le comportement que l'influence de nos actions (appropriation, territorialité, usages) sur l'environnement. Plus qu'une interaction entre le comportement et l'environnement, il s'agit d'une véritable transaction ou interdépendance entre eux (Altman & Rogoff, 1987). Dans ce sens, intégrer une approche des représentations sociales dans le champ environnemental en psychologie implique d'avancer que les transactions homme-environnement sont médiatisées par une culture, des valeurs, une identité, une position que l'individu partage avec les membres de son groupe (Weiss, Michel-Guillou & Navarro, 2014).

Nous pouvons à présent proposer l'idée que nos relations (ou transactions) avec l'environnement naturel et bâti s'établissent en fonction de la représentation que les individus se forgent au travers de leurs expériences, valeurs, expectatives et préférences (Moser, Ratiu & De Vanssay, 2004). En tant que forme de pensée sociale et système d'interprétation du monde, les représentations sociales se consti-

tuent en tant que moyen d'information et de développement d'attitudes et de comportements en relation avec l'environnement. C'est à elles que nous faisons « le plus facilement et le plus spontanément appel pour nous repérer dans notre environnement physique et humain » (Mannoni, 1998, p. 5). Aux représentations sociales sont attribuées des fonctions de socialisation, d'interprétation de la réalité et de gestion de l'environnement, de justification des prises de position et des comportements (Abric, 2003c). Mais leur fonction fondamentale est de permettre aux individus de s'adapter aux contextes, aux conditions historiques, sociales et matérielles de l'existence.

Comme nous l'avons annoncé, l'environnement est considéré soit comme un objet de représentation, soit comme un contexte modulant son expression. Il peut être légitimement considéré comme un objet de représentation sociale, du fait qu'il a une fonction de concept, qu'il est lié à l'émergence de comportements spécifiques et qu'il constitue un objet d'enjeux, une question saillante dans les communications privées et publiques (Rouquette et al., 2005). Il peut être également considéré en tant que contexte, ce qui permet d'expliquer des variations. Guimelli et Deschamps (2006), par exemple, pour étudier la représentation sociale de la sécurité/insécurité, ont pu étudier des variations de contextes environnementaux différents, du fait de leur spatialisation et de leur temporalité différentes, qui sous-tendent des visions du monde distinctes. Les auteurs proposent la notion de « contexte situationnel » pour caractériser la particularité de chaque contexte urbain comparé et son effet sur la représentation sociale de la sécurité/insécurité (Guimelli, 2006). La conclusion indique que ces différences sont dues à la « distance » entre les sujets et l'objet et plus particulièrement à la différence des pratiques entre les communautés urbaines. Or ces pratiques sont entièrement déterminées par les contraintes environnementales. Nous allons, dans les prochaines sections, évoquer fondamentalement des travaux qui abordent l'environnement (ou des aspects de celui-ci) en tant qu'Objet, bien que nous fassions référence à l'environnement traité en tant que contexte lorsque c'est le cas. Une première section traitera de la représentation sociale de l'environnement, en distinguant l'environnement bâti de l'environnement naturel. Il sera ensuite question des recherches réalisées sur des objets variés du champ environnemental, notamment les risques, les valeurs et les comportements écologiques relatifs au développement durable.

1. Représentation sociale de l'environnement

La préoccupation pour la qualité de l'environnement est apparue, dans la société occidentale, dans le courant des années 1960, lors d'une prise de conscience de la détérioration de la biosphère, de ses effets sur le bien-être des populations et la survie de l'espèce humaine. La dégradation de l'environnement naturel, les pollutions de toutes sortes, la diminution des ressources essentielles pour la vie, la sécurité alimentaire, la crise énergétique, la surpopulation de la planète ont été à la source d'une préoccupation généralisée. Certains parlent d'une période « écocidaire » (Broswimmer, 2003) dans l'évolution des espèces. Cette réalité a fait que l'environnement est devenu un objet social car source de débats et de conflits entre différents groupes. Ainsi, dans le champ environnemental, la théorie des représentations sociales a une valeur incontestable car elle permet d'étudier les processus cognitifs et symboliques qui guident les pratiques dans le monde qui nous entoure (Mocelin & Kuhnen, 2011). Les représentations de l'environnement permettent aux individus de s'adapter aux cadres sociaux et matériels en fondant leurs actions sur une activité de construction cognitive et sociale du monde (Jodelet, 1996).

Dans la littérature, nous constatons l'existence d'au moins deux conceptions de l'environnement, ayant un impact important sur les évaluations, les jugements et les attitudes en rapport avec celui-ci : une vision anthropocentrique et une vision éco-centrique (ou biocentrique) (Corral-Verdugo et al., 2003). Dans le même sens, certains auteurs parlent d'une vision utilitariste *versus* une vision écologiste de l'environnement (Moser et al., 2010), visions qui constituent une sorte de base idéologique commune à un ensemble de représentations sociales d'autres objets environnementaux. Une étude menée en Colombie (Navarro, 2013), par le biais d'une tâche d'association ayant comme mot inducteur « environnement », a permis d'explorer le champ sémantique de cet objet. Trois cent cinq personnes réparties en deux groupes (l'un exposé à une forte pollution de l'air et l'un non exposé à cette pollution), ont produit 1 380 mots, dont 523 mots différents. Un premier constat important est le fait qu'il n'existe pas de différences significatives quant au contenu et à la hiérarchie des mots évoqués entre les deux groupes, ce qui met en évidence l'existence d'une représentation sociale stabilisée et non sensible à la qualité environnementale du cadre de vie. L'analyse prototypique a montré que la zone de centralité[2] (Abric, 2003b) de la représentation s'organise autour des mots *Nature*, *Eau* et *Air*. Le caractère naturel de l'environnement serait donc potentiellement central, il est confirmé dans les autres zones du prototype avec des mots faisant référence à celui-ci (*Faune* et *Flore*). Cependant, dans la zone de centralité, nous remarquons la présence du mot *Pollution*, faisant état de la perception d'une menace et d'une préoccupation pour la qualité environnementale. L'analyse catégorielle renforce l'hypothèse de la centralité de ces deux aspects : environnement naturel et menaces environnementales. L'analyse de similitude basée sur un indice de cooccurrence (indice Phi de contingence), a permis d'identifier l'organisation de la représentation sociale de l'environnement dans cette population (figure 12.1).

Figure 12.1.
Graphe de similitude de la représentation sociale de l'environnement

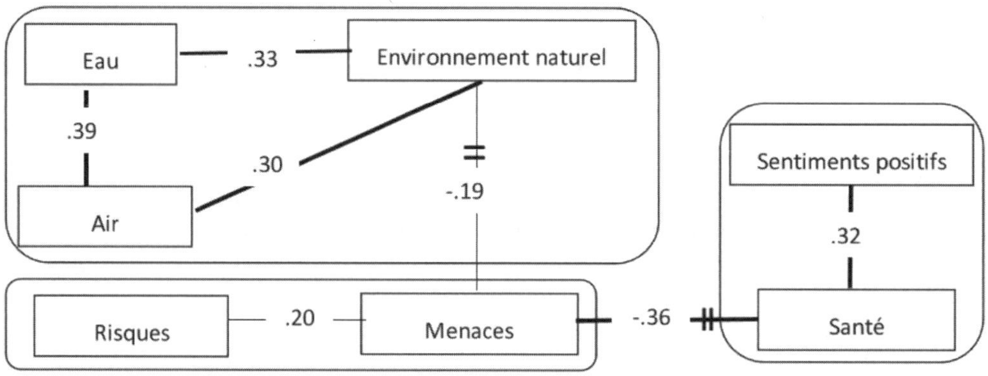

Trois dimensions peuvent être notées : une première dimension descriptive organisée autour de l'environnement naturel en lien avec ses deux éléments majeurs, l'eau et l'air. Une deuxième dimension plus attributive organisée autour des aspects de santé et bien-être, des aspects positifs de l'environnement. Finalement, une troisième dimension également attributive, organisée autour d'aspects négatifs, notamment les menaces environnementales (pollutions) et leurs effets sur la santé (maladies). Cette dernière dimension potentiellement centrale présente une corrélation positive avec deux aspects périphériques que sont les préoccupations environnementales et l'environnement bâti, ce qui permet de saisir le caractère fonctionnel de cette dimension. Ces risques sont liés exclusivement à l'environnement urbain, aux nuisances propres à celui-ci, puisque les risques dits « naturels » sont totalement absents de cette représentation. Des résultats similaires sont rapportés dans une comparaison de la représentation sociale de l'environnement chez des jeunes Québécois et Sénégalais (Marquis, 2001). En effet, les jeunes Québécois se représentent l'environnement principalement sous forme de « nature à protéger » et « environnement-problème » où le mot principal est pollution. Les jeunes sénégalais se représentent l'environnement comme « l'environnement-communauté » très proche de leur vie quotidienne mais aussi de la nature. Les différences culturelles et de milieux de vie expliquent les variations des représentations sociales pour chaque groupe, bien que l'aspect naturel de l'environnement constitue l'élément commun.

Certains auteurs ont proposé différentes typologies de représentations sociales de l'environnement. En Amérique latine, par exemple, Reigota (1995) décrit trois types de représentations sociales de l'environnement : une représentation sociale *naturalisante*, décrivant les éléments

2. Voir chapitre 5.

de la nature ; une représentation sociale *anthropocentrique*, évoquant l'utilité des ressources naturelles pour la survie de l'espèce humaine ; et une représentation sociale *globalisante*, contenant des aspects physiques et sociaux. Au Canada, Sauvé (1994) a lui aussi proposé une typologie : l'environnement *problème à résoudre*, l'environnement *ressources à gérer*, l'environnement *nature à apprécier ou à préserver*, l'environnement *biosphère*, l'environnement *milieu de vie à aménager*, l'environnement *communautaire où s'impliquer* et l'environnement *système*. Globalement, ces études considèrent les représentations sociales de l'environnement comme des processus sociocognitifs dynamiques qui peuvent évoluer en fonction des expériences des sujets.

1.1 *Représentations sociales de l'environnement urbain*

C'est l'environnement urbain qui a été le premier étudié à travers la théorie des représentations sociales. Les études réalisées dans ce champ partent du postulat que nous pouvons développer des représentations à propos de notre environnement physique à partir d'un ensemble d'informations socialement partagées. Ces représentations, au-delà de l'identification des aspects spatiaux, vont constituer des véritables théories naïves de la ville, qui guident nos attentes et nos pratiques (Valera, 2002). Dans un travail pionnier sur l'image de la ville, Milgram et Jodelet (1976) ont travaillé sur les perceptions de Paris et de New York (Milgram et al., 1972). L'intérêt de ces travaux réside dans le fait que ces auteurs ont interprété les cartes cognitives de la ville comme quelque chose de plus que des productions mentales, en les rapportant à la dimension sociale de leur production, en les conceptualisant à travers la théorie des représentations sociales. C'est à partir de ces travaux que la dimension collective a été introduite dans l'approche des représentations de l'espace (Félonneau, 2003). De cette façon, ces auteurs vont proposer la notion de représentation socio-spatiale qui met en évidence la relation que les individus établissent avec l'environnement urbain et la formation d'images et de cognitions sur celui-ci, ainsi que l'expression des relations sociales, de l'identité en lien à l'occupation et la mémoire des lieux (De Alba, 2011 ; Navarro et al., 2008 ; Valera, 2002).

Milgram (1984) définit la carte cognitive, la représentation graphique de la ville, comme étant un dessin que l'individu porte dans son esprit. Il propose trois critères qui justifient l'interprétation de ces cartes cognitives de la ville comme des représentations sociales. Tout d'abord, la représentation cognitive de la ville exprime un produit social, elle appartient à plusieurs générations et constitue une expression de la communauté qui l'a créée. Ensuite, ces cartes cognitives partagées sont constituées d'éléments identifiables par les individus, ce qui indique son origine sociale. Et finalement, dans la construction de la carte cognitive, la signification sociale joue un rôle central, du fait que le dessin montre non seulement ce qui existe, mais également ce qui est valorisé par le groupe. Considérer la ville ou l'espace urbain comme un objet de représentation sociale a fait son chemin en psychologie sociale et environnementale et de nombreux travaux se sont développés dans ce sens. Ces recherches ont mis en évidence que la représentation sociale de la ville a trait à plusieurs aspects de celle-ci tels que l'expérience urbaine, la satisfaction résidentielle, les expectatives des habitants, l'incidence du statut socio-économique et du lieu de résidence (Félonneau, Marchand & Fleury-Bahi, 2004), ainsi que le rapport entre le passé et le présent, la mémoire sociale des lieux (De Alba, 2011, 2004 ; Stewart & Marchand, 2006). Une autre idée intéressante dans ces études est celle qui propose de considérer la ville comme une structure représentationnelle. En effet, Marchand (2005) s'inspirant de l'approche structurale des représentations sociales et des fonctions du noyau central[3], propose que, dans la représentation spatiale de la ville, le centre-ville soit conçu comme le noyau central du fait qu'il en partage les mêmes fonctions : il structure la représentation de la ville en lui apportant cohérence et unicité, et il en assure la continuité et la stabilité. La théorie des représentations sociales apporte à l'étude de la représentation de la ville le fait de pouvoir traiter l'environnement comme un objet de cognition idéologique où les représentations « constituent une composante fondamentale des rapports sociaux qui organisent l'existence quotidienne » (Félonneau, 2003, p. 175).

3. Voir chapitre 4.

1.2 *Représentations sociales de l'environnement naturel*

Si la ville a été l'un des objets les plus classiques traités par la théorie des représentations sociales, les problèmes environnementaux ou encore la crise écologique ont donné à la nature une place d'importance relative à la définition même de l'environnement. De nombreux travaux au cours des deux dernières décennies ont essayé d'interroger divers aspects de l'environnement naturel. Par exemple, Castro et Lima (2001) ont cherché à identifier les représentations sociales de l'environnement et de la nature au Portugal. Elles ont constaté que celles-ci sont constituées d'idées écologistes qui formulent que la Terre possède un espace et des ressources limités, que les gens sont soumis à de telles limites et qu'ils doivent respecter une sorte d'équilibre naturel. De la même façon, les auteurs ont identifié un point de vue jugé anthropocentrique, qui expose que les êtres humains sont capables de dompter la nature. Cependant, le point de vue écologiste prévaut sur le point de vue anthropocentrique. Des études similaires réalisées en Italie (Sensales & Areni, 2006) vont dans le même sens : ils révèlent une organisation de la représentation autour d'aspects naturalistes et positifs, accompagnés d'aspects négatifs de l'environnement, causés par l'intervention destructrice de l'être humain. Les auteurs font état de la présence constante de références aux risques, surestimés au niveau global par les sujets ayant une idéologie politique de droite. Les sujets faisant état d'une idéologie centriste se focalisent sur les risques locaux et sur les effets socio-économiques, alors que les partisans de gauche se focalisent sur les effets sanitaires de ceux-ci. Certaines études se sont intéressées au rôle des médias dans la formation et l'expression des représentations sociales de l'environnement. Dans les études italiennes, la presse de droite s'intéresse surtout aux causes naturelles de détériorations environnementales, celle de gauche aux causes humaines de ces dernières (Sensales & Areni, 2006). En Espagne, Catrechini et Pol (2006) ont également étudié les représentations sociales de l'environnement à travers une analyse de la presse et ont constaté la primauté du « naturel » sur le « construit » dans l'organisation de cette représentation. Dans le même temps, ils évoquent un remplacement des mesures de protection de l'environnement par des mesures « correctrices », des solutions techniques aux problèmes environnementaux.

De façon plus spécifique, certaines études traitent un élément de l'environnement naturel. Navarro (2009, 2008), par exemple, a cherché à identifier les éléments constitutifs des représentations sociales de l'eau chez des groupes sociaux différenciés, par leur attachement au territoire, leur contexte culturel et leurs usages de la ressource (des citadins, paysans et amérindiens). Une dimension commune aux trois groupes de la représentation sociale de l'eau a été identifiée, basée sur des thêmata[4] ou des différentiateurs binaires : vie/mort et santé/maladies. Un effet de contexte a également été identifié. Une représentation sociale de l'eau « utilitariste » est propre aux citadins et aux paysans et une représentation sociale « écologiste » est propre aux indigènes. Des différences qui s'expliquent par le cadre de vie rural/urbain propre à chaque groupe ainsi que par les formes d'accès aux ressources, tout comme les différences idéologiques (croyances, normes et valeurs). Ces résultats s'observent dans d'autres cadres culturels. En France, par exemple, on a pu identifier deux types de représentations sociales de l'eau : l'eau comme ressource de vie et l'eau comme bien de consommation, le premier aspect fait référence à l'eau naturelle, le second à l'usage domestique de la ressource (Michel-Guillou, 2011). Une représentation « utilitariste » ou « fonctionnelle » accompagne des relations égocentriques à l'eau, une perception instrumentale de la ressource et une faible implication personnelle dans le développement durable. À l'inverse, une représentation sociale « normative » ou « écologiste » de l'eau la considère comme un élément intégral de la nature et s'accompagne d'une perception globale du cycle de l'eau, d'un engagement plus profond et d'une perception de l'efficacité des actions sur la préservation de la ressource (Moser et al., 2010). Cette opposition entre représentations sociales « utilitariste » et « écologiste » de l'eau rejoint la distinction entre les valeurs environnementales « éco-centriques » et « anthropocentriques » (Gagnon-Thompson & Barton, 1994), qui propose que les tenants des premières apprécient la nature par elle-même, alors que les seconds s'inquiètent pour la protection de l'environnement en raison des effets positifs que

4. Voir focus 9.

celui-ci peut avoir sur eux. La théorie des représentations sociales appliquée au champ d'étude de l'environnement naturel permet ainsi d'améliorer notre compréhension de la façon dont les groupes diffèrent entre eux par rapport à celui-ci et de comprendre comment ces différences expliquent certains conflits dans des contextes spécifiques. En effet, le caractère consensuel des représentations sociales permet de recréer l'identité sociale autour de l'objet et de positionner les groupes vis-à-vis d'autres groupes (Buijs et al., 2012).

2. Représentations sociales et développement durable : valeurs et comportements écologiques

Les représentations sociales de l'environnement sont marquées par une certaine préoccupation notamment en lien avec l'environnement naturel ainsi que par l'existence de valeurs différentes en lien avec l'objet. Les préoccupations environnementales, les pratiques écologiques et les valeurs environnementales qui les sous-tendent sont ainsi devenues des objets de représentation sociale, dans un cadre idéologique particulier, celui du développement durable, avec des événements politiques et historiques qui l'ont défini (Conférence de Rio, Agenda 21). Caillaud (2010), par exemple, a montré que les représentations écologiques et les représentations économiques forment un tout cohérent et définissent un système de pensée et d'action qui donne du sens aux pratiques écologiques. De ce fait, celles-ci sont justifiées par des motivations différentes de celles de la seule protection de la nature et sont aussi en lien à des motivations politiques (la préservation de l'espace, l'opposition à une société de consommation, la réduction d'un sentiment d'injustice sociale). Ainsi, l'engagement des personnes dans des comportements « responsables » constitue l'objectif central de ce type de recherches. On a ainsi tenté de comprendre le rôle des représentations sociales de l'environnement, de leur organisation et des valeurs qui y sont liées, sur l'engagement environnemental des agriculteurs (Michel-Guillou & Moser, 2006). Les résultats montrent qu'il n'existe pas de différence au niveau du potentiel noyau central de la représentation sociale de l'environnement entre agriculteurs ayant des pratiques traditionnelles et ceux ayant une démarche pro-environnementale ; il y a consensus sur le respect de l'environnement naturel (eau, terre, paysage) indépendamment des pratiques. Cependant, certaines différences au niveau du système périphérique de la représentation sociale amènent les auteurs à supposer une transformation de celle-ci, notamment lors de l'adoption des nouvelles pratiques agricoles qui s'expliquent par l'intégration d'une vision fonctionnelle de l'objet. En effet, l'environnement n'est pas seulement vu comme un élément naturel qu'il faut protéger, mais comme une ressource professionnelle, économique à protéger. Dans ces deux exemples si différents autour des préoccupations et des pratiques environnementales, on voit bien le rôle fonctionnel de la dimension utilitariste de la représentation sociale de l'environnement. Elle indique l'existence des valeurs qui vont au-delà d'une simple relation esthétique, contemplative avec l'environnement, pour exprimer des valeurs en lien avec des contraintes économiques ou politiques. C'est le cas également lorsque l'objet de représentation interrogé est « la terre ». Dans ce cas, les agriculteurs interrogés considèrent les ressources naturelles notamment sous leur aspect utilitaire et moins les préoccupations écologiques qui sont en contradiction avec les nécessités professionnelles (Weiss, Moser & Germann, 2006). Cet aspect se confirme lorsqu'on traite la notion de développement durable en tant qu'objet de représentation sociale. En effet, les auteurs concluent à l'existence d'une diversité de représentations sociales, du développement durable selon les pratiques agricoles utilisées. Ces représentations sont elles-mêmes dépendantes d'idéologies et de conceptions différentes du métier : chaque groupe d'agriculteurs (agriculture raisonnée, biologique ou traditionnelle) s'approprie l'objet de façon à le rendre conforme à ses propres modes de pensée (Bihannic & Michel-Guillou, 2011).

Dans ce domaine des préoccupations environnementales, l'apport de la théorie des représentations sociales, selon Castro (2006), est important notamment parce qu'elle considère l'ensemble des attitudes et des croyances autour de l'objet. Selon l'auteure, l'existence d'une croyance collectivement consensuelle expliquerait le fait que partout dans le monde les gens soient d'accord avec l'idée que l'équilibre de la nature est faible et que les ressources sont limitées. Cette croyance n'est pas seulement en lien avec les valeurs écologiques, mais aussi avec celles anthropocentriques de l'environnement, car ces préoccupations mettent au centre de la question l'effet sur la vie humaine (Castro & Lima, 2001). Une illustration de cette coexistence des croyances ou des éléments contradictoires dans la représentation sociale de l'environnement et de la conservation environnementale est fournie par une étude réalisée dans une communauté rurale habitant une zone protégée du Mexique (Rodriguez-Ocaña & Lopez-Hernandez, 2005). En effet, les sujets déclarent avoir une préoccupation pour la conservation de leur environnement, être inquiets notamment par la qualité de l'eau, mais en même temps ils s'autorisent l'utilisation de pesticides et d'autres produits ayant un effet nocif sur l'environnement, justifiée par les nécessités de leur subsistance économique.

L'éducation à l'environnement est devenue ainsi un instrument d'action et un objet de réflexion qui devraient permettre d'atteindre des objectifs autour de la sensibilisation à la cause environnementale et de formation à une citoyenneté écologiquement responsable. L'Agenda 21 souligne le rôle fondamental des universités dans la promotion de la recherche d'une éducation engagée dans la durabilité environnementale. Dans ce cadre, Reigota (1995) considère que, pour bien atteindre ces objectifs, il faut, en premier lieu, identifier les représentations sociales des personnes impliquées dans le processus éducatif. De nombreux travaux sont réalisés dans ce sens, notamment au Brésil, auprès des futurs enseignants. Les résultats montrent trois types de représentations sociales de l'environnement : une représentation strictement naturaliste, une autre qui, bien qu'elle reste naturaliste, intègre les questions de la pratique professionnelle et une dernière représentation plus globalisante. En partant de l'idée que ces représentations guident la pratique pédagogique des enseignants, le but affiché de ces travaux est de « déconstruire » les représentations erronées, naïves ou romantiques et d'en « reconstruire » d'autres, plus élaborées, et qui intègrent des questions historiques, sociales et politiques de l'environnement naturel (Da Silva, 2002). D'autres travaux dans la même lignée réalisés auprès d'enfants canadiens (Côté & Picard, 2003) ont identifié la prépondérance de l'environnement « milieu de vie », en lien avec des activités récréatives, sportives ou sociales, suivie par l'environnement « nature » où les enfants soulignent la beauté et la fragilité de leur environnement. Les auteurs ont identifié également deux modèles d'intervention éducative : un modèle dit culturaliste qui vise à transmettre des connaissances et à prescrire les comportements et un autre modèle qui vise plutôt le développement de l'émotivité, de la créativité, bref, de la sensibilité autour de l'environnement.

Une autre approche importante de recherche dans la promotion des comportements écologiques est celle de la communication environnementale. En France, et notamment dans les travaux qui mettent en relation les représentations sociales et l'engagement environnemental, on a cherché à étudier les effets qu'un acte engageant, une situation d'influence ou de persuasion peuvent avoir sur la modification des représentations sociales de la protection de l'environnement (Girandola, Bernard & Joule, 2010). Des études conduites notamment par Zbinden et al. (2011) montrent qu'il est possible de renforcer l'attitude et d'augmenter l'intention d'action en condition de communication engageante, lorsqu'on active des éléments centraux de la représentation de la protection de l'environnement (jusqu'à trois fois plus qu'en condition contrôle). Les auteurs proposent que, pour être efficace dans la promotion d'un comportement pro-environnemental, un acte préparatoire (e.g., mettre son nom et signer une charte) associé à un message persuasif augmentent les chances d'obtenir des résultats positifs en ce sens. Cet axe de recherche est ainsi très prometteur, entre autres du fait de la possibilité d'établir des liens entre la recherche fondamentale et la recherche-action.

3. Représentation sociale des risques environnementaux

Nous partons de l'idée que les risques environnementaux, naturels ou industriels, sont des objets construits et portés par la pensée sociale, qu'ils engendrent des polémiques et qu'ils sont élaborés et négociés dans le champ des interactions sociales, marqués par les tensions et les conflits entre groupes (Navarro & Michel-Guillou, 2014 ; Rouquette, 2006). En psychologie, plusieurs modèles théoriques s'intéressent à l'évaluation du risque : le modèle psychosocial de l'activisme (Rochford & Blocker, 1991), la théorie de la motivation à la protection (Rogers, 1983) le paradigme de l'utilité espérée, le paradigme cognitif et le paradigme psychométrique (Cadet & Kouabenan, 2005). Dans ce contexte, l'approche des représentations sociales des risques se présente comme une alternative théorique et méthodologique importante et nous allons ici montrer quelques exemples des usages de cette théorie dans différents contextes culturels.

Parmi les risques environnementaux collectifs, la pollution atmosphérique constitue l'un des phénomènes les plus étudiés du fait de son impact sanitaire. Dans le contexte français, par exemple, le Baromètre santé environnement de l'Institut national de prévention et d'éducation pour la santé (INPES) a étudié les différences de représentations de la pollution atmosphérique à travers un questionnaire téléphonique proposé à un échantillon de 6 007 individus, d'âge compris entre 18 et 75 ans, représentatif de la population française (Roussel et al., 2009). Les résultats montrent que 70 % de la population estime être bien informée sur la pollution atmosphérique et ses éventuels effets sur la santé. Ce sentiment d'information est associé à un jugement pessimiste sur l'évolution du problème, puisque neuf Français sur dix pensent que la pollution atmosphérique s'aggrave et que 85 % de la population estime que la pollution de l'air présente un risque élevé pour la santé. Ces études montrent également qu'il existe des différences en termes de représentation sociale de la pollution atmosphérique. Par exemple, les classes sociales les plus défavorisées ont une vision plus négative des problèmes de pollution atmosphérique et perçoivent un risque sanitaire plus élevé (Roussel et al., 2009). Néanmoins, on considère que la pollution n'est pas une donnée objective mais un jugement, elle possède un contenu politique qui lui assure une place dans l'espace public. Cette figuration publique et l'attribution de la valeur déterminent l'existence de la pollution en tant qu'objet social de connaissances, de communications et de pratiques (Rouquette, 2006). Dans ce sens, l'hypothèse psychosociale prévoit que c'est justement au moment où l'on parle dans les médias mais aussi dans les discussions quotidiennes, et à partir du moment où l'air constitue un objet de débat public, que l'air et sa qualité deviennent un objet de représentation sociale (Rouquette, 2007)[5]. Holahan (2004) énonce que la perception sensorielle n'influe que très partiellement sur les connaissances que les gens ont de la pollution de l'air, ce qui va jouer un rôle fondamental dans l'élaboration de la connaissance autour de l'objet. C'est ce qu'il appelle « l'expérience indirecte », c'est-à-dire les croyances populaires, les informations des médias et les opinions partagées socialement. Dans ce sens, le risque de pollution de l'air est indissociable de son élaboration en tant qu'objet social à travers la culture, la communication et la mémoire collective.

Une étude réalisée en France a cherché à identifier la représentation sociale de la pollution de l'air et ses effets sur la santé. Trois villes ont été convoquées, deux villes polluées, Grenoble ($N = 500$) et Martigues ($N = 500$) et une ville non polluée, Rennes ($N = 500$), selon l'indice ATMO de qualité de l'air. Les résultats montrent l'existence de deux dimensions potentiellement centrales qui sont celle des causes de la pollution (circulation, transport et l'activité industrielle) et celle des effets de la pollution (maladies respiratoires, allergiques et le cancer). Ces résultats nous permettent de constater que la pollution de l'air constitue une préoccupation sanitaire et sociale majeure, sans lien avec une exposition objective à un air pollué, puisque les groupes considérés comme tels par les autorités sanitaires partagent les mêmes préoccupations sanitaires, partagent une représentation sociale de la pollution de l'air stabilisée et similaire à celle

5. Voir chapitre 11.

des groupes habitant dans des conditions objectives de pollution. La seule différence liée au contexte serait l'importance attribuée à la source de pollution : pour Grenoble, c'est la circulation et pour Martigues, l'activité industrielle qui sont mises en avant. Des études menées en Colombie (Navarro, 2013) confirment ces résultats et confirment également le rôle potentiellement central de la description de l'objet pollution et ses liens avec d'autres formes de pollution, ainsi que sur les causes de la pollution (véhicules et usines) et les effets sur la santé (maladie, mort). La littérature montre comment les représentations des risques environnementaux sont plus conditionnées par les croyances concernant l'environnement que par des caractéristiques objectives d'exposition (Castro et al., 2010).

Une autre forme de risque environnemental collectif étudié au moyen de la théorie de la représentation sociale est celle des risques liés aux phénomènes naturels. Les études conduites dans ce domaine ont pu montrer que les représentations sociales des risques sont davantage de nature normative (normes générales de pensée, à faible orientation pratique, plus abstraite) que fonctionnelle et cela encore plus chez les individus qui se sentent concernés, avec le sentiment d'être démunis face aux risques. Dans les études sur la représentation sociale de l'inondation, par exemple, le rôle majeur de l'implication[6] (Rouquette, 1997, 1998 ; Gruev-Vintila & Rouquette, 2007) a été souligné du fait que l'on considère que celle-ci peut favoriser des conduites collectives. En effet, l'implication contribue à une densification de la pensée sociale, c'est-à-dire à une complexification de son contenu et à l'organisation de celui-ci, ainsi qu'à l'élaboration d'une mémoire collective (Baggio & Rouquette, 2006). Dans ce sens, il semblerait que la représentation sociale de l'inondation pourrait être influencée par des variables contextuelles modulant cette implication, comme la proximité au risque et l'importance perçue de l'enjeu, ainsi que la « culture des crues » (Baggio & Rouquette, 2006 ; Weiss, Colbeau-Justin & Marchand, 2006). En effet, les recherches montrent l'importance qu'ont les relations avec le territoire, la capacité à se mobiliser contre les inondations, c'est-à-dire, en définitive, avec le sentiment de contrôle de la situation et de son environnement sur la représentation sociale du risque d'inondation (Weiss, Colbeau-Justin & Marchand, 2006). Dans les recherches sur les inondations dans le Gard, deux représentations sociales ont été identifiées : une première qui envisage le risque comme faisant partie du territoire et qui l'intègre à la vie quotidienne. Cette conception s'explique par le fort attachement au cadre de vie et par le sentiment de responsabilité individuelle. Une seconde représentation sociale projette la responsabilité de l'événement sur l'État en externalisant la responsabilité de sa gestion (Castro et al., 2010 ; Weiss, Colbeau-Justin & Marchand, 2006). Ainsi, la représentation sociale du risque dépend des sources d'information disponibles ou reconnues et de la perception de la vulnérabilité individuelle. Elles sont en lien avec une forme précise d'attribution de responsabilités dans la gestion des crises et des politiques de prévention des désastres. Pour le risque sismique, l'organisation de la représentation sociale fonctionne de la même façon que pour l'inondation, c'est-à-dire qu'elle est globalement plus normative, mais qu'elle devient plus fonctionnelle (prescriptrice de comportements) lorsque les gens ont vécu une expérience de tremblement de terre, autrement dit, lorsque le niveau d'implication augmente (Ernst-Vintila, 2009 ; Gruev-Vintila & Rouquette, 2007). Les auteurs montrent l'effet des pratiques liées aux risques sur la structure des représentations sociales[7], modulé par l'implication personnelle.

De façon globale, on considère les représentations sociales du risque comme le reflet d'une image subjective de la réalité formée à travers les valeurs d'une société et influençant les attitudes et les comportements face aux risques, même ceux de reconstruction post-crise. C'est pourquoi l'analyse des représentations sociales de l'environnement et des risques environnementaux permet une meilleure compréhension de la résistance à l'adoption de comportements de prévention. Plus récemment, les chercheurs se sont intéressés aux représentations sociales du changement climatique comme étant la problématique environnementale qui interpelle actuellement le plus les autorités et les experts du fait de ses multiples manifestations et effets sur la population humaine. Il s'agit d'un risque qui a encore un caractère abstrait pour le public

6. Voir chapitre 28.
7. Voir chapitre 4.

et qui constitue un objet intéressant pour identifier la genèse et les débats existant entre les groupes (Weiss, Richard & Michel-Guillou, 2014). Les travaux sur la question montrent que la représentation sociale du changement climatique est structurée autour d'éléments tels que le réchauffement, la fonte des glaciers et l'augmentation du niveau de la mer, ainsi que l'activité humaine perçue comme étant l'une des causes controversées du changement climatique (Bertoldo & Bousfield, 2011). Cependant la situation d'expression de la représentation sociale et le niveau d'implication envers l'objet, ont un effet sur son adaptation au contexte : une forte implication favorise davantage la structuration de la représentation sociale, tandis que dans une situation à faible implication la représentation sociale se dilue.

4. En guise de conclusion

Les travaux sur la représentation sociale de l'environnement montrent que celle-ci s'organise principalement autour de l'environnement naturel. Cependant, une référence à une forme de risque propre au milieu urbain, la pollution, joue un rôle central dans cette représentation, ce qui renvoie au caractère « négatif » de celle-ci. La pollution constitue un marqueur fondamental des risques environnementaux du fait qu'elle constitue la forme de risque la plus crainte dans le champ social et sanitaire, et notamment la pollution de l'air qui est depuis peu considérée par l'Organisation Mondiale de la Santé comme un facteur cancérigène des plus redoutés. Lorsque nous évoquons les risques dits naturels, leurs représentations sociales s'organisent principalement autour d'aspects normatifs. Mais du moment où les gens se sentent impliqués avec ces risques, que ce soit par l'existence d'une expérience antérieure ou par le biais d'une condition d'expression engageante, les représentations des risques naturels deviennent plus fonctionnelles, c'est-à-dire qu'elles contiennent davantage de références aux pratiques et aux comportements. Finalement, et du fait de cette prépondérance du « naturel » dans la représentation sociale de l'environnement, nous pouvons identifier des préoccupations pour l'avenir ; une question idéologique qui fait son chemin depuis les années 1970 et qui interpelle les experts et les différents groupes sociaux et politiques. Les valeurs écologistes et le développement durable constituent ainsi des « thèmes » étudiés depuis la théorie des représentations sociales, en essayant de comprendre la genèse et la dynamique de ces préoccupations et en essayant de répondre au besoin de « promotion » des comportements écologiques valorisés dans ce cadre idéologique. Ces thématiques constituent le champ environnemental dans lequel la théorie des représentations sociales a un rôle majeur à jouer dans la recherche sur les connaissances naïves qui guident l'action en faveur des valeurs adaptées aux contraintes environnementales.

Focus 12

Une perspective historique sur le débat environnemental

Raquel BERTOLDO[1] & Alexia LOPEZ[2]

Sommaire

1. Aix-Marseille Université, France.
2. Aix-Marseille Université, France.

L'actualité de ce début de XXIe siècle est ponctuée de débats sur les pratiques anthropiques et leurs conséquences sur l'environnement ; et bien que la trame de ces débats soit désormais classique, leur contenu ne cesse de se renouveler. Ainsi, depuis la seconde moitié du XXe siècle, on stigmatise les pratiques industrielles ayant contribué au développement des pays occidentaux. Plus récemment, on dénonce les technologies modernes telles que le nucléaire ou l'industrie chimique, intrinsèquement associées au risque (Slovic, 2000), de même que les technologies émergentes comme les OGM, qui représentent non seulement une menace pour l'environnement, mais qui surtout distendent encore un peu plus notre rapport à la nature. Actuellement, le débat environnemental se concentre autour de la question du changement climatique ; à nouveau, des voix s'élèvent des toutes parts, tantôt pour déclamer l'urgence d'un changement sociétal, tantôt pour nuancer cette urgence, et les États sont sommés de fournir une réponse coordonnée (Guiddens, 2011).

Afin de mieux cerner les enjeux de cette polémique, nous avons souhaité introduire ce focus en évoquant l'histoire de la notion d'environnement, dont l'actuel débat climatique est l'aboutissement (Guiddens, 2011). Nous retracerons les transformations sociétales ayant occasionné la construction progressive de l'objet « environnement », depuis l'émergence du débat écologique dans des milieux minoritaires jusqu'à sa généralisation au sein de la société (Castro & Mouro, 2011), en passant par l'étape de son institutionnalisation.

En effet, bien qu'apparaissant comme un sujet contemporain de polémiques, les préoccupations pour la nature étaient déjà exprimées par certains érudits du XIXe siècle (Harré, Brockmeier & Mühlhäusler, 1999 ; Soromenho-Marques, 2005). Or c'est justement dans ce glissement des idées depuis la sphère académique vers la sphère publique que la théorie des représentations sociales prend tout son sens ; dans cette appropriation d'un concept, d'abord « réifié », par l'ensemble de la société, permettant à chacun de relayer le débat au niveau « consensuel » (Moscovici, 1976a).

1. Émergence du débat écologique

Bien que les notions de *nature* et de *terre* remontent à la Grèce antique, l'*environnement* dans son acception actuelle trouve son origine dans le colonialisme moderne (Harré et al., 1999 ; Soromenho-Marques, 2005). À partir de l'emprise coloniale, certains explorateurs européens ont décrit la dévastation de la nature occasionnée par l'arrivée des colons sur de nouveaux territoires (Harré et al., 1999). On vit ainsi émerger l'opposition entre la « civilisation » et « l'état de nature » (Moscovici, 2002b). À l'époque, ce constat ne préoccupait que quelques intellectuels (géographes, botanistes et explorateurs), souvent marginalisés et dévalués par la communauté scientifique car jugés trop enclins aux idées naturalistes et romantiques (Harré et al., 1999). En effet, bien que la nature ait été l'outil conceptuel central de la critique des pouvoirs politiques et religieux durant la période des Lumières, elle n'en demeurait pas moins, dans les esprits, un objet devant être soumis à la raison. Dès l'aube des Lumières, des savants tels que Descartes ou Galilée faisaient la démonstration de la supériorité de la raison sur la nature. Celle-ci n'était alors qu'un objet d'étude que la communauté scientifique se devait de maîtriser par la classification, la rationalisation, et l'explicitation de lois permettant d'en révéler l'ordre.

La notion de nature évolua au cours du XXe siècle, notamment grâce au développement de l'écologie en tant que science. D'un point de vue épistémologique, on n'étudiait plus alors la *nature* en tant qu'observateur extérieur, formé à la méthode expérimentale, mais l'*environnement*, au sein duquel, par définition, l'observateur était plongé. Ce glissement permit de dépasser l'opposition entre « nature » et « civilisation » pour laisser place à la défense des principes environnementalistes (Harré et al., 1999 ; Soromenho-Marques, 2005).

En parallèle, dès le XXe siècle, les médias firent de la crise environnementale un fait médiatique d'ampleur globale (Harré et al., 1999). Ce nouvel élan des idées écologistes coïncida avec la création de nombreuses associations environnementales dans les années d'après-guerre (Moscovici, 2002b), dont les célèbres WWF et Greenpeace, créées respectivement en 1961 et 1971. Les années 1960 virent également naître les premiers partis politiques écologistes, appuyant leurs argumentaires sur des travaux scientifiques devenus emblématiques, parmi lesquels l'ouvrage *Silent Spring* publié en 1962 par la biologiste Rachel Carson. L'auteure américaine y dénonçait les dangers des insecticides pour certaines communautés d'oiseaux, mais aussi pour l'Homme. En 1972, le Club de Rome publia *The Limits of Growth* (en français, *Halte à la croissance*). Ce rapport, rédigé par une équipe du Massachusetts Institute of Technology, démontra sur la base de la dynamique des systèmes que la poursuite des objectifs de croissance économique constituait un véritable danger écologique et sociétal. La réponse internationale ne se fit pas attendre et, en cette même année 1972, l'ONU organisa la première Conférence sur l'environnement à Stockholm.

2. Institutionnalisation

Cette conférence eut un retentissement particulièrement fort. Elle entraîna un long et vaste processus d'institutionnalisation de la question environnementale à l'échelle internationale, qui eut des retombées sociales et économiques concrètes (Castro, 2006). Les engagements pris par les pays signataires de la Déclaration de Stockholm stimulèrent la création de ministères dévoués spécifiquement à la gestion environnementale, eux-mêmes facilitant ensuite l'implémentation de dispositifs législatifs environnementaux (Recchia, 2001). En cela, la Déclaration de Stockholm concentre sous forme embryonnaire nombre des thèmes du débat social sur l'environnement : la préservation des ressources, la pollution, la protection des espèces, le développement durable, qui articule les priorités environnementales avec « des objectifs fondamentaux déjà fixés de paix et de développement économique et social » (ONU, 1972), etc. La question économique est particulièrement présente dans la Déclaration de Stockholm, que ce soit à travers les termes de « progrès », de « développement », ou de « qualité de vie ». Le texte évoque notamment le rôle de la science et de la planification pour que « les politiques nationales d'environnement [renforcent] le potentiel de progrès » (ONU, 1972). Une proposition insensée, si l'on en croit le rapport *Limits of Growth* publié cette même année, dans un modèle économique où le progrès est souvent synonyme de croissance. On peut ainsi deviner, dans l'ambiguïté de certains passages de la Déclaration, les germes de postures radicalement opposées qui seront celles du débat social.

Dans ce processus global d'institutionnalisation, les spécificités administratives et culturelles de chaque pays imposèrent une certaine variabilité des rythmes et niveaux de rigueur dans l'application des accords, pourtant signés par tous (Recchia, 2001). Rapidement, les pays européens furent reconnus en tant que figure de proue de la législation environnementale, ce qui fait aujourd'hui partie intégrante de leur identité (Baker, 2007).

Après avoir émergé de groupes minoritaires, les préoccupations environnementales ont donc été investies par les institutions qui ont contribué à leur formalisation. Il a pourtant fallu un certain temps pour que la notion d'environnement passe de cet univers *réifié* (Moscovici, 1976a), à celui des pratiques quotidiennes des individus, y compris ceux en contact immédiat avec l'environnement tels que les agriculteurs ou les pêcheurs. C'est à partir d'un processus de généralisation des idées et normes environnementales que ce passage d'un univers *réifié* à un univers *consensuel*, typique des représentations sociales, sera rendu possible.

3. Généralisation

La généralisation correspond au partage, avec les différents groupes sociaux, de notions n'appartenant au départ qu'à des cercles plus ou moins restreints. Cette étape ne peut donc se faire qu'à partir du débat social. Dans l'espace social « général », le concept va alors subir une succession d'appropriations et d'adaptations permettant son intelligibilité, puis son utilisation par tous. Ce processus de généralisation a été un moment important dans le changement socio-environnemental, signant le début d'une confrontation de la société au sens large avec la « réalité » de ce changement. Par exemple, les agriculteurs, dont le rapport à l'environnement constitue un enjeu fort, ont vu leur activité contrainte par les nouvelles réglementations telles que *Natura 2000* (Castro, Mouro & Gouveia, 2011). Les problématiques environnementales, popularisées sur la base du cadre législatif ayant émergé de l'institutionnalisation, ont déclenché des prises de position et des attitudes contextualisées au sein des différents groupes sociaux. Ainsi, au Portugal, Castro et al. (2011) ont montré que la loi de protection du lynx ibérique était accueillie plus favorablement au niveau national qu'au niveau local. Cette loi implique notamment une forme de restriction de certaines pratiques agricoles, dont la mise en application pose des difficultés très concrètes à l'échelle locale. D'autres études[3] mettent en avant des représentations « utilitaristes », ou au contraire « écologistes », des objets environnementaux ; deux versions du rapport à l'environnement dont la trame était déjà présente en filigrane dans le discours institutionnel, notamment dans les ambiguïtés de la Déclaration de Stockholm évoquées plus haut.

Ce bref détour par l'histoire nous permet de mieux appréhender la situation actuelle où deux discours s'opposent : un premier, stimulant le changement pour un mode de vie plus durable ; et un second, sceptique quant aux effets des activités anthropiques sur l'environnement et le climat (Guiddens, 2011).

Cette lecture nous permet également de comprendre que les différences observées d'un pays à l'autre dans l'implémentation formelle des accords internationaux (Recchia, 2001) ont des conséquences en cascade sur leur appropriation informelle par les populations. Une appropriation prenant la forme de normes sociales plus ou moins fortes selon les groupes sociaux (par exemple la communauté universitaire *versus* celles des industriels), et selon les sociétés (Bertoldo, 2014).

Pour conclure, cette perspective nous offre le recul nécessaire pour appréhender certains résultats rapportés dans le chapitre précédent. On comprend mieux, par exemple, que l'environnement soit principalement pensé en termes négatifs, à partir de notions telles que la *pollution* ou le *risque*. Ce sont effectivement les problèmes soulevés autour de l'environnement qui en ont fait un objet de débat et, par la même occasion, un objet de représentations sociales. Demeure une question qui recouvre un irréversible enjeu intergroupe à la base du débat et qui revient à chaque conférence sur le climat : qui doit agir ? Là encore, une perspective historique peut nous aider à comprendre les représentations des différents interlocuteurs quant aux responsabilités de chacun.

3. Voir chapitre 2.

CHAPITRE 13

Représentations sociales et sécurité routière

Marie-Axelle GRANIÉ[1]

Sommaire

1. Institut français des sciences et technologies des transports, de l'aménagement et des réseaux (IFSTTAR), Salon de Provence, France.

Les études de psychologie du trafic « se réfèrent communément, vaguement, aux concepts de valeurs, de normes et de représentations, tous étant accolés à l'adjectif "social" » (Campos & Lagares, 2004, p. 454) auquel ils renvoient comme facteur d'influence des comportements routiers. Même si cela paraît aujourd'hui un truisme que de l'affirmer, Barjonet définissait en 1989 l'espace de circulation comme « tout ce milieu social, celui des coutumes et des règles, des normes et des lois qui organisent les relations entre les acteurs de la circulation et qui rend possibles les interactions routières » (Barjonet, 1989, p. 43). Il posait comme hypothèses que 1) la conduite est une activité sociale, le système de circulation permettant de remplir des rôles sociaux et de satisfaire à des obligations sociales ; 2) la sécurité routière est un fait social, se construisant comme une valeur sociale et collective, l'activité de conduite reposant sur une structure sociale sous le contrôle d'autorités administratives et politiques ; 3) l'accident de la route est un événement social, résultat d'une interaction sociale mais également déterminé par des facteurs, y compris sociaux, extérieurs à la situation routière.

Basé sur la représentation globale de la tâche de Codol (Codol, 1969) et sur la représentation globale de la situation d'Abric (Abric, 1996 ; Abric & Campos, 1996), Campos et Lagares (Campos & Lagares, 2002) posent que, pour appréhender la manière dont les représentations sociales peuvent influencer les comportements dans le trafic, quatre composantes de la représentation sociale que les différents groupes d'individus ont du trafic doivent être prises en compte : la représentation de soi et d'autrui en tant que conducteur, la représentation de la tâche et la représentation de la situation. La représentation de soi en tant que conducteur inclut la représentation privée – l'image que je me fais de moi-même – et la représentation publique – l'image de moi que je veux donner aux autres – de soi en tant que conducteur. Campos et Lagares (2002) proposent d'aborder la représentation d'autrui au travers de la seule représentation des autres conducteurs mais celle-ci pourrait être approchée de façon plus globale, en s'intéressant également aux représentations des autres agents sociaux impliqués dans la situation : usagers d'autres modes de déplacement (piétons, motards), mais aussi policiers, ingénieurs, décideurs, etc. La représentation de la tâche, c'est-à-dire de l'acte même de conduire, concerne la représentation de la nature et de la finalité de la conduite. Finalement, Campos et Lagares (2002) abordent la représentation de la situation sous l'angle du trafic lui-même, tandis qu'Abric (Abric, 2009) propose de l'aborder au travers de la représentation de l'infrastructure et du véhicule.

Les études abordant la sécurité routière ne sont pas pour autant foison. Elles abordent les différentes dimensions que nous venons d'évoquer, rarement globalement toutefois. La plupart des études se centrent la plupart du temps sur un point particulier, jugé davantage problématique : un comportement, un groupe d'usagers.

Le premier objet représentationnel étudié dans les différentes recherches concerne le conducteur lui-même et les autres usagers qu'il rencontre dans l'espace routier.

1. Soi et autrui en tant que conducteur : des représentations antonymes ?

1.1 *Représentation de soi en tant que conducteur*

1.1.1 Représentation de la conduite et rapport au corps

Une étude, en 1989, s'est penchée sur la place du corps dans la conduite, au travers de 20 entretiens avec des hommes et des femmes (Barjonet, Mounier & Jodelet, 1989). L'objectif était de comprendre en quoi la conscience individuelle du corps et les représentations sociales du corps influencent les attitudes et les comportements en matière de conduite. Les analyses de contenu montrent que le corps est perçu dans la conduite comme un élément en interaction avec la machine, soit pour la dominer, la contrôler, soit pour être contrôlé par elle. Les hommes auraient plutôt l'impression de dominer leur véhicule, en grande partie par la connaissance du fonctionnement mécanique et des réactions dynamiques du véhicule. Les femmes auraient une relation plus fusionnelle à la voiture, insistant sur leur crainte de la perte de contrôle et de domination par le véhicule. À leur total désintérêt pour la mécanique, les femmes ajoutent un manque de confiance dans leur conduite, qui leur fait craindre que le véhicule leur échappe.

Ainsi, la notion de contrôle revient fréquemment dans les discours, qu'il s'agisse du contrôle du véhicule ou du contrôle du corps dans le véhicule. Les personnes interrogées utilisent un modèle psychologique, qualifié de « schéma-réflexe » par les auteurs, pour qualifier leur conduite. Il implique un ajustement du conducteur à sa voiture, soutenu par la vigilance et dû à un apprentissage permettant de fournir les réponses-réflexes adéquates aux informations reçues. Poussé à l'extrême, ce schéma est associé à l'idée de réponses instinctives, liées non pas à un apprentissage mais à un « don de la conduite ». Dans cette perspective, la conduite ne serait pas susceptible de progrès et il y aurait alors une autonomisation du corps par rapport au contrôle mental. Contrairement aux hommes, qui allient un sentiment fort de maîtrise de la voiture et d'amélioration de leurs compétences, les femmes n'ont ainsi pas le sentiment de pouvoir améliorer leurs compétences de conduite. Pour les auteurs, ces résultats montrent que les interviewés ont une représentation de la conduite comme rapide, compétitive, signe de puissance, occasion d'éprouver ses limites physiques, répondant aux exigences sociales d'un corps performant, jeune et sportif. Pour répondre à ce modèle social, la dimension du risque encouru est évacuée, car elle renvoie plus à un corps en danger qu'à un corps actif et en bonne santé.

1.1.2 Représentation du bon conducteur

Dans le cadre théorique et méthodologique de l'analyse structurale des représentations sociales, Degraeve, Granié et Gueho (2013) se sont fixé pour objectif de cerner les représentations sociales du bon conducteur. Quatre-vingt-douze personnes ont répondu à un questionnaire utilisant la méthode des associations verbales. Les participants ont été répartis équitablement sur la base du sexe, de la classe d'âge (de 16 à 50 ans et plus) et du statut social. L'analyse prototypique des données montre que les aspects les plus saillants associés à « bon conducteur » sont l'anticipation, la prudence, l'attention, le respect des règles et l'absence d'état d'ébriété (noyau central potentiel). L'analyse factorielle des correspondances montre que les individus de la catégorie socioprofessionnelle faible semblent définir un bon conducteur plus en termes d'expérience de conduite et d'entretien de la voiture, tandis que les individus relevant de la catégorie socioprofessionnelle élevée utilisent l'environnement et l'adaptation à la situation pour définir le bon conducteur. En outre, il semble que chaque groupe social intègre dans sa représentation du bon conducteur des compétences ou des connaissances reliées à son propre groupe. Par exemple, les personnes les plus âgées mettent en exergue le rôle de l'expérience, tandis que les personnes plus jeunes insistent plus fréquemment sur l'impact de la condition physique.

1.2 *Moi-les autres, bon-mauvais, hommes-femmes : relations d'antonymie entre représentations*

Souvent, les deux représentations de soi et d'autrui sont étudiées dans le même temps, tout comme les individus parlent logiquement du mauvais conducteur quand on les interroge sur le bon conducteur, ou de l'homme au volant quand ils sont interrogés sur les femmes. Ces différentes représentations semblent se définir les unes par rapport aux autres, une représentation servant de norme, de prototype par rapport auquel l'autre représentation est définie (Guimelli & Rouquette, 2004).

Le rapport à autrui apparaît comme une spécificité du risque d'accident, comparativement à d'autres risques (Khlifi & Barjonet, 1998). La présence d'autrui rend le risque difficilement contrôlable. Ses compétences de conduite sont jugées inférieures aux siennes, ce qui entraîne un rapport moins coopératif que conflictuel, renforcé par le comportement agressif d'autrui.

La surestimation de ses propres compétences de conduite et l'attribution des événements négatifs à autrui sont fréquentes : l'image de l'autre est négative, on lui accorde peu de crédit et de confiance : on a davantage peur lorsque l'autre conduit que lorsque c'est nous, davantage peur en tant que passager qu'en tant que conducteur.

Tout comme dans l'étude de Campos et Lagares (2002) dont les résultats montrent que les individus associent les caractéristiques de leur propre conduite aux caractéristiques du bon conducteur et, à l'opposé associent les attributs du mauvais conducteur à la conduite d'autrui (voir section 3), les conducteurs condamnés interrogés par Renouard (Renouard, 2000) se considèrent tous comme de bons conducteurs, capables de s'adapter aux situations, quitte à réaliser des infractions pour y parvenir. À l'opposé, le traînard ne commet jamais d'infractions et conduit en se conformant rigidement au Code de la route, par manque de confiance et par peur, et le fou du volant commet continuellement des infractions en raison de son incapacité à s'adapter aux situations, par inconscience. Ce qui est ainsi reproché aux autres conducteurs, c'est leur incapacité à jouer avec la règle, ce que le bon conducteur s'estime suffisamment compétent et conscient des dangers pour être capable de faire. Pour autant, on constate une certaine tolérance à l'égard de ces pairs, que les situations d'interactions dans la conduite obligent à se coltiner : ils doivent tenter de les comprendre, de communiquer avec eux, éprouver leur solidarité ou leur manque de courtoisie.

Au Brésil, plus récemment, Almeida et al. ont interrogé par entretiens 84 individus, hommes et femmes, sur leurs représentations de la conduite des hommes et des femmes (Almeida, Lima, Albuquerque & Antunes, 2005). En plus de l'entretien, des questions ouvertes étaient posées aux individus : « Je considère que l'homme/la femme au volant est... » et « En tant que femme/homme au volant je suis... » Ainsi, l'homme est jugé principalement imprudent, autonome et agressif, tandis que la femme est perçue comme prudente, bonne, attentive et insécuritaire. Concernant leur propre conduite, les hommes se perçoivent comme des conducteurs imprudents, bons et prudents, tandis que les femmes se considèrent comme prudentes, attentives et circonspectes. Hormis une représentation ambivalente de la femme au volant, cette étude montre également comme la représentation du conducteur appartenant à un certain groupe social se construit dans la différenciation à partir de la représentation du conducteur d'un autre groupe social[2].

1.3 *La conduite moto*

La représentation de la moto a fait l'objet de quelques travaux récemment en France, notamment auprès des conducteurs de moto eux-mêmes. Dans le cadre de sa thèse, Del Sarto (Del Sarto, 2012) a ainsi étudié les représentations sociales et pratiques liées à l'usage d'un deux-roues motorisé, par entretiens auprès de 15 utilisateurs bimodaux (conducteurs de deux-roues ayant obtenu le permis A et ayant une expérience de la conduite automobile), afin de distinguer l'expérience spécifique de la circulation (conduite moto) et l'expérience générale de la circulation (conduite auto). L'analyse thématique a tout d'abord révélé que les individus choisissent la moto comme mode de déplacement pour des raisons stratégiques (e.g., « la passion de la moto », « utilisation de la moto comme loisir »...) ou tactiques (e.g., « pour gagner du temps lors de déplacements », « pour se garer facilement »...). Elle montre également que la moto est associée de façon ambivalente à la notion de vitesse, source de plaisir et de danger, d'imprudence ou de gain de temps. Enfin, il apparaît que les individus sont sensibles à la culture « moto » et au sentiment d'appartenance à un groupe (e.g., « se faire signe sur la route », « faire des sorties moto », « appartenir à des forums de discussion moto »...).

Ragot-Court, Mundutéguy et Fournier (2012) ont interrogé la représentation du risque chez des motards et des conducteurs d'automobile au travers d'entretiens avec 132 motards et 94 automobilistes qui étaient soit des conducteurs exclusifs, soit utilisaient les deux modes de

2. Voir focus 13.

transport. Chacun d'eux était interrogé au travers d'une question ouverte sur ce qui leur paraissait le plus risqué pour leur groupe de référence. Les conducteurs utilisant les deux modes de transports étaient interrogés sur leur représentation du risque en automobile (pour la moitié du groupe) ou à moto (pour l'autre moitié du groupe). Au travers d'une analyse thématique des discours, les auteurs ont ensuite analysé les éléments se rapportant à l'autre mode de transport. Si plus de 60 % des motards exclusifs et près de 46 % des motards non exclusifs mentionnent les automobilistes comme source de danger pour les motards, la moitié seulement des automobilistes mentionnent les motards comme source de danger, proportion qui chute à 30 % chez les automobilistes exclusifs. Ainsi, les motards sont moins perçus comme une source de menace par les automobilistes que le contraire (Ragot-Court et al., 2012). Si les dépassements et les faufilements des motards sont perçus comme risqués par les automobilistes, les motards soulignent notamment le manque d'indication des manœuvres et le danger des changements de file sans prise d'informations chez les automobilistes, éléments qui dénotent un manque de connaissance des particularités de conduite des deux roues et qui a des conséquences sur les possibilités d'anticipation des comportements des motards par les automobilistes.

2. Représentations sociales de la tâche

Les différents travaux ont également porté sur différentes notions que nous considérons comme relevant de la tâche de conduite elle-même : le risque et l'accident, les règles de circulation. La vitesse est souvent abordée dans les recherches sur les représentations sociales en sécurité routière, alors que d'autres comportements problématiques, comme l'alcool, le sont beaucoup moins.

2.1 *Représentation du risque et de l'accident*

Peretti-Watel (2000) explique que, la conduite étant perçue par les conducteurs comme un système d'interactions, chacun juge sa compétence de conduite à l'aune de sa capacité à comprendre les situations, à opérer des choix en temps réel, donc à maîtriser à la fois son véhicule et l'interaction avec les autres conducteurs. Les médias insistant sur le fait que « 95 % des accidents de la route sont liés à une erreur humaine », les conducteurs concluent de leur absence d'accident qu'ils ne commettent pas d'erreur, ce qui renforce leur sentiment de maîtrise (Peretti-Watel, 2000). Pour autant, l'expérience d'un accident ne fait pas sens et ne modifie par leurs représentations ou leurs pratiques. L'accident est interprété, intégré par les représentations existantes et sa faible gravité peut même renforcer le sentiment de compétence et de maîtrise de celui qui en a réchappé.

Dans une étude plus approfondie de la représentation du risque, Khlifi (1999) a interrogé par entretiens 22 individus dont 10 femmes sur la notion de risque en général. Le risque routier n'était pas explicitement pointé dans la question posée, de façon à voir s'il était mentionné dans les discours. L'analyse textuelle grâce au logiciel Alceste montre que l'accident de la circulation est mentionné spontanément, parfois même en première position. Toutefois, il est perçu différemment des autres risques : c'est un risque conscient, mesuré, calculé, volontaire, contrairement au chômage ou à la maladie. C'est une menace interne, endogène, qui vient de soi-même, plus acceptable et moins inquiétante que des menaces venant de l'extérieur comme les maladies. Le contrôle et l'aspect volontaire sont fondés sur une estimation subjective, une impression de contrôle. De plus l'accident est relié à l'usage de l'automobile et à la mobilité, indispensables aux activités quotidiennes et qui concourent à sa banalisation. Les risques ainsi évoqués forment un métasystème (Khlifi, 1999) dont la hiérarchie obéit à deux grands principes : le niveau de déstabilisation occasionné par le risque – exprimé surtout en termes de mort – et la probabilité d'occurrence. Le risque d'accident de la route, perçu comme individuel, n'est pas considéré comme catastrophique. Le discours des hommes est plus centré sur l'accident de la circulation que celui des femmes. Plus généralement, les hommes se placent du côté des risques volontaires, acceptés voire recherchés, du côté de la stimulation et de l'affrontement, tandis que les femmes insistent plus sur les risques socio-économiques, les maladies, les risques subis et involontaires, en insistant beaucoup sur la prévention et l'éducation.

2.2 *Représentation des règles*

À côté de la représentation du risque, la représentation des règles routières fait l'objet d'un certain nombre de travaux, chez des conducteurs tout-venant, en France et ailleurs, mais aussi dans la population particulière des infractionnistes. Il en ressort finalement là aussi une certaine homogénéité des discours, quels que soient le statut et la culture des individus interrogés.

2.2.1 Chez des conducteurs condamnés

Renouard (Renouard, 2000) a tenté de cerner le rapport à la règle au travers de 40 entretiens individuels avec des conducteurs condamnés (par amende, suspension ou annulation de permis, travaux d'intérêt général voire prison) pour des délits routiers (conduite sous état alcoolique, excès de vitesse, non-respect de la signalisation) dès leur sortie du tribunal. Il en retient une grande homogénéité des discours, quelle que soit l'insertion sociale des interviewés (leur âge, leur sexe, leur niveau social ou la gravité de la sanction). La conduite est perçue comme une interaction, nécessitant de prévoir les comportements d'autrui et d'être soi-même prévisible, en s'adaptant aux situations, plutôt qu'en appliquant les règles trop rigides et générales du Code de la route. Les règles sont alors souvent perçues comme inadaptées aux situations, ce qui justifie leur transgression. Les conducteurs interrogés ne réagissent donc pas à la règle, mais à la situation concrète, qu'ils interprètent en fonction de différents éléments d'informations dont les règles font partie. La règle routière n'a ainsi de sens qu'en fonction de situations concrètes et dans l'interaction avec les pairs, qui donneront, ou pas, sens aux règles routières, si la situation l'exige, par la contrainte mutuelle. Le sens de la règle est ainsi toujours local, peu généralisable et sans lien avec la dangerosité perçue de la situation. Ainsi, un comportement illégal n'est que virtuellement dangereux car la dangerosité provient de la situation, pas de l'infraction. Ce hiatus provient en grande partie de l'expérience de conduite : comme noté plus haut (Peretti-Watel, 2000), les conducteurs interrogés commettent souvent des infractions, qui ne sont pour autant que rarement suivies d'accident.

La sécurité reposerait donc sur la maîtrise individuelle, la capacité à s'adapter, davantage que sur la conformité aux règles. Les résultats rejoignent ainsi ceux de Barjonet, Khlifi et Mignot (1998). La perception du danger des comportements transgressifs varie en fonction des circonstances : la résistance physique, les conditions de circulation peuvent ainsi justifier un affranchissement des règles routières, expliquant alors le jugement négatif porté par les conducteurs sur l'action publique. Les autorités de contrôle, en appliquant les règles à la lettre, refusent de prendre en compte les particularités des situations, ce qui se perçoit notamment dans les représentations sociales concernant le radar. Ils sont ainsi perçus comme des intrus, qui visent à réguler de l'extérieur un système d'interactions informelles sans en connaître la logique propre, qui est justement l'absence de règles fixes (Renouard, 2000).

Par ailleurs, les conducteurs infractionnistes savent par expérience que tous les comportements d'infraction ne sont pas connus et repérés et ont le sentiment que la sanction n'est pas le résultat de l'infraction, mais de l'aléa de la présence des autorités de contrôle (Renouard, 2000). Cette contrainte étant intermittente, il a le sentiment que le contrôle, lorsqu'il a lieu, est calculé pour mieux le piéger. Ceci explique l'ambivalence des représentations des conducteurs interrogés à l'égard du policier. Sa présence est jugée dissuasive en toute circonstance, à condition qu'elle soit visible, c'est-à-dire que le policier se mette objectivement dans le système de circulation. S'il se cache ou que le conducteur ne l'a pas vu, alors il a le sentiment qu'il est à l'extérieur du système et qu'il fausse l'ordre des interactions (Renouard, 2000).

2.2.2 Conditionnalité des règles et normes perverses

Les travaux de Gaymard (2007, 2009) visent à cerner et à mesurer cette conditionnalité des règles routières. La théorie de la conditionnalité (Flament, 1994) pose que les variations conditionnelles dans les prescriptions sociales sont utilisées par les individus comme des justifications et représentent des transgressions légitimes. Sur cette base théorique, Gaymard a créé un questionnaire en vue d'analyser la perception des règles routières et les conditions dans lesquelles elles sont appliquées (Gaymard, 2007). Les résultats montrent que les règles les plus conditionnelles sont les limitations de vitesse et le passage au feu orange, le comportement transgressif à l'égard de ces deux règles étant perçu comme socialement légitimé. Par ailleurs, les jeunes conducteurs ne semblent pas différencier leurs comportements autorapportés des comportements qu'ils jugent socialement acceptables en termes de conformité ou de transgression. Ainsi, selon l'auteur, le contrôle social prend, dans l'univers représentationnel des individus, la forme de recommandations comprenant, en fonction des situations, des marges de tolérance, plutôt que la forme d'interdictions ou de prescriptions.

Cette représentation de la règle n'est pas propre à la France. Une étude menée en Roumanie (Havarneanu, 2014) a ainsi eu pour objectif de cerner la représentation sociale de la règle routière et d'identifier quel est le méta-système moral prédominant chez les conducteurs roumains : système hétéronome dans lequel la règle reste externe au sujet, dans un rapport entre le conducteur et l'autorité de sanction ou système autonome, dans lequel la règle est internalisée et où l'accent est mis sur l'interaction entre conducteurs. L'étude a recueilli la structure, le contenu et la polarité des représentations sociales, ainsi que la préférence pour un système normatif hétéronome *versus* autonome auprès de 160 conducteurs roumains. Les résultats montrent que la structure et le contenu des représentations sociales des règles de conduite reflètent la dominance du système normatif hétéronome (prévalence des termes « police », « sanction », « obligation » par rapport à : « danger réel », « autres conducteurs », « sécurité », norme comme « nécessité », items caractérisant le système normatif autonome). Les auteurs interprètent ce résultat comme étant une résultante du système normatif hétéronome de raisonnement moral, sans doute lié aux rapports à la loi sous le régime totalitaire en Roumanie. Ce système hétéronome est celui où la norme est perçue comme perverse ; les individus peuvent « s'autoriser » à la violer.

La norme perverse est définie comme une norme sociale explicite qui implique des sanctions, mais à laquelle la plupart des membres du groupe ne se conforment pas (Fernández-Dols, 1993). Pérez, Lucas, Dasi et Quiamzade (2002) ont utilisé ce terme pour expliquer la désobéissance massive envers le Code de la route, en particulier envers les excès de vitesse. Ils font valoir que les pratiques de la police encouragent la perception de règles comme arbitraires, parce que le respect de la loi dépend dans une grande mesure sur l'immédiateté de la sanction policière. Ainsi, les conducteurs se conforment à une règle « perverse » seulement à cause de la pression de l'autorité, ce qui est défini comme une convention sociale dans la théorie des domaines sociaux (Granié, 2009).

Ţepordei, Havârneanu et Boncu (2010) ont étendu le concept de normes perverses en montrant que cette perversité est très fortement reliée au manqué de rationalité contextuelle des règles. En général, les normes telles qu'écrites dans le Code de la route sont perçues positivement. Cependant, ces règles peuvent être divisées en deux groupes, selon leur potentiel de perversité : certaines sont bien ajustées aux besoins réels de sécurité, tandis que d'autres sont moins adaptées de ce point de vue (Havârneanu & Golita, 2010). Cette dernière catégorie est considérée comme moins adaptable, parce que, dans des situations spécifiques, la règle devient irrationnelle et inefficace. En d'autres termes, une fois placées dans des contextes qui leur font perdre leurs rationalités, ces règles semblent perdre l'importance formée lors de l'évaluation initiale parce que les conducteurs les transgressent. Parmi les règles les plus perverses, Havârneanu et Golita (2010) trouvent ainsi la limitation de vitesse à 50 km/h, tandis que l'interdiction de la conduite en état d'ébriété et l'utilisation des feux de nuit font partie des règles perçues comme les mieux adaptées aux besoins réels de sécurité.

2.3 Représentation de la vitesse

En 2006, dans le cadre de l'étude de l'acceptabilité du système LAVIA[3], Pianelli, Abric et Saad (2006) ont étudié les représentations sociales de la vitesse, de la limitation de vitesse et du système LAVIA, dans le cadre de l'approche structurale des représentations sociales[4] (Abric, 1987). L'étude, utilisant la méthode de l'évocation libre et hiérarchisée avec la technique de substitution (Guimelli & Deschamps, 2000)[5], permet de différencier trois grands types de représentations de la vitesse : une représentation neutre, majoritaire, où seule la notion de danger est centrale ; une représentation positive de la vitesse organisée autour de la relation entre vitesse, danger et plaisir ; une représentation négative de la vitesse dont le noyau central contient la notion d'imprudence en plus de la notion de danger.

La représentation de la limitation de vitesse dépend directement de la représentation de la vitesse avec laquelle elle entretient des relations d'emboîtement (Pianelli, Abric & Saad, 2010). Ainsi, le noyau central de la représentation sociale de la limitation de vitesse comprend l'élément central de la représentation sociale de la vitesse : le danger. Le respect des limitations et la sécurité font partie du noyau central de la représentation, ce qui témoigne de son appropriation par la population. Trois autres éléments apparaissent toutefois en première périphérie : répression, contrainte et réglementation. Le respect de la limitation semble donc avoir une double origine : une origine « centrale » qui repose sur la notion de sécurité, mais aussi une origine « périphérique » fondée sur la notion de contrainte et l'aspect réglementaire.

Les résultats montrent ainsi que les conducteurs qui associent la vitesse au danger et au plaisir, la limitation serait une contrainte, faisant obstacle à ce plaisir et la limitation ne serait pas respectée, même si tous les conducteurs reconnaissent l'utilité de la limitation de vitesse en termes de sécurité. Les deux représentations sont ainsi dans une relation d'antonymie (Guimelli & Rouquette, 2004) : plus les conducteurs ont une représentation de la vitesse centrée sur les aspects fonctionnels (gain de temps) et positifs (plaisirs), moins les aspects sécuritaires de la limitation sont valorisés de vitesse, sa représentation étant centrée sur son aspect contraignant. À l'inverse, plus les conducteurs ont une représentation de la vitesse centrée sur le danger, plus les aspects sécuritaires de la limitation de vitesse sont valorisés (Pianelli et al., 2010).

3. Représentation du contexte de conduite

3.1 Représentations des outils de contrôle

Parmi les outils de contrôle, les radars ont fait l'objet de plusieurs études en France, dans les périodes de renforcements des limitations de vitesse et de contrôle de la vitesse.

Après la mise en place des limitations de vitesse dans les années 1970, une nouvelle vague de mesures visant à renforcer le contrôle a été mise en place au début des années 2000, avec notamment la mise en place du Contrôle sanction automatisé (CSA). Le 18 décembre 2002, le Comité interministériel de sécurité routière annonce l'implantation de 1 000 radars avant la fin de l'année 2005. Les premiers radars sont déployés en octobre 2003 et l'objectif est atteint fin 2005. À cette occasion, plusieurs études ont été menées pour cerner les représentations du CSA chez les conducteurs et chez les gendarmes.

Une première étude par questionnaire, réalisée en mars 2005 sur un échantillon représentatif de la population française, a porté sur l'acceptabilité du CSA (Ragot, 2006, 2008). Les résultats montrent un bon niveau général d'acceptabilité du CSA chez les automobilistes. Ils accordent

3. Limiteur s'Adaptant à la VItesse Autorisée.
4. Voir chapitre 4.
5. Voir chapitre 4, chapitre 25 et focus 25.

du crédit aux informations véhiculées par les différents acteurs de la sécurité routière autour du système et de la mesure, par contre ils contestent les informations relatives au choix de l'emplacement des radars, notamment leur positionnement dans les zones les plus accidentogènes. Ils estiment que le système est fiable, que la mise en place des radars permet une amélioration de la sécurité, la majorité estimant que les vitesses pratiquées ont diminué et que leur mise en place augmente le risque pour les conducteurs dangereux d'être sanctionnés. L'auteur montre également quels sont les facteurs explicatifs de la non-acceptation du CSA parmi les conducteurs : le fait de considérer que sa conduite est aussi dangereuse que celle des autres, le fait d'estimer de ne pas avoir réduit sa vitesse depuis la mise en place des radars et le fait de considérer que la vitesse n'est pas une source d'imprudence (Ragot, 2006). Une analyse plus poussée des données (Ragot, 2008) montre que les réfractaires au CSA rejettent fortement l'efficacité du radar, dont ils disent ne percevoir aucun effet sur les vitesses pratiquées et qu'ils considèrent comme une atteinte à la vie privée et un moyen de punir les automobilistes. Ce groupe de conducteurs cherche davantage l'emplacement des radars au bord des routes et ralentit plus que les autres à leur proximité. C'est plus généralement le rapport à la vitesse qui les différencie des autres conducteurs. Ni source d'imprudence ou de danger, ils perçoivent la vitesse comme un gain de temps, de plaisir et de liberté et leur estimation des vitesses dangereuses se situe entre 20 et 50 km/h au-dessus des limitations de vitesse réglementaires.

Ainsi, comme le souligne une étude complémentaire sur les débats concernant le CSA sur différents forums de discussion (Véron, 2008), les discours ne portent pas une idéologie homogène et, si les usagers acceptent le principe du contrôle des vitesses, ils peuvent déplorer la focalisation perçue sur la vitesse de la part des pouvoirs publics. Le système est perçu comme imparfait et les conducteurs s'y résignent, tout en cherchant des solutions alternatives afin de rendre la politique de sécurité routière plus efficace et cohérente. Mais dans cette étude aussi est soulevé le décalage perçu par les automobilistes entre la volonté de prévention affichée par les pouvoirs publics au travers du CSA et son utilisation « réelle », perçue comme répressive. L'emplacement des radars est ainsi souvent jugé par les internautes comme irrationnel et destiné à piéger les conducteurs.

Alors qu'une première étude a tenté d'analyser la structure de la représentation sociale du radar et l'effet des insertions sociales (Castella, 2007), beaucoup de travaux restent encore à mener pour mieux cerner le contenu de cette représentation. Une étude a toutefois interrogé l'effet de la mise en place du CSA sur la représentation du métier dans les forces de police et les conducteurs professionnels (Eyssartier & Hamelin, 2013). Le *focus group* mené auprès des forces de police et de gendarmerie montre que, plus que les radars fixes, ce sont les caméras mobiles automatiques qui questionnent leur représentation du métier. Ces caméras ont la particularité d'être mises en place par les agents des forces de l'ordre mais les sanctions qui en découlent sont envoyées à un organisme qui les traite. Il en résulte pour les forces de l'ordre une absence totale de contact avec les usagers. Le face-à-face permet selon eux à l'usager de s'expliquer, et au gendarme/policier de mieux situer l'acte de conduite, d'évaluer la faute et plus largement d'évaluer la gravité de l'erreur commise et de l'expliquer au conducteur. Les gendarmes et policiers interrogés ont ainsi l'impression de ne pas participer à une action de sécurité routière, mais plutôt de rendre l'outil profitable pour l'entreprise privée qui construit les radars automatiques. Ils regrettent aussi le côté automatique de l'outil qui ne permet plus de faire de la prévention en le détournant de son usage (e.g., utiliser le flash, sans sanction, pour faire baisser les vitesses en situation de brouillard). Ces différents points amènent un manque d'intérêt des forces de l'ordre pour cet outil, au point de souhaiter que sa gestion soit confiée à d'autres ministères que celui de l'Intérieur. Les conducteurs professionnels (taxis, VRP, technicien de maintenance) n'ont pas, contrairement à ce qu'on pourrait croire, une vision négative des radars automatiques. Ils semblent avoir adapté leur comportement à ce nouvel outil, notamment en utilisant d'autres outils d'assistance de la conduite, comme les régulateurs de vitesse ou les GPS (pour connaître l'emplacement des radars fixes ou les limitations de vitesse des différentes zones) ou en apprenant à anticiper les zones d'installation des radars mobiles. Ainsi, si l'arrivée de ce nouvel outil de contrôle semble avoir modifié certaines pratiques des conducteurs professionnels, elle ne semble pas avoir entraîné une modification de la représentation du métier chez les forces de l'ordre, étant sans doute compensée, selon les auteurs, par d'autres pratiques cohérentes avec la représentation et la perception d'une réversibilité de la situation.

D'autres études ont porté plus spécifiquement sur l'effet de la mise en place d'un nouvel outil sur les représentations sociales.

3.2 *Observation de la naissance d'une représentation sociale : exploration avant la mise en place d'une mesure*

L'étude de Pianelli, Abric et Saad (2010) visait à interroger la représentation d'un nouveau système limiteur de vitesse à l'état de test, le LAVIA, au moment où plusieurs autres pays européens effectuaient la même démarche de test et d'analyse de l'acceptabilité de systèmes ISA (« Intelligent speed adaptation »). Ce système affiche sur le tableau de bord du conducteur les excès de vitesse qu'il produit, voire conforme automatiquement la vitesse du véhicule à la limitation en vigueur. Les conducteurs interrogés dans l'étude n'ont encore jamais expérimenté ce système, qui n'est pas encore diffusé, ce qui permet d'analyser les processus d'ancrage et de structuration d'une nouvelle représentation sociale (Pianelli et al., 2010). L'analyse des évocations hiérarchisées sur « Limiteur de vitesse LAVIA » révèle un élément seul central, la sécurité, central également dans la représentation de la limitation de vitesse, les autres termes évoqués étant quasiment tous présents dans le corpus des représentations de la vitesse et/ou de la limitation de vitesse : contrainte, respect des limitations, vigilance et tranquillité. Deux seuls éléments sont spécifiques à l'objet LAVIA : aide, renvoyant à un aspect fonctionnel et monotonie, aspect négatif. Ainsi, les relations d'antonymie qu'entretiennent les représentations de la vitesse et de la limitation de vitesse contribuent à la structuration du nouvel objet de représentation : le limiteur LAVIA, les trois représentations sociales formant un réseau représentationnel, structuré par des valeurs communes (Pianelli et al., 2010).

3.3 *Représentation de l'automobile*

L'automobile n'est pas qu'un moyen de déplacement, elle est plus généralement un objet de notre environnement quotidien. Khlifin (1999) a analysé la représentation de l'automobile au travers de 24 entretiens et d'analyse de 78 messages publicitaires télévisés relatifs à l'automobile diffusés en 1997. Ses analyses montrent que la représentation sociale de l'automobile comporte des éléments objectifs, subjectifs et négatifs.

Les éléments objectifs réduisent l'automobile à ses aspects fonctionnels : utilité, praticité. La voiture est perçue comme indispensable à la vie, dépendance d'autant plus forte qu'elle est aussi un outil de travail et que les transports en commun sont inadaptés. L'image positive de l'automobile est perçue comme due à la puissance de l'industrie automobile, fort enjeu économique, et de la publicité. Les dimensions subjectives forment deux sous-catégories. D'un côté les aspects appropriables, dans lesquels les individus interrogés peuvent se reconnaître, comme l'indépendance et la liberté, le prolongement du territoire, le confort, la sécurité, le plaisir de la vitesse, l'esthétisme. Les aspects non appropriables concernent l'automobile comme reflet de la personnalité et du statut social. Il est intéressant de noter que, tout en les rejetant pour eux-mêmes, les individus associent systématiquement à autrui ces dimensions, relevant d'un rapport irrationnel à la voiture. Cette perception biaisée du véhicule chez autrui – qui peut être en fait un effet de masquage de la représentation (Flament, Guimelli & Abric, 2006) – sert également à justifier le rapport conflictuel et le peu de crédit accordé aux autres automobilistes. Les éléments négatifs de l'automobile – les embouteillages, les accidents, la pollution, le bruit – sont naturellement exclus du discours publicitaire, ce qui renforce encore les dimensions positives. Selon les individus interrogés, la voiture, fréquemment associé aux termes « modèle social » et « mode de vie », marque notre structure sociale. Elle engendre des rapports sociaux plus individualistes, elle restructure l'espace urbain ce qui, en éloignant les centres commerciaux des centres-ville, a modifié le rapport des femmes à la voiture.

L'accession large des ménages au véhicule personnel fait que la valeur symbolique de la voiture ne réside plus dans sa possession (Boltanski, 1975) mais dans le type de véhicule possédé. Selon les interviewés, c'est désormais la distinction entre petite et grosse voiture qui permet à l'automobile de rester une valeur hiérarchisante[6]. La banalisation de l'automobile a réduit son rôle de valorisation sociale, au profit d'un rapport plus objectif, rationnel, utilitaire et naturalisé. Les individus interrogés notent ainsi que la voiture incarne un modèle social dominant, qui marginalise les « sans voiture » et rend les rapports entre sexes plus difficiles : « Dans le temps, on pouvait raccompagner une fille chez elle, maintenant c'est fini. Chacun part de son côté en voiture » (citation d'un entretien, Khlifi, 1999, p. 313).

La voiture reste en effet associée au masculin plus qu'au féminin dans l'esprit des personnes interrogées, surtout chez les femmes. Le sentiment de puissance prodigué par la voiture serait lié à une volonté d'affirmer sa virilité et la publicité, notamment pour les voitures haut-de-gamme, nourrit cette représentation. L'automobile est tout de même pour certains individus associée à la féminité, mais dans son aspect sexuel et esthétique, et l'association « belle fille, belle voiture » apparaît souvent dans les discours, surtout chez les hommes. Cette association femme/voiture est beaucoup utilisée dans la publicité, la voiture servant d'instrument de séduction ou étant au contraire « féminisée » pour être désirable. Pour autant les choses évoluent et la femme devient elle aussi un acteur de la décision d'achat de la voiture, ce qui a entraîné dans les années 1990 la mise en visibilité d'une femme dominante dans les publicités automobiles.

Si l'étude de Khlifi (1999) permet de mieux cerner la représentation de l'automobile et son insertion dans une représentation plus large de la conduite et des rapports sociaux, elle ne dit rien de ce que les individus perçoivent comme étant une bonne voiture. Une étude plus récente (Tafani, Haguel & Ménager, 2007) a visé à cerner cette représentation et a permis de voir en quoi elle influence les décisions d'achat des individus et leur rapport à différentes marques automobiles. L'analyse thématique de la tâche d'évocation hiérarchisée[7] produite par 100 individus fait ressortir le poids important de la marque, puis de la fiabilité, du confort et de la sécurité dans la définition de la bonne voiture. Ces caractéristiques marquent le rôle de la confiance, de la qualité et du plaisir de conduire. Si les critères économiques jouent pour une faible part dans cette représentation, les critères écologiques sont tout à fait absents. Les caractéristiques obtenues dans cette première phase ont été soumises à 180 individus qui devaient juger de leur importance dans la décision d'achat et évaluer également des marques automobiles à l'aide de ces critères. L'ACP fait ressortir 5 facteurs dans la décision d'achat : la qualité (équipement, confort, esthétisme), l'hédonisme (marque, standing, puissance), la confiance (solidité, sécurité, fiabilité), la nouveauté (originalité, innovation), le critère économique (prix, qualité-prix). La confiance, l'économie et la qualité sont les critères les plus importants dans la décision d'achat. La représentation sociale de la bonne voiture serait ainsi un « idéal », modulé, au moment de la décision d'achat, par des considérations plus pragmatiques, en rapport notamment avec la sécurité. D'autre part, l'importance de ces caractéristiques dépend des individus : les femmes, les quarantenaires, les couples et les parents attribuent plus d'importance à la confiance tandis que les hommes, les jeunes, les célibataires et les nullipares attribuent plus d'importance à l'hédonisme. Une analyse plus détaillée de cette opposition indique qu'elle relève principalement d'un antagonisme entre la « Sécurité » et la « Puissance ». Les PCS+ et les hommes attribuent plus d'importance à la qualité, tandis que les PCS- et les femmes sont plus sensibles au critère économique. L'image des marques, régie par les mêmes principes que les décisions d'achat, est liée elle aussi aux variables sociodémographiques. Les effets des insertions sociales sur l'image des marques sont toutefois totalement médiatisés par l'effet des insertions sociales sur l'importance attribuée aux différents principes organisateurs de la représentation sociale d'une « bonne voiture ». Ainsi, si l'image des marques varie en fonction du sexe, de l'âge ou de la CSP, c'est parce que les individus ne sont pas sensibles aux mêmes dimensions de la bonne voiture dans

6. Demoli montrant d'ailleurs que les hommes et les cadres sont surreprésentés parmi les propriétaires de grosses voitures, les femmes et les ouvriers étant surreprésentés parmi les conducteurs de petites voitures.

7. Voir chapitre 5.

leur décision d'achat, chaque groupe élaborant des représentations conformes à la position qu'il occupe dans l'ensemble social et aux contraintes qui en découlent (Tafani et al., 2007).

Cet état des lieux de la recherche sur les représentations sociales en sécurité routière montre une diversité de travaux, éloignés dans le temps et l'espace, sur des objets de représentations sociales relevant de la problématique de la sécurité routière. Pour autant, ils ne permettent pas, à moins d'en faire une synthèse extérieure *a posteriori*, de saisir le contenu global de la représentation de la situation de conduite et notamment de voir comment les différents contenus représentationnels qui la composent sont réellement articulés par les individus.

4. Des approches de la représentation globale de la situation : décalages spatiaux et temporels

Très peu d'études appréhendent finalement la représentation globale de la situation de déplacement, hormis deux études largement différenciées dans le temps et l'espace : la première dans les années 1970 en France, la deuxième dans les années 2000 au Brésil. Hormis leur dommageable faible diffusion (un rapport de recherche et une communication lors d'un colloque), ces deux études partagent un certain nombre de constats sur le contenu des représentations sociales de soi et d'autrui en tant que conducteur.

4.1 *France, 1973-1978*

La première étude française sur les représentations sociales en sécurité routière est initiée en 1973 par la section « Psychosociologie et information des usagers » de l'ONSER (Organisme national de sécurité routière), dans le contexte du premier choc pétrolier et du changement de réglementation des vitesses[8]. Elle vise à cerner les représentations sociales à l'œuvre concernant l'action de sécurité routière et l'accident de la route, dont il est fait l'hypothèse qu'elles s'opposent et se différencient selon les rôles sociaux tenus au sein du système global de circulation. Le cadre théorique utilisé ici est celui de la Théorie des représentations sociales de Moscovici (1961) et l'étude vise à cerner les trois dimensions de la représentation : la dimension cognitive (quantité et organisation des connaissances), le champ de la représentation (contenu structuré, organisé et hiérarchisé des propositions relatives à l'objet) et l'attitude (orientation générale vis-à-vis de l'objet) (voir Moscovici, 1984c).

Les actions de sécurité routière y sont objectivées au travers de la limitation généralisée de la vitesse, objet polysémique central des discours et débats sur la sécurité et l'insécurité routière – mais aussi de l'usage même de l'automobile et de sa restriction – à même de mettre au jour l'ancrage social de l'objet. Afin de saisir le rôle des pratiques sociales sur le contenu de la représentation, différents groupes d'usagers du système routier sont interrogés : usagers professionnels ou non, mais aussi gestionnaires du système routier (gendarmes et ingénieurs routiers) ou encore constructeurs et publicitaires. Utilisant la méthode qualitative des entretiens, individuels ou de groupe, ainsi que l'analyse du discours dans les publicités, cette enquête a permis de différencier 4 dimensions principales : la représentation de la vitesse, la représentation des causes de l'accident, la représentation de l'insécurité routière et la représentation de l'automobile (Barjonet, 1983, 1988). Les auteurs notent, contrairement à leurs hypothèses, une certaine homogénéité dans les champs représentationnels des cinq groupes étudiés : « Idéologie de

8. Au 1er novembre 1974, limitation à 90 km/h sur les routes, 110 km/h sur les voies expresses et 130 km/h sur les autoroutes.

l'efficacité, idéologie du facteur humain, naturalisation de l'automobile et de son usage, apparaissent comme autant de points d'ancrage auxquels les groupes sociaux se réfèrent en produisant et reproduisant ce qui semble être la logique sociale du discours dominant » (Barjonet, Cauzard, Hamelin, Lassare & L'Hoste, 1978, p. 5).

4.1.1 Représentation de la limitation de vitesse

Ainsi, la représentation de la limitation de vitesse, même si elle semble opposer en surface les différents groupes sociaux interrogés en fonction de leur position sociale à l'égard de cette mesure, tourne autour de la notion centrale de contrainte et des rapports de pouvoir dans cette période historique où la vitesse devient réglementée, après des décennies d'autorégulation[9]. Les discours des usagers se cristallisent autour de l'opposition usage/restriction d'usage de l'automobile, traduisant le sentiment de contrainte et le rapport de pouvoir entre l'usager – se percevant comme la « chose gérée » – et l'État. Les discours des gestionnaires (gendarmes et ingénieurs de la route) font également ressortir cette opposition entre un pouvoir central décideur et les institutions qui le servent, les exécutants. Ces contraintes mises en place par l'appareil d'État génèrent ainsi frustrations et insatisfactions, à la fois chez les usagers et chez les gestionnaires, les constructeurs se sentant menacés dans leur objectif de surgénéralisation de l'usage de l'automobile. À ce principe de contrainte, partagé par les divers groupes sociaux interrogés, s'oppose un principe de plaisir, prenant son origine dans la griserie de la vitesse et le prestige social lié à son usage. La finalité perçue de la mesure oscille entre la lutte contre les accidents ou les économies d'énergie et la question de son efficacité en termes de lutte contre l'insécurité routière n'est pas tranchée, les usagers n'ayant pas encore de preuves concrètes et décisives ni de son utilité ni de son inutilité à faire baisser les chiffres de l'accidentologie.

Le mode de verbalisation des infractions est toutefois vivement critiqué : le radar, en 1974, est généralement rejeté par les usagers et « identifié à une traîtrise ». La machine et son jugement inexorable sont refusés car sans appel « [puis]qu'on ne peut pas y échapper : on ne discute pas avec une machine ». Dissimulé, camouflé, « ce piège fonctionne trop souvent là où l'automobiliste est le plus enclin à se laisser aller, c'est-à-dire là où les conditions de trafic et de voirie l'incitent à consommer de la vitesse » (L'Hoste, Barjonet, Cauzard & Hamelin, 1977, p. 41).

4.1.2 Représentation de l'accident : le stéréotype du facteur humain

Un autre type de consensus se retrouve dans les discours de chacun des groupes interrogés autour du rôle de la fatalité et de la faute humaine dans la production des accidents. *A contrario*, les causes dépendant de l'infrastructure sont largement sous-évaluées et les fautes liées au véhicule systématiquement occultées. En condamnant uniquement les utilisateurs, cette idéologie du facteur humain légitime ainsi le système de la circulation routière, en excluant des responsabilités les producteurs et gestionnaires du système, mais aussi l'objet déterminant du transport : l'automobile elle-même. Ce faisant, elle exclut la remise en cause de la légitimité d'un tel mode de transport. L'accident, perçu le plus souvent comme une fatalité, a la forme prototypique d'une collision entre deux véhicules, dont l'autre conducteur est la cause. Ces fauteurs, « damnés de la route », forment une sorte de taxinomie : « les fous, les femmes, les jeunes, les vieux, les alcooliques, les distraits » (L'Hoste et al., 1977, p. 53). Le bon conducteur est, lui, beaucoup mieux défini : « Hardi mais prudent, il a de bons réflexes et il est conscient de ses possibilités, c'est un homme réfléchi mais il n'hésite pas : il sait ce qu'il doit faire et comment il doit le faire, principalement parce qu'il a capitalisé de l'expérience » (*ibid.*). Les usagers dénoncent les modalités de formation, dont les mauvais conducteurs sont une expression. Les compétences nécessaires au « bien conduire » ne sont pas le fruit d'un apprentissage, impossible : les conducteurs incompétents sont le fruit de l'institution, les autres ont un don particulier et personnel.

---

9. L'instauration, en 1921, du Code de la route abroge les limitations de vitesse alors en place : 30 km/h en rase campagne et 20 km/h en agglomération. La limitation de vitesse en ville est laissée à l'appréciation des municipalités et ne sera fixée à 60 km/h qu'en 1962, les autres limitations de vitesse n'étant mises en place qu'en 1974.

4.1.3 Représentation du risque et de l'insécurité

Dans le même temps que la représentation du risque est faible, la représentation de l'insécurité est forte. La mort est absente des discours des usagers, le nombre de morts sur la route reste une abstraction[10] et, n'étant ni une sanction ni un enjeu, les risques de mort sont largement sous-estimés, cette occultation permettant de résoudre la « contradiction entre la nécessité de la conduite et le risque mortel de son usage » (L'Hoste et al., 1977, p. 269). Pour autant, le sentiment d'insécurité est fort : anxiété sur les longs parcours, crainte pour les proches. Puisque le risque c'est les autres, c'est dans les situations vides d'automobiles que les individus se sentent le moins en insécurité.

Ces différentes dimensions permettent aux auteurs de différencier les représentations de la sécurité routière de deux groupes d'usagers, en fonction de leurs attitudes à l'égard de la limitation de vitesse. Les usagers favorables à la limitation de vitesse perçoivent l'automobile comme un objet utilitaire, attribuent les accidents de la route à la densité de trafic et aux problèmes d'apprentissage de la conduite, assignent à autrui une problématique similaire à la leur, se représentent la circulation routière comme un lieu collectif contraint nécessitant des échanges, avouent leur sentiment d'insécurité et attribuent à la vitesse une finalité mortifère. À l'opposé, les usagers défavorables à la limitation dénoncent l'atteinte aux libertés et la menace d'arbitraire, assignent à l'automobile une valeur symbolique et hédoniste, attribuent les causes de l'accident à la fatalité et aux fautes des autres, les mauvais conducteurs, perçoivent la circulation comme un système générant des conflits pouvant être réglés sous le mode de la domination, rejettent tout sentiment d'insécurité et attribuent une valeur positive à l'usage de la vitesse.

4.2 *Brésil, 2002*

La deuxième étude globale des représentations sociales liées à la tâche de conduite est celle présentée en 2002 par Campos et Lagares (2002). La représentation de la conduite et du trafic est ici appréhendée comme un système représentationnel, pour lequel trois représentations liées à la tâche de conduite sont explorées sur une population de jeunes conducteurs : la représentation de soi et des autres en tant que conducteur, la représentation de la conduite et du contexte de trafic.

4.2.1 Représentation de soi et d'autrui en tant que conducteur

Dans une première phase, les individus étaient invités à donner au moins 4 caractéristiques de ce qu'ils considéraient être un « bon » conducteur *versus* un « mauvais » conducteur, à partir de la consigne suivante : « Imaginez que vous montez en voiture avec quelqu'un pour la première fois. Vous êtes assis sur le siège passager et vous observez la façon dont cette personne conduit. Quel comportement ou quelle conduite vous indique que cette personne est un mauvais/bon conducteur ? » Les résultats font ressortir une structure bipolaire où bons et mauvais conducteurs sont en opposition, notamment autour de : attention/inattention, calme/nervosité, vitesse adéquate/élevée, port/non-port de la ceinture, confiance/insécurité, responsabilité/imprudence, respect/non-respect des lois. Ces différents éléments considérés comme prototypiques du bon et du mauvais conducteur ont été proposés sous forme de différenciateur sémantique à un nouvel échantillon de sujets, en leur demandant de qualifier leur propre conduite et celle de « la majorité des conducteurs ». Les résultats indiquent que les conducteurs se considèrent comme « bons » conducteurs et considèrent généralement les autres conducteurs comme mauvais, les différences les plus grandes entre les deux évaluations concernant l'attention, la responsabilité et le respect des règles.

10. 14 000 à 17 000 morts par an sur les routes entre 1970 et 1975.

4.2.2 Représentation de la conduite et du trafic

Dans une deuxième phase, la méthode des associations verbales est utilisée à propos du terme « conduire ». Le traitement des rangs d'évocation et d'importance ainsi que l'analyse de similitudes montrent que la représentation sociale de la conduite est organisée autour de deux éléments centraux : la responsabilité et l'attention, les notions de trafic, plaisir, calme, danger et contrôle formant la première périphérie. Les auteurs font l'hypothèse qu'il s'agit d'une représentation « adéquate » aux règles et attentes implicites et explicites posées par le Code de la route, le terme inducteur ayant activé la représentation socialement désirable d'un comportement de conduite idéal.

La troisième phase utilise cette fois la méthode d'évocation à propos du terme « trafic ». L'analyse de similitudes montre que les éléments centraux de la représentation différencient deux blocs, l'un autour de la notion de « tumulte », relié aux autres conducteurs (autrui, danger, violence, irrespect), l'autre autour de la notion de « contrôle », relié à l'organisation du système de circulation, la responsabilité de l'État, le manque de contrôle sur les comportements et l'infrastructure.

Ainsi, les conducteurs brésiliens ont plutôt une représentation positive de la conduite et d'eux-mêmes en tant que conducteur, mais une représentation négative des autres conducteurs et du système de circulation routière. Selon les auteurs, l'organisation de ces représentations reflète un système cognitif dans lequel la représentation négative du trafic permet de justifier un comportement moins conforme à la règle (ne pas être toujours un bon conducteur), parce que les autres – mauvais – conducteurs ainsi que la désorganisation du système obligent à mal (se) conduire (Campos & Lagares, 2002).

4.3 *Différences dans l'espace et le temps*

Un conducteur proche de l'idéal, des autrui qui conduisent mal, un système pas à la hauteur et des autorités remises en question : finalement, beaucoup d'éléments sont communs entre les représentations sociales des conducteurs, quelles que soient l'époque et la culture.

Brenac (2004) pointe que l'évolution des représentations relatives à l'automobile et à son usage est une évolution lente, liée à des évolutions sociales profondes. La question se pose alors de savoir si des changements de pratiques, induits par des changements de réglementations du système de circulation routière peuvent changer ces représentations. S'appuyant sur les travaux d'Abric (1994b) sur l'approche structurale des représentations, Brenac (2004) prédit que l'action sociale, surtout si elle se limite à la communication, ne saurait avoir d'effet immédiat sur les représentations. Il fait l'hypothèse que le changement ne touchera que les éléments périphériques de la représentation si le changement est perçu comme transitoire. Pour autant, la mise en place de la réglementation des vitesses dans les années 1970 en France peut être considérée comme un changement permanent 40 ans plus tard, changement renforcé plus récemment par des innovations techniques dans les moyens de contrôle. Des études récentes en France permettent de saisir les changements représentationnels dans la représentation de la vitesse, de sa limitation et des moyens de la contrôler.

Ainsi, les limitations de vitesse imposées dans les années 1970 semblent avoir engendré de profonds changements dans les pratiques sociales sur lesquelles sont ancrées les représentations. Entre l'étude de Barjonet et al. (1978) et celle de Pianelli et al. (2010), deux grands événements liés aux contrôles des vitesses ont été mis en place : la réglementation générale des vitesses en 1974, puis la mise en place du contrôle sanction automatisé en 2003[11]. Ces 30 années de politique de sécurité routière semblent avoir modifié la représentation sociale de la vitesse, la dimension de contrainte ayant été remplacée par la dimension de sécurité hormis pour un petit

11. Les données de l'étude de Pianelli, Abric et Saad (2006) ont été recueillies de mai à juillet 2003 : les conducteurs ont donc pu être sensibilisés aux discours concernant le contrôle sanction automatisé, mais n'ont pas encore été confrontés au système lui-même.

groupe de conducteurs. En effet, si le groupe majoritaire, identifié comme « prudent », est composé à 57 % de femmes, les « défieurs » ayant une représentation plus positive de la vitesse sont plutôt des hommes jeunes (Abric & Pianelli, 2006).

5. Conclusion

Pour conclure, les recherches sur les représentations sociales dans le champ de la sécurité routière sont peu nombreuses et très peu diffusées. La recherche bibliographique nécessaire à l'écriture de ce chapitre a nécessité de plonger dans les archives de la littérature grise de l'INRETS. De plus, l'analyse structurale des représentations sociales a été réellement peu mise à profit dans ce champ applicatif et la plupart des études ont une perspective davantage sociologique que psychosociale.

Ce constat, étonnant, demande à être questionné. Face à la même interrogation devant l'absence d'utilisation de la théorie des représentations sociales dans le domaine du rapport au risque, Joffe (2003) faisait l'hypothèse que les modèles causaux étant dominants en psychologie, la théorie de la représentation sociale, cherchant à construire des modèles complexes de l'interprétation du réel par le sens commun peut sembler insuffisante pour prédire des comportements. Les représentations sociales ne se penchent pas sur le fait qu'une réponse ou un comportement est correct(e), adapté(e) ou non à la situation ou aux normes prescrites, mais cherchent à comprendre comment et pourquoi une représentation sociale émerge et le sens commun qui se crée à partir d'elle.

Pour autant, les représentations sociales répondent, au sujet de la sécurité routière, à des enjeux sociaux et reflètent un ensemble de conflits entre la mobilité et la sécurité, entre la sécurité et les enjeux économiques de l'industrie de l'automobile, entre la jouissance et la mort (Barjonet, 1988). Elles sont un indice de la façon dont une société gère ces enjeux et ces conflits et dont les acteurs les vivent et se les approprient ou les contestent. Elles aident ainsi à comprendre comment les comportements se génèrent.

La sécurité routière est également un bon terrain pour comprendre la structure et l'évolution des représentations sociales. Objet quotidien, rendu quasiment incontournable dans nos sociétés modernes, l'automobile est un vaste champ d'étude pour les représentations, comme ce chapitre a tenté de le montrer. L'espace routier, soumis à la fois à des règles légales et à des règles sociales, celles-ci étant souvent divergentes des premières, est un des rares espaces sociaux où peuvent être étudiés de façon synchronique le rapport au risque et le rapport aux règles, le poids des rôles sociaux, notamment sexués, l'évolution des représentations avec l'âge sur un même objet et en relation avec des pratiques réelles – de l'enfant qui commence à se déplacer à pied jusqu'au vieillard contraint de redevenir piéton –, les rapports de force et de domination entre modes de déplacement, etc.

La sécurité routière est un vaste champ en friche pour l'étude des représentations sociales, notamment dans son approche structurale. La recherche fondamentale, comme la recherche appliquée ont beaucoup à y gagner.

Focus 13

Les représentations sociales de l'homme et de la femme au volant

Béatrice DEGRAEVE[1]

Sommaire

1. Université de Nîmes, France.

« Femme au volant, mort au tournant ! », « C'est un véritable fou du volant ! », « Rien d'autre qu'un conducteur du dimanche ! », « Ça, c'est encore un Marseillais sur la route ! » Autant d'expressions sur la conduite automobile qui reflètent différentes constructions sociales, constituées d'expériences sociales et ancrées dans le sens commun. À ce titre, l'approche des représentations sociales est particulièrement pertinente pour en saisir le contenu et les implications. Récemment, Degraeve, Granié, Pravossoudovitch et Lo Monaco (2015) ont mobilisé cette approche dans le cadre d'une étude des représentations sociales associées à l'homme et à la femme au volant, en prenant en considération certaines insertions sociales telles que le sexe, le niveau socio-économique et l'âge.

Une étude préliminaire avait permis de recueillir les associations verbales produites à propos de l'homme (N = 203) et de la femme au volant (N = 211). Une analyse thématique avait été réalisée en vue de dégager les principales thématiques abordées pour chaque cible. Huit cent trente-trois participants ont ensuite été interrogés par l'intermédiaire d'un questionnaire abordant les thématiques dégagées de ces associations selon la cible, à propos desquelles il leur était demandé d'évaluer dans quelle mesure celles-ci correspondaient à l'idée qu'ils se faisaient soit d'un homme (N = 422), soit d'une femme au volant (N = 411). Pour pouvoir distinguer leur statut central ou périphérique, ces thématiques étaient soumises à nouveau aux participants selon la cible qui leur était assignée. Cette fois, il leur était demandé d'évaluer dans quelle mesure celles-ci correspondaient toujours, dans tous les cas, à un homme ou à une femme au volant (Test d'indépendance au contexte[2] ; Lo Monaco Lheureux & Halimi-Falkowicz, 2008). Ces participants étaient répartis en fonction du sexe, du niveau socio-économique et de l'âge (12-15 ans, 16-18 ans, 19-29 ans, 30-49 ans, 50 ans et plus). L'objectif était d'analyser le contenu et la structure des représentations sociales associées aux hommes et aux femmes au volant et de préciser leurs différentes modalités d'ancrage social[3] (i.e., en examinant comment l'importance attribuée à ces contenus et comment la structure de ces représentations sociales peut varier en fonction des insertions sociales des individus).

1. Une asymétrie dans la perception des compétences en matière de conduite automobile

Les résultats ont montré que ces représentations sociales sont toutes les deux organisées autour de trois dimensions. Les femmes sont considérées comme incompétentes, prudentes et manquant de maîtrise d'elles-mêmes, tandis que les hommes sont considérés comme imprudents, compétents et maîtres d'eux-mêmes. Dans cette perspective, une étude menée par Granié et Papafava en 2011 montre que les adolescents et les préadolescents différencient déjà l'expertise et les compétences en matière de conduite automobile selon le sexe de la cible : les femmes sont perçues comme ayant des compétences reliées à la sécurité mais pas à la conduite, tandis que les hommes sont perçus comme ayant des compétences en matière de conduite, tout en négligeant la sécurité. Ces résultats mettent en évidence la croyance selon laquelle les capacités qui sous-tendent l'activité de conduite seraient naturellement présentes chez les hommes, ce qui leur permettrait de prendre des risques. À l'inverse, les femmes se montreraient plus prudentes et conformes aux règles routières pour pallier leurs inaptitudes naturelles pour la conduite. Dans ce cadre, l'imprudence et la prudence seraient considérées comme une manifestation de leurs niveaux respectifs de compétence et d'incompétence au volant.

2. Voir chapitre 5.

3. Voir chapitre 6.

2. Des représentations sociales qui mettent en lumière la hiérarchie sociale entre les groupes

Plus d'hommes que de femmes considèrent l'homme au volant comme étant maître de lui et la femme au volant comme manquant de maîtrise d'elle-même. Inversement, plus de femmes que d'hommes perçoivent l'homme au volant comme imprudent et la femme au volant comme prudente. Si ces résultats semblent illustrer un biais de favoritisme pro-endogoupe (Tajfel, Billig, Bundy & Flament, 1971), il semble toutefois que les femmes aient davantage tendance à promouvoir leur groupe de sexe que les hommes. Dans cette perspective, certaines recherches montrent que la position dominante du groupe masculin amène les membres du groupe féminin, socialement dominé, à survaloriser leur propre groupe (Granié & Papafava, 2011 ; Rudman & Goodwin, 2004). En dépit de ce phénomène, les résultats indiquent que, si la compétence des hommes reflète un consensus entre les participants masculins et féminins, l'incompétence des femmes pour la conduite est plus prononcée chez les participants masculins. En effet, les hommes semblent croire (au moins plus que les femmes) que les femmes ne sont pas très compétentes pour la conduite, alors que les deux groupes semblent convenir que les hommes ont de bonnes aptitudes en matière de conduite. Il semble donc que la représentation sociale formulée par les membres du groupe dominant à l'égard des membres du groupe dominé leur permet de légitimer leur position de domination. Berger (1986) avait montré en ce sens que la voiture était perçue, au début du XXe siècle, comme un vecteur d'émancipation qui était alors contraire aux attentes liées aux rôles des femmes. Cette menace du changement dans les rôles sociaux aurait provoqué l'émergence d'un stéréotype négatif envers la conduite de la femme, dans le but de minimiser l'impact de l'automobile comme moyen de libération et de changement social. Diverses croyances populaires envers leur conduite seraient apparues, selon lesquelles elles seraient, de par leur constitution physique et émotionnelle délicate, inaptes à gérer les situations stressantes demandant de rapides prises de décision, ce qui ferait d'elles de mauvaises conductrices. Selon Fiske (1993), le jugement stéréotypé est un moyen d'exercer un contrôle sur les autres, ce qui renforce le pouvoir d'un individu ou d'un groupe. En d'autres termes, représentation stéréotypée et pouvoir se renforcent mutuellement puisque le stéréotype opère au service du contrôle, en permettant de maintenir et de justifier le statu quo.

3. Des représentations sociales impactées par l'âge et le niveau socio-économique des individus

Les différences semblent être maximisées entre les groupes d'âge plus jeunes. Les préadolescents des deux sexes se représentent par exemple la femme au volant comme plus prudente que les participants plus âgés. Plus généralement, l'âge semble avoir moins d'effet sur la représentation sociale de l'homme au volant que sur la représentation sociale de la femme au volant. En effet, la représentation sociale associée aux conducteurs semble être stable et partagée entre les groupes d'âge (e.g., les éléments concernant la confiance et la vitesse associés aux conducteurs masculins sont repérés comme centraux dans tous les groupes d'âge, de 12 à 50 et plus), tandis que la représentation sociale associée aux conductrices apparaît plus hétérogène et instable. Cette stabilité chez l'homme suggère qu'il sert de référence normative en matière de conduite automobile. Le niveau socio-économique a également un impact sur la représentation sociale de la femme au volant. Les participants de niveau socio-économique élevé (e.g., cadres, professions libérales, professions intellectuelles supérieures) considèrent par exemple la femme au volant comme plus incompétente, moins prudente et moins maître d'elle-même que les participants de niveau socio-économique moins élevé (e.g., employés, ouvriers, professions intermédiaires). Dans le même temps, les réponses des femmes ont tendance à se rapprocher de celles fournies par le groupe des hommes quand elles ont un niveau socio-économique élevé.

4. Conclusion

Ces résultats attestent de l'intérêt de l'approche des représentations sociales pour mettre à l'épreuve les effets de ces constructions sociales sur les comportements de conduite et la prise de risque au volant. En effet, les croyances différenciées sur les compétences en matière de conduite automobile pourraient avoir des implications directes sur les comportements des hommes et des femmes sur la route. La surimplication masculine dans les accidents de la circulation et les comportements à risque au volant paraissent également dus à l'existence de certaines attentes sociales. Parallèlement, et sans que cela n'implique nécessairement une adhésion, ces attentes peuvent suffire à entraîner une chute des performances de conduite chez la femme, par la confirmation comportementale d'un stéréotype négatif (Yeung & von Hippel, 2008). Dans cette perspective, la théorie des représentations sociales est pertinente pour se saisir de ces objets et de ces interrogations se situant au cœur d'enjeux de santé publique.

CHAPITRE 14

Le travail représenté : diversité, dynamisme et spécificité de sa réalité

Lilian NEGURA[1] & Claude LAVOIE[2]

Sommaire

1. Université d'Ottawa, Canada.

2. Université d'Ottawa, Canada.

La signification de l'activité humaine que nous considérons aujourd'hui comme travail a beaucoup évolué dans l'histoire de la culture occidentale. Dans l'Antiquité grecque, de toutes les occupations, seule la politique, c'est-à-dire les activités liées à la polis, était valorisée, alors que le travail était perçu comme un asservissement à la nécessité (Migeotte, 2003). Au Moyen Âge, Thomas d'Aquin considérait le travail comme un devoir pour ceux qui n'avaient pas d'autres modalités de subsistance. Avec l'avènement de la modernité, le travail, longtemps méprisé et réservé aux serfs, est passé dans les sociétés occidentales d'une manière spectaculaire « de la situation la plus méprisée à la place d'honneur en devenant la mieux considérée des activités humaines » (Arendt, 1959).

Grand intégrateur social (Barel, 1990) et principal facilitateur du lien social (Mercure & Spurk, 2003), le travail est désormais au centre des processus de socialisation et de construction identitaire (Dubar, 1988 ; Sainsaulieu, 1988). Dans ces conditions, certains sociologues parlent des sociétés contemporaines comme des sociétés fondées sur le travail (Habermas, 1985). Les réalités sociales sont cependant en continuelle évolution. Dans le contexte de la fin des grands récits (Liotard, 1979) et de la fragmentation sociale, de la fluidité des normes sociales et de la flexibilité des statuts et des pratiques, de la valorisation de l'authenticité et de l'individualisme (Lypovetsky, 1983 ; Taylor, 1992 ; Boltanski & Chiapello, 1999), le travail est à nouveau repensé dans l'esprit collectif. La théorie des représentations sociales permet de rendre compte à la fois de la diversité et de la dynamique de ces significations accordées au travail dans notre société.

1. La représentation sociale du travail : considérations théoriques et empiriques

1.1 *Les caractéristiques de la représentation sociale et le travail*

Le concept de représentation sociale désigne une réalité multiple et dynamique qui est difficile à saisir (Moscovici, 1961). De plus, le concept a connu une évolution continue durant les décennies qui ont suivi son introduction. Les représentations sociales possèdent cependant des caractéristiques sur lesquelles s'accorde la communauté scientifique, malgré leur caractère polysémique. Nous soulèverons quelques-unes de ces caractéristiques pour analyser les manifestations de la représentation sociale du travail dans nos sociétés.

1. La représentation sociale a un contenu et une structure. Comme « forme de pensée sociale » (Jodelet, 1989a), un savoir de sens commun, la représentation sociale est constituée d'un contenu formé d'éléments de cognitions sociales très diversifiées : opinions, attitudes, stéréotypes (Moscovici, 1961) ; valeurs, notions et pratiques (Moscovici, 1984a) ; prises de position et principes organisateurs (Doise, 1990) ; éléments du système sociocognitif (Abric, 1994b) ; images (Moliner, 1996) ; etc. Selon Abric (1994b), ce contenu représentationnel est structuré autour d'un noyau central[3], qui a le rôle non seulement d'organiser les autres éléments, mais également de leur donner une signification. Même si le contenu de la représentation sociale du travail peut être relativement similaire au sein des groupes et des sociétés, le noyau central est l'instance qui définit sa particularité.
2. La représentation sociale ne peut être produite et partagée que par un groupe social. D'abord parce que la représentation sociale a une fonction identitaire (Abric, 2003b), ensuite parce qu'un groupe social a généralement une expérience très similaire à l'égard de l'objet de représentation. La représentation sociale du travail change ainsi en fonction des degrés d'insertion sociale et professionnelle des individus.

3. Voir chapitre 4.

3. La représentation sociale est toujours la représentation d'un objet (Jodelet, 1989b). L'objet de représentation est un enjeu réel de maîtrise dans la vie du groupe social. Selon Moscovici (1969, p. 9), « il n'y a pas de coupure entre l'univers extérieur et l'univers intérieur de l'individu (ou du groupe). Le sujet et l'objet ne sont pas foncièrement distincts. » Le travail, le métier, l'emploi, la profession ou le chômage sont autant d'objets proches qui ont pourtant des représentations bien distinctes, même si interdépendantes.
4. Les représentations sociales ne sont pas dictées par les institutions. Élaborées dans le processus de communication libre, les représentations sociales ne sont pas régulées par des instances institutionnelles. De ce point de vue, il est utile de faire la distinction entre la représentation sociale du travail, les représentations professionnelles et les connaissances professionnelles.

Examinons maintenant de plus près ces caractéristiques de la représentation sociale du travail.

1.2 *Le contenu et la structure de la représentation sociale du travail*

Le contenu de la représentation sociale du travail, comme celui de toute représentation sociale, est constitué d'éléments sociocognitifs réunis dans un ensemble cohérent qui, par son caractère signifiant, permet d'accorder une signification au travail. Pour cette raison, on appelle les représentations sociales des « théories » de sens commun (Moscovici, 1961). Le contenu est donc organisé et structuré et cette articulation permet d'expliquer la réalité sociale de l'objet.

Des données hétérogènes de plusieurs études ont révélé un contenu assez similaire de la représentation sociale du travail avec une structure dynamique qui change en fonction du groupe social et du contexte sociohistorique. De cette manière, une des premières études sur la représentation sociale du travail (Grize, Vergès & Silem, 1987) montre que celle-ci est organisée autour de deux pôles : d'un côté l'argent et l'économie familiale (salaire, gagner sa vie, argent), de l'autre, le plaisir et les aspects humains du travail (connaissances, ambiance, fait partie de la vie), les éléments contraignants du travail étant en même temps plus saillants que ses aspects humains.

Tableau 14.1.

Hypothèses de centralité des éléments de la représentation sociale du travail selon la fréquence et le rang moyen d'apparition des mots évoqués (méthode d'évocation des mots) (extrait de Grize, Vergès & Silem, 1987)

Fréquence	Rang moyen des termes[4]	
	Fort	**Faible**
Les plus fréquents	salaire gagner sa vie argent occupation	contact contrainte
Les moins fréquents	obligation nécessaire	plaisir connaissances ambiance fait partie de la vie horaire fatigue

4. Il s'agit ici du rang d'apparition des mots dans une épreuve d'association (voir chapitre 5).

Flament (1996) a analysé, quelques années plus tard, les données de plusieurs enquêtes obtenues à l'aide de questionnaires à réponses autodistribuées et à réponses libres auprès de populations variées : étudiants, cadres, professionnels, travailleurs manuels et apprentis. Ces enquêtes ont confirmé d'une manière systématique les deux éléments qui prétendaient au rôle de noyau central dans l'étude précédente : le plaisir et la rémunération, malgré la diversité relative des expressions utilisées.

Tableau 14.2.

Composantes des éléments « plaisir » et « rémunération » selon différentes enquêtes (extrait de Flament, 1996)

Enquêtes	Plaisir	Rémunération
I et II	Procure satisfaction, passion, motivation	Argent, salaire, permet de gagner sa vie
III	Plaisir	Argent
IV	Enrichissement personnel	Permet de gagner sa vie
V à VIII XI et XII	Le métier exercé doit plaire	Permet de gagner sa vie
IX et X	Procure de la satisfaction	Permet de gagner sa vie, permet de gagner de l'argent
XIII	Exercer un métier qu'on aime	Permet de gagner de l'argent
XIV et XV	Exercer un métier qu'on aime	Permet de gagner beaucoup d'argent

Flament (1996) observe que l'argent apparaît plus important dans les réponses autodistribuées du questionnaire, alors que le plaisir apparaît surtout dans les réponses libres. « Tout se passe comme si la liberté de réponse permettait de rêver, alors que la concurrence pour la première place, en réponses autodistribuées, obligerait à faire un choix difficile, conduisant à mettre en avant l'élément traditionnel : rémunération – dont le statut particulier devra être cerné par une autre technique » (Flament, 1996, p. 66). Cette différence au sein de la représentation s'expliquerait par le fait que, malgré leur centralité, la nature de deux éléments est différente. La rémunération est en général considérée comme absolument nécessaire par les répondants, tandis que le plaisir, même si souhaitable, n'est pas exclusif.

D'autres études ont permis de saisir un contenu de la représentation sociale du travail relativement similaire, et ce, malgré la diversité des contextes sociaux et des populations étudiées. Des représentations sociales du travail organisées autour d'éléments centraux comme le plaisir, l'argent et la vie (Negura, 2007), l'insertion sociale, l'argent et l'autonomie (Méthivier, 2010) ou gagner de l'argent, être respecté, la réalisation de soi (Mamontoff, 1997) ont été documentées. D'autres éléments comme la communication, l'effort, la nécessité, la carrière, l'emploi, etc., complètent ce tableau dans la périphérie (Mamontoff, 1997 ; Méthivier, 2010 ; Milland, 2002 ; Negura, 2007). Malgré un corpus d'éléments qui se retrouvent dans la plupart des études, des différences significatives peuvent être observées dans la structure de cette représentation en fonction des groupes sociaux qui les produisent, des objets de représentation ou encore de la nature spécifique des dynamiques représentationnelles dans l'espace professionnel.

1.3 *La représentation sociale du travail et les groupes sociaux*

Ainsi, il est faux d'affirmer que la représentation sociale du travail a toujours la même configuration organisée autour des deux éléments : le plaisir et l'argent. En réalité, la structure et même le contenu de la représentation sociale du travail se modifient en fonction de l'appartenance des individus à un groupe social. Par exemple, l'étude de Clémence (1998), qui met en relief l'association du travail à la nécessité socio-économique (argent, rémunération), à l'épanouissement personnel et à la création de liens sociaux (plaisir), observe une différence notable entre les représentations des travailleurs manuels et des travailleurs intellectuels. Si pour les travailleurs manuels le travail est une contrainte vitale, pour les travailleurs intellectuels, c'est une modalité de réalisation de soi. D'ailleurs, la prévalence des salariés manuels dans les années 1980 pourrait expliquer l'image prototypique du travail manuel documentée par l'étude de Salmaso et Pombeni (1986). Selon cette recherche effectuée en Italie au début des années 1980, l'exemple par excellence pour illustrer le travail était celui du travail en usine, spécialement le travail du mineur ou celui du maçon. Des exemples moins représentatifs avaient trait, en revanche, au travail intellectuel ou artistique. En même temps, les activités liées à l'exécution de tâches correspondaient mieux à la conception du travail que les activités libérales ou de gestion.

Il existe plusieurs explications à ces différences. Premièrement, comme nous l'avons vu précédemment, avec sa fonction identitaire (Abric, 1994b ; Mamontoff, 2008), une représentation sociale est toujours la représentation d'un groupe social. La référence à la même représentation sociale du travail permet aux individus de revendiquer leur appartenance au même groupe social.

Deuxièmement, un groupe social ne partage pas seulement une identité commune, il partage également une expérience commune. Étant donné que les pratiques sociales sont en étroite relation avec le contenu des représentations sociales (Flament, 1994), ces représentations peuvent changer en fonction des pratiques professionnelles des personnes. De ce point de vue, il est évident que les travailleurs manuels partagent une représentation sociale du travail différente de celle des travailleurs intellectuels (Salmaso & Pombeni, 1986).

L'étude de Labbé (2013) sur la représentation sociale du métier idéal chez des personnes appartenant à différents groupes : élèves, étudiants, demandeurs d'emploi, parents, enseignants, conseillers à l'emploi, professeurs d'université et dirigeants, est un autre exemple du rôle des groupes dans la production représentationnelle. Même si nous retrouvons des éléments communs dans la représentation sociale du travail, comme la qualité des liens sociaux ou la rémunération, des différences significatives ont été observées entre ces groupes. Notamment chez les dirigeants qui, en effet, se démarquaient le plus des autres groupes.

Une autre étude (Mamontoff, 2008) démontre d'une manière indéniable le lien entre la représentation sociale du travail et l'identité du groupe. Cette étude effectuée auprès de populations gitanes a fait ressortir que leur représentation sociale du travail demeure ancrée dans des valeurs traditionnelles comme la famille, la liberté et la solidarité, et ce, malgré les pratiques salariales dominantes dans la société en général. Elle autorise des pratiques professionnelles à l'espace ouvert seulement, près des siens, et appliquées uniquement pour assurer la survie économique du groupe ou de la famille. Les gitans refusent donc d'adopter la représentation dominante du travail comme moyen d'enrichissement personnel ou d'affirmation de soi. L'auteure observe cependant que les femmes appartenant à ce groupe ethnique ont adopté des éléments périphériques de la représentation sociale du travail spécifiques pour le travail salarial (par exemple, que « pour apprendre un métier, il faut être formé par l'école »), lesquels s'expliquent par la mise en place, chez elles, d'une nouvelle pratique destinée à la survie du groupe : les démarches administratives pour l'obtention de l'aide sociale qui leur permet de communiquer davantage avec l'extérieur du groupe.

1.4 L'univers du travail et du non-travail et ses objets de représentation

Comme toute représentation est celle d'un groupe social, elle est aussi celle d'un objet spécifique. Le travail n'est pas le seul objet de représentation dans l'univers plus général du monde du travail. Labbé (2013) a étudié l'interconnexion entre quatre objets proches : le travail, l'emploi, le métier et la profession. Malgré quelques composantes communes, chaque objet de représentation activait des significations spécifiques qui permettaient de faire valoir des dimensions discursives bien précises. De cette manière, l'objet « travail » renvoyait à une dimension revendicative par les éléments ayant une connotation négative, comme le *désagrément* et le *rapport au temps*. L'objet « emploi » permettait d'affirmer une dimension instrumentale et conjoncturelle par les éléments *recrutement* et *politique*. Enfin, si l'objet « métier » renforçait la dimension identitaire personnelle du travail par l'élément *compétence*, la « profession », de son côté, mobilisait la composante sociale de la dimension identitaire par l'élément *statut*.

Des études ont démontré le caractère complexe des relations entre les objets de représentation (Pianelli, Abric & Saad, 2010). L'analyse des éléments qui renvoient à ces objets de représentation proches du travail a permis de mieux comprendre le type de relation qu'entretiennent ces objets. Selon Marquez et Friemel (2005), les représentations sociales du travail et de l'emploi sont dans une relation d'emboîtement, étant donné que le travail est un élément central de la représentation de l'emploi. Pour Labbé et Gachassin (2012), le travail est un objet de représentation « surplombant », dans le sens que ses éléments constituent des points d'ancrage aux éléments des objets « emploi », « métier » et « profession ». Selon cette dernière recherche, les contenus représentationnels de l'emploi, du métier et de la profession seraient intégrés dans le travail. La profession formerait en même temps une composante de la représentation du métier. Les relations entre ces représentations sociales sont donc complexes et dynamiques.

La représentation sociale du travail a aussi été largement étudiée en rapport avec le non-travail, dont la manifestation la plus remarquable est le chômage (Milland, 2002 ; Méthivier, 2012). Comme le chômage et le travail constituent deux objets distincts, même opposés, il est naturel que la structure de leurs contenus respectifs soit aussi différente (Flament, 1994), les deux représentations étant organisées autour de noyaux centraux bien spécifiques. L'étude de Milland (2002) constate cependant l'existence de quelques thèmes transversaux qui l'amènent à discuter de leur rôle d'étayage dans ces deux univers représentationnels : le travail et le chômage. Selon Jodelet (1979), cité par Milland (2002), l'étayage du discours se fait par l'identification d'un langage thématique général. Sous cet effet d'étayage, le thème de l'argent prendrait la forme de la « rémunération » dans la représentation sociale du travail et des « problèmes financiers » dans la représentation sociale du chômage.

Milland (2002) a recensé un total de quinze étais saillants à la fois dans les discours sur le travail et dans le discours sur le chômage : moral, insertion sociale, argent, contacts/relations, investissement personnel, formation, stress, bien-être, temps/rythme, avenir/projets, autonomie, estime personnelle, activités annexes, confiance et dynamisme. De ces quinze étais, quatre (insertion, investissement, activités et confiance) organisent les deux représentations, alors que des étais spécifiques contribuent à leur distinction en tant que représentations autonomes (e.g., le dynamisme structure le champ représentationnel du travail et le moral, celui du chômage).

L'existence des étais, de ces thèmes qui structurent plusieurs représentations sociales, soulève quelques questions. Quelles sont les caractéristiques de ces thèmes transversaux ? Dans quelles conditions peuvent-ils structurer le contenu appartenant à différentes représentations sociales ? Quels rapports ces représentations développent-elles ? Quels sont les rapports entre les étais et les thêmata[5] (Moscovici & Vignaux, 1994), des réalités qui renvoient aussi à des thèmes culturels transversaux organisant les représentations sociales ? Ces questions, auxquelles il faut encore répondre, démontrent sans doute le caractère heuristique de ce concept produit dans le contexte des recherches menées sur la représentation sociale du travail.

5. Voir focus 9.

1.5 Les représentations sociales du travail et les représentations professionnelles[6]

Certains objets de représentation du monde du travail peuvent renvoyer à des réalités professionnelles concrètes. L'ouvrage princeps de Moscovici (1961) a été consacré, par exemple, à la représentation sociale de la psychanalyse, discipline émergente des années d'après-guerre en France et qui à cette époque gagnait en notoriété. À l'origine, les connaissances sur la psychanalyse étaient communiquées par des psychanalystes ou d'autres experts en ce domaine. C'est à la suite d'un double processus d'objectivation et d'ancrage que ces connaissances, diffusées et adoptées par la population, se sont transformées en représentation sociale de la psychanalyse. Cette différence entre les connaissances scientifiques ou professionnelles et les représentations sociales réside donc essentiellement dans le contrôle qu'ont les institutions sur les premières. Les connaissances professionnelles sont produites en respectant des règles précises par les membres reconnus formellement comme faisant partie de la profession. Ces connaissances sont transmises aux nouveaux membres par les institutions autorisées par la communauté professionnelle à former la relève (écoles professionnelles et autres).

En revanche, la représentation sociale d'une profession n'est pas produite nécessairement par ses représentants. Elle est communiquée et partagée par toute personne qui a besoin de comprendre l'univers de cette profession afin de pouvoir en maîtriser la réalité. La communication est libre dans ce cas de toute intervention formelle des institutions.

Pourtant, la communication peut aussi être assez spontanée entre les membres de la profession. Les connaissances peuvent être produites par l'expérience individuelle des professionnels, donc non dictées par les institutions. L'identité professionnelle se construit non seulement par les diplômes ou d'autres signes distinctifs de l'appartenance à la profession, mais surtout par l'intériorisation des manières de penser et d'agir propre au groupe professionnel.

Pour Bataille (1997, 2000), la représentation professionnelle est une catégorie spécifique des représentations sociales. Les objets des représentations professionnelles sont saillants pour les acteurs du champ professionnel et possèdent, comme dans le cas de toutes les représentations sociales, une nature composite et polymorphe. Les représentations professionnelles ne sont ni savoir scientifique ni savoir de sens commun, et c'est seulement à travers les actions professionnelles, formatives et pratiques, et en interaction avec d'autres professionnels, qu'elles peuvent s'élaborer (Bataille, Blin, Jacquet-Mias & Piaser, 1997, p. 63). Le professionnel détient donc un savoir et une compétence technique qui lui confèrent une identité de métier qu'atteste son diplôme. La question du sens accordé par les professionnels à leurs pratiques est donc cruciale (Bataille et al., 1997).

Fraysse (1998) ajoute un élément distinctif au concept de représentation professionnelle, celui de représentation socioprofessionnelle. Ce concept précède l'action professionnelle et se situe au sein du processus d'interactions sociales qui s'établit au cours de la formation professionnelle. Il exprime l'intégration et la reconstruction des éléments professionnels connus par l'individu avant sa formation. La représentation socioprofessionnelle s'élaborera à partir de deux types de savoir : d'une part, le savoir scolaire, et d'autre part, le savoir-faire qui englobe les activités et les compétences nécessaires à l'exercice du métier (Fraysse, 1998).

Nous avons vu que la représentation sociale du travail a un fond de contenu commun, mais qui est structuré d'une manière très variée. La diversité de la représentation sociale du travail se manifeste donc par la variation dans la structure représentationnelle, notamment dans le noyau central. Cette variation s'explique par le sentiment d'appartenance des personnes à différents groupes sociaux et par les pratiques sociales communes à l'intérieur de ces groupes. Les objets proches du travail, comme l'emploi, le métier ou la profession, façonnent, quant à eux, les interactions complexes entre les représentations sociales distinctes du monde du travail. Une catégorie spécifique des représentations sociales, les représentations professionnelles, renvoie

6. Voir focus 14b.

à l'acquisition et l'utilisation de connaissances particulières pour les membres d'un collectif professionnel qui permettent de décrire et de maîtriser les réalités professionnelles. De plus, elles servent à forger une identité professionnelle, à orienter les actions et les communications dans le champ professionnel ainsi qu'à justifier les pratiques (Bataille et al., 1997).

Après cette rétrospective de la spécificité de la représentation sociale du travail par rapport à d'autres manifestations représentationnelles et à ses variations synchroniques, nous considérons opportun de nous pencher, dans la deuxième section du chapitre, sur les conditions de son évolution dans la diachronie.

2. L'évolution de la représentation sociale du travail

2.1 *La représentation sociale du travail et le contexte socio-économique*

Selon Flament (1994), la transformation de la représentation sociale est directement liée au changement des *circonstances externes*, soit les événements qui modifient le contexte dans lequel s'élabore la représentation sociale. La nécessité pour les êtres humains de s'adapter rapidement et efficacement fera que ceux-ci adopteront des comportements qui sont en phase avec ces événements. Les *pratiques sociales*, qui constituent l'interface entre les circonstances externes et les éléments périphériques de la représentation sociale, sont les premières à se transformer suite au contact avec le nouveau contexte. Avec le temps, à condition que la perception de l'irréversibilité des changements soit présente (Flament, 1994), les pressions des nouveaux éléments périphériques exercées sur le noyau central iront parfois jusqu'à transformer radicalement la représentation[7].

Au cours des années 1990, le monde du travail a connu plusieurs changements de circonstances externes qui ont exercé une action modificatrice sur les représentations sociales du travail. Après une longue période de l'affirmation du salariat sous l'effet de l'organisation fordiste du travail et de la production de masse, les entreprises ont adopté de nouveaux modes de gestion plus flexibles, transformant de manière radicale les pratiques sociales dans les entreprises. Deux grands phénomènes ont contribué à cette transformation majeure : la mondialisation des marchés et l'avènement des nouvelles technologies de communication et d'information (Negura, 2006). Sous la pression de ce nouveau contexte, le travail est devenu flexible, autonome, souvent abstrait et effectué en équipe (Mercure, 2013). Ces nouvelles pratiques sociales ont permis la transfiguration de la représentation sociale du travail. Le débat à propos de la fin du travail qui a émergé à cette époque au sein de la société (Gorz, 1988 ; Méda, 1995 ; Rifkin, 1996 ; Schnapper, 1997) peut être compris comme un signe de cette transformation.

Pour Clémence (1998), la diminution du travail manuel dans nos sociétés explique la disparition de l'ancienne représentation du travail telle que décrite, par exemple, par Salmaso et Pombeni (1986). À cette époque, les activités d'exécution étaient jugées plus typiques du travail que les activités libérales. On observe aussi une évolution vers une représentation plus idéaliste du travail (Flament, 1996). Dans les études menées au cours des années 1980, la représentation sociale du travail était en revanche organisée surtout par des éléments matérialistes, comme l'argent ou les conditions de travail. Par exemple, dans la recherche de Bérud, Clémence et Meyer (1985), le travail comme moyen de gagner sa vie prévaut sur les aspects humains du travail. Le caractère contraignant du travail est aussi évoqué à la même époque dans l'étude de Grize et al. (1987).

Dans une recherche menée en Europe de l'Est, Negura (2007) a documenté le rôle d'un autre contexte socio-économique et même historique dans l'évolution de la représentation sociale

7. Voir chapitre 4.

du travail. Dans cette région de l'Europe, la transformation des pratiques sociales au sein des entreprises a été marquée par la transition vers une économie capitaliste. L'idéal du travail désintéressé au profit de la société, exploité par le discours idéologique du parti communiste, devient alors obsolète et est supplanté par les nouvelles circonstances capitalistes qui valorisent l'individualisme et l'appât du gain. L'étude a documenté ce passage d'une représentation valorisant le travail gratuit au service de la société vers une représentation centrée sur l'argent et l'enrichissement rapide. Ainsi, la dynamique observée en Moldavie est en quelque sorte l'inverse de celle observée en Occident où les aspects humains prenaient de l'ampleur sur les aspects économiques au sein de la représentation sociale du travail.

La nature des changements représentationnels décrits dans cette étude est en grande partie liée à la logique interne d'évolution des sociétés postcommunistes. La chute du communisme a confronté les individus à une toute nouvelle réalité sociale. Pour certains, la perception d'une double chute, la perte d'un système de référence habituel et les difficultés d'adaptation à ces nouvelles circonstances ont donné lieu à un véritable bouleversement représentationnel. La représentation du travail salarié, fondée sur une vision idéaliste du travail en tant qu'objet d'épanouissement personnel et collectif, orientée vers le futur, héritée de la période communiste, a été remplacée par une représentation plus matérialiste et fixée dans le présent.

2.2 *La représentation sociale du travail et l'effet générationnel*

La dynamique représentationnelle du travail a pu être observée aussi à l'aide de ce que l'on peut appeler l'effet générationnel. Selon l'hypothèse de Flament (1994), les éléments centraux des représentations sociales seraient résistants dans le temps, malgré le changement de contexte et même de pratiques, tant que se maintient la perception de réversibilité. Ainsi, le noyau central de la représentation sociale du travail des personnes appartenant à une génération résisterait aux changements même si la réalité sociale et économique se modifie. Le changement représentationnel provoqué par l'évolution du contexte socio-économique peut donc être observé grâce aux différences entre les générations.

Flament (1996) a comparé les données obtenues sur la représentation sociale du travail et du chômage des jeunes et des personnes âgées. Les données obtenues par analyse factorielle (ACP) ont mis en relief une représentation sociale du travail des jeunes centrée sur les contraintes, alors que chez les personnes âgées, le travail était une activité centrale, utile et valorisée dans la société. Cette différence entre les jeunes et les personnes âgées s'expliquerait par une dévalorisation du travail aux yeux des jeunes.

Tableau 14.4.

Pondération des éléments de la représentation sociale du travail en fonction des variables « qualification » et « âge des sujets » (extrait de Flament, 1996)

Statuts	Éléments[8]
Qualifié	Accomplissement personnel (.91)[9] Nécessité d'adaptation (.85)
Non qualifié	Pour financer ses loisirs (-.53) Instabilité de l'emploi (-.62) Confiance en soi (-.63) Un besoin (-.81) Le travail doit plaire (-.90)

8. Nous avons extrait seulement les éléments de la représentation du travail qui nous intéressent ici.
9. Les chiffres entre parenthèses indiquent la saturation des variables

Statuts	Éléments[8]
Personnes âgées	Utile socialement (.74) Valorisé socialement (.65) Intégré dans la société (.57)
Jeunes	Pour financer ses loisirs (-.52) Des contraintes (-.58)

Dans cette deuxième section de notre chapitre, nous avons observé l'effet des changements socio-économiques et historiques sur la transformation de la représentation sociale du travail. En Occident, au passage de la période de stabilité économique qu'ont été les Trente Glorieuses, la représentation du travail a intégré des caractéristiques liées à son « humanisation » en tant que facteur d'épanouissement individuel (Flament, 1994). La représentation du travail manuel, fatigant, contraignant et caractérisé par ses aspects économique et matériel, a connu une transformation vers une représentation du travail plus intellectuel, léger, plaisant et générateur de liens sociaux (Negura, 2006). En Europe de l'Est, les transformations postcommunistes ont orienté l'évolution de la représentation sociale du travail dans la direction opposée, devenant plus matérialiste, centrée sur l'obtention d'avantages immédiats par un effort considéré comme pénible (Negura, 2007). L'effet générationnel peut aussi expliquer les modalités qui modifient la représentation sociale du travail dans la société. Si, pour les personnes âgées de l'étude de Flament (1996), le travail est encore important, pour les jeunes, il s'agit d'une activité contraignante. Dans ces conditions, les discours sur la fin du travail peuvent traduire l'effet d'un hiatus, d'abord entre les générations, et ensuite entre la nouvelle réalité du travail et sa représentation sociale héritée de l'époque des Trente Glorieuses.

3. Les concepts concurrents et leurs spécificités par rapport à la représentation sociale du travail

La représentation sociale du travail n'est pas le seul concept utilisé en sciences humaines pour rendre compte de la dimension sociocognitive du monde du travail. Les chercheurs font appel à des notions comme la culture d'entreprise, l'éthos du travail, l'éthique du travail, les valeurs du travail ou le sens du travail pour décrire les idées que des groupes d'individus partagent à l'égard du travail. Dans cette section de notre chapitre, nous présenterons ces concepts en mettant en relief leur interaction avec la réalité des représentations sociales.

3.1 *Culture d'entreprise*

Moscovici présentait les représentations sociales comme des mythes de la société moderne et leur étude comme une anthropologie des temps modernes (Moscovici, 1993) avant même de faire un lien entre la culture et les représentations sociales (Jahoda, 1988). Pourtant, selon Jodelet (2002), le concept de représentation sociale permettrait de dépasser certaines limites des modèles théoriques actuels de la culture. C'est le cas, par exemple, de l'étude de Sauvezon (2001) qui propose d'intégrer dans l'analyse de la culture d'entreprise la théorie du noyau central des représentations sociales afin de mieux documenter sa transformation.

La culture d'entreprise, qui est un concept largement utilisé dans les sciences de la gestion, y est vue comme « un ensemble des valeurs partagées, rites, mythes, symboles et histoire de l'organisation » (Thévenet, 1993, p. 3). Il s'agit d'un « ensemble de prémisses et de croyances partagées » par un groupe qui sont obtenues par la résolution de « ses problèmes d'adaptation externe et d'intégration interne » et une « manière appropriée de percevoir, de penser et de ressentir par rapport à ces problèmes » (Schein, 2010, p. 22). Il est donc possible de faire un parallèle entre la culture d'entreprise et les représentations sociales, ce qui a motivé certains auteurs (Sauvezon, 2001 ; Barbery, Louche & Moliner, 2006) à se pencher sur la question. Selon eux, l'avantage du concept de représentation sociale est qu'il permet de mieux comprendre les multiples insertions sociales des individus et leur rôle dans les productions représentationnelles à la fois homogène et hétérogène. Le concept permet en outre de prendre en compte les dynamiques identitaires et le caractère organisé et partagé des connaissances (Sauvezon, 2001).

Par ailleurs, la théorie des représentations sociales permet de bien faire ressortir les subtilités de structure et de contenu dans les transformations culturelles survenues suite à des transformations organisationnelles. Par exemple, dans l'étude de Barbery et al. (2006), la fusion de deux entreprises provoque une confrontation des cultures organisationnelles. Les chercheurs ont observé dans les différents groupes d'employés une modification du noyau central de leurs représentations relatives à l'entreprise et au travail. À la suite de la fusion des organisations, de nouvelles représentations se constituent essentiellement d'éléments anciens relatifs au positionnement économique de l'entreprise et de la nécessité d'un plus grand investissement personnel de la part des employés (Barbery et al., 2006).

3.2 *Éthos du travail*

Le concept d'éthos utilisé en sociologie fait aussi référence aux caractéristiques culturelles du travail. Cependant, dans le cas de l'éthos du travail, on ne se réfère pas précisément aux membres d'une entreprise, comme c'est le cas du concept de culture d'entreprise, mais à une communauté au sens large.

Pour Weber (1971), l'éthos est un ensemble de « valeurs, attitudes et croyances à partir desquelles un individu, dans un contexte sociohistorique particulier, définit, façonne ou tente de façonner sa manière de vivre selon ce qu'il juge bon et désirable pour lui » (Weber, 1971, p. 4). La référence au contexte sociohistorique désigne la spécificité de ce concept à l'égard des représentations sociales. Pour Elias (1974), autre grand sociologue, la notion d'éthos se situe à la jonction du social et du psychologique et met l'accent sur l'appartenance au groupe : « Nous avons affaire à un système social de normes et de valeurs aux exigences duquel l'individu ne peut se soustraire que s'il renonce au contact de ses semblables, à son appartenance au groupe en tant que tel » (Elias, 1974, p. 18). À cet égard, sa conception de l'éthos renvoie à la dimension identitaire du groupe aussi présente dans la définition des représentations sociales. Pour Bourdieu (1980), les pratiques sociales sont en interrelation avec l'éthos qu'il désigne comme « un ensemble objectivement systématique de dispositions à dimension éthique, de principes pratiques » (Bourdieu, 1980, p. 134), comme c'est le cas pour les représentations sociales. La proximité du concept d'éthos avec les représentations sociales est encore plus explicite chez d'Épinay (1998), qui définit ce terme comme « un système de croyances, de valeurs, de normes et de modèles qui constitue le cadre de référence du comportement individuel et de l'action sociale au sein d'une collectivité définie. Ce système est un produit sociohistorique » (Epinay, 1998, p. 68).

Mercure et Vultur (2010), dans leur étude de l'éthos du travail de la population québécoise, nous révèlent trois tendances générales. La première est que le travail représente toujours une valeur importante chez les adultes et qu'il n'y a pas de désaffection des travailleurs à l'endroit du travail et des objectifs des entreprises qui les emploient. La deuxième est que le travail, malgré l'importance qu'il représente dans la vie des gens, n'occupe pas une place pivot. Les gens cherchent un équilibre entre vie professionnelle et vie privée et en font un idéal de vie. La troisième tendance concerne les significations du travail, que les chercheurs ont regroupées sous deux finalités : économique et expérientielle. Les significations du travail regroupées sous la catégorie « économique » présentent le travail comme un moyen, un instrument permettant d'arriver à ses fins à l'extérieur de la zone professionnelle. La catégorie « expérientielle » regroupe des finalités centrées sur l'expérience « de ce qui est fait et vécu au travail ». Ce qui importe ici, c'est que le travail permette le développement personnel, la reconnaissance, l'établissement de lien entre les travailleurs, et que cette activité soit « signifiante et utile » (Mercure & Vultur, 2010, p. 250). Comme nous pouvons le constater, ces résultats concordent avec les études sur les représentations sociales du travail qui mettent en relief un noyau central avec des éléments comme l'argent ou l'aspect économique et le plaisir ou l'aspect expérientiel (Grize et al., 1987 ; Flament, 1994 ; Negura, 2007 ; Méthivier, 2010, etc.).

Possédant la même étymologie que le terme éthos, l'éthique s'en distingue considérablement. Pour Mercure et Vultur (2010), l'éthique du travail « comporte des principes normatifs appuyés sur un ensemble de valeurs transcendantes à portée universelle » (Mercure & Vultur, 2010, p. 5). Un exemple classique est celui de l'éthique protestante du travail, qui, selon Weber (2003), a eu un effet majeur sur le développement du capitalisme et l'industrialisation en Occident. Dans ce cadre normatif, le travail, celui du paysan comme celui de l'entrepreneur, doit être accompli comme une vocation (*Beruf*). De plus, en fidèle protestant, l'entrepreneur calviniste devait, pour la gloire de Dieu, accumuler des richesses et faire fructifier son capital. Ainsi, l'éthique du travail se présente comme un système des normes sociales relatives au travail, lesquelles ont souvent leur origine dans des préceptes religieux. On parlera alors de l'éthique protestante, catholique ou islamique du travail (Feillard, 2004). C'est donc le caractère fortement normatif de l'éthique du travail qui fait sa spécificité par rapport aux représentations sociales.

3.3 *Valeurs du travail*

Schwartz (1999) définit les valeurs comme étant une manière de concevoir ce qui est souhaitable, une manière d'être, une manière de faire et une manière de se comporter. Dans cette perspective, les valeurs pourraient être considérées comme des objectifs de vie à atteindre, des principes qui dirigent notre vie et que l'on ordonne selon un continuum d'importance. Ces objectifs transcendent les situations particulières et permettent aux acteurs sociaux de sélectionner les actions, d'évaluer les personnes et les événements. Les valeurs revêtent aussi un caractère de durabilité et de pérennité qui se répercute sur l'ensemble des activités à venir des individus (Roe & Ester, 1999).

Pour bien comprendre comment les valeurs influencent les significations accordées au travail par les membres des différentes sociétés, il faut considérer non pas les dimensions individuelles, mais la dimension plus large qui a trait à la culture. Ainsi, les valeurs liées au travail découlent des valeurs générales même si elles sont de nature spécifique (Roe & Ester, 1999). De cette manière, selon la théorie de Schwartz, le travail est susceptible d'être vécu par les individus comme un élément central de leur vie lorsque les valeurs de *domination* et de *hiérarchie* sont plus importantes au sein de la société. En revanche, dans les sociétés où les valeurs d'*autonomie affective*, d'*égalitarisme*, d'*harmonie* et de *conservatisme* sont plus prépondérantes, le travail serait perçu comme n'étant plus central dans la vie de ces individus (Schwartz, 1999).

D'autres chercheurs se sont intéressés à la dynamique du système des valeurs. Selon Inglehart (1997), les générations ayant vécu la Grande Dépression et la Seconde Guerre mondiale partagent des valeurs matérialistes, car, à ce moment de l'histoire, leurs priorités étaient la sécurité économique et physique. Au contraire, les jeunes générations d'après-guerre, économiquement plus à l'aise, partagent des valeurs post-matérialistes, telles que l'expression de soi, l'épanouissement personnel, la qualité de vie et le sens de la communauté.

Les valeurs peuvent ainsi être considérées comme des réalités qui façonnent les représentations sociales. Elles peuvent en même temps constituer des composantes spécifiques du contenu représentationnel. Les études sur les représentations sociales du travail ont d'ailleurs documenté des évolutions des représentations sociales du travail en accord avec les tendances de transformation des valeurs. Dans une étude présentée précédemment, Flament (1996) a observé une différence générationnelle dans la représentation sociale du travail qui correspond aux observations d'Inglehart (1999). Negura (2007) a cependant remarqué une tendance inverse en Europe de l'Est : l'affirmation dans les nouveaux contextes de travail des sociétés postcommunistes des valeurs *postidéalistes*. Les éléments centraux de la représentation sociale du travail renvoyaient à des valeurs matérialistes en contraste avec le caractère idéaliste de l'ancienne représentation communiste du travail.

3.4 *Le sens du travail*

Seul un regard superficiel peut attribuer au sens du travail la même acceptation que celle accordée à la représentation sociale du travail. Les deux concepts sont en réalité très différents. De cette manière, le travail peut être représenté, mais ne pas avoir de sens pour certains individus. C'est le cas du travailleur qui doit faire face à la complexité de tâches professionnelles qui lui paraissent cependant inutiles, ou encore de celle ou celui qui est confronté à des injustices et à des décisions arbitraires de la part de ses employeurs. Il est possible, dans ces conditions, que l'individu s'interroge sur le sens de son travail et sur l'orientation de sa vie professionnelle. En réfléchissant à ces aspects du travail, on prend conscience que celui-ci est beaucoup plus qu'une activité rémunératrice et que, pour l'individu, le travail doit avoir un sens (Clot & Litim, 2006).

Si le sens du travail renvoie à la cohérence entre le travail et l'épanouissement des travailleurs en tant que personnes, il est aussi lié « au sentiment d'accomplissement d'une mission, d'une œuvre utile pour les autres, bref de quelque chose dont on peut être fier, qui nous confère aux yeux d'autrui et à nos yeux une identité positive » (Loriol, 2011, p. 44). Une activité qui a du sens participe donc à la construction identitaire tout en étant également valorisée au plan social.

De cette manière, le sens du travail ne peut pas être assimilé à la représentation sociale du travail. Le sens du travail est d'abord une réalité individuelle qui varie d'un individu à un autre. Il répond à un besoin d'accomplissement de soi par le travail, de construction identitaire individuelle plutôt qu'à un besoin de s'informer pour l'action et pour la prise de position à l'égard du travail. Ce concept renvoie ensuite essentiellement à une dimension affective forte, existentielle, qui permet l'investissement dans le travail, et non pas à une dimension cognitive d'élaboration collective des connaissances sur l'objet travail. Si le sens du travail cadre avec l'intensité du travail, la représentation sociale du travail concerne davantage ses manifestations. Finalement, le sens du travail n'est pas une élaboration structurée des connaissances qui autorise et oriente les pratiques sociales dans le contexte de travail, mais plutôt un argument d'ordre éthique, donc loin d'être pratique, pour s'engager subjectivement dans le travail.

4. Conclusion

Le travail est un objet de représentation privilégié dans nos sociétés contemporaines. Il est l'objet de discussions philosophiques et de revendications politiques, de recherches scientifiques et de discussions dans des cafés, de débats télévisés et de négociations syndicales. Il est source de sentiments d'accomplissement de soi et de grandes déceptions, de nécessité de subsistance et de désir d'affirmation, d'avancement dans les statuts sociaux et d'exclusion sociale, de santé et de maladie. Dans nos sociétés, le travail est au centre des champs d'intérêt et des préoccupations des chômeurs et des travailleurs, des salariés et des entrepreneurs, des experts et des profanes, des élites et des gens ordinaires. « Le monde moderne est très certainement celui où l'homme s'est le plus pensé en pensant son travail » (Mercure & Spurk, 2003, p. 1). Les représentations sociales du travail sont donc le témoin le plus fidèle du type de société dans laquelle nous vivons. Le travail est une réalité dynamique en perpétuelle évolution, et l'étude des représentations sociales permet d'en saisir et d'en expliquer la nature avec beaucoup de précision. En présentant dans ce chapitre la dynamique des représentations sociales du travail dans nos sociétés, nous avons voulu vous exposer l'immense potentiel de cette théorie pour la compréhension du monde du travail.

Focus 14a

Représentations sociales et expérience de travail : le cas des personnes en transition professionnelle vers le secteur de l'Économie Sociale et Solidaire

Valérie COHEN-SCALI[1], Cécile DE CALAN[2]
& Naïma ADASSEN-BOUHADJAR[3]

Sommaire

1. Conservatoire National des Arts et Métiers, Paris, France.
2. Trans-FaiRH, Paris, France.
3. Conservatoire National des Arts et Métiers, Paris, France.

Les représentations sociales jouent un rôle majeur dans l'orientation professionnelle et dans la construction de carrière des jeunes et des adultes. En effet, le monde du travail comporte des objets sociaux variés pour lesquels les informations disponibles sont souvent parcellaires : le travail, les activités, les professionnels par exemple. Lorsqu'un nouveau champ professionnel apparaît dans la société, les acteurs se saisissent des bribes d'informations auxquelles ils peuvent avoir accès pour élaborer des représentations sociales qui seront alors mobilisées pour réfléchir de manière éventuellement renouvelée à leur parcours professionnel. Il s'agit ici de rendre compte de l'émergence des représentations sociales de l'Économie sociale et solidaire (ESS) chez 30 personnes en transition professionnelle qui souhaitent travailler dans ce secteur. Le rôle de l'expérience de travail sur les représentations sociales est également étudié. L'objectif de ce chapitre est donc d'identifier le rôle des représentations sociales dans les situations de transition professionnelle.

1. L'Économie sociale et solidaire (ESS) : un secteur professionnel en émergence

Depuis 2008, le champ de l'ESS a été défini comme regroupant les associations (78,2 %), les coopératives (13,2 %), les mutuelles (5,6 %), les fondations (3,1 %) et depuis la loi du 31 juillet 2014, les entreprises à finalité sociale. Ces organisations se définissent comme des regroupements de personnes et non de capitaux, portant sur un projet collectif. Elles sont censées mettre en œuvre des projets innovants qui concilient intérêt collectif et activités économiques répondant aux besoins de populations. Ces organisations déclarent baser leur fonctionnement sur certains principes : la personne et la mission priment sur le capital, la gestion est collective et démocratique, les profits sont limités, la solidarité guide les actions. À quelles conditions ce nouveau secteur professionnel, comme objet social, peut-il induire des représentations sociales ?

2. Émergence et transformation des représentations sociales en milieu de travail

Pour donner naissance à une représentation sociale, un objet social doit avoir un caractère incertain pour les personnes composant le groupe dans lequel il apparaît. Face à cette incertitude, le groupe va rechercher des informations dans son environnement, notamment en communiquant à son propos. Cette communication va donner un statut à cet objet social qui va alors prendre de l'importance pour le groupe (Moliner, Rateau & Cohen-Scali, 2002). C'est le cas d'un nouveau champ professionnel pour des personnes qui cherchent à changer d'emploi ou qui sont demandeurs d'emploi. Cet objet social va susciter des interrogations et des recherches d'informations. Quand les savoirs relatifs à cet objet se stabilisent, c'est qu'un consensus apparaît à son propos. Toutefois, les représentations sociales peuvent se transformer, par exemple sous l'effet de certaines expériences ou pratiques sociales[4] (Abric, 1994a ; Guimelli, 1989, 1994).

Les expériences de travail dans un secteur professionnel pourraient fournir de nouveaux cadres d'interprétation des représentations sociales du travail et permettre ainsi aux individus de reconsidérer leur avenir (Cohen-Scali, 2010). Notre hypothèse consiste donc à penser que les individus en transition professionnelle développent des représentations sociales relativement idéalisées du secteur dans lequel ils envisagent de s'orienter (ici l'ESS) et que ces représentations sociales peuvent être éloignées de la réalité découverte ultérieurement lors d'expériences professionnelles.

4. Voir chapitre 4.

3. Les dimensions des représentations sociales de l'Économie sociale et solidaire

Trente personnes cherchant à travailler dans l'ESS ont été interrogées par entretiens semi-directifs. Le guide d'entretien comportait une relance « Comment voyez-vous le secteur de l'ESS ? C'est quoi pour vous l'ESS ? ». Cette relance devait permettre de mettre au jour leurs représentations sociales de ce champ professionnel.

Le premier constat issu de l'analyse de contenu thématique des entretiens est que les éléments les plus fréquemment cités comme les plus caractéristiques de l'ESS relèvent de ses finalités, souvent décrites de façon très générale et imprécise : « *Pour moi, économie sociale et solidaire, ça veut dire dans des structures, entreprises, associatives ou autres, dont l'objet est plus, enfin a une connotation sociale et solidaire forte par rapport à un objet purement financier, ce qui est donc très large.* »

Les personnes interrogées insistent sur la nécessaire coexistence d'objectifs à la fois sociaux et économiques, où toutefois le social doit primer. Plusieurs personnes évoquent une mission de protection des personnes fragiles ou économiquement démunies. Parmi les caractéristiques plus périphériques, une partie des personnes a évoqué l'absence de profit économique, le développement durable, la solidarité, le partage, le respect, l'égalité, le lien social, ou encore la démocratie associée à la règle « une personne, une voix ».

Certaines activités leur paraissent plus emblématiques de l'ESS : le commerce équitable, l'insertion, l'aide, le social, le microcrédit et la finance solidaire. Une majorité des répondants cite les associations comme structures prototypiques du secteur et secondairement, coopératives, fondations, ONG, banques coopératives ou mutualistes.

Une partie des personnes perçoivent l'ESS comme moins efficace et professionnelle que le « secteur marchand ». Plusieurs d'entre elles affirment que l'ESS n'est pas un environnement de travail idyllique. Les points de vue s'opposent parfois : certains évoquent des pratiques de management respectueuses alors que d'autres parlent d'exploitation de salariés et de bénévoles par les dirigeants

Ainsi, l'essentiel de la représentation sociale de l'ESS semble se dessiner autour des finalités des activités dans ce secteur. Les représentations diffèrent toutefois concernant les aspects liés au fonctionnement interne, à la gouvernance et aux relations de travail où les interviewés projettent peut-être davantage de leurs espérances ou de leurs craintes, par ressemblance ou différence avec leurs expériences professionnelles passées. Une ambivalence apparaît entre la perception d'un idéal de ce qu'ils aimeraient y trouver et une inquiétude ou une résignation à l'idée de retrouver les mêmes travers que dans les autres milieux professionnels.

4. L'analyse de deux situations avant et après la réorientation professionnelle

Pour approfondir l'analyse des transformations des représentations de l'ESS et identifier les effets des expériences de travail, les cas de deux personnes de cet échantillon sont présentés brièvement. Elles ont été interviewées à deux reprises, en 2010 alors qu'elles envisageaient de se reconvertir dans le secteur de l'ESS et en 2014, alors qu'elles étaient parvenues à trouver un emploi dans ce secteur. Il s'agit ici d'observer les évolutions des perceptions de l'ESS et des intentions à l'égard de la carrière de ces deux femmes de 40 ans environ qui ont souhaité mettre fin à une carrière en entreprise pour s'orienter dans le secteur de l'ESS. Toutes deux ont retrouvé un emploi dans une association.

Clara, 40 ans, après un diplôme en finances, travaille d'abord comme conseillère en patrimoine dans différentes banques pendant 12 ans. Lors de la fusion avec une autre société, son poste a évolué. Son travail ne lui plaisait plus et elle se sentait inutile. Elle prend alors un congé sabbatique, part 6 mois en Asie où elle travaille dans des ONG dans le domaine de l'éducation. À son retour, son projet de réorientation dans l'ESS est clair. L'ESS lui apparaît comme un secteur alliant efficacité économique et finalité sociale et solidaire et prend la forme surtout du « social business » et qui permet des relations de confiance et d'échange, de partenariat. L'ESS serait également un secteur avec un temps de travail plus souple. Après un temps de recherche d'emploi, elle trouve à être employée comme responsable administrative dans une association catholique d'éducation comprenant 4 salariés. Là elle dit se sentir utile, elle apprécie l'ambiance et la diversité des tâches. Le secteur correspond assez bien à l'idée qu'elle s'en faisait. Toutefois, concernant le temps de travail, il est en effet plus souple mais dans un sens d'extension des horaires de travail : « *J'ai l'impression que je ne fais que bosser, bosser, dormir, bosser, j'ai l'impression d'être tout le temps crevée.* » Les relations ne sont toutefois pas aussi harmonieuses qu'elle le pensait, et très tendues avec le directeur. Elle constate que les salariés ne sont pas bien considérés et qu'on leur demande un engagement extrême. Son salaire a également beaucoup baissé. Pour l'avenir, les difficultés à faire évoluer le fonctionnement de l'organisation et le manque de renouvellement des tâches l'amènent à envisager de quitter cette association. Il apparaît que la question de l'efficacité économique alliée à l'attention aux humains est remise en question. Cela ne correspond pas à ce qu'elle observe dans son association.

Tara, 39 ans, diplômée d'HEC en management, a travaillé pendant 15 ans dans une entreprise de construction d'automobiles où elle a été DRH pendant 10 ans. C'est lorsqu'elle doit gérer une augmentation des syndromes dépressifs et des alertes suicidaires dans l'entreprise, qu'elle commence à envisager de changer d'emploi. Cette intention vient se conjuguer à son désir de se consacrer davantage à sa famille qu'elle a le sentiment d'avoir négligée pendant plusieurs années d'activité professionnelle intense. Elle bénéficiera d'un congé de reclassement dans le cadre d'un plan social, pour préparer sa réorientation. À cette période, elle perçoit l'ESS comme « *un secteur où le but n'est pas de faire du profit pour le redistribuer aux actionnaires mais avec un but de progrès en lien avec l'intérêt général* ». Mais elle estime que le management n'est pas toujours respectueux des personnes. Elle trouve un emploi de DRH et de directrice administrative et financière dans une association. Elle est satisfaite de cette activité qui correspond à ses attentes de diversité de tâches et de responsabilités. Elle estime être devenue « maître de son temps », elle concilie aisément vie professionnelle et vie personnelle. En revanche, son salaire est très inférieur à ses indemnités de chômage. Elle souhaite néanmoins continuer dans cette activité et participer au projet de l'association en définissant les stratégies. L'ESS, pour elle, est un secteur qui a tenu ses promesses.

5. Représentations sociales et travail : le nécessaire détour par l'identité

Cette étude souligne que les informations concernant les secteurs professionnels évoluent et que les personnes en situation de transition y sont particulièrement sensibles. Elle souligne également que les représentations sociales en lien avec le travail entretiennent des liens étroits avec les valeurs des individus. Les représentations sociales de l'ESS des 30 personnes interviewées résonnent avec leurs valeurs et leur conception du travail. Ces personnes recherchent un autre modèle d'engagement professionnel que celui qu'elles ont connu dans leurs expériences professionnelles passées. Cela se traduit par une place centrale accordée aux valeurs humanistes et à la finalité des activités, mise en avant par le secteur de l'ESS. Les valeurs peuvent avoir joué un rôle dans le processus d'ancrage de ces savoirs qui se constituent autour de l'ESS, comme objet social. Par ailleurs, l'expérience de travail conduit à une certaine individualisation des représentations qui prennent alors un sens spécifique et nouveau pour l'individu.

Ces personnes opèrent une reconstruction de leurs représentations compte tenu de leurs expériences personnelles et notamment de leurs préoccupations identitaires, qui se manifestent dans une certaine situation professionnelle. Ainsi, dans le domaine du travail, réfléchir aux représentations sociales implique toujours d'interroger les changements identitaires des acteurs.

Focus 14b

Les représentations professionnelles

Christine MIAS[1] & Alain PIASER[2]

1. Université de Toulouse 2-Jean Jaurès, France.
2. Université de Toulouse 2-Jean Jaurès, France.

Depuis l'apport essentiel que constitue la présentation du concept de représentations sociales en 1961 par Serge Moscovici, de nombreux chercheurs ont contribué à le rendre plus heuristique : si Abric (1976) et Doise (1986) en sont les deux auteurs les plus remarquables, d'autres développements ont vu le jour, résultant parfois de questions découlant directement de ces prolongements majeurs. C'est le cas des représentations professionnelles.

À partir du double intérêt porté aux travaux de Doise sur les principes générateurs de prises de position d'une part, et à ceux concernant les questions de professionnalisation d'autre part, Piaser (1993 ; puis Bataille et al., 1997) a proposé la notion de représentations professionnelles pour caractériser un ensemble de représentations sociales particulières qui ont pour caractéristiques :

- de porter sur des objets appartenant à une profession spécifique et
- d'être partagées par l'ensemble ou une partie des membres de cette profession.

À titre d'exemple, pour la profession de professeur des écoles :

- s'il existe une représentation particulière des transports en commun chez eux, elle ne saurait constituer une représentation professionnelle puisque leurs enseignements ne concernent jamais cette activité ;
- inversement, la représentation de la lecture chez les chauffeurs de bus, pour aussi intéressante que puisse être son étude, ne constitue pas non plus un exemple de représentation professionnelle.

Au fond, nous sommes confrontés à une construction de savoirs reposant sur des logiques différentes, s'appuyant pour les uns comme pour les autres sur des registres identitaires professionnels distincts.

Flament et Rouquette (2003) rappelaient que « pour qu'une représentation se constitue, il doit exister des pratiques communes se rapportant à l'objet considéré dans la population considérée ». Dans le cas de pratiques professionnelles partagées, les représentations professionnelles présentent des éléments qui se caractérisent par plusieurs traits :

- ils sont *descriptifs*. Dans la communication professionnelle, chacun peut trouver des éléments strictement informatifs sur le sujet évoqué permettant ainsi une maîtrise « actualisée » de l'objet de représentations ;
- ils sont *prescriptifs*. Le registre normatif n'est pas moins actif dans le cadre professionnel que dans tout autre cadre : les représentations professionnelles en véhiculent des contenus ;
- ils sont *conditionnels*. Même en situation professionnelle, les échanges entre acteurs comportent une possibilité combinatoire permettant de tenir compte du contexte dans lequel ils se produisent pour les rendre pertinents et prolonger la communication ;
- ils sont *évaluatifs*. Les représentations professionnelles expriment l'acceptable, le correct ou encore le non-désirable voire l'interdit dans le groupe où elles circulent.

Portées par les communications entre pairs professionnels, les représentations professionnelles s'expriment dans la langue vernaculaire en usage dans la profession, avec son vocabulaire, ses tournures implicites, et tout élément appartenant en propre à un groupe professionnel circonscrit. Cette particularité oblige les chercheurs à une attention toute particulière dans les études qu'ils mènent : ne pas se contenter d'expressions génériques dans les discours et s'assurer qu'on parle bien la même langue que les professionnels, constituent des marques de prudence nécessaires à la réalisation de toute étude. Deux exemples permettent d'illustrer ces idiosyncrasies originales.

Dans une étude réalisée par Piaser (2005), l'attention était portée sur la profession de pharmaciens, terme générique qui cache en réalité plusieurs modalités d'exercice de la pharmacie[3]. En se rapportant au recueil d'éléments de représentations professionnelles grâce à la conduite

3. À ce moment-là, six sections composaient l'ordre des pharmaciens, on en compte désormais sept.

d'entretiens auprès de pharmaciens officinaux et de pharmaciens hospitaliers, les résultats montrent que la différenciation discursive est manifeste sur plusieurs thèmes. Suivant l'exercice professionnel, les uns et les autres abordent de façon nettement différente les thématiques qui leur sont proposées, e.g., le cas des questions de « gestion » :

- la gestion à l'officine sous-entend la prise en compte de la dimension économique de l'achat et de la vente des médicaments (laboratoires qui incitent commercialement à vendre davantage de génériques) et la dimension entrepreneuriale de l'activité (la gestion du personnel) ;
- la gestion hospitalière recouvre l'énoncé des contraintes économiques de l'établissement d'exercice qui impose une enveloppe limitée (et donc des négociations avec les médecins prescripteurs de l'établissement) ainsi que la non-maîtrise des postes budgétaires affectés à la pharmacie (et donc des négociations avec la direction).

L'unicité thématique apparente masque une polarisation expressive liée à des pratiques professionnelles différenciées bien que strictement référencées à un titre professionnel unique : pharmacien.

Dans une autre étude, Darnet (2005) provoque bien involontairement une réaction particulière de ses interlocuteurs par un usage mal maîtrisé de la dénomination professionnelle. Il cherche à savoir, dans son travail, comment caractériser les possibles représentations relatives à « l'astronomie » en partant de l'hypothèse qu'elles seront sociales ou professionnelles, en fonction de l'appartenance des sujets rencontrés à l'un des trois groupes retenus par niveau croissant de connaissances spécialisées dans le domaine : des étudiants d'une université de lettres et langues, des amateurs fréquentant un observatoire municipal et des chercheurs du CNRS exerçant à l'observatoire du Pic du Midi. Son recueil de données lui permet d'identifier deux particularités inattendues pour lui :

1. il n'y a que deux grands types de discours sur la question ;
2. l'un des groupes est constitué des étudiants en lettres ou langues ET des chercheurs du CNRS.

C'est ici aussi une question de vocabulaire qui a orienté le choix de tel ou tel registre de référence langagière : pour les « hyperspécialistes », le terme générique « astronomie » n'entre pas dans leurs échanges habituels qui nécessitent des compétences très spécialisées relevant d'un secteur de recherche nécessairement très réduit parce que très technique. Dans la situation qui a été la leur de répondre favorablement à une demande d'interview d'un étudiant totalement étranger au champ par son appartenance institutionnelle, ils se sont immédiatement adaptés à l'énoncé tel qu'il leur était présenté et qui ne nécessitait pas, à leurs yeux, d'utiliser le discours hautement spécialisé indispensable entre pairs : un registre de non-spécialiste voire de novice dans le domaine leur est apparu suffisant pour l'échange.

Ainsi, le recours à l'exploration d'une forme de pensée « spécialiste » s'impose pour mieux comprendre les processus de professionnalisation et de construction de l'identité professionnelle : la distinction entre représentations sociales et représentations professionnelles (savoirs de sens commun et savoirs spécialistes), se cristallise sur le fait que les unes et les autres sont le reflet de l'identité plurielle de l'individu, mais souligne fortement une revendication identitaire dans les enjeux catégoriels (portés par les rôles professionnels et autres rôles sociaux) qu'elles suscitent au sein d'interactions contextualisées.

Cette distinction heuristique, basée sur une différenciation porteuse d'enjeux à distinguer en fonction de savoirs communs et/ou de savoirs spécialisés repose sur le fait que la pensée sociale (« ordinaire », naïve) génère des savoirs bien distincts des savoirs professionnels inscrits et construits dans la pensée professionnelle, l'une et l'autre obéissant à des règles, des raisonnements, différemment utiles. Dans un cas comme dans l'autre, il y a production active de savoirs, mais en conformité avec les pratiques qui contribuent à les renforcer. Assurément, il n'y a pas de supériorité d'une pensée sur l'autre, mais presque banalement, elles ne font pas référence aux mêmes logiques, ni n'entraînent les mêmes comportements. On parlera davantage de différenciation de nature des objets de représentations activées, et corrélativement, des identités revendiquées par les groupes considérés. Une référence à Mead (1963, p. 5) est éclairante de ce point de vue : « Un télescope dans les mains d'un profane n'est pas un télescope tel que l'entendent les astronomes de Mount-Wilson. Si nous cherchons l'origine des réactions de l'astronome, nous devons remonter jusqu'à son système nerveux central, à toute une série de neurones ; et là nous trouvons quelque chose qui correspond exactement à la manière dont cet astronome aborde l'instrument dans des conditions données. Voilà le commencement de l'acte. »

Enfin, on ne manquera pas de faire un rapprochement avec les travaux de Boltanski et Thévenot (1991) qui font la démonstration que, pour un individu, *habiter un monde* revient à employer un discours relatif aux préoccupations dans ce monde, à énoncer un point de vue particulier, une prise de position singulière : les différences alors énoncées constituent au fond un langage propre permettant de distinguer les locuteurs en fonction de leurs ancrages sociaux respectifs. Les auteurs décrivent (p. 266) « une société différenciée, [dans laquelle] chaque personne doit affronter quotidiennement des situations relevant de mondes distincts, savoir les reconnaître et se montrer capable de s'y ajuster. On peut qualifier ces sociétés de "complexes" au sens où leurs membres doivent posséder la compétence nécessaire pour identifier la nature de la situation et pour traverser des situations relevant des mondes différents. »

In fine, c'est aussi ce que montrent Piaser et Bataille (2011, p. 50) : « Le recours à la notion de représentations professionnelles permet d'apporter une proposition supplémentaire de vérification de l'hypothèse de Moscovici (1976a) sur la polyphasie cognitive en illustrant l'une des modalités de variation du contexte d'élocution (la situation professionnelle). »

Cette forme de connaissance, professionnelle, ne s'exprime qu'en fonction d'une rationalité inscrite dans un contexte particulier, le travail, et une situation spécifique, la position de l'acteur dans cet espace professionnel.

CHAPITRE 15

Représentations sociales et économie[1]

Jennifer STARK[2] & Erich KIRCHLER[3]

Sommaire

1. Traduit de l'anglais vers le français par Grégory Lo Monaco (Aix-Marseille Université, France) et Jérôme Guegan (Université Paris Descartes, France).

2. Université de Vienne, Autriche.

3. Université de Vienne, Autriche.

Les économies sont des systèmes complexes dans lesquels des biens et services limités sont produits, accessibles et consommés par différents acteurs. En tant que tels, ils représentent les arènes sociales dans lesquelles les gouvernements, les entreprises et les individus interagissent, communiquent et prennent des mesures pour atteindre les buts recherchés. De fait, l'action humaine au sein de ces systèmes complexes présente un intérêt scientifique pour l'économie, mais aussi pour la psychologie. En effet, bien qu'elles mobilisent des paradigmes différents, ces deux disciplines étudient le comportement humain. Selon le concept d'homo œconomicus, l'économie envisage les humains comme des acteurs rationnels qui cherchent à maximiser leur propre utilité, et qui ont la capacité de juger toutes les alternatives disponibles en définissant les actions adéquates pour satisfaire leurs besoins face à la rareté des ressources. Cette conception présuppose que les humains, en tant qu'acteurs économiques, sont des experts et qu'ils agissent uniquement en dehors de tout intérêt personnel. Cette perspective fournit une analyse qui individualise les humains et isole leurs actions du contexte social (Kirchler, 2011).

La psychologie économique, quant à elle, étudie la mesure dans laquelle le comportement humain suit des hypothèses économiques et quand et pourquoi les comportements humains s'écartent de ces hypothèses. Elle vise à étudier les concepts, les croyances, sentiments et les pensées qui sous-tendent et guident le comportement des individus insérés dans leur contexte social en tant qu'acteurs économiques.

La théorie des représentations sociales offre un cadre idéal pour étudier ces concepts sous-jacents et pour comprendre ainsi que pour expliquer les actions des individus et cela pour deux raisons. Premièrement, les phénomènes économiques sont des phénomènes sociaux et doivent donc être examinés dans leur contexte social d'apparition. Puisqu'ils se développent, se produisent et sont traités en des circonstances sociales, ils constituent de fait des objets sociaux. Les individus développent des représentations de ces objets qui composent leurs connaissances, idées, expériences et sentiments qui guident leurs actions. Deuxièmement, bien que certains acteurs économiques soient des experts qui ont une profonde compréhension théorique de l'économie, la plupart des acteurs économiques ne le sont pas. Ils sont des individus que l'on peut qualifier de naïfs qui développent leurs propres théories au sujet des phénomènes économiques par le biais de discours et de leur expérience sociale. Ces théories naïves s'écartent souvent des modèles et théories économiques scientifiques produites par les experts, mais elles sont à la base des actions humaines dans les contextes économiques. En examinant les représentations sociales des phénomènes économiques, il apparaît possible d'étudier les connaissances, le contenu ainsi que les processus d'élaboration de ces théories naïves. Les pages suivantes présentent une sélection d'études sur les phénomènes économiques permettant de démontrer l'utilité et la pertinence de la théorie des représentations sociales dans le cadre de la recherche portant sur l'action humaine en contextes économiques. Différents objets seront analysés, en partant du moyen d'échange de base (i.e., l'argent), en abordant ensuite les taxes qui constitutent une mesure de régulation du marché. La représentation d'un événement inattendu comme la crise financière et ses conséquences (e.g., le chômage) sera ensuite abordée ainsi que les pratiques de sélection du personnel concernant des postes de direction.

1. Les représentations sociales de l'Euro

Depuis son apparition en tant que moyen de paiement universellement accepté, le phénomène monétaire a intrigué les scientifiques de diverses disciplines, c'est pour cette raison que cette acception non imposée défie les principes de la rationalité et s'est développée socialement (Menger, 1892). En outre, il est établi depuis longtemps que l'argent remplit non seulement des fonctions objectives comme moyen d'échange, unité de compte et réserve de valeur (Furnham & Argyle, 1998), mais qu'il peut aussi agir comme facteur de motivation et symbole de statut. De plus, l'argent possède à la fois une composante affective et comportementale, son sens et sa valeur diffèrent d'un individu à l'autre (Mitchell &

Mickel, 1999). En tant que devise, il devient également une partie de l'identité nationale. Ainsi, comprendre les représentations d'une devise partagées par les individus peut fournir des éléments clés permettant une compréhension plus fine de leur comportement dans des contextes économiques. L'introduction de l'Euro comme nouvelle monnaie unique a été l'occasion d'étudier les représentations sociales de l'argent et de la monnaie auprès d'individus et de groupes naïfs. Puisque le changement de monnaie constitue un événement qui se réalise à un moment précis qui a été largement anticipé, il fournit l'occasion d'étudier le développement des représentations sociales de l'Euro en tant qu'objet social caractérisé par sa nouveauté et sa nature non familière. Une telle analyse permet de suivre l'évolution de la représentation en partant de plusieurs années avant l'introduction de la monnaie jusqu'à son introduction concrète dans l'économie, en passant par l'introduction de plaquettes d'information[4].

En 1997, deux ans avant l'introduction de l'Euro comme monnaie scripturale, Meier et Kirchler (1998) ont étudié les attitudes et les représentations sociales de la monnaie unique européenne. Cinq cent trente-quatre Autrichiens ont été invités à remplir un questionnaire composé de deux parties. Dans la première partie, les auteurs présentaient le mot stimulus « Monnaie unique européenne » aux participants et leur demandaient de lister toutes les réflexions sur le sujet qui leur venait à l'esprit et d'évaluer ces associations. La seconde partie se composait de questions sur les attentes économiques et les aspects psychologiques liés au passage de la monnaie nationale à la monnaie unique européenne. Dans l'ensemble, 1 900 associations ont été produites dont 1 229 étaient des mots différents. Ces associations ont ensuite été catégorisées par quatre évaluateurs indépendants qui avaient pour consigne de les classer dans un système de catégorisation comprenant 25 catégories développées par les auteurs. L'accord inter-juge était de $\kappa = 0,66$[5]. L'ensemble de l'échantillon a ensuite été divisé en 5 sous-échantillons en fonction des attitudes individuelles vis-à-vis de l'Euro : forts adversaires de l'Euro, les opposants modérés, répondants neutres ou indifférents, partisans modérés et fervents partisans. Les représentations sociales de ces sous-échantillons ont été analysées en prenant en compte les fréquences des associations et la séquence des associations. Les résultats de l'analyse des correspondances a permis de montrer que les représentations sociales diffèrent dans leur contenu. Les adversaires ont associé en majorité des sentiments négatifs à l'Euro, mentionnant l'instabilité monétaire et les pertes financières. Les forts opposants craignaient une perte de l'autonomie et de l'identité nationale, ainsi qu'une répartition inégale des coûts et des avantages liés à l'UE. Les partisans ont énuméré principalement des conséquences positives de la nouvelle monnaie, telles que la facilitation du tourisme et les débouchés commerciaux, la comparabilité des prix et des revenus à travers l'Europe et la stimulation de l'économie nationale. L'analyse des séquences des associations (figure 15.1) a révélé que quatre des groupes ont montré une tendance à des émotions extrêmes, positives ou négatives, au début du processus associatif et sont passés ensuite à des associations neutres à mesure que la tâche se déroulait. Les associations concernant l'identité nationale et européenne ont été émises à la fin du processus associatif, juste après les possibles conséquences économiques de l'euro. Les croyances selon lesquelles l'Euro entraînerait une identité européenne plus forte ou constituerait une menace pour l'identité autrichienne semblent être des causes pertinentes de soutien ou d'opposition à l'Euro. Bien que les représentations sociales des cinq sous-groupes diffèrent pour ce qui concerne la structure, le contenu et l'évaluation, cette différence ne semble s'appliquer qu'aux éléments centraux, les éléments périphériques[6] et les préoccupations liés à la menace de l'identité nationale étant semblables.

4. Ces plaquettes étaient diffusées afin de sensibiliser le public à propos de l'apparence et de la règle de conversion de la nouvelle monnaie.

5. Coefficient d'accord inter-juge Kappa de Cohen (Cohen, 1968).

6. Voir chapitres 4 et 5.

Figure 15.1.
Séquences d'associations au stimulus « Euro »

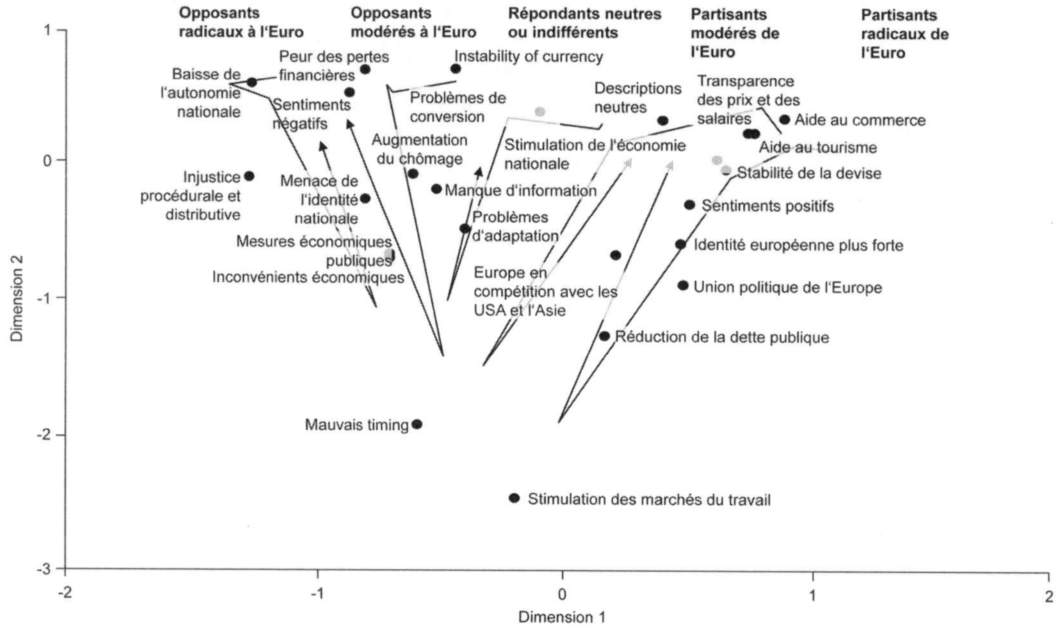

Pour étudier le développement de la structure, du contenu, ainsi que la dynamique des représentations sociales de l'Euro, Kirchler et el Sehity (2004) et Kirchler, el Sehity et Kulich (2004) ont réalisé une étude large en Europe à l'époque où le passage à la monnaie unique s'est produit. Puisque l'introduction de l'Euro s'est déroulée en deux phases, tout d'abord comme monnaie scripturale[7] abstraite en 1999, puis concrètement en tant qu'argent en 2002, le focus a été posé sur la base cognitive du développement c'est-à-dire en se posant la question qui consiste à se demander comment l'objet social abstrait « Euro en tant qu'argent de banque » se transformerait en l'objet social concret « Euro en tant que monnaie courante ». En 2001 et 2002, les questionnaires de recueil de données associatives à propos de chaque monnaie nationale et de l'Euro ont été complétés par 2 700 étudiants de dix pays européens. Les résultats montrent que la teneur des associations traduit une tendance à l'homogénéisation dans tous les pays au fil du temps. Plus les gens sont devenus familiers avec l'Euro, moins de différences sont apparues dans les associations et plus le noyau (nouvelle monnaie européenne) s'est différencié de la périphérie. Concernant le contenu des représentations sociales, l'introduction de l'Euro dans la routine quotidienne des affaires montre des concomitances classiques en termes d'objectivation, telle que l'apparition de néologismes, comme « Teuro » (la monnaie chère). Le développement économique de la nouvelle monnaie, initialement incertain, s'est transformé en un développement de plus en plus assuré. Les processus d'ancrage de la nouvelle monnaie unique européenne se sont manifestés de deux manières : d'une part, dans la similitude avec la représentation de la monnaie mondiale établie (i.e., Dollar américain), et d'autre part, dans la dissociation croissante de la représentation de l'ancienne monnaie nationale. Les attributs du Dollar américain tels que la concurrence internationale, la mondialisation et le capitalisme ont été transférés à l'Euro en 2002. Ce transfert d'attributs a entraîné une vision de l'Euro comme une réalité économique analogue au Dollar américain. Dans le même temps, l'Euro s'est lui-même différencié en termes de contenu par rapport à l'ancienne monnaie nationale. Alors que l'Euro était caractérisé comme nouveau et moderne, incarnant les développements à venir de l'Europe, les anciennes monnaies nationales ont été caractérisées comme anciennes, traditionnelles, culturelles et faisant partie de l'Histoire. Les anciennes monnaies nationales avaient donc évolué, sur un plan conceptuel, en passant du statut de prédécesseur à celui d'une monnaie qui s'inscrit en opposition à l'euro. D'un autre côté, l'Euro est passé du statut

7. Ici au sens d'une représentation imagée des pièces et des billets.

de nouvelle monnaie inconnue à celui de « notre argent ». Ces changements dans les représentations sociales peuvent être attribués à la manipulation physique de la nouvelle monnaie et au changement de perception qui en a résulté.

2. Représentations sociales des taxes

Tout comme l'argent et la monnaie, les taxes font également partie de la vie économique quotidienne. Que ce soit sous la forme d'impôts sur le revenu, sur les biens et services, sur la propriété, sur les salariés ou la main-d'œuvre, ou sous la forme des cotisations de sécurité sociale, les taxes sont payées sur une base quotidienne. Du point de vue économique, les taxes représentent une régulation du marché et forment un système complexe qui sert de base financière aux États. Pour protéger cette base, les gouvernements dépendent de la tendance des citoyens à respecter les règles fiscales puisqu'il peut être possible de s'y soustraire. Certains groupes professionnels (i.e., les entrepreneurs) peuvent avoir davantage de possibilités d'échapper aux taxes que d'autres groupes (i.e., les salariés). Ainsi, puisque les théories naïves guident les comportements, elles peuvent se révéler hautement pertinentes dans le cas de la fiscalité. En fonction de leur contenu, les théories naïves relatives aux taxes peuvent guider les comportements soit vers l'observation des règles fiscales, soit vers l'évasion fiscale (Kirchler, 2007).

Pour avoir un aperçu différencié à propos des théories naïves relatives aux taxes, Kirchler (1998) a étudié les représentations sociales des taxes et les attitudes envers l'observation des règles fiscales parmi cinq groupes professionnels : travailleurs en cols bleus et en cols blancs, fonctionnaires, entrepreneurs et des étudiants. Un échantillon de 171 Autrichiens a rempli un questionnaire comportant deux parties. Dans la première partie, les participants devaient penser aux taxes et répertorier toutes les réflexions sur le sujet qui leur venaient à leur esprit. Ensuite, ils devaient caractériser la valence de leurs associations libres (i.e., positive, neutre ou négative) et indiquer l'ordre de leur production. Dans la seconde partie du questionnaire, qui visait à évaluer les attitudes envers l'observation des règles fiscales, les participants ont complété un différenciateur sémantique de Peabody (1985) comprenant 32 paires d'adjectifs permettant de juger trois types de personnes. Ces trois types renvoyaient aux profils suivants : « contribuables typiques », « contribuables honnêtes » et « fraudeurs fiscaux ».

Dans l'ensemble, 1 003 associations libres ont été produites, comprenant 547 mots différents. Deux évaluateurs indépendants ont ensuite catégorisé les différentes associations et ont établi 25 catégories homogènes. Le niveau d'accord inter-évaluateurs a atteint 92 %. Les fréquences des 20 catégories variaient considérablement entre des groupes de travail et ont été incluses dans une analyse des correspondances (figure 15.2). Les résultats montrent que les entrepreneurs associent des termes comme punition et démotivation, contrainte publique, un manque de transparence concernant les lois fiscales et à l'utilisation des taxes. Ils perçoivent les taxes comme une forme de pression et d'entrave à leur travail. De plus, ils trouvent les lois bureaucratiques et les règles trop complexes. Les cols bleus, en revanche, ont fortement critiqué le gouvernement et les politiciens, qu'ils accusaient d'utiliser les taxes stratégiquement pour atteindre leurs propres objectifs égoïstes et d'être responsables de l'énorme déficit public. Néanmoins, ce groupe est conscient des biens publics qui sont fournis par les taxes. Les cols blancs mentionnent la sécurité sociale et la protection sociale qui sont financées par les taxes, ils perçoivent donc également les taxes comme un mal nécessaire qui entraîne une perte financière. Les fonctionnaires accordent de l'importance aux taxes en ce qui concerne la redistribution des richesses et la création de la justice sociale. Ils sont également préoccupés par les personnes qui évitent les taxes ou cherchent à y échapper, qui maximisent leurs revenus tout en bénéficiant des biens publics. Les étudiants, le seul groupe à ne pas payer de taxes, listent des concepts abstraits théoriques et techniques, mentionnent des noms des politiciens et des personnages fictifs ou comiques célèbres, tels que Picsou[8].

8. Nom donné en France au personnage de Walt Disney *Scroodge McDuck*.

Figure 15.2.

Associations au stimulus « taxes » par les chefs d'entreprise, étudiants, cols bleus, cols blancs et fonctionnaires

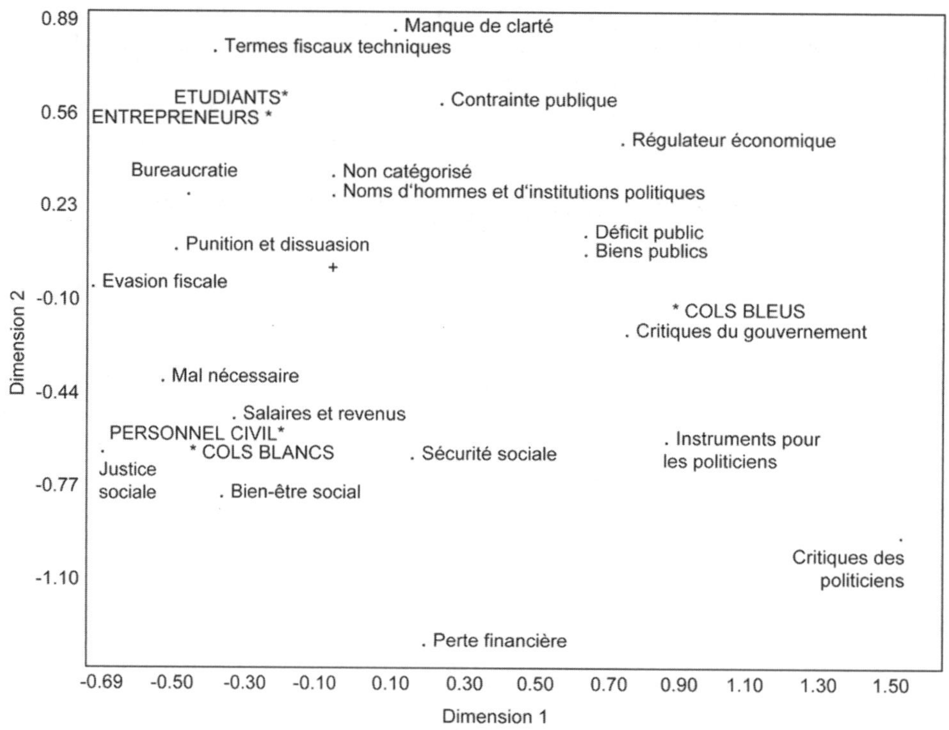

Les résultats peuvent être expliqués en ayant recours aux théories de la réactance et de l'échange. Le paiement des taxes peut être accompagné d'un sentiment de perte sur le plan du contrôle et de la liberté individuelle. Les personnes réagissent à une telle perte réelle ou perçue de la liberté en termes de réactance et tentent de rétablir le contrôle (Brehm, 1966), en payant des taxes de manière non conforme. Les entrepreneurs, qui encaissent leur revenu brut en espèces et doivent payer des taxes de leur propre poche, décrivent les taxes comme un moyen de les punir pour leur travail, par la force et la contrainte, et semblent percevoir les impôts comme une perte de liberté. Les cols bleus, les cols blancs et les fonctionnaires, qui perçoivent leur salaire impôt déduit (i.e., le revenu net), mentionnent les biens publics, la protection sociale, la sécurité sociale et la justice et semblent percevoir les taxes sur le plan des relations d'équité. Ils paient leurs impôts et reçoivent en échange un accès aux biens publics. Les étudiants, qui n'ont pas à payer d'impôts, envisagent cet objet sur le plan théorique.

Les jugements des « contribuables typiques », « contribuables honnêtes » et « fraudeurs fiscaux » mesurés au moyen du différentiel sémantique ont été analysés en ce qui concerne les aspects descriptifs et évaluatifs, selon les recommandations de Peabody (1985). Les résultats montrent que les descriptions ainsi que les évaluations des trois groupes diffèrent sensiblement. Étonnamment, les fraudeurs fiscaux sont décrits et évalués très positivement comme très intelligents et travailleurs. Les contribuables moyens ont été évalués plus négativement comme paresseux et plutôt stupides, alors que les contribuables honnêtes ont été évalués plus positivement comme travailleurs et intelligents. Ces descriptions et ces évaluations suggèrent que l'évasion fiscale n'est pas perçue comme un crime, mais plus comme un jeu joué par les gens intelligents. Alors que les représentations sociales des cinq les groupes d'emploi divergent sur leur contenu, tous les groupes présentaient également des attitudes négatives envers les impôts et ne considèrent pas l'évasion fiscale comme un crime, mais simplement comme quelque chose de négligeable (i.e., *trifle*).

3. Représentations sociales de la crise économique

Les événements économiques comme les changements de monnaie sont bien prévus, d'autres se produisent sur une base quotidienne et deviennent routiniers, par exemple le fait de payer ses impôts. Alors que ces événements économiques ne se produisent pas de façon inattendue et laissent aux personnes suffisamment de temps pour se familiariser avec l'objet social et développer une représentation de celui-ci, certains événements économiques se produisent soudainement et de façon inattendue. Ils sont imprévisibles, peu familiers et leur apparition soudaine ne laisse pas suffisamment de temps pour développer une compréhension de la situation avant que l'événement ne se produise. Les crises financières et économiques représentent de tels événements. À côté de vastes répercussions économiques, les crises financières et économiques provoquent perte de confiance dans l'avenir, peur et incertitude. Mais surtout, elles évoquent la nécessité de donner un sens à la situation. Si les experts peuvent avoir une compréhension claire des causes et des conséquences de ces crises, mais aussi des mesures pour y remédier, il faut bien comprendre que cela n'est pas le cas de la plupart des individus. Ces derniers doivent développer une compréhension de la situation, donner un sens, bref développer une représentation sociale de la crise afin d'être en mesure d'agir et de faire face à elle. Saisir et comprendre les représentations de la crise auprès de personnes naïves est très important pour surmonter des crises financières et économiques, puisque la recherche antérieure a montré que les personnes naïves ont des représentations sociales différentes des experts à propos des questions économiques et des mesures d'intervention (Haferkamp, Fetchenhauer, Belschak & Enste, 2009). La crise financière de 2008, qui a provoqué un choc profond dans les pays du monde, a permis d'étudier les représentations sociales de la crise.

En mars 2010, alors que la crise était toujours un sujet habituel dans le domaine public, ainsi que le discours des médias, Gangl, Kastlunger, Kirchler et Voracek (2012) ont conduit une recherche auprès d'individus naïfs et d'experts à propos de leurs représentations sociales de la crise et des acteurs économiques. Un échantillon composé de 156 employés issus des institutions financières autrichiennes et 153 naïfs Autrichiens ont été invités à participer à un sondage en ligne qui comprenait quatre sections. Tout d'abord, les participants ont été exposés à un inducteur « la crise économique/financière » et on leur demandait de lister leurs associations de manière spontanée. Ensuite, les participants devaient évaluer chacune de leurs associations comme étant positive, neutre ou négative. En second lieu, quatre stimuli additionnels ont été présentés dans un ordre aléatoire : les institutions financières et les banques, les gestionnaires/entrepreneurs, politiciens/gouvernement et consommateurs/clients. Les participants devaient procéder de la même manière que lors de la première étape. En troisième lieu, les participants devaient évaluer les institutions financières et les banques, les gestionnaires/entrepreneurs, politiciens/gouvernement et consommateurs/clients (présentés dans un ordre aléatoire) en évaluant leur fiabilité, compétence, impartialité, honnêteté, transparence et la valeur de congruence. Quatrièmement, la confiance des participants dans la reprise économique a été évaluée. Cet indice de confiance a servi à répartir les participants en quatre sous-échantillons : les experts avec un degré élevé de confiance dans la reprise économique, les experts avec une faible confiance dans la reprise économique, les naïfs avec un degré élevé de confiance dans la reprise économique et les naïfs avec une faible confiance dans la reprise économique.

Dans l'ensemble, le stimulus « crise économique et financière » a permis le recueil de 1 743 induits, dont 688 mots différents. Toutes les associations ont été ensuite classées en un système composé de 29 catégories qui avaient été élaborées de manière inductive par les auteurs en collaboration avec cinq psychologues. Deux évaluateurs indépendants ont été invités à classer les associations dans les 29 catégories. Les stimuli des quatre acteurs économiques (les institutions financières et les banques, directeurs/chefs d'entreprise, hommes politiques et le gouvernement et consommateurs/clients) ont permis d'accéder à 5 807 associations, dont une moyenne de 748 (*SD* = 36,5) de mots différents par stimulus. Toutes les associations avec les acteurs économiques ont été également classées dans un système composé de 23 catégories développé par les auteurs en collaboration avec cinq psychologues. Encore une fois, deux évaluateurs indépendants ont été invités à classer les associations. La fréquence des catégories d'association ainsi que la séquence des catégories d'association dans le processus associatif ont été analysées au moyen d'analyses des correspondances. Concernant les représentations sociales des crises économiques, les résultats montrent que les experts avec une faible confiance dans la reprise économique ont mentionné la possibilité d'une baisse de la valeur de l'argent et répertorié les termes reliés aux questions internationales et aux développements mondiaux, tandis que des experts avec un degré élevé de confiance dans la reprise économique ont associé des termes liés à la perte de confiance. En outre, ils semblent percevoir la crise comme une menace et critiquent le rôle des médias et de la communication. Mais dans le même temps, ils voient la crise comme une chance pour le changement. Les naïfs avec un faible degré de confiance dans la reprise économique ont mentionné des termes liés aux gestionnaires, à l'injustice et à la politique. Les naïfs avec un degré élevé de confiance dans la reprise économique expriment des termes liés aux acteurs économiques spécifiques et des synonymes de la crise. En général, les naïfs ont plus mentionné les banques, les fraudes et les acteurs économiques comparativement aux experts. Les experts et les naïfs avec un degré élevé de confiance dans l'espoir de reprise économique ont fréquemment exprimé le fait qu'il n'y avait aucun effet grave à long terme. Ces différences dans le contenu des représentations sociales des quatre groupes reflètent leurs évaluations de la crise : les experts et les participants avec un degré élevé de confiance dans la reprise économique ont évalué la crise d'une manière moins négative que les naïfs et les participants avec un faible degré de confiance dans la reprise économique. Quant à la séquence des associations, les résultats montrent que les participants dans les quatre sous-échantillons ont commencé avec des pensées hétérogènes liées aux banques, aux problèmes professionnels, aux médias et à la communication, ainsi que la perte de confiance et sont passés ensuite au cours du processus d'associations à des pensées plus homogènes comme l'injustice, la menace, l'égoïsme et l'incompétence des acteurs économiques et politiques.

L'analyse des représentations des acteurs financiers a révélé que les institutions financières et les banques étaient associées à des termes relatifs au renflouement du gouvernement, à la hausse des impôts et taxes et des enjeux internationaux. Les gestionnaires/chefs d'entreprise sont considérés comme recevant les hauts salaires et les primes, comme ayant des problèmes de travail et des responsabilités particulières et comme compétents mais poursuivant leurs propres intérêts. Les politiciens/gouvernements, quant à eux, sont critiqués et perçus comme incompétents. Les consommateurs/clients sont perçus comme face à une perte de la valeur de leur argent, de leur pouvoir d'achat et comme étant touchés par le manque d'équité. En outre, les enjeux environnementaux mais aussi sociaux ont été mentionnés. Concernant les évaluations des intervenants, les résultats montrent que les experts ont évalué les institutions financières et les banques et les gestionnaires/entrepreneurs moins négativement que ne l'ont fait les naïfs, mais aucune différence n'apparaît pour les évaluations des naïfs et des experts concernant les politiciens et le gouvernement et les consommateurs/clients. En outre, les participants avec un degré élevé de confiance dans la reprise économique ont évalué tous les intervenants moins négativement que les participants avec une faible confiance dans la reprise économique.

En ce qui concerne la confiance (i.e., *trust*), les naïfs ont évalué les institutions financières et les banques, les gestionnaires/entrepreneurs et politiciens/gouvernement comme moins fiables que les experts, et consommateurs/clients comme plus fiables que les experts. Les participants avec un faible degré de confiance dans la reprise économique ont évalué les institutions financières et les banques, directeurs/chefs d'entreprise et politiciens/gouvernement comme moins fiables que les participants ayant une confiance élevée et les consommateurs/clients comme tout aussi dignes de confiance. En somme, les résultats montrent que les naïfs et les experts financiers partagent des principaux éléments de leurs représentations sociales, mais en même temps diffèrent sur des aspects spécifiques de leurs représentations sociales de la crise et le rôle des acteurs économiques de la crise.

4. Représentations sociales du chômage

L'éclatement de bulles économiques et les crises financières sont des événements choquants qui déclenchent la récession et par conséquent un taux de chômage croissant. Alors que les économistes ont développé des théories complètes et des modèles à propos des causes, conséquences et solutions pour le chômage, le grand public et en particulier les personnes touchées ont sans doute leurs propres théories du chômage. Une multitude d'études sur ces théories naïves du chômage se concentrent sur les causes présumées du chômage.

Kirchler (1993) a demandé à 179 Autrichiens d'énumérer quelles étaient selon eux les principales raisons du chômage. Pour un fort pourcentage (37,3 %), les raisons qui ont été citées visaient des traits de personnalité des chômeurs et des causes internes de type personnologiques comme le manque de motivation au travail, un manque d'intérêt, la complaisance, un manque d'endurance et un manque de volonté de travailler, des attitudes qui freinaient l'employabilité, l'insatisfaction, l'alcoolisme, la maladie et un âge élevé. De plus, un manque de mobilité, des préférences limitées concernant des emplois acceptables, un manque de flexibilité, le refus de subir une reconversion pour un autre métier, et une formation professionnelle insuffisante ont été mentionnés comme des causes. Les facteurs externes en ce qui concerne la gestion de l'entreprise et la restructuration ont été cités dans une moindre mesure et représentaient 26,8 % des raisons indiquées pour le chômage. Les facteurs relatifs à la situation économique et politique, par exemple une perte de pouvoir d'achat, une baisse de la demande, l'inflation, les problèmes cycliques de l'économie et les crises économiques, les politiques fiscales pauvres, les trop longues heures de travail, les politiques imprudentes à l'égard de groupes spécifiques, les travailleurs étrangers en particulier, s'élevaient à 23 % des causes nommées. Les autres raisons visaient l'effet démobilisateur d'allocations de chômage excessivement élevées ainsi que les possibilités offertes pour gagner de l'argent par le biais du travail illégal. En somme, ces résultats suggèrent que les chômeurs sont perçus comme étant personnellement responsables de leur situation. Les entretiens avec les conseillers travaillant à l'administration autrichienne du marché du travail ont donné des résultats similaires (Kirchler, 1993). Comme ces conseillers aident les chômeurs à trouver un emploi, leurs expériences quotidiennes avec les préoccupations et les problèmes de ces demandeurs d'emploi représentent une source précieuse d'enquête sur les jugements et les opinions qui reflètent des soupçons collectifs sur les chômeurs et l'empathie de la société à leur égard. La majorité (66 %) des causes du chômage citées par les conseillers étaient liées aux problèmes intrapersonnels (e.g., une déficience mentale ou cognitive, l'âge, les handicaps physiques, des problèmes de motivation), alors que seulement 10 à 13 % visaient l'intégration sociale, les problèmes internes de l'entreprise ou la situation économique générale. Ayant à traiter avec les chômeurs et leurs problèmes au quotidien, il n'est pas surprenant que les conseillers en emploi citent principalement des raisons personnelles. Néanmoins, cela renforce la conviction que les chômeurs sont personnellement responsables de leur situation et ne peuvent en vouloir qu'à eux-mêmes. En individualisant le problème du chômage, avec des arguments apparemment objectifs et logiques, il est plus facile de se désolidariser des chômeurs en tant que groupe et de justifier un manque d'assistance qui leur est accordé. Par conséquent, la société est relevée de son obligation de véhiculer de l'empathie et d'aider les chômeurs. Conformément à la théorie de l'identité sociale (Tajfel & Turner, 1979, 1986) le sentiment d'appartenance à un groupe ou à une catégorie sociale est une composante importante de l'identité d'une personne et l'appartenance à un groupe ayant un statut social élevé peut augmenter l'estime de soi. Une identité sociale positive émerge donc quand les individus s'identifient à leur groupe d'appartenance et lorsque leur groupe bénéficie d'une comparaison favorable sur des critères pertinents avec d'autres groupes subjectivement importants. Appliquée à l'étude des chômeurs, cela signifierait que si les chômeurs ont une identité sociale positive, ils doivent décrire des représentants typiques de leur catégorie sociale avec des attributs positifs, et ce, d'une manière plus positive que le membre d'un autre groupe.

Kirchler (1993) a abordé la question d'une identité sociale positive via l'étude des représentations sociales des chômeurs auprès de sept groupes professionnels : les entrepreneurs, les cols bleus, les cols blancs, les fonctionnaires, les étudiants, les femmes au foyer et les chômeurs. Les participants ont été invités à écrire tout ce qui leur venait spontanément à l'esprit quand ils pensaient à des représentants typiques de leur propre groupe professionnel et à chacun des autres groupes professionnels. Par la suite, des évaluateurs indépendants ont été invités à qualifier la valence du produit des associations libres (comme positive, neutre ou négative). Les résultats montrent que les chômeurs s'évaluent eux-mêmes différemment de la manière dont les autres groupes les évaluent. Comme attendu, les travailleurs cols bleus et cols blancs, entrepreneurs et fonctionnaires évaluaient les représentants typiques de leur propre catégorie plus positivement, et les femmes au foyer et les étudiants évaluaient également un représentant typique de leur propre groupe positivement, alors que les chômeurs évaluaient un représentant typique de leur propre groupe très négativement. Par conséquent, les représentants typiques du groupe « chômeurs » recevaient non seulement des évaluations négatives de tous les autres groupes, mais aussi de leur propre groupe. Un résumé des évaluations moyennes des représentants typiques des sept groupes professionnels est présenté en figure 15.3. Ces résultats suggèrent que les chômeurs ne s'identifient pas à leur propre groupe et aux membres de leur groupe. En outre, ils semblent nettement faire la distinction entre eux-mêmes et les autres membres de leur groupe en attribuant leur propre chômage à des facteurs externes instables et celui des autres membres à des facteurs internes stables, ce qui implique que leur identité sociale est négative. Ce manque d'identification à leur propre groupe semble servir de mécanisme pour préserver l'estime de soi, un aspect pertinent de l'identité sociale et représente l'une des possibilités pour modifier une identité sociale négative (Brown, 1988).

Figure 15.3.

Évaluations moyennes des « représentants typiques » des sept groupes professionnels

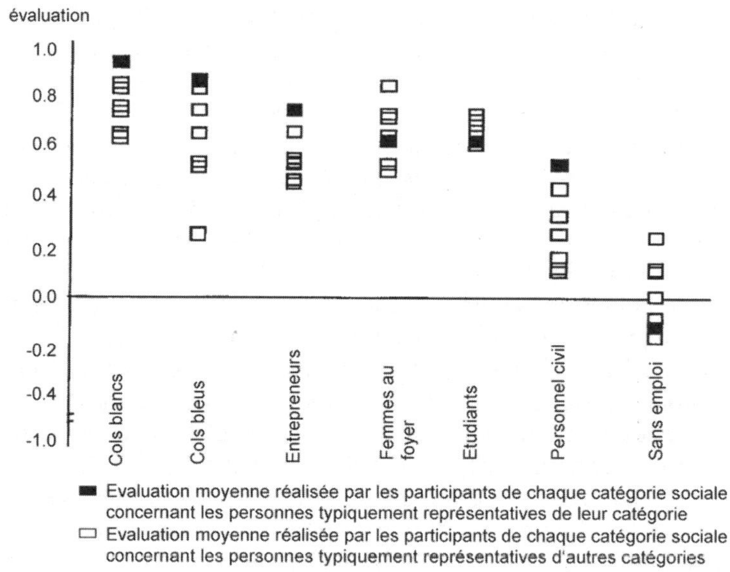

5. Représentations sociales des dirigeants

On l'a vu, les phénomènes économiques, comme les changements de monnaie, les crises économiques, les taxes ou encore le chômage affectent la société dans son ensemble. Mais les pratiques économiques à un niveau organisationnel, comme la question de la sélection du personnel, constituent également des objets d'étude pertinents dans des contextes économiques. La compréhension des phénomènes à grande échelle implique la mobilisation des théories implicites et des stéréotypes qui sous-tendent de telles pratiques. Dans ce contexte, la sélection du personnel pour des postes de direction présente un intérêt particulier car elle influe sur les perspectives de carrière et peut entraîner des inconvénients, mais aussi des inégalités. Bien que les lois régissant l'égalité entre les sexes existent dans la plupart des pays, les femmes font toujours face à de nombreux inconvénients, souvent invisibles, des difficultés à surmonter les barrières qui les empêchent de progresser dans leur carrière et d'accéder à des postes de gestion et de direction. L'un de ces obstacles est métaphoriquement appelé le « plafond de verre » (Barreto, Ryan & Schmitt, 2009) et décrit la barrière invisible et artificielle qui empêche les femmes de gravir les échelons professionnels au niveau exécutif. Mais même lorsque les femmes franchissent cette barrière et accèdent à des postes de direction, elles sont souvent victimes de discrimination dans l'évaluation de leur style de leadership. De plus, les succès et les échecs des femmes leaders font l'objet d'attributions différentes comparativement aux dirigeants masculins. Une explication théorique de ce « plafond de verre » est offerte par la théorie de la congruence de rôle (Eagly & Karau, 2002), qui postule que les préjugés contre les femmes sur des postes de direction se produisent en raison de la perception d'une incongruence entre le rôle social de la femme et le rôle social du chef. Les stéréotypes dominants décrivent les femmes comme gentilles, serviables, compréhensives, emplies de bons sentiments, empathiques, compatissantes et axées sur le relationnel, alors qu'ils décrivent des hommes comme agressifs, indépendants, décisifs et dominants. Ces attributs masculins sont aussi utilisés pour caractériser un leader typique. Afin de réduire la position désavantageuse des femmes candidatant pour des positions de leadership, il serait nécessaire que les stéréotypes de la femme et du dirigeant évoluent et soient amenés à converger.

Hartl, Kirchler et Muehlbacher (2013) ont cherché à savoir si les stéréotypes féminins et masculins des leaders avaient convergé au cours des 36 dernières années. S'appuyant sur les travaux de Kirchler (1992) et ceux de Rodler, Kirchler et Hoelzl (2001), ils ont analysé les avis de décès d'hommes et de femmes managers, publiés dans quatre journaux allemands de 1974 à 2010. Comme les notices nécrologiques représentent une source de données non réactive indirecte, elles fournissent l'avantage d'atteindre des informations non influencées par les méthodes de questionnement ou d'observation et sont dépourvues de réponses socialement désirables, un problème assez récurrent dans l'étude des stéréotypes. Les descriptions des managers décédés rédigés par des collègues de travail reflètent les attentes et les attributs d'un chef typique tels que des styles de leadership et les traits corrélés à la réussite. Si ceux-ci diffèrent entre les femmes et hommes managers, alors les termes utilisés pour décrire les managers féminins et masculins devraient être différents. Dans les études de Kirchler (1992) et Rodler et al. (2001), les notices nécrologiques d'hommes et de femmes managers rédigées par les entreprises ou les organisations dans lesquelles ils ont travaillé et publiées dans les quatre journaux allemands, *Die Presse*, *Neue Zürcher Zeitung*, *Süddeutsche Zeitung* et *Frankfurter Allgemeine Zeitung* entre les années 2004 et 2010 ont été extraites sous forme de données. Les données pour les années 1974, 1980, 1986, 1992 et 1998 ont été tirées de Kirchler (1992) et Rodler et al. (2001), elles ont été agrégées et complétées par les années 2004 à 2010.

Le contenu de 1 215 notices nécrologiques (894 pour les années 1974 à 1998 et 321 pour les années 2004 à 2010) a été analysé et 5 181 mots sémantiquement pertinents (4 057 pour les années 1974 à 1998 et 1 124 pour les années 2004 à 2010) ont été identifiés. Les 1 124 mots publiés dans les avis de décès en 2004 et 2010 ont été classés selon 58 catégories par deux évaluateurs (une femme et un homme). Les évaluateurs ont été formés à l'utilisation du schéma de catégorisation établi dans l'étude Kirchler (1992), également appliqué dans l'étude Rodler et al. (2001), dans laquelle les mots des années 1974-1998 avaient déjà été classés. Le pourcentage d'accord inter-évaluateurs était de 90 %. En cas de classification dissemblable, les évaluateurs discutaient de leur catégorisation jusqu'à ce qu'ils parviennent à un consensus. Les fréquences des 58 catégories descriptives pour les hommes et les femmes managers ont été calculées par année d'observation pour les années 2004 à 2010. Pour les années 1974 à 1998, les catégorisations et les fréquences qui en résultent ont été reprises des recherches de Kirchler (1992) et Rodler et al. (2001). Ensuite, les attributs ont été notés dans les catégories suivantes : succès de leadership, de stabilité des attributs, orienté vers la tâche ou orienté vers la personne (afin d'enquêter sur le style de leadership), le nombre de succès associés aux attributs et la stabilité des attributs. La catégorisation a été réalisée suivant le système développé par quatre psychologues spécialisés dans les relations humaines comme dans les travaux de Rodler et al. (2001).

Au cours de la période entière (1976-2010), l'attribut le plus souvent utilisé pour décrire les femmes managers renvoyait à l'*engagement* (9,3 %), suivi de *attentionnée* (4,6 %) et *forte personnalité* (4,5 %). L'attribut le plus souvent utilisé pour décrire les hommes managers était également l'*engagement* (5,6 %), suivi par *forte personnalité* (5,4 %) et *expert* (5,1 %). En comparant les caractéristiques attribuées aux femmes et aux hommes cadres de 1974-1980 et 2004-2010 on observe une convergence. Les femmes cadres étaient décrites en 1974-1980 comme *adorables*, *sociables* et *fidèles*, alors que les hommes gestionnaires étaient décrits comme *intelligents*, *experts* et *expérimentés*. Sur la période 2004-2010 les attributs associés aux femmes cadres étaient *engagées*, *instructeurs* et *attentionnées*, alors que ceux attribués aux hommes managers étaient *engagés*, *instructeurs* et *forte personnalité*. Bien que les femmes cadres aient été décrites tout à fait différemment des hommes managers en 1974/1980, les différences ont diminué au fil du temps. La figure 15.4 montre les trois solutions dimensionnelles d'une analyse des correspondances des fréquences des 22 catégories d'attributs selon le sexe et l'année.

Concernant le style de leadership, dans le cadre des avis de décès, on a trouvé plus d'attributs indiquant une orientation vers la tâche que des attributs indiquant une orientation vers la personne. Les attributs en lien avec l'orientation vers la tâche dominent autant les descriptions des femmes décédées que celles des hommes décédés. Les différences entre les sexes ont été observées uniquement pour l'année 2004, année au cours de laquelle les femmes managers étaient décrites avec beaucoup plus d'attributs associés à l'orientation vers la personne que ne l'ont été les hommes. En ce qui concerne les descriptions des hommes managers, une augmentation significative des attributs relatifs à l'orientation vers la personne était observable entre 1992 et 1998, ce qui a diminué entre 2004 et 2010.

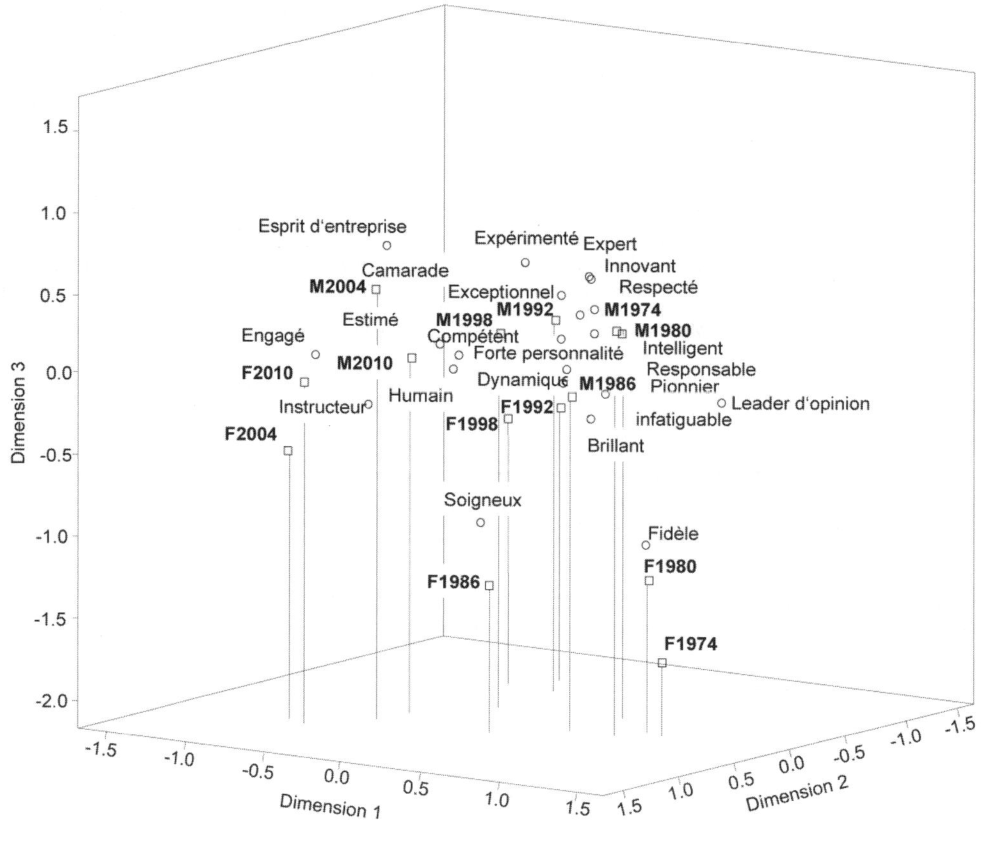

Figure 15.4.
Trois solutions dimensionnelles d'une analyse des correspondances des fréquences des 22 catégories des attributs associés aux dirigeants hommes et femmes par sexe et par année

L'analyse des attributs liés à la réussite montre seulement des différences significatives entre les sexes pour les années se situant entre 1974 et 2004, années au cours desquelles les descriptions des hommes managers comprenaient beaucoup plus d'attributs en lien avec le succès que pour les femmes. En outre, en 1974, comparativement aux hommes, les cadres féminins ont été décrits avec beaucoup moins d'attributs liés à la stabilité de la réussite. Une augmentation des attributs liés à la stabilité du succès est observable pour les deux sexes.

En résumé, les résultats suggèrent que les représentations sociales des hommes et des femmes cadres révèlent une convergence, mais alors que le stéréotype du leader masculin est resté relativement stable, le stéréotype de la femme leader a beaucoup changé et se rapproche du stéréotype du leader masculin.

6. Conclusion

Les économies sont des arènes sociales complexes dans lesquelles interagissent différents acteurs à différents niveaux d'expertise. Par conséquent, les phénomènes économiques sont des phénomènes sociaux. Les représentations sociales se révèlent être un cadre théorique utile pour la compréhension des actions des individus dans des contextes économiques. Elles permettent d'examiner les théories naïves liées à des phénomènes économiques complexes, ainsi que le développement de ces théories. En outre, en comparant les théories naïves avec les théories économiques des experts, il est possible de mettre en lumière les différences entre les prédictions normatives des modèles économiques et les comportements réels des personnes. En outre, des phénomènes économiques et l'action humaine dans des contextes économiques peuvent être étudiés au coeur des contextes sociaux dans lesquels ils se produisent. En mettant l'accent sur les significations partagées et sur les manières de comprendre des objets au niveau collectif, la théorie des représentations sociales déplace l'attention du point de vue individuel vers le point de vue du groupe social en insistant sur l'importance de considérer ces deux niveaux d'analyse.

Comme le montrent les exemples relatifs au passage à la monnaie unique, aux taxes, aux crises économiques, au chômage et aux stéréotypes de leadership, les représentations sociales aident à comprendre les phénomènes économiques complexes en montrant ce que les gens pensent et croient, et comment ces notions guident leur comportement dans des contextes économiques.

Focus 15

Le risque et la crise : deux représentations économiques

Christine ROLAND-LÉVY[1] & Ruxanda KMIEC[2]

Sommaire

1. Université Reims Champagne Ardenne, France.
2. Université Reims Champagne Ardenne, France.

Dans ce focus sur les représentations sociales en lien avec l'économie, cinq études de la représentation du risque et de celle d'un risque de nature collective et économique (la crise) sont présentées. Évoquer les risques économiques nécessite de faire un détour par la psychologie économique. Cette discipline résulte de la rencontre de deux démarches à vocation large : la psychologie sociale et la démarche des économistes qui refusent de réduire les comportements des agents économiques à la rationalité instrumentale de l'homo œconomicus. Moscovici (2001b) souligne que la représentation sociale en psychologie de l'économie permet de comprendre les phénomènes économiques pour revenir à la relation entre sciences.

1. Les représentations économiques et la crise

Vergès (1989) définit les représentations économiques comme des représentations sociales d'un domaine particulier : celui de la société économique. À partir de la définition des représentations sociales de l'économie comme formes de connaissance, trois processus cognitifs sont identifiés : la sélection, le procès connotatif et la schématisation.

Un aspect spécifique à considérer au niveau des travaux sur les représentations sociales de l'économie est constitué de deux processus sociaux : d'un côté, les représentations sociales rendent compte de l'expérience pratique des acteurs sociaux et, de l'autre, les représentations sociales rendent compte du travail que la société effectue sur les significations.

La crise financière et économique actuelle a été jugée par des experts en économie comme étant de la même ampleur que le krach boursier de 1920. Le point de départ de cette crise a été la crise financière qui de par son caractère systématique s'est propagée au niveau du système économique. La difficulté de la situation, au-delà de son caractère mondial, vient du fait qu'il est impossible de prévoir la sortie de crise.

Pour voir si la crise est perçue comme un risque, cinq études sont brièvement présentées. Les deux premières emploient l'analyse prototypique pour analyser les productions verbales obtenues à partir du terme inducteur « risque » ou « crise » selon l'étude. La troisième utilise l'algorithme de Kruskal afin d'obtenir une représentation graphique des deux organisations représentationnelles (risque et crise). La quatrième permet d'analyser les liens entre les deux représentations sociales (risque et crise) et la façon dont ces liens peuvent influencer les jugements évaluatifs de la crise et la capacité perçue d'action face à la crise. Enfin, la dernière étude précise davantage comment la représentation sociale du risque et ses éléments influencent des actions concrètes réalisables face à la crise économique.

1.1 *Étude 1. La représentation sociale du risque en général*

Cette étude explore la représentation sociale du « risque *en général* » d'une population étudiante ($N = 732$) à partir d'une épreuve associative[3] autour du terme inducteur « risque ». Les participants devaient produire 5 à 7 mots ou expressions en réponse à la question : « *À quoi vous fait penser le risque ?* » Pour chaque mot ou expression produit, ils devaient indiquer si cela leur évoquait quelque chose de positif, de neutre ou de négatif.

L'analyse de la structure de la représentation sociale du risque *en général* montre que la représentation sociale est organisée autour de l'élément potentiellement central *danger* et de mots désignant des émotions. Des aspects économiques, tels que les *gains* et les *pertes*, font également partie de la structure identifiée, mais, en raison de leur place en périphérie, ces derniers

3. Voir chapitre 5.

semblent être plutôt l'expression des différences individuelles que des éléments communs et partagés par la majorité des participants (pour plus d'informations sur cette étude, voir Kmiec & Roland-Lévy, 2014).

1.2 *Étude 2. La représentation sociale de la crise*

L'objectif de la deuxième étude est d'explorer la représentation sociale de la « crise » considérée ici comme un type de risque spécifique auprès d'une population étudiante ($N = 699$). Le contenu de la représentation sociale de la crise a été recueilli à l'aide d'une épreuve associative avec le terme inducteur « crise ». Ici encore, les participants devaient produire 5 à 7 mots ou expressions en réponse à la question : « *À quoi vous fait penser la crise ?* » et indiquer la valence de chacun des termes produits[4].

Les techniques d'analyse de la diversité, rareté et entropie (Flament & Rouquette, 2003[5]) et de température informationnelle (Kalampalikis & Moscovici, 2005) ont été utilisées dans l'analyse du matériel lexical obtenu, avant d'entreprendre l'analyse prototypique. Cette démarche a permis d'explorer le degré de stéréotypie des réponses recueillies. Le calcul du ratio entre *T* (Types ou les mots différents) et *N* (indiquant le nombre de mots total) a permis d'obtenir un indice de la diversité lexicale à 33 %, un score qui confirme l'existence d'une certaine stéréotypie au niveau des réponses face à la crise.

L'analyse prototypique de la structure de la représentation sociale de la crise indique que la représentation sociale de la crise semble structurée autour de termes ayant soit une valeur neutre *économie* et *argent*, soit négative, notamment par rapport aux conséquences de la crise (*chômage*, *difficultés*, *pauvreté*...). Elle semble plus concrète que la représentation sociale du risque : ses éléments sont centrés sur le domaine et font référence à des préoccupations économiques. Ceci reste cohérent avec d'autres études menées en Europe sur la perception sociale de la crise économique dans lesquelles les participants avaient inclus dans leurs productions verbales décrivant la crise des variables descriptives économiques (Gangl et al., 2012).

Ainsi, si nous plaçons ces résultats dans une perspective comparative par rapport aux résultats obtenus avec la méthode associative, nous constatons que l'un des éléments supposés être centraux dans cette étude, l'*argent*, l'était déjà pour des participants français, italiens ou roumains en 2008 (Galli et al., 2010), mais ceci n'était pas le cas en Grèce (structure représentationnelle très centrée sur les conséquences : *chômage* et *pauvreté*). D'autre part, en Autriche, la représentation sociale de la crise s'organisait autour du *chômage* et des *banques* (Kirchler, Kastlunger & Gangl, 2010). *Économie* et *chômage* ont également été identifiés comme éléments potentiels du noyau central de la représentation sociale de la crise obtenue auprès d'un échantillon français (Roland-Lévy et al., 2010).

1.3 *Étude 3. Relations entre représentations sociales du risque et de la crise : classification par blocs et analyse de similitude*

La troisième étude explore la relation entre la représentation sociale du risque et celle de la crise économique, en utilisant la classification par blocs et l'analyse de similitude. Ainsi, 430 étudiants ont participé à une épreuve de classification par blocs de 20 éléments appartenant soit à la structure représentationnelle du « risque », soit à celle de la « crise », soit aux deux. Les résultats de l'analyse de similitude[6] (calcul d'un indice de distance, Guimelli, 1998a)

4. Voir chapitre 5.
5. Voir chapitre 3.
6. Voir chapitre 5.

et l'utilisation de l'algorithme de Kruskal ont permis de construire l'arbre maximum. La configuration des arêtes et sommets de cet arbre confirme l'importance de l'élément *danger* dans la représentation sociale du risque, par opposition aux éléments précédemment identifiés comme faisant partie de la représentation sociale de la crise, ces derniers se situant à plus grande distance de la configuration décrivant le risque. L'analyse des graphes obtenus fait apparaître le risque comme concept proche d'éléments subjectifs, émotionnels positifs ou négatifs et pouvant conduire aux *pertes* beaucoup plus qu'il ne mène aux *gains*, ce dernier mot n'étant que faiblement reconnu comme pertinent pour décrire le risque.

Cette analyse confirme l'importance du mot *danger* comme élément du noyau figuratif du risque, tandis que la position des autres éléments plus positifs déjà identifiés comme périphériques semble être renforcée dans la configuration identifiée. Si les éléments représentationnels de la crise s'organisent d'une manière assez distincte par rapport au risque, il ressort que l'élément *finance* fait le lien entre les deux configurations identifiées.

1.4 *Étude 4. Relations entre représentations sociales du risque et de la crise : effet des* patterns

Cette étude a été conduite auprès de 114 étudiants de façon à approfondir la relation que peuvent entretenir les représentations sociales du « risque » et de la « crise ». Basée sur l'analyse structurale des productions verbales obtenues à l'aide de l'épreuve associative utilisant les termes inducteurs « risque » et « crise », une liste de vingt mots a été utilisée dans une épreuve de choix qui permettait aux participants d'attribuer ces mots selon quatre *patterns* possibles (Vergès, 2001).

Les résultats obtenus confirment les hypothèses. Lorsque les participants associent les éléments spécifiques de la représentation sociale de la crise au risque et à la crise, ils perçoivent davantage de gravité pour la crise que lorsque ces mots sont associés uniquement à la crise (amplification du risque lié à la crise). Lorsque les mots identifiés comme spécifiques de la représentation sociale du risque sont associés à la crise, ou au risque et à la crise en même temps, les participants perçoivent davantage de capacité d'action face à la crise (prise de risque).

1.5 *Étude 5. Liens entre représentation sociale et actions face à la crise*

Nous avons, dans cette étude, manipulé la représentation sociale du risque et nous avons notamment demandé aux participants ($N = 65$ étudiants) de positionner leur choix entre la crise comme *risque* ou la crise comme *danger* (élément supposé être central de la représentation sociale du risque). Les participants devaient par ailleurs répondre à plusieurs questions concernant les actions qu'ils seraient prêts à réaliser afin de faire face à la crise. Des corrélations positives de la capacité perçue d'action avec des actions concrètes (voter, consommer et épargner) ont été trouvées, ainsi qu'une cohérence interne satisfaisante de ces variables.

Les résultats confirment le fait que considérer la crise comme un danger ou comme un risque influence la capacité perçue d'action. Lorsque la crise est perçue comme un risque, les participants se déclarent davantage prêts à manifester ou consommer plus. Les participants qui considèrent la crise comme un danger affichent davantage de confiance dans le fait que seuls les politiques peuvent agir pour trouver des solutions, comparativement à ceux qui considèrent la crise comme un risque.

2. Discussion

Les données et analyses de ces cinq études confirment l'émergence de deux représentations sociales (risque et crise) avec deux structures distinctes identifiées. La crise est perçue comme étant plus négative que le risque en général. Le croisement des différentes méthodes d'analyse a montré comment le contenu de la représentation sociale du risque pouvait influencer les jugements face à un risque collectif comme la crise économique. Face à la crise, les participants partagent une compréhension commune des actions et résultats qui peuvent les affecter.

CHAPITRE 16

Représentations sociales et éducation

Sophie RICHARDOT[1]

Sommaire

1. Université de Picardie-Jules Verne, Amiens, France.

Dans un chapitre sur les représentations sociales du champ éducatif, Gilly (1989) déplore le faible nombre de recherches se rapportant à l'éducation dans lesquelles les représentations sociales occupent une place centrale. Ce constat est toujours d'actualité, les représentations sociales sont souvent convoquées pour penser les questions éducatives, mais les recherches se contentent parfois de mobiliser ce concept de façon évasive ou périphérique sans le définir véritablement ou l'ancrer dans la théorie des représentations sociales (Moscovici, 1961). Toutefois, depuis les années 1990, les recherches menées dans cette perspective théorique se sont développées en raison notamment de l'extension des frontières des activités éducatives. En effet, celles-ci vont à présent bien au-delà du cadre scolaire ou familial, pour inclure d'autres univers institutionnels, l'hôpital, par exemple, avec « l'éducation thérapeutique du patient » (Jodelet, 2014) et, plus généralement, les différentes sphères de notre vie quotidienne pour orienter un vaste ensemble de conduites dans le champ de la santé (Gaudreau, 2000 ; Isabelle & Kaszap, 2013 ; Jourdan et al., 2002), de la sexualité (Boucher, 2003) ou de l'environnement (Garnier & Sauvé, 1998). L'éducation apparaît ainsi aujourd'hui comme un « concept éclaté » (Garnier & Rouquette, 2000) aux multiples facettes à mesure que se développe « l'éducation à… » et un domaine dans lequel les acteurs « à éduquer » ne sont plus seulement des enfants ou des adolescents, mais aussi des adultes, avec l'essor de « l'éducation tout au long de la vie » (Bouyssieres, 2001).

On se limitera cependant dans ce chapitre à convoquer des recherches se rapportant à l'univers scolaire car l'école n'en demeure pas moins un lieu privilégié pour étudier les représentations sociales. Tout d'abord, parce que l'univers scolaire constitue un sujet de discussions inlassables : des médias aux conversations quotidiennes en passant par les réunions professionnelles, comme en témoignent les débats passionnés qui ont eu lieu, en 2013-2014 en France, sur la réforme des rythmes scolaires. L'école constitue un objet hautement polémique et, par conséquent, un objet de représentation sociale par excellence (Flament & Rouquette, 2003). Ensuite, parce que l'espace scolaire met en co-présence différents groupes sociaux susceptibles de défendre, étant donné leur position respective, des visions fort différentes de l'école : des parents d'origines sociales différentes, des enseignants aux profils variés, des élèves de tous âges aux situations scolaires contrastées, des inspecteurs, des conseillers d'éducation, des conseillers d'orientation, etc. Enfin, parce qu'il s'agit d'un espace de contrainte – sur le plan institutionnel, social, matériel – qui somme les acteurs, en particulier les enseignants, de faire évoluer leurs pratiques, et donc bien souvent leurs représentations, pour les adapter aux nouvelles injonctions ministérielles, aux mutations du public ou aux spécificités du terrain (Lautier, 2001b). Pour toutes ces raisons, et bien d'autres encore, l'école constitue un espace privilégié pour étudier la dynamique des représentations sociales (Moliner, 2001), c'est-à-dire la manière dont celles-ci émergent et se transforment, notamment par le biais de la négociation des points de vue, de l'adoption de nouvelles pratiques ou, plus généralement, sous l'effet du processus même de socialisation des acteurs au sein de l'institution scolaire.

L'école met ainsi les représentations sociales sous tension, et nous verrons ce que cette mise sous tension génère tant au plan cognitif et émotionnel que relationnel. Ces tensions trouvent en particulier leur origine dans les multiples contradictions perçues par les acteurs entre principes affichés par l'école et fonctionnement institutionnel effectif, injonctions à faire et conditions objectives de possibilités d'action, conceptions préalables et réalité du terrain, discours des enseignants et pratiques quotidiennes, etc. Elles prennent alors la forme d'un décalage entre ce que devrait être l'école – qui détermine les attentes, souvent fortes, des acteurs à son égard – et la réalité du fonctionnement scolaire perçue par ceux qui la vivent, un décalage qui génère fréquemment incompréhensions, découragement et sentiments d'injustice.

Nous explorerons ces multiples contradictions inhérentes au système éducatif – et les négociations, compromis, rationalisations, nouvelles pratiques qu'elles engendrent éventuellement – à partir de trois thématiques principales autour desquelles peuvent être réunies la plupart des recherches menées aujourd'hui sur les représentations sociales relatives à l'école : 1) la justice scolaire, 2) le métier d'enseignant, 3) l'échec scolaire. Nous laisserons de côté les travaux recourant à la théorie des représentations sociales pour penser l'appropriation des savoirs scolaires. Étant donné leur variété et leur richesse, ils demanderaient à eux seuls un chapitre particulier. Nous nous contenterons de reporter le lecteur intéressé aux recherches qui ont été menées dans cette perspective sur la didactique de l'histoire (Cariou, 2004 ; Lautier, 1997, 2001a, 2006 ; Lautier & Allieu-Mary, 2008) ou des sciences économiques (Beitone, Dollo, Rodrigues & Decugis, 2003).

1. La justice scolaire : représentations idéales et expériences quotidiennes

La justice scolaire renvoie à trois grandes dimensions : 1) la justice *distributive* (le sentiment, par exemple, que les notes données sont justes), 2) la justice *procédurale* (le sentiment que les critères d'évaluation sont justes), 3) la justice *interactionnelle* (le sentiment que le traitement dont on fait l'objet est juste) (Chory-Assad, 2002). Dubet (1999) a également proposé trois grands principes présents dans la plupart des études empiriques sur le sens de la justice scolaire : le mérite, l'égalité et le respect[2]. Partant de l'idée que tout décalage entre *représentations idéales* de la justice scolaire et l'*expérience quotidienne* était susceptible de générer un sentiment d'injustice (Sabbagh, Resh, Mor & Vanhuysse, 2006), les recherches ont surtout confronté normes du juste et pratiques ordinaires.

L'étude de Berti, Molinari et Speltini (2010) est de celles-là. Elle avait pour objectif d'étudier dans quelle mesure 1) les représentations sociales idéales de la justice en classe entre les élèves et les enseignants se recouvraient ; 2) les représentations sociales idéales des élèves étaient convergentes avec leur expérience effective de la justice en classe ; 3) le sentiment d'injustice des élèves était lié à leur engagement psychologique en classe (mesuré à partir de leur degré d'identification à leur classe, leur motivation à apprendre, leur tendance à dialoguer avec les enseignants). À cet effet, il a été demandé à des lycéens (italiens, de deux groupes d'âge : 14-15 ans et 16-18 ans) et à leurs professeurs de remplir un questionnaire dans lequel ils devaient évaluer le caractère idéalement juste ou injuste de certains items renvoyant aux différentes dimensions de la justice : *distributive* (e.g., « un enseignant consacre autant de temps à chacun de ses élèves »), *procédurale* (e.g., « un enseignant explique aux élèves comment il prend ses décisions ») et *interactionnelle* (e.g., « un enseignant est gentil et chaleureux avec ses élèves »). Les élèves devaient, dans un second temps, remplir le questionnaire en pensant à « leur professeur » ou « leur classe ». On leur demandait également d'indiquer dans quelle mesure ils 1) s'identifiaient à leur classe, 2) étaient motivés pour apprendre, 3) disposés à communiquer avec leur enseignant.

L'étude fait apparaître une divergence entre les élèves et les professeurs à propos de la *dimension distributive* de la justice. En effet, alors que les lycéens, en particulier les filles, valorisent avant tout l'égalité (« mêmes critères d'évaluation appliqués pour chacun », « même temps accordé à l'oral pour chacun ») les seconds considèrent idéalement plus juste de prendre en compte l'effort et le besoin. C'est donc fort logiquement ce même principe d'égalité qui se détache lorsque l'on étudie l'ampleur des écarts, chez les élèves, entre *leur conception idéale* de la justice en classe et *ce qu'ils vivent au quotidien*. L'égalité apparaît, en effet, comme le principe générant le plus de sentiment d'injustice, surtout chez les filles. Il est également intéressant de constater que, d'une manière générale, le sentiment d'injustice ne fait que croître avec l'âge et prend de plus en plus en compte la *dimension interactionnelle* de la justice. Enfin, les résultats révèlent que le sentiment d'être traité injustement au cours des interactions en classe influe sur la motivation à apprendre et sur le dialogue avec l'enseignant tandis que l'impression de recevoir moins que les autres affecte l'identification au groupe. On le voit, éprouver un sentiment d'injustice n'est pas sans conséquences sur l'engagement psychologique à l'école. Ces résultats ont été confirmés dans une recherche ultérieure (Molinari, Speltini & Passini, 2012).

Comment faire adhérer les élèves aux sanctions dont ils sont l'objet ? La question de l'engagement scolaire est également posée dans la recherche menée par Pithon et Barrandon (2007) sur les sanctions scolaires. Selon les auteurs – et conformément à la réforme de juillet 2000 sur

---

2. Dans cette perspective, le mérite renvoie à l'équivalence entre « les contributions, le travail fourni, et les rétributions, les notes obtenues. L'injustice est la rupture de cette équivalence, l'arbitraire des notes, la non-reconnaissance des performances... » (p. 181). L'égalité renvoie à l'idée que « l'école doit traiter chacun de la même manière, indépendamment de ses performances » (p. 182). Le respect fait référence à l'idée que « le jugement scolaire ne doit pas atteindre la dignité des personnes » (*ibid.*).

les procédures disciplinaires et le règlement intérieur des établissements scolaires du second degré – pour que la sanction devienne un acte éducatif, il est nécessaire qu'elle soit expliquée et perçue comme juste par l'élève. Or les élèves sont loin de tous considérer que les sanctions données sont toujours justes, les garçons en particulier (40 % ne le pensent pas contre 26 % des filles ; DEPP, 2011). Ce constat est particulièrement vrai dans les établissements situés en zones prioritaires (Debardieu, 2011). Dès lors, il s'agit d'interroger les écarts éventuels entre *pratiques quotidiennes* et *principes généraux du droit* en vigueur dans les établissements. En effet, quatre grands principes se doivent d'être respectés dans les établissements lors de la décision et de la mise en œuvre d'une sanction : 1) le *principe de la légalité* (punitions et sanctions sont inscrites dans le règlement intérieur) 2) le *principe de la contradiction* (suite à un dialogue avec l'élève, la sanction est expliquée) 3) le *principe de la proportionnalité* (graduation en fonction de la gravité de la faute) 4) le *principe de l'individuation* (la sanction s'adresse à une seule personne). Or, si dans cette étude les lycéens et leurs professeurs s'entendent pour dire que les principes de légalité, proportionnalité et individualisation sont généralement respectés dans l'application des sanctions, ils divergent quant aux principes de contradiction : pour la plupart des élèves, ce principe est rarement appliqué dans les faits. Les lycéens ont l'impression de ne pas avoir d'espace pour s'expliquer auprès de leurs professeurs. C'est donc sur la *dimension procédurale de la justice* – pourtant essentielle à la perception de la sanction comme acte éducatif – que la dissension entre professeurs et élèves s'opère. De leur côté, les enseignants perçoivent leurs pratiques comme se conformant en tout point à ce que recommande la circulaire ministérielle sur les sanctions. Enfin, cette étude s'est également intéressée aux divergences éventuelles entre partenaires scolaires à propos des *pratiques effectives* liées aux sanctions. C'est ainsi que l'on apprend que les élèves perçoivent surtout les sanctions négatives habituellement administrées (retenue, exclusion, etc.) tandis que les professeurs déclarent recourir également à des sanctions positives (encourager et féliciter, récompenser). Il est intéressant de noter que les sanctions négatives qui font l'objet du maximum de divergence entre les deux partenaires sont liées, chez les élèves, au sentiment d'être traités injustement (humiliations verbales, ignorer l'élève). Encore une fois, les lycéens apparaissent donc particulièrement sensibles à la *dimension interactionnelle* de la justice qui veut que l'on soit considéré avec respect tandis que les enseignants paraissent peu conscients des effets sur les élèves de certaines de leurs remarques ou comportements en classe. Mais c'est aussi, plus généralement, une relation inégalitaire que les élèves dénoncent, considérant que les sanctions sont avant tout des instruments du pouvoir enseignant par le biais desquels celui-ci rappelle la hiérarchie entre professeurs et élèves.

Mais comment ces différentes dimensions de la justice – ou principes de justice (respect, égalité, besoin) – sont-ils mobilisés par les élèves *en situation* pour penser les décisions scolaires les concernant, en termes d'orientations, de sanctions, d'évaluation, etc. ? Quel travail interprétatif les conduit à définir la situation comme juste ou injuste ? Comment articulent-ils des normes de justice qui, en contexte, peuvent s'avérer difficiles à concilier voire susciter de véritables dilemmes (Kellerhals, Modak & Perrenoud, 1997) ? Il nous semble important, pour étudier les représentations sociales de la justice, de mobiliser des dispositifs empiriques s'efforçant de confronter les individus à des situations les plus proches possible de celles qu'ils sont amenés à rencontrer dans leur vie quotidienne.

Nous avons ainsi, dans l'une de nos enquêtes (Richardot & Lautier, 2009), demandé à des collégiens de réagir à deux petits scénarios, volontairement ambigus, se rapportant à la justice professorale : une situation où l'élève est l'éventuelle *victime* de l'évaluation d'un enseignant (sa copie est mieux notée dans un second temps par un jury d'enseignants) et une situation où il est le *témoin* d'une éventuelle injustice commise à l'égard d'un élève (un conseil de classe décide d'une orientation scolaire qui ne correspond pas aux vœux de l'élève). Cette étude révèle un effet décisif de l'origine sociale des élèves et du type d'établissement fréquenté sur la perception des décisions de justice pour soi et pour autrui. Elle montre que ce sont les enfants des milieux les plus favorisés, et *a fortiori* des établissements privés, qui se montrent les plus disposés à revendiquer et à s'indigner – les élèves de milieux modestes, scolarisés en ZEP, considérant, au contraire, que les décisions prises par l'institution, à leur endroit ou à l'égard d'autres élèves, sont justes et méritées. Cette perception différenciée tient en particulier au fait que les premiers sont plus enclins que les seconds 1) à contester les jugements au mérite, 2) à prendre de la distance à l'égard de leur rôle d'élève pour endosser le point de vue des enseignants. C'est ainsi que, s'identifiant aux figures d'autorité, les élèves de catégories sociales supérieures sont en mesure d'entrevoir des décisions alternatives qui, selon eux, n'auraient pas généré d'injustice alors que les élèves dont les parents sont de milieux populaires (notamment ouvriers) « restent à leur place » d'élève et s'en remettent à l'institution scolaire pour les décisions prises à leur endroit, limitant ainsi leur capacité à revendiquer mais aussi à s'indigner du sort réservé aux autres élèves.

On le voit, la perception des situations scolaires par les élèves n'a rien d'homogène et dépend notamment de leur position dans l'espace social et institutionnel. C'est ce que montre également une autre de nos études menée sur le groupe-classe idéal (Lautier & Richardot, 2004). Dans cette recherche, nous avons demandé à des élèves de collège et de lycée de constituer leur classe idéale à partir de critères éventuellement contradictoires susceptibles de mettre notamment en tension certains principes et finalités (l'égalité et la réussite scolaire, par exemple) et de donner lieu à des représentations radicalement différentes. Les participants devaient ainsi choisir les 22 élèves composant leur classe idéale selon 3 critères : 1) le niveau scolaire, 2) le comportement en classe, 3) les attitudes envers les autres élèves. Les résultats révèlent que, pour les élèves, *la classe idéale* est une classe dont les membres sont 1) de bons camarades, 2) disciplinés, 3) de bon niveau. C'est donc, quel que soit le profil de l'élève, le besoin de fraternité et le climat du groupe qui priment sur le niveau scolaire dans la représentation sociale du groupe-classe idéal. Mais les théories implicites mises en œuvre pour articuler les différents critères varient selon la position occupée dans l'espace scolaire. On peut dégager 4 principaux profils : 1) les bons élèves, lycéens de filières sélectives, qui s'inscrivent dans une logique de sélection en souhaitant de nombreux bons élèves pour entretenir un esprit compétitif, 2) les élèves qui, ayant le même profil, tentent d'adoucir cet esprit de compétition en souhaitant également des élèves sympathiques et donc une classe solidaire, 3) les lycéens, de filières peu valorisées, qui cherchent avant tout à évoluer dans une classe équilibrée (« avec un peu de tout ») dans laquelle la diversité permet à chacun de trouver sa place, 4) les élèves faibles qui valorisent avant tout la coopération pour aider les plus faibles dans un climat de groupe agréable, auxquels s'ajoutent, 5) les élèves de tous profils, pragmatiques, qui tentent de maintenir leur position dans la hiérarchie scolaire (« je préfère que les élèves soient faibles pour me laisser l'avantage d'être la meilleure »).

Tous les élèves ne partagent donc pas la même lecture des situations potentiellement injustes selon leur statut, leur position sociale ou institutionnelle. Nous allons voir, à présent, que les enseignants constituent également un groupe hétérogène, sous le rapport des conceptions qu'ils ont de leur métier.

2. Le métier d'enseignant : représentations sociales et pratiques professionnelles

Le métier d'enseignant se caractérise par un ensemble de rôles prescrits : le savant, le pédagogue, l'éducateur, l'animateur, l'évaluateur. Chacun de ces rôles est marqué par des tensions, parfois des oppositions d'ordre idéologique ou statutaire. De plus, l'action quotidienne les actualise et les transforme (Lautier, 2001b). On peut dès lors se demander comment les professeurs composent avec cette pluralité des rôles qu'implique leur métier. Quelles représentations préalables ont-ils de celui-ci ? Que donnent à voir les pratiques en classe de leurs conceptions pédagogiques ? C'est à de telles interrogations – qui interrogent les rapports entre représentations sociales et pratiques professionnelles – que nous nous intéresserons à présent.

La Direction de l'évaluation, de la prospective et de la performance (DEPP, Ministère de l'Éducation nationale) a mené au cours des années 2000 deux grandes enquêtes nationales qui offrent des données particulièrement précieuses pour appréhender les représentations sociales des professeurs (du second degré) à l'égard de leur métier, selon divers profils (DEPP, 2003 ; DEPP, 2009). En outre, les mêmes types de questions sont souvent posés d'une enquête à l'autre, autorisant ainsi le repérage de certaines constances et de quelques évolutions entre les deux enquêtes. C'est ainsi que l'on observe, dans les deux études, que la *représentation sociale du métier est en tension entre deux pôles* : celui de l'instruction (transmettre des connaissances) et celui de l'éducation (l'accompagnement des élèves), une constante dans toutes les enquêtes menées sur le métier d'enseignant (Lautier, 2001b). Les professeurs s'accordent tous à reconnaître l'importance de la mission de transmission des connaissances. En revanche, la fonction d'éducation est inégalement intégrée selon le grade et la discipline. En effet, si l'enquête de 2003 montre que 76 % des enseignants sont d'accord pour dire que « choisir le métier d'enseignant, c'est accepter d'instruire mais aussi d'éduquer », on observe une distance plus grande à la fonction éducative chez les agrégés qui sont 19 % à réfuter totalement cette proposition et dans certaines disciplines comme les mathématiques (20 % en désaccord). En revanche, la mission d'éduquer est un peu plus reconnue par les enseignants des disciplines professionnelles et technologiques et fait l'objet d'une adhésion particulièrement forte en EPS (70 % tout à fait d'accord). Il est intéressant de constater qu'une troisième fonction importante est apparue dans l'enquête de 2008 : l'acquisition de compétences. La représentation sociale du métier est-elle en train d'évoluer ? Le fait que cette troisième fonction soit jugée surtout importante chez les enseignants nouvellement arrivés peut le laisser présager. Néanmoins, elle peut refléter également une adaptation à la spécificité de certains publics puisque ce sont aussi ces enseignants qui sont nombreux en collège RAR (Réseau Ambition Réussite)[3].

Comment ces différents rôles inhérents au métier d'enseignant sont-ils mis en œuvre au quotidien ? L'enquête de 2003 montre sur ce point des décalages importants entre *conception* et *réalité vécue*. En effet, si le rôle d'éducateur est attendu à hauteur de 16 %, la réalité de la classe met les professeurs dans l'obligation d'accorder deux fois plus de place à la réalité de cette fonction (53 %). Ils considèrent que, dans le même temps, ils sont contraints de limiter la transmission des savoirs par rapport à leurs ambitions premières (82 % dans la conception et 36 % dans la réalité). En d'autres termes, la réalité du terrain les conduit à davantage s'investir dans des fonctions qu'ils jugent secondaires dans leur métier. Certains déclarent même jouer un rôle de « travailleur social » (à hauteur de 8 %) pour lequel ils ne se considèrent pourtant pas faits. Mais ces écarts entre conceptions et réalité vécue varient sensiblement selon le grade de l'enseignant et par conséquent aussi, son type d'établissement. On observe ainsi que les agrégés centrent davantage leur conception du métier sur la fonction de transmission de savoirs et de connaissances et semblent, dans leur exercice professionnel, plus en accord avec cette représentation (92 % dans la conception et 58 % dans la réalité). En revanche, les professeurs en lycée professionnel, vivent une tension identitaire plus forte (82 % d'un côté, 27 % de l'autre) de même que les jeunes enseignants qui, à l'instar de leurs collègues, appréhendent la fonction en termes de transmission de savoirs et de connaissances (85 %) mais ne sont qu'un cinquième à la qualifier de la sorte en pratique (contre par exemple, 38 % des professeurs âgés de 50 ans et plus).

On peut dès lors se demander comment les professeurs s'ajustent à cette réalité de la pratique. Selon Lautier, *deux modes principaux d'orchestration des rôles* sont communément activés chez les professeurs (Lautier, 2001b). Le premier renvoie à l'engagement dans une logique de compromis : les enseignants font, par exemple, une hiérarchie forte entre les rôles (la fonction éducative doit venir après la transmission des savoirs) ou ils les alternent en fonction des situations. Ils peuvent également construire des postures conciliatrices, en se référant notamment à leur discipline. C'est ainsi que certains professeurs d'histoire gèrent le rôle du maître-savant et du maître-éducateur avec une grande harmonie dans la mesure où, pour eux, l'histoire fournit une leçon permettant d'éviter de reproduire les erreurs du passé. Le second mode d'orchestration consiste, pour négocier au mieux les attentes intériorisées des différents rôles, à s'engager dans un processus de rationalisation consistant à recourir à des schèmes explicatifs partagés par le groupe professionnel (le manque de temps, de moyens, le programme, etc.). Enfin, certains

3. Les ZEP (Zones d'éducation prioritaires) n'existent plus sous ce nom depuis 2006-2007, d'autres dispositifs les remplacent sous des appellations variables (APV, RAR, CLAIR, ECLAIR...).

enseignants refusent cette orchestration des rôles soit, de manière très consciente, en ne se centrant que sur un seul (« qu'on ne compte pas sur moi pour jouer les assistantes sociales »), soit, de façon plus inconsciente, en ne reconnaissant pas la contradiction. C'est incontestablement cette dernière posture (la fuite ou l'occultation) qui s'avère la plus périlleuse à long terme.

Les modes d'orchestration sont donc pluriels et l'on peut penser qu'ils se construisent partiellement avec le temps. Mais quelles sont les premières formes d'adaptation au terrain chez les enseignants nouvellement nommés ? Plusieurs enquêtes témoignent en effet d'un « choc des réalités » au moment de la prise de fonction (Baillauquès & Breuse, 1993 ; Devos & Paquay, 2013). Les débutants sont notamment déroutés par la complexité d'une profession qu'ils croyaient facile et pour laquelle ils constatent qu'ils manquent manifestement de connaissances et de compétences. Baillauquès (2012) note que « les comportements alors, pédagogiques et relationnels, s'en ressentent et peuvent se soumettre – jetant par-dessus bord les apprentissages effectués en formation professionnelle – à des modèles d'enseignement dit "traditionnels" : collectifs, verbaux, rigides, énoncés comme "magistraux" », retrouvés en mémoire d'enfance » (p. 48). En d'autres termes, face à la difficulté, le premier mouvement de ces professeurs novices est parfois de « se raccrocher » à une conception naïve du métier, qui ne fait que renforcer leur désajustement au terrain. Les professeurs stagiaires sont aussi surpris par la diversité des élèves de leur classe en termes d'apprentissage, de comportements, de besoins, etc. (Perez-Roux, 2007). Celle-ci constitue un véritable défi pour avancer dans le programme qu'ils tentent de relever en innovant pédagogiquement, mais les dispositifs mis en place ne se révèlent pas toujours praticables dans la durée.

Comment, dès lors, les enseignants plus expérimentés tentent-ils de composer avec l'hétérogénéité de leur classe, en particulier en termes de niveau scolaire ? Une étude de Trinquier (2013) apporte des éléments de réponse. Elle a consisté à observer *in situ* les pratiques verbales des enseignants (de CE1) lorsqu'ils s'adressent, dans leur classe, à leurs élèves (forts, moyens et faibles) et à les comparer à celles qu'ils décrivent et/ou justifient par ailleurs en entretiens. L'objectif était ici d'étudier la plus ou moins grande homologie entre représentations des pratiques (appréhendées à partir des discours en entretiens) et représentations en pratique (appréhendées par les discours en classe), et de déceler ainsi la nature *implicite ou explicite des représentations* activées en situation. Cette méthodologie permet de constater que les enseignants s'adressent peu aux *élèves forts* en classe, ce qui corrobore les propos tenus sur leurs pratiques (« je vais attendre d'eux une certaine autonomie »). Ils ont, en revanche, des interactions plus régulières avec *les élèves moyens* consistant à les valoriser, les stimuler cognitivement (voire méta-cognitivement) via les démarches de verbalisation et d'analyse de l'erreur, combinées à celle de vérification de sa production. Ce faisant, ils appliquent les principes socioconstructivistes de l'apprentissage, comme en témoignent également leurs discours sur leurs pratiques. L'analyse des interactions avec les *élèves faibles*, montre, en revanche, que les enseignants recourent en classe à des pratiques qui renvoient à une autre conception de l'apprentissage, laquelle reconnaît peu ou pas à l'élève de dynamique personnelle. Mais ces pratiques ne sont pas évoquées en entretiens par les enseignants, les représentations sociales sous-jacentes restent donc implicites et font émerger une conception « magistro-centrée » de l'apprentissage : l'instruction délivrée se veut assimilable notamment par l'explication, l'insistance, l'observation et le repérage d'indices simples servis par la décomposition de la démarche. Dès lors, Trinquier s'interroge : pourquoi les enseignants recourent-ils, avec leurs élèves faibles, à de telles pratiques pédagogiques alors qu'ils sont tout à fait capables de mettre par ailleurs en place une pédagogie dite socio-constructiviste ? Les jugent-ils inefficaces ou irréalistes pour les faibles ? Pourquoi les enseignants ne développent-ils pas de discours communs plus précis sur leurs pratiques d'aide ? Pour l'auteur, ces résultats témoignent de la faiblesse de la pensée professionnelle sous-tendant les pratiques de classe à l'égard des élèves faibles.

La conclusion de cette dernière étude nous invite à explorer davantage la manière dont les enseignants perçoivent leurs élèves faibles, et plus généralement comment ils se représentent l'échec scolaire.

3. L'échec scolaire : explications, responsabilités et pouvoir d'action

Comme l'écrit Gosling, « l'échec scolaire, c'est aussi l'échec ressenti par les enseignants, tout autant que l'échec des élèves » (1992, p. 9). Comment, dès lors, les enseignants expliquent-ils ce phénomène ? Quelle part de responsabilité s'attribuent-ils dans l'échec scolaire ? De quelle marge de manœuvre pensent-ils disposer pour lutter contre ce défi majeur ?

Nous partirons de nouveau d'une enquête réalisée par la DEPP (2007) sur les représentations des enseignants à propos de la grande difficulté scolaire. Elle montre tout d'abord que, pour les professeurs des écoles (PE) comme pour les enseignants du secondaire, la grande difficulté scolaire peut se définir par l'incapacité de l'élève à suivre la classe sur la durée. Néanmoins, ce sont surtout les professeurs des écoles qui choisissent cette définition (43,5 % contre 31,7 %), les autres enseignants avancent, quant à eux, plus souvent « les manques qui affectent l'élève et ses difficultés de compréhension » (35,5 % contre 9,6 %). Cette étude interroge également les enquêtés sur leur « état d'esprit » face à ce phénomène. Les réponses à ces questions sont particulièrement éclairantes pour comprendre comment les enseignants élaborent, selon leur *degré d'implication*[4], différentes théories implicites à propos de l'échec scolaire (Rouquette, 1994b ; Flament & Rouquette, 2003)[5]. En effet, ce sont les professeurs qui se déclarent « combatifs » face à ce phénomène qui sont aussi ceux qui le considèrent comme inacceptable tandis que les « découragés » sont les plus enclins à se voir en butte à un phénomène ingérable. En outre, les professeurs des écoles qui se disent « combatifs » ont moins tendance que ceux qui se disent « découragés » à penser que l'environnement est la cause de la grande difficulté scolaire (63,5 % contre une moyenne de 74,5 %) et incriminent plutôt l'organisation du système scolaire dont ils font partie (20,1 % contre 12,1 %). En d'autres termes, ceux qui se reconnaissent une certaine *capacité d'action* vis-à-vis de l'échec scolaire sont aussi ceux qui pensent que l'institution scolaire détient une part de responsabilité dans ce phénomène. Ils sont plus nombreux dans le premier degré, le sentiment d'impuissance étant particulièrement fort au collège, en particulier chez les professeurs de mathématiques (37,7 %) et de langues vivantes (33,9 % par rapport à une moyenne de 29 %).

En outre, on retrouve dans cette enquête des résultats désormais classiques (Lautier, 2001b) : les enseignants expliquent prioritairement la grande difficulté scolaire par l'environnement dans lequel évolue l'élève (69,5 % des PE et un peu moins, 63,5 %, des professeurs de collège), ensuite par l'organisation du système scolaire (16,5 % des PE et 26,4 % de professeurs de collège) et enfin seulement par l'élève lui-même en tant qu'individu (11,7 % des PE, 8 % des professeurs de collège). C'est donc d'abord l'*environnement* qui est incriminé par les enseignants et, en particulier, les parents qui ne s'intéresseraient pas au travail de l'élève, surtout au collège. Viennent ensuite, parmi ces causes environnementales, la pauvreté de l'environnement culturel ou linguistique et les problèmes familiaux. En d'autres termes, c'est dans la sphère familiale qu'il faut chercher, selon les enseignants, les raisons de la grande difficulté scolaire. On comprend dès lors pourquoi le sentiment d'impuissance face à la grande difficulté scolaire est si répandu, notamment au collège (30 % des enseignants). À moins que ces attributions externes à l'école ne permettent surtout aux acteurs scolaires en difficulté de rationaliser leur propre malaise face au phénomène. Les enquêtes de Gosling (1992) peuvent le suggérer. Cet auteur montre, en effet, que pour les professeurs (du second degré), l'échec n'est pas le contraire de la réussite : les raisons qui entraînent l'échec ne sont pas l'inverse de celles qui conduisent à la réussite. En

---

4. Voir chapitre 9 et focus 9.

5. Selon Rouquette, l'*implication personnelle* traduit le rapport d'un individu à un objet. Elle est définie à partir de trois dimensions supposées indépendantes : l'identification (repérable sur une échelle allant de « cela ne concerne que moi » à « cela concerne l'espèce [je me sens concerné mais pas plus qu'un autre] »), la valorisation de l'objet (repérable à son tour sur une échelle allant d'« une question sans importance » à « une question de vie ou de mort ») et la capacité perçue d'action (mesurable sur une échelle allant de « cela ne dépend que de moi » à « je n'y peux rien »).

effet, si les enseignants reconnaissent l'importance de leur rôle dans la réussite d'un élève, ils le passent sous silence lorsqu'il s'agit d'expliquer l'échec extrême, lequel est généralement attribué à une inadaptation de l'institution.

Néanmoins, les enseignants n'interprètent pas une même situation d'échec scolaire de la même façon selon l'appartenance sociale déclarée de l'élève. En effet, dans une étude de Chryssochoou, Picard et Pronine (2001), les auteurs ont demandé à des professeurs de collège (N = 65) d'évaluer le dossier d'une élève en échec scolaire manifeste. Il s'agissait d'une élève de 13 ans (en 5e) ayant déjà redoublé en CM2 et dont le bilan scolaire était présenté comme globalement préoccupant. On donnait également quelques informations sur la situation familiale de l'élève (parents vivant ensemble, mère au foyer, un petit frère de 8 ans). Le dossier présenté aux enseignants était toujours le même et ne variait que sur deux dimensions à savoir : 1) l'origine culturelle – l'élève était tantôt prénommée Marion (prénom suggérant une origine française) et tantôt Naïma (prénom suggérant une origine maghrébine) – et 2) l'origine sociale : le père de l'élève était soit transporteur soit médecin. Le croisement de ces deux variables indépendantes donnait donc lieu à quatre cas : Marion/médecin, Marion/transporteur, Naïma/médecin et Naïma/transporteur. Les résultats montrent tout d'abord que ce n'est que pour Marion/médecin que les professeurs formulent des prévisions scolaires favorables dans le futur. En revanche, ces dernières sont assez sombres pour les autres cas. En outre, les explications des enseignants se structurent autour de deux pôles : d'un côté Marion/médecin, dont l'échec scolaire est expliqué par des problèmes psychologiques dus à la présence de son frère cadet, par des absences parentales, le manque de soutien pour faire ses devoirs ou des problèmes de puberté ; de l'autre Naïma/transporteur, dont l'échec est surtout expliqué par son origine culturelle, les représentations de sa famille défavorables aux études, par ses problèmes de langue, par le système non adapté à ses besoins et par son manque de travail. Les deux autres profils sont moins tranchés : Marion/transporteur manque de soutien scolaire, a sans doute des problèmes familiaux ou des troubles psychologiques tandis que Naïma/médecin apparaît comme un cas atypique, difficilement assimilable dans les représentations existantes, contredisant les stéréotypes. En effet, les enseignants ont des difficultés pour expliquer clairement son cas, qui est plutôt analysé à la lumière de son origine sociale.

L'ensemble des résultats de cette étude témoigne de l'importance de l'origine sociale dans l'élaboration des théories explicatives relatives à l'échec scolaire. D'autres résultats expérimentaux attestent également du rôle de cette variable dans la formulation, par les professeurs, d'un jugement à propos de la valeur scolaire de leurs élèves (Bressoux & Pansu, 2003). La connaissance de l'origine sociale des élèves génère donc souvent chez les enseignants un ensemble d'inférences un peu trop hâtives qui les conduisent à mobiliser la thèse du « handicap socioculturel ». Cette dernière, qui soutient que les familles de milieu populaire ne donnent nécessairement pas à leurs enfants ce dont ils ont besoin pour réussir leur scolarité, n'est évidemment pas exempte de critiques (Rochex, 2000) et clairement démentie par certaines études menées en milieu populaire (Lahire, 1995).

Dans les études rapportées ci-dessus, les représentations sociales des enseignants sont recueillies dans un cadre individuel. Mais comment ceux-ci délibèrent-ils entre eux à propos de leurs élèves en difficulté ? En effet, dans la réalité, les cas d'élèves en échec font l'objet de discussions plus ou moins formelles dans lesquelles les enseignants confrontent, et font éventuellement évoluer, leurs points de vue. C'est pourquoi Molinari et Speltini (2007) ont choisi de recourir à la technique des focus groups (Kitzinger, Markovà & Kalampalikis, 2004) pour explorer les représentations sociales des enseignants. Elles ont ainsi constitué des groupes différents d'acteurs scolaires (professeurs expérimentés, futurs enseignants, lycéens) en demandant à chacun de s'entretenir sur deux cas d'élèves en difficulté : l'un avait abandonné ses études, l'autre cas se terminait par un échec scolaire à la fin de l'année. Il s'agissait en particulier, pour les participants, de discuter de la responsabilité des différents acteurs scolaires impliqués dans ces deux cas d'échec (l'élève en question, les enseignants, les parents, les camarades de classe, tous/personne). L'analyse révèle, tout d'abord, que les discours sur la responsabilité évoluent plus ou moins au fil des échanges selon le *degré d'implication* des acteurs. En effet, ce sont chez les enseignants expérimentés et chez les élèves – c'est-à-dire chez ceux qui vivent quotidiennement les difficultés et les dilemmes des relations éducatives – que l'on observe le plus d'évolution dans les prises de position. En revanche, le groupe des futurs enseignants fait peu varier ses attributions de responsabilité entre le début et la fin des échanges. N'ayant pas l'expérience du terrain, ils semblent rester dans une vision assez théorique et statique de la situation. L'analyse révèle également dans quel sens évoluent les positions des enseignants et des élèves. C'est ainsi que l'on observe que les premiers en viennent progressivement à atténuer la responsabilité de leur catégorie socioprofessionnelle au cours des échanges, pour venir augmenter celle des parents, tout en responsabilisant très peu les adolescents concernés. Quant aux élèves, ils accentuent, au contraire, la responsabilité des élèves en échec et atténuent celle des professeurs impliqués tout en soulignant constamment le rôle des parents. L'appel à la responsabilité, de la part des adolescents, apparaît ici un moyen de « revendiquer leur droit à l'autodétermination et leur propre dignité d'acteurs sociaux » (p. 112). Ils reprochent enfin aux professeurs leur manque de disponibilité face aux élèves dans la difficulté. Le dispositif utilisé se révèle ainsi particulièrement efficace pour observer la manière dont les enseignants se construisent progressivement une posture défensive tandis que les élèves cherchent à revendiquer un rôle actif dans la dynamique scolaire.

4. Conclusion

Ce sont donc principalement des décalages – entre conceptions idéales et expériences vécues, représentations préalables et réalité du terrain, représentations des pratiques et représentations en pratiques, représentation sociale des élèves et représentation sociale des enseignants, etc. – que l'on observe dans les études se rapportant au champ scolaire. Ces tensions proviennent en particulier d'une contradiction profonde, déjà soulignée par Gilly (1989), entre, d'une part, « le *discours idéologique égalitaire* qui voit dans l'instauration du droit à l'instruction pour tous sur les bancs d'une même école, un moyen de supprimer les distinctions de classes ; d'autre part, *un fonctionnement inégalitaire* qui se traduit par des différences de réussite liées aux différences sociales et l'existence de réseaux scolaires distincts pour les enfants du peuple et ceux de milieux aisés » (p. 386). Et cette tension semble être loin de s'amoindrir. En effet, comme le montrent les grandes enquêtes internationales telles que PISA[6], le système scolaire français se partage désormais entre des pôles extrêmes ayant tendance à se renforcer : d'un côté, les élèves en difficulté et, de l'autre, l'élite scolaire (Meuret & Lambert, 2012). Il n'est pas étonnant, dès lors, de constater que le sentiment de désajustement est particulièrement fort chez les professeurs en lycée professionnel ou chez les jeunes enseignants plus nombreux en établissements RAR. On peut également comprendre que, dans un système scolaire aussi ségrégé, les enseignants en viennent à éprouver un certain sentiment d'impuissance face à l'échec scolaire et à attribuer un peu trop rapidement celui-ci à la pauvreté de l'environnement culturel ou linguistique.

À ce sentiment d'impuissance des enseignants répond souvent le sentiment d'injustice des élèves. Celui-ci se nourrit en particulier des multiples écarts entre leurs attentes à l'égard des adultes et la manière dont ils s'estiment traités par leurs enseignants. En effet, dans la plupart des études, les élèves revendiquent le droit à pouvoir exprimer leur point de vue, à devenir des interlocuteurs à part entière, à être traités dignement par des professeurs disponibles dans le cadre d'une relation plus équilibrée. Le sentiment de reconnaissance/non-reconnaissance apparaît, en effet, comme un thêma de base[7,8] (Markovà, 2007a ; Moscovici & Vignaux, 1994)

6. Programme for International Student Assessment.

7. La notion de thêmata peut être définie comme un ensemble de conceptions premières, d'idées-force, d'« archétypes », fortement ancrés et partagés à l'intérieur d'une culture donnée (Guimelli, 1999).

8. Voir focus 9.

qui structure la plupart des discours d'élèves, quel que soit le sujet abordé (sanctions, la responsabilité éducative, décisions d'un conseil de classe, etc.). Mais les élèves ne constituent pas un groupe homogène pour autant. Leur capacité à revendiquer et à s'indigner est largement tributaire de leur position sociale qui leur permet – ou pas – de prendre une certaine distance critique vis-à-vis des verdicts de l'institution scolaire. Il n'en demeure pas moins qu'en établissements RAR, le sentiment d'injustice total est exacerbé s'agissant des punitions (Debardieu, 2011), les relations avec les enseignants sont jugées à la fois moins bonnes et plus agressives (DEPP 2011). Et ces conduites hostiles trouvent certainement pour partie leur origine dans le sentiment d'injustice éprouvé par ces élèves (Horan, Chory & Goodboy, 2010 ; Vieno, Gini, Santinello, Lenzi & Nation, 2011).

On voudrait, pour terminer, souligner ici tout l'intérêt d'étudier les représentations sociales *en contexte* pour en comprendre la dynamique. En effet, cette contextualisation de l'objet de représentation – par le biais d'études de cas notamment – permet d'appréhender les raisonnements des acteurs dans toute leur complexité. La discussion de cas en groupe, qui confronte les points de vue, se révèle également une méthodologie tout à fait prometteuse pour comprendre à la fois les tensions du champ éducatif et la manière dont les acteurs élaborent des positions communes pour résoudre leurs dilemmes quotidiens. Loin d'être seulement un domaine d'application, les recherches réalisées sur le terrain éducatif montrent, par la richesse de leurs résultats, tout l'apport théorique que peuvent constituer les observations *in situ*. C'est en effet grâce à des observations de ce type que Trinquier peut élaborer la distinction entre caractère implicite ou explicite des représentations sociales, qui est d'un grand intérêt théorique pour penser les rapports entre représentation et pratiques sociales.

Focus 16a

Lorsqu'on a de « bonnes raisons » de ne pas faire ce que nous croyons être « le plus important à faire »

Pedro Humberto CAMPOS[1]

Sommaire

1. Université Pontificale Catholique de Goias, Brésil.

La théorie des représentations sociales a été reçue au Brésil avec un très grand intérêt dans le champ appliqué de l'éducation. Elle s'est vite répandue en Amérique latine. Cet engouement repose principalement sur l'idée qu'un ensemble de savoirs ou de croyances régit directement les conduites et que les représentations sociales constituent la base de l'identité professionnelle, qui, à son tour, joue de façon massive sur la détermination des pratiques scolaires et professionnelles. Les écoles constituant des microcosmes assez complexes, cette théorie a été perçue comme permettant l'analyse de facteurs dits « psychosociaux » (Sousa & Villas Bôas, 2011). En outre, des réformes publiques mises en place au début des années 1990, sur la base des avancées des théories pédagogiques, visaient des changements importants dans le statut de la profession d'enseignant et des pratiques éducatives menées à l'école ; cependant, ces réformes se sont heurtées à une certaine résistance des enseignants à changer leurs « visions ». Des revues de question à propos des études portant sur la représentation sociale du « travail enseignant » ont été réalisées récemment (Seidman, Thomé & Di Iorio, 2011 ; Sousa, Pardal & Villas Bôas, 2009) et signalent ce que les auteurs nomment des défis, des impasses, vu la surprenante universalité de la représentation sociale du « travail enseignant » chez des étudiants en formation supérieure pour la profession d'instituteur/enseignant, sur la base de données provenant de plusieurs pays. La situation se pose aujourd'hui comme si l'on était devant une contradiction incontournable : en dépit de toutes ces avancées théoriques et des efforts consentis dans les politiques publiques concernant la formation des enseignants, une représentation organisée autour des dimensions « affective-relationnelle », « vocationnelle » et de « maternage » se retrouve un peu partout où les recherches sont menées (Sousa & Villas Bôas, 2011).

Apparemment, des dilemmes et des défis semblent fonder la plate-bande d'une large branche des études liées à la théorie des représentations sociales, dans le champ de l'éducation en Amérique latine. Cependant, on trouve des applications qui sont allées au-delà des descriptions des dimensions ou contenus des représentations impliquées dans des pratiques éducatives[2]. Déjà, Gilly (1980) note, dans ses travaux, portant sur les représentations réciproques maître-élève, que les représentations qui peuvent y être élaborées sont soumises à des influences institutionnelles. D'après Gilly, elles sont calquées sur une interaction modélisée dès le tout début de la scolarité, où l'enseignant privilégie des valeurs cognitives et des attitudes « morales » pour constituer la représentation de l'écolier. Ce que nous voudrions mettre en relief, c'est que le fait qu'un élève soit représenté comme étant un mauvais élève n'implique pas nécessairement qu'il soit « exclu » du champ d'attention prioritaire de l'enseignant ou mis tout simplement à l'écart. Le comportement et l'attitude de l'enseignant vis-à-vis du mauvais élève constitueront une équation à divers facteurs : la manière dont l'enseignant conçoit son rôle, les conditions institutionnelles existantes et la représentation que l'élève a de lui-même. Nous pouvons avancer, à l'instar d'Abric (1996) et Codol (1974), que les enseignants construisent une représentation globale de la situation, qui finalement guidera leurs conduites. C'est donc la nature de la situation et la représentation de son propre rôle qui « déterminent » les comportements et attitudes à adopter face au mauvais élève. La construction même de cette « représentation globale » constitue un élément clé dans le processus d'ancrage ; une fois que des éléments objectifs et symboliques préexistent, ils sont pris en considération pour régler le rapport action-pensée, représentation-pratique.

1. Les cas des éducateurs des enfants de rue du Brésil

Le scénario : dès la fin des années 1970, les régions centrales des grandes villes brésiliennes sont envahies par des groupes d'enfants, chaque groupe comptant entre 10 et 30 membres, des enfants âgés entre 10 et 18 ans, habitant « dans les rues », dessinant un style de vie : petits vols,

2. Voir chapitre 16.

mendicité, usage de drogues, alternant le jour et la nuit, avec leurs leaders, leurs propres règles sociales, etc. Il faut noter que les observations des sociologues et anthropologues distinguent nettement ce *style de vie* de ceux d'autres enfants pauvres qui circulent en ville. En réponse aux troubles et au désordre installés, les autorités cherchent d'abord à les placer dans des internats ; cependant, vu leur statut juridique, vu qu'ils n´étaient pas des « délinquants », ils ne pouvaient pas y rester sous une coercition quelconque. À partir de la moitié des années 1980 se développe une nouvelle « pratique éducative », une nouvelle politique publique, nommée *éducation sociale de rue*. Pour être bref, la perspective était la suivante : entrer en contact avec les enfants, les protéger des violences et exploitations vécues en situation de rue, gagner leur confiance, apporter une aide afin qu'ils construisent un nouveau « projet de vie » et qu'ils acceptent de quitter, volontairement, les rues, soit en revenant au foyer familial (la famille ayant reçu des aides sociales variées pour changer les conditions qui ont joué un rôle dans la rupture), soit en rentrant dans des institutions (foyer d'accueil, familles d'accueil, internats d'apprentissage, etc.). L'action de ces nouveaux agents, les « éducateurs de rue », était bien une *action éducative*. Nous avons donc mené une recherche de terrain (Campos, 1998, 2003a ; Abric & Campos, 1996) pour essayer de comprendre les rapports entre pratiques et représentations sociales, dans ce scénario complexe et marqué par l'exclusion sociale.

Lors d'étapes préalables, nous avons réalisé un ensemble d'entretiens semi-directifs, des analyses des documents institutionnels, des observations de pratiques réalisées et de leurs fréquences sur le terrain, des questionnaires d'association libre en vue d'analyses de similitude ayant pour inducteurs l'enfant de rue et l'éducateur de rue, et enfin, des tests de centralité (N = 174, éducateurs de rue, distribués sur neuf villes Belém, Brasilia, Goiânia, Manaus, Porto Alegre, Recife, Rio de Janeiro, Salvador et São Paulo).

2. L'étude structurale des représentations du « rôle de l'éducateur de rue » et celle des « enfants de rue »

Le noyau central[3] du rôle est composé de quatre éléments, à savoir : « conseiller », « agent de transformation sociale », « engagement » et « défense des droits ». On retrouve une forte convergence entre la représentation du rôle d'éducateur et le rôle institutionnel tel qu'il est défini par les documents et les responsables. Alors que, pour la représentation sociale de l'enfant de rue, les éléments centraux sont : « misère », « exclusion » et « famille ». À propos de l'étude des pratiques, une liste des actions en 20 items, à l'aide de l'expertise de 24 sujets (coordinateurs des équipes), fut à son tour retournée aux sujets (N = 164, 5 villes), dans laquelle on a demandé les fréquences de réalisation de chaque tâche. On remarque que le « suivi des familles », « visiter les familles » et « contacter des institutions » (pour intégrer l'enfant dans le système institutionnel d'aide sociale) ne sont presque pas réalisés.

Pour modéliser l'interaction globale des éléments recueillis, on propose un *système représentationnel* (Campos, 2003 ; voir figure F16a.1) :

3. Voir chapitre 4.

Figure F16a.1.

Illustration du système représentationnel

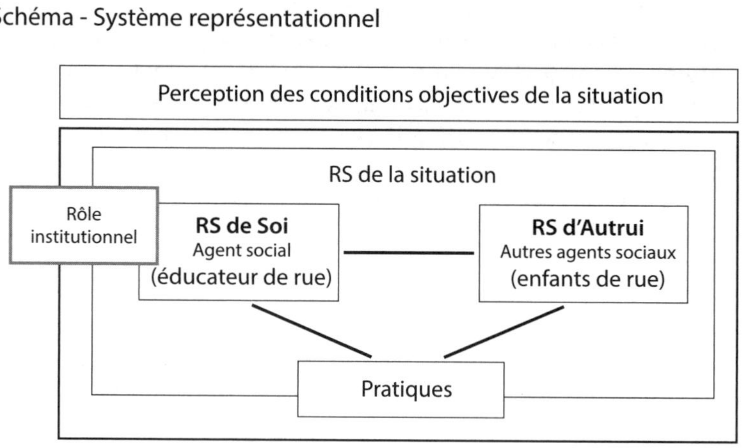

Enfin, nous avons soumis les sujets à un choix, où ils devaient sélectionner, dans une liste des 20 pratiques, les quatre les plus associées à chaque élément du noyau central des deux représentations. Le graphe présenté dans la figure F16a.2 montre la distribution des pratiques à l'intérieur du système :

Figure F16a.2.

Arbre maximum de l'interaction globale entre pratiques et représentations

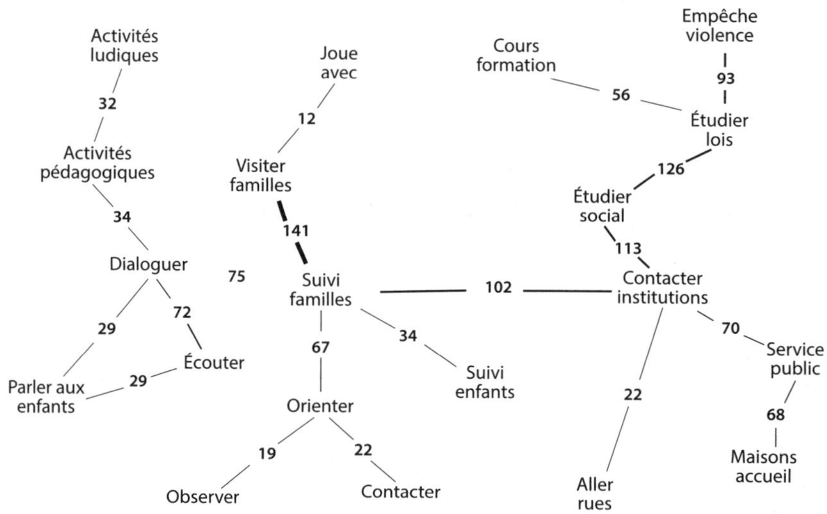

Tout d'abord, le graphe de l'arbre maximum montre que le champ des pratiques est partagé en deux parties, liées par un axe central, composé de deux pratiques : « suivi des familles » et « contacter les institutions ». Les résultats sont frappants : les pratiques qui organisent leur champ représentationnel sont celles qui sont quasiment absentes ! Retombe-t-on alors sur des contradictions ? Pour tenter d'y répondre, nous avons recontacté les participants (N = 68) et leur avons montré les résultats ; puis deux questions ont été posées : quelles sont les pratiques les plus importantes pour remplir l'objectif de l'éducation de rue et pourquoi ne réalisent-ils pas les deux pratiques qui forment l'axe du graphe ? Les réponses sont largement consensuelles : la finalité ultime, celle d'amener les enfants à la réinsertion, à quitter les rues, n'est pas liée directement à leurs actions, mais à celles *qui devraient être remplies* par les autres institutions qui, à leur jugement, ne l'accomplissent pas.

Cette étude de terrain, quoique déjà légèrement décalée dans le temps, semble illustrer, dans le champ appliqué de l'éducation, deux pistes importantes pour échapper aux apparentes contradictions « pratiques-discours » : elle va dans la direction d'un postulat de Flament (2002), selon lequel ce qui apparaît comme étant « absolu » au niveau du discours spontané se présente comme étant « conditionné » au niveau cognitif : « on a de bonnes raisons de ne pas faire, dans certaines *conditions*, ce que, *normalement* on doit faire » ; elle montre l'intérêt de traiter le champ général des pratiques éducatives sur la base de *systèmes de représentations-pratiques*, c'est-à-dire de systèmes d'ancrage réciproques action-pensée.

Focus 16b

La diffusion des croyances populaires vue sous l'angle des représentations sociales : le cas de l'effet Mozart

Adrian BANGERTER[1]

1. Université de Neuchâtel, Suisse.

Le terme de *croyance populaire* regroupe des phénomènes comme les rumeurs, les légendes et légendes urbaines, les théories du complot ou encore les idées reçues. Les croyances populaires ont été étudiées selon divers paradigmes théoriques et en utilisant des méthodes à la fois expérimentales et de terrain. Malgré la diversité de ces phénomènes, on peut mettre en évidence plusieurs points de convergence. Premièrement, les croyances populaires se transmettent lors de processus de communication informelle. Par exemple, les rumeurs se transmettent de bouche à oreille, et les théories du complot peuvent être échangées au sein de forums de discussion sur Internet. Deuxièmement, les croyances populaires s'opposent typiquement à l'autorité épistémologique des savoirs officiels. Par exemple, les rumeurs font souvent l'objet de démentis de la part des autorités, et les théories du complot rejettent les explications officielles d'événements au profit d'explications mettant en œuvre des agissements cachés d'un groupe puissant (Campion-Vincent, 2005). Troisièmement, l'adhésion aux croyances populaires et leur transmission dépendent de mécanismes de crédulité spécifiques (Clément, 2006). Par exemple, la crédulité et l'anxiété influencent la transmission de rumeurs (Rosnow, 1991) ou de croyances comme celles relatives à l'influence de la pleine lune sur les émotions et le comportement (Wagner-Egger & Joris, 2004). Quatrièmement, au travers de leur transmission, les croyances populaires se transforment. Les rumeurs deviennent plus compactes et conformes à des idées partagées par les groupes qui les transmettent. Les légendes urbaines s'adaptent à leur contexte local, que ce soit au niveau des dates, des lieux ou des protagonistes. Cinquièmement, les croyances populaires mêlent souvent les savoirs traditionnels et modernes, comme dans le cas des légendes urbaines où des thématiques parfois très anciennes sont remises au goût du jour sous la forme d'un récit contemporain.

La théorie des représentations sociales est particulièrement adaptée à l'étude des croyances populaires. Elle fournit un cadre descriptif et explicatif commun aux différentes formes des croyances populaires. Ainsi, les processus d'ancrage et d'objectivation peuvent expliquer les transformations de contenu qui interviennent lors de la diffusion des croyances populaires. Et le concept de polyphasie cognitive peut expliquer la coexistence de croyances traditionnelles et modernes (Wagner, Duveen, Themel & Verma, 1999). En outre, de nombreuses croyances populaires dérivent de savoirs scientifiques qui ont été transformés au cours de leur diffusion dans la culture populaire (Green & Clémence, 2008). L'application de la théorie des représentations sociales à l'étude des croyances populaires permet notamment de mettre en évidence leurs fonctions pour les groupes qui les entretiennent et les propagent. De manière générale, comme les représentations sociales, les croyances populaires permettent de rendre familier ce qui est insolite, nouveau, ou autrement menaçant. De même, les rumeurs émergent dans un contexte d'incertitude sociale et les légendes urbaines thématisent souvent des aspects anxiogènes de la modernité, comme les nouvelles technologies ou les procédures médicales (Campion-Vincent, 1997).

Les liens entre croyances populaires et représentations sociales peuvent être illustrés par une étude de cas, celui de l'effet Mozart (Bangerter & Heath, 2004). L'effet Mozart est un phénomène montré en 1993 par une équipe de chercheurs américains (Rauscher, Shaw & Ky, 1993), selon lequel des étudiants universitaires arrivent mieux à résoudre des tâches faisant appel à l'intelligence spatiale après avoir écouté une sonate de Mozart (Sonate pour 2 pianos en ré majeur, K.448). L'amélioration (environ 8 points de QI) est éphémère. D'autres études suivent, montrant par exemple que la musique de Mozart améliore la capacité de rats de laboratoire à naviguer dans des labyrinthes. Cependant, en 1999, une méta-analyse (Chabris, 1999) démontre que l'ampleur de l'effet Mozart est trop faible pour avoir une quelconque signification pratique.

Si ce résultat signifie la fin de l'effet Mozart pour les scientifiques, il n'est en rien pour sa trajectoire au sein de la culture populaire. Le phénomène a été beaucoup discuté dans les médias. Il a suscité un engouement pour des supports pédagogiques permettant soi-disant d'améliorer les performances intellectuelles des enfants (CD de musique classique à faire écouter à ses enfants, jouets pédagogiques), et il a même influencé la législation. Aux États-Unis, dans l'État de Géorgie, on a distribué des CD de musique classique à de jeunes mères. En Floride, il est devenu obligatoire de passer de la musique classique chaque jour dans les crèches recevant des subventions de l'État. Dans la presse, on a rapporté des tentatives de faire passer de la musique classique dans des vignobles, à des roses (pour favoriser leur croissance), à des vaches (pour augmenter leur production laitière) et dans des entreprises (pour augmenter la productivité des employés). Ainsi, l'effet Mozart est devenu, pendant quelques années, un véritable phénomène de société. Sa diffusion a sans doute été facilitée par son association avec la figure de Mozart, emblème du génie précoce. Selon la terminologie des représentations sociales, Mozart et son cerveau constituent un exemple du processus d'objectivation, par lequel l'idée abstraite qu'était l'effet Mozart à l'origine acquiert une réalité concrète.

Bangerter et Heath (2004) montrent que la diffusion médiatique de l'effet Mozart dans la presse écrite a été accompagnée de nombreuses transformations de contenu. Certains articles de presse négligent de rapporter que l'effet est éphémère, ou qu'il ne s'applique qu'à l'intelligence spatiale. Mais la transformation la plus impressionnante concerne l'extension de l'effet Mozart à des populations qui n'ont jamais été étudiées. Par exemple, dans un article on peut lire : « Il y a eu beaucoup d'études sur l'effet Mozart et la façon dont il aide des écoliers, des lycéens, et même des nouveau-nés à augmenter leurs performances mentales » (*Milwaukee Journal Sentinel*, 8 juillet 2001). Bangerter et Heath (2004) ont testé si cet exemple reflète une tendance plus générale que l'on peut mettre en évidence de manière quantitative. Parmi les articles de presse qui mentionnent l'effet Mozart, ils ont compté la proportion d'articles par année qui mentionnent trois populations différentes : les étudiants universitaires, les enfants d'âge préscolaire, et les nouveau-nés. Les résultats apparaissent dans la figure F16b.1.

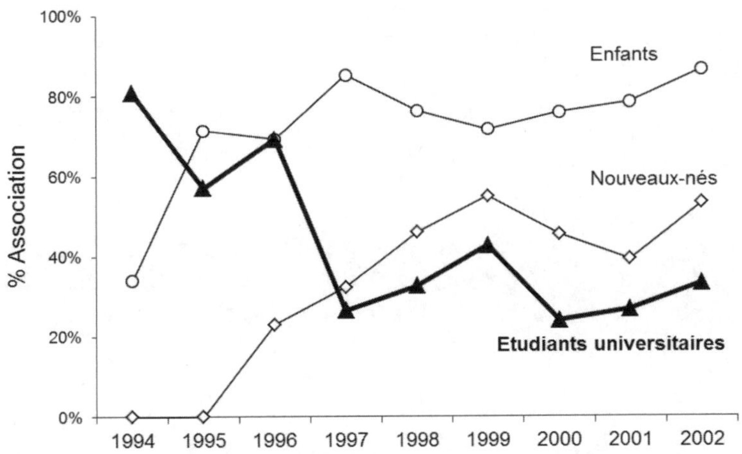

Figure F16b.1.

Transformation des populations associées avec l'effet Mozart

En 1994, les étudiants universitaires figurent dans environ 80 % des articles. Cette proportion diminue systématiquement au fil des années et se stabilise autour de 30 % après 2000. Par contre, les nouveau-nés et les enfants figurent dans un nombre croissant d'articles. Dès 1997, ces populations sont mentionnées plus fréquemment en lien avec l'effet Mozart que les étudiants universitaires, alors qu'ils n'ont jamais fait l'objet d'études scientifiques sur les effets de l'écoute de la musique classique. Dès 1998, environ la moitié des articles sur l'effet Mozart mentionnent des nouveau-nés.

Le contenu de l'effet Mozart a donc « muté » au fil du temps. Ces mutations ne sont pas aléatoires, mais correspondent à une préoccupation liée à l'éducation précoce des enfants qui régnait aux États-Unis à l'époque. Beaucoup de groupes (parents, éducateurs, politiciens) adhéraient à la croyance selon laquelle l'intelligence se développe surtout au cours des premières années de la vie, et que la stimulation de l'esprit de l'enfant est cruciale lors de cette période. L'effet Mozart constitue une solution facile à ce problème de société : faire écouter de la musique classique aux enfants en bas âge favorise leur développement intellectuel et apaise l'anxiété de « ne pas en faire assez » pour eux. L'effet Mozart illustre ainsi la transformation d'une croyance populaire à travers sa diffusion, transformation qui a pour effet de rendre le résultat scientifique compatible avec les idées de la culture populaire de l'époque. La théorie des représentations sociales permet de décrire et d'expliquer ces processus sociaux.

CHAPITRE 17

Représentations sociales et politique

Birgitta ORFALI[1]

Sommaire

1. Université Paris Descartes/CEVIPOF, France.

La page politique dans la presse quotidienne, hebdomadaire ou mensuelle, prouve non seulement l'existence de l'objet « politique » mais aussi l'intérêt qu'y portent – a priori – les lecteurs. De même pour « l'info » politique dans les journaux télévisés (lors de la « grande messe du 20 heures », Delcros, 2011), certaines émissions ou encore les soirées « spéciales élections », qu'il s'agisse des présidentielles, des législatives ou des municipales. Un constat s'impose dès lors : la politique est un sujet qui intéresse nos concitoyens.

Mais il faut distinguer entre politique nationale et politique internationale sans omettre de considérer une perspective carrément mondiale, notamment depuis l'émergence d'une conscience écologique planétaire ces trente dernières années. Celle-ci sollicite par ailleurs des questions quant aux frontières du politique par rapport au monde associatif (dès qu'une forme d'engagement et/ou de militantisme émerge par exemple).

Il est important enfin de s'interroger sur la distinction entre « la » politique et « le » politique. Un changement d'article (féminin ou masculin) peut en effet signifier beaucoup au niveau sémantique mais aussi au niveau de la construction des représentations sociales d'un objet. Cependant, nous ne trancherons pas et userons des deux articles indifféremment, sachant que la politique désigne au sens large l'organisation et l'exercice du pouvoir dans l'État et renvoie aux institutions tandis que le politique renvoie davantage à une pratique précise de gouvernement s'appuyant sur des partis, des hommes politiques. D'après Freund (1965), on peut définir la politique comme « l'activité sociale qui se propose d'assurer par la force, généralement fondée sur le droit, la sécurité extérieure et la concorde intérieure d'une unité politique particulière en garantissant l'ordre au milieu de luttes qui naissent de la diversité et de la divergence des opinions et des intérêts ».

Des trois présupposés signifiants pour la science politique (commandement / obéissance, public / privé et enfin ami / ennemi), on peut par ailleurs subodorer les liens existant entre cette discipline et la psychologie sociale ou encore l'anthropologie politique, qui « tend à fonder une science du politique envisageant l'homme sous la forme de l'homo politicus en recherchant des propriétés communes à toutes les organisations politiques reconnues dans leur diversité historique et géographique » (Balandier, 1971). La diversité d'individus, de groupes, de cultures est donc ce qui pose d'emblée l'ambivalence du politique. Son statut d'objet n'est par ailleurs pas obvie : également sujet, il s'agit de décrypter ce qui fait sens dans cette notion.

Après avoir considéré la définition du politique par les sciences politiques dans un premier temps, nous verrons comment la psychologie sociale permet de mieux saisir cet objet particulier pour enfin cerner comment la théorie des représentations sociales (Moscovici, 1961, 1976a) constitue une aide précieuse dans l'appréciation des notions et concepts référant au politique et à sa fonction dans nos sociétés. La politique comme objet d'étude ou comme principe essentiel dans la construction du sens commun servira de fil conducteur à ce chapitre et nous effectuerons des va-et-vient constants entre ces deux questions tout au long de notre propos. Également sollicitée, la transformation du politique qui se banalise, notamment à travers la « peopolisation » (Chareaudau, 1997) des femmes et hommes politiques.

Mais arrêtons-nous tout d'abord à la notion essentielle toujours associée au politique, à savoir celle de pouvoir.

1. Une histoire de pouvoir…

1.1 *Politique*

La science politique étudie cet objet depuis longtemps. Déjà les Grecs avaient défini la politique, réfléchissant notamment à la *polis*[2] et toute société s'interroge par rapport à ses gouvernants, son système de partis. La typologie des partis politiques permet par exemple de comprendre la structure qui fonctionne à un moment donné dans une société donnée. Ainsi, on est passé des partis de cadres (avec les travaux de Duverger, 1951) aux partis de masse puis aux partis attrape-tout[3] (Kirchheimer, 1966), ensuite aux partis électoraux professionnels[4] (Panebianco, 1988) et enfin aux partis cartel de Katz et Mair (1995) qui désignent les partis utilisant les ressources de l'État pour le maintien de leur position au sein du système politique. Le but essentiel des partis est d'œuvrer pour obtenir le pouvoir, celui des hommes politiques aussi, le militantisme étant la caractéristique principale de l'action politique tandis que le vote assure en principe la victoire et l'arrivée au pouvoir d'un homme et/ou d'un parti.

Des différents types de partis découlent différents types de militantisme qui éclairent l'investissement politique contemporain sous un angle nouveau. En effet, militer dans un parti dit de masse ou un groupuscule n'est pas la même chose. Dans la typologie des partis, le groupuscule ne figure qu'exceptionnellement. Or il s'agit du regroupement d'un petit nombre de personnes et le terme est souvent utilisé de façon péjorative en politique. On use parfois du terme « faction » pour désigner ce genre de petit groupe. L'idée est de dénigrer le groupuscule ou la faction mais aussi de le situer en dehors de la réalité du champ politique. Or, si l'on considère l'émergence ou plutôt la réémergence d'un parti comme le Front National (FN) sur la scène politique française depuis le début des années 1980, on constate qu'il y a bien transformation d'un « petit » parti en parti plus important, voire en parti de masse et ce n'est pas l'arrivée de Marine Le Pen seule qui justifie cette transformation, initiée de fait par son père dès la fin des années 1970 (Orfali, 1990). Une minorité active peut devenir un mouvement social et ratisser très largement auprès d'électeurs déçus par les partis traditionnels. L'évolution récente du FN prouve de plus combien il est important de transformer les mentalités, donc les représentations sociales faisant sens à un moment donné dans une société donnée.

L'extrême droite dans d'autres pays européens, voire américains, s'inspire d'une veine identique et souligne la capacité d'influence de partis groupusculaires (à leurs débuts) qui deviennent parlementaires, parfois très rapidement, comme le soulignent les SD (Sverigedemokraterna) en Suède. Apparus en 1988 sur la scène politique suédoise, les SD comptent désormais 49 élus au Parlement suédois (sur 349). À travers une communication partisane consistante (flagrante dans le cas des partis d'extrême droite), le lien entre théorie de l'influence sociale minoritaire et théorie des représentations sociales (qui reposent pour beaucoup sur la communication) est par ailleurs mis en relief. Il faut cependant noter que l'obtention du pouvoir n'est pas toujours une évidence pour ce genre de partis, comme le souligne la lutte frontiste différenciée entre Marine Le Pen et son père. Alors que l'une désire réellement le pouvoir et œuvre en ce sens, l'autre affectionnait davantage les petites phrases assassines pour déstabiliser la norme « politiquement correcte » de la société française. Les deux s'inscrivent toutefois dans une dimension communicationnelle évidente, aux résultats contrastés mais somme toute concrets.

---

2. Par *polis* (en grec ancien πόλις, « cité »), on désigne la cité-État dans la Grèce antique, c'est-à-dire une petite communauté autonome.

3. Définition : se dit d'un parti politique au programme assez vague pour séduire le plus grand nombre d'électeurs.

4. Renvoie à la professionnalisation de plus en plus importante au sein des partis.

1.2 *Médiatique*

Aujourd'hui, les médias (surnommés le quatrième pouvoir) utilisent la politique dans une perspective plutôt mercantiliste (la presse se vend mieux lorsqu'elle fait état d'événements ayant trait au politique, surtout s'ils s'avèrent « croustillants », c'est-à-dire en rapport avec les « people », bref, prometteurs en termes de scoop) et cette surenchère s'articule souvent autour de la notion de participation. Partant de l'idée que la sphère publique sollicite les individus de manière répétée dans nos sociétés, il faut que l'individu participe davantage à la *polis*. Cette surenchère invite l'individu à s'investir davantage, à s'informer et insiste en outre sur l'idée d'autonomie de la cité, du groupe, de la nation, soulignant les liens étroits entre les médias et le politique. De ce constat découlent des obligations, des contraintes pour les individus comme pour les groupes. La notion de « vote obligatoire » renvoie par exemple à la contrainte exercée par les événements sur les citoyens : l'élection de Jacques Chirac au second tour des Présidentielles de 2002 illustre parfaitement ce point puisque 82 % des électeurs ont été obligés de participer et de voter pour lui, afin de contrer Jean-Marie Le Pen qui figurait comme second candidat.

Cette contrainte exige une implication qui peut être plus ou moins importante selon les individus (Boy, Cautrès & Chiche, 2006), les groupes ou les institutions. Elle mobilise des représentations sociales en rapport avec la politique et passe par la communication. La mobilisation politique contemporaine illustre parfaitement la façon dont les représentations sociales et la communication sont conjuguées et peuvent ainsi promouvoir un changement social, sociétal ou politique. Également convoquée, la notion d'engagement comme l'ont souligné les révolutions dans le monde arabe qui ont créé une prise de conscience planétaire. Les deux petits livres de Stéphane Hessel, *Indignez-vous !* et *Engagez-vous !*, ont par ailleurs marqué les esprits, transformant la simple prise de conscience en une volonté d'engagement réelle depuis 2011. Ainsi, la mobilisation politique est devenue plus importante que jamais dans la plupart des pays et la mondialisation longtemps récriée (parce qu'imposée par le marché économique et les gouvernants) est désormais assortie d'une planétarisation des mouvements sociaux.

1.3 *Citoyen*

L'indignation, partie de la sphère sociale et culturelle, s'étend au politique et annule de fait la lassitude citoyenne de la dernière décennie, permettant la participation active des citoyens. En Amérique, en Russie ou en Europe, dans les médias sociaux comme dans les occupations de locaux, l'investissement citoyen est désormais de mise, signifiant une transformation des pratiques et des représentations sociales du politique. La communication instantanée a imposé une redéfinition des sphères d'action, forçant les acteurs sociaux à prendre en main leur destinée. Loin d'un schéma vertical / hiérarchique, la communication a instauré une horizontalité démocratique qui, malgré ou à cause de l'accélération du temps (Rosa, 2010) et du fait des médias sociaux, se donne à voir dans sa diversité. Cela amène à reconsidérer la définition de l'homme pluriel (Lahire, 1998), puisqu'il est désormais aussi un homme engagé.

Lahire s'interroge en effet sur l'unicité ou la pluralité de l'acteur. Lorsqu'il questionne les conditions socio-historiques qui rendent possible la production d'un acteur pluriel ou au contraire celle d'un acteur caractérisé par une profonde unicité, il rejoint les présupposés propres à la psychologie sociale, notamment ceux relatifs à la théorie des représentations sociales. En effet, l'analyse des interactions qui produisent des savoirs comme des discours ou des actions, cathartiques par rapport à l'engagement, doit inspirer la démarche tant du sociologue que du psychologue social ou encore du politiste. Comprendre comment s'organise l'affiliation à partir d'une prise de conscience initiale fait partie de l'évidence (Orfali, 2010). Mais connaître les aléas d'une telle construction ne peut se faire qu'en auscultant les dichotomies et les contradictions qui fonctionnent de manière contrapuntique, tout en poursuivant une même « mélodie » dans le sens commun. On peut alors mieux saisir la forte imbrication des enjeux sociaux, culturels et politiques contemporains et la façon dont ils s'enrichissent mutuellement, voire simultanément.

La réciprocité des interactions étant désormais reconnue, nul ne remet en question les schémas d'action/réaction de la source et de la cible, de l'émetteur et du récepteur en matière d'influence sociale ou de communication. Cependant, des certitudes sur l'homogénéité de la pensée ou des prises de décision persistent, qui empêchent la prise en compte d'éléments déstabilisants et tout autant producteurs de sens au niveau social, culturel et politique. La destinée de nos sociétés a longtemps été conçue comme linéaire et routinière, articulée autour de convictions frisant le stéréotype (ainsi de l'abstentionnisme inéluctable des dernières élections dans la plupart des pays européens, notamment aux européennes, ou récemment aux municipales françaises) tandis que le manque d'intérêt des citoyens pour la chose politique était régulièrement stigmatisé.

Alors pourquoi et comment la mobilisation politique a-t-elle pu tout à coup surgir comme une réponse aux errements sociaux et politiques des dernières décennies ? Y a-t-il une réécriture du politique à travers ses représentations, notamment lorsque celles-ci réfèrent au changement ? À partir des propositions fournies par la théorie des représentations sociales, notamment en matière de communication, à savoir que trois modes sont privilégiés (diffusion, propagation et propagande) et en tenant compte de leur impact respectif sur les opinions, les attitudes et les stéréotypes, nous suggérions (Orfali, 2005a), en nous fondant sur les propositions de Rouquette (1998a), que trois types de citoyens étaient sollicités : le citoyen acteur, le citoyen penseur et enfin le citoyen pensé. La définition de la réalité sociale reposerait sur des modes de communication qui construisent le rapport du citoyen au monde, privilégiant son inscription dans les mouvements sociaux sur la base de différents niveaux, tels qu'exprimés par Doise (1982). Ainsi, il apparaît que l'individu se représente le monde, élabore sa vision de la société grâce à son inscription en tant que citoyen penseur, citoyen acteur ou (et rarement d'après Rouquette) citoyen pensé. Son identité, ses enjeux ou ses oppositions seraient par ailleurs induits par ce positionnement citoyen qui l'amènerait à comprendre le monde par référence à des opinions, des attitudes ou des stéréotypes, découlant des modes de communication précités. Mais cette proposition d'une articulation de la réalité sociale autour de certains éléments est restée suspendue à l'idée d'un schéma communicationnel vertical/hiérarchique fondé sur le concept d'action/réaction, source/cible de l'influence ou encore émetteur/récepteur dans la communication. Or ce serait ignorer les enseignements de la théorie des représentations sociales que de croire cela, ce qui de plus équivaudrait à privilégier une approche statique des phénomènes sociaux, paradigme aujourd'hui impossible à défendre. Il est certes vrai qu'avec la notion de leaders ou guides d'opinion (le *two-step,* voire *le multiple flow communication*), on avait inséré un niveau de « traduction » supplémentaire dans la réception de la communication et une étape intermédiaire dans l'influence des émetteurs ou des sources. Mais le schéma avait tendance à oblitérer l'idée de réactions des récepteurs/cibles de la communication comme de l'influence. Celles-ci sont intrinsèquement liées à la dialogicité[5] et à la capacité humaine d'anticiper les discours ou les actions du locuteur (Markovà, 2003) afin non seulement d'introduire du changement mais aussi de pouvoir le conceptualiser.

2. Une dynamique psychosociale

La psychologie sociale mais aussi les sciences sociales en général ne peuvent que prendre en compte le changement social, les rapports dialectiques qu'entretiennent les individus, les groupes au sein de la société. Le conflit reste nécessaire, voire essentiel, pour comprendre les transformations sociales, culturelles, historiques, politiques, voire symboliques, qui adviennent çà et là, de façon sporadique ou parfois anticipée. L'étude de Philogène (1999) a par exemple souligné combien l'anticipation a favorisé un changement dans l'identité des Afro-Américains, prônant une conceptualisation nouvelle analogue à celle des autres minorités ethniques (Irlando-Américains ou Italo-Américains par exemple), reléguant la période de l'esclavage à sa

5. Voir chapitre 8 et focus 8.

dimension historique pour la communauté noire américaine et non plus à une essentialisation définitionnelle. Les mobilisations diverses qui jalonnent l'histoire d'une société, notamment les révolutions (1789, le printemps arabe par exemple) montrent que le changement politique est d'abord initié au travers d'une dynamique psychosociale, démarre dans la rue en mettant aux prises des individus, des groupes ou des institutions pour ensuite amener à des lois. Si légiférer sur les revendications des uns et des autres ne vient qu'ensuite, le fondement du changement initié dans la rue, notamment dans les minorités actives ou les mouvements sociaux, reste essentiel. Certains politistes, dont Fillieule, Agrikoliansky et Sommier (2010), ont d'ailleurs précisé les liens entre politique et mouvements sociaux et la façon dont les conflits sociaux et les contestations alimentent le changement dans les sociétés contemporaines.

La mobilisation dans les mouvements sociaux, qui pouvait être perçue comme moribonde ces dernières années (d'où le clivage entre monde associatif et univers politique), a pu surprendre alors qu'elle signifiait un regain de conscience et d'espoir pour des individus trop souvent oubliés, voire dénigrés du fait qu'ils étaient inscrits dans des catégories rigides et déterminées (classes sociales, variables habituelles d'âge, sexe, etc.), déterminantes et déterministes. C'était sans compter sur les propositions de Lahire (1998) concernant l'homme pluriel, celles de Marková (2003) sur la dialogicité[6] que nous venons de citer, celles de Laurens (2006b) sur les prises de position comme répertoire de réponses dans lequel l'individu puise en fonction des situations. L'individu possède en lui la capacité conceptuelle du changement mais il doit passer par autrui pour se mobiliser concrètement. L'idée de groupes agrégats ou collections de Lorenzi-Cioldi (2009) s'insère dans la même veine puisque la perspective traditionnelle, prônant une unicité individuelle qui se déliterait dans le groupe en faveur de caractéristiques communes, est rejetée au profit de nouvelles catégories, mettant en scène la faculté d'agir en tant que dominants ou dominés (ce que Moscovici proposait déjà avec sa *psychologie des minorités actives*). La conscience d'une possibilité d'action, qui constitue un élément essentiel de l'implication[7] pour Flament et Rouquette (2003), ne dit enfin pas autre chose.

L'homme pluriel existe et il peut changer non seulement de métier, de conjoint ou de ville mais il peut adopter de nouvelles croyances, décrypter le monde avec un point de vue neuf, différent de celui auquel on pense automatiquement (et « on » reste à définir : est-ce « les gens », les sociologues, les sondeurs ?).

Notre proposition de l'adhésion paradoxale (Orfali, 2005b) s'inscrivait dans une démarche analogue, puisqu'il était stipulé qu'on ne pouvait adhérer à un parti comme le Front National si on était juif, antillais, femme ou ouvrier. L'appartenance religieuse, ethnique, de genre ou statutaire aurait du servir d'antidote aux sirènes de l'extrême droite... quoique le score de Marine Le Pen du 22 avril 2012 ou des récentes élections municipales, voire l'entrée de deux élus frontistes au Sénat en septembre dernier, puissent permettre d'en douter ! C'était sans compter en effet sur le besoin d'une adhésion facilement justifiable, telle que l'affiliation politique à un groupe de référence qui permet de récuser les affiliations premières dans des groupes d'appartenance. De l'inné à l'acquis, l'affiliation revisite les inscriptions évidentes de l'individu et lui permet d'orchestrer sa vie différemment. L'intragroupe permet de surcroît d'entériner ce processus tout en séduisant éventuellement des membres des hors-groupes (Orfali, 2012a). Les 18 % d'électeurs ayant voté Marine Le Pen au premier tour de la présidentielle en 2012 ne sont pas tous des Frontistes. En revanche, ils expriment par leur vote la nécessité d'une troisième voie qui s'avère, certes, extrémiste mais qui rend surtout compte d'une volonté de sortir des sentiers battus gauche/droite habituels. Ce faisant, ces 6,4 millions d'électeurs se sont réapproprié leurs propres voix et leur destinée. Ils souscrivent de fait à la mobilisation politique contemporaine en récusant les modèles et les partis politiques traditionnels. La « vague bleue Marine » est symptomatique du souci actuel d'investir les espaces politiques au sens large, c'est-à-dire participatifs et citoyens. La catégorie « niniste » (ni gauche ni droite pour le FN ; ni FN ni PS pour

6. Voir chapitre 8.

7. Voir chapitre 28 et focus 28.

l'UMP[8]) a ainsi le vent en poupe et sert de prétexte à de nouveaux investissements citoyens, y compris dans les partis « installés ». Symptomatique de cet investissement, le premier tour de la Présidentielle française a vu une diminution de l'abstentionnisme (environ 20 % contre 28 % en 2002) même si le second tour des législatives accuse un record en la matière avec presque 44 % d'abstentions, de même que les dernières municipales...

Ce n'est pas parce que l'abstentionnisme ou le désintérêt pour la politique étaient importants ces dernières décennies qu'il faut en déduire qu'ils vont le rester, comme le prouvent les mobilisations nouvelles depuis quelques années. Certes, la crise de 2008 est passée par là, réinstaurant – après un premier sursaut de désespoir – une envie d'en découdre avec les fauteurs de troubles, que soient ainsi désignés les gouvernants, les banques, les institutions diverses et variées, etc. L'indignation a été le prétexte d'une vaste prise de conscience à l'échelle internationale qui a débouté les vieilles antiennes sur la soumission obligatoire de l'individu (Milgram, 1974a ; Joule & Beauvois, 2002). Elle ne pouvait que s'exprimer dans l'urgence et sur un mode contestataire, partant la mobilisation générale ici et là dans le monde. Le fait que des noyaux de révolte aient éclaté en maints endroits de la planète, pratiquement au même moment, vérifie par ailleurs la proposition de Moscovici (1986a) sur l'ignorance pluralistique. De celle-ci, il précise qu'elle advient en même temps que le processus de conversion privée aux idées minoritaires dans le cadre de l'influence sociale d'un point de vue génétique et de prendre l'exemple de la conversion des Guermantes aux idées dreyfusardes dans le roman de Proust *À la recherche du temps perdu*. De fait, les représentations sociales des événements et l'influence sociale se rejoignent aussi entre autres grâce à l'ignorance pluralistique.

3. Représentations sociales d'un objet particulier

3.1 *Représentations synchroniques de la réalité politique*

Jusqu'à présent, l'analyse des révolutions était surtout historique et linéaire, chronologique et diachronique en somme. À présent, elle se manifeste davantage à un niveau synchronique : l'éclatement de révoltes, tout d'abord dans le monde arabe au printemps 2011 puis lors de l'hiver russe en 2012, ensuite à Londres, à Madrid ou encore à Montréal, présuppose que soit prise en compte l'ignorance pluralistique, qui souligne que des embryons de révolte ici ou là dans le monde convergent au niveau de leurs conséquences. Sans évoquer la révolution internationale appelée de leurs vœux par les marxistes et qui serait ici en train de s'accomplir d'une façon cependant différente, on constate que l'ignorance pluralistique illustre parfaitement la mobilisation politique contemporaine et génère par conséquent un changement au niveau des représentations sociales du politique aujourd'hui. Ce changement est bien entendu relayé par les médias sociaux, véritables « facilitateurs » qui se surajoutent au « bouche-à-oreille » et aux médias dits traditionnels.

L'individualisme associé au sentiment de solitude évoqué par Moscovici lorsqu'il définissait le regard psychosocial en 2005 a créé dans un premier temps une atomisation des consciences mais très vite, celle-ci a fait place à la mise en commun des prises de conscience, aboutissant à une action véritable. Les mobilisations de ces dernières années soulignent le glissement d'un sentiment d'apathie générale, parfois assorti de ressentiment, vers une prise de décision qui fait tache d'huile, et ce mondialement comme l'ont souligné les révoltes, voire les révolutions récentes un peu partout. En Occident, c'est plutôt au niveau partisan que la mobilisation a commencé, notamment dans les partis d'extrême droite. Le vote frontiste n'est ainsi plus seulement un vote sanction ou de contestation, il est devenu un vote d'adhésion. Adhésion à des idées plus

8. Parti Les Républicains.

qu'à des idéologies puisque, comme le soulignait Marine Le Pen dans son discours du 1er mai 2011 : « Nous, [...] nous obligeons au débat et ça gêne... » En fait, l'introduction d'un conflit au sein de la société est sans aucun doute le moyen le plus sûr d'être politiquement visible, voire reconnu. La provocation sous forme de « débat qui gêne » constitue l'abécédaire de toute stratégie minoritaire, partisane et donc politique. Elle a permis au Front National d'avoir un certain succès dans le passé et elle explique le score actuel de Marine Le Pen. Avec le maintien d'un conflit récurrent, la présidente du FN s'inscrit dans une filiation frontiste évidente : elle a par ailleurs rappelé à maintes reprises que la controverse avait été essentielle dans son plan de campagne pour l'élection présidentielle de 2012 (Orfali, 2012b), ce qui lui a valu d'obtenir un score de 18 % des suffrages sur 81 % de votants.

3.2 *Représentations clivées*

Le conflit introduit par diverses extrêmes droites dans divers pays d'Europe ou d'Amérique a généré des représentations sociales du politique articulées autour de la notion d'exceptionnalité ces quarante dernières années. La plupart des études politistes comme des commentaires politiques sont en effet articulés autour de l'émergence ou de la réémergence de l'extrême droite ici ou là et s'accordent pour reconnaître à ce phénomène son caractère incongru. Mais parallèlement, la « peopolisation » des hommes politiques de tout bord a contribué à désacraliser le politique, ce qui a eu pour conséquence de renforcer une compréhension clivée, voire schizophrénique de cette notion. La confusion entre l'objet politique (qui reste plutôt abstrait dans le sens commun, parce que référant à un système complexe de partis, de formations, de mouvements et de tendances pour ne pas évoquer les idéologies censées opposer la gauche et la droite, voire les extrêmes) et les hommes politiques censés représenter ces partis, formations, tendances, etc., est sans doute ce qui caractérise aujourd'hui le plus l'espace représentationnel du politique.

Quand, par ailleurs, les hommes politiques sont davantage connus du public du fait de leur vie privée (volontairement étalée ou volée par les paparazzi) que de leurs actions ou discours politiques, on assiste à un mélange des genres qui efface leur fonction véritable au sein de la Cité. Dans la mesure où les représentations sociales renvoient à un savoir de sens commun (Moscovici, 1976a), on doit alors s'interroger sur la définition du politique aujourd'hui. Un savoir de seconde main qui transite par la presse *people* est-il moindre qu'un savoir d'experts politistes ? Sans doute pas si on relit les travaux de Moscovici (1976a) sur la question. De plus, ce savoir souligne que ce n'est pas la seule connaissance qui est sollicitée dans la construction des représentations sociales du politique : l'émotion, les sentiments restent en effet très présents dans l'élaboration cognitive du politique. Rimé (2005) souligne combien l'affect est présent dans la construction identitaire de l'individu mais aussi dans sa compréhension de la société, voire du politique. Dans la mesure où les hommes et les partis politiques s'adressent aux électeurs et partisans comme à des cibles potentielles, souvent réduites à des catégories (les jeunes, les femmes, les personnes âgées, etc.), on constate qu'en retour ces mêmes électeurs ou partisans catégorisent les hommes et les partis politiques. La communication politique repose pour beaucoup sur ces catégorisations et l'affect est très présent dans celles-ci. En découlent des stéréotypes très prégnants au sein du monde politique, que les humoristes reprennent souvent (*Guignols de l'info* ou *Canteloup* à la télévision, *Le Canard enchaîné* pour la presse écrite par exemple), l'humour servant évidemment à dédramatiser le politique, à le rendre accessible et moins abstrait. Cet humour simplifierait la construction des représentations sociales du politique et surtout l'articulation binaire de ces représentations : il y aurait les bons et les méchants (partis, hommes politiques) et l'identification des citoyens en serait facilitée.

De fait, l'histoire politique est fortement tributaire des affects, comme l'explique Braud (1996, 2004, 2007), et les émotions sont désormais prises en compte pour saisir les transformations politiques comme sociales ou sociétales. Rumeurs, rivalités, solidarités, haines composent le quotidien des hommes politiques comme des gens ordinaires, sachant que pour les premiers les médias organisent un impact collectif plus fort qui a des incidences sur le vote, l'engagement ou le désenchantement politique des citoyens. Certes, c'est essentiellement lors d'événements politiques paroxystiques que l'émotion affleure, lors de guerres, de révolutions, d'attentats terroristes, etc. Mais les médias utilisent l'émotion pour tenter d'augmenter leur influence auprès des citoyens, y compris pour des événements mineurs comme la parution du livre de Valérie Trierweiler, ex-compagne de François Hollande (*Merci pour ce moment*), l'a souligné. Le scoop médiatique réfère par excellence au monde politique : truculence des propos, intimité étalée, adultères commentés, le registre qui domine permet de véritablement désacraliser la fonction politique et de rendre les hommes (partant les partis) plus proches, plus « humains », voire plus ordinaires.

Finalement, les questions dont Kant disait qu'elles couvraient tout le champ de la philosophie restent d'actualité pour saisir les représentations sociales du politique, aujourd'hui associées à la mobilisation politique, d'une part, et à la peopolisation, d'autre part. « Que puis-je connaître ? Que dois-je faire ? Que m'est-il permis d'espérer ? » Et dans une moindre mesure, « qu'est-ce que l'homme ? ». C'est bien la connaissance et l'action qui définissent l'homme et lui donnent de l'espoir, partant son besoin « viscéral » de communiquer et de s'investir dans les mobilisations politiques contemporaines. L'éthique globale qui sous-tend le phénomène ne peut par ailleurs être comprise que dans le sens d'une « conscience morale » enracinée dans les réponses émotionnelles aux problèmes mondiaux. Comme le souligne Delanty (2009), « sans cette dimension de l'affect, il ne sera pas possible de comprendre les formes transnationales de solidarité », ce qu'indiquait déjà Rouquette (1994b) lorsqu'il précisait à propos des *nexus*[9], qu'on a affaire à « un nœud indémêlable constitué d'affects, d'émotions, et de sens irraisonnés dans un moment donné d'une société donnée », tandis qu'Uribe Patino (1997) précisait, quant à lui, que des éléments occultes étaient toujours présents dans les mobilisations politiques...

Éléments occultes ou encore mystère et secret (dans les stratégies partisanes ou les carrières militantes) constituent un aspect non négligeable de la politique tandis qu'un aspect très concret, voire transparent, existe parallèlement (dans l'élection, le bulletin de vote, l'urne, etc.). Et un va-et-vient constant entre ces deux aspects contribue à opacifier les représentations sociales du politique. Pour les clarifier, il semble qu'il soit nécessaire de reprendre le niveau positionnel proposé par Doise (1982). Cela permet en outre d'établir qui sont les véritables protagonistes dans la construction des représentations sociales du politique.

Les questions de Kant, reprises par Jodelet (1991a) lorsqu'elle définissait l'espace des représentations sociales (qui sait et d'où sait-on ? que et comment sait-on ? sur quoi et avec quels effets ?), restent essentielles pour saisir l'organisation des représentations sociales en général et du politique en particulier. « Qui sait et d'où sait-on » réfère en effet aux électeurs, aux citoyens (éventuellement divisés en trois catégories selon Rouquette), qui s'informent par la presse (écrite, télévisuelle ou en ligne), dans les conversations de café comme dans les échanges postés sur divers « nouveaux médias » (Twitter, Facebook, Instagram, etc.). « Que et comment sait-on » renvoie au contenu de l'information qui pousse les individus comme les groupes ou les institutions à réagir, à s'organiser et à fonctionner de manière réticulaire afin de recréer un lien social, afin de renforcer une certaine solidarité. Ce faisant sont privilégiés des discours ou des actions issus d'un seul groupe (parti politique par exemple), ce qui mène à éventuellement favoriser ce seul groupe. C'est ici qu'intervient la spécificité du politique et des représentations sociales du politique (« sur quoi et avec quels effets ») : en effet, l'individu est sommé de choisir entre diverses tendances, divers mouvements, partis ou obédiences, et ce, qu'il soit simple électeur ou militant d'un parti. Cette contrainte l'oblige à rejeter les autres tendances, mouvements, partis ou obédiences, etc. Une seule « vérité » émerge, celle du parti, de la tendance ou d'un homme politique. Ainsi, l'individu n'a pas l'opportunité de changer de groupe aussi facilement que dans les autres sphères sociales du fait qu'il est tenu par ses engagements antérieurs. Personne ne l'oblige cependant à maintenir une consistance politique et de nombreux cas de *turnover* existent qui prouvent que cela est possible mais une logique propre à l'individu le

9. Voir chapitre 10 et focus 10.

maintient souvent dans une harmonie par rapport à ses choix politiques. Partant, le présupposé des sciences politiques « ami/ennemi » informe non seulement d'une décision partisane mais aussi *a priori* d'une logique individuelle dans le temps. Il en va de même pour les autres présupposés (commandement/obéissance et public/privé) qui restent définitoires non seulement de la science politique en général mais aussi du niveau positionnel (Doise, 1982) en particulier, qui est sollicité dans les représentations sociales du politique. Ce niveau achoppe parfois sur les motivations personnelles qui peuvent perturber la temporalité politique. Il faut alors considérer les droits et devoirs du citoyen et leurs différentes déclinaisons selon les régimes politiques et les types de gouvernement.

Les motivations personnelles s'inscrivent volontiers dans l'idée de continuité, surtout lorsqu'il est question de politique. La démocratie se définissant par ailleurs (entre autres) par l'usage du vote, il est important que l'individu soit encouragé à utiliser ce droit, voire ce devoir[10]. Dans certains pays, le vote est en effet obligatoire : Australie, Belgique, Bolivie, Brésil, Grèce, Italie, Luxembourg, Pays-Bas, Roumanie ou encore le canton de Schaffhouse en Suisse prévoient d'éventuelles sanctions ou amendes pour les contrevenants. L'individu est donc tenu d'accomplir son devoir citoyen (par peur des représailles ou par souci éthique) et, ce faisant, il s'inscrit dans la temporalité politique de son pays, voire dans ce que l'on pourrait nommer sa normalité de citoyen. Cette normalité est aussi ce qui précise son passage à l'état adulte puisque, dans la plupart des pays, la majorité correspond à l'âge légal auquel le droit de vote est accordé, ce qui confère un statut à l'individu et donc un rôle précis.

Les représentations sociales du politique dépendent ainsi de la façon dont est assumé le rôle citoyen dévolu à l'individu. Si la citoyenneté est évidente, dans une démocratie par exemple, il n'y a pas de problème. En revanche, dans des pays où des régimes politiques autoritaires subsistent, le rôle citoyen est difficile, voire impossible à exercer. Révolutions et guerres sont souvent articulées à cette nécessité de retrouver un rôle citoyen pour des populations à qui ce droit est dénigré. Choisir ceux qui gouvernent reste la panacée mais nombre de pays, autrefois aux mains de dictateurs ou aujourd'hui de groupes terroristes, prouvent qu'il est difficile de prôner et de pratiquer une démocratie réelle.

Le fait que des groupements terroristes transnationaux existent rend encore plus difficile la définition du rôle citoyen comme celle du politique. En effet, la politique n'est plus cantonnée à la seule nation mais à la planète. Comme dans l'économie, qui a depuis longtemps une assise internationale évidente, la politique se situe désormais dans une dimension élargie, hors des frontières du seul pays (nonobstant, bien entendu, pour les partis nationalistes) et cela génère un changement dans les représentations sociales du politique. Les valeurs associées au monde politique débordent des seules frontières (de l'hexagone en France par exemple) et suscitent un intérêt transfrontalier, transcontinental, bref, planétaire. De plus, le politique n'est plus définissable seul mais sollicite d'autres domaines, notamment l'économique (Viaud & Orfali, 2007), ce qui rend sa définition et ses représentations sociales plus complexes. Les catégories pertinentes pour le politique sont parfois aussi utilisées pour l'économique et vice-versa. Les représentations sociales qui y sont afférentes sollicitent d'autres représentations qui, à leur tour, en interpellent encore d'autres.

On constate alors que, loin d'être définies une fois pour toutes, les représentations sociales doivent être constamment réétudiées puisqu'elles s'inscrivent dans des sociétés et des univers en perpétuel mouvement. Loin d'être statiques, les représentations sociales se transforment et s'inscrivent dans une réalité toujours changeante, ce qui les stabilise (à un moment donné dans une société donnée) et les ancre dans une temporalité précise tout en leur permettant d'évoluer à travers des cultures différentes aux symbolisations également diverses. Et le politique est peut-être l'objet le plus pertinent pour saisir les multiples facettes représentationnelles d'un objet : dans la mesure où il détermine les modes de fonctionnement structuraux et systémiques, il permet en effet d'établir certaines lois (offre et demande politique ou partisane, idéologique ou

10. Sur les cartes électorales françaises figure cette phrase : « Voter est un droit, c'est aussi un devoir civique. »

idéelle, locale ou internationale) et d'éventuellement anticiper des résultats, certes aidé en cela par les instituts de sondage.

Même si une donnée reste impossible à anticiper par rapport aux résultats d'élections, le vote étant à bulletin secret, l'électeur reste libre dans son choix final, ce qui perturbe souvent les résultats électoraux comme les commentaires d'élections à chaud. Entre les choix énoncés ou les préférences annoncées et les résultats réels, un décalage persiste qui met à mal les commentateurs mais qui redore finalement le blason des électeurs, seuls maîtres à bord... Des intentions de vote aux choix finals (sondages à la sortie des urnes), ce décalage brouille l'évidence politique et renforce la dimension mystérieuse des représentations sociales du politique.

En conclusion, on peut avancer l'hypothèse selon laquelle le politique est toujours complexe de par sa double définition (objet de représentations sociales mais aussi principe permettant la construction desdites représentations). Duel (et les présupposés commandement/obéissance, public/privé comme ami/ennemi impliquent cette dualité), le politique prédispose à un entendement essentiellement caractérisé par une forte ambivalence : il est en effet toujours considéré dans sa dimension positive/négative (vecteur de changement/propice au statu quo ; facilitateur dans les relations humaines/inhibiteur du fait de relations de pouvoir ; oscillant entre raison et passion pour ne citer que ses traits principaux). Sans doute la référence à un même passé reste encore ce qui permet de saisir au mieux la spécificité du politique et de ses représentations sociales : en effet, se reconnaître dans une même histoire facilite l'harmonie au sein d'une société et crée une mentalité commune qui sert de fondement culturel, malgré les divergences de points de vue, la diversité également nécessaire au changement social et politique. C'est pourquoi les commémorations sont si courantes de nos jours, qui rendent hommage à des faits politiques importants dans le passé (les cent ans de la Grande Guerre, la chute du Mur, etc.). Les représentations sociales facilitent l'ancrage des événements politiques dans l'histoire de chaque individu comme dans celle de chaque société et permettent une appropriation de ces événements par chacun. Ainsi, les commémorations ne se contentent pas de simplement rappeler des faits historiques avérés mais sollicitent désormais des témoignages d'individus, de groupes ayant participé ou vécu lors de ces moments clefs de l'histoire d'une société. L'objectivation en est simplifiée et tout un chacun peut voir un parallèle entre sa propre vie et celle de la société dans laquelle il évolue, son agenda personnel et l'agenda politique. Les représentations sociales du politique permettent *in fine* à chaque individu de composer avec l'Histoire et d'y intégrer sa propre histoire.

Focus 17

Représentation sociale et justice

Juana JUAREZ-ROMERO[1]

1. Université Autonome Métropolitaine, Iztapalapa, Mexico, Mexique.

« La question qui se pose à nous, psychologues sociaux… c'est : comment penser, expliquer **en profondeur**, le vaste répertoire de faits de discrimination (et d'injustice) inscrits dans la longue durée ? Afin de les saisir pour ce qu'ils sont, c'est-à-dire des faits de culture. »

S. Moscovici (2000)

Avec l'étude pionnière de Lerner (1965) sur la croyance en un monde juste s'est ouvert dans les années 1960 une ligne de recherche qui a conduit au développement de travaux relevant d'une thématique devenue de plus en plus essentielle au sein des sociétés : la justice.

Depuis sa création et intrinsèquement à l'évolution des sociétés modernes s'est développée une aspiration commune selon laquelle l'accès à la modernité et à la démocratisation des sociétés conduirait implicitement à l'établissement de meilleures et de plus équitables conditions de vie et de bien-être pour tous ses membres. Les processus de différenciation imposés par le biais de la division sociale du travail promettaient une distribution « équitable » de la richesse grâce aux positions sociales qu'occupe chacun des acteurs au sein de la communauté. La justice distributive semblait alors la meilleure option pour créer de l'égalité au sein des communautés, de sorte que ce principe fut transformé en une croyance collective et comme un point d'organisation à divers niveaux de la vie quotidienne. Il s'est naturalisé et a participé aux formes particulières de la vie sociale. Au fil du temps, la justice distributive a cependant généré des effets négatifs, renforçant en particulier les conditions qui ont engendré une plus grande inégalité dans les sociétés (Moore, 2007). Ces conditions ont été et sont perçues et représentées par de nombreux groupes (Fasanelli et al., 2014) par rapport à divers objets sociaux tels que la politique ou la santé, comme l'ont mis en évidence un certain nombre d'études (Ernst-Vintila et al., 2014 ; Béal et al., 2014).

En effet, il suffit de lire les journaux du monde entier, les notes relatives à la justice légale, sociale ou politique, ou encore les statistiques qui révèlent les niveaux de bien-être de la population en matière d'éducation, de logement, de santé, d'emploi, entre autres, pour prendre conscience de l'importance attachée au couple justice-injustice aujourd'hui. À cela s'ajoute la prolifération d'études, de publications et d'événements universitaires autour de la justice, en particulier ceux dédiés à l'injustice, qui ont révélé l'existence d'un processus qui imprègne toutes nos sociétés, nous forçant à abandonner les interprétations de type individuel ou groupal, insuffisantes pour comprendre pleinement celui-ci.

En effet, la justice est devenue un objet social qui est utilisé et dont on parle quotidiennement non seulement au niveau des gouvernements et des institutions sociales, mais aussi au sein des groupes et des communautés. Par conséquent, elle est devenue un objet de représentation sociale pour la plupart des groupes des sociétés contemporaines. Par ailleurs, on doit reconnaître que la représentation sociale de la justice est le résultat de savoirs sociaux, hérités par les groupes et les personnes. Ces connaissances sont présentes à la fois dans les institutions et les traditions, les coutumes, les croyances, les peurs et les préjugés des groupes sociaux, de sorte que les représentations sociales de la justice et l'injustice sont devenues des formes d'expression de la pensée sociale (Rouquette, 2009).

Alors que la théorie de la « croyance en un monde juste » suggère l'existence d'invariants cognitifs identifiés comme responsables de la création de « croyances » qui, selon cette approche, sont inhérentes à l'individu, nous avons aujourd'hui une série de perspectives qui font du collectif et de l'idéologie des composantes centrales à l'explication de la pensée sociale et des représentations sociales de la justice. L'une d'elles révèle que la représentation collective de l'individualisme et les explications qui en découlent sont des éléments d'ordre idéologique qui influencent l'explication que les gens donnent à la justice. En effet, la représentation collective de l'individualisme intègre une « idéologie de la réussite et de l'échec » dans laquelle chaque individu est responsable de ses propres actions, idée qui induit des styles d'attribution plus internes chez les personnes (Farr, 2003), tels que la croyance en un monde juste. Ainsi, la croyance en un monde juste revêt une double fonction : d'une part elle justifie et légitime l'ordre dominant et, d'autre part, elle devient le tamis des processus de compréhension individuelle des phénomènes sociaux. D'autres études ont montré que la croyance en un monde juste est associée de façon importante à la pensée conservatrice, autoritaire et aux croyances religieuses. Ces résultats constituent des précédents qui englobent nécessairement les études portant sur les représentations sociales de la justice, parmi lesquelles se démarquent les travaux effectués par Doise (2001) à propos des droits de l'Homme.

Nous savons en outre que, dans la plupart des sociétés modernes, la justice est une valeur définie dans les constitutions et dans les références normatives. Il s'agit d'une catégorie sociale héritée et transmise au sein de chaque nation comme une valeur, un désir ou un but dans le cadre idéologique d'un pays. Cela nous place face à une catégorie qui a dû créer toute une batterie de significations, de normes, de valeurs et pratiques. Des normes, des valeurs et des pratiques qui doivent être socialisées et diffusées à travers les institutions qui donnent un sens à une communauté nationale.

Cependant, il ne suffit pas d'établir une constitution et d'affirmer que la justice est une valeur essentielle pour une communauté nationale, il est nécessaire de savoir jusqu'où elle est construite et transmise par le langage et les modes de fonctionnement des institutions : codes, symboles, normes et valeurs qui permettent que chaque citoyen veille à ce que la justice soit une pratique sociale quotidienne (Rouquette, 1998). Cela implique l'existence d'un mécanisme ou d'un ensemble de mécanismes opérant en permanence, présent dans la conscience des citoyens et des institutions, dans la politique et les politiciens, et dans l'ensemble de la société.

La justice ne dépend alors pas seulement des juges, des tribunaux, des politiciens, de la police et des institutions gouvernementales, elle est avant tout un bien commun, un savoir ou un ensemble de connaissances sociales qui régulent et donnent un sens aux groupes qui composent une société à travers les représentations sociales, telles que les a définies Moscovici (1986b). Somme toute, la justice fait partie d'un système idéologique, d'un ensemble de croyances. C'est une représentation collective et une référence centrale dans l'élaboration de la pensée sociale des sociétés contemporaines.

En ce sens, et dans le cas de l'Amérique latine, Lechner (2002) identifie une carence de codes démocratiques et constate « un manque d'histoires démocratiques » capables de renforcer la citoyenneté en lui fournissant des codes, des significations et des pratiques qui aboutissent à l'établissement de relations authentiques d'équité à l'intérieur et à l'extérieur des sociétés. Il faut que le discours sur l'égalité et la justice, dans toute société, soit accompagné des moyens sociocognitifs, évaluatifs, affectifs et pratiques qui permettent à la justice d'être le résultat de la vie quotidienne des groupes. Cela requiert l'édification de pratiques, de signes et de valeurs capables d'agir sur la construction d'une pensée sociale qui favorise et permette de construire ce que certains théoriciens appellent une « raison antidiscriminatoire », c'est-à-dire une connaissance qui fait de l'égalité un bien commun (Rodríguez, 2014), un savoir social, comme nous l'appelons, qui ne fait pas de différence entre une explication *naturalisée* et une explication individualisée de l'injustice.

Les études socio-représentationnelles constituent un outil théorique et méthodologique pour comprendre les processus de discrimination et d'injustice, lesquels ont leur origine, comme le souligne Moscovici (2002c), dans les processus psychosociaux de comparaison et de différenciation. C'est là également que réside et se construit l'injustice.

CHAPITRE 18

Représentations sociales et médias

Pascal MARCHAND[1]

Sommaire

1. Université Toulouse 3 – Paul Sabatier, France.

« On ne peut affirmer que tel contenu médiatique est infailliblement suivi de tel effet [...]. Il va de soi que, dans un vaste entrecroisement de facteurs culturels et circonstanciels, les relations de cause à effet restent difficiles à établir » (Gerbner, 1990, p. 30). Vingt-cinq ans plus tard, cette citation, tirée d'un rapport pour l'Unesco, reste d'actualité, même si on ne manque pas d'études, plus ou moins spectaculaires, qui cherchent encore et toujours à montrer la responsabilité, plus ou moins directe, des médias en général, de la télévision en particulier – et des jeux vidéo plus récemment – dans des déviances ou dérives comportementales ou sociétales, réelles ou supposées.

Nous avions proposé (Marchand, 2007) de classer ces recherches en trois types d'effets : directs et immédiats, directs et différés et, enfin, indirects. Si les deux premiers types d'effets concernaient davantage les questions de violence et de pornographie, et tout en appelant à une certaine circonspection, les troisièmes avaient des liens évidents avec les représentations sociales. Effectivement, l'impact de la violence médiatique ne semble pas tant à rechercher dans le développement des comportements agressifs que dans la représentation que les gens construisent de cette violence. Et s'il n'est pas facile de conclure à l'impact direct de la violence télévisuelle sur le développement de comportements agressifs, beaucoup de résultats convergent en revanche pour montrer ses effets, d'une part sur l'habituation, la désinhibition et l'insensibilisation à la violence, et d'autre part sur la construction de représentations d'un monde violent (Pahlavan, 2002).

1. Le « grand méchant monde »

Les individus se font une idée de la « dangerosité » de leur environnement social en disposant de deux sources d'information : leur expérience personnelle et ce qu'ils apprennent au travers soit de leurs relations sociales, soit des médias. Dans ce dernier cas, et depuis les analyses de la presse de Davis (1952), on vérifie régulièrement que le traitement médiatique de la délinquance est très exagéré par rapport aux statistiques de la criminalité. Les statistiques du FBI montraient que moins de 1 % des Américains étaient victimes de violence criminelle par an. Or, chaque semaine, plus de la moitié des programmes de télévision relataient des actes de violence criminelle. Les médias relatent donc beaucoup plus de crimes que la police n'en enregistre (Ditton & Duffy, 1983).

De plus, tandis que, dans la réalité, la plupart des crimes étaient le fait de proches de la victime, les médias présentaient majoritairement des actes commis par des inconnus et, qui plus est, en surestimant les victimes blanches et les auteurs noirs et en sous-estimant les auteurs blancs et les victimes d'origines étrangères (Dixon & Linz, 2000). Toutes ces informations périphériques au message, sa mise en scène, imprègnent la mémoire de façon plus lente et plus subtile et traduisent une certaine façon de voir le monde : qui, à la télévision, est violent ? Les divers groupes sociaux sont-ils traités de façon équivalente ? Y a-t-il un prototype du violent ? Qui nous est montré comme luttant contre la violence ou manifestant une violence légitime ?

Gerbner (1990) reconnaît qu'« alors qu'un acte de violence ou de terrorisme peut être défini de façon relativement objective, le fait de désigner au public un individu (ou un personnage fictif) comme étant un violent ou un terroriste (et non un justicier ou un combattant de la liberté) a souvent une connotation politique qui en dit beaucoup plus long sur ceux qui s'expriment que sur l'activité elle-même. Le choix de ces étiquettes par les organes d'information reflète, et peut influencer sensiblement, les politiques de ces mêmes institutions » (p. 9).

Katz (1980) posait déjà que la « structure latente » des messages médiatiques présentait une vision distordue de la réalité, propre à préserver les intérêts de la structure de pouvoir en place. Et il était effectivement possible d'observer que les téléspectateurs assidus révélaient une perception exagérée du nombre de personnes impliquées dans un acte criminel chaque semaine ainsi que des croyances inexactes à propos de la police et de la justice. Gerbner et ses collaborateurs (Gerbner, Gross, Morgan & Signiorielli, 1994) ont appelé « *mean world syndrome* » la tendance, pour ces téléspectateurs assidus, à cultiver, comparativement à des téléspectateurs occasionnels, une conception du monde comme relativement misérable et cruel, dans lequel on a besoin de protection, où on ne peut pas avoir confiance dans la plupart des gens qui, de toute façon, ne sont que des égoïstes.

Dans un autre domaine, on a pu observer que les spectateurs de films pornographiques avaient tendance à surestimer l'étendue des pratiques sexuelles à caractère pornographiques, évaluaient de façon plus positive la domination masculine et la soumission féminine, et plus négative la fidélité, la monogamie, le désir d'avoir des enfants...

Les téléspectateurs assidus semblaient donc intégrer des modèles stéréotypés dont ils tiraient des modes de jugement qu'ils généralisaient au « monde réel ». Des programmes qui dépeignent un monde dramatiquement violent et criminalisé seraient ainsi susceptibles de provoquer une évaluation exagérée de la menace et du danger dans la société. Dans une interview pour un reportage télévisé, Gerbner résumait : « Le lien statistique entre regarder de la violence et commettre de la violence est insignifiant. Mais il y a un lien absolu entre regarder de la violence et le fait de devenir intimidé, craintif, le fait de penser que nous vivons dans un monde violent, un monde où nous avons besoin de la police, de l'armée. C'est un cercle vicieux : produire de la violence conduit à avoir peur de la violence. Et c'est cette peur qui nous amène à accepter l'armée, à soutenir les guerres, à soutenir les institutions dont on croit, à mon avis à tort, qu'elles nous protègent d'une violence omniprésente[2]. »

Toutefois, cet impact doit être nuancé. D'une part, les conditions matérielles d'existence des téléspectateurs viennent conditionner l'effet de la consommation de télévision sur les représentations d'un monde violent (Doob & MacDonald, 1979 ; Fergusson, 1999) : « Le degré d'exposition à la violence télévisée dépend donc plus de la politique médiatique et de l'appartenance à tel ou tel groupe que d'un quelconque choix opéré par le téléspectateur » (Gerbner, 1990, p. 24). Et la polarisation excessive sur les médias et les jeux vidéo peut nous détourner de la prise en compte de facteurs bien plus puissants dans la détermination de la délinquance mais qui impliquent également des politiques publiques bien plus coûteuses (Anderson, 2008).

D'autre part, il est nécessaire de distinguer un sentiment d'insécurité et un sentiment de vulnérabilité : si regarder la télévision affecte les croyances des gens sur le niveau de danger dans la société (insécurité), cela n'a pas d'effet sur leur vécu émotionnel (vulnérabilité) du monde environnant (Tyler, 1980 ; Tyler & Cook, 1984 ; Heath & Petraitis, 1987 ; Gosselin, DeGuise, Pacquette & Laplante, 1997).

L'impact de la télévision inclut donc, au-delà des programmes, la façon dont ils sont reçus et interprétés. Les médias, on le voit, ne sont que l'un des facteurs, certes parmi les plus importants, de la construction des pensées, attitudes, émotions et conduites (Bissell & Parrott, 2013). Il faut alors quitter le domaine de l'influence « hypodermique » des médias pour envisager que, si la plupart des messages médiatiques n'ont pas l'intention de convaincre, ils peuvent néanmoins avoir un certain nombre d'effets d'influence, justement parce qu'ils n'affirment aucune intention persuasive et ne soulèvent pas de résistance psychologique (Brehm, 1966).

La question qui se pose est davantage de savoir quel est ce monde dépeint par les médias et comment il peut être mémorisé par les récepteurs. Or, si de nouvelles attitudes, cognitions et conduites peuvent parfois être formées sous l'effet de l'exposition à l'information médiatique, le plus souvent celle-ci renforce des attitudes et conduites déjà établies. L'étude des médias se déplace alors de leur capacité à changer les réponses des sujets (attitudinales, comportementales) vers leur capacité à former et cristalliser des réponses dans certains domaines.

---

2. Tiré de *Violence : les écrans en accusation*, un documentaire de 85 minutes écrit par Sarah Lebas, Maria Pia Mascaro et Richard Puech, réalisé par Richard Puech et produit par Capa/Odyssée, en association avec France 5, 2002.

2. Des croyances médiatiques

Dans le premier chapitre de son ouvrage *The World Outside and the Pictures in Our Heads* (1922), Lippman distinguait déjà l'environnement (le monde tel qu'il existe en dehors de nous) et le pseudo-environnement (les perceptions que nous en avons) et il soulignait la lourde responsabilité de la presse dans sa description et son interprétation d'événements de la vie publique que finalement peu de citoyens avaient la possibilité d'expérimenter directement : « Les "leçons" à répétition que nous apprenons de la télévision depuis notre enfance ont tendance à constituer la base d'une vision générale du monde qui fait de la télévision une source primordiale des valeurs, idéologies et représentations ainsi que des attitudes, croyances et images. »

Gerbner en faisait une démonstration astucieuse en montrant que, dans les enquêtes d'opinion, les différences socio-catégorielles classiques étaient plus difficiles à mettre en évidence chez les téléspectateurs les plus assidus. Il considérerait que l'opinion politique elle-même était *canalisée* par la télévision : et on observe effectivement que plus l'audience visée est large et hétérogène, moins les messages sont « dérangeants », plus on développe une argumentation consensuelle, médiane, que l'on prétendra alors « non idéologique ». Les personnes qui regardent souvent la télévision ont moins tendance à être politiquement extrêmes et adoptent davantage une pensée convergente que ceux qui la regardent moins.

Pour autant, il ne faudrait pas en conclure que cette homogénéisation politique, cette « route médiane », reflète des positions intermédiaires ou neutres. En effet, si l'on analyse des questions portant sur la ségrégation raciale, l'homosexualité, l'avortement, les droits des minorités, etc., qui opposent traditionnellement les libéraux et les conservateurs, on observe les divergences les plus fortes chez les individus qui regardent le moins la télévision. Chez les téléspectateurs assidus, on observe moins de différences entre les libéraux et les conservateurs sur ces questions. Mais on observe également que ceux qui se qualifient de « modérés » se rapprochent plus des positions conservatrices que libérales. À y regarder de plus près, la « canalisation » s'inclinerait à droite sur les questions politiques, tandis qu'elle tendrait vers une position « populiste » sur les questions économiques (demander plus de services sociaux et moins de taxes, par exemple). Quant à la politique étrangère, une étude sur les attitudes à l'égard de la guerre du Golfe a montré que les téléspectateurs assidus y étaient plus favorables et plus à l'aise avec la terminologie militaire, mais étaient moins informés des questions du Moyen-Orient en général.

Ces contenus dominants ne constituent donc pas la somme de tous les autres contenus, mais recouvrent une sorte de moyenne des opinions, valeurs et significations les plus largement partagées. Derrière l'apparente diversité des programmes et l'illusion de libre choix des spectateurs, il faut examiner les liens de cohérence que ces programmes entretiennent, les modèles de conduite, les rôles sociaux, les actions possibles, les valeurs transversales qui définissent le « monde de la télévision » auquel les individus sont exposés de plus en plus tôt et de plus en plus longtemps. La « canalisation » télévisuelle provoque ainsi une relative homogénéisation, un nivellement des points de vue divergents.

Le modèle de « l'agenda-setting » (Funkhouser, 1973 ; MacKuen, 1981 ; McCombs, 1981, 1994 ; Iyengar & Kinder, 1987 ; Brosius & Kepplinger, 1990 ; Edelstein, 1993 ; Scheufele, 2000), davantage issu des sciences de l'information et de la communication que des sciences psychologiques (voir notamment Gerstlé, 1996), postule un transfert de saillance d'objets et la saillance de leurs attributs depuis les médias vers l'opinion publique (McCombs & Shaw, 1993, p. 62) : les choix et la hiérarchisation de l'information par les médias sont transférés dans les mêmes proportions à l'importance que le public accordera à chaque événement. Autrement dit, les idées et questions ayant reçu les plus grands traitements médiatiques tendent à devenir celles qui concernent le plus le public ou plutôt celles par lesquelles le public se sent le plus concerné. On retrouve ici la phrase fameuse de Cohen (1963) : « Les médias peuvent ne pas parvenir tout le temps à dicter aux gens ce qu'il faut penser, mais ils sont d'une redoutable efficacité pour leur dire ce à quoi il faut penser. » Mais on peut se souvenir que Camus remarquait déjà : « Non, ce n'est pas ce que le public veut, c'est ce qu'on l'a amené à vouloir, ce qui n'est pas la même chose » (*Combat*, 1944).

Il faut toutefois nuancer les effets aussi quantitatifs du traitement d'une information et prendre en compte des éléments qualitatifs, qui renvoient à sa tonalité émotionnelle (Wiebe, 1956 ; Greene & Wade, 1987 ; Flora & Maibach, 1990 ; Newhagen & Reeves, 1992). Les événements les plus dramatiques ou les plus intrusifs (Zucker, 1978 ; Weaver, Graber, McCombs & Eyal, 1981 ; Winter & Eyal, 1981) peuvent avoir des conséquences sur l'opinion publique au-delà du simple volume de leur traitement. On peut néanmoins noter qu'à l'heure de l'information continue, les événements les plus dramatiques et intrusifs sont également ceux qui reçoivent le plus grand volume de traitement.

3. Des stéréotypes envahissants

De nombreuses études (Greenberg & Brand, 1994, pour une revue de question comparative sur vingt ans), qui reposent davantage sur des analyses de contenu que sur des expérimentations, montrent que les médias ne traitent pas de la même façon les différents groupes sociaux. Les minorités ethniques, mais également les femmes, les personnes âgées ou les handicapés, sont sous-représentés et tiennent le plus souvent des seconds rôles ou des rôles non sérieux (Weigel, Loomis & Soja, 1980). De même, dans les publicités, le rôle des femmes est, par comparaison aux hommes, moins souvent d'argumenter sur les raisons d'acheter le produit (McArthur & Resko, 1975 ; Manstead & McCullough, 1981 : Livingstone & Greene, 1986).

Les analyses de Gerbner, Gross, Morgan et Signorielli (citées par Morgan, 1982) montraient que la représentation des femmes était souvent réduite à des rôles domestiques traditionnels, exclues du monde du travail et qu'elles jouaient davantage des rôles de victimes de la violence (cette tendance diminuant si elles étaient mariées). Le message implicite semblait être que « le foyer est la place la plus appropriée et la plus sûre pour une femme ».

Dans des séries télévisées, on a pu observer que les conversations entre femmes se déroulaient plutôt dans un contexte de relations familiales, les conversations entre hommes dans un contexte de relations professionnelles et les conversations hommes-femmes plutôt dans un contexte de relations romantiques (Fine, 1981). Et, dans ce dernier cas, les indicateurs de tentative de prise de contrôle par l'un des protagonistes montrent que l'homme tente de dominer la femme dans 68 % de ses interventions, tandis que la femme ne tente de prendre le contrôle que dans 45 % de ses interventions (Arliss, Cassata & Skill, 1983).

Et le sexisme n'est évidemment pas le seul exemple de message latent des représentations médiatiques. Gerbner et ses collaborateurs (Gerbner et al., 1986) ont observé que les personnes âgées de plus de 65 ans, qui constituaient la partie en forte croissance de la population américaine, étaient sous-représentées dans les téléfilms. Les effets de ces traitements discriminants ont été vérifiés expérimentalement et montrent que leur absence à la télévision conduit à sous-estimer le poids réel de ces groupes dans la population et provoque une sorte d'invisibilité sociale de ces individus (Huston, Donnerstein, Fairchild, Feshbach, Katz, Murray, Rubinstein & Zuckerman, 1992). Ainsi, les téléspectateurs assidus avaient tendance à estimer que les personnes âgées étaient une « espèce en voie de disparition » (*vanishing breed*), qu'elles étaient moins nombreuses que les personnes de vingt ans, qu'elles étaient en mauvaise santé et qu'elles ne vivaient pas autant.

Au-delà de la simple sous-estimation du nombre d'individus minoritaires, ceux-ci font l'objet de stéréotypes qui reposent, de plus, sur des représentations partielles et erronées (Gerbner, Gross, Signorielli & Morgan, 1980 ; Greenberg, 1986). On se n'étonnera pas que les téléspectateurs assidus révèlent des scores sur une « échelle de sexisme » supérieurs aux spectateurs occasionnels (Signiorielli, 1989). Quant au vieillissement, il devient un état anormal et les personnes âgées sont différenciées de nous-mêmes, « altérifiées » en quelque sorte (Coupland & Coupland, 2001, parlent de *discursive "othering" of old people*).

4. Des comportements qui changent

On peut imaginer qu'aucune campagne contre le tabac n'a jamais amené directement quiconque à cesser brutalement de fumer. En revanche, des années de messages contre le tabagisme ont inversé la tendance dominante, et le regard porté sur le fumeur s'est déplacé depuis un statut de personne « normale » (il y a trente ans, on fumait dans les trains, dans les aéroports, dans les restaurants, dans les repas de famille et chez les amis, dans les bureaux et les amphis, etc.) vers un statut de déviant (aujourd'hui, on sort). Une pression sociale à se conformer à la norme dominante s'exerce sur le fumeur, qui doit adapter son comportement à la majorité des non-fumeurs. Il s'agit donc moins de persuasion du fumeur lui-même que de stigmatisation devant l'opinion publique majoritaire, jusqu'à l'inciter à cesser de fumer.

Les médias donnent donc à voir un monde normatif que l'on est encouragé à prendre pour réel. Les représentations télévisées de la réalité sociale reflètent des partis pris dans leur mise en scène de la nature humaine, des relations sociales et des normes et structures de la société. Une forte exposition à ce monde symbolique conduit à faire apparaître ces images télévisées comme le reflet réel et authentique de la société et des relations humaines (Davis & Mares, 1998, et y compris lorsqu'il s'agit de fictions : Strange & Leung, 1999) et à faire émerger des revendications d'avoir une place dans cette société-là. De fait, des enquêtes montrent que les adolescents téléspectateurs assidus revendiquent davantage que les autres des professions de haut statut, qui leur assurent de gagner beaucoup d'argent, mais en y accédant relativement facilement et avec d'importants temps libres et vacances qui leur permettent de faire autre chose.

Plus récemment encore, les adolescent(e)s qui regardent des séries télévisées ou suivent les émissions de téléréalité peuvent y découvrir des comportements nouveaux (depuis des effets de langage jusqu'à des conduites sociales, voire érotiques ou agressives) qui vont éventuellement pouvoir être intégrés dans leur univers de possibilités. Mais plus fondamentalement, lorsque ces comportements sont largement diffusés (et à des horaires de grande écoute qui leur confèrent une valeur d'acceptabilité), ils peuvent également devenir des références, et donc faire l'objet d'attentes de la part des autres. Selon les émissions, on peut ainsi voir valorisées des conduites diverses (Marchand, 2012 pour une revue de question) :

- le désir de célébrité qui jongle entre l'expression de soi et l'adaptation aux canons médiatiques et conduit à une uniformisation des comportements et une *remplaçabilité* des acteurs ;
- le « do it yourself » qui conduit à la centration sur soi, au coaching personnel et à l'acceptation des valeurs de l'entreprise libérale ;
- l'individualisation et la compétitivité, qui peuvent également conduire au dévoiement du vote qui devient un gadget éliminatoire (*democratainment*), sans respect de l'intimité du vote et de son expression citoyenne ;
- le renoncement à l'intimité, justement, « quand on n'a rien à cacher » et qui conduit à la légitimation du contrôle et à l'acceptation de la vidéosurveillance ;
- mais aussi le renfermement sur soi-même, la peur de l'autre et l'acceptation de la police et de la justice expéditive sans présomption d'innocence.

Sur la base du Questionnaire de normativité libérale (Dubois & Beauvois, 2001, 2002, 2005), on a effectivement pu vérifier que les spectateurs assidus de téléréalité révélaient des scores d'adhésion aux valeurs libérales (*internalité*, *autosuffisance* et *ancrage individuel*) significativement plus importants que les non-assidus (Marchand, 2012). Dans son enquête sur l'attitude à l'égard de la surveillance, Gandy (1995) notait que les téléspectateurs les plus assidus adhéraient davantage à l'idée que « plus les entreprises me connaissent, plus elles sont à même de répondre à mes besoins personnels », ainsi qu'à l'idée que « les seules personnes qui sont attachées à la vie privée sont celles qui ont quelque chose à cacher ». Il concluait que l'exposition médiatique était associée à une vision hégémonique de l'entreprise comme bonne, efficace et équitable. Il faut donc sortir la téléréalité de son statut de simple divertissement, pour l'envisager comme véhiculant et diffusant des croyances normatives conformes aux valeurs libérales.

Mais le modèle de la téléréalité lui-même est en train de dépasser le simple divertissement pour investir le champ politique. Après quelques tentatives restées confidentielles, des personnalités politiques ont aujourd'hui clairement adopté ce dispositif, qui conduit à se grimer pour jouer un rôle sous l'œil de la caméra. Nous avions déjà pu montrer que les programmes de divertissement intégrant des personnalités politiques (*infotainment*) ne produisent ni conscience ni culture politique (Pino & Marchand, 2007). Nous rejoindrons parfaitement l'analyse de Neveu (2003) : « S'ils n'inventent ni ne produisent des dispositions à l'évitement du politique, dont on a suggéré la diversité des origines, et dont il faudrait souligner aussi la diversité des formes et des motivations, ces programmes entretiennent et banalisent des postures dépolitisées » (p. 132). Comme l'exprime différemment Beauvois : « Nos journalistes, exagérément obsédés par l'audimat, ont perdu le sens de cette maxime première : le contrat de communication politique persuasive n'a pas pour objectif de détendre, voire de divertir les citoyens, mais de les amener à des positions convenables concernant les affaires publiques » (2005, p. 184). Ainsi, l'*infotainment* participe certainement à l'élaboration et au maintien du « corps idéologique standard » qui, pour Beauvois (2003), occultent le débat d'idées au profit d'un vaste consensus idéologique, et relèguent de prétendus « extrêmes » au rang de marginaux.

5. Comparaison n'est pas raison

Pour en revenir aux représentations sociales, rappelons que Moscovici (1961) a fourni, dans son ouvrage sur la psychanalyse, une analyse du rôle de la presse qui occupe près de la moitié du volume et qui constitue depuis une référence dans ce domaine en psychologie sociale. Le dépouillement de 1 640 articles issus de journaux représentant les différentes orientations politiques et religieuses conduit à l'analyse de la définition de la psychanalyse et du rôle social qu'on lui fait jouer dans la vie quotidienne, selon les attitudes que ces journaux adoptent à son égard.

La question, finalement, est toujours d'actualité : comment diffuser une notion juridique ou scientifique aussi complexe que le SIDA, le « nuage » de Tchernobyl, l'Internet, la maladie de la vache folle, le PACS, les OGM, le Traité établissant une constitution pour l'Europe, la grippe aviaire, la crise des *subprimes* ?...

La nécessité de livrer une connaissance nouvelle, abstraite, complexe à l'opinion publique va également provoquer des transformations de contenu et de structure, des bricolages de significations et de définitions, jusqu'à constituer une représentation sociale, c'est-à-dire une explication de sens commun. Plus simple que la connaissance académique dont elle est issue, elle va s'imposer aux individus, non seulement dans leurs rapports de communication, mais aussi dans leur prise de décision.

Pour rendre compte de l'élaboration d'une représentation sociale, Moscovici, dès l'origine, avait défini deux processus – l'objectivation et l'ancrage – qui n'ont pas toujours reçu l'intérêt empirique qu'on pouvait attendre (Billig, 1988).

L'ancrage[3] rend compte de l'incorporation d'éléments nouveaux dans des catégories plus familières et a ainsi à voir avec l'activité de catégorisation (Moliner, 1997, p. 276 ; Guimelli, 1999, pp. 67-68) : un savoir nouveau est comparé, puis intégré dans des savoirs plus anciens. Dans une optique de diffusion médiatique et d'appropriation de la nouveauté, l'ancrage est à rechercher dans la façon dont les communicateurs catégorisent les notions complexes pour y faire accéder le public. Un moyen cognitivement économique de comprendre cette nouveauté consiste à rechercher dans la mémoire s'il n'y a pas « quelque chose qui y ressemble ». Mais comparaison

3. Voir chapitre 2.

n'est pas raison, et dire (ou supposer) « c'est comme... » conduit à opérer une sorte de transfert de propriétés et n'est pas toujours innocent.

On peut se souvenir de l'agression dans un train Nice-Lyon, le 31 décembre 2005. Instantanément, les médias ont mentionné le film *Orange mécanique* (on parlait aussi de *train de l'enfer*, de *horde* ou d'*équipée sauvage*, de *scènes de pillage* ou de *Far West* : le président de la République reprenait le terme de *diligence*). L'explication de cette surenchère est sans doute à trouver dans la page « spectacle » des magazines de la même période : la pièce *Orange mécanique* se jouait au Cirque d'hiver Bouglione à partir de février 2006 et fournissait un contexte idéal pour développer un script narratif accentuant la violence et la dramatisation.

Les analogies induites ne produisent pas uniquement un rapprochement explicatif, mais elles induisent un conditionnement évaluatif (De Houwer, Thomas & Baeyens, 2001 ; Pleyers, 2006 ; Corneille, 2010 ; Beauvois, 2011). On peut ainsi remarquer que toute affaire politico-judiciaire américaine (et depuis peu européenne) se voit suffixée de « gate », alors même que les situations ne sont pas forcément comparables au « Watergate » : « Irangate », « Monicagate » et plus récemment « Erongate » et « Plamegate ». Mais n'a-t-on pas parlé, chez nous, de « pentagate », d'« intifada des banlieues » ou de « poulet fou » ?

Bien entendu, cette connaissance, qui se construit souvent sur la base des rapports entre les groupes, nécessite très peu de contenu sur l'objet lui-même. Il s'agit d'une connaissance plus évaluative que descriptive, et si ce n'est certainement pas la seule façon de se représenter un objet, c'est sans doute la plus économique.

6. Des causes derrière les mots

La définition originelle de l'objectivation concerne le processus par lequel l'abstrait est rendu concret, les notions transformées en image, et les significations matérialisées. Il y a donc un lien entre objectivation et « définition du contenu, recherche de structure et orientation des représentations sociales » (Doise, Clémence & Lorenzi-Cioldi, 1992, p. 21). Il s'agit ici de décrire l'objet et de l'expliquer pour pouvoir entrer dans une justification argumentative. Cela ne signifie pas que cette construction descriptive de l'objet soit exempte de marquages d'appartenances. Pour Gaffié (1997), « une représentation sociale porterait les traces des relations d'alliance et d'opposition à l'intérieur et à l'extérieur de la communauté qui l'exprime. [...] Ces traces de "sympathie" s'imprimeraient sur la trame des représentations sociales avec une encre "sympathique", permettant leur rapide occultation au profit d'une objectivation. »

Entre 1933 et 1945, Klemperer, professeur à l'Université de Dresde, tenait un journal secret, dans lequel il rapportait ses pensées et racontait sa vie quotidienne, celle d'un intellectuel juif allemand sous le Troisième Reich. Sur la base de ses propres notes, il a ensuite étudié ce qu'il appelait la *Lingua Tertii Imperii* (LTI), celle que tout le monde se mettait à parler : Goebbels comme l'homme de la rue, les fonctionnaires de la Gestapo comme les Juifs. Il relevait les mots caractéristiques de la rhétorique nazie à mesure qu'ils apparaissaient dans les discours officiels, les documents administratifs, les affiches, les blagues populaires. On y voit par exemple l'utilisation du mot « peuple », qui est « employé aussi souvent que le sel à table » et permet des combinaisons sémantiques très fortes : « étranger au peuple » pour Juif, par exemple. L'adjectif « éternel » qui s'applique aussi bien au peuple qu'au Juif. L'accent mis sur l'organique, sur ce qui est naturel (*sang, espèce, race*), mais aussi des métaphores technologiques. Le retour d'archaïsmes germaniques, l'apparition de néologismes et d'euphémismes : « évacuation » pour déportation, « venir chercher » pour arrêter, « se déclarer » pour se rendre à une convocation de la Gestapo, « camp de concert » pour camp de concentration, « liquider » pour tuer, « crise » pour défaite militaire, voire même « crise de l'humanité occidentale ». Ce qu'il montrait, finalement, c'est que le langage accompagnait l'organisation sociale nouvelle sous le Troisième Reich.

De l'avis de l'auteur lui-même, il ne s'agissait pas d'un travail scientifique. Mais le recours à de tels marqueurs socio-langagiers permet de montrer que le langage est socialement structuré. Les groupes imprègnent de leur marque les échanges verbaux pour faciliter les interactions ou, au contraire, générer des conflits, mais dans tous les cas pour stabiliser le système. Et Klemperer pose à un moment la question : « Combien de temps faudra-t-il pour enlever [tout ça] de la tête des enfants ? »

Les dynamiques langagières nous semblent essentielles pour comprendre la construction socio-représentationnelle des objets. Si les attitudes sont classiquement définies comme la capacité à se positionner favorablement ou défavorablement à l'égard d'un objet, on peut avoir tendance à négliger le fait que ce positionnement recouvre également la capacité à mobiliser des lexiques différents. Ghiglione (1985) avait ainsi montré que l'attitude à l'égard de l'avortement se traduisait par des références prénatales et indéfinies (*un fœtus*) si l'on était favorable, mais postnatales et définies (*l'enfant, le bébé*) si l'on était défavorable. Dans un autre ordre d'idées, les participants de Wagner, Elejabarrieta et Lahnsteiner (1995) se représentaient le processus de fécondation de l'ovule par un spermatozoïde en leur attribuant les rôles sociaux de l'homme et de la femme (en termes d'activité, de dureté, de force et de domination), cet effet s'avérant plus marqué chez les sujets qui adhèrent à une vision plus conservatrice des rôles sexuels. Au-delà de la structuration des attitudes (Rouquette, 1998a), la dynamique représentationnelle implique donc un travail de qualification des objets et de lexicalisation des références.

Nous-même avons souvent vérifié que lorsque nous interrogions des sujets sur la culture, sur le fascisme, le libéralisme ou le marxisme, sur le SIDA, la délinquance ou le terrorisme, les sujets de droite préféraient recourir à des explications psychologisantes (responsabilité des personnes et intervention à un niveau individuel), tandis que les sujets de gauche privilégient les notions sociologisantes (influence de l'environnement et intervention à un niveau social). Les objets sociaux, dans leur diversité, sont donc susceptibles d'être investis par les locuteurs pour marquer, au-delà des thématiques, des appartenances et des relations entre groupes (Marchand, 2008).

Les mots doivent donc être considérés comme des marqueurs socio-langagiers (Scherer & Giles, 1977), des indicateurs d'appartenances et de positionnements, socialement organisés en structures normatives. Leur fonction est alors de maintenir le système social en identifiant les catégories sociales, en reconnaissant les membres qui y occupent des rôles et des positions hiérarchiques variés, et en adaptant nos conduites à leur égard (Smith, Giles & Hewstone, 1979).

Pour en revenir aux médias, ce que l'on observe le plus souvent, c'est une mise en scène de l'information de façon à faire jouer des relations entre les groupes. Lorsqu'un journaliste pose une question à un homme politique, par exemple, l'accent est spontanément mis sur la réponse que donne l'invité, éventuellement sur l'évitement de réponse ou sur la *langue de bois* qu'il manifeste. Or les commentaires des journalistes peuvent avoir une influence plus importante que les interventions des personnalités politiques sur l'opinion des téléspectateurs (Page, Shapiro & Dempsey, 1987 ; Babad, 2005). Notre polarisation sur l'invité et sa réponse nous fait oublier que, dans l'univers des questions possibles, c'est cette question-là qui a été posée et que, dans l'univers des mots possibles, ce sont ces mots-là qui ont été choisis.

On sait, avec la psychologie du témoignage judiciaire (Loftus & Palmer, 1974 ; Lepastourel & Testé, 2004), que les mots peuvent véhiculer des causes. La question n'est d'ailleurs pas d'aujourd'hui et lorsque nous analysions le traitement de « l'affaire Seznec » en 1923 et 1924, on observait que deux journaux, l'un favorable et l'autre défavorable à Guillaume Seznec, construisaient sa culpabilité ou sa non-culpabilité en choisissant les mots et les aspects de l'événement : on se polarisait sur le jugement lorsqu'on était anti-Seznec et sur l'enquête lorsqu'on était pro-Seznec.

Augoustinos et Quinn (2003) ont remarqué que les médias et le gouvernement australiens qualifiaient le plus fréquemment d'*immigrés clandestins* les arrivées non autorisées de demandeurs d'asile en provenance d'Irak ou d'Afghanistan. Dans une étude expérimentale, ils ont pu observer que différentes étiquettes, telles que « demandeurs d'asile », « immigrants clandestins » ou encore « réfugiés », ne provoquaient pas la même évaluation des membres de ces catégories sociales : les évaluations et les attitudes témoignaient de moins de sympathie lorsque les membres du groupe étaient qualifiés d'*immigrants clandestins* plutôt que de *demandeurs d'asile*. Les catégories sociales ne recouvrent donc pas des représentations réalistes de groupes « naturels », mais constituent une pratique situationnelle et flexible : « Les étiquettes ou catégories sont des outils linguistiques qui ont le pouvoir de construire la nature même d'un groupe et qui sont, par conséquent, évaluatifs et idéologiques » (Augoustinos & Quinn, 2003, p. 29).

De même, Mange et Lepastourel (2011) ont observé que la lecture d'un même article sur un conflit interethnique inconnu évoquant soit des « résistants armés », soit des « terroristes », provoquait une attitude différente chez les lecteurs. Pour les auteures, lorsque l'individu n'a pas d'attitude préalable, c'est le lexique employé qui participe à construire son opinion.

On peut donc développer une opinion implicite en jouant sur les mots choisis, mais également sur la mise en forme d'un message. Henley, Miller et Beazley (1995) observent, par exemple, que les médias utilisent davantage la forme passive pour décrire la violence envers les femmes par comparaison à d'autres actes de violence. Parallèlement, leurs résultats expérimentaux montrent que les sujets acceptent plus facilement la violence lorsqu'elle est décrite à la voie passive. Les sujets masculins, en particulier, attribuaient moins de souffrance à la victime et moins de responsabilité à l'agresseur. Lorsque van Dijk (1991) a analysé 1 500 titres de la presse hollandaise à propos de problèmes ethniques, il n'a trouvé aucun titre positif impliquant les minorités en tant qu'agents actifs et responsables, alors que c'était la norme à propos du groupe national majoritaire.

Enfin, le caractère abstrait/concret du langage a souvent été étudié. En analysant les questions posées dans le cadre d'une campagne électorale, on observait que les questions à propos de l'emploi et du chômage recourraient à un vocabulaire plus abstrait pour les listes majoritaires et plus concret pour les listes minoritaires (Marchand, Lecat & Larrue, 1998 ; Marchand, 2001). Cela nous donnait à penser que la discrimination médiatique ne se faisait ni en fonction du temps de présence à l'antenne ni en fonction de l'idéologie politique, mais en fonction de la notoriété des invités dans l'opinion publique, qui ne recouvre qu'en partie la représentativité parlementaire.

Mais le modèle le plus abouti repose sur le modèle de catégories linguistiques (Brown & Fish, 1983) appliqué aux relations intergroupes. Pour rappel, on examinera les assertions suivantes : « Pierre frappe Jean » et « Paul déteste Marc ». Dans le premier cas, *frapper* est un verbe d'*action* qui se déclinerait plus probablement en *frappeur* qu'en *frappable*, et focalisera plutôt l'explication sur le sujet (Pierre, *frappeur*). Dans le deuxième cas, au contraire, *détester* est un verbe d'*état*, qui se déclinerait plus probablement en *détestable* qu'en *détesteur* (ce dernier n'existant même pas) et focalisera plutôt l'explication sur l'objet (Paul, *détestable*). On montre également que les verbes d'action et d'état diffèrent quant à leur valeur concrète ou abstraite : un verbe d'état a une valeur plus abstraite et implique la stabilité et la généralité, tandis qu'un verbe d'action a une valeur plus concrète et implique la variabilité et la particularité. Décrire un comportement en utilisant des verbes d'état (abstraits) ou d'action (concrets) pourra orienter des causalités, induire des jugements et renforcer des effets de stéréotypes. Maass, Corvino et Arcuri (1994) l'ont vérifié dans trois cas d'articles de presse écrite et télévisée à propos de matchs de football de l'équipe d'Italie, d'une agression antisémite ou de la guerre du Golfe. Leurs résultats montrent que les journalistes de la presse généraliste manifestent une motivation inconsciente à protéger leur groupe d'appartenance en adoptant un langage :

- plus concret lorsqu'ils décrivent un acte socialement désirable et des succès de l'équipe adverse de football ;
- plus concret lorsqu'ils condamnent l'agression antisémite, alors que leurs collègues juifs ont tendance à le faire avec des termes plus abstraits et donc généralisants ;
- plus abstrait lorsqu'ils décrivent négativement l'ennemi durant la guerre du Golfe, alors qu'une telle tendance ne s'observe pas à propos des Alliés.

Ces résultats ont été répliqués et précisés à propos d'articles de presse sur des matches de football en France (Burguet & Girard, 2008) : si les participants choisissaient toujours plus volontiers un titre d'article abstrait pour décrire les victoires de l'équipe de France (*versus* de l'équipe adverse), en revanche, ils privilégiaient un titre concret pour les défaites des deux équipes. De plus, Burguet (2011) a pu montrer que, dans le cas du récit médiatique d'un fait divers, l'utilisation d'un langage plus abstrait conduit, non seulement à un jugement plus sévère en termes de sanction pénale à l'encontre de l'accusé, mais aussi sur la prédiction d'un risque de récidive. Un accusé décrit en termes abstraits (plutôt que concrets) serait en partie jugé sur la base des probabilités qu'il a de recommencer le délit, autrement dit, sur des caractéristiques personnologiques stables et non contingentes.

7. Connaissance des choses et relations entre les gens

On voit souvent citée la distinction opérée par Moscovici à propos de la psychanalyse entre des presses de *diffusion*, de *propagation* et de *propagande*. Mais pour être citée, cette typologie n'a pas été souvent répliquée. La plupart de nos études sur le traitement médiatique d'un objet reposent sur des classifications lexicales[4] qui n'ont pas permis, jusqu'à présent, de différencier les titres de presse sur cette typologie.

Reinert (1993) évoquait la notion de « mondes lexicaux » pour établir un lien statistique entre un texte et ses conditions de production. Le tableau lexical qu'il construit croise des énoncés, qui renvoient au « point de vue » du sujet énonciateur, et des lexèmes, qui renvoient à l'objet référentiel. Un « monde lexical » était alors défini comme la trace d'un lieu référentiel et l'indice d'une forme de cohérence liée à l'activité spécifique du sujet énonciateur. Dans le cas où le sujet était collectif, Reinert précisait qu'on avait affaire à des « lieux communs » (à un groupe, à une collectivité, à une époque...) : « De ce fait, ils peuvent s'imposer davantage à l'énonciateur qu'ils ne sont choisis par lui, même si celui-ci les reconstruit, leur donne une coloration propre. Un recouvrement avec la notion de représentation sociale apparaît donc ici assez clairement » (Reinert, 1993, p. 12).

La plupart du temps, nos analyses classificatoires des contenus médiatiques renvoient à des positionnements dans le traitement de l'objet, des *postures sociodiscursives*[5]. On l'a vu, le positionnement attitudinal à l'égard d'un objet conduit à mobiliser un lexique qui prend un statut de « marqueur socio-langagier » tellement fort que nous avions pu montrer que le discours représentationnel à propos des trois notions « fascisme », « libéralisme » et « marxisme » discriminait plus significativement les appartenances politiques des sujets (gauche/droite et médiatisées par leur niveau d'engagement militant) que les objets thématiques eux-mêmes (Marchand, 2008).

Mais l'antagonisme attitudinal n'est pas obligatoire pour que des représentations s'opposent. Nous avons pu poser que la laïcité était, en France, une représentation sociale normative (Marty & Marchand, 2015), telle que Doise (2001, 2009) l'évoque à propos des droits de l'homme, c'est-à-dire portant explicitement sur des normes : leur but n'est pas de décrire la réalité environnante mais l'ordre civilisé à construire et elles peuvent faire l'objet d'un vaste consensus au sein d'une société, par ailleurs traversée de clivages puissants. Plus précisément, on va souvent observer une utilisation ethnocentrique de la norme laïque, laquelle peut être davantage mobilisée pour juger des cas de « violation » par les autres que par soi-même ou son groupe d'appartenance. On a parfois le sentiment d'un traitement différent de la laïcité selon qu'elle concerne, par exemple, notre pays ou d'autres pays. Même si, dans les deux cas, il s'agit de réagir à un sentiment de menace identitaire.

4. Voir focus 3.
5. Marchand, à paraître in *Études de communication*.

Mais le consensus attitudinal n'empêche pas que la notion elle-même soit comprise différemment par certains groupes pour être adaptée à leurs corpus doctrinaires respectifs. Là réside tout l'enjeu d'un débat définitoire : au-delà du consensus, ces représentations sociales normatives sont paradoxalement très malléables et chacun peut les contextualiser dans des lieux de pensée différents, voire des corpus doctrinaires hétérogènes (libertés publiques, tradition républicaine, racines religieuses des différents territoires, etc.). Il ne s'agit donc pas, pour la plupart des parties prenantes du débat public, de définir la notion, mais de l'habiller, de la contraindre à s'adapter à des idées préalables pour la rendre compatible et acceptable par les membres du sous-groupe. L'attitude globalement positive à l'égard de la laïcité ne doit pas occulter des différences dans sa définition et sa contextualisation pour répondre à des intentions partisanes, voire à des idéologies.

Informer, c'est associer. Le concept de laïcité, pour être médiatisé, va être mis dans des co(n)textes qui vont le lier à d'autres objets, mais également à des marqueurs socio-langagiers. Ici encore, la connaissance des choses reflète les relations entre les gens. Chaque titre de presse, selon ses intérêts et ses programmes, peut donc, non seulement se revendiquer d'une certaine idée de la laïcité, mais encore la contextualiser avec d'autres notions jusqu'à pouvoir lui faire jouer un rôle de conditionnement évaluatif (Beauvois, 2011, notamment p. 70 et suivantes) : en juxtaposant la laïcité à d'autres thématiques (e.g., sécurité et politique migratoire, Turquie, école, religions et spiritualité, islamisme, terrorisme, République, mondialisation...), un journal va pouvoir, tout en apparaissant favorable à la laïcité, créer des effets de sens qui vont avoir une fonction de renforcement identitaire pour le lectorat visé, avec lequel s'établit un contrat particulier qui vient stabiliser les « mondes lexicaux ». La « stabilisation » du lexique est alors renvoyée à celle de la structure sociale : l'organisation normative des mots permet d'investir des lexiques pour montrer notre appartenance groupale dans un contexte qui rend saillante et importante la catégorisation sociale.

FOCUS 18

Représentations sociales et médias : le « cadrage » de l'épidémie de grippe porcine dans les médias mexicains et espagnols

José F. VALENCIA[1], Lorena GIL DE MONTES[2] & Nahia IDOYAGA[3]

Sommaire

1. Université du Pays Basque, Saint-Sébastien, Espagne.
2. Université du Pays Basque, Saint-Sébastien, Espagne.
3. Université du Pays Basque, Saint-Sébastien, Espagne.

1. Introduction

La façon dont les médias de masse traitent les événements et les phénomènes sociaux influence l'interprétation et les attitudes des individus à leur propos. Toutefois, par-delà ce niveau d'analyse individuel, les conséquences du traitement médiatique peuvent aussi être appréhendées au niveau social de l'influence de l'opinion publique, de la socialisation politique et des prises de décisions collectives (Reese, Gandy & Grant, 2001).

Le traitement médiatique va au-delà de la Théorie de l'agenda (McCombs, 2006) qui statue qu'un événement revêt d'autant plus d'importance pour le public que les médias couvrent cet événement. En accord avec Goffman (1974), nous estimons en effet que les cadrages médiatiques constituent surtout des schèmes interprétatifs qui permettent aux individus d'organiser et de donner du sens aux phénomènes sociaux. Par conséquent, ces cadrages constituent des principes organisateurs, socialement partagés et persistants dans le temps, qui agissent symboliquement pour structurer et organiser le monde social (Reese et al., 2001). C'est ainsi qu'Entman (1993) décline quatre fonctions successives de l'encadrement médiatique : la définition du problème, son interprétation causale, son évaluation morale et la recommandation d'un traitement. En outre, si l'on considère les recherches relatives à l'encadrement générique développées par Smetko et Valkenburg (2000), cinq types principaux de cadrages ont pu être identifiés : le conflit, l'intérêt humain, l'attribution de responsabilité, la moralité et les conséquences économiques. Les auteurs observent par ailleurs que l'attribution de responsabilité et le conflit sont les types de cadrages prédominants et que la plupart des événements importants sont traités médiatiquement en termes d'attribution de responsabilité et d'intérêt humain.

Cette recherche s'intéresse au phénomène de Coping symbolique collectif (CSC), qui se situe à l'interface de la Théorie des représentations sociales (Moscovici, 1988) et de la Théorie de l'agenda et qui, par extension, se trouve liée à la Théorie du cadrage. Dans le but d'expliquer les processus ou les variations de thèmes dans la « sphère publique », le CSC postule que les médias construisent et communiquent toute « chose » nouvelle comme un événement perturbateur de la vie quotidienne. Et c'est ensuite par le biais de leurs réseaux de communications que les individus évaluent le défi que le nouvel élément ou le nouvel événement pose à leur vie privée de même qu'au fonctionnement de leurs communautés (Wagner, Kronberger & Seifert, 2002). Par conséquent, les représentations créées par le CSC fournissent à la société les outils pour interpréter les événements nouveaux. Ce processus de coping collectif se développe en plusieurs phases : attention, divergence, convergence et normalisation.

De fait, la théorie du CSC semble propre à analyser les événements qui perturbent l'ordre social établi. Bien que le modèle initial du CSC fût utilisé à propos d'événements relatifs aux biotechnologies, il a aussi servi de base à l'étude des situations de crises sanitaires. En effet, les maladies infectieuses émergentes ne représentent pas seulement une menace physique mais elles constituent également une menace symbolique envers l'ordre social (Joffe, 2011).

L'objectif de notre recherche est d'étudier la couverture et le traitement médiatique dont la pandémie de grippe porcine de 2009-2010 a fait l'objet dans les médias mexicains et espagnols. L'impact de ce traitement sur les représentations sociales a aussi été étudié. Les hypothèses suivantes ont guidé notre investigation :

> H1 : La visibilité médiatique de l'événement est susceptible de diminuer au cours du temps après des phases de pics critiques. De plus, la visibilité est attendue comme reliée à des menaces objectives créées par l'épidémie (nombre d'infections, taux de mortalité, etc.).

H2 : Les cadrages en termes de responsabilité, d'intérêt humain et de conflit sont susceptibles d'être les plus saillants dans la couverture médiatique du phénomène, bien que cette saillance puisse fluctuer temporellement de façon différente en Espagne et au Mexique.

H3 : La couverture médiatique de l'épidémie de grippe porcine devrait suivre les différentes phases du CSC.

2. Méthode

Un corpus médiatique a été constitué sur la base des journaux quotidiens les plus lus au Mexique et en Espagne : *El Universal* et *El País*. Un total de 142 « unes », 142 articles et 25 éditoriaux furent analysés. Les dates de publications s'étalent du 24 avril 2009 au 10 août 2010, moment où la fin de l'épidémie fut déclarée.

Dans un premier temps, les caractéristiques générales de date et de lieu de publication des articles ont été examinées. Puis les articles ont été codés selon le modèle de Smetko et Valkenburg (2000) par deux juges en aveugle. L'accord inter-juges est statistiquement acceptable (Kappa de Cohen > .70). Enfin, une analyse de contenu a été effectuée à l'aide du logiciel Alceste traditionnellement utilisé pour identifier les univers lexicaux à partir d'une analyse de texte automatisée.

3. Résultats

L'analyse en termes de date et de lieu indique que 39,5 % des items sont issus d'*El País* (Espagne) et 60,5 % d'*El Universal* (Mexique). Une corrélation significative entre le nombre d'articles publiés dans *El País* et le nombre de cas d'infection en Espagne est observée : $r(17) = 0.567$, $p < 0.05$. Il est intéressant de constater que 40 % des articles ont été publiés avant l'arrivée de la grippe porcine sur le territoire espagnol. Par ailleurs, on observe une corrélation positive entre le nombre d'articles édités et l'importance selon laquelle les Espagnols perçoivent la grippe porcine comme un problème de santé publique : $r(17) = 0.58$, $p < .05$ (données issues du Centre de recherches sociologiques d'Espagne).

La corrélation entre le nombre d'articles publiés dans *El Universal* et le nombre de cas d'infection au Mexique est encore plus élevée qu'en Espagne : $r(17) = 0.85$, $p < .01$. Ce constat alimente l'hypothèse selon laquelle plus la menace objective est importante, plus la couverture médiatique augmente à son sujet.

L'analyse en termes de cadrage, réalisée dans un second temps, révèle que le type de cadrage le plus utilisé est l'intérêt humain, suivi de la responsabilité, du conflit, de la moralité et, en dernier lieu, du contexte économique. Une série d'ANOVA a été réalisée en fonction du type de cadrage et de développement temporel de ceux-ci. Dans le journal *El País*, une différence significative par quart d'années est observée pour le cadrage en termes d'intérêt humain, $F(4,61) = 5.10$, $p < .001$, $\eta^{p2} = .25$, de conflit $F(4,61) = 2.40$, $p < .05$, $\eta^{p2} = .136$, et de contexte économique $F(4,61) = 4.13$, $p < .001$, $\eta^{p2} = .213$. Pour *El Universal*, des différences significatives n'apparaissent que pour le cadrage en termes de conflit $F(4,96) = 3.74$, $p < .001$, $\eta^{p2} = .135$.

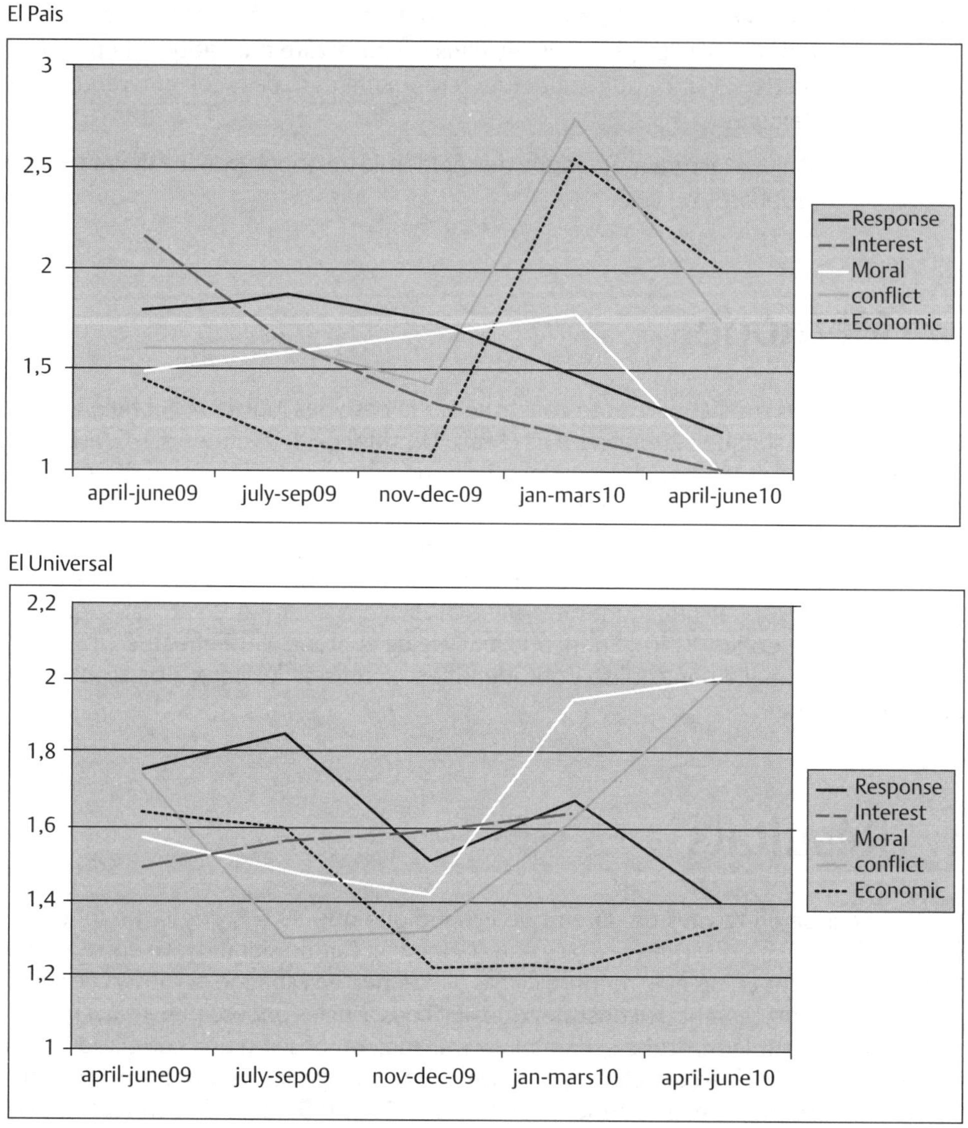

Figure F18.1.

Utilisation des principaux cadrages dans** El País **et dans** El Universal **par trimestre

L'analyse effectuée à l'aide du logiciel Alceste[4] a porté sur un corpus total de 129 462 mots, parmi lesquels 11 561 mots distincts. Une classification hiérarchique descendante (figure F18.2) a divisé le corpus en 3 142 u.c.e. (unité de contexte élémentaire) et a été appliquée sur 1 933 u.c.e. (62 % du corpus). Cette analyse a permis d'extraire cinq classes : « Classe 1 : Prévention envers la grippe (19 % des u.c.e.) » ; « Classe 2 : Pandémie globale et réponses de l'Organisation Mondiale de la Santé (OMS) (26 % des u.c.e.) » ; « Classe 3 : création et utilisation de vaccins (25 % des u.c.e.) » ; « Classe 4 : Morts et victimes de la grippe A (10 % des u.c.e.) » et « Classe 5 : Gestion gouvernementale de la crise (20 % des u.c.e.).

Le journal *El País* est associé à la première classe, $X^2(1) = 26.81$, $p < .001$, et à la deuxième, $X^2(1) = 211.70$, $p < 0.001$. Toutefois, l'association d'*El Universal* avec la troisième, $X^2(1) = 15.22$, $p < .001$, la quatrième, $X^2(1) = 41.11$, $p < .001$, et la cinquième classe, $X^2(1) = 126.81$, $p < .001$, indique que le discours de ce quotidien est centré sur les réponses à la grippe porcine spécifiquement au Mexique, alors qu'*El País* choisit de traiter le problème de manière plus globale.

4. Voir chapitre 3.

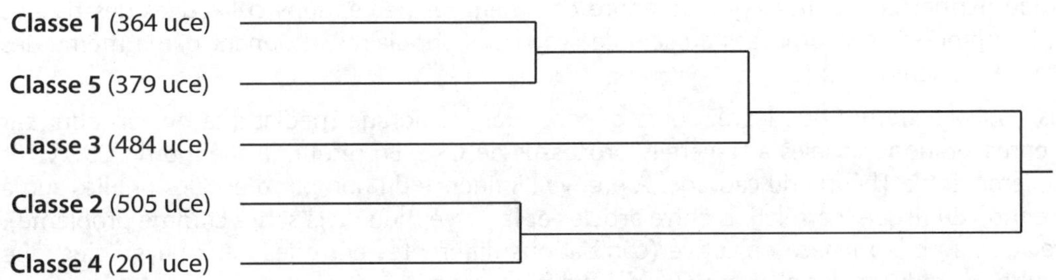

Figure F18.2.
Classification hiérarchique descendante

Les textes ont par ailleurs été analysés en fonction de leur date d'édition en considérant le mois de publication des articles comme variable passive. D'avril 2009 à février 2010, aucune différence entre les classes n'est observée, ce qui suggère que les discours sont relativement uniformes. En revanche, à partir de février 2010, la diversité des discours relatifs à la grippe porcine diminue significativement et en août 2010, lorsque la pandémie cesse, un seul discours réapparaît de façon majoritaire : la pandémie globale et les réponses apportées par l'OMS, $X^2(1) = 35.24$, $p < .001$.

4. Discussion

En premier lieu et dans la mesure où l'analyse par cadrage est concernée, une utilisation conditionnelle de celle-ci est à effectuer. La grippe porcine est d'abord définie par les médias comme un événement ayant des conséquences sérieuses pour les citoyens (intérêt humain) et envers lequel les autorités doivent prendre des responsabilités afin de l'affronter (attribution de responsabilité).

L'analyse Alceste confirme ce résultat. On observe en effet que toutes les classes sont liées soit à l'intérêt humain (Morts et victimes de la grippe A, La pandémie globale et les réponses de l'OMS), soit à l'attribution de responsabilité (Gestion gouvernementale de la crise, Création et utilisation de vaccins, Prévention contre la grippe).

À cela s'ajoute, au vu de l'analyse des cadrages, que les classes relatives à l'intérêt humain apparaissent surtout dans les deux premiers quarts de l'année puis déclinent au cours du temps. L'analyse Alceste permet facilement d'observer l'importance capitale de l'OMS dans le discours des journaux, confirmant ainsi que les hauts niveaux de pouvoir ont une influence évidente dans ce genre de crise (Ann & Gover, 2009).

Si l'on considère les résultats à l'aune de la théorie du CSC, nous pouvons observer que d'avril à octobre 2009 la grippe porcine bénéficie d'un large écho au sein de la société et que la visibilité du problème est très élevée, ce qui accroît l'attention à son sujet. La corrélation positive observée entre la couverture médiatique et l'intérêt porté par la société aux problèmes de santé confirment ce point.

Pour la période suivante, de juillet 2009 à février 2010, les caractéristiques de la phase de divergence définie par le CSC apparaissent. Durant cette période, on observe en effet une grande variété de classes de discours. La phase de convergence émerge, elle, à partir de mars 2010 et se manifeste par un pic de la couverture médiatique et un resserrement des cadrages qui s'affirme encore davantage en août 2010 où un seul type de discours est observé : « la pandémie globale et les réponses apportées par l'OMS ».

En dernier lieu, et comme dans d'autres études relatives aux crises épidémiologiques (Gilles et al., 2011), la phase de normalisation n'est pas détectée.

En un mot, malgré la sous-exploitation dont a pâti, par le passé, la théorie des représentations sociales dans le domaine de la santé, de récentes tentatives de l'articuler avec la théorie du cadrage permettent de mieux comprendre comment les perceptions collectives des risques sont interprétées et incorporées au sein de croyances populaires, devenant par là même des croyances de sens commun.

Nous pouvons statuer que les discours générés par le cadrage médiatique ont un effet sur les représentations sociales à travers le processus de CSC. En retour, la théorie du CSC vient complémenter la Théorie du cadrage. À preuve l'influence du nombre d'articles publiés sur la perception du risque (corrélation entre articles et la perception de la santé comme problème), sa relation avec la menace objective (corrélations différentes entre les deux pays), ainsi que l'apparition graduelle des phases au long des différentes périodes de crise.

À un niveau plus appliqué, on constate combien l'utilisation des cadrages influence la perception du risque et les représentations sociales des maladies infectieuses émergentes ainsi que les réponses à l'événement produites par les individus. En conséquence, ces résultats militent en faveur d'une promotion effective de stratégies de communication concernant la santé. Il serait en outre bénéfique que ces communications puissent déboucher sur une phase de normalisation afin d'aboutir à de véritables connaissances mobilisables à propos d'épidémies sanitaires futures.

CHAPITRE 19

Représentations sociales et nouvelles technologies[1]

Luca TATEO[2]

Sommaire

1. Traduit de l'anglais vers le français par Sylvain Delouvée. Cette recherche a reçu le soutien financier de la bourse Marie Curie IEF-2012 "EPICS. Epistemology in psychological science, the heritage of Giambattista Vico and the cultural psychology" à l'Université d'Aalborg (Danemark).

2. Université d'Aalborg, Danemark.

1. Introduction

À la première lecture du titre de ce chapitre, le lecteur pensera probablement aux représentations sociales des nouvelles technologies. Il s'attendra alors à lire un chapitre sur les technologies de l'information et de la communication car tel est le sens généralement attaché à l'expression « nouvelles technologies ». Il pourra encore s'attendre à une analyse de la compréhension de la science par le public et de la manière dont les découvertes scientifiques sont transmises à travers de nouvelles représentations sociales. Une troisième possibilité est d'envisager la question comme renvoyant à l'ensemble des formes d'innovation technologique qui, à un certain moment dans l'histoire d'une société, deviennent partie intégrante des activités quotidiennes comme le téléphone portable ou le four à micro-ondes. Ces multiples attentes, que le titre de ce chapitre aura suscitées chez le lecteur, sont probablement dues au fait que définir les nouvelles technologies, ou la science et la technologie en général, n'est pas une tâche facile.

D'une part, du fait de l'ensemble de ces significations possibles, nous choisissons une approche particulière des représentations sociales, et une manière différente de comprendre le phénomène sera également considérée. D'autre part, la distinction entre la science et la technologie dans la société contemporaine et dans l'arène discursive collective est souvent floue. Allons-nous considérer les cellules souches (Jones & McMahon, 2003), les transplantations d'organes (Moloney & Walker, 2000), les biotechnologies (Wagner & Kronberger, 2001) comme des thèmes d'un discours scientifique ou technologique ? Cette question n'est ni triviale ni simple à traiter. En outre, il y a un autre aspect problématique du discours sur les technologies : elles évoluent d'une manière très rapide. En effet, l'augmentation continue de la vitesse de l'innovation lance des défis à la théorie et à la recherche empirique dans le domaine des représentations sociales. Certaines études sur les technologies de l'information et de la communication réalisées, par exemple, il y a une décennie (Capozza, Falvo, Robusto & Orlando, 2003 ; Contarello & Sarrica, 2005 ; Contarello, Fortunati & Sarrica, 2007 ; Fortunati & Contarello, 2002 ; Fortunati & Manganelli, 2008 ; Vaast, 2007) semblent déjà dépassées, si ce n'est au niveau de la conception de la recherche, tout au moins du point de vue des technologies qu'elles analysent. Ce phénomène est compréhensible, surtout si l'on considère que ces technologies dites convergentes et omniprésentes sont un produit de ces dernières années (Fortunati & Contarello, 2002).

La théorie des représentations sociales renvoie à la question de la pénétration dans le social d'objets non familiers – élaborés dans un domaine spécialisé – à travers le sens commun afin de les rendre familiers. Les représentations sociales sont élaborées pour intégrer des objets dans le cadre social de la connaissance d'un groupe donné et les rendre transmissibles dans les conversations quotidiennes. Ainsi, et de manière intuitive, il peut y avoir une différence entre les objets de la science (qui peuvent être lointains et difficiles à saisir) et les objets technologiques (qui deviennent tôt ou tard partie d'une expérience proximale dans l'usage quotidien). La communication est la première source d'élaboration des représentations sociales. Celle-ci permet de se familiariser avec un nouvel objet sous l'effet de la pression à l'inférence et vise à être en mesure de former et d'exprimer une position sur chaque question susceptible d'entrer dans l'arène discursive (Moscovici, 2008 ; Moscovici & Markovà, 1998). En effet, il importe pour les individus de répondre aux questions et dilemmes quotidiens, tels que « Qu'est-ce que cette chose ? », « Comment dois-je l'utiliser ? », « Comment dois-je me comporter ? », « Quelle alternative choisir ? », « Qu'est-ce que cela fait de moi ? ». En ce sens, il pourrait y avoir une autre voie entre le nouvel objet (qui ne parle pas par lui-même) et la tentative de lui donner un sens, précisément grâce au rôle de cadre que joueraient les représentations sociales concernant son utilisation (Tateo, 2014). Cela pourrait alors constituer une autre distinction entre les objets du discours scientifique et les objets du discours technologique qui seraient respectivement caractérisés par un processus d'ancrage à travers des concepts familiers et un processus d'ancrage à travers des pratiques.

Pour obtenir un éclairage supplémentaire, il pourrait être intéressant de revenir au début de la *Métaphysique* où Aristote développe l'épistémologie de Platon en trois formes différentes de connaissance (Aristote, 1988). En résumé, Aristote définit premièrement la connaissance pratique qui concerne le processus, la fabrication et la réalisation de buts pratiques. Celle-ci est basée sur la *doxa* qui correspond à l'activité de justification par les croyances. Elle est en quelque sorte fondée sur une vérité fonctionnelle qui est communément confirmée par l'accord de la population et par l'expérience réussie. La connaissance tirée de l'expérience provient de l'apprentissage de l'exercice d'une certaine tâche ou de la résolution d'un certain problème, après avoir essayé différentes solutions pratiques. Cela correspond à la connaissance naïve. Il ne s'agit pas d'une connaissance sur comment les choses sont mais plutôt sur comment elles fonctionnent. Deuxièmement, lorsque les expériences à propos d'un certain problème sont rassemblées, la *technè* ou la connaissance d'un « art » ou d'une « profession » émerge. À ce stade, il s'agit non seulement de la connaissance de la façon d'accomplir une tâche, mais aussi des raisons se situant derrière celle-ci. Il s'agit ici de la connaissance du médecin ou de l'artisan. Enfin, le troisième degré de la connaissance, l'*épistémè*, ou connaissance « scientifique » ou « théorique », est, selon Aristote, celui de la science, de la philosophie et des mathématiques, mais aussi la connaissance des causes réelles ou l'essence des choses. Bien sûr, je ne prétends pas que les formes de connaissance d'Aristote peuvent être éventuellement utilisées pour rendre compte de la différence entre la science et la technologie, mais elles peuvent fournir un point de réflexion intéressant. Savoir *comment faire* fonctionner les choses, savoir *comment* les choses fonctionnent et savoir *pourquoi* les choses fonctionnent sont trois formes de connaissance différentes mais complémentaires qui peuvent être obtenues à travers différentes formes de savoir. Ceci est l'une des implications épistémologiques de la théorie des représentations sociales, dans laquelle la forme de connaissance scientifique n'est pas nécessairement la seule voie possible pour rendre compte des différentes formes de connaissances (Moscovici, 2008 ; Moscovici & Marková, 1998). Les connaissances de sens commun peuvent certainement permettre d'expliquer comment faire fonctionner les choses, comment elles fonctionnent et pourquoi elles fonctionnent. La relation entre une pensée scientifique spécialisée et celle du sens commun « peut être considérée en termes de transformation et d'enrichissement des idées » (Moscovici & Marková, 1998, p. 376).

Les deux formes de connaissance considérées diffèrent en qualité plutôt qu'en quantité, que ce soit en termes de manière d'expliquer, manipuler, communiquer ou encore apprécier les objets sociaux. Moscovici (2008) démontre qu'à côté des *formes de connaissance* et des *formes de savoir*, il y a aussi différentes *formes d'organisation sociale* de la connaissance. Ainsi, dans différentes sociétés, les institutions, les groupes et les individus organisent de manière très différente l'auteur de la connaissance, l'accès à celle-ci, son actualité, sa production, sa circulation et son utilisation publique. Cette distinction est théorique et analytique, parce que dans la vraie vie les trois formes sont strictement interconnectées et co-constitutives. Pour définir les objets sociaux de la technologie, nous devons donc compter sur la relation entre a) la forme de savoir, qui est basé sur une expertise scientifique et technique ; b) la forme de la connaissance, qui correspond à la manière spécifique dont les nouvelles technologies sont comprises au regard de leur valeur instrumentale dans la production et la réalisation d'actions spécifiques ; et c) les formes d'organisation sociale de la connaissance, les formes historiquement situées de la production, la reproduction, la diffusion et la consommation de technologies (Tateo, 2014).

2. L'objet de l'étude

Il est bien connu que la théorie des représentations sociales est basée sur la pénétration dans la société de la connaissance experte garante de sa réappropriation par le sens commun (Bauer & Gaskell, 1999 ; Moscovici, 2008). Ce sur quoi porte un tel savoir expert dépend des conditions spécifiques et historiques : « Nous *supposons* que la science nous entoure et joue un rôle fondamental dans notre vie quotidienne, comme un homme du XIIIe siècle pourrait avoir supposé que sa vie a été guidée par l'omniprésence et le regard omniscient de Dieu » (Tateo,

2014, p. 175). La concrétisation de cette hypothèse générale est le concept de la technologie qui repose principalement sur les résultats des découvertes scientifiques qui affectent directement notre vie quotidienne. Il semble raisonnable de définir la technologie comme « deux principes de base : d'abord que la technologie est la participation significative des acteurs sociaux avec leurs conditions matérielles d'existence ; et, deuxièmement, que la technologie comprend non seulement les techniques tangibles de la fabrication d'objets, mais rend également tangibles les métaphores fondamentales de l'interaction sociale quotidienne » (Dobres & Hoffman, 1994 ; p. 215). Dans son discours sur la relation entre la théorie des représentations sociales et la phénoménologie, Daanen (2001) utilise l'exemple des récits historiques lors de l'apparition du système de chemin de fer en Europe pour analyser comment une nouvelle technologie à un moment *t* commence à affecter la vie des gens, ceux-ci se demandent « ce qu'il faut penser de cette nouvelle machine ; les gens ont débattu de l'impact que cela aurait sur leur société ; les gens craignaient pour leur sécurité en utilisant ces machines dangereuses » (Daanen 2001, p. 381).

À la fois la science et la technologie trouvent leur origine en tant que forme de connaissance spécifique développée dans des formes particulières d'organisations sociales spécialisées selon des formes propres de connaissances. Bien que la science, la technologie et le sens commun puissent être compris comme des univers séparés de discours et de pratiques, ils se nourrissent réciproquement à l'intérieur d'un tout (Jovchelovitch, 2008 ; Lahlou, 2008). La technologie n'est pas seulement un sous-produit du discours scientifique ou, plus largement, de la culture et ce n'est pas seulement non plus une simple voie d'application de la science. Le concept de socialisation de la technologie est selon moi et en toute humilité, différent de celui de la science. La technologie est quelque chose qui s'inscrit en lien avec un style de vie, et qui s'ancre dans des réseaux complexes de processus macro- et micro-sociaux. En évitant toute réification du terme, la technologie en tant que science renvoie à un processus et à des pratiques sociales, « les technologies sont également des types particuliers de phénomènes culturels qui reflètent des préoccupations culturelles et qui les expriment dans le style propre de la technologie elle-même (Lechtman & Steinberg, 1979, p. 139). Alors que les représentations sociales de la science sont principalement basées sur le processus de socialisation du savoir scientifique (Moscovici, 2008), dans le cas des représentations sociales de la technologie on doit également prendre en compte le processus de *domestication* qui renvoie au processus par lequel les personnes font passer un artefact technologique d'un contexte public à un contexte privé et familiarisent, contrôlent, modèlent ou inscrivent du sens à l'artefact dans leur vie » (Haddon, 2006). Cela implique une dimension pratique, personnelle et même incarnée que la science ne possède pas immédiatement. Quand Hakkarainen (2012) et Tateo (2001) interrogent respectivement un échantillon de personnes âgées en Finlande et un échantillon d'adolescents italiens afin d'étudier la représentation sociale de l'ordinateur, ils montrent comment la construction du sens des artefacts technologiques est reliée d'une manière stricte à la présence concrète ou à l'absence concrète de l'artefact dans l'espace de vie en ce qui concerne le projet des personnes. Selon moi, cela fournit une méthode différente de travail sur les processus d'ancrage et d'objectivation. Dans certains cas, en fait, il n'est pas simplement possible d'analyser comment une nouvelle technologie est ancrée dans la représentation sociale d'une ancienne technologie ou comment un nouvel objet social est objectivé dans une représentation iconique. En fait, la technologie est reliée à la personnalisation et à la domestication des artefacts technologiques. Quand une nouvelle technologie, par exemple les smartphones, est élaborée en tant qu'une représentation sociale émergente, le processus d'ancrage ne porte pas sur l'objet en lui-même, le téléphone portable, en tant qu'ancienne technologie familière, mais concerne davantage le rapport que l'individu entretient avec cette dernière et donc ici il ne s'agit pas d'un téléphone portable mais de *son propre* téléphone portable. « À l'ère des technologies mobiles », renvoyant à l'individualisation et la miniaturisation des fonctions technologiques, il n'est pas surprenant que les conduites et les discours qui gravitent autour des questions de la science et de la technologie tendent à devenir de plus en plus personnels et tendent à pénétrer les sphères quotidiennes et intimes » (Tateo, 2014, p. 172).

3. Étudier les représentations sociales des nouvelles technologies : une vue d'ensemble de la littérature

Considérant la vaste littérature produite sur les représentations sociales, la somme d'études se focalisant sur les représentations sociales des nouvelles technologies est relativement faible. Dans cette section, je ne couvrirai pas l'ensemble des travaux publiés. Je vais plutôt présenter quelques exemples d'études réalisées en Angleterre, en France, en Espagne et au Portugal au cours des vingt dernières années comme des exemples de pistes de recherche qui ont été développées dans les champs des représentations sociales et des nouvelles technologies. Même si quelques études en psychologie sociale ont commencé par se centrer sur la manière dont les personnes concevaient les nouvelles technologies (Sensales & Greenfield, 1995), un des tournants dans le développement d'une aire d'étude spécifique d'étude des représentations sociales et de la technologie renvoie probablement à l'article de Bauer et Gaskell (1999) dans lequel les auteurs mettent en avant le célèbre « modèle du *Toblerone* » des représentations sociales. Cet article est pertinent pour deux raisons principales. Premièrement, il définit un modèle théorique qui permet de dépasser l'opposition entre les approches structuralistes et fonctionnalistes des représentations sociales. Bauer et Gaskell définissent « l'unité de base de l'analyse des représentations sociales » (1999, p. 181) au travers d'un triangle de médiation développé sur un axe temporel entre le sujet, l'objet et autrui et un projet cadré par les représentations sociales.

Les représentations sont ensuite entendues en termes de milieux sociaux spécifiques qui développent une dimension de projet qui guide des modes spécifiques de représentation (habitudes comportementales, cognition individuelle, communication formelle et informelle) circulant à travers différents médias de représentation (mouvements, mots, images, sons non linguistiques). Étudier les représentations sociales implique donc de tenir compte de la manière dont elles jouent des fonctions spécifiques par rapport au projet du milieu social au cours du processus de raffinement au fil du temps. À la fin de leur article, Bauer et Gaskell (1999) ont proposé un agenda de recherche qui applique leur paradigme à la compréhension de la science et de la technologie de la part du public. Inspirés par l'article de Farr (1993) concernant la science et le sens commun, Bauer et Gaskell (1999) décrivent un programme de recherche qui considère les représentations sociales comme « à la fois une condition et une conséquence de la nouvelle technologie, un processus de double accommodation qui apparaît : parfois le public s'accommode à la science et la technologie, parfois ce sont la science et la technologie qui s'accommodent au public » (Bauer & Gaskell, 1999, p. 180). Du point de vue méthodologique, l'agenda de recherche des auteurs était centré sur l'étude longitudinale de la manière dont les représentations sociales de la science et de la technologie étaient construites (étude de la couverture médiatique et de l'élaboration des politiques) et de la manière dont elles étaient élaborées sur le plan individuel (entretiens et associations libres d'individus provenant de milieux différents). Enfin, Bauer et Gaskell (1999) choisissent d'appliquer leur paradigme à l'étude de la biotechnologie en raison de sa pertinence dans le discours public et de son caractère controversé, évoquant à la fois les prévisions utopiques et avérées de son utilisation à grande échelle. Ces programmes de recherche sont pertinents concernant le développement des représentations sociales et des études conduites à propos des nouvelles technologies car ils définissent les pierres angulaires des travaux empiriques ultérieurs dans le domaine. En revanche, il présente quelques aspects problématiques dans la mesure où ils limitent l'étude du sujet à la lumière de la compréhension de la science et de la technologie, dans leur ensemble, par le public. En ce sens, les études ultérieures ont mis l'accent sur la couverture médiatique de l'information portant sur les découvertes scientifiques ou technologiques et/ou sur l'étude de la manière dont les individus naïfs comprennent cette information et l'ancrent dans leur système actuel de la connaissance (Christidou, Dimopoulos & Koulaidis, 2004 ; Moloney & Walker, 2000 ; Smith & Joffe, 2012 ; Washer, 2004).

Le thème des nouvelles technologies est au contraire plus articulé. Tout d'abord, les types d'acteurs impliqués dans le processus d'élaboration et de circulation des représentations sociales sont, plus que les experts scientifiques, les médiateurs et le public. Si nous parlons de la technologie, nous devrions envisager une forme complexe de l'organisation sociale du savoir, impliquant par exemple des sociétés, des individus et des groupes avec différents degrés d'expertise en ce qui concerne la technologie, les utilisateurs et non utilisateurs de technologie… Si la science (dans le sens des nouvelles découvertes scientifiques qui deviennent des objets du discours public) peut être étudiée avec le paradigme de Bauer et Gaskell (1999), les nouvelles technologies (comprises comme un ensemble de nouveaux objets et techniques qui jouent un rôle pratique dans les activités économiques et sociales) doivent être étudiées en tenant compte de la diversité des situations sociales dans les discours et les pratiques produites à leur sujet. Par exemple, la technologie peut avoir des marques (Kohli, 1997), alors que la science peut avoir des pionniers et des héros (Holton, 1998 ; Moloney & Walker, 2000).

En général, les technologies qui deviennent un sujet de recherche empirique dans le cadre des représentations sociales doivent remplir certaines conditions pour intéresser les chercheurs. Elles doivent être largement présentes dans les discours public et médiatique, elles doivent être controversées et elles doivent être assez nouvelles pour être considérées comme inconnues. Ainsi, les études de représentations sociales sur les nouvelles technologies axées sur le domaine de la santé se sont notamment intéressées aux transplantations d'organes (Moloney & Walker, 2000), au don de sang (Moloney, Williams & Blair, 2012), aux biotechnologies (Jones & McMahon, 2003 ; Wagner & Kronberger, 2001), aux technologies médicales (Da Silva & de Assunção Ferreira, 2011 ; Ulucanlar, Faulkner, Peirce & Elwyn, 2013 ; Washer & Joffe, 2006) et aux nouvelles maladies (Washer, 2004). Un autre thème abordé est celui des technologies de l'information et de la communication avec des études sur les représentations sociales des ordinateurs (Hakkarainen, 2012 ; Gal & Berente, 2008 ; Restrepo & Vera, 2005 ; Tateo, 2001 ; Vaast, 2007), d'Internet (Capozza, Falvo, Robusto & Orlando, 2003 ; Contarello & Sarrica, 2005 ; Hakkarainen, 2012), des télécommunications et les téléphones portables (Contarello, Fortunati & Sarrica, 2007 ; Fortunati & Contarello, 2002 ; Fortunati & Manganelli, 2008). Enfin, il est possible de noter des études concentrées sur le large éventail des nouvelles technologies qui pourraient avoir un impact important sur l'environnement et qui ont également été liées à de grands débats dans l'élaboration des politiques, comme le réchauffement climatique (Smith & Joffe, 2012), les nanotechnologies (Pidgeon, Harthorn & Satterfield, 2011), les questions énergétiques et environnementales (Castro, 2006 ; Wright, 2009 ; Wright & Wright, 2009).

Du point de vue de la conception de la recherche, les études sur les représentations sociales des nouvelles technologies sont axées sur la production de ces représentations, l'étude de la couverture médiatique de préférence dans un panel, ou sur l'élaboration de ces dernières dans un groupe plus ou moins spécifique. D'une part, on observe des études comme celle de Christidou, Dimopoulos et Koulaidis (2004), qui analysent la représentation sociale de la science et de la technologie en général à travers l'étude de six journaux et magazines grecs sur 3 ans. Par ailleurs, Moloney et Walker (2000) se concentrent sur les articles publiés dans un seul journal australien à partir de la date de la première transplantation d'organe en 1954 et sur les 41 années suivantes. D'autre part, certaines études se concentrent sur des groupes particuliers de personnes avec une répartition géographique déterminée, appartenant à un groupe professionnel particulier ou à une tranche d'âge spécifique. Par exemple, Solomonidou et Tassios (2007) analysent la représentation sociale des technologies chez les élèves des écoles primaires tandis que Contarello, Fortunati et Sarrica (2007) se concentrent sur un groupe d'étudiants italiens en psychologie comme utilisateurs de technologies de l'information et de la communication. Vaast (2007) étudie la représentation sociale des technologies de l'information et de la communication dans les différentes sous-cultures de travail d'un établissement médical. D'autres études se concentrent plutôt sur une population générale, comme Jones et McMahon (2003) le font avec des cellules souches ou Fortunati et Manganelli (2008) avec la représentation sociale des télécommunications. Wright et Wright (2009) se concentreront plutôt sur une dimension de groupe spécifique qui est l'appartenance à une communauté, en étudiant la représentation sociale de l'électricité dans un groupe d'habitants de deux petites villes britanniques. Enfin, Hakkarainen (2012) s'est quant à lui concentré sur une catégorie d'âge spécifique pour étudier les représentations sociales des technologies de l'information et de la communication auprès d'une population de personnes âgées en Finlande. Par ailleurs, quelques études ont plutôt essayé de prendre en compte à la fois un corpus de textes de grande diffusion publiés par des experts et le récit écrit par des étudiants (Serfaty, 2000).

Les méthodes utilisées dans les études sur les représentations sociales des technologies sont extrêmement variées. Ceci est probablement une caractéristique de l'approche des représentations sociales, en ce que celle-ci constitue une théorie de la connaissance sociale et de l'élaboration symbolique du sens (Moscovici & Markovà, 1998) pour laquelle différentes stratégies ont été appliquées afin d'avoir accès à la parole symbolique des individus et des groupes. « Le statut de phénomène conféré aux représentations sociales est celui de la symbolique : établir un lien, créer une image, évoquer, dire et ce qu'il faut dire, partager une signification dans certaines propositions transmissibles et dans le meilleur des cas résumer dans un cliché qui devient un emblème » (Moscovici & Vignaux, 2001, p. 156). Toutes les méthodes se concentrent alors sur les différents niveaux et les différentes formes d'interactions linguistiques. Ceci est la seule préoccupation qui semble tirer les fils de la large gamme de méthodes, du quantitatif au qualitatif et interprétatif. Une façon différente de collecter et d'analyser des productions linguistiques est utilisée. D'une part, par exemple, une étude comme celle de Christidou, Dimopoulos et Koulaidis (2004) met l'accent sur l'analyse des métaphores scientifiques et technologiques à l'aide d'articles de journaux. Wright et Wright (2009) utilisent une combinaison de dessins et de *focus groups* pour effectuer une analyse thématique. Hakkarainen (2001) analyse des productions écrites des personnes âgées en les rassemblant ensuite selon des oppositions thématiques. Tateo (2001) a effectué une analyse de contenu thématique sur de courtes histoires d'adolescents à propos de l'ordinateur. D'autre part, du côté quasi qualitatif, Moloney, Williams et Blair (2012) ont utilisé l'analyse factorielle sur les associations de mots pour retracer l'organisation de la représentation sociale du don de sang grâce aux thêmata. Rega, Vannini, Fino et Cantoni (2013) effectuent une analyse de contenu grâce au logiciel T-Lab sur des entretiens semi-structurés dans différents centres communautaires multimédias du Mozambique. Smith et Joffe (2013), recueillant des tâches d'association libre et des entretiens semi-structurés, ont effectué une analyse thématique statistique descriptive avec le logiciel Atlas-Ti. Enfin, Contarello, Fortunati et Sarrica (2007) ont effectué une analyse factorielle des occurrences linguistiques dans un corpus d'associations libres pour étudier la représentation de la téléphonie mobile.

Bien qu'il ne s'agisse pas d'une revue exhaustive de la littérature, les études que j'ai présentées comme exemple de l'approche actuelle de l'étude des représentations sociales des nouvelles technologies permettent de dessiner quelques tendances et caractéristiques communes. La première remarque est que les études essaient d'opérationnaliser dans différentes voies les indices théoriques provenant des articles de Farr (1983), Bauer et Gaskell (1999) et partiellement dépeints par Moscovici lui-même (2008). Bauer et Gaskell (1999) ont clairement indiqué que la compréhension de l'élaboration du processus et de la vie de la représentation sociale de la science et de la technologie nécessite de prendre en compte toutes les dimensions des milieux sociaux, des modes de représentation et des différents supports de représentation. Il est difficile de trouver une étude qui prendrait en compte toutes les dimensions dans leur ensemble. La position épistémologique la plus courante est de se concentrer sur une seule dimension, soit la couverture des médias, soit la communication de groupe, probablement parce qu'une étude mobilisant les deux dimensions impliquerait beaucoup de temps et d'efforts. Cette difficulté tient également au fait qu'adopter une approche prenant en compte plusieurs dimensions suppose implicitement une opposition thématique et une correspondance entre l'expert et le discours des médias à propos de la science et de la technologie et l'élaboration par les profanes de la connaissance de sens commun, alors que ces univers de discours co-évoluent et s'imprègnent l'un l'autre. En cela réside la richesse de la théorie des représentations sociales : différencier analytiquement les formes de connaissances, les formes de savoir et les formes d'organisation sociale de la connaissance, mais saisir théoriquement leur développement interconnecté au fil du temps et dans son ensemble.

4. Conclusions : directions futures pour l'étude des représentations sociales des nouvelles technologies

Une vue d'ensemble des résultats et des conclusions des études sur les représentations sociales des nouvelles technologies montre que tous les travaux, des plus descriptifs aux plus interprétatifs, révèlent que la connaissance de sens commun à propos de la technologie est toujours un mélange d'éléments opposés et quelquefois contradictoires. Les représentations technophobiques (Brosnan, 1998) et les formes de néo-ludisme (Jones, 2006) existent de chaque côté avec des visions enthousiastes et progressives du même objet. Il n'est pas surprenant que des représentations utopiques et avérées (Bauer & Gaskell, 1999) accompagnent souvent l'élaboration de nouveautés et de changements dans la société. Les nouvelles technologies n'échappent pas au processus d'orientation thématique des représentations sociales (Moscovici & Vignaux, 2001).

Dans ce chapitre, j'ai essayé de donner un aperçu général des représentations sociales des nouvelles technologies à la fois d'un point de vue théorique et empirique. Il ne s'agit pas d'un aperçu exhaustif de la littérature ni d'une analyse des études sur les technologies de l'information et de la communication. En fait, le sujet des nouvelles technologies est souvent compris en termes de nouvelles technologies de l'information et de la communication. Cela est probablement dû au fait que ce sont les technologies les plus visibles et omniprésentes dans la vie quotidienne. D'autres technologies innovantes, telles que les nanotechnologies ou les biotechnologies sont plus disposées à être incluses dans l'analyse des représentations sociales de la science. L'approche théorique de ce chapitre est d'envisager le concept de nouvelles technologies à la fois du point de vue de leur présence dans la vie quotidienne, leurs implications sociales et économiques et leur résonance affective dans la vie individuelle. Il ne s'agira pas de fournir une définition *a priori* de l'objet d'étude pour les représentations sociales des nouvelles technologies mais plutôt un regard plus dynamique sur certains phénomènes, développés dans des domaines d'expertise de la connaissance qui sont candidats pour entrer dans le sens commun.

Je voudrais conclure ce chapitre par quelques réflexions sur les orientations de recherches. Les études ont jusqu'ici envisagé les nouvelles technologies comme des objets sociaux, ne considérant que les médias traditionnels et les conversations de tous les jours en tant que moyens de culture et de diffusion. Mais le développement des réseaux sociaux présente des défis très intéressants. Par exemple, la distinction traditionnelle entre communication privée et publique, les relations interpersonnelles et de médiation ont été sérieusement remises en question dans l'environnement numérique, qui présente des caractéristiques mixtes. Un exemple vient de la recherche en marketing sur le soi-disant « marketing de bouche-à-oreille » (Kozinets, de Valck, Wojnicki & Wilner, 2010). Un programme de recherche devrait par exemple examiner systématiquement la façon dont les réseaux sociaux et les communautés en ligne constituent des milieux sociaux spécifiques et des modes spécifiques de représentation. En outre, l'environnement numérique présente un mélange complexe et multi-auteur des médias de représentations venant éprouver les méthodologies des représentations sociales. En fait, les méthodes habituelles de l'analyse de texte révéleraient leurs limites dans ce domaine empirique, nécessitant l'élaboration de méthodes novatrices qui s'intéressent à des processus symboliques plus complexes.

Un deuxième sujet pour un futur programme de recherche concerne la relation entre la multiplication, la personnalisation et la consommation des nouvelles technologies (Tateo, 2014). Comme cela se passe dans le processus de socialisation de la connaissance scientifique, les technologies deviennent également à la fois consommables et consommées, acquérant une valeur quant à leur utilisation et leur fonction sociale (Baudrillard, 2005). La consommation de produits technologiques « définit une série de critères distinctifs prenant forme de manière arbitraire sur un éventail d'identités stéréotypées » (Tateo, 2014, p. 172). Comme les utilisateurs d'iPhone, les nouvelles technologies de marque « travaillent en tant que catégories d'objets qui, de la façon la plus tyrannique, définissent les catégories de personnes » (Baudrillard, 2005, p. 209). La consommation me définit à la fois comme partie d'un segment spécifique de la société et la science comme l'expression d'un groupe social. Ces éléments de différenciation organisent et « catégorisent les besoins concernant le consommateur lui-même. Les hiérarchies de produits et objets viennent donc jouer exactement le même rôle que celui joué jadis par une gamme de valeurs distinctes : ils deviennent la base, en bref, de l'éthique du groupe » (Baudrillard, 2005, p. 208). Cette approche peut être utilisée non seulement pour les gadgets de haute technologie comme dans le cadre de la chirurgie esthétique où il est possible de visualiser des profils virtuels. Un autre sujet intéressant porte sur les technologies infructueuses. Comment l'élaboration d'une représentation sociale peut-elle déterminer la propagation ou l'échec de l'introduction d'une nouvelle technologie ?

Enfin, une attention particulière devrait être développée sur la relation mutuelle entre les représentations sociales des nouvelles technologies et les pratiques quotidiennes. Dans le cas de la technologie, en fait, nous pouvons observer l'élaboration de nouvelles représentations sociales qui façonnent la manière dont nous les comprenons et les intégrons dans la vie quotidienne. En retour, l'utilisation des technologies est mise en forme dans l'élaboration des représentations sociales. Ce deuxième processus a souvent été négligé dans les études sur les représentations sociales qui sont parfois réduites à des enquêtes sur ce que les gens pensent d'une technologie. L'introduction de technologies comme le GPS ou Google Maps a radicalement changé la relation avec le territoire et la vie urbaine. Les nouvelles technologies comme Google Glasses changeront probablement encore plus cette relation. D'autre part, la domestication des nouvelles technologies conduit à l'élaboration de la signification et aux pratiques qui s'y rattachent, en changeant de façon inattendue la représentation sociale correspondante, dans un sens qui est complètement différent du projet initial du groupe d'experts qui l'ont développé, comme dans le cas d'Internet. Une grande attention à la relation entre la personnalisation de la technologie et la représentation sociale produirait probablement un aperçu fructueux dans notre compréhension de nos relations complexes idiosyncrasiques, dialogiques et ambivalentes avec les nouvelles technologies.

Focus 19a

Autocommunication de masse sur Facebook et étude de l'expression iconique des représentations sociales

Dorra BEN ALAYA[1]

Sommaire

1. Université de Tunis El-Manar, Tunisie.

C'est en tant qu'espace où les processus communicationnels possèdent des caractéristiques spécifiques que les réseaux sociaux virtuels peuvent intéresser particulièrement le chercheur dans le domaine des représentations sociales. Dans la communication sur les réseaux sociaux virtuels, désignée par l'expression « autocommunication de masse » (Castells, 2013), une multitude transmet des messages à la multitude à travers un système d'interactions particulièrement intense et étendu, accélérant ainsi dans le temps et l'espace, les processus d'élaborations collectives ainsi que leur diffusion. Par ailleurs, l'autocommunication de masse se caractérise par une autonomie des individus et des groupes dans leur sélection de l'information, l'élaboration et la transmission des messages. Ainsi, les réseaux sociaux virtuels constituent à la fois le lieu où se déroule un processus communicationnel similaire à celui sous-jacent à l'élaboration des représentations sociales, et en même temps, celui où celles-ci sont remises en circulation. Cela fait des réseaux sociaux virtuels, des espaces propices à l'étude des représentations sociales, d'autant plus que l'autocommunication de masse dans un réseau social virtuel tel que Facebook est multimodale, ce qui permet d'avoir des matériaux inédits et généralement absents des corpus analysés dans les études classiques sur les représentations sociales. Hormis les messages textuels, sont mis en circulation sur un réseau tel que Facebook des messages iconiques, filmiques ou sonores. Cela permet au chercheur d'observer des processus d'élaboration et d'expression des représentations sociales, à travers d'autres modes que celui du discours ou des pratiques.

Dans des travaux développés à propos de la représentation sociale de la situation socio-politique en Tunisie chez des internautes tunisiens, depuis la chute du régime de Ben Ali (en janvier 2011), on s'est intéressé à des messages iconiques en tant que forme d'expression d'une représentation sociale et en tant qu'éléments du champ représentationnel. Ce choix a été déterminé par une récurrence et une quantité remarquable de messages iconiques en rapport avec les événements socio-politiques ayant circulé sur les 10 premières pages Facebook (en termes d'abonnés)[2] *dédiées au thème de la « révolution tunisienne », entre 2011 et 2013 (Ben Alaya, 2013a, 2014). Mais ce qui est davantage notable, ce sont les relations antinomiques de ces images entre elles. Cela a permis de formuler l'idée que la communication par ces images, rendue possible par ce qu'il convient d'appeler « la version 2.0 » du web, permet de concrétiser des antinomies*[3] *(telles que définies par Moscovici & Vignaux, 1994) au fondement de représentations sociales, en l'occurrence, à travers l'expression de certains des aspects figuratifs de ces dernières. De manière générale, Moscovici postule dans la théorie des représentations sociales (1961, p. 63), que la dimension figurative constitue l'une des faces de la structure de celles-ci, l'autre étant la face symbolique.*

Dans le cas d'un objet comme la « révolution tunisienne », on a affaire, de par sa complexité et ses contours indéfinis, à un objet qui restait à objectiver dans le sens commun, du moins, durant les mois qui ont suivi la chute du régime (Ben Alaya, 2013b). Les antinomies concrétisées à travers l'opposition des images ayant circulé sur Facebook à ce propos, correspondraient à « l'empreinte de postulats de la cognition ordinaire » pour reprendre les termes de Moscovici et Vignaux (1994, p. 68), qui seraient au fondement de la représentation sociale de la situation socio-politique en cours d'objectivation par les internautes tunisiens.

Dans les travaux de recherche réalisés, une analyse systématique de ces images antinomiques a permis de répertorier les modalités de leurs relations, leurs significations et leurs principes organisateurs, en tant que mode d'expression de la représentation sociale de la situation « post-révolutionnaire » en Tunisie (Ben Alaya, 2013a).

2. http://goingnext.com/opendata/2011/07/23/top-10-des-pages-facebook-pro-revolution-en-tunisie/
3. Voir focus 9 et chapitre 19.

1. Méthodologie

Le recueil des publications iconiques sur le thème de la révolution tunisienne a été effectué à travers le « fil de l'actualité » d'un compte Facebook créé en janvier 2011 pour les besoins de la recherche, comptant en octobre 2011 (à titre indicatif, le nombre ayant été en perpétuelle augmentation) un réseau de 514 connectés tout-venant (quasi exclusivement tunisiens). Le recueil a concerné la période allant d'août 2011 à juillet 2013. En définitive, un total de 523 publications iconiques effectuées sur Facebook par des internautes localisés en Tunisie, ou par les dix premières pages (en termes d'abonnés) qualifiées de « pro-révolution en Tunisie », a été retenu à partir du « fil de l'actualité ».

Un premier volet de l'analyse a concerné l'organisation iconique (Gervereau, 2004) des images doubles, et plus précisément du type de relation d'opposition ou de contradiction qui les unit. Le type même de relation antinomique qu'on peut observer en l'occurrence, peut en soi faire émerger une signification particulière par rapport aux contenus véhiculés. Un deuxième volet plus interprétatif a consisté à identifier les thèmes qui relient les images antinomiques à une catégorie commune, plus large, en tant que principe organisant la représentation sociale. À cet effet, une méthode d'analyse habituellement appliquée aux discours a été utilisée, à savoir l'analyse structurale telle que fondée par Hiernaux (1977). Cette méthode consiste à considérer les disjonctions antinomiques (d'opposition ou de contradiction) entre deux unités sémantiques (ici des icônes), comme reliées par une même structure et renvoyant à une même catégorie de signification. Concrètement, il s'agit de considérer, en l'occurrence, que les images antinomiques contenues dans les messages virtuels « ont quelque chose en commun tout en étant différentes » ou en d'autres termes, qu'elles « se réfèrent [...] à une même catégorie de réalité » (Piret et al., 1996, p. 14). On définit ensuite l'axe sémantique qui relie ces images antinomiques. Concrètement, cela consiste à définir un thème commun au contenu de ces images. Ce thème peut être soit explicité par l'émetteur lui-même du message à l'aide d'un texte (sous forme de légende ou intégré aux images elles-mêmes), soit, à défaut, inféré par l'analyste. Ce qu'on met au jour dans cette analyse, ce sont des structures implicites reliant les différentes unités sémantiques et qui donnent sa signification à la représentation sociale (Piret et al., 1996).

2. Résultats

L'analyse descriptive a permis de construire une typologie des formes d'organisation iconique dans le matériau recueilli en fonction de la relation qui relie les images antinomiques elles-mêmes. On observe ainsi plusieurs formes :

- Les synthèses d'antinomies. À titre d'exemple, on peut voir une image satirique parodiant les affiches émises par le ministère du Tourisme, où l'on voit une personne couverte d'une *burqa* et pratiquant le surf. Pratique du surf et port de la *burqa* sont des antinomies qui se trouvent ici jointes dans une même image, visant à dénoncer le paradoxe d'une menace de radicalisation islamiste dans un pays qui vit de son tourisme de masse. Cette forme d'organisation iconique semble propice à l'expression d'un fait conçu comme absurde ou paradoxal.
- Les antinomies juxtaposées dans un même message. Cette juxtaposition viserait à créer un contraste, signifiant une opposition des valeurs véhiculées par l'une et l'autre des images (e.g., une fille arborant fièrement le drapeau national *versus* un salafiste arrachant celui-ci pour lui substituer l'étendard de son mouvement).
- Les formes où les images antinomiques sont présentées dans des messages disjoints, signifiant d'un côté l'accusation ou le déni d'une unité sémantique représentée dans l'une des images (e.g., un personnage, un parti politique, une action), et de l'autre, la glorification ou la reconnaissance d'une autre, en relation antinomique avec la première.

La combinaison *a posteriori* de structures antinomiques élémentaires ainsi explicitées permet à son tour de mettre au jour des structures plus complexes organisant les messages iconiques. C'est ainsi que la photo d'une activiste tunisienne du mouvement Femen ayant défrayé la chronique a été juxtaposée simultanément à deux images différentes sur deux pages Facebook à orientations idéologiques opposées (islamiste/laïque). L'une des pages l'oppose à la photo d'une femme en *niqab* tenant une pancarte sur laquelle est inscrit « *Mon corps appartient à Dieu et est l'honneur de ma famille* », par opposition à l'inscription visible sur le corps dénudé de l'activiste Femen (« *Mon corps m'appartient et n'est l'honneur de personne* ») ; l'autre page l'oppose à une femme également en *niqab* tenant une pancarte sur laquelle on peut lire « *Mon corps est une honte et il appartient à celui qui le possédera* ». Des structures complexes comme celle-ci permettent d'observer les modulations de la signification d'un même élément de la représentation sociale, en fonction des groupes impliqués dans des enjeux identitaires, de pouvoir ou d'influence, comme c'est le cas en l'occurrence. Un exemple comme celui présenté ci-dessus illustre bien une caractéristique particulière du processus communicationnel en question : les éléments figuratifs ne prennent ici leur sens, qu'en fonction d'autres éléments.

L'identification des axes sémantiques qui relient les images antinomiques à une même catégorie de réalité a permis de mettre au jour les thématisations suivantes :

- L'efficience des gouvernants : l'« incompétence » du gouvernement de transition à majorité islamiste *versus* la « compétence » d'un chef historique. Exemple : le ministre de l'Intérieur du gouvernement de transition *versus* Hannibal, le général carthaginois.
- La stature symbolique des gouvernants : la « décadence » des dirigeants de transition *versus* la « grandeur » de personnages historiques. Exemple : Marzouki, président temporaire de la période « post-révolutionnaire » *versus* Bourguiba, premier président de la République tunisienne.
- La relation à la patrie : la « traîtrise » des islamistes *versus* la « loyauté » de militants non islamistes.
- Le statut de la femme : la vision « rétrograde » des islamistes *versus* la vision « moderniste » des non-islamistes.
- L'identité : l'« amazighité » *versus* l'« arabité ».
- Le modèle de civilisation : une conception moderniste *versus* une conception islamiste. Exemple : la déclaration des droits de l'Homme *versus* la *Chariâa*.
- La relation à l'Islam : la conception « dévoyée » des islamistes *versus* la conception « fidèle » d'un islam « tunisien ».

En définitive, la représentation sociale de la situation socio-politique « post-révolution » en Tunisie, telle qu'elle apparaît à travers le matériau iconique en circulation sur Facebook, est fortement marquée par les enjeux identitaires et idéologiques. Il s'agit pour les internautes d'une situation de grande menace par rapport à un modèle de société « moderniste » et à une définition de la « tunisianité » par l'affirmation de caractéristiques culturelles spécifiques et par la référence à un Islam « tunisien » en opposition à des courants radicaux d'« inspiration orientale ».

3. Conclusion

Il apparaît que l'autocommunication de masse telle que pratiquée sur des réseaux sociaux comme Facebook permet de lancer de nouveaux défis à la théorie des représentations sociales, et ce, de plusieurs points de vue : celui de la globalisation et de l'amplification spatiale et temporelle des processus communicationnels en œuvre, celui du caractère multimodal d'expression des élaborations collectives qui s'offrent à l'analyse, celui des matériaux inédits en circulation et des significations implicites qui émergent de leur organisation, et celui de la nécessité de faire appel, de par les caractéristiques particulières des matériaux et des formes que prend leur organisation, à des méthodes d'analyse non usitées dans l'étude des représentations sociales.

Focus 19b

La conscience collective virtuelle : un nouveau paradigme des comportements collectifs en ligne

Yousri MARZOUKI[1]

1. Aix-Marseille Université, France.

L'influence des médias sociaux sur notre vie quotidienne et sur nos comportements est indéniable. L'incroyable connectivité que permettent les réseaux sociaux entre les individus est en train de modifier radicalement leur façon de communiquer. En effet, la vitesse à laquelle sont échangées les informations et la possibilité de diffuser du contenu à l'échelle planétaire changent la donne de la communication. Ce changement paradigmatique est au cœur de la théorie des représentations sociales telle qu'imaginée par Moscovici (1961), dont l'approche s'éloigne significativement des propositions de Durkheim. En effet, la communication est centrale dans la théorie des représentations sociales. Le passage du sociétal (i.e., représentations collectives) au social (i.e., représentations sociales) est motivé par une accélération dans la communication des informations. Paradoxalement, cette hyperconnectivité rend l'utilisateur à la fois plus dépendant aux normes sociales et plus autonome, lui conférant une nouvelle forme de pouvoir (Marzouki & Oullier, 2015). Pour avoir une idée de ce nouvel « empowerment » – terme anglo-saxon désormais consacré –, il suffit de voir comment des internautes ont réussi à se réapproprier voire à « détourner » certaines plateformes de réseaux sociaux de leur utilisation première. Par exemple, en partageant des informations sur leur humeur du moment, leurs réactions à un événement ou leurs envies, les utilisateurs de Twitter et de Facebook fournissent un aperçu instantané et spontané de ce qu'ils ont en tête. Il n'est pas aberrant de considérer aujourd'hui ces actions virtuelles quotidiennes telles que mettre un « like » sur les posts de ses ami(e)s ou partager leurs contenus, comme le reflet de l'influence de ces nouvelles formes de normes descriptives (Cialdini, Reno & Kallgren, 1990) sur les comportements individuels des utilisateurs actifs des réseaux sociaux.

Sans le vouloir, ces informations, lorsqu'elles sont cumulées à l'échelle de plusieurs milliers d'individus deviennent une source d'information extraordinaire pour étudier la dynamique de leurs comportements. Prenons l'exemple du Printemps arabe. Cette vague de révolutions a permis de renverser avec succès des régimes politiques autoritaires en Tunisie, en Égypte, en Libye et au Yémen. Sans l'impact planétaire des réseaux sociaux, ces révolutions n'auraient sans doute jamais attiré l'attention du monde entier. De fait, il est fort probable que, sans les réseaux sociaux, ces révolutions auraient évolué plus lentement, voire auraient échoué. L'une des caractéristiques communes de ces soulèvements populaires est l'absence d'un leader clairement identifié, qu'il s'agisse d'un activiste, d'un parti ou d'une figure politique, d'une association ou organisation qui aurait mené le soulèvement.

Toutefois, la plupart des théories dont nous disposons aujourd'hui sur le fonctionnement des mouvements sociaux ne rendent pas compte de manière satisfaisante des dynamiques intrinsèques de ces mouvements collectifs à grande échelle. Twitter et Facebook ne sont pas des *dei ex machina*. Leur rôle a été celui d'un catalyseur plutôt que d'un prescripteur. Non seulement ils ont permis d'accélérer l'échange d'informations mais aussi de provoquer, propager et entretenir des vagues de protestation sans précédent. L'étude conduite par Marzouki et al. (2012) a été lancée cinq jours seulement après la chute du régime de Ben Ali en Tunisie et propose un regard « cyberpsychologique » sur la façon dont les internautes tunisiens perçoivent la contribution de Facebook dans leur révolution de janvier 2011. Les résultats de l'analyse quantitative et qualitative du corpus des réponses fournies par les participants plaident en faveur de la présence d'une perception très positive du rôle de Facebook. Les auteurs avancent l'idée que cette perception peut servir de « proxy » dans la description d'une *conscience collective virtuelle* dont les éléments clefs reposent sur une perception tridimensionnelle autour des rôles attribués à Facebook : (1) fonction politique, (2) fonction informationnelle et (3) fonction médiatique (en tant que plateforme et ressource multimédia).

Par ailleurs, cette étude fournissait une approche ascendante (*bottom-up*) dont les racines se trouvent dans des environnements virtuels de ces nouvelles formes de soulèvements sociaux, et la considérait comme alternative aux approches classiques descendantes (*top-down)* qui misent sur le pouvoir et le charisme des leaders. Dans la même perspective, l'interprétation des résultats de cette étude s'inspire de l'idée d'un système dynamique complexe en mettant en avant la notion de *propriétés émergentes*. En effet, l'interconnectivité complexe entre les individus impliqués dans le processus révolutionnaire au sein d'un large réseau cyberactiviste tunisien à travers Facebook – et Twitter en Égypte – a progressivement généré des *patterns* d'accumulation de changement[2].

Par conséquent, la possibilité d'une révolution sans leader est susceptible d'être (au moins partiellement) expliquée par la *spontanéité*, l'*homogénéité* et la *synchronicité* des actions de ces réseaux de cyberactivisme qui ont été catalysées par les médias sociaux. Ces caractéristiques garantes de l'émergence d'une Conscience Collective Virtuelle (CCV) se réfèrent à une connaissance interne partagée par une pluralité de personnes. Associée à l'activisme des « médias citoyens », cette connaissance apparaît comme une nouvelle forme de conscience par l'intermédiaire d'outils de communication virtuels.

Avec l'expansion des médias sociaux, le nouveau paysage géopolitique exige une nouvelle vision de la démocratie où des citoyens ordinaires pourraient être, plus que jamais, détenteurs d'un pouvoir politique leur permettant de choisir un système alternatif et de changer ainsi la politique. Ross a anticipé un tel comportement citoyen global des mois avant que n'éclate le printemps arabe. Dans son manifeste « The Leaderless Revolution: How ordinary people will take power and change politics in the 21st Century », il fournit les neuf principes fondamentaux de la façon dont des citoyens ordinaires peuvent reprendre le contrôle des décisions qui influencent directement leur quotidien. Nous soutenons l'idée que ces principes devraient être fédérés autour d'un consensus global partagé par ces citoyens engagés.

L'expression « conscience et inconscience collectives virtuelles » a été mentionnée très brièvement dans un article publié par Boire (1999). Marzouki et Oullier ont récupéré et ont remis à jour en 2012 le concept de « Conscience collective virtuelle » afin de le promouvoir au statut de cadre conceptuel susceptible d'expliquer plusieurs phénomènes en ligne. L'extension des travaux de Marzouki et ses collaborateurs a permis de généraliser le concept au-delà des soulèvements populaires pour inclure également les phénomènes viraux comme le « Harlem Shake dance » (2013) ou encore l'« Ice Bucket Challenge » (2014). La CCV peut être considérée comme une version mise à jour de notions apparentées comme celle de représentation collective de Durkheim (1982) ou d'esprit collectif de Žižek (Gutmair & Flor, 1998). La CCV doit être : actualisée, précise, rapide, spécifique à un seul domaine et orientée vers un seul but. Il s'agit des « qualités potentielles » de tout mouvement collectif réussi.

Les efforts fédérés de partage de l'information des utilisateurs finiront par se cristalliser en un esprit commun avec des représentations associées à un objectif spécifique. Dans un développement théorique ultérieur du modèle CCV, Marzouki (2013) a suggéré que l'espace réservé aux actions massives en ligne pourrait être soutenu par le concept de Mémoire Transactive (e.g., Wegner, 1995). La mémoire transactive peut être définie comme un ensemble de systèmes de mémoires individuelles combiné à un ensemble d'individus (utilisateurs) qui interagissent entre eux. La TM engage trois éléments clés : 1) l'expertise individuelle, lorsque chaque membre est spécialisé dans un domaine particulier en fonction de ses propres compétences et expériences relatives à la situation, 2) la connaissance anticipée du contenu de l'information reçue, et 3) la communication au sein du réseau comme le canal des processus d'échange entre les individus. Au fil du temps, les utilisateurs se responsabilisent davantage quant au partage de l'information et bénéficient efficacement des connaissances et de l'expertise de chacun. En effet, ils affinent leurs compétences de recherche de l'information en ciblant des sujets spécifiques et en choisissant des mots clés appropriés pour les atteindre tout en optimisant leur temps de recherche.

Plusieurs exemples de phénomènes viraux autres que les soulèvements populaires ont été reconnus comme des illustrations de la CCV. Le chœur virtuel du musicien Eric Whiteacre, le « Harlem Shake Dance », le « Ice Bucket Challenge » et même « Bitcoin » la monnaie virtuelle (Marzouki et al., 2012, 2013, 2014), tous ces exemples d'actions collectives et massives en ligne illustrent ce stade où la CCV, formée autour d'une cause, atteint un summum de

2. Panisson et son équipe ont réalisé une illustration dynamique des tweets échangés avec le hashtag #25jan quelques heures avant et après la démission de Hosni Moubarak : https://www.youtube.com/watch?v=2guKJfvq4uI

complexité capable d'affecter de manière significative le comportement réel et non virtuel cette fois-ci des individus. La conscience collective virtuelle permise par l'effet catalyseur des réseaux sociaux a non seulement changé la forme des révolutions mais aussi notre compréhension de la fonction des individus dans des réseaux larges et complexes. L'idée d'un leadership puissant et charismatique comme condition *sine qua non* de la gestion des actions des groupes n'est plus viable comme vision à la lumière de ces changements radicaux de nos paradigmes de communication.

PARTIE 3
LES DÉVELOPPEMENTS ACTUELS

CHAPITRE 20

Les représentations sociales et les images

Pascal MOLINER[1]

Sommaire

1. Université Paul Valéry-Montpellier, France.

1. Introduction

C'est vers la fin des années 1970 que l'on a commencé à voir des historiens étendre leurs investigations aux matériaux iconographiques (Vovelle, 1979). Dans les années 1990, ces matériaux vont être considérés comme autant de sources documentaires dignes d'intérêt (Marin, 1993 ; Duprat, 1997). Le projet consistera alors à identifier les normes, les valeurs et les croyances d'une société, à une époque donnée, au travers de l'iconographie produite par cette société. En anthropologie, on rencontre des travaux qui s'appuient sur les mêmes fondements, soit en adoptant une démarche assez proche de celle des historiens, soit en s'intéressant plus particulièrement à l'activité de figuration (Descola, 2005). Dans ce dernier cas, on considère que les représentations figurées sont déterminées par les croyances des sociétés qui les produisent. En sociologie, Bourdieu (1968) a longuement disserté sur l'idée d'un code commun au producteur et au spectateur d'une œuvre et qui permet au premier d'élaborer une représentation iconographique acceptable et compréhensible par le second. Ces différentes approches ont en commun le fait qu'elles reposent toutes sur un postulat implicite de correspondance entre des croyances et des images.

Pour ce qui concerne l'étude des représentations sociales, on retrouve la trace de ce postulat dans plusieurs recherches qui utilisent des productions iconographiques telles que des photographies ou des dessins (Devine-Wright & Devine-Wright, 2009 ; Galli & Nigro, 1989 ; Milgram & Jodelet, 1976 ; Rose, 1996). À y regarder de près, ces travaux sont sous-tendus par deux hypothèses implicites et complémentaires.

Selon la première, on suppose que le producteur d'une image (celui qui dessine, qui peint ou qui prend une photographie), lorsqu'il souhaite communiquer par le biais de cette image, va emprunter des éléments d'un code commun. Dans cette perspective, on peut donc supposer qu'une production iconographique relative à un objet social pourrait être surdéterminée dans sa forme par la représentation sociale de cet objet.

Selon la seconde, on suppose que l'analyse de productions iconographiques relatives à un objet social pourrait permettre d'identifier les contenus de la représentation sociale de cet objet, puisque c'est justement sur certains de ces contenus que se base le « code commun » nécessaire à la construction et à la compréhension de l'image.

En somme, les représentations sociales seraient tout autant des codes permettant d'élaborer des images de l'environnement social que des codes permettant de comprendre le sens de ces images. Il s'agit là d'une idée séduisante mais qui, à notre connaissance, n'a jamais fait l'objet de démonstrations expérimentales ou quasi expérimentales. Depuis plusieurs années, nous avons entrepris avec nos doctorants un programme de recherches visant cet objectif. Ce chapitre en présente quelques aspects et résultats. Le lecteur intéressé par ces questions pourra utilement se référer à un ouvrage qui leur est consacré et qui les développe plus largement (Moliner, 2016).

2. L'image dans la théorie des représentations sociales

La théorie échafaudée par Moscovici (1961), repose sur plusieurs concepts qui établissent des liens explicites entre les « univers d'opinions » dont elle décrit la formation et les iconographies qui leur sont associées.

Rappelons tout d'abord brièvement que selon Moscovici deux processus majeurs[2] sont à l'origine de l'émergence des représentations sociales. Le premier – l'ancrage – répond à un principe

2. Voir chapitre 2.

de cohérence cognitive. Il s'agit pour les individus d'inscrire toute nouvelle représentation dans l'univers cognitif qui lui préexiste. Le second – l'objectivation – renvoie à une volonté de réduction de l'incertitude. Il consiste à transformer les croyances et les opinions en informations de telle sorte que ces croyances et opinions n'apparaissent plus comme le fruit de l'activité cognitive de celui qui les porte, mais comme les reflets d'une réalité extérieure objective. Moscovici précise que le processus d'objectivation associe une image concrète à une signification abstraite, tandis que le processus d'ancrage injecte du sens dans une figure non familière. C'est ce qui le conduit à écrire que la « représentation = figure/signification, entendant par là qu'elle fait correspondre à toute figure un sens et à tous sens une figure » (Moscovici, 1961, p. 63).

On retrouve cette préoccupation pour l'aspect imageant des représentations dans la notion de « noyau figuratif » qui prend sa source, rappelons-le, dans les observations faites par l'auteur au cours des entretiens qu'il réalise sur le thème de la psychanalyse. Bien souvent, en effet, les notions abstraites de la théorie psychanalytique sont évoquées par les individus comme des choses concrètes ayant une existence propre. C'est le cas pour les notions de « complexe » ou d'« inconscient ». Le noyau figuratif est donc conçu comme une structure qui agrège des notions à la fois initialement abstraites (dans le cas de la psychanalyse) ou non familières (dans le cas général) et finalement objectivées.

Selon Jodelet (1984a), le processus d'objectivation opère par l'association d'un concept à un percept en conférant aux éléments de la représentation, et finalement à la représentation dans son ensemble, un caractère imageant. Sur le plan cognitif, on pense évidemment à la notion d'« image mentale », telle qu'elle a été étudiée par la psychologie expérimentale (voir notamment Denis, 1989). Les images mentales se définissent comme des « évocations mentales d'expériences perceptives antérieures » (Denis, 1989, p. 40) et de très nombreux travaux (Niedenthal et al., 2003) montrent qu'on peut associer à chaque mot d'une langue une « valeur d'imagerie », qui reflète sa capacité à susciter des images mentales chez le lecteur ou l'auditeur. Or on sait que lorsque les mots renvoient à des aspects du monde social, ils sont aussi porteurs d'imagerie. Par exemple, si l'on propose à des sujets des mots désignant des personnages féminins ou masculins (i.e., « une femme d'affaires (*business woman*) », « un homosexuel », « une ménagère », etc.) et qu'on leur demande de produire une description du personnage en question, sur le plan physique, vestimentaire, etc., on constate d'importants consensus entre sujets dans l'imagerie mentale suscitée par ces mots (Green & Ashmore, 1998). En d'autres termes, les mots qui désignent certains aspects de l'environnement social sont porteurs d'une imagerie consensuelle. De fait, quelques travaux suggèrent bien que l'expression d'une représentation sociale peut s'accompagner d'un processus d'imagerie mentale (Moliner, 2008, 2010 ; Cohen & Moliner, 2014). Pour le dire autrement, il semble bien que lorsque les individus s'expriment à propos d'un objet de représentation, ils ne font pas que mobiliser un lexique particulier. Ils activent également un répertoire d'images mentales. Au stade où nous en sommes de nos réflexions et de nos travaux sur ces questions, il nous paraît donc plausible d'avancer l'idée que ce sont ces répertoires d'images mentales qui constituent le lien entre représentations sociales et iconographie.

3. Éléments de méthodologie pour l'analyse des images

Quiconque s'est intéressé à la question de l'analyse des images pour l'étude des représentations sociales aura pu constater l'extrême difficulté de ce travail. Cette difficulté résulte pour beaucoup du caractère éminemment polysémique des matériaux iconographiques. En un sens, cet écueil est de même nature que celui qui a longtemps été rencontré dans l'analyse des productions discursives. Pour en résumer l'essence, on pourrait dire qu'il concerne le risque permanent de confusion entre la forme et le fond. Par exemple, il est clair qu'en matière d'analyse de contenu thématique du discours[3] l'identification des thèmes contenus dans un corpus, autant que la classification des éléments de discours afférents à chaque thème reposent finalement sur la subjectivité du chercheur (Moliner, Rateau & Cohen-Scali, 2002). Ce qui conduit Ghiglione et Matalon (1985) à conclure qu'il s'agit là d'une méthode « impressionniste ». Anciennement, ce problème était contourné par la participation de plusieurs chercheurs à cette opération, espérant ainsi la neutralisation des subjectivités des uns et des autres. Aujourd'hui, les techniques informatisées d'analyse du discours (Alceste, IRaMuTeQ), ont contourné le problème de la subjectivité en donnant le primat à la forme sur le fond. Au contraire des approches traditionnelles qui préconisaient la construction d'une catégorisation préalable permettant de classer ensuite les éléments du discours, ces logiciels opèrent en premier lieu des regroupements d'éléments du discours sur la base de leurs similitudes de forme ou sur celle de leurs co-occurrences. Ils proposent ensuite au chercheur une catégorisation « objective » susceptible d'être dénommée. Dès lors, si la subjectivité du chercheur peut encore intervenir au niveau de la dénomination, elle est neutralisée au niveau de la construction des catégories. Pour ce qui concerne l'analyse des images, dès les années 1960, un historien de l'art (Panofski, 1967), avait jeté les bases d'une telle démarche. Sa proposition repose sur la formalisation de trois notions fondamentales qui constituent les bases de « l'iconologie » :

- *La notion de forme* : il s'agit d'une configuration de lignes et de couleurs qui dessinent un objet directement perceptible tel qu'une personne, un animal, une plante, etc. Une forme entretient un rapport d'analogie variable avec l'objet auquel elle correspond. Mais elle est une forme parce que nous reconnaissons en elle l'objet qu'elle représente. L'inventaire objectif des formes contenues dans une image constitue donc le premier moment de l'analyse iconologique.
- *La notion de motif* : il s'agit d'une combinaison de formes qui permet d'identifier une situation ou un événement. Par exemple, une image qui contiendrait des formes représentant des personnes, une table, des chaises, des assiettes, des couverts et de la nourriture pourrait renvoyer au motif du repas.
- *La notion de thème* : un thème correspond à un concept (e.g., l'amour, la guerre, le travail), il peut aussi correspondre à une classe d'objets, de personnes ou de situations (les plantes, les chômeurs, les transports en commun, etc.). Enfin, il peut correspondre à un récit mythique, voire à une œuvre littéraire (le mythe de narcisse, les misérables, etc.). Un thème peut être illustré par différents motifs qui seront à leur tour iconographiés par le biais de différentes formes. Dans le cadre de l'iconographie des objets sociaux, le thème est évidemment résumé par la dénomination de ces objets (e.g., l'iconographie de la femme dans les médias, du travailleur immigré, du malade mental).

À partir des propositions de Panofsky, nous avons imaginé une démarche d'analyse pour les corpus d'images. Cette démarche comprend trois étapes.

La première consiste à dresser l'inventaire systématique des formes. Il s'agira ici d'identifier de la manière la plus exhaustive qui soit les formes contenues dans le corpus, puis de caractériser chaque image du corpus par les formes qu'elle montre. On aboutira ainsi à un tableau dont chaque ligne correspondra à une image du corpus et dont chaque colonne correspondra à une forme. Ainsi, une case du tableau contiendra le nombre d'occurrences de la forme (désignée par sa colonne), qui auront été observées dans l'image (désignée par sa ligne).

À ce stade de l'analyse, il sera déjà possible de caractériser le corpus (ou de comparer plusieurs corpus) en calculant les fréquences d'apparition de chacune des formes. En outre, par analogie avec l'analyse lexicométrique, il sera possible de calculer le nombre total de formes ainsi que le nombre de formes différentes (qui correspond évidemment au nombre de colonnes du tableau). Dès lors, on pourra estimer la diversité d'un corpus en calculant le rapport de ces deux valeurs. Lorsque ce rapport (nombre de formes différentes divisé par nombre total de formes recensées) sera voisin de 0, on pourra conclure à une relative monotonie du corpus (les images

3. Voir chapitre 3.

montrent les mêmes formes). Lorsqu'il sera voisin de 1, on conclura au contraire à une relative diversité du corpus (les images montrent des formes différentes). Évidemment, ce type de calcul aura d'autant plus d'intérêt que l'on s'intéressera à la comparaison de plusieurs corpus.

Dans une deuxième phase, on cherchera à identifier les motifs contenus dans le corpus. Il s'agira alors de repérer des combinaisons récurrentes de formes. Ici l'Analyse en Composantes Principales permettra d'identifier les dimensions qui structurent le corpus (les facteurs), ainsi que les covariations entre les formes. L'interprétation des facteurs à partir des formes présentant les saturations les plus fortes débouchera sur la dénomination des différents motifs présents dans le corpus.

La troisième phase est conditionnée par l'existence d'hypothèses relatives aux éléments du corpus. Par exemple, si un corpus est constitué d'images provenant de différentes sources, on peut être amené à faire l'hypothèse que ces images ne montrent pas les mêmes motifs. Cette hypothèse pourra alors être mise à l'épreuve en comparant les scores factoriels moyens des différents sous-groupes d'images. Elle pourra aussi être mise à l'épreuve en triant les images du corpus selon leur provenance et les motifs qu'elles montrent.

4. Illustrations

Comme évoqué plus haut, il semble qu'aucune recherche expérimentale ou quasi expérimentale n'ait été menée pour démontrer la réalité d'un lien entre la représentation sociale d'un objet et ses représentations iconographiques. Dans notre programme de recherche, nous nous sommes attaqués à ce problème en partant de l'hypothèse suivante : si la représentation sociale d'un objet surdétermine les formes de ses représentations iconographiques, alors des individus ayant des représentations sociales différentes d'un même objet devraient produire des représentations iconographiques différentes de cet objet. Les recherches qui suivent ont été réalisées pour tester cette hypothèse.

4.1 *Représentations et photographies*

Dans cette première recherche (Orne-Gliemann, 2011), on s'est intéressé à la représentation de la gestion de l'eau chez des agriculteurs sud-africains. L'étude de représentation a été menée auprès de deux groupes distincts localisés sur deux zones agricoles différentes : Nzhelele et New Forest. Ces deux zones présentaient de fortes similitudes du point de vue climatique ainsi que du point de vue des cultures qui y étaient pratiquées. Elles disposaient en outre de ressources similaires pour l'irrigation. Elles se distinguaient toutefois du point de vue de la pratique de la gestion de l'eau. À Nzhelele, l'organisation de cette activité était relativement mal structurée et plutôt informelle, tandis qu'à New Forest la gestion de l'eau était objectivement mieux organisée. Ce constat de pratiques différentes permettait donc de faire l'hypothèse de représentations différentes entre les deux zones.

Le premier temps de la recherche visait à explorer la représentation de la gestion de l'eau sur les deux zones. Cette exploration reposait sur une campagne d'entretiens et sur une enquête par questionnaire. Par ailleurs, les participants (69 à Nzhelele et 90 à New Forest) étaient invités à réaliser une tâche d'association verbale à partir de l'inducteur « gestion de l'eau ».

Dans une seconde phase, 61 volontaires (30 à Nzhelele et 31 à New Forest) ont accepté de participer à une tâche de photographie. Suite à une période d'entraînement[4], les participants disposaient d'un mois pour prendre 27 photographies (nombre maximal de prises possibles

4. La plupart des participants n'avaient jamais utilisé un appareil photographique auparavant.

avec les appareils distribués). La consigne était de prendre des photographies venant illustrer le thème de la gestion de l'eau.

Les résultats de l'étude de représentation montrent de nettes différences entre les deux zones. Par exemple, pour ce qui concerne les associations verbales, on dénombre 11 induits donnés par au moins 20 % des participants interrogés sur l'une ou l'autre des deux zones. Or, lorsque l'on compare les fréquences d'apparition de ces mots entre les deux zones, on constate des différences significatives pour 10 d'entre eux. En définitive, l'analyse des matériaux recueillis permet de conclure à deux représentations différentes de la gestion de l'eau. Pour les agriculteurs de Nzhelele, gérer l'eau signifie « gérer l'*utilisation* de la ressource ». Leur attention se porte sur les conflits d'usages et l'évitement du gaspillage. Pour les agriculteurs de New Forest, gérer l'eau signifie « gérer la *préservation* de la ressource », ce qui focalise leur attention sur les dispositifs de stockage (bassins, réservoirs) et d'acheminement (canaux, vannes et pompes pour l'irrigation). Ces différences dans les représentations sont corroborées par l'observation des pratiques et les différentes informations relatives à l'entretien des systèmes d'irrigation. C'est à New Forest que la maintenance de ces systèmes est la plus régulière et la mieux réalisée.

Le deuxième temps de cette recherche a consisté à analyser les photographies produites par les participants des deux zones. Ce corpus (1 532 photographies exploitables, soit 764 provenant de Nzhelele et 768 de New Forest) a donc été analysé suivant la méthode que nous avons décrite plus haut. Dans une première étape, 17 formes ont été identifiées (i.e., un champ, une personne, un canal, etc.), et l'on n'a finalement retenu que 7 formes. Il s'agissait des formes contenues dans au moins 20 % des photographies réalisées sur l'une ou l'autre des deux zones. L'Analyse en Composantes Principales réalisée sur le tableau des 1 532 photographies (en lignes) et de ces 7 formes (en colonnes) dégage 3 facteurs qui rendent compte de plus de 72 % de la variation totale (voir tableau 20.1).

Tableau 20.1.

Analyse en composantes principales (ACP) sur les 7 formes apparaissant dans au moins 20 % des photographies réalisées sur l'une ou l'autre des deux zones Nzhelele et New Forest

	Facteur 1	Facteur 2	Facteur 3
Personne seule	0,22	- 0,10	0,82
Groupe de personnes	- 0,05	- 0,45	- 0,69
Culture	0,85	0,29	- 0,06
Eau	- 0,65	0,55	0,05
Infrastructure de distribution (tuyau, canal)	- 0,55	0,56	- 0,02
Champs	0,81	0,42	- 0,13
Habitation	- 0,11	- 0,76	0,23
% de variance expliquée	30,92 %	23,87 %	17,56 %

Ainsi qu'on peut le voir sur le tableau 20.1, le premier facteur est un facteur bipolaire qui oppose les formes « Culture » et « Champs » aux formes « Eau » et « Infrastructure ». Ce facteur peut s'interpréter comme une opposition entre deux motifs : celui de la « zone de culture » et celui de « l'eau contrôlée ». Le second facteur oppose le motif de « l'eau contrôlée » à la forme « habitation ». Enfin, le troisième facteur ne fait apparaître qu'une opposition entre deux formes, personnes seules ou en groupe.

Les oppositions mises en évidence par le premier facteur retiennent l'attention parce qu'elles font écho aux résultats de l'étude de représentation. En effet, les champs sont les lieux d'utilisation de la ressource tandis que les infrastructures sont des moyens de la contenir et de la préserver.

Sur la base de ces analyses, les photographies ont été triées selon qu'elles exprimaient parfaitement les motifs identifiés sur le premier facteur de l'ACP. On a considéré qu'une photographie exprimait parfaitement un motif lorsqu'elle contenait les deux formes qui le composent et ne contenait aucune des formes composant l'autre motif. Une photographie qui exprime parfaitement un motif est donc une photographie univoque. Le tableau 20.2 montre la répartition de ces photographies selon la zone où elles ont été prises.

Tableau 20.2.

Répartition des photographies univoques pour les motifs « zone de culture » et « eau contrôlée » selon leur provenance

	Nzhelele	New Forest
Zone de culture	169	143
Eau contrôlée	115	169

On constate alors que le motif qui domine dans les photographies prises sur la zone de Nzhelele est celui de la « zone de culture », tandis que c'est le motif de « l'eau contrôlée » qui domine parmi les photographies provenant de New Forest, $X^2(1) = 11.14$, $p < .001$. On constate donc que là où la gestion de l'eau est pensée comme la préservation de la ressource, comme c'est le cas à New Forest, les participants font davantage de photographies qui montrent le motif d'une eau contrôlée. À l'inverse, là où la représentation de la gestion de l'eau est pensée comme une gestion de l'utilisation de la ressource, comme c'est le cas à Nzhelele, les participants font davantage de photographies qui montrent le motif des zones de culture, c'est-à-dire des zones où l'eau est principalement utilisée.

4.2 *Représentation et dessins*

Dans cette seconde recherche (Le Moel, 2015), on s'est penché sur les liens entre représentation et iconographie du territoire. 141 élus (maires ou adjoints) de communes du littoral français ont été interrogés. Ces élus se répartissent sur 39 communes situées sur les trois grandes façades maritimes de France métropolitaine : la Manche/Mer du Nord, l'Atlantique et la Méditerranée.

L'un des objectifs de l'étude visait à identifier les contenus de la représentation de la zone maritime communale et à apprécier l'impact de cette représentation sur les productions iconographiques des élus lorsqu'on leur demande de dessiner le territoire de leur commune.

L'étude de la représentation du territoire marin s'intéresse aux points d'ancrage de cette dernière. Il s'agit de comprendre les cadres de référence à partir desquels le territoire marin est appréhendé. Dans ce but, Le Moel propose aux participants d'associer 4 termes au territoire marin parmi une liste de 8 (Risque, Conflits d'usage, Protection, Responsabilité, Ressource, Développement économique, Aménagement, Organisation des territoires). Ces termes avaient été identifiés comme de probables points d'ancrage de la représentation lors d'entretiens préalables. Elle demande ensuite aux participants d'associer à chacun des 4 termes choisis 5 termes parmi une liste de 40. Ces termes avaient été identifiés lors d'entretiens préalables et reflétaient les contenus de la représentation sociale. L'analyse des données révèle deux représentations du territoire marin.

D'un côté, on trouve une représentation organisée par les termes « risque », « conflits d'usage », « protection » et « responsabilité ». Cette première représentation, partagée par 38 participants, traduit une conception du territoire marin pensé comme une menace, source de contraintes. L'analyse des 5 termes associés à chacun de ces quatre points d'ancrage confirme cette première interprétation. On y trouve notamment les mots « réglementation », « submersion marine » et « érosion de la côte ».

D'un autre côté, on trouve une représentation du territoire marin envisagé plutôt comme une ressource pouvant contribuer au développement économique (« ressource », « développement économique », « aménagement », « organisation des territoires »). Ici encore, l'analyse des 5 termes associés à chacun de ces quatre points d'ancrage confirme cette interprétation. On y trouve notamment des mots tels que « plaisance », « tourisme » ou « urbanisation ». Cette représentation est partagée par 39 des participants interrogés.

Les dessins produits par les participants ont été analysés selon la méthode décrite plus haut. Sept formes ont été identifiées (tableau 20.3). Pour ce qui concerne l'analyse des formes, l'ACP dégage 3 facteurs qui rendent compte de 55,11 % de la variance totale.

Tableau 20.3.
ACP sur les formes contenues dans les dessins

	Facteur 1	**Facteur 2**	**Facteur 3**
Plage	0,68	– 0,09	0,17
Trait de côte	0,66	– 0,21	– 0,51
Éléments dessinés en mer	0,65	0,33	0,04
Axe routier	0,18	0,61	– 0,43
Éléments architecturaux	0,10	0,74	0,11
Axe fluvial	– 0,11	0,41	0,07
Limite-frontière	– 0,17	– 0,08	– 0,84
% de variance expliquée	20,16 %	17,98 %	16,97 %

Comme on peut le voir sur le tableau 20.3, le premier facteur regroupe trois formes explicitement référées à la mer (plage, trait de côte et éléments dessinés en mer), tandis que, sur le second facteur, on voit un regroupement de formes explicitement référées à l'intérieur des terres (notamment « éléments architecturaux » et « axe routier »). En termes de motifs, il semble donc que le premier facteur renvoie à un motif « maritime », tandis que le second renverrait plutôt à un motif « terrestre ».

Si l'on compare enfin les scores factoriels des répondants sur le premier facteur, on constate une différence significative entre les 38 élus pour qui le territoire marin est pensé comme une menace et les 39 élus qui le pensent comme une ressource ($M = 0.27$, $SD = 0.97$ *versus* $M = -0.19$, $SD = 1{,}03$; $t(75) = 2.01$, $p = .05$). En d'autres termes, les premiers produisent des dessins qui montrent davantage le motif « maritime ». On voit donc que, comme dans la recherche précédente, lorsque des individus ne partagent pas exactement la même représentation d'un objet (ou d'une de ses composantes comme ici), ils ne produisent pas exactement la même iconographie de ce dernier. Ce résultat est d'autant plus remarquable qu'il est obtenu en dépit de la variabilité bien connue des habiletés graphiques des individus (Darras, 1998).

5. Représentations sociales et interprétation des images

De notre point de vue, les résultats que nous venons d'évoquer sont encourageants. Outre le fait qu'ils vont dans le sens de la validation du lien entre représentations sociales et iconographie, ils suggèrent de nouvelles questions. La première d'entre elles concerne la manière dont les individus vont interpréter un message véhiculé par l'image. Plus précisément, on peut s'interroger sur le rôle des représentations sociales dans ce processus. À notre connaissance, il n'existe pas de travaux qui abordent cette question directement. Mais plusieurs recherches l'abordent sous l'angle des processus de catégorisation sociale et de stéréotypie. Par exemple, dans une célèbre étude (Condry & Condry, 1976), on présente aux participants un petit film qui montre un bébé jouant avec divers objets. Ce bébé est vêtu d'un pyjama jaune et il est impossible d'identifier s'il s'agit d'une fille ou d'un garçon. Or, selon les conditions, on indique aux participants que l'enfant se prénomme « David » ou « Dana ». On comprend qu'ainsi les auteurs souhaitent manipuler le système de catégories masculin *versus* féminin et les stéréotypes qui y sont associés. Leur hypothèse étant que l'induction de l'une ou l'autre des catégories de sexe chez les participants orientera leurs perceptions de l'enfant. C'est effectivement ce qui est observé. Lorsque le bébé est supposé être un garçon, il est perçu comme éprouvant davantage de plaisir que lorsqu'il est supposé être une fille. Dans le même sens, les émotions qu'il manifeste ne sont pas interprétées de la même manière selon qu'il est supposé être une fille ou un garçon. Enfin, les participants qui visionnent le film montrant « David » perçoivent ce bébé plus fort et plus actif que ceux qui visionnent le film montrant « Dana ». On voit donc que les catégories et stéréotypes induits ont largement impacté la manière dont les participants ont interprété les images qu'ils voyaient.

Dans une recherche plus récente (Hugenberg & Bodenhausen, 2003), l'induction est directement étayée par les matériaux iconographiques eux-mêmes. Un film de 16 secondes montre un visage, à la peau noire ou blanche, qui se transforme progressivement selon une procédure de « morphing ». Au début du film, le visage exprime clairement de l'hostilité, mais à la fin il exprime clairement la joie. L'intérêt d'un tel film est que, pendant plusieurs secondes, il montre un visage à l'expression ambiguë. Avant de commencer l'expérimentation, on explique aux participants (Américains blancs) qu'au début du film ils vont voir un visage qui exprime une émotion initiale (sans préciser laquelle). On leur explique ensuite que dès qu'ils percevront que cette émotion initiale a disparu du visage, ils devront appuyer sur une touche. À la fin de l'expérimentation, on mesure le niveau de préjugés des participants à l'égard des Noirs à l'aide d'un Test d'Association Implicite (Greenwald, McGhee & Schwarz, 1998). Les résultats montrent que, pour le visage à la peau blanche, les participants mettent un peu moins de 6 secondes à identifier la disparition de l'hostilité, quel que soit leur niveau de préjugés. En revanche, pour le visage à la peau noire, les participants à haut niveau de préjugés sont plus lents que les autres à détecter la disparition de l'hostilité. Lorsque l'on projette le film à l'envers, de la joie à l'hostilité, ils sont au contraire plus rapides que les autres à détecter la disparition de la joie sur le visage noir. Tout se passe donc comme si les croyances des participants à l'égard des Noirs avaient eu un impact sur leur perception et leur interprétation de l'image.

Dans le cadre de l'étude des représentations sociales, on s'est intéressé aux médicaments (Cohen & Moliner, 2014). Par le biais d'une tâche d'association verbale, on a identifié les termes les plus fréquemment cités à propos de cet objet. Dans un deuxième temps, trois images sont choisies pour chaque terme et on demande aux sujets d'indiquer celle qui illustre le mieux chaque terme. Pour chaque terme, on identifie ainsi des images consensuelles et des images non consensuelles. Enfin, dans un troisième temps, on construit un scénario simple à partir de quatre images. Le scénario correspond aux séquences suivantes : une personne ressent un symptôme, son médecin lui fait une prescription, la personne se rend à la pharmacie, elle est finalement soulagée. Selon les cas, ce scénario utilise des images consensuelles ou non consensuelles. Par ailleurs, la consigne induit ou non la représentation du médicament. Les participants doivent tenter de comprendre le scénario puis ils l'expliquent à l'expérimentateur. Ces explications sont ensuite évaluées afin d'estimer le degré de compréhension des participants. Les résultats montrent que l'induction de la représentation a un effet sur le temps de « lecture » du scénario. Lorsque la représentation du médicament est induite par la consigne, les participants consacrent moins de temps à l'examen des quatre images. En revanche, on constate que la compréhension du scénario est meilleure lorsque les images utilisées sont consensuelles, indépendamment de l'induction de la représentation. Tout se passe donc comme si le caractère consensuel des images suffisait à orienter l'interprétation du scénario.

Une autre question qui peut se poser est celle de l'impact de divergences de représentations entre des interlocuteurs communiquant par le biais d'images. En effet, les recherches que nous avons évoquées plus haut (Le Moel, 2015 ; Orne-Gliemann, 2011) suggèrent que lorsque les individus élaborent une représentation iconographique d'un objet donné, ils sont guidés par leurs représentations sociales de cet objet. On peut donc s'attendre à ce que lorsqu'un émetteur élabore ou sélectionne une image pour communiquer un message à un récepteur, la compréhension de ce message par le récepteur sera partiellement déterminée par la proximité des représentations sociales de l'émetteur et du récepteur. Encore une fois, nous ne connaissons aucune étude ayant abordé cette question frontalement. Mais en anthropologie et en psychologie du développement, on trouve des recherches qui permettent de lui apporter des éléments de réponse.

La littérature anthropologique abonde de recherches qui attestent de différences manifestes entre les visions du monde d'individus appartenant à des cultures différentes. On dispose donc ici d'un laboratoire « grandeur nature » permettant de tester l'hypothèse selon laquelle des individus ayant des croyances différentes à propos d'un objet devraient éprouver des difficultés à communiquer par le biais d'images. On peut même supposer que, dans certains cas, l'écart entre les visions du monde des uns et des autres sera tel qu'il conduira à l'impossibilité, pour les premiers, d'interpréter l'iconographie produite par les seconds. Plusieurs témoignages corroborent cette hypothèse (Doob, 1961 ; Forge, 1970 ; Kidd, 1925), en relatant des cas où les membres des populations indigènes éprouvent de grandes difficultés à comprendre des images construites selon les standards occidentaux (par exemple des photographies). Lorsqu'ils nous sont fournis par les anthropologues, les témoignages attestant d'un impact des appartenances culturelles sur l'interprétation des images sont généralement très détaillés. Ils n'en restent pas moins aussi très empreints de la subjectivité des chercheurs qui nous les présentent. Et il arrive qu'ils soient contredits par des chercheurs provenant d'autres disciplines. Par exemple, lorsqu'en 1989 Deregowski s'intéresse à la reconnaissance d'objets photographiés, il n'observe pas d'incompréhension totale chez les sujets zambiens qu'il interroge. Pourtant, ces individus vivent dans un environnement relativement pauvre en représentations picturales. Dans le même sens, Jahoda (1973) relate lui aussi des cas où des populations très éloignées des normes picturales occidentales ne semblent pas éprouver de difficulté à reconnaître des schémas représentant des scènes quotidiennes de complexité variable. On voit donc que l'approche interculturelle trouve ici ses limites. D'ailleurs, en 1973, Jahoda expliquait déjà qu'il devenait difficile de rencontrer des populations totalement étrangères aux codes occidentaux de la représentation iconographique. Aujourd'hui, à l'ère de la mondialisation, que dire de cette question ?

Les recherches qui s'intéressent au développement de l'enfant présentent un intérêt tout particulier pour notre propos. On sait en effet que ce processus est progressif. Ce constat suggère donc que de jeunes enfants devraient éprouver des difficultés à comprendre des images produites par des enfants plus âgés ou par des adultes, tout simplement parce qu'ils n'ont pas encore acquis les compétences ou connaissances sociales permettant de les interpréter.

Mialaret et Malandin (1962) montrent à 212 enfants de 7 à 12 ans trois petits films constitués d'une succession d'images fixes. Ces trois films relatent des scènes susceptibles de se produire dans un jardin public. Il s'agit de situations sociales où interagissent des enfants et des adultes. Par exemple, l'un d'entre eux (l'histoire du bateau) retrace le scénario suivant : deux enfants jouent au bord d'un bassin avec un bateau. Le bateau s'éloigne. Les enfants essaient de le rattraper avec un bâton. Un garde arrive, il craint que les enfants ne tombent à l'eau. Il s'empare du bâton, récupère le bateau et le donne aux enfants. Ces derniers le remercient.

Les films sont projetés aux enfants individuellement sans sons ni commentaires écrits. Après visionnage, l'enfant doit raconter l'histoire qui vient de lui être montrée. On analyse ces récits en y distinguant les énumérations (i.e., « il y a un garde et deux garçons »), les descriptions (i.e., « le garde attrape le bateau ») et les interprétations (i.e., « les garçons trouvent que le garde est gentil »). Par ailleurs, lorsque l'enfant avance une interprétation, on évalue si elle est exacte ou erronée. Évidemment, la catégorie des interprétations repose surtout sur la maîtrise de compétences sociales. Pour interpréter correctement un scénario, il convient de connaître certaines règles de la vie en société (i.e., accepter l'autorité d'un adulte, remercier quelqu'un qui nous a apporté de l'aide, etc.). Les résultats montrent que les pourcentages d'interprétations et d'interprétations correctes augmentent progressivement avec le niveau scolaire. On peut donc supposer que la faible proportion d'interprétations correctes avancées par les enfants de CE1 s'explique par une maîtrise insuffisante de certaines compétences sociales qui leur auraient permis de comprendre le scénario suivi par le réalisateur des films. Or ces compétences sociales relèvent bien de savoirs partagés, encore inconnus des plus jeunes.

Dans le domaine de la reconnaissance des émotions, on sait depuis les travaux d'Ekman (1972) que certaines émotions donnent lieu à des expressions faciales universellement reconnues. On comprend donc que la reconnaissance d'une émotion à travers l'expression du visage correspond aussi à une forme de connaissance partagée. Thommen, Châtelain et Rimbert (2004) présentent à des enfants au développement typique (i.e., non troublé) et d'âge variant de 8 à 14 ans des photographies de visages différents exprimant à chaque fois un état émotionnel (on les appellera des photographies « cibles »). Les photographies sont présentées successivement et, à chaque fois, on demande à l'enfant de désigner, parmi un groupe de six autres photographies de visages, quelle est celle qui « va le mieux » avec la photographie « cible ». Chez les enfants de 8 ans, on observe en moyenne 36 % de réponses correctes, tandis que chez ceux de 14 ans, plus de 60 % des réponses sont correctes. Il semble donc qu'adultes et jeunes enfants ne partagent pas les mêmes connaissances du code facial des émotions. Chez l'enfant jeune (avant 7 ans), la reconnaissance des émotions se limite à l'identification de leur caractère positif ou négatif (Gosselin, Roberge & Lavallée, 1995 ; Morton & Trehub, 2001). Dans ces conditions, un message iconographique faisant appel à l'affichage facial d'une émotion et élaboré par un adulte risque fort de ne pas être compris par un enfant de 7 ans.

6. Conclusion

Malgré la relative ancienneté de la théorie des représentations sociales, l'étude des liens entre les représentations et les images n'en est qu'à ses débuts. Nous croyons pourtant voir se dessiner dans ce champ de recherches plusieurs enjeux importants.

Sur le plan théorique, il nous semble en effet qu'une analyse fine des mécanismes et des processus où s'imbriquent croyances et images pourrait nous permettre de mieux comprendre la nature exacte de ce que l'on appelle le « sens commun » ou encore le « savoir naïf ».

Sur le plan des applications, nous croyons aussi que les recherches dans ce domaine pourraient utilement contribuer à des questions relatives à la communication ou à l'éducation.

Mais c'est peut-être sur un plan philosophique, voire politique, que ces travaux sont porteurs des plus grands enjeux. Il semble en effet qu'aujourd'hui, du moins dans nos sociétés modernes, l'image ait acquis un statut privilégié dans nos communications. Les progrès technologiques et l'essor du système médiatique en ont fait une composante essentielle de l'information du public. Cela est tellement vrai que les tyrans et tortionnaires de tous ordres ont à présent comme préoccupation première le contrôle des images relatives à leurs exactions. Ce constat laisse penser que l'image pourrait avoir une valeur de preuve, en montrant la vérité des choses. Pourtant, il nous semble que certaines réflexions et certains résultats dont nous avons fait état dans ce chapitre viennent nuancer ce point de vue. Par bien des aspects, la réalité des images est affaire de croyances. Celles de ceux qui les fabriquent et celles de ceux qui les reçoivent. Tant et si bien que lorsqu'elles s'inscrivent dans un rapport de communication entre des individus qui partagent un monde commun, les images ne montrent pas le monde *tel qu'il est*, mais bien plutôt *tel que nous croyons qu'il est*. C'est peut-être pour cette raison que nous avons si souvent tendance à leur accorder une confiance aveugle.

FOCUS 20

Grandes lignes et perspectives d'étude de l'image de la science dans la société moderne russe

Elena VOLODARSKAYA[1]

1. Académie des Sciences, Saint-Pétersbourg, Russie.

Il n'y a pas d'interprétation unique de la notion d'image, comme vient de le montrer Moliner dans le cadre du chapitre précédent. En employant le mot « image », les chercheurs entendent les phénomènes psychologiques similaires, mais toutefois, distincts : c'est la similitude, l'analogie ou la reproduction d'un être ou d'une chose, l'impression, le style et la représentation. En interprétant l'image en tant que représentation, les auteurs soulignent que « l'image fonctionne comme représentation-reproduction dans laquelle sont réunies dans une interaction complexe les caractéristiques externes et internes de l'objectif » (Petrova, 2003, p. 24) ; « l'image du phénomène est une représentation stable des particularités, qualités spécifiques et traits caractéristiques audit phénomène » (Perelyguina, 2002, p. 17) ; « l'image se rapproche par ses indices de la représentation avec ses propriétés caractéristiques » (Volodarskaya, 2008, p. 35) ; « l'image est l'ensemble de connaissances et d'appréciations sur l'objectif, structurées sur la base des représentations sociales relatives à cet objectif » (Moliner, 1996, p. 120).

Le transfert de la problématique de l'image sur un objectif aussi complexe que la Science représente une nouvelle perspective de recherches pour la psychologie sociale de la science en Russie. La formation de l'image de la Science est influencée actuellement par la modification des relations ancrées historiquement entre la société et la Science.

Le modèle de formation de l'image de la Science est basé sur les critères suivants justifiant la mise en évidence des types appropriés de l'image de la Science (Volodarskaya, 2011) : le contenu de l'image en tant que critère de mise en évidence de l'image de l'objet, de l'image du groupe et de l'image personnelle de la Science.

L'*image de l'objet* correspond à l'ensemble des représentations des résultats, des scientifiques et des produits de leur activité. L'*image du groupe* correspond aux représentations de l'état actuel de la communauté professionnelle des chercheurs, des événements se produisant au sein de cette communauté et des relations qui se créent entre la Science, la société et l'État. L'*image personnelle de la Science*, enfin, est liée aux représentations des caractéristiques individuelles, personnelles et psychologiques des scientifiques eux-mêmes, de leurs mentalités, de leurs habiletés communicatives, de leurs capacités relationnelles et organisationnelles et de leurs qualités personnelles.

Les composantes structurales de l'image de la Science correspondent aux composantes prégnantes, substantielles et aux composantes émotionnelles et évaluatives. Le contenu de l'image de la Science est réalisé au niveau de l'information sur l'objectif, au niveau de sa définition et de la description des caractéristiques réelles ou attribuables à la Science : normes, valeurs, espoirs liés à la Science. L'évaluation en tant qu'élément structural de l'image correspond aux appréciations émotionnelles de l'objectif apparues sur la base de la comparaison du contenu des représentations sociales de la Science avec les indices similaires des autres objectifs et avec ses propres espoirs. La composante évaluative, enfin, peut être présentée dans un système de définitions telles que l'« attitude négative vis-à-vis de la science », l'« attitude positive vis-à-vis de la science » ou l'« attitude neutre ».

L'auditoire, ou les récepteurs de l'image, renvoient à l'existence des images « interne » et « externe » par rapport à la production de la connaissance scientifique : les chercheurs se présentant comme producteurs directs et consommateurs de la nouvelle connaissance scientifique ; les personnes dont les activités professionnelles ne sont pas liées à la science, extérieures à celle-ci mais utilisant ses acquis et conquêtes comme, par exemple, les médecins, les enseignants, les ingénieurs ; les étudiants (type d'auditoire transitoire se rapprochant de l'auditoire externe) assimilant la connaissance scientifique tant en communication directe avec les chercheurs transmettant la connaissance scientifique qu'en étudiant les textes scientifiques ou à travers la réalisation de recherches sous forme de rapports, synthèses, mémoires de recherche…

Les types d'interactions entre le porteur d'image et la Science décrivent le procédé soit direct, soit indirect d'obtention de l'information formant l'image de la Science (à travers des contacts personnels avec le chercheur ou au travers de l'expérience personnelle de la recherche scientifique réalisée ou encore de l'activité des médias qui décrivent la Science).

La première phase d'étude de l'image de la Science avait pour but de mettre en évidence les particularités substantielles et évaluatives de l'image « interne » et de l'image « externe » de la

Science en fonction de l'auditoire et de comparer les paramètres obtenus. Les formulations de questions visaient à actualiser les composantes cognitives et émotionnelles de l'attitude des interrogés vis-à-vis des scientifiques, qui se manifestaient sous forme d'associations libres suite au stimulus « chercheur russe moderne ». En outre, on a demandé aux participants de compléter deux phrases : « Je crois que la majorité des Russes pense aux chercheurs russes modernes comme... » et « Pour moi, la majorité des Russes se réfère à un scientifique dans le développement moderne de la science en Russie comme... ». Une analyse de contenu a ensuite été effectuée. Au total, 163 participants ont pris part à l'étude (19 hommes et 144 femmes), âgés de 19 ans à 59 ans. L'échantillon comprenait, d'une part, 113 étudiants des universités de Moscou en sciences humaines (psychologie, éducation, journalisme) et en sciences naturelles (chimie, biologie, mathématiques) et, d'autre part, 50 enseignants et directeurs d'établissements (directeurs, pédagogues).

Afin d'analyser l'image interne de la Science, on a étudié l'identité professionnelle des chercheurs. Les participants devaient répondre à la question « Qui suis-je dans la Science ? ». L'étude a porté sur 64 personnes (38 hommes et 26 femmes) âgées de 25 à 73 ans.

Parmi les personnes interrogées, il y avait des docteurs en sciences, du personnel scientifique sans doctorat travaillant aux postes des collaborateurs scientifiques (subalternes et supérieurs) ainsi que des directeurs des laboratoires et des centres scientifiques des instituts académiques et des chaires des facultés. Ont également fait partie de l'échantillonnage des représentants des disciplines en sciences humaines (psychologie, économie, etc.) des mathématiciens et des spécialistes en sciences naturelles (physique, biologie, sciences de la Terre). Pour détecter le contenu des représentations des scientifiques, nous avons utilisé la méthode d'analyse de classification hiérarchique.

Tableau F20.1.

La structure de groupe de catégories d'analyse de contenu

N°	Sphères de l'image de la recherche	Exemples des catégories
1	Contenu de l'activité d'un chercheur russe	Auteur d'ouvrages scientifiques, Générateur d'idées, Organisateur, Vulgarisateur de la science, Méthodologue, Membres d'associations scientifiques, Expert de la littérature scientifique, Recherche, Établissement d'enseignement, Enthousiaste, Activité éducative, Travailler avec la littérature scientifique, Ordinateur, Découverte, Distraction, Prix, Progrès, Expérience
2	Caractéristiques individuelles	Homme de culture, Innovateur, Curieux, Porte-parole, Romantique, Chercheur de vérité, Architecte de l'avenir, Pessimiste, Prêts à coopérer avec des collègues, Fierté, Solitude, Probité, Conservatisme, Mépris, Patience, Optimisme, Créativité, Passion, Intelligence, Respect, éducation, Professionnalisme, Enthousiasme, Patriotisme, Talent
3	Situation dans la société	Pas exigé par la société, Pauvre, Réalisation de soi, Société non réclamé, Humiliation, Prometteur, Nécessité, Besoin d'aide, Pauvreté, Non sollicité, Inutilité, Isolement de la vie, Pitié, Sympathie, Incompréhension, Insistance, Malheureux, Altruisme

L'analyse du contenu des clusters de l'image « externe » et de l'image « interne » de la recherche russe moderne montre que le premier groupe rassemble des catégories qui décrivent le contenu de l'*activité professionnelle des scientifiques*. Le deuxième groupe décrit les traits de *personnalité des scientifiques*. Le troisième groupe comprend les catégories du *statut social des scientifiques* et les *caractéristiques générales du potentiel créatif des personnes interrogées*. Les sphères du potentiel intellectuel et du contenu de l'activité professionnelle du chercheur sont évaluées positivement (« Admiration », « Respect »). Les particularités psychologiques du chercheur et sa situation sociale sont décrites négativement et suscitent chez les participants le mépris et la pitié. Il est intéressant de noter que les moyens possibles de « survivre » chez les chercheurs (« Petits boulots », « Départ à l'étranger ») dans les idées des participants correspondent à la catégorie « Désapprobation ». Il s'est révélé que l'image du chercheur avait une structure similaire concernant, notamment, les composantes cognitive, sociale et psychologique. Les caractéristiques de l'aspect émotionnel, en tant que paramètre autonome, n'ont pas été considérées pour former un groupe de catégories à part.

La raison principale de l'écart entre l'image « interne » et l'image « externe » de la Science consiste dans le fait qu'à l'origine de la formation des deux types d'images se trouvent la description et l'évaluation de différents paramètres de l'activité scientifique. À la base de la constitution de l'image « externe » de la Science se trouve sa considération surtout du point de vue de son résultat, de son utilité pratique, de l'attitude envers la communauté scientifique, de l'évaluation des conditions sociales de fonctionnement de la science, du prestige des professions de la science. L'image intérieure de la science est constituée sur la base de la description et de l'évaluation par les chercheurs du processus et des mécanismes de la connaissance scientifique, sur les possibilités de l'autoréalisation professionnelle dans la science.

La seconde phase de l'analyse a été consacrée à l'étude des types d'images de la Science réalisée par l'analyse du journal de vulgarisation scientifique *Poisk* (*Recherche*). Afin de révéler les éléments qualitatifs du texte, il a été mis au point une grille spécifique de codage qui reflète la multitude des champs de la représentation de la Science conditionnés par les différences des particularités définitoires, substantielle, du prototype de l'image. Catégorie A – l'image de produits scientifiques : A1 – type de produit scientifique, A2 – caractéristiques d'un produit scientifique ; Catégorie B – l'image sociale de la communauté scientifique russe : B1 – type de manifestations scientifiques, B2 – couverture des participants, B3 – références à la relation entre la Science et l'État, B4 – type de groupe de recherche ; Catégorie C – image personnelle de chercheurs : C1 – caractéristiques socio-démographiques, C2 – description physique, C3 – caractéristiques de la pensée, C.4 – qualités personnelles. L'échantillon comprenait 12 numéros du journal *Poisk* (pour un total de 492 articles). La répartition des articles par type d'image de la Science se retrouve dans le tableau F20.2.

Tableau F20.2.

Image de la recherche dans les articles du journal *Poisk*

Type d'image de la science	Nombre de références	%
Image d'objet	74	15
Image de groupe	381	77,5
Image personnelle	37	7,5
Total	492	100

L'image d'objet de la Science possède les marqueurs suivants : le produit positivement évalué présenté sous forme d'invention dans le sens large de ce terme (technologies, théories, méthodes) focalisé dans les branches naturelles de la science fondamentale des instituts moscovites de l'Académie des sciences de Russie, évalué positivement selon les paramètres « actualité », « originalité », « nouveauté », « importance théorique et pratique ».

L'image de groupe comprend les composantes suivantes. L'appartenance des chercheurs russes au groupe professionnel et aux modalités différentes peuvent être rendues concrètes en présence des évaluations négatives et des évaluations positives ainsi que sans évaluation du tout, en présence de la domination de l'image évaluée d'une façon implicite. La diversité est aussi caractéristique pour la description de l'orientation disciplinaire des groupes de sciences (sciences humaines, techniques, naturelles, mathématiques), tout en étant liée au dégagement de la catégorie dominante désignée comme « orientation interdisciplinaire ». L'élément « science à la faculté » a été isolé en tant qu'élément dominant, il peut être lié à la direction du vecteur d'intérêt de la politique publique scientifique. Dans l'image sociale tracée par le journal *Poisk*, une grande importance est donnée au soi-disant « type mélangé » de l'unité scientifique, notamment les liens de la science au niveau des facultés et au niveau de l'Académie des sciences de Russie ainsi que la science académique et la science dans les industries.

L'image personnelle de la science a permis de révéler les composantes sémiotiques suivantes : homme de 60 ans ou plus, chercheur dans le domaine des sciences naturelles, travaillant le plus souvent en dehors de la région moscovite. Par ailleurs, il n'a pas été révélé de différences significatives dans le type d'unité scientifique où travaille notre héros (faculté, branche d'industrie ou science académique). Dans les articles, on constate une appréciation positive du chercheur, toutefois on ne voit pas de particularités individuelles et personnelles. En regard de la qualité de tels critères de comparaison, on pourrait proposer les caractéristiques de la façon de penser (esprit systémique, dynamisme, tendance à sortir des sentiers battus) : capacités d'organisateur, qualités de communication, disposition à accepter les changements, esprit d'initiative. Sont restées en dehors de la description de l'extérieur du chercheur les informations visuelles, qui manquent beaucoup dans la présentation de la personne du chercheur.

Les résultats de l'étude permettent de constater l'absence de l'égalité dans la représentation des types d'images de la science et la présence dominante de l'image de groupe par rapport à l'image de l'objet et l'image personnelle transmises par l'édition de vulgarisation scientifique *Poisk*. Ainsi, le déséquilibre entre les types d'images de la science peut être lié à l'actualisation de divers niveaux de l'image avec la description de représentations de la science différentes sur le plan du contenu.

CHAPITRE 21

Représentations sociales et identité : vers un rapprochement entre race[1], religion et pouvoir[2]

Amena AMER[3] & Caroline HOWARTH[4]

Sommaire

1. Traduction respectant les termes utilisés par l'auteur.
2. Traduit de l'anglais vers le français par Anthony Piermattéo (Université Catholique de Lille, France).
3. London School of Economics and Political Science, Royaume-Uni.
4. London School of Economics and Political Science, Royaume-Uni.

« Les gens ne me voient jamais comme un musulman alors qu'ils le voient toujours comme tel », rapporte un jeune blanc converti à l'Islam, à propos de son ami, un athée né en Angleterre et d'origine bangladaise. « C'est parce qu'il est asiatique et qu'il a une barbe alors que je suis blanc et que je ne peux pas me faire pousser une barbe aussi impressionnante. En ce qui me concerne, les gens pensent que c'est surtout pour le style », dit-il en riant.

Bien qu'amusante, cette discussion fortuite met en lumière les rapports entre race, religion et pouvoir. Certaines caractéristiques visibles peuvent constituer des indices stéréotypiques permettant, en étant fréquemment attribuées à autrui, d'inférer l'appartenance des individus à certains groupes (Franks, 2000 ; Howarth, 2002 ; Suleiman, 2013).

Dans l'exemple ci-dessus, la barbe ainsi que la couleur de peau sont identifiés comme des indicateurs d'une appartenance au groupe des musulmans et la possibilité que l'ami de l'individu d'origine blanche soit athée ou caractérisé par une appartenance religieuse autre que l'islam est rarement envisagée. Ce cas démontre que, dans l'ensemble, être blanc et musulman est vu comme une contradiction, quelque chose d'invraisemblable alors qu'un asiatique au teint bronzé est considéré comme étant musulman. En effet, la littérature suggère que certains groupes religieux n'étant pas associés à l'islam tels que les Sikhs et les Hindous sont considérés comme musulmans du fait du « l'apparence musulmane »[5] qui les caractérise (Jaspal, 2013). Cette dynamique de racialisation de la catégorie « Musulman » sera discutée dans ce chapitre.

Nous référant aux expériences vécues d'individus blancs convertis à l'islam en Angleterre, nous explorerons les relations entre les théories des représentations sociales (Moscovici, 1972, 1985, 2008) et de l'identité sociale (Tajfel, 1969, 1981 ; Tajfel & Turner, 1979, 1986) et leur caractère complémentaire pour ce qui relève de la construction et de la négociation de l'identité, examinant par la même occasion les questions de race, de religion, d'espace et de genre en relation avec l'identité contestée des Anglais blancs convertis à l'islam.

Ce chapitre est divisé en deux sections. Nous commencerons par discuter l'important corpus de recherches explorant les relations entre représentations sociales et identité en psychologie sociale en incorporant la notion de pouvoir dans la diffusion des représentations sociales et son impact sur l'identité. La seconde section se focalisera davantage sur l'expérience de la formation de l'identité au travers de l'exemple des Anglais blancs convertis à l'islam. En prenant en considération les contextes sociétaux et politiques entourant la conversion de ces individus, il serait possible de bénéficier d'une compréhension plus exhaustive de leurs expériences de formation identitaire. En nous focalisant sur les choix renvoyant à la performance de l'identité, nous examinerons les relations entre représentations sociales, privilèges, identité blanche[6], pouvoir, religion et racialisation de l'identité dans les expériences de formation identitaire à l'intérieur de ce groupe. Nous conclurons en traçant les contours d'une approche critique des représentations sociales qui tient compte du rôle du pouvoir dans les relations subtiles mais conséquentes entre identité et représentations sociales.

1. Représentations sociales et identité

Les notions d'identité et de représentation sociale ont permis l'apparition de deux piliers des théories psychosociales : la théorie de l'identité sociale et la théorie des représentations sociales. Ici, nous discuterons la notion d'identité dans le cadre de chacune de ces théories avant de nous focaliser davantage sur la mise en saillance des relations entre la théorie de l'identité sociale et la théorie des représentations sociales. Cette manière de procéder vise à démontrer la nécessité de reconnaître l'importance de chacune de ces théories, de même que le rôle du pouvoir, afin de mieux comprendre les constructions et les interactions qui prennent place dans nos environnements sociaux.

5. Traduction respectant les termes utilisés par l'auteur.
6. Traduction respectant les termes utilisés par l'auteur.

1.1 L'identité dans la théorie des représentations sociales

L'identité est essentielle à notre fonctionnement, que ce soit en tant qu'individus ou en tant qu'êtres sociaux. Tandis que certaines identités sont exigées ou nous sont souvent imposées par la société (e.g., le genre), d'autres sont davantage une affaire de choix (e.g., le choix de l'adhésion à un club sportif). Duveen (1993) a décrit chacune de ces identités comme renvoyant respectivement à des identités impératives et contractuelles. Il est à noter que ces différentes identités coexistent sans difficultés, l'une prenant l'ascendant sur l'autre en fonction du contexte. Ainsi il est possible de dire que ces identités sont contextuelles – elles sont produites par les contextes, modelées par ces derniers et peuvent même influencer le contexte lui-même (Howarth et al., 2013).

De plus, les représentations prennent place dans des contextes spécifiques qui structurent et gouvernent nos interactions et nos identités (Duveen, 1993, 2001 ; Howarth & Andreouli, 2014). Ainsi, nous interprétons et construisons notre compréhension des situations, nous nous positionnons nous-mêmes et positionnons les autres en tant qu'acteurs sociaux au travers de ces dernières, et reconnaissons les représentations sociales dominantes du groupe. En effet, comme Duveen l'illustre dans ses travaux sur les représentations sociales, le développement et la formation de l'identité de genre chez les enfants se fondent sur des représentations courantes.

Cependant, en explorant la manière par laquelle sont internalisées les représentations et les attentes relatives aux caractéristiques spécifiques et comportements associés au genre, Llyod et Duveen (1992) observent que ces dernières ne sont pas simplement imposées mais suscitent également des résistances et subissent des transformations. Dans l'une de leurs études, leurs résultats indiquent que les filles rejettent l'attente considérée comme socialement désirable de ne jouer qu'avec des jouets pour les filles, résistant ainsi aux représentations binaires largement partagées en ce qui concerne le genre. En effet, alors que ces représentations largement partagées sont généralement perçues comme une connaissance des catégories relevant du sens commun (Marková, 2007b), elles créent une structure de base qui permet aux individus de fonctionner comme des sujets sociaux indépendants (Duveen & Lloyd, 1986 ; Duveen, 2001) pour ce qui est du traitement, de la résistance et de la reconstruction des représentations (Howarth, 2006a).

L'étude de Howarth (2002) sur les relations entre l'identité et les représentations sociales chez des adolescents vivant dans le quartier de Brixton à Londres souligne de quelle manière les reconstructions et les représentations favorisent l'atteinte d'une perception plus positive de soi. Dans le cas de Brixton, ce phénomène se situe dans le contexte de discours dominants et de représentations institutionnalisées et racialisées de ce quartier considéré comme « noir, étranger, et criminel » (p. 7). En reconnaissant ces représentations négatives et en les négociant, les adolescents de cette étude ont été capables de montrer comment ils sont en mesure d'atteindre une identité sociale positive, soit en se positionnant comme des individus n'étant pas réellement originaires de Brixton, soit au travers de la reconstruction de représentations de ce quartier sous un jour positif.

La question ayant trait à ce qui survient en premier, représentation ou identité, n'est pas une question à laquelle il est simple de répondre (Brewer, 1991). Comme le souligne Marková (2007b), cela dépend de ce qui est examiné et de la perspective que le chercheur adopte. Cependant, il est nécessaire de préciser avant toute chose que nous ne naissons pas dans le néant et que les environnements auxquels nous sommes exposés façonnent notre développement en tant qu'agents sociaux (Duveen, 2001) et fournissent ainsi un support pour les interactions sociales et la construction sociale des connaissances. Par conséquent, nous sommes, dans une certaine mesure, limités par ces environnements et les représentations les plus répandues dans ces derniers.

Nos représentations ne contribuent pas qu'à la compréhension de nous-mêmes, mais également à celle des autres, les situant en relation à nous, comme il est possible de l'observer dans l'étude de Jodelet (1991b) sur la maladie mentale. De plus, le degré selon lequel les individus interagissent avec la représentation sociale d'un groupe donné devient la méthode au travers de laquelle ils vont développer une perception partagée de leur identité en se positionnant relativement aux autres, mais va également contribuer à l'établissement des frontières du groupe et à l'acceptation de ces dernières (Howarth, 2002). Cette connaissance socialement partagée est internalisée et devient la base sur laquelle nous nous appuyons pour nous orienter et nous catégoriser relativement à autrui (Elcheroth, Doise & Reicher, 2011).

Bien qu'ils soient gouvernés par leurs identités sociales et par les représentations qui leur sont jointes (Duveen & Lloyd, 1986), les individus ne sont pas des sujets passifs. Ils sont plutôt des agents actifs dans la reconstruction et parfois la contestation des représentations et des identités (Howarth, 2006b). En outre, nous ne devons surtout pas considérer que les représentations à l'intérieur d'un groupe sont homogènes (Rose et al., 1995). En fait, de multiples représentations coexistent et entretiennent parfois des rapports d'incohérence et de contradiction. Pourtant, en fonction des variations des contextes, différentes parties de nos identités deviendront saillantes (Howarth, Cornish & Gillespie, 2014).

Notre capacité à gérer de multiples représentations entretenant des rapports de divergence reflète la complexité de nos identités et de nos affiliations, et ces structures identitaires multifacettes sont particulièrement bénéfiques dans le cadre du processus de renégociation et de réinterprétation des représentations (Howarth, 2006a). On se réfère généralement à la notion de polyphasie cognitive pour qualifier ce phénomène (Wagner, Duveen & Themel, 2000 ; Provencher, 2011). Ainsi, les représentations sociales que l'on négocie et que l'on maintient collectivement présentent un caractère tout autant dynamique et hybride que celui de nos identités (Duveen, 2001 ; Jovchelovitch, 2007 ; Howarth, Wagner, Magnusson & Sammut, 2014).

1.2 *L'identité dans la théorie de l'identité sociale*

Selon la théorie de l'identité sociale, l'identité constitue une méthode d'autocatégorisation par laquelle le soi se construit et se comprend au travers de l'appartenance au groupe (Tajfel & Turner, 1979). En d'autres mots, notre appartenance perçue à différents groupes et la reconnaissance de cette inclusion permettent la constitution de notre identité sociale (Hogg & Vaughan, 2003).

La théorie de l'identité sociale est fondamentalement une théorie portant sur le besoin des individus de disposer d'une identité et d'une estime de soi positive. Elle traite des processus cognitifs et motivationnels sous-tendant l'identification sociale tout en prenant en compte le rôle des dynamiques intergroupes dans l'atteinte d'une telle identité. En effet, afin d'accéder à une image de soi positive, une différenciation entre endogroupe et exogroupe doit nécessairement prendre place. Le favoritisme endogroupe et les stéréotypes et préjugés entretenus à l'égard de l'exogroupe sont ainsi essentiels, comme cela a pu être démontré par Tajfel et Turner (1986) dans leurs fameuses études sur les groupes minimaux.

La simple catégorisation des individus dans des groupes arbitraires, n'ayant aucune base concrète dans le monde extérieur, a conduit les participants à manifester un favoritisme endogroupe, à se différencier activement de ce dernier et à établir des comparaisons avec celui-ci. L'évaluation et la comparaison intergroupe permettent à l'endogroupe d'accéder à une « distinctivité positive » et favorisent ainsi une identité sociale positive (Trepte, 2006). Nous reviendrons à ce phénomène de « nous » *versus* « eux » plus loin dans ce chapitre, au moment où nous discuterons le rôle joué par le pouvoir dans la construction identitaire et l'atteinte d'une image de soi positive.

L'identité sociale est souvent mouvante et le statut groupal en constante négociation. Du fait de cette propension au changement, cette motivation à accéder à une identité sociale positive reste alors constante. Comme le soulignent Hogg et Abrams (1988), « les catégories vont et viennent (avant la moitié du vingtième siècle, il n'y avait pas de catégories d'emploi telles que "programmeur informatique"), leurs caractéristiques définitoires s'altèrent... leurs relations avec d'autres catégories changent (relation intergroupes entre hommes et femmes), etc. » (p. 13). Tajfel et Turner (1979) ont proposé d'identifier les principales stratégies fondées sur le principe de « mobilité sociale » qui sont utilisées pour accéder à une identité sociale positive.

Andreouli (2010) a pu démontrer ce point en interviewant une femme d'origine chinoise qui était née en Chine mais avait été élevée en Angleterre. Cette participante reconnaissait se sentir exclue du fait d'« être anglaise », alors qu'elle vivait en Angleterre depuis presque toujours. En conséquence, elle avait opté pour une stratégie de normalisation en changeant son nom pour un nom anglais et en demandant la nationalité anglaise, se réconciliant ainsi avec l'exclusion qu'elle avait pu vivre. Cependant, lorsque l'infériorité de l'identité indéniable et que les frontières du groupe ne sont pas perméables, d'autres stratégies sont employées telles que la « compétition sociale » (le recours à des comparaisons avec des groupes caractérisés par un statut inférieur) ou la « créativité sociale » (redéfinir la valeur des caractéristiques associées au bas statut du groupe ou se focaliser sur de nouvelles dimensions ou de nouvelles cibles de comparaison plus avantageuses pour le groupe).

En effet, une étude de Hopkins et Greenwood (2013) sur les femmes musulmanes britanniques et leur choix concernant la visibilité des signes de leur appartenance religieuse à permis d'observer qu'un grand nombre de ces femmes avait choisi de porter le hijab dans l'optique de prendre le contrôle sur leur catégorisation et d'orienter celle-ci dans un sens plus valorisant, en opposition avec les représentations souvent négatives associées au voile (Wagner, Sen, Permanadeli & Howarth, 2012) et à l'islam en général (Baker, Gabrielatos & McEnery, 2013 ; Moore, Mason & Lewis, 2008 ; Said, 1976).

La théorie de l'identité sociale, qui se focalise sur « le groupe dans l'individu » (Hogg & Abrams, 1988), a été accusée d'être réductionniste, ignorant la complexité de la construction identitaire et l'influence des interactions des individus avec leur environnement social (Foster, 1991). Dans la section suivante, nous mettrons cependant en lumière le moyen de réévaluer la théorie et discuterons le caractère restreint qui caractérise la manière dont celle-ci est perçue mais également développée (Reicher, 2004). Ce faisant, dans notre approche de l'identité, nous soulignerons la nécessité de tenir compte du rôle du contexte et des représentations sociales qui existent au sein de celui-ci.

1.3 Les liens entre les théories de l'identité sociale et des représentations sociales

En réalisant une relecture des travaux de Tajfel, Reicher (2004) souligne que la théorie de l'identité sociale insiste effectivement sur le fait que la manière dont les individus s'autocatégorisent est dépendante du contexte. En analysant les études sur les groupes minimaux de Tajfel, Reicher note qu'à l'intérieur même du laboratoire existe un contexte dans lequel les dynamiques endogroupe et exogroupe sont déduites et se jouent, bien qu'étant dépouillées de la complexité du monde social.

Cette focalisation sur le contexte est une des voies par lesquelles il est possible de constater que, dans une certaine mesure, les théories de l'identité sociale et des représentations sociales se chevauchent. En effet, l'identité est essentielle à notre compréhension des représentations sociales, car sans cette dernière il serait difficile d'expliquer les différences qui caractérisent les représentations véhiculées par les individus et les raisons pour lesquelles certaines sont modifiées, manipulées ou choisies parmi d'autres (Howarth, 2014). Le soi individuel ne peut se détacher du contexte social et des systèmes de connaissance sociale qui l'entourent ; l'« identité sociale constitue une part de la connaissance sociale » (Moloney & Walker, 2007a, p. 1). L'identité est collectivement construite au travers de nombreuses interactions et échanges entre les individus et les structures d'importance institutionnalisées à l'intérieur d'une société. En effet, les réalités sociales à l'intérieur desquelles nous voyons le jour influencent et définissent les catégories auxquelles nous nous identifions et les représentations sociales que nous adoptons et négocions (Elcheroth, Doise & Reicher, 2011 ; Marková, 2007b). De plus, les catégories sont parfois instables, leur permettant ainsi d'être manipulées et représentées de différentes manières en fonction des contextes et en relation aux croyances et normes sociales qui caractérisent ces derniers (Howarth, 2002).

Compte tenu de ces rapprochements, il semble possible de s'attendre à ce que les théories majeures en psychologie sociale que constituent les représentations sociales et l'identité sociale soient étroitement liées. Cependant, les théories des représentations sociales et de l'identité sociale étaient jusque récemment perçues comme deux théories clairement distinctes, bien que se recoupant sur certains points.

Selon la théorie du processus identitaire, l'identité est un construit social fondé sur, et créé en réponse à l'« interaction des capacités de mémoire, de connaissance, et les construits organisés avec les structures physiques et sociétales et les processus d'influence qui constituent le contexte social » (Breakwell, 2010, p. 63). Non seulement la théorie du processus identitaire insiste sur l'importance des représentations sociales dans la construction et la formation de l'identité, mais elle souligne également le rôle majeur de l'identité dans le cadre de la transformation des représentations sociales (Breakwell, 1993a). En effet, le contexte dans lequel nous sommes exposés aux représentations (i.e., les sociétés dans lesquelles nous les négocions, modifions et internalisons) joue un rôle fondamental dans le développement des représentations sociales que l'on adopte et, par conséquent, des identités que l'on se forme. Jaspal et Yampolsky (2011) démontrent cet aspect dans leur étude sur l'influence de la représentation sociale de l'Holocauste sur la construction de l'identité de Juif-Israélien. Ils remarquent que la signification historique d'un acte aussi horrible que l'Holocauste devient la base d'une identité forte, plus particulièrement pour les juifs d'Israël pour qui les rappels de l'Holocauste continuent de jouer un rôle essentiel dans la vie quotidienne. Comme l'indique Jovchelovitch (2007), la connaissance produite et reproduite par une communauté constitue l'expression de nos identités, de nos systèmes de connaissance et de nos histoires personnelles et collectives.

Breakwell souligne que l'identité n'est cependant pas purement dépendante du contexte social et tient également compte du rôle de l'individu comme agent de changement (Breakwell, 1993a). Cela est particulièrement évident dans son travail sur les identités menacées, où il apparaît que les individus recourent à des stratégies de coping afin d'atténuer la menace relative à la stabilité de leur identité et d'atteindre un état de bien-être (Breakwell, 1986). Ce phénomène inclut l'acceptation et la reproduction des représentations sociales afin de refléter une image plus positive de leur groupe (Breakwell, 2001 ; Jaspal & Coyle, 2014 ; Jaspal & Yampolsky, 2011). Cela signifie, comme le note Jaspal (2013), que les représentations négatives relatives aux groupes peuvent être perpétuées et mises en avant dans une tentative de différencier les membres de l'endogroupe de ceux de l'exogroupe.

Dans son étude explorant la construction identitaire des Sikh d'Angleterre, Jaspal souligne la distinction qui est mise en avant par les membres de l'endogroupe, qui tentent de se différencier en tant que groupe des autres musulmans avec lesquels ils ont le sentiment d'avoir été essentialisés dans les discours ambiants à propos des Sud-Asiatiques de Grande-Bretagne. En se référant au fait que « la religion sikh est plus tolérante que l'islam » (p. 223) et en convoquant les représentations dominantes de l'islam (se rapportant par exemple aux crimes d'honneur et à l'oppression des femmes), les interviewés reproduisent les discours islamophobes présents dans la société afin de « dénigrer l'islam et différencier positivement la religion Sikh » (p. 236) dans l'optique d'éliminer la menace relative à la distinctivité de leur groupe et afin de revendiquer une identité sociale plus positive. Dans ce cadre, la théorie du processus identitaire se rapproche fortement des travaux de Tajfel sur les identités menacées (Billig, 2002 ; Tajfel, 1981).

En effet, tenter de changer le sens et les représentations de certains groupes sociaux requiert des processus de communication qui sont souvent influencés par, et qui peuvent également questionner les rituels symboliques, les discours dominants et les relations de pouvoir. Cette circulation des discours axés sur la remise en cause permet à la re-représentation des représentations existantes, et aux nouvelles représentations, de se former (Marková, 2007b) influençant, au travers de ce processus, les identités qui leur sont associées. En fait, les représentations sociales peuvent également être influencées par un tel changement identitaire, dans la mesure où les individus s'identifient à un groupe social différent du précédent (Andersén, 2010 ; Moscovici, 2008). Ainsi, les représentations sociales et les identités se trouvent dans un état constant d'échange mutuel, chacune influençant l'autre de diverses manières, tandis que nous sommes amenés, en tant qu'agents sociaux, à nous déplacer dans le temps et l'espace.

Elcheroth et al. (2011) mettent en avant le rôle des représentations sociales dans la psychologie politique et la compréhension des phénomènes liés à la psychologie politique. Dans leur approche des représentations sociales, ils mettent l'accent sur quatre composantes des représentations sociales – les connaissances partagées, la méta-connaissance, la communication en acte et les croyances matérialisantes – qui devraient être complétées par la perspective de l'identité sociale sur la construction du soi et des groupes. Ils notent ainsi qu'une part importante de ce qui peut être avancé concernant les représentations sociales peut également être appliqué aux identités sociales.

En effet, Elcheroth et al. (2011) soulignent que Tajfel, comme Moscovici, ont avancé des critiques concernant la nature individualiste de la psychologie sociale qui de fait « tournerait le dos aux problématiques de pouvoir, d'inégalités sociales et de luttes collectives » (p. 735). Ils poursuivent sur le fait que ces approches « mettent en cause la réification du comportement humain, révélant ainsi comment cela a conduit à négliger le déterminisme social des comportements et les processus de changement social » (p. 735).

Ainsi, l'approche des représentations sociales de ces auteurs souligne l'importance de la prise en compte des conceptions issues de la théorie des représentations sociales comme des approches de l'identité sociale, en ce que ces perspectives théoriques pourraient grandement bénéficier l'une de l'autre dans la compréhension des processus en jeu. En les combinant en une approche unique, Elcheroth et ses collaborateurs proposent une approche théorique originale pour ce qui est de la compréhension de la nature du pouvoir. En effet, le pouvoir constitue une variable importante dans la compréhension des processus, de la construction et de la reconstruction des représentations sociales et des identités.

Tandis que la théorie de l'identité sociale souligne que les mécanismes de coping associés aux identités menacées visent à rapprocher l'individu ou le groupe des constructions et des affiliations liées aux groupes majoritaires, l'approche des représentations sociales d'Elcheroth et al. (2011) ne considère pas « qu'une motivation générique à faire partie de la "majorité" » (p. 746) ou de l'endogroupe serait systématique. Cependant, en tant que théorie qui tient compte des frontières du pouvoir à l'intérieur de nos réalités sociales tout autant que des possibilités de contestation et de résistance qui leur sont associées, celle-ci vise à adopter une « posture activiste » (p. 746), prenant en compte l'agentisme et la capacité d'émancipation des individus et des groupes et plus particulièrement de ceux qui sont marginalisés – comme cela à pu être observé *supra* dans l'étude d'Howarth (2004) sur l'identité des jeunes de Brixton en réponse aux représentations sociales négatives caractérisant ce quartier de Londres. En effet, on devrait pouvoir s'attendre à ce que les phénomènes de catégorisation sociale et le sens caractérisant ces derniers puissent être mis en cause et contestés. Dans ce cadre, Jaspal et Breakwell (2014) notent qu'« il n'existe pas de voie unique par laquelle une réalité sociale sera inévitablement catégorisée. Cela confère à la construction et à la contestation des catégories une importance capitale pour ce qui est de la stabilité sociale et du changement social » (p. 109).

1.4 *Pouvoir, représentations et identité*

Comme nous avons déjà pu le voir au travers des débats portant sur la construction des représentations sociales et de l'identité, il est important de noter le rôle critique du pouvoir, des privilèges et du maintien des préjugés dans le cadre de ces processus. Les groupes dominants, qui sont en situation de pouvoir, sont aptes à constituer les principaux « maîtres d'œuvre » des représentations les plus courantes et les plus populaires (Howarth, 2006a ; Howarth, Andreouli & Kessi, 2014). Les minorités et les groupes marginalisés, en revanche, ne détiennent pas ou n'ont pas accès au pouvoir qui leur permettrait de mettre en avant leurs versions de la connaissance et le sens symbolique qui constitue leur réalité (Howarth, 2014).

En effet, les discours dominants caractérisant les groupes marginalisés sont souvent connectés à des essentialismes profondément ancrés, renvoyant à l'opposition « nous » / « eux » (Raudsepp & Wagner, 2012 ; Wagner et al., 2010) et inscrits dans les représentations historiques des minorités (Picker & Roccheggiani, 2014), qui délégitiment et déshumanisent bien souvent les groupes marginalisés dans les discours dominants (Billig, 2002 ; Tileagă, 2006).

Tandis que les relations de pouvoir entre les groupes jouent clairement un rôle central dans la compréhension des représentations et des identités, les relations de pouvoir à l'intérieur des groupes ont également un impact significatif, plus particulièrement en ce qui concerne les chances d'acceptation de représentations alternatives (Breakwell, 1993a). En conséquence, les représentations sociales sont toujours une affaire de perspective dans la mesure où elles produisent une réalité sociale fondée sur des perceptions, des attitudes et des connaissances partagées particulières. Ceux dont le pouvoir est plus important ont davantage de ressources pour « garantir l'immuabilité du sens », comme cela a pu être discuté par Thompson (1984, p. 132) dans le cadre des discours dans les médias. Comme Moloney, Holtz, et Wagner (2013) le démontrent dans leur étude du discours des médias et du portrait des groupes religieux dans les cartoons, les représentations qui maintiennent et réaffirment les intérêts particuliers des personnes au pouvoir demeurent dominantes alors que les représentations plus contestataires sont minimisées ou supprimées.

Comme Reicher (2004) le précise, le pouvoir joue un rôle important dans le cadre de la théorie de l'identité sociale, que ce soit quant à savoir comment le changement social est généré par un groupe plutôt que par un individu mais également au regard des dynamiques endogroupes et exogroupes. Une étude sur la résistance bulgare à la déportation des juifs durant la Seconde Guerre mondiale a exploré les définitions identitaires et les arguments saillants justifiant l'aide apportée aux juifs (Reicher, Cassidy, Wolpert, Hopkins & Levine, 2006). L'étude a permis de montrer qu'au cœur de la résistance à la déportation des juifs se trouvait le discours consistant et intégrateur qui affirmait qu'indépendamment de leurs croyances religieuses, les juifs de Bulgarie étaient avant tout bulgares. Dans cette perspective, il ne serait pas bulgare d'envoyer des compatriotes vers la mort et il serait dans l'intérêt de la Bulgarie au niveau de la scène internationale de témoigner d'une logique d'intégration et d'agir avec compassion.

Ces positions apparaissaient de manière évidente dans les lettres ouvertes et les discours du Parlement qui ont été rapportés par la suite dans les médias – ce qui constitue un outil essentiel à la diffusion à grande échelle de ces dernières au niveau de la société. Ces résultats constituent un exemple des interactions entre endogroupe et exogroupe. Ils démontrent aussi comment un discours fort et stratégique a conduit à étendre les modalités d'inclusion dans l'endogroupe, diluant ainsi la dichotomie nous/eux dans les notions mises en avant de similarité, d'intérêt commun et d'humanité.

De manière contrastée, le débat public à propos de l'islam en Europe s'articule autour du discours constant construisant l'islam comme une religion qui menace les identités nationales européennes et leur culture (Verkuyten, 2013). Ici encore, nous pouvons voir de nouveau le pouvoir des médias en tant qu'outil permettant la diffusion des connaissances influençant les représentations et les identités. En effet, à la lumière des discours négatifs caractérisant l'islam en Europe, de nombreux Européens occidentaux voient l'islam et son mode de vie comme étant incompatibles avec les valeurs européennes (Pickel, 2013), définissant ainsi un exogroupe et un endogroupe.

En tant que telles, les représentations du « nous » impliquent simultanément les représentations construites et imposées par les autres (Howarth, 2002). Ce que nous sommes est souvent construit sur la base de différences que l'on définit comme étant claires et qui permettent d'opérer une distinction entre nous et les individus extérieurs au groupe. Les constructions de ces différences, cependant, sont souvent fortement instables et s'effectuent dans des contextes privilégiant un groupe plutôt qu'un autre (Van Dijk, 1996a).

Ce déséquilibre représente les dynamiques de pouvoir à l'intérieur d'une société, où les groupes échappant aux paramètres des catégories dominantes sont souvent laissés de côté. À titre d'exemple, les études portant sur l'identité nationale ont montré que les constructions associées à l'indépendance étatique et à la fierté nationale excluent souvent les minorités ethniques (Augoustinos & Riggs, 2007). Lorsqu'elles sont incluses, ces différenciations opposent ceux qui « méritent » la nationalité à ceux qui ne la méritent pas sur la base de ce que les individus seraient prêts à réaliser en retour pour leur pays (Andreouli & Dashtipour, 2014).

De plus, là où les groupes minoritaires pourraient être officiellement reconnus comme des citoyens égaux en droit du pays considéré, ils peuvent également être diabolisés et exclus de manière hégémonique et discursive au travers des communications produites dans les champs de la culture, des médias, de l'éducation et des autres appendices gouvernementaux (Andreouli & Howarth, 2012). Du fait de la nature dialectique des représentations sociales, celles-ci requièrent une ratification des communications et des négociations (Jovchelovitch, 2007). Ainsi, concrétiser les idées de différence en faveur de l'endogroupe constitue un mécanisme de coping essentiel pour s'assurer que les structures de pouvoir existantes demeurent favorables à l'endogroupe, plus particulièrement lorsque celui-ci est confronté à une menace identitaire (Jaspal & Cinnirella, 2010 ; Reicher, 2004).

La production de la différence est essentielle à la production de connaissance et pour définir ce qui est accepté « normal », les deux étant inextricablement liés aux productions sociales de pouvoir et de contrôle (Foucault, 1977 ; Hall, 1997). Ainsi, les représentations négatives conduisent à la construction d'une réalité sociale indésirable pour ceux qui sont la cible de ces dernières et d'une certaine stigmatisation sociale (Goffman, 1963). Parker et Aggleton (2003) explorent cet aspect dans le contexte du VIH et du SIDA en analysant la dimension structurale de la stigmatisation et de la discrimination en relation avec les notions de dominance, d'oppression, de pouvoir et de privilège.

En effet, la stigmatisation et le stéréotype revêtent un caractère instrumental dans la production et le maintien des dynamiques de pouvoir. Les représentations négatives dominantes de « l'autre » et la fonction de la différence peuvent avoir un effet significativement dommageable sur les individus et les groupes concernés (Hall, 1997) limitant souvent l'autoconstruction de leurs identités (Howarth, 2002, 2006b). Cependant, nous ne pouvons ignorer la possibilité d'une opportunité de résistance à ces structures de pouvoir et à ces représentations dominantes.

Il est dans la nature de ces représentations d'avoir pour potentiel de devenir ambiguës, oppositionnelles et d'ainsi pouvoir être mises en cause dans différents contextes mais également lorsqu'elles sont confrontées à des représentations opposées (Howarth, 2006a). En résistant, ces groupes affirment et communiquent leurs identités selon leurs propres termes et contrent collectivement les représentations stigmatisantes et déshumanisantes qui leur sont imposées.

À titre d'exemple, les recherches portant sur le voile chez les femmes musulmanes ont mis en évidence les étapes empruntées par certaines de ces dernières pour affirmer leur identité et mettre en cause les associations négatives dominantes liées à leur religion (Kahani-Hopkins & Hopkins, 2002 ; Wagner et al., 2012). En outre, Jaspal et Cinnirella (2014) ont pu mettre en lumière les stratégies de coping auxquelles ont recours les musulmans homosexuels anglais d'origine pakistanaise dans l'optique de protéger leur identité de musulman, menacée par leur appartenance à la communauté homosexuelle. Alors que certains éprouvent des difficultés à gérer la contradiction qu'ils perçoivent entre leurs différentes identités et tentent de se désaffilier soit de leur identité sexuelle, soit de leur identité religieuse, d'autres vont se « sur-affilier » au groupe religieux dans l'optique de « sauvegarder l'authenticité » (p. 264) de leur identité musulmane aux yeux de la majorité dominante dans l'endogroupe.

Ce coup de force politique, qui peut souvent avoir un impact important sur la construction identitaire, peut tout autant renvoyer à l'opposition et à la contestation qu'aux identités opposées et aux représentations stigmatisantes. En outre, nous pouvons occasionnellement observer un contre point de vue qui est en mesure de changer les représentations dominantes, démontrant ainsi la profonde connexion entre représentations et identité ainsi que l'interaction entre pouvoir, autodétermination et contrôle dans le cadre de ces processus.

Le lien entre représentations sociales et identité a été utilisé pour étudier un très grand nombre de champs différents au travers d'une perspective psychosociale. Cela inclut, sans pour autant être exhaustif, les identités genrées (Duveen, 1993), les représentations dans les écoles et dans l'éducation (Andersén, 2010 ; Howarth, 2004, 2006a), les représentations dans les communautés stigmatisées (Jodelet, 1991b ; Kahani-Hopkins & Hopkins, 2002 ; Parker & Aggleton, 2003), la représentation médiatique des groupes (Elcheroth et al., 2011 ; Moloney, 2007 ; Moloney et al., 2013).

Ce qui est apparu comme précieux dans certaines de ces études a été l'approche visant à se situer à l'intersection de relations entre race et genre (Howarth, 2004), religion et sexualité (Jaspal & Cinnirella, 2014), ou encore la nature essentiellement dynamique et contestée des catégories sociales (Gillespie, Howarth & Cornish, 2012). Dans la section suivante, nous nous fonderons sur ce travail dans le cadre de l'examen des intersections caractérisant la formation identitaire des jeunes blancs britanniques convertis à l'islam, apportant ainsi un exemple clair des connexions entre représentations sociales et identité sociale.

2. Représentations sociales et identité en contexte : les Blancs convertis à l'islam

2.1 *La représentation sociale des musulmans*

Alors que d'autres études se sont intéressées à l'identité et aux représentations sociales en termes de genre (Duveen, 1993) ou de race et d'ethnie (Howarth, 2006b ; Howarth, Wagner, Magnusson & Sammut, 2014), nous avons choisi de nous focaliser sur la religion et la race dans le cas des Blancs convertis à l'islam en Angleterre ; en effet, cette population fournit un angle d'approche intéressant à partir duquel il est possible de démontrer l'influence des représentations dominantes (ici les représentations dominantes de l'islam) et les possibilités de résistance.

Étant donné l'écrasante présence de perceptions négatives de l'islam et des musulmans dans le monde occidental contemporain (Baker et al., 2013 ; Flood, Hutchings, Miazhevich & Nickels, 2012 ; Moore, Mason & Lewis, 2008 ; Poole, 2002, 2011), les Blancs convertis à l'islam – qui constituent en partie un groupe dominant du fait d'être blancs – se positionnent à un endroit unique dans les croisements perçus entre race et religion. Nous illustrerons la manière dont ces individus négocient leur identité et s'accomplissent sur le plan identitaire dans un contexte où chaque prétention à une position privilégiée (en tant que blanc) est souvent remise en cause.

Vu l'importance du contexte pour les représentations et pour l'identité, nous commencerons par considérer le contexte sociétal dans lequel prend place la conversion des Anglais blancs. Les médias jouent un rôle important dans la diffusion et la reproduction des représentations des musulmans et de l'islam au Royaume-Uni, dressant généralement un portrait négatif de la religion et de ceux qui la pratiquent (Baker et al., 2013 ; Moore et al., 2008 ; Poole, 2011). Dans une analyse de la couverture journalistique des musulmans en Angleterre, Law, Sayyid et Sian (2013) ont pu observer qu'au cours des trois derniers mois de l'année 2011, 70 % des contenus à propos des musulmans étaient « hostiles ».

Ce renforcement des représentations négatives de la religion et de ses adeptes par les médias contribue à la formation d'attitudes générales envers les musulmans et l'islam. En effet, la théorie des représentations sociales souligne le rôle de la communication dans la création et la diffusion des connaissances partagées (Howarth, 2011). Les médias constituent un outil institutionnel ayant le pouvoir de mettre en avant des représentations, opinions et attitudes relatives à des groupes spécifiques (Thompson, 1990 ; van Dijk, 1996b).

En cas d'exposition à une opinion véhiculée par un quelconque organe de presse, il est possible de noter une conscience simultanée du fait que les autres reçoivent et internalisent également cette information (Moscovici, 2008) et bien que les individus puissent faire preuve de scepticisme à propos des informations auxquelles ils sont exposés ils sont malgré tout susceptibles d'être influencés (Elcheroth et al., 2011). Ce point est clairement illustré par Elcheroth et al. (2011) au travers de l'exemple d'un citoyen de l'ex-Yougoslavie durant les guerres de Yougoslavie dans les années 1990, qui, bien qu'ayant probablement eu des amis appartenant à d'autres ethnies ou d'autres confessions religieuses, était disposé à croire que les tensions apparaissant ailleurs en Yougoslavie existaient entre des personnes des différentes ethnies et de différentes confessions religieuses.

De plus, et de manière plus notable, ces citoyens auraient perçu leur expérience d'une existence relativement pacifique comme une exception plutôt que comme une norme. En fait, l'individu « connaît » cela du fait des messages de « sens commun » reproduits par le biais des médias. Ainsi, les chaînes de communication jouent un rôle fondamental en rendant saillantes des représentations spéficiques des catégories identitaires et en ancrant les croyances et les idées. Parfois, comme nous avons pu le voir pour le cas de l'ex-Yougoslavie, cela peut avoir des conséquences fatales.

De fait, les représentations sociales pourraient peser davantage que l'expérience de la réalité (Wagner et al., 1999). En effet, bien que les musulmans britanniques soient bien intégrés dans la société anglaise, le discours prônant la nécessité de s'intégrer et de s'assimiler reste très répandu (Nandi & Platt, 2013). Les médias présentent généralement les communautés musulmanes comme des « ghettos » ou comme des groupes à l'esprit étriqué, et, au travers de l'amalgame des problématiques de race, d'ethnie et de religion, les musulmans apparaissent ainsi comme des étrangers et un « problème » qui menace « le sentiment d'appartenance nationale ancré dans l'identité blanche et la chrétienté » (Phillips, 2006, p. 27).

La conception de l'islam comme religion éloignée, étrangère et extérieure aux limites de ce que signifie « être anglais » est ensuite adoptée par la société (Moosavi, 2015). En effet, un sondage effectué par la BBC Radio 1 Newsbeat a pu montrer que 28 % des sondés ont déclaré que l'Angleterre serait bien mieux avec moins de musulmans et que 44 % considéraient que les musulmans ne partageaient pas les mêmes valeurs que le reste de la population (Kotecha, 2013).

De plus, l'utilisation par les médias de titres à sensation tels que « Les écoles musulmanes bannissent notre culture », « Nos enfants forcés de manger des repas halal à l'école ! » et « La BBC fait passer les musulmans avant vous », dont on a d'ailleurs découvert qu'ils étaient basés sur des faits inexacts (cf. Engage, 2010, dans leur étude réalisée pour l'enquête Levenson sur les normes dans la presse), donne à penser que non seulement les musulmans constituent « l'autre » mais qu'ils sont également une menace pour les coutumes et les traditions britanniques.

Ainsi, le discours des médias autour des musulmans anglais peut être vu comme une sorte de violence symbolique qui préserve le pouvoir et le contrôle des groupes dominants (Bourdieu, 1993). Ces représentations négatives sont concrétisées au travers de leur priorisation sur des discours alternatifs qui sont ignorés et omis des discours dominants (Augoustinos, 2001). Hage (2002) observe que les musulmans en Australie sont présentés comme « fondamentalement différents dans leurs aspirations politiques et culturelles et leurs styles de vie » (p. 435). Il illustre le pouvoir des médias dans la diffusion de ces opinions en se référant à un article de journal présentant « une histoire des "gangs musulmans libanais" violant les filles anglo-australiennes » et en conduisant à un débat du type « ils violent nos filles », dans lequel tous les Libanais, les Arabes ou encore les musulmans deviennent « l'ennemi de l'intérieur » (p. 435).

2.2 *Devenir l'autre*

Dans une Angleterre post-11 septembre, le portrait que les médias dressent des musulmans a été construit en opposition aux représentations de l'identité blanche et de l'altérité (Bonnett, 2000 ; Frankenberg, 1993). En effet, les musulmans britanniques sont représentés comme des étrangers religieux et culturels et comme étant essentiellement « non britanniques » (Phillips, 2006, p. 31).

C'est une voie dominante au travers de laquelle les constructions de « la nation » opèrent, comme nous avons pu le voir dans le passé au niveau des attitudes relatives à la communauté juive dans l'est de Londres (Phillips, 1988) comme dans les opinions relatives à l'immigration irlandaise dans l'ensemble de l'Angleterre (Dooley, 2004 ; O'Sullivan, 2003). En ce qui concerne les musulmans, Poole (2011) note que la « perte de "l'identité anglaise" repose sur le blâme de l'étranger de l'intérieur » (p. 52).

Les représentations sociales négatives et la discrimination constituent les produits des récits historiques traitant du pouvoir et des hiérarchies sociales composant le système, mais également des inégalités structurales qui renforcent et légitiment les discours liés aux privilèges, aux préjugés et à la différence (Foucault, 1977). Du fait de l'écrasant pouvoir symbolique de ces représentations négatives, les groupes marginalisés qui en sont les cibles se trouvent généralement confrontés à la difficulté de résister à l'immense force de ces discours (Howarth, 2004 ; Parker & Aggleton, 2003).

Cependant, les représentations dominantes peuvent être confrontées à la résistance des minorités et des groupes marginalisés au travers de l'utilisation de stratégies légitimes d'influence sociale (Moscovici, 1985 ; Sammut & Bauer, 2011). En effet, allant à l'encontre des représentations négatives les caractérisant comme « l'autre », les musulmans britanniques font preuve d'autodétermination en continuant de négocier et de renégocier leurs identités en relation avec les sentiments d'appartenance culturelle, religieuse et nationale et en embrassant pleinement les multiples sous-catégories composant leurs identités (Anwar, 1998 ; Amer, Howarth & Sen, 2015 ; Dwyer, 2000 ; Modood, 1994 ; Phillips, 2006).

Ce qu'il est intéressant de noter ici, c'est que la majorité des recherches et que l'essentiel de l'attention des médias concernant les musulmans britanniques se sont concentrés sur la communauté sud-asiatique (Anwar, 1998 ; Archer, 2002 ; Dwyer, 2000 ; Phillips, 2006). Un tel phénomène pourrait conduire à négliger la diversité de la population musulmane britannique mais également, même si cela n'est probablement pas intentionnel, à perpétuer la « racialisation »[7] de cette catégorie sociale. Selon un sondage anglais de 2001, 55 % des individus convertis à l'islam s'auto-identifiaient comme des Anglais blancs (Brice, 2011), ce qui contribue à ajouter une dynamique intéressante, bien qu'ignorée, aux perceptions et représentations des musulmans britanniques.

En fait, bien qu'aucun chiffre officiel rendant compte du nombre d'individus convertis à l'islam n'existe actuellement en Angleterre, environ 5 200 individus se sont convertis en 2010, conduisant ainsi à une estimation générale du nombre de convertis à l'islam à plus de 100 000 (Brice, 2011). En dépit de ces chiffres, la « racialisation »[8] de la catégorie « musulmans anglais » permet à la représentation des musulmans comme « autres » de persister.

Un aspect fondamental des représentations sociales est leur capacité à favoriser la réalisation d'inférences et de déductions concernant les individus, permettant ainsi de les classer dans des groupes spécifiques (Elcheroth et al., 2011). Cependant, catégoriser autrui comme un « autre », étranger au groupe, est une activité complexe. Alors que certains diraient que cette catégorisation est un type de représentation sociale qui émerge afin de renforcer et de protéger le soi face à un sentiment de menace ou de vulnérabilité (e.g., Breakwell, 1986), Said (1976) considère qu'expliquer celle-ci en termes de distanciation par rapport à autrui est trop simpliste et qu'il s'agirait plutôt de la manifestation du pouvoir d'un groupe sur un autre. Ce pouvoir et ce contrôle sont le résultat de « la mise en avant de la faiblesse perçue des groupes marginalisés comme un moyen de souligner la force présumée de ceux qui se trouvent en position de pouvoir » (Gahatraj, 2013, p. 1).

---

7. Traduction respectant les termes utilisés par l'auteur.
8. Traduction respectant les termes utilisés par l'auteur.

Ainsi, les Blancs convertis à l'islam permettent de faire émerger un exemple intéressant illustrant la relation entre représentation sociale et identité dans la mesure où s'ils n'avaient pas choisi de se convertir à l'islam et de s'accomplir dans cette nouvelle identité, ils seraient perçus comme faisant partie d'un groupe dominant (Suleiman, 2013). Cependant, le degré selon lequel les musulmans blancs pourraient « perdre » leur place en tant que groupe dominant du fait d'être devenus musulmans est questionnable.

L'impact des représentations sociales négatives sur la construction identitaire et leur effet sur la « performance identitaire » et les expériences liées à l'appartenance au groupe des Blancs chez les Britanniques blancs convertis à l'islam constituent un champ intéressant et important dans lequel les interactions entre pouvoir, privilège et inclusion sont simultanément mises en causes, perdues et défendues.

2.3 *Expériences liées à l'appartenance au groupe des Blancs et privilèges chez les Blancs convertis à l'islam*

Les Blancs convertis à l'islam se perçoivent souvent comme chevauchant deux différentes identités et communautés et choisissent de, ou se voient conduits à agir de manière à dresser des ponts entre les communautés musulmanes et le reste de la société britannique, tout en tentant de changer les représentations négatives de l'islam et des musulmans (Neumuller, 2013 ; Zebiri, 2008).

Cependant, il est important de se demander d'où provient cette demande. Leur est-elle imposée par des communautés de musulmans qui rejettent les Blancs convertis à l'islam du fait de la catégorisation de cette population comme étant extérieure au groupe (Moosavi, 2002) ? Ou est-il possible de considérer que, du fait qu'ils se voient comme les meilleurs défenseurs pour « atténuer les différences », ils affichent un manque de reconnaissance et d'esprit critique et que par là même ils exercent leur privilège ou leur sentiment de supériorité, mobilisant un pouvoir qu'il possèdent de par leur appartenance à la communauté blanche et renforçant ainsi le discours d'opposition « eux » / « nous » dominant dans la société ?

L'idée qu'une personne blanche qui a accepté la foi prenne l'initiative d'établir des ponts entre une société blanche et racialement dominante et les communautés musulmanes, non seulement contribue à hisser davantage le groupe des Blancs en position de force mais favorise également la « racialisation » de la communauté musulmane comme une communauté « non blanche ». De plus, un tel comportement renforce également la représentation selon laquelle les musulmans britanniques de toute génération n'appartenant pas au groupe des Blancs seront toujours vu comme des étrangers et seront donc « moins anglais ». Le fait que l'on continue à utiliser les termes de seconde et de troisième génération le reflète bien et maintient les « non-Blancs » dans un statut de subalternes.

Les études sur l'appartenance au groupe des Blancs nous offrent une perspective intéressante à partir de laquelle il est possible d'explorer et de comprendre les facteurs qui influencent la construction identitaire, les représentations et les performances parmi les individus blancs convertis à l'islam en Angleterre. La compréhension de cette identité prendra en compte l'acceptation des répercussions de la colonisation et de l'impérialisme, qui sont essentiels pour comprendre les notions de supériorité raciale (et religieuse) et de privilège (Ganley, 2003 ; Hall, 1997). Elle tiendra compte aussi du fait que l'identité blanche est généralement invisible pour ceux qui en bénéficient (Ahmed, 2004 ; Fine, Weis, Powell & Mun Wong, 1997). Ainsi, dans le cadre des Blancs qui se convertissent, l'enjeu est d'éviter de renforcer les séparations raciales et leurs privilèges lorsqu'ils tentent de contrer les représentations négatives relatives aux musulmans. De plus, l'histoire de l'émergence de ces représentations fournit un contexte permettant d'expliquer le maintien du pouvoir et de la catégorisation des autres comme « étrangers », ce qui a permis de maintenir et de reproduire les inégalités sociales et de favoriser les exigences des groupes dominants (Parker & Aggleton, 2003).

Les histoires sociétales jouent un rôle intrinsèque dans la compréhension des origines et la reproduction des représentations sociales (Jovchelovitch, 2007). Comme Foucault (1977), Bourdieu (1977) s'est intéressé aux relations entre culture et pouvoir, explorant le maintien des structures hiérarchiques et des systèmes et les résistances faibles voire inexistantes des groupes dominés. Bourdieu (1977) a aussi noté le manque de conscience critique de ceux qui bénéficient de leur propre position et de leurs privilèges. En effet, Fanon (1963) et Said (1976) soulignent les distinctions précises opérées entre le pouvoir des oppresseurs et des oppressés.

Cependant, ces distinctions entre membres des groupes dominants et des groupes dominés seront-elles aussi claires dans le cas des Blancs convertis à l'islam en Angleterre ? En devenant musulmans, les Blancs convertis se sont ouverts à la possibilité d'être catégorisés comme un groupe stigmatisé et discriminé dans lequel les individus sont considérés comme des traîtres à leur race ainsi qu'à leur identité nationale (Franks, 2000). Köse (1996, p. 135) note que les Blancs qui se convertissent sont considérés comme « pakistanisés », démontrant ainsi le pouvoir des représentations négatives racialisées associées aux musulmans.

En effet, ceux qui se convertissent sont perçus comme ayant adopté une identité qui est intrinsèquement « non blanche » et « non anglaise ». Ils deviennent ainsi « pas assez blancs » ou sont même « re-racialisés » et catégorisés comme « non blancs » (Moosavi, 2015, pp. 3-4). Cela démontre la manière singulière avec laquelle les individus et les groupes sont souvent catégorisés (Hopkins, 2011a). En dépit des multiples identités que les individus sont susceptibles d'assumer en maintenant une certaine harmonie, il est en effet plus compliqué de supposer une prise en compte et une reconnaissance de celles-ci par autrui (Blackwood, Hopkins & Reicher, 2012; Hopkins, 2011a, 2011b), plus particulièrement lorsque certaines identités sont hautement politisées.

Il est clair que, dans la promotion de ces représentations, les groupes n'ont pas un statut égal dans les négociations visant à établir celles qui doivent être défendues et reproduites (Hall, 1997). En fait, plutôt que de diffuser une représentation plus positive au travers de la catégorie « musulman anglais » (plutôt que « blancs qui se convertissent à l'islam ») et user de leur pouvoir pour infléchir les discours afin de s'éloigner des représentations négatives, ceux qui se convertissent se voient souvent retirer leurs privilèges. Par ce biais, le statu quo de dominance, de pouvoir et d'inégalité est maintenu, assurant ainsi que les fondations sur lesquelles les structures et les systèmes de pouvoir actuels prennent place, demeurent.

Les identités raciales sont dans un état de changement perpétuel, dépendant du temps, de l'espace et du contexte (Ignatiev, 1995). Cela apparaît clairement dans le cas des Blancs qui se convertissent à l'islam, qui montre dans quelle mesure les frontières du groupe des Blancs évoluent en rapport avec la racialisation des catégories dominantes dans la société (Franks, 2000). En effet, la connaissance est intrinsèquement connectée avec les structures de pouvoir qui encadrent les identités en termes d'expression et de représentation (Hall, 1997).

Les représentations des musulmans comme terroristes, comme menace envers la société et comme « non-Anglais » maintienent ceux qui s'identifient aux musulmans dans un groupe subordonné, dominé et rejeté (Hopkins & Kahani-Hopkins, 2009). Les discours utilisés dans la couverture de l'affaire du « cheval de Troie » fournissent un exemple de ce phénomène, une étude de l'Université de Birmingham ayant pu montrer que 90 % des musulmans de Birmingham avaient le sentiment qu'il existait une frénésie disproportionnée et excessive concernant le potentiel d'infiltration des phénomènes d'extrémisme et de radicalisation dans les écoles de Birmingham (Awan, 2014).

Comme le Dr Khan, le directeur d'une des écoles ayant été l'objet d'une enquête a pu déclarer : « Une déshumanisation est en train de se produire. Oubliez-nous [les directeurs] et oubliez les enseignants, nous sommes tous adultes. Mais en tant qu'enfants, si vous êtes constamment exposés à la télé et dans les journaux au fait que c'est le genre d'école dans lequel vous allez, alors qu'est-ce qui se passe dans la manière dont vous voyez votre école, votre communauté ou encore vous-même ? Plusieurs de ces enfants sont musulmans et anglais et c'est le genre de chose que vous entendez à propos de votre religion dans le pays qui est le vôtre » (Pitt, 2014).

2.4 Représentations sociales négatives et possibilité de résistance

La manière dont notre identité se forme est surtout influencée par les réactions des autres à notre égard (Klein, Spears & Reicher, 2007). Étant ce que nous sommes, nous tenons compte des opinions et des perceptions que les autres ont de nous-mêmes et des groupes auxquels nous appartenons. Ainsi, les représentations négatives des groupes auxquels nous appartenons peuvent clairement avoir des conséquences sur la construction de notre identité (Howarth, 2002). En effet, ces dernières menacent nos identités et la perception positive que nous avons de nous-mêmes, nous conduisant à recourir à des stratégies de coping (Breakwell, 1986 ; Tajfel & Turner, 1979).

L'évaluation d'autrui intervient souvent en réponse à des indices visibles témoignant de son affiliation à un groupe donné (Elcheroth et al., 2011 ; Tajfel, 1969). Dans le contexte de la catégorie « musulman » et à la lumière de sa racialisation, un de ces marqueurs visuels est la couleur de peau. Moosavi (2015) démontre cependant que les Blancs qui se convertissent sont également racialisés. En tenant compte du fait qu'eux aussi peuvent être victimes d'islamophobie, il explique que « leur précédent statut de sujets non marqués, racialisés comme "blanc" et donc "normal", est par la suite modifié lorsqu'ils sont "re-racialisés" comme "non blancs", révélant ainsi l'importance du processus de racialisation dans l'émergence de l'islamophobie » (p. 3).

En outre, Franks (2000) note que l'islamophobie vécue par les femmes qui se convertissent à l'islam et portent le voile est un indicateur du processus de catégorisation comme « étranger ». Si ces femmes avaient choisi de ne pas le porter, la couleur de leur peau les aurait rendues « invisibles ». Ainsi, les marqueurs visuellement identifiables sont nécessaires pour racialiser les Blancs qui se convertissent, soulignant le pouvoir qu'ont les marqueurs visuels sur la perception que nous avons des autres et de leur identité.

Cependant, quand ces marqueurs n'existent pas, comme c'est le cas pour les Blancs convertis qui choisissent de ne pas exprimer leur identité musulmane en ayant recours à des indices physiques comme le port du hijab ou de la barbe, la notion de « passer pour » peut être utilisée pour mieux comprendre ces phénomènes. Ici, les individus qui ne sont pas immédiatement identifiables comme des « étrangers » ont la possibilité de « passer pour » des membres des groupes dominants. (Butler, 1990 ; Goffman, 1963 ; Schlossberg, 2001).

Ce faisant, les Blancs convertis qui ne sont pas identifiables comme musulmans sont en mesure de ne pas « passer pour » et de limiter l'attention qui leur est portée. Les Blancs convertis sont ainsi à un croisement intéressant entre l'appartenance au groupe des Blancs, la catégorisation comme étranger et la racialisation. Que, oui ou non, le choix d'assumer son identité de musulman soit conscient et vise à minimiser ou éradiquer le risque de subir l'islamophobie, certains Blancs convertis tiennent compte et se servent de leurs privilèges afin de franchir ces frontières identitaires (Zebiri, 2008).

En effet, Turner, Hogg, Oakes, Reicher et Wetherell (1987) notent l'existence de certaines stratégies empruntées par les individus confrontés à des représentations négatives afin de maintenir une image de soi et une identité positive. Ces stratégies de coping impliquent de comprendre que les frontières des groupes sont perméables. Ainsi, en relation avec l'identité physique blanche des Blancs convertis et sans marqueurs identifiables de leur identité musulmane, leur appartenance à la catégorie « musulman » est dépendante du contexte et de l'espace.

Néanmoins, comme le notent Elcheroth et al. (2011), les représentations négatives des affiliations identitaires ne résultent pas toujours en des tentatives pour être reconnus comme des groupes dominants/majoritaires. Comme nous avons pu le voir dans les études précédentes d'Howarth (2002) concernant Brixton, les musulmans blancs, eux aussi, contestent les représentations négatives et deviennent des agents de changement (Suleiman, 2013). Les exemples d'autodétermination peuvent souvent être trouvés chez les femmes converties qui tentent activement de mettre en cause les représentations de femmes musulmanes comme opprimées et soumises (Ather, 2013). Certaines le font en adoptant le hijab afin de contrer les stéréotypes

(Bullock, 2007 ; Suleiman, 2013). Elles mettent en avant les expériences positives résultant du fait d'avoir adopté le hijab, se sentant plus connectées à Dieu et se sentant davantage respectées par les autres. Ce faisant, elles recréent et opposent les discours négatifs prédominants concernant le hijab. Ce type de reconstruction du discours visant à contrer les menaces faites à l'identité n'est bien sûr pas spécifique aux personnes qui se convertissent et a également été observé chez des femmes musulmanes « de naissance » (Hopkins & Greenwood, 2013).

D'autres formes d'autodétermination prennent place autour des interprétations du hijab. Dans une étude réalisée par l'Université de Cambridge, les femmes converties opéraient une distinction entre « porter le hijab » et « être portée par lui » (Suleiman, 2013, p. 3). Ce faisant, elles expriment la flexibilité qui caractérise le hijab (choisir de porter un chapeau plutôt qu'un voile), plus particulièrement dans certains contextes. En outre, au-delà de la présence du hijab comme indice de leur appartenance religieuse, les comportements cohérents avec les normes religieuses étaient adoptés, comme l'utilisation des gestes de salutation religieux avec d'autres musulmans. Ces méthodes étaient utilisées pour être reconnues par les non-musulmans, ce qui questionne de nouveau les stéréotypes négatifs dominants associés à l'islam et à ses adeptes. Ces femmes ont créé de nouvelles représentations modifiées et des contre-arguments qui embrassent la complexité de leurs identités multiples (Amer et al., 2015 ; Hopkins, 2011a), dans le cas présent être blanches, anglaises et musulmanes.

3. Conclusion

Les représentations sociales et l'identité sociale entretiennent des relations puissantes, s'influençant l'une l'autre et se trouvant dans un état constant d'échanges mutuels. Alors que la théorie de l'identité sociale est souvent considérée comme la théorie à mobiliser pour ce qui est de l'appréhension de l'identité, du fait de son focus sur les processus de construction identitaire (en tenant compte de la nature multidimensionnelle de nos identités et de la complexité du monde qui nous entoure ; Billig, 2002 ; Reicher, 2004), la théorie des représentations sociales propose un angle d'approche permettant de saisir la dimension pratique de l'identité à l'intérieur des contextes dans lesquels les représentations et les identités se construisent, se questionnent et se renégocient (Howarth, 2010).

En effet, en tenant compte du chevauchement entre ces deux théories, nous disposons d'une compréhension plus nuancée de l'identité, mais également des représentations sociales. Comme nous avons pu le voir, les Blancs convertis à l'islam offrent un angle d'approche intéressant pour ce qui est de l'étude des relations entre ces deux concepts, plus spécifiquement à la lumière des contextes négatifs et racialisés prédominants dans lesquels ils adoptent et maintiennent leur identité musulmane. Les Blancs convertis questionnent les représentations sociales dominantes des musulmans. Cependant, du fait de cette juxtaposition des appartenances, la société les considère comme menaçants et ces derniers se retrouvent racialisés et démis de leur position de membres d'un groupe dominant.

Ils sont d'une certaine manière exclus de leur groupe d'appartenance, du caractère « blanc » de leur identité, de leurs privilèges et sont ainsi considérés comme des étrangers afin de préserver les structures de pouvoir en place et les normes. Le pouvoir a, de la sorte, un impact important sur les interactions entre représentations sociales et identité, dans la construction de nos réalités sociales, et particulièrement dans la diffusion des représentations dominantes. Celles-ci sont renforcées par l'utilisation de chaînes de communication et finissent par acquérir une large diffusion, dominant et influençant nos réalités sociales de même que la manière dont nos identités sont définies et assumées. En reconnaissant le rôle du pouvoir non seulement dans la construction de nos réalités sociales, mais également de nous-mêmes, et en tenant compte des actes de contestation et d'autodétermination, la théorie des représentations sociales offre une compréhension essentielle de la nature complexe des relations entre représentations sociales et identité sociale.

Focus 21

Les représentations sociales et l'identité : un mariage obligatoire longtemps attendu

Xenia CHRYSSOCHOOU[1]

Sommaire

1. Panteion University of Social and Political Sciences, Athènes, Grèce.

Les concepts des représentations sociales et de l'identité sociale ont été avancés au moment du développement de la psychologie sociale européenne suite à la Seconde Guerre mondiale, quand le souci était grand de comprendre pourquoi l'humanité était arrivée à de telles barbaries. Cependant, malgré les efforts pour les mettre en relation (Breakwell, 1993a ; Doise & Lorenzi-Cioldi, 1991 ; Elejabarrieta, 1994), cette discussion n'a guère avancé au départ. Il semblerait que les deux concepts étaient en compétition concernant une question fondamentale : quel est le concept primordial pour expliquer l'action humaine, individuelle et collective ? Cette question entraînait aussi une interrogation sur la priorité du développement des deux concepts : est-ce que les représentations précèdent l'identité ou est-ce l'inverse ?

Depuis, un dialogue a été initié, récemment, dans un numéro spécial de la revue Political Psychology en 2011 entre des représentants des différentes théories ; le présent ouvrage témoigne lui aussi de l'établissement de ce dialogue. Les temps sont mûrs aujourd'hui pour établir ce lien entre les deux concepts.

À notre sens, les dilemmes avancés faussent le débat. Dans ce focus, nous allons avancer un argument que nous avons déjà développé (Chryssochoou, 2003), c'est-à-dire que l'identité est une représentation sociale particulière qui exprime le lien des individus avec le monde social et ainsi permet l'action aussi bien individuelle que collective. Pour expliquer notre argumentation, dans un premier temps nous allons présenter brièvement l'importance du contexte social pour les deux théories en abordant deux points importants dans le débat entre identité et représentations : a) la séparation (virtuelle) entre identité sociale et identité individuelle et b) le rôle de l'idéologie. Suite à cela, nous développerons notre argument sur l'identité autant que sur la représentation sociale et nous finirons en donnant un exemple du lien intrinsèque entre les deux concepts, qui explique les identifications dans les sociétés multiculturelles du présent pour l'action sociale.

1. Représentations sociales et identité : l'importance du contexte social

Une des idées principales de la Théorie de l'identité sociale (Tajfel 1974 ; Tajfel & Turner 1986) était de définir quand les individus agissent consciemment en fonction de leur appartenance à un groupe social et de spécifier les évaluations et sentiments qui en découlent et de définir en même temps quand ils se comportent en termes individuels. La Théorie de l'identité sociale a avancé l'idée de saillance de différentes parties du concept de soi (individuel et collectif) à des moments et dans des contextes différents. Cette saillance ferait que l'une ou l'autre des facettes du concept de soi prenne le dessus et permette aux individus d'agir en conséquence.

Cette séparation entre une facette individuelle et une facette collective de l'identité a été critiquée (Breakwell 1992 ; Deaux 1992 ; Lorenzi-Cioldi & Doise 1994) pour plusieurs raisons qui ne seront pas développées ici. Il s'agirait pourtant d'un malentendu (Reicher, 2004) car la Théorie de l'identité sociale n'est pas vraiment une théorie de l'identité mais une théorie des relations intergroupes. Ce qui prime est le fait que les individus donnent sens au contexte dans lequel ils se trouvent et agissent en fonction de cette connaissance qu'ils assument partagée. Les élèves des expériences des groupes minimaux domestiquaient la situation dans laquelle ils devaient attribuer des points à des individus différents selon le seul indice qu'ils avaient : l'appartenance de chacun à une catégorie. Leur connaissance commune d'un contexte social compétitif avec des relations asymétriques où la position de chacun découle de son appartenance à un groupe leur a permis de faire la distribution des points de manière à privilégier leur propre groupe. Ils ont créé *in situ* un monde social et ont établi une relation individuelle à ce monde. Ainsi, on pourrait dire que le sens que les individus donnent au contexte dans lequel ils sont appelés à agir permet l'action. La Théorie de l'identité sociale considère par ailleurs que la perception de ce contexte comme asymétrique mais en même temps permettant le passage d'un groupe à l'autre et comme étant stable et légitime donne lieu à des actions individuelles. Une perception contraire conduirait à des actions collectives. Ce contexte n'est pas sans idéologie. Il faut comprendre les positions de la Théorie de l'identité sociale dans le contexte capitaliste où coexistent l'idéologie méritocratique, qui voudrait faire croire à la perméabilité des groupes et à la possibilité du changement individuel de statut, et l'idéologie du changement social collectif. Le choix de l'une ou de l'autre idéologie ne peut qu'être le résultat d'une élaboration sociale de la connaissance concernant le contexte qui s'ancre entre autres sur la position qu'occupe l'individu dans la structure sociale et la conscience qu'il a de cette position. Cette élaboration, à notre sens, ne peut se faire que selon les règles prescrites dans la Théorie des représentations sociales (Moscovici, 2000 ; Markovà, 2015). En même temps, cette élaboration commune du contexte donne lieu à une connaissance socialement élaborée concernant le Soi qui permet aux individus de comprendre le monde tout en s'y incluant, en s'affirmant et se faisant reconnaître. Cette représentation permet aux individus d'agir.

2. L'identité comme représentation sociale de Soi

Notre argument (Chryssochoou, 2003) est donc que l'identité est une représentation sociale particulière ayant trois facettes : la *connaissance* concernant le Soi, l'*affirmation* de différents aspects du Soi et la *reconnaissance* par les autres de ces aspects du Soi. Elle se construit socialement via la socialisation de l'individu tout au long de sa vie, elle se communique chaque fois que l'individu affirme ou réclame une identification particulière et elle fait partie des jeux d'influence chaque fois qu'une identification doit se faire reconnaître. Dans chaque facette, le pouvoir est différent. Dans la socialisation qui participe à la construction de la connaissance, le pouvoir se trouve avec ceux qui proposent ou imposent des identifications et leur contenu : les parents, les institutions, la communauté, la société en général. Dans la communication, le pouvoir est entre les mains de l'individu qui réclame une identification, qui se l'approprie et lui donne son propre contenu. Enfin, dans la reconnaissance, ceux qui sont appelés à reconnaître une identification ont le pouvoir de le faire ou non. Ainsi, l'identité se construit socialement dans le rapport à l'Autre qui définit le rapport avec le monde. Cette connaissance de Soi socialement élaborée s'objective en termes de catégories ayant des rapports sociaux souvent asymétriques et contient différentes identifications qui s'ancrent à chaque fois selon les valeurs culturelles. Une culture construit selon ses valeurs une représentation du concept de Soi dans laquelle les individus construisent de manière sociale leur propre identité. Des exemples de cette situation sont fournis par les travaux sur l'individualisme et le collectivisme et leurs conséquences identitaires.

Ainsi, on peut comprendre des théorisations sur l'identité qui la considèrent comme une structure qui se construit par assimilation-évaluation guidée par des principes comme l'estime de soi, la continuité, l'efficacité et la distinctivité (Breakwell, 1986 ; Jaspal & Breakwell, 2014). Ces principes peuvent être considérés comme des ancrages dans des valeurs culturelles qui, selon l'identification, le contexte et les motivations, conditionnent la manière dont de nouvelles identifications vont faire partie du concept de Soi ou comment l'identité répondra à des situations menaçantes. Ces ancrages font en sorte que les individus diffèrent dans leur construction identitaire mais en même temps qu'ils aient les éléments communs qui leur permettent d'agir de manière compréhensible et faisant sens dans le contexte.

Cette théorisation constitue à notre sens un « mariage » heureux entre représentations et identité, au-delà des dilemmes entre concepts et théories. La Théorie des représentations sociales trouve dans sa liaison avec l'identité la manière de lier la connaissance socialement élaborée à l'action individuelle et collective. D'autre part, la Théorie de l'identité sociale gagne une manière de prouver son caractère socialement construit et de dépasser la distinction entre identité personnelle et identité sociale. L'identité se construit comme une représentation sociale en traduisant les régulations sociales et en formant le concept de Soi et ainsi permet aux individus de se transformer en sujets sociaux agissant pour reproduire ou transformer leur environnement. Nous sommes en train d'observer cela dans les sociétés multiculturelles.

3. Représentations, identités et actions dans les sociétés multiculturelles

Très brièvement, dans l'espace de ce focus, je voudrais montrer que cette théorisation peut être utile dans la compréhension des processus sociaux des sociétés multiculturelles. Nous sommes en train de vivre en Europe une forte opposition à l'immigration et à la présence de populations de religion ou de culture différente de celle majoritaire (Green, Sarrasin & Fasel, 2015). Dans le même temps, nous observons une résistance et une radicalisation de certains individus et groupes face à cette opposition. Souvent, les individus touchés par les préjugés affirment plus une identification qui semble incompatible avec leurs aspirations de réussite. Comment peut-on comprendre le retour du port du foulard par des jeunes musulmanes de troisième génération d'immigration diplômées et ayant les capacités pour réussir de manière individuelle ? Pourquoi évaluent-elles aussi fortement leur identification musulmane ? Est-ce un simple acte de solidarité avec le groupe ? Pourquoi certains choisissent-ils de quitter le cocon de la société dans laquelle ils sont nés pour combattre auprès de Daech dans des conditions extrêmes ? Pour comprendre ces actions, nous devons étudier l'identité en tant que représentation sociale et mettre en rapport la connaissance liée au contexte avec la connaissance concernant le Soi, les affirmations et les processus de reconnaissance. Comme le suggèrent Elcheroth, Doise et Reicher (2011), il faudrait voir l'identité en termes de connaissance socialement partagée, de méta-connaissance de Soi, de communication en acte et des conceptions qui construisent le monde.

Ceci nous permettrait de voir comment des nouvelles régulations sociales, qui naissent dans un contexte de néolibéralisme qui entraîne des crises économiques et un accroissement des inégalités, sont traduites par les classes dirigeantes en conflits culturels et communautaires qui « exportent » la violence du système et la transforment en barbarie. Ainsi, de nouvelles représentations identitaires se créent qui assument et assimilent les incompatibilités perçues entre identifications (Chryssochoou & Lyons 2011) et conduisent à des radicalisations (Simon, Reichert & Grabow 2013). Nous pourrions comprendre comment les identités hyphenées peuvent en fait être à double tranchant pour la réussite des élèves issus de l'immigration (Chryssochoou, sous presse) et comment la diversité culturelle se reflète dans le Soi (Chryssochoou, 2014). Enfin, nous pourrions comprendre, comme le suggère le chapitre proposé par Amer et Howarth dans ce livre, comment les Blancs convertis à l'islam peuvent négocier leur appartenance dans un contexte islamophobe et participer à accroître ou à diminuer le préjugé vis-à-vis des musulmans.

CHAPITRE 22

Représentations sociales et relations intergroupes

Christian STAERKLÉ[1]

Sommaire

1. Université de Lausanne, Suisse.

Pour Willem Doise (1986), « la communication qui véhicule et façonne les représentations sociales a comme fonction importante la régulation des rapports entre acteurs sociaux ». En même temps, « dynamiques de rapports et dynamiques de représentations sont intimement entremêlées » (p. 84). Les « rapports » évoqués par Doise dans l'introduction de sa définition des représentations sociales[2] renvoient essentiellement aux rapports entre groupes. Ainsi, les représentations sociales « organisent » et « régulent » les relations entre groupes. Cette organisation des relations intergroupes par les représentations sociales s'exprime à des niveaux d'analyse variés allant des cognitions individuelles aux relations interpersonnelles jusqu'aux processus idéologiques. Ce chapitre présentera différentes articulations entre représentations sociales et relations intergroupes en mettant l'accent sur une approche dynamique et communicationnelle de ces relations (Staerklé, 2009, 2015). En accord avec le principe de l'intégration entre « dynamiques de rapports et dynamiques de représentations », il s'agira de montrer que les relations intergroupes sont au fond indissociables des représentations sociales, à savoir que les relations intergroupes reposent nécessairement sur des représentations sociales, et que les représentations à leur tour se construisent et se transforment à travers la communication intergroupe (Doise, 1976 ; 1986 ; Lorenzi-Cioldi & Clémence, 2001).

Cette interdépendance entre représentations et rapports est aussi à la base des travaux qui ont examiné les liens entre identités et représentations et étudié la construction subjective des identités et des connaissances du point de vue de l'individu (e.g., Breakwell, 2001 ; Brewer, 2001 ; Duveen & Lloyd, 1990 ; Moloney & Walker, 2007b). Ici, les représentations constituent un réseau de connaissances partagées à l'égard duquel les individus et les groupes se positionnent pour construire leurs identités (Duveen, 2001). Même si l'articulation entre identités et représentations est importante pour l'étude des relations entre groupes[3], le présent chapitre est focalisé sur l'analyse des relations fonctionnelles entre groupes, avec notamment un poids plus important accordé aux représentations des relations avec des hors-groupes. Les représentations sociales jouent en effet un rôle décisif tant dans le maintien que dans la contestation de relations asymétriques. Celles-ci s'actualisent non seulement entre groupes hiérarchisés, mais également à l'intérieur de groupes, entre membres dominants et membres dominés. On retrouve ici la vision « moscovicienne » de la psychologie sociale qui la voit ancrée dans le conflit et dans l'influence entre groupes définis par des asymétries de pouvoir et de ressources (Doise, 1976 ; Moscovici, 1976b ; Duveen, 2001). C'est bien cette reconnaissance de rencontres constantes entre représentations antagonistes ancrées dans des relations entre groupes qui a amené Moscovici (1961) à développer le concept des représentations sociales comme alternative à la notion consensualiste des représentations collectives de Durkheim.

Une analyse des relations intergroupes en termes de représentations sociales permet d'une part un éclairage sociétal des grands paradigmes de recherche intergroupe en psychologie sociale, notamment les préjugés, les stéréotypes, la justification du système, les relations de domination et la justice sociale. D'autre part, la théorie a généré des paradigmes originaux de l'analyse des relations intergroupes qui reposent tantôt sur une approche constructiviste (Doise, 1976), tantôt sur une posture discursive et réflexive du processus de catégorisation et de la construction identitaire (Howarth, 2006a ; Gillespie, 2008). Ce chapitre présente une approche représentationnelle des relations intergroupes inspirée de ces travaux, mais qui néanmoins tente d'apporter un éclairage nouveau concernant le rôle des représentations dans des processus de différenciation et de communication intergroupe.

2. Voir chapitre 6.
3. Voir chapitre 21.

1. Approche représentationnelle des relations entre groupes

Dans une approche représentationnelle, les connaissances intergroupes sont le produit de constructions sociales, développées dans le contexte de relations intergroupes et partagées à des degrés divers par les membres des groupes. La connaissance intragroupe inclut par exemple des représentations de l'histoire du groupe, ses mythes, ses symboles, ses coutumes et ses traditions, ses autostéréotypes, ses normes et ses valeurs, et plus généralement des représentations concernant la signification subjective de l'appartenance au groupe. La connaissance hors-groupe, en revanche, renvoie aux représentations des normes et des valeurs d'autres groupes et aux stéréotypes associés à leurs membres. Une troisième catégorie de connaissance intergroupe fait appel aux représentations intergroupes proprement dites, en termes de similarité et de différence entre groupes, et en termes de supériorité et de hiérarchisation des groupes. Le racisme, le nationalisme, l'ethnocentrisme, le multiculturalisme ou encore le sexisme constituent des exemples de telles représentations intergroupes.

L'approche représentationnelle des relations entre groupes se situe généralement à contre-courant de ce qu'il convient d'appeler le « mainstream » de la psychologie sociale, à savoir une psychologie sociale individualiste focalisée sur l'analyse de processus cognitifs et motivationnels génériques. D'une part, l'approche représentationnelle permet de contextualiser le fonctionnement cognitif en étudiant des pensées, jugements et comportements intergroupes dans des contextes sociaux et culturels marqués par des inégalités et des rapports de pouvoir (Lorenzi-Cioldi & Clémence, 2001). Elle souligne ainsi l'importance du *contenu* des connaissances qui doit être analysé au même titre que les propriétés formelles du système cognitif. D'autre part, des développements plus récents de la théorie ont mis en avant une approche plus critique et largement discursive des identités et des relations entre groupes (voir Sammut, Andreouli, Gaskell & Valsiner, 2015 ; Tileagă, 2013). Ici, l'accent est mis sur la construction sociale des catégories qui ne sauraient être définies *a priori*. Ainsi, l'appartenance même à des catégories est ambiguë, contestée et débattue, et le processus de construction identitaire qui est associé aux appartenances devient tributaire de la signification accordée aux appartenances, et, partant, aux relations avec d'autres groupes (Gillespie, 2008). Pour Gillespie, Howarth et Cornish (2012), les catégories sociales sont ainsi conçues comme (1) « perspectivistes » (toute catégorisation s'effectue à partir d'une certaine position sociale et sur la base d'intérêts particuliers), (2) « historiques » (toute catégorisation et tout groupe d'appartenance se transforment à travers le temps), (3) marquées par des mouvements entre catégories (les individus entrent et sortent continuellement des catégories), et (4) re-constitutives des phénomènes qu'elles sont censées décrire (tout acte de catégorisation peut avoir des répercussions sur la réalité sociale susceptibles de la réifier et de la perpétuer). Si ces principes reflètent différents fondements théoriques et épistémologiques de la théorie des représentations sociales, ils n'impliquent cependant pas nécessairement une approche méthodologique qualitative. On peut en effet considérer qu'ils s'appliquent peu ou prou à toute analyse représentationnelle de relations intergroupes. Ils seront ainsi mobilisés dans le développement théorique du présent chapitre qui relate autant des recherches expérimentales, d'enquête et discursives concernant l'articulation entre représentations sociales et relations entre groupes.

2. Différenciation intergroupe et représentations sociales

Doise a montré en 1976 déjà comment les interactions entre groupes font intervenir des représentations de son propre groupe et du groupe adverse, dans le but de *sélectionner* les attributs stéréotypiques pertinents pour motiver une certaine conduite intergroupe, de *justifier* une relation asymétrique entre groupe dominant et dominé, et d'*anticiper* des interactions futures avec le groupe adversaire. Cette première articulation entre représentations et relations intergroupes visait à montrer que les comportements intergroupes étaient modulés par des représentations que les membres des groupes développaient au cours d'une interaction. Cette interaction peut être immédiate, par exemple lors de jugements intergroupes expérimentaux. Mais la même logique d'articulation entre relations intergroupes et construction de représentations peut également s'appliquer à des relations « réelles » et historiques. Ainsi, les représentations qui accompagnent des relations historiques entre groupes majoritaires et minoritaires (comme les relations raciales aux États-Unis ou les relations entre populations européennes et populations ex-colonisées) peuvent remplir les mêmes fonctions de sélection, de justification et d'anticipation des comportements intergroupes.

L'analyse représentationnelle s'intéresse par ailleurs aux représentations de *différences* entre groupes et à l'impact de celles-ci sur les relations entre groupes. Le processus de *différenciation sociale* est ainsi au cœur de l'approche représentationnelle des relations entre groupes (Doise, 1986). Moscovici et Pérez (1997) ont par exemple montré que des préjugés à l'égard de Gitans étaient plus forts pour les individus avec une préférence pour une société homogène composée uniquement d'une majorité, alors que des attitudes favorables à la minorité émergeaient pour les individus affichant une préférence pour une société « multiculturelle » composée uniquement de minorités. Cette étude suggère que la représentation que l'on se fait de l'ordre social en termes de sa composition en majorités et minorités façonne les jugements intergroupes et plus particulièrement les jugements sur la différence entre la majorité nationale et la minorité gitane.

Le modèle des représentations de l'ordre social (Staerklé, Delay, Gianettoni & Roux, 2007 ; Staerklé, 2009) formalise ces représentations, en proposant que celles-ci s'organisent en quatre formes génériques d'ordre social, appelées *Ordre moral*, *Libre marché*, *Diversité sociale* et *Inégalités structurelles*. Nous retenons de ce modèle la distinction entre deux formes de différenciation qui caractérisent ces représentations de l'ordre social, la différenciation normative et la différenciation catégorielle. Cette distinction s'avère pertinente pour une analyse représentationnelle des relations entre groupes, car elle permet d'organiser les travaux en fonction du sens que les individus accordent aux différences intergroupes.

La *différenciation normative* décrit une distinction qui s'opère à l'intérieur d'une catégorie sociale, donc au niveau intragroupe. Conformément au principe de la catégorisation prototypicaliste, la catégorisation s'opère en fonction de la proximité avec les normes et les valeurs centrales de la catégorie (voir Deschamps & Moliner, 2008 ; Lorenzi-Cioldi & Clémence, 2001). Les individus proches du centre – les « bons » membres du groupe – respecteraient ces valeurs et adhéreraient aux normes centrales du groupe. À la périphérie, en revanche, les « mauvais » membres ne respecteraient pas ces valeurs, les transgresseraient ou adhéreraient à d'autres valeurs (Young, 1999). Le point central de cette forme de différenciation est qu'elle repose sur un référent normatif unique, et que par conséquent tout écart par rapport à ce référent est compris comme de la déviance. Elle implique également que le critère de catégorisation est comportemental – un chômeur fainéant peut devenir un travailleur assidu, un criminel peut se repentir et devenir un citoyen honorable – et que par conséquent les frontières entre les groupes sont pensées comme perméables.

La *différenciation catégorielle*, en revanche, renvoie à une distinction qui s'opère entre des catégories définies *a priori* sur la base de critères intrinsèques à l'individu et, dans la plupart des cas, perceptibles, par exemple l'apparence physique, la couleur de la peau ou le sexe. C'est la catégorisation classique, aristotélicienne, qui fonctionne selon le principe du « tout ou rien » : un attribut critique suffit pour être catégorisé comme membre de cette catégorie. Ici, les frontières entre groupes sont imperméables et la catégorisation est indépendante des comportements individuels.

Les catégorisations normative et catégorielle décrivent deux registres clairement différenciés de dynamiques de groupe, la première se situant au niveau intragroupe, la seconde au niveau intergroupe. Elles sont interdépendantes et compatibles, à savoir qu'elles peuvent aller de pair voire se renforcer mutuellement dans des représentations où la signification de l'appartenance à un groupe est relativisée par la différenciation normative (e.g., certains immigrés sont dangereux).

Selon le principe de construction sociale des représentations intergroupes, toute relation peut être construite et représentée comme relation intra- ou intergroupe, entraînant des dynamiques de catégorisation qui conditionnent les significations attribuées aux différences intergroupes. Autrement dit, la représentation de la différence intergroupe change en fonction du type de catégorisation sous-jacente à la différenciation : lorsque la différenciation opère au niveau normatif, les hors-groupes sont différenciés sur la base de la violation présumée de valeurs importantes de l'intragroupe, et l'exclusion sociale est justifiée par les comportements inadaptés des membres de l'hors-groupe. Dans la différenciation catégorielle, le groupe est perçu comme homogène et partageant les caractéristiques essentielles de la catégorie. Ces attributs stéréotypiques peuvent être positifs (lorsque les représentations de la différence intergroupe sont positives comme dans le multiculturalisme) ou négatifs (dans le racisme et l'ethnocentrisme par exemple). Prenons l'exemple d'un rapport générique entre une population nationale et une population de personnes migrantes. Les représentations de ce rapport seront *normatives* lorsque les personnes migrantes sont perçues comme peu intégrées à cause de leurs comportements qui ne correspondraient pas aux attentes de la majorité nationale, sous-entendu qu'il serait en principe possible de changer de comportement pour réellement s'intégrer dans la catégorie nationale. Elles seront *catégorielles* lorsque les personnes migrantes sont soit valorisées soit discriminées sur la seule base de leur appartenance, donc en tant que catégorie unifiée. La signification associée à ces modalités de catégorisation renvoie à des représentations différentes de la différence intergroupe, avec des implications importantes par exemple au niveau des politiques à mettre en œuvre pour répondre à cette situation intergroupe.

Un ensemble de recherches articulant les représentations sociales avec les relations entre groupes s'inscrivent dans cette double dynamique de catégorisation. Pour rendre compte de la construction du contenu des stéréotypes, Joffe et Staerklé (2007) ont proposé un modèle théorique basé sur le principe de la violation de valeurs. La valeur qui sert de fondement à une multitude de stéréotypes dans les sociétés contemporaines est le contrôle de soi (« self-control »), une valeur à caractère idéologique et normatif basée sur le principe libéral de l'autodétermination et de la maîtrise individuelle de la pensée et des comportements (e.g., Beauvois, 1994 ; Lorenzi-Cioldi, 2009 ; Sampson, 1988). Le poids attribué au contrôle de soi dans les discours politiques et économiques s'accorde non seulement avec les normes individualistes des classes dominantes, mais fait également partie intégrante de l'éthique protestante du travail et ainsi, plus généralement, de l'idéologie capitaliste. Violer cette valeur renvoie à une signification de menace à l'ordre libéral où règne le libre marché. Or les individus qui évoquent le respect de cette valeur sont aussi ceux qui symbolisent la réussite dans nos sociétés : déterminés et disciplinés, ils ont réussi leur vie. Ceux qui incarnent la violation du contrôle de soi, en revanche, sont les « losers » de la société, manquant de volonté, de discipline et de retenue. Opposer une catégorie sociale qui respecte une valeur importante pour le maintien de l'ordre social à une autre qui la viole permet dans le même temps d'affirmer et de concrétiser des valeurs abstraites comme celle du contrôle de soi. Autrement dit, l'antagonisme intergroupe basé sur le respect et la violation de valeurs est le résultat d'une stratégie d'objectivation qui transforme une valeur abstraite en une représentation utile pour le maintien de l'ordre social libéral (Staerklé, 2009, 2013). Un tel processus d'objectivation basé sur la différenciation normative est à l'œuvre pour toute valeur d'utilité sociale, par exemple la méritocratie, la responsabilité individuelle ou l'éthique du travail. Les stéréotypes deviennent ainsi des expressions de représentations intergroupes basées sur la différenciation normative. Par conséquent, la représentation sociale d'une valeur qui engage l'ensemble des membres d'un groupe remplit autant une fonction d'inclusion (basée sur la normativité prescriptive de la valeur) qu'une fonction d'exclusion (basée sur la violation de la valeur).

Cette différenciation normative est *a priori* indépendante des appartenances catégorielles et ainsi de la différenciation catégorielle. Néanmoins, la grande majorité des travaux sur les relations entre groupes en psychologie sociale repose sur une logique de rapports entre groupes définis *a priori*, que cela soit des groupes minimaux catégorisés expérimentalement ou des catégories sociales définies au niveau ethnoculturel et national. Ainsi, les recherches sur les préjugés portent généralement sur des attitudes négatives ou hostiles à l'égard de catégories sociales « réelles ». Une telle vision implique que le préjugé est pensé comme une décision ou une préférence individuelle, ce qui peut masquer le fait qu'il constitue l'expression d'un rapport de pouvoir entre le groupe juge et le groupe cible (Hopkins, Reicher & Levine, 1997). Une approche des préjugés sous l'angle des représentations sociales, en revanche, présuppose que le jugement individuel sur un hors-groupe s'inscrit dans une dynamique sociale plus large dans laquelle des savoirs partagés sur un hors-groupe sont actualisés par l'individu, savoirs qui reflètent des aspects structurels et fonctionnels de l'histoire et du rapport de domination entre les deux catégories (Moscovici & Pérez, 1997).

Tout jugement basé sur la différenciation catégorielle repose sur une théorie naïve concernant la nature des différences et des similarités entre catégories, notamment entre sexes, « races » et classes sociales. Ces théories naïves sont le produit d'un processus d'objectivation des différences entre groupes, devenues représentations sociales dont la fonction essentielle est autant de maximiser l'importance de différences distinctives mineures que de minimiser des similarités entre groupes. De telles représentations contribuent en outre à la construction identitaire des groupes et des individus et définissent « formes et figures d'altérité » (Jodelet, 2005), c'est-à-dire le rapport à l'Autre, à l'étranger, à l'inconnu. L'altérité est devenue une notion centrale dans les travaux sur les relations entre groupes dans une perspective de représentations sociales (e.g., Joffe, 1999 ; Sanchez-Mazas & Licata, 2005).

La notion de *race*, par exemple, constitue toujours et encore une réalité objectivée et réifiée par laquelle des différences entre groupes « raciaux » sont comprises et expliquées (Augoustinos, 2009). La « race » est devenue une représentation sociale qui a certes changé de forme au cours de l'histoire récente, mais qui néanmoins a gardé bon nombre d'attributs essentiels de sa conception originale. Ainsi, si la différence raciale est aujourd'hui moins comprise dans son cadre biologique, d'anciennes représentations raciales font régulièrement surface, et pas seulement dans les positionnements de l'extrême droite. Philogene (1999) a par exemple montré que le passage de l'étiquette de « Black American » à « African American » aux États-Unis n'a, de loin, pas effacé les connotations biologisantes de l'ancienne appellation catégorielle.

Ces représentations intergroupes persistent, car elles permettent de donner du sens aux catégories sociales et aussi de perpétuer des différences hiérarchiques entre les catégories. Elles sont par ailleurs profondément inscrites dans des réalités socio-historiques et dans des pratiques institutionnelles. Dans son analyse du racisme comme théorie sociale, Vala (2013) montre que le racisme est ancré dans des pratiques et représentations colonialistes centrales pour la construction identitaire occidentale (Said, 1978), dans des images anciennes du sauvage (Jahoda, 1999), dans des conceptions essentialistes d'appartenance religieuse et dans différentes pratiques de bureaucratie administrative souvent basées sur la catégorisation raciale. Le racisme comme théorie sociale devient ainsi un système de pensée et d'action largement partagé dans les sociétés occidentales, une représentation sociale qui donne du sens à la relation hiérarchique entre des groupes « raciaux » et qui met en avant les facteurs permettant de maintenir et de perpétuer cette hiérarchie raciale (Denis, 2015).

L'*essentialisation* est une stratégie représentationnelle puissante à l'œuvre dans la différenciation catégorielle (Wagner, Holtz & Kashima, 2009). En projetant des caractéristiques intrinsèques et immuables sur l'ensemble des membres d'une catégorie, elle lui donne du sens en rendant celle-ci homogène et unifiée, différente « par nature » par rapport à d'autres catégories. L'essentialisation peut être implicite ou stratégique, et elle peut s'appliquer autant à l'intragroupe (lorsque le groupe cherche à créer une identité unifiée) qu'à des hors-groupes (lorsqu'il s'agit de maximiser des différences avec l'intragroupe). De telles catégorisations essentialisantes sont souvent contestées (par les mouvements féministes, par exemple), mais gardent une puissance certaine au niveau des croyances du sens commun. Young (1999) a par exemple suggéré que l'étendue de l'incertitude et de la vulnérabilité existentielle dans les sociétés de la modernité tardive alimente des représentations essentialisantes de la diversité sociale et culturelle.

3. Communication intergroupe et représentations sociales

L'analyse représentationnelle des relations intergroupes ne saurait se limiter à la description ponctuelle, photographique de savoirs partagés. Elle incorpore en effet aussi une perspective dynamique qui rend compte de l'origine, de la construction et de l'évolution des représentations intergroupes. En constante transformation et reconfiguration, les représentations intergroupes se développent et se muent au gré des relations entre les groupes qui les propagent ou au contraire les contestent (voir Gillespie, 2008). Dans cette perspective, les citoyens ne sont pas des cibles passives, mais construisent les significations à partir d'un environnement normatif qui exerce des pressions de conformisme avec les représentations (Augoustinos, 1998). Par conséquent, même les représentations hégémoniques ne sont pas consensuelles (Billig, 1989 ; Moscovici, 1988), notamment parce qu'elles font l'objet de contestation active de la part de minorités (Howarth, Andreouli & Kessi, 2014). Une telle perspective dynamique implique précisément qu'une condition essentielle d'une représentation sociale est qu'elle soit contestée, ou au moins contestable, c'est-à-dire que la représentation renvoie à un objet social débattu, controversé, à un enjeu social (Doise, Clémence & Lorenzi-Cioldi, 1992). Cette possibilité de contestation fait nécessairement intervenir des dynamiques de communication intergroupe qui opposent des groupes dominants et dominés.

Afin de décrire les logiques communicationnelles des groupes dominants et dominés, il est utile de revenir aux modes de communication de *diffusion*, *propagation* et *propagande* développés par Moscovici (1961) dans son ouvrage fondateur sur les représentations de la psychanalyse dans la société française. L'importance accordée par Moscovici à ces modes de communication suggère que l'étude des représentations sociales implique nécessairement une analyse de la manière dont celles-ci sont disséminées dans la société, cette dissémination étant à son tour tributaire des relations entre groupes source et cible des représentations. Le paradigme d'origine des représentations sociales de Moscovici (1961) était dès lors déjà fondé sur la communication intergroupe.

Une lecture sociétale des modes de communication permet en outre de les articuler avec les relations asymétriques entre groupes et avec la différenciation normative et catégorielle (Staerklé, Clémence & Spini, 2011 ; Staerklé, 2015). La diffusion remplirait une fonction de normalisation indifférenciée des représentations, la propagation serait le mode privilégié des dominants pour disséminer des représentations hégémoniques (Moscovici, 1988) justifiant un ordre social avantageux, alors que la propagande serait la stratégie communicationnelle de choix des dominés pour contester des représentations hégémoniques. Voyons cela plus en détail.

La *diffusion* décrit un processus de normalisation qui contribue à la création du sens commun et de savoirs de référence (Sammut & Bauer, 2011). Ce sens commun est constitué de représentations largement partagées qui orientent la pensée des individus sur des objets sociaux, mais n'impliquent pas des prises de position explicites. Neutres en apparence, ces représentations sont néanmoins issues d'une dynamique communicationnelle opportuniste qui privilégie des savoirs censés plaire au plus grand nombre et n'offusquer personne. Les quotidiens gratuits et les chaînes de télévision grand public constituent des exemples de canaux de communication appropriés pour la diffusion.

Si la diffusion ne repose pas sur une dynamique intergroupe clairement formulée, la *propagation* quant à elle met en jeu une communication stratégique qui vise à convaincre une audience du bien-fondé de représentations hégémoniques. C'est le mode de communication privilégié des groupes dominants à vocation hégémonique, par exemple des gouvernements et des partis politiques, des entreprises multinationales ou des institutions financières, secondés par des « experts », de lobbies politiques et de « think tanks » au service des intérêts dominants. L'objectif primordial de la propagation consiste à créer un large consensus autour de valeurs qui protègent les intérêts des dominants et ainsi à consolider des représentations soutenant le maintien de l'ordre social (voir Glasser & Salmon, 1995). Ce consensus autour de valeurs communes vise à promouvoir un ordre social qui apparaît comme désirable et « normal », un ordre hégémonique et légitime qui n'appelle pas de contestation. Les représentations sont donc ici au service de la légitimation et de la « justification du système » afin de faire apparaître ce système comme subjectivement juste aux yeux de la majorité d'une population donnée.

De telles représentations hégémoniques sont souvent fondées sur des valeurs qui mettent en avant la responsabilité individuelle comme la méritocratie, le libéralisme économique et l'éthique protestante. Ces valeurs invitent à la différenciation normative décrite plus haut, car elles permettent d'affirmer leur légitimité au moyen d'individus exemplaires tout en excluant une partie de la population sur la base de ces mêmes valeurs (Young, 1999). Elles incorporent des normes individualistes qui justifient une structure sociale fonctionnant à l'avantage des groupes dominants, car elles véhiculent l'idée que la position sociale des individus est avant tout due à leur propre effort ou manque d'effort.

Un exemple parlant de propagation basée sur la différenciation normative provient d'une recherche qualitative sur la production discursive des participants au *World Economic Forum* (organisé chaque année à Davos en Suisse) entre 2004 et 2013 (Giesler & Veresiu, 2014). Afin de propager une nouvelle représentation hégémonique du consommateur responsable, l'élite économique et politique mondiale – convaincue d'être investie d'une moralité supérieure – met en avant le devoir des consommateurs de résoudre eux-mêmes, par leurs propres choix et décisions éclairés, les grands problèmes sociaux de la santé publique, de la précarité et de la pauvreté. L'élite propage ainsi l'idée d'une nouvelle fondation « morale » de l'économie mondialisée qui définit les « bonnes » et les « mauvaises » décisions des individus, à savoir celles reflétant le contrôle du soi, la modestie et la retenue personnelle versus celles qui font appel à l'aide extérieure, et notamment étatique. Ce discours est présenté comme juste et progressif, car il considérerait les individus comme des agents actifs au lieu de victimes impuissantes. Or il attribue la responsabilité des problèmes sociaux aux individus mêmes au détriment des institutions politiques censées protéger les droits des individus et des organisations économiques qui sont à l'origine même des problèmes. Toute tentative de régulation légale et institutionnelle devient alors non seulement futile, mais apparaît comme rigide et dépassée à la vue de ces visions « optimistes » orientées vers le futur. Pour Giesler et Veresiu, la production discursive de Davos vise à créer une « mythologie moraliste du marché qui sert à naturaliser des systèmes de consommation culturellement constitués ». En fin de compte, il s'agit de convaincre les populations mondiales d'une nouvelle représentation selon laquelle « l'humain est un consommateur né et que toute participation sociale est en fait un acte de consommation dans un marché libre » (Giesler & Veresiu, 2014, p. 854).

L'exemple de la construction de la représentation du consommateur responsable montre que la différenciation normative est un outil rhétorique privilégié de la propagation et ainsi de la communication des dominants. Ici, le processus de catégorisation positionne la source comme un représentant légitime d'une norme supraordonnée, c'est-à-dire une majorité normative, et la cible comme déviant de cette norme, c'est-à-dire une minorité normative (voir Mummendey & Wenzel, 1999, pour une logique similaire à l'œuvre dans leur modèle de la « projection intragroupe »). En se réclamant stratégiquement du prototype de cette norme, la majorité se catégorise en opposition à des catégories minoritaires par rapport auxquelles elle cherche à se différencier. Cette différenciation est associée à des représentations qui stipulent que les membres de la majorité respecteraient les normes de l'intragroupe (des prises de décision responsables dans l'exemple ci-dessus), alors que les minorités les transgresseraient (avec des décisions irresponsables). Par cette stratégie communicationnelle, le pluralisme de valeurs devient illégitime, car l'ensemble des membres d'une catégorie est tenu d'adopter les normes et les valeurs de la majorité. Les clivages sociaux peuvent ainsi être représentés comme le résultat d'actions et de motivations individuelles – comme dans le mythe du riche travailleur et du pauvre fait néant – et les frontières entre groupes deviennent perméables afin de permettre à tout individu de rejoindre les normes et les valeurs de la majorité. Cette forme de communication intergroupe légitime le discrédit de groupes minoritaires (car ils ne respectent pas les valeurs de la majorité) et stabilise et protège la représentation majoritaire par la construction de représentations alternatives basées sur la violation présumée de valeurs majoritaires (Gillespie, 2008). Ce principe est illustré par une autre recherche sur le rôle du racisme dans les attitudes à l'égard du « welfare » américain (Gilens, 1999). Gilens montre que, dans les représentations des politiques sociales en faveur des personnes les plus défavorisées aux États-Unis, les Afro-américains prennent une place largement disproportionnée, autant au niveau de la couverture médiatique que dans l'opinion publique. Cette surreprésentation des Afro-américains est interprétée comme symbolisant la violation des valeurs individualistes chères à la majorité blanche, en particulier l'éthique protestante et l'autosuffisance.

Toute représentation peut ainsi remplir en même temps des fonctions d'inclusion et de cohésion intragroupe et d'exclusion et de différenciation intergroupe (voir Deschamps & Moliner, 2008). Lorsqu'une représentation définit l'identité d'un groupe et encourage l'adoption de normes communes, cette même représentation sert également à différencier ce groupe d'autres groupes. Pensons aussi aux représentations nationales – sous forme de « valeurs » américaines, françaises, allemandes par exemple – qui sont régulièrement invoquées pour affirmer un sentiment de cohésion et d'unité nationale par la caractérisation de « bons » citoyens respectant ces valeurs. Ces représentations peuvent servir en même temps l'exclusion de catégories (étrangères et immigrantes, dans cet exemple) jugées ou construites comme déviantes par rapport à ces valeurs. Les représentations sociales se trouvent alors à l'intersection des relations intra- et intergroupes (Dovidio, 2013).

La propagation joue aussi un rôle important dans la légitimation des préjugés à l'égard de groupes minoritaires. La force sociale des préjugés tient à leur partage social, car les préjugés sont exprimés plus facilement quand on pense qu'autrui partage ce préjugé (Crandall, Eshleman & O'Brien, 2002). Le préjugé devient ainsi légitimé par une représentation sociale intergroupe largement partagée. Lorsque celle-ci est basée sur la différenciation normative, le préjugé portera sur des groupes construits comme déviants car violant des valeurs. Lorsqu'elle est basée sur la différenciation catégorielle, une théorie naïve sur les différences catégorielles est à l'origine du préjugé. Dans les deux cas, la représentation peut donner un air de normalité au préjugé et induire l'idée qu'une attitude négative est légitime sinon désirable. Le concept de méta-représentations (Elcheroth, Doise & Reicher, 2011) capture ce principe de croyances sur les croyances des autres : la pensée intergroupe s'oriente en fonction de ce qu'on pense que les autres pensent.

Différentes recherches en dehors de l'approche des représentations sociales permettent d'étayer ce principe. Des travaux dans la perspective de la théorie de l'autocatégorisation suggèrent par exemple que les membres d'un groupe cherchent activement l'accord des autres membres concernant le bien-fondé d'un stéréotype et qu'ils adhèrent plus facilement à un stéréotype lorsqu'ils s'identifient avec le groupe et ses normes partagées (Haslam, Oakes, Reynolds & Turner, 1999). Plus récemment, Effron et Knowles (2015) ont montré que les préjugés étaient plus facilement exprimés dans des groupes hautement cohésifs, c'est-à-dire partageant les mêmes normes et valeurs.

Si le groupe dominant cherche à stabiliser et à justifier un rapport intergroupe asymétrique, le groupe dominé tentera au contraire de le fragiliser et de le remettre en question (Saguy, Dovidio & Pratto, 2008). La communication minoritaire peut ainsi être rattachée au mode de communication de la *propagande* (Moscovici, 1961) qui devient une force déstabilisatrice de représentations hégémoniques. En mettant en avant des représentations alternatives, « polémiques » (Moscovici, 1988), elle conteste le statu quo et les représentations qui soutiennent les arrangements sociaux considérés comme défavorables pour les groupes dominés. La résistance aux représentations dominantes rend possible le désaccord et la dissidence et ainsi le changement social (Duveen, 2001).

Comme les groupes dominés ont généralement moins de ressources matérielles et normatives à leur disposition pour disséminer leurs représentations auprès d'un large public, ils doivent se baser sur une stratégie de communication qui permet d'affirmer leur point de vue alternatif avec force. C'est pourquoi le processus de catégorisation à l'œuvre dans la propagande vise une différenciation claire entre représentation dominée et dominante. Une fonction importante de la propagande consiste en effet à rassembler les membres d'un groupe dominé autour d'une position qui contraste clairement avec la position dominante afin de contester des formes hégémoniques d'ordre social (voir Klein, Spears & Reicher, 2007). Rappelons que la catégorisation dans la propagation est basée sur la norme dominante comme référent normatif unique par rapport auquel toute représentation alternative peut être stratégiquement écartée comme déviante. La propagande en revanche doit faire connaître la représentation polémique comme une alternative valide par rapport à la représentation dominante. Autrement dit, la propagande repose sur la différenciation catégorielle et sur la construction de frontières intergroupes imperméables qui permet la confrontation directe entre des normes de groupe en compétition (représentées par exemple par des minorités et des majorités ethniques, des groupes protestataires et des élites, ou des groupes d'orientation sexuelle différente). Soutenant l'idée de modes de communication différenciés pour les groupes dominants et dominés, des recherches ont montré que des membres de groupes dominés articulent facilement des questions liées aux différences entre groupes, alors que des membres de groupes majoritaires préfèrent évoquer des sujets faisant référence aux aspects communs entre les groupes, en particulier des normes et des valeurs communes (Saguy et al., 2008). De même, les membres de groupes dominants éviteraient de discuter des sujets pouvant menacer leur position avantagée avec des membres de groupes dominés, voire même communiquer des messages qui obscurciraient des questions d'inégalités entre groupes (Jackman, 1994 ; Ruscher, 2001). Paradoxalement, c'est donc une forme de catégorisation qui oppose deux groupes normativement différenciés qui est à même de mener vers le changement social, car elle donne aux groupes dominés une identité et une voix claire dans le débat sociétal qui leur permet de disséminer de nouvelles normes. De telles stratégies représentationnelles requièrent généralement différentes formes de contestation et d'action collective (Howarth, Andreouli & Kessi, 2014). On peut dès lors rapprocher la stratégie communicationnelle de la propagande dans la théorie des représentations sociales (Moscovici, 1961) à l'influence minoritaire telle que développée par Moscovici (1976b) dans sa théorie de la conversion[4].

Néanmoins, pour imposer une nouvelle représentation, il ne suffit pas pour les groupes dominés de se différencier du groupe dominant et d'affirmer avec force leurs convictions. Afin de pouvoir disséminer avec succès une représentation, la position dominée ne doit pas être perçue comme entièrement incompatible avec la position dominante (Mugny & Pérez, 1991). Ainsi, les groupes dominés engagés dans un rapport de propagande avec le groupe dominant doivent être en même temps similaires et différents par rapport aux groupes dominants afin que leur représentation alternative ne soit pas perçue comme une menace au groupe dominant. Si tel est néanmoins le cas, les représentations innovatrices peuvent provoquer des réactions défensives de la part du groupe dominant. Les représentations alternatives peuvent alors être isolées des représentations dominantes par différentes stratégies communicationnelles majoritaires, par exemple par une opposition idéologique rigide ou par la stigmatisation de certaines représentations et la psychologisation de leurs promoteurs (Gillespie, 2008). Pour se convaincre de l'existence de cette résistance orchestrée aux représentations polémiques, il suffit de penser à la couverture condescendante voire méprisante de certains mouvements de contestation par la presse grand public.

L'approche dynamique des représentations intergroupes implique finalement qu'une représentation minoritaire peut devenir majoritaire à partir du moment où le groupe dominé aura réussi à attirer un nombre suffisant de nouveaux adhérents à sa représentation polémique. La minorité est alors transformée en majorité, et ce changement entraîne des répercussions sur les dynamiques communicationnelles (Prislin & Christensen, 2005). Parce que la transformation d'une représentation polémique en représentation hégémonique représente un changement vers une position plus avantageuse en termes de support matériel et normatif, les anciennes minorités défendront leur position avec plus de vigueur. Des revendications de droits sont transformées

4. Voir chapitre 26.

en prescriptions de devoir, et des attitudes plus intolérantes à l'égard de positions alternatives se développent (Moghaddam, 2006). On peut alors spéculer que l'ancienne communication minoritaire fonctionnant selon le mode de propagande et de la différenciation catégorielle est transformée à son tour en mode de propagation reposant sur la différenciation normative. Autrement dit, les nouvelles majorités sont souvent particulièrement intransigeantes en considérant toute position opposée à la leur (et donc toute nouvelle minorité) comme une déviance plutôt qu'une alternative légitime (Prislin & Christensen, 2005). Les exemples historiques à ce processus ne manquent pas, par exemple lors de changements de pouvoir politique dans un pays ou lorsque d'anciennes minorités ethniques deviennent majoritaires dans des États nouvellement constitués.

4. Conclusion

Ce chapitre a présenté une intégration des relations entre groupes avec des dynamiques représentationnelles. Les représentations intergroupes ont été définies par deux formes de différenciation, normative et catégorielle, qui correspondent respectivement à des logiques intra- et intergroupe. La différenciation normative permet aux représentations sociales de rassembler les membres d'un groupe autour d'une norme commune tout en excluant de façon stratégique les individus considérés comme déviant par rapport à cette norme de groupe. La différenciation catégorielle, en revanche, repose sur des théories naïves des différences entre groupes. Ces deux formes de différenciation ont ensuite été articulées avec des formes de communication intergroupe, la propagation étant caractéristique de la communication dominante et la propagande typique de la communication dominée.

Cette approche dynamique et normative des relations entre groupes propose que les représentations sociales se construisent et se transforment dans des rapports intergroupes marqués par des asymétries de pouvoir et de ressources. Si des représentations hégémoniques disséminées par les groupes dominants permettent de consolider et de justifier les arrangements sociaux existants, des représentations polémiques invoquées par des groupes dominés sont mobilisées pour contester des représentations soutenant les inégalités sociales et des pratiques sociales et institutionnelles de non-reconnaissance de la diversité sociale. L'approche des représentations sociales permet ainsi d'analyser des phénomènes intergroupes classiques comme les stéréotypes et les préjugés dans leur contexte social et de les intégrer dans des rapports de communication asymétriques. Plus généralement, elle constitue un outil conceptuel adapté pour saisir les dynamiques sociales sous-jacentes à l'inclusion et à l'exclusion sociale. En fin de compte, une telle approche met en lumière les processus qui perpétuent des inégalités sociales tout en montrant comment celles-ci peuvent être contestées dans la perspective d'un changement social vers une société moins inégale et plus reconnaissante.

FOCUS 22

Communications médiatisées par ordinateur, représentations et relations intergroupes

Jérôme GUEGAN[1]

1. Université Paris Descartes, France.

Selon les premières approches psychosociales des communications médiatisées par ordinateur, les interactions en ligne anonymes seraient caractérisées par une diminution des facteurs groupaux, des régulations normatives (Kiesler, Siegel & McGuire, 1984 ; Siegel, Dubrovsky, Kiesler & McGuire, 1986) et par un affaiblissement des frontières intergroupes.

Par exemple, le *modèle des indices sociaux réduits* (Kiesler et al., 1984) postule que l'anonymat, l'isolement physique et la restriction des indices non verbaux (e.g., les gestes, regards, expressions faciales) perturberaient la communication, la compréhension mutuelle et la formation des groupes à distance. En outre, selon les promoteurs de l'*hypothèse égalitaire* (Dubrovsky, Kiesler & Sethna, 1991 ; Sproull & Kiesler, 1991), ces caractéristiques des interactions en ligne agiraient comme des filtres permettant une « équilibration » des échanges à distance. Puisque la diminution des indices sociaux ne permet pas une identification fine des caractéristiques de chacun, les asymétries sociales et les appartenances groupales « réelles » deviendraient floues et perméables. L'influence des représentations intergroupes et des stéréotypes s'en trouverait donc sensiblement réduite. Ces représentations, renvoyant à des appartenances et des relations intergroupes issues d'autres espaces sociaux, ne seraient plus des grilles de lectures pertinentes. Peut-on dès lors considérer que l'utilité et donc la mobilisation des représentations intergroupes se trouveraient affaiblies dans de telles situations ? Les quelques lignes de ce focus permettront d'invalider l'orientation fortement individualisante – et en un certain sens utopique – de cette position initiale (Guegan & Michinov, 2011). Il s'agira également de présenter quelques développements et perspectives quant à la mobilisation des représentations dans les interactions en ligne.

De nombreux travaux réalisés depuis les années 1990 concourent à mettre en évidence que les interactions en ligne anonymes peuvent renforcer l'influence des normes groupales, stimuler les dynamiques intergroupes et la différenciation catégorielle. Il s'agit d'un phénomène qui est apparu bien paradoxal, notamment au regard du contexte théorique évoqué plus haut et des approches classiques du groupe en psychologie sociale. Ce paradoxe apparent peut être expliqué par les propositions du modèle SIDE (*Social Identity Model of Deindividuation Effects* ; Reicher, Spears & Postmes, 1995 ; Spears & Lea, 1994), qui s'inscrit dans la continuité des théories de l'*identité sociale* (Tajfel & Turner, 1979) et de l'*autocatégorisation* (Turner, Hogg, Oakes, Reicher & Wetherell, 1987). Ce cadrage théorique offre une autre interprétation de la proximité spatiale des membres du groupe, une condition classiquement considérée comme indispensable à l'identification groupale et au développement des normes (Lea & Giordano, 1997). En effet, dans une perspective socio-identitaire, « le groupe existe au sein de l'individu comme une représentation cognitive » (Rogers & Lea, 2005, p. 153). De par cette existence symbolique du groupe et son intériorisation dans la cognition individuelle, il n'est donc pas nécessaire que les autres membres soient physiquement présents pour que l'individu puisse s'identifier au groupe et appréhender la communication à un niveau intergroupe. Dans ces conditions, le modèle SIDE postule que puisque l'anonymat des communications en ligne masque les spécificités individuelles, les individus raisonneraient sur la base de catégories sociales. Ils se percevraient eux et les autres comme des représentants prototypiques de leurs groupes d'appartenances (i.e., *processus de dépersonnalisation*). En masquant les attributs idiosyncrasiques, l'anonymat a aussi la propriété de fournir une présentation homogène et standardisée des groupes en présence et de leurs membres (e.g., Lee, 2004). En d'autres termes, cela revient à considérer l'anonymat et la réduction des indices sociaux comme susceptibles d'infléchir le rapport de *méta-contraste* (Haslam & Turner, 1992). Il en résulte que les échanges entre les groupes en ligne se traduiraient par une forte mobilisation des représentations intergroupes puisque c'est précisément le niveau groupal qui deviendrait, de par sa saillance, la grille de lecture de la situation. L'anonymat, considéré comme le support privilégié des comportements contre-normatifs (Zimbardo, 1969), peut dès lors être conceptualisé comme un vecteur important de l'influence du groupe et des normes associées (Postmes & Spears, 1998).

Ces propositions ont été validées expérimentalement à travers plusieurs recherches montrant notamment que les communications anonymes renforcent l'influence des normes groupales, l'attraction mutuelle entre les membres du groupe, l'action des stéréotypes et le favoritisme endogroupe (pour une revue, voir Spears, Lea & Postmes, 2007). Par exemple, Postmes,

Spears et Lea (2002) ont montré que l'anonymat (en comparaison à une condition de visibilité) augmente la différentiation intergroupe et la divergence d'attitudes lors d'un débat en ligne opposant des étudiants de différentes nationalités. Dans une série d'études, Postmes et Spears (2002) ont également observé que l'activation d'un stéréotype de genre dans un contexte d'interaction intergroupe anonyme accentue l'apparition de comportements prototypiques masculins ou féminins. Des études plus récentes mettent en évidence des phénomènes de même nature au sein d'environnements virtuels dans lesquels l'appartenance des utilisateurs est symbolisée par les personnages qu'ils incarnent (i.e., avatars). Ainsi, les perceptions intergroupes et les biais raciaux maintiennent nettement leur influence dans des environnements virtuels pourtant distants de la réalité sociale ordinaire (Eastwick & Gardner, 2009). Dans ces mêmes environnements, des appartenances fondées sur des critères et des logiques intergroupes internes au contexte virtuel n'en suscitent pas moins le développement de représentations mutuelles permettant de distinguer positivement le groupe d'appartenance (Guegan, Moliner & Buisine, 2015).

Parallèlement aux propositions du SIDE, on peut aussi supposer que les interactions anonymes en ligne doivent, pour être efficientes, prendre appui sur des cognitions et des repères partagés. Autrement dit, la mobilisation des stéréotypes et des représentations intergroupes pourrait relever d'une adaptation des individus visant à maîtriser les situations d'interaction en ligne. En effet, puisqu'elles conduisent bien souvent des personnes qui ne se connaissent pas à interagir anonymement, ces situations sociales sont porteuses d'incertitude. Afin de réduire cette incertitude, l'individu doit échanger et recueillir des informations (Berger & Calabrese, 1975) lui permettant de se forger une impression d'autrui et de donner du sens à la situation sociale (Abric, 1999 ; Srull & Wyer, 1989). Cependant, lors d'une interaction en ligne anonyme, ce processus requiert beaucoup de temps et de ressources cognitives pour agir de manière adaptée à chaque interlocuteur (Tidwell & Walther, 2002). Or, dans de telles situations, les représentations intergroupes pourraient s'avérer particulièrement utiles pour fournir des bases de communication efficaces, au moins lors des premières rencontres. Les attributs idiosyncrasiques étant masqués, il convient véritablement de *se représenter* la situation, et le niveau groupal – englobant les cas particuliers – peut fournir le support le plus lisible. La mobilisation des représentations intergroupes pourrait donc aussi relever d'une recherche de cohérence visant à diminuer l'ambiguïté et l'incertitude de l'interaction, sous-tendue par une finalité d'action et de communication.

De plus, en accord avec Suler (2004), lorsqu'il ne perçoit pas les spécificités de l'interlocuteur, l'individu s'approprierait et reconstruirait l'image de cette personne en produisant des inférences sur sa personnalité, son apparence, etc. (i.e., *processus d'introjection*). Puisque ce processus s'initie en situation d'incertitude, il y a fort à penser que la reconstruction de l'image d'autrui ne se réalise pas au hasard, mais prenne largement appui sur le cadre fourni par les stéréotypes et les représentations intergroupes. Ainsi, on a pu observer que les représentations intergroupes et les rôles sociaux orientent les perceptions, même lors d'une interaction anonyme en dyade avec un compère (Guegan, Moliner & Milland, sous presse). Cette situation permettait de maintenir constants les différents contenus exprimés, c'est donc sur la base de l'appartenance de l'interlocuteur que les sujets ont appréhendé l'interaction en ligne. En effet, « dans la plupart des cas, les relations interindividuelles sont déjà, au moins virtuellement et à un niveau symbolique, des relations entre groupes » (Deschamps & Clémence, 2000, p. 111).

Sur la base de ces différents éléments, on peut considérer que les communications médiatisées par ordinateur anonyme impliquent un rapport constant entre les indices d'appartenance que l'on peut y déceler et les filtres représentationnels venant les structurer. En ce sens, ces médiums de communication sont, peut-être avant tout, des espaces de représentations.

En dernier lieu, il convient d'aborder succinctement l'influence des communications en ligne concernant la contestation des représentations dominantes. Comme le rappelle Staerklé[2], la propagande est un mode de communication utile aux groupes minoritaires pour s'opposer aux croyances consensuelles et au maintien du statu quo. Dans cette perspective, les espaces de

2. Voir chapitre 22.

communication en ligne, qu'ils soient structurés de façon intra ou intergroupe, peuvent fournir un support privilégié pour véhiculer des représentations alternatives. Une utilisation stratégique de ce support peut être mise à profit par des groupes minoritaires qui n'accèdent que rarement à une réelle tribune au sein des espaces de communication les plus classiques. Il s'agit aussi d'un cadre idéal pour mobiliser une audience (Klein, Spears & Reicher, 2007) et initier des échanges autour de points de vue minoritaires qui ne trouveraient pas matière à se développer avec une ampleur suffisante. En effet, plusieurs travaux suggèrent que les communications en ligne sont favorables à l'expression d'éléments en lien avec les valeurs du groupe, mais qui seraient susceptibles d'êtres socialement réprouvés, voire directement sanctionnés (Spears, Lea, Corneliussen, Postmes & Haar, 2002). Dans le même sens, ces conditions sont propices à la *performance identitaire* (Klein et al., 2007), qui correspond à la réalisation délibérée de comportements ou à l'expression d'éléments normatifs au sein du groupe d'appartenance, même s'ils entrent en conflit avec les valeurs plus consensuelles d'un exogroupe majoritaire ou d'une instance régulatrice plus générale. Enfin, en infléchissant les modalités de prise de position vis-à-vis des instances normatives, ces considérations pourraient aussi orienter les communications relatives à des objets sensibles et à certaines facettes des représentations sociales[3].

3. Voir chapitre 4, chapitre 25 et focus 25.

CHAPITRE 23

Cognition sociale situationnelle : l'architecture imbriquée des représentations sociales, des attitudes et des points de vue[1]

Gordon SAMMUT[2]

Sommaire

1. Traduit de l'anglais vers le français par Patrick Rateau (Université de Nîmes, France).
2. Université de Malte.

La reformulation proposée par Moscovici (1961) de la notion de représentations collectives de Durkheim (1924) a précipité l'étude de la construction sociale des connaissances et du sens commun dans un contexte de pluralité. Le fait que les sociétés contemporaines sont inévitablement exposées aux modes de vies d'individus différents signifie, comme le note Giddens (1991), que personne ne peut faire état d'une croyance en ignorant que d'autres personnes partagent des croyances différentes qui déterminent différentes pratiques à l'égard du même objet ou du même événement. Les sphères publiques contemporaines accueillent les représentations sociales de divers groupes sociaux qui rivalisent de besoin de reconnaissance afin de légitimer leurs propres façons de vivre (Jovchelovitch, 2007). L'hypothèse de la polyphasie cognitive proposée par Moscovici (1961/2008) postule que les individus et les groupes utilisent différentes modalités de connaissances en construisant et en négociant l'environnement dans lequel ils évoluent. Par prolongement, l'hypothèse de la polyphasie cognitive suggère que différentes modalités de connaissance peuvent coexister dans un même espace.

En ce sens, la théorie des représentations sociales de Moscovici, à côté d'autres contributions de la psychologie sociale, a permis de comprendre la pluralité dans son immense diversité et de démontrer combien l'appartenance groupale exerce une influence définie sur le comportement humain (Wagoner, 2012). L'étude de terrain réalisée par Jodelet (1991b) à propos des relations entretenues avec la maladie mentale par la communauté d'Ainay-le-Château en a fourni un exemple frappant. Alors que les réponses des individus peuvent varier relativement à un standard normatif, les groupes sociaux disposent de normes de conduites et de pensées qui fournissent des guides pour l'action sociale. Toute une gamme de comportements peut être justifiée par une représentation sociale en réponse à un événement particulier. Et les diverses conduites des individus dépendent, à leur tour, de leur propre orientation particulière à l'égard de l'événement. Vraisemblablement, les variations inter-individuelles de comportements à l'intérieur d'un même groupe social proviennent des diverses attitudes que les individus peuvent avoir envers le même événement (Sammut, 2015). C'est ainsi que certains peuvent, par exemple, être plus ou moins favorables à un même objet social.

Les représentations sociales ne déterminent pas le comportement. En revanche, elles servent de cadre à une séquence d'actions individuelles (Moscovici, 1982). L'agencement individuel des réponses comportementales est un catalyseur pour la représentation sociale (Chyssides et al., 2009), de la même façon que de nouvelles significations qui légitiment de nouvelles réponses ou de nouvelles définitions des événements sociaux sont assimilées au sein du sens commun.

Pour la théorie des représentations sociales, la spécification de la variabilité des réponses individuelles à un événement social a pris donc appui sur la notion d'attitude. Nous avons soutenu ailleurs qu'une telle formulation semblait inadéquate (Sammut & Gaskell, 2010, 2012 ; Sammut, 2015) en raison du fait que la conception actuelle de l'attitude ne fournit pas une base contextuelle au comportement. En revanche, les attitudes permettent de spécifier les tendances individuelles envers l'objet. Dans sa forme sociale (i.e., l'opinion publique), le concept d'attitude devient la proie du concept nomothétique d'agrégation. Par essence, la représentation sociale est tenue pour être constituée de niveaux d'accord au sein d'une population donnée à propos d'un objet donné. Nous avons défendu l'idée selon laquelle le concept de représentations sociales fournit une meilleure formulation du social que celui d'opinion publique en considérant au moins deux notions : celle du collectif (à l'opposé de l'aggrégation, voir Harré, 1988) et celle de groupes sociaux. La première notion renvoie à une conception de la représentation sociale en tant que phénomène systémique qui existe entre les individus, plutôt qu'à une mesure moyenne de la façon dont un agrégat d'individus se positionne par rapport à un objet, d'autant qu'aucune attitude singulière n'a jamais correspondu à une moyenne statistique (voir Toomela & Valsiner, 2010). Nous estimons d'ailleurs que de telles mesures de l'opinion publique ne sont rien d'autre que des artefacts statistiques. La seconde notion renvoie au fait que les groupes sociaux de la vie quotidienne peuvent ne pas correspondre aux groupes démographiques que les recherches sur l'opinion publique étudient. Personne ne peut pré-déterminer, par exemple, que la population des plus instruits ou des plus riches au sein d'une société constitue toujours et dans tous les contextes un groupe social. Au contraire, nous défendons l'idée que les groupes sociaux sont largement contextuellement spécifiques et que, même s'ils peuvent unir les individus dans un projet commun (Bauer & Gaskell, 1999), ils peuvent contenir en eux une diversité de caractéristiques démographiques. La ques-

tion de savoir quels sont les groupes sociaux qui apparaissent comme des acteurs pertinents dans une société donnée constitue une matière empirique en soi pour l'étude des représentations sociales. Par exemple, si nous reproduisions l'étude originale de Moscovici (1961) sur les représentations sociales de la psychanalyse en France, nous constaterions probablement que d'autres groupes sociaux que les groupes libéraux, communistes et catholiques identifiés par Moscovici, jouent un rôle significatif dans l'espace public français actuel.

Afin de surmonter ces insuffisances, nous avons proposé un modèle emboîté des représentations sociales qui envisage l'étude des « points de vue » comme une alternative à la formule opinion publique/attitude. Nous définissons un « point de vue » comme « une perspective envers un événement social, un groupe ou un objet, exprimé en tant que déclaration, et qui peut être argumenté par un système de connaissances duquel dérive sa logique » (Bauer & Gaskell, 2010, p. 49). La diversité à l'intérieur du champ social signifie que plusieurs individus occupant diverses positions sociales relativement à l'objet sont similairement engagés dans un processus de représentations sociales (Clémence, 2001). Des positions sociales différentes impliquent des points de vue différents à l'égard de l'objet, comme l'a bien montré Sartre (1943/2003). Contrairement aux attitudes, les points de vue sont modelés à la fois en termes de relation et en termes de relativité. Dans le présent chapitre, nous tenterons de consolider cette formulation. On commencera par discuter l'utilisation des attitudes dans les recherches en sciences sociales et procéderons à une revue de la littérature relative à la typologie des points de vue. Nous présenterons ensuite les résultats d'une étude relative aux propriétés des points de vue. Nous conclurons enfin en discutant l'intérêt de ce concept dans l'étude du comportement social aux côtés de celui de représentations sociales.

1. Attitudes et points de vue

La conception psychosociologique de l'attitude renvoie à l'évaluation individuelle d'un objet. Typiquement, les individus sont tenus pour avoir des attitudes envers les objets et les événements de leur environnement. Tel individu peut avoir un intérêt plus élevé qu'un autre pour tel objet et, de fait, avoir une attitude plus favorable à son égard qu'envers un autre objet. De plus, les individus sont tenus comme étant capables d'articuler leurs attitudes en des jugements relatifs à leur disposition envers divers objets. La mesure des attitudes aux moyens d'échelle de type Likert et leur analyse statistique sont devenues communes et beaucoup de ce qui est établi comme une connaissance scientifique du social est liée à une telle opérationnalisation de l'attitude.

Cette procédure, pourtant populaire, n'est pas sans inconvénients. Notamment, parce que cette mesure des attitudes est largement asociale (Gaskell, 2001). Dans la plupart des recherches consacrées aux attitudes, le contexte social est traité comme une variable parmi d'autres plutôt que comme une composante ontologique de l'attitude elle-même. Ce problème de la mesure des attitudes a été noté depuis longtemps mais largement ignoré. Likert (1967) lui-même, en proposant sa célèbre échelle, insistait sur le fait que les attitudes devaient être culturellement standardisées, de la même façon que pour les tests d'intelligence. Selon Likert, une mesure effectuée au sein d'un groupe ne pouvait pas être applicable au sein d'un autre. Cet argument peut être étendu au comportement social : un individu peut disposer d'une attitude envers un objet, mais la seule connaissance de cette attitude échoue à prévoir le type de conduites que l'individu va mettre en œuvre dans les circonstances réelles de la vie. D'autres contingences de l'attitude vont en effet rentrer en jeu, notamment, comme l'a montré Wagoner (2012), des standards normatifs propres à une culture donnée. Les recherches sur les représentations sociales ont clairement établi que les aspects normatifs sont toujours circonscrits par des facteurs culturels variant selon les groupes et les sociétés (e.g., Howarth, Wagner, Magnusson & Sammut, 2014 ; Wagner, Sen, Permanadelli & Howarth, 2012).

Mais le comportement social est encore plus largement variable que cela. Comme l'a indiqué Wagoner (2012), la pensée des individus relativement à un objet, et non seulement leur comportement, variera en fonction de leur position sociale et selon que l'on s'adresse à eux en tant que professionnel, que croyant ou que membre d'un club (p. 66). En ce sens, on s'attend à ce que les sujets humains adaptent leurs réponses en fonction du contexte social. S'ils sont par exemple en colère, ils s'exprimeront différemment en présence de membres de leur famille, de collègues de travail, d'étrangers ou de policiers. Ce que les normes sociales prescrivent comme étant un comportement légitime, étant donné une certaine expérience et une certaine émotion, dépend des contingences particulières et situationnelles que l'individu importe dans le contexte social. Les recherches sur les attitudes ne permettent pas de comprendre le comportement social *in situ* (voir Sammut & Gaskell, 2012).

Si nous revenons aux représentations sociales, nous comprenons que différents groupes peuvent partager différentes représentations du même objet (e.g., de la psychanalyse) qui légitiment et justifient différents comportements à son égard. Toutefois, un communiste et un catholique peuvent présenter la même valence attitudinale à propos de l'objet (tous les deux peuvent par exemple cocher le chiffre 3 sur une échelle de mesure de l'attitude envers la psychanalyse) tout en traitant celle-ci de façon différente relativement aux prescriptions normatives qu'imposent les représentations sociales qui caractérisent chacun de leur groupe. Une conduite louée dans un groupe peut être diffamée dans un autre alors qu'une même valence attitudinale caractérise les réponses individuelles à l'égard de l'objet. Mais il y a plus : la tendance à se comporter d'une certaine manière dépend aussi de nos prédispositions à considérer des formes alternatives à ce comportement. Se conduire d'une façon veut aussi dire ne pas se conduire d'une autre façon. Agir d'une certaine manière, c'est aussi exclure d'autres façons d'agir. En situation de polyphasie cognitive, toutes les alternatives sont présentes, et non exclues. Les individus vont alors traiter cette diversité de deux manières. Soit ils vont convoquer des représentations (Gillespie, 2008) qui conduisent à stéréotyper les autres individus et les alternatives qu'ils proposent et vont ainsi les écarter en mettant en avant des barrières sémantiques qui interdisent un engagement sérieux avec les positions d'autrui. Soit ils vont considérer les propositions alternatives et leur accorder une certaine attention. Les recherches sur le réalisme naïf suggèrent toutefois que cette orientation n'est pas la plus typique (Ross & Nisbett, 1991). Les individus semblent en effet plutôt prédisposés à considérer leur avis comme factuel et objectif et à dénigrer les positions alternatives en les considérant comme biaisées ou ignorantes (Sammut & Sartawi, 2012).

L'intérêt pour le traitement des propositions alternatives est inhérent à l'étude des représentations sociales. D'un côté, les représentations sociales sont construites dans le but de rendre l'étrange familier (Moscovici, 1984b). D'un autre côté, la prise en compte de représentations sociales différentes peut rendre le familier étrange (Wagoner, 2008). Cet intérêt est toutefois totalement absent du champ de recherche sur les attitudes pour lequel le comportement social n'est pas considéré comme étant lié à une représentation sociale qui encadre ce comportement (Moscovici, 1984b). Le problème qu'implique cette conception est que deux individus appartenant à un même groupe social peuvent avoir la même valence attitudinale à l'égard de l'objet mais se comporter de façon très différente à son égard. L'explication fournie à ces différences interindividuelles est que deux individus ne sont jamais égalitairement braves ou courageux ou tout autre trait personnologique. Toutefois, et bien que ce type d'argument soit très commun dans les sciences psychologiques, comme le note Wagoner (2012), les orientations individuelles ne peuvent pas être expliquées sur la base de critères personnologiques pour la simple raison qu'elles varient selon l'objet d'attitude ou selon la situation, comme nous l'avons vu plus haut. Lorsqu'on étudie la position des individus envers une question donnée et dans quelle mesure ils sont ouverts ou fermés aux positions alternatives, on observe que tel individu peut faire preuve d'ouverture relativement à telle question mais démontrer de la fermeture en ce qui concerne une autre, comme nous le verrons plus bas.

2. Organisation cognitive et jugement des positions alternatives

L'étude du jugement des positions alternatives a une longue tradition dans la littérature sur le jugement social et peut être originellement située dans les recherches de Rokeach (1951a, 1951b) consacrées aux différences individuelles « d'étroitesse d'esprit » (narrow-mindedness). L'ambition de Rokeach (1951a) est de tenter de décrire quantitativement les organisations cognitives du monde social qui, selon lui, varient entre et dans les individus. Dans ses études, Rokeach présente une liste de 10 concepts à un échantillon de sujets auxquels ils demandent de décrire de quelle façon ils peuvent être reliés entre eux. Rokeach identifie ainsi trois degrés d'organisation cognitive qu'ils dénomment « compréhensive », « isolée » et « étroite ». Les sujets font preuve d'organisation compréhensive lorsqu'ils sont « larges et intégrateurs », signifiant que ces sujets sont capables d'intégrer la liste de concepts d'une manière qui explique clairement leurs inter-relations. Par contraste, des sujets « non compréhensifs » fournissent moins qu'une intégration complète des concepts. Pour certains, tous les concepts sont phénoménologiquement présents dans leur description mais répartis dans deux sous-structures ou plus considérées comme relativement isolées les unes des autres. Selon Rokeach, l'organisation de ces sous-structures n'est pas suffisamment intégrée dans une description compréhensive en ce sens qu'il n'existe qu'un faible lien, voire pas de lien du tout, entre elles. D'autres sujets sont catégorisés comme « étroits » du fait que leurs descriptions ignorent totalement certains des concepts présentés. Rockeach prétendait que ces organisations cognitives pouvaient passer d'une échelle bidimensionnelle proposée par Krech (1949) à un modèle unidimensionnel. Néanmoins, il reconnaissait qu'il existait des différences qualitatives et non seulement quantitatives entre les types d'organisation.

Pettigrew (1959) a lui aussi distingué trois catégories de largeur de perspectives. Dans ses recherches, les sujets sont déclarés comme large (a), moyen (b) ou étroit (c) dans leurs évaluations. Une application plus récente de l'échelle C-W (Category-Width) de Pettigrew a été réalisée par Detweiler qui démontre que ces perspectives sont le fruit de relations interculturelles sur la base desquelles les sujets classent les perspectives alternatives. Detweiler montre que les résultats obtenus dépendent de la largeur de perspectives des répondants eux-mêmes. Ainsi, les « étroits » considèrent les comportements d'autrui de façon très réductrice et utilisent leurs propres valeurs culturelles comme un standard du jugement comportemental. Ces sujets ne tolèrent pas l'idée qu'un comportement puisse avoir plusieurs significations, ce qui les conduit à exprimer des inférences négatives à propos d'individus différents d'eux. Par contraste, les sujets « larges » abordent le comportement de manière très générale et acceptent davantage l'idée qu'un comportement puisse avoir de multiples significations. De fait, les inférences négatives sont beaucoup moins présentes chez ces sujets.

Le jugement des positions alternatives est sous-jacent à une autre théorie du jugement social. Upshaw (1965, 1969) démontre comment, dans des tâches de jugements, les sujets ancrent les critères d'une échelle d'évaluation aux critères de leurs propres perspectives. Ainsi, les sujets faisant preuve d'une perspective large utilisent une échelle elle-même plus large pour juger des positions d'autrui et font preuve d'une moindre polarisation que des sujets ayant une perspective étroite. Upshaw prétend que les perspectives des sujets s'élargissent lorsque les stimuli expérimentaux qui leur sont proposés sont perçus comme hors de portée. Une position à portée est celle où le stimulus présenté par le chercheur se trouve dans la gamme des propositions acceptables pour l'individu, tandis qu'une position hors de portée se situe à l'extérieur de cette gamme. Selon Upshaw, un individu qui accepte et assimile une alternative hors de portée élargit son point de vue, contrairement à quelqu'un qui la rejette. Ce dernier dispose en effet d'une gamme limitée dans laquelle l'alternative est considérée comme hors de portée et présente donc un point de vue plus étroit que ceux qui acceptent et élargissent leur gamme. En ce sens, il est donc possible de considérer que le degré d'ouverture et de fermeture d'une perspective ou d'un point de vue dépend de la largeur ou de l'étroitesse de la gamme d'alternatives acceptables.

Cette approche des perspectives est sensiblement similaire à celle développée dans la théorie des latitudes de Sherif qui discute la notion de variabilité des attitudes. Selon Sherif (Sherif & Hovland, 1961 ; Sherif, Sherif & Nebergall, 1965 ; Sherif & Sherif, 1968), l'assimilation ou le contraste envers une position donnée dépend de si celle-ci se situe dans les latitudes d'acceptation, de rejet ou de non-positionnement des juges. Ces termes renvoient aux gammes respectives (de jugement) que les juges estiment acceptables, non acceptables ou à propos desquelles ils n'ont pas de position. Les alternatives présentées qui se situent dans la latitude individuelle d'acceptation sont assimilées alors que celles qui se trouvent dans la latitude de rejet sont contrastées. Celles qui se situent dans la latitude de non-engagement engendrent une réponse de neutralité. Par ailleurs, Sherif et Hovland (1961) postulent que la structure latitudinale est liée à une ego-relation, c'est-à-dire à la mesure dans laquelle la question traitée concerne personnellement l'individu.

Une distinction tripartie similaire a été identifiée et proposée dans des études se situant en dehors du paradigme du jugement social. En psychologie du développement, Piaget (1975/1977) distingue trois types de comportements (α, β et γ) adoptés dans le but d'atteindre un équilibre, sur la base des relations existant entre des modifications présentées au sujets et les compensations qu'ils adoptent afin de maintenir l'équilibre.

Les comportements α ne produisent aucune modification du système lorsqu'un nouveau fait est traité comme une distorsion. La distorsion est alors soit ignorée, soit niée, soit travaillée dans le sens d'une rétention du schème original dans sa forme antérieure.

Les comportements β intègrent l'élément discordant dans le système et modifient celui-ci jusqu'à ce que les nouveaux faits deviennent assimilables. En intégrant les éléments discordants, les comportements β les transforment en variations internes compensables.

Les comportements γ impliquent l'anticipation de possibles variations, avec des transformations conséquentes du système. Les nouveaux faits perdent leur caractère perturbant en accélérant les transformations qui restent liées entre elles. Selon Piaget, le premier type produit un équilibre instable et un champ très fortement restreint ; le second type produit une intégration par compensation et aboutit à des changements d'équilibre qui perpétuent une part de la forme initiale ; le troisième type aboutit à un équilibre flexible mais stable dans lequel les nouveaux faits ne sont pas perçus comme des perturbations.

Une distinction tripartite similaire est proposée par Gadamer (1975) dans son travail philosophique sur l'herméneutique. Gadamer soutient que notre propre interprétation d'un phénomène historique passe à côté de la vérité si celle-ci échoue à prendre en compte une autre interprétation dans ses propres termes. Selon Gadamer, nos interprétations nous apparaissent comme auto-évidentes et innocentes. Toutefois, nous sommes motivés à l'apprentissage d'une meilleure connaissance de soi et à reconnaître la nature finie de notre compréhension. Gadamer soutient que dans notre reconnaissance d'une situation historique nous occupons une position relative à la situation qui limite les possibilités de notre vision. Cela peut être représenté par la notion d'« horizon » qui constitue l'étendue de la vision à partir d'un point particulier (i.e., un point de vue, dans notre terminologie). À l'instar des théoriciens du jugement social, Gadamer parle de l'étroitesse ou de l'expansion de l'horizon. Une personne qui n'a pas d'horizon, selon Gadamer, échoue à voir assez loin et surévalue ce qui lui est le plus proche. Une personne qui a un horizon, au contraire, n'est pas limitée à ce qui lui est proche. Elle est alors capable d'apprécier la relative signification des choses. Cela peut se produire de deux manières : d'abord à travers les conversations que nous pouvons avoir pour connaître d'où vient quelqu'un (i.e., son horizon) et par lesquelles nous pouvons découvrir son point de vue. En ce sens ses idées deviennent intelligibles sans que nous y souscrivions nécessairement. La personne comprendra aisément qu'elle ne peut atteindre notre agrément tant que son horizon n'est pas contesté. Ce que nous faisons ici, c'est intégrer le point de vue de l'autre personne dans nos propres perspectives tout en garantissant que son point de vue n'est pas attaqué. Selon Gadamer, cela constitue la fin de ce qui n'est qu'un moyen, en ce sens que l'autre est forcé d'abandonner ses revendications afin d'atteindre la véracité et de présenter une vérité qui est pour nous valide et intelligible. Instituer autrui comme l'objet de notre propre connaissance objective suspend sa revendication à la vérité. Alternativement, nous pouvons avoir pour objectif de nous transposer nous-mêmes dans la situation de l'autre sans subordonner celui-ci à nos propres standards. Cela implique l'effort d'atteindre un haut niveau d'universalité qui dépasse à la fois nos propres particularités et celles d'autrui. Gadamer soutient que toute perspective individuelle fait toujours émerger quelque chose de plus souterrain (en d'autres termes, des représentations sociales). Pour lui, les sujets sont capables d'acquérir une parfaite connaissance d'autrui lorsqu'ils voient plus loin que les particularités de leur propre situation historique et qu'ils tentent de comprendre celle d'autrui par le biais d'une « fusion des horizons ».

Ces mêmes trois types d'organisation cognitive sont aussi développés dans les expériences psycho-physiques de « boîte à ombre » conduites par Gruber (1990). Dans ces recherches, deux sujets placés en situation d'interaction sont associés à des ombres distinctes émanant d'une unique source lumineuse projetée sur un objet que les sujets appréhendent selon un angle différent (e.g., l'illumination projette une ombre circulaire pour un sujet et une ombre triangulaire pour l'autre). Certains sujets sont incapables de concilier leurs propres perceptions avec celles d'autrui. D'autres, après un certain temps d'observation, sont aptes à identifier un objet qui pourrait expliquer des observations différentes du point de vue individuel de chaque sujet. D'autres encore produisent des explications générales qui décrivent une série de configurations d'objet qui pourraient rendre compte des ombres perçues.

Pour finir, dans notre étude relative aux représentations sociales de l'athéisme et des croyances religieuses en Grande-Bretagne, trois points de vue similaires ont été identifiés selon leur degré d'aptitude à être reliés à un point de vue alternatif (Sammut & Gaskell, 2010). Nous avons dénommé ces trois points de vue comme « monologique », « dialogique » et « métalogique ». Les points de vue monologiques sont ceux qui sont fermés aux dialogues avec d'autres perspectives ; les points de vue dialogiques reconnaissent l'existence de point du vue alternatif mais considèrent le leur comme supérieur ; les points de vue métalogiques sont ouverts à la considération d'autres points de vue selon leur propre rationalité intrinsèque, sans considérer qu'ils viennent imprégner le leur.

Il est important de garder à l'esprit que, dans la littérature détaillée ci-dessus, les distinctions tripartites des types d'organisation cognitive sont qualitatives par nature, comme le notait initialement Rokeach (1951b). Par conséquent, la mesure de la largeur ou de l'étroitesse des perspectives ne peut être réduite à un simple continuum quantitatif tel que Rokeach (1951b), Pettigraw (1959), et plus récemment Kruglanski (2004), l'ont défendu (voir Tsirogianni & Sammut, 2014). Le fait de savoir si l'étroitesse d'esprit est (a) un trait personnologique dont il est attendu qu'il soit stable quel que soit le sujet en question et (b) relié aux attitudes, sont des préoccupations empiriques que nous allons désormais aborder par la présentation d'une recherche que nous avons conduite afin d'examiner ces questions. Dans notre étude, nous avons opté pour des mesures d'autoclassification dans le but de mettre à jour les trois types d'organisation cognitive détaillés au-dessus. Nous présentions aux répondants des dépêches circulant dans la presse et dont les propriétés linguistiques étaient caractéristiques des trois types d'organisation cognitive (voir Tsirogianni & Sammut, 2014). Nos résultats montrent que la valence de l'attitude n'est pas indicative d'une pensée ouverte ou étroite. De plus, ils incitent à penser que l'étroitesse d'esprit est un trait de caractère. Dans la présentation qui suit de cette étude, nous questionnerons l'importance de la prise en compte des points de vue dans l'étude de la dynamique des représentations sociales.

3. Étude : les droits civils à Malte

Nous avons mené une enquête visant à appréhender les attitudes et les points de vue et leurs implications sur le jugement social. Les détails méthodologiques et les résultats relatifs au premier point ont déjà fait l'objet d'une publication (voir Sammut, 2013) et ne seront donc pas présentés ici. Le but du présent chapitre est de pointer un certain nombre d'hypothèses qui nous semblent pertinentes relativement à la thématique traitée ici. Nous présenterons ci-dessous ces hypothèses en les accompagnant d'une présentation succincte des résultats relatifs à chacune.

Notre étude a été conduite en 2010. Nous avons proposé une enquête en ligne à un échantillon aléatoire de 1 000 étudiants de l'Université de Malte à propos de thématiques sociales saillantes à Malte à l'époque de l'étude. La première concernait la révision des bourses d'études dans l'enseignement supérieur maltais. Les deuxième et troisième thématiques concernaient les droits civils et, plus précisément, les droits de culte de la communauté musulmane et les droits de vote des communautés maltaises expatriées à l'étranger. Le taux de réponse a été de 24,7 %, ce qui apparaît comme satisfaisant pour une enquête en ligne.

Les répondants étaient exposés à une série de 5 propositions circulant dans les médias à propos de chacune des thématiques abordées. Ces propositions possédaient des caractéristiques linguistiques renvoyant aux propriétés typiques d'un point de vue (a) monologique, (b) dialogique et (c) métalogique (Tsirogianni & Sammut, 2010) en utilisant la méthode de délimitation des points de vue de Sammut et Gaskell (2010). En premier lieu, les répondants devaient exprimer leurs attitudes envers chaque proposition. Pour cela, il leur était demandé de choisir la proposition qui leur semblait être la plus proche de leur propre point de vue. De cette façon, les répondants autoclassifiaient leurs propres points de vue dans les trois types de catégories définies plus haut. Suite à cette classification, les répondants étaient invités à réagir à de nouvelles séries de neuf propositions par thématique, qui avaient elles aussi circulé dans les médias, par l'utilisation d'une échelle allant de –2 à +2. De la même façon que dans les travaux de Sherif, les propositions assorties d'un score négatif étaient supposées renvoyer à une latitude de rejet de la part du sujet ; celles notées positivement à une latitude d'acceptation ; et celles notées de façon neutre à une latitude de non-engagement.

H1 : *Valence attitudinale et points de vue*

Nous avons testé l'hypothèse selon laquelle la valence de l'attitude sera reliée à un point de vue particulier. Nous supposions que plus l'attitude aurait une valence élevée, plus les répondants exprimeront un point de vue fermé. Nous avons testé cette hypothèse en utilisant un coefficient de corrélation de Pearson permettant de tester le lien entre l'attitude exprimée et le point de vue sélectionné pour la première thématique proposée. Celle-ci a été sélectionnée parmi les autres car nous estimions que cette thématique impliquait plus directement la population estudiantine que les autres (Sherif & Hovland, 1961). Quatre propositions sur les cinq présentées aux répondants ne sont pas significativement corrélées avec le point de vue. La cinquième proposition, revêtant des caractéristiques métalogiques, présente une corrélation faible, $r = .195$, $p < .01$.

H2 : *Corrélation entre les points de vue à propos des différentes thématiques*

Nous supposions que les points de vue relatifs aux différentes thématiques seraient corrélés. Nous nous attendions à ce que les répondants qui expriment des points de vue métalogiques à propos d'une thématique présentent une inclination métalogique au sujet des autres thématiques. L'attente était la même en ce qui concerne les points de vue dialogique et monologique. Nous avons testé cette hypothèse en utilisant le coefficient de corrélation tau b de Kendall en étudiant la corrélation des points de vue deux à deux. Les points de vue exprimés à propos des bourses ne sont pas corrélés significativement avec ceux exprimés à la fois à propos des droits de culte des musulmans et des droits de vote des expatriés. Les deux derniers points de vue présentent une faible corrélation (tableau 23.1).

Tableau 23.1.

Corrélations tau B de Kendall entre les points de vue des différentes thématiques

Thématique 1	Thématique 2	r	N
Bourses	Culte des musulmans	0.075	247
Culte des musulmans	Votes des expatriés	0.251*	247
Bourses	Votes des expatriés	– 0.028	247

* $p < .01$

H3 : *Points de vue et latitude d'acceptation, de rejet et de non-engagement*

Au regard des points de vue et de leurs latitudes respectives, nous supposions n'observer aucune différence au niveau des latitudes d'acceptation entre les différents points de vue du fait que les propositions acceptables renvoient à des normes et, par conséquent, font partie de la représentation sociale partagée par les répondants. Nous supposions au contraire observer des différences au niveau des latitudes de rejet et de non-engagement, du fait que ces réponses sont liées à des prescriptions non normatives avec lesquelles les répondants ne sont pas familiers. Nous nous attendions à ce que les points de vue monologiques présentent des moyennes plus élevées relativement aux autres au niveau des latitudes de rejet. Inversement, nous supposions que les points de vue métalogiques présentent des moyennes plus élevées au niveau de la latitude de non-engagement, par rapport aux autres points de vue. Nous avons focalisé notre intérêt sur la thématique du droit de culte des musulmans et sur celle du droit de vote des expatriés du fait de la moindre implication des étudiants envers ses thématiques et de leur relative neutralité à leur propos. Les analyses de corrélation précédentes (H2) confirmaient par ailleurs un traitement différent de la thématique des bourses d'études relativement aux deux autres thématiques. Nous avons appliqué une ANOVA à un facteur afin de tester les différences de latitudes entre les divers points de vue proposés.

En ce qui concerne la thématique du droit de culte des musulmans, les différences prédominantes concernent la latitude de rejet entre les différents points de vue, $F(2, 239) = 6.99$, $p < .01$, comme attendu. Les tests *post hoc* au niveau de la latitude de rejet entre les points de vue monologiques ($M = 2.84$, $SD = 1.76$) et dialogiques ($M = 1.91$, $SD = 1.24$), $t(161) = 3.79$, $p < .01$, et entre les points de vue monologiques et métalogiques ($M = 2.2$, $SD = 1.497$), $t(104) = 2.18$, $p < .05$, révèlent des différences significatives. La différence entre les points de vue dialogiques et métalogiques n'est pas significative. Une autre différence apparaît entre les points de vue monologiques ($M = 4.78$, $SD = 1.47$) et dialogiques ($M = 5.27$, $SD = 1.405$) au niveau de la latitude d'acceptation, $t(104) = -2.02$, $p < .05$. Aucune autre différence significative entre les points n'est apparue.

À propos du droit de vote des expatriés, nous avons utilisé cinq catégories de points de vue au lieu de trois (i.e., [monologique-contre] points de vue monologiques contre l'extension du droit de vote aux expatriés, [monologique-pour] points de vue monologiques en faveur de l'extension du droit de vote aux expatriés, [dialogique-contre] points de vue dialogiques contre l'extension du droit de vote, [dialogique-pour] points de vue dialogiques en faveur de l'extension du droit de vote et [métalogique] points de vue métalogiques). Ce choix s'explique par le fait que des différences émergent dans nos analyses préliminaires précédents entre les deux points de vue monologiques dans les latitudes de non-engagement (monologique-contre : $M = 1.65$, $SD = 1.325$; monologique-pour : $M = 0.77$, $SD = 1.235$), $t(26) = 2.057$, $p = .05$, et de rejet (monologique-contre : $M = 2.00$, $SD = 1.442$; monologique-pour : $M = 3.08$, $SD = 1.256$), $t(27) = -2.40$, $p < .05$.

Aucune différence de ce type n'apparaît à propos du droit de culte des musulmans, ce qui nous a permis de regrouper en deux catégories simples les deux points de vue monologiques, d'une part, et les deux points de vue dialogiques, d'autre part. Une catégorie métalogique unique a été constituée car elle représente la fusion des différences au sein d'une perspective unitaire à l'instar de la notion de « fusion d'horizons » de Gadamer (1975).

Concernant la thématique du droit de vote, les analyses ne révèlent aucune différence sur aucune des latitudes entre les points de vue monologiques-pour et métalogiques et entre chacun des deux points de vue dialogiques et le point de vue métalogique. Des différences significatives apparaissent entre les deux points de vue monologiques et les autres. Le point de vue monologique-contre (M = 5.35, SD = 1.441) apparaît comme significativement différent du point de vue dialogique-contre (M = 4.60, SD = 1.527) dans la latitude de l'acceptation, $t(54) = 2.09$, $p < .05$; et du point de vue métalogique dans la latitude du rejet (monologique-contre : M = 2.00, SD = 1.442 ; métalogique : M = 2.74, SD = 1.312), $t(38) = -2.353$, $p < .05$. Le point de vue monologique-pour (M = 0.77, SD = 1.235) se révèle significativement différent dans la latitude du non-engagement, d'une part du point de vue dialogique-contre (M = 1.91, SD = 1.679), $t(26) = -2.72$, $p < .05$, et du point de vue dialogique-pour (M = 1.7, SD = 1.67), $t(22) = -2.34$, $p < .05$.

Finalement, nous avons estimé l'effet des prédicteurs démographiques (genre, âge, année d'étude, université, croyance religieuse, lieu de résidence, statut marital) sur les points de vue en utilisant une régression logistique, à la fois à propos de la thématique du droit de culte des musulmans et de celle du droit de vote des expatriés. Les analyses de régression ont seulement testé les effets principaux des variables démographiques. La catégorie monologique a été utilisée comme catégorie de base pour la régression comparative. À propos des droits de culte des musulmans, il n'apparaît aucun prédicteur significatif des points de vue. Pour la thématique du droit de vote des expatriés, à la fois l'année d'étude, $\chi^2(6, N = 245) = 15.26$, $p < .05$, et l'université d'appartenance, $\chi^2(2, N = 245) = 9.29$, $p < .01$, apparaissent comme des prédicteurs significatifs. Aucune autre variable n'apparaît prédictive. Le modèle s'ajuste significativement aux données, $\chi^2(36) = 58.33$, $p < .05$. Les répondants en troisième année d'étude apparaissent comme neuf fois plus susceptibles d'être dialogiques, $\chi^2(1, N = 245) = 5.45$, $p <.05$, et comme vingt-six fois plus susceptibles d'être métalogiques, $\chi^2(1, N = 245) = 8.41$, $p <.01$, que monologiques comparativement aux étudiants en dernière année d'étude. Par ailleurs, les étudiants de cinquième année apparaissent comme étant douze fois plus susceptible d'être métalogiques, $\chi^2(1, N = 245) = 5.83$, $p < .05$, que monologiques, comparés aux étudiants de dernière année. En ce qui concerne la filière, les étudiants de sciences apparaissent comme presque six fois plus susceptibles d'être dialogique, $\chi^2(1, N = 245) = 7.91$, $p < .01$, et quatre fois plus susceptibles d'être métalogiques, $\chi^2(1, N = 245) = 4.63$, $p < .05$, que monologiques, comparativement aux étudiants en Arts (tableau 23.2).

Tableau 23.2.

Paramètres estimés pour la régression logistique à propos du droit de vote

		B	Std Error	Exp(B)
Dialogique	Constante	1.59	2.07	
	3e année d'étude	2.25*	0.96	9.49
	Sciences	1.74**	0.62	5.68
Métalogique	Constante	– 7.739	2.67	
	1re année d'étude	2.53*	1.05	12.53
	3e année d'étude	3.26**	1.13	26.10
	Sciences	1.40*	0.65	4.06

* $p < .05$ ** $p < .01$

4. Discussion

Les résultats rapportés constituent un bon support des notions présentées plus haut. En premier lieu, ils renforcent l'idée selon laquelle l'environnement social exerce une influence importante sur la cognition sociale par-delà les prédispositions individuelles. Cela est notamment le cas si l'on considère le fait que la filière et l'année d'étude exercent une influence majeure sur les points de vue des répondants. Cela démontre la circonscription du contexte dès lors qu'il s'agit de s'exprimer sur certaines questions particulières. Autrement dit, à propos de certains thèmes, il est important de considérer si tel ou tel point de vue est adopté par un scientifique, un philosophe, un étudiant de première année ou en fin de cursus. Mais ce n'est pas seulement l'adhésion à un groupe social qui influence la pensée et le comportement individuel, comme le note Wagoner (2012) : le poids du contexte est primordial sur l'architecture sociocognitive et sur les latitudes d'acceptation, de rejet et de non-engagement.

L'idée selon laquelle l'ouverture d'esprit serait un trait de personnalité n'est pas validée par notre étude. Mais si cela avait été, l'influence démographique n'aurait pas pu être ignorée. En lien avec cette notion réside l'idée selon laquelle l'ouverture d'esprit est une prédisposition ou une tendance générale, telle que l'intelligence, qui reste soumise à des biais sociocognitifs qui caractérisent certains individus plus que d'autres. Cette idée rejoint les travaux de Kruglanski et ses collaborateurs à propos du besoin de clôture cognitive (voir Kruglanski, 2004). Dans ses travaux princeps sur les représentations sociales Moscovici (1961/2008, p. 186) montre qu'un individu dogmatique et rigide, faisant preuve d'un système cognitif clos dans un certain domaine pouvait exprimer une ouverture d'esprit dans un autre domaine. Les résultats présentés ici indiquent que la faiblesse ou l'absence de corrélation entre points de vue à propos de différentes thématiques supportent la proposition de Moscovici. Wagoner (2012) argumente que les explications personnologiques des différences interindividuelles ne sont pas suffisantes aux psychologues sociaux car ce dont ils ont besoin, selon lui, c'est « d'une psychologie sociale qui met en relation la pensée avec l'appartenance à divers groupes sociaux, et qui, par conséquent, nous autorise à estimer comment la pensée d'un individu à propos d'un thème particulier peut changer en fonction de la situation dans laquelle il est interrogé » (p. 66). Ailleurs, nous avons proposé que le point de vue, au sein du modèle des représentations sociales (voir Sammut, 2015), peut permettre à la psychologie sociale d'éclairer l'étude du comportement social *in situ* (Sammut & Gaskell, 2012).

La détermination situationnelle de la cognition sociale est ici supportée par le fait qu'alors que nous observons des différences significatives entre des types de points de vue dans l'architecture des latitudes, les différences au sein d'une latitude donnée ne sont pas stables selon les situations. Pour la thématique du droit de culte chez les musulmans, les différences prédominent dans la latitude de rejet. Pour la thématique du droit de vote, des différences apparaissent en fonction des types de points de vue mais dans des latitudes différentes. Il apparaît ainsi que l'architecture sociocognitive de la pensée humaine est situationnellement variable. Toute tentative de compréhension du comportement humain doit prendre cela en considération.

Au niveau des points de vue eux-mêmes, notre étude accrédite les multiples distinctions tripartites identifiées par les recherches antérieures. Il semble que la cognition humaine varie dans sa propension à relier diverses alternatives, et que cette variabilité se décline en trois types différents. L'étude de la cognition sociale a pour objectif général d'identifier les processus qui conduisent à une distinction entre ces trois types. Il s'agit sans aucun doute d'une entreprise louable. Néanmoins, le fait que les différences entre des types sont d'évidence qualitatives et qu'elles impliquent plus qu'une seule dimension constitue une matière d'étude indépendante des difficultés liées à l'opérationnalisation et à la mesure des concepts.

Dans l'interaction interpersonnelle, la relation à l'autre sur la base d'un point de vue monologique importe, quels que soient la forme et le nombre de processus cognitifs qui déterminent ce type de point de vue. Il importe pour autrui et par conséquent pour le déroulement de l'interaction humaine. Alors que la recherche sur les attitudes s'est consacrée à l'étude des inclinations individuelles, elle a ignoré leur manifestation au sein du processus d'interaction sociale. Dans toute situation sociale un certain nombre d'objets sociaux distincts interfèrent conjointement dans un ensemble inter-objectif (Sammut, Daanen & Moghaddam, 2013). Les individus peuvent avoir des attitudes envers tout ou partie des composantes de leur espace social : envers l'objet d'attitude lui-même mais aussi envers tout autre objet ou toute autre personne impliquée dans la situation (ceci incluant l'interviewer ou le chercheur lui-même !). Toutes ces attitudes s'agencent ensemble en des configurations qui spécifient les points de vue des sujets et marquent les réponses qu'ils vont formuler dans leur rencontre avec une alternative. L'étude des attitudes ne permet pas d'aboutir à une telle spécification de l'action sociale. Par conséquent, la seule connaissance des attitudes échoue à produire une connaissance suffisante des contingences de l'action humaine, même sur la base d'une méthodologie précise et sophistiquée. La présente étude démontre que les attitudes ne sont pas directement reliées à un point de vue particulier. De plus, disposer d'attitudes solides ne permet pas de court-circuiter la cognition et de déterminer un état d'esprit monologique.

Ce résultat est cohérent avec une autre notion. Dans notre étude, on observe que les points de vue monologiques peuvent être aussi bien fermés à la relation avec autrui qu'ouverts à celle-ci. En d'autres termes, on peut ici concevoir l'existence d'un libéralisme fermé (monologique). Idéologiquement parlant, cela peut apparaître comme une contradiction. Tolérance et respect pour les points de vue alternatifs constituent des caractéristiques fortes des idéologies libérales. Pourtant, de tels principes peuvent être adoptés de façon purement dogmatique par des individus qui adoptent un point de vue monologique et expriment de l'intolérance envers les intolérants. Ceci implique que les conflits qui résultent d'un choc de représentations sociales partagées par divers groupes peuvent ne pas être liés au contenu des représentations sociales *per se*. En d'autres termes, aucune idéologie particulière ne semble provoquer plus que les autres les conflits, qu'il s'agisse de l'idéologie libérale, catholique, communiste, musulmane ou autre. Au contraire, il apparaît que les conflits entre représentations sociales ont une racine socio-psychologique par nature liée à des points de vue monologiques qui refusent tout engagement avec des points de vue alternatifs. Ces points de vue monologiques se désengagent de la représentation sociale (Chryssides et al., 2009) et agissent de façon à neutraliser la menace du non-familier (Moscovici, 1984b). Par contraste, les points de vue métalogiques sont ceux qui permettent de rendre le familier étrange (Wagoner, 2008). Ce sont ces points de vue qui sont requis pour forger au sein de la représentation des projets nouveaux et communs qui légitiment différents types de conduites plutôt que la fermeture et la préservation de soi.

5. Conclusion

L'étude des représentations sociales est transversale aux différents niveaux d'analyse du comportement social humain. Les représentations sociales fournissent aux individus les ressources discursives requises pour traduire leurs tendances attitudinales en conduites concrètes qui sont socialement sensibles et remplies de significations pour eux-mêmes et pour les autres, compte tenu des contingences des situations particulières dans lesquelles ils se trouvent. L'issue peut être pacifique tout autant que conflictuelle. Ce qui maintient des relations positives est le fait que des conduites particulières qui sont remplies de significations et légitimées au sein d'une situation donnée peuvent être perçues de façon très différente à partir d'un autre point de vue. Et cet autre point de vue lui-même est déterminé par des représentations sociales qui le rendent légitime dans une autre situation. Un choc de représentations sociales implique nécessairement un choc des points de vue. Mais il n'implique pas nécessairement un conflit. Comme l'a noté Piaget, les perturbations dans les réponses γ ne sont pas perçues comme des perturbations mais comme des variations. La discordance est transformée et absorbée par une équilibration qui la recouvre. La clé de compréhension de la complexité du comportement social, dans l'objectif d'améliorer les interactions au sein d'un contexte contemporain très conflictuel (Moghaddam, 2008), est d'appréhender de quelle façon l'esprit humain est organisé pour les relations sociales.

Au niveau socio-relationnel, les individus négocient leurs tendances attitudinales avec celles d'autrui par le biais d'un exercice discursif de représentation sociale, forgeant ainsi des sentiers pour l'action qui les aident à accomplir leurs projets communs (Bauer & Gaskell, 1999, 2008). Dans cet exercice, certains points de vue alternatifs sont assimilés alors que d'autres sont écartés. Cet exercice représentationnel aboutit à une représentation sociale systémique qui sert les uns et non les autres (Sammut, 2015). Dans des situations données, la représentation permet de légitimer le cours des actions des individus ou des groupes.

Dans son essai sur les attitudes et les opinions, Moscovici (1963) appelle à mieux comprendre l'organisation de la pensée à côté d'autres préoccupations de la psychologie sociale, incluant les représentations sociales. Et, comme l'a noté Wagoner (2008), comprendre la cognition sociale au niveau situationnel constitue un point critique si l'objectif de la psychologie sociale est de saisir comment le firmament social est connecté avec la conduite individuelle. Au sein de toute interaction sociale, la prise en compte d'alternatives peut être acceptée ou rejetée. Et ce choix dépend du point de vue monologique, dialogique ou métalogique adopté, comme nous l'avons démontré dans ce chapitre. Dans cet exercice, quelques alternatives permettent de transformer la représentation sociale dès lors qu'interagissent des points de métalogiques qui tendent à l'inclusion. L'interaction de points de vue monologiques ne permet pas la même opportunité. Et peut-être que pour certaines représentations sociales, ce dernier cas de figure est inévitable. Pourtant les implications politiques des considérations évoquées ici sont évidentes. Comme nous l'avons montré, la nature situationnelle de la cognition sociale signifie qu'elle est relative à des représentations sociales différentes. Pour que l'intervention sociale et psychologique réussisse mieux qu'elle ne l'a fait jusqu'à présent en ne s'appuyant que sur le simple changement d'attitude, il est requis une compréhension totale du comportement humain qui, à côté des tendances individuelles, prenne en compte la façon dont le potentiel métalogique peut être exploité pour appréhender les représentations sociales.

FOCUS 23

Représentations sociales et attitudes : un focus théorique et une illustration empirique

Maud HIDALGO[1]

1. Aix-Marseille Université, France.

De par leur ancrage théorique respectif, les représentations sociales et les attitudes entretiennent depuis de nombreuses années des relations qui animent les échanges en psychologie sociale[2]. Sans pour autant constituer une marotte au sens propre du terme, la question de leurs liens reste au cœur des questionnements épistémologiques de la psychologie sociale. Ce focus se donne pour objectif d'éclairer le lecteur quant à l'état actuel des réponses apportées à cette question, sans avoir évidemment la prétention de mettre fin au débat.

Dès l'origine de la théorie, Moscovici (1961) pose les concepts de représentation sociale et d'attitude comme interdépendants. En effet, il souligne qu'une représentation sociale peut être considérée selon trois dimensions : l'*information*, le *champ de représentation* et l'*attitude*. L'*information* renvoie à la quantité et à la nature des informations dont dispose chaque individu, chaque groupe social, à propos de l'objet. Le *champ de représentation* traduit l'idée d'une organisation et d'une hiérarchisation des informations disponibles. L'*attitude*, elle, « achève de dégager l'orientation globale par rapport à l'objet » (Moscovici, 1976a, p. 69). Moscovici y voit la dimension « génétiquement première » à partir de laquelle la représentation va s'enrichir de nouvelles informations. C'est cette dimension, cette première prise de position, qui autorise la dynamique des représentations sociales et qui oriente la prise d'informations et les transformations. Selon Herzlich (1969), elle apparaît comme une dimension plus primitive dans la mesure où elle existe même dans le cas d'une information réduite et d'un champ peu structuré.

Mais, à cela, Moscovici ajoute que toute prise de position requiert une représentation minimale et c'est bien en cela que réside l'interdépendance des deux notions.

Les théoriciens des attitudes ne sont d'ailleurs pas en opposition avec ces conceptions. En effet, Tafani (2001) souligne justement que l'on retrouve chez Ajzen (1996) ou Zanna et Rempel (1988) l'idée que l'attitude constitue un processus évaluatif faisant partie d'un ensemble organisé d'informations relatives à l'objet. Pratkanis et Greenwald (1989) parlent même d'une représentation sur laquelle reposent les attitudes, sans faire appel au concept de représentation sociale en lui-même.

Jaspars et Fraser (1984) ont été les premiers à vouloir articuler ces deux concepts dans un cadre théorique bien défini. Ils soulignent, dans cette tentative, qu'une bien meilleure compréhension peut être atteinte si nous allons au-delà des réponses manifestes que fournissent les sujets dans de nombreuses enquêtes d'attitude en nous préoccupant des représentations qui sont implicites dans ces réponses. On trouve alors ici l'idée selon laquelle les attitudes sont générées par des représentations d'un niveau supra-ordonné. Cependant pour les auteurs, la difficulté d'articulation des deux notions réside dans l'opposition entre le caractère intrinsèquement collectif des représentations sociales et celui plus individuel des attitudes.

En effet, quand Thomas et Znaniecki (1918) mettent en perspective valeurs sociales et attitudes psychologiques faisant émerger ce concept d'attitude, les premières sont considérées comme des guides propres au mode de vie collectif et social d'un groupe, alors que les attitudes psychologiques sont à considérer comme des dispositions à agir propres aux individus. Ainsi, si la valeur sociale représente le versant sociologique et collectif d'une réalité, l'attitude doit être appréhendée comme son versant psychologique et individuel. Pour les auteurs, une attitude est un état d'esprit qui permet à l'individu de formuler une opinion et d'agir d'une certaine manière à l'égard d'un objet social. Alors que Thomas et Znaniecki (1918) soulignent le lien entre attitude et valeurs sociales – l'attitude étant « un mécanisme psychologique étudié principalement dans son déroulement par rapport au monde social et en conjonction avec des valeurs sociales » (p. 23) –, le développement des outils de mesure de l'attitude, dans les années 1930, tend à renforcer le caractère individualiste de la notion. En effet, les échelles de mesure de type Likert ou Thurstone ont pour objectif de situer les individus les uns par rapport aux autres en mettant en évidence les différences de nature interindividuelle.

Toutefois, Jaspars et Fraser (1984) suggèrent que ces méthodologies présupposent l'existence de représentations cognitives qui permettent une hiérarchisation des réponses évaluatives. Ils

2. Voir chapitre 23.

avancent alors l'idée qu'un consensus existerait au niveau des cognitions associées à l'objet mais que les positions à leur égard pourraient faire l'objet de variations individuelles : les attitudes sont alors considérées comme l'expression de ces variations interindividuelles dans un cadre de référence commun constitué par la représentation sociale.

Le modèle bidimensionnel des représentations sociales proposé par Moliner (1995) s'inscrit dans cette conception[3]. Cette perspective propose en effet de rendre compte à la fois de l'aspect évaluatif des représentations sociales et de l'ancrage des attitudes dans les rapports symboliques (Doise, 1989).

Dans un souci de formalisation théorique intégrant plusieurs instances correspondant à des niveaux d'analyse différents, Rouquette (1996) modélise l'architecture des modalités d'expression de la pensée sociale en considérant les manifestations de la pensée qui, selon lui, se situent en amont et aval des représentations sociales et des attitudes : respectivement l'idéologie et les opinions. Selon cette organisation interne, ces quatre concepts sont ordonnés du plus stable au plus labile, du plus pérenne au plus éphémère, du plus consensuel au plus conflictuel, et du plus général au plus particulier. Ainsi, l'architecture décrite par Rouquette peut être schématisée de la façon suivante (figure F23.1) :

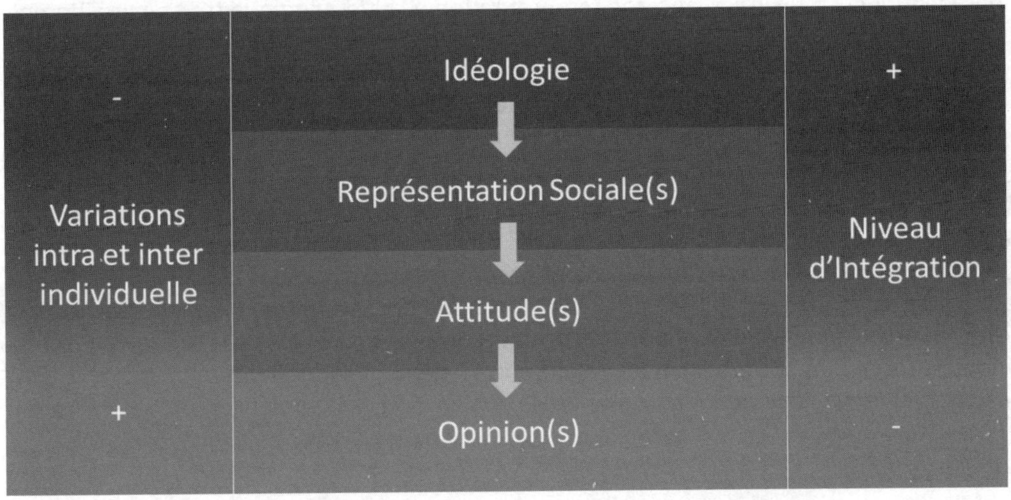

Figure F23.1.
Représentation graphique de l'architecture des modalités d'expression de la pensée sociale. Repris et adapté de Rouquette (1996).

Cette proposition de modélisation autorise l'intégration des différents phénomènes de la pensée sociale selon leurs relations d'emboîtement. Selon une telle perspective, chaque niveau doit être considéré comme l'instance intégrative du niveau inférieur, l'instance supra-ordonnée subsumant, en somme, l'instance subordonnée. Ainsi, les opinions dérivent des attitudes, les attitudes dérivent des représentations sociales et les représentations sociales dérivent elles-mêmes de l'idéologie. Afin de tester expérimentalement la validité d'un tel modèle, Rateau (2000) va entreprendre une série d'expérimentation portant sur la représentation sociale du « groupe idéal ». Au travers de trois expériences, il valide trois hypothèses théoriques directement issues du modèle proposé par Rouquette. D'une manière plus précise, il estime que si les représentations sociales dérivent de l'idéologie, l'activation de la représentation, et donc la reconnaissance de l'objet, ne pourra être observée que s'il est conforme à cette idéologie. Ainsi, un objet qui correspond en tous points aux prescriptions représentationnelles ne sera pas reconnu comme tel s'il contredit l'idéologie dont est issue la représentation. Par ailleurs, un objet contredisant une prescription représentationnelle (élément central de la représentation) sera toutefois reconnu dans la mesure où il est conforme à l'idéologie référente.

3. Voir chapitre 4.

Par ailleurs, il pose que si les attitudes dérivent des représentations sociales, alors la mise en cause d'un élément central de la représentation devrait s'accompagner d'un changement d'attitude alors que la mise en cause d'un élément périphérique ne devrait avoir aucune incidence au niveau attitudinal.

Les résultats confirment que chaque niveau supérieur de l'architecture donne sa cohérence, sa consistance au niveau inférieur. Mais, selon le modèle de Rouquette, cette relation de causalité est unilatérale et chaque niveau est imperméable au niveau inférieur. Moliner et Tafani (1997) et Tafani (2001) montrent alors qu'un changement d'attitude (produit par un processus de rationalisation cognitive ; Festinger, 1957) est susceptible de modifier le système périphérique mais en aucun cas le système central de la représentation.

À leur tour, dans la même veine, Wolter, Gurrieri et Surribas (2009) proposent d'étudier l'ensemble des relations entre les différentes instances de la pensée sociale dans une seule et même étude. Ils tentent alors de démontrer que des idéologies différentes amènent à une différenciation sur le plan attitudinal par le recours à des représentations sociales distinctes. Ils formulent l'hypothèse d'un effet domino selon lequel une variation idéologique conduit au changement d'opinions en passant par le changement représentationnel puis par le changement d'attitude.

On notera que l'architecture conceptualisée par Rouquette accepte que deux opinions ou attitudes identiques trouvent un ancrage représentationnel et idéologique tout à fait différent. C'est ainsi que Moscovici (1961) a observé que catholiques et communistes rejetaient tous deux la psychanalyse, cependant les premiers lui reprochaient son manque de moralité, une trop grande prégnance de la sexualité et la remise en cause de Dieu alors que les seconds lui reprochaient de détourner le peuple de sa tâche d'émancipation sociale et son individualisme.

Finalement, loin d'être des concepts qui s'opposent, les attitudes et les représentations sociales permettent d'accéder à des niveaux de pensée à la fois différents et complémentaires qui permettent une analyse fine des savoirs sociocognitifs. On terminera en soulignant, à l'instar de Farr (1993a), l'importance, à ce sujet, de l'étude des représentations sociales. Selon lui, tandis que les techniques de sondage d'opinion peuvent identifier à quel point une croyance particulière peut être répandue au sein d'une population donnée, nous avons besoin de la théorie des représentations sociales non seulement pour tenir compte de la dynamique du changement dans l'opinion publique mais aussi pour comprendre la distribution des opinions.

CHAPITRE 24

Représentations sociales et processus sociocognitifs

Anthony PIERMATTÉO[1] & Bouchra ZOUHRI[2]

Sommaire

1. Université Catholique de Lille, France.
2. Université de Nîmes, France.

1. Divergences, convergences et voies d'articulation

L'étude des liens entre représentations sociales et processus sociocognitifs s'inscrit dans le cadre plus large des relations existant entre les courants des représentations sociales et de la cognition sociale. Ces courants ont longtemps évolué en maintenant une relative indépendance, le premier renvoyant à l'étude des processus participant à la construction sociale du réel ainsi qu'au produit de cette activité (Abric, 1987), le second se focalisant sur les processus associés au fonctionnement de la pensée de l'individu. Dans ce dernier cas, ayant pour propriétés d'être déterminés socialement et de porter sur de l'information « sociale » (e.g., soi, autrui, objets de l'environnement social), ces processus sont généralement qualifiés de « sociocognitifs » (Rateau & Moliner, 2009). Si les courants des représentations sociales et de la cognition sociale peuvent sous certains aspects être considérés comme similaires, ils n'en demeurent pas moins caractérisés par des orientations qui leur sont propres (Augoustinos & Walker, 1995 ; de Rosa, 1990 ; Doise, 1990 ; Moliner, 1997 ; Rateau & Moliner, 2009 ; Moscovici, 1986b, 1988).

Ces divergences s'expriment notamment au niveau de la manière dont est appréhendé l'individu (Moscovici, 1986b). Du point de vue de la cognition sociale, loin d'un idéal à l'esprit rationnel et presque sans failles, l'individu serait imparfait, biaisé et caractérisé par une pensée commettant de nombreuses erreurs (Doise, 1990). Certaines recherches s'inscrivant dans ce courant ont toutefois évolué vers un portrait plus nuancé de l'individu. Considéré comme un « tacticien motivé » (Fiske & Taylor, 1991), celui-ci serait en mesure de recourir à de fines stratégies de traitement de l'information pour peu que ses objectifs et/ou ses besoins le nécessitent.

Dans une perspective alternative, le courant des représentations sociales appréhende l'individu comme un être adapté, dont la pensée est modelée par ses insertions sociales. Ainsi, plutôt que fausse ou biaisée, la pensée d'un individu serait ici surtout caractérisée par une logique qui lui est propre et qui dérive du contexte social dans lequel il évolue (Apostolidis & Dany, 2012 ; Lo Monaco, Gaussot & Guimelli, 2009).

Au-delà d'une certaine conception de l'individu, les courants des représentations sociales et de la cognition sociale tendent également à se différencier du point de vue de leur conception de la pensée et du « social ». En effet, alors que le premier se fonde sur l'attribution d'un caractère fondamentalement collectif à l'activité de connaissance (Beauvois, 1997), le second renvoie à une conception prenant la forme d'un ensemble de processus cognitifs qui, tout en étant partagés et soumis à l'influence d'autrui, n'en demeurent pas moins individuels. De la même manière pour de Rosa (1990), si les représentations sociales placent le social au niveau fondamental de l'élaboration des connaissances, la cognition sociale ne l'envisage que comme un critère de co-partage interindividuel de celles-ci. Dans ce cadre, les processus cognitifs seraient étudiés dans une perspective qui les affranchit de tout contenu et de tout contexte. Ainsi, tandis que le courant des représentations sociales appelle à la prise en compte des croyances que les individus construisent dans l'interaction et partagent à propos de la société, d'autrui et du monde (Moscovici, 1961), le champ de la cognition sociale semble faire abstraction de déterminants tels que les rapports sociaux ou l'histoire des groupes (Augoustinos & Walker, 1995 ; Rateau & Moliner, 2009).

Néanmoins, en dépit des divergences soulevées dans la littérature durant les deux dernières décennies, les travaux visant à rapprocher les courants des représentations sociales et de la cognition sociale se sont multipliés. Comme l'indiquent Rateau et Moliner (2009, p. 8), « actuellement, l'étude systématique du lien entre représentations sociales et processus sociocognitifs correspond à une volonté d'unifier des domaines de recherche jusqu'alors disjoints et de les enrichir mutuellement ». Dans la même perspective, d'autres auteurs ont souligné l'intérêt d'une articulation entre ces deux courants (Augoustinos & Walker, 1995) les positionnant, à l'instar de Moliner (1997), comme deux approches complémentaires. Dans l'ensemble, ces rapprochements sont justifiés par l'apport du « social » que revendique le courant des représentations sociales. En effet, en se fondant notamment sur les niveaux d'explication proposés par Doise (1982), un tel apport favoriserait une meilleure compréhension des processus étudiés en dépassant les limites d'une approche uniquement intra- et/ou interindividuelle des phénomènes.

Sur un versant plus opérationnel, il apparaît toutefois que, selon les cas, les modalités de ce rapprochement diffèrent. Ainsi, les articulations entre représentations sociales et cognition sociale peuvent s'opérer sur un plan méthodologique (Jung, Pawlowski & Wiley-Patton, 2009), sur la base des objets étudiés (de Rosa, 1990), ou encore en référence à des propriétés définitoires communes (Augoustinos & Walker, 1995 ; Leyens, 1983 ; Moliner, 1997). Ces rapprochements peuvent également s'ancrer dans une perspective spécifique de l'étude des représentations sociales. À titre d'exemple, l'approche sociogénétique ou anthropologique[3] des représentations sociales (Jodelet, 1989c ; Moscovici, 1961)[4] a notamment permis, à travers la proposition du processus d'ancrage, d'opérer des liens entre représentations sociales et catégorisation (Moscovici, 1984b). En outre, l'approche structurale des représentations sociales et plus particulièrement la théorie du noyau central[5] (Abric, 1976, 2001a), qui présente les représentations sociales comme un ensemble organisé de contenus, constitue également un cadre propice à ce rapprochement (Abric, 1987 : Moliner, 1997). Certains processus peuvent également être appréhendés au travers de leur rôle dans la dynamique représentationnelle (Flament, 1994, 2001 ; Guimelli, 1998a). Dans cette perspective, nous pouvons notamment évoquer les processus liés aux émotions (Bouriche, 2014 ; Piermattéo, 2013) ou ceux impliqués dans le paradigme de l'influence sociale (Mugny, Moliner & Flament, 1997 ; Mugny, Souchet, Quiamzade & Codaccioni, 2009). Enfin, notons l'existence de travaux mettant en avant le rôle des processus sociocognitifs dans le fonctionnement des représentations sociales (Moliner, 1997), cette intégration reposant principalement sur la typologie des fonctions attribuées à ces dernières (Abric, 1994b ; Doise, 1990 ; Jodelet, 1989c ; Moscovici, 1961).

Cette multiplicité des passerelles possibles pour l'établissement d'un lien entre représentations sociales et processus sociocognitifs, bien que favorable à une production scientifique riche, rend toutefois assez difficile une certaine vue d'ensemble des rapprochements établis (ou à établir). À ce niveau, une double articulation entre représentations sociales et processus sociocognitifs semble permettre d'organiser les travaux existants (Deschamps & Clémence, 1987 ; Elejabarrieta, 1994 ; Moliner, 1997 ; Moliner & Rateau, 2009). Celle-ci repose sur deux constats :

- d'une part, certains processus sociocognitifs ayant généralement été étudiés dans un cadre extérieur à l'approche des représentations sociales pourraient prendre place au niveau du fonctionnement de ces dernières ;
- d'autre part, les représentations sociales pourraient déterminer ou orienter certains processus dont elles constitueraient la toile de fond (Deschamps & Clémence, 1987 ; Moliner, 1997).

Le premier de ces constats regroupe une grande partie des travaux traitant de l'articulation entre représentations sociales et processus sociocognitifs. À ce niveau, ces travaux peuvent également être distingués en fonction de la perspective dans laquelle ils se situent, allant d'une perspective générale à une perspective plus fonctionnelle (figure 24.1), cette dernière regroupant des recherches pouvant s'inscrire dans différentes approches des représentations sociales. Le second constat regroupe les travaux plaçant les représentations sociales comme possible déterminant des processus sociocognitifs et s'inscrivent dans une logique de rapprochement qui vise à dépasser un niveau d'explication intra-individuel.

Dans la logique de l'aspect synthétique de ce cadre et de cette introduction, ce chapitre ne fournira pas une présentation exhaustive des différents liens entre représentations sociales et processus sociocognitifs, une telle ambition étant difficilement réalisable en quelques pages.

3. Voir chapitre 2.

4. Pour une présentation synthétique des différentes approches des représentations sociales, voir Moliner & Guimelli (2015), Rateau & Lo Monaco (2013a, 2013b) ou encore Rateau, Moliner, Guimelli & Abric (2011).

5. Voir chapitre 4.

En conséquence, ce chapitre sera plus particulièrement focalisé sur des rapprochements spécifiques en abordant notamment les champs des émotions, de l'identité ou encore de l'engagement[6]. Ces choix sont sous-tendus par la volonté de présenter des rapprochements se situant à différents niveaux de développement, certains étant largement documentés, caractérisés par des développements récents, et d'autres encore en friche.

Figure 24.1.

Présentation synthétique des principales voies d'articulation entre représentations sociales et processus sociocognitifs

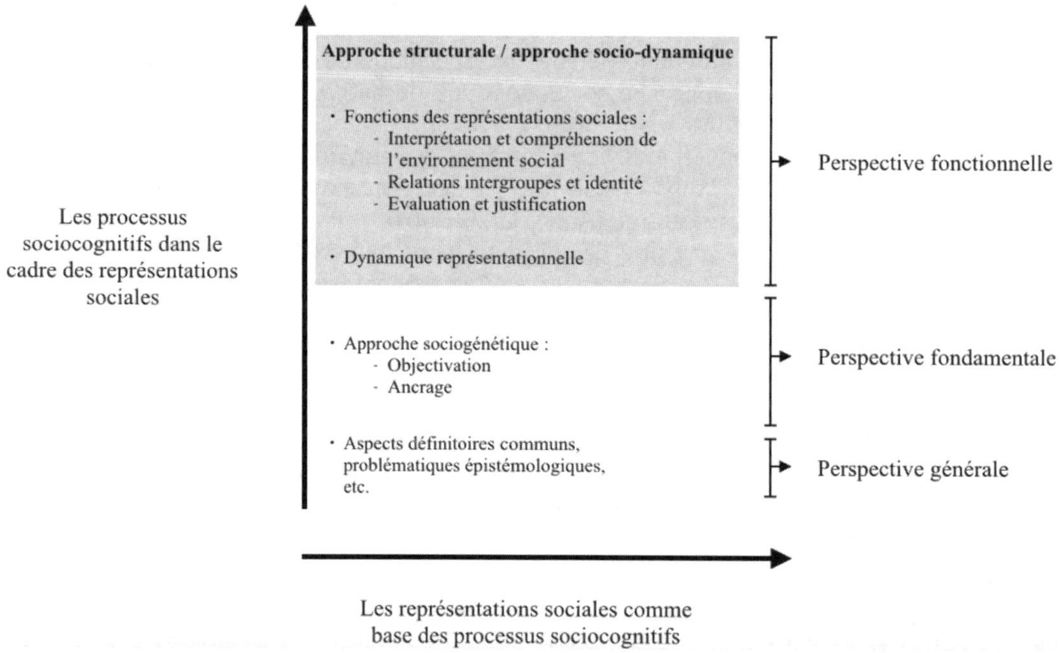

2. Représentations sociales et émotions

La question de l'articulation entre représentations sociales et émotions n'est pas nouvelle. Dès la fin des années 1980, plusieurs auteurs ont postulé que l'affectivité pourrait jouer un rôle important dans l'activité de construction sociale de la réalité d'un groupe donné (Jodelet, 1989c) et constituer une base sous-tendant le fonctionnement des cognitions (Moscovici, 1988). D'autres auteurs ont par la suite supposé des liens similaires (Banchs, 1996 ; Boggi Cavallo & Iannacone, 1993 ; de Rosa, 1993 ; Guimelli & Rimé, 2009 ; Markovà & Wilkie, 1987 ; Molinari & Emiliani, 1996 ; Wagner, 1992). Toutefois, comme ont pu le souligner Lheureux et Guimelli (2009), peu de recherches se sont vraiment attachées à la démonstration empirique d'un tel rapprochement. Quelques références, pour la plupart assez récentes, s'inscrivent néanmoins dans cette perspective (Bouriche, 2014 ; Deschamps & Guimelli, 2002 ; Lheureux & Guimelli, 2009 ; Methivier, 2010, 2012a, 2012b ; Piermattéo, 2013).

Avant de détailler davantage ces travaux, il convient en premier lieu de définir ce que sont les émotions, ces dernières étant caractérisées par des frontières floues avec des concepts voisins tels que les sentiments, les affects ou encore les humeurs (Corson, 2002 ; Ekman & Davidson, 1994 ; Lheureux & Guimelli, 2009 ; Tcherkassof, 2008). Selon Ekman et Davidson (1994), les émotions peuvent être considérées comme des réactions caractérisées à la fois par une forte intensité et une courte durée, provoquées par un stimulus spécifique identifiable et renvoyant à un ensemble cohérent de manifestations cognitives et physiologiques. Les émotions peuvent donc être distinguées : (a) des humeurs, qui renvoient à des états de moindre intensité dont

6. Voir focus 24.

l'origine n'est pas nécessairement identifiée par les individus (Frijda, 1986 ; Schwartz & Clore, 1988) et qui s'avèrent plus généraux, envahissants et durables (Corson, 2002) ; (b) des sentiments, renvoyant essentiellement à une composante subjective et excluant les aspects comportementaux et physiologiques (Lheureux & Guimelli, 2009) ; (c) des affects, du fait de la faible intensité qui caractérise ces derniers. Nous pouvons toutefois noter que pour certains auteurs l'affect est davantage considéré comme un terme général englobant à la fois les émotions et les humeurs (Corson, 2002).

Bien que les travaux traitant des liens entre émotions et représentations sociales soient assez peu nombreux, un regain d'activité récent conduit à penser que cette thématique est en voie de développement. Une telle évolution de ce champ de recherche semble d'ailleurs assez justifiée au regard de la convergence des contributions existantes pour ce qui est du rôle essentiel attribué aux émotions dans la genèse et la dynamique des représentations sociales. Ainsi, pour Banchs (1996), les émotions contribueraient à la construction des croyances au travers de leur impact sur le traitement de l'information. En effet, l'auteur part du constat que l'état émotionnel des individus influe sur la façon dont ces derniers se saisissent des informations qui leur parviennent de leur environnement (Bohner, Chaiken & Hunyadi, 1994). Toutefois, l'appartenance groupale, par le partage de valeurs et de normes communes, favoriserait un certain consensus émotionnel. En conséquence, d'un individu à l'autre, le ressenti d'émotions semblables conduirait à des traitements similaires des informations en provenance de l'environnement et conduirait alors à une représentation commune d'un objet donné.

Au-delà de leur rôle dans la genèse représentationnelle, les émotions pourraient également intégrer les représentations sociales « constituées ». Ainsi, les représentations sociales seraient dotées d'une composante émotionnelle qui, à travers son association à certaines croyances, participerait à la construction du sens attribué à l'objet (Guimelli & Rimé, 2009). Dans ce cadre, certains éléments composant une représentation sociale donnée auraient une tonalité émotionnelle qui leur serait propre (Deschamps & Guimelli, 2002 ; Guimelli & Rimé, 2009). Cette tonalité émotionnelle serait acquise à travers un processus de partage social (Rimé, 2005) qui conduirait les individus à communiquer leurs émotions respectives concernant ces éléments. Ce phénomène contribuerait alors à ancrer certaines émotions au niveau des contenus de la représentation. Ainsi, considérant d'une part que les émotions contribuent à orienter les actions (Frijda, 1986) et, d'autre part, que certains éléments représentationnels pourraient entretenir des rapports de connexité émotionnelle, il est possible de considérer que les émotions pourraient contribuer à l'organisation des représentations sociales et constituer un facteur de génération des pratiques liées à l'objet. Dans cette perspective, Lheureux et Guimelli (2009) ont mis en avant des résultats qui semblent confirmer la propriété de connexité émotionnelle tout en soulignant également le potentiel rôle générateur du partage social.

Ainsi, l'articulation entre émotions et représentations sociales peut être appréhendée à travers différentes orientations : dans une optique « statique », qui considère les émotions comme une dimension supplémentaire associée aux contenus représentationnels, ou dans une optique dynamique en tant que facteur d'émergence et d'évolution des représentations. Ces rapprochements, qui s'inscrivent dans des perspectives fonctionnelle et fondamentale (voir figure 24.1) de l'articulation entre représentations et émotions se situent également à différents niveaux d'explication (Doise, 1982). Ainsi, les propositions de Banchs (1996) semblent davantage se situer à un niveau intra-individuel en considérant qu'une vision partagée de l'objet résulterait d'un impact similaire des émotions sur le traitement de l'information d'individus caractérisés par une appartenance groupale commune. Toutefois, si l'on considère, à l'instar de Durkheim, que les représentations « ne dérivent pas des individus pris isolément, mais de leur concours » (Durkheim, 1898b, p. 17), une approche se situant à un niveau interindividuel et mobilisant le rôle des communications entre les membres du groupe pourrait s'avérer complémentaire à l'approche de Banchs (1996). Dans cette perspective, le partage social apparaît comme un vecteur privilégié de l'ancrage de l'émotion dans la représentation ainsi qu'un élément essentiel à sa dynamique (Bouriche, 2014 ; Guimelli & Rimé, 2009 ; Piermattéo, 2013). Ainsi, pour Rimé, « le partage social n'est pas seulement la recherche de sens d'un individu désemparé. Il est aussi l'initiation du processus commun par lequel les membres du groupe mettront à jour les représentations qu'ils partagent » (2005, p. 380). Par ailleurs, au-delà des niveaux intra- et interindividuel, les travaux de Deschamps et Guimelli (2002) ainsi que ceux de Lheureux et Guimelli (2009) permettent d'envisager une appréhension à un niveau positionnel dans lequel les individus et les groupes, en fonction de leurs insertions sociales, attacheraient des émotions différentes à des contenus représentationnels donnés.

Enfin, au regard des voies d'articulation présentées *supra* (voir figure 24.1), les travaux que nous avons cités se situent dans une perspective se focalisant sur les fonctions et la place des émotions dans le cadre des représentations sociales. À l'inverse, il est toutefois également possible d'envisager les représentations sociales comme de potentiels déterminants des émotions. Ainsi, les approches contemporaines des émotions s'articulant autour de la notion d'évaluation cognitive (Ellsworth & Scherer, 2003) reposent sur le principe selon lequel les émotions que nous ressentons seraient fonction de la signification attribuée à la situation. L'évaluation cognitive, déterminant les émotions ressenties, serait notamment dépendante des appartenances groupales des individus ainsi que de leurs attentes et de leurs croyances concernant leur environnement (Nugier, 2009 ; Philippot & Feldman, 2004). Sur cette base, il apparaît que les représentations sociales pourraient influer sur l'activité d'évaluation cognitive et ainsi orienter les émotions ressenties. Par ailleurs, dans le champ des représentations sociales, des recherches récentes témoignent également du fait que la mise en cause des représentations partagées par les individus serait en mesure de susciter des réactions affectives et/ou émotionnelles (Bouriche, 2014 ; Piermattéo, 2013). Ainsi, si les représentations sociales sont potentiellement capables d'influer sur les émotions en agissant sur la perception de la situation, celle-ci, selon qu'elle infirme ou confirme un élément donné d'une représentation sociale, serait également en mesure d'orienter les émotions ressenties.

Enfin, il apparaît que les émotions elles-mêmes peuvent être considérées comme résultant d'une construction sociale (Paez, Marques & Insua, 1996). Les émotions pourraient alors, dans une certaine mesure, être appréhendées comme des objets de représentation intégrant notamment des prescriptions comportementales (Averill, 1980 ; Frijda, 1986).

En définitive, l'articulation entre représentations sociales et émotions repose sur une activité de recherche relativement peu importante mais qui, au regard de l'émergence de travaux récents, semble être en plein développement. Comme nous avons pu le voir, différents aspects justifient une telle dynamique : d'une part la multiplicité des arguments théoriques en faveur d'un tel rapprochement, et d'autre part la variété des pistes de recherche à explorer. Ainsi, dans le cadre plus large de l'articulation entre représentations sociales et processus sociocognitifs, la question des émotions semble tout juste commencer à susciter une réelle dynamique de recherche, se distinguant en ce sens d'autres problématiques telles que celle de l'identité sociale qui, jusqu'à aujourd'hui, ont bénéficié d'une attention plus importante.

3. Représentations sociales et identité sociale

Le rapprochement entre représentations sociales et identité sociale constitue une piste de recherche féconde[7]. En effet, dès leur formalisation, ces deux notions théoriques sont devenues des piliers de la psychologie sociale contemporaine : toutes deux étant à la croisée de la psychologie et de la sociologie, toutes deux se positionnant sur un continuum qui leur donne toute la légitimité de se définir comme un champ théorique multi-facettes. Nous retiendrons, par exemple, le passage de du concept de représentation individuelle à celui de représentation collective (Durkheim, 1898b) pour en arriver enfin au concept de représentation sociale (Moscovici, 1961). Le même cheminement peut être repéré en ce qui concerne la notion d'identité, qui place le curseur de son continuum de l'identité personnelle à l'identité sociale (Tajfel

7. Voir chapitre 21 et focus 21.

& Turner, 1986). L'identité sociale peut alors se définir comme « la partie du concept de soi qui provient de la conscience qu'a l'individu d'appartenir à un groupe social (ou à des groupes sociaux), ainsi que la valeur et la signification émotionnelle qu'il attache à cette appartenance » (Tajfel, 1982, p. 2). Ces éléments de définitions, et plus particulièrement la conceptualisation des rapports entre identités personnelle et sociale, tendent à conférer au concept d'identité un caractère dynamique. C'est sur cette conception dynamique de l'identité qu'ont été posés les premiers jalons du rapprochement entre représentations sociales et identité sociale. Ce métissage renvoie à une question dite de primauté. Plus précisément, qui de la représentation sociale ou de l'identité sociale précède et/ou succède à l'autre ? Nous n'avons pas la prétention de pouvoir répondre à cette question de façon univoque mais de simplement proposer quelques pistes de réflexion.

Considérons dans un premier temps les travaux de Breakwell (1993b) et de Vala (1998a) relatifs à la taxinomie des représentations proposée par Moscovici et au processus d'ancrage (Moscovici, 1961 ; Doise, 1990). Breakwell (1993a) part de la typologie des représentations sociales établie par Moscovici (1961, i.e., représentations hégémoniques, émancipées et polémiques) afin d'établir un lien entre représentations sociales et identité sociale. Elle aborde cette notion en termes de producteur. Autrement dit, elle s'intéresse aux processus de production des représentations sociales à travers le prisme du groupe : comment et dans quelles conditions les groupes contribuent-ils à la production des représentations sociales ? Dès lors, en ce qui concerne les représentations dites émancipées, Breakwell (1993b) met l'accent sur le processus de co-construction impliquant différents groupes dans le cadre de leur élaboration. Les représentations hégémoniques, elles, peuvent être produites par d'autres groupes que ceux concernés. Breakwell (1993b) note également que les représentations polémiques sont produites et appartiennent à un groupe spécifique. Enfin, elle relève un aspect qui nous semble parfaitement s'inscrire dans la perspective d'une articulation entre représentations sociales et identité sociale : une représentation sociale (polémique, émancipée ou hégémonique) est toujours produite par l'action ou la coaction des groupes. On peut ainsi supposer, comme l'affirme Breakwell, que cette action sera guidée par les objectifs du groupe et donc que le produit final, la représentation sociale, aura la « couleur » du groupe. Autrement dit, la représentation sociale ne sera pas indépendante des objectifs et de l'identité du groupe qui la produit.

Vala (1998a) se propose lui aussi de réexaminer la typologie des différents types de représentations proposée par Moscovici (1961). Il s'intéresse précisément aux représentations polémiques qui sont issues de conflits intergroupes. Elles sont en effet soumises aux relations, aux interactions intergroupes, et donc aux identités sociales. Elles sont, pour l'auteur, les meilleures ambassadrices de la relation entre représentations sociales et identité sociale. Vala va même plus loin dans le processus de métissage théorique en s'intéressant au rapport existant entre identité sociale et processus d'ancrage. L'ancrage permet l'enracinement de la représentation dans un système de pensée préexistant et constitue un guide pour l'action (Moscovici, 1976a, voir également Doise, 1992). Partant de cette constatation, Vala pose la question suivante : est-ce que ce sont les représentations sociales qui construisent les identités ou les identités groupales qui construisent les représentations ? Comme nous l'avons précisé *supra*, il n'est pas de notre ambition de répondre à ces questions par l'affirmative ou la négative. Cela étant, on retiendra ce que traduit un tel questionnement, à savoir l'aspect dynamique des représentations sociales et les liens qu'entretient cette dynamique avec les interactions inter et intragroupes. Selon Vala (1998a), cette relation dynamique est à mettre en relation avec ce que Moscovici appelle la relation ego/alter/objet (Moscovici, 1984c). On constate alors qu'en fonction de la relation de l'ego à l'alter (et inversement), la représentation de l'objet peut être différente, à l'instar de Jodelet (1984a) qui considérait que « l'intervention du social se traduit dans la signification et l'utilité conférées à l'objet et à sa représentation » (p. 385). Sur cette base, dans une étude réalisée en 1990, portant sur les différentes représentations sociales du pouvoir, Vala a pu mettre en avant la forte composante identitaire qui caractérise les représentations sociales. La figure 24.2 représente les apports des deux théories l'une par rapport à l'autre.

Figure 24.2.
Liens entre la théorie des représentations sociales et de l'identité sociale

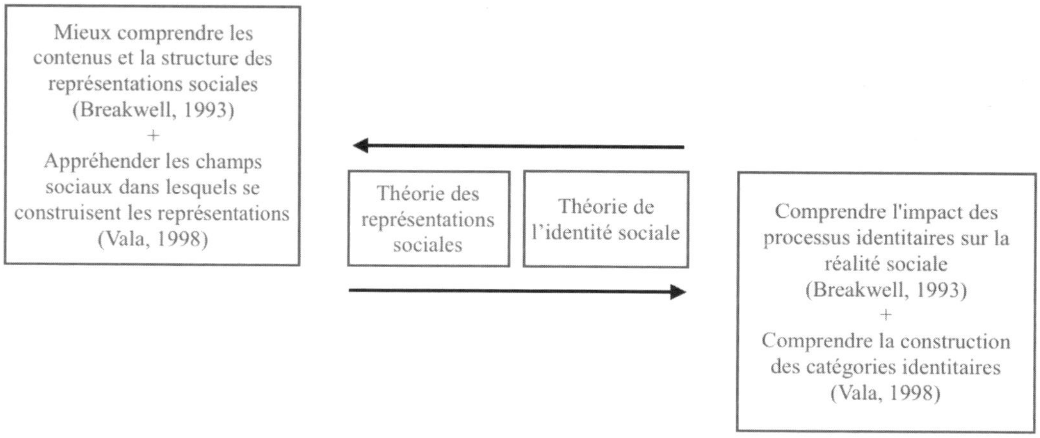

Ici encore, la double relation qui est observée (figure 24.2) s'inscrit également dans le cadre de la double articulation dont nous avons pu faire état *supra*, en considérant d'une part le rôle des processus identitaires dans la construction des représentations sociales et en plaçant d'autre part ces représentations comme bases des processus identitaires. Notons qu'articuler les deux théories ne veut pas dire concevoir une relation de subordination de l'une sur l'autre. Pourtant, les travaux empiriques relatifs à ce croisement (Chryssochoou, 1996 ; Cinnirella, 1997 ; Joffe, 1996 ; Vala, 1998a, 1998b) tendraient à considérer les représentations sociales comme des pare-chocs de l'identité sociale. Elles seraient en effet considérées comme les garantes du maintien d'une identité sociale positive. Cependant, Elejabarrieta (1994) met en garde contre cette hypothèse implicite d'une relation unilatérale allant des représentations sociales vers l'identité sociale. En effet, selon lui, l'existence des représentations sociales ne dépend pas uniquement de l'existence préalable des identités sociales. Afin d'appréhender ce rapprochement théorique, Elejabarrieta envisage la relation entre représentation sociale et identité sociale au travers la notion de *social positioning*. L'auteur s'inspire principalement des travaux de Harré (Davies & Harré, 1990 ; Harré & Van Langenhove, 1991), qui s'opposent à l'idée d'une hiérarchie entre identité sociale et représentation sociale. D'un côté, Elejabarrieta considère que les individus prennent position vis-à-vis des groupes (en situations intragroupe ou intergroupes) *via* l'expression de différentes représentations sociales, et, de l'autre, que les identités sociales contribuent à la structure et aux contenus des représentations sociales. L'auteur défend donc l'option d'une relation bilatérale s'inscrivant ainsi dans la logique de rapprochement entre représentations sociales et processus sociocognitifs défendue par Rateau et Moliner (2009).

Par ailleurs, et dans une perspective différente, Deschamps et Moliner (2008) ont proposé de considérer les représentations à la fois comme des marqueurs, des produits et des régulateurs de l'identité : (a) des marqueurs, en ce sens qu'une représentation est toujours un moyen pour un groupe d'affirmer ses particularités et ses différences ; (b) des produits, car « la façon dont les individus se perçoivent, la façon dont ils perçoivent autrui et les représentations qu'ils entretiennent sur leurs positions sociales déterminent, pour partie, la façon dont ils se représentent les objets sociaux » (Deschamps & Moliner, 2008, p. 131) ; (c) des régulateurs, enfin, en ce sens que les individus vont toujours chercher à maintenir une certaine compatibilité entre représentations de soi et représentations sociales dans le but de valoriser ou de renforcer une image positive de soi. Les représentations sociales organisent ainsi la perception de l'espace social de façon congruente avec les aspirations et les contraintes identitaires des individus. Notons que, du point de vue de l'approche structurale des représentations sociales (Abric, 1976, 2001b), ces rôles identitaires qui se nouent autour des représentations sociales devraient surtout être pris en charge par le noyau central de celles-ci. En effet, les cognitions centrales ont notamment pour caractéristique de participer à la fois à la construction, au maintien et au développement de l'identité sociale des individus et des groupes (Abric,

2001b). Ce postulat ouvre la voie à de nombreuses recherches liant l'approche structurale des représentations sociales et la théorie de l'identité sociale[8].

Comme nous venons de le voir, la volonté d'articuler représentation sociale et identité sociale n'est plus à justifier d'un point de vue épistémologique. Les opérations de catégorisation, de rapports intergroupes ou de comparaison sociale se déroulent toujours dans un monde rempli de significations (Deschamps & Moliner, 2008). Elles sont mises en œuvre par des individus qui disposent de nombreuses représentations des objets qui composent leur environnement. Ces objets constituent autant d'enjeux pour ces individus car ils structurent et médiatisent en permanence l'interaction sociale. À partir des informations qui circulent à leur propos, une société dispose d'éléments permettant de catégoriser les personnes, de définir des statuts et des rôles, de légitimer des prises de position et des conduites. Le propre de la théorie des représentations sociales est d'avoir montré que ces informations, ces croyances et ces connaissances relatives aux objets sociaux s'inscrivent dans un univers complexe de rapports intergroupes où chacun développe et entretient sa propre vision du monde (Doise, 1986, 1992). Cela revient à dire que chaque groupe social dispose de ses propres représentations d'un même objet social et que, trivialement, les représentations des uns ne sont pas celles des autres.

4. Conclusion

Comme nous avons pu le voir, la problématique de l'articulation avec les processus sociocognitifs s'ancre au niveau des perspectives les plus actuelles de développement de la théorie des représentations sociales. Par ailleurs, cette problématique s'inscrit également dans le cadre plus large de la question des rapports entre représentations sociales et cognition sociale, question qui constitue le prolongement de débats se poursuivant depuis plusieurs dizaines d'années tout en demeurant très actuels (Beauvois, 1997 ; Moliner & Rateau, 2009). Ainsi, le rapprochement entre représentations sociales et processus sociocognitifs implique des questionnements relatifs à une certaine compatibilité épistémologique prenant place dans un contexte plus large de confrontation des psychologies sociales nord-américaine et européenne (Augoustinos & Walker, 1995 ; Greenwood, 2004 ; Farr, 1993a).

Il n'en demeure pas moins que les perspectives de développement liées à la problématique du rapprochement entre représentations sociales et processus sociocognitifs semblent nécessiter un certain balisage ou, plus concrètement, un cadre plus général, qui permettrait de faciliter une vision d'ensemble des recherches existantes et des directions à explorer. Si les bases d'un tel cadre ont été posées (Deschamps & Clémence, 1987 ; Elejabarrieta, 1994 ; Moliner, 1997 ; Moliner & Rateau, 2009) et synthétisées au travers de ce chapitre (voir figure 24.1), elles appellent cependant à une réflexion plus approfondie concernant la pertinence et surtout le caractère exhaustif de ce dernier.

En effet, si la plupart des travaux portant sur l'articulation entre représentations sociales et processus sociocognitifs se sont souciés de la compatibilité théorique des concepts mobilisés, peu d'entre eux se sont intéressés aux croisements méthodologiques. Une telle dynamique semble pouvoir être expliquée par le fait qu'assez fréquemment, la prise en compte des représentations sociales dans le cadre d'une articulation avec des processus sociocognitifs était argumentée comme un moyen de dépasser un niveau d'analyse presque exclusivement intra-individuel (Augoustinos & Walker, 1995). Dans cette perspective, les méthodologies employées sont donc souvent empruntées au champ des représentations sociales : techniques d'associations libres (e.g., Bouriche, 2014 ; Souchet & Girandola, 2013 ; Zbinden, Souchet, Girandola & Bourg, 2011) ou techniques visant à établir un diagnostic structural (e.g., Methivier, 2010 ; Souchet & Girandola, 2013 ; Zbinden et al., 2011)[9]. À l'inverse, peu de recherches se sont intéressées

8. Voir chapitre 4.

9. Voir chapitre 5.

à l'utilisation de paradigmes plus spécifiquement associés au champ de la cognition sociale. Pourtant, de nombreux travaux relatifs à l'étude des stéréotypes, des émotions, des processus de catégorisation, ou qui relèvent davantage des problématiques liées à la mémorisation ou au raisonnement analogique, reposent sur des paradigmes dont la mobilisation dans le cadre de l'étude des représentations sociales pourrait s'avérer pertinente. Ainsi, des travaux récents réalisés par Skandrani-Marzouki, Lo Monaco et Marzouki (2015) reposant sur un paradigme d'amorçage subliminal émotionnel ont permis de souligner la propriété d'insensibilité au contexte des éléments centraux (Abric, 1993, 2001b ; Flament, 1995 ; Lo Monaco, Lheureux & Halimi-Falkowicz, 2008 ; Wagner, Valencia & Elejabarrieta, 1996). En relevant les réponses des individus à une version informatisée du test d'indépendance au contexte (Lo Monaco et al., 2008) et en prenant en compte les temps de réponse, les auteurs ont pu observer qu'à l'inverse des éléments périphériques, les éléments centraux sont caractérisés par une relative insensibilité aux changements de contexte inconscients. Les résultats de ces auteurs, qui les ont conduits à souligner et approfondir la question de la propriété d'insensibilité au contexte des éléments centraux, les ont également conduits à noter l'intérêt de la mobilisation de ce type de mesures dans le cadre de l'étude des représentations sociales ainsi que le faible nombre de travaux s'inscrivant dans une démarche comparable. Dans une perspective similaire, l'utilisation d'autres paradigmes reposant notamment sur la mesure des temps de réponse serait également propice à contribuer au développement de la théorie des représentations sociales. Ainsi, des paradigmes d'amorçage séquentiels renvoyant à des tâches de décision lexicale (Meyer & Schvaneveldt, 1971) ou d'inclusion de catégorie (Dovidio, Evans & Tyler, 1986), ou d'autres techniques telles que le test d'association implicite (Greenwald, McGhee & Schwartz, 1998), pourraient permettre d'apporter un soutien expérimental aux conceptions supposant un rôle organisateur des cognitions centrales (Abric, 1994b, 2001b). Par ailleurs, en dehors de l'approche structurale, les paradigmes issus des travaux sur les inférences analogiques (e.g., Blanchette & Dunbar, 2002 ; Gineste, 1997 ; Hummel & Holyoak, 1997) pourraient permettre de contribuer expérimentalement à l'étude du processus d'ancrage[10] (Moscovici, 1961).

Ces suggestions, ainsi que les travaux se situant dans cette perspective, ont toutefois dans l'ensemble pour caractéristique d'aborder l'étude des représentations sociales au travers de l'évaluation de phénomènes d'ordre intra-individuel. Or, comme nous avons pu le préciser, les représentations sociales supposent, dans leur fonctionnement, l'existence de processus d'ordre interindividuels ou intergroupes qui contribuent à faire de la représentation un tout qui dépasse la somme des parties (Durkheim, 1898b). Plus concrètement, les représentations sociales en tant que processus (Abric, 1987) ne semblent pouvoir se résumer à une somme de processus intra-individuels. Toutefois, il est possible de considérer que ces derniers constituent un point de départ aux phénomènes représentationnels étudiés tout en apportant une part d'explication complémentaire (Doise, 1982).

Enfin, ces derniers éléments de discussion constituent également un argument en faveur d'une plus grande prise en compte de l'approche expérimentale dans le cadre de l'étude des représentations sociales. Dans cette perspective, l'apport de l'approche structurale n'est pas à négliger, celle-ci étant particulièrement adaptée à l'expérimentation (Beauvois, 1997 ; Moliner & Rateau, 2009). En effet, l'approche structurale « permet donc plus facilement d'établir des passerelles vers une psychologie sociale expérimentale qui s'est longuement consacrée – et se consacre encore – à l'étude de la cognition sociale » (Moliner & Rateau, 2009, p. 9). Toutefois, la voie expérimentale pourrait également s'avérer pertinente dans le cadre des autres approches des représentations sociales et ainsi constituer un facteur de progression essentiel pour cette théorie (Jost & Ignatow, 2001).

10. Voir chapitre 2.

FOCUS 24

Engagement et représentations sociales

Lionel SOUCHET[11] & Fabien GIRANDOLA[12]

Sommaire

11. Aix-Marseille Université, France.

12. Aix-Marseille Université, France.

Les liens entre engagement et représentations sociales sont abordés selon deux approches complémentaires. Dans une première approche, c'est la théorie de l'engagement (Joule & Beauvois, 1998 ; Kiesler, 1971), associée notamment au paradigme de l'essai contrattitudinel (e.g., Janis & King, 1954) et plus généralement à la théorie de la dissonance cognitive (Festinger, 1957 ; Fointiat, Girandola & Gosling, 2013), qui fournit un cadre expérimental d'observation et de compréhension de certains effets des pratiques sociales sur la dynamique des représentations sociales. D'une façon générale, il s'agit de vérifier si des individus engagés dans des actes en décalage avec leurs représentations initiales, en raison du contexte particulier dans lequel ils sont placés, ont tendance à modifier en conséquence certains aspects de leur représentation sociale.

Dans une seconde approche, on prend en compte les contenus des représentations sociales, d'abord pour comprendre ce que pensent les individus à propos d'objets sociaux ciblés puis pour utiliser certains de ces contenus à l'optimisation de techniques relevant du changement comportemental. Ainsi, des individus engagés dans des actes évoquant ou activant des éléments importants de leurs représentations sociales seraient-ils globalement plus enclins à réaliser des comportements cohérents avec leurs représentations et leurs engagements.

1. Le rôle de l'engagement dans la dynamique des représentations sociales[13]

Plusieurs travaux empiriques se sont centrés sur le rôle des pratiques sociales dans la dynamique des représentations (Abric, 1994a ; Flament, 1994 ; Guimelli, 1989). Flament (1994) a proposé un modèle de la dynamique représentationnelle selon lequel la mise en œuvre de pratiques nouvelles serait l'un des principaux processus dans la transformation des représentations sociales[14]. Ce modèle rend compte du lien entre représentations et pratiques sociales en soulignant l'aspect prescriptif des cognitions associées à un objet de représentation. En l'occurrence, les cognitions centrales sont posées comme des prescriptions absolues, et par conséquent inviolables, au regard desquelles est définie la légitimité des pratiques relatives à l'objet de représentation, indépendamment des conditions dans lesquelles peuvent être placés les individus. Par contraste, les cognitions périphériques sont appréhendées comme des prescriptions conditionnelles qui renvoient aux conduites qu'il est fréquent ou souhaitable de mettre en œuvre dans une situation donnée, compte tenu de sa spécificité, ce qui autorise de possibles transgressions pour autant que la situation le justifie.

Le paradigme de l'essai contrattitudinel de Janis et King (1954) a été utilisé dans un ensemble de recherches dont l'objectif était de fournir un support expérimental au modèle de Flament (1994). Un tel paradigme consiste à faire réaliser aux sujets un acte contrattitudinel : ici, rédiger un essai contraire à leur attitude envers un objet donné, par conséquent remettant en cause cette attitude. Cet acte contrattitudinel induit un état d'inconfort psychologique ou dissonance cognitive (Festinger, 1957 ; Fointiat, Girandola & Gosling, 2013). Il en découle un travail de réduction de cette dissonance ou rationalisation dont la conséquence est susceptible de s'exprimer sous la forme d'un changement d'attitude allant dans le sens de la position défendue dans l'essai (Beauvois & Joule, 1981 ; Joule & Beauvois, 1998). Moliner, Joule et Flament (1995) ont été les premiers à utiliser ce paradigme en vue de tester les effets de la réalisation d'un acte contrattitudinel sur la structure de la représentation sociale d'un objet, ici l'entreprise. Les sujets devaient rédiger un texte remettant en cause un élément central de cette représentation (en l'occurrence un texte relatif au fait qu'une entreprise n'a pas vocation à faire de profit). Une analyse de contenu des arguments produits lors de la rédaction de l'essai a montré que les sujets ont évité de remettre en question leur représentation de l'entreprise en évoquant un autre objet : « les

13. Voir chapitre 26.

14. Voir chapitre 4.

associations ». Associations dont on sait qu'elles n'ont pas vocation à faire de profit. Ce résultat confirme l'un des aspects du modèle de Flament selon lequel les individus tentent, quand ils le peuvent, de trouver une alternative plutôt que d'initier une restructuration, cognitivement et socialement très coûteuse, de leurs représentations. Une seconde recherche (Moliner & Tafani, 1997) engageait des étudiants dans un essai contraire à leur attitude envers les études, objet évidemment très impliquant pour eux. Les principaux résultats montrent que l'engagement dans l'essai contrattitudinel induit un changement d'attitude dans le sens d'une rationalisation de l'acte, ainsi qu'un ensemble de modifications subséquentes sur la dimension évaluative de la représentation, mais aucune modification n'est observée sur la dimension structurale de la représentation. Ainsi les effets de l'engagement dans un acte contrattitudinel se limitent-ils à un changement d'attitude et à des modifications mineures de la représentation, concernant exclusivement sa dimension évaluative, sans transformation au niveau structural. Une analyse de contenu des arguments produits dans ces deux dernières recherches permet d'éclairer ce point (Tafani & Souchet, 2001). En premier lieu, elle indique que l'argumentation développée concerne effectivement les études, et qu'à ce titre, la procédure utilisée permet d'éviter un changement d'objet. Toutefois, il apparaît que les sujets engagés dans un acte contraire à leur attitude (i.e., rédiger l'essai contrattitudinel) produisent des arguments remettant en cause essentiellement les cognitions périphériques qui lui sont associées. Dans cette condition, la périphérie assure ainsi son rôle de « zone tampon », puisqu'elle permet de gérer le conflit découlant de l'engagement dans l'acte contrattitudinel, sans que le système central de la représentation ne soit remis en cause (Flament, 1989). Dans ce cas, il résulte simplement des transformations mineures de la représentation. Sur la base de ce constat, Tafani et Souchet ont formulé l'hypothèse que la modification structurale d'une représentation suppose l'engagement des sujets dans un acte « contre-représentationnel », c'est-à-dire dans un acte contredisant explicitement les cognitions centrales. Cette hypothèse a été testée dans une expérience (Tafani & Souchet, 2002) manipulant la nature de l'essai dans lequel étaient engagés les sujets. En l'occurrence, ces derniers devaient, sur le thème des études, rédiger un essai contraire soit (a) à leur attitude envers l'objet de représentation, soit (b) à des cognitions périphériques, soit (c) à des cognitions centrales, associées à celui-ci. Le caractère irrévocable[15] de l'acte était maintenu constant. Les principaux résultats révèlent que dans les deux premières conditions, les changements observés concernent uniquement la dimension évaluative de la représentation et se limitent, comme précédemment, à une modification des positions prises à propos des cognitions périphériques. Par contraste, l'engagement dans un acte contraire à des cognitions centrales se traduit non seulement par des prises de position moins favorables envers ces cognitions mais aussi par une modification structurale de la représentation, à savoir le passage de ces cognitions dans la périphérie de la représentation. En d'autres termes, il apparaît qu'une telle transformation ne prend place que dans la mesure où les sujets sont engagés dans un acte contre-représentationnel remettant explicitement en cause le système central de leur représentation (cf. aussi Salès-Wuillemin, Girandola & Gosling, 2011). Dans ce sens, Renard, Bonardi, Roussiau et Girandola (2007) puis Bert, Souchet et Girandola (2011) ont pu montrer que la transformation est plus importante lorsque les sujets réalisent deux actes contre-représentationnels (i.e., double soumission) plutôt qu'un seul (i.e., soumission classique). Globalement, les résultats obtenus montrent que la double soumission a pour effet soit de renforcer un élément central ou périphérique soit de faire entrer un élément périphérique dans le noyau central (cf. Aïssani, 2009 ; Roussiau & Bonnardi, 2001 ; Souchet, Girandola & Tafani, 2010). Des effets de résistance ou de renforcement du système central sont aussi observés (Salès-Wuillemin, Gosling & Girandola, 2014 ; Sénémeaud, Girandola, Georget & Salès-Wuillemin, 2013).

15. L'irrévocabilité de l'acte, en plus d'être une condition nécessaire à la transformation des représentations sociales (Flament, 1994), peut être considérée comme un des facteurs principaux de l'engagement (Joule & Beauvois, 1998).

2. Le rôle des représentations sociales dans les processus d'engagement et de communication engageante

Dans une seconde approche, des expérimentations ont été réalisées afin de vérifier si la nature des éléments de représentation activés par un acte engageant pouvait moduler les effets des procédures d'engagement ou de communication engageante (Joule, Girandola & Bernard, 2007). Une première étude (Eyssartier, Joule & Guimelli, 2007 ; Eyssartier, Guimelli & Joule, 2009) a ainsi montré que l'activation des éléments centraux d'une représentation par l'intermédiaire d'un acte engageant entraîne des changements d'attitude et de comportement plus importants que l'activation d'éléments périphériques. Dans le même sens, Souchet et Girandola (2013) ont montré que des individus contactés dans une rue piétonne sont plus nombreux à réaliser des économies d'énergies chez eux lorsqu'ils ont réalisé deux actes préparatoires (i.e., double-pied-dans-la-porte : questionnaire et rédaction d'arguments) activant des éléments centraux de la représentation sociale des économies d'énergies (*versus* des éléments périphériques). La prise en compte de la nature des cognitions activées s'avère, par conséquent, de première importance pour optimiser les procédures de soumission librement consentie faisant référence, par exemple, au pied-dans-la-porte et double-pied-dans-la-porte (Joule & Beauvois, 2014). La théorie du noyau central des représentations sociales (Abric, 1994b) semble fournir un cadre pertinent au choix des cognitions permettant l'optimisation de ces techniques. Nous noterons que, dans l'étude de Souchet et Girandola (2013), la taille des effets est loin d'être négligeable puisque la procédure la plus efficace, double pied-dans-la-porte activant des cognitions centrales de la représentation sociale, a permis de multiplier par plus de deux, par rapport à la condition contrôle, le nombre de sujets ayant accepté la requête cible ainsi que le nombre de sujets ayant effectivement réalisé le comportement attendu, en faveur à la préservation de l'environnement.

La connaissance de la représentation sociale, partagée par un groupe de personnes sur un objet donné, permet d'optimiser l'efficacité des procédures d'engagement par la sélection des actes préparatoires et/ou engageants rendant saillant des éléments centraux de cette représentation. À partir de ce constat, il était raisonnable de penser que le même type de résultats pourrait s'observer dans des procédures de communication engageante, qui impliquent de faire précéder (parfois succéder) la réception d'un message persuasif par la réalisation d'un (voire plusieurs) actes préparatoires et/ou engageants (e.g., Girandola & Joule, 2012 ; Michelik, Girandola, Joule, Zbinden & Souchet, 2012 ; Piermattéo, Lo Monaco & Girandola, 2015 ; voir Lo Monaco, Girandola & Guimelli, sous presse). Ainsi Zbinden, Souchet, Girandola et Bourg (2011) ont-ils réalisé une étude dans laquelle les sujets étaient exposés soit à un message persuasif classique, soit à une communication engageante (lecture seule *versus* lecture et signature d'une charte en faveur du recyclage). De plus, selon les conditions expérimentales, les messages étaient construits soit autour d'éléments centraux de la représentation sociale « de la protection de l'environnement », soit autour d'éléments périphériques de cette même représentation. Les résultats montrent, d'une part, que les sujets placés en communication engageante expriment des attitudes et des intentions comportementales plus favorables envers le recyclage et la protection de l'environnement que ceux ayant seulement lu un message persuasif. D'autre part, l'activation d'éléments centraux entraîne des changements d'attitudes et d'intentions comportementales plus importants que l'activation d'éléments périphériques.

L'ensemble de ces résultats milite, depuis une dizaine d'années, en faveur d'un rapprochement entre engagement et représentations sociales. Dans un cas, l'engagement dans un ou deux actes contre-représentationnel(s) permet d'initier, comme fonction de réduction de la dissonance, une dynamique ou transformation d'une représentation sociale. Dans un autre cas, l'étude des représentations sociales permet la prise en compte d'un contexte sociocognitif élargi susceptible d'optimiser les changements cognitifs et comportementaux.

CHAPITRE 25

De la zone muette aux facettes d'une représentation sociale

Laurent MILLAND[1] & Claude FLAMENT[2]

Sommaire

1. Université de Poitiers, France.
2. Aix-Marseille Université, France.

L'essentiel, pour ne pas dire la totalité, des recherches conduites dans le domaine des représentations sociales passe inévitablement par une approche du contenu de ces représentations, la mise en place de méthodologies spécifiques pour une analyse des processus à l'œuvre (Abric, 1996, 2003a). Qu'il s'agisse d'entretiens, de passation de questionnaires ou de toute autre méthodologie d'approche, les protocoles auxquels on a généralement recours conduisent à placer les participants dans des contextes qui véhiculent des enjeux normatifs plus ou moins complexes. Dès lors, les pressions normatives peuvent entraîner un certain contrôle dans l'expression des participants. La question se pose alors de savoir ce que nous recueillons réellement dans nos études, contenus partiels, réponses sélectives du fait de ces pressions normatives et, lorsque c'est le cas, de ce qu'il est possible de développer dans nos méthodologies pour pallier ces limites et tenter d'appréhender les représentations au plus près de ce qu'elles recouvrent. Enfin, ces questions qui parcourent depuis plus d'une dizaine d'années l'approche structurale des représentations, et les réponses que l'on est en mesure d'avancer aujourd'hui, interrogent le cadre théorique proposé à la suite des travaux d'Abric (1976)[3]. Dans ce chapitre, nous considérerons un ensemble de recherches ayant traité de ces questions, interrogeant la question des méthodes utilisées pour y répondre. Nous présenterons alors un cadre théorique s'appuyant sur des études publiées et des résultats de travaux en cours en proposant un ensemble de pistes qui nous paraissent intéressantes à développer.

Le poids des normes et les contraintes qu'elles peuvent engendrer dans l'expression des représentations constituent probablement une problématique récente dans les études de représentations sociales, mais beaucoup plus ancienne si l'on s'intéresse de façon plus large aux études de psychologie sociale. L'étude de Lewin (1947) concernant les décisions de groupe et le changement social en est selon nous un bon exemple. S'intéressant au changement de comportements dans les habitudes de consommation des ménagères, Lewin (1947) expérimente l'impact d'un discours argumenté sous forme d'exposé à celui d'une prise de décision en groupe. Dans les deux conditions expérimentales, il était rappelé l'intérêt que constitue la consommation d'abats en reliant l'enjeu de la nutrition (et par là de la consommation d'abats) à celui de l'économie de guerre, autrement dit à l'effort de guerre. Présenter les choses ainsi revient à considérer le refus de consommer des abats comme un comportement contre-normatif. Dans ce contexte et tout particulièrement dans la condition « prise de décision en groupe », l'animateur, Alex Bavelas, tentait de faire expliciter, par les participantes, les obstacles qui les freinent dans l'adoption de ces comportements pro-normatifs. On est ici typiquement dans le cas de conditions de recueil décrites plus haut. Pour contourner le problème que peut présenter un contrôle dans l'expression de ces ménagères, Bavelas (1978) conduisit une discussion du groupe à propos de « ménagères comme elles » qui amena l'explicitation des obstacles qui s'opposeraient au changement en général. Bien que ne s'agissant pas d'une recherche visant l'étude de représentations sociales, force est de constater que le problème des contraintes normatives, dans l'expression des individus, et la procédure retenue dans cette recherche, rejoignent les préoccupations auxquelles on s'intéresse ici. De même, et ceci dans ce qui pourrait sembler un champ de recherche a priori bien à part, l'étude des stéréotypes a conduit certains auteurs à s'affranchir de cette difficulté d'expressions (e.g., Devine, 1989) dans un contexte empreint de normes (cf. Dambrun & Guimond, 2004). À titre d'illustration, s'intéressant aux stéréotypes dont ils ont connaissance à propose des Noirs, Devine (1989, étude 1) proposait à ses participants une tâche d'associations libres accompagnée d'une consigne dans laquelle elle leur indiquait « that she was not interested in their personal beliefs but in their knowledge of the content of the cultural stereotype » (1989, p. 7), « qu'elle n'était pas intéressée par leurs croyances personnelles mais par leur connaissance du contenu du stéréotype culturel ». Bien que la consigne utilisée ici se différencie de celle utilisée par Lewin (1974), la problématique reste proche et, selon nous, analogue à celle qui a conduit à l'étude de la zone muette des représentations sociales (Guimelli & Deschamps, 2000), à propos de laquelle Abric (2003b) rappelle que, compte tenu du fait qu'elle est « constituée d'éléments contre-normatifs, il va donc falloir réduire la pression normative pour faciliter sa verbalisation » (p. 75).

3. Voir chapitre 4.

1. De la représentation comme système normatif à la zone muette des représentations sociales

Les travaux de Flament (1999) traitant des représentations sociales comme des systèmes normatifs donnent un point de départ aux travaux de Guimelli et Deschamps (2000 ; Deschamps & Guimelli, 2002) concernant l'étude de la zone muette. Pour Flament, « les réponses que l'on recueille habituellement dans les études de représentations sociales sont largement (sinon totalement) le reflet complexe de divers modèles normatifs pertinents pour l'objet de la représentation » (Flament, 1999a, p. 50). Dans cette approche, les modèles normatifs (i.e., des groupes de référence ; voir Milland, 2001, 2002) participent à dire ce qu'il est bon de penser ou de faire à propos d'un objet social donné et contribuent à l'élaboration de la représentation – cette approche est par ailleurs tout à fait en accord avec celle initiée par Doise (1993 ; Clémence, 2001, 2003b). Dans l'idée de mettre au jour l'impact de ces groupes de référence, Flament considère que « la méthode la plus opérationnelle pour tester dans quelle mesure une opinion standard (i.e., ce que l'on recueille habituellement dans un questionnaire d'opinion, ou de représentation sociale) reflète l'influence normative d'une instance de référence, est de demander aux sujets de remplir le questionnaire comme on le ferait en étant bien vu (respectivement : mal vu) par l'instance de référence » (Flament, 1999, p. 30). Si ces travaux sur l'impact des groupes de référence dans l'élaboration des représentations sociales mettent en évidence le caractère normatif des représentations sociales (Milland, 2001), ils montrent également que les productions des participants sont mobilisées différemment selon la situation dans laquelle on les place. C'est précisément ce type de résultats obtenus avec le paradigme d'identification (Jellison & Green, 1981 ; Dubois, 1991) qui ont permis à Guimelli et Deschamps (2000) d'étayer leur raisonnement en insistant sur le fait que les opinions des participants répondent bien à des logiques normatives, les contextes dans lesquels on recueille ces opinions (ici manipulés par les consignes) favorisant ou non leur expression. Dans leur recherche, les auteurs proposaient à leurs participants de réaliser deux tâches d'associations libres avec l'inducteur « Gitans ». L'une de ces consignes, dite *normale*, conduisait les participants à produire les associations en leur nom propre, l'autre, dite de *substitution*, les amenant à produire les associations qu'ils supposent être celles des *Français en général*. Guimelli et Deschamps (2000) observent ainsi que « les réponses produites par les sujets dans le contexte normal sont évaluées comme globalement positives (ou en tout cas : neutres), alors que les réponses produites dans le contexte de substitution sont beaucoup plus négatives » (p. 52). Ce sont ces résultats qui vont les conduire à proposer l'existence d'une zone du champ représentationnel, rendue muette sous l'effet des pressions normatives.

À la suite de cette étude, plusieurs recherches ont mis en évidence l'existence de zones muettes en s'appuyant sur la technique de substitution (e.g., Deschamps & Guimelli, 2002 ; Garoscio, 2006). Comme le rappelle Abric (2003b), la technique de substitution permet de réduire l'implication des participants et par suite facilite l'expression de réponses contre-normatives. Selon lui, il est également possible d'agir directement sur le contexte normatif de recueil en jouant sur l'appartenance groupale de l'expérimentateur. Dans son étude sur la représentation du Maghrébin auprès d'étudiants de la faculté de Lettres, l'expérimentatrice proposait une tâche d'associations libres en se faisant passer, soit pour un membre de leur propre groupe (ici une étudiante de la faculté de lettres), ce qui correspondait au contexte normatif, soit pour un membre d'un autre groupe préjugé comme adoptant des normes moins tolérantes (ici une étudiante de la faculté de droit), ce qui correspondait à la situation de décontextualisation normative. Les résultats montrent une association forte entre l'objet (i.e., Maghrébin) et les éléments *culture* et *chaleureux* en contexte normatif, qui contraste avec la condition de décontextualisation normative dans laquelle ces associations disparaissaient au profit des termes *immigration* et *délinquance*. Il semble donc que cette approche permette également d'accéder aux contenus de cette zone muette qu'il étudie. Mais ces approches méritent d'être discutées, en raison d'une part des limites qu'elles présentent et, d'autre part, des pistes qu'elles ouvrent.

On notera dans un premier temps que la consigne de substitution n'est pas exclusivement appliquée dans des tâches d'associations libres. Elle a également été utilisée dans des entretiens non directifs à propos de l'homosexualité (Piermattéo & Guimelli, 2012) mais également plus fréquemment dans des questionnaires de représentations sociales, que ce soit à propos de l'insécurité (Chokier & Moliner, 2006), de l'Islam (Flament et al., 2006 ; Guimelli, Lo Monaco & Deschamps, 2010), des musulmans (Flament et al., 2006), du toxicomane (Flament & Milland, 2010) ou encore du chômeur (Milland & Flament, 2010 ; Milland & Roques, 2006).

Parmi les principales critiques formulées à propos de cette technique, on retiendra celle interrogeant les processus impliqués dans la technique de substitution. Chokier et Moliner (2006) ont ainsi suggéré que cette technique entraînait très certainement un processus de comparaison sociale pour expliquer la production d'opinions négatives en consigne de substitution aux Français en général. Lorsque la distance entre les individus (des étudiants) et l'objet (le chômeur) est importante, les réponses standards sont analogues à celles qu'ils produiraient pour se faire bien voir de n'importe quel groupe de référence (en particulier les Français en général). Lorsque la distance entre ces mêmes individus et l'objet (le toxicomane) est faible, les réponses standards sont proches de celles qu'ils donneraient pour se faire bien voir de groupes de références qui leur sont proches (autres étudiants, autres jeunes) mais significativement différentes de celles qu'ils donneraient pour se faire bien voir ou mal voir des Français en général. On comprend ainsi que, pour un tel objet (proche des étudiants), le groupe des Français en général ne constitue pas une référence normative pour nos participants. En somme, ces résultats montrent que le processus impliqué avec cette technique ne relève pas de la comparaison sociale mais bien d'une réduction des pressions normatives (Flament & Milland, 2010), la distance au groupe de référence ainsi que la distance à l'objet devant être considérées lorsqu'il est fait usage de cette technique.

La principale critique se résume, selon nous, au travers d'une question : dans quelle mesure les participants de ces recherches adhèrent-ils aux réponses qu'ils produisent en substitution ? On remarquera au passage que cette critique récurrente (Abric, 2003b ; Chokier & Moliner, 2006 ; Milland & Flament, 2010 ; Guegan, Moliner & Vidal, 2013) porte plus sur les conclusions qui sont tirées des résultats obtenus avec cette technique que de biais inhérents à cette dernière. Si l'on s'intéresse à la méthode, rien n'empêche en effet de conclure que l'on est face à un phénomène de transparence tel que défini par Flament et Rouquette (2003). S'intéressant à la représentation du toxicomane, les auteurs proposaient un questionnaire de représentation à deux groupes de participants, l'un composé de jeunes (20-25 ans), l'autre de personnes âgées de 45-50 ans (la génération de leurs parents). Chaque participant devait répondre à ce questionnaire en son nom propre (i.e., consigne normale) puis en s'efforçant de le faire comme répondraient (consigne de substitution) une personne âgée de : 45-50 ans si le participant était du groupe des jeunes, 20-25 ans lorsque les participants étaient du groupe des 45-50 ans. Les résultats montrent alors que, tout en ayant des représentations différentes, voire même opposées de la toxicomanie (résultats de la consigne normale), les jeunes ont une connaissance assez juste de ce que pensent les gens de la génération de leurs parents, et vice versa (résultats de la consigne de substitution, comparés aux résultats de la consigne normale obtenus sur le groupe cible de la substitution). Comme le soulignent Flament et Rouquette (2003), ces résultats mettent en évidence « l'état des communications et des imputations entre les groupes » (p. 160), imputations qui ne sont autres que des attributions de discours ou opinions supposées être celles de ceux pris pour cibles dans la substitution.

Quelle solution envisager pour répondre à ce problème ?

Selon Abric (2003b), la technique de décontextualisation normative offre une réponse à cette question. Dans le cadre de cette technique, le fait de proposer une situation dans laquelle le participant aura à produire des réponses face à un enquêteur « proche des sujets mais perçu comme ne partageant pas les mêmes valeurs » devrait libérer les individus des contraintes normatives liées à leur propre groupe et les laisser « plus facilement émettre des idées moins "orthodoxes" » (pp. 78-79). Mais il nous semble que la décontextualisation normative, telle que manipulée dans l'étude de Abric (2003b), ne s'affranchit pas d'un possible effet de présentation de soi ou de désirabilité sociale (cf. Paulhus, 1991). Classiquement on a pu montrer que les personnes ont tendance à surestimer la fréquence avec laquelle ils réalisent des comportements socialement valorisés comme voter (Silver, Anderson & Abramson, 1986), et sous-déclarer la fréquence de leurs comportements socialement indésirables comme la consommation de substances (Mensch & Kendel, 1988). Si, comme l'indique Abric (2003b), la norme de tolérance et de non-racisme est perçue comme saillante dans un contexte où l'on s'adresse à un étudiant en lettres, on doit s'attendre à ce que les individus se gardent de déplaire à l'enquêteur. Mais alors, s'adresser à un enquêteur dont on sait qu'il ne partage pas ces normes ne conduirait-il pas les individus à adopter le même principe de précaution et s'abstenir de paraître par trop contre-pensant ?

Au final, selon nous, la question principale de l'adhésion aux contenus produits avec l'une ou l'autre de ces techniques reste entière. C'est ce questionnement qui est l'origine de la recherche présentée par Milland et Roques (2006). Leur étude portait sur la représentation sociale du chômeur. Ils faisaient l'hypothèse selon laquelle la technique de substitution aux Français en général conduit à produire des éléments qui peuvent avoir le statut de traits stéréotypés. Selon ces auteurs, les associations libres produites en substitution avec des objets tels que *Maghrébins* ou *Gitans* peuvent être considérées comme des traits stéréotypés, des attributs connus de tous (bas et haut niveau de préjugés, Devine, 1989). Or, si l'on suit Lepore et Brown (1997), « stereotypic features believed to be true of the group (endorsed) are presumably the ones activated most often. These endorsed characteristics become more strongly associated with the category (group node) and thus can be activated automatically » (p. 284). « Les caractéristiques stéréotypiques du groupe prises pour vraies sont présumées comme étant activées le plus souvent. Ces caractéristiques sont associées plus fortement à la catégorie (groupe nœud) et peuvent être par conséquent activées de manière automatique. » Un certain nombre de travaux de la littérature montrent ainsi que, chez les individus ayant un bas niveau de préjugés, la représentation de la catégorie conduit à un rejet des traits stéréotypés et à une valorisation d'autres attributs plus positifs. Ce sont ces attributs qui sont activés automatiquement (Kawakami, Dion & Dovidio, 1998 ; Lepore & Brown, 1997, 2002 ; Moskowitz, Salomon & Taylor, 2000 ; Wittenbrink, Judd & Park, 1997).

Pour tester ce qu'ils avancent, Milland et Roques recourent à une mesure implicite : le Test d'association implicite (Implicit Association Test – IAT ; Greenwald, McGhee & Schwartz, 1998 ; Greenwald, Nosek & Banaji, 2003 ; Greenwald, Nosek, Banaji & Klauer, 2005). Cette mesure, qui permet selon les auteurs d'accéder aux attitudes inconscientes des personnes (Greenwald, Banaji, Rudman, Farnham, Nosek & Mellot, 2002) ou attitudes cachées des individus (Greenwald, et al., 1998 ; Greenwald et al., 2003 ; Nosek, Greenwald & Banaji, 2005) fournirait également une mesure de la puissance associative entre une catégorie et ses évaluations (Neuman & Seibt, 2001). Dans leur étude, après avoir complété une échelle d'attitude à l'égard des chômeurs, les participants, quinze jours plus tard, participaient à une expérience opérationnalisée à partir d'un IAT manipulant les catégories *chômeur*, *employé* (celui qui a un emploi), (évaluation) *négative* et (évaluation) *positive*. Pour chaque catégorie, 10 exemplaires avaient été retenus comme items. Parmi les 10 items composant les exemplaires de la catégorie *négative*, 5 avaient principalement été produits en substitution aux Français en général et à propos du chômeur (items supposés appartenir à la zone muette de la représentation du chômeur). Les 5 autres items de cette catégorie ainsi que les 10 composant la catégorie *positive* avaient été sélectionnés en raison du fait qu'ils n'étaient jamais associés à l'une ou l'autre des catégories chômeur ou employé. L'IAT se déroule en 5 phases. Dans une première phase, les participants voyaient s'afficher de part et d'autre de l'écran les catégories *négative* et *positive*. Ils devaient ensuite catégoriser le plus vite possible les 10 exemplaires de chacune des catégories qui se présentaient aléatoirement au centre de l'écran. La tâche était identique lors de la seconde phase mais les catégories étaient celles du *chômeur* et d'*employé*. En phase 3, les catégories *chômeur* et *négative* étaient combinées à gauche de l'écran et les catégories *employé* et *positive* combinées à droite de l'écran. Les participants devaient alors catégoriser tous les exemplaires des catégories en utilisant une seule et même touche pour la combinaison chômeur-négative et une seule et même autre touche pour la combinaison employé-positive. Après une phase 4 intermédiaire, les participants se voyaient à nouveau proposer des combinaisons de catégories, mais inverses à la phase 3 de sorte à obtenir *chômeur-positive* à gauche de l'écran et *employé-négative* à droite. L'effet IAT consiste notamment à comparer le temps mis pour catégoriser les différents exemplaires lorsque la combinaison est *chômeur-négative* comparativement au temps mis pour les catégoriser lorsque la combinaison est *employé-négative*. Lorsque les participants réalisent plus facilement leurs associations dans le premier cas de combinaison, on en conclut à une attitude implicite négative. C'est généralement ce que l'on observe avec les traits stéréotypés et c'est également ce que l'on observe dans les résultats de leur étude, et ceci quelle que soit l'attitude explicite des participants. Si cette attitude implicite est négative, alors faut-il également admettre que ces derniers adhèrent aux contenus produits en substitution ? L'analyse de ces effets, en tenant compte de la spécificité des items négatifs, modère ces conclusions. Lorsque l'on prend en compte uniquement les items négatifs non reliés à l'une ou l'autre des catégories chômeur ou employé, on n'observe plus cet effet IAT chez les participants ayant une attitude favorable aux chômeurs. En d'autres termes, l'effet IAT s'observe chez tous les participants uniquement lorsque l'on manipule les éléments de la zone masquée. Or, comme le soulignent Lepore et Brown (1997), les individus à haut niveau de préjugés et à faible niveau de préjugés produisent des réponses semblables lorsque l'on active simultanément la catégorie sociale et les traits stéréotypés qui lui sont associés (ce qui se produit ici avec les items de la zone masquée). Le résultat obtenu ici serait donc lié au fait que les éléments de la zone muette sont des traits stéréotypés, mais cela n'atteste en rien du fait que les individus adhèrent à ces contenus. Ces résultats, confirmés dans d'autres études (Milland, Olive, Flament & Martinie, 2012), supportent donc bien l'idée que les études ayant traité de la zone muette des représentations sociales avec des techniques d'association libre et consigne de substitution doivent s'accompagner d'une mesure de l'adhésion à ces contenus.

Nous verrons par la suite que cette prescription peut se généraliser aux recherches qui traitent de l'expression des représentations sociales au regard des contraintes normatives qui s'exercent dans les contextes d'étude de ces représentations.

2. De la zone muette aux effets de masquage

Le travail de Flament, Guimelli et Abric (2006) constitue certainement un tournant théorique pour comprendre les résultats observés jusqu'à présent en insistant sur la dynamique de ces effets.

Leur travail s'appuie sur 4 expérimentations portant sur des objets de représentations particulièrement variés, tant par les sujets de société auxquels ils renvoient que par la nature de ces objets qui ne sont pas tous des catégories sociales : l'Islam, les musulmans, la femme au travail, le travail féminin *versus* masculin. L'autre point fort de leur travail tient au fait que le phénomène mis en évidence apparaît avec des méthodologies d'enquêtes variées : a) décontextualisation normative avec substitution dans la recherche sur l'Islam, b) décontextualisation normative avec activation de la représentation dans celle portant sur les musulmans, c) activation du stéréotype dans l'étude sur le travail féminin et d) ordre de passation dans l'étude du travail masculin/féminin.

Soulignons enfin que la méthode d'analyse, commune aux quatre expérimentations s'appuie sur une analyse factorielle en composantes principales qui fait apparaître, lorsqu'il existe, un effet Guttman (pour un exposé détaillé de la technique et de ses applications voir notamment Flament & Milland, 2003, 2005 ; Gaymard, 2006 ; Lo Monaco & Guimelli, 2011). Lorsqu'un tel effet apparaît dans les données, c'est qu'on est en présence d'une structure unidimensionnelle qui subsume toutes les variations de profils, que ces variations soient liées à des consignes, des ordres de passation, etc. Dans leurs quatre expérimentations, un tel effet apparaît. Dans chacune des expérimentations, les conditions expérimentales s'organisent donc selon une dimension masquage/démasquage. Cela se traduit par le fait que, d'un pôle à l'autre de cette dimension, des conditions permettent l'affichage de certains items en même temps qu'elles induisent un masquage d'autres items, et graduellement, de condition expérimentale en condition expérimentale, les items affichés sont progressivement masqués et les items masqués sont alors progressivement affichés.

Leur étude de la représentation de l'Islam, par exemple, a été réalisée à partir de questionnaires. Pour la moitié d'entre eux, les participants répondaient à ce questionnaire en consigne standard (i.e., normale) l'autre moitié y répondant en consigne de substitution aux Français en général. Enfin, pour la moitié des participants l'enquêtrice *visiblement* maghrébine se présentait en se faisant appeler Yamina, l'autre moitié répondant à une enquêtrice *visiblement* non maghrébine se faisant appeler Céline. Au final, quatre conditions expérimentales étaient définies : consigne normale face à Yamina (normale-Yamina), face à Céline (normale-Céline), consigne de substitution face à Yamina (substitution-Yamina) et enfin face à Céline (substitution-Céline). Les résultats montrent un bel effet Guttman qui organise les quatre conditions expérimentales selon la dimension masquage/démasquage, dans l'ordre suivant : normale-Yamina, normale-Céline, substitution-Yamina, substitution-Céline. Selon cet ordre, on constate que l'item « l'Islam est en contradiction avec les valeurs démocratiques de la France » est tout spécialement masqué, tandis que l'élément « l'Islam est une religion de tolérance » est massivement affiché en condition normale-Yamina. Puis, dans chacune des conditions qui suivent ce continuum, ces éléments deviennent plus visibles pour le premier et moins pour l'autre pour qu'enfin, en condition substitution-Céline, l'affichage du premier soit sensible en même temps que le deuxième devient masqué.

On retrouve ce même genre de phénomène dans leurs quatre expérimentations. Comme le soulignent alors les auteurs, « les sujets sélectionnent les aspects exprimables de la représentation en fonction de l'enjeu normatif qu'ils perçoivent dans la situation où ils se trouvent » (2006, p. 27). On perçoit bien ici l'aspect dynamique des phénomènes observés jusque-là et la limite qu'il y a à considérer l'idée seule de zone muette. L'affichage de tel ou tel élément dépend des pressions normatives qui peuvent varier grandement d'une situation à l'autre, dans leur nature comme dans leur intensité.

Ce qui nous semble remarquable, c'est que les participants de nos études nous offrent toujours une représentation relativement cohérente de l'objet que l'on étudie, quand bien même la représentation qu'ils nous présentent n'est pas toujours la même selon le contexte normatif auquel ils sont soumis. On a bien l'image d'un Gitan artiste-bohème versus celle d'un Gitan marginal-délinquant dans l'étude de Guimelli et Deschamps (2000), d'un Islam démocratique et tolérant *versus* intolérant et antidémocratique dans l'étude de Flament et al. (2006), d'une vision tolérante *versus* intolérante de la toxicomanie ou encore du chômeur victime *versus* profiteur dans l'étude de Flament et Milland (2010). Les questionnements se tournent finalement vers le problème de la coexistence de ces différentes images de l'objet au sein d'une même représentation. Qui plus est, si l'on recoupe avec la question initiale de l'adhésion aux contenus produits en substitution, il convient, à nouveau, de s'interroger sur la place qu'occupent ces différentes images dans le champ représentationnel et leur impact dans les prises de position des individus.

3. Des effets de masquage aux facettes d'une représentation sociale

L'idée de faces cachées d'une représentation sociale a été introduite par Flament (2006) et reprise sans être spécifiquement développée par Flament et al. (2006). C'est plus récemment (Milland & Flament, 2010) que nous avons engagé une série de travaux permettant d'avancer une nouvelle approche des effets de masquage en développant cette idée de facettes d'une représentation sociale. Est entendu ici que l'on considère être en présence de « deux facettes d'une même représentation lorsqu'une même population, placée astucieusement dans deux conditions différentes, donne deux ensembles praxéo-discursifs relatifs à un même objet, chaque ensemble, en lui-même, composant ce qu'on considère habituellement comme une représentation sociale bien constituée » (2010, p. 218). Cette approche présente selon nous un caractère intégrateur de ce qui a été développé jusqu'à présent. L'originalité de cette approche tient notamment au fait qu'elle permet de relire certains travaux ne s'intéressant pas explicitement aux effets de masquage. Deux exemples ont retenu notre attention : la représentation de la folie (Jodelet, 1989) et celle de l'intelligence masculine/féminine (Poeschl, 2001). Dans le premier cas, on observe que la représentation de la folie chez des familles nourricières se construit selon deux images radicalement différentes du malade. Selon quelques éléments saillants identifiés chez le malade, c'est l'une ou l'autre qui va être mobilisée et conduire à des comportements spécifiques. Dès lors, au sein d'une même communauté, coexistent des pratiques radicalement opposées dans l'accueil de malades mentaux, sans pour autant que cela s'accompagne de véritables tensions. Le second exemple emprunté à Poeschl (2001)[4] montre que, selon le contexte dans lequel sont placés les individus, ces derniers vont mobiliser une image de l'intelligence non sexuée (lors d'une comparaison entre l'Homme et l'animal par exemple) ou une image de l'intelligence sexuée (lors d'une comparaison homme/femme par exemple).

C'est pour explorer cette approche de façon plus systématique que nous avons proposé une recherche complète (Milland & Flament, 2010), intégrant à la fois des questionnaires classiques dans l'étude des représentations mais également des mesures pouvant servir à mesurer l'adhésion des participants aux opinions qu'ils produisent. La recherche s'articulait autour de deux études sur la représentation du chômeur, études que nous englobons ici pour en retenir les principaux résultats. Les données recueillies l'ont été à l'aide d'un questionnaire de représentation composé de 10 éléments de la représentation, dont cinq avaient été identifiés par substitution (« assisté », « ne veut pas travailler », « fainéant », « inactif », « profiteur »). Les participants répondaient selon deux consignes, la première étant standard, la seconde étant une consigne de substitution variant quant à la cible (autres étudiants, autres jeunes ou Français en général). Les premiers résultats mettent en évidence un effet Guttman qui traduit la coexistence de deux facettes *a priori* contradictoires, l'une d'une chômeur-victime, affichée en consigne normale, l'autre d'un chômeur-profiteur, masquée en consigne normale et de substitution aux étudiants ou aux jeunes, et affichée en consigne de substitution aux Français en général. Ces résultats ont permis de mettre en évidence une première dimension caractéristique des facettes, leur ***valence***. Cette valence se réfère à une dimension évaluative plus ou moins positive, négative ou neutre de l'objet. Les analyses montraient par ailleurs que la facette chômeur-victime était affichée avec une grande homogénéité par l'ensemble des participants, tandis que celle du chômeur-profiteur, affichée en consigne de substitution, l'était avec une grande dispersion des réponses traduisant des affichages très différenciés selon les individus interrogés avec cette consigne.

Trois semaines plus tard (étude 2), les participants complétaient une échelle d'attitude à l'égard des chômeurs et un questionnaire demandant d'estimer pour chacun des 10 éléments de la représentation, la proportion de chômeurs concernés par cet élément. Ce dernier questionnaire (questionnaire-proportion) avait pour fonction d'estimer le degré de représentativité de chacune des facettes. Ce degré de représentativité constitue selon nous la deuxième dimension des facettes, à savoir leur *pondération*, autrement dit l'importance qu'elles revêtent dans le champ représentationnel.

Les principaux résultats montraient : 1) que l'affichage de la facette du chômeur-profiteur varie en fonction de l'attitude des participants (en condition normale comme en substitution), ce qui indique une valence négative de la facette, alors que l'affichage de la facette du chômeur-victime est indépendant de leur attitude, ce qui indique que sa valence est neutre ; 2) que l'attitude est particulièrement liée au degré de pondération de la facette du chômeur-profiteur ($r = .65$, $p < .001$) ; 3) que l'affichage d'une facette, quelle que soit sa valence, varie en fonction de sa pondération et ceci quel que soit le contexte de recueil (normal *versus* substitution) ; enfin 4) que les pondérations des facettes sont indépendantes, l'affichage d'une facette pouvant se

4. Flament et Milland (2005) pour une analyse de l'exemple.

produire simultanément à celui d'une autre facette si leur pondération est suffisante. Il est donc possible de mobiliser simultanément deux facettes pour rendre compte des différentes configurations que peut prendre l'objet de la représentation (e.g., la folie dans l'étude de Jodelet, 1989).

En somme, lorsqu'une facette est dotée d'une valence négative en inadéquation avec les pressions normatives du contexte de recueil, on peut s'attendre à observer un effet de masquage massif. Toutefois, si la pondération de cette facette est suffisante, on peut observer un affichage de cette facette même en contexte normal. C'est probablement ce qui explique que, dans le contexte normal, Guimelli et Deschamps (2000) obtiennent le terme de *voleur* pour 26 % des répondants. Nos analyses parfois trop globales empêchent de voir ces affichages plus subtils.

Ces résultats offrent également une première réponse quant à l'adhésion des participants aux facettes qu'ils affichent. Selon nous, l'attitude a l'avantage de permettre une identification fine de la valence d'une facette, mais elle ne permet d'évaluer l'impact d'une facette dans les prises de position, qu'à la seule condition d'être en présence d'une facette ayant une valence polarisée. Pour traiter de cette question, la pondération nous paraît être un indicateur plus pertinent car il permet d'évaluer le degré de complexité des prises de position à l'égard de l'objet tout en rendant compte du niveau de cohérence cognitive entre les différentes facettes.

La deuxième recherche que nous présentons ici concerne une série d'études dans lesquelles nous tentons de faire varier expérimentalement les dimensions (valence et pondération) d'une facette. L'objet de représentation reste celui du chômeur. On s'intéresse tout particulièrement à la possibilité de modifier l'attitude des participants. Si l'on parvient en effet à rendre les participants plus défavorables aux chômeurs, on doit s'attendre à ce que l'affichage de la facette chômeur-profiteur soit plus marqué.

On exposera ici les premiers résultats de l'une de ces études (Milland, Flament & Martinie, 2014a ; 2014b). L'objet de représentation reste celui du chômeur. On s'intéresse tout particulièrement à la possibilité de modifier l'attitude des participants. Si l'on parvenait en effet à rendre les participants plus défavorables aux chômeurs, on devrait s'attendre à ce que l'affichage de la facette chômeur-profiteur soit plus marqué. Le moyen le plus opérationnel pour modifier expérimentalement l'attitude des individus reste le paradigme de soumission induite classiquement manipulé dans les expériences de dissonance cognitive. Dans ce paradigme, il est d'usage de demander à un participant de rédiger un essai qui va à l'encontre de ses opinions. Lorsque ce participant a accepté librement de réaliser l'essai, il expérimente généralement un état dû à l'inconsistance entre ses opinions et son acceptation d'en défendre le principe contraire. Cette inconsistance génère alors un état d'inconfort psychologique qualifié d'état de dissonance cognitive (Festinger, 1957). Pour réduire cette dissonance, il a été montré que les individus peuvent changer d'attitude dans le sens du thème défendu lors de l'essai.

Nous avons repris les questionnaires déjà utilisés dans l'étude de Milland et Flament (2010) selon la même procédure, à la différence près que les participants répondaient à l'ensemble des consignes de substitution ainsi qu'à l'échelle d'attitude dont un item permettait d'évaluer leur attitude leur positionnement face à la baisse des indemnités chômeurs (échelle en 5 points de 1 = « ne correspond pas du tout à ce que je pense » à 5 = « correspond tout à fait à ce que je pense ») .

L'analyse globale des questionnaires, selon la procédure d'ACP mentionnée plus haut, a permis d'extraire un effet Guttman traduisant l'axe unidimensionnel de masquage/démasquage. Le résultat de cette première phase était ainsi conforme à ce que nous avions pu observer dans les études précédentes avec : 1) un affichage de la facette chômeur-victime et un masquage de la facette chômeur-profiteur en consigne normale ainsi qu'en consigne de substitution à des cibles pour lesquelles la distance au groupe de référence est faible (autres jeunes et étudiants) et 2) un démasquage de la facette chômeur-profiteur en consigne de substitution aux Français en général.

Trois semaines plus tard, les participants étaient de nouveau conviés au laboratoire pour participer à une seconde phase de la recherche. Il leur était alors proposé de rédiger un essai en faveur de la baisse des indemnités chômeurs. Pour la moitié d'entre eux, le choix leur était donné d'accepter ou de refuser de la faire (condition choix), pour l'autre non (condition non-choix). À l'issue de la rédaction de l'essai, il leur était alors demandé de se positionner sur l'item d'attitude relatif à la baisse des indemnités chômeurs selon les mêmes modalités qu'en phase 1. Puis, à l'issue de cette étape, il leur était à nouveau demandé de compléter les différents questionnaires de représentation de la phase 1.

Les résultats obtenus à l'issue de cette seconde phase montrent : 1) que les participants en condition choix ont bien modifié leur attitude, après la rédaction de l'essai, en devenant plus favorable à la baisse des indemnités chômeurs, comparativement aux participants de la condition non-choix qui n'ont pas modifié leur attitude, 2) un effet du contexte de soumission induite sur l'affichage des facettes. En contexte de substitution aux Français en général, à l'instar de ce que l'on observait en phase 1, la facette du chômeur-profiteur est affichée. Le résultat notable concerne les données obtenues avec les consignes standards et de substitution aux autres jeunes et autres étudiants, dans la mesure où l'on observe un début d'affichage de la facette chômeur-profiteur, la facette du chômeur victime continuant également d'être affichée. La figure 25.1, traduit ce phénomène.

Figure 25.1.
Effet Guttman dans la représentation du chômeur

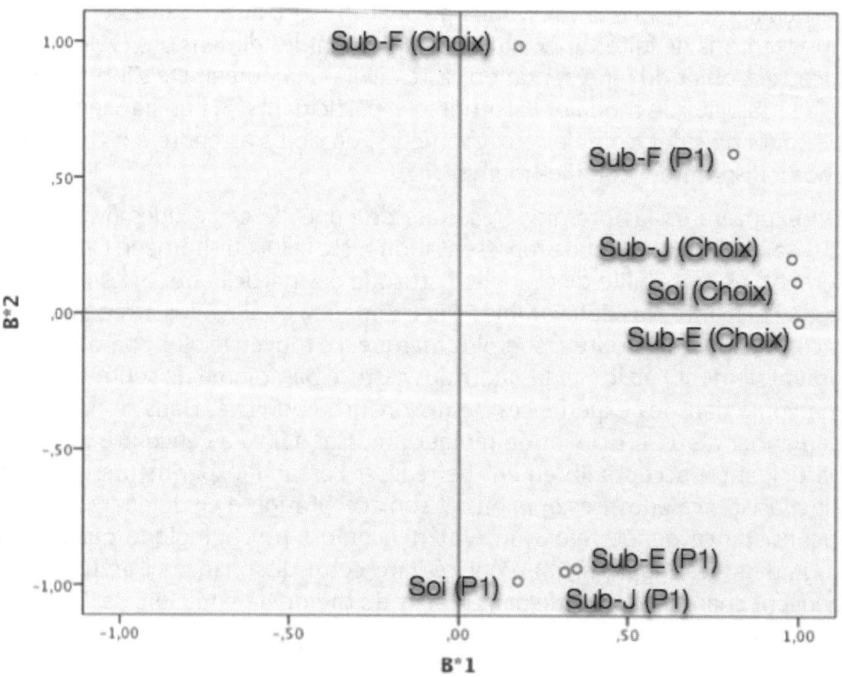

Nota bene. Soi = consigne normale ; Sub = substitution ; F = Français ; J = autres jeunes ; E = autres étudiants ; P1 = passations de la phase 1 ; Choix = condition dissonance

On a finalement obtenu de faire évoluer l'affichage de la facette chômeur-profiteur, dont la valence est négative, dans un contexte qui habituellement conduit à son masquage. Cet effet conforte selon nous l'interprétation que nous avions pu faire à propos de la valence des facettes. En outre, on constate un affichage conjoint de deux facettes *a priori* contradictoires, ce qui semble confirmer ce que nous indiquions concernant l'indépendance des facettes dans leur pondération. Les premières analyses concernant les pondérations semblent aller dans ce sens.

4. Pistes à développer

L'essentiel des travaux que nous avons cités ici s'inscrit dans l'approche structurale des représentations sociales[5]. Dans cette approche, il est classique, parce que nécessaire, d'identifier les éléments centraux d'une représentation. Paradoxalement, nous n'avons pas encore traité de cette question en regard des effets de masquage. Comme le soulignait Abric (2003b), les éléments centraux sont indépendants du contexte immédiat, mais l'on peut bien évidemment envisager qu'ils soient eux-mêmes masqués dans certains contextes d'expression, « le problème est de les faire émerger » (p. 80). S'appuyant sur les travaux de Rateau (1995a), Flament et al. (2006) considèrent que les éléments centraux qui font l'objet d'un masquage sont probablement des éléments centraux adjoints qui ont la particularité d'être spécifiques à certains objets de représentation, les éléments centraux principaux caractérisant l'objet global. On retrouve cette idée dans leur étude sur le travail masculin et le travail féminin qui ont en commun l'élément rémunération, chacune de ces représentations étant dotée d'éléments spécifiques, l'élément central « se soucier de sa carrière » étant spécifique du travail masculin (Flament, 2001). On retrouve cette idée dans le travail de Romain (2011), concernant le travail et le travail idéal. Ses résultats, qui montrent des effets de masquage au sein même de la représentation du travail idéal (éléments très positifs étant davantage affichés que d'autres moins positifs), font également état du fait que la rémunération est centrale pour la représentation globale qu'est le travail tandis que la notion de plaisir n'est centrale que pour le travail idéal. La difficulté reste pour autant d'identifier ces éléments centraux. À notre connaissance, les recherches qui ont traité de cette question s'appuient systématiquement sur la technique des évocations libres hiérarchisées et le croisement rang d'importance/fréquence[6] (voir Abric, 2003b pour un exposé détaillé). On considère alors que les éléments centraux sont ceux qui sont cités par le plus grand nombre d'individus interrogés et qui sont, selon eux, les plus importants pour définir l'objet. Ces éléments constituent, selon Abric, la zone de centralité de la représentation. Il reste toutefois que cette technique ne permet que de formuler certes, de bonnes hypothèses, mais pas définitives. Les seules techniques ayant jusqu'à présent permis de diagnostiquer la centralité d'un élément sont la Mise en cause (Moliner, 1989), l'Induction par scénario ambigu (Moliner, 1993), la technique des Schèmes cognitifs de base (Guimelli & Rouquette, 1992 ; Rouquette & Rateau, 1998 ; Guimelli, 2003) et plus récemment, le Test d'indépendance au contexte (Lo Monaco, Lheureux & Halimi-Falkowicz, 2008). Si le démasquage des éléments centraux nécessite de lever les pressions normatives dans le contexte de recueil, l'adaptation des techniques mentionnées ici pour identifier les éléments centraux va probablement complexifier le travail cognitif que ces techniques impliquent.

Nous avons récemment tenté d'adapter deux de ces techniques aux exigences de la substitution. Quatre représentations étaient étudiées, le chômeur, le mariage homosexuel, l'extrême droite et le Front National. Deux techniques ont été adaptées, la Mise en cause (MEC) et le Test d'indépendance au contexte (TIC). Si l'on considère uniquement la MEC, force est de constater que les résultats en condition normale sont les mêmes que ceux que l'on obtient en substitution aux Français en général. La TIC, qui facilite le travail cognitif des participants, offre une plus grande sensibilité, les résultats que nous avons obtenus sur la représentation de l'extrême droite conduisant à identifier un élément comme central qui n'apparaissait pas en condition normale, de même pour la représentation du mariage homosexuel. Ces résultats sont encore peu probants, mais il ne s'agit là que d'un début d'expérimentations et d'autres recherches sont à développer pour répondre aux exigences de l'approche structurale. On peut à titre de pistes imaginer que la procédure d'enquête en ligne proposée par Guegan, Moliner et Vidal (2013) pourrait, par la manipulation du contexte privé (répondre chez soi *via* Internet) *versus* public (répondre face à un expérimentateur) favoriser le démasquage des éléments centraux contre-normatifs. C'est une piste que nous explorons actuellement. Deux autres pistes nous semblent intéressantes à

5. Voir chapitre 4.
6. Voir chapitre 5 et focus 5.

explorer. La première consisterait à utiliser ces tests d'identification des éléments centraux en manipulant la décontextualisation normative telle que conçue par Abric (2003b), celle-ci permettant la passation des tests dans leur présentation classique. La seconde concerne la possibilité de faire passer ces tests après avoir présenté un discours, une décision réelle, ou fictive mais crédible, légitimant un discours contre-normatif (Guimelli, Lo Monaco & Deschamps, 2010)[7]. Mais ce ne sont là que quelques pistes.

Enfin, les développements de cette approche en termes de facettes pourront peut-être nous conduire dans l'avenir à réinterroger quelques positions théoriques. Qu'en est-il des liens entre cette conception, inscrite dans l'approche structurale aixoise, et celle des principes organisateurs telle qu'elle a été portée par Genève. Appréhender les représentations en termes de facettes, c'est reconsidérer la conception monolithique des représentations telle qu'elle a pu être envisagée dans l'approche structurale. C'est peut-être là une conception des représentations qui rend compte d'une complexité structurelle des représentations, compatible avec une conception de ces dernières comme principes organisateurs des prises de position individuelles.

Peut-on interroger la coexistence de facettes multiples d'une représentation en considérant l'hypothèse d'une polyphasie cognitive[8] (Moscovici, 1961) ? Certes, la polyphasie pose le problème de la coexistence de différentes logiques de penser, de modalités distinctes de connaissance. Cette problématique peut sembler bien éloignée de ce que nous avons pu avancer ici, mais parler du chômeur en général, ou du chômeur-profiteur comme cas particulier non représentatif, peut-être que cela demande des logiques de discours un peu différentes. Ainsi, cet interviewé homme, dans un entretien exploratoire à propos du travail unisexe *versus* les rôles sexués, qui déclare : « Moi, j'aimerais bien travailler à mi-temps ; mais comme ma femme travaille déjà à mi-temps, c'est impossible ! » Les résultats des questionnaires permettent de comprendre que deux logiques qui sous-tendent son discours : celle d'une impossibilité économique de deux demi-salaires, mais aussi celle liée à l'impossibilité sociale que ce soit la femme qui, seule, travaille à plein temps. Si les représentations sociales que l'on étudie sont bien composées de facettes, il se peut que l'on utilise des logiques différentes pour les différentes facettes et surtout pour articuler, plus ou moins bien, les facettes lorsqu'elles sont potentiellement contradictoires (ce qui est presque toujours le cas). Nous n'en sommes finalement qu'au début et c'est sans doute tout un pan de recherche qui nous reste encore à explorer.

---

7. Voir focus 25.
8. Voir focus 23.

FOCUS 25

Zone muette, légitimation institutionnelle et manifestations comportementales des effets de masquage : deux illustrations empiriques

Christian GUIMELLI[1] & Grégory LO MONACO[2]

Sommaire

1. Aix-Marseille Université, France.

2. Aix-Marseille Université, France.

Comme cela a été rappelé à la fois dans le chapitre précédent et le chapitre consacré à l'approche structurale des représentations sociales[3]*, l'hypothèse de la zone muette a été formulée initialement par Guimelli (1998b) et a donné lieu à une publication princeps deux ans plus tard ayant comme objet d'étude les Gitans (Guimelli & Deschamps, 2000). Suite à cette première publication, plusieurs travaux ont été conduits concernant divers objets comme « l'insécurité » (Deschamps & Guimelli, 2002, 2004 ; Guimelli, Deschamps, Piermattéo & Lo Monaco, 2012), « les Maghrébins » (Abric, 2003b), « les musulmans » (Flament, Guimelli & Abric, 2006), « la femme au travail » et « le travail féminin/masculin » (Flament et al., 2006), l'« alcool » (Lo Monaco et al., 2009) ou plus récemment une nouvelle étude sur les Gitans (Piermattéo, Lo Monaco, Moreau, Girandola & Tavani, 2014) qui confirme les résultats mis en évidence initialement par Guimelli et Deschamps (2000) en mobilisant une démarche pluri-méthodologique. Comme cela a également été rappelé, les investigations portant sur la zone muette ont emprunté diverses voies méthodologiques. Certaines ont eu recours à la technique de substitution (e.g., Guimelli & Deschamps, 2000 ; Deschamps et Guimelli, 2002, 2004 ; Flament et al., 2006 ; Lo Monaco et al., 2009 ; Piermattéo & Guimelli, 2012). D'autres ont mobilisé la technique de décontextualisation normative (Flament et al., 2006 ; Lo Monaco & Guimelli, 2011 ; Lo Monaco et al., 2009 ; Piermattéo et al., 2014). D'autres enfin ont eu recours à des variations de contexte public versus privé (Hidalgo, 2012 ; Piermattéo et al., 2014).*

Parmi les développements récents, nous allons examiner deux recherches qui se sont intéressées, l'une à la légitimation institutionnelle (Jost & Major, 2001) en tant que facteur en jeu dans les stratégies de masquage et de démasquage (Guimelli, Lo Monaco & Deschamps, 2010) et l'autre aux effets comportementaux du démasquage des croyances contre-normatives (Hidalgo, 2012 ; Guimelli, Hidalgo, Piermattéo, Lo Monaco & Abric, 2012).

1. Le procès des caricatures intenté à *Charlie Hebdo* : de la liberté d'expression à la légitimation des cognitions contre-normatives

Cette recherche s'inscrit dans le cadre du procès intenté à l'hebdomadaire *Charlie Hebdo* concernant la publication des caricatures de Mahomet, initialement publiées par le quotidien danois *Jylland Posten* et reprises par le quotidien *France Soir*[4]. En référence aux travaux de Kelman (1958, 2001), les auteurs prévoyaient que le caractère légitime d'une décision de justice pouvait rendre possible le démasquage de certaines croyances contre-normatives. Des étudiants de l'Université d'Aix-Marseille ont été interrogés à propos de la représentation sociale des musulmans selon deux temps : avant et après la décision de justice qui, rappelons-le, a relaxé l'hebdomadaire satirique. Les médias se sont emparés immédiatement de cette issue et ont célébré la victoire de la liberté d'expression. C'est ainsi que l'on a assisté en France à une vague d'information plébiscitant le sens d'une telle décision.

Dans le cadre de l'étude proprement dite, les auteurs, selon un plan inter-sujet, demandaient aux participants de répondre à un questionnaire mettant en œuvre la technique de substitution. Certains des participants devaient ainsi répondre en leur nom propre, dans des conditions standards d'enquête (consigne « normale »), alors que d'autres, en tous points comparables, étaient amenés à répondre au questionnaire comme le feraient les Français en général (consigne dite « de substitution »).

3. Voir chapitre 4 et chapitre 25.

4. Le lecteur souhaitant davantage de détails peut se référer à Guimelli, Lo Monaco et Deschamps (2010) qui présentent un résumé détaillé de la chronologie des événements liés à cette affaire.

Une partie des participants a été interrogée avant la décision de justice et la diffusion de la relaxe, alors qu'une autre partie a été interrogée après la décision. Les auteurs, lors du deuxième temps de collecte des données, demandaient également aux participants s'ils avaient connaissance de la décision de justice.

Conformément aux hypothèses formulées par les auteurs, avant la décision de justice et donc au premier temps de la recherche, on observe les résultats classiquement obtenus au moyen de la manipulation de la consigne d'expression. En effet, lorsque les participants sont placés sous la consigne de « substitution », ils manifestent davantage leur accord avec les aspects contre-normatifs relatifs aux représentations sociales des musulmans (démasquage) comparativement aux participants placés sous la consigne « normale » (masquage).

Cependant, après l'annonce de la décision de justice et de la relaxe de *Charlie Hebdo*, les résultats révèlent une annulation de cette différence et, dès lors, ils font apparaître une convergence des réponses vers un accord avec les aspects contre-normatifs de la représentation. Ce résultat montre que la prise de position publique de la justice entraîne la légitimation des croyances contre-normatives de la représentation et, par suite, leur démasquage. Ils ne sont pas sans rappeler les résultats observés par Kelman au printemps 1954, lorsqu'il poursuivait ses investigations sur l'influence sociale en lien avec la déségrégation des écoles publiques.

Poursuivant l'analyse des données collectées dans le cadre de leur recherche, les auteurs ont également montré que ces résultats étaient encore plus marqués lorsqu'ils prenaient en compte, après le procès, le fait que les participants étaient au courant de la décision de Justice (figure F25.1).

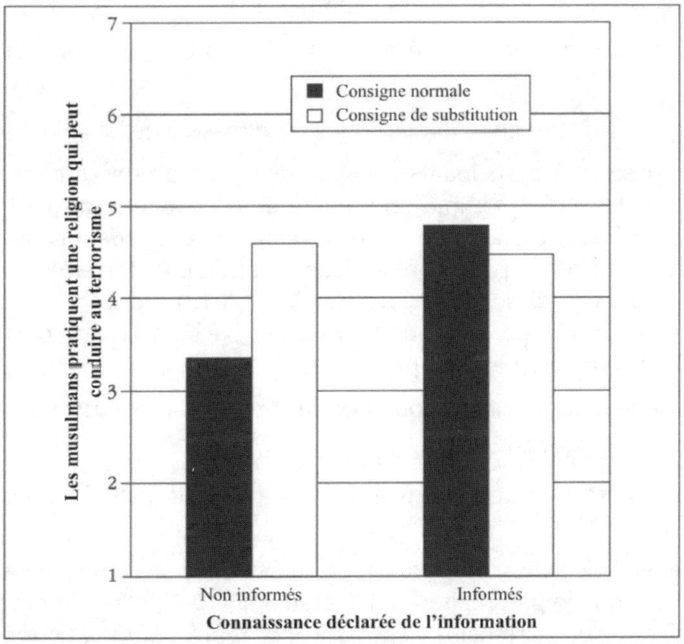

Figure F25.1.

Résultats des analyses complémentaires comparant les participants interrogés après le procès selon qu'ils déclarent être informés ou non de la décision de justice. Librement adapté de Guimelli, Lo Monaco et Deschamps (2010).

En effet, la figure F25.1 montre que seuls les sujets informés manifestent leur accord avec un item contre-normatif, démasquant ainsi leurs croyances en consigne « normale ». Ces résultats plaident pour une prise en compte de la légitimation institutionnelle des croyances dans le cadre de l'étude de la zone muette des représentations sociales.

Si les études portant sur la zone muette des représentations sociales ont depuis le départ concerné des prises de position ou des tâches d'association verbale, force est de constater qu'aucune ne s'est préoccupée de mesures sur plan comportemental. C'est ce que l'étude que nous allons rapporter à présent a tenté de réaliser.

2. La zone muette des représentations sociales : vers un démasquage comportemental ?

Selon Moscovici (1976a), les représentations constituent « un guide pour l'action ». Autrement dit, elles sont susceptibles de générer, de guider et/ou d'orienter les comportements. Un certain nombre d'études, finalement trop peu nombreuses, ont montré, effectivement, que les représentations sociales sont à l'origine de certains comportements (Jodelet, 1989a ; Dann, 1992) ou d'intentions comportementales (Guimelli, 2001). Dans cette même perspective, les travaux d'Abric (1976, 1987) relatifs au jeu expérimental du dilemme du prisonnier ont montré que la représentation du partenaire déterminait les choix comportementaux du sujet (coopération ou compétition).

Dans l'étude que nous présentons ici, ce sont ces travaux, concernant les comportements des sujets, qui ont été mis en lien avec les références théoriques de la zone muette des représentations sociales et les stratégies de masquage. Dans le cadre de cette recherche, on s'intéresse aux représentations sociales des Gitans. On sait que ces représentations comportent dans leur champ des croyances fortement négatives et contre-normatives (notamment l'élément « voleur ») qui ne sont pas exprimées par les sujets dans les conditions « normales » d'expression (Guimelli, 1998b ; Guimelli & Deschamps, 2000). Jusqu'ici, ces travaux ont donc concerné seulement les problèmes de l'expression de la représentation, générés par les stratégies de masquage. Dans l'étude présentée ici, on s'intéresse aux liens qui interviennent entre les stratégies de masquage et les comportements et, dans ce cadre particulier, on fait les hypothèses suivantes :

H1. Les éléments masqués au niveau de la représentation peuvent générer des comportements spécifiques.

H2. Les comportements peuvent faire eux-mêmes l'objet d'un masquage.

Pour mettre à l'épreuve ces hypothèses, 91 participants, tous étudiants en première année de psychologie ont été confrontés à des jeux à somme non nulle qui se caractérisent par la coexistence, dans la situation, de possibilités d'entente et de désaccord entre le joueur et son partenaire et qui se traduisent finalement par l'opposition de deux types de comportements : coopératifs *versus* compétitifs. Par ailleurs, des travaux de Hidalgo (2012), concernant le contexte public ou privé de l'expression de la représentation, ayant généré de nouvelles perspectives de recherche, on manipulera deux variables indépendantes :

- le statut du partenaire du joueur dans l'interaction : « Gitan » *versus* « autre étudiant » ;
- le contexte de la situation d'interaction : « public » *versus* « privé ».

Les résultats illustrés en figure F25.2 mettent tout d'abord en évidence un effet massif du partenaire dans le sens attendu.

En effet, le partenaire « Gitan » génère bien des comportements spécifiques, avec beaucoup moins de comportements coopératifs que le partenaire « autre étudiant » ($p < .001$). On peut donc conclure que la modalité « Gitan » du partenaire vient activer la représentation correspondante. Une fois activée, la représentation sociale des Gitans, contenant des croyances contre-normatives, est susceptible de rendre le sujet méfiant envers le partenaire. Masquées au niveau de l'expression, ces croyances déterminent cependant des comportements spécifiques peu coopératifs et plus compétitifs. On observera cependant que cet effet n'est observé que dans le contexte privé. Lorsque le contexte est public, les différences dues au statut des partenaires disparaissent et les comportements coopératifs (donc normatifs) sont identiques, que la partenaire soit gitan ou qu'il soit un pair (voir figure F25.2). En contexte public, on assiste donc à des stratégies de masquage des comportements qui pourraient être jugés contre-normatifs. Stratégies qui ne se manifestent pas en contexte privé où le démasquage est beaucoup moins problématique.

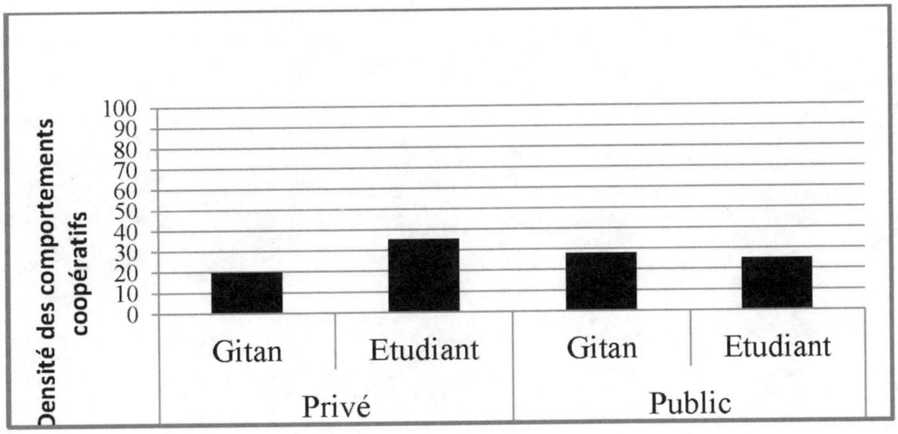

Figure F25.2.

Densité des comportements coopératifs en fonction du statut du partenaire et du contexte de la situation (effet d'interaction : $F(1,87) = 7.89$, $p < .01$). D'après Hidalgo (2012) et Guimelli, Hidalgo, Piermattéo, Lo Monaco et Abric (2012).

La recherche de nouveaux processus en jeu dans l'étude de ce phénomène et l'orientation vers la mesure comportementale ouvrent très probablement la voie à de nouveaux chantiers de recherche stimulants dans le cadre de la poursuite des travaux portant sur la zone muette et les stratégies de masquage.

CHAPITRE 26

Représentations sociales et influence sociale

Fabrice BUSCHINI[1]

Sommaire

1. Université Sorbonne Nouvelle Paris 3, France.

Les représentations sociales et l'influence sociale occupent une place importante dans le domaine de la psychologie sociale. Ces deux domaines théoriques sont habituellement étudiés et présentés de manière distincte au sein de la discipline et tout semble les opposer. Chacun se focalise sur un objet différent, même s'il s'agit à chaque fois d'une conséquence majeure des interactions humaines, en présentant des façons variées de le considérer et de l'étudier. Le second domaine s'intéresse à l'influence que les individus ou les groupes exercent les uns sur les autres, et le premier à la capacité qu'ils ont de construire des réalités sociales en élaborant socialement un savoir de sens commun. En outre, comparée aux représentations sociales, l'influence sociale bénéficie d'un statut plus conséquent au sein de la psychologie sociale, dans la mesure où elle apparaît comme un domaine de recherche plus classique. Étudiés dès les origines de la discipline, les phénomènes d'influence ont acquis droit de cité dans tous les manuels de psychologie sociale ainsi qu'une reconnaissance internationale par l'intermédiaire des chercheurs désormais célèbres auxquels ils sont associés (Allport, 1920, 1924 ; Asch, 1951, 1956 ; Milgram, 1956, 1974a, 1974b ; Sherif, 1935 ; mais aussi, parmi d'autres, Deutsch & Gerard, 1955 ; Kelman, 1958, 1961 ; Lewin, 1943). Pour ce qui concerne la théorie des représentations sociales, son introduction dans le champ de la psychologie sociale est plus récente (Moscovici, 1961) et l'ouvrage fondateur n'a été traduit dans la langue actuelle de diffusion scientifique internationale que tardivement (Moscovici, 2008). Cela n'a pourtant pas empêché cette théorie de se diffuser sur tous les continents, comme en témoigne le succès des conférences biennales internationales qui lui sont consacrées depuis 1992. Il faut pourtant reconnaître que la théorie s'est répandue essentiellement en Europe et en Amérique latine, qu'elle peine encore à s'imposer sur le continent nord-américain, à l'exception du Québec, et qu'elle ne pénètre qu'avec difficulté la psychologie sociale mainstream.

Dans la mesure où la théorie des représentations sociales a pris le contre-pied d'une psychologie cognitive dominante pour en pallier les limites (Moscovici, 1986b), il est peu étonnant que ce courant dominant lui ait réservé un accueil plus que mitigé. Mais, et nous touchons là à un premier point de rencontre entre les deux domaines, Serge Moscovici n'était pas homme à se conformer aux courants dominants. Au contraire, toute son œuvre témoigne d'un regard original et critique porté sur la société (Buschini & Kalampalikis, 2001), notamment, pour ce qui nous concerne au premier chef, dans sa contribution à la psychologie sociale. Car il a également pris le contre-pied de la conception classique de l'influence sociale en introduisant l'étude de l'influence minoritaire dans le champ de la psychologie sociale (Moscovici, 1976b, 1979). En effet, les représentations sociales et l'influence sociale sont deux domaines théoriques de cette discipline sur lesquels Serge Moscovici a travaillé et laissé son empreinte. Mais il ne suffit pas qu'un chercheur travaille sur deux domaines différents de la psychologie sociale pour instaurer entre eux un lien pertinent. Ce n'est pas parce que Leon Festinger, par exemple, a produit deux théories célèbres de la psychologie sociale, la comparaison sociale (1954) et la dissonance cognitive (1957), que ces deux théories entretiennent forcément un lien qui ne soit pas un lien purement contingent. La position défendue dans ce chapitre sera pourtant de montrer que les domaines des représentations et de l'influence sont loin de n'entretenir qu'un simple rapport de contingence dû au fait que Moscovici a élaboré ces deux théories majeures précisément dans ces deux domaines de la psychologie sociale. Au contraire, il s'agira de mettre en lumière qu'influence sociale et représentations sociales entretiennent des rapports qui reposent sur les articulations possibles entre ces deux théories et les processus sociocognitifs sur lesquels elles reposent. Ces relations peuvent être envisagées de manière systématique en considérant si les processus à l'œuvre dans une théorie peuvent être présents ou générés dans l'autre théorie.

On peut d'abord s'intéresser à la manière dont les représentations sociales produisent de l'influence sociale, avant d'examiner la relation inverse qui consiste à considérer comment différentes représentations sociales de l'influence peuvent s'élaborer. Cependant, pour que le tableau soit complet, il convient également de porter attention à la façon dont les processus d'une théorie sont en mesure d'avoir un impact sur ceux de l'autre. Cela revient à considérer la possibilité d'exercer une influence sur les représentations sociales de manière à les altérer, mais également celle d'utiliser différentes représentations pour générer de l'influence.

1. L'influence des représentations sociales

Cette mise en relation entre représentations sociales et influence sociale est sans conteste la plus aisée et la plus évidente, puisqu'elle est envisagée dès l'origine de la théorie des représentations sociales. En effet, formulée initialement par Moscovici (1961, 1976a) et diffusée par Jodelet (1989b, 1991a, par exemple), la théorie, dans son approche anthropologique initiale (parfois qualifiée de sociogénétique)[2], postule que cette « forme de connaissance [de sens commun] socialement élaborée et partagée » que sont les représentations sociales (Jodelet, 1989b, p. 36), influence les individus et les groupes à plusieurs égards.

Dans la mesure où les représentations sociales participent de la construction sociale de la réalité, elles déterminent en grande partie le prisme à travers lequel nous percevons cette réalité. En ce sens, elles constituent le cadre qui nous permet de comprendre et structurer notre environnement social. Ainsi, « l'information qui nous parvient du monde extérieur est façonnée non par la réalité neutre, mais par des théories et des préconceptions implicites, et [...] celles-ci à leur tour façonnent ce monde pour nous » (Moscovici, 1986b, p. 52). Ces structures sociocognitives, en modulant la pensée sociale, ont donc un impact sur les systèmes cognitifs des individus et leurs interactions sociales. Cet impact se répercute sur toute la gamme des comportements, allant du physique au symbolique, en passant par le langage. Selon Moscovici (1976a, p. 75), « contribue[r] exclusivement aux processus de formation des conduites et d'orientation des communications sociales » serait même la fonction principale des représentations. Même si l'approche structurale des représentations sociales[3] met davantage l'accent sur les comportements et les pratiques (Abric, 1994a ; Rouquette, 1999), l'influence des représentations sur la manière dont les individus et les groupes se conduisent et communiquent, fait consensus, tout comme celle qui s'ensuit sur « les relations des individus à leur environnement physique et social » (Abric, 1994b, p. 13). Jodelet (1989b, pp. 36-37) le résume parfaitement dans les termes suivants : « On reconnaît généralement que les représentations sociales, en tant que systèmes d'interprétation régissant notre relation au monde et aux autres, orientent et organisent les conduites et les communications sociales. De même interviennent-elles dans des processus aussi variés que la diffusion et l'assimilation des connaissances, le développement individuel et collectif, la définition des identités personnelles et sociales, l'expression des groupes, et les transformations sociales. »

Le cas du sida offre une des meilleures illustrations de l'influence des représentations sociales sur les comportements et les communications. Les transformations sociales qui ont résulté de l'apparition de cette maladie sont indéniables : « Cela a changé nos vies et nos attitudes envers la sexualité. Un monde dans lequel est présent le SIDA ne pourra plus être le monde qu'il était auparavant » (Markovà & Wilkie, 1987, p. 393). Selon la représentation de la maladie qui est activée, à tendance plutôt morale et sociale, ou plutôt biologique (Jodelet, 1989b), la nature et l'origine de la maladie peuvent différer considérablement, tout comme les comportements prophylactiques à adopter pour soi-même ou à l'égard des malades. Même s'il est aujourd'hui admis que le virus responsable de la maladie trouve son origine dans une mutation d'un virus simien, différentes représentations de cette maladie, de son origine et des comportements à adopter pour s'en préserver, ont été élaborées dans les premiers temps de la propagation de l'épidémie. D'une punition divine ne touchant que les impies à une arme bactériologique créée dans les laboratoires de services secrets impérialistes, en passant par une maladie issue d'un groupe social ou ethnique particulier, les représentations du sida ont trouvé des ancrages différents selon les groupes où elles se sont élaborées (extrémistes religieux, communistes, ou racistes, respectivement) et les médias qui ont relayé leurs propos (pour une des premières analyses de la presse française, voir Herzlich & Pierret, 1988). La manière de communiquer les éléments de telles représentations, notamment à travers les médias, a une influence certaine sur les comportements et les relations intergroupes. Jodelet nous rappelle que l'analyse pertinente

2. Voir chapitre 2.
3. Voir chapitre 4.

réalisée par Moscovici sur la presse française a montré l'incidence de la communication « au niveau des dimensions des représentations ayant trait à l'édification de la conduite : opinion, attitude, stéréotype sur lesquels interviennent les systèmes de communication médiatiques. Ceux-ci, selon les effets recherchés sur leur audience, présentent des propriétés structurales différentes correspondant à la diffusion, la propagation et la propagande » (Jodelet, 1989b, p. 47).

Même si certaines de ces représentations ont aujourd'hui perdu de leur vigueur, elles n'en ont pas moins laissé des traces tenaces, notamment dans les manières de concevoir les malades et les pratiques prophylactiques. Les explications scientifiques ont beau invalider les plus dangereuses sur le plan de la santé publique (Worobey et al., 2004) et retracer l'historique du passage du virus du singe à l'homme (Faria et al., 2014 ; Worobey et al., 2008), celles-ci persistent dans le sens commun et ont un impact sur les comportements. Nattras (2013) mentionne que les individus qui adhèrent à la représentation du sida comme arme biologique, n'ont généralement pas recours au préservatif ni au dépistage pour se prémunir du virus. La position de l'Église catholique sur l'usage du préservatif, même si elle ne remet pas officiellement en cause le discours scientifique et s'est quelque peu assouplie ces dernières années (Benoît XVI, 2010), témoigne également de l'influence prégnante des premiers ancrages religieux sur les attitudes et les comportements.

Si l'influence des représentations se repère facilement dans la manière dont les groupes sociaux recommandent, prescrivent ou édictent à leurs membres les manières correctes de se comporter face à différents objets, elle peut parfois se révéler plus difficile à reconnaître lorsqu'elle ne transparaît que dans certaines pratiques particulières. Ces pratiques que Jodelet (1986, 1989a) qualifie de « signifiantes » et qui correspondent pour Moscovici (1989) à des « actions représentationnelles », reflètent une influence profonde, dans la mesure où elles peinent à se retrouver dans le discours que les individus tiennent par ailleurs sur l'objet de la représentation. L'exemple des familles d'accueil qui lavent à part le linge et la vaisselle des malades mentaux tout en niant la contagiosité de leur maladie est à ce titre emblématique. La coexistence de pratiques « instituantes » (Jodelet, 1986, 1989a)[4], normativement établies par les groupes, et de pratiques « signifiantes », déclinées de manière plus personnelle, rend compte non seulement du phénomène de polyphasie cognitive décrit par Moscovici (1961, voir aussi Jovchelovitch, 2008), mais aussi des différents niveaux d'influence que les représentations sociales peuvent produire.

Ce dernier point nous invite à envisager maintenant la relation inverse entre représentations sociales et influence sociale, à savoir, considérer l'influence sociale comme objet de représentations sociales.

2. Représentations sociales de l'influence

Sans prétendre à l'exhaustivité, le propos de cette partie sera de montrer qu'il n'y a pas d'influence sociale sans représentations de l'influence sociale. Et que ces représentations ne sont que des émanations des réseaux représentationnels dans lesquels elles s'ancrent et qui sont eux-mêmes le reflet de contextes socio-historiques particuliers qui leur ont donné naissance.

Dans son acception première et son étymologie, l'influence renvoie à un flux émanant des astres et ayant une action sur les êtres et le monde. Cette représentation antique était celle des Grecs anciens qui la tenaient probablement des Sumériens. Une telle représentation sociale de l'influence rend parfaitement compte d'une cosmologie où astronomie et astrologie peinaient alors à se différencier, tout comme les astres et les divinités. Elle peut aujourd'hui sembler désuète, même si nous utilisons toujours des noms divins pour nous référer aux planètes qui nous entourent, ou alors extrêmement visionnaire, si l'on considère notre connaissance actuelle des rayonnements électromagnétiques. Il n'en demeure pas moins que cette représentation est

4. Voir chapitre 2.

encore rémanente et constitue un ancrage pour l'astrologie actuelle qui, si elle a quelque peu perdu de son caractère magique pour devenir une « superstition secondaire » ou une « semi-croyance », remplit néanmoins la double fonction de soulager les anxiétés de nos sociétés modernes tout en contribuant au maintien d'un ordre social (Adorno, 2000 ; Peretti-Watel, 2002).

Après le Moyen Âge, du XVe au XVIIe siècle environ, domine la représentation d'une influence qui déploie son emprise sur des personnes dont la faiblesse devient manifeste en regard des intentions malignes de celui ou celle qui l'exerce. Aux possessions, ensorcellements et envoûtements répondent alors les exorcismes et les chasses aux sorcières, dans un combat destiné ici encore à maintenir en place un ordre social. Pour ce faire, toute forme de déviance est écrasée au moyen de procès et de bûchers à tous les échelons de la société, par les représentants d'un pouvoir politique et religieux centralisé. Si elle peut aujourd'hui paraître anachronique, cette représentation de l'influence survit encore dans le langage (être sous l'influence ou subir l'influence de...) et dans certains milieux ruraux (Favret-Saada, 1977). Pourtant, avec l'avènement des Lumières, annonçant un changement de régime, cette représentation de l'influence va subir des transformations. La médecine va désormais se substituer à la religion pour s'intéresser aux personnes sous influence. Celles-ci sont toujours perçues comme aussi fragiles : elles ne sont plus esclaves de forces malignes, mais le restent d'idées qui leur ont été suggérées. On les cherchera et, forcément, les trouvera plus volontiers parmi les femmes (e.g., Laurens, 2002). L'hypnose (e.g., Chertok, 1989) prend progressivement le pas sur les maléfices, et les forces de l'inconscient sur celles du mal. Ce pouvoir de la suggestion se manifeste sur l'individu, mais semble également prompt à se transmettre pour toucher tout un collectif. C'est par ce processus que seront désormais expliqués les cas de possession collective (e.g., Paicheler, 1985), tout comme les comportements de foules dont les bouleversements politiques, religieux, scientifiques et techniques ont rendu nécessaire d'étudier la psychologie (voir Le Bon, 1895 ; Tarde, 1901). Cette psychologie des foules marque une étape importante dans l'évolution des représentations sociales de l'influence (Moscovici, 1981), car non seulement elle transpose l'influence de la sphère individuelle à la sphère collective, la dotant de son épithète « sociale », mais annonce un traitement scientifique de ce phénomène[5].

C'est en partie la prise en compte des effets de la psychologie des foules, et notamment du pouvoir des meneurs sur les masses, qui pousse la psychologie sociale à faire de l'influence sociale l'un de ses principaux domaines d'études. Dès les années 1920 débute l'ascension de meneurs qui, tous affublés d'un nom évoquant leur rôle de guide (*Führer*, *duce*, *vojd*), deviendront de parfaits exemples de l'impact qu'une psychologie des foules appliquée peut avoir sur l'histoire. Face aux transformations dramatiques que subit le monde à partir de cette époque, les psychologues sociaux se doivent d'étudier les formes d'influence découlant de la psychologie des foules : « Les événements n'ont-ils pas confirmé ses prévisions, même les plus douteuses ? » (Moscovici, 1981, p. 498).

Différentes formes d'influence sociale sont alors étudiées pour comprendre comment le comportement des individus peut être transformé par les groupes ou les autorités qui en émanent. Sherif (1935), tout d'abord, étudie le processus par lequel nous produisons des normes. Il montre notamment que contrairement aux normes individuelles qui sont sensibles à l'influence des groupes, les normes établies au sein de groupes s'imposent ensuite à leurs membres, même si, lors de leur constitution, les suggestions d'individus prestigieux ont alors pu être privilégiées. Vient ensuite le conformisme qui se manifeste lorsque les individus cèdent à la pression que les groupes exercent sur eux pour tendre à l'uniformité. Asch (1951, 1956) montre que le conformisme apparaît même lorsque le groupe est dans l'erreur à propos d'une réalité factuelle non ambiguë, pour peu que ce groupe reste unanime. Certes, tous les individus ne capitulent pas de la même manière ni avec la même fréquence face à la pression du groupe. Cela dépend notamment de la consistance de la pression du groupe (Asch, 1956, expérience 7, pp. 62-63), mais aussi du niveau auquel la pression exercée par le groupe vient altérer l'indépendance des

5. Voir focus 1.

individus. Ceux-ci peuvent en effet perdre leur indépendance soit en agissant comme le groupe par pure complaisance pour éviter tout conflit relationnel, soit parce qu'ils doutent de leur propre jugement face au groupe et se rallient à ce dernier, soit encore parce que la pression est telle qu'ils vont percevoir d'emblée la réalité telle que la présente le groupe. À la même époque, Deutsch et Gerard (1955) insistent également sur des influences de nature différente, l'influence normative et l'influence informationnelle. La première renvoie au désir de se conformer aux attentes du groupe, à ses normes, et la seconde revient à se persuader que l'information présentée par le groupe reflète la réalité. Les modèles duaux de la persuasion (Chaiken, 1980 ; Eagly & Chaiken, 1993 ; Petty & Cacioppo, 1981, 1986) viendront ensuite éclairer les processus cognitifs à la base de ces influences qualitativement différentes. Kelman (1958, 1961) décrira également trois formes d'influence, allant de la moins forte et la plus labile à la plus profonde et la plus durable, qui font écho aux travaux de Asch : la soumission, l'identification et l'internalisation. Mais ce sont finalement les célèbres travaux de Milgram (1974a, 1974b) qui montreront toute l'étendue des conséquences potentielles que peuvent avoir un conformisme ou une soumission qui ne se cantonnent plus au niveau de l'opinion, mais s'étendent au niveau comportemental. Lorsque le comportement remplace les paroles, les conséquences de la soumission à une autorité respectée sont frappantes.

Ces recherches sur l'influence sociale ont toutes en commun de renvoyer à une même représentation sociale du phénomène chez les psychologues sociaux états-uniens. Celle d'une influence contraignante qui, au sein d'une interaction, s'exerce de la composante majeure sur les composantes mineures : du groupe sur les individus, de l'institution sur les citoyens, de l'autorité sur les subordonnés, de la majorité sur les minorités, de la population sur les marginaux, du plus fort (e.g., chef, expert, riche) sur les plus faibles (e.g., subordonnés, novices, pauvres)... Cette représentation de l'influence que Moscovici (1976b, 1979) a qualifiée de fonctionnaliste, reflète les aspirations et le fonctionnement de la société libérale des États-Unis de la seconde moitié du xxe siècle.

Face à l'hégémonie de cette représentation nord-américaine de l'influence sociale au sein de la psychologie sociale, Moscovici développe dans les années 1970 un modèle génétique de l'influence dont il a posé les bases dans sa psychologie des minorités actives (1976b, 1979). Cette nouvelle représentation sociale de l'influence que Moscovici contribue à faire émerger se nourrit d'un contexte sociopolitique européen déjà marqué, au sortir de la Seconde Guerre mondiale, par l'émancipation de différentes minorités, comme les femmes ou les populations coloniales, puis durablement transformé par les événements français de mai 1968. L'influence sociale n'y est plus considérée comme un processus unidirectionnel qui serait l'apanage des puissants, mais comme le résultat de la résolution d'un conflit, qui peut se faire en faveur des plus forts lorsqu'il reste centré sur des aspects identitaires, ou en faveur des plus faibles lorsque leur style de comportement (Faucheux & Moscovici, 1971) permet de transposer le conflit à un niveau sociocognitif. Dans le premier cas, la comparaison sociale donne l'avantage aux groupes prestigieux, mais ne leur assure qu'une influence momentanée et de surface, car elle fait obstacle à une réelle prise en compte de leur propos. Dans le second cas, il y a dissociation de la comparaison sociale et de la validation des propos minoritaires (e.g., Pérez & Mugny, 1989). De socio-identitaire, le conflit devient alors sociocognitif, permettant à une influence, certes plus détournée, mais plus profonde et durable, d'apparaître (Moscovici, 1980).

Il peut sembler *a priori* curieux que la psychologie sociale ait eu à attendre la fin des années 1960 pour proposer une représentation de l'influence qui puisse rendre compte d'un phénomène sans lequel les sociétés succomberaient d'immobilisme : le changement social. Cela ne fait pourtant que refléter une fois de plus le fait que les représentations sont indissociables des contextes socio-historiques où elles s'élaborent. Elles doivent être en phase ou en harmonie avec le milieu, les valeurs, l'environnement représentationnel et idéologique des sociétés où elles se développent. Tout comme les innovations minoritaires ne peuvent apparaître que si elles résonnent avec le *Zeitgeist*, ce fameux air du temps. De manière similaire, si Moscovici, plus récemment, a dû apporter une précision à sa théorie en décrivant un nouveau type de minorité, les minorités victimaires (Moscovici & Pérez, 2007), c'est qu'en observateur attentif de son époque, il a su repérer leur émergence. Celle-ci s'est produite, ici encore, dans un contexte particulier où se rencontrent la reconnaissance de torts ou de préjudices passés par diverses institutions (le Vatican par rapport à Galilée, la commémoration de la Shoah, etc.) et la réclamation d'une reconnaissance ou de compensations pour ce type de préjudices (génocides arménien, rwandais, cambodgien, etc., réparation pour l'esclavage demandée en 2001 au congrès sur le racisme de Durban).

Le panorama de ces représentations sociales de l'influence est fort incomplet et aisément critiquable. Il est tout d'abord restreint à une culture occidentale et il est très probable que des représentations sociales de l'influence sociale bien différentes aient pu être élaborées et existent dans d'autres cultures (orientale, africaine, etc.). En outre, il s'inspire beaucoup de la recherche en psychologie sociale et, à ce titre, d'aucuns pourraient arguer que ce sont davantage des théories scientifiques que des représentations sociales qui sont en jeu. L'influence sociale est certes un objet de recherche scientifique pour la psychologie sociale, mais les théories qui en traitent sont soit si célèbres qu'elles ont échappé à la sphère scientifique pour toucher le domaine public (voir les travaux de Milgram), soit si répandues au sein de la discipline qu'elles sont désormais une forme de connaissance différente des théories initiales. En ce sens, elles sont devenues de véritables représentations sociales au sein même de la communauté scientifique dont on peut se demander combien de membres ont lu les travaux princeps à la base de ces théories. Enfin, de nouvelles formes d'influence sociale, plus contemporaines, seront probablement à la base de nouvelles représentations sociales. Les transformations et innovations techniques ont permis à de nouveaux modes de communication d'apparaître, introduisant ainsi de nouvelles formes d'influence reposant davantage sur l'audience, la présence et l'activité au sein de réseaux, les réactions immédiates et pseudonymes, que sur la prestance des sources d'influence. La recherche sur l'influence sociale doit se saisir de ces nouvelles formes d'influence, et la recherche sur les représentations sociales du nouveau mode de communication médiatique qu'elles exploitent au côté des trois modes recensés jadis par Moscovici (voir à ce propos Buschini & Lorenzi-Cioldi, 2013).

Comme toute représentation sociale, celles de l'influence évoluent avec le temps et changent en fonction des contextes socio-historiques. Mais n'est-il pas possible d'accélérer cette évolution, de transformer plus rapidement les représentations sociales en tentant d'exercer directement une influence sur elles pour orienter différemment les cadres de référence et les comportements des individus ? En d'autres termes, peut-on exercer une influence sur les représentations sociales pour les transformer ?

3. Transformer les représentations sociales par l'influence

L'approche structurale est sans conteste celle qui s'est le plus intéressée à la transformation des représentations sociales (voir Guimelli, 1994). Même si l'approche anthropologique a toujours insisté sur la nature dynamique des représentations (e.g., Herzlich, 1969, 1986), l'approche structurale se prête davantage à une analyse fine des changements représentationnels par le modèle même qu'elle propose des représentations, dont la structure est organisée en un noyau central et des éléments périphériques. Le noyau garantit à la fois la stabilité et le sens d'une représentation, par ses fonctions organisatrice et génératrice[6]. Toute transformation au sein de la représentation doit donc l'atteindre pour qu'il s'agisse d'un véritable changement. En effet, des éléments périphériques peuvent varier sans que la représentation ne s'en ressente. Cela leur permet d'ailleurs d'assurer leur fonction de protection du noyau en absorbant les contradictions ou les antagonismes provenant de la confrontation à la réalité sociale et au tissu

6. Voir chapitre 4.

représentationnel qu'elle génère, au moyen de rationalisations notamment. Cependant, Claude Flament (1987, 1989) a montré que si les perturbations introduites au sein des éléments périphériques d'une représentation sont suffisamment nombreuses et perdurent, son noyau central finit par être affecté par la présence de ces « schèmes étranges » et la représentation s'en trouve transformée. La transformation des représentations provient essentiellement de nouvelles pratiques sociales (Guimelli, 1998a, pour une illustration). Elle peut se produire progressivement, selon le processus précédemment décrit, ou brusquement, si les pratiques sont par trop incompatibles avec les éléments du noyau central qui ne résistera alors pas longtemps.

Plus récemment, une nouvelle voie de recherche s'est pourtant intéressée à la possibilité de transformer les représentations sociales par le discours. Elle est née de la collaboration de chercheurs œuvrant dans deux domaines de recherche différents : l'approche structurale des représentations sociales et la théorie de l'élaboration du conflit (Pérez & Mugny, 1993), modèle de l'influence sociale inspiré de la théorie des minorités actives. Ces travaux collaboratifs ont étudié expérimentalement l'impact de processus d'influence sociale sur la dynamique des représentations sociales en partant d'une idée simple : des influences de nature différente ne devraient pas avoir le même impact sur les représentations sociales. Ce sont les premiers à s'être spécifiquement concentrés sur le rapport entre influence sociale et représentations sociales (pour une revue, voir Mugny, Souchet, Codaccioni & Quiamzade, 2008 ; Mugny, Souchet, Quiamzade & Codaccioni, 2009). Des représentations sociales dont la structure est bien connue, celle du groupe d'amis idéal (pour une revue, voir Mugny, Quiamzade & Tafani, 2001 ; Tafani, Falomir & Mugny, 2000) ou celle de la drogue, ont servi de base à ces travaux. Concernant cette dernière, Tafani, Souchet, Codaccioni et Mugny (2003) ont comparé les effets d'influences majoritaires et minoritaires (des compères au sein d'un groupe de participants) sur sa structure. Selon la théorie de l'influence minoritaire, une source majoritaire obtient une influence manifeste, visible immédiatement, mais peu persistante, alors qu'une source minoritaire génère une influence latente, généralement différée ou détournée, mais plus durable et profonde. Au niveau de la structure des représentations sociales, cela se manifeste par le fait que seule une influence minoritaire parvient à induire une transformation du noyau central de la représentation. Une influence de type majoritaire, même si elle emporte un accord public immédiat, ne parvient pas à modifier le noyau central de la représentation. C'est exactement ce *pattern* que trouvent les auteurs. Ainsi, la remise en cause de la dépendance fait disparaître cet élément habituellement central du noyau de la représentation de la drogue, uniquement lorsqu'elle est réalisée par une source minoritaire. En outre, la modification structurelle du noyau central obtenue par une source minoritaire persiste même après dix jours. Cependant, la source minoritaire perd sa capacité à produire une véritable influence lorsqu'une comparaison avec elle représente une menace. C'est ce qui se produit lorsque les auteurs induisent une interdépendance négative avec la source minoritaire et demandant aux participants de répartir une centaine de points entre eux et la source pour évaluer la validité des points de vue respectifs. Cette technique permettant d'induire une indépendance des jugements ou de les rendre négativement interdépendants a été largement employée par le Groupe de recherche sur l'influence sociale à Genève (voir Mugny, Sanchez-Mazas, Roux & Pérez, 1991 ; Pérez & Mugny, 1990, par exemple). Dans la lignée des travaux sur la théorie de l'élaboration du conflit, les recherches vont rapidement délaisser la dimension minoritaire ou majoritaire des sources d'influence pour se concentrer davantage sur leur expertise, tout en continuant à se focaliser sur la menace identitaire qu'une comparaison avec ces sources d'influence peut générer.

Dans un premier paradigme (Mugny, Moliner & Flament, 1997), une étude scientifique, portant sur la satisfaction dans les petits groupes et réalisée par un enseignant-chercheur, est présentée à des étudiants. Les résultats de l'expert, présentés sous forme graphique, soit confirment, soit infirment, le statut d'un élément central (l'absence de hiérarchie) ou périphérique (l'absence de divergence d'opinions) de la représentation du groupe d'amis idéal. Dans le premier cas, les résultats de l'expert concluent que leur présence a un impact positif sur la satisfaction du groupe et, dans le second cas, que c'est leur absence. L'infirmation ou la remise en cause de ces éléments par la source experte produit une influence directe. L'attitude des participants devient en effet plus tolérante à la présence d'une divergence d'opinion ou de l'instauration d'un leadership, pour conclure à la satisfaction d'un groupe d'ami. En revanche, à un niveau indirect, si la remise en cause ne change rien au statut de l'élément périphérique (similarité d'opinion), elle parvient à saper le caractère central de l'égalité dans le groupe d'amis idéal. En effet, la présence de leadership, présentée par un expert comme satisfaisante pour les groupes, ne conduit plus les participants à cesser de voir dans l'objet qu'il considère un groupe d'amis idéal. Le groupe d'amis idéal a donc subi une « restructuration cognitive du champ représentationnel, puisque la croyance en l'égalité perd son statut central » (Mugny, Quiamzade & Tafani, 2001, p. 138). Pour clarifier l'influence de cette source experte sur le noyau central de la représentation, le paradigme expérimental a été modifié.

Tafani, Mugny et Bellon (1999) utilisent un paradigme similaire, mais l'étude précédemment évoquée sur la satisfaction dans les petits groupes se contente de remettre en cause l'égalité statutaire des membres. Les résultats de cette étude sont présentés comme étant soit réversibles, soit irréversibles, au moyen d'un graphique où le lien entre leadership et satisfaction semble soit s'accentuer, soit s'inverser, avec le temps. En outre, ils demandent à leurs participants étudiants soit d'évaluer la source en termes de compétence, soit de se comparer à elle de manière interdépendante sur ces mêmes dimensions de compétence (interdépendance négative). Comme la source est la même dans les quatre conditions, son expertise lui assure une influence directe au niveau de l'attitude qui est similaire. En revanche, au niveau indirect, la condition où le conflit épistémique est maximum (irréversibilité et centration sur la compétence de l'expert) est la seule à induire un changement représentationnel. La présence de leadership n'est pas compatible avec un groupe d'amis idéal lorsque le lien entre leadership et satisfaction est réversible ni lorsque la comparaison avec la source experte est menaçante pour l'identité des participants.

Tout comme dans les travaux classiques sur l'influence minoritaire, on retrouve ici l'idée que seul un conflit sociocognitif épuré de tout conflit socio-identitaire peut générer un véritable changement. Une source d'influence ne peut donc parvenir à changer une représentation sociale, en transformant sa structure, que si elle ne présente aucune menace identitaire pour les individus. C'est ce que montrent les autres études de ce programme de recherches qui ont fait varier la nature des sources d'influence, en comparant expert et étudiant (Mugny, Tafani, Butera & Pigière, 1998), étudiants crédible ou non (Tomei & Mugny, 2003), mais aussi le style autoritaire ou démocratique de la source (Mugny, Quiamzade, Pigière, Dragulescu & Buchs, 2002 ; Mugny, Quiamzade & Tafani, 2001). Cependant, cette dernière dimension montre que les dynamiques à l'œuvre dans ces phénomènes d'influence dépendent de la manière de se représenter tant la source que le contexte de l'interaction. Ainsi, la variété des situations rend difficile l'établissement d'un *pattern* unique de l'influence et pousse les auteurs à s'en remettre à l'hypothèse de correspondance (voir aussi Buschini, 1998 ; Moscovici & Buschini, 2000). « On ne peut donc faire l'économie du rôle des représentations sociales que les cibles introduisent dans le rapport avec la source, si l'on veut comprendre les chemins possibles du changement d'autres représentations sociales. L'hypothèse de correspondance, tout en s'organisant autour de la menace que le rapport d'influence peut représenter, propose que des représentations sociales déterminent la perception de ce rapport, et partant, son efficacité » (Mugny, Souchet, Codaccioni & Quiamzade, 2008, p. 234).

Les attentes que génèrent les représentations sociales que nous avons des situations d'interaction, ont un impact important sur les processus d'influence sociale. Elles peuvent tout autant conduire à de véritables changements que les bloquer sans délai. Il est donc essentiel de connaître les représentations qui les produisent pour mieux comprendre les phénomènes de changement et d'influence. Mais il est également possible d'envisager d'infléchir ces représentations pour en modifier l'impact et produire de l'influence.

4. Influencer par la transformation des représentations sociales

La manière dont un groupe social se représente un objet détermine les comportements de ce groupe, tant dans sa manière de communiquer (cf. *supra*) que dans ses relations avec son environnement physique et social. Dans sa thèse, Abric (1976) montrait déjà que différentes manières de se représenter une même tâche pouvaient induire des interactions allant de la coopération au conflit. Si ces travaux sont restés relativement confidentiels, le phénomène a été plus largement révélé en psychologie sociale par ceux réalisés sur la menace du stéréotype (Steele, 1997 ; Steele & Aronson, 1995). Les performances d'individus peuvent être facilement amoindries lorsqu'elles sont présentées comme portant sur une dimension du stéréotype de leur groupe d'appartenance sur laquelle ils sont réputés faibles. Ainsi, lorsqu'une tâche est représentée comme liée à un stéréotype négatif, l'activation de celui-ci génère une menace sur laquelle les individus se focalisent, ce qui les rend moins performants. Ces travaux montrent à la fois que la manière de se représenter un objet (ici, une tâche) peut être suggérée, et que cela a un impact en termes d'identité sociale (Tajfel & Turner, 1979, 1986). Dans la manière dont les groupes sociaux se représentent un objet, l'ancrage joue un rôle essentiel, non seulement sur le sens que les différents groupes vont attribuer à l'objet, mais également sur la régulation sociale des enjeux identitaires que cela permet d'instaurer entre ces groupes (Buschini & Doise, 2008). Lorsque l'objet de représentation est un groupe social, les enjeux identitaires sont à leur paroxysme et la manière de se représenter ce groupe, que ce soit au sein même du groupe ou au sein d'autres groupes sociaux, a des conséquences encore plus importantes sur l'identité sociale de ses membres. Suggérer certaines façons de se représenter un groupe peut donc avoir un impact important sur les relations intergroupes. À titre d'illustration, Mugny, Souchet, Codaccioni et Quiamzade (2008) mentionnent le processus de psychologisation (Papastamou, 1987) qui permet, par attribution de caractéristiques dispositionnelles négatives à une source minoritaire, de faire échec à son influence. Mais il s'agit davantage d'attribuer des caractéristiques à un groupe que de redéfinir les dimensions sur lesquelles repose l'appartenance à ce groupe. Wakefield et al. (2011) optent pour cette seconde possibilité que Tajfel (1981) rangeait parmi les stratégies créatives permettant aux groupes sociaux d'infléchir les comparaisons sociales en leur faveur. Ces chercheurs manipulent expérimentalement la représentation que des participants écossais se font de leur groupe d'appartenance, à savoir leur groupe national. Leurs travaux montrent qu'amener les participants à concevoir l'appartenance nationale de manière civique, plutôt qu'ethnique, permet davantage d'accepter qu'une personne asiatique soit écossaise, mais aussi les critiques qu'elle exprime sur le groupe d'appartenance. Cela permet également à une personne asiatique d'obtenir davantage d'aide, dans la mesure où les participants lui reconnaissent davantage l'appartenance nationale, même lorsqu'elle se présente comme écossaise seulement de manière implicite. Manipuler la représentation que les individus se font de leur groupe d'appartenance peut donc avoir un impact sur leurs comportements. Mais, tous les groupes d'appartenance ne revêtent pas la même importance pour leurs membres. L'identification à ces groupes joue sans conteste un rôle important, dans la mesure où elle recouvre une dimension d'implication et d'engagement émotionnels (Ellemers, Kortekaas & Ouwerkerk, 1999) ou de solidarité (Leach et al., 2008). Swann, Gómez, Seyle, Morales et Huici (2009) montrent que, lorsque les individus ont l'impression de ne faire qu'un avec leur groupe, sans toutefois qu'interviennent de phénomènes de dépersonnalisation, ils sont alors plus enclins à adopter des comportements extrêmes en faveur du groupe. Ce phénomène de fusion des identités personnelle et sociale peut même amener les individus à se déclarer prêts à se sacrifier pour leur groupe ou un groupe proche du leur (Swann, Gómez, Dovidio, Jetten & Hart, 2010).

Dans la lignée des travaux de Wakefield et al. (2011) et de Swann et al. (2010), nous avons initié un programme de recherche sur l'impact de la représentation du groupe d'appartenance sur l'adoption de comportements extrêmes en faveur de ce groupe. Le principe qui sous-tend ce programme est de suggérer aux participants différentes représentations de leur groupe d'appartenance qui varient en termes d'essentialisme (Medin & Ortony, 1989 ; Yzerbyt, Rocher & Schadron, 1997) et d'entitativité (Campbell, 1958 ; Yzerbyt, Corneille & Estrada, 2001). Ou plutôt en termes de naturalité et d'entitativité qui sont désormais considérées comme les deux composantes de l'essentialisme (Haslam, Rothschild & Ernst, 2000), fréquemment associées à des catégories sociales respectivement imposées et choisies (Demoulin, Leyens & Yzerbyt, 2006). Selon cette typologie, trois représentations du groupe d'appartenance ont ainsi été utilisées : l'une naturalisante, l'autre entitative et la troisième peu essentielle. Leur impact sur les risques ou les sacrifices que les participants sont prêts à encourir pour leur groupe a ensuite été mesuré. Comme ce programme est en cours de réalisation, nous ne présenterons ici que les résultats d'une étude exploratoire quasi expérimentale.

L'étude exploratoire a été réalisée au moyen d'un questionnaire administré à 229 participants de nationalité suisse (54,1 % de femmes), âgé de 18 à 79 ans (âge médian = 27 ans). Trois variables indépendantes étaient manipulées selon un plan inter-sujets au moyen d'un scénario : la représentation du groupe, l'ouverture du groupe sur l'extérieur et la nature des relations intergroupes, avec respectivement trois, deux et deux modalités. Le scénario demandait aux participants de penser à eux-mêmes comme appartenant « au peuple suisse avec toutes ses caractéristiques, dans un pays au carrefour de l'Europe, avec laquelle il était en compétition économique ». Selon les conditions, le peuple suisse avec ses caractéristiques devenait la nation suisse avec ses valeurs ou la communauté suisse avec ses habitudes, déclinant des représentations respectivement naturalisées, entitatives et peu essentialistes du groupe d'appartenance. Le pays au carrefour de l'Europe devenait encerclé par l'Europe dans la condition fermeture. La compétition devenait coopération dans la condition du même nom. La suite du questionnaire contenait 28 items provenant de différentes échelles (orientation à la dominance sociale, autoritarisme de droite, dogmatisme et méritocratie), 10 items d'identification au groupe (Brown et al., 1986), et sept autres portant sur les comportements que les participants étaient prêts à adopter en faveur de leur groupe : se battre en cas de menace sur un membre du groupe ou d'insulte au groupe, aider un membre à se venger en cas d'insulte, blesser les autres pour protéger le groupe, être prêt à tout (y compris sacrifier sa vie) pour sauver un membre ou le prestige du groupe. Comme l'orientation politique des participants n'était pas répartie de manière régulière selon les conditions, cette variable a été contrôlée en l'introduisant comme covariable dans les analyses de variance. Alors qu'aucun effet n'est constaté sur l'identification au groupe, l'analyse de covariance réalisée sur l'extrémisme du comportement (une seule dimension obtenue par analyse en composantes principales ; $\alpha = .88$), montre à la fois un effet de la covariable, $F(1, 202) = 49.15$, $p < .001$, $\eta^2_p = .19$, et une interaction tendancielle de la représentation du groupe et de la compétition, $F(2, 202) = 2.42$, $p < .1$, $\eta^2_p = .02$). Plus les participants se déclarent de droite et plus ils sont prêts à se comporter de manière extrême pour le groupe ou ses membres ($B = .37$). La décomposition de l'interaction montre que la représentation du groupe n'a pas d'effet sur les comportements extrêmes dans un contexte de coopération, $F(2, 202) < 1$, *ns*, $\eta^2_p = .01$; *M*s = 2.43, 2.31 et 2.46, *SE*s = .22, .20 et .21 (respectivement pour représentation naturalisée, entitative et peu essentialiste), mais qu'elle en a un dans un contexte de compétition, $F(2, 202) = 3.24$, $p < .05$, $\eta^2_p = .03$; *M*s = 2.85, 2.50 et 1.98, *SE*s = .22, .22 et .22). L'analyse des contrastes indique qu'il s'agit d'un effet linéaire, $t(202) = 2.39$, $p = .02$, $\eta^2_p = .03$: plus la représentation du groupe suggérée est essentialisée dans le sens d'une naturalisation, plus les participants se déclarent prêts à prendre des risques en faveur du groupe, même si la prise de risque reste faible sur une échelle en 7 points.

Ces résultats montrent qu'en définissant un groupe d'appartenance de différentes manières, c'est-à-dire en infléchissant la façon qu'ont ses membres de se le représenter, il est possible d'avoir un impact sur leur perspective d'adopter des comportements risqués (violences, sacrifices, etc.) en faveur de ce groupe et de ceux qui le composent. Ici encore, les éléments de la représentation d'un groupe qui sont mis en exergue, ont une influence sur les membres de ce groupe, non plus sur les critères d'intégration au sein du groupe, mais directement sur l'extrémisme des comportements de ses membres. Bien entendu, il est nécessaire d'approfondir la compréhension de ce phénomène, tant sur la nature des dimensions utilisées pour infléchir la représentation (centralité, évaluation, définition des éléments ; voir le modèle bidimensionnel de Moliner, 1994a, par exemple) que sur les processus médiateurs probables (identification au groupe, engagement, etc.). De même, il convient de s'interroger sur les applications de ces stratégies d'influence, selon qu'elles sont mises en œuvre au sein même des groupes ou à l'extérieur. Être attentif aux tentatives qui sont faites d'orienter les représentations des groupes est crucial, qu'il s'agisse de l'endogroupe ou des exogroupes, en raison des conséquences sur les relations intergroupes et les identités sociales. Intervenir sur les représentations des groupes revient en effet toujours à agir sur la dynamique des rapports sociaux. Ce sont des actes véritablement politiques qui retentissent sur la définition des groupes et des catégories sociales et participent de la construction incessante de la réalité sociale. Car se définir revient à définir l'autre, et inversement. Comme le relève parfaitement Licata (2001), en s'inspirant d'une étude de Reicher et Hopkins (1996), le chercheur doit être attentif à l'utilisation à grande échelle de ces pratiques : « Il s'ensuit qu'il faut étudier la manière dont les discours politiques définissent les catégories sociales [...] et dont ils parviennent éventuellement à imposer, à travers la communication de masse, une représentation particulière de la manière dont la réalité sociale est structurée » (p. 51).

5. Conclusion

Trop souvent considérées comme des phénomènes spécifiques relevant de domaines à part et indépendants, les représentations sociales et l'influence sociale entretiennent pourtant des rapports étroits que la psychologie sociale gagnerait à étudier. C'est ce que ce chapitre s'est attaché à montrer. Dans un premier temps, chacun des phénomènes a été appréhendé à travers le prisme de l'autre. La propension des représentations sociales à produire de l'influence et celle de l'influence à devenir objet de représentation ont ainsi été rappelées. Mais, au-delà des fonctions des représentations sociales dont l'une, relevant d'une dimension pragmatique, est précisément d'influencer, notamment en produisant des cadres ou des guides tant pour les communications que pour les comportements, et nonobstant le fait que l'influence sociale, comme tout phénomène scientifiquement étudié, produit des représentations sociales de l'influence qui lui sont substituées, les deux phénomènes peuvent s'articuler plus intimement. C'est cette articulation qui a ensuite été illustrée en adoptant deux perspectives. La première est celle qui a été privilégiée au sein d'un programme de recherches collaboratif articulant la théorie de l'élaboration du conflit et celle du noyau central. Une recension des travaux produits a permis de mettre en évidence que la structure des représentations sociales pouvait être modifiée sous l'action d'une influence de type minoritaire ou sous l'effet d'un conflit sociocognitif, à condition toutefois que la représentation du contexte d'influence n'induise pas de menace pour l'identité sociale. Il s'agit là d'une limite aux tentatives volontaires de transformer les représentations sociales et ces travaux concluent d'eux-mêmes que la nature de l'influence (manifeste mais momentanée *versus* latente mais durable) dépend de la représentation de la situation d'influence. Ils suggèrent donc de prendre en compte ce type de représentations. La seconde perspective adoptée s'intéresse précisément à l'influence qui peut être produite à travers les représentations de situations d'influence, et donc d'interactions sociales. Les travaux présentés montrent clairement que, selon les éléments mis en avant de la représentation d'un groupe social, et notamment d'un groupe d'appartenance, les comportements des membres de ce groupe vont différer. Plus particulièrement, rendre saillante une dimension relevant de l'essence des groupes, en suggérant simplement de considérer une de leurs caractéristiques, soit naturelles, soit entitatives, peut avoir un impact sur la tolérance ou l'extrémisme des comportements de ses membres.

Les développements théoriques que l'investigation de ce phénomène laisse augurer, requièrent des chercheurs un investissement qui ne saurait néanmoins faire l'économie d'une réflexion éthique sur leurs applications, dans le domaine politique notamment.

Focus 26

Influence sociale et dynamique représentationnelle

Nicolas ROUSSIAU[1]

1. Université de Nantes, France.

Décrire la réalité, l'expliquer et la prévoir (Matalon, 1988) restent les étapes essentielles d'un modèle théorique de type scientifique et les représentations sociales n'échappent pas à la règle. Du côté de la description, les avancées sont notables avec des outils et des modélisations performantes et abouties : analyse de similitude (Degenne & Vergès, 1973), analyse factorielle des correspondances (Le Bouedec, 1984), schèmes cognitifs de base (Guimelli & Rouquette, 1992), analyse prototypique (Vergès, 1992)[2]. Concernant le versant de l'explication et de la prévision, le problème est un peu différent. Pour prévoir, il faut comprendre et situer l'origine des facteurs en cause dans la dynamique, car une représentation « n'est pas un objet stable ou un système clos, mais une configuration absorbante, essentiellement dynamique, capable d'intégrer des informations nouvelles en les reliant de manière spécifique à des informations mémorisées, capable de dériver des opinions particulières d'attitudes déjà installées » (Rouquette, 1994, pp. 173-174). Ce qui suppose que toute représentation évolue, se recompose, se transforme plus ou moins progressivement voire disparaît. Si l'idée d'adaptation et, conséquemment, d'évolution ou de transformation n'est pas récente (Moscovici, 1961 ; Jodelet, 1989b), les travaux spécifiquement axés sur ce point se développent depuis une vingtaine d'années. La transformation des représentations étant une problématique en pleine évolution, il apparaît nécessaire d'en retracer le cheminement chronologique.

Le premier temps de ce parcours est celui d'une série de recherches prenant pour cadre des situations naturelles. Elles ont montré, plus que démontré, les changements qui surviennent avec le temps dans les représentations sociales, leur visée étant en effet plus descriptive qu'explicative. Dans son étude de 1981, Di Giacomo montre, suite à une session résidentielle de sensibilisation aux phénomènes de groupe, que la représentation du groupe expérimental, c'est-à-dire ici sensibilisé à la dynamique des groupes, évolue en regard de celle d'une population dite de contrôle. Cependant, il ajoute que « rien ne permet strictement parlant de postuler l'origine de cette différence d'évolution » (p. 418). Son travail porte d'ailleurs largement la marque des problèmes existant au niveau des méthodes d'analyse des représentations, notamment à propos de la mesure de leur évolution. Il soulève ainsi un certain nombre de questions touchant aux changements des représentations, questions qui portent à la fois sur des aspects méthodologiques, expérimentaux et théoriques. Mais l'on se souviendra surtout qu'aucun facteur susceptible de matérialiser l'origine des transformations observées n'a pu être identifié. Dans le cadre d'une étude longitudinale, Jodelet (1982) signale également l'évolution d'une représentation sociale, celle du corps. Elle passe successivement d'une centration biologique et médicale forte à une centration manifeste sur la dimension du corps-plaisir. Elle constate ainsi qu'« à un rapport distant se substitue une approche vécue et les messages morbides et fonctionnels perdent en prégnance par rapport à des expériences dynamiques et jouissives. La connaissance s'en trouve également modifiée, un désintérêt pour le corps biologique en faveur d'un corps lieu de jouissance, amène à se détourner d'une approche scientifique biologique » (Jodelet, 1984a, p. 376). L'origine de ce changement est supposée et ses facteurs potentiels simplement évoqués. Il s'agirait, pour Jodelet, de « la diffusion de nouvelles techniques corporelles et de nouveaux modèles de pensée » (p. 376). Il est clair que le terrain par lui-même permet difficilement un contrôle des variables expliquant les transformations constatées. Mais la théorie des représentations sociales venait de fait, par l'intermédiaire de ces toutes premières études, consolider l'écart qui la séparait déjà des représentations collectives, ne serait-ce que par l'empan temporel du changement, une semaine pour l'étude de Di Giacomo (1981) à quinze années pour celle de Jodelet (1984).

Le deuxième temps de ce parcours a eu pour objectif d'identifier un certain nombre de variables à l'origine du changement. Les chercheurs ont tenté, et ce en situation naturelle comme en situation expérimentale, de comprendre l'origine de ces évolutions représentationnelles[3] en contrôlant des variables indépendantes invoquées telles que les pratiques sociales ou l'idéologie. Dans les divers travaux réalisés sous cette perspective, on a observé assez largement que les pratiques comme les communications, non manipulées mais contrôlées par le chercheur, accompagnent, chez les individus producteurs de ces pratiques ou soumis à certains modes

2. Voir chapitre 5, focus 5 et chapitre 7.

3. Voir chapitre 4.

de communication, des représentations différentes (Andriamifidisoa, 1982 ; Domo, 1984 ; Guimelli, 1987, 1989, 1994 ; Guimelli & Jacobi, 1990 ; Echebarria, Elejabarrieta, Valencia & Villareal, 1992 ; Echebarria-Echabe & Gonzalez-Castro, 1993 ; Bonardi, Larrue & Marchand, 1995 ; Bonardi, Roussiau & Larrue, 1998). Le rôle des communications a toujours été une hypothèse forte chez Moscovici (1961). Il a en effet montré que les modes de communication médiatiques jouent un rôle conséquent pour ce qui est de l'évolution des représentations sociales. S'intéressant à la nature de différents supports journalistiques et à leurs impacts dans la diffusion des connaissances sur l'objet psychanalyse, Moscovici (1961) montrera de quelle manière les représentations de la psychanalyse se modifient quand elles sont actualisées sous des systèmes de communications tels que la diffusion, la propagation ou la propagande. Mais curieusement, cette période est surtout marquée par le statut privilégié des pratiques sociales comme variable essentielle à la transformation des représentations sociales. Un ouvrage entier a été consacré à leurs rapports avec les représentations (Abric, 1994a) et un nombre conséquent de travaux ont abordé leur impact sur la transformation des éléments composant le contenu des représentations et ce jusqu'au point d'établir un modèle de transformation des représentations par les pratiques qui occulte l'ensemble des autres facteurs potentiels (Flament, 1994, p. 49). Cette deuxième période fait donc la part belle aux pratiques sociales comme facteurs clefs à l'origine de la dynamique représentationnelle. Mais cette primauté vient simplement d'un manque d'études sur l'impact des communications, de l'influence sociale, de l'idéologie. Elle n'est pas le résultat de travaux comparatifs.

Le troisième temps a précisé un point essentiel dans la démarche scientifique, la nature de l'administration de la preuve, mais il couvre aussi un nombre plus varié de paradigmes théoriques. Il s'agit d'une période où l'on compare l'efficacité des modèles, qui sont testés pour évaluer leur impact sur l'évolution de la structure d'une représentation sociale. C'est ainsi que les débats en matière de transformations ont amené les chercheurs à orienter leurs travaux dans une optique clairement expérimentale. Les recherches les plus récentes visent le contrôle de variables indépendantes – provoquées – susceptibles d'induire des changements. À dire vrai, un très petit nombre d'études expérimentales traitent actuellement de ces problèmes de dynamique représentationnelle au regard de la production globale sur les représentations sociales. Se pose d'ailleurs à ce sujet la question de la pertinence de la méthode expérimentale par rapport à l'objet représentation sociale, question déjà soulevée par Moscovici (1988) et résolue affirmativement pour ce qui concerne au moins l'approche de ses transformations. Parmi les différents paradigmes théoriques utilisés, on trouve ceux de l'influence sociale, l'influence majoritaire et minoritaire (Moscovici, 1979), la théorie de l'élaboration du conflit (Pérez & Mugny, 1993), celle de l'engagement (Festinger, 1957 ; Kiesler, 1971 ; Beauvois & Joule, 1981), de la communication engageante (Zbiden, Souchet, Girandola & Bourg, 2011 ; Girandola & Joule, 2012) ou encore le modèle ELM de la persuasion (Eagly & Chaiken, 1993)[4].

Si les toutes premières recherches expérimentales inscrites dans le paradigme de l'influence majoritaire-minoritaires (Aïssani, 1991 ; Roussiau & Soubiale, 1995, 1996) démontrent des changements dans la structure de la représentation sociale, il n'y a pas de modifications majeures, c'est-à-dire de transformation notable du noyau central de la représentation[5]. De ces premières expériences, on retiendra le fait que l'on peut effectivement agir sur une représentation par la diffusion d'informations contradictoires avec une représentation. Par la suite, d'autres études expérimentales utilisant des méthodes d'identifications du noyau central, mettant dans certains cas directement en cause un élément central et combinant comparaison sociale, menace identitaire et expertise de la source ont produit des résultats plus conséquents (Mugny, Tafani, Butera & Pigière, 1998 ; Mugny, Tafani, Falomir & Layat, 2000 ; Mugny, Quiamzade & Tafani, 2001). Il en est ainsi de la recherche de Mugny, Moliner et Flament (1997) où l'exposition à une source d'influence mettant en cause un item central entraîne une transformation progressive de la représentation, puisque l'élément central contredit est par la suite moins central que dans les autres conditions expérimentales. D'une manière générale, les résultats obtenus démontrent

4. Voir chapitre 4, chapitre 24, focus 24 et chapitre 26.
5. Voir chapitre 4.

que l'influence sociale a des effets sur la structure d'une représentation sociale, sous couvert d'un certain nombre de facteurs concomitants, en dehors des effets classiques de l'influence majoritaire et minoritaire, on trouve la nature de la comparaison sociale. Une autre variable présente un intérêt non négligeable, l'expertise de la source. Dans une étude expérimentale, en utilisant le paradigme ELM, Renard et Roussiau (2007) démontrent des modifications mineures de la représentation sociale sur du court terme quand les sujets sont confrontés à une source fortement crédible et à un message inversant le sens d'un élément périphérique de la représentation. Mais des modifications sur la structure d'une représentation sociale ne peuvent avoir lieu que si la cible évite une comparaison avec la source qui pourrait être en sa défaveur et qui pourrait menacer l'estime de soi (Mugny, Souchet, Quiamzade & Codaccioni, 2009).

Une autre série de recherches expérimentales a abordé la question de la transformation des représentations sociales avec une théorie bien connue pour son degré élevé de prédictibilité, la théorie de l'engagement (Moliner, Joule & Flament 1995 ; Roussiau, 1996 ; Tafani, 1997 ; Tafani & Souchet 2001 ; Renard 2005 ; Renard, Bonardi, Roussiau & Girandola, 2007 ; Renard, Roussiau & Fleury-Bahi 2012). Que ce soit dans le paradigme de la dissonance cognitive (Festinger, 1957) ou de l'engagement pro-attitudinel (Kielser, 1971), on retrouve les effets classiques de cette théorie opératoire hautement falsifiable. C'est le cas au niveau même du changement du cœur de la représentation en situation de soumission forcée ou de double soumission forcée à la radicalisation et au niveau du renforcement de la structure représentationnelle dans la soumission sans pression[6].

On peut retenir de ce troisième temps que les perspectives expérimentales concernant la transformation des représentations sociales ont permis d'affiner et d'enrichir la compréhension d'un modèle qui parallèlement s'est complexifié. Mais les interrogations restent multiples, notamment sur l'emprise des structures idéologiques comme freins ou comme moteurs du changement, sur le poids symbolique des objets de représentation (Vergès, 1989), sur la question des réseaux représentationnels et de leur organisation (Valence, 2010), sur la combinaison des facteurs externes (menace identitaire, comparaison sociale...) mais aussi sur les perspectives impliquées par le changement représentationnel (e.g., les comportements seront-ils en adéquation avec une représentation qui a changé ?). C'est ce dernier temps, celui de la complexité, qui permettra d'éclairer et de renforcer par l'explication et la prédiction, le modèle théorique des représentations sociales.

6. Voir focus 24.

CHAPITRE 27

Mémoire collective et représentations sociales de l'Histoire[1]

Darío PÁEZ[2], Magdalena BOBOWIK[3], Laura DE GUISSME[4], James H. LIU[5] & Laurent LICATA[6]

Sommaire

1. Remerciements : ce travail a été soutenu par le ministère espagnol de la Science et de l'Innovation (numéro de subvention PSI2008-02689/PSIC PSI2011-26315) et l'Université du Pays Basque (numéro de subvention IT-666-13). Ce travail a également été mené dans le cadre de l'Action COST IS1205 « Social psychological dynamics of historical representations in the enlarged European Union ».

2. Université du Pays Basque, Saint-Sébastien, Espagne.

3. Université du Pays Basque, Saint-Sébastien, Espagne.

4. Université Libre de Bruxelles, FNRS-FRS (FRESH), Belgique.

5. Université Victoria de Wellington, Nouvelle-Zélande.

6. Université Libre de Bruxelles, Belgique.

1. Cadre conceptuel

1.1 *Définition et contenu de la mémoire collective*

La mémoire collective se compose d'images vives, de connaissances et de croyances largement partagées du passé collectif. Elle est basée sur la transmission orale et informelle de l'information et de récits qui forment une « histoire profane ». L'histoire « scientifique » ou formelle nourrit ces images du passé comme la science nourrit les représentations sociales. Jedlowski (2001) la définit comme étant un « ensemble de représentations sociales du passé que les groupes produisent et transmettent au travers des interactions entre leurs membres ». Ces dernières sont, en effet, collectivement créées et partagées, et servent des fonctions sociétales (Jedlowski, 2000 ; Schuman & Scott, 1989) ; elles sont normatives et liées aux besoins du groupe, aux attitudes et à la défense de l'identité sociale (De Sa & de Olivera, 2002).

Un événement lié à l'histoire d'un groupe est collectivement commémoré lorsqu'il remplit certaines conditions :

L'événement historique est pertinent pour les identités sociales. La mémoire collective contribue à la définition de l'identité du groupe. De plus, les représentations du passé, de l'histoire du groupe, constituent de véritables « chartes » entre ses membres (Liu & Hilton, 2005). Le partage du contenu de la mémoire collective est, en outre, une source de cohésion au sein du groupe car il contribue à créer une solidarité entre ses membres.

L'événement historique a provoqué un changement social significatif ou a impliqué une menace pour l'identité du groupe. La mémoire collective se compose souvent de souvenirs partagés d'événements de niveau social, et particulièrement d'événements extrêmes, intenses qui mènent à d'importants changements institutionnels (Connerton, 1989). Les événements historiques inclus dans la mémoire collective sont habituellement liés à des changements importants dans la structure sociale tels que la fondation de systèmes politiques ou d'États (Hilton & Liu, 2008), ou à des menaces substantielles pour la cohésion sociale et les valeurs, telles que la fin de « l'innocence politique » américaine dans le cas de l'assassinat de John F. Kennedy (Pennebaker, Paez & Rimé, 1997). Nous ne nous souvenons pas de toutes les guerres avec la même intensité : la Seconde Guerre mondiale (SGM) et la guerre du Vietnam sont largement rappelées dans les sondages aux États-Unis comme étant des événements importants, tandis que la guerre de Corée est largement oubliée par les Américains (Griffin, 2005 ; Neal, 2005). La guerre du Vietnam et la Seconde Guerre mondiale ont eu un impact important sur les institutions et ont créé des changements sociaux conséquents, tandis que la guerre de Corée a été moins pertinente socialement pour les Américains.

L'événement historique est chargé d'émotions. La mémoire collective conserve des événements extrêmement négatifs ou positifs qui affectent un nombre important d'individus comme membres d'une collectivité nationale ou d'autres groupes importants (Neal, 2005). Les guerres et les événements traumatisants sont particulièrement chargés en émotions et sont par conséquent faciles à transmettre, formant un terrain qui révèle aux individus une histoire sur eux-mêmes, souvent en relation avec un exogroupe et avec les défis actuels auxquels le groupe est confronté (Liu & László, 2007). Les assassinats politiques, le 11 septembre 2001, les catastrophes naturelles ou les crises financières sont des événements historiques qui provoquent d'intenses émotions collectives telles que la surprise, la colère, la tristesse, la peur et l'anxiété. Ils peuvent par conséquent provoquer la répétition dans les médias et le partage entre individus (Rimé, 2005).

Ces événements historiques sont *commémorés à travers des rituels* ainsi que par de la communication institutionnelle et informelle. Ces événements sont socialement partagés, au moyen de rituels commémoratifs, de récits institutionnels, des médias et de partages interpersonnels. Des événements tels que le 11 septembre, des catastrophes, des assassinats politiques et des crises financières ou sociales, qui provoquent d'intenses émotions partagées, suscitent également la participation à des comportements et rituels collectifs, comme des manifestations politiques, des cultes et des rituels funéraires. Les rituels collectifs sont particulièrement efficaces dans le maintien des mémoires collectives car, à travers leurs formes et leurs contenus, ils permettent le rappel de l'événement par la réactivation répétitive de la représentation cognitive. Cependant, les rites sont plus que des rappels, ils sont des reconstitutions de l'événement (Connerton, 1989) et, en tant que tels, ils engagent également les corps. Dans les rassemblements collectifs émotionnels, les individus effectuent les mêmes gestes, adoptent les mêmes positions, chantent les mêmes chansons. Cette synchronie conduit à un important partage social d'émotions, au point de susciter des sentiments de « fusion identitaire ». Cette expérience ravive alors l'identité commune et les croyances qui y sont associées (Páez & Rimé, 2014 ; Páez, Rimé, Basabe, Wlodarzyck & Zumeta, 2005).

Les récits institutionnels ou les rapports écrits sur le passé proche ou éloigné des nations sont très influents dans la formation et le maintien d'un sentiment d'identité nationale. Ces récits ne sont pas univoques : ils sont débattus et contestés dans la sphère publique, où de nombreuses versions du même événement peuvent rivaliser (Jovchelovitch, 2012 ; Reicher et Hopkins, 2001). Mais ce processus de contestation garantit que la mémoire de l'événement reste vivante.

La commémoration de l'événement historique sert les besoins et buts actuels. Les représentations sociales du passé sont mobilisées pour servir les attitudes et besoins actuels (Reicher & Hopkins, 2001 ; Liu & Hilton, 2005). De plus, des changements dans le contexte politique et social devraient également apporter des modifications dans la manière dont les membres se rappellent le passé de leur groupe. Plus précisément, les mémoires collectives qui remplissent une fonction dans un contexte social particulier devraient graduellement disparaître quand des changements dans ce contexte les rendent non pertinentes (Rimé, Bouchat, Klein & Licata, 2015).

1.2 *Fonctions de la mémoire collective*

Selon Halbwachs (1950/1980), la mémoire collective « ne retient du passé que ce qui est encore vivant ou capable de vivre dans la conscience du groupe qui l'entretient » (p. 46). De la même manière, Bartlett (1932), qui a introduit les études sur la mémoire en psychologie, a affirmé qu'« avec l'individu comme avec le groupe, le passé est continuellement refait, reconstruit en fonction des intérêts actuels » (p. 309). La mémoire collective remplit de nombreuses fonctions, dont beaucoup sont en lien avec l'identité sociale (voir Licata, Klein & Gély, 2007 ; Klein, Licata & Pierucci, 2011 ; Liu & Hilton, 2005 ; Pennebaker, Paez & Rimé, 1997 ; Jodelet & Haas, 2012).

Définir le groupe et sa continuité. Les mémoires collectives sont cruciales dans la définition, le maintien, et la mobilisation des identités sociales. La mémoire collective aide à préserver un sentiment de continuité et par conséquent, définit l'appartenance groupale (Pennebaker, Páez & Rimé, 1997). Selon Liu et Hilton (2005), « l'histoire nous fournit des récits qui nous disent qui nous sommes, d'où nous venons et où nous devrions aller. Elle définit une trajectoire qui aide à construire l'essence de l'identité du groupe, comment il est relié aux autres groupes, et vérifie quelles sont les options pour faire face aux défis actuels » (p. 537). Les représentations du passé du groupe sont constamment renégociées en fonction de la situation actuelle et donnent un contenu à l'identité sociale. Par exemple, Obama a commencé son second discours inaugural (21 janvier 2013) en rappelant aux Américains les principes d'égalité et de liberté sur lesquels les États-Unis ont été créés. Ensuite, il a souligné la continuité de leur histoire : « Aujourd'hui, nous continuons un voyage sans fin pour rapprocher la signification de ces mots avec les réalités de notre temps » (Maison Blanche, 2013 ; cité par Licata & Mercy, 2015).

Définir les valeurs et les normes du groupe. La mémoire collective définit comment le groupe devrait se comporter pour « nourrir » ses valeurs et ses normes. Liu et Hilton (2005) affirment que les représentations sociales de l'histoire servent de « chartes » qui définissent comment le groupe devrait réagir aux situations présentes, parce que les membres du groupe tirent une « morale » de leurs interprétations d'un événement passé. Liu et Khan (2014) ont examiné comment Gandhi, Nehru et leurs adversaires nationalistes indiens Savarkar et Golwalkar ont agi comme entrepreneurs d'identité en mobilisant des versions légèrement différentes de l'histoire indienne. Et ce, afin de promouvoir différentes valeurs groupales et différentes frontières pour définir qui est inclus ou exclu de la catégorie des Indiens. Pour Gandhi, les musulmans étaient inclus dans la lecture idéalisée de l'histoire indienne où tous les différents peuples d'Inde vivaient en paix et, tant pour Gandhi que pour Nehru, les colons britanniques étaient exclus. Savarkar et Golwalkar, d'autre part, ont souligné l'exclusion des musulmans, en se focalisant sur des valeurs groupales plus guerrières selon lesquelles repousser les agressions musulmanes dans l'histoire était essentiel pour la protection des valeurs de l'endogroupe et de la culture classique indienne.

Améliorer la cohésion du groupe. La mémoire collective peut également constituer une source de cohésion pour les membres du groupe grâce au partage de représentations sociales. En effet, cette co-construction du passé crée simultanément une solidarité « horizontale » entre les membres contemporains d'un groupe et une solidarité « verticale » avec ses membres passés et futurs (Jetten & Hutchison, 2011). Le partage des représentations du passé du groupe donne, dès lors, une réalité psychologique au groupe. En particulier, représenter le groupe comme continu dans le temps facilite l'identification avec lui (Sani, 2008). Au contraire, présenter l'histoire du groupe comme discontinu pourrait susciter de l'angoisse collective vis-à-vis de l'avenir du groupe, ce qui peut le mener à des attitudes protectrices, telles que l'opposition à l'immigration (Jetten & Wohl, 2012 ; Smeekes & Verkuyten, 2013).

Établir la valeur du groupe. Selon Klein, Licata, Van der Linden, Mercy et Luminet (2012), « les succès et échecs passés du groupe, ses actions morales et immorales, contribuent à définir sa valeur relative » (p. 18). La mémoire collective contribue donc à définir la valeur du groupe et ce, notamment par comparaison sociale. Les groupes sociaux comparent donc leurs passés respectifs, et généralement s'efforcent de tirer un sentiment positif de leur identité à travers cette comparaison. Les mémoires collectives favoriseraient donc souvent les comptes rendus positifs du passé de l'endogroupe et/ou les comptes rendus négatifs des actions de l'exogroupe dans l'histoire (Baumeister & Hastings, 1997). De plus, cela rend compte du fait que certaines représentations du passé du groupe – telles que les rappels des méfaits passés – suscitent de fortes réactions défensives (Branscombe & Doosje, 2004) et ont donc des effets négatifs sur les relations intergroupes (Rotella & Richeson, 2013). De telles réponses défensives reflètent la tendance naturelle des individus à minimiser la souffrance de l'exogroupe, à justifier le comportement agressif de l'endogroupe, et à mettre en valeur les récits de l'endogroupe sur les « héros et martyrs ».

Légitimer le comportement du groupe. La mémoire collective fournit une justification aux actions passées, présentes et futures du groupe. Par exemple, une étude basée sur des données internationales a montré que les pays directement ou indirectement victorieux pendant la Seconde Guerre mondiale approuvaient les représentations légitimant les guerres mondiales davantage que les nations vaincues et, par conséquent, acceptaient davantage de violences collectives futures (Bobowik, Páez, Liu, Licata, Klein & Basabe, 2014).

Mobiliser l'endogroupe. Les mémoires collectives peuvent être utilisées afin de mobiliser les membres d'un groupe social dans le but d'accomplir un projet collectif particulier – souvent politique – au nom de leur identité partagée (Reicher & Hopkins, 2001). Par exemple, le leader indépendantiste congolais Patrice Lumumba adaptait son discours en fonction de l'audience à laquelle il s'adressait : face à une audience congolaise, il représentait l'histoire de la colonisation comme étant guidée par la cupidité et le mépris des Belges tandis que, devant une audience belge, il soulignait l'amitié que l'expérience coloniale avait permis de construire entre les deux nations. Loin d'être un simple exemple d'opportunisme, ce manque apparent de cohérence reflète en fait un projet politique stable, qui requérait différentes actions de la part de différents acteurs. Par conséquent, il a dû mobiliser les Congolais contre l'idéologie coloniale paternaliste, de même qu'il a dû s'assurer que les Belges collaboreraient avec le nouvel État indépendant (Klein & Licata, 2003).

Influencer les états psychologiques actuels des membres du groupe. Des émotions collectives peuvent être déclenchées par les rappels des actions immorales passées de l'endogroupe (Branscombe & Doosje, 2004 ; Iyer & Leach, 2008). Par exemple, la reconnaissance de la responsabilité de l'endogroupe pour des méfaits passés pourrait être particulièrement menaçante pour les personnes hautement identifiées (Doosje et al., 1998) et pourrait donc provoquer des réactions défensives ayant pour but d'éviter la culpabilité collective (Licata, Klein & Gély, 2007 ; Klein et al., 2011).

1.3 *Mémoire collective et conflit intergroupe*

La mémoire collective des conflits est un exemple particulièrement pertinent pour la société. Celle-ci décrit le déclenchement du conflit ainsi que son déroulement, fournissant une image de ce qu'il s'est passé d'un point de vue sociétal (Bar-Tal, 2013). Les sociétés impliquées dans des conflits à long terme et/ou insolubles développent une infrastructure psychologique dans le but de rencontrer les défis psychologiques associés au conflit. Les représentations sociales du passé focalisées sur les « traumas choisis » (Volkan, 2001) et les événements négatifs sont souvent responsables d'une orientation émotionnelle collective où la peur supplante l'espoir. Un sentiment perpétuel de menace provoque de hauts niveaux de peur et de haine pour l'exogroupe, qui sont renforcés par chaque rituel rappelant la mort d'un des leurs et ignorant ceux qui souffrent dans l'autre groupe. Dès lors, un récit est produit sur sa propre souffrance et justifie son propre agenda tandis qu'il délégitime celui de l'autre (Bar-Tal, 2007).

Rosoux (2001a) s'est focalisée sur l'Allemagne et la France au XIXe siècle, où à partir de 1870 les Français et les Allemands ont commencé à se définir comme ennemis mutuels, ce qui n'a commencé à s'apaiser qu'après les deux guerres mondiales. Rosoux (2001b) a mis en évidence une série de fonctions communes des représentations sociales du passé ayant alimenté un des conflits les plus violents de tous les temps. Ces représentations sociales des guerres passées illustrent les fonctions de la mémoire collective des conflits :

Elles expliquent et justifient le déclenchement du conflit et son déroulement. Des différences ontologiques étant tenues pour acquises entre la France et l'Allemagne, chaque pays étant présenté comme l'ennemi naturel et héréditaire de l'autre, les relations intergroupes étaient marquées par une hostilité et une méfiance innées. Dans un autre contexte, les recherches qualitatives de Kus, Liu et Ward (2013) ont montré que les Russes et les Estoniens utilisaient l'histoire de manière polémique de manière à justifier leurs propres positions politiques et à délégitimer les points de vue du groupe opposé.

Elles présentent l'endogroupe sous une lumière positive. En effet, la mémoire collective a également une fonction protectrice : « On ne garde que les représentations sociales qui ne sont pas en contradiction avec une image positive du groupe national, c'est-à-dire celles qui maintiennent le sentiment d'orgueil national » (Emelyanova, 2002, p. 149). Nous avons donc tendance à mettre l'accent sur nos héros, martyrs et batailles épiques. Nous représentons ou définissons également notre endogroupe national comme une victime ; ce statut étant particulièrement valorisé depuis quelques décennies (van Ypersele, 2006).

Elles décrivent l'exogroupe de manière négative. Habituellement, une image négative de l'exogroupe justifie la violence. Les exogroupes nationaux sont définis comme des agresseurs ou des bourreaux et la responsabilité et la culpabilité pour les blessures réelles ou symboliques, présentes ou passées, leur sont attribuées.

Les agressions contre des ennemis sont dépeintes comme une manière de se venger des blessures subies par la nation. Commémorer des persécutions et des martyrs passés impose un devoir de fidélité qui justifie la vengeance contre des individus malveillants. Les représailles apparaissent comme légitimes, et les représentations sociales renforcent les tendances aux actions intergroupes agressives. La guerre et la violence collective sont dès lors des réponses rationnelles, justifiées aux agressions passées des exogroupes et aux souffrances de l'endogroupe (Rosoux, 2001b). La guerre devient une forme d'action légitime pour honorer la mémoire des ancêtres et des victimes (Rosoux, 2001b). De telles représentations de violences collectives passées tendent à alimenter les conflits futurs. Dans le cas des nations victorieuses, comme les États-Unis et la Russie, la SGM est représentée comme une guerre juste, ou une « Grande guerre patriotique »

(Wertsch, 2002). Une recherche interculturelle dans environ 30 pays a confirmé qu'une évaluation moins négative des désastres historiques (incluant les guerres mondiales) est associée avec une plus grande volonté de se battre dans des conflits futurs (Liu, Páez, Hanke, Rosa, Hilton, Sibley & Suwa, 2012).

1.4 Objectivation, ancrage et polyphasie cognitive

Les représentations sociales résultent d'un processus d'assimilation dans le sens commun de discours élaborés, souvent scientifiques ou philosophiques (Jodelet, 2006). À ce titre, diverses traditions historiographiques jouent un rôle en reflétant différentes images du passé du monde. Toutefois, leur influence sur les représentations profanes est médiatisée, entre autres, par les manuels d'histoire et les professeurs. Cette transmission implique les processus d'ancrage et d'objectivation[7] (Lautier, 2001 ; Jodelet, 2011 ; Tutiaux-Guillon, 2012).

Le processus d'objectivation transforme l'abstrait en quelque chose de presque concret (Moscovici, 1961). Ce processus d'objectivation est présent dans la compréhension historique : les événements sont matérialisés en figures (comme Christophe Colomb qui représente la « Découverte » ou Hitler, le mal nazi pendant la SGM) et en images (les trois bateaux de Colomb) (Lautier, 2001). Les drapeaux, les gestes et emblèmes sont des outils prototypiques qui permettent l'objectivation des idéologies, symbolisant les significations les plus importantes et évoquant les émotions collectives (Delouvée, 2006). Les représentations du passé peuvent également s'objectiver sous forme de monuments ou de rituels, célébrant des événements comme le Jour de la Victoire (victoire des pays alliés en Europe après la SGM), la bataille de Gallipoli (PGM).

Quant à l'ancrage, il implique un processus cognitif dans lequel de nouveaux objets sociaux sont intégrés dans des modèles de représentations préexistantes (le 11 septembre est un nouveau Pearl Harbour et Saddam Hussein est analogue à Hitler ; Spellman & Holyoak, 1992, Jodelet & Haas, 2012). Il implique ensuite un aspect social dans lequel un groupe donne du sens à une représentation (la guerre contre le terrorisme est une guerre juste et nécessaire, comme la SGM) (Jodelet, 2006). L'exemple de la SGM aide à illustrer le processus d'ancrage. En effet, celle-ci possède un statut particulier dans les représentations sociales de l'histoire parce qu'elle est fréquemment associée à l'histoire mondiale et est habituellement le premier événement cité dans des tâches de rappel libre (Liu et al., 2005, 2009) – deux caractéristiques des événements formant le noyau central des représentations sociales (Abric, 1994b). Elle sert également comme une « ancre » ou comme un point central quand il y a production de nouvelles significations pour des événements actuels entrant dans la vie publique. Percevoir la SGM comme une guerre nécessaire et juste pourrait ancrer une vision stoïque de l'histoire, qui implique une acceptation plus forte des désastres sociaux et naturels.

Finalement, la polyphasie cognitive implique une coexistence dynamique des modalités de connaissance distinctes (Haas, 2006). Elle permet, en effet, la coexistence d'une pensée analogique, systématique, logique et d'une pensée heuristique, intuitive, prélogique, ou d'une pensée causale/scientifique et d'une pensée « magique » (Moscovici, 1976a). La polyphasie cognitive[8] implique ainsi la coexistence de visions de l'histoire traditionnelles et modernes ou scientifiques au sein même d'un groupe ou chez un même individu. Celle-ci permet la coexistence de méta-schémas apparemment conflictuels. Comme nous le verrons, dans le contexte des représentations profanes de l'histoire, les sujets partagent au même moment une vision causale ou technique de l'histoire, une vision de l'histoire comme étant alimentée par le développement économique – une vision scientifique structurelle moderne – avec une vision individualiste dans laquelle de grands leaders sont une force causale importante – une vision de l'histoire romantique et prémoderne.

7. Voir chapitre 2.
8. Voir focus 4.

2. Tendances générales et biais dans les représentations sociales de l'histoire

2.1 *Biais de récence*

Les mémoires des « événements nouveaux », qui sont ancrés dans l'expérience directe et dans la mémoire communicative ou dans l'interaction en face à face sont plus accessibles. Des recherches sur les événements mondiaux jugés importants ont, en effet, montré que les individus se rappellent généralement des événements historiques relativement récents (Liu et al., 2005, 2009). Selon Assman (1992), les événements ne sont transmis de manière informelle que sur trois générations. C'est ce qu'il appelle « mémoire communicative ». La durée de vie de la mémoire collective est donc d'environ 80-100 ans (3 ou 4 générations), et cela expliquerait pourquoi la SGM est actuellement un événement crucial pour la mémoire collective. Les études ont confirmé que, lorsque l'on questionne les individus sur les événements politiques importants vécus par des membres de leur famille (Pennebaker, Paez & Rimé, 1997) ou à propos de leurs connaissances généalogiques, la plupart des personnes fournissent des informations sur les expériences de 2 ou 3 générations (Candau, 2005).

2.2 *Mémoires générationnelles*

Un exemple caractéristique de la mémoire communicative est la mémoire générationnelle qu'un individu partage avec ses contemporains. Mannheim (1928/1952) définit une génération comme un groupe d'individus ayant des perceptions et des mémoires similaires. Il a souligné que différentes générations avaient différentes mémoires de l'histoire passée. Par conséquent, les mémoires collectives peuvent varier d'une génération à la suivante en fonction de la réalité sociale dans laquelle les membres de chaque génération grandissent. De plus, les événements sociaux sont rappelés particulièrement s'ils se sont passés pendant l'adolescence ou le début de l'âge adulte de l'individu ; un temps qui semble être une période formative dans l'identité sociale et l'enculturation. Par exemple, dans une étude réalisée en 1989, les Américains plus âgés ont mentionné davantage la Grande Dépression et la SGM comme événements historiques importants, tandis que les plus jeunes ont mentionné plus fréquemment l'assassinat de JFK et la guerre du Vietnam. Dans les deux cas, les événements rappelés étaient ceux qui s'étaient produits pendant le début de l'âge adulte des participants (Schuman, Belli & Bischoping, 1997). Licata et Klein (2010) ont montré que les représentations de la colonisation du Congo étaient manifestement différentes entre trois générations de Belges. Les jeunes adultes conservaient principalement des mémoires collectives de l'exploitation des Congolais par les Belges, tandis que leurs grands-parents adhéraient à une représentation paternaliste de la colonisation. Les parents se situaient entre ces deux tendances opposées. Finalement, une autre étude a confirmé la pertinence de l'expérience générationnelle pour les mémoires collectives de la victimisation en Belgique (Rimé et al., 2015). Cette recherche a étudié trois générations de francophones et de néerlandophones différant quant à leur expérience de l'État belge pendant leurs années formatives (État unitaire ; processus de fédéralisation ; État fédéral). Pour chaque groupe, les plus jeunes générations ont montré des positions moins régionalistes et plus intégratives que les plus âgés. Cependant, conformément aux hypothèses qui tenaient compte de l'amélioration importante du statut socio-économique qu'a connue la Flandre, ces effets étaient plus forts pour les répondants néerlandophones. Les auteurs ont conclu que le contexte social actuel a des conséquences décisives pour la mémoire collective, qui, en retour, a un impact sur les relations intergroupes aussi bien que sur les attitudes et choix politiques.

2.3 *Asymétrie « négatif-positif »*

2.3.1 Biais de négativité pour le rappel libre et événements récents

Les guerres, les leaders politiques et militaires sont perçus comme historiquement pertinents à travers les cultures. Les révolutions et les guerres sont mentionnées dans le cadre de l'histoire mondiale (Liu et al., 2009) ou dans celui du dernier millénaire (Pennebaker et al., 2006) comme étant les événements les plus importants, tandis que la science et la technologie, incluant la révolution industrielle, sont jugées d'importance secondaire. Même si les guerres n'ont produit que 2 % du nombre de morts au cours du XXe siècle (Layard, 2005), les gens ont tendance à souligner le rôle de la violence politique dans l'histoire mondiale en raison de l'impact extrêmement catastrophique qu'ont ces événements négatifs. Ancrer la violence comme un facteur principal dans les représentations sociales de l'histoire est congruent avec l'historiographie du XIXe siècle, dans laquelle les historiens universitaires ont partagé une approche romantique se concentrant sur les descriptions individuelles des événements politiques, belliqueux et sur le rôle des « grands hommes » (Iggers, Wang & Mukherjee, 2008). Ces représentations sociales sont également congruentes avec la dominance de la violence et du drame dans les médias et les manuels historiques : habituellement, les périodes de guerre bénéficient de plus hauts niveaux d'attention dans les textes historiques (Zerubavel, 2003 ; Pingel, 2000).

2.3.2 Biais de positivité à long terme

Cependant, des études sur le rappel d'événements historiques importants ont montré que des événements anciens ou de longue durée étaient mieux évalués que des événements similaires récents (Bobowik, Páez, Liu, Espinosa, Techio, Zubieta & Cabecinhas, 2010), ce qui démontre l'hégémonie d'une vision positiviste de l'histoire parmi les individus non initiés. Les individus accordaient trop d'importance à des événements de longue durée neutres ou positifs, tels que la découverte du Nouveau Monde, les révolutions françaises et industrielles, et négligeaient les événements moins positifs tels qu'un événement capital comme la guerre de Trente Ans. L'examen des jugements de valence a également confirmé ce biais de positivité à long terme. Par exemple, la Révolution française a été évaluée positivement, suggérant que les individus « oublient » la terreur, les guerres napoléoniennes et les massacres, ou que, suffisamment de temps étant passé, les individus réinterprètent ces événements. D'un côté, les sujets sont plus influencés dans leur perception et jugement par les événements négatifs à court terme. De l'autre, les gens se rappellent, dans le long terme, une proportion plus importante d'événements positifs que d'événements négatifs et réinterprètent les événements négatifs comme étant au minimum neutres ou même positifs (Taylor, 1991). Les études qui comparent les mémoires autobiographiques des individus plus jeunes et plus âgés ou analysent des comparaisons intra-sujets entre des événements récents et plus distants confirment également un biais de positivité : un âge plus avancé ou de plus longues périodes de rappels sont associés avec une évaluation plus positive des événements (Laurens, 2002a). Finalement, Hanke et ses collègues (2015) ont trouvé que les anciens « vilains » tels que Genghis Khan, étaient évalués de manière neutre à travers une variété de cultures, tandis que les vilains du XXe siècle tels que Hitler ou Ben Laden étaient perçus beaucoup plus négativement.

2.4 *Eurocentrisme et ethnocentrisme*

2.4.1 Eurocentrisme

Les études portant sur les figures et les événements les plus importants dans l'histoire du monde ont mis en évidence un large degré de consensus transnational et transcontinental : les événements de l'histoire européenne et de la culture occidentale sont considérés comme étant plus pertinents historiquement (Glowsky, Ellerman, Kromeier & Andorfer, 2008 ; Liu et al.,

2009 ; Pennebaker, Páez & Deschamps, 2006). Ainsi, les événements rappelés comme importants pour l'histoire mondiale sont principalement en lien avec l'Europe (e.g., la découverte du Nouveau Monde) ou avec l'Europe et l'Amérique du Nord (e.g., guerres mondiales) ou sont simplement des événements européens, tels que la Révolution française ou la Réforme luthérienne (Pennebaker et al., 2006). De plus, ces événements historiques sont généralement jugés comme plus positifs que les événements non européens ou nord-américains (Liu et al., 2005 ; Pennebaker et al., 2006 ; Glowsky et al., 2008 ; Hanke et al., 2015). Ceci suggère que les représentations populaires de l'histoire sont les représentations de la culture dominante et qu'elles reflètent le pouvoir représentationnel de l'Ouest.

2.4.2 Ethnocentrisme dans la définition de ce qui est historiquement pertinent

Les recherches ont également révélé une tendance ethnocentriste dans la définition de ce qui est pertinent dans l'histoire. En effet, chaque pays tend à considérer les événements historiques nationalement pertinents comme plus importants que les événements qui ne se réfèrent pas au pays. Par exemple, en Espagne (Bobowik et al., 2010), des participants ont noté la Guerre civile espagnole comme l'événement le plus important pour le pays alors que les participants américains ont inscrit la Guerre civile américaine comme un des événements les plus déterminants du dernier millénaire. De manière générale, les pays occidentaux rapportent très peu d'événements qui se sont passés en dehors de leur région comme étant ceux ayant contribué à l'histoire mondiale. Similairement, les participants de pays non occidentaux exhibaient de l'ethnocentrisme en ce qui concerne les événements reliés à la création de leur propre État (Liu et al, 2009). Par exemple, les nations africaines dévaluaient les événements liés à l'histoire européenne, américaine ou asiatique. La décolonisation était en général positivement évaluée, mais celle-ci était évaluée plus positivement et comme étant plus importante dans les nations africaines (Cabecinhas et al, 2011). Cependant, le biais ethnocentriste dans la nomination d'événements historiquement pertinents n'est pas valable pour tous les pays. Par exemple, en Suisse, avec l'exception de la Réforme luthérienne, aucun événement national n'est mentionné comme pertinent pour l'histoire mondiale, probablement parce que les Suisses sont conscients de leur « faiblesse » relative au niveau de leur capital historique (Pennebaker et al., 2006).

2.4.3 Ethnocentrisme dans la définition des personnages historiquement pertinents

L'ethnocentrisme est également évident dans la nomination de personnages historiques importants (Bobowik et al., 2010). Par exemple, bien que Mandela soit, en général, positivement évalué, il l'est encore davantage en Afrique. Parmi les figures les plus importantes, les Ukrainiens mentionnent Iouchtchenko et Timoshenko et les Polonais indiquent Wałęsa et Piłsudski (Liu et al., 2009). Les individus ont donc tendance à vénérer des héros faisant partie de l'endogroupe davantage que des héros universels ou faisant partie d'exogroupes. La même règle s'applique dans une certaine mesure aux « méchants ». Par exemple, les Espagnols ont mentionné Franco et les Portugais Salazar parmi un top 10 des personnages importants dans l'histoire mondiale. Cependant, malgré ces biais ethnocentristes dans les nominations, une large étude multinationale menée par Hanke et ses collègues (2015) a également révélé une certaine constance dans l'évaluation : des personnages scientifiques ou humanitaires (comme Einstein ou Mère Teresa) ont été unanimement évalués plus positivement que des héros de guerre comme Lincoln ou Churchill.

2.4.4 Biais normatif / Ancrage

Finalement, les mémoires collectives ou les représentations sociales du passé sont liées aux normes générales et aux structures signifiantes qui prévalent dans un contexte social. Par exemple, une enquête représentative a révélé que les Espagnols qui nomment Che Guevara comme une figure historique latino-américaine importante sont non seulement jeunes, mais aussi fortement instruits, de tendance politique de gauche, soutiennent les valeurs post-matérialistes et post-traditionnistes, et s'identifient davantage avec le nationalisme basque et catalan qu'avec l'Espagne (Larson & Lizardo, 2007).

2.5 Traditions historiographiques comme base pour les croyances profanes de l'histoire

D'après le raisonnement de la théorie des représentations sociales et des études qui démontrent que les croyances répandues fonctionnent souvent comme des « légendes scientifiques » (Bangerter & Heath, 2004 ; Jodelet, 2006), les croyances profanes concernant l'histoire devraient refléter des théories scientifiques, philosophiques ou sociologiques qui explorent le sens de l'histoire. Différentes traditions historiographiques ont joué un rôle important dans la construction d'une image partagée du passé. Nous examinons chronologiquement ces sources de croyances profanes à propos de l'histoire suivant un examen récent de l'historiographie qui propose trois systèmes d'historicité (Delacroix, Dosse, Garcia & Offendstat, 2010).

2.6 Représentations prémodernes de l'histoire

2.6.1 Un plan divin : les représentations de l'histoire les plus anciennes

Les plus anciennes tentatives pour expliquer l'histoire la définissaient comme un plan des dieux (Bujarin, 1925/1974). Cette représentation de l'histoire était présente au sein de différentes cultures. Elle trouve son origine dans l'Antiquité et a prévalu jusqu'à récemment. Les historiens médiévaux, tant chrétiens qu'islamiques, présentaient Dieu comme le point de commencement et de fin de l'histoire tandis que l'action humaine était complètement exclue de l'historiographie (Iggers et al., 2008). Même les historiens du XIXe siècle incluaient dans leurs travaux l'explication religieuse sur le cours de l'histoire. De plus, non seulement le christianisme et l'islam, mais aussi le bouddhisme, soulignent l'idée que le monde est « une vallée de larmes » où la souffrance, en abandonnant l'envie irrésistible et l'illusion, est compensée par la vie après la mort (Armstrong, 2001 ; Romero, 2009). De nos jours, il est également probable que la philosophie personnelle de l'histoire d'un individu sera affectée par la foi en Dieu et par la croyance en un plan divin comme étant à la base des vicissitudes de l'histoire. Confirmant que ces croyances sont associées aux religions monothéistes, les données d'une étude indiquent que l'accord avec la conception religieuse de l'histoire comme un plan divin est associé avec une évaluation positive de la fondation des grandes religions, l'islam et Mohammed, aussi bien que des croisades et, à un certain degré, de la chrétienté (Páez et al., 2013, données non publiées).

2.6.2 L'histoire comme un « éternel retour » ou un cycle de déclins et d'essors de civilisations

La plupart des cultures anciennes concevaient également l'histoire comme circulaire (mais ne se référant pas à un cercle complet) ou cyclique avec un modèle de chutes et d'essors (Breisach, 2006). L'histoire et le temps sont proposés comme étant circulaires dans les cultures orientales et non linéaires comme en Occident (Needham, 1966). La vision cyclique de l'histoire pourrait être reliée au collectivisme asiatique. Confirmant l'ancrage d'une vision de l'histoire cyclique d'essors et de déclins dans le confucianisme oriental et le bouddhisme, aussi bien que dans la tradition islamique, cette vision corrèle positivement avec l'évaluation de Confucius et du confucianisme, ainsi qu'avec celle de Bouddha et du bouddhisme. L'accord avec une vision cyclique de l'histoire est aussi associé avec une perception positive de Mohammed et de l'islam (Paez et al., 2013, données non publiées).

De leur côté, les visions occidentales linéaires de l'histoire dérivent des périodes grecques et romaines, et sont basées sur l'héritage chrétien (Breisach, 2006). Les Occidentaux pensent que les événements se déroulent d'une façon relativement linéaire, avec des forces stables produisant un futur prévisible (Ji, Nisbett & Su, 2001). Cependant, les croyances cycliques à propos de l'histoire ne sont pas absentes de la culture occidentale (Iggers et al., 2008). En plus des sources grecques et romaines, la vision cyclique de l'histoire pourrait être reliée à la conception de Vico sur la « spirale de l'histoire » (1744/1973) ou à l'affirmation de Marx que l'histoire se répète toujours deux fois, une fois comme tragédie et une fois comme comédie (Fontana, 2000). Ces visions cycliques apparaissent également dans la culture occidentale, par exemple autour de la PGM.

2.6.3 La « théorie des Grands Hommes »

D'autres historiographies anciennes se réfèrent à l'histoire se focalisant sur les royaumes et la domination de l'État par les élites – les pouvoirs autrefois attribués aux dieux sont transférés à des figures à la tête de l'État (Bujarin, 1925/1974). Le penseur grec Plutarque considérait que le caractère même des hommes change l'histoire (Fontana, 2000). Ceci définit la « théorie des Grands Hommes » ou la croyance que des individus exceptionnellement influents déterminent la direction principale de l'histoire (Moscovici, 1985 ; Hanke et al., 2015). L'histoire, dans les temps anciens, médiévaux et modernes, se focalise sur les royaumes et les dynasties dans le monde entier (Iggers et al., 2008). Une telle idée est associée le plus souvent avec l'historien du XIXe siècle Carlyle, qui considérait que « l'histoire du monde est la biographie des grands hommes » (Hobsbawm, 1997). Les grands leaders et héros jouent un rôle central dans les récits nationalistes des XIXe et XXe siècles en Asie, en Europe et en Amérique (Dager, 2009 ; Iggers et al., 2008). Même si les historiens du XXe siècle ont rejeté cette théorie de l'histoire, les médias soulignent habituellement le rôle central des personnages fondamentaux dans la vie sociale et transmettent une version implicite de cette théorie dans les croyances des individus (Moscovici, 1985). Les cultures traditionnelles et de haut pouvoir ou autoritaristes sont probablement celles qui partagent le plus les croyances à propos de l'histoire comme étant le produit de grands leaders puissants (Hofstede, 2001). Cependant, il est également possible que les valeurs individualistes, soulignant le rôle de la volonté de pouvoir du sujet, puissent soutenir ces croyances de l'histoire (Inglehart et al., 2004).

La « théorie des Grands Hommes », liée aux valeurs hiérarchiques et mettant l'accent sur l'obéissance, peut soutenir une « culture de la guerre » (Bobowik et al., 2010 ; Moscovici, 1985 ; Hofstede, 2001). En effet, la croyance en de « grands hommes », telle que celle personnifiée par l'empereur japonais (un leader divin), ou une glorification de personnages tels que le Führer ou Staline (Dower, 1999), pourrait justifier la violence collective. Cependant, selon une étude récente (Páez et al., 2013, données non publiées), l'adhésion à cette théorie n'est pas liée à l'évaluation de leaders tels qu'Hitler, Staline, Mao, Che, Ben Laden et Bush, mais est positivement liée à l'évaluation de Mandela, Mère Teresa, Mohammed, Martin Luther King, Jean Paul II ou le Christ. La théorie romantique des grands hommes est similairement approuvée comme la vision moderne (ancrée dans l'idée du progrès) et post-moderne de l'histoire (ancrée dans l'idée du développement technologique et scientifique), suggérant que la vision romantique de l'histoire est encore importante mais coexiste avec une vision socio-économique progressive et technique. L'hégémonie partielle d'une vision romantique de l'histoire reflète probablement l'influence des récits historiques classiques, aussi bien que l'influence des médias qui soulignent une vision personnalisée des informations (Iyengar, 2005 ; Moscovici, 1985).

2.7 *Représentations modernes de l'histoire*

Le système moderne, orienté vers le futur, propose que l'histoire est alimentée par le progrès (Delacroix et al., 2010). La philosophie idéaliste allemande, quant à elle, considère que l'histoire est le résultat de la violence, du conflit social et de la révolution.

2.7.1 Progrès linéaires et processus légal dans les représentations de l'histoire

Une tendance générale dans l'historiographie mondiale pendant le XVIIe siècle et le siècle des Lumières fut le rejet d'une intervention surnaturelle dans la nature. Les chercheurs historiens se sont focalisés sur des explications causales et sociales, soulignant une vision séculaire et directionnelle du temps et de l'histoire. En opposition aux visions cycliques, de nombreux penseurs (tels que Kant) ont soutenu l'idée que l'humanité progresse continuellement vers un futur meilleur. Ce sens linéaire du temps existe dans la conception philosophique du progrès humain au XVIIIe siècle, dans les conceptions de l'évolution sociale du XIXe siècle et dans les idées contemporaines des pays développés et en développement (Needham, 1966). Des récits dramatiques détaillant des luttes épiques pour des idéaux éclairés existent dans le cinéma, la télévision, la rhétorique politique, et même dans les manuels d'histoire. Dans le même ordre d'idées, la vision de l'histoire en tant que phénomène régulier ou légal était une idée principale du positivisme de Comte (Fontana, 2000 ; Hobsbawm, 1997). La conception marxiste de l'histoire a également accentué l'attention accordée à l'importance des facteurs socio-économiques dans le déroulement de l'histoire (Fontana, 2000). Le marxisme propose que le progrès social est conduit par le progrès des forces productives (la technologie, la main d'œuvre, etc.) qu'une société a à sa disposition. Il applique également une conception légale, économiquement déterminée de l'histoire (Anderson, 1998). En d'autres mots, l'histoire peut être perçue dans les croyances profanes à travers un déterminisme économique compris par l'évolutionnisme social, le positivisme, et le marxisme (Judt, 2005).

Des recherches ont fourni des preuves que la vision de l'histoire comme relatant les progrès accomplis est dominante à travers les nations (Paez et al., 2013). Ceci est congruent avec les manuels d'histoire, dans lesquels les Amériques, l'Irlande, la Nouvelle-Zélande, la France et d'autres nations relatent habituellement un récit séculaire principalement téléologique, incluant différentes versions de victimisation et d'héroïsme, de courage, de dette, et de sacrifice, qui insufflent une vision du progrès de la nation vis-à-vis de l'oppression contre la liberté, la création, la conquête ou reconquête du territoire national et du progrès socio-économique continuel (Barton, 2012 ; Foster, 2012 ; Tutiaux-Guillon, 2012 ; Wertsch, 2002). Liu et ses collègues (2009) ont également montré que les sociétés non occidentales évaluaient des événements associés au progrès de manière plus positive que les sociétés occidentales. Dans les contextes de la modernité et du développement économique, les sociétés centrées sur la survie et les valeurs hiérarchiques ont tendance à accorder plus de pertinence au progrès, partageant une vision particulièrement compétitive des relations intergroupes pouvant renforcer une attitude positive vis-à-vis de l'histoire et des guerres nationales (Cohrs et al., 2005 ; Sidanius & Pratto, 2001).

2.7.2 Visions romantiques : représentations idiographiques et le rôle de la violence dans l'histoire

À l'opposé de la vision socio-économique et légale de l'histoire, les historiens universitaires du XIXe siècle ont adopté une approche herméneutique basée sur la philosophie idéaliste allemande. Cette dernière rejette le principe de causalité en histoire, déniant que les lois dirigent l'histoire, et se concentre sur des descriptions idiographiques des « grands hommes » et des événements politiques et guerriers (Fuchs, 2002). Le darwinisme social apparaît au XIXe siècle en parallèle au marxisme et à l'évolutionnisme social. Spencer et d'autres auteurs utilisaient les idées biologiques de Darwin pour soutenir leur argument qu'une lutte parmi les races d'individus et entre différentes nations aboutissait à ce que les nations les plus fortes et les plus capables dominent le monde. Pour Ratzel et d'autres penseurs allemands, la guerre – avec le seul but d'atteindre « l'espace vital » ou *Lebensraum* – était une « nécessité biologique » distincte. La force apparaît comme un facteur principal dans l'histoire et comme un résultat inéluctable des luttes entre nations pour des ressources limitées. Les historiens allemands de la période d'entre-deux-guerres concevaient l'histoire comme une lutte entre races pour la suprématie – soutenant l'expansionnisme allemand aux dépens des races « inférieures » (Iggers et al., 2008).

La vision de l'histoire en tant que résultat de la violence, du conflit social et de la révolution était une caractéristique centrale du marxisme. Lénine a introduit un élément volontariste dans le marxisme et a assigné un rôle central aux minorités organisées. Tant les versions maoïstes que guévaristes du marxisme du XXe siècle ont souligné le rôle des avant-gardistes (des partis et des guérillas) et ont partagé, avec les idéologues de la libération du tiers-monde (tels que Fanon dans *Les infortunés de la Terre*), un appel à la révolution pouvant être porté par la violence (Anderson, 1998). Autrement dit, selon ce point de vue, la guerre et la violence sont dans de nombreux cas un instrument indispensable pour le changement social. L'hégémonie des politiques et de la guerre dans les rappels libres d'événements et de leaders importants suggère que les individus non initiés partagent implicitement cette vision de l'histoire comme un produit de la violence (Moscovici, 1985). Cependant, dans des études basées sur des évaluations fermées, des événements liés à la guerre et aux politiques n'étaient pas perçus comme plus importants que les tendances socio-économiques mais au moins comme égaux ou même comme étant moins importants que les événements liés au progrès (Techio, Bobowik, Páez, Cabecinhas, Liu, Zubieta & Espinosa, 2010 ; Bobowik et al., 2010), et des chefs de guerre étaient évalués moins positivement que des leaders des droits civils (Hanke et al., 2015). Même si les guerres sont moins vivaces dans le rappel libre, les facteurs sociostructurels sont reconnus comme importants et prévalent dans une pensée plus réflexive et évaluative de l'histoire.

Allant à l'encontre de l'ancrage de la violence comme facteur principal de l'histoire inspirée par le marxisme et le darwinisme, l'accord avec l'histoire comme résultat d'un rapport de force était négativement corrélé à l'évaluation de Marx et de l'évolution du genre humain. Cet accord était non corrélé à l'évaluation de Lénine, Mao et Guevara, mais corrélé avec une évaluation positive de Confucius et du confucianisme, du bouddhisme, de l'islam et de l'hindouisme, suggérant que cette vision de l'histoire est aussi ancrée dans la religion. De la même manière, les visions idiographiques de l'histoire et les visions de l'histoire comme étant basées sur la violence ne sont pas associées avec une attitude favorable à la guerre. En effet, ces visions ne sont pas associées à un indice de volonté de se battre (Páez et al., 2013, données non publiées).

2.8 *Représentations post-modernes de l'histoire : l'histoire comme progrès technologique et scientifique et l'histoire comme étant dénuée de sens pessimiste*

Finalement, dans le régime post-moderne, l'intérêt est focalisé sur le présent ; le futur est opaque et les mouvements sociaux sont faibles (Delacroix et al., 2010). Cette vision souligne « la fin de l'histoire » et des luttes de classe, donnant de la pertinence à la technologie et à l'émergence d'une vision « désenchantée » de l'histoire réclamant la fin des « grands récits » orientés vers l'avenir, comme le libéralisme et le marxisme.

Prenant racine dans le siècle des Lumières et, paradoxalement, dans le marxisme, la perspective technico-scientifique propose une tendance à la modernisation générale au cours de l'histoire. Après la SGM, la modernisation technologique était proposée comme outil permettant le développement de toutes les nations. Des théoriciens, tels que Rostow dans son travail *The Stages of Economic Growth* et d'autres historiens économiques, ont souligné l'idée d'une modernisation scientifique et d'un développement technologique en tant que facteur principal de l'histoire. Confirmant la fréquence de ces croyances, 54 % des participants provenant de 85 pays au cours d'une enquête mondiale sur les valeurs (« World Values Survey ») étaient d'accord avec l'idée que les avancées scientifiques aident l'humanité (Inglehart et al., 2004). Les croyances sécularisées, l'ouverture vis-à-vis de l'innovation et du changement, de l'orientation vers l'avenir et de la pensée scientifique apparaissent comme des caractéristiques centrales associées à la modernisation et opposées aux cultures traditionnelles, notamment parmi des Chinois (Yang, 1996 ; Smith, Bond & Kagitcibasi, 2006). Ceci suggère que les cultures matérialistes et traditionnelles sont en désaccord avec le sens de l'histoire comme progrès scientifique. Cependant, Iggers et ses collègues (2008) affirment que les croyances basées sur le progrès, la technologie et le temps linéaire, sont modernes et largement partagées dans toutes les cultures, et ils proposent que ces croyances sont devenues dominantes en Asie et dans le monde islamique. Les résultats provenant d'une enquête sur l'histoire du monde (« World History Survey ») indiquent qu'il existe une vision partagée de l'histoire comme étant basée sur le développement technico-scientifique. Un consensus inter-régional dans ces croyances suggère qu'une vision technico-scientifique d'« évolutionnisme social » de l'histoire est actuellement universellement dominante. De tels résultats vont à l'encontre de la thèse du progrès technico-scientifique et de la vision linéaire de l'histoire comme étant typiques de la culture occidentale (Nisbett, 2003).

3. Conclusion

Dans ce chapitre, nous avons défini et décrit les fonctions de base de la mémoire collective et des représentations sociales de l'histoire, et passé en revue la littérature existante et les recherches empiriques sur ces thématiques.

Les représentations sociales de l'histoire ont été définies comme des images et des connaissances partagées à propos du passé, élaborées, transmises et conservées par le groupe à travers la communication interpersonnelle, institutionnelle et les médias. Ces représentations permettent de préserver un sentiment de continuité endogroupe et de cultiver les valeurs et les normes qui prescrivent le comportement dans le groupe. Les processus tels que l'ancrage et l'objectivation sont pertinents dans l'émergence des mémoires collectives. À travers ces processus, les représentations sociales de l'histoire assimilent des discours plus élaborés, souvent scientifiques ou philosophiques, aussi bien que des récits historiographiques et nationaux transmis par les livres d'histoire et les professeurs, mais aussi la transmission familiale, la communication de masse ou les rituels sociaux.

De plus, dans ce chapitre nous avons examiné des tendances ou biais reflétés dans les représentations sociales de l'histoire. Par exemple, les recherches existantes confirment l'hégémonie d'une vision eurocentriste et/ou occidentalocentriste de l'histoire. Les événements expérimentés durant l'adolescence ou le début de l'âge adulte aussi bien que les événements survenus il y a moins de deux ou trois générations ont une importance historique particulière pour les personnes. En outre, les individus ont tendance à voir les événements récents comme plus importants pour l'histoire que les événements plus anciens. Ils tendent donc à partager une vision à court terme de l'histoire. Finalement, les événements qui cadrent avec les normes générales et les structures importantes répandues dans la société et la culture sont souvent jugés d'une haute importance historique.

Enfin, des études récentes (« World History Survey ») indiquent l'existence d'un sens commun sur l'historiographie. La recherche a montré par exemple que l'idée du progrès et celle du déclin pourraient coexister, de la même manière que la vision linéaire de l'histoire pourrait se réconcilier avec une croyance dans une nature circulaire du temps. Ces recherches suggèrent également que les individus sont généralement d'accord avec le fait que le développement de la science et de la technologie est un facteur causal principal de l'histoire, confirmant que les croyances modernes au sujet de la technologie et du temps linéaire sont largement partagées à travers les cultures actuelles.

Ce bref parcours de la littérature démontre la fécondité de l'approche des représentations sociales pour l'étude de la mémoire collective, en particulier lorsqu'elle est conçue comme la mémoire de groupes – et non seulement comme une mémoire culturelle ou institutionnelle. Il est d'autant plus important de mener de nouvelles recherches approfondies sur les représentations sociales de l'histoire qu'elles affectent fortement les relations entre groupes nationaux, religieux ou ethniques.

FOCUS 27

La mémoire collective : passé objectivé ou présent ancré dans le passé ?

Laurent LICATA[1]

1. Université Libre de Bruxelles, Belgique.

Commençons par présenter deux exemples tirés, respectivement, de nos recherches sur les mémoires collectives de la colonisation belge au Congo et sur le conflit linguistique belge.

Exemple 1. Lors de nos enquêtes au sujet de la colonisation menées auprès de personnes congolaises ou d'origine congolaise résidant en Belgique, le thème des « mains coupées » est régulièrement apparu. Par exemple, une répondante confiait : « Les Congolais étaient maltraités par les Belges, on les faisait travailler comme des esclaves en leur coupant les mains s'ils ne fournissaient pas l'effort demandé par le Blanc » (Licata & Klein, 2005, p. 265). Lors d'une enquête plus récente, un autre répondant expliquait : « On te dit "Tu dois produire", c'est un exemple que je donne, "Tu dois produire 5 sacs de coton par jour ou bien par semaine, tu dois faire 10 sacs de coton et, si tu ne le fais pas, on vient, on te coupe la main" » (Oldenhove, 2014, p. 41). On sait que la première période de la colonisation du Congo par les Belges – de 1885 à 1908 – a fait l'objet de vives critiques. Dans ce cadre, la pratique des « mains coupées » a frappé les esprits dès la fin du XIXe siècle, lors des premières campagnes internationales contre l'État indépendant du Congo dirigé par le roi Léopold II. La réalité de ces pratiques brutales est attestée par les historiens (Vangroenweghe, 1986), mais ceux-ci les circonscrivent dans un contexte historique – entre 1893 et 1900 – et territorial précis – les zones de production du caoutchouc. Pourtant, ces atrocités apparaissent souvent lorsque les personnes interrogées décrivent les relations entre coloniaux belges et colonisés congolais durant la colonisation, souvent sans limite temporelle ou spatiale, ou en les situant dans un contexte sans lien réel avec l'Histoire (comme la récolte du coton).

Exemple 2. En 2010, le politicien flamand Jan Peumans, membre de la N-VA (un parti politique séparatiste), a affirmé sa conviction que « des Flamands sont morts parce qu'ils ne parlaient pas le français ». Ce récit mémoriel est bien connu en Belgique : durant la Première Guerre mondiale, des soldats flamands, sous l'autorité d'officiers francophones, auraient reçu leurs ordres en français, donnant lieu à des malentendus qui furent fatals à nombre d'entre eux. Cette image fut véhiculée dans les milieux nationalistes flamands dès l'entre-deux-guerres, tout au long du XXe siècle, et subsiste aujourd'hui. Pourtant, les historiens belges, francophones comme néerlandophones, contestent la véracité de ces récits (Klein et al., 2012). En fait, on n'en trouve nulle trace dans les archives des années de guerre (documents officiels, presse du front ou ego-documents – correspondances ou journaux intimes) ; il n'apparaît qu'après-guerre, dans le cadre d'une radicalisation du Mouvement flamand.

Dans ces deux exemples, des personnes décrivent un événement passé, bien que leur version de l'histoire s'écarte, parfois sensiblement, de la « vérité historique » telle qu'elle est établie (toujours provisoirement, comme dans toute science) par la recherche historique. Comment comprendre ces discours ?

L'une des questions fondamentales au cœur de la réflexion et de la recherche à propos de la mémoire collective – ou sociale – est celle de la direction d'influence entre le passé et le présent : les états mentaux des membres d'un groupe social – leurs affects, attitudes, représentations ou comportements actuels – sont-ils influencés par la manière dont ils se représentent leur passé ? Ou, à l'inverse, est-ce que ce sont plutôt les états mentaux actuels des membres du groupe qui influencent leurs représentations de ce passé ? Prager (2001) distingue ainsi deux approches, qu'il qualifie de néo-freudienne et de néo-durkheimienne, et que l'on peut rapprocher de la distinction entre « poids du passé » et « choix du passé » proposée par Lavabre (1991). Dans la première, les tensions vécues actuellement au sein d'une collectivité sont interprétées comme dérivant d'intrusions inévitables d'un passé traumatique dans le présent. Au contraire, pour l'approche néo-durkheimienne, le passé est interprété comme une ressource symbolique que les membres d'un groupe peuvent mobiliser afin de réduire une tension présente. La mémoire collective est alors comprise comme un processus complexe de construction sociale lié à l'identité actuelle du groupe. Cela implique que différentes versions du passé puissent être élaborées à différents moments de la vie d'un groupe, ou d'un groupe social à l'autre.

À quelle dynamique avons-nous affaire dans nos deux exemples ? Les répondants congolais et le politicien flamand sont-ils, bien malgré eux, aux prises avec « un passé qui ne passe pas » ou, au contraire, leurs discours sur le passé sont-ils « déformés » par leurs états psychologiques actuels ? Notre propos ici sera de montrer que la théorie des représentations sociales peut nous aider à répondre à ces questions.

Cette théorie, on le sait, a depuis ses origines revendiqué l'héritage durkheimien (Moscovici, 1976a). Il serait cependant réducteur de limiter ses apports potentiels à l'étude des mémoires collectives à l'approche néo-durkheimienne décrite ici. En effet, comme nous le verrons, à travers les processus d'ancrage et d'objectivation, la théorie des représentations sociales nous permet de rendre compte aussi bien de la manière dont « le présent est hanté par le passé » que de celle dont « le passé est modelé, inventé, réinventé, et reconstruit par le présent » (Assmann, 1997, p. 9).

C'est sans doute par le biais du processus d'ancrage que l'apport de la théorie est le plus évident, puisqu'il a trait à l'intégration de la nouveauté dans un système de représentations déjà bien établi. Ainsi, toute situation nouvelle, pour peu qu'elle paraisse suffisamment importante pour susciter des échanges de points de vue au sein de la collectivité qui y est confrontée, est appréhendée à l'aune du déjà connu. Comme l'écrivait Moscovici (1984/2000, p. 54) : « Donc nos représentations rendent le non-familier familier, ce qui est une autre manière de dire qu'elles dépendent de la mémoire. » Les représentations anciennes ont donc forcément un effet sur les états psychologiques des membres du groupe. Dans nos deux exemples, tout comportement discriminatoire actuel des Belges à l'égard des Congolais résidant en Belgique pourra ainsi être rapproché, par analogie, des traitements cruels subis par leurs ancêtres, et toute marque de mépris de la part des francophones rappellera aux Flamands la manière dont leurs arrière-grands-pères ont été traités dans les tranchées de l'Yser. Il convient bien entendu de distinguer la vérité historique et les représentations sociales de l'histoire. Une telle représentation n'a nul besoin d'être véridique afin de pouvoir servir de support d'ancrage. Toutefois, même biaisée, elle peut révéler une vérité d'un autre ordre, nous y reviendrons. En bref, le passé – représenté – peut donc « peser » sur le présent (Liu & Hilton, 2005).

Le rôle de l'objectivation dans la dynamique des mémoires collectives saute sans doute moins aux yeux. C'est pourtant, de notre point de vue, à ce niveau que la théorie des représentations sociales éclaire le mieux ces processus. Les mots « On te coupe la main » ou « Des Flamands sont morts parce qu'ils ne parlaient pas le français » évoquent des représentations très concrètes, des images vives. Dans les deux cas, cependant, ces représentations convient probablement un message beaucoup plus complexe, que l'on ne peut saisir que si l'on partage avec les locuteurs un répertoire commun de représentations. En effet, comme l'a proposé Moscovici (1976a), les structures figuratives telles que celles-là doivent être appréhendées comme des signifiants. En *décrivant* un événement historique, le sujet exprime des sentiments présents, ou prend position dans un débat actuel.

Ainsi, lorsque des personnes d'origine congolaise rappellent, aujourd'hui, en Belgique, l'épisode des mains coupées, ou lorsque des Belges néerlandophones évoquent le sort des soldats de la Première Guerre mondiale, il ne suffit pas de confronter leurs dires aux travaux des historiens afin de pointer les incohérences – du moins si, en tant que psychologues sociaux, l'on s'intéresse à ce que ces personnes veulent dire. Le rappel du traitement cruel réservé aux Congolais voici plus d'un siècle renseigne sur le sentiment de non-reconnaissance partagé par certains des Congolais résidant dans l'ex-métropole. D'ailleurs, nous avons pu montrer que la tendance de ces répondants à exprimer des sentiments actuels de non-reconnaissance et de discrimination était associée à des descriptions plus négatives de l'histoire coloniale (Oldenhove, 2014). De même, en évoquant les rapports entre soldats flamands et officiers francophones, le politicien nationaliste flamand prend position dans le cadre du conflit communautaire belge. Il suggère ainsi que cette image est toujours pertinente afin d'interpréter les relations intergroupes actuelles. Cela lui permet de légitimer son projet politique de prise de distance à l'égard d'un État belge toujours perçu comme étant aux mains des élites francophones.

Dans les deux cas, une image se substitue à un discours relatif au présent. Ces discours semblent décrire des événements passés ; en fait, ils dénoncent une situation actuelle. C'est en cela que, au-delà des inexactitudes historiques, ils sont porteurs d'une vérité. Les mémoires collectives sont choisies, par analogie et ancrage, en fonction des motivations présentes des acteurs sociaux. Ces mémoires sont ensuite utilisées afin d'interpréter les situations actuelles. Drapées de l'illusion de vérité historique que leur confèrent leurs qualités iconiques, elles légitiment les prises de position présentes. Elles le font souvent en attirant l'attention sur la continuité de l'exogroupe (Klein et al., 2012). Ainsi, elles suggèrent que les Belges ont toujours été dominateurs, ou que les francophones ont toujours été méprisants, et qu'ils continuent de l'être. Nos recherches sur le conflit linguistique belge ont cependant montré que la mémoire collective victimaire tendait à s'estomper au sein des jeunes générations flamandes et que cette diminution s'accompagnait d'un affaiblissement des attitudes séparatistes (Rimé, Bouchat, Klein & Licata, sous presse). De fait, la situation économique et l'autonomie politique dont jouit leur groupe depuis plusieurs décennies n'ont plus grand-chose à voir avec la situation de domination économique et de mépris culturel que l'image des soldats de la Première Guerre mondiale symbolisait. Lorsqu'une représentation du passé cesse d'être pertinente, elle disparaît.

Il serait cependant injuste de discréditer ces discours en arguant qu'ils ne sont, somme toute, que le produit d'un travail collectif de réinvention du passé. En effet, si notre raisonnement est valide, il faut prendre au sérieux le fait que les mémoires collectives, qui constituent en partie le système représentationnel d'un groupe et servent donc de support d'ancrage, sont toujours le produit d'un processus d'objectivation à travers lequel ce groupe a, dans le passé, symbolisé son expérience. Elles nous renseignent donc, indirectement, sur cette expérience collective. Après tout, les Congolais ont réellement été dominés par les Belges lors de la colonisation, et les Flamands ont réellement été méprisés par une partie des élites francophones belges…

CHAPITRE 28

Représentations sociales et implication personnelle. Questions théoriques et résultats récents[1]

Andreea ERNST-VINTILA[2]

Sommaire

1. Ce chapitre développe une version publiée dans l'ouvrage *Mémoire, rumeurs, propagande. Hommage à Rouquette*, coordonné par Rateau (2013).

2. Université Paris Ouest Nanterre-la-Défense, France.

Ce chapitre rappelle le modèle théorique tridimensionnel formulé par Rouquette de l'implication personnelle, aussi appelée implication psychosociale, quelques exemples de travaux récents illustrant sa portée, le chantier ouvert récemment sur la distinction entre deux niveaux d'implication : l'implication culturelle et l'implication circonstancielle (ou factuelle).

L'implication personnelle a été introduite dans le champ de recherche sur la pensée sociale[3] par Michel-Louis Rouquette (1980). « Variable explicative majeure de la pensée sociale » (Guimelli, 1998c, p. 84), l'implication personnelle intervient dans l'élaboration des représentations sociales. Cette notion novatrice reconnaît à l'individu son inscription dans le contexte social et les rapports de pouvoir. Sa définition formulée par Rouquette (1980, 1997) l'inscrit au niveau d'analyse positionnel et lève toute ambiguïté avec l'acception intra-individuelle qu'on pourrait lui donner, que ce soit dans sa compréhension théorique ou méthodologique. En effet, comme nous le verrons, elle se situe à l'interface de l'individuel et du collectif, en tant que variable véritablement psychosociale.

C'est à cette implication personnelle que s'attache ce chapitre. Introduite pour expliquer les phénomènes de rumeur[4], elle a fait dès le départ l'objet de travaux expérimentaux montrant qu'elle était un déterminant des processus cognitifs qui les sous-tendent. Depuis une dizaine d'années, elle mobilise l'intérêt accru des chercheurs se situant dans cette tradition de recherche. Cet intérêt relancé par l'étude expérimentale de Guimelli (2002) sur le rôle de l'implication de soi dans les modalités de raisonnement intervenant dans le cadre des représentations sociales, il s'est concrétisé par cinq thèses dirigées par Rouquette à l'Université Paris Descartes, auxquelles s'ajoutent des travaux menés à Aix-en-Provence, six chapitres d'ouvrages et plusieurs dizaines d'articles scientifiques dans les revues de psychologie sociale mais aussi interdisciplinaires.

L'implication personnelle a été introduite par Rouquette (1980) pour traduire le rapport subjectif, mais socialement déterminé, entre un individu et un objet. Son auteur la situe à l'interface de l'individuel et du collectif, du psychologique et du social. Comment son auteur entendait-il cela ?

Telle qu'élaborée par Rouquette, l'implication personnelle, située à l'interface de l'individuel et du collectif, est ancrée dans la double origine de la psychologie sociale, une discipline qui est née de la polémique entre Gabriel Tarde et Émile Durkheim à la fin du XIXe siècle.

Selon Durkheim, cette discipline relevait de la sociologie. Il la pense en distinguant entre deux sortes de représentations (1898b) : les représentations individuelles, dont l'étude relèverait de la psychologie, et les représentations collectives, différentes en nature, dont l'étude relèverait de la sociologie. Par contraste, Tarde notait surtout le rôle des mécanismes individuels et interindividuels et considérait l'imitation entre les individus comme notion centrale de la vie sociale.

Cette double origine de la psychologie sociale a été polémique jusqu'à ce jour (on le voit d'ailleurs dans son histoire institutionnelle). Dans la lignée de Tarde, se retrouvent la plupart des définitions dites nord-américaines, où, comme pour Zajonc (1966), la psychologie sociale traite « de la dépendance et l'interdépendance comportementales entre les individus ». Dans la lignée de Durkheim, on retrouve la thèse selon laquelle « la sociologie n'est pas un corollaire de la psychologie » (1894). En effet, comme l'a montré son travail sur Le suicide (1987), « la société n'est pas une simple somme d'individus, mais... une réalité spécifique qui a ses caractères propres » : le suicide est un acte strictement individuel, mais déterminé socialement, lié à la religion (catholique versus protestante), à la saison (lié, à la fin du XIXe siècle, à la saisonnalité des travaux agricoles), etc. En tant que phénomène social, il est explicable socialement, et des raisons intra-individuelles peuvent uniquement expliquer une sous-classe de suicides. « Toutes les fois qu'un phénomène social est

---

3. L'expression « pensée sociale » « désigne à la fois la spécificité de la pensée quand elle prend pour objet les phénomènes sociaux et la détermination constitutive de cette pensée par des facteurs sociaux » (Rouquette, 1973, p. 800).

4. L'implication a été initialement mobilisée dans des travaux portant sur la mémorisation des énoncés (Rouquette et al., 1976) et sur l'étude expérimentale des rumeurs (Rouquette, 1980). Ce concept original était alors « incomplet » et sa version finale sera publiée à la fin des années 1990 (Lo Monaco, Apostolidis & Dany, 2013).

directement expliqué par un phénomène psychique, on peut être assuré que l'explication est fausse », concluait Durkheim (1894).

Les deux définitions de la psychologie sociale données par Moscovici (1984a) sont en ce sens typiquement durkheimiennes : pour le fondateur de la psychologie sociale européenne, elle est « la science du conflit entre l'individu et la société » (p. 6) et celle « des phénomènes de l'idéologie (cognitions et représentations sociales) et de la communication » (p. 7) (sans doute entendue comme communication de masse, dont la communication interpersonnelle n'est qu'une sous-classe).

Si les deux approches de la psychologie sociale se corrigent réciproquement, leur contraste révèle une question en toile de fond : quel statut pour le sujet de la psychologie sociale ? Est-il différent de l'individu biologique ? Est-il une instance causale ? Ou uniquement le lieu où il se passe des choses ? Les deux approches ont des réponses différentes à cette question.

Dire que l'implication personnelle se situe à l'interface du psychologique et du social c'est en ce sens dire, comme le fait remarquer Rouquette (1997), qu'elle est individuellement localisée (i.e., localisée chez l'individu), mais d'origine sociale, car elle est collectivement produite, (i.e., induite par la sociabilité).

1. Implication personnelle, représentations sociales et sociabilité

On a écrit que l'implication personnelle intervient dans l'élaboration des représentations sociales et que ces dernières sont des catégories fondamentales de la sociabilité (Rouquette & Rateau, 1998, p. 13). Les précisions que Rouquette a laissées en ce sens sont rares à notre connaissance. Celle dont on dispose fait référence aux travaux de Bouthoul sur les catégories de la vie sociale. Ce sociologue notait qu'il « existe un nombre d'idées fondamentales indépendantes de toute vie sociale que l'on peut nommer catégories sociales » (Bouthoul, 1952, pp. 44-45). Leur contenu diffère suivant le type de sociétés, mais ces structures existent dans toutes ; elles sont des invariants (Bouthoul les a appelées catégories « par analogie avec les catégories de l'entendement telles que les conçoivent les philosophes, c'est-à-dire essentiellement les notions d'espace, de temps, de cause, d'effet », *ibid.*, p. 45).

Dans toute société, il existerait, selon Bouthoul, quatre catégories fondamentales : la distinction sacré-profane (différente de religieux-laïque, elle distingue ce qui est interdit de contact de ce qui ne l'est pas), la valeur (toute société organise son monde selon la valeur économique), la hiérarchie, et la catégorie d'ami et d'ennemi. Cette dernière régit, écrivait Bouthoul, l'*agressivité dirigée* contre ce que chaque groupe tient pour *ennemi désigné* (la forme extrême de cette opposition est la barrière entre l'autochtone et l'étranger, laquelle sépare au fond l'humain et le non-humain, ce qui « est très différent du classique "in" et "out" groupe » (Moscovici, 1987, p. 166).

C'est en ce sens que Rouquette écrivait que les représentations dites sociales parce qu'elles sont différenciatrices entre des groupes sociaux selon les positions qu'ils occupent (Rouquette & Rateau, 1998, p. 15)[5] sont des catégories fondamentales de la sociabilité. C'est également dans ce sens qu'il faut comprendre l'implication personnelle comme étant inscrite dans la sociabilité. C'est aussi ce qui justifie l'étude de l'implication personnelle (telle que l'entendait son auteur), au même titre que l'étude des représentations sociales, à partir d'un niveau d'analyse positionnelle et idéologique (Doise, 1982).

5. À la différence des représentations « qui sont dites collectives, en tant qu'elles sont *consensuelles* entre les groupes d'une société à un moment donné » (Rouquette & Rateau, 1998, p. 15).

2. Précisions sur l'implication personnelle et l'engagement

Le terme *personal involvement* (implication personnelle) a été utilisé initialement dans les travaux sur la persuasion. Dès 1968, Aspler et Sears l'employaient distinctement de *commitment* (engagement), en expliquant que les individus s'impliquent envers une question (*become involved*) lorsqu'ils s'attendent à ce qu'elle ait des conséquences majeures sur leur vie. Cette perspective analyse l'implication personnelle comme une variable intra-individuelle.

Éliminons aussi la confusion entre ces deux notions qui peuvent sembler voisines, l'implication et l'engagement. Dans le langage commun, elles sont parfois utilisées comme des synonymes. Mais en psychologie sociale elles recouvrent des réalités différentes et donnent lieu à deux champs de recherche distincts. Sans entrer dans le détail, l'implication personnelle (*personal involvement*) traduit le rapport entre un sujet et un objet (Rouquette, 1997 ; Rateau, 2004), alors que l'engagement (*commitment*) est « le lien qui unit l'individu à ses actes comportementaux », ou encore « le lien entre le comportement et les croyances » (Kiesler & Sakumura, 1966, cités par Kiesler, 1971).

3. Première définition à caractère opérationnel de l'implication personnelle

Comme il l'a fait plus tard avec une autre notion centrale de la psychologie sociale, celle de représentation sociale (Rouquette & Rateau, 1998), Michel-Louis Rouquette a procédé avec l'implication personnelle avec précision et soin pour l'élucider parfaitement, en visant sa compréhension univoque (Rouquette, 1980, p. 190). Il en a proposé une « définition générale à caractère opérationnel », qui est la suivante :

> « On parlera d'implication lorsque la sémantique de l'expérience inclut de façon explicite une ou plusieurs caractéristiques propres à un sujet expérimental (y compris, éventuellement, le sujet lui-même) » (Rouquette, 1980, p. 192).

Qui est ce sujet expérimental ? Quelles sont ses caractéristiques ? « L'intuition et l'observation » (Rouquette, 1980, p. 190) l'ont conduit à en proposer trois. Ce modèle tridimensionnel est celui qui est le plus utilisé aujourd'hui pour définir l'implication personnelle.

4. L'implication personnelle : un référentiel subjectif, mais socialement déterminé, qui traduit le rapport d'un individu à un objet

Presque vingt ans après sa thèse d'État, Rouquette est revenu à l'implication personnelle en 1997, dans un chapitre de son livre *La chasse à l'immigré. Violence, mémoire et représentations*, puis dans plusieurs articles et chapitres publiés en 1998, et enfin dans l'*Anatomie des idées ordinaires. Comment étudier les représentations sociales*, un livre cosigné avec Claude Flament en 2003. Dans leur vision, l'implication personnelle est à comprendre comme un *référentiel subjectif, mais socialement déterminé, qui traduit le rapport d'un individu à un objet*. Ce rapport est « historiquement déterminé et se trouve médiatisé par les pratiques » (Flament & Rouquette, 2003, p. 126). Mais « à l'intérieur de ces conditions générales d'élaboration et d'évolution, le rapport à l'objet peut être attribué à un facteur d'implication psychosociale » (*ibid.*). Cette implication psychosociale, Michel-Louis Rouquette l'a théorisée et a proposé une façon de principe de la mesurer.

5. Le modèle théorique tridimensionnel qui définit l'implication personnelle

Ce modèle théorique est une chose très simple à exposer. L'implication personnelle d'un individu par un « objet » est un référentiel défini par trois dimensions supposées indépendantes : identification de l'individu à l'objet (1), valorisation de l'objet (2) et possibilité perçue d'action (3) (Rouquette, 1997). L'implication relative à un « objet » est maximale lorsque je me sens concerné(e) (1), que l'affaire est d'importance (2) et que j'y peux quelque chose (3). L'implication personnelle décroît quand l'intensité décroît sur au moins une de ces dimensions. Tout cela se mesure à partir d'échelles permettant de déterminer ces trois coordonnées.

C'est dans cet espace « tridimensionnel » (mesurable par ses trois « coordonnées ») que se détermine la position d'un objet dans l'univers particulier de l'individu. La fonction principale de ce référentiel est « de distribuer en toute circonstance [...] l'important et le futile, le permis et l'interdit, entre ce qui est convenable et ce qui est inconvenable ». La capacité à établir ces distinctions et ces répartitions est « proprement vitale en ce qu'elle permet la décision [...], commande l'engagement ou le retrait et définit aussi bien l'identité que l'altérité » (Rouquette, 1998b, p. 509).

Bien sûr, « l'individu ne fait pas ces jugements indépendamment de son contexte social et ces jugements ne sont pas de nature objective » (Rouquette, 1997). La théorie suppose même qu'ils dépendent de l'appartenance de l'individu dans le groupe, de sa position économique et symbolique, de ses relations immédiates avec sa communauté, etc. (Rouquette, 2006).

6. Quel est l'intérêt de la notion d'implication personnelle ?

Permettant l'analyse au niveau positionnel, ce modèle de l'implication personnelle est un modèle du rapport de l'individu à l'objet qui permet d'ordonner soit des individus par rapport à un objet, soit des objets par rapport à un individu. Comme nous le verrons plus loin dans une étude sur le risque sismique, il permet, d'une part, de différencier les individus d'une même population selon qu'ils sont plus ou moins impliqués par ce risque, et d'autre part de situer ce risque dans l'espace cognitif des individus, de l'ordonner par rapport à d'autres risques (e.g., ce risque les implique-t-il plus ou moins qu'un autre risque ?).

L'implication personnelle permet ainsi de différencier le tissu social selon des dimensions psychosociales, et « il s'agit précisément ici de l'articulation fondamentale entre psychologique et social » (Flament & Rouquette, 2003, p. 126).

Voici comment s'explique Rouquette à ce propos : « Le citoyen a, envers un objet social, le sentiment d'être plus ou moins partie prenante et d'y pouvoir ou non quelque chose. De là découle la pluralité des rôles cognitifs adoptés par les individus et qui contribuent à la différenciation circonstancielle des audiences : à strictement parler, ce ne sont pas toujours les "mêmes" qui écoutent [...] et qui s'engagent. Ou plutôt, les "mêmes" changent tour à tour de position dans un espace de repérage défini par au moins trois dimensions : la personnalisation de la pertinence de l'objet, la valorisation de celui-ci et l'estimation d'une possibilité d'action » (Rouquette, 1998b).

Plus précisément, la position d'un « objet » dans la pensée d'un individu est définie par « ses coordonnées » dans l'espace tridimensionnel de l'implication personnelle, qui, selon Rouquette, distribue les objets en deux catégories : ceux envers lesquels on agit et ceux envers lesquels on s'abstient d'agir. Ainsi, grâce à la notion d'implication personnelle, l'indifférence et l'engagement peuvent être étudiés comme conduites sociales, c'est-à-dire inscrites dans les rapports sociaux.

7. Premières études sur l'implication personnelle : les phénomènes de rumeur

7.1 *L'étude d'Allport et Lepkin (1945) réinterprétée par Rouquette (1975)*

L'un des points de départ des recherches de Rouquette sur le rôle fondamental de l'implication personnelle dans les phénomènes de rumeur est la célèbre étude d'Allport et Lepkin (1945) sur l'adhésion à des rumeurs de gaspillage en pleine période de guerre et de rationnement. Les résultats de cette enquête « en situation », menée par questionnaire en mai 1943 sur une population de 537 personnes, montrent que « ceux qui se trouvent gênés par les mesures de restriction tendent à croire davantage les rumeurs de gaspillage que ceux qui ne se sentent pas fortement gênés ; mais les individus que gêne le rationnement d'un produit particulier croient davantage les rumeurs concernant ce produit que les personnes qui ne souffrent pas de son rationnement. Il existe ainsi une sorte de *sensibilisation sélective* à certains contenus selon l'*implication* propre aux sujets » (Rouquette, 1980, pp. 49-50).

Cette « sensibilisation sélective » d'une population par un objet social est devenue, dans le modèle tridimensionnel de l'implication personnelle, la composante qui traduit la *pertinence* d'un objet pour une population, c'est-à-dire la proximité estimée par cette population à l'objet en question (i.e., l'identification personnelle).

7.2 *Premiers résultats expérimentaux : implication personnelle et phénomènes de rumeur*

Dépassant la dimension descriptive de l'étude d'Allport et Lepkin, Rouquette a testé dès 1976 l'implication personnelle comme déterminant des processus cognitifs intervenant dans les phénomènes de rumeur (Rouquette, Guimelli, Brouillet & Artz, 1976). Il a ainsi montré expérimentalement que « l'implication inhibait la rétention de certains éléments d'un message : un contenu impliquant est en effet plus difficile à mémoriser qu'un contenu "neutre" (Rouquette, 1980, p. 201) et "cet effet est d'autant plus marqué que ces éléments sont sémantiquement plus complexes" (*ibid.*, p. 209).

Dans cette étude, la pertinence était définie *a priori* à partir de la position sociale des participants, étudiants en psychologie : les participants du groupe expérimental avaient à rappeler un texte sur les débouchés de la psychologie (condition d'implication), ceux du groupe contrôle la description d'une scène rustique (condition de neutralité). Les résultats montrent que dans le rappel par les participants, les erreurs par oubli complet sont significativement plus nombreuses en condition d'implication.

7.3 Un paradigme nouveau pour les phénomènes de rumeur

Ce type de résultats permit à Michel-Louis Rouquette de proposer l'implication comme « un facteur premier dans l'étiologie des phénomènes de rumeur » (*ibid.*, p. 219). Mais les conséquences de ces résultats sont plus vastes : ils ont permis un changement de paradigme – et nous utilisons ce terme ici précisément dans le sens de Kuhn : l'approche que Rouquette a proposée des phénomènes de rumeur, laquelle les saisit en tant que modalité d'expression de la pensée sociale, a redéfini l'objet que nous avons à étudier, les questions à poser, les moyens de les vérifier, et l'interprétation de nos résultats.

Ainsi, en montrant « comment la réduction spectaculaire subie par les messages relayés ne saurait être imputée à quelque défaillance ou insuffisance "technologique" que pourrait prétendre étudier une psychologie générale de la mémoire » (Rouquette, 1980, p. 219), il a placé les phénomènes de rumeur en tant que *fait social*, c'est-à-dire soumis aux conditions de cognition, communication et sociabilité (Rouquette, 1998a).

C'est précisément ici que s'est opéré le changement de paradigme : les phénomènes de rumeur ne sont plus à étudier en tant que « biais » de pensée, mais en tant que phénomènes sociaux. Ils sortent ainsi du domaine de la psychologie cognitive, pour devenir objet d'étude de la psychologie sociale – une *certaine* psychologie sociale, celle où le *social* est irréductible à la somme des *individus*, celle aussi d'un « Sujet [...] dont les activités cognitives sont à la fois motivées et conditionnées par son insertion sociale particulière, autrement dit par sa citoyenneté au sens étymologique du terme ; et c'est donc du côté même de cette insertion [dont un des reflets psychosociaux est l'implication personnelle – n. a.] qu'il convient de rechercher les principes de production et de régulation de ces activités cognitives » (Rouquette, 2009, p. 8). « À propos des rumeurs, les déterminismes sont à rechercher bien davantage dans les situations que dans les "capacités" et dans les singularités sociales que dans les universaux individuels », avait tranché Rouquette en clôturant le chapitre sur l'implication personnelle de sa thèse d'État (Rouquette, 1980, p. 219).

8. Résultats récents

8.1 L'implication personnelle et la spectaculaire réduction qu'elle opère sur la pensée sociale

Les travaux empiriques et expérimentaux menés jusqu'ici ont en majorité confirmé les propositions de Rouquette et ses observations. Les auteurs ont ainsi pu montrer la « spectaculaire réduction » qu'opérait l'implication personnelle dans le cas des rumeurs et qui intervenait aussi dans les modalités de raisonnement de la pensée sociale : une augmentation de l'implication personnelle entraîne la préférence pour une modalité de raisonnement plus radicale, à savoir le canevas de la négation (où l'information contradictoire à la représentation est totalement rejetée et jugée inadmissible), au détriment du canevas étrange (qui permet l'assimilation de l'information contradictoire à titre d'exception) (résultats de Guimelli, 2002 ; Wolter, 2008).

Plus encore, cette spectaculaire réduction sous l'effet de l'implication se manifeste aussi dans l'élection par les individus impliqués d'une modalité plus tranchée d'expression de la pensée sociale. En effet, on a montré dans plusieurs cas de peurs collectives (terrorisme, tsunami, accident nucléaire, etc.) que l'implication personnelle pouvait conduire, en l'absence de pratiques liées à ces objets, à l'abandon des formes plus rationnelles de pensée sociale, les représentations, en faveur de formes situées en amont de la rationalité, qu'on appelle *nexus*[6] (résultats de

6. Voir chapitre 29 et focus 29.

Ernst-Vintila, 2007 ; Ernst-Vintila, Delouvée & Roland-Levy, 2011, au sujet du terrorisme ; Ernst-Vintila, Wolter & Tavani, 2013, au sujet de la catastrophe nucléaire de Fukushima de mars 2011). Un *nexus* (Rouquette, 1994b) est une forme de pensée sociale plus tranchante que les représentations, plus affective, largement collective et profondément mobilisatrice, mais dépourvue de prescriptions comportementales concrètes.

8.2 Implication personnelle et structure des représentations sociales

Enfin, des données empiriques ont confirmé l'intuition que Rouquette a posée comme hypothèse générale au sujet de l'implication en 1980 : « Lorsqu'il y a l'implication [envers un objet social], la structure des représentations correspondantes comprend davantage de cognèmes (est "enrichie") et comprend davantage de relations entre ces cognèmes ("connectivité" élevée de la structure) » (Rouquette, 1980, p. 195).

Par exemple, une recherche structurale a permis de tester l'effet de l'implication personnelle sur la structure des représentations sociales. Gruev-Vintila et Rouquette (2007) se sont intéressés aux représentations sociales d'un risque collectif (sismique) chez des participants roumains et français ($N = 410$), qui se distinguaient par leurs pratiques liées à ce risque (plus fortes chez les premiers) et le niveau rapporté d'implication personnelle. Une des hypothèses posait qu'une modification de l'implication entraînait la modification de certains aspects de la représentation. Quels aspects ? Il pouvait y en avoir plusieurs, telle la préférence pour tel ou tel canevas de raisonnement, comme on vient de le voir. Mais également le rapport des composantes praxie et attribution de la représentation de l'objet : ce qui touche à l'action sur / avec / par rapport à / l'objet, et ce qui touche à sa caractérisation par des jugements attributifs (être la cause ou l'effet de, être identifié toujours / souvent / ou parfois par tel ou tel trait), etc.

Dans une série de recherches, les auteurs ont « mesuré » les composantes praxique et attributive des représentations à l'aide des indices de valence[7] (voir modèle des Schèmes cognitifs de base ; Guimelli & Rouquette, 1992). Les résultats (figure 28.1) montrent que si dans tous les cas les aspects normatifs de la représentation sont plus prégnants que les aspects fonctionnels (la valence attributive est significativement supérieure à la valence praxique), les participants fortement impliqués et qui ont l'expérience du séisme présentent une structure plus riche des deux composantes, praxique et attributive (connectivité plus forte). Enfin, on note aussi, à nouveau, que les effets de l'implication personnelle sont conditionnés par l'existence de pratiques de référence relatives à l'objet (voir figure 28.1 : l'allure des effets de l'implication personnelle mesurés dans le groupe caractérisé par l'absence des pratiques, à gauche, se distingue de l'allure de ses effets dans les groupes caractérisés par la possession de ces pratiques – les deux graphiques de droite).

7. Voir focus 5.

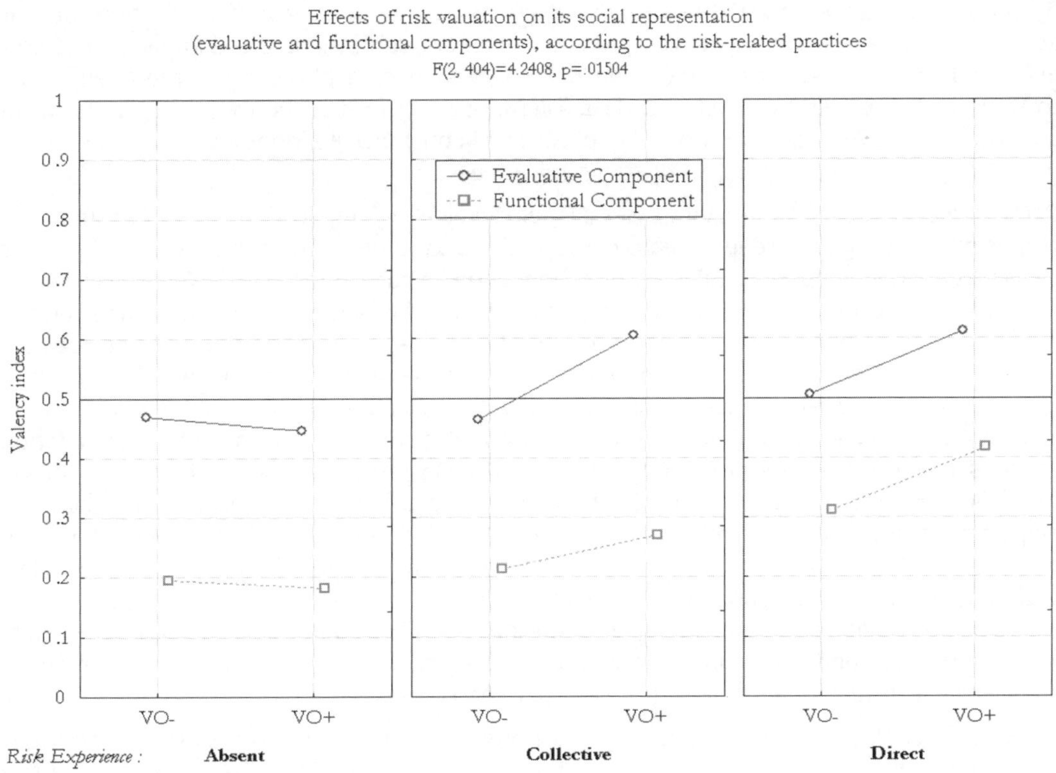

Figure 28.1.
Effets de l'implication personnelle et des pratiques liées à un risque (expérience du séisme) sur la représentation sociale de celui-ci.

8.3 L'implication culturelle et l'implication circonstancielle : données récentes

Le dernier chantier d'étude ouvert par Rouquette sur l'implication personnelle est encore à ses débuts. Évoquant l'origine sociale de l'implication, il avait proposé en 1997 de considérer deux types ou « niveaux » de celle-ci : l'implication culturelle et l'implication circonstancielle (ou factuelle). Ces deux types d'implication se distinguent sur plusieurs points (tableau 28.1).

L'implication culturelle (au sens anthropologique du terme), induite par la sociabilité même, héritée, caractéristique d'un groupe social, s'engagerait sur le long terme et aurait une emprise collective. Au contraire, l'implication circonstancielle serait activée par une situation, elle serait ancrée dans l'instant présent et aurait une emprise individuelle[8].

Tableau 28.1.
Les deux niveaux d'implication personnelle distingués par Rouquette (1997), et points qui les différencient

Implication culturelle	Implication factuelle (circonstancielle)
Héritée	a. Construite
Long terme	b. Court terme
Générale, globale	c. Spécifique, locale
Emprise sociale et collective	d. Emprise individuelle et interindividuelle

8. Dans la définition de Pagès (1973), est constitutif d'*emprise* tout processus modificateur actuel ou potentiel s'exerçant d'une source sur une cible.

Un programme lancé en 2010 se propose d'illustrer les deux niveaux d'implication à partir des points qui les différencient. Les premiers résultats confirment que l'implication culturelle est liée à la prise en considération des conséquences à plus long terme (Demarque, Lo Monaco, Apostolidis & Guimelli, 2011) et à l'emprise sociale et collective (Ernst-Vintila, Balan & Lo Monaco, 2010), par contraste à l'implication circonstancielle, dont les effets sont locaux (« ici et maintenant »), et dont l'emprise est individuelle.

Demarque et al. (2011) se sont intéressés à la temporalité de l'implication. Plus précisément, ils proposent de distinguer les deux niveaux d'implication à partir des rapports temporels différenciés qu'ils induisent. Ils supposent qu'une implication factuelle par rapport à un objet, du fait même de son origine circonstancielle, sera prégnante chez l'individu seulement à court terme (provoquée par un événement, elle disparaîtra avec l'arrêt de celui-ci) et donnera lieu à une perspective temporelle moins étendue (prise en considération des conséquences immédiates). Par contraste, une implication culturelle, en raison de sa composante collective, héritée, sera prégnante sur le long terme et donnera lieu à une perspective temporelle plus étendue (prise en considération des conséquences à long terme). Dans l'étude de 2011, Demarque et al. visaient à montrer que la sociabilité des individus jouait un rôle déterminant dans la nature de leur implication et dans leur rapport au temps. Plus précisément, ils souhaitaient montrer que la sociabilité (opérationnalisée par l'affiliation des participants à une association pro-environnementale) déterminait le type d'implication personnelle qui, à son tour, influençait le rapport au temps. Interrogeant des participants affiliés ou non (militants Greenpeace *versus* étudiants, $N = 47$), ils ont montré que les participants affiliés déclaraient un niveau d'implication plus élevé envers la protection de l'environnement et prenaient en considération les conséquences à plus long terme.

Ernst-Vintila et al. (2010) ont proposé une illustration expérimentale de la distinction des deux types d'implication à partir des niveaux d'emprise qu'ils mobilisent. L'hypothèse de départ est que l'induction de l'un ou l'autre type d'implication (culturelle *versus* factuelle) mobilise l'un ou l'autre des niveaux d'emprise (sociale/collective *versus* individuelle/interindividuelle). Cette étude, qui fait suite aux travaux antérieurs sur la pensée sociale au sujet du terrorisme, présentait aux participants ($N = 54$) un scénario sur l'explosion manquée d'une bombe artisanale qu'un personnage avait tenté de déclencher à bord d'un avion. À la suite de la lecture du scénario, les participants devaient choisir de qualifier l'attaque soit comme « geste déséquilibré », soit comme « attentat terroriste », et répondre à une série de mesures concernant leur implication personnelle *versus* collective. Les résultats montrent que lorsque l'acte est qualifié comme « attaque terroriste », les participants se déclarent visés en tant que membres d'un groupe (au titre de leur appartenance collective, nationale, occidentale, etc.), rapportent une identification personnelle stricte et une capacité perçue d'action collective plus forte. *A contrario*, lorsque l'acte est qualifié comme « geste déséquilibré », les participants se sentent tout au plus concernés à titre individuel (« la malchance peut arriver à n'importe qui »), rapportent une identification personnelle diffuse, et une diminution de la capacité perçue d'action. En conclusion, lorsque l'événement active l'implication culturelle des participants (au titre de leur appartenance, etc.), leur identification stricte et l'évocation de l'action collective convergent pour indiquer l'emprise collective de ce type d'implication. Par contraste, lorsque l'événement active l'implication circonstancielle, on constate son emprise individuelle, dépourvue de composante collective.

9. Je suis, nous sommes, nous sommes tous Charlie : de l'implication *factuelle* à l'implication *culturelle*

De 2001 à 2015, l'hémisphère nord a été marqué par une série d'attaques terroristes de grande ampleur. Le 11 septembre 2001, le jour où deux avions pilotés par des membres du réseau terroriste Al-Qaeda se sont écrasés contre le World Trade Center de Manhattan, est symbolique (Rouquette, 2004). Plusieurs attaques terroristes ont suivi : Madrid (11 mars 2004), Londres (7 juillet 2005), la série noire de 2015 : Paris, Copenhague, Tunis, Yemen.

En l'absence d'une définition légale internationale (!), le sens commun entend le terrorisme comme des actions menées pour des fins politiques et diplomatiques par le biais de la terreur. Comment ces attaques ont elles impliqué les citoyens ? Comme nous le verrons, à l'implication factuelle auxquels ces événements auraient pu donner lieu (localement circonscrite, lieu spécifique, groupe concerné, réponse à court terme pour limiter les conséquences de l'attaque, etc.) s'est substituée l'implication culturelle, qui a donné lieu à une identification nationale, voire mondiale (l'ensemble du monde occidental s'est senti concerné, la composante sociale voire collective de l'implication a rendu saillant un sentiment d'appartenance spécifique, et ce sur le long terme). On ne peut pas manquer de constater qu'une telle réponse en termes d'implication est ancrée dans une sociabilité spécifique (Bouthoul, 1852 ; Rouquette & Rateau, 1998), voire dans une représentation divisée de la société (Moscovici, 1987).

Une des conséquences de cette forme d'implication est de générer une forme de pensée affectivement polarisée[9]. On pourrait le dire plus directement, le terrorisme peut activer des *nexus* qui sont visibles dans les discours et les mobilisations.

Les extraits suivants de discours tenus par les dirigeants des nations ciblées par ces attentats illustrent à la fois le passage de l'implication factuelle à l'implication culturelle et la puissance symbolique et fédératrice des *nexus*.

Le président des États-Unis, George W. Bush : « C'est un jour où tous les Américains de tous les horizons s'unissent dans une même détermination de justice et de paix » (discours du soir du 11 septembre 2001). « Chaque pays, dans chaque région, doit maintenant prendre une décision. Ou bien vous êtes avec nous, ou bien vous êtes avec les terroristes. [...] Ce qui est en jeu n'est pas seulement la liberté de l'Amérique. C'est le combat du monde entier. C'est le combat de la civilisation. C'est le combat de tous ceux qui croient au progrès et au pluralisme, à la tolérance et à la liberté. Nous demandons à chaque pays de nous rejoindre » (discours du 20 septembre 2001, devant les deux chambres réunies du Congrès)[10].

S.M. Don Juan-Carlos I, roi d'Espagne : « Nous sommes un grand pays qui a amplement démontré sa capacité à surmonter les défis et les difficultés ; un pays qui sait bien que la seule chose possible face à la folie et la barbarie est l'unité, la fermeté et le calme[11]. »

S.M. la reine Elisabeth II : « De telles atrocités renforcent notre sens de la communauté, notre humanité, notre confiance dans l'État de droit[12]. »

Le président français François Hollande après l'attaque contre l'hebdomadaire *Charlie Hebdo* : « Aujourd'hui la France a été attaquée en son cœur, à Paris, dans les locaux mêmes d'un journal. [...] C'est la République tout entière qui a été agressée. La République, c'est la liberté d'expression, c'est la culture, c'est la création, c'est le pluralisme, c'est la démocratie, c'est ça qui a été visé par les assassins. [...] Notre meilleure arme, c'est notre unité, l'unité de tous nos concitoyens face à cette épreuve. Rien ne peut nous diviser, rien de ne doit nous opposer, rien ne doit nous séparer. [...] Le rassemblement, le rassemblement de tous, sous toutes ses formes, voilà ce qui doit être notre réponse. Rassemblons-nous ! » (discours du 7 janvier 2015)[13].

Le président tunisien Béji Caïd Essebsi, suite à l'attaque terroriste du musée Bardo : « Je veux que le peuple tunisien comprenne que nous sommes en guerre contre le terrorisme et que ces minorités sauvages ne nous font pas peur. Nous allons les combattre sans pitié jusqu'à notre

9. Voir chapitre 29 et focus 29.

10. http://www.presidency.ucsb.edu/ws/?pid=58057 et http://www.20minutes.fr/monde/107840-20060911-11-septembre-2001-9-11-discours-de-bush-apres-les-attentats, consultés le 1er décembre 2014.

11. http://news.bbc.co.uk/2/hi/europe/3503184.stm, consulté le 1er décembre 2014.

12. https://www.youtube.com/watch?v=Xs4vpAlwEvc, consulté le 1er décembre 2014.

13. http://www.20minutes.fr/societe/1512375-20150107-francois-hollande-appelle-rassemblement-francais-apres-attaque-contre-charlie-hebdo, consulté le 8 janvier 2015.

dernier souffle. [...] Que le peuple tunisien se rassure [...] nous allons l'emporter. Ces traîtres seront anéantis » (discours du 18 mars 2015)[14].

Tous ces discours en appellent à l'unité de tous les membres d'une société par-delà des différences intergroupes, à la mobilisation collective immédiate en montrant comment chacun est *concerné* en tant que membre du groupe ciblé par l'attentat. Mais quel groupe ? Urbain ? National ? Occidental ? Le discours du président américain, et récemment les marches de Paris et Tunis en 2015, ont largement dépassé le cadre national pour *concerner* la communauté mondiale et une prise de position immédiate (cette « global war on terror » a marqué la politique étrangère des États-Unis dans les années qui ont suivi les attaques du 11 septembre 2001).

9.1 Implication factuelle, culturelle et polarisation du sens commun

Comment le fait de passer de l'implication factuelle à l'implication culturelle affecte-t-il le sens commun ? On sait que plus les individus sont impliqués vis-à-vis des objets, plus leurs connaissances sur ces derniers se polarisent : elles passent « du concret à l'abstrait, du matériel à l'allusif, du factuel au sentimental » (Rouquette, 1998a, p. 42). On pourrait le dire plus directement, le terrorisme peut activer des *nexus* qui sont visibles dans les discours et les mobilisations (Rouquette, 1994b).

9.2 Illustration empirique du lien entre implication personnelle et la polarisation du sens commun

Une étude empirique (Ernst-Vintila, Delouvée & Roland-Levy, 2011) a exploré la pensée sociale au sujet du terrorisme dans les années qui ont suivi les attentats du 11 septembre 2001. Après ces attaques, la préoccupation liée au terrorisme et à la sécurité a augmenté. On a renforcé les mesures antiterroristes dans les villes, les transports et surtout les aéroports, où un règlement plus strict, en vigueur encore aujourd'hui, a été mis en place (interdisant, par exemple, le transport de liquides et gels à bord des avions pour éviter les explosions en vol).

C'est dans ce contexte que nous nous sommes intéressés à la mobilisation différenciée de la pensée sociale à propos du terrorisme.

L'étude a eu pour prémisse la détermination de la pensée sociale par l'*implication personnelle* envers un objet. Les données ont été recueillies auprès de passagers américains ($N = 55$) et français ($N = 48$)[15], interrogés en salle d'embarquement de leurs vols sur des aéroports où avaient eu lieu des attentats terroristes marquants (Boston et Marseille).

En tant qu'objet socialement et culturellement controversé, le terrorisme pouvait faire appel à des modalités de pensée sociale différentes selon le positionnement des individus, et plus précisément selon que des passagers étaient plus ou moins impliqués, par exemple selon leur appartenance nationale : à une époque précédant les attaques sur *Charlie Hebdo* survenues en 2015, on supposait que les passagers américains étaient plus impliqués par le terrorisme que les passagers français. Ces deux modalités pourraient être plus polarisées et proches d'un *nexus* pour les passagers américains et de l'ordre de la représentation sociale pour les passagers français.

---

14. http://www.lexpress.fr/actualite/monde/afrique/en-direct-tunisie-des-morts-dans-une-prise-d-otages-pres-du-parlement-de-tunis_1662433.html, consulté le 19 mars 2015.

15. Un groupe d'agents de sûreté aéroportuaire français ($N = 55$) a été interrogé dans des conditions similaires ; ces agents se distinguaient des passagers parce qu'ils disposaient d'une formation pratique antiterroriste. Les résultats complets de l'étude ont été rapportés ailleurs.

9.3 *Nexus et l'aspect collectif de l'implication*

L'étude s'est d'abord intéressée à l'implication personnelle rapportée par les deux groupes de passagers face au terrorisme. Les passagers américains ont rapporté des scores significativement plus élevés à l'exposition personnelle perçue au risque terroriste, l'ont évalué comme plus important, et ont estimé leur capacité d'action *collective*[16] (en tant que nation) plus forte que ne l'avaient fait leurs homologues français. Par contraste, en termes de capacité perçue d'action *individuelle*, les deux groupes de passagers ont eu des scores similaires et faibles. Cette préférence pour l'action collective, particulièrement importante pour les ressortissants américains, peut suggérer un changement des critères qui définissaient l'action possible en direction du terrorisme, un déplacement du *mode individuel* au *mode collectif*.

Chez les passagers américains, la pensée de sens commun au sujet du terrorisme était donc surtout liée à l'aspect collectif de l'implication (appartenance nationale, identité collective, et action collective), plutôt qu'à son aspect psychologique, individuel. Ce résultat renvoie à la distinction entre l'implication « culturelle » et l'implication « circonstancielle ». Il s'agit vraisemblablement pour les passagers américains d'une implication du premier type (« culturelle », en l'occurrence « nationale »). Dans notre étude, ces éléments ont été les premiers indicateurs de la mobilisation par les passagers américains d'une forme de pensée sociale d'un ordre différent, profondément collective et activée en situation de conflit ou de menace.

9.4 *Polarisation affective et Altérité menaçante*

Le terrorisme activerait-il un objet de *nexus* ? Retrouve-t-on chez les passagers américains une fusion affect-cognition qui n'existerait pas dans le groupe contrôle des passagers français ? Pour le vérifier, l'étude a demandé aux deux groupes une tâche d'association libre à l'inducteur « terrorisme » (résultats de l'analyse de prototypicalité présentés dans les Tableaux 28.2a et 28.2b).

En termes de contenu, les résultats ont montré que, si la « peur » (affect) était un élément consensuel et définitoire (probablement central) de la représentation du terrorisme pour les deux groupes, seuls les passagers américains lui adjoignaient l'élément « musulmans » : l'Autre menaçant, « l'ennemi désigné » (Bouthoul, 1952). La signification de cette représentation glisse ainsi de la menace elle-même à l'auteur présumé de cette menace.

Mais les résultats sont encore plus parlants lorsque l'on compare l'organisation des données dans les deux échantillons : à la différence des passagers français, les éléments consensuels et définitoires du terrorisme s'opposent, chez les passagers américains, à l'absence d'un vrai système périphérique : cela traduit l'absence de variabilité interindividuelle, de modulation, d'adaptation situationnelle de cette forme de pensée mobilisée par les passagers américains. Cette absence de finesse correspond elle aussi à une propriété du *nexus* (Rouquette, 1988, p. 47).

Ces résultats ont montré qu'à la différence des passagers français, chez les passagers américains, fortement impliqués, la pensée sociale s'exprimait sous une forme fortement plus consensuelle, contractée, affective et polarisée contre l'Autre menaçant : cette série d'éléments illustre, elle aussi, des caractéristiques de *nexus*. La modalité d'expression et la polarisation du sens commun au sujet du terrorisme dépendent, entre autres facteurs, du rapport entre le groupe *concerné*, l'Objet (terrorisme), et l'Autre (ici, menaçant).

---

16. La distinction entre capacité perçue d'action individuelle et collective dans le cadre du modèle de l'implication personnelle proposé par Rouquette a été suggérée par Guimelli et Abric (2007).

Tableaux 28.2a et 28.2b.

Comparaison des résultats de l'analyse de prototypicalité[17] des réponses associées à l'inducteur « terrorisme » données par les passagers français et américains

Tableau 2a. Passagers français

		Rang moyen	
		Fort < 2,4	**Faible ≥ 2,4**
Fréq.	**Forte ≥ 10**	Attaque Bombe Peur *Éléments centraux*	Morts *1re périphérie*
	Faible < 10	Lâche *Éléments contrastés*	11 septembre WTC Injustice Al-Qaeda Insécurité Avion Fondamentalisme Ben-Laden Islam Danger Otages Explosion Religion Extrémisme Violence Guerre *2e périphérie*

Tableau 2b. Passagers américains

		Rang moyen	
		Fort < 2,4	**Faible ≥ 2,4**
Fréq.	**Forte ≥ 10**	Attaque Victimes Musulmans Peur *Éléments centraux*	Bombe *1re périphérie*
	Faible < 10	*Éléments contrastés*	Al-Qaeda Extrémistes 11 septembre Crime Ben-Laden Chaos Moyen-Orient Suicide Innocence Sécurité *2e périphérie*

Nota bene. Dans l'étude des représentations, les éléments candidats à la centralité se trouvent dans le premier quadrant de chaque tableau. La partie opérationnelle de la représentation (qui reflète sa variabilité inter-individuelle) consiste en les éléments situés dans les quadrants correspondant à la « première périphérie ».

17. Voir chapitre 5.

10. Conclusion

Ce texte a présenté le modèle théorique de l'implication personnelle, « variable explicative majeure de la pensée sociale » (Guimelli, 1998c, p. 84), située à l'interface de l'individuel et du collectif, théorisée dès 1980 par Michel-Louis Rouquette comme déterminant des processus cognitifs intervenant dans les phénomènes de rumeur. Ce texte a ensuite rappelé quelques travaux illustrant cette notion. Ceux qui ont été évoqués ont illustré l'opérationnalisation, les effets et la portée de la notion d'implication personnelle au niveau d'analyse positionnelle (Doise, 1982), qui est celui auquel l'auteur l'a conçue et auquel s'applique le modèle tridimensionnel proposé.

Focus 28

Implication personnelle *versus* implication psychosociale : brefs repères chronologiques pour préciser le concept

Christophe DEMARQUE[1]

Sommaire

1. Aix-Marseille Université, France.

Une difficulté pour qui souhaite travailler sur la notion d'implication réside dans le relatif flou conceptuel qui l'entoure, propre aux termes de la psychologie sociale issus du langage courant. Par exemple, il est frappant de constater, à la lecture des travaux portant sur les liens entre implication et représentations sociales, que les auteurs se référant à la conceptualisation de Rouquette (1980, 1997) utilisent alternativement, et de façon indifférenciée, les termes d'implication personnelle et d'implication psychosociale. Ce point pourrait paraître anecdotique. Or nous tenterons de montrer, au travers d'un bref retour en arrière sur les principaux travaux portant sur l'implication en psychologie sociale, en quoi ces deux qualificatifs relèvent bien d'acceptions différentes. En effet, la notion d'implication est présente en psychologie sociale depuis près de 70 ans, si l'on prend comme point de départ la publication en 1947 de l'ouvrage de Sherif et Cantril, The Psychology of ego-involvements. Dans cet intervalle temporel, l'implication a été abordée suivant des perspectives assez contrastées, que l'on pourrait schématiquement regrouper en deux ensembles : d'une part, une perspective centrée sur l'étude de la pensée sociale et, d'autre part, une perspective davantage centrée sur l'étude des processus intra-individuels de traitement de l'information. Nous proposerons, à l'instar d'autres auteurs (Lo Monaco, Apostolidis & Dany, 2013), d'aller plus systématiquement vers l'utilisation du terme d'implication psychosociale quand on se réfère à l'étude de la pensée sociale. Nous proposerons également quelques pistes de réflexion sur les conséquences méthodologiques de cette confusion conceptuelle.

1. Fin des années 1940 – début des années 1960 : apparition du concept et travaux sur la communication dans les groupes

Durant une première période, que l'on pourrait situer de la fin des années 1940 au début des années 1960, les travaux portant sur l'implication se sont rapidement centrés sur l'étude des interactions et de la communication au sein des groupes. Sans être exhaustif, l'idée d'implication du groupe apparaît par exemple en filigrane dans les premiers travaux sur la dissonance cognitive. Elle est également au centre des recherches sur les rumeurs. En effet, suite aux résultats d'Allport et Postman (1947), de nombreux auteurs se sont interrogés sur leur capacité à rendre compte de la réalité hors laboratoire, beaucoup plus complexe. Au-delà de l'opposition laboratoire / milieu naturel, des études (pour une synthèse : Rosnow, 1991) vont montrer que l'implication modulerait l'apparition des processus de distorsion au sein des groupes. Ces effets ont, depuis, reçu plusieurs confirmations (e.g., Tafani, Marfaing & Guimelli, 2006). Dans une approche résolument psychosociale, l'implication apparaît alors, dans cette première période, comme un élément déterminant de la diffusion des rumeurs et, par extension, de la communication dans les groupes. Cependant, les contours du concept restent encore flous et son utilisation équivalente à celle d'autres termes qualifiant la relation à la situation ou à l'objet, comme « importance » ou « pertinence ».

2. Début des années 1960 – début des années 1980 : persuasion et implication, vers une centration sur le niveau intra-individuel

Si le champ de recherches sur les rumeurs est très fécond dans les années 1950, il est largement délaissé à partir des années 1960, alors que se développent parallèlement les travaux sur le rôle de l'implication dans la communication persuasive, suivant une approche motivationnelle. Sherif place ainsi l'implication personnelle (*ego-involvement*) au cœur de la théorie du jugement social (Sherif & Hovland, 1961), qualifiée aussi de *social judgment-involvement approach*. Selon cette théorie, les messages persuasifs sont appréhendés en fonction de leur degré d'accord avec les attitudes antérieures de l'individu. L'implication personnelle de l'individu vis-à-vis de l'objet déterminerait la structure ou l'étendue des latitudes (ou zones) d'acceptation, de rejet ou d'indifférence envers les messages persuasifs. Par exemple, une implication forte conduirait l'individu à examiner d'une manière attentive les messages relatifs à l'objet impliquant, la latitude de rejet étant étendue dans ce cas de figure. Notons que Sherif pressentait bien que le niveau d'implication par rapport à certains objets était influencé par les groupes de référence des individus. Par la suite, le rôle de l'implication est également au cœur des modèles duaux de traitement de l'information développés au début des années 1980, opposant traitement « heuristique » et traitement « systématique ». Dans cette perspective, l'implication est définie *a minima*, comme « le degré auquel l'objet d'attitude considéré est d'importance pour l'individu » (Petty & Cacioppo, 1979, p. 1915). C'est suivant cette conception restrictive et relevant du sens commun que l'implication a également été reprise dans le champ du marketing et de la psychologie des organisations. De très nombreux résultats indiquent que les individus fortement impliqués se centreraient davantage sur le nombre et la qualité des arguments, indicateurs d'un traitement systématique. En référence à la distinction proposée par Rouquette[2], l'implication y est ici perçue et opérationnalisée comme étant de nature circonstancielle, évinçant le rôle clé de la socialisation. Si cette approche a permis des avancées théoriques tout à fait importantes dans le champ de la persuasion et du changement d'attitudes, force est de constater que l'on s'est progressivement éloignés, durant cette seconde période (début des années 1960 – années 1980), de l'idée d'implication comme variable psychosociale explicative des dynamiques communicationnelles au sein des groupes. Cette conception de l'implication, davantage centrée sur le niveau intra-individuel, reste dominante à l'heure actuelle dans le champ de la communication persuasive. À ce stade, nous proposons donc d'y réserver le qualificatif d'implication *personnelle*.

3. Depuis le début des années 1980 : retour à une conception psychosociale de l'implication et sa difficile opérationnalisation

Dans un troisième mouvement (dont on voit qu'il prolonge le premier et recouvre partiellement le second), les travaux de Rouquette marquent, au début des années 1980, le retour de l'implication dans l'étude de la pensée sociale, suite à ses travaux sur les rumeurs et à la conceptualisation bidimensionnelle (puis tridimensionnelle) de l'implication. Pour Lo Monaco

2. Voir chapitre 9.

et al. (2013), l'implication, telle que pensée par Rouquette, est à saisir comme « un référentiel subjectif construit dans et par le social, ce qui plaide pour une définition de l'implication en tant que concept qui doit être appréhendée selon une perspective psychosociale » (p. 108). Depuis une dizaine d'années, il existe un intérêt grandissant pour cette acception de l'implication, tout au moins dans la psychologie sociale francophone[3]. Si toutes les recherches dans ce champ se réfèrent aux travaux de Rouquette (1997), les auteurs parlent alternativement d'implication psychosociale (e.g., Valence & Roussiau, 2014) ou personnelle. Nous craignons que cette indifférenciation ne crée une confusion sur la nature de cette variable. Cette confusion est, selon nous, renforcée par son opérationnalisation, dont la difficulté était déjà relevée par Sherif dans les années 1960 (Sherif & Hovland, 1961). Bien que le modèle tridimensionnel proposé par Rouquette (1997) constitue une piste intéressante, il semblerait que les recherches qui en ont découlé, en s'enfermant dans des stratégies déductives et l'utilisation systématique de méthodes quantitatives, ont eu du mal à s'en départir, alors même que les données empiriques ne l'ont pas validée de manière pleinement satisfaisante. Par ailleurs, les questionnaires utilisés actuellement (portant sur les trois dimensions valorisation, identification et capacité perçue d'action) ne permettent pas de distinguer implication circonstancielle et implication culturelle, distinction pourtant fondamentale si l'on considère l'implication comme une variable explicative de la pensée sociale. Pour ce faire, les méthodes d'étude de l'implication devraient probablement intégrer davantage des aspects normatifs, identitaires et, plus largement, en lien avec la perception de support social (Lo Monaco et al., 2013). En outre, alors que l'implication est conçue par Rouquette comme « disposition générale induite par la sociabilité même » (1997, p. 111), la référence au groupe d'appartenance des sujets dans les études empiriques est parfois problématique. Ces dernières s'appuient en effet le plus souvent sur des étudiants, dont on fait l'hypothèse préalable qu'ils se sentent appartenir à ce groupe, suivant une vision « monolithique » de la socialisation. Or cette question est fondamentale pour étudier l'implication dans une perspective psychosociale, et notamment son rôle dans la communication dans les groupes et l'émergence de l'objet, ainsi que dans le processus d'ancrage.

Sur la base de ces observations, nous proposons donc de nous référer plus systématiquement à l'implication *psychosociale* dans l'étude de ses liens avec les représentations sociales (voir également Lo Monaco et al., 2013), pour marquer la spécificité d'une approche centrée sur l'étude de la pensée sociale.

3. Voir chapitre 28.

CHAPITRE 29

Polarisation affective dans le cadre de la pensée sociale : les objets de *nexus*

Rafael Pecly WOLTER[1]

Sommaire

1. Université d'État de Rio de Janeiro, Brésil.

1. Introduction

Souvent, tout du moins dans le sens commun, on oppose l'affect à la pensée. Comme si l'un et l'autre s'excluaient mutuellement. Comme nous le verrons dans le cadre de ce chapitre, certains objets à forte valence affective, ou *nexus*, engendrent des spécificités de pensée.

Le premier point important pour comprendre la suite de ce chapitre est que nous nous centrerons sur l'objet et les processus qui en découlent. On ne peut comprendre ce que sont ces objets affectifs dans l´étude de processus individuels, pour reprendre une expression de Flament et Rouquette (2003), qu'en s'intéressant à la socio-logique de ces objets, qui ne peuvent être appréhendés par une psycho-logique.

1.1 *Pensée et affect s'accommodent*

Ceci est un point clef pour comprendre la suite de ce travail : *pensée et affect s'accommodent*. Ils s'accommodent car les deux vont de pair. Si l'un est incompatible à l'autre, du fait de contraintes externes, cela mènera à des transformations et adaptations de l'un ou l'autre. Ainsi, pour des New-Yorkais des années 1940 l'image d'un homme noir menacé par un homme blanc gère une incompatibilité, non seulement cognitive mais aussi affective, qui entraînera des distorsions (Allport & Postman, 1945/1968). Ces dernières, bien évidemment, n'ont rien d'aléatoire et vont dans le sens des croyances et affects des sujets, en d'autres termes, dans le sens de leurs attentes.

1.2 *La non-individualisation de cette approche*

Lorsqu'on parle d'affect, dans ce cadre, nous ne faisons pas référence à des émotions individuelles mesurables par les palpitations cardiaques, sudations ou autres indicateurs organiques. Nous sommes dans un tout autre ordre, pour être plus précis, nous sommes dans la socio-logique. Lorsque des participants voient des propositions politiques associées au nazisme (Rouquette, 1994b), ils n'ont pas forcément des palpitations accélérées mais auront un *rejet prélogique* partagé par un grand nombre de personnes de différents groupes. Ce qui caractériserait l'affect dans cette approche, ce n'est nullement l'aspect physiologique de l'individu (sudations, palpitations ou toute autre caractéristique issue de la psycho-logique) mais le fait que la pensée se base sur le rejet extrême, la haine, la désapprobation totale ou, dans le pôle opposé, sur l'adhésion extrême, l'adoration ou encore l'approbation totale. L'affect se traduirait en conséquence par un degré de rejet ou d'approbation extrémisé pour l'objet en question et la mainmise de ce rejet ou approbation sur les autres alternatives de pensée. Bien entendu, ces deux propriétés s'opèrent au niveau collectif, effaçant d'éventuelles singularités de sous-groupes et d'individualités. Nous pourrions de façon différente dire que le lien entre les sujets et l'objet est affectif car le rejet prend le dessus sur les autres relations possibles (tel le raisonnement par des syllogismes). Le même type de relation existe avec les objets de vénération et d'adoration.

La non-individualisation de l'approche est aussi liée au fait que l'affect s'explique par l'Histoire et les contingences de l'actualité. L'augmentation du rejet de propositions politiques lorsque celles-ci sont associées au parti national-socialiste (Rouquette, 1994b) découle naturellement des événements du XXIe siècle. Selon les aléas de l'actualité, ces événements peuvent être remis au jour et ce rejet peut augmenter. Des processus similaires de sur-activation de l'affect ont lieu épisodiquement avec la Liberté qui est souvent perçue comme en danger.

1.3 *Approche centrée sur l'objet*

Nous en venons donc à notre troisième point, essentiel pour la compréhension de ce chapitre. Nous abordons ici des caractéristiques d'objet. Différents objets n'ont pas forcément les mêmes caractéristiques, néanmoins nous pensons que les variations de ces caractéristiques existent en nombre limité. Nous arriverons peut-être un jour, dans le cadre de la pensée sociale, à une typologie des objets de pensée. Plusieurs caractéristiques peuvent être prises en compte pour l'étude de la pensée concernant un objet donné : sa stabilité dans le temps, le contenu de pensée, le partage de ce contenu, les pratiques liées à la pensée ou encore le niveau d'affect suscité. Nous présenterons ici des travaux empiriques sur des objets de pensée à forte valence affective. Premièrement seront présentées les caractéristiques décrites par Rouquette (1994b) de ces objets ainsi que leur relation avec l'évaluation d'un contenu. Plus précisément, une étude de Rouquette (1994b) sur l'effet que ces objets affectivement extrémisés peuvent avoir sur l'évaluation d'un contenu. Ensuite sera présentée une étude de Wolter et Rouquette (2010) sur le type de raisonnement utilisé lorsque le positionnement des sujets est extrémisé contrairement aux personnes aux personnes non polarisés. Les auteurs démontrent qu'en situation de crise, lorsque l'affect est extrême, indépendamment de la valence, positive ou négative de ce dernier, les sujets ne cherchent pas de compromis pour faire face à la contradiction, ils rejettent la vision alternative de monde. Les sujets au positionnement moins extrême, au contraire, sont plus aptes au compromis. En dernier sont présentés des résultats de Lo Monaco, Rateau et Guimelli (2007). Ces auteurs montrent l'effet unificateur de l'activation d'objets affectifs. Ils montrent que les différences inter-individuelles et inter-catégorielles sont diminuées lorsque la « Liberté » est activée.

2. Caractéristiques de ce type d'objet et l'effet d'étiquette affective : le *nexus* nazi

En 1994, Michel-Louis Rouquette a présenté une première étude empirique sur un concept lancé quelques années auparavant (Rouquette, 1988) pour rendre compte des objets à forte valence affective. Ce sont des formes de la pensée sociale qui se situent « en amont de la rationalité » (Delouvée, 2005, p. 115) et forment des nœuds affectifs prélogiques communs à un grand nombre d'individus (Rouquette, 1994b, p. 68). Les *nexus* sont « des “nœuds” dans le sens où ils lient et agrègent entre elles plusieurs attitudes. [...] Les *nexus* s'expriment sous la forme de termes, le plus souvent abstraits, indiscutables pour une communauté donnée. Ils se manifestent à travers des opinions tranchées, des prises d'opinion marquées ou par des slogans mobilisateurs. Devant un *nexus*, les individus n'hésitent en général pas, soit ils sont pour, soit ils sont contre » (Wolter, 2009, p. 62). Les objets de *nexus*, selon Rouquette (1994b, pp. 69-70) possèdent les caractéristiques suivantes :

- Ils ont un caractère collectif. Ils sont partagés par la majorité des membres d'une communauté donnée à un moment donné.
- Ils sont mobilisateurs et effacent momentanément les différences inter- et intra-groupales.
- Ils sont surtout activés en période de crise et de menace, ainsi la « patrie » sera très mobilisatrice lorsqu'elle est en danger.
- Ils ne sont pas une élaboration du réel mais une élaboration de l'imaginaire social. C'est une élaboration qui n'est pas réductible à un contenu particulier, c'est donc un « quasi-concept ».
- Ils sont exprimés par un terme unique. Aucun terme équivalent ne pourrait se substituer à ce terme unique. C'est ainsi que le « fou » n'est pas le « malade mental » (Rouquette, 1994b).

- Ils ont comme forme discursive privilégiée l'emphase. Ce qui peut s'entendre lors de discours politiques solennels où un certain emportement langagier exprime les démesures de l'affect.

Dans le cadre de cette première étude empirique, Rouquette a présenté à 37 participants huit propositions du NSDAP (*Nationalsozialistische Deutsche Arbeiterpartei*). À 12 étudiants ces propositions ont été attribuées à un parti politique (groupe contrôle). Douze autres sujets ont vu les propositions être associées au parti national-socialiste. Les 13 participants restants ont vu les propositions décrites comme provenant du parti nazi. Chaque proposition était évaluée au moyen d'une échelle de type Likert en 5 points.

Tableau 29.1.
Résultats de l'étude sur le *nexus* nazi : nombre de propositions rejetées selon l'étiquette

	Étiquette « parti politique »	Étiquette « parti national-socialiste »	Étiquette « parti nazi »
Propositions rejetées	28 (30 %)	28 (30 %)	50 (48 %)
Propositions non rejetées	68 (70 %)	68 (70 %)	54 (52 %)

Les résultats de cette étude sont clairs : les propositions sont davantage rejetées lorsqu'elles sont associées à l'étiquette nazi (la différence avec les deux autres conditions est significative). Face aux étiquettes « parti national-socialiste » et « parti politique » environ un tiers des propositions sont mal perçues contre 48 % face à l'étiquette « parti nazi ». Ce résultat désormais classique a montré que les sujets n'évaluent pas le contenu de la même manière car ils ne font pas face à la même classe d'objet, affectif dans un cas (face à l'étiquette « parti nazi ») et non affectif dans les deux autres. Cela illustrerait le fait que des types différents d'objets génèrent divers patrons de réponses des sujets. Nous ne touchons pas ici simplement à une différence quantitative, mais plutôt à des formes distinctes de raisonnement.

3. L'objet affectif et le raisonnement face à la contradiction : la mainmise de la négation

La pensée sociale procède souvent par raisonnements circulaires, les certitudes sont confortées, les preuves confirment nos idées. Dans le cadre des représentations sociales, cela s'explique par le fait que cette forme de la pensée sociale est faite pour durer. Comme l'affirme Rouquette (2009, p. 91), ce sont « des dispositifs de régulation (pour la gestion des choses, des hommes, des dieux, des relations, des biens) et on n'en change pas sans arrêt, sous peine de confusion et d'inefficacité. Toutefois, ces dispositifs ne sont pas parfaits. Il est inévitable qu'ils se trouvent un jour ou l'autre confrontés à des exceptions, des inconnues ou des contradictions. » Dans la vie sociale, où différentes personnes aux intérêts, habitudes et insertions sociales variables se côtoient, il est impossible qu'elles n'aient à affronter l'inadéquation entre leur vision du monde et certains aspects de la situation à laquelle elles font face. Flament (1987) a décrit une façon de lutter contre l'incohérence ou la contradiction au sein des représentations sociales par l'ajout d'une idée tierce qui réduira l'inadéquation perçue entre la situation et la représentation sociale. Selon Flament (1987), l'arrivée de cette idée tierce, élément étranger à la représentation sociale, est le schème étrange. Pour lui quatre étapes ont lieu lors de l'utilisation du schème étrange :

1. le rappel du normal (selon la représentation sociale considérée) ;
2. la désignation de l'élément étranger ;
3. l'affirmation d'une contradiction entre ces deux termes ;
4. la proposition d'une rationalisation permettant de supporter (pour un temps) la contradiction.

Cet exemple de Guimelli et Rouquette (1993) illustre bien le schème étrange :

1. dans la chasse le gibier doit être sauvage ;
2. dans la région X ils chassent du gibier d'élevage ;
3. contradiction entre gibier sauvage et gibier d'élevage ;
4. comme le gibier devient rare, ils sont obligés de chasser du gibier d'élevage.

Selon Guimelli (2002, p. 131), les schèmes étranges « permettent d'intégrer à la représentation sociale des éléments susceptibles de la mettre en cause en mettant en avant des raisons acceptables pour le groupe. Elle permet en effet de laisser intact ce qui est essentiel dans la représentation, à savoir son système central [voir le chapitre Rateau & Lo Monaco dans le présent ouvrage], tout en autorisant l'intégration d'éléments nouveaux. » Une autre façon de lutter contre la contradiction consiste à nier l'élément à l'origine de la contradiction, ce processus a été appelé par Rouquette et Guimelli (1995) schème de la négation. Dans ce cas, les quatre étapes du schème de la négation sont :

1. le rappel du normal (lié à une représentation sociale) ;
2. la désignation de l'élément étranger ;
3. l'affirmation d'une contradiction entre ces deux termes ;
4. le rejet de l'élément étranger comme appartenant à la représentation sociale.

Cet exemple extrait du journal *Le Monde* du 22 octobre 1996, présenté par Wolter et Rouquette (2010), illustre le schème de la négation :

1. une gitane doit protéger ses enfants ;
2. une mère gitane a tué sa fille ;
3. contradiction entre le devoir de la mère gitane de protéger ses enfants et le fait qu'une mère gitane a tué sa fille ;
4. « Pour nous, ce n'est plus une gitane. »

Ces deux formes de raisonnement mis en œuvre dans le but de lutter contre la contradiction et l'incohérence dans la pensée sociale sont appelées les canevas de raisonnement.

Les objets affectifs auraient comme caractéristique le fait de ne pas être dialogiques, ils ne sont pas discutables mais constituent des certitudes et les certitudes ne se discutent pas, tout au plus elles se confirment. En conséquence, en cas de polarisation affective, les personnes utiliseraient davantage les schèmes de la négation comparativement à la rationalisation par le schème étrange.

Nous pouvons essayer de formaliser cette relation entre objets polarisateurs et canevas.

Tout d'abord, soit A- un objet honni auquel on associe une caractéristique positive (B+). Dans ce cas, les sujets utiliseraient prioritairement le schème de la négation au détriment de la rationalisation par le schème étrange.

Soit, à son tour, A+ un objet auquel on adhère massivement. Si nous associons à cet objet la caractéristique négative (B-), nous pensons que les sujets feront comme dans le cas précédent, c'est-à-dire la négation au détriment de la rationalisation (i.e., schème étrange).

Soit, enfin, A un objet plutôt neutre, auquel on associe B+ ou B-. En cas de contradiction (le sujet est en position assez neutre vis-à-vis de A et on associe B-, ou le sujet est en position assez neutre vis-à-vis de A et on associe B+), les sujets utiliseront préférentiellement le schème étrange. Ils chercheraient en somme une explication pour réduire la contradiction. Parfois, dans ce cas, il est possible que la contradiction soit inexistante. Nous avons donc :

$$A \neq B$$

$$A^{+} + A^{-} = 0$$

$$B^{+} + B^{-} = 0$$

Tableau 29.2.

Sens de la polarisation et préférence pour un type de raisonnement

	Objet A–	Objet A	Objet A+
Élément B+	Négation	Étrange ou pas de canevas nécessaire	Pas de canevas nécessaire
Élément B–	Pas de canevas nécessaire	Étrange ou pas de canevas nécessaire	Négation

Ce tableau montre l'hypothèse que la polarisation dans le pôle positif (adorer l'objet) aurait les mêmes effets sur les canevas de raisonnement que la polarisation sur le pôle négatif (détester l'objet). Il semble légitime de considérer que les mêmes processus se déroulent lorsque qu'on associe A+ à B– et A– à B+. En conséquence, le processus de raisonnement serait le même indépendamment de la valence de l'affect (amour ou haine).

Tableau 29.3.

Lien entre la polarisation et la préférence pour un type de raisonnement

	Polarisés	Non polarisés
Contradiction	Négation	Étrange
Non-contradiction	Pas de canevas	Pas de canevas

Wolter et Rouquette (2010) ont testé cette hypothèse. L'objet choisi a été le blocage à l'université. Ce choix d'objet a été fait car, après la proposition de Loi sur la réforme des Universités (LRU) en 2007, plusieurs campus ont été bloqués, ce qui à son tour a généré un mouvement de révolte parmi des étudiants contre ce blocage. Les deux groupes, à plusieurs reprises, en sont venus aux mains. La situation était telle que les discussions sur le sujet entre les différents acteurs étaient impossibles dans plusieurs campi. Comme souvent, lors de situations où deux groupes s'opposent, une partie des personnes reste en dehors du conflit. Cette absence d'engagement dans le conflit n'est pas forcément la traduction d'un non-positionnement mais peut aussi être expliquée par une relation différente à l'objet, moins polarisé, où les compromis et rationalisations sont possibles.

Dans cette étude, Wolter et Rouquette distinguaient trois groupes :

- les étudiants favorables au blocage (A+) ;
- les étudiants défavorables au blocage (A–) ;
- les étudiants neutres (A).

Le terme « Démocratie » a été choisi comme élément devant créer la contradiction. Ce choix s'est fait car l'enjeu des disputes était la Liberté et la Démocratie. Chaque camp estimant sa liberté comme bafouée.

Cela peut être traduit par : A (positionnement face au blocage) associé à B (respecte la démocratie *versus* ne respecte pas la démocratie).

Cela nous donne 3 types de situations :

1. Contradiction :
   - Lorsque je suis contre le blocage et l'on me dit qu'il respecte les principes démocratiques.
   - Lorsque je suis favorable au blocage et l'on me dit qu'il ne respecte pas les principes démocratiques.
2. Non-contradiction :
   - Lorsque je suis contre le blocage et l'on me dit qu'il n'est pas démocratique.
   - Lorsque je suis favorable au blocage et l'on me dit qu'il respecte les principes démocratiques.
3. Contradiction légère :
   - Lorsque je suis neutre et l'on me dit que le blocage respecte/ne respecte pas les principes démocratiques.

Tableau 29.4.

Type de raisonnement possiblement utilisé selon l'élément mis en cause et la polarisation des sujets

	Sujets Anti-Blocage (A-)	Sujets Neutres	Sujets Pro-blocage (A+)
Blocage démocratique (B+)	Négation	Étrange ou Aucun canevas mis en route	Aucun canevas mis en route
Blocage non démocratique (B–)	Aucun canevas mis en route	Étrange ou Aucun canevas mis en route	Négation

Selon l'hypothèse de départ, face à un objet honni/adoré les sujets ne toléreraient pas la contradiction. À cause de cela, les auteurs ne se sont pas intéressés au deuxième cas de figure (non-contradiction), car seule la situation de contradiction permet d'avancer dans le questionnement de départ. Ainsi il y avait le couple A–B, contradictoire pour le sujet. Pour étudier la possibilité de l'utilisation du schème étrange, il faut qu'un troisième élément se rattache à ce couple contradictoire ; ce troisième élément pourrait potentiellement réduire la contradiction. Cela donnerait la triade A–B–C, C étant l'élément qui réduit la contradiction entre A–B (cf. ci-dessus formalisation du canevas « étrange »). Comme l'opérationnalisation a été réalisée avec le couple Blocage–Démocratie, les auteurs ont choisi d'ajouter l'élément étranger Assemblée Générale (AG). Ainsi, si l'on affirme aux étudiants favorables au blocage que ce dernier ne respecte pas les principes démocratiques, car il n'y a pas eu une AG, il est possible que la contradiction soit réduite (ou n'existe pas). Et si l'on dit aux étudiants défavorables au blocage que ce dernier respecte les principes démocratiques, car il a été voté lors de l'AG, il est possible que la contradiction soit réduite (ou n'existe pas) comme dans le cas précédent.

Les deux alternatives sont donc les suivantes :

- Lorsque je suis contre le blocage (A–) et l'on me dit qu'il (le blocage) respecte les principes démocratiques (B+), je peux expliquer cette contradiction en affirmant qu'il y a eu une AG au préalable (C+), où les étudiants ont donné leur avis.
- Lorsque je suis favorable au blocage (A+) et l'on me dit qu'il ne respecte pas les principes démocratiques (B–), je peux expliquer cette contradiction en affirmant qu'il n'y a pas eu d'AG au préalable (C–), les étudiants n'ont donc pas donné leur avis.

Les sujets devaient, tout d'abord, indiquer sur une échelle de Likert en cinq points, s'ils étaient favorables au blocage de leur université. Ensuite,

> « [...] pour les sujets dont le normal est que le blocage soit démocratique :
>
> Tous les sujets devaient indiquer sur une échelle en 5 points si un blocage respecte la démocratie ;
>
> Il était affirmé que le blocage de leur université ne respecte pas les principes démocratiques ;
>
> L'affirmation est en contradiction avec la croyance du sujet ;
>
> Les sujets devaient estimer leur degré d'accord sur une échelle en 5 points aux affirmations suivantes :
>
> - Le blocage ne respecte pas les principes démocratiques dans le cas où il n'y a pas eu au préalable une AG pour le décider (mesure du schème étrange).
> - S'il n'y a pas de respect des principes démocratiques, alors il ne peut y avoir de blocage (mesure du schème de la négation).
>
> (...) pour les sujets dont le normal est que le blocage n'est pas démocratique :
>
> Tous les sujets devaient indiquer sur une échelle en 5 points si un blocage respecte la démocratie ;
>
> Il était affirmé que le blocage de leur université respecte les principes démocratiques ;
>
> L'affirmation est en contradiction avec la croyance du sujet ;
>
> Les sujets devaient estimer leur degré d'accord sur une échelle en 5 points aux affirmations suivantes :
>
> - Le blocage respecte les principes démocratiques dans le cas où il y a eu au préalable une AG pour le décider (mesure du schème étrange).
> - S'il y a respect des principes démocratiques alors il ne peut y avoir de blocage (mesure du schème de la négation). » (Wolter & Rouquette, 2010, p. 485)

Les sujets ont été séparés en deux : les 80 participants polarisés (qui ont coché les cases extrêmes, 1 et 5 de l'échelle portant sur leur accord avec les blocages) et les 63 sujets qui ont coché le milieu de l'échelle[2].

Ces 143 sujets étaient tous étudiants de L2 de l'Université européenne de Bretagne (Rennes 2). Il y avait 25 hommes et 116 femmes, l'âge moyen de l'échantillon était de 20,3 ans. L'Université européenne de Bretagne a été choisie car elle a été bloquée pendant plusieurs semaines, gérant ainsi un mécontentement chez les étudiants qui ne voulaient pas un blocage.

Figure 29.1.

Acceptation, sur une échelle de 1 à 5, du schème étrange et du schème de la négation comme moyen de réduire la contradiction pour des sujets au positionnement polarisé et non polarisé face à l'objet.

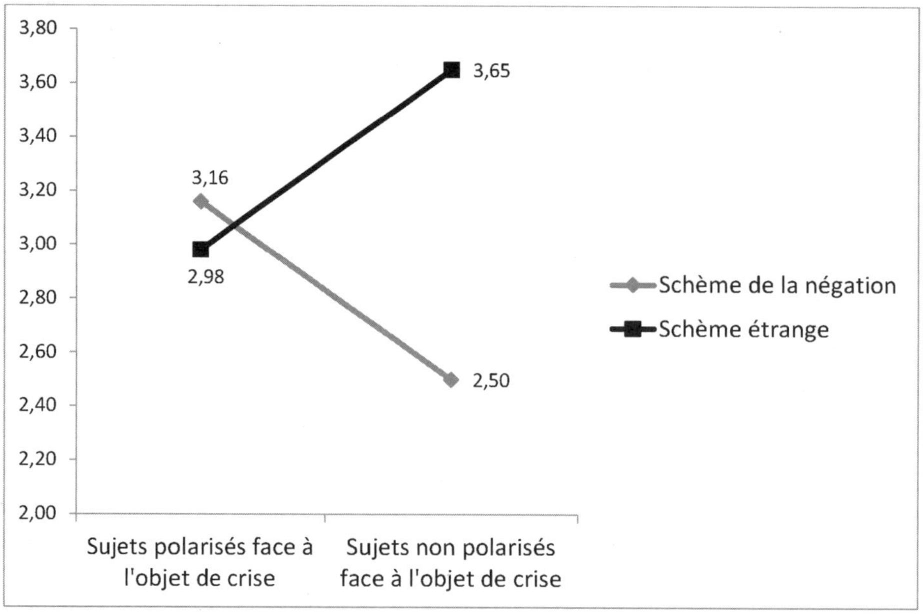

2. Dans notre thèse (Wolter, 2008), nous avons présenté les résultats avec tous les sujets.

Les résultats montrent bien que le schème étrange et le schème de la négation ne sont pas utilisés dans les mêmes proportions par les sujets.

Il est possible de voir (tableau 29.1) que les sujets qui se positionnent de façon extrême (positionnement polarisé) utilisent moins le schème étrange, comparativement aux sujets au positionnement non extrême. Cela traduirait une moins grande possibilité de compromis avec les « autres », en d'autres termes, le dialogue n'est pas possible. Le schème étrange est souvent la marque de l'adaptation aux circonstances, le groupe, par le biais d'un cognème externe à la représentation, transforme sa pensée pour que cette dernière n'entre pas en opposition avec la réalité. Ces résultats montrent bien qu'il n'y a pas la même relation à l'objet dans les différents groupes de l'étude (polarisés et non polarisés). Nous pourrions même dire que ces différents sujets font face à différents objets, le blocage des uns n'étant pas le blocage des autres. Lorsque les membres d'un groupe tiennent à cœur l'objet de pensée, ils ne transformeront pas la pensée, plus probablement ils tenteront une transformation de la réalité. Cela expliquerait le grand pouvoir mobilisateur des *nexus*, on ne tergiverse pas avec la Liberté, la Patrie ou encore la Justice...

Parallèlement, comme nous le verrons dans la prochaine étude, ce mode de pensée rapproche ceux du même bord. Au sein d'une même société, certaines valeurs sont fédératrices, ces valeurs et les idées qui y sont associées, sont indiscutables et non négociables.

4. *Nexus* et différenciation inter-groupes

Une des grandes caractéristiques de la pensée sociale est la sociabilité. Cette forme de pensée est indissociable des relations interpersonnelles, entre pairs d'une même communauté, ou des relations inter-groupes au sein d'une même société. Une des grandes caractéristiques de ces objets polarisés affectivement (ou *nexus*) réside dans leur capacité à unir les personnes de différentes appartenances ou, tout du moins, à effacer les différences momentanément. Lo Monaco, Rateau et Guimelli (2007) ont étudié cet aspect de la pensée sociale. Plus précisément, ils se sont intéressés à l'effet de la présence d'un *nexus* sur l'acceptation de différences au sein d'un groupe. Les différences étudiées étaient d'ordre individuel (les membres du groupe ont des profonds désaccords) et intercatégoriel (une partie des membres du groupe appartient à un parti de droite alors que l'autre partie milite à gauche). Les auteurs présentaient aux 120 sujets un scénario avec une des caractéristiques suivantes :

- un groupe avec des divergences interindividuelles ;
- un groupe avec des divergences interindividuelles mais où la Liberté prime ;
- un groupe avec des divergences intercatégorielles idéologiques ;
- un groupe avec des divergences intercatégorielles idéologiques mais où la Liberté prime.

Les sujets devaient indiquer sur une échelle en six points s'ils pouvaient rejeter ou accepter le groupe décrit comme étant idéal. Le score de 6 à l'échelle correspondait au rejet total du groupe comme étant idéal, le score de 1 correspondait, à son tour, à l'acceptation totale du groupe comme étant idéal.

Les auteurs ont démontré qu'en ajoutant le *nexus* Liberté les sujets acceptaient davantage le groupe présenté comme étant idéal. Cela montre que la liberté efface l'effet des divergences interindividuelles et intercatégorielles rendant le groupe davantage idéal pour les sujets interrogés. Ce type de processus de pensée est extrêmement commun dans le discours politique, notamment lorsqu'un gouvernement au pouvoir cherche « l'union sacrée ». Ainsi, presque systématiquement, les pays utilisent des termes tels la Liberté, la Démocratie ou la Patrie pour entrer en guerre. On ne bombarde pas un pays à l'autre bout du monde en affichant des raisons économiques ou diplomatiques, généralement la raison donnée est liée à des *nexus* qui à leur tour activent des valeurs fondamentales et partagées d'une société. Des valeurs non discutables et qui permettent une cohésion nationale (Patrie, République, Révolution ou Peuple sont respectivement liés à des valeurs).

Figure 29.2.

Effets du* nexus *et du type de divergence sur l'acceptation du groupe présenté comme étant idéal (Lo Monaco, Rateau & Guimelli, 2007, adapté par Lo Monaco, 2009)

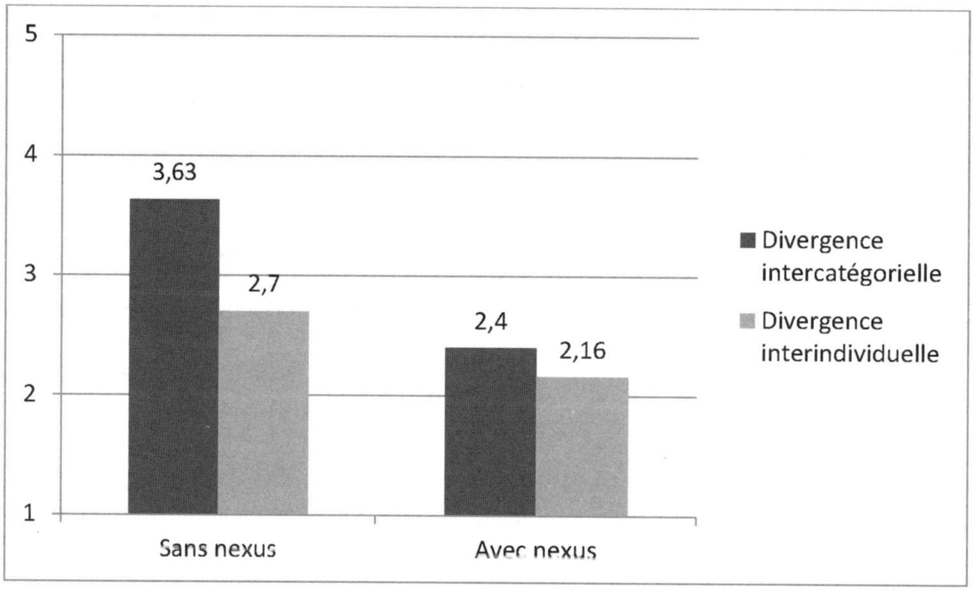

5. Discussion : le *nexus*, ses habillages et la nature de son espèce

En 2009 (Wolter, 2009), nous avions présenté une série d'étiquettes utilisées comme exemples de *nexus* (tableau 29.5).

Tableau 29.5.

Terme principal traité comme un *nexus* selon le type de publication

Type de recherche	Étiquette de *nexus*
Empirique	Fou-Liberté-Nazi-Senna-Tsunami
Problèmes d'actualité	Diversité-Égalité-OGM-Secte Raël
Événements passés	Liberté-Patrie-République-Sedan
Mémoire sociale	Pas d'étiquette citée

Certaines étiquettes affectives étaient ponctuelles et activées à un moment historique très précis, ainsi Senna a mobilisé des millions de Brésiliens dans les jours après sa mort en 1994, quelques années après, en 2000, l'objet était encore affectif (Campos & Rouquette, 2000). En 2014, certaines chaînes sportives brésiliennes ont fêté les vingt ans de la mort du pilote de Formule 1 et ont constaté que bon nombre de jeunes connaissaient peu le pilote. Vraisemblablement, Senna n'est plus un mobilisateur soulevant de l'affect. De la même façon, le 11 septembre agit comme une étiquette affective, des nombreux choix du gouvernement américain se font en lien avec ces événements. L'« union sacrée » n'est pas bien loin lorsque cette étiquette est évoquée, des milliers d'Américains ont péri, deux guerres ont commencé, cette étiquette ne peut être confondue avec le terme « attentat ». Au-delà des singularités du 11 septembre il est possible que, derrière la mobilisation qui a suivi le 11 septembre, on retrouve le *nexus* Patrie. Senna et 11 septembre semblent être des étiquettes qui activent le *nexus* mobilisateur, dans les deux cas la Patrie (États-Unis et Brésil).

De la même façon, lors du conflit au sujet du blocage, la mobilisation anti-blocage se faisait au nom de la Liberté, tandis que le blocage se faisait pour la Démocratie. Cela souligne un point important des *nexus*, ceux-ci peuvent, sous différents contextes, apparaître sous divers habillages. Ainsi, des « *nexus* flashs » – tels OGM (Wagner & Kronberger, 2002), Senna (Campos & Rouquette, 2000) ou Sedan (Delouvée, 2004) – sont des habillages circonstanciés d'étiquettes se trouvant en amont qui sont les « *nexus* véritables » (Démocratie, République, Patrie, Justice ou encore Liberté). Cela traduit une grande stabilité de cette forme de la pensée sociale, tout du moins lorsqu'on parle du « *nexus* véritable », qui peut durer tout en s'adaptant aux différentes circonstances. Ces habillages de *nexus* ou *nexus flashs*, ont rarement l'effet unificateur et mobilisateur des « *nexus* véritables ». Ceux-là ne sont activés qu'aux occasions rares. L'étiquette « République » illustre bien cela : beaucoup d'hommes politiques utilisent le terme, mais il n'a été réellement mobilisateur que peu de fois. Un exemple d'une de ces rares occasions se situe en 2002 lorsque le Front National est allé au second tour des élections présidentielles françaises et que des millions de Français sont allés manifester pour la République.

5.1 *Le nexus, un état extrémisé de représentation sociale ?*

Un peu plus de vingt-cinq ans après le premier texte sur les *nexus* (Rouquette, 1988), le concept a été davantage étudié empiriquement et utilisé pour la compréhension de phénomènes sociétaux. Ces travaux ont permis de mieux connaître cette forme particulière de la pensée sociale où l'affect prime.

Tableau 29.6.
Schéma de principe, croisant le niveau d'affect avec le niveau de connaissances de l'objet

	Niveau de connaissance élevé	Niveau de connaissance faible
Niveau d'affect fort	Objet affectif cognitif	Objet affectif non cognitif (*Nexus*)
Niveau d'affect faible	Objet non affectif cognitif	Objet non affectif non cognitif

Dans une première vision, le *nexus* serait un état extrémisé de représentation sociale. Cette dernière n'est pas considérée comme un des cas « prototypiques » cités dans le tableau 29.5. La représentation sociale serait une forme non extrémisée de pensée, dans le sens où elle est liée à des connaissances qui sont importantes mais limitées, et surtout que la dimension affective semble être modérée. Ce qui caractérise la représentation sociale est le fait que le groupe possède une théorie *sui generis* de l'objet. Cette théorie naïve lie un certain nombre d'idées entre elles, ces relations et ces idées forment un ensemble qui donne le sens de l'objet pour ce groupe. Par exemple, lorsqu'on parle de vieillissement, il paraît vraisemblable que les personnes aiment le vieillissement lorsqu'il apporte de la sagesse (Wachelke, 2009), mais ils ne l'aiment pas lorsqu'il est lié à la maladie et la mort (Mithidieri & Tura, 2003). Le niveau d'affect existerait mais ne serait pas extrême comme dans le cas des *nexus*. Ces éléments, dans cette vision, apportent un début de réponse, en montrant que la représentation sociale n'est pas un cas « prototypique » de pensée, mais ils semblent ne pas convenir à tous les spécimens de représentation sociale.

D'après Rouquette (1994, p. 179), une représentation sociale possède comme propriété fondamentale le fait d'être historique et « cela signifie, d'une part qu'elle procède de l'histoire entendue comme devenir des sociétés, d'autre part qu'elle a elle-même une histoire entendue comme développement logico-temporel qui articule typiquement genèse, transformation et dépérissement ». Selon cet auteur, ces deux propriétés expliquent qu'une représentation sociale possède un état antécédent et un état subséquent ; la représentation « procède de représentation(s) antérieure(s) ou plutôt d'état(s) antérieur(s) d'elle-même » (Rouquette, 1994,

p. 180). La représentation d'un objet est en perpétuel mouvement, ayant éventuellement une fin. Au cours de son évolution, et selon les contextes, la représentation sociale peut se rapprocher de tel ou tel cas « prototypique » pour, éventuellement, s'en éloigner ensuite. Cette hypothèse se rapproche du point de vue selon lequel le *nexus* (cas « prototypique ») est un état de représentation. Si nous reprenons l'exemple de la patrie en 1914 (Delouvée, 2006), celle-ci a évolué d'un état extrêmement affectif pendant la Grande Guerre pour devenir « autre chose » en 2008. Cette autre chose étant vraisemblablement un état de représentation sociale. De la même manière qu'un objet de représentation peut, selon les circonstances, devenir un *nexus*, ce dernier peut, ponctuellement ou de façon prolongée, se rapprocher d'un des autres cas prototypiques présentés. La fin et peut-être aussi la genèse de la représentation seraient des cas de « non-objet » où les connaissances et l'affect qui y sont rattachés le sont à des niveaux faibles ou inexistants.

5.2 *Nexus et représentations sociales seraient-ils des formes distinctes de la pensée sociale ?*

Un autre point de vue défend les *nexus* comme appartenant à une autre espèce de la pensée sociale. Le *nexus* serait une espèce tout à fait singulière de la pensée sociale car il se distingue des autres formes, telles les représentations sociales, par son essence. Ainsi, comme l'affirme Patrick Rateau[3], les représentations sociales se caractérisent par la communication sociale au sein du groupe tandis que les *nexus* ne se discutent et ne se raisonnent pas. Une autre caractéristique serait la transversalité intergroupale de cette forme affective de pensée. D'ailleurs, si on se réfère aux deux principes de l'architecture de la pensée sociale (Rouquette, 1996 ; Wolter, Gurrieri & Sorribas, 2009 ; Rateau, Ernst-Vintila & Delouvée, 2012), la stabilité et le niveau d'intégration, on remarquera que les *nexus* véritables possèdent les caractéristiques du niveau idéologique. Premièrement, ils sont stables, comme nous l'avons décrit dans ce chapitre, contrairement aux *nexus flashs*, ils sont peu nombreux et maintiennent un pouvoir fédérateur pendant des longues décennies grâces aux différents habillages. Ensuite, les *nexus* véritables sont intégrateurs, pendant que leurs habillages sont circonstanciels, ils sont conceptuellement larges et prennent en compte un grand nombre de sous-objets. Ainsi le *nexus* Liberté s'applique autant à la liberté des peuples qu'à la liberté individuelle au sein de la municipalité ou même de la rue.

Au moment même où nous écrivons ces dernières lignes, des Français de tous bords politiques manifestent suite aux attentats visant le journal *Charlie Hebdo*[4] et les forces de l'ordre. Jamais le *nexus* Liberté n'est davantage unificateur que lorsqu'il est mis en danger...

---

3. Communication personnelle à l'Université Paris Descartes le 28 novembre 2008.
4. Voir chapitre 28 et focus 29.

FOCUS 29

Réseaux sociaux et *nexus* : #jesuischarlie

Sylvain DELOUVÉE[1]

1. Université Rennes 2, France.

Une série d'attaques terroristes se sont déroulées à Paris les 7, 8 et 9 janvier 2015. Ces événements débutent le 7 janvier par un attentat au siège de l'hebdomadaire satirique *Charlie Hebdo* en plein comité de rédaction. Douze personnes, dont certains collaborateurs historiques du journal, sont assassinées et onze autres sont blessés lors de la fuite des deux djihadistes français. Le choc est terrible. La liberté de la caricature, la liberté de la presse, la Liberté sont attaquées[2].

Moins de deux heures après le premier attentat, à 12 h 52, Joachim Roncin, directeur artistique et journaliste, créé une image-logo (figure F29.1) et la publie sur son compte Twitter, @ joachimroncin. On peut tout simplement y lire en lettres blanches et grises sur fond noir, reprenant une typographie inspirée du logo de l'hebdomadaire, les mots « JE SUIS CHARLIE ».

Figure F29.1.
Logo créé par Joachim Roncin

JE SUIS
CHARLIE

Joachim Roncin expliquera, le 13 janvier, sa démarche dans le quotidien *Libération* : « Sidéré devant mon écran, je dois traduire la foule d'émotions qui m'ébranle. Meurtri par le fait d'appartenir à un monde où il est possible d'assassiner des hommes pour avoir fait des dessins, j'appose "Je suis" à "Charlie". Et l'image "Je suis Charlie" est née. Elle est synonyme de "Je suis libre" et de "Je n'ai pas peur". »

Cette image va peu à peu remplacer les avatars des membres des réseaux sociaux Facebook et Twitter. Ce 7 janvier 2015, notre liste d'ami(e)s ou de contacts va très progressivement prendre la même apparence : celle de l'image créée par J. Roncin. Chacun devient Charlie, tout le monde se revendique comme étant Charlie, tout le monde est Charlie. Il est intéressant de noter que, derrière cette revendication qui pourrait sembler de prime abord purement individualiste (« Je suis... »), apparaissent finalement une revendication et une identité collectives par la répétition inlassable de cette même image.

Si la création de J. Roncin obtient un tel succès, c'est qu'elle est également assortie, sur Twitter, du mot clef (*hashtag*) #jesuischarlie. Et ce mot clef va être utilisé plus de six millions de fois en moins d'une semaine ! L'AFP relève que le 7 janvier à 21 h 30 un pic est atteint avec plus de 6 500 tweets à la minute contenant #jesuischarlie. Réalisée par S. Rogers à partir des données de géolocalisation des tweets postés le 7 janvier entre 13 h et 20 h avec l'outil *Carto DB*, une carte dynamique montre minute par minute l'origine des messages relayant le mot clef #jesuischarlie : <http://goo.gl/uix9Gx>. Cette diffusion dépasse très largement les frontières françaises.

Comme le note Merzeau (2015, p. 36) : « Cette combinaison du slogan, du visuel et du mot clef #jesuischarlie constitue donc un cas remarquable de viralité numérique, en termes d'étendue géographique et de vitesse de propagation. »

Mais cette propagation n'est pas que numérique. Dès le 7 janvier, jour de l'attentat contre la rédaction de *Charlie Hebdo*, des rassemblements spontanés sont organisés dans plusieurs villes de France avec comme slogan et mot d'ordre : « Je suis Charlie », certaines pancartes reprenant même le hashtag #jesuischarlie : « Il n'est plus besoin d'être sur Twitter pour que nos actions ou nos représentations soient en partie influencées par ce qui se passe sur Twitter » (Merzeau, 2015, p. 37). Un jour de deuil national est également décrété le 8 janvier.

---

2. Outre l'attentat au siège de *Charlie Hebdo*, il y aura également une agression à Fontenay-aux-Roses, une fusillade à Montrouge, un braquage de la station-essence de Villers-Cotterêts et, enfin, deux prises d'otages à Dammartin-en-Goële et à Paris, Porte de Vincennes.

Ce « succès » du « Je suis... » en rappelle un autre, toute mesure gardée, lorsque Kennedy prononça ces paroles à Berlin-Ouest en 1963 : « Il y a deux mille ans, la plus grande marque d'orgueil était de dire *Civis romanus sum* (« Je suis citoyen romain »). Aujourd'hui, dans le monde libre, la plus grande marque d'orgueil est de dire *Ich bin ein Berliner*. [...] Tous les hommes libres, où qu'ils vivent, sont citoyens de cette ville de Berlin-Ouest et pour cette raison, en ma qualité d'homme libre, je suis fier de prononcer ces mots : *Ich bin ein Berliner* ! » (26 juin 1963, balcon de l'hôtel de ville de Schöneberg, Berlin-Ouest)

Cette fois-ci, ce sont les citoyens[3] qui prennent la parole et qui sont fiers de prononcer ces mots : « Je suis Charlie ». Ce sont les citoyens qui imposent à leurs dirigeants cette revendication : « Je suis Charlie, je suis pour la Liberté ». Les 10 et 11 janvier, dans ce qu'il est maintenant convenu d'appeler les « Marches républicaines », près de quatre millions de personnes manifestent dans le plus important rassemblement de l'histoire française. Quarante-quatre dirigeants de divers pays, dont le président de la République française, participent au cortège parisien du 11 janvier 2015 et le ministère de l'Intérieur dénombre plus de 1,5 million de personnes dans ce cortège. Selon un sondage d'Harris Interactive[4], la raison la plus partagée pour participer à ces manifestations était de vouloir « défendre les valeurs fondamentales de la République et notamment le respect de la liberté d'expression ».

Mots clefs, mots porteurs, référents linguistiques nous sommes, avec « Je suis Charlie » / « #jesuischarlie », confronté à un *nexus*, à ce « nœud affectif prélogique commun à un grand nombre d'individus dans une société particulière » (Rouquette, 1994b). Ces nœuds ont une polarité affective nettement marquée, et occasionnellement intense. Ils cristallisent des valeurs, ils ordonnancent l'attachement et la répulsion en fournissant des critères d'adhésion ou de rejet. Leur mise en œuvre à l'émission ou à la réception désigne des jugements préformés et s'accompagne d'une impression émotive marquée (Lo Monaco, 2009 ; Wolter, 2008, 2009 ; Delouvée, 2005, 2006).

La difficulté dans l'étude des *nexus* réside dans le fait que ceux-ci s'appréhendent *a posteriori*. Difficile, en effet, de définir *a priori* un objet comme futur *nexus*. Tout au plus peut-on faire l'hypothèse que l'objet en question partageant un certain nombre de caractéristiques pourrait devenir objet de *nexus*. Nous sommes clairement confrontés à une limite qui explique en grande partie le faible nombre d'études empiriques sur le sujet depuis la première formulation de Rouquette (1994b) alors même que le concept semble intéresser nombre de chercheurs. Reprenons brièvement les caractéristiques établies par Rouquette et présentées dans le chapitre de Wolter pour tenter d'analyser le phénomène « Je suis Charlie ».

Le caractère collectif, tout d'abord, semble indiscutable. Difficile en effet de trouver un objet plus partagé par les Français début 2015. Si le hastag #jesuischarlie en est une bonne illustration, les marches républicaines des 10 et 11 janvier ne peuvent que conforter ce caractère collectif du *nexus* en question : « Je suis Charlie »... « Nous sommes Charlie » ! Quatre millions de Français ont défilé en ce sens. Ce *nexus* qui cristallise les valeurs et les passions rend également interdépendantes bon nombre d'attitudes (figure F29.2). Mobilisant les foules, les *nexus* apparaissent donc en situation de crise, de conflit ou de menace. Depuis le 11 septembre 2001, le terrorisme est au cœur du fonctionnement de nos sociétés (Ernst-Vintila, Delouvée & Roland-Levy, 2011 ; Delouvée, Rateau & Rouquette, 2013). Difficile d'être plus menaçant qu'une série d'attaques terroristes...

3. Un débat sur la composition sociologique de ces manifestations a opposé un certain nombre de chercheurs en sciences humaines et sociales et agité quelques journalistes. Au-delà des sondages effectués, des études empiriques et des analyses sociologiques reviendront certainement sur ce débat.

4. Enquête réalisée en ligne du 12 au 13 janvier 2015 sur un échantillon de 1 203 personnes représentatif des Français âgés de 18 ans et plus.

Figure F29.2.
Association libre quant à la marche organisée le 11 janvier suite aux attaques terroristes survenues en France (Harris Interactive, 2015)

Un masquage des différences intra- et inter-groupales (à l'intérieur d'un groupe et entre deux groupes) habituellement opérées s'effectue, au moins de manière temporaire, lorsque le *nexus* est activé. « Le mot d'ordre, dans ce cas, se résume à : "nos valeurs sont en danger !" Cette émotion, cette indignation dit quelque chose du potentiel d'action de nos compatriotes », indique Danielle Tartakowsky, spécialiste de l'histoire des manifestations dans *Pèlerin* (15 janvier 2015). Un hommage quasi unanime de la classe politique et un défilé rassembleur en témoignent. Même si certains chercheurs s'interrogent sur l'effet du statut des victimes sur la mobilisation (Ernst-Vintila, 2015).

Il y a également une élaboration qui vise à la construction du réel. Le concept imaginaire prend naissance : la chose nommée existe. « Je suis Charlie » devient donc facilement ce mot clef #jesuischarlie et devient une entité propre qu'il est possible d'interroger (Le Pourhiet, 2015). Par ailleurs, les *nexus* sont indexés par un terme unique n'ayant pas d'autres équivalents. #jesuischarlie finit par dépasser *Charlie Hebdo*. La reprise et le succès de ce mot clef montrent qu'il était sans équivalent. Même les transformations ultérieures « #jesuisUNTEL » font immédiatement écho à *Charlie*.

Enfin, l'emphase en est la forme d'expression discursive privilégiée et le discours prononcé par Manuel Valls, Premier ministre, en hommage aux victimes des attentats le 13 janvier devant l'Assemblée nationale en semble une excellente illustration : « La France, c'est l'esprit des Lumières. La France, c'est l'élément démocratique. La France, c'est la République chevillée au corps. La France, c'est une liberté farouche. La France, c'est la conquête de l'égalité. La France, c'est une soif de fraternité. Et la France, c'est aussi ce mélange si singulier de dignité, d'insolence, et d'élégance. Rester fidèle à l'esprit du 11 janvier 2015, c'est donc être habité par ses valeurs. »

Pour conclure, on peut tout de même s'interroger sur le statut de ce slogan fédérateur et mobilisateur, « Je suis Charlie ». Finalement, a-t-on à faire à un *nexus* ? Il semble en partager toutes les caractéristiques et on aura pu constater que sa remise en cause ou son attaque – par des journalistes, par des enfants lors de la minute de silence, par le mot clef #jenesuispascharlie – a immédiatement entraîné des réactions affectives ou encore des réactions marquées d'incrédulité ou des contre-attaques. De même, les interviews des manifestants parues dans la presse à l'issue des marches républicaines montrent le faible degré de rationalisation et d'élaboration (nœuds affectifs *prélogiques* : ils s'activent en amont de la rationalité). Mais on pourrait également imaginer que « Je suis Charlie » n'est qu'une variation d'un *nexus* plus large qui serait celui de la Liberté. Et force est de constater que celui-ci est récurrent dans l'histoire de nos sociétés.

BIBLIOGRAPHIE

Abric, J.-C. (1976). *Jeux, conflits et représentations sociales*. Aix-en-Provence : Thèse de Doctorat d'État de l'Université de Provence.

Abric, J.-C. (1987). *Coopération, compétition et représentations sociales*. Cousset : Del Val.

Abric, J.-C. (1989). L'étude expérimentale des représentations sociales. In D. Jodelet (Ed.), *Les représentations sociales* (pp. 187-203). Paris : Presses Universitaires de France.

Abric, J.-C. (1993). Central system, peripheral system: Their functions and roles in the dynamic of social representations. *Papers on Social Representations, 2*, 75-78.

Abric, J.-C. (1994a). *Pratiques sociales et représentations*. Paris : Presses Universitaires de France.

Abric, J.-C. (1994b). Les représentations sociales : aspects théoriques. In J.-C. Abric (Ed.), *Pratiques sociales et représentations* (pp. 11-35). Paris : Presses Universitaires de France.

Abric, J.-C. (1994c). Méthodologie de recueil des représentations sociales. In J.-C. Abric (Ed.), *Pratiques sociales et représentations* (pp. 59-82). Paris : Presses Universitaires de France.

Abric, J.-C. (1996). De l'importance des représentations sociales dans les problèmes de l'exclusion sociale. In J. C. Abric (Ed.), *Exclusion sociale, insertion et prévention* (pp. 11-17). Ramonville St Agne : Eres.

Abric, J.-C. (1999). *Psychologie de la communication. Théories et méthodes*. Paris : Armand Colin.

Abric, J.-C. (2001a). A structural approach to social representations. In K. Deaux & G. Philogène (Eds.), *Representations of the Social: Bridging theoretical traditions* (pp. 42-47). Oxford, UK, Malden, MA: Blackwell.

Abric, J.-C. (2001b). L'approche structurale des représentations sociales : développements récents. *Psychologie et Société, 4*, 81-103.

Abric, J.-C. (2003a). *Méthodes d'étude des représentations sociales*. Ramonville Saint-Agne : Erès.

Abric, J.-C. (2003b). La recherche du noyau central et de la zone muette des représentations sociales. In J.-C. Abric (Ed.), *Méthodes d'études des représentations sociales* (pp. 59-80). Ramonville Saint Agne : Érès.

Abric, J.-C. (2003c). L'analyse structurale des représentations sociales. In S. Moscovici & F. Buschini (Eds.), *Les méthodes des sciences humaines* (pp. 375-392). Paris : Presses Universitaires de France.

Abric, J.-C. (2009). *Masquage et démasquage dans les enquêtes : la zone muette*. Séminaire PFI – Actor, Champs sur Marne.

Abric, J.-C. & Vergès, P. (1996). *L'étude des relations entre différents objets de représentation : noyau central, emboîtement et réciprocité*. Communication présentée à la 3ème Conférence Internationale sur les Représentations Sociales, Aix-en-Provence, France.

Abric, J.-C., & Campos, P. H. F. (1996). Les éducateurs et leur représentation sociale de l'enfant de rue au Brésil. In J.-C. Abric (Ed.), *Exclusion sociale, insertion et prévention* (pp. 137-149). Ramonville Saint-Agne : Erès.

Abric, J.-C., & Pianelli, C. (2006). Représentations sociales de la vitesse et du LAVIA. In J. Erhlich (Ed.), *Carnet de route du LAVIA. Limiteur s'adaptant à la vitesse autorisée* (pp. 27-31). Arcueil : INRETS.

Abric, J.-C., & Tafani, E. (2009). Gli sviluppi strutturali della teoria. *Paradigmi delle Rappresentazioni Sociali* (pp. 147-176). Il Mulino: Bologna.

Abric, J.-C., & Vergès, P. (1994). Les représentations sociales de la banque. *Etudes et recherches du Gifresh, 26*.

Adam, D. (2002). Citation analysis: the counting house. *Nature, 415*(6893), 726-729.

Adamopoulos, J. (1982). Analysis of interpersonal structures in literary works of three historical periods. *Journal of Cross-Cultural Psychology, 13*, 157-68.

Adamopoulos, J., & Bontempo, R. T. (1986). Diachronic universals in interpersonal structures. *Journal of Cross-Cultural Psychology, 17*, 169-189.

Adorno, T. W. (2000). *Des Étoiles à terre. La rubrique astrologique du « Los Angeles Times ». Étude sur une superstition secondaire*. Paris : Exils (édition anglaise 1994).

Adwan, S., & Bar-On, D. (2004). Shared history project: A prime example of peace building under fire. *International Journal of Politics, Culture and Society, 17*, 513-522.

Ahmed, S. (2004). Declarations of whiteness: The non-performativity of anti-racism. *Borderlines, 3*(2).

Aïssani, Y. (2009). Changement du noyau central et des éléments périphériques d'une représentation sociale sous l'effet d'un essai contre-attitudinal. *Anuario de Psicologia, 40*, 265-270.

Ajtony, A. (2011). Dialogisme, réceptivité et individu. Quelques pistes d'investigation sur la première période du dialogisme. *Bulletin de psychologie, 64*(5), 457-469.

Ajzen, I. (1996). The directive influence of attitudes on behavior. In P. M. Gollwitzer & J. A. Bargh (Eds.), *Psychology of action: Linking cognition and motivation to behavior* (pp. 385-403). New York: Guilford Press.

Aléssio, R., Apostolidis, T., & Santos, M. F. S. (2008). Entre o aborto e a pesquisa: o embrião na imprensa brasileira. *Psicologia Reflexão e Crítica*, *21*(3), 455-463.

Alessio, R., Apostolidis, T., Santos, F., & Dany, L. (2011). Représentations sociales et embryon humain : une étude comparative Brésil/France. *Les Cahiers Internationaux de Psychologie Sociale*, *92*, 371-395.

Alicke, M. (1985). Global self-evaluation as determined by the desirability and controllability of trait adjectives. *Journal of Personality and Social Psychology*, *49*, 1621-1630.

Allen, L., Jones, C., Dolby, K., Lynn, D., & Walport, M. (2009). Looking for landmarks: the role of expert review and bibliometric analysis in evaluating scientific publication outputs. *PLOS One*, *4*(6).

Allport, F. H. (1920). The influence of the group upon association and thought. *Journal of Experimental Psychology*, *3*(3), 159-182.

Allport, F. H. (1924). *Social Psychology*. Boston: Houghton Mifflin Company.

Allport, F. H., & Lepkin, M. (1945). Wartime Rumors of Waste and Special Privilege: Why some People Believe Them. *Journal of Abnormal and Social Psychology*, *40*, 3-36.

Allport, G. W., & Postman, L. J. (1947). *The Psychology of Rumor*. New York: Russel & Russel.

Allport, G. W., & Postman, L. J. (1968). Les bases psychologiques des rumeurs. In A. Levy (Ed.), *Textes fondamentaux de psychologie sociale* (pp. 170-185). Paris : Dunod.

Almeida, A., & Doise, W. (2009). La messa in opera dei paradigmi. In A. Palmonari & F. Emiliani (Eds.), *Paradigmi delle rappresentazioni sociali* (pp. 83-112). Bologna: Il Mulino.

Almeida, N. D. V. d., Lima, A. K. B. d., Albuquerque, C. M., & Antunes, L. (2005). As Relações de Gênero e as Percepções dos/das Motoristas no Âmbito do Sistema de Trânsito [Relations of gender and perceptions of drivers in the ambit of the traffic system]. *Psicologia Ciência e Profissão, 25*(2), 172-185.

Altermatt, T.W., DeWall, C.N., & Leskinen, E. (2003). Agency and virtue: Dimensions underlying subgroups of women. *Sex Roles, 49*, 631-641.

Altman, I., & Rogoff, B. (1987). World views in psychology: Trait, interactional, organismic, and transactional perspectives. In D. Stokols & I. Altman (Eds.), *Handbook of environmental psychology* (pp. 7-40). New-York: Wiley and Sons.

Amer, A., Howarth, C., & Sen, R. (2015). Diasporic Virginities: Social representations of virginity and constructions of identity amongst British Arab Muslim women. *Culture & Psychology*, *21*(1), 3-19.

Andersén, A. (2010). Social representations and social identity in Swedish folk high schools: An application of Duveen and Lloyd. *Papers on Social Representations*, *19*(1), 10.1–10.14.

Anderson, C. (2008). The end of theory: The data deluge makes the scientific method obsolete. *Wired, Chris Anderson Magazine, 06.23.08*.

Anderson, G. (1998). *Fundamentals of educational research*. London: Falmer Press.

Anderson, J. A. (2008). The Production of Media Violence and Aggression Research: A Cultural Analysis. *American Behavioral Scientist, 51*, 1260-1279.

Andreouli, E. (2010). Identity, positioning and self-other relations. *Papers on Social Representations*, *19*(1), 14.1–14.13.

Andreouli, E., & Dashtipour, P. (2014). British citizenship and the "other": An analysis of the earned citizenship discourse. *Journal of Community & Applied Social Psychology*, *24*, 100-110.

Andreouli, E., & Howarth, C. (2012). National identity, citizenship and immigration: Putting identity in context. *Journal for the Theory of Social Behaviour*, *43*, 361-382.

Andriamifidisoa, I. (1982). *La transformation d'une représentation sociale : exemple des relations sociales à Madagascar*. Thèse de doctorat de l'Université de Provence, Aix-en-Provence.

Ann, S. K., & Gower, K. (2009). How do the news media frame crises? A content analysis of crisis news coverage. *Public Relations Review*, *35*, 107-112.

Anwar, M. (1998). Between Cultures: Continuity and Change in the Lives of Young Asians. London: Routledge.

Apfelbaum, E. (1992). Some teachings from the history of social psychology. *Canadian Psychology/Psychologie Canadienne*, *33*(3), 529-539.

Apostolidis, T. (1994). Représentations sociales de la sexualité et du lien affectif : la logique relationnelle des comportements sexuels et la prévention du sida. In M. Calvez, G. Paicheler, Y. Souteyrand (Eds.), *Connaissances, représentations, comportements* (pp. 77-85). Paris, Documents de l'ANRS.

Apostolidis, T. (1998). *Penser le rapport au sexuel à l'époque du sida : représentations sociales de la sexualité dans une population de jeunes adultes en France et en Grèce*. Paris : Thèse de doctorat de l'Ecole des Hautes Etudes en Sciences Sociales.

Apostolidis, T. (2000). Le rapport au sexuel et la « sémiotique » de l'amour : marquage socioculturel et climats relationnels. *Journal des Anthropologues*, *82-83*, 339-356.

Apostolidis, T. (2003). Représentations sociales et triangulation : enjeux théorico-méthodologiques. In J.-C. Abric (Ed.), *Méthodes d'étude des représentations sociales* (pp. 13-36). Ramonville Saint-Agne : Erès.

Apostolidis, T. (2006). Représentations sociales et triangulation : une application en psychologie sociale de la santé. *Psicologia : Teoria e Pesquisa*, *22*(2), 213-228.

Apostolidis, T., & Dany, L. (2012). Pensée sociale et risques dans le domaine de la santé : le regard des représentations sociales. *Psychologie Française*, *57*(2), 67-81.

Apostolidis, T., & Deschamps, J.-C. (2003). Une approche psychosociale de l'amour : logiques normatives et représentations. *Nouvelle Revue de Psychologie sociale*, *2*(2), 216-227.

Apostolidis, T., Buschini, F., Kalampalikis, N. (1998). *Représentations et valeurs engagées dans la contraception masculine médicalisée*. Rapport de recherche sous la dir. scientifique de D. Jodelet, LPS – Ehess, INSERM.

Apostolidis, T., Duveen, G., & Kalampalikis, N. (2002). Représentations et croyances. *Psychologie & Société*, *5*, 7-11.

Archer, L. (2002). Change, culture and tradition: British Muslim pupils talk about Muslim girls'post-16 "choices." *Race Ethnicity and Education*, *5*(4), 359-376.

Arendt, H. (1961). *Condition de l'homme moderne*, (G. Fradier, Trans.). Paris : Calmann-Lévy.

Aristotle (1988). Metaphysics. In J. L. Ackrill (Ed.), *A New Aristotle Reader* (pp. 253-360). Princeton, N.J.: Princeton University Press.

Arliss, L. P., Cassata, M., & Skill, T. (1983). Dyadic interaction on the daytime serials : How men and women vie of power. In

M. Cassata & T. Skill (Eds.), *Life on daytime television: Tuning-in American serial drama* (147-156). Norwood, NJ : Ablex.

Armstrong, K. (2001). *The battle for God*. New York: Ballantine Books.

Asch, S. E. (1946). Forming impressions of personality. *Journal of Abnormal and Social Psychology*, *41*(3), 258-290.

Asch, S. E. (1951). Effects of group pressure upon the modification and distortion of judgments. In H. Guetzkow (Ed.), *Groups, leadership and men; research in human relations. Reports on research sponsored by the Human Relations and Morale Branch of the Office of Naval Research, 1945-1950* (pp. 177-190). Pittsburgh: Carnegie Press.

Asch, S. E. (1952). *Social psychology*. New York: Prentice-Hall.

Asch, S. E. (1956). Studies of independence and conformity: I. A minority of one against a unanimous majority. *Psychological monographs: General and applied*, *70*(9), 1-70.

Aspler, R., & Sears, D. O. (1968). Warning, personal involvement and attitude change. *Journal of Personality and Social Psychology*, *9*(2), 162-166.

Assmann, J. (1997). *Moses the Egyptian: The memory of Egypt in modern monotheism*. Cambridge, MA: Harvard University Press.

Association for Psychological Science (A.P.S.) (2014). *Big Data, Big Sciences, 26th Annual Convention,* San Francisco May 22-25 2014.

Ather, A. (2013). *Why Are British Muslims Writing?* Cardiff University Press.

Augé, M. (1994). *Pour une anthropologie des mondes contemporains*. Paris : Aubier.

Augoustinos, M. (1998). Social representations and ideology. Towards the study of ideological representations. In U. Flick (Ed.), *The psychology of the social* (pp. 156-169). Camdridge, UK: Cambridge University Press.

Augoustinos, M. (2001). Social categorisation: Towards theoretical integration. In K. Deaux & G. Philogène (Eds.), *Representations of the Social : Bridging theoretical traditions* (pp. 201-221). Oxford: Blackwell.

Augoustinos, M. (2009). Racism(s): One or many? *International Journal of Psychology, 44*, 43-45.

Augoustinos, M., & Quinn, C. (2003). Social categorization and attitudinal evaluations: illegal immigrants, refugees or asylum seekers? *Nouvelle Revue de Psychologie Sociale, 2*(1), 29-37.

Augoustinos, M., & Riggs, D. (2007). Representing "us" and "them": Constructing white identities in everyday talk. In G. Moloney & I. Walker (Eds.), *Social Representations and Identity: Content, Process and Power* (pp. 109-130). Basingstoke: Palgrave Macmillan.

Augoustinos, M., & Walker, I. (1995). *Social cognition: an integrated introduction*. London: Sage.

Auzoult, L., Abdellaoui, S. A., & Lheureux, F. (2012). Représentation de l'autonomie dans le champ de l'orientation scolaire et professionnelle. *L'Orientation Scolaire et Professionnelle*, *41*(4).

Aventurier, P. (2014). *Academic social networks: challenges and opportunities, 7th Unica Scholarly Communication Seminar: Visibility, Visibility, Visibility.* Rome, 27-28th November 2014.

Averill, J. R. (1980). A constructivist view of emotion. In R. Plutchik & H. Kellerman (Eds.), *Emotion: Theory, research, and experience* (pp. 305-340). New York: Academic Press.

Awan, I. (2014). Operation "Trojan Horse": Islamophobia or extremism? *Political Insight*, *5*(2), 38-39.

Babad, E. (2005). The Psychological Price of Media Bias. *Journal of Experimental Psychology: Applied*, *11*(4), 245-255.

Baccini A. (2010). *Valutare la ricerca scientifica. Uso e abuso degli indicatori bibliometrici*. Bologna: Il Mulino.

Baggio, S., & Colliard, C. (2006). Tsunami et bien-être subjectif : effet de l'implication personnelle et de la sociabilité. *Les Cahiers Internationaux de Psychologie Sociale*, *74*, 19-28.

Baggio, S., & Rouquette, M.-L. (2006). La représentation sociale de l'inondation : influence croisée de la proximité au risque et de l'importance de l'enjeu. *Bulletin de Psychologie*, *59*(1), 103-117.

Bagot, K. L., Bove, L. L., Masser, B. M., Bednall, T. C., & Buzza, M. (2013). Perceived deterrents to being a plasmapheresis donor in a voluntary, nonremunerated environment. *Transfusion*, *53*(5), 1108-1119.

Baillauquès, S. (2012). Le travail des représentations dans la formation des enseignants. In L. Paquay, M. Altet, E. Charlier, & P. Perrenoud (Eds.), *Former des enseignants professionnels quelles stratégies ? Quelles compétences ?* (pp. 59-81). Bruxelles : De Boeck.

Baillauquès, S., & Breuse, E. (1993). *La première classe ou Les débuts dans le métier d'enseignant*. Paris : EME Editions Sociales Françaises.

Baker, P., Gabrielatos, C., & McEnery, T. (2013). Sketching Muslims: A corpus-driven analysis of representations around the word "Muslim" in the British press 1998-2009. *Applied Linguistics*, *34*(3), 255-278.

Bakhtine, M. (1970). *La poétique de Dostoïevski* (1re édition, 1929). Paris : Édition du Seuil.

Balandier, G. (1971). *Sens et puissance*. Paris : Presses Universitaires de France.

Banchs, M. A. (1996). El papel de la emoción en la construcción de representaciones sociales: invitación para una reflexion teórica. *Papers on Social Representations*, *5*(2), 113-125.

Bangerter, A., & Heath, C. (2004). The Mozart effect : tracking the evolution of a scientific legend. *British Journal of Social Psychology, 43*, 605-623.

Bangerter, A., & Lehmann, K. (1997). Serial reproduction as a method for studying social representation. *Papers on Social Representations*, *6*, 141-154.

Bar-Illan, J. (2008). Which h-index? A comparison of WoS, Scopus and Google Scholar. *Scientometrics, 74*, 257-271.

Bar-On, D., & Kassem, F. (2004). Storytelling as a way to work through intractable conflicts: The German-Jewish experience and its relevance to the Palestinian-Israeli context. *Journal of Social Issues, 60*(2), 289-306.

Bar-Tal, D. (1990). Causes and consequences of delegitimization : models of conflict and ethnocentrism. *Journal of Social Issues, 46*(1), 65-81.

Bar-Tal, D. (2007). Sociopsychological foundations of intractable conflicts. *American Behavioral Scientist, 50*(11), 1430-1453.

Bar-Tal, D. (2013). *Intractable conflicts: Socio-psychological foundations and dynamics*. Cambridge: Cambridge University Press.

Barbery, J., Louche, C., & Moliner, P. (2006). Théorie du noyau central et transformation des cultures organisationnelles à l'occasion d'une fusion. *Psychologie du Travail et des Organisations, 12*(3), 201-201.

Barbour, R. (2001). Checklists for improving rigour in qualitative research: A case of the tail wagging the dog? *British Medical Journal, 322*, 1115-1117.

Barel, Y. (1990). Le grand intégrateur. *Connexions, 56*(2), 85-100.

Barjonet, P.-E. (1983). *Les acteurs de la circulation et la sécurité. Etude des représentations sociales de l'action de sécurité routière.* Thèse de Doctorat de 3ème cycle, Université Paris VIII et Ecole des Hautes Etudes en Sciences Sociales, Paris.

Barjonet, P.-E. (1988). *Vitesse, risque et accident: psychosociologie de la sécurité*. Caen : Paradigme.

Barjonet, P.-E. (1989). Sociologie(s) de la circulation et de la sécurité routière : quelques hypothèses pour un domaine de recherche. *Recherche – Transports – Sécurité, 22*, 43-48.

Barjonet, P.-E., Cauzard, J.-P., Hamelin, P., Lassare, S., & L'Hoste, J. (1978). *Représentations sociales de l'action de sécurité et de l'accident de la route*. Rapport final pour le Ministère des Transports. Arcueil : ONSER – DGRST.

Barjonet, P.-E., Khlifi, T., & Mignot, C. (1998). De la représentation du risque d'accident à sa prévention : décalages et contradictions. In M. Ansidei, D. Dubois, D. Fleury & B. Munier (Eds.), *Les risques urbains. Acteurs, systèmes de prévention* (pp. 69-84). Paris : Anthropos.

Barjonet, P.-E., Mounier, E., & Jodelet, D. (1989). *Modèles sociaux d'usage du corps et prise de risque automobile*. Arcueil : INRETS, EHESS.

Barreto, M., Ryan, M., & Schmitt, M. (2009). *The glass ceiling in the 21st century: Understanding barriers do gender equality*. London: American Psychological Association

Barthes, R. (1966). Introduction à l'analyse structurale des récits. *Communications, 8*, 1-27.

Barthes, R. (1993). *Oeuvres complètes*. Paris : Seuil.

Bartlett, F. C. (1932). *Remembering*. Cambridge: Cambridge University Press.

Barton, K. C. (2012). School History as a resource for construction identities. In M. Carretero, M. Asensio & M. Rodríguez-Moneo (Eds.), *History Education and the Construction of National Identities* (pp. 93-108). Charlotte, NC: IAP.

Bataille, M. (2000). Représentation, implicitation, implication des représentations sociales aux représentations professionnelles. In C. Garnier & M.-L. Rouquette (Eds.), *Les Représentations en éducation et formation* (pp. 165-189). Montréal : Editions Nouvelles.

Bataille, M., Blin, J.-F., Jacquet-Mias, C., & Piaser, A. (1997). Représentations sociales, représentations professionnelles, système des activités professionnelles. In Association francophone internationale de recherche scientifique en éducation (Ed.), *L'année de la recherche en sciences de l'éducation* (pp. 57-89). Paris : Presses Universitaires de France.

Batista, P. D., Campiteli, M. G., & Kinouchi, O. (2006). Is it possible to compare researchers with different scientific interests? *Scientometrics, 68*(1), 179-189.

Baudrillard, J. (2005). *The system of objects*. London: Verso.

Bauer, M. (2005). Distinguishing red and green biotechnology: cultivation effects of the elite press. *International Journal of Public Opinion Research, 17*(1), 63-89.

Bauer, M. W., & Gaskell, G. (1999). Towards a paradigm for research on social representations. *Journal for the Theory of Social Behaviour, 29*(2), 163-186.

Bauer, M. W., & Gaskell, G. (2008). Social representations Theory: A Progressive Research Programme for Social Psychology. *Journal for the Theory of Social behaviour, 38*, 335-353.

Baumeister, R. F., & Hastings, S. (1997). Distortions of collective memory: how groups flatter and deceive themselves. In J. W. Pennebaker, D. Paez & B. Rimé (Eds.), *Collective memory of political events: Social psychological perspectives* (pp. 277-293). Mahwah, NJ: Erlbaum.

Béal, A., Kalampalikis, N., Fieulaine, N., & Haas, V. (2014). Expériences de justice et représentations sociales : l'exemple du non-recours aux droits. *Les Cahiers Internationaux de Psychologie Sociale, 103*(3), 549-573.

Beauvois, J.-L. (1994). *Traité de la servitude libérale. Analyse de la soumission*. Paris : Dunod.

Beauvois, J.-L. (1997). Conclusion. In J.-P. Leyens & J.-L. Beauvois (Eds.), *L'Ère de la cognition* (pp. 273-285). Grenoble : Presses Universitaires de Grenoble.

Beauvois, J.-L. (2003). Les démocraties, la télévision et la propagande glauque. In D. Courbet & M.-P. Fourquet (Eds.), *La télévision et ses influences* (pp. 161-170). Bruxelles : de Boeck.

Beauvois, J.-L. (2005). *Les illusions libérales, individualisme et pouvoir social : petit traité des grandes illusions*. Grenoble : Presses universitaires de Grenoble.

Beauvois, J.-L. (2011). *Les influences sournoises. Précis des manipulations ordinaires*. Paris : Bourin, coll. Sociétés.

Beauvois, J.-L., & Joule, R.-V. (1981). *Soumission et idéologies*. Paris : Presses Universitaires de France.

Becker, H. (2007). *Telling about society*. Chicago: University of Chicago Press.

Bègue, L. & Desrichard, O. (2013). *Traité de psychologie sociale. La science des interactions humaines*. Bruxelles : De Boeck.

Beitone, A., Dollo, C., Rodrigues, C., & Decugis, M.-A. (2003). *Les sciences économiques et sociales : Enseignement et apprentissages*. Bruxelles : De Boeck.

Ben Alaya, D. (2013a). The Tunisian revolution. An object under construction. *Papers on Social Representations, 22*, 2.1-2.19.

Ben Alaya, D. (2013b). *Antinomies et thêmata. Lieux, formes et modes d'expression*. Séminaire du Laboratoire de Psychologie Sociale (EA849). Aix-Marseille Université, Aix-en-Provence.

Ben Alaya, D. (2014). La réappropriation d'éléments de l'Histoire sur Facebook dans un contexte tunisien « post revolutionnaire ». *Revue Educaçao e Cultura Contemporânea, 11*(24), 21-32.

Benoît XVI (2010). *Lumière du monde. Le pape, l'Église et les signes des temps : un entretien avec Peter Seewald*. Paris : Bayard.

Berger, C. R., & Calabrese, R. J. (1975). Some explorations in initial interaction and beyond: Toward a developmental theory of interpersonal communication. *Human Communication Theory, 1*, 99-112.

Berger, M. L. (1986). Women drivers! The emergence of folklore and stereotypic opinions concerning feminine automotive behavior. *Women's Studies International Forum, 9*(3), 257-263.

Berger, P., & Luckmann, T. (1996). *La construction sociale de la réalité*. Paris : Armand Colin.

Bert, N., Souchet, L., & Girandola, F. (2011). *Double soumission et dynamique des représentations sociales : le lien entre système central et intention*. 9ème colloque international de Psychologie Sociale Appliquée, Strasbourg, France.

Berti, C., Molinari, L., & Speltini, G. (2010). Classroom justice and psychological engagement: students'and teachers'representations. *Social Psychology of Education, 13*(4), 541-556.

Bertoldo, R. (2014). *A Valorização social do pró-ambientalismo enquadrado por normas formais: Uma análise psicossocial comparativa entre Brasil e Portugal* [La valorisation sociale du pro-environnementalisme encadrée par des normes formelles : une analyse psychosociale comparative entre le Brésil et le Portugal] (Thèse non publiée). Lisbon University Institute, ISCTE-IUL, Lisbonne.

Bertoldo, R., & Bousfield, A. (2011). Représentations sociales du changement climatique : effets de contexte et d'implication. *Temas em Psicologia, 19*(1), 121-137.

Bérud, G., Clémence, A., & Meyer, G. (1985). Les apprentis : image de soi et images du monde. *Revue Suisse de Sociologie, 1*, 73-84.

Bie, P. de, Lévis-Strauss, C., Nuttin, J., & Jacobson, E. (1954). *Les sciences sociales dans l'enseignement supérieur : sociologie, psychologie sociale et anthropologie culturelle*. Paris : Organisation des Nations Unies pour l'Éducation, la Science et la Culture (UNESCO).

Bigazzi, S., & Nencini, A. (2008). How evaluations construct identities: the psycholinguistic model of evaluation. In O. Vincze & S. Bigazzi (Eds.), *Élmény, történetek, a történetek élménye* (pp. 91-105). Budapest: UMK.

Bihannic, L., & Michel-Guillou, E. (2011). Développement durable et agriculture durable : sens du concept de « durabilité » à travers la presse régionale et le discours des agriculteurs. *Développement durable et territoires, 2*(3).

Bilewicz, M., & Jaworska, M. (2013). Reconciliation through the righteous: The narratives of heroic helpers as a fulfillment of emotional needs in Polish-Jewish intergroup contact. *Journal of Social issues, 69*(1), 162-179.

Billig, M. (1988). Social representation, objectification and anchoring: a rhetorical analysis. *Social behavior, 3*, 1-16.

Billig, M. (1989). *Ideological Dilemmas: A social psychology of everyday dilemmas*. London: Sage.

Billig, M. (2002). Henri Tajfel's "Cognitive aspects of prejudice" and the psychology of bigotry. *British Journal of Social Psychology, 41*, 171-188.

Bissell, K., & Parrott, S. (2013). Prejudice: The role of the media in the development of social bias. *Journalism & Communication Monographs, 15*(4), 219-270.

Blackwood, L., Hopkins, N., & Reicher, S. (2012). I know who I am, but who do they think I am? Muslim perspectives on encounters with airport authorities. *Ethnic and Racial Studies, 36*(6), 1090-1108.

Blanchette, I., & Dunbar, K. (2002). Representational Change and Analogy: How analogical inferences alter target representation. *Journal of Experimental Psychology: Learning, Memory & Cognition, 4*, 672-685.

Blondiaux, L. (2003). L'opinion publique. In A.-M. Gingras (Ed.), *La communication politique* (pp. 137-158). Québec : Presses Universitaires du Québec.

Bobowik, M. Páez, D., Liu, J. H., Espinosa, A., Techio, E., Zubieta, E., & Cabecinhas, R. (2010). Psychosocial bases of a "culture of war": Beliefs about History, the Meaning of Second World War and willingness to fight in Portuguese and Spanish speaking cultures. *Revista de Psicología, 28*, 111-146.

Bobowik, M., Páez, D., Liu, J., Licata, L., Klein, O., & Basabe, N. (2014). Victorious justifications and criticism of defeated: Involvement of nations in world wars, social development, cultural values, social representations of war, and willingness to fight. *International Journal of Intercultural Relations, 43*(part A), 60-73.

Boggi Cavallo, P., & Iannacone, A. (1993). Représentations sociales et construction des connaissances. *Papers on Social Representations, 2*(3), 1-12.

Bohner, G., Chaiken, S., & Hunyadi, P. (1994). The role of mood and message ambiguity in the interplay of heuristic and systematic processing. *European Journal of Social Psychology, 24*, 207-221.

Boire, R. G. (1999/2000). On Cognitive Liberty (Part I). *Journal of Cognitive Liberties, 1*, 7-13.

Boltanski, L. (1975). Les usages sociaux de l'automobile : concurrence pour l'espace et accidents. *Actes de la recherche en sciences sociales, 1*(2), 25-49.

Boltanski, L., & Chiapello, E. (1999). *Le nouvel esprit du capitalisme*. Paris : Gallimard.

Boltanski, L., & Thevenot, L. (1991). *De la justification. Les économies de la grandeur*. Paris : Gallimard.

Boltanski, L., & Thevenot, L. (2015). Comment s'orienter dans le monde social. *Sociologie, 6*(1), 5-30.

Bonardi, C., & Roussiau, N. (2000). Engagement et transformations des représentations sociales : les apports du modèle bi-dimensionnel. In J. L. Beauvois, R.V. Joule & J.-M. Monteil (Eds.), *Perspectives cognitives et conduites sociales, n° 7* (pp. 125-159). Rennes : Presses Universitaires de Rennes.

Bonardi, C., & Roussiau, N. (1999). *Les représentations sociales*. Paris : Dunod.

Bonardi, C., De Piccoli, N., Larrue, J., & Soubiale, N. (1994). Dipendenza e interdipendenza delle rappresentazioni sociali: la rappresentazione sociale dell'Europa e quella della politica. *Giornale Italiano di Psicologia, 21*(3), 399-419.

Bonnec, Y., Roussiau, N., & Vergès, P. (2002). Categorical and prototypical analysis: A study on the quality process in hospital institutions. *European Review of Applied Psychology, 52*(3-4), 213-220.

Bonnett, A. (2000). *White Identities: Historical and International Perspectives*. Essex: Prentice-Hall.

Börner, K., (2010). *Atlas of science. Visualizing what we know*. Cambridge, MA: MIT Press.

Bornmann, L. (2010). Towards an ideal method of measuring research performance. Some comments to the Opthof and Leydesdorff (2010) paper. *Journal of Informetrics, 4*(3), 441-443.

Boucher, K. (2003). « Faites la prévention, mais pas l'amour ! » : des regards féministes sur la recherche et l'intervention en éducation sexuelle. *Recherches féministes, 16*(1), 121.

Bourdieu, P. (1968). Éléments d'une théorie sociologique de la perception artistique. *Revue Internationale des Sciences Sociales, 20*(4), 5-14.

Bourdieu, P. (1977). La production des croyances : contribution à une économie des biens symboliques. *Actes de la Recherche en Sciences Sociales, 13*, 3-43.

Bourdieu, P. (1977). *Outline of a Theory of Practice*. Cambridge: Cambridge University Press.

Bourdieu, P. (1980). *Questions de sociologie*. Paris : les Editions de Minuit.

Bourdieu, P. (1992). Préface. In W. Doise, A. Clémence, & F. Lorenzi-Cioldi (Eds.), *Représentations sociales et analyses de données* (pp. 7-8). Grenoble : Presses Universitaires de Grenoble.

Bourdieu, P. (1993). *Language and Symbolic Power*. Cambridge: Polity Press.

Bouriche, B. (2014). Émotions et dynamique des représentations sociales. *Les Cahiers Internationaux de Psychologie Sociale, 102*(2), 195-232.

Bouthoul, G. (1952). *Les mentalités*. Paris : Presses Universitaires de France.

Bouyssieres, P. (2001). Représentations professionnelles du groupe chez les formateurs d'adultes. In C. Solar (Ed.), *Le groupe en formation des adultes: comprendre pour mieux agir* (pp. 11-33). Bruxelles: De Boeck Université.

Bowes, P., Stevenson, F., Ahluwalia, S., & Murray, E. (2012). I need her to be a doctor: Patients experiences of presenting health information from the internet in GP consultations. *British Journal of General Practice, 62*(604), e732-e738.

Boy, D., Cautrès, B. & Chiche, J., (2006). *Le rapport à la politique des Français*, Le Baromètre Politique Français (2006-2007), CEVIPOF-Ministère de l'Intérieur, 1re vague – Printemps 2006.

Boyd, D., & Crawford, K. (2012). Critical questions for big data. *Information, Communication & Society, 15*, 662-679.

Braithwaite, V. A., & Scott, W. A. (1991). Values. In J. P. Robinson, P. R. Shaver & L. S. Wrightsman (Eds.), *Measures of Personality and Social Psychology* (Vol.1, pp. 661–753). San Diego, CA: Academic Press.

Branscombe, N. R. (2004). A Social Psychological perspective on Collective Guilt. In N.R. Branscombe & B. Doosje (Eds.), *Collective Guilt: International perspectives* (pp. 320-334). Cambridge: Cambridge University Press.

Braud, P. (1996). *L'émotion en politique*. Paris : Presses de Sciences-Po.

Braud, P. (2004). *Violences politiques*. Paris : Seuil.

Braud, P. (2007). *Petit traité des émotions, sentiments et passions politiques*. Paris : Armand Colin.

Breakwell, G. M. (1986). *Coping with Threatened Identities*. London/New York: Methuen.

Breakwell, G. M. (1992). *Social psychology of identity and the self-concept*. London: Academic Press.

Breakwell, G. M. (1993a). Social representations and social identity. *Papers on Social Representations, 2*(3), 198-217.

Breakwell, G. M. (1993b). Integrating paradigms: methodological implications. In G. M. Breakwell & D.V. Canter (Eds.), *Empirical approaches to social representations* (pp. 180-201). Oxford: Oxford University Press.

Breakwell, G. M. (2001). Social representational constraints upon identity processes. In K. Deaux & G. Philogène (Eds.), *Representations of the social: Bridging theoretical traditions* (pp. 271-284). Malden: Blackwell.

Breakwell, G. M. (2010). Resisting representations and identity processes. *Papers on Social Representations, 19*, 6.1-6.11.

Brehm, J. W. (1966). *A Theory of Psychological Reactance*. New York: Academic Press.

Brehm, J. W. (1972). *Response to Loss of Freedom: A Theory of Psychological Reactance*. Morristown, NJ: General Learning Press.

Breisach, E. (2006). *Historiography. Ancient, medieval and modern*. Chicago: The University of Chicago press book.

Brenac, T. (2004). Insécurité routière : un point de vue critique sur les stratégies de prévention. *Espaces et Sociétés, 3*(118), 113-132.

Bressoux, P., & Pansu, P. (2003). *Quand les enseignants jugent leurs élèves*. Paris : Presses universitaires de France.

Brewer, M. B. (1991). The social self – On being the same and different at the same time. *Personality and Social Psychology Bulletin, 17*(5), 475-482.

Brewer, M. B. (2001). Social identities and social representations: A question of priority? In K. Deaux & G. Philogène (Eds.), *Representations of the social: Bridging theoretical traditions* (pp. 305-311). Malden: Blackwell.

Brice, M. A. K. (2011). *A minority within a minority: A report on converts to Islam in the United Kingdom*. London: Faith Matters.

Bronner, G. (2003). *L'empire des croyances*. Paris : Presses Universitaires de France.

Bronner, G. (2006). *Vie et mort des croyances collectives*. Paris : Hermann.

Brosius, H.B., & Kepplinger, H.M. (1990). The agenda-setting function of television news: Static and dynamic views. *Communication Research, 17*, 183-211.

Brosnan, M. (1998). *Technophobia: The psychological impact of information technology*. London: Routledge.

Broswimmer, F. (2003). *Ecocide : une brève histoire de l'extinction en masse des espèces*. Paris : Parangon.

Brown, R. (1988). *Group Processes. Dynamics Within and Between Groups*. Oxford: Basil Blackwell.

Brown, R., & Fish, D. (1983). The psychological causality implicit in language. *Cognition, 14*, 237-273.

Brownstein, J. S., Freifeld, C. C., Chan, E. H., Keller, M., Sonricker, A. L., Mekaru, S. R., & Buckeridge, D. L. (2010). Information technology and global surveillance of cases of 2009 H1N1 Influenza. *New England Journal of Medicine, 362*, 1731-1735.

Bruner, J. (1986). *Actual minds, possible worlds*. Cambridge, Ma: Harvard University Press.

Bruner, J. (1990). *...car la culture donne forme à l'esprit*. Paris : Eshel.

Bruner, J. (1990). *Acts of meanings*. Harvard: Harvard University Press.

Buijs, A., Hovardas, T., Figari, H., Castro, P., Devine-Wright, P., Fischer, A., Mouro, C., & Selge, S. (2012). Understanding People's Ideas on Natural Resource Management. *Research on Social Representations of Nature. Society & Natural Resources: An International Journal, 25*(11), 1-15.

Bujarin, N. (1974/1925). *Teoría del materialismo histórico* [Historical Materialism: a system of sociology]. Madrid: Siglo XXI.

Bullock, K. (2007). *Rethinking Muslim Women and the Veil: Challenging Historical and Modern Stereotypes*. Virginia, USA: International Institute of Islamic Thought.

Burgelman, J.-C., Osimo, D., & Bogdanowicz, M. (2010). Science 2.0 (change will happen...). *First Monday, 15*, 7-5 July 2010.

Burguet, A. (1999). Le lecteur, le texte et le contexte. *Psychologie Française, 44*(1), 65-73.

Burguet, A. (2000). Le contrat de communication dans le discours de la presse. *Revue Internationale de Psychologie Sociale, 13*(4), 151-180.

Burguet, A. (2003). Rappel immédiat d'un article de presse : effets du contrat de lectorat et de l'accord avec le texte. *Nouvelle Revue de Psychologie Sociale, 2*(2), 228-236.

Burguet, A. (2011). L'abstraction langagière dans le récit d'un fait divers : des circonstances accablantes pour l'accusé. *Revue Internationale de Psychologie Sociale, 24*(4), 23-44.

Burguet, A., & Girard, F. (2008). La coupe du monde de football 2006. Analyse de la production des biais linguistiques intergroupes. *Les Cahiers Internationaux de Psychologie Sociale*, 85-95.

Buruma, I. (2002). *The wages of guilt : Memories of war in Germany and Japan*. London: Phoenix.

Buschini, F. (1998). L'impact de messages aux styles d'expression positif ou négatif en fonction du statut minoritaire ou majoritaire de la source d'influence. *Les Cahiers Internationaux de Psychologie Sociale, 39*, 9-22.

Buschini, F., & Doise, W. (2008). Ancrages et rencontres dans la propagation d'une théorie. In E. Lage, B. Madiot & A. Arruda (Eds.), *Une approche engagée en psychologie sociale : l'œuvre de Denise Jodelet* (pp. 13-25). Saint-Agne : Erès.

Buschini, F., & Kalampalikis, N. (2001). *Penser la vie, le social, la nature. Mélanges en l'honneur de Serge Moscovici. Papers in honour of Serge Moscovici*. Paris : Editions de la Maison des sciences de l'homme.

Buschini, F., & Lorenzi-Cioldi, F. (2013). Représentations sociales. In L. Bègue & O. Desrichard (Eds.), *Traité de psychologie sociale. La science des interactions humaines* (pp. 393-415). Bruxelles : De Boeck Supérieur.

Butler, J. (1990). *Gender Trouble*. New York : Routledge.

Cabecinhas, R., Liu, J.H., Licata, L., Klein, O., Mendes, J., Feijó, J. & Niyuhahwe, A. (2011). Hope in Africa? Social representations of world history and the future in six African countries. *International Journal of Psychology, 46*(5), 354-367.

Cadet, B., & Kouabenan, D. R. (2005). Évaluer et modéliser les risques : apports et limites de différents paradigmes dans le diagnostic de sécurité. *Le Travail Humain, 68*(1), 7-35.

Caillaud, S. (2010). Représentations sociales et significations des pratiques écologiques : perspectives de recherche. *Vertigo, 10*(2).

Caillaud, S. (2015). Triangulation des méthodes d'analyse du discours en psychologie sociale. Deux exemples sur les représentations sociales de l'écologie. In C. Canut, & P. Münchow (Eds.), *Le langage en sciences humaines et sociales* (pp. 97-113). Paris : Editions Lambert Lucas.

Caillaud, S., & Flick, U. (2013). New meanings for old habits? Representations of climate change in France and in Germany. *International Review of Social Psychology, 26*(3), 39-72.

Caillaud, S., Kalampalikis, N., & Flick, U. (2010). Penser la crise écologique : représentations et pratiques franco-allemandes. *Les Cahiers Internationaux de Psychologie Sociale, 87*(3), 621-644.

Caillaud, S., Kalampalikis, N., & Flick, U. (2012). The social representations of the Bali climate conference in French and German media. *Journal of Community and applied Social Psychology, 22* (4), 363-378.

Callaghan, P., Moloney, G., & Blair, D. (2012). Contagion in the representational field of water recycling: Informing new environment practice through social representation theory. *Journal of Community & Applied Social Psychology, 22*(1), 20-37.

Camargo, B. V. (1997). *Communication et prévention du sida: études sur le rapport entre l'information télévisuelle, les représentations sociales et la pratique préventive chez les jeunes lycéens*. Paris : Thèse de Doctorat de l'École des Hautes Études en Sciences Sociales.

Camargo, B. V., & Barbará, A. (2004). Efeitos de panfletos informativos sobre a aids em adolescentes. *Psicologia: Teoria e Pesquisa, 20*(3), 279-287.

Camargo, B. V., Barbará, A., & Bertoldo, R. (2007). Concepção pragmática e científica dos adolescentes sobre a aids. *Psicologia em Estudo, 12*(2), 277-284.

Camargo, B. V., Bousfield, A., & Wachelke, J. (2011). Social representations and Applied Sciences: The case of HIV prevention. *Temas em Psicologia, 19*(1), 27-41.

Campbell, A. (1999). Staying alive: Evolution, culture, and women's intrasexual aggression. *Behavioral and Brain Sciences, 22*, 203–214.

Campbell, D. T. (1958). Common fate, similarity, and other indices of the status of aggregates of persons as social entities. *Behavioural Sciences, 3*(1), 14-25.

Campbell, D., & Fiske, D. (1959). Convergent and discriminant validation by the multitrait-multipethod matrix. *Psychological Bulletin, 56*, 81-105.

Campion-Vincent, V. (1997). *La légende des vols d'organes*. Paris : Les Belles Lettres.

Campion-Vincent, V. (2005). *La société parano : théories du complot, menaces et incertitudes*. Paris : Editions Payot et Rivages.

Campos, P. H. F. (1998) *Pratiques, représentations et exclusion : le cas des éducateurs des enfants de rue au Brésil*. Aix-en-Provence, Thèse de Doctorat de l'Université de Provence.

Campos, P. H. F. (2003) Rapports entre pratiques et représentations : apports théoriques et empiriques pour un modèle d'étude. *Psychologie et Société, 6*(2), 132-162.

Campos, P. H. F., & Lagares, R. (2002). The « traffic » and « driving » social representations. *Acts of the 5th International Conference on Social Representations* (pp. 454-472), *Montreal, Canada.*

Campos, P. H. F., & Rouquette, M.-L. (2000). La dimension affective des représentations sociales : deux recherches exploratoires. *Bulletin de Psychologie, 53*(4), 435-441.

Campos, P. H. F., & Rouquette, M.-L. (2003). Abordagem estructural e componente afetivo das representações sociais. *Psicologia reflexão, 16*(3), 435-445.

Candau, J. (2005). *Anthropologie de la Mémoire*. Paris : Armand Colin.

Cantril, H. (1967). *The Human Dimension, Experiences in Policy Research*. New Brunswick, NJ: Rutgers University Press.

Capozza, D., Falvo, R., Robusto, E., & Orlando, A. (2003). Beliefs about internet: Methods of elicitation and measurement. *Papers on Social Representations, 12*, 1-14.

Capozza, D., Robusto, E., & Busetto, G. (1999). La représentation sociale du leadership. *Papers on social Representations, 8*, 1.1-1.18.

Caputo, C. (2012). *Studio delle rappresentazioni sociali dell'invecchiamento guidate dalla penna di Philip Roth* (Unpublished thesis). Padova: Università di Padova, Italy.

Cariou, D. (2004). La conceptualisation en histoire au lycée : une approche par la mobilisation et le contrôle de la pensée sociale des élèves. *Revue française de pédagogie, 147*(1), 57-67.

Carugati, F., & Selleri, P. (2001). *Psicologia dell'educazione*. Bologna: Il Mulino.

Cassingena-Trévedy, F. (2015). Charlie : questions posées à une mystique. *Études, 4*, 97-98.

Castella, D. (2007). *Nature et déterminants de la représentation sociale du « radar »*. 8e Congrès International de Psychologie Sociale Appliquée, Université de Franche-Comté, Besançon.

Castells, M. (2013). *Communication et pouvoir*. Paris : Maison des Sciences de l'Homme.

Castrechini, A., & Pol, E. (2006). Le rôle des médias dans la construction des représentations sociales de l'environnement. In K. Weiss & D. Marchand (Eds.), *Psychologie sociale de l'environnement* (pp. 121-132). Rennes : Presses Universitaires de Rennes.

Castro, P. (2006). Applying social psychology to the study of environmental concern and environmental worldviews: Contributions from the social representations approach. *Journal of Community and Applied Social Psychology, 16*, 247-266.

Castro, P., & Gomes, I. (2005). Genetically modified organisms in the Portuguese Press: Thematization and anchoring. *Journal for the Theory of Social Behaviour, 35*, 1-17.

Castro, P., & Lima, L. (2001). Old and new ideas about the environment and science: An exploratory study. *Environment and Behavior, 33*, 400-423.

Castro, P., & Mouro, C. (2011). Psycho-social processes in dealing with legal innovation in the community: Insights from biodiversity conservation. *American Journal of Community Psychology, 47*(3-4), 362–73.

Castro, P., Batel, S., Devine-Wright, H., Kronberger, N., Mouro, C., Weiss, K. & Wagner, W. (2010). Redesigning nature and managing risk: Social representation, change and resistance. In A. Abdel-Hadi, M. Tolman, & S. Soliman (Eds.), *Environment, Health and Sustainable Development* (pp. 227-241). Göttingen: Hogrefe & Huber.

Castro, P., Mouro, C., & Gouveia, R. (2011). The conservation of biodiversity in protected areas: comparing the presentation of legal innovations in the national and the regional press. *Society & Natural Resources, 25*, 539-555.

Chabris, C. F. (1999). Prelude or requiem for the « Mozart effect »? *Nature, 400*, 826-827.

Chaiken, S. (1980). Heuristic versus systematic information processing and the use of source versus message cues in persuasion. *Journal of Personality and Social Psychology, 39*(5), 752-766.

Chambers, J.-R., (2008). Explaining false consensus effect: Why we are both better and worse than others. Social and Personality Psychology Compass, 2(2), 878-894.

Chareaudau, P. (1997). Le discours d'information médiatique. La construction du miroir social. Paris : Nathan.

Chartier, J.-F., & Meunier, J.-G. (2011). Text Mining Methods for Social Representation Analysis in Large Corpora. Papers on social representations, 20, 1-47.

Chertok, L. (1989). *L'hypnose*. Paris : Payot.

Chesterman, A. (2015). *Des prescriptions aux comportements de protection du risque sismique en région Provence-Alpes-Côte d'Azur : développement d'un paradigme substitutif*. Thèse de doctorat de l'Université d'Aix-Marseille, Aix-en-Provence.

Chew, C., & Eysenbach, G. (2010). Pandemics in the age of twitter: Content analysis of tweets during the 2009 H1N1 Outbreak. *PLOS One, 5*.

Chimes, C. (2014). *Altmetrics*. 7th Unica Scholarly Communication Seminar: Visibility, Visibility, Visibility, Rome, 27-28th November 2014.

Chiva, I., Jodelet, D., Moscovici, S., Pujol, A., & Scipion, C. (1983). *La sensibilité des français aux problèmes d'environnement*. Paris : Ministère de l'Environnement.

Chokier, N., & Moliner, P. (2006). La « zone muette » des représentations sociales, pression normative et/ou comparaison sociale ? *Bulletin de Psychologie, 59*, 281-286.

Chokier, N., & Rateau, P. (2009). Représentations d'objets "sensibles" et processus de comparaison soi/autrui. In P. Rateau & P. Moliner (Eds.), *Représentations sociales et processus sociocognitifs* (pp. 31-44). Rennes : Presses Universitaires de Rennes.

Chombart de Lauwe, M.-J. (1971). *Un monde autre : l'enfance. De ses représentations à son mythe*. Paris : Payot.

Chombart de Lauwe, M.-J., & Bellan, C. (1979). *Enfants de l'image*. Paris : Payot.

Chory-Assad, R. M. (2002). Classroom Justice: Perceptions of Fairness as a Predictor of Student Motivation, Learning, and Aggression. *Communication Quarterly, 50*(1), 58-77.

Christensen, N., & Prislin, R. (2005). Social change in the aftermath of successful minority influence. *European Review of Social Psychology, 16*, 43-73.

Christidou, V., Dimopoulos, K., & Koulaidis, V. (2004). Constructing social representations of science and technology: the role of metaphors in the press and the popular scientific magazines. *Public Understanding of Science, 13*, 347-362.

Chryssides, A., Dashtipour, P., Keshet, S., Righi, C., Sammut, G., & Sartawi, M. (2009). We Don't Share! The Social Representation approach, Enactivism and the fundamental incompatibilities between the two. *Culture & Psychology, 13*(1), 5-27.

Chryssochoou, X. (1996). How group membership is formed: self categorisation or group beliefs? The construction of a european identity in France and Greece. In M. G. Breakwell, & E. Lyon (Eds.), *Changing european identities: social psychological analysis of social change* (pp. 181-194). Oxford: Butterworth.

Chryssochoou, X. (2003) Studying identity in social psychology. Some thoughts on the definition of identity and its relation to action. *Language and Politics, 22*, 225-242.

Chryssochoou, X. (2014). Identity Processes in Culturally Diverse Societies. How cultural diversity is reflected in the self? In R. Jaspal & G. M. Breakwell (Eds.), *Identity Process Theory: Identity, Social Action and Social Change* (pp. 135-154). Cambridge: Cambridge University Press

Chryssochoou, X. (in press). Le paradoxe de la promotion des identités doubles à l'école In: M. Sanchez-Mazas, N. Changakoti, & M. Broyon (Eds.), *Education à la diversité. Décalages, impensés, avancées*. Paris : L'Harmattan.

Chryssochoou, X., & Lyons, E. (2011). Perceptions of (in)compatibility between identities and participation of ethnic minorities to the national polity. In A. Azzi, X. Chryssochoou, B. Klandermans, & B. Simon (Eds.), *Identity and Participation in Culturally Diverse Societies: A Multidisciplinary Perspective* (pp. 69-88). Oxford: Wiley-Blackwell

Chryssochoou, X., Picard, M., & Pronine, M. (2001). Explications de l'échec scolaire. Les théories implicites des enseignants selon l'origine sociale et culturelle de l'élève. *VEI enjeux*, *127*, 178-194.

Cinnirella, M. (1997). A social identity perspective on European integration. In M. G. Breakwell, & E. Lyon (Eds.), *Changing european identities: social psychological analysis of social change* (pp. 253-274). Oxford: Butterworth.

Clémence, A. (1998). Le travail dans la pensée quotidienne. In M. Hunyadi & M. Manz (Eds.), *Le travail refiguré* (pp. 91-102). Paris : Georg Editor.

Clémence, A. (2001). Social Positioning and Social Representations. In K. Deaux, & G. Philogène (Eds.), *Representations of the social: Bridging theoretical traditions (pp.* 83-95). Oxford: Blackwell.

Clémence, A. (2003a). L'analyse des principes organisateurs des représentations sociales. In S. Moscovici & F. Buschini (Eds.), *Les méthodes des sciences humaines* (pp. 393-410). Paris: Presses Universitaires de France.

Clémence, A. (2003b). Sens et analyse des différences dans les représentations sociales. In J.-C. Abric (Ed.), *Méthodes d'étude des représentations sociales* (pp. 165-178). Ramonville Saint-Agne : Erès.

Clémence, A., Devos, T., & Doise, W. (2001). Social representations of human rights violations: Further evidence. *Swiss Journal of Psychology*, *60*(2), 89-98.

Clémence, A., Doise, W., & Lorenzi-Cioldi, F. (1994). Prises de position et principes organisateurs des représentations sociales. In C. Guimelli (Ed.), *Structures et transformations des représentations sociales* (pp. 119-152). Neuchâtel, Paris : Delachaux et Niestlé.

Clémence, A., Egloff, M., Gardiol, N., & Gobet, P. (1994). *Solidarités sociales en Suisse*. Lausanne: Editions Réalités sociales.

Clément, F. (2006). *Les mécanismes de la crédulité*. Paris, Genève : Éditions Droz.

Clot, Y., & Litim, M. (2006). Sens du travail. In J. Allouche (Ed.), *Encyclopédie des ressources humaines* (pp. 1391-1401). Paris : Vuibert.

Codol, J.-P. (1969). Note terminologique sur l'emploi de quelques expressions concernant les activités et processus cognitifs en psychologie sociale. *Bulletin de Psychologie*, *23*, 68-71.

Codol, J.-P. (1974) On the system of representations in a group situation. *European Journal of Social psychology*, *4*, 343-365.

Codol, J.-P. (1984). La perception de la similitude interpersonnelle : influence de l'appartenance catégorielle et du point de référence de la comparaison. *L'Année Psychologique*, *84*(1), 43-56.

Cohen-Scali, V. (2010). *Travailler et Etudier*. Paris : Presses Universitaires de France.

Cohen, B. (1963). *The press and foreign policy*. Princeton, NJ: Princeton University Press.

Cohen, G., & Moliner, P. (2014). *L'approche structurale des représentations sociales : une perspective iconographique*. Communication au 10e Congrès International de Psychologie Sociale en Langue Française de l'ADRIPS, Paris, France.

Cohrs, J. C., Moschner, B., Maes, J., & Kielmann, S. (2005). Personal values and attitudes toward war. *Peace and Conflict: Journal of Peace Psychology*, *11*(3), 293-312.

Coman, A., Manier, D., & Hirst, W. (2009). Forgetting the unforgettable through conversation: Socially shared retrieval-induced forgetting of September 11 memories. *Psychological Science*, *20*, 627-633.

Condry, J., & Condry, S. (1976). Sex differences: A study of the eye of the beholder. *Child development*, *47*(3), 812-819.

Connerton, P. (1989). *How societies remember*. Cambridge: Cambridge university press.

Contarello, A. (2008) Social psychology and literature: Towards possible correspondence. In T. Sugiman, K.J. Gergen, W. Wagner, & Y. Yamada (Eds.), *Meaning in Action. Constructions, Narratives, and Representations* (pp. 303-325). New York: Springer.

Contarello, A., & Sarrica, M. (2005). ICTs, social thinking and subjective well-being. The Internet and its representations in everyday life. *Computers in Human Behavior*, *23*, 1016-1032.

Contarello, A., & Vellico, E. (2003). Social psychology and literary texts: An empirical analysis of a contemporary Indian novel. *Empirical Studies of the Arts*, *21*, 21-49.

Contarello, A., & Volpato, C. (1991). Images of friendship. Literary depictions through the ages. *Journal of Social and Personal Relationships*, *8*, 49-75.

Contarello, A., & Volpato, C. (2002). La dimensione storica dei processi psicosociali. In B. M. Mazzara (Ed.), *Metodi qualitativi in psicologia sociale. Prospettive teoriche e strumenti operativi* (pp. 61-81). Roma: Carocci.

Contarello, A., Fortunati, L., & Sarrica, M. (2007). Social thinking and the mobile phone: a study of social change with the diffusion of mobile phones, using a social representations framework. *Journal of Media & Cultural Studies*, *21*(2), 149-163. DOI: 10.1080/10304310701268687

Contarello, A., Gargioni, M., & Mazzotta, A. (2003). Individuals in Societies. The potential of literary texts analysis for societal psychology. In J. Laszlo & W. Wagner (Eds.) *Theories and controversies in societal psychology* (pp. 131-152). Budapest, Hungary: New Mandate.

Contarello, A., Nencini, A., Marini I., & Ricci G. (2011). Rappresentazioni sociali dell'invecchiamento tra psicologia sociale e letteratura. *Psicologia & Sociedade*, *23*, 171-180.

Corneille, O. (2010). *Nos préférences sous influence : déterminants psychologiques de nos préférences et choix*. Bruxelles : Mardaga.

Corral, V., Bechtel, R., & Fraijo, B. (2003). Environmental beliefs and water conservation: an empirical study. *Journal of Environmental Psychology*, *23*, 247-257.

Corson, Y. (2002). Variations émotionnelles et mémoire : principaux modèles explicatifs. *L'année Psychologique*, *102*(1), 109-149.

Côté, P., & Picard, M. (2003) Représentations de l'environnement et de l'agir dans l'environnement chez des élèves du primaire des Îles-de-la-Madeleine, Québec, Canada. *Vertigo, 4*(2).

Coupland, N., & Coupland, J. (2001). Language, ageing and ageism. In W. P. Robinson & H. Giles (Eds.), *The New Handbook of Language and Social Psychology* (pp. 465-486). New York: John Wiley & Sons LTD.

Crandall, C. S., Eshleman, A., & O'Brien, L. (2002). Social norms and the expression and suppression of prejudice: The struggle for internalization. *Journal of Personality and Social Psychology, 82*, 359-378.

Cronin, B (2005). *The Hand of Science: Academic Writing and Its Rewards*. Lanham, MD: Scarecrow Press.

Cronin, B., & Sugimoto, C. (2014). *Beyond bibliometrics. Harnessing multidimensional indicators of scholarly impact*. Cambridge, MA: MIT Press.

Crozier, M. (1980). *Le Mal Américain*. Paris : Fayard.

CRUI Commissione Biblioteche. Gruppo di lavoro sull'Open Access. (2009). *L'Open Access e la valutazione sui prodotti della ricerca scientifica*. Raccomandazioni, luglio.

CRUI Commissione Biblioteche. Gruppo di lavoro sull'Open Access. (2012). *Linee guida per i metafati degli archivi instituzionali.*

Da Silva, R. (2002) Representaciones sociales de medio ambiente y educación ambiental de Docentes universitarios. *Tópicos en educación ambiental 4*(10), 22-36.

Da Silva, R. C, & de Assunção Ferreira, M. (2011). A dimensão da ação nas representações sociais da tecnologia no cuidado de enfermagem. *Escola Anna Nery*, *15*(1), 140-148.

Daanen, P. (2001). Conscious and non-conscious representation in social representations theory: Social representations from the phenomenological point of view. *Culture & Psychology, 15*, 372-385.

Dambrun, M., & Guimond, S. (2004). Implicit and explicit measures of prejudice and stereotyping: Do they assess the same underlying knowledge structure?. *European Journal of Social Psychology*, *34*(6), 663-676.

Dann, H. D. (1992). Subjective theories and their social foundations in education. In M. Von Cranach, W. Doise & G. Mugny (Eds.), *Social representations and the social bases of knowledge* (pp. 161-168). Bern: Hogrefe & Huber.

Dany, L., Urdapilleta, I., & Lo Monaco, G. (2015). Free associations and social representations: some reflections on rank-frequency and importance-frequency methods. *Quality & Quantity*, *49*, 489-507.

Dardenne, B., Delacollette, N., Grégoire, C., & Lecocq, D. (2006). Structure latente et validation de la version française de l'Ambivalent Sexism Inventory : l'échelle de sexisme ambivalent. *L'année psychologique, 106*, 235-264.

Darnet, P.-M. (2005). *Représentations sociales et astronomie.* Toulouse : Mémoire non publié de Master 2 Recherche en Sciences de l'Éducation de l'Université du Mirail, France.

Darras, B. (1998). L'image, une vue de l'esprit. Etude comparée de la pensée figurative et de la pensée visuelle. *Recherches en communication, 9*, 77-99.

Das, A, K., Arora, P., & Bhattacharya, S. (2012). Webliography of STI Indicator Databases and Related Publications. *Journal of Scientometric Research*, *1*(1), 86-93.

Davies, B., & Harré, R. (1990). Positioning: the discursive production of selves. *Journal for the Theory of Social Behaviour, 20*, 43-63.

Davis, F. J. (1952). Crime news in Colorado news papers. *American Journal of Sociology, 57*(4), 325-330.

Davis, S., & Mares, M.-L. (1998). Effects of talk show viewing on adolescents. *Journal of Communication*, *48*, 69-86.

De Alba, M. (2004) Mapas mentales de la Ciudad de México: una aproximación psicosocial al estudio de las representaciones espaciales. *Estudios Demográficos y Urbanos, 55*(19), 115-143.

De Alba, M. (2011). Social Representations of Urban Spaces: A comment on mental maps of Paris. *Papers on Social Representations, 20*(29), 1-14.

De Bellis, N. (2009). *Bibliometrics and Citation Analysis: From the Science Citation Index to Cybermetrics*. Lanham, MD: Scarecrow Press.

De Bellis, N. (2014). *Introduzione alla bibliometria: dalla teoria alla pratica.* Milano: Associazione Italiana Biblioteche.

De Houwer, J., Thomas, S., & Baeyens, F. (2001). Association learning of likes and dislikes: A review of 25 years of research on human evaluative conditioning. *Psychological Bulletin, 127*(6), 853-869.

de Rosa, A. S. (1987). The social representations of mental illness in children and adults. In W. Doise & S. Moscovici (Eds.), *Current Issues in European Social Psychology* (Vol. 2, pp. 47-138). Cambridge: Cambridge University Press.

de Rosa, A. S. (1988). Sur l'usage des associations libres dans l'étude des représentations sociales de la maladie mentale. *Connexions, 51*, 27-50.

de Rosa, A. S. (1990). Comparaison critique entre les représentations sociales et la cognition sociale : sur la signification d'une approche développementale dans l'étude des représentations sociales. *Les Cahiers Internationaux de Psychologie sociale*, *5*, 69-109.

de Rosa, A. S. (1993). Social representations and attitudes: Problems of coherence between the theoretical definition and procedure of research. *Papers on Social Representations, 2*(3), 1-15.

de Rosa, A. S. (2012). *Social representations in the « social arena »*. London, UK: Routledge.

de Rosa, A.S. (2008). Special Issue "Looking at the History of Social Psychology and Social Representations: Snapshot views from two sides of the Atlantic". *Rassegna di Psicologia, 2,* 217.

de Rosa, A.S. (2013). Taking stock: a theory with more than half a century of history. In A.S. de Rosa (Ed.), *Social Representations in the "social arena"* (pp. 1-63). New-York/London: Routledge.

de Rosa, A.S. (2014a). *The So.Re.Com. "A.S. de Rosa" @-Library: A Multi-Purpose Web-Platform in the supra-disciplinary field of Social Representations and Communication*. Valencia: Inted201Publications.

de Rosa, A.S. (2014b). Article, Book format, or both? Shared criteria adopted for the double doctoral thesis format and language in a European/International joint networked Ph.D. program. EUA-CDE 7th workshop on "*The Outcomes of Doctoral Education*" organized at the University of Izmir, Turkey (23-24 January 2014).

de Rosa, A.S. (2014c). *"Geo-mapping" Tutorial for visualizing statistical data on geographical maps.* In A.S. de Rosa, (2014c). *Guidelines for the development of the So.Re.Com. "A.S. de Rosa"@- library.*

de Rosa, A.S. (2014d). The *So.Re.Com. "A.S. de Rosa" @-library*: a digital tool for integrating scientific documentation, networking and training purposes in the supra-disciplinary field of Social Representations and Communication. In M. Khosrow-Pour (Ed.), *Encyclopedia of Information Science and Technology,* (pp. 260-271). Hershey, PA: IGI Global.

de Rosa, A.S. (2015). *The Use of Big-Data and Meta-Data from the So.Re.Com A.S. de Rosa @-Library for Geo-Mapping the Social Representation Theory's Diffusion over the World and its Bibliometric Impact.* 9th International Technology, Education and Development Conference, INTED2015, (Madrid, SPAIN, 2 -4th of March, 2015). Madrid: INTED Publications.

de Rosa, A.S. (2016, sous presse). The So.Re.Com. "A.S. de Rosa" @-library: Mission, Tools and Ongoing Developments. In M. Khosrow-Pour (Ed.), *Encyclopedia of Information Science and Technology 4th Edition*. IGI Global: Hershey, Pennsylvania.

de Rosa, A.S., & d'Ambrosio, M. (2003). An empirical example of the comparison between multiple correspondence analysis and space analysis: The diffusion of the social representations theory through the institutional context of scientific communication. In S. Levy & D. Elizur (Eds.), *Facet Theory. Towards Cumulative Social Science* (pp. 73-86). Ljubljana: Faculty of Arts, Center for Educational Development.

de Rosa, A.S., & d'Ambrosio, M.L. (2008). International conferences as interactive scientific media channels: the history of the Social Representations theory through the eight editions of ICSR from Ravello (1992) to Rome (2006). *Rassegna di Psicologia, 2*, 153-207.

de Rosa, A.S., Dryjanska, L. & Bocci, E. (2016, sous presse). The impact of the impact: Meta-Data Mining from the SoReCom "A.S. de Rosa" @ Library. In M. Khosrow-Pour (Ed.), *Encyclopedia of Information Science and Technology 4th Edition*. Hershey, Pennsylvania: IGI Global.

De Sa, C. P., & de Olivera, D.C. (2002). Sur la mémoire sociale de la découverte du Brésil. In S. Laurens & N. Roussiau (Eds.), *La mémoire sociale* (pp. 107-118). Rennes : Presses Universitaires de Rennes.

Deaux, K. (1992). Personalizing identity and socializing self. In G. M. Breakwell (Ed.), *Social psychology of identity and the self-concept* (pp. 9-33). London: Academic Press.

Deaux, K., & Major, B. (1987). Putting gender into context: an interactive model of genderrelated behavior. *Psychological Review, 94*, 369-389.

Deaux, K., & Philogène, G. (2001). *Representations of the social: Bridging theoretical traditions*. Oxford: Blackwell.

Debardieu, E. (2011). *Tirer les leçons de l'enquête nationale de victimation et climat scolaire en collège*. Ministère de l'éducation nationale, de la jeunesse et de la vie associative.

Deconchy, J.-P. (2002). Représentations et processus idéologiques : effets d'enveloppe et expérimentation. *Nouvelle revue de psychologie sociale, 1*, 90-98.

Deconchy, J.-P., & Deschamps, J.-C. (2006). Expliquer un « événement inexplicable » : d'un discours « forcé » à un discours « spontané ». *Revue Internationale de Psychologie Sociale, 19*(3-4), 93-124.

Degenne, A., & Vergès, P. (1973). Introduction à l'analyse de similitude. *Revue française de sociologie, 14*, 471-511.

Degraeve, B., Granié, M. A., Pravossoudovitch, K., & Lo Monaco, G. (2015). Social representations associated with men and women drivers among French adolescents and adults. Effects of the perceiver's age, sex, and socioeconomic status. *Transportation Research Part F: Traffic Psychology and Behaviour, 34*, 1-17.

Degraeve, B., Granié, M.-A., & Gueho, L. (2013, July 9-12th). *Social representations of the good car driver: implications for health and safety.* 13th European Congress of Psychology, Stockholm, Sweden.

Del Sarto, M. (2012). *Approche psychosociale de la sécurité routière : représentations sociales, Risque et Prévention. Le cas des Motards.* Thèse de Doctorat de l'Université d'Aix-Marseille, Aix-en-Provence.

Delacroix, C., Dosse, F., Garcia, P., & Offendstat, N. (2010). *Historiographies.* Paris : Gallimard.

Delanty, G. (2009). *The Cosmopolitan Imagination*. Cambridge: Cambridge University Press.

Delcros, A. (2011). *Pour une sociologie du journal télévisé. Enquête sur ses publics et ses représentations*. Paris : Thèse de doctorat de l'Université Paris Descartes.

Delle Donne, R. (2010). Open access e pratiche della comunicazione scientifica. La politica della CRUI. In M. Guerrini (Ed.), *Gli archivi istituzionali. Open access, valutazione della ricerca e diritto d'autore* (pp. 125-150). Milano: Editrice Bibliografica.

Delouvée, S. (2004). D'une guerre à l'autre : deux illustrations historiques des nexus. *Psihologia Sociala, 14*, 93-102.

Delouvée, S. (2005). *Conduites collectives et cognitions polarisées. Etude expérimentale de la composante affective des représentations sociales.* Paris : Thèse de Doctorat de l'Université Paris Descartes.

Delouvée, S. (2006). Haine populaire, monnaie satirique et oubli : le nexus « Sedan » d'hier à aujourd'hui. *Bulletin de psychologie, 59*(4), 407-420.

Delouvée, S. (2013). *Histoire de la psychologie sociale en Europe*. In L. Bègue & O. Desrichard (Eds.), *Traité de psychologie sociale. La science des interactions humaines* (pp. 17-33). Bruxelles : De Boeck.

Delouvée, S., Kalampalikis, N., & Pétard, J.-P. (2011). There is nothing so practical as a good... history. Kurt Lewin's Place in the Historical Chapters of French-language Social Psychology Textbooks. *Estudios de Psicología, 32*(2), 243-255.

Demarque, C., Lo Monaco, G., Apostolidis, T., & Guimelli, C. (2012). Socialisation, perspectives temporelles et implication personnelle : une étude dans le champ de l'environnement. *Les Cahiers Internationaux de Psychologie Sociale, 92*, 353-369.

Demoli, Y. (2013). *Carbone et tôle froissée. L'espace social des modèles automobiles : concurrence pour la sécurité et la pollution*. Commmunication à « Les Ressorts Sociaux de la Conversion Écologique ». Journée d'étude: Environnement et question sociale, Observatoire Sociologique du Changement (CNRS/Sciences Po), Paris.

Demoulin, S., Leyens, J.-P., & Yzerbyt, V. (2006). Lay theories of essentialism. *Group Processes & Intergroup Relations*, *9*(1), 25-42.

Denis, J. S. (2015). Contact theory in a small-town settler-colonial context: The reproduction of laissez-faire racism in Indigenous-White Canadian relations. *American Sociological Review, 80*, 218-242.

Denis, M. (1989). *Image et Cognition*. Paris : Presses Universitaires de France.

Denzin, N. (1970). *The research act*. Chicago: Aldine.

Denzin, N. & Lincoln, Y. (1998). *Handbook of Qualitative Research*. London: Sage.

Denzin, N., & Lincoln, Y. (2000). Introduction. The discipline and practice of qualitative research. Dans N. Denzin, & Y. Lincoln (Eds.), *Handbook of Qualitative Research. Second Edition* (pp. 1-28). Thousands Oaks, California: Sage Publication.

Depeau, S., & Ramadier, T. (2014). Aproche contextuelle des variations de la notion d'environnement en psychologie. In D. Marchand, S. Depeau & K. Weiss (Eds.), *L'Individu au risque de l'environnement. Regards croisés de la psychologie environnementale* (pp. 44-60). Paris : Editions In Press.

DEPP/Ministère de l'éducation nationale (2003). Le métier d'enseignant dans les collèges et lycées au début des années 2000. *Les dossiers évaluation et statistiques*, n° 145, juin.

DEPP/Ministère de l'éducation nationale (2007). Les représentations de la grande difficulté scolaire par les enseignants. Année scolaire 2005-2006. *Les dossiers évaluation et statistiques*, n° 182, mars.

DEPP/Ministère de l'éducation nationale (2009). Enseigner en collège et lycée en 2008. *Les dossiers évaluation et statistiques*, n° 194, octobre.

DEPP/Ministère de l'éducation nationale (2011). Résultats de la première enquête nationale de victimation au sein des collèges publics au printemps 2011. *Note d'information* n° 12-14, octobre.

Deregowski, J. B. (1989). Real space and represented space: Cross-cultural perspectives. *Behavioral and Brain Sciences*, *12*(1), 51-74.

Deschamps, J.-C., & Clémence, A. (1987/2000). *L'explication quotidienne : perspectives psychologiques*. Rennes : Presses Universitaires de Rennes.

Deschamps, J.-C., & Guimelli C. (2004). L'organisation interne des représentations sociales de la sécurité/insécurité et l'hypothèse de la « zone muette ». In J.-L. Beauvois, R.-V. Joule et J.-M. Monteil (Eds.), *Perspectives cognitives et conduites sociales, Vol. 9* (pp. 105-130). Rennes : Presses Universitaires de Rennes.

Deschamps, J.-C., & Guimelli, C. (2002). La composante émotionnelle des représentations sociales : émotions rapportées et tendances à l'action dans une étude comparative des représentations sociales de l'insécurité en France et en Suisse. *Nouvelle Revue de Psychologie Sociale*, *1*(1), 78-84.

Deschamps, J.-C., & Moliner, P. (2008). *L'identité en psychologie sociale*. Paris : Armand Colin.

Deschamps, J.-C., Paez, D., & Pennebaker, J. (2001). Mémoire collective des évènements socio-politiques et culturels : représentation sociale du passé à la fin du millénium. *Psychologie et Société, 2*(3), 26-53.

Descola, P. (2005). La fabrique des images. *Anthropologie et sociétés*, *30*(3), 167-182.

Descola, P. (2006). *Par-delà nature et culture*. Paris : Gallimard.

Detweiler, R. A. (1980). Intercultural interaction and the categorization process: A conceptual analysis and behavioral outcome. *International Journal of Intercultural Relations, 4,* 275-293.

Deutsch, M., & Gerard, H. B. (1955). A study of normative and informational social influences upon individual judgment. *The Journal of Abnormal and Social Psychology*, *51*(3), 629-636.

Devine-Wright, H., & Devine-Wright, P. (2009). Social representations of electricity network technologies: Exploring processes of anchoring and objectification through the use of visual research methods. *British Journal of Social Psychology*, *48*, 357-373.

Devine-Wright, P. (2009). Rethinking NIMBYism: The role of place attachment and place identity in explaining place-protective action. *Journal of Community & Applied Social Psychology*, *19*(6), 426-441.

Devine, P. G. (1989). Stereotypes and prejudice: Their automatic and controlled components. *Journal of Personality and Social Psychology*, *56*, 5-18.

Devos, C., & Paquay, L. (2013). Le choc de la pratique chez les enseignants débutants : quelle place pour la réflexivité ? In M. Altet (Ed.), *Former des enseignants réflexifs: obstacles et résistances* (pp. 229-247). Bruxelles : De Boeck.

DeWall, C. N., Altermatt, T. W., & Thompson, H. (2005). Understanding the structure of stereotypes of women : Virtue and agency as dimensions distinguishing female subgroups. *Psychology of Women Quarterly*, *29*, 396-405.

Di Giacomo, J.-P. (1980). Intergroup alliances and rejections within a protest movement (analysis of the social representations). *European Journal of Social Psychology*, *10*, 329-344.

Di Giacomo, J.-P. (1981). Aspects méthodologiques de l'analyse des représentations. *Les Cahiers de Psychologie Cognitive*, *1*, 397-422.

Di Giacomo, J.-P. (1986) Alliance et rejets intergroupes au sein d'un mouvement de revendication. In W. Doise & A. Palmonari (Eds.), *L'étude des représentations sociales* (pp. 118-138). Neuchâtel : Delachaux et Niestlé.

Diekman, A. B., & Eagly, A. H. (2000). Stereotypes as dynamic constructs: Women and men of the past, present, and future. *Personality and Social Psychology Bulletin*, *26*, 1171-1188.

Ditton, J., & Duffy, J. (1983). Bias in the Newspaper Reporting of Crime News. *British Journal of Criminology*, *23*(2), 159-165.

Dixon, T. L., & Linz, D. (2000). Overrepresentation and underrepresentation of African Americans and Latinos as lawbreakers on television news. *Journal of Communication*, *50*(2), 131-154.

Dobres, M., & Hoffman, C. R. (1994). Social Agency and the Dynamics of Prehistoric Technology. *Journal of Archaeological Method and Theory*, *1*(3), 211-258.

Doise, W. (1976). *L'articulation psychosociologique et les relations entre groupes*. Bruxelles : De Boeck.

Doise, W. (1982). *L'explication en psychologie sociale*. Paris : Presses Universitaires de France.

Doise, W. (1986). Les représentations sociales. Définition d'un concept. In W. Doise & A. Palmonari (Eds.), *L'étude des représentations sociales* (pp. 81-94). Neuchâtel, Paris : Delachaux et Niestlé.

Doise, W. (1986). *Levels of Explanation in Social Psychology*. Cambridge: Cambridge University Press.

Doise, W. (1989). Attitudes et représentations sociales. In D. Jodelet (Ed.), *Les représentations sociales* (pp. 220-238). Paris : Presses Universitaires de France.

Doise, W. (1990). Les représentations sociales In R. Ghiglione, C. Bonnet & J.-F. Richard (Eds.), *Traité de psychologie cognitive, vol. 3. Cognition, représentation, communication* (pp. 111-174). Paris : Dunod.

Doise, W. (1992). L'ancrage dans les études sur les représentations sociales. *Bulletin de Psychologie, 45*(405), 189-195.

Doise, W. (1993). La double dynamique sociale dans le développement cognitif. *International Journal of Psychology, 28*(5), 611-626.

Doise, W. (1997). The three phases in the study of social representations. In de Rosa (Ed.) *Multi-media Didactic Material, CD-Rom: 3rd International Summer School – European PhD on Social Representations & Communication*, Lisbon, Portugal.

Doise, W. (1998). Social representations in personal identity. In S. Worchel, J.-F. Morales, D. Pàez, & J.-C. Deschamps (Eds.), *Social identity. International perspectives* (pp. 13-23). London: Sage.

Doise, W. (2001). *Droits de l'homme et force des idées*. Paris : Presses Universitaires de France.

Doise, W. (2005). Les représentations sociales. In N. Dubois (Ed.), *Psychologie Sociale de la Cognition* (pp. 153-207). Paris : Dunod.

Doise, W. (2009). *Discriminations sociales et droits universels*. Grenoble : Presses Universitaires de Grenoble.

Doise, W., & Herrera, M. (1994). Déclaration universelle et représentations sociales des droits de l'homme : Une étude à Genève. *Revue Internationale de Psychologie Sociale*, *7*, 87-107.

Doise, W., & Lorenzi-Cioldi, F. (1991). L'identité comme représentation sociale. In V. Aebischer, J.-P. Deconchy, E.-M. Lipiansky (Eds.), *Représentations Sociales et idéologies* (pp. 273-286). Cousset: Delval

Doise, W., & Mugny, G. (1981). *Le développement social de l'intelligence*. Paris : InterEditions.

Doise, W., & Mugny, G. (1997). *Psychologie sociale et développement cognitif*. Paris : Armand Colin.

Doise, W., & Palmonari, A. (1986). *L'étude des représentations sociales*. Neuchâtel : Delachaux et Niestlé.

Doise, W., Clémence, A., & Lorenzi-Cioldi, F. (1992). *Représentations sociales et analyses de données*. Grenoble : Presses Universitaires de Grenoble.

Doise, W., Clémence, A., & Lorenzi-Cioldi, F. (1993). *The quantitative analysis of social representations*. Hemel Hempstead: Harvester Wheatsheaf.

Doise, W., Spini, D., & Clémence, A. (1999). Human rights studied as social representations in a cross-national context. *European Journal of Social Psychology*, *29*(1), 1-29.

Domo, J. (1984). Identité culturelle et représenration sociale, culture du mil et culture du riz au Cameroun. Thèse de doctorat de l'Université de Provence, Aix-en-Provence.

Doob, A. N., Macdonald, G. E. (1979). Television viewing and fear of victimization: Is the relationship causal? *Journal of Personality and Social Psychology, 37*(2), 170-179.

Doob, L. (1961). *Communication in Africa : A search for boundaries*. New Haven: Yale University Press.

Dooley, B. (2004, October, 4). Your name could put you in jail. *New Statesman, 17*.

Doosje, B., Branscombe, N. R., Spears, R., & Manstead, A .S. R. (1998). Guilty by association : When one's group has a negative history. *Journal of Personnality and Social Psychology, 75*(4), 872-886.

Dostoïevski, F. (1975). *Crimes et châtiments* (1re édition, 1866). Paris : Gallimard, Coll. Folio classique.

Dovidio, J. F. (2013). Bridging intragroup processes and intergroup relations: Needing the twain to meet. *British Journal of Social Psychology, 52*, 1-24.

Dovidio, J. F., Evans, N., & Tyler, R. B. (1986). Racial stereotypes: The contents of their cognitive representations. *Journal of Experimental Social Psychology*, *22*(1), 22-37.

Dower, J-.W. (1999). *Embracing defeat : Japan in the wake of World War II*. New York : W.W. Norton & Company, Inc.

Dubar, C. (1998). Identité professionnelle et récits d'insertion pour une approche socio-sémantique des constructions identitaires. *L'orientation scolaire et professionnelle, 27*(1), 95-104.

Dubet, F. (1999). Sentiments et jugements de justice dans l'expérience scolaire. In D. Meuret (Ed.), La justice du système éducatif (pp. 177-194). Bruxelles : De Boeck.

Dubois, N. (1991). Perception de la valeur sociale et norme d'internalité chez l'enfant. *Psychologie Française*, *36*, 13-23.

Dubois, N., & Beauvois, J.-L. (2001). Normes libérales de jugement et individualisme/collectivisme. In J.-L. Beauvois, R.-V. Joule & J.-M. Monteil (Eds.), *Perspectives cognitives et conduites sociales, 8* (pp. 79-102). Rennes : Presses Universitaires de Rennes.

Dubois, N., & Beauvois, J.-L. (2002). Évaluation et connaissance évaluative : une théorie dualiste de la connaissance. *Nouvelle revue de psychologie sociale, 1*, 103-111.

Dubois, N., & Beauvois, J.-L. (2005). Normativeness and individualism. *European Journal of Social Psychology, 35*, 123-146.

Dubrovsky, V. J., Kiesler, S. B., & Sethna, B. N. (1991). The equalization phenomenon: status effect in computer-mediated and face-to-face decision-makinq qroups. *Human – Computer Interaction, 2*(2), 119-146.

Duprat, A. (1997). Le roi, la chasse et le parapluie ou comment l'historien fait parler les images. *Genèse*, *27*(1), 109-123.

Dupuy, J. P. (1991). *La panique*. Paris : Les empêcheurs de penser en rond.

Durkheim, E. (1894). Les Règles de la méthode sociologique. *Revue philosophique, 37*, 577-607.

Durkheim, E. (1897/1990). *Le Suicide: étude de sociologie*. Paris : Alcan/Presses Universitaires de France

Durkheim, E. (1898a). L'individualisme et les intellectuels, *Revue bleue, X* (4e série), 7-13.

Durkheim, E. (1898b). Représentations individuelles et représentations collectives. *Revue de Métaphysique et de Morale, 6*(3), 273-302.

Durkheim, E. (1912). *Les formes élémentaires de la vie religieuse*. Paris : Presses Universitaires de France.

Durkheim, E. (1924/1974). Individual and Collective Representations. In E. Durkheim (Ed.), *Sociology and Philosophy* (pp. 1-34). New York: Free Press.

Durkheim, E. (1982). *Rules for the sociological method*. New York: Free Press.

Durkheim, E., & Fauconnet, P. (1903). Sociologie et sciences sociales. *Revue Philosophique de la France et de l'Etranger, 1*(6), 465-97.

Duveen, G. (1993). The development of social representations of gender. *Papers on Social Representations, 2*, 1-7.

Duveen, G. (2000). The power of ideas. In S. Moscovici (Ed.), *Social Representations* (pp. 1-17). Cambridge: Polity Press.

Duveen, G. (2001). Representations, identities and resistance. In K. Deaux & G. Philogène (Eds.), *Representations of the Social: Bridging theoretical traditions* (pp. 257-270). Oxford: Blackwell.

Duveen, G., & Lloyd, B. (1986). The significance of social identities. *British Journal of Social Psychology, 25*, 219-230.

Duveen, G., & Lloyd, B. (1990). Introduction. In G. Duvven, & B. Lloyd (Eds.), *Social representations and the development of ideas* (pp. 1-17). Cambridge: Cambridge University Press.

Duveen, G., & Lloyd, B. (1990). *Social representations and the development of knowledge*. Cambridge: Cambridge University Press.

Duverger, M. (1951). *Les partis politiques*. Paris : Armand Colln.

Dwyer, C. (2000). Negotiating diasporic identities: young British South Asian Muslim women. *Women's Studies International Forum, 23*, 475-486.

Eagly, A. H., & Chaiken, S. (1993). *The psychology of attitudes*. Fort Worth, TX: Harcourt Brace Jovanovich.

Eagly, A. H., & Karau, S. J. (2002). Role congruity theory of prejudice toward female leaders. *Psychological Review, 109*, 573-598.

Eastwick, P. W., & Gardner, W. L. (2009). Is it a game? Evidence for social influence in the virtual world. *Social Influence, 4*, 18-32.

Edelstein, A. S. (1993). Thinking about the criterion variable in agenda-setting research. *Journal of communication, 43*(2), 85-99.

Effron, D. A., & Knowles, E. D. (2015). Entitativity and intergroup bias: How belonging to a cohesive group allows people to express their prejudices. *Journal of Personality and Social Psychology, 108*, 234-253.

Eichelberger, L. (2007). SARS and New York's Chinatown: the politics of risk and blame during an epidemic of fear. *Social Science and Medicine, 65*(6), 1284-1295.

Ekman, P. (1972). Universal and cultural differences in facial expressions of emotion. In J. Cole (Ed.), *Nebraska symposium on motivation 1971* (pp. 207-283). Lincoln: University of Nebraska Press.

Ekman, P., & Davidson, R. (1994). *The nature of emotion: fundamental questions*. New York: Oxford University Press.

El Sehity, T., Kirchler, E., & Kulich, C. (2004). *Eine wirtschaftspsychologische Studie zur Rekonstruktion einer neuen Währung*. Projektreport of the Abteilung für Wirtschaftspsychologie, Universität Wien. Auftraggeber: Jubiläumsfond der österreichischen Nationalbank. Projekt Nr. 9545.

El Sehity, T., Kirchler, E., & Muehlbacher, S. (2003). *Rise and decline of social objects: Ten case studies on the social development of meaning. Proceedings of the IAREP-workshop "Euro: Currency and symbol"* (pp. 26-35). Vienna: University of Vienna.

Elcheroth, G. (2006). Individual-level and community-level effects of war trauma on social representations related to humanitarian law. *European Journal of Social Psychology, 36*(6), 907-930.

Elcheroth, G., & Spini, D. (2009). Public support for the prosecution of human rights violations in the former Yugoslavia. *Peace and Conflict: Journal of Peace Psychology, 15*(2), 189-214.

Elcheroth, G., Doise, W., & Reicher, S. (2011). On the knowledge of politics and the politics of knowledge: How a social representations approach helps us rethink the subject of political psychology. *Political Psychology, 32*(5), 729-758.

Elejabarrieta, F. (1994). Social positioning: A way to link social identity and social representations. *Social Science Information, 33*(2), 241-253.

Elias, N. (1974). *La Société de cour*. Paris : Calmann-Lévy.

Ellemers, N., Kortekaas, P, & Ouwerkerk, J. W. (1999). Self-categorisation, commitment to the group and group self-esteem as related but distinct aspects of social identity. *European Journal of Social Psychology, 29*(2-3), 371-389.

Ellsworth, P. C., & Scherer, K. R. (2003). Appraisal processes in emotion. In R. J. Davidson, K. R., Scherer, & H. H. Goldsmith (Eds.), *Handbook of affective sciences* (pp. 572-595). New York: Oxford University Press.

Emelyanova, T. (2002). Les représentations sociales des événements historiques: le cas de la Deuxième Guerre Mondiale. In S. Laurens & N. Roussiau (Eds.), *La mémoire Sociale* (pp. 259-268). Rennes : Presses Universitaires de Rennes.

Emiliani, F. (2008). *La realtà delle piccole cose: Psicologia del quotidiano*. Bologna: il Mulino.

Emiliani, F. (2014). Infanzia, pratiche quotidiane e rappresentazioni sociali. In A. Palmonari & F. Emiliani (Eds.), *Psicologia delle rappresentazioni sociali* (pp. 65-94). Bologna: Il Mulino.

Emiliani, F., & Molinari, L. (1995). *Rappresentazioni e affetti. Carattere e interazione nello sviluppo dei bambini*. Milano: Cortina Editore.

Emiliani, F., Gelati, M., & Molinari, L. (1989). *Il bambino nella mente e nelle parole delle madri. Gli indicatori soggettivi della qualità della vita infantile*. Firenze: La Nuova Italia.

ENGAGE. (2010). *ENGAGE Briefing Notes for MPs*.

Entman, R. (1993). Framing: Toward Clarification of a Fractured Paradigm. *Journal of Communication, 41*, 51-58.

Ernst-Vintila, A. (2009). Le rôle de l'implication personnelle dans l'expression de la pensée sociale sur les risques collectifs. In M.-L. Rouquette (Ed.), *La pensée sociale. Questions théoriques et recherches appliquées* (pp. 161-190). Ramonville-Saint-Agne : Erès.

Ernst-Vintila, A. (2015). *Did the collective responses to extremism in France show a hierarchy of victimhood? A nexus case study after the terrorist attacks at Charlie Hebdo and the Vincennes kosher supermarket*. EASP SGM-COST 1205 meeting "Is fascism on the rise? A dialogue between social psychologists and historians on collective memory and the current revival of fascist ideologies" 8-9 May 2015-Xenia.

Ernst-Vintila, A., Balan, I., & Lo Monaco, G. (2010). *Implication « culturelle » et implication « factuelle » : une illustration expérimentale*. 10e Conférence Internationale sur les Représentations Sociales, Gammarth, Tunisie.

Ernst-Vintila, A., Delouvée, S., & Roland-Levy, C. (2011). Under threat. Lay thinking about terrorism and the three-dimensional model of personal involvement. A social psychological analysis. *Journal of Risk Research, 14*(1-2), 1-28.

Ernst-Vintila, A., Smbatyan, S., Havarneanu, G., Lejeune, P., & Juarez-Romero, J. (2014). « Le fil de soie de la légalité » :

une illustration du lien entre l'organisation normative du pouvoir et une catégorie fondamentale de la sociabilité. Représentations sociales de l'injustice en système totalitaire et post-totalitaire. *Les Cahiers Internationaux de Psychologie Sociale*, *103*(3), 517-547.

Ernst-Vintila, A., Wolter R. P., & Tavani, J.-L. (2013). Environnement, peurs collectives et représentations sociales. Illustration empirique d'une taxinomie des peurs collectives proposée par M.-L. Rouquette (2007). In S. Delouvée, P. Rateau & M.-L. Rouquette (Eds.), *Les Peurs collectives* (pp. 33-48). Ramonville Saint-Agne : Erès.

Ernst-Vintila, A., Delouvée, S., & Roland-Lévy, C. (2011). Under threat. Lay thinking about terrorism and the three-dimensional model of personal involvement: a social psychological analysis. *Journal of Risk Research*, *14*(3), 297-324.

Ernst, R. E. (2010). The follies of citation indices and academic ranking lists. A brief commentary to "Bibliometrics as weapons of mass citation". *Chimia: International Journal for Chemistry*, *64*(1/2), 90.

Ester, P., Vinken, H., Despstaten, I. (2000). *Collective memories, personal biographies and the New Millenium*. Paper presented at the 23rd Annual Scientific Meeting of the International Society for Political Psychology (ISSP), Seattle, WA.

European Commission – DG Research, Expert Group on the Assessment of University-Based Research (2010). *Assessing Europe's university-based research*. Brussels.

European Union (2014). *The Data Harvest: How sharing research data can yield knowledge, jobs and growth*. Brussels: RDA EU Report.

Evans-Pritchard, E. E. (1981). *A history oh anthropological thought*. New York: Basic Books.

Eysenbach, G. (2006). Infodemiology: tracking flu-related searches on the web for syndromic surveillance. In *AMIA Annual Symposium Proceedings* (Vol. 2006, p. 244). American Medical Informatics Association.

Eysenbach, G. (2009). Infodemiology and infoveillance: framework for an emerging set of public health informatics methods to analyze search, communication and publication behavior on the internet. *Journal of Medical Internet Research*, *11*.

Eyssartier, C., & Hamelin, F. (2013). Police officers and professional road users : The impact of automatic speed cameras on the social representation of the job. *Revue internationale de psychologie sociale*, *26*(3), 207-229.

Eyssartier, C., Guimelli, C., & Joule, R.-V. (2009). *Représentations sociales et engagement*. In P. Rateau, & P. Moliner (Ed.), *Représentations sociales et processus sociocognitifs* (pp. 151-163). Rennes : Presses Universitaires de Rennes.

Eyssartier, C., Joule, R.-V., & Guimelli, C. (2007). Effets comportementaux et cognitifs de l'engagement dans un acte préparatoire activant un élément central versus périphérique de la représentation du don d'organes. *Psychologie Française*, *52*, 499-517.

Falomir-Pichastor, J.-M., Muñoz, D., Invernizzi, F., & Mugny, G. (2004). Perceived in-group threat as a factor moderating the influence of in-group norms on discrimination against foreigners. *European Journal of Social Psychology*, *34*, 135-153.

Fanelli, D. (2010). Do pressures to publish increase scientists'bias? An empirical support from US states data. *PLoS ONE*, *5*(4).

Fanon, F. (1963). *The Wretched of the Earth*. New York: Grove Press.

Faria, N. R., Rambaut, A., Suchard, M. A., Baele, G., Bedford, T., Ward, M. J., Tatem, A. J., Sousa, J. D., Arinaminpathy, N., Pépin, J., Posada, D., Peeters, M., Pybus, O. G., & Lemey, P. (2014). The early spread and epidemic ignition of HIV-1 in human populations. *Science*, *346*(6205), 56-61.

Farr, R. M. (1993a). The theory of social representations: whence and whither? *Papers on Social Representations*, *2*(3), 130-138.

Farr, R. M. (1993b). Common sense, science and social representations. *Public Understanding of Science*, *2*, 189-204.

Farr, R. M. (1998). From Collective to Social Representations: Aller et Retour. *Culture & Psychology*, *4*(3), 275-296.

Farr, R. M. (2003). De las representaciones colectivas a las representaciones sociales: ida y vuelta. In J. A. Castorina (Ed.), *Representaciones sociales: problemas teóricos y conocimientos infantiles* (pp. 153-175). Barcelona: Gedisa.

Farr, R. M., & Moscovici, S. (1984). *Social representations*. Cambridge: Cambridge University Press.

Farrugia, F. (2000). *La reconstruction de la sociologie française (1945-1965)*. Paris : L'Harmattan.

Fasanelli, R., Galli, I., & Liguori, A. (2014). Aveugle ou tout simplement myope? La représentation sociale de la justice chez des étudiants provenant de contextes socio-économiques différents. *Les Cahiers Internationaux de Psychologie Sociale*, *103*(3), 469-495.

Faucheux, C., & Moscovici, S. (1958). Quelques résultats d'une étude sur la créativité des groupes. *Psychologie Française*, *3*(2), 151-159.

Faucheux, C., & Moscovici, S. (1960). Étude sur la créativité des groupes. *Bulletin du CERP*, *9*(1), 11-22.

Faucheux, C., & Moscovici, S. (1971). Le style de comportement d'une minorité et son influence sur les réponses d'une majorité. In C. Faucheux & S. Moscovici (Eds.), *Psychologie sociale théorique et expérimentale* (pp. 343-372). Paris : E.P.H.E. et Mouton.

Favret-Saada, J. (1977). *Les mots, la mort, les sorts. La sorcellerie dans le Bocage*. Paris : Gallimard.

Feillard, G. (2004). Insuffler l'esprit du capitalisme à l'Umma : la formation d'une « éthique islamique du travail » en Indonésie. *Critique internationale*, *4*, 65-91.

Félonneau, M.-L. (2003). Les représentations sociales dans le champ de l'environnement. In G. Moser et K. Weiss (Eds.), *Espaces de vie : Aspects de la relation homme-environnement* (pp. 145-176). Paris : Armand Colin.

Félonneau, M.-L., Marchand, D., & Fleury-Bahi, G. (2004). Les représentations sociales de l'urbanité. Pour une approche des régulations proxémiques dans l'espace habité. *Psychologie et Société*, *4*(2), 113-144.

Fergusson, D. M. (1999). Prospective childhood predictors of deviant peer affiliations in adolescence. *Journal of Child Psychology and Psychiatry*, *40*, 581-592.

Festinger, L. (1954). A theory of social comparison processes. *Human Relations*, *7*, 117-140.

Festinger, L. (1957). *A theory of cognitive dissonance.* Stanford : Stanford University Press.

Festinger, L., Riecken, H. W., & Schachter, S. (1993). *L'échec d'une prophétie*. Paris : Presses Universitaires de France (1re édition, 1954).

Figà-Talamanca, A. (2000). L'impact Factor nella valutazione della ricerca scientifica e nello sviluppo dell'editoria scientifica. IV Seminario Sistema Informativo Nazionale per la Matematica SINM 2000: un modello di sistema informative nazionale per aree disciplinary (Lecce, 2 ottobre 2000).

Fillieule, O., Agrikoliansky, E., & Sommier, I. (2010). *Penser les mouvements sociaux, Conflits sociaux et contestations dans les sociétés contemporaines*. Paris : La Découverte.

Fine, M. G. (1981). Soap opera conversations: The talk that binds. *Journal of communication*, *31*, 97-107.

Fine, M. G., Weis, L., Powell, L., & Mun Wong, L. (1997). *Off White: Readings on Race, Power and Society*. London, New York: Routledge.

Fiske, S. T. (1993). Controlling other people: The impact of power on stereotyping. *American Psychologist*, *48*(6), 621-628.

Fiske, S. T., & Taylor, S. E. (1991). *Social cognition* (2nd ed.). New York: Mcgraw-Hill.

Fiske, S. T., Cuddy, A. J. C., Glick, P., & Xu, J. (2002). A model of (often mixed) stereotype content: Competence and warmth respectively follow from perceived status and competition. *Journal of Personality and Social Psychology, 82*, 878-902.

Flament, C. (1975). Arêtes maximales des cocycles d'un graphe préordonné. *Mathématiques et Sciences humaines, 51*, 5-12.

Flament, C. (1981). L'analyse de similitude : une technique pour la recherche sur les représentations sociales. *Les Cahiers de psychologie cognitive*, *1*(4), 375-395.

Flament, C. (1982) : Du biais d'équilibre à la représentation du groupe. In J.-P. Codol & J.-P. Leyens (Eds.), *Cognitive analysis of social behavior* (pp. 151-169). La Haye, Boston, London: Martinus Nijhoff.

Flament, C. (1984). From the bias of structural balance to the representation of the group. In R. Farr & S. Moscovici (Eds.), *Social representations* (pp. 269-285). Cambridge: Cambridge University Press.

Flament, C. (1986). L'analyse de similitude : une technique pour les recherches en sciences sociales. In W. Doise & A. Palmonari (Eds.), *L'étude des représentations sociales* (pp. 139-156). Neuchâtel : Delachaux et Niestlé.

Flament, C. (1987). Pratiques et représentations sociales. In J.-L. Beauvois, R. V. Joule & J. M. Monteil (Eds.), *Perspectives cognitives et conduites sociales* (pp. 143-150). Cousset : Delval.

Flament, C. (1989). Structure et dynamique des représentations sociales. In D. Jodelet (Ed.), *Les représentations sociales* (pp. 204-219). Paris : Presses Universitaires de France.

Flament, C. (1994). Le Plaisir et la Rémunération dans la représentation sociale du Travail. *Les Cahiers Internationaux de Psychologie Sociale, 23*, 61-69.

Flament, C. (1994). Structure, dynamique et transformation des représentations sociales. In J.-C. Abric (Ed.), *Pratiques sociales et représentations* (pp. 37-57). Paris : Presses Universitaires de France.

Flament, C. (1995). Approche expérimentale de type psycho-physique dans l'étude d'une représentation. *Les Cahiers Internationaux de Psychologie Sociale*, *28*, 67-76.

Flament, C. (1996). Les valeurs du travail : la psychologie des représentations sociales comme observatoire d'un changement historique. In J.-C. Abric (Ed.), *Exclusion sociale, insertion et prévention* (pp. 113-124). Ramonville Saint-Agne: Erès.

Flament, C. (1999). La représentation sociale comme système normatif. *Psychologie et Société*, *1*, 29-53.

Flament, C. (2001a). Pratiques sociales et dynamique des représentations. In P. Moliner (Ed.), *La dynamique des représentations sociales* (pp. 43-58). Grenoble : Presses Universitaires de Grenoble.

Flament, C. (2001b). Approche structurale et aspects normatifs des représentations sociales. *Psychologie et Société*, *4*, 57-80.

Flament, C. (2002). Approche structurale et aspects normatifs des représentations sociales. *Psychologie et Société, 4*(2), 57-80.

Flament, C., & Milland, L. (2003). Un effet Guttman dans l'analyse des représentations sociales. In J.-C. Abric (Ed.), *Méthodes d'étude des représentations sociales* (pp. 201-220). Ramonville Saint-Agne : Erès.

Flament, C., & Milland, L. (2005) Un effet Guttman en ACP. *Mathématiques et Sciences Humaines*, *71*, 25-49.

Flament, C., & Milland, L. (2010). La substitution dans les études de représentations sociales: quel processus impliqué?. *Psychologie française*, *55*(3), 195-210.

Flament, C., & Rouquette, M.-L. (2003). *Anatomie des idées ordinaires. Comment étudier les représentations sociales*. Paris : Armand Colin.

Flament, C., Guimelli, C., & Abric, J.-C. (2006). Effets de masquage dans l'expression d'une représentation sociale. *Les Cahiers Internationaux de Psychologie Sociale*, *69*, 15-31.

Flick, U. (1992). Triangulation revisited: strategy of validation or alternative? *Journal for the Theory of Social Behaviour*, *22*(2), 175-197.

Flick, U. (1996). *Psychologie des technisierten Alltags. Soziale Konstruktion technischen Wandels*. Opladen: Westdeutscher Verlag.

Flick, U. (1998). *The Psychology of the Social*. Cambridge: Cambridge University Press.

Flick, U. (2001). Interpretive social psychology. In F. Buschini & N. Kalampalikis (Eds.), *Penser la vie, le social, la nature. Mélanges en l'honneur de Serge Moscovici* (pp. 201-218). Paris : Editions de la Maison des Sciences de l'Homme.

Flick, U. (2004). *Triangulation. Eine Einführung*. Wiesbaden: VS Verlag für Sozialwissenschaften.

Flick, U. (2007). *Managing quality in qualitative research*. London: Sage.

Flick, U. (2011). Mixing methods, triangulation and integrated research: Challenges for qualitative research in a world of crisis. In N. Denzin, & M. Giardina (Eds.), *Qualitative Inquiry and Global Crises* (pp. 132-152). Walnut Creek: Left Coast Press.

Flick, U., & Röhnsch, G. (2007). Idealization and neglect – Health concepts of homeless adolescents. *Journal of Health Psychology*, *12*(5), 737-750.

Flick, U., Fischer, C., Walter, U., & Schwartz, F. (2003). Social represenations of health held by health professionals: the cas of general practicionners and home care nurses. *Social Science Information*, *8*(5), 539-556.

Flick, U., Foster, J., & Caillaud, S. (2015). Methods of research. In G. Sammut, E. Andreaouli, & G. Gaskell (Eds.), Handbook of social representations (pp. 64-82). Cambridge: Cambridge University Press.

Flick, U., Garms-Homolova, V., & Röhnsch, G. (2010). « When they sleep, they sleep » – Daytime activities and sleep disorders in nursing homes. *Journal of Health Psychology, 15*(5), 755-764.

Flick, U., Garms-Homolova, V., Herrmann, W., Kuck, J., & Röhnsch, G. (2012). « I can't prescribe something just because someone asks for it..." using mixed methods in the framework of triangulation. *Journal of Mixed Methods Research*, *6*(2), 97-110.

Flood, C., Hutchings, S., Miazhevich, G., & Nickels, H. (2012). *Islam, Security and Television News*. Basingstoke, UK: Palgrave.

Flood, P., Wills, P., Lawler, P., Ryan, G., & Rickard, K. A. (2006). *Review of Australia's plasma fractionation arrangements*. Retrieved May 2009, from Commonwealth Government Australia: Canberra.

Fointiat, V., Girandola, F., & Gosling, P. (2013). *La dissonance cognitive : Quand les actes changent les idées*. Paris : Armand Colin.

Fontana, J. (2000). *La Historia de los Hombres* [Men's History]. Barcelona: Critica.

Forge, A. (1970). Learning to see in New Guinea. In P. Mayer (Ed.), *Socialization* (pp. 269-291). London: Tavistock.

Fortunati, L., & Contarello, A. (2002) Internet – mobile convergence: via similarity or complementarity? *Trends Commun, 9*, 81-98.

Fortunati, L., & Manganelli, A. M. (2008). The social representation of telecommunications. *Personal and Ubiquitous Computing*, *12*, 421-431.

Foster, D. (1991). *Social Psychology in South Africa*. Johannesburg: Lexicon.

Foster, J. (2006). Media presentation of the Mental Health bill and representations of mental health problems. *Journal of Community and Applied Social Psychology, 16*, 285-300.

Foucault, M. (1977). *Discipline and Punish: The Birth of the Prison*. New York: Pantheon.

Fraïssé, C. (2000). Influence de la fréquence de la mise en oeuvre de pratiques sur une structuration inter-représentation. *Les Cahiers Internationaux de Psychologie Sociale, 45*, 85-97.

Fraïssé, C. (2010). Médecine naturelle et médecine conventionnelle : une étude des relations entre représentations. Le modèle des schèmes cognitifs de base. In E. Masson & E. Michel-Guillou (Eds.), *Les différentes facettes de l'objet en psychologie sociale. Le cabinet de curiosité* (pp. 135-157). Paris : L'Harmattan.

Fraïssé, C., & Stewart, I. (2002). Basic Cognitive Schemes: an application concerning the social representation of alternative medicine. *European review of applied psychology*, *52*(3-4), 281-292.

Frankenberg, R. (1993). *White Women, Race Matters: The Social Construction of Whiteness*. London: Routledge.

Franks, M. (2000). Crossing the borders of whiteness? White Muslim women who wear the hijab in Britain today. *Ethnic and Racial Studies*, *23*(5), 917-929.

Fraysse, B. (1998). Professionnalisation et représentation socioprofessionnelle. *Recherche et formation, 29*, 127-142.

Freedman, J. L., & Fraser, S. C. (1966). Compliance Without Pressure: The foot-in-the-door technique. Journal of Personality and Social Psychology, 4, 196-202.

Freund, J. (1965). *L'essence du politique*. Paris : Sirey.

Frijda, N. H. (1986). *The emotions*. Cambridge: Cambridge University Press.

Froissart, P. (2002). *La Rumeur. Histoire et fantasmes*. Paris : Belin.

Funkhouser, G. R. (1973). The issues of the sixties: an exploratory study in the dynamics of public opinion. *Public Opinion Quarterly*, *37*, 62-75.

Furnham, A., & Argyle, M. (1998). *The psychology of money*. London: Routledge.

Gachassin, B. (2013). *Université et professionnalisation: quels liens chez les étudiants en sciences de l'éducation? Une approche par la théorie des représentations sociales*. Toulouse : Thèse de Doctorat de l'Université Toulouse le Mirail-Toulouse II.

Gadamer, H. G. (1975). *Truth & Method*. New York, NY: Seabury Press.

Gaffié, B. (1997). Des processus d'adhésion et d'influence aux dynamiques de confrontation. Contribution à l'approche sociocognitive des conduites dans le champ politique. *Habilitation à Diriger les Recherches, Vol. 1 : Synthèse scientifique*. Université de Toulouse 2.

Gagnon-Thompson, S. C., & Barton M. A. (1994). Ecocentric and anthropocentric attitudes toward the environment. *Journal of Environmental Psychology, 14*, 149-157.

Gahatraj, N. C. (2013). Unheard voices: Exploring the subaltern voices in selected women's texts. *The Criterion: An International Journal in English*, *4*(5), 1-9.

Gal, U., & Berente, N. (2008). A social representations perspective on information systems implementation. *Information Technology & People*, *21*(2), 133-154.

Galli, I., & Nigro, G. (1989). Les représentations sociales: la question de la génèse. *Revue Internationale de Psychologie Sociale, 3*, 429-450.

Galli, I., Bouriche, B., Fasanelli, R., Geka, M., Iacob, L., & Iacob, G. (2010). La représentation sociale de la crise économique dans quatre pays européens. *Les Cahiers Internationaux de Psychologie Sociale*, *87*, 585-620.

Gallup, G. H. (1928). *An Objective Method for Determining Interest in the Content of a Newspaper* (Ph.D. thesis), State University of Iowa, Iowa City, IA.

Gandy, O. (1995). Tracking the Audience: Personal Information and Privacy. In J. Downing, A. Mohammadi & A. Sreberny-Mohammadi (Eds.), *Questioning the Media* (pp. 221-237). Thousand Oaks, CA: Sage.

Gangl, K., Kastlunger, B., Kirchler, E., & Voracek, M. (2012). Confidence in the economy in times of crisis: Social representations of experts and laypeople. *Journal of Socio Economics, 41*(5), 603-614.

Ganley, T. (2003). What's all this talk about whiteness? *Dialogue*, *1*(2), 12-30.

Garapon, A. (1995). Justice et médias : une alchimie douteuse. *Revue Esprit*, Mars/Avril, 13-33.

Garfield, E. (1955). Citation indexes for science. A new dimension in documentation through association of ideas. *Science*, *122*(3159), 108-111.

Garnier, C. (2015). Les représentations sociales : entre l'individualisme et l'holisme. *TrajEthos*, *4*(1), 9-24.

Garnier, C., & Rouquette, M.-L. (2000). *Représentations sociales et éducation*. Montréal: Éditions Nouvelles.

Garnier, C., & Sauvé, L. (1998). Apport de la théorie des représentations sociales à l'éducation relative à l'environnement: Conditions pour un design de recherche. *Education relative à l'environnement: regards-recherches-réflexions*, *1*, 65-77.

Garoscio, A. (2006). Représentations sociales de l'insécurité en milieu urbain. *Les Cahiers internationaux de psychologie sociale*, *69*, 33-46.

Gaskell, G. (2001). Attitudes, Social Representations and Beyond. In K. Deaux & G. Philogène (Eds.), *Representations of the social: Bridging theoretical traditions* (pp. 228-241). Oxford: Blackwell.

Gaskell, G., Allum, N., Wagner, W., Kronberger, N., Torgersen, H., Hampel, J., & Bardes, J. (2004). GM foods and the misperception of risk perception. *Risk analysis*, *24*(1), 185-194.

Gaudreau, L. (2000). Apport de la théorie des représentations sociales à l'éducation relative à la santé. In C. Garnier & M.-L. Rouquette (Eds.), *Représentations sociales et éducation* (pp. 143-164). Montréal : Éditions Nouvelles.

Gaymard, S. (2006). The representation of old people: comparison between the professionals and students. *Revue internationale de psychologie sociale*, *19*(3/4), 69-91.

Gaymard, S. (2007). La représentation de la conduite chez de jeunes conducteurs : une étude de la conditionnalité routière. *Recherche, transports, sécurité*, *97*, 339-359.

Gaymard, S. (2009). Norms in social representations: two studies with French young drivers. *European Journal of Psychology Applied to Legal Context*, *1*(2), 165-181.

Gaymard, S., & Bordarie, J. (2015). The perception of the ideal neighborhood: A preamble to implementation of a "street use code". *Social Indicators Research*, *120*(3), 801-816.

Gerbner, G. (1990). *Violence et terreur dans les médias*. Paris : Éditions UNESCO.

Gerbner, G., Gross, L., Morgan, M., & Signorielli, N. (1980). The mainstreaming of America: Violence profile. *Journal of communication*, *30*, 10-29.

Gerbner, G., Gross, L., Morgan, M., & Signorielli, N. (1994). Growing up with television: The cultivation perspective. In J. Bryant & D. Zillman (Eds.), *Media effects* (pp. 17-41). Hillsdale, NJ : Erlbaum.

Gergen, K. J. (2015). From mirroring to world-making: Research as future forming. *Journal for the Theory of Social Behaviour*, *45*(3), 287-310.

Gergen, K. J., & Gergen, M. M. (1988). Narrative and the Self as relationships. In L. Berkowitz (Ed.), *Advances in Experimental Social Psychology*, *21* (pp.17-56), New York: Academic Press.

Gergen, M. M., & Gergen, K. J. (1993). Narratives of the gendered body in popular autobiography. In R. Josselson & A. Lieblich (Eds.), *The Narrative Study of Lives* vol. I. (pp. 191-218). London: Sage.

Gergen, M. M., & Gergen, K. J. (2002). Positive aging: new images for a new age. In J. F. Gubrium & J. A. Holstein (Eds.), *Ways of Aging* (pp. 203-224). Oxford: Blackwell.

Gerstlé, J. (1996). L'information et la sensibilité des électeurs à la conjoncture. *Revue Française de Science Politique*, *46*(5), 731-752.

Gervais, M.-C. (1997). *Social representations of nature. The case of the braer oil spill in Shetland*. PhD. Thesis of the London School of Economics and Political Sciences.

Gervais, M.-C., Morant, N., & Penn, G. (1999). Making sense of « absence »: towards a typology of absence in social representations theory and research. *Journal for the Theory of Social Behaviour*, *29*(4), 419-444.

Gervereau, L. (2004). *Voir, comprendre, analyser les images*. Paris : La Découverte.

Ghiglione, R. (1985). L'enfant paraît, un enfant disparaît. *Psychologie française*, *30*(1), 59-68.

Ghiglione, R., & Matalon, B. (1985). *Les enquêtes sociologiques*. Paris : Armand Colin.

Giddens, A. (1991). *Modernity and Self-Identity: Self and Society in the Late Modern Age*. Cambridge: Polity.

Giesler, M., & Veresiu, E. (2014). Creating the responsible consumer: Moralistic governance regimes and consumer subjectivity. *Journal of Consumer Research*, *41*, 840-857.

Gilens, M. (1999). *Why Americans hate welfare. Race, media and the politics of antipoverty policy*. Chicago: University of Chicago Press.

Gilles, I., Bangerter, A., Clémence, A., Green, E. G., Krings, F., Mouton, A., Rigaud, D., Staerklé, C., & Wagner-Egger, P. (2013). Collective symbolic coping with disease threat and othering: A case study of avian influenza. *British Journal of Social Psychology*, *52*(1), 83-102.

Gillespie, A. (2008). Social representations, alternative representations and semantic barriers. *Journal for the Theory of Social Behaviour*, *38*(4), 375-391.

Gillespie, A., Howarth, C., & Cornish, F. (2012). Four problems for researchers using social categories. *Culture & Psychology*, *18*(3), 391-402.

Gilly, M. (1989). Les représentations sociales dans le champ éducatif. In D. Jodelet (Ed.), *Les représentations sociales* (p. 383-406). Paris : Presses universitaires de France.

Gilly, M., (1980) *Maître-élève. Rôles institutionnels et représentations*. Paris : Presses universitaires de France.

Gilly, M., & Roux, J. P. (1984). Efficacité comparée du travail individuel et du travail en interaction socio-cognitive dans l'appropriation et la mise en œuvre de règles de résolution chez des enfants de 11-12 ans. *Cahiers de Psychologie Cognitive*, *4*(2), 171-188.

Gineste, M. D. (1997). *Analogie et cognition. Etude expérimentale et simulation informatique*. Paris : Presses Universitaires de France.

Ginsberg, J., Mohebbi, M. H., Patel, R. S., Brammer, L., Smolinski, M. S., & Brilliant, L. (2009). Detecting influenza epidemics using search engine query data. *Nature*, *457*, 1012-1014.

Girandola, F., & Joule, R.-V. (2012). La communication engageante : aspects théoriques et pratiques. *L'Année Psychologique*, *112*, 117-144.

Girandola, F., Bernard, F., & Joule, R.V. (2010). Développement durable et changement de comportement : applications de la communication engageante. In K. Weiss & F. Girandola (Eds.), *Psychologie et développement durable* (pp. 221-245). Paris : In Press.

Glaser, J. (2014). *Definitions of quality and internationalisation in Humanities*. Workshop Internazionale "La valutazione della ricerca nelle Humanities and Social Science", ANVUR (National Agency for the Evaluation of Universities and Research Institute), Roma 17 novembre 2014).

Glasser, T. L., & Salmon, C. T. (1995). *Public opinion and the communication of consent*. New York: Guilford.

Glick, P., & Fiske, S. T. (1996). The Ambivalent Sexism Inventory : Differentiating Hostile and Benevolent Sexism. *Journal of Personality and Social Psychology*, *70*, 491-512.

Glowsky, D., Ellermann, H., Kromeier, K., & Andorfer, V. (2008). A Global Collective Memory? Results from a Quantitative Pilot Study. *Comparativ, 2*, 99-115.

Godelier, M. (2004). *Métamorphoses de la parenté*. Paris : Fayard.

Goethals, G.R., Messick, D., Allison, S., 1990. The uniqueness bias: Studies of constructive social comparison. In Suls, J. & Wills, T.A. (Eds.), Social comparison: Contemporary theory and research (pp. 149-176). Hillsdale, NJ: Erlbaum.

Goffman, E. (1963). *Stigma: Notes on the Management of a Spoiled Identity*. New York: Simon & Schuster.

Goffman, E. (1974). *Frame Analysis: An Essay on the Organization of Experience*. New York: Harper & Row.

Golombok, S., Brewaeys, A., Giavazzi, M. T., Guerra, D., MacCallum, F., & Rust, J. (2002). The European study of assisted reproduction families: the transition to adolescence. *Human Reproduction*, *17*(3), 830-840.

González Rey, F. L. (2015). A new path for the discussion of social representations: Advancing the topic of subjectivity from a cultural-historical standpoint. *Theory & Psychology*, *25*(4) 494-512.

Gorz, A. (1988). *Métamorphoses du travail : quête du sens. Critique de la raison économique*. Paris : Galilée.

Gosling, P. (1992). *Qui est responsable de l'échec scolaire ?* Paris : Presses universitaires de France.

Gosselin, A., DeGuise, J., Pacquette, G., & Laplante, B. (1997). Violence on Canadian Television and Some of Its Cognitive Effects. *Canadian Journal of Communication, 22*(2), 143-160.

Gosselin, P., Roberge, P., & Lavallée, M. F. (1995). Le développement de la reconnaissance des expressions faciales émotionnelles du répertoire humain. *Enfance, 4*, 379-396.

Granié, M. A., & Papafava, E. (2011). Gender stereotypes associated with vehicle driving among French preadolescents and adolescents. *Transportation Research Part F: Traffic Psychology and Behaviour*, *14*(5), 341-353.

Granié, M.-A. (2009). Effects of gender, sex-stereotype conformity, age and internalization on risk-taking among adolescent pedestrians. *Safety Science, 47*(9), 1277-1283.

Green E. G. T., Sarrasin O., & Fasel N. (2015). Immigration, Social Psychological Aspects. In J. D. Wright (Ed.) *Elsevier International Encyclopedia of the Social and Behavioral Sciences, 2nd edition*.

Green E. G., & Clémence A. (2008). Discovery of the faithfulness gene: a model of transmission and transformation of scientific information. *British Journal of Social Psychology, 47*, 497-517.

Green, R. J., & Ashmore, R. D. (1998). Taking and Developing Pictures in the Head: Assessing the Physical Stereotypes of Eight Gender Types1. *Journal of Applied Social Psychology*, *28*(17), 1609-1636.

Greenberg, B. S. (1986). Minorities and the mass media. In J. Bryant & D. Zillman (Eds.), *Perspective of media effects* (pp. 156-188). Hillsdale, NJ: Erlbaum.

Greenberg, B. S., & Brand, J. E. (1994). Minorities and the mass media: 1970s to 1990s. In J. Bryant & D. Zillman (Eds.), *Media effects advances in theory and research* (pp. 273-314). Hillsdale, NJ: Erlbaum.

Greenwald, A. G., Banaji, M. R., Rudman, L. A., Farnham, S. D., Nosek, B. A., & Mellott, D. S. (2002). A unified theory of implicit attitudes, stereotypes, self-esteem, and self-concept. *Psychological review*, *109*(1), 3-25.

Greenwald, A. G., McGhee, D. E., & Schwartz, J. L. (1998). Measuring individual differences in implicit cognition: the implicit association test. *Journal of Personality and Social Psychology*, *74*(6), 1464-1480.

Greenwald, A. G., Nosek, B. A., & Banaji, M. R. (2003). Understanding and using the implicit association test: I. An improved scoring algorithm. *Journal of personality and social psychology*, *85*(2), 197-216.

Greenwald, A. G., Nosek, B. A., Banaji, M. R., & Klauer, K. C. (2005). Validity of the salience asymmetry interpretation of the implicit association test: comment on Rothermund and Wentura (2004). *Journal of Experimental Psychology General*, *134*(3), 420-425.

Greenwood, J. D. (2004). *The disappearance of the social in American social psychology*. New-York: Cambridge University Press.

Grever, M. (2012). Dilemmas of Common and Plural History: Reflections on History Education and Heritage in a Globalizing World. In M. Carretero, M. Asensio, & M. Rodríguez-Moneo (Eds.), *History Education and the Construction of National Identities* (pp. 93-108). Charlotte, NC: IAP.

Griffin, W.E.B. (2005). *Retreat Hell !* New York: Jove Books.

Grize, J.-B., Vergès, P., & Silem, A. (1987). *Salariés face aux nouvelles technologies vers une approche socio-logique des représentations sociales*. Paris : Édition du CNRS.

Grossen, S., & Salazar Orvig, A. (2011). Processus d'influence, cadrage et mouvements discursifs dans un groupe focalisé. *Bulletin de psychologie, 64*(5), 425-438.

Gruber, H. E. (1990). The cooperative synthesis of disparate points of view. In I. Rock (Ed.), *the Legacy of Solomon Asch: Essays in Cognition and Social Psychology* (pp. 143-158). Hillsdale, NJ: Lawrence Erlbaum Associates.

Gruev-Vintila, A. (2005). *Dynamique de la représentation sociale d'un risque collectif et engagement dans les conduites de réduction du risque : le rôle des pratiques, de l'implication et de la sociabilité*. Paris : Thèse de doctorat de l'Université Paris-Descartes.

Gruev-Vintila, A., & Rouquette, M.-L. (2007). Social thinking about collective Risk: How do risk-related practice and personal involvement impact its social representations? *Journal of Risk Research, 10*(4), 555-581.

Guegan, J., & Michinov, E. (2011). Communication via Internet et dynamiques identitaires : une analyse psychosociale. *Psychologie Française, 56*(4), 223-238.

Guegan, J., Moliner, P., & Buisine, S. (2015). Why are online games so self-involving: A social identity analysis of massively multiplayer online role-playing games. *European Journal of Social Psychology, 45*(3), 349-355.

Guegan, J., Moliner, P., & Milland, L. (sous presse). Social asymmetries and anonymity in dyadic computer-mediated communication: An experimental study of gender perception. *Swiss Journal of Psychology*.

Guegan, J., Moliner, P., & Vidal, J. (2013). Enquête en ligne et masquage/démasquage des opinions sensibles: une autre approche des effets de contexte. *Revue internationale de psychologie sociale*, *26*(1), 101-124.

Guiddens, A. (2011). *The politics of climate change*. Cambridge: Polity Press.

Guimelli, C. (1988). Agression idéologique, pratiques nouvelles et transformation progressive d'une représentation sociale : la représentation de la chasse et de la nature chez des chasseurs languedociens. Thèse de doctorat de l'Université de Provence, Aix-en-Provence.

Guimelli, C. (1989). Pratiques nouvelles et transformation sans rupture d'une représentation sociale : l'exemple de la représentation de la chasse et de la nature. In J.-L. Beauvois, R.-V. Joule & J.-M. Monteil (Eds.), *Perspectives cognitives et conduites sociales 2. Représentations et processus cognitifs* (pp. 117-138). Cousset : Del Val.

Guimelli, C. (1993). Locating the central core of social representations: towards a method. *European Journal of Social Psychology*, *23*(5), 555-559.

Guimelli, C. (1994). *Structures et transformations des représentations sociales*. Neuchâtel : Delachaux & Niestlé.

Guimelli, C. (1998a). *Chasse et Nature en Languedoc : étude de la dynamique d'une représentation sociale*. Paris : L'Harmattan.

Guimelli, C. (1998b). *Représentations sociales des Gitans et effet de contexte sur la production d'associations verbales*. Deuxième Congrès International de Psychologie Sociale de Langue Française. Turin, Italie.

Guimelli, C. (1998c). *Implication, perception de la situation et représentations sociales : Étude expérimentale*. Actes du deuxième Colloque International de Psychologie Sociale en Langue Française, Turin, septembre, 84-85.

Guimelli, C. (1998d). Differenciation between the central core elements of social representations: normative *versus* functional elements. *Swiss Journal of Psychology*, *57*(4), 209-224.

Guimelli, C. (1999). *La pensée sociale*. Paris : Presses Universitaires de France.

Guimelli, C. (2001). Étude expérimentale de la représentation sociale comme guide pour l'action : effets de l'implication et de la perception de la situation. In M. Lebrun (Ed.), *Les représentations sociales, des méthodes de recherche aux problèmes de société* (pp. 93-108). Québec : les éditions logiques.

Guimelli, C. (2002). Etude expérimentale du rôle de l'implication de soi dans les modalités de raisonnement intervenant dans le cadre des représentations sociales. *Revue Internationale de Psychologie Sociale*, *15*(1), 129-162.

Guimelli, C. (2003). Le modèle des schèmes cognitifs de base (SCB) : méthodes et applications. In J.-C. Abric (Ed.), *Méthodes d'études des représentations sociales* (pp. 119-143). Ramonville Saint-Agne : Erès.

Guimelli, C. (2006). De l'insécurité : regards psychosociaux. In M-L. Rouquette (Ed.), *Ordres et désordres urbains* (pp. 133-150). Perpignan : Presses Universitaires de Perpignan.

Guimelli, C., & Abric, J.-C. (2007). La représentation sociale de la mondialisation : rôle de l'implication dans l'organisation des contenus représentationnels et des jugements évaluatifs. *Bulletin de Psychologie*, *60*(1), 49-58.

Guimelli, C., & Deschamps, J.-C. (2000). Effets de contexte sur la production d'associations verbales. Le cas des représentations sociales des Gitans. *Les Cahiers Internationaux de Psychologie Sociale*, *47-48*(3-4), 44-54.

Guimelli, C., & Deschamps, J.-C. (2006). Représentations sociales, contextes socio-environnementaux et temporel. In K. Weiss & D. Marchand (Eds.), *Psychologie sociale de l'environnement* (pp. 75-86). Rennes : Presses Universitaires de Rennes.

Guimelli, C., & Rateau, P. (2003). Mise en évidence de la structure et du contenu d'une représentation sociale à partir du modèle des Schèmes Cognitifs de Base (SCB) : la représentation des études. *Nouvelle Revue de Psychologie Sociale, 2*(2), 158-169.

Guimelli, C., & Rimé, B. (2009). Représentations sociales et émotions. In P. Rateau & P. Moliner (Eds.), *Représentations sociales et processus sociocognitifs* (pp. 165-180). Rennes : Presses Universitaires de Rennes.

Guimelli, C., & Rouquette, M.-L. (1992). Contribution du modèle associatif des schèmes cognitifs de base à l'analyse structurale des représentations sociales, *Bulletin de Psychologie, 45*(405), 196-202.

Guimelli, C., & Rouquette, M.-L. (1993). Note sur la formalisation des schèmes étranges dans l'étude des représentations sociales. *Les Cahiers Internationaux de Psychologie Sociale, 19*, 43-48.

Guimelli, C., & Rouquette, M.-L. (2004). Étude de la relation d'antonymie entre deux objets de représentation sociale: la sécurité vs. l'insécurité des biens et des personnes. *Psychologie & Société*, *4*(7), 71-87.

Guimelli, C., Deschamps, J.-C., Piermattéo, A., & Lo Monaco, G. (2014). 11 septembre 2011 : Effets sur les contenus sémantiques de l'insécurité. In J. Valencia, E. Zubieta, & G. Delfino (Eds.), *Psicología Socialy Política: Procesos teóricos y estudios aplicados* (pp. 352-361). Buenos Aires: Eudeba.

Guimelli, C., Hidalgo, M., Piermattéo, A., Lo Monaco, G., & Abric, J.-C. (2012, Juin). *Zone muette des représentations sociales et comportements.* 11ème Conférence Internationale sur les Représentations Sociales, Evorà, Portugal.

Guimelli, C., Lo Monaco, G., & Deschamps, J.-C. (2010). The lawsuit against "Charlie Hebdo" and its effects on the social representations of the Muslim Community. *International Review of Social Psychology*, *23*(3), 5-36.

Gurrieri, C., Wolter, R. P., & Sorribas, E. (2007). L'implication personnelle : un outil pour comprendre le lien population-objet. *Psichologia em Estudo*, *12*(2), 423-432.

Gutmair, U., & Flor, C. (1998). Hysteria and Cyberspace: Interview with Slavoj Zizek (Interview). *Telepolis*.

Haas, V. (2002). Approche psychosociale d'une reconstruction historique. Le cas vichyssois. *Les Cahiers Internationaux de Psychologie Sociale*, *53*, 32-45.

Haas, V. (2006). *Les savoirs du quotidien. Transmissions, appropriations, représentations*. Rennes : Presses Universitaires de Rennes.

Haas, V., & Jodelet, D. (2007). Pensée et mémoire sociales. In J.-P. Pétard (Ed.), *Psychologie Sociale* (pp. 111-160). Paris : Bréal.

Haas, V., & Kalampalikis, N. (2007). Variations méthodologiques autour de l'énigme du don de sperme. *Bulletin du Crepsy*, Université Victor Segalen, Bordeaux.

Haas, V., & Masson, E. (2006). La relation à l'autre comme condition à l'entretien. *Les Cahiers Internationaux de Psychologie Sociale*, *71*, 77-88.

Habermas, J. (1985). *Le discours philosophique de la modernité*. Paris : Gallimard.

Haddon, L. (2006). The contribution of domestication research to In-home computing and media consumption. *The information Society*, *22*, 195-203.

Haferkamp, A., Fetchenhauer, D., Belschak, F., Enste, D. H., (2009). Efficiency versus fairness: the evaluation of labor market policies by economists and laypeople. *Journal of Economic Psychology, 30*, 527-539.

Hage, G. (2002). Multiculturalism and white paranoia in Australia. *Journal of International Migration and Integration, 3*, 417-437.

Hakkarainen, P. (2012). "No good for shovelling snow and carrying firewood": Social representations of computers and the internet by elderly Finnish non-users. *New Media & Society*, *14*(7), 1198-1215.

Halbwachs, M. (1950/1992). *On collective memory*. Chicago: The University of Chicago Press.

Halevi, G., & Moed, H.F. (2014). 10 years of research impact: top cited papers in Scopus 2001-2011. *Research Trends, 38*.

Hall, S. (1997). *Representation: Cultural Representations and Signifying Practices*. London: Sage.

Hanke, K., Liu, J. H., Sibley, C.G, Paez, D., Gaines, S.O., Jr, Moloney, G., Leong, C.H., Wagner, W., Licata, L., Klein, O., Garber, I., Böhm, G., Hilton, D., Valchev, V., Khan, S.S., & Cabecinhas, R. (2015). « Heroes" and "Villains" of world history across cultures. *Plos-One, 10*(2).

Harary, F. (1963). « Così fan tutte ». A structural study. *Psychological Reports, 13*, 466.

Harré, R. (1984). Some reflections on the concept of social representations. *Social Research*, *51*, 927-938.

Harré, R., & Gillett, G. (1994). *The discursive mind*. London: Sage.

Harré, R., & Van Langenhove, L. V. (1991). Varieties of positioning. *Journal for the Theory of Social Behaviour, 21*, 393-407.

Harré, R., Brockmeier, J., & Mühlhäusler, P. (1999). *Greenspeak: A study of environmental discourse*. London: Sage.

Hartl, B., Kirchler, E., & Muehlbacher, S. (2013). Geschlechterstereotype auf Führungsebene zwischen 1974 und 2010. Eine Analyse von Todesanzeigen verstorbener weiblicher und männlicher Führungskräfte. *Zeitschrift für Arbeits- und Organisationspsychologie, 57*(3), 121-131.

Haslam, N., Rothschild, L., & Ernst, D. (2000). Essentialist beliefs about social categories. *British Journal of Social Psychology*, *39*, 113-127.

Haslam, S. A., & Turner, J. C. (1992). Context-dependent variation in social stereotyping 2: The relationship between frame of reference, self-categorization and accentuation. *European Journal of Social Psychology, 22*, 251-277.

Haslam, S. A., Oakes, P. J., Reynolds, K. J., & Turner, J. C. (1999). Social identity salience and the emergence of stereotype consensus. *Personality and Social Psychology Bulletin, 25*, 809-818.

Havârneanu, G. M. (2014). *Quand la norme devient perverse: Irrationalité contextuelle et violations préméditées des règles de trafic*. 10e Congrès International de Psychologie en Langue Française (CIPSLF), Paris.

Havârneanu, G., & Golita, A. (2010). Traffic norms between safety and perversity. *Annals of the Al. I. Cuza University. Psychology Series, 19*(1), 65-82.

Heath, L., & Patraitis, J. (1987). Television viewing and fear of crime: Where is the mean world? *Basic and applied social psychology, 8*, 97-123.

Heider, F. (1927). Ding und Medium. *Symposium*, *I*, 109-157.

Hein, L., Selden, M. (2000). *Censoring history. Citizenship and memory in Japan, Germany and the United States*. Armonk, New York: Sharpe.

Henley, N. M., Miller, M., & Beazley, J. (1995). Syntax, semantics and sexual violence: Agency and the passive voice. *Journal of Language and Social Psychology, 14*, 60-84.

Hermans, H. J. M. (2001). The construction of a personal position repertoire: Method and practice. *Culture & Psychology, 7*(3), 323-366.

Hermans, H. J. M., & Dimaggio, G. (2004). *The dialogical self in psychotherapy*. Hove: Brunner-Routledge.

Herzlich, C. (1969). *Santé et maladie, analyse d'une représentation sociale*. Paris-La Haye : Mouton.

Herzlich, C. (1973). *Health and illness: a social psychological analysis*. Academic Press.

Herzlich, C. (1986). Représentations sociales de la santé et de la maladie et leur dynamique dans le champ social. In W. Doise & A. Palmonari (Eds.), *L'étude des représentations sociales* (pp. 157-170). Neuchâtel : Delachaux et Niestlé.

Herzlich, C., & Pierret, J. (1988). Une maladie dans l'espace public : le sida dans six quotidiens français. *Annales. Economie, Sociétés, Civilisations*, *5*, 1109-1134.

Hevern, V. W. (2004). Threaded identity in cyberspace: Weblogs and positioning in the dialogical self. *Identity: An International Journal of Theory and Research, 4*, 321-335.

Hidalgo, M. (2012). *Représentations sociales et contextes : études autour de l'expression et des comportements en lien avec les éléments masqués*. Aix-en-Provence : Thèse de Doctorat de l'Université d'Aix-Marseille.

Hiernaux, J.-P. (1977). *L'institution culturelle. Méthode de description structurale*. Paris : Presses Universitaires de France.

Hilton, D. J., & Liu, J. H. (2008). Culture and inter-group relations. The role of social representations of history. In R. Sorrentino & S. Yamaguchi (Eds.), *The Handbook of Motivation and Cognition: The Cultural Context* (pp. 343-368). New York: Guilford.

Hilton, S., & Smith, E. (2010). Public views of the UK media and government reaction to the 2009 swine flu pandemic. *BMC Public Health, 10*.

Himmelweit, H.T., & Gaskell, G. (1990). *Societal psychology*. London: Sage

Hobsbawm, E. (1995). *Historia del siglo XX* [Age of Extremes: the short twentieth century, 1914-1991]. Barcelona: Crítica.

Hofstede, G. (2001). *Culture's consequences: Comparing values, behaviors, institutions, and organizations across nations (2nd Ed.)*. Thousand Oaks, CA: Sage.

Hogg, M., & Abrams, D. (1988). *Social Identifications: A Social Psychology of Intergroup Relations and Group Processes*. London: Routledge.

Hogg, M., & Vaughan, G. (2003). *Social Psychology*. London: Prentice Hall.

Holahan, C. (2004). *Psicología ambiental: un enfoque general*. México: Limusa editores.

Holton, G. (1998). *The Scientific Imagination*. New York: Harvard University press

Hopkins, N. (2011). Dual Identities and Their Recognition: Minority Group Members'Perspectives. *Political Psychology*, *32*(2), 251-270.

Hopkins, N. (2011). Everyday citizenship: Identity and recognition. *Journal of Community & Applied Social Psychology*, *21*, 215-227.

Hopkins, N., & Greenwood, R. (2013). Hijab, visibility and the performance of identity. *Journal of Social Psychology*, *43*, 438-447.

Hopkins, N., & Kahani-Hopkins, V. (2009). Reconceptualizing "extremism" and "moderation": from categories of analysis to categories of practice in the construction of collective identity. *British Journal of Social Psychology*, *48*, 99-113.

Hopkins, N., Reicher, S., & Levine, M. (1997). On the parallels between social cognition and the "new racism". *British Journal of Social Psychology*, *36*, 305-329.

Horan, S. M., Chory, R. M., & Goodboy, A. K. (2010). Understanding students'classroom justice experiences and responses. *Communication Education*, *59*(4), 453-474.

Horton, R.W.G., & Finnegan, R. (1986). *Modes of Thought*. London: Faber & Faber.

Howarth, C. (2002). Identity in whose eyes? The role of representations in identity construction. *Journal for the Theory of Social Behaviour*, *32*(2), 145-162.

Howarth, C. (2004). Re-presentation and resistance in the context of school exclusion: Reasons to be critical. *Journal of Community and Applied Social Psychology*, *14*, 356-377.

Howarth, C. (2006a). A social representation is not a quiet thing: exploring the critical potential of social representations theory. *British Journal of Social Psychology*, *45*(1), 65-86.

Howarth, C. (2006b). Race as stigma: positioning the stigmatized as agents, not objects. *Journal of Community and Applied Social Psychology*, *16*(6), 442-451.

Howarth, C. (2011). Representations, identity and resistance in communication. In D. Hook, B. Franks, & M. Bauer (Eds.), *The Social Psychology of Communication* (pp. 153-168). London, UK: Palgrave Macmillan.

Howarth, C. (2014). Connecting social representation, identity and ideology: Reflections on a London "riot." *Papers on Social Representations*, *23*, 4.1-4.30.

Howarth, C., & Andreouli, E. (2015). 'Changing the context': Tackling discrimination at school and in society. *International Journal of Educational Development*, *41*, 184-191.

Howarth, C., Andreouli, E., & Kessi, S. (2014). Social representations and the politics of participation. In P. Nesbitt-Larking, C. Kinnvall, & T. Capelos (Eds.), *The Palgrave Handbook of Global Political Psychology* (pp. 19-38). Basingstoke, UK: Palgrave Macmillan.

Howarth, C., Campbell, C., Cornish, F., Franks, B., Garcia-Lorenzo, L., Gillespie, A., ... Tennant, C. (2013). Insights from societal psychology: the contextual politics of societal change. *Journal of Social and Political Psychology*, *1*(1), 364-384.

Howarth, C., Cornish, F., & Gillespie, A. (2014). Making community: Diversity, movement and interdependence. In G. Sammut, E. Andreouli, G. Gaskell, & J. Valsiner (Eds.), *A Handbook of Social Representations*. Cambridge: Cambridge University Press.

Howarth, C., Wagner, W., Magnusson, N., & Sammut, G. (2014). 'It's only other people who make me feel black': acculturation, identity and agency in a multicultural community. *Political Psychology*, *35*(1), 81-95.

Howarth, C., Wagner, W., Magnusson, N., & Sammut, G. (2014). "It's only other people who make me feel Black": Acculturation, identity, and agency in a multicultural community. *Political Psychology*, *35*(1), 81-95.

Huang, C. (2011). Facebook and Twitter key to Arab Spring uprisings: report. *The National*.

Hugenberg, K., & Bodenhausen, G. V. (2003). Facing Prejudice Implicit Prejudice and the Perception of Facial Threat. *Psychological Science*, *14*(6), 640-643.

Hummel, J. E., & Holyoak, K. J. (1997). Distributed representations of structure: A theory of analogical access and mapping. *Psychological Review*, *104*(3), 427-466.

Huston, A., Donnerstein, E., Fairchild, H., Feshbach, N., Katz, P., Murray, J., Rubinstein, E. & Zuckerman, D. (1992). *Big world, small screen: the role of television in American society*. Lincoln, NE: University of Nebraska Press.

Iacoviello, V., & Lorenzi-Cioldi, F (2015a). Self-perception and intergroup behavior in minimal groups'hierarchies. Article soumis pour publication.

Iacoviello, V., & Lorenzi-Cioldi, F (2015b). Individual distinctiveness in a group: When status makes the difference. *Group Processes and Intergroup Relations*.

Iannaccone, A. (2010). *Le condizioni sociali del pensiero: Contesti, attività e ricerca di senso*. Milano: Unicopli.

Iggers, G. G., Wang, Q. E., & Mukherjee, M. (2008). *A Global History of Modern Historiography*. Harlow, England; New York: Pearson Longman.

Ignatiev, N. (1995). *How the Irish Became White*. London: Routledge.

Inglehart, R. (1999). Globalization and Postmodern Values. *The Washington Quartely*, *23*(1), 215-228.

Inglehart, R., Basañez, M., Diez-Medrano, J., Halman, L., & Luijkx, R. (2004). *Human Beliefs and Values*. Mexico: Siglo XXI Editores.

Ipsos MORI (2011). *Trust in Professions 2011 – Doctors are most trusted profession – politicians least trusted*. London, Ipsos MORI / British Medical Association.

IsaBelle, C., & Kaszap, M. (2013). Éducation à la santé : représentations sociales des préoccupations des jeunes du Canada. *Santé Publique*, *25*(1), 25-33.

Isambert, F.-A. (1961). Moscovici Serge. La psychanalyse, son image, son public. *Revue Française de Sociologie*, , 328-330.

Iyengar, S. (2005). Speaking of Values: the framing of American Politics. *The Forum, VII*, *3*(3), 1-8.

Iyengar, S., Kinder, D.R. (1987). *News that matters*. Chicago, IL.: University of Chicago Press.

Iyer, A., & Leach, C.W. (2008). Emotion in inter-group relations. *European Review of Social Psychology, 19,* 86-125.

Jackman, M. (1994). The *Velvet Glove: Paternalism and conflict in gender, class, and race relations*. Berkeley: University of California Press.

Jacquart, C., & Haas, V. (2006). La rumeur comme modalité de la pensée sociale. In V. Haas (Ed.), *Les savoirs du quotidien. Transmissions, appropriations, représentations* (pp. 51-67). Rennes : Presses Universitaires de Rennes.

Jahoda, G. (1973). La culture et la perception visuelle. In S. Moscovici (Ed.) *Introduction à la psychologie sociale* (pp. 266-297). Paris : Larousse.

Jahoda, G. (1989). *Psychologie et anthropologie*. Paris : Armand Colin.

Jahoda, G. (1999). *Images of savages: ancient roots of modern prejudice in western culture*. London: Routledge.

James, W. (1908). *L'expérience religieuse*. Paris : Alcan.

Janis, I. L., & King, B. T. (1954). The influence of role playing on opinion change. *Journal of Abnormal and Social Psychology, 48*, 211-218.

Jaspal, R. (2013). Britih Sikh identity and the struggle for distinctiveness and continuity. *Journal of Community and Applied Social Psychology, 23*, 225-239.

Jaspal, R., & Breakwell, G. M. (2014). *Identity Process Theory : Identity, Social Action and Social Change*. Cambridge: Cambridge University Press.

Jaspal, R., & Cinnirella, M. (2010). Media representations of British Muslims and hybridised threats to identity. *Contemporary Islam, 4*, 289-310.

Jaspal, R., & Cinnirella, M. (2014). Hyper-affiliation to the religious ingroup among British Pakistani Muslim Gay men. *Journal of Community and Applied Social Psychology, 24*(4), 265-277.

Jaspal, R., & Coyle, A. (2014). Threat, victimhood and peace: Debating the 2011 Palestinian UN state membership bid. *Digest of Middle East Studies, 23*(1), 190-214.

Jaspal, R., & Yampolsky, M. (2011). Social representations of the Holocaust and Jewish Israeli identity construction: insights from identity process theory. *Social Identities, 17*(2), 201-225.

Jaspars, J., & Fraser, C. (1984). Attitudes and social representations. In R. M. Farr & S. Moscovici (Eds.), *Social Representations* (pp. 101-123). Cambridge: Cambridge University Press.

Jedlowski, P. (2000). La sociologia e la memoria collectiva. In G. Bellelli, D. Bakhurst, & A. Rosa (Eds.), *Tracce. Studi sulla memoria Collettiva* (pp. 71-82). Napoli : Liguori.

Jedlowski, P. (2001). Memory and sociology : Themes and issues. *Time & Society, 10*(1), 29-44.

Jellison, J. M., & Green, J. (1981). A self-presentation approach to the fundamental attribution error: The norm of internality. *Journal of personality and social psychology, 40*(4), 643-649.

Jesuino, J. C. (2014). Images of old age. *Papers on Social Representations, 23*, 15.1-15.22.

Jetten, J., & Hutchison, P. (2011). When groups have a lot to lose: Historical continuity anhances resistance to a merger. *European Journal of Social Psychology, 41*(3), 335-343.

Jetten, J., & Wohl, M. J. A. (2012). The past as a determinant of the present: Historical continuity, collective angst, and opposition to immigration. *European Journal of Social Psychology, 42*(4), 442-450.

Ji, L.-J., Nisbett, R. E., & Su, Y. (2001). Culture, change, and prediction. *Psychological Science, 12*(6), 449-456.

Jodelet, D. (1976). *La représentation sociale du corps*. Paris : Ehess, Cordes.

Jodelet, D. (1979). *Le corps représenté et ses transformations*. Communication présentée au Colloque sur les représentations sociales. Paris : France.

Jodelet, D. (1984a). Représentations sociales: phénomènes, concept et théorie. In S. Moscovici (Ed.), *Psychologie sociale* (pp. 357-378). Paris : Presses Universitaires de France.

Jodelet, D. (1984b). Réflexions sur le traitement de la notion de représentation sociale en psychologie sociale. *Communication – Information*, 6(2-3), 15-42.

Jodelet, D. (1985). *Civils et Bredins*. Paris : Thèse de Doctorat d'État de l'Ecole des Hautes Etudes en Sciences Sociales.

Jodelet, D. (1986). Fou et folie dans un milieu rural français : une approche monographique. In W. Doise & A. Palmonari (Eds.), *L'étude des représentations sociales* (pp. 171–192). Neuchâtel : Delachaux et Niestlé.

Jodelet, D. (1989a). *Folies et représentations sociales*. Paris : Presses Universitaires de France.

Jodelet, D. (1989b). Représentations sociales : un domaine en expansion. In D. Jodelet (Ed.), *Les représentations sociales*. (pp. 47-78). Paris : Les Presses Universitaires de France.

Jodelet, D. (1989c). *Les représentations sociales*. Paris : Presses Universitaires de France.

Jodelet, D. (1991a). Représentations sociales. In H. Bloch, R. Chemama, A. Gallo, P. Leconte, J-.F. Le Ny, J. Postel, S. Moscovici, M. Reuchlin & E. Vurpillot (Eds.), *Grand dictionnaire de la psychologie* (pp. 668-672). Paris : Larousse.

Jodelet, D. (1991b). *Madness and Social Representations: Living with the mad in one French community*. Berkeley & Los Angeles: University of California Press.

Jodelet, D. (1994). *Les représentations sociales*. Paris : Presses Universitaires de France.

Jodelet, D. (1996). Las Representaciones sociales del medio ambiente. *Coleccion Monografías Psico-Socio-Ambientals, 9*, 29-44.

Jodelet, D. (2002). Les représentations sociales dans le champ de la culture. *Information sur les sciences sociales, 41*(1), 111-133.

Jodelet, D. (2003). Aperçus sur les méthodologies qualitatives. In S. Moscovici, F. Buschini (Eds.), *Les méthodes des sciences humaines* (pp. 139-164). Paris : Presses Universitaires de France.

Jodelet, D. (2005). Formes et figures de l'altérité. In M. Sanchez-Mazas & L. Licata (Eds), *L'Autre : Regards psychosociaux* (pp. 23-47). Grenoble : Presses Universitaires de Grenoble.

Jodelet, D. (2006). Représentations Sociales. In P. Castel & S. Mesure (Eds.), *Dictionnaire des Sciences Humaines* (pp. 1003-1005). Paris : Presses Universitaires de France.

Jodelet, D. (2011). Contributions from the Social Representations Approach to the Field of Education. *Espacios en Blanco – Serie indagaciones, 21,* 133-154.

Jodelet, D. (2014). A propos des jeux et enjeux de savoir dans l'Education Thérapeutique des Patients. In E. Jouet, O. Las Vergnas, & E. Noël-Hureaux (Ed.), *Nouvelles coopérations réflexives en santé: de l'expérience des malades et des professionnels aux partenariat de soins, de formation et de recherche* (pp. 59-74). Paris : Editions des Archives contemporaines.

Jodelet, D. (2015). *Représentations sociales et mondes de vie*. Paris : Éditions des Archives contemporaines.

Jodelet, D., & Haas, V. (2014). Memorie e Rappresentazioni Sociale. In A. Palmonari & F. Emiliani (Eds.). *Psicologia delle rappresentazioni sociali*. (pp.123-147). Bologna: Il Mulino.

Jodelet, D., & Milgram, S. (1977). *Cartes mentales et images sociales de Paris*. Paris : EHESS, DGRST.

Jodelet, D., & Paredes, E. (2010). *Pensée mythique et représentations sociales*. Paris : L'Harmattan.

Jodelet, D., Ohana, J., & Scipion, C. (1978). *Étude de la communication sociale à travers le système municipal de participation et d'information à Louviers*. Paris : CNRS/INA.

Jodelet, D., Viet, J., & Besnard, P. (1972). *La psychologie sociale, une discipline en mouvement*. Paris : Mouton.

Jodelet, F. (1972). L'association libre. In P. Fraisse & J. Piaget (Eds.), *Traité de psychologie expérimentale. VIII : Langage, Communication et décision* (pp. 97-153). Paris : Presses Universitaires de France.

Joffe, H. (1996). The shock of the new: A psycho-dynamic extension of social representational theory. *Journal for the Theory of Social Behaviour, 26*(2), 197-219.

Joffe, H. (1999). *Risk and "the Other"*. Cambridge: Cambridge University Press.

Joffe, H. (2003). Risk: From perception to social representation. *British Journal of Social Psychology, 42*, 55-73.

Joffe, H. (2011) Public apprehension of emerging infectious diseases: are changes afoot? *Public Understanding of Science, 20*(4), 446-60.

Joffe, H., & Haarhoff, G. (2002). Representations of far-flung illnesses: The case of Ebola in Britain. *Social Science and Medicine, 54*, 955-969.

Joffe, H., & Lee, N. Y. L. (2004). Social representation of a food risk: The Hong Kong avian bird flu epidemic. *Journal of Health Psychology, 9*, 517-533.

Joffe, H., & Staerklé, C. (2007). The centrality of the self-control ethos in Western aspersions regarding outgroups: A social representational approach to stereotype content. *Culture & Psychology, 13*, 395-418.

Joffe, H., Rossetto, T., Solberg, C., & O'Connor, C. (2013). Social representations of earthquakes: A study of people living in three highly seismic areas. *Earthquake Spectra, 29*(2), 367-397.

Joffe, H., Washer, P., & Solberg, C. (2011). Public engagement with emerging infectious disease: The case of MRSA in Britain. *Psychology and Health, 26*(6), 667-683.

Jones, B., & McMahon, C. (2003). Social representations of stem cell research and preimplantation genetic diagnosis. *Reproductive BioMedicine Online*, 7(3), 268-275.

Jones, J. H., & Salathe, M. (2009). Early assessment of anxiety and behavioral response to novel swine-origin Influenza A(H1N1), *PLOS One, 4*.

Jones, S. E. (2006). *Against technology: from the Luddites to Neo-Luddism*. London: Routledge.

Jost, J. T., & Ignatow, G. (2001). What we do and don't know about the functions of social representations. In K. Deaux & G. Philogène (Eds.), *Representations of the social: Bridging theoretical traditions* (pp. 190-198). Oxford: Blackwell.

Jost, J. T., & Major, B. (2001). *The psychology of legitimacy: Emerging perspectives on ideology, justice, and intergroup relations*. Cambridge: Cambridge University Press.

Joule, R.-V., & Beauvois, J.-L. (1998). *La soumission librement consentie*. Paris : Presses Universitaires de France.

Joule, R.-V., & Beauvois, J.-L. (2002/2014). *Petit traité de manipulation à l'usage des honnêtes gens*. Grenoble : Presses Universitaires de Grenoble.

Joule, R.-V., Girandola, F., & Bernard, F. (2007). How can people be induced to willingly change their behavior? The path from persuasive communication to binding communication. *Social and Personality Psychology Compass*, *1*(1), 493-505.

Jourdan, D., Piec, I., Aublet-Cuvelier, B., Berger, D., Lejeune, M. L., Laquet-Riffaud, A., Glanddier, P. Y. (2002). Éducation à la santé à l'école : pratiques et représentations des enseignants du primaire. *Santé Publique*, *14*(4), 403-423.

Jovchelovitch, S. (2004). Contextualiser les focus groups : comprendre les groupes et les cultures dans la recherche sur les représentations. *Bulletin de psychologie, 57*(3), 245-252.

Jovchelovitch, S. (2007). *Knowledge in Context: Representations, Community and Culture*. London: Routledge.

Jovchelovitch, S. (2007). *Knowledge in Context*. London: Routledge.

Jovchelovitch, S. (2008). The rehabilitation of common sense: Social representations, science and cognitive polyphasia. *Journal for the Theory of Social Behaviour*, *38*(4), 431-448.

Jovchelovitch, S. (2011). Communicative action and the dialogical imagination. In D. Hook, B. Franks, & M. W. Bauer (Eds.), *The Social Psychology of Communication* (pp. 127-151). Basingstoke, UK: Palgrave Macmillan.

Jovchelovitch, S. (2012). Narrative, memory and social representations : a conversation between history and social psychology. *Integrative Psychological and Behavioral Science, 46*(4). 440-456.

Judt, T. (2005). *Post war. A History of Europe since 1945*. Madrid: Taurus.

Jung, Y., & Pawlowski, S. D. (2014). Understanding consumption in social virtual worlds: A sensemaking perspective on the consumption of virtual goods. *Journal of Business Research*, *67*(10), 2231-2238.

Jung, Y., & Pawlowski, S. D. (2015). The meaning of virtual entrepreneurship in social virtual worlds. *Telematics and Informatics*, *32*(1), 193-203.

Jung, Y., Pawlowski, S. D., & Wiley-Patton, S. (2009). Conducting social cognition research in IS: A methodology for eliciting and analyzing social representations. *Communications of the Association for Information Systems*, *24*(1), 597-614.

Kahani-Hopkins, V., & Hopkins, N. (2002). "Representing" British Muslims: the strategic dimension to identity construction. *Ethnic and Racial Studies*, *25*(2), 288-309.

Kalampalikis, N. (2002a). Représentations et mythes contemporains. *Psychologie & Société*, *5*, 61-86.

Kalampalikis, N. (2002b). Des noms et des représentations. *Les Cahiers Internationaux de Psychologie Sociale*, *53*, 20-31.

Kalampalikis, N. (2003). L'apport de la méthode Alceste dans l'étude des représentations sociales. In J.-C. Abric (Ed.), *Méthodes d'étude des représentations sociales* (pp. 147-163). Ramonville Saint-Agne : Erès.

Kalampalikis, N. (2006). Affronter la complexité : représentations et croyances. In V. Haas (Ed.), *Les savoirs du quotidien. Transmissions, appropriation, représentations* (pp. 225-233). Rennes : Presses Universitaires de Rennes.

Kalampalikis, N. (2007). *Les Grecs et le mythe d'Alexandre. Étude psychosociale d'un conflit symbolique à propos de la Macédoine*. Paris : L'Harmattan.

Kalampalikis, N. (2013). Retour au milieu vital. In S. Moscovici, *Le scandale de la pensée sociale* (pp. 7-15). Paris : Éditions de l'EHESS.

Kalampalikis, N. (2014). The magic of social thought. *Public Understanding of Science, 23*(7), 755-758.

Kalampalikis, N., & Haas, V. (2008). More than a theory: a new map of social thought. *Journal for the Theory of Social Behaviour, 38*(4), 449-459.

Kalampalikis, N., & Moscovici, S. (2005). Une approche pragmatique de l'analyse Alceste. *Les Cahiers Internationaux de Psychologie Sociale, 66*, 15-24.

Kalampalikis, N., Delouvée, S,. & Pétard, J.-P. (2006). Historical spaces of social psychology. *History of the Human Sciences, 19*(2), 23-43.

Kalampalikis, N., Haas, V., Fieulaine, N., Doumergue, M., & Deschamps, G. (2013). Giving or giving back: New psychosocial insights from sperm donors in France. *Psychology, Health & Medicine, 18*(1), 1-9.

Kalampalikis, N., Haas, V., Fieulaine, N., Doumergue, M., Deschamps, G., & Chiron, H. (2010). Enjeux psychosociaux du don de sperme: le point de vue des couples. *Andrologie, 20*(1), 37-44.

Kashima, Y. (2000). Maintaining cultural stereotypes in the serial reproduction of narratives. *Personality and Social Psychology Bulletin, 26*(5), 594-604.

Katerelos, I. D. (2003). Négociabilité argumentative intra-noyau : une étude exploratoire sur la structure des représentations sociales. *Les Cahiers Internationaux de Psychologie Sociale, 60*, 40-49.

Katz, E. (1980). On conceptualizing media effects. *Studies in communication, 1*, 119-141.

Katz, R., & Mair, P. (1995). Changing Models of Party Organization and Party Democracy: the emergence of the cartel party, *Party Politics, 1*(1), 5-31.

Kawakami, K., Dion, K. L., & Dovidio, J. F. (1998). Racial prejudice and stereotype activation. *Personality and Social Psychology Bulletin, 24*(4), 407-416.

Keller, M., Blench, M., Tolentino, H., Freifeld, C. C., Mandl, K. D., Mawudeku, A., ... & Brownstein, J. S. (2009). Use of unstructured event-based reports for global infectious disease surveillance. *Emerging infectious diseases, 15*(5), 689.

Kellerhals, J., Modak, M., & Perrenoud, D. (1997). *Le sentiment de justice dans les relations sociales*. Paris : Presses Universtaires de France.

Kelman, H. C. (1958). Compliance, identification, and internalization three processes of attitude change. *Journal of Conflict Resolution, 2*(1), 51-60

Kelman, H. C. (1961). Processes of opinion change. *Public Opinion Quarterly, 25*, 57-78.

Kelman, H. C. (2001). Reflections on the social and psychological processes of legitimization and delegitimization. In J. T. Jost & B. Major (Eds.), *The psychology of legitimacy: Emerging perspectives on ideology, justice, and intergroup relations* (pp. 54-73). Cambridge: Cambridge University Press.

Khlifi, T. (1999). *Représentation communication prévention: l'automobile et l'accident de la circulation*. Thèse de Doctorat, Ecole des Hautes Etudes en Sciences Sociales, Paris.

Khlifi, T., & Barjonet, P.-E. (1998). Sensibilisation aux risques engendrés par la circulation routière. Rapport final sur convention INRETS/DRAST. Arcueil : INRETS.

Kidd, D. (1904). *The essential Kaffir*. London: A and C Black.

Kiesler C. A. (1971). *The psychology of commitment. Experiments linking behavior to belief*. New-York: Academic Press.

Kiesler, S., Siegel, J., & McGuire, T. W. (1984). Social psychological aspects of computer-mediated communication. *American Psychologist, 39*, 1123-1134.

Kirchheimer, O. (1966). The Transformation of the Western European Party Systems. In. J. La Palombara, & M. Weiner (Eds.), *Political parties and political development* (pp. 177-200). Princeton : Princeton University Press.

Kirchler, E. (1992). Adorable women, expert man: Changing gender images of women and men in management. *European Journal of Social Psychology, 22*, 363-373.

Kirchler, E. (1993). *Arbeitslosigkeit. Psychologische Skizzen über ein anhaltendes Problem*. Göttingen: Hogrefe.

Kirchler, E. (1998). Differential representations of taxes: Analysis of free associations and judgments of five employment groups. *Journal of Socio-Economics, 27*, 117-131.

Kirchler, E. (2007). *The Economic Psychology of Tax Behaviour*. Cambridge, UK: Cambridge University Press.

Kirchler, E. (2011). *Wirtschaftspsychologie: Individuen, Gruppen, Märkte, Staat (Economic Psychology: Individuals, Groups, Markets, State)*. Göttingen: Hogrefe.

Kirchler, E., & el Sehity, T. (2004). *Bericht über das Forschungsprojekt: Der Euro. Eine Studie zur Entwicklung der sozialen Vorstellung einer neuen Währung*. Wien: Forschungsbericht am Institut für Psychologie, Universität Wien.

Kirchler, E., el Sehity, T., & Kulich, C. (2004). Preiswahrnehmung und Preisentwicklung im Eurokontext. *Zur Rekonstruktion einer neuen Währung. Jubiläumsfondsprojekt*, (9545).

Kirchler, E., Kastlunger, B., & Gangl, K. (2010). *Trust in times of financial crisis: An analysis of social representations of Austrian experts and laypeople about financial crisis*. Paper presented at the IAREP/SABE/ICABEEP 2010 Conference, Cologne, Allemagne.

Kitzinger, J., Markovà, I., & Kalampalikis, N. (2004). Qu'est-ce que les focus groups? *Bulletin de psychologie, 57*, 237-244.

Klein, O., Licata, L., & Pierucci, S. (2011). Does Group Identification Facilitate or Prevent Collective Guilt about Past Misdeeds? Resolving the Paradox. *British journal of social psychology, 50*(3), 563-572.

Klein, O., Licata, L., Van der Linden, N., Mercy, A., & Luminet, O. (2012). Le collabo et l'assisté: stéréotypes et mémoires collectives liés au conflit linguistique belge. In O. Luminet (Ed.), *Belgique – Belgïe: un état, deux mémoires collectives?* (pp. 15-32). Liège : Mardaga.

Klein, O., Spears, R., & Reicher, S. (2007). "Social Identity Performance": Extending the strategic side of SIDE. *Personality and Social Psychology Review, 11*(1), 28-45.

Klemperer, V. (1947). *LTI, la langue du Troisième Reich. Carnets d'un philologue*. Paris : Albin Michel, coll. Bibliothèque Idées.

Kluger, A. N., Nira, D., & Kluger, Y. (2008). Personal Position Repertoire (PPR) from a bird's eye view. *Journal of Constructivist Psychology, 21*(3), 223-238.

Kmiec, R., & Roland-Lévy, C. (2014). Risque et construction sociale : une approche interculturelle. *Les Cahiers Internationaux de Psychologie Sociale, 101*, 69-99.

Kohli, C. (1997). Branding consumer goods: insights from theory and practice. *Journal of Consumer Marketing, 14*(3), 206-219.

Köse, A. (1996). *Conversion to Islam: A Study of Native British Converts*. London: Kegan Paul International.

Kostkova, P., Quincey, E.D., & Jawaheer, G. (2010). *The potential of Twitter for early warning and outbreak detection*. 20th European Congress of Clinical Microbiology and Infectious Diseases (ECCMID), Vienna, Austria.

Kotecha, S. (2013). Quarter of young British people "do not trust Muslims." BBC, Newsbeat.

Kozinets, R. V., de Valck, K., Wojnicki, A. C., & Wilner, S. J. S. (2010). Networked Narratives: Understanding Word-of-Mouth Marketing in Online Communities. *Journal of Marketing, 74*, 71-89.

Krech, D. (1949). Notes towards a psychological theory. *Journal of Personality, 18*, 66-87.

Kruglanski, A. W. (2004). *The psychology of closed mindedness*. New York: Psychology Press.

Kruskal, J. B., & Wish, M. (1978). *Multidimensional Scaling*. London : Sage.

Kurtz, M. Bollen J., (2010). Usage bibliometrics. *Annual Review of Information Science and Technology, 44*(1), 1-64.

Kus, L. (2013). Contextual Influences on Subjective Well-Being of Young Ethnic Minority Russians in Estonia. In R. Dimitrova (Ed.), *Global Perspectives on Well-Being in Immigrant Families, Advances in Immigrant Family Research* (pp. 235-258). New York: Springer.

Kus, L., Liu, J. H., & Ward, C. (2013). Relative deprivation versus system justification: Polemical social representations and identity positioning in a post-Soviet society. *European Journal of Social Psychology, 43*(5), 423-437.

L'Hoste, J., Barjonet, P.-E., Cauzard, J.-P., & Hamelin, P. (1977). Représentations sociales de l'action de sécurité routière et de l'accident de la route. 2ème phase. Arcueil : ONSER – DGRST.

Labbé, S. (2013). Travail, Emploi, Métier, Profession : quel idéal ? *Chroniques du travail, 3*, 94-113.

Labbé, S., & Gachassin, B. (2012). Orientation professionnelle et représentations sociales des métiers, *Chroniques du travail, 2*, 87-111.

Labini, S. (2013). Ricerca scientifica: dati falsificati, meritocrazia e competizione. *Roars*, November 21.

Lacassagne, M.-F., Salès-Wuillemin, E., Castel, P., & Jebrane, A. (2001). La catégorisation d'un exogroupe à travers d'une tâche d'associations verbales. *Papers on social representations, 10*(7), 1-7.11.

Lahire, B. (1995). *Tableaux de familles: heurs et malheurs scolaires en milieux populaires*. Paris : Gallimard

Lahire, B. (1998). *L'Homme pluriel. Les ressorts de l'action*. Paris : Nathan.

Lahlou, S. (1998). *Penser/manger. Alimentation et représentations sociales*. Paris : Presses Universitaires de France.

Lahlou, S. (2008). Cognitive technologies, social science and the three-layered leopardskin of change. *Social Science Information, 47*(3), 227-251.

Lampos, V., & Cristianini, N. (2010). *Tracking the flu pandemic by monitoring the social web*. 2nd IAPR Workshop on Cognitive Information Processing, Bristol, UK.

Larson, J. A., & Lizardo, O. (2007). Generations, Identities, and the Collective Memory of Che Guevara. *Sociological Forum, 22*(4), 425-451.

Làszlò, J. (2003). History, Identity and Narratives. In J. Làszlò & W. Wagner (Eds.). *Theories and Controversies in Societal Psychology* (pp. 205-228). Budapest, Hungary: New Mandate.

Làszlò, J. (2008). *The science of stories. An introduction to narrative psychology*. London: Routledge.

Làszlò, J. (2013). *Historical Tales and National Identity: An introduction to narrative social psychology*. Church Road, Hove: Routledege.

Làszlò, J. & Vincze, O. (2002). Coping with historical tasks. The role of historical novels in transmitting psychological patterns of national identity. *SPIEL (Siegener Periodicum zur Internationalen Empirischen Literaturwissenschaft), 21*, 76-88.

Làszlò, J., Vincze O., & Somogyvari, I.K. (2003). Representation of national identity in successful historical novels. *Empirical Studies of the Arts, 21*, 69-80.

Laurens, S. (2002a). La nostalgie dans l'élaboration des souvenirs. In S. Laurens & N. Roussiau (Eds.), *La mémoire Sociale*. (pp. 259-268). Rennes : Presses Universitaires de Rennes.

Laurens, S. (2002b). Construction sociale des formes de l'Hystérie. *Les Cahiers Internationaux de Psychologie Sociale, 54*, 13-22.

Laurens, S. (2003). Les sondages, de la mesure à l'élaboration des opinions. In C. Bonardi, P. Georget, C. Roland-Lévy, & N. Roussiau (Eds.), *Psychologie sociale appliquée*. (pp. 185-199). Paris : In Press.

Laurens, S. (2006a). La psychologie proustienne à l'aide de la théorie des minorités actives – vers une explication du changement social. *Psychologie clinique, 22*, 99-127.

Laurens, S. (2006b). Le regard psychosocial : l'autre en moi. Vers une psychologie sociale des prises de position, *Les Cahiers Internationaux de Psychologie Sociale, 71*, 55-65.

Laurens, S. (2009). Identité et unité du sujet face aux phénomènes de conversion. *Cahiers de psychologie politique, 15*, 1-17.

Laurens, S., & Lemoine, F. (2014). Mapping position repertoire. *Journal of Constructivist Psychology, 27*(2), 90-104.

Lautier, N. (1997). *À la rencontre de l'histoire*. Lille : Presses Universitaires du Septentrion.

Lautier, N. (2001). Les enjeux de l'apprentissage de l'histoire. *Perspectives documentaires en éducation, 53*, 61-68.

Lautier, N. (2001). *Psychosociologie de l'éducation. Regard sur la situation d'enseignement*. Paris : Armand Colin.

Lautier, N. (2006). L'histoire en situation didactique: une pluralité des registres de savoir. In V. Haas (Ed.), *Les savoirs du quotidien. Transmissions, appropriations, représentations* (pp. 77-89). Rennes : Presses Universitaires de Rennes.

Lautier, N., & Allieu-Mary, N. (2008). La didactique de l'histoire. *Revue française de pédagogie, 1*, 95-131.

Lautier, N., & Richardot, S. (2004). Représentations du groupe-classe idéal. *Spirale, 34*, 141-156.

Lavabre, M.-C. (1991). Du choix et du poids du passé : lecture critique du « syndrome de Vichy ». In D. Peschanski, M. Pollak, & H. Rousso (Eds.), *Histoire politique et sciences sociales* (pp. 265-278). Paris : Editions Complexe.

Law, I., Sayyid, S., & Sian, K. (2013). *Racism, Governance and Public Policy: Beyond Human Rights*. London: Routledge.

Layard, R. (2005). *La Felicidad.* Madrid: Taurus.

Le Bon, G. (1895/1991). *Psychologie des foules*. Paris : Félix Alcan / Presses Universitaires de France.

Le Bouedec, G. (1984). Contribution à la méthodologie d'étude des représentations sociales. *Les Cahiers de Psychologie Cognitive, 4*(3), 245-272.

Le Moel, B. (2015). *Bande marine côtière et élus locaux. De la représentation à la prise de décision.* Montpellier : Thèse de Doctorat de l'Université Paul Valéry.

Le Pourhiet, A.-M. (2015). Le droit français est-il Charlie ? La prolifération des délits d'opinion. *Le Débat, 185*(3), 21-35.

Lea, M., & Giordano, R. (1997). Representations of the group and group processes in CSCW research: A case of premature closure? In G. C. Bowker, S. L. Star, W. Turner & L. Gasser (Eds.), *Social Science, Technical systems and Cooperative Work: Beyond the Great Divide* (pp. 5-26). Mahwah, NJ: LEA.

Leach, C. W., van Zomeren, M., Zebel, S., Vliek, M. L. W., Pennekamp, S. F., Doosje, B., Ouwerkerk, J. W., & Spears, R. (2008). Group-level self-definition and self-investment: A hierarchical (multicomponent) model of in-group identification. *Journal of Personality and Social Psychology, 95*(1), 144-165.

Lebrun, A. M. (2014). Representations of a Destination City Break. Analysis Based on Free Associations. *Journal of Travel & Tourism Marketing, 31*(2), 195-210.

Lechner, N. (2002). El precario relato democrático. *Revista Nexos, 24*(298), 47-48.

Lechtman, H., & Steinberg, A. (1979). The history of technology: An anthropological perspective. In Bugliarello, G., & Doner, D. B. (Eds.), *History and Philosophy of Technology* (pp. 135-160). Urbana: University of Illinois Press.

Lee, E. J. (2004). Effects of Visual Representation on Social Influence in Computer-Mediated Communication. *Human Communication Research, 30*(2), 234-259.

Lemoine, F. (2014). *Étude du répertoire de réponses : une approche dialogique de l'opinion*. Rennes : Thèse de Doctorat de l'Université Rennes 2.

Lemoine, F., & Laurens, S. (2012). Rapport dialogique et répertoire de réponses. *Les Cahiers Internationaux de Psychologie Sociale, 94*, 199-221.

Lenhart, A., & Fox, S (2009). Twitter and status updating. *PEW Internet and America Life Project.*

Leone, G. D., & Sarrica, M. (2014). Making room for negative emotions about the national past: An exploratory study of the effects of *parrhesia* on Italian colonial crimes. *International Journal of Intercultural Relations, 43*(Part A), 126-138.

Léontiev, (1978). *O desenvolvimento do psiquismo*. Lisbonne: Livros-Horizontes.

Lepastourel, N. & Testé, B. (2004). L'influence médiatique sur les jugements judiciaires : rôle du style d'écriture dans la formation des jugements, *Psychologie Française, 49*, 373-388

Lepore, L., & Brown, R. (1997). Category and stereotype activation: Is prejudice inevitable?. *Journal of personality and social psychology, 72*(2), 275-287.

Lepore, L., & Brown, R. (2002). The role of awareness; Divergent automatic sterotype activation and implicit judgment correction. *Social Cognition, 20*(4), 321-351.

Lerner, M. J. (1965). Evaluation of performance as a function of performer's reward and attractiveness. *Journal of Personality and Social Psychology, 1*(4), 355-360.

Lévi-Strauss, C. (1955). *Tristes Tropiques.* Paris : Presses Pocket.

Lévy-Bruhl, L. (1922). *La mentalité primitive*. Paris : Presses Universitaires de France.

Lévy-Bruhl, L. (1951). *Les fonctions mentales dans les sociétés inférieures*. Paris : Presses Universitaires de France.

Lewin, K. (1943). Forces behind food habits and methods of change. *Bulletin of the National Research Council, CVIII*, 35-65.

Leyens, J.-P. (1983). *Sommes-nous tous des psychologues? Approche psychosociale des théories implicites de personnalité.* Bruxelles : Mardaga.

Lheureux, F. (2010). Représentations professionnelles, satisfaction au travail et choix de carrière des personnels infirmiers : le rôle des valeurs d'autonomie. *Psychologie du Travail et des Organisations, 16*(4), 312-325.

Lheureux, F., & Guimelli, C. (2009). Organisation interne et affectivité des représentations sociales : une étude exploratoire. *Annuario de Psicologia, 43*(9), 357-376.

Lheureux, F., & Lo Monaco, G. (2011). Hiérarchie inter-noyau et négociazlbilité des éléments centraux d'une représentation sociale. Les Cahiers Internationaux de Psychologie Sociale, 91, 217-232.

Lheureux, F., Lo Monaco, G., & Guimelli, C. (2011). Entre représentations sociales et intentions de pratiques : l'implication. *Revista Interamericana de Psicología/Interamerican Journal of Psychology, 45*(1), 61-76.

Lheureux, F., Rateau, P., & Guimelli, C. (2008). Hiérarchie structurale, conditionnalité et normativité des représentations sociales. *Les Cahiers Internationaux de Psychologie Sociale, 77*, 41-55.

Licata, L. (2001). *Identités représentées et représentations identitaires : effets des contextes comparatif et sociopolitique sur la signification psychologique des appartenances géopolitiques*. Bruxelles : Thèse de doctorat de l'Université Libre de Bruxelles.

Licata, L., & Klein, O. (2004). *Comment l'identité sociale (dé) forme les représentations du passé : l'influence de la génération et du statut du groupe sur la mémoire collective du Congo Belge*. Communication présentée au 5ème Congrès de Psychologie Sociale en Langue Française de l'ADRIPS, Lausanne, Suisse.

Licata, L., & Mercy, A. (2015). Collective memory (Social psychology of). In *International Encyclopedia of the Social and Behavioural Sciences*, 2nd Ed., Vol. 4 (pp. 194-199). New York : Elsevier.

Licata, L., Klein, O., Saade, W., Azzi, A. E., & Branscombe, N. R. (2012). Perceived Out-Group (Dis)Continuity and Attribution of Responsibility for the Lebanese Civil War Mediate Effects of National and Religious Subgroup Identification on Intergroup Attitudes. *Group processes & intergroup relations*, *15*(2), 179-192.

Lieberman, S. (1956). The effects of changes in roles on the attitudes of role occupants. *Human Relations, 9*, 385-402.

Likert, R. (1932). A Technique for the Measurement of Attitudes. *Archives of Psychology*, *140*, 1-55.

Likert, R. (1967). The method of constructing an attitude scale. In M. Fishbein (Ed.), *Readings in attitude theory and measurement* (pp. 90-95). New York: John Wiley & Sons,

Linton, R. (1945). *Le fondement culturel de la personnalité*. Paris : Dunod.

Lipovetsky, G. (1983). *L'Ère du vide*. Paris : Gallimard.

Lippman, W. (1922). *Public opinion*. New York: Macmillan.

Liu, B. F., & Kim, S. (2011). How organizations framed the 2009 H1N1 pandemic via social and traditional media: Implications for US health communicators. *Public Relations Review, 37*, 233-244.

Liu, J. H., & Atsumi, T. (2008). Historical conflict and resolution between Japan and China: Developing and applying a narrative theory of history and identity. In T. Sugiman, K. J. Gergen, W. Wagner, & Y. Yamada (Eds.) *Meaning in action: Constructions, narratives, and representations* (pp. 327-344). Tokyo: Springer-Verlag.

Liu, J. H., & Hilton, D. J. (2005). How the past weighs on the present: Social representations of history and their role in identity politics. *British Journal of Social Psychology*, *44*(4), 537-556.

Liu, J. H., & Khan, S. S. (2014). Nation building through historical narratives in pre-independence India: Gandhi, Nehru, Savarkar, and Golwalkar as entrepreneurs of identity. In M. Hanne, W. D. Crano, J. S. Mio (Eds.), *Warring with Words: Narrative and Metaphor in Domestic and International Politics* (pp. 211-237). New York: Psychology Press.

Liu, J. H., & László, J. (2007). A narrative theory of history and identity: Social identity, society and the individual. In G. Moloney & I. Walker (Eds.), *Social representations and identity: Content, process and power* (pp. 85-107). London: Palgrave Macmillan.

Liu, J. H., & Robinson, A. R. (2015). One ring to rule them all: Master discourses of enlightenment and racism from colonial to contemporary New Zealand. *European Journal of Social Psychology, 46*(2), 137-155.

Liu, J. H., Goldstein-Hawes, R., Hilton, D. (2005). Socials Representations of Events and People in World History across 12 cultures. *Journal of Crosscultural Psychology, 36*, 171-192.

Liu, J. H., Páez, D., Hanke, K., Rosa, A., Hilton, D. J., Sibley, C., & Suwa, K. (2012). Cross cultural dimensions of meaning in the evaluation of events in world history? Perceptions of historical calamities and progress in cross-cultural data from thirty societies. *Journal of Cross-Cultural Psychology, 43*(2), 251-272.

Liu, J. H., Páez, D., Slawuta, P., Cabecinhas, R., Techio, E., Kokdemir, D., Zlobina, A. (2009). Representing World History in the 21st Century: the Impact of 9-11, the Iraq War, and the Nation-State on Dynamics of Collective Remembering. *Journal of Cross-Cultural Psychology, 40*(4), 667-692.

Liu, L. (2004). Sensitising Concept, themata and shareness: A dialogue perspective of social representations. *Journal for the Theory of Social Behaviour, 34*(3), 249-264.

Livingstone, S., & Greene, G. (1986). Television advertisements and the portrayal of gender. *British Journal of Social Psychology, 25*, 149-154.

Lloyd, B., & Duveen, G. (1992). *Gender Identities and Education: The Impact of Starting School*. Hemel Hempstead: Harvester Wheatsheaf.

Lo Monaco, G. (2008). *Les représentations sociales du vin. Etude du rôle de quelques facteurs intervenant dans la construction sociale de la réalité*. Aix-en-Provence : Thèse de Doctorat de l'Université de Provence.

Lo Monaco, G. (2009). *Nexus* et différenciation intergroupes. In M.-L. Rouquette (Ed.), *La pensée sociale* (pp. 73-90). Toulouse : Érès.

Lo Monaco, G., & Guimelli, C. (2008). Représentations sociales, pratique de consommation et niveau de connaissance : le cas du vin. *Les Cahiers Internationaux de Psychologie Sociale*, *78*, 35-50.

Lo Monaco, G., & Guimelli, C. (2011). Hegemonic and polemical beliefs: culture and consumption in the social representation of wine. *The Spanish Journal of Psychology*, *14*(1), 232-245.

Lo Monaco, G., Apostolidis, T., & Dany, L. (2013). De l'implication « personnelle » à l'implication « psychosociale » : bilan, approche critique et nouvelles propositions. *Revista Internacional de Ciencias Sociales y Humanidades SOCIOTAM, 23*(1-2), 107-130.

Lo Monaco, G., Gaussot, L., & Guimelli, C. (2009). Consommation de vin, pensée sociale et construction sociale de la normalité. *Pratiques Psychologiques*, *15*(4), 473-492.

Lo Monaco, G., Girandola, F., & Guimelli, C. (2016, in press). Experiments inter-connecting the structure of social representations, cognitive dissonance, commitment and persuasion: past, present and future. *Papers on Social Representations*.

Lo Monaco, G., Lheureux, F., & Halimi-Falkowicz, S. (2008). Le test d'indépendance au contexte (TIC) : une nouvelle technique d'étude de la structure représentationnelle. *Swiss Journal of Psychology*, *67*(2), 119-123.

Lo Monaco, G., Lheureux, F., Chianèse, L., Codaccioni, C., Halimi-Falkowicz, S., & Cano, P. (2009). Contexte d'expression, statut social des intervenants de santé et production d'un discours normatif : le cas de l'alcool et des jeunes. *Pratiques psychologiques*, *15*(3), 367-386.

Lo Monaco, G., Piermattéo, A., Guimelli, C., & Abric, J.-C. (2012). Questionnaire of characterization and correspondence factor analysis: a methodological contribution in the field of social representations. *The Spanish Journal of Psychology*, *15*(3), 1233-1243.

Lo Monaco, G., Piermattéo, A., Rateau, P., & Tavani, J. L. (sous presse). Methods of study of the structure of social representations: a critical review and an agenda for research. *Journal for the Theory of Social Behaviour.*

Lo Monaco, G., Rateau, P., & Guimelli, C. (2007). Nexus, représentations sociales et masquage des divergences intra et intergroupes. *Bulletin de psychologie*, *60*(6), 581-592.

Loftus, E. F., & Palmer, J. C. (1974). Reconstruction of automobile destruction. *Journal of verbal learning and verbal behavior, 13*, 585-589.

Lopez, C. & Carretero, M. (2012). Commentary: Identity Construction and the Goals of History Education. In M. Carretero, M. Asensio, & M. Rodríguez-Moneo (Eds.), *History Education and the Construction of National Identities* (pp. 93-108). Charlotte, NC: IAP.

Lorenzi-Cioldi, F. (1994). *Les Androgynes.* Paris : Presses Universitaires de France.

Lorenzi-Cioldi, F. (1996). Las variaciones interindividuales e intergrupos. In S. Ayestarán (Ed.), *El grupo como construcción social* (pp. 301-327). Barcelona : Plural Ediciones.

Lorenzi-Cioldi, F. (1997). *Questions de méthodologie en sciences sociales*. Neuchâtel : Delachaux & Niestlé.

Lorenzi-Cioldi, F. (2009). *Dominants et dominés : Les identités des collections et des agrégats*. Grenoble : Presses Universitaires de Grenoble.

Lorenzi-Cioldi, F., & Clémence, A. (2001). Group processes and the construction of social representations. In M.A. Hogg & S. Tindale (Eds.), *Blackwell handbook of social psychology : Group processes* (pp. 311-333). Oxford : Blackwell.

Lorenzi-Cioldi, F., & Doise, W. (1994) Identité sociale et identité personnelle. R.Y. Bourhis & J.-P. Leyens (Eds.), *Stéréotypes Discrimination et Relations Intergroupes* (pp. 69-96) Liège : Mardaga.

Lorenzi-Cioldi, F., & Joye, D. (1988). Représentations sociales de catégories socioprofessionnelles : aspects méthodologiques. *Bulletin de psychologie, 61*, 377-390.

Lorenzi-Cioldi, F., & Kulich, C. (2015). Sexism. In J. D. Wright (Ed.) *International Encyclopedia of the Social and Behavioral Sciences, 2nd edition, Vol. 21* (pp. 693-699). Oxford: Elsevier.

Loriol, M. (2011). Sens et reconnaissance dans le travail. In C. Karakioulafis (Ed.), *Traité de sociologie du travail* (pp. 43-67). Athènes : Aionikos.

Lunden, I. (2012). Analyst: Twitter passed 500m users in june 2012, 140m of them in US; Jakarta 'Biggest Tweeting'city. *Techcrunch.*

Lyotard, J.-F. (1979). *La condition postmoderne : rapport sur le savoir.* Paris : Éditions de minuit.

Lysaker, P. H., & Lysaker, J. T. (2002). Narrative structure in psychosis: Schizophrenia and disruptions in the dialogical self. *Theory & Psychology, 12*, 207-220.

Lysaker, P. H., & Lysaker, J. T. (2006). A typology of narrative impoverishment in schizophrenia: Implications for understanding the processes of establishing and sustaining dialogue in individual psychotherapy. *Counselling Psychologist Quarterly, 19*(1), 57-68.

Maass, A., Corvino, G., & Arcuri, L. (1994). Linguistic Intergroup bias and the Mass Media. *Revue Internationale de Psychologie Sociale, 7*(1), 31-43.

MacKuen, M. B. (1981). Social communication and the mass policy agenda. In M. B. MacKuen & S.L. Coombs (Eds.), *More than news: media power in public affairs* (pp. 19-144). Beverly Hills: Sage.

Mäkiniemi, J. P., Pirttilä-Backman, A. M., & Pieri, M. (2011). Ethical and unethical food. Social representations among Finnish, Danish and Italian students. *Appetite, 56*(2), 495-502.

Malinowski, B. (1922). *Les Argonautes du Pacifique occidental.* Traduction française : 1963. Paris : Éditions Gallimard

Mamontoff, A.-M. (2008). Dynamique de la fonction identitaire des représentations sociales dans le cas d'une rencontre entre deux cultures. *Anuario de Psicología, 39*(2), 249-268.

Mamontoff, A.-M., (1997). Représentation sociale du travail et choix professionnels : le cas des Gitans sédentaires. In M.-L. Rouquette (Ed.), *L'exclusion : fabrique et moteurs* (pp. 83-99). Perpignan : Presses Universitaires de Perpignan.

Mangan, J. (1978). Cultural conventions of pictorial representation: Iconic literacy and education. *Educational Communication and Technology Journal, 26*(3), 245-267.

Mange, J., & Lepastourel, N. (2011). Communication et rapports intergroupes : Effets des marqueurs socio-langagiers lexicaux sur les attitudes. In P. Castel, M.-F. Lacassagne & E. Sales-Wuillemin (Eds.), *Psychologie sociale, communication et langage. De la conception aux applications* (pp. 247-261). Liège : De Boeck.

Mannheim, K. (1928/1952). The problem of generations. In K. Mannheim (Ed.), *Essays in the sociology of knowledge* (pp. 276-320). London: Routledge & Keegan Paul.

Mannoni, P. (1998). *Les représentations sociales.* Paris : Presses Universitaires de France.

Manstead, A. R. S., & McCullough, C. (1981). Sex role stereotyping in British television advertisements. *British Journal of Social Psychology, 20*, 171-180.

Marchand, D. (2005). Le centre-ville est-il le noyau central de la représentation sociale de la ville ? *Les Cahiers Internationaux de Psychologie Sociale, 66*(2), 55-64.

Marchand, P. (2001). La discrimination médiatique : Analyse du vocabulaire électoral de l'exclusion sociale. In J. Walter (Ed.), *Télévision et exclusion* (pp. 155-188). Paris : L'Harmattan.

Marchand, P. (2007). *Le grand oral. Les discours de politique générale de la Ve République*. Bruxelles : De Boeck.

Marchand, P. (2008). Quelques déterminants du discours politique. In G. Chasseigne (Ed.), *Cognition, santé et vie quotidienne*, (pp. 162-189). Paris : Editions Publibook Université.

Marchand, P. (2011). Les faux paradoxes de la téléréalité : une analyse idéologique. In P. Castel, M.-F. Lacassagne & E. Salès-Wuillemin (Eds.), *Psychologie sociale, communication et langage : de la conception aux applications* (pp. 299-323). Bruxelles : De Boeck.

Marchand, P., Lecat, B., & Larrue, J. (1998). La parole est aux journalistes. Analyse d'un corpus politico-médiatique. In P. Marchand (Ed), *L'Analyse du discours assistée par ordinateur. Concepts, méthodes, outils* (pp. 143-302). Paris : Armand Colin.

Marin, L. (1993). *Des pouvoirs de l'image*. Paris : Editions du seuil.

Markovà, I. (2000). Amédée or how to get rid of it: social representations from a dialogical perspective. *Culture & Psychology, 6*, 419-460.

Markovà, I. (2001). Le dialogisme en psychologie sociale. *Hermès, 41*, 25-31.

Markovà, I. (2003). *Dialogicality and social representations. The dynamics of mind*. Cambridge: Cambridge University Press.

Markovà, I. (2004). Langage et communication en psychologie sociale : dialoguer dans les focus group. *Bulletin de Psychologie, 57*(3), 231-236.

Markovà, I. (2005). Le dialogisme en psychologie sociale. *Hermès, 41*, 25-41.

Markovà, I. (2007a). *Dialogicité et représentations sociales*. Paris : Presses Universitaires de France.

Markovà, I. (2007b). Social identities and social representations: How are they related. In G. Moloney & I. Walker (Eds.), *Social representations and identity: content, process and power* (pp. 215-236). New York: Palgrave Macmillan.

Markova, I. (2015). Social Representations In J. D. Wright (Ed.), Elsevier *International Encyclopedia of the Social and Behavioral Sciences, 2nd edition*.

Markovà, I., & Wilkie, P. (1987). Representations, concepts and social change: The phenomenon of AIDS. Journal for the Theory of Social Behaviour, 17(4), 389-409.

Markovà, I., Linell, P., Grossen, M., & Salazar Orvig, A. (2007). Dialogue in focus groups: Exploring socially shared knowledge. London: Equinox.

Markovà, I., Moodie, I., Farr, R., Drozda-Senkowska, E., Erös, F., Plichtová, J., ... Mullerová, O. (1998). Social representations of the individual: A post-communist perspective. *European Journal of Social Psychology, 28*, 797-829.

Marks, G., & Miller, N. (1987). Ten years of research on the false-consensus effect: An empirical and theoretical review. *Psychological Bulletin, 102*, 72-90.

Markus, H. R., & Plaut, V. C. (2001). *Social Representations: Catching a good idea*. In K. Deaux & G. Philogène (Eds.), *Representations of the Social* (pp. 183-189). Oxford: Blackwell.

Marques, J. M., Paez, D., & Serra, A. (1997). Social sharing, emotional climate, and the transgenerational transmission of memories: The Portuguese colonial war. In J. W. Pennebaker, D. Páez, & B. Rimé (Eds.), *Collective memory of political events: Social psychological perspectives* (pp. 253-276). Mahwah, NJ: Erlbaum.

Marques, J. M., Paez, D., Valencia, J., & Vincze, O. (2006). Effects of group membership on the transmission of negative historical events. *Psicologia Politica, 32*, 79-105.

Marques, J. M., Yzerbyt, V. Y., & Leyens, J.-Ph. (1988). The black sheep effect: Judgmental extremity towards ingroup members as a function of ingroup identification. *European Journal of Social Psychology, 18*, 1-16.

Marquez, E., & Friemel, E. (2005). Activation des schèmes cognitifs de base et actualisation des valeurs associées au travail. *Papers on Social Representations, 14*, 1-28.

Marquis, G. (2001) Les représentations sociales de l'environnement : une comparaison des jeunes du Québec et du Sénégal. *Canadian Journal of Environmental Education, 6*, 158-177.

Marty, E., & Marchand, P. (2015a). Le cadre de l'étude. In P. Charaudeau (Ed.), *La laïcité dans l'arène médiatique* (pp. 53-76). Paris : INA Editions

Marty, E., & Marchand, P. (2015b). La presse : la toile d'araignée médiatique. In P. Charaudeau (Ed.), *La laïcité dans l'arène médiatique* (pp. 77-94). Paris : INA Editions

Marzouki, Y. (2012). From whitacre's virtual choir to virtual collective empathy. *The Huffington Post US, November 24*.

Marzouki, Y., & Oullier, O. (2012). Revolutionizing revolutions: virtual collective consciousness and the arab spring. *The Huffington Post US, July 17*.

Marzouki, Y., & Oullier, O. (2013). The cultural rebound effect of a meme: How tunisian politics got "harlem shaken". *The Huffington Post US, March 18*.

Marzouki, Y., Bailey, J., & Oullier, O. (2014). Can the bitcoin protocol morph into virtual collective consciousness? *The Descrier, July 3*.

Marzouki, Y., Claidière, N., & Boyer, P. (2014). When a challenge appraisal goes viral: The psychology behind the "contagion effect" of the #IceBucketChallenge. *The Descrier, December 20*.

Marzouki, Y., Skandrani-Marzouki, I., Béjaoui, M., Hammoudi, H., & Bellaj, T. (2012). The Contribution of Facebook to the 2011 Tunisian Revolution: A Cyberpsychological Insight. *Cyberpsychology, Behavior, and Social Networking, 5*, 237-244.

Masson, E. (2001). *Les formes du manger. Représentations de pratiques alimentaires contemporaines*. Paris : Thèse de Doctorat de l'Ecole des Hautes Etudes en Sciences Sociales.

Masson, E. (2002). Les significations de « manger » : un ancrage différentiel. *Les Cahiers Internationaux de Psychologie Sociale, 53*, 57-63.

Masson, E., & Haas, V. (2010). Dire et taire : les répercussions de la relation interviewé – interviewer sur les contenus recueillis lors d'entretiens. *Bulletin de Psychologie, 63*(1), 5-13.

Mauss, M. (1903). Mythologie et symbolisme indiens. *L'Année Sociologique, 6*, 247-253.

Mauss, M., & Hubert, H. (1902-1903). Esquisse d'une théorie générale de la magie. *L'Année Sociologique, 7*, 1-146.

McArthur, L. Z., & Resko, B. G. (1975). The portrayal of men and women in American television commercials. *The Journal of Social Psychology, 97*, 209-220.

McCauley, C., & Stitt, C. L. (1978). An individual and quantitative measure of stereotypes. *Journal of Personality and Social Psychology, 36*(9), 929-940.

McCombs, M. E. (1976). Agenda-Setting Research: a bibliographic essay. *Political Communication Review, 1*, 1-7.

McCombs, M. E. (1981). The agenda-setting approach. In D. D. Nimmo & K. R. Sanders (Eds.), *Handbook of political communication* (pp. 121-140). Beverly Hills : Sage.

McCombs, M. E. (2006). *Estableciendo la agenda. El impacto de los medios en la opinión pública y en el conocimiento*. Barcelona: Paidòs Comunicación.

McCombs, M. E., & Shaw, D. (1993). The evolution of agenda-setting research: twenty-five years in the marketplace of ideas. *Journal of Communication, 43*(2), 58-67.

McFarland, C., Miller, D.T. (1990). Judgments of self-other similarity – just like other people, only more so. *Personality and Social Psychology Bulletin, 16*, 475-484.

Mead, G. H. (1934). *L'esprit, le soi et la société*. Paris : Presses Universitaires de France (rééditions 1963/2006).

Mead, G. H. (1934). *Mind, self, and society*. Chicago: University of Chicago Press.

Méda, D. (1995). *Le travail, une valeur en voie de disparition*. Paris : Flammarion.

Medin, D., & Ortony, A. (1989). Psychological essentialism. In S. Vosniadou & A. Ortony (Eds.), *Similarity and analogical reasoning* (pp. 179-195). Cambridge, UK: Cambridge University Press.

Meier, K. & Kirchler, E. (1998). Social representations of the euro in Austria. *Journal of Economic Psychology, 19*, 755-774.

Menger, K. (1892). On the origin of money. *The Economic Journal, 2*(6), 239-255.

Mensch, B. S., & Kandel, D. B. (1988). Underreporting of substance use in a national longitudinal youth cohort individual and interviewer effects. *Public Opinion Quarterly, 52*(1), 100-124.

Mercure, D. (2013). Le nouveau modèle de pouvoir et de domination au travail dans le mode de production postfordiste. *SociologieS*.

Mercure, D., & Spurk, J. (2003). *Le travail dans l'histoire de la pensée occidentale*. Québec : Les Presses de l'Université Laval.

Mercure, D., & Vultur, M. (2010). *La signification du travail. Nouveau modèle productif et éthos du travail au Québec*. Québec : Presses de l'Université Laval.

Merleau-Ponty, M. (1945). *Phénoménologie de la perception*. Paris : Gallimard.

Merleau-Ponty, M. (1964). *Le visible et l'invisible*. Paris : Gallimard.

Merzeau, L. (2015). #jesuischarlie, ou le médium identité. *Médium, 43*(2), 36-46.

Methivier, J. (2010). Impact de la peur sur les représentations sociales du travail et du chômage, chez de jeunes adultes en recherche d'emploi. *Bulletin de Psychologie, 507*(3), 183-189.

Methivier, J. (2012a). État émotionnel négatif et organisation des représentations sociales du travail et du chômage de jeunes adultes en recherche d'emploi. *Les Cahiers Internationaux de Psychologie Sociale, 95-96*, 417-437.

Methivier, J. (2012b). *L'impact de la peur sur les représentations sociales*. Montpellier : Thèse de Doctorat de l'Université Paul Valery.

Meuret, D., & Lambert, M. (2012). La dégradation de l'équité de l'école française dans les années 2000. *Revue Française de Pédagogie, 177*(4), 85-100.

Meyer, D. E., & Schvaneveldt, R. W. (1971). Facilitation in recognizing pairs of words: evidence of a dependence between retrieval operations. *Journal of Experimental Psychology, 90*(2), 227-234.

Mialaret, G., & Malandain, C. (1962). Etude de la reconstitution d'un récit chez l'enfant à partir d'un film fixe. *Enfance, 15*(2), 169-190.

Mias, C. (2005). *L'implication professionnelle. Débats sur un concept transversal*. Toulouse : Habilitation à Diriger des Recherches de l'Université de Toulouse 2-Le Mirail.

Michel-Guillou, E. (2006). Représentations et pratiques : l'exemple de l'engagement pro-environnemental en agriculture. *Revue Européenne de Psychologie Appliquée, 56*, 157-165.

Michel-Guillou, E. (2011). La construction sociale de la ressource en eau. *Pratiques Psychologiques, 17*, 219-236.

Michel-Guillou, E., & Moser, G. (2006). Commitment of farmers to environmental protection: from social pressure to environmental conscience. *Journal of Environmental Psychology, 26*(3), 227-235.

Michelik, F., Girandola, F., Joule, R.-V., Zbinden, A., & Souchet, L. (2012). Effects of binding communication paradigm on attitudes. *Swiss Journal of Psychology, 71*, 227-235.

Migeotte, L. (2003). Les philosophes grecs et le travail dans l'Antiquité. In D. Mercure & J. Spurk (Eds.), *Le travail dans l'histoire de la pensée occidentale* (pp. 11-33). Québec : Les Presses de l'Université Laval.

Milgram, S. (1956). Group pressure and action against a person. *Journal of Abnormal and Social Psychology, 25*, 115-129.

Milgram, S. (1974a). *La soumission à l'autorité*. Paris : Calmann-Lévy.

Milgram, S. (1974b). *Obedience to authority: an experimental view*. New York: Harper & Row.

Milgram, S. (1984). Cities as social representations. In R. Farr & S. Moscovici (Eds.), *Social representations* (pp. 289-309). Cambridge: Cambridge University Press.

Milgram, S., & Jodelet, D. (1976). Psychological maps of Paris. In H. M. Proshansky, W. H. Ittelson, & L. G. Rivlin (Eds.), *Environmental psychology: people and their physical settings* (pp. 104-124). New York: Holt Rinehart and Winston.

Milgram, S., Greenwald, J., Kessler, S., McKenna, W. Y., & Walters, J. (1972). A psychological map of New York city. *American Scientist, 60*(2), 194-200.

Milland, L. (2001). *De la dynamique des rapports entre représentations sociales du travail et du chômage*. Aix-en-Provence : thèse de Doctorat de l'Université de Provence.

Milland, L. (2002). Pour une approche de la dynamique du rapport entre représentations sociales du travail et du chômage. *Revue Internationale de Psychologie Sociale, 15*(2), 27-57.

Milland, L., & Flament, C. (2010). Les facettes d'une représentation sociale: nouvelle approche des effets de masquage. *Les Cahiers Internationaux de Psychologie Sociale, 86*(2), 213-240.

Milland, L., & Roques, M. (2006): La zone masquée des représentations sociales: détermination de la nature de ses éléments à partir de mesures implicites. *Actes de la huitième Conférence Internationale sur les Représentations Sociales. Représentations Sociales : Media et Société,* Rome (Italie), 28 août - 1er Septembre.

Milland, L., Flament, C., & Martinie, M.-A. (2014a). *De l'effet Guttman aux effets de masquage dans les représentations sociales : quel apport pour la théorie de la dissonance cognitive ?* Communication au Colloque en hommage à Jean-Claude Abric, Aix-en-Provence, France.

Milland, L., Martinie, M.-A., & Flament, C. (2014b). *Contribution expérimentale a l'approche des représentations sociales en facettes : la dissonance cognitive et le changement d'attitude*. Communication à la 12ème Conférence Internationale sur les Représentations Sociales, Sao Paulo, Brésil.

Milland, L., Olive, T., Flament, C., Martinie, M.-A. (2012). *Approche multi-facettes des représentations sociales (RS) : le caractère contrôlé versus automatique des effets de masquage*. Communication au 9° Congrès International de Psychologie Sociale en Langue Française, Porto, Portugal.

Mitchell, T., & Mickel, A. (1999). The meaning of money: An individual-difference perspective. *Academy of Management Review, 24*(3), 568-578.

Mocelin, G., & Kuhnen, A. (2011) Possibilidades de uso da teoria das representações sociais para os estudos pessoa-ambiente. *Estudos de Psicologia, 16*(1), 57-64.

Modood, T. (1994). *Changing ethnic identities*. London: Policy Studies Institute.

Moed, H. F. (2005). *Citation analysis in research evaluation*. Dordrecht: Springer.

Moed, H. F. (2010). Measuring contextual citation impact of scientific journals. *Journal of Informetrics*, *4*(3), 265-277.

Moed, H. F. (2014a). *Uso degli indicatori bibliometrici nella valutazione della ricerca*, Teaching course at the Scuola Superiore di Studi Avanzati, Sapienza University of Rome, October 20.

Moed, H. F. (2014b). New development in the evaluation of HSS research, Workshop Internazionale "La valutazione della ricerca nelle Humanities and Social Science". ANVUR (National Agency for the Evaluation of Universities and Research Institute), Roma 17 novembre 2014.

Moed, H.F. (2002). The impact-factors debate: the ISI's uses and limits, correspondence. *Nature*, *415*(14), 731-732.

Moghaddam, F. (2004). From psychology in literature to psychology is literature. *Theory & Psychology, 14*, 503-525.

Moghaddam, F. M. (2006). Interobjectivity: The collective roots of individual consciousness and social identity. In T. Postmes & J. Jetten (Eds.), *Individuality and the group: Advances in social identity* (pp. 155-174). London: Sage.

Moghaddam, F. M. (2008). *Multiculturalism and Intergroup Relations: Psychological Implications for Democracy in Global Context.* Washington, DC: American Psychological Association.

Molinari, L., & Emiliani, F. (1990). What is an image? The structure of mothers'images of the child and their influence on conversational styles. In G. Duveen & B. Lloyd (Eds.), *Social representations and the development of knowledge* (pp. 91-106). Cambridge: Cambridge University Press.

Molinari, L., & Emiliani, F. (1996). More on the structure of social representations: central core and social dynamics. *Papers on Social Representations, 5*(1), 41-49.

Molinari, L., & Speltini, G. (2007). Représentations sociales de la responsabilité éducative. *Bulletin de Psychologie*, *488*(2), 99-113.

Molinari, L., Speltini, G., & Passini, S. (2012). Do perceptions of being treated fairly increase students'outcomes? Teacher – student interactions and classroom justice in Italian adolescents. *Educational Research and Evaluation*, *19*(1), 58-76.

Moliner, P. (1988). La représentation sociale comme grille de lecture Thèse de doctorat de l'Université de Provence, Aix-en-Provence.

Moliner, P. (1989). Validation expérimentale de l'hypothèse du noyau central des représentations sociales. *Bulletin de Psychologie*, *41*, 759-762.

Moliner, P. (1992). Représentations sociales, schèmes conditionnels et schèmes normatifs. *Bulletin de psychologie*, *45*, 325-329.

Moliner, P. (1993). ISA : l'induction par scenario ambigü. Une méthode pour l'étude des représentations sociales. *Revue Internationale de Psychologie Sociale*, *6*(2), 7-21.

Moliner, P. (1994a). Les deux dimensions des représentations sociales. *Revue Internationale de Psychologie Sociale*, *2*, 73-86.

Moliner, P. (1994b). Les méthodes de repérage et d'identification du noyau des représentations. In C. Guimelli (Ed.), *Structures et transformations des représentations sociales* (pp. 199-232). Neuchâtel : Delachaux et Niestlé.

Moliner, P. (1995a). A two dimensional model of social Representations. *European Journal of Social Psychology*, *1*, 27-40.

Moliner, P. (1995b). Noyau central, principes organisateurs et modèle bi-dimensionnel des représentations sociales. Vers une intégration théorique ? *Les Cahiers Internationaux de Psychologie Sociale*, *28*, 44-55.

Moliner, P. (1996). *Images et représentations sociales. De la théorie des représentations à l'étude des images sociales.* Grenoble: Presses Universitaires de Grenoble.

Moliner, P. (1997). Représentation et cognition sociales. In J. P. Leyens & J. L. Beauvois (Eds.), *L'Ère de la cognition* (pp. 273-285). Grenoble : Presses Universitaires de Grenoble.

Moliner, P. (1998). Dynamique naturelle des représentations sociales. *Les Cahiers internationaux de psychologie sociale*, *40*, 62-70.

Moliner, P. (2001). *La dynamique des représentations sociales*. Grenoble : Presses Universitaires de Grenoble.

Moliner, P. (2002). Ambiguous scenario and attribute challenge techniques. Social representations of « the firm » and « the nurse ». *European Review of Applied Psychology*, *3*(4), 273-280.

Moliner, P. (2008). Représentations sociales et iconographie. *Communication et Organisation*, *34*, 13-24.

Moliner, P. (2010). *Représentations sociales et Imagerie Mentale*. Communication à la 10e Conférence Internationale sur les représentations sociales, Gammarth, Tunisie.

Moliner, P. (2016). *Psychologie Sociale de l'Image*. Grenoble : Presses Universitaires de Grenoble.

Moliner, P., & Abric, J.-C. (2015). Central core theory. In G. Sammut, E. Andreouli, G. Gaskell & J. Valsiner (Eds.), The Cambridge Handbbook of Social Representations (pp. 83-95). Cambridge: Cambridge University Press.

Moliner, P., & Guimelli, C. (2015). *Les Représentations sociales.* Grenoble : Presses Universitaires de Grenoble.

Moliner, P., & Martos, A. (2005a). La fonction génératrice de sens du noyau des représentations sociales : une remise en cause ? *Papers on social representations*, *14*, 1-9.

Moliner, P., & Martos, A. (2005b). Une redéfinition des fonctions du noyau central des représentations sociales. *Journal International sur les Représentations sociales*, *2*(1), 89-96.

Moliner, P., & Rateau, P. (2009). Introduction : représentations sociales et processus cognitifs. In P. Rateau, & P. Moliner (Eds.), *Représentations sociales et processus sociocognitifs* (pp. 5-9). Rennes : Presses Universitaires de Rennes.

Moliner, P., & Tafani, E. (1997). Attitudes and social representations: A theoretical and experimental approach. *European Journal of Social Psychology, 27*, 687-702.

Moliner, P., Joule. R.-V., & Flament, C. (1995). Essai contre-attitudinal et structure des représentations sociales. *Les Cahiers Internationaux de Psychologie Sociale*, *27*, 44-55.

Moliner, P., Rateau, P., & Cohen-Scali, V. (2002). *Les représentations sociales. Pratique des études de terrain*. Rennes : Presses Universitaires de Rennes.

Molinié, A., & Bodenhausen, G. (2010). Bibliometrics as Weapons of Mass Citation. *Chimia: International Journal for Chemistry*, *64*(1), 78-89.

Molinier, P. (2008). *Les enjeux psychiques au travail*. Paris : Payot.

Moller, S. (2012). Are Family Recollections and Obstacle to History Education? In M. Carretero, M. Asensio, & M. Rodríguez-Moneo (Eds.), *History Education and the Construction of National Identities* (pp. 281-296). Charlotte, NC: Information Age Publishing.

Moloney, G. (2007). Social representations and the politically satirical cartoon. In G. Moloney & I. Walker (Eds.), *Social representations and identity: content, process and power* (pp. 61-84). London: Palgrave Macmillan.

Moloney, G., & Walker, I. (2000). Messiahs, pariahs, and donors: The development of social representations of organ transplants. *Journal for the Theory of Social Behaviour, 30*(2), 203-227.

Moloney, G., & Walker, I. (2007a). Introduction. In G. Moloney & I. Walker (Eds.), *Social representations and identity: content, process and power* (pp. 1-8). London: Palgrave Macmillan.

Moloney, G., & Walker, I. (2007b). *Social representations and identity: content, process, and power.* New York: Palgrave McMillan.

Moloney, G., Gamble, M., Hayman, J., & Smith, G. (2015). Without anchor: Themata and blood donation. *Papers on Social Representations, 24*(2).

Moloney, G., Hall, R., & Walker, I. (2005). Social representations and themata: The construction and functioning of social knowledge about donation and transplantation. *British Journal of Social Psychology, 44*(3), 415-441.

Moloney, G., Holtz, P., & Wagner, W. (2013). Editorial political cartoons in Australia: Social representations and the visual depiction of essentialism. *Integrative Psychological and Behavioral Science, 47*, 284-298.

Moloney, G., Walker, I., & Charlton, T. (2013). I do but I don't... The yes but factor in organ donation and transplantation. In M. A. Lauri (Ed.), *Organ Donation and Transplantation: An Interdisciplinary Approach* (pp. 141-150). New York. Nova Biomedical Publishers.

Moloney, G., Williams, J., & Blair, D. (2012). Cognitive polyphasia, themata and blood donation: Between or within representation. *Papers on Social Representations, 21*, 1-12.

Moore, B. (2007). *La injusticia: Bases sociales de la obediencia y la rebelión*. México: Universidad Nacional Autónoma de México.

Moore, K., Mason, P., & Lewis, J. M. W. (2008). *Images of Islam in the UK – The representation of British Muslims in the national print news media 2000-2008*.

Moosavi, L. (2002). British Muslim converts performing « authentic Muslimness ». *Performing Islam, 1*(1), 103–128.

Moosavi, L. (2015). The racialization of Muslim converts in Britain and their experiences of Islamophobia. *Critical Sociology*, *41*(1), 41-56.

Morgan, L. (2001). Embryo tales. In S. Franklin, M. Lock (Eds.), *Remaking life and death, toward an anthropology of the biosciences* (pp. 261-291). Oxford : James Currey.

Morgan, M. (1982). Television and adolescents'sex role stereotypes: A longitudinal study. *Journal of Personality and Social Psychology, 43*(5), 947-955.

Morgan, M., & Shanahan, J. (1996). Two decades of cultivation analysis: An appraisal and meta-analysis. In B. Burleson (Ed.), *Communication Yearbook* (pp. 1-45). Thousand Oaks, CA: Sage.

Morin, E. (1969). *La rumeur d'Orléans*. Paris : Le Seuil.

Morton, J. B., & Trehub, S. E. (2001). Children's understanding of emotion in speech. *Child Development, 72*, 834-843.

Moscovici, S. (1952). Premiers résultats d'une enquête concernant la psychanalyse. *Revue Française de Psychanalyse, XVI*(3), 386-415.

Moscovici, S. (1961). *La psychanalyse, son image et son public*. Paris : Presses Universitaires de France.

Moscovici, S. (1963). Attitudes and Opinions. *Annual Review of Psychology, 14*, 231-260.

Moscovici, S. (1970). Préface. In D. Jodelet, J. Viet & P. Besnard (Eds.), *La psychologie sociale, une discipline en mouvement* (pp. 13-64). Paris, La Haye : Mouton.

Moscovici, S. (1972). Theory and society in social psychology. In J. Israel & H. Tajfel (Eds.), *The context of social psychology: a critical assessment* (pp. 17-68). London: Academic Press.

Moscovici, S. (1976a). *La psychanalyse: Son image et son public*. Paris : Presses Universitaires de France.

Moscovici, S. (1976b). *Social influence and social change*. London: Academic Press.

Moscovici, S. (1979). *Psychologie des minorités actives*. Paris : Presses Universitaires de France.

Moscovici, S. (1980). Toward a theory of conversion behavior. In L. Berkowitz (Ed.), *Advances in Experimental Social Psychology* (pp. 209-239). New York: Academic Press.

Moscovici, S. (1981). On social representation. In J. P. Forgas (Ed.), *Social Cognition* (pp. 181-209). London: Academic Press.

Moscovici, S. (1981/1985). *L'âge des foules. Un traité historique de psychologie des masses*. Paris : Fayard.

Moscovici, S. (1982). The coming era of representations. In J.-P. Codol & J.-P. Leyens (Eds.), *Cognitive approaches to social behavior* (pp. 115-150), La Haye: M. Nijhoff.

Moscovici, S. (1984a). Introduction, le domaine de la psychologie sociale. In. S. Moscovici (Ed.), *Psychologie sociale* (pp. 5-22). Paris : Presses Universitaires de France.

Moscovici, S. (1984b). The phenomenon of social representations. In R. M. Farr & S. Moscovici (Eds.), *Social Representations* (pp. 3-69). Cambridge: Cambridge University Press.

Moscovici, S. (1984c). *Psychologie sociale.* Paris : Presses Universitaires de France.

Moscovici, S. (1985). Social influence and conformity. In G. Lindzey & E. Aronson (Eds.), *The handbook of social psychology* (pp. 347-412). New York: Random House.

Moscovici, S. (1986) De la ciencia al sentido común, en psicología social, Barcelona: Paidós Tomo.

Moscovici, S. (1986a). The Dreyfus affair, Proust and social psychology. *Social Research, 53*, 23-56.

Moscovici, S. (1986b). L'ère des représentations sociales. In, W. Doise & A. Palmonari (Eds.), *L'étude des représentations sociales* (pp. 34-80). Neuchâtel: Delachaux et Niestlé.

Moscovici, S. (1987). The conspiracy mentality. In C. F. Graumann & S. Moscovici (Eds.), *Changing conceptions of conspiracy* (pp. 151-169). New-York: Springer-Verlag.

Moscovici, S. (1988). Notes toward a description of social representations. *European Journal of Social Psychology, 18*, 211-250.

Moscovici, S. (1989). Préface. In D. Jodelet (Ed.), *Folies et représentations sociales* (pp. 9-30). Paris : Presses Universitaires de France.

Moscovici, S. (1992). Cognition et société. *Le Courrier du CNRS, 79*, 106.

Moscovici, S. (1993a). Introductory Address. *Papers on Social Representations, 2*, 160-170.

Moscovici, S. (1993b). La mentalité prélogique des civilisés. In U. Flick (Ed.), *La perception quotidienne de la santé et de la maladie. Théories subjectives et représentations sociales* (pp. 293-320). Paris : L'Harmattan.

Moscovici, S. (1994). Social representations and pragmatic communication. *Social Science Information, 33*(2), 163-177.

Moscovici, S. (2000a). *Social Representations. Explorations in Social Psychology*. Oxford: Polity Press

Moscovici, S. (2000b). The phenomenon of social representations. In S. Moscovici & G. Duveen (Eds.), *Social representations: Explorations in social psychology*. Cambridge: Polity Press.

Moscovici, S. (2001a). Why a theory of social representations ? In K. Deaux & G. Philogene (Eds.), *Representations of the social* (pp. 8-35). Oxford: Blackwell Publishers.

Moscovici, S. (2001b). Pourquoi l'étude des représentations sociales en psychologie ? Réflexions sur les Représentations sociales. *Psychologie et Société, 4*, 8-24.

Moscovici, S. (2002). *De la nature: Pour penser l'écologie*. Paris: Éditions Métailiés.

Moscovici, S. (2002). Pensée stigmatique et pensé symbolique. Deux formes élémentaires de la pensée sociale. In C. Garnier (Ed.), *Les Formes de la Pensée Sociale* (pp. 21-53). Paris : Presses Universitaires de France.

Moscovici, S. (2005). Le regard psychosocial. *Hermès, 41*, 17-24.

Moscovici, S. (2008) *Psychoanalysis: Its Image and Its Public*. Cambridge: Polity Press.

Moscovici, S. (2012). *Raison et cultures*. Paris : Éditions de l'EHESS.

Moscovici, S. (2013). *Le scandale de la pensée sociale*. Paris : Éditions de l'EHESS.

Moscovici, S., & Buschini, F. (2000). Les communications biaisées sont-elles plus efficaces que les communications non biaisées ? *Journal de Psychologie, 21*(3), 20-33.

Moscovici, S., & Buschini, F. (2003). *Les méthodes des sciences humaines*. Presses Universitaires de France.

Moscovici, S., & Duveen, G. (2000). *Social Representations: Explorations in social psychology*. Cambridge: Polity Press.

Moscovici, S., & Markovà, I. (1998). Presenting social representations: a conversation. *Culture & Psychology, 4*(3), 371-410.

Moscovici, S., & Markovà, I. (2006). *The Making of Modern Social Psychology*. Cambridge: Polity Press.

Moscovici, S., & Pérez, J. A. (1997). Representations of society and prejudice. *Papers on Social Representations, 6*, 27-36.

Moscovici, S., & Pérez, J. A. (2007). A study of minorities as victims. *European Journal of Social Psychology, 37*(4), 725-746.

Moscovici, S., & Vignaux, G. (1994). Le concept de thêmata. In C. Guimelli (Ed.), *Structures et transformations des représentations sociales* (pp. 25-72). Neuchâtel : Delachaux et Niestlé.

Moscovici, S., & Vignaux, G. (2000). The Concept of Themata. In G. Duveen (Ed.), *Social representations: Explorations in social psychology* (pp. 156-183). Cambridge: Polity Press.

Moser, G. (2009) *Psychologie environnementale. Les relations homme-environnement*. Bruxelles : De Boeck.

Moser, G., & Uzzell, D. (2002). Environmental psychology. In T. Millon & M. J. Lerner (Eds.), *Comprehensive handbook of psychology: personality and social psychology*. New York: John Wiley & Sons.

Moser, G., Navarro, O., Ratiu, E., & Weiss, K. (2010). Cultural background and environmental context of water perception and use. In V. Corral-Verdugo, C. H. G. Cadena, & M. F. Armenta (Eds), *Psychological approaches to sustainability. current trends in theory and research*. New York: Nova Science Publishers.

Moser, G., Ratiu, E., & De Vanssay, B. (2004). Water use and management in the light of sustainable development: social representations, ideologies and practices in different societal contexts. *IHDP Update, 4*, 13-15.

Moskowitz, G. B., Salomon, A. R., & Taylor, C. M. (2000). Preconsciously controlling stereotyping: Implicitly activated egalitarian goals prevent the activation of stereotypes. *Social Cognition, 18*(2), 151.

Mouret, M., Lo Monaco, G., Urdapilleta, I., & Parr, W. (2013). Social representations of wine and culture: a comparison between France and New Zealand. *Food Quality and Preference, 30*, 102-107.

Mugny, G., & Carugati, F. (1985). *L'intelligence au pluriel : les représentations sociales de l'intelligence et de son développement*. Cousset : DelVal.

Mugny, G., & Pérez, J.A. (1991). *The social psychology of minority influence*. Cambridge, UK: Cambridge University Press.

Mugny, G., De Paolis, P., & Carugati, F. (1988). *Regolazioni sociali e sviluppo cognitivo*. In W. Doise (Ed.), *Interazione sociale e sviluppo della persona* (pp. 11-130). Bologna: il Mulino.

Mugny, G., Moliner, P., & Flament, C. (1997). De la pertinence des processus d'influence sociale dans la dynamique des représentations sociales : une étude exploratoire. *Revue Internationale de Psychologie Sociale, 10*(1), 31-50.

Mugny, G., Quiamzade, A., & Tafani, E. (2001). Dynamique représentationnelle et influence sociale. In P. Moliner (Ed.), *La dynamique des représentations sociales : pourquoi et comment les représentations se transforment-elles ?* (pp. 123-161). Grenoble : Presses Universitaires de Grenoble.

Mugny, G., Quiamzade, A., Pigière, D., Dragulescu, A., & Buchs, C. (2002). Self-competence, interaction style and expert social influence: toward a correspondence hypothesis. *Swiss Journal of Psychology, 61*, 153–166.

Mugny, G., Sanchez-Mazas, M., Roux, P., & Pérez, J. A. (1991). Independence and interdependence of group judgments: Xenophobia and minority influence. *European Journal of Social Psychology, 21*(3), 213-223.

Mugny, G., Souchet, L., Codaccioni, C., & Quiamzade, A. (2008). Représentations sociales et influence sociale. *Psychologie Française, 53*(2), 223-237.

Mugny, G., Souchet, L., Quiamzade, A., & Codaccioni, C. (2009). Processus d'influence sociale et représentations sociales. In P. Rateau, & P. Moliner (Eds.), *Représentations sociales et processus sociocognitifs* (pp. 123-149). Rennes : Presses Universitaires de Rennes.

Mugny, G., Tafani, E., Butera, F., & Pigière, D. (1998). Contrainte et dépendance informationnelles: influence sociale sur la représentation du groupe d'amis idéal. *Connexions, 72*, 55-72.

Mugny, G., Tafani, E., Falomir, J.-M., & Layat, C. (2000). Source credibility, social comparison and social influence. *Revue Internationale de Psychologie Sociale, 13*(3), 151-175.

Mullen, B., Atkins, J.-L., Champion, D.S., Edwards, C., Hardy, D., Story, J.E., Venderklok, M., (1985). The false consensus effect: a meta-analysis of 115 hypothesis tests. *Journal of Experimental Social Psychology, 21*, 262-283

Mummendey, A., & Wenzel, M. (1999). Social discrimination and tolerance in intergroup relations: Reactions to intergroup difference. *Personality and Social Psychology Review, 3*, 158-174.

Nandi, A., & Platt, L. (2013). *Britishness and identity assimilation among the UK's minority and majority ethnic groups.*

National Co-ordinating Centre for Public Engagement (2008). *What is Public Engagement?*

Nattrass, N. (2013). Understanding the origins and prevalence of AIDS conspiracy beliefs in the United States and South Africa. *Sociology of Health and Illness, 35*(1), 113-129.

Navarro, O. (2008). L'eau comme enjeu: territoire, identité et conflits d'usage. In T. Kirat & A. Torre (Dir.), *Territoires de conflits. Analyses des mutations de l'occupation de l'espace* (pp. 63-87). Paris : l'Harmattan.

Navarro, O. (2009) Représentations sociales de l'eau dans un contexte de conflits d'usage : le cas de la sierra Nevada de santa Marta, Colombie. *Les Cahiers Internationaux de Psychologie Sociale, 81*, 65-86.

Navarro, O. (2012). Perspectivas de la psicología social ambiental. In Navarro, O (Ed.), *Psicología social: temas, teorías y compromiso social* (pp. 207-224). Medellin: Editorial Universidad de Antioquia

Navarro, O. (2013). Social representation of the environment and air pollution: effect of overlap of two objects. *Revista CES Psicología, 6*(1), 104-121.

Navarro, O., & Michel-Guillou, E. (2014). Analyse des risques et menaces environnementales : un regard psycho-socio-environnementale. In D. Marchand, S. Depeau, & K. Weiss (Eds.), *L'individu au risque de l'environnement. Regards croisés de la psychologie environnementale* (pp. 271-298). Paris : In Press.

Navarro, O., Lozano, N., & Rodríguez, U. (2008). Mapas mentales: la representación cognitiva del espacio como método de investigación social. In P. Páramo (Ed.), *la investigación en las ciencias sociales: técnicas de recolección de información* (pp. 285-299). Bogotá: Editorial Universidad Piloto de Colombia.

Neal, A. G. (2005). *National Trauma and Collective Memory.* Armonk, NY: M. E. Sharpe.

Needham, J. (1966). Time and knowledge in China and the West. In J. T. Fraser (Ed.), *The Voices of Time* (pp. 92-135). New York: George Braziller.

Negura, L. (2006). L'évolution de la représentation sociale du travail dans le contexte de mutations économiques en Occident. *Carrièrologie, 10*(3), 393-411.

Negura, L. (2007). *Le travail après le communisme.* Québec : Presses de l'Université Laval.

Nelson, E. (2003). Buddhism and War: A Review of Two Books. *Journal of Military Ethics, 2*(3), 252-255.

Nencini, A. (2011). Social representations of national history: Stability and changeability between different generations of Italians over a period of three years. *Societal and Political Psychology International Review, 2*, 111-126.

Nencini, A. (2013). Narrative construction of Italian identity. An investigation through literary texts over time. In J. P. Forgas, O. Vincze, & J. Làszló (Eds.), *Social cognition and communication* (pp. 263-280). New York: Psychology Press.

Nencini, A., Tzankova, I., Raicevic, S., & Contarello, A. (2012). *Social Representations of heroes, virtues and vices in the construction of national identity.* 11th International Conference on Social Representations, Evora, Portugal.

Nerlich, B., & Koteyko, N. (2012). Crying wolf? Biosecurity and metacommunication in the context of the 2009 swine flu pandemic. *Health and Place, 18*, 710-717.

Neumann, R., & Seibt, B. (2001). The structure of prejudice: Associative strength as a determinant of stereotype endorsement. *European Journal of Social Psychology, 31*(6), 609-620.

Neumuller, C. (2013). *The 21st Century New Muslim Generation: Converts in Britain and Germany.*

Neveu, E. (2003). De l'art, et du coût d'éviter la politique. La démocratie du talk-show version française, Ardisson, Drucker, Fogiel. *Réseaux, 118*, 95-134.

Niedenthal, P., Bonin, P., Méot, A., Aubert, L. F., Malardier, N., & Capelle-Toczek, M. C. (2003). Normes de concrétude, de valeur d'imagerie, de fréquence subjective et de valence émotionnelle pour 866 mots. *L'Année Psychologique, 103*(4), 655-694.

Nielsen, M. (2012). *Reinventing discovery: The new era of networked science.* Princeton, N.J.: Princeton University Press.

Noor, M., Shnabel, N., Halabi, S., & Nadler, A. (2012). When suffering begets suffering: The psychology of competitive victimhood between adversarial groups in violent conflict. *Personality and Social Psychological Review, 16*(4), 351-374.

Nosek, B. A., Greenwald, A. G., & Banaji, M. R. (2005). Understanding and using the Implicit Association Test: II. Method variables and construct validity. *Personality and Social Psychology Bulletin, 31*(2), 166-180.

Nugier, A. (2009). Histoire et grands courants de recherche sur les émotions. *Revue Electronique de Psychologie Sociale, 4*, 8-14.

O'Connor, C., Rees, G., & Joffe, H. (2012). Neuroscience in the public sphere. *Neuron, 74*(2), 220-226.

O'Connor, C., & Joffe, H. (2014). Gender on the brain: A case study of science communication in the new media environment. *PLoS ONE, 9*(10): e110830.

O'Sullivan, J. (2003). British Muslims are the new Irish. *New Statesman.*

Oatley, K. (1992). *Best laid schemes.* Cambridge: Cambridge University Press.

Oatley, K., & Johnson-Laird P.N., (1987). Towards a cognitive theory of emotions. *Cognition and Emotion, 1*, 29-50.

Ohayon, A. (1999). *L'impossible rencontre. Psychologie et psychanalyse en France (1919-1969)*. Paris: La Découverte.

Ohayon, A. (2013). Serge Moscovici dans l'histoire de la psychologie en France. In S. Moscovici, S. (2013), *Le scandale de la pensée sociale* (pp. 279-290). Paris : Editions de l'EHESS.

Oldenhove, G. (2014). La mémoire collective de la colonisation belge au Congo en rapport avec l'acculturation des personnes d'origine congolaise habitant en Belgique. Bruxelles : Mémoire de fin d'études de l'Université libre de Bruxelles.

Olick, J. K., & Robbins, J. (1998). Social memory studies : From « collective memory » to the historical sociology of mnemonic practices. *Annual Review of Sociology, 24*(1), 105-140.

ONU (1972). *Conférence des Nations Unies sur l'environnement: Déclaration de Stockholm*.

Orfali, B. (1990). *L'adhésion au Front national, de la minorité active au mouvement social*. Paris : Kimé.

Orfali, B. (2005a). *La société face aux événements extraordinaires : entre fascination et crainte*. Paris : Zagros.

Orfali, B. (2005b). *Sociologie de l'adhésion : rêver, militer, changer le monde*. Paris : Zagros.

Orfali, B. (2010). *L'adhésion. S'engager, militer, rêver*. Bruxelles : De Boeck.

Orfali, B. (2012a). *L'adhésion à l'extrême droite : Etude comparative en France, Hongrie, Italie et Roumanie*. Paris : L'Harmattan.

Orfali, B. (2012b). Le Front National : un engagement contestataire ou une adhésion de conviction. In P. Delwitt (Ed.), *Le Front national. Mutations de l'extrême droite française* (pp. 77-94). Bruxelles : Editions de l'Université de Bruxelles.

Orfali, B., & Viaud, J. (2007). Régimes politiques et systèmes économiques : champs de représentation et catégories. *Les Cahiers Internationaux de Psychologie Sociale, 75-76*, 141-156.

Orne-Gliemann, M. (2011). *Des représentations de la gestion locale de l'Eau*. Montpellier : Thèse de Doctorat de l'Université Paul Valéry.

Oyserman, D., & Markus, H. (1998). Self and social representations. In U. Flick (Ed.), *The Psychology of the Social* (pp. 107-125). London: Sage.

Páez, D., & Liu, J. H. (2011). Collective memory of conflicts. In D. Bar-Tal (Ed.), *Intergroup conflicts and their Resolution: social psychological perspectives* (pp. 105-124). New York: Psychology Press.

Páez, D., & Rimé, B. (2014). Collective emotional gatherings: their impact upon identity fusion, shared beliefs and social integration. In C. von Scheve, & M. Salmela (Eds.), *Collective emotions* (pp. 204-216). Oxford: Oxford Scholarship Online.

Páez, D., Bellelli, G., & Rimé, B. (2009). Flashbulb memories, culture, and collective memories: Psychosocial processes related to rituals, emotions and memories. In O. Luminet & A. Curci (Eds.), *Flashbulb memories. New issues and new perspectives* (pp. 227-246). New York: Psychology Press.

Páez, D., Bobowik, M., Liu, J., & Basabe, N. (in press). Shared beliefs about world history and cultural context: a theoretical review and a collective-level analysis. In C. Stone & L. Bietti (Ed.), *Contextualizing Human Memory*. New york: Psychology Press.

Páez, D., Liu, J., Bobowik, M., Basabe, N., & Hanke, K. (2013). *Who believes in progress? A collective level analysis of lay historiosophy: Beliefs about history, cultural values and willingness to fight across 38 societies*. Unpublished manuscript.

Páez, D., Marques, J. M., & Insua, P. (1996). The representation of emotions in groups: the relative impact of social norms, positive-negative asymmetry and familiarity on the perception of emotions. *European Journal of Social Psychology, 26*(1), 43-59.

Páez, D., Marques, J., Valencia, J., & Vincze, O. (2006). Dealing with collective shame and guilt. *Psicologia Politica, 32*, 59-78.

Páez, D., Rimé, B., & Basabe, N. (2005). Un modelo sociocultural de los rituales: efectos y procesos psico-sociales de la participacion en manifestaciones después del atentado del 11.de Marzo. *Revista de Psicología Social, 17*, 369-375.

Páez, D., Rimé, B., Basabe, N., Wlodarczyk, A., & Zumeta, L. (2015). Psychosocial effects of perceived emotional synchrony in collective gatherings. *Journal of Personality and Social Psychology, 108*(5), 711-729.

Page, B. I., Shapiro, R. Y., & Dempsey, G. R. (1987). What moves public opinion ? *American Political Science Review, 81*, 23-43.

Pagès, R. (1973). L'inégalité des systèmes d'emprise à différents niveaux et leur interaction. *Epistémologie Sociologique, 15-16*, 97-117.

Pagès, R. (1974). Daniel Lagache et la psychologie sociale. *Psychologie Française, 19*(4), 267-281.

Pahlavan, F. (2002). *Les conduites agressives*. Paris : Armand Colin.

Paicheler, G. (1985). *Psychologie des influences sociales : contraindre, convaincre, persuader*. Neuchâtel: Delachaux & Niestlé.

Palmonari, A. (1981). *Psicologi*. Bologna: Il Mulino.

Palmonari, A., & Emiliani, F. (2009). *Paradigmi delle rappresentazioni sociali: sviluppi e prospettive teoriche*. Bologna: IUl Mulino.

Panebianco, A. (1988). *Political Parties*. Cambridge: Cambridge University Press.

Panofsky, E. (1967). *Essais d'iconologie*. Paris : Gallimard.

Papastamou, S. (1987). Psychologisation et résistance à la conversion. In S. Moscovici & G. Mugny (Eds.), *Psychologie de la conversion. Études sur l'influence inconsciente* (pp. 197-217). Cousset : DelVal.

Papet, J., Louche, C., & Pansu, P. (2000). Approche de la représentation de l'entreprise chez des étudiants en apprentissage. *Psychologie du Travail et des Organisations*, 6(1-2), 147-162.

Parker, R., & Aggleton, P. (2003). HIV and AIDS-related stigma and discrimination: a conceptual framework and implications for action. *Social Science and Medicine, 57*, 13-24.

Parsons, T., & Bales, R. F. (1955). *Family, socialization and interaction process*. Glencoe, IL: Free Press.

Paulhus, D. L. (1991). Measurement and control of response bias. In J. P. Robinson, P. R. Shaver & L. S. Wrightsman (Eds.), *Measures of personality and social psychological attitudes* (pp. 17-59). San Diego, CA: Academic Press.

Peabody, D. (1985). *National characteristics*. Cambridge : Cambridge University Press.

Pennebaker, J. W., & Basanik, B. L. (1997). Distortions of collective memory: History and Social Psychology. In J. W. Pennebaker, D. Paez, & B. Rimé (Eds.), *Collective memory of political events: Social psychological perspectives* (pp. 3-20). Mahwah, NJ: Erlbaum.

Pennebaker, J. W., Francis, M. E., & Booth, R. J. (2001). *Linguistic inquiry and word count*. Mahwah, NJ: Erlbaum.

Pennebaker, J. W., Páez, D., & Deschamps, J. C. (2006). The Social Psychology of History: Defining the most important events of the last 10, 100, and 1000 years. *Psicología Política, 32*, 15-32.

Pennebaker, J., Páez, D., & Rimé, B. (1997). *Collective Memory of Political Events*. Mahaw, NJ: Lawrence Erlbaum.

Peretti-Watel, P. (2000). *Sociologie du risque*. Paris : Armand Colin.

Peretti-Watel, P. (2002). Sous les étoiles, rien de nouveau ? L'horoscope dans les sociétés contemporaines. *Revue Française de Sociologie*, *43*(1), 3-33.

Perez-Roux, T. (2007). Prendre en compte la diversité des élèves au collège : entre discours et pratiques des enseignants-stagiaires en Institut Universitaire de Formation des Maîtres. *Les Sciences de l'éducation – Pour l'Ère nouvelle*, *40*(4), 107-134.

Pérez, J. A., & Mugny, G. (1989). Discrimination et conversion dans l'influence minoritaire : le modèle de la dissociation. In J.-L. Beauvois, R.-V. Joule, & J.-M. Monteil (Eds.), *Perspectives cognitives et conduites sociales* (pp. 47-66). Cousset : Delval.

Pérez, J. A., & Mugny, G. (1990). Changement d'attitude, crédibilité et influence minoritaire : interdépendance et indépendance de la comparaison sociale. *Revue Suisse de Psychologie*, *49*(3), 150-158.

Pérez, J. A., & Mugny, G. (1993). *Influences sociales. La théorie de l'élaboration du conflit*. Neuchâtel : Delachaux & Niestlé.

Pérez, J. A., & Mugny, G. (1993). La théorie de l'élaboration du conflit. In J. A. Pérez & G. Mugny (Eds.), *Influences sociales. La théorie de l'élaboration du conflit* (pp. 27-49). Neuchâtel et Paris : Delachaux et Niestlé.

Pettigrew, T. F. (1959). The measurement and correlates of category width as a cognitive variable. *Journal of Personality, 26*, 532-544.

Pettigrew, T. F., & Meertens, R. W. (1995). Subtle and blatant prejudice in Western Europe. *European Journal of Social Psychology*, *25*, 57-75.

Petty, R. E., & Cacioppo, J. T. (1979). Issue involvement can increase or decrease persuasion by enhancing message-relevant cognitive processes. *Journal of Personality and Social Psychology, 37*, 1915-1926.

Petty, R. E., & Cacioppo, J. T. (1981). *Attitudes and persuasion: Classic and contemporary approaches*. Dubuque, IA: Wm. C. Brown.

Petty, R. E., & Cacioppo, J. T. (1986). *Communication and persuasion: Central and peripheral routes to attitude change*. New York: Springer-Verlag.

Pew Research Center (2015). *Demographics of Key Social Networking Platforms*.

Philippot, P., & Feldman, R. S. (2004). *The regulation of emotion*. Mahwah: Lawrence Erlbaum Associates.

Phillips, D. (1988). Race and housing in London's East End: Continuity and change. *New Community, 14*, 356-369.

Phillips, D. (2006). Parallel lives? Challenging discourses of British Muslim self-segregation. *Environment and Planning : Society and Space*, *24*, 25-40.

Philogène, G. (1999). African American as a new social representation. *Journal for the Theory of Social Behaviour, 24*, 89-109.

Philogène, G. (1999). *From Black to African-American: A new social representation*. Westport, CT: Greenwood-Praeger.

Piaget, J. (1932). *Le jugement moral chez l'enfant*. Paris : F. Alcan.

Piaget, J. (1961). *Les mécanismes perceptifs : modèles probabilistes, analyse génétique, relations avec l'intelligence*. Paris : Presses Universitaires de France.

Piaget, J. (1975/1977). *The development of thought: Equilibration of cognitive structures*. Oxford, UK: Viking.

Pianelli, C., Abric, J.-C., & Saad, F. (2006). Les représentations sociales de la vitesse, de la limitation de vitesse et du LAVIA chez les conducteurs: contenus, structures et relations. In M.-A. Dekkers (Ed.), *Séminaire Vitesse, Apports récents de la recherche en matière de vitesse* (Vol. Actes INRETS n° 105, pp. 169-185). Paris : Les collections de l'INRETS.

Pianelli, C., Abric, J.-C., & Saad, F. (2010). Rôle des représentations sociales préexistantes dans les processus d'ancrage et de structuration d'une nouvelle représentation. *Les Cahiers Internationaux de Psychologie sociale, 86*, 241-274.

Piaser, A. (1993). *Représentations professionnelles à l'école : Particularités selon le statut enseignant, inspecteur. Manuscrit non publié.*

Piaser, A. (2005). *Des représentations professionnelles différenciées : le cas des pharmaciens.* Actes du 1er Congrès International sur le Médicament. Montréal : UQAM.

Piaser, A., & Bataille, M. (2011). Of contextualized use of "social" and "professionnal". In M. Chaib, B. Danermark, & S. Selander (Eds.), *Education, professionalization and social representations* (pp. 44-54). London: Routledge.

Pickel, G. (2013). *Religion Monitor: Understanding Common Ground*. Güthersloh: Bertelsmann Foundation.

Picker, G., & Roccheggiani, G. (2014). Abnormalising minorities. The state and expert knowledge addressing the Roma in Italy. *Identities*, *21*(2), 185-201.

Pickering, W.S.F. (2014). *Durkheim and Representations*. London: Routledge.

Pidgeon, N., Harthorn, B., & Satterfield, T. (2011). Nanotechnology Risk Perceptions and Communication: Emerging Technologies, Emerging Challenges. *Risk Analysis, 31*(11), 1694-1700.

Piermattéo, A. (2013). *Représentations sociales, émotions et rapports intergroupes : L'approche structurale comme facteur d'enrichissements mutuels*. Aix-en-Provence : Thèse de Doctorat de l'Université d'Aix-Marseille.

Piermattéo, A., & Guimelli, C. (2012). Expression de la zone muette des représentations sociales en situation d'entretien et structure discursive : une étude exploratoire. *Les Cahiers Internationaux de Psychologie Sociale*, *94*(1), 21-45.

Piermattéo, A., Lo Monaco, G., & Girandola, F. (2015, in press). When commitment can be overturned: Anticipating environmental program dropouts through social representations. *Environment and Behavior*.

Piermattéo, A., Lo Monaco, G., Moreau, L., Girandola, F., & Tavani, J. L. (2014). Context variations and pluri-methodological issues concerning the expression of a social representation: the example of the Gypsy Community. *The Spanish Journal of Psychology*, *17*, 1-12.

Pingel, F. (2000). *The european home: representations of 20th century Europe in History textbooks*. Germany: The Georg Eckert Institute for International Textbook Research in Braunschweig.

Pino, M., & Marchand, P. (2007). Dis-moi quels médias tu préfères, je te dirai comment tu votes. *Communication, 25*(2), 36-78.

Piret, A., Niet, J., & Bourgeois, E. (1996). *L'analyse structurale. Une méthode d'analyse de contenu pour les sciences humaines*. Bruxelles : De Boeck.

Pithon, G., & Barrandon, X. (2007). Représentations par les professeurs et les élèves des objectifs et des principes qui régissent les sanctions dans un lycée : dissensus et consensus révélateurs de leurs difficultés à communiquer. *Tréma, 27*, 33-46.

Pitt, B. (2014). Allegations of Islamist takeover of schools are false and harming children, says governor. *Islamophobia Watch*, March 27.

Pleyers, G. (2006). *L'endoctrinement affectif du citoyen : la politique sous l'éclairage des sciences psychologiques*. Editions de l'Université de Liège.

Plume, A., & van Weijen, D. (2014). Publish or perish? The rise of the fractional author... – Originally published on the Elsevier newsletter "Research Trends Issue 38". *SciELO in Perspective*, October 2.

Poeschl, G. (2001). Social comparison and differentiation strategies in social representations of intelligence. *Swiss Journal of Psychology, 60*(1), 15-26.

Poeschl, G. (2003). Inégalités sexuelles dans la mémoire collective et représentations des différences entre les sexes. *Connexions, 80*, 105-124.

Polgreen, P. M., Chen, Y. L., Pennock, D. M., & Nelson, F. D. (2008). Using Internet searches for influenza surveillance. *Clinical Infectious Diseases, 47*, 1443-1448.

Polya, T., Laszlo, J., & Forgas, J.-P. (2005) Making sense of life stories: The role of narrative perspective in communicating hidden information about social identity and personality. *European Journal of Social Psychology, 35*, 785-796.

Poole, E. (2002). *Reporting Islam: Media Representations of British Muslims*. London: I. B. Tauris.

Poole, E. (2011). Change and continuity in the representation of British Muslims before and after 9/11: The UK context. *Global Media Journal, 4*(2), 49-62.

Popper, K. (1966). Of Clouds and Clocks. St. Louis: Washington University.

Postmes, T., & Spears, R. (1998). Deindividuation and antinormative behavior: A meta-analysis. *Psychological Bulletin, 123*, 238-259.

Postmes, T., & Spears, R. (2002). Behavior Online: Does Anonymous Computer Communication Reduce Gender Inequality ? *Personality and Social Psychology Bulletin 28*(7), 1073-1083.

Postmes, T., Spears, R., & Lea, M. (2002). Intergroup Differentiation in Computer-Mediated Communication: Effects of Depersonalization. *Group Dynamics: Theory, Research, and Practice, 6*(1), 3-16.

Potter, J., & Litton, I. (1985). Some problems underlying the theory of social representations. *British Journal of Social Psychology, 24*, 81-90.

Potter, J., & Wetherell, M. (1987). *Discourse and social psychology. Beyond attitudes and behaviour*. London: Sage.

Potter, J., Stringer, P., & Wetherell, M. (1984). *Social Texts and Contexts. Literature and Social Psychology*. London: Routledge.

Pozzi, M., Fattori, F., Bocchiaro, P., & Alfieri, S. (2014). Do the right thing! A study on social representation of obedience and disobedience. *New Ideas in Psychology, 35*, 18-27.

Prager, J. (2001). Collective memory, Psychology of. In N. J. Smelser & P. B. Baltes (Eds). *International Encyclopedia of the Social & Behavioral Sciences* (pp. 2223-2227). Amsterdam: Elsevier.

Pratkanis, A. R., & Greenwald, A. G. (1989). A sociocognitive model of attitude structure and function. In L. Berkowitz (Ed.), *Advances in Experimental Social Psychology* (Vol. 22, pp. 245-285). New York: Academic Press.

Priem, J. Piwowar, H. (2012). The launch of ImpactStory: using altmetrics to tell data-driven stories, Impact of Social Sciences blog. *The Impact Blog of The London School of Economics and Political Science*, 25 September.

Priem, J., Taraborelli, D., Groth, P., & Neylon, C. (2010). *Altmetrics: A manifesto*. Altmetrics 15 Workshop, Amsterdam, 9 October.

Prislin, R., & Christensen, P. N. (2005). Social change in the aftermath of successful minority influence. *European Review of Social Psychology, 16*, 43-73.

Propp, V. J. (1928). *Morfologija skazki*. Nauka: Academia.

Provencher, C. (2011). Towards a better uderstanding of cognitive polyphasia. *Journal for the Theory of Social Behavior, 41*(4), 377-395.

Quin, S. (1976). Recherche sur la compréhension de séries d'images par des enfants. *Enfance, 29*(1-2), 171-199.

Raggatt, P. T. F. (2007). Forms of positioning in the dialogical self, a system of classification and the strange case of dame edna everage. *Theory & Psychology, 17*, 355-382.

Raggatt, P. T. F. (2010). The Dialogical Self and Thirdness: A Semiotic Approach to Positioning Using Dialogical Triads. *Theory & Psychology, 20*, 400-419.

Ragot-Court, I., Mundutéguy, C., & Fournier, J.-Y. (2012). Risk and threat factors in prior representations of driving situations among powered two-wheeler riders and car drivers. *Accident Analysis and Prevention, 49*, 96-104.

Ragot, I. (2006). Acceptabilité du CSA: connaissance, crédibilité de l'information et efficacité perçue. In M.-A. Dekkers (Ed.), *Séminaire vitesse. Apports récents de la recherche en matière de vitesse. Actes n° 105* (pp. 159-168). Arcueil : Les collections de l'INRETS.

Ragot, I. (2008). Le regard de l'opinion publique. In F. Hamelin (Ed.), *Les radars et nous* (pp. 45-106). Paris : L'Harmattan.

Rateau, P. (1994). Structure et fonctionnement du système central des représentations sociales. Thèse de Doctorat de l'Université Paul Valéry-Montpellier 3, Montpellier.

Rateau, P. (1995a). Le noyau central des représentations sociales comme système hiérarchisé. Une étude sur la représentation du groupe. *Les Cahiers Internationaux de Psychologie Sociale, 26*, 29-52.

Rateau, P. (1995b). Dimensions descriptive, fonctionnelle et évaluative des représentations sociales: une étude exploratoire. *Papers on Social Representations, 4*(2), 133-146.

Rateau, P. (2000). Idéologie, représentation sociale et attitude : étude expérimentale de leur hiérarchie. *Revue Internationale de Psychologie Sociale, 13*(1), 29-57.

Rateau, P. (2004). *L'approche structurale des représentations sociales : nouvelles perspectives intégratives.* Montpellier : Habilitation à Diriger les Recherches de l'Université Montpellier 3.

Rateau, P. & Moliner, P. (2009). *Représentations sociales et processus sociocognitifs.* Rennes : Presses Universitaires de Rennes.

Rateau, P., & Lo Monaco, G. (2013a). Etude du sens commun. In L. Bègue & O. Desrichard (Eds.), *Traité de psychologie sociale* (pp. 413-422). Bruxelles : De Boeck

Rateau, P., & Lo Monaco, G. (2013b). La Théorie des Représentations Sociales: orientations conceptuelles, champs d'applications et méthodes. *Revista CES Psicología, 6*(1), 1-21.

Rateau, P., Ernst-Vintila, A., & Delouvée, S. (2012). Michel-Louis Rouquette et l'architecture de la pensée sociale. *Psicologia e Saber Social, 1*(1), 53-65.

Rateau, P., Moliner, P., Guimelli, C., & Abric, J.-C. (2011). Social representation theory. In P.A.M. Van Lange, A. Kruglanski, & J. Higgins (Eds.), *Handbook of the theories of social psychology* (pp. 478-498). Thousand Oaks, CA: Sage.

Ratinaud, P. (2009). *IRaMuTeQ : Interface de R pour les Analyses Multidimensionnelles de Textes et de Questionnaires* (Version 0.3 alpha1). Consulté depuis http://www.iramuteq.org

Ratinaud, P. (2014). *Visualisation chronologique des analyses ALCESTE : application à Twitter avec l'exemple du hashtag #mariagepourtous.* Consulté depuis http://lexicometrica.univ-paris3.fr/jadt/jadt2014/01-ACTES/46-JADT2014.pdf

Ratinaud, P., & Marchand, P. (2012). *Application de la méthode ALCESTE à de « gros » corpus et stabilité des « mondes lexicaux » : analyse du « CableGate » avec IRaMuTeQ.* Consulté depuis http://lexicometrica.univ-paris3.fr/jadt/jadt2012/Communications/Ratinaud,%20 Pierre%20et%20al.%20-%20Application%20de%20la%20methode%20Alceste.pdf

Raudsepp, M., & Wagner, W. (2012). The essentially Other: Representational processes that divide groups. In I. Markovà & A. Gillespie (Eds.), *Trust and Distrust between Groups: Interaction and Representations* (pp. 105-122). East Sussex: Routledge.

Rauscher, F. H., Shaw, G. L., & Ky, C. N. (1993). Music and spatial task performance. *Nature, 366*, 520.

Recchia, S. (2001). *Explaining the international environmental cooperation of democratic countries.* University of California, CA: Irvine.

Reese, S. D., Gandy, J.-R., O. H., & Grant, A. E. (2001). *Framing public life: Perspectives on media and our understanding of the social world.* Mahwah, NJ: Lawrence Erlbaum.

Rega, I., Vannini, S., Fino, E., & Cantoni, L. (2013). Exploring the meanings of community multimedia centers in Mozambique: A social representation perspective. *Information Technologies & International Development, 9*(4), 35-54.

Rehn, C., Gornitzki, C., Larsson, A., & Wadskog, D. (2014). *Bibliometric handbook for Karolinska Institutet.* Sweden: Karolinska Institutet.

Reicher, S. D. (2004). The context of social identity: Domination, resistance, and change. *Political Psychology, 25*(6), 921-945.

Reicher, S. D., & Hopkins, N. (1996). Self-category constructions in political rhetoric; an analysis of Thatcher's and Kinnock's speeches concerning the British miners'strike (1984-1985). *European Journal of Social Psychology, 26*(3), 353-371.

Reicher, S. D., & Hopkins, N. (2001). *Self and Nation.* London: Sage.

Reicher, S. D., Cassidy, C., Wolpert, I., Hopkins, N., & Levine, M. (2006). Saving Bulgaria's Jews: An analysis of social identity and the mobilisation of social solidarity. *European Journal of Social Psychology, 72*, 49-72.

Reicher, S. D., Spears, R., & Postmes, T. (1995). A social identity model of deindividuation phenomenon. *European Review of Social Psychology, 6*, 161-198.

Reigota, M. (1995) *Meio ambiente e representação social.* São Paulo: Cortez.

Reinert, M. (1983). Une méthode de classification descendante hiérarchique : application à l'analyse lexicale par contexte. *Les Cahiers de l'Analyse des Données, 8*(2), 187-198.

Reinert, M. (1990). ALCESTE : Une méthodologie d'analyse des données textuelles et une application : Aurélia de Gérard de Nerval. *Bulletin de Méthodologie Sociologique, 26*, 24-54.

Reinert, M. (1993). Les « mondes lexicaux » et leur « logique » à travers l'analyse statistique d'un corpus de récits de cauchemars. *Langage et société, 66*, 5-39.

Renard, E. & Roussiau, N. (2007). Transformation des representations sociales et persuasion (modèle ELM) : les effets de la crédibilité de la source. *Bulletin de psychologie, 3*, 211-224

Renard, E., Bonardi C., Roussiau, N., & Girandola, F. (2007). Soumission forcée, double soumission forcée et dynamique des représentations sociales. *Revue Internationale de Psychologie Sociale, 20*(2), 79-130.

Renard, E., Roussiau, N., & Fleury-Bahi, G. (2012). Engagement de groupe, transformation des représentations sociales et modifications comportementales. *Bulletin de Psychologie, 65*(5), 467-477.

Renard, J.-B. (1999). *Rumeurs et Légendes urbaines.* Paris : Presses Universitaires de France.

Renouard, J.-M. (2000). *As du volant et chauffards. Sociologie de la circulaiton routière.* Paris : L'Harmattan.

Rensman, L. (2004). Collective Guilt, National Identity, and Political Process in Contemporary Germany. In N. R. Branscombe, N. R. & B. Doosje, (Eds.), *Collective Guilt: International perspectives.* Cambridge: Cambridge University Press.

Restrepo, C. M., & Vera, G. H. (2005). Nuevas tecnologías y construcción de representaciones sociales. *Zona Próxima, 6*, 106-115.

Reumaux, F. (1999). *Les oies du Capitole ou les raisons de la rumeur.* Paris : CNRS.

Richardot, S., & Lautier, N. (2009). Théories naïves du juste pour soi et du juste pour autrui chez les collégiens. In D. Meuret & M. Duru-Bellat (Ed.), *Les sentiments de justice à et sur l'école* (pp. 213-228). Bruxelles: De Boeck.

Richardson, L. (2000). Writing: a method of inquiry. In N. Denzin, & Y. Lincoln (Eds.), *Handbook of Qualitative Research. 2nd edition* (pp. 923-948). Thousand Oaks, California: Sage Publications.

Ridgeway, C. L., & Correl, S. J. (2004). Unpacking the gender system: A theoretical perspective on gender beliefs and social relations. *Gender & Society, 18*, 510-531.

Riessman, C. K. (1993). *Narrative analysis. Qualitative research methods series*. Newbury Park, CA: Sage.

Rifkin, J. (1996). *La fin du travail*. Montréal : Éditions du Boréal.

Rimé, B. (2005). *Le partage social des émotions*. Paris : Presses Universitaires de France.

Rimé, B., Bouchat, P., Klein, O., & Licata, L. (2015). When Collective Memories of Victimhood Fade. Generational Evolution of Intergroup Attitudes and Political Aspirations in Belgium. *European Journal of Social Psychology*, 45(4), 515-532.

Rochex, J.-Y. (2000). La « théorie » du handicap socio-culturel: une explication ethnocentriste qui n'explique rien, *Dialogue, 96-97*, 6-10.

Rochford, E. B., & Blocker, T. J. (1991). Coping with "natural" hazards as stressors: The predictors of activism in a flood disaster. *Environment and Behavior, 23*(2), 171-194.

Rodler, C., Kirchler, E., & Hölzl, E. (2001). Gender stereotypes of leaders: An analysis of the contents of obituaries from 1974 to 1998. *Sex Roles, 45*(11/12), 827-843.

Rodríguez, L., & López, E. (2005). Representaciones Sociales de Conservación Ambiental en la comunidad la Flor de Marqués de Comillas, Chiapas. *Horizonte Sanitario, 4*(2), 1-15.

Roe, R. A., & Ester, P. (1999). Values and Work: Empirical Findings and Theoretical Perspective. *Applied psychology: an international review, 48*(1), 1-21.

Rogers, P., & Lea, M. (2005). Social presence in distributed group environments: The role of social identity. *Behaviour & Information Technology, 24*, 151-158.

Rogers, R. W. (1983). Cognitive and physiological processes in fear appeals and attitude change: A revised theory of protection motivation. In J. T. Cacioppo, & R. Petty (Eds.), *Social Psychophysiology* (pp. 153-176). New York: Guilford Press.

Rokeach, M. (1951a), A Method for Studying Individual Differences in "Narrow-Mindedness". *Journal of Personality, 20*, 219-233.

Rokeach, M. (1951b), "Narrow- Mindedness" and Personality. *Journal of Personality, 20*, 234-251.

Roland-Lévy, C., Lemoine, J., & Jeoffrion, C. (2014). Health and well-being at work: The hospital context. *European Review of Applied Psychology*, *64*(2), 53-62.

Roland-Lévy, C., Pappalardo Bumelki, F.-E., & Guillet, E. (2010). Representation of the financial crisis. Effects on social representations of savings and credits. *Journal of Socio-Economics, 39*, 142-149.

Romain, D. (2011). *La composante idéale de la représentation sociale: Sa mise à jour et son rôle dans la construction sociale de la réalité: Le cas du travail*. Aix-en-Provence : Thèse de Doctorat de l'Université de Provence.

Romero, C. (2009). Cambio social, religion y secularización: una mirada desde la Encuesta Mundial de valores. In O. Plaza (Ed.), *Cambios Sociales en el Perú 1968-2008* (pp. 409-436). Lima: Pontificia Universidad Católica del Perú.

Rosa, H. (2010). *Accélération. Une critique sociale du temps*. Paris : La Découverte.

Rose, D. (1996). *Representations of madness on british television*. London: Ph. D. Thesis of London University.

Rose, D. (1998). Television, madness and community care. *Journal of Community and Applied Social Psychology, 8*(3), 213-228.

Rose, D., Efraim, D., Gervais, M.-C., Joffe, H., Jovchelovitch, S., & Morant, N. (1995). Questioning consensus in social representations theory. *Papers on Social Representations*, *4*(2), 150-176.

Rosenberg, S., Nelson, C., & Vivekananthan, P. S. (1968). A multidimensional approach to the structure of personality impressions. *Journal of Personality and Social Psychology, 9*, 283-294.

Rosnow, R. L. (1980). Psychology of rumour reconsidered. *Psychological Bulletin, 87*, 578-591.

Rosnow, R. L. (1991). Inside rumor: A personal journey. *American Psychologist, 46*, 484-496.

Rosoux, V. (2001a). National Identity in France and Germany: from mutual exclusion to negotiation. *International Negotiation, 6*, 175-198.

Rosoux, V. (2001b). *Les usages de la mémoire dans les relations internationales*. Bruxelles: Bruylant.

Ross, L., & Nisbett, R. E. (1991). *The person and the situation: Perspectives of Social Psychology*. New York, NY: McGraw Hill.

Ross, L., Green, D., & House, P. (1977). The false consensus effect: An egocentric bias in perception and attribution processes. *Journal of Experimental Social Psychology*, *13*, 219-301.

Rotella, K. N. & Richeson, J. A. (2013). Motivated to "forget": The Effects of ingroup wrongdoing on memory and collective guilt. *Social and Personality Psychology Science*, *4*(6), 730-737.

Rouhana, N. N., Bar-Tal, D. (1998). Psychological dynamics of intractable ethnonational conflicts: The Israeli – Palestinian case. *American Psychologist, 53*(7), 761-770.

Rouquette, M.-L. (1973). La pensée sociale. In S. Moscovici (Ed.), *Introduction à la psychologie sociale, Tome 2* (pp. 298-327). Paris : Larousse.

Rouquette, M.-L. (1975). *Les rumeurs*. Paris : Presses Universitaires de France.

Rouquette, M.-L. (1980). *La pensée sociale et les phénomènes de rumeurs*. Aix-en-Provence : Thèse de Doctorat d'Etat de l'Université de Provence.

Rouquette, M.-L. (1988). *La Psychologie politique*. Paris : Presses Universitaires de France.

Rouquette, M.-L. (1989). La psychologie politique : une discipline introuvable. *Hermès*, *5/6*, 219-226.

Rouquette, M.-L. (1991). Rumeurs. In *Le Grand dictionnaire de la Psychologie* (pp. 683-684). Paris : Larousse.

Rouquette, M.-L. (1994a). Une classe de modèle pour l'analyse des relations entre cognèmes. In C. Guimelli (Ed.), *Structures et transformations des représentations sociales* (pp. 153-170). Neuchâtel : Delachaux et Niestlé.

Rouquette, M.-L. (1994b). *Sur la connaissance des masses*. Grenoble : Presses Universitaires de Grenoble.

Rouquette, M.-L. (1994c). *Chaines magiques. Les maillons de l'appartenance*. Neuchâtel : Delachaux et Niestlé.

Rouquette, M.-L. (1996). Représentations sociales et idéologie. In J.-C. Deschamps & J.-L. Beauvois (Eds.), *Des attitudes aux attributions. Sur la construction de la réalité sociale* (pp. 163-173). Grenoble : Presses Universitaires de Grenoble.

Rouquette, M.-L. (1997). *La chasse à l'immigré : violence, mémoire et représentations*. Liège : Mardaga.

Rouquette, M.-L. (1998a). *La communication sociale*. Paris : Dunod.

Rouquette, M.-L. (1998b). Les communications de masse. *In* S. Moscovici (Ed.), *La psychologie sociale*. (pp. 499-516). Paris : Presses Universitaires de France. (1984, 7[éme] réédition 1998).

Rouquette, M.-L. (1999). Représentations sociales. In H. Bloch, R. Chemama, E. Dépret, A. Gallo, P. Leconte, J-.F. Le Ny, J. Postel & M. Reuchlin (Eds.), *Grand dictionnaire de la psychologie* (pp. 800-801). Paris : Larousse-Bordas, réédition 2000.

Rouquette, M.-L. (2006a). Introduction. In K. Weiss & D. Marchand (Eds.), *Psychologie Sociale de l'Environnement* (pp. 11-16). Rennes : Presses Universitaires de Rennes.

Rouquette, M.-L. (2006b). Représentations sociales, pratiques et implication personnelle : un regard psychosocial sur l'expérience des Calandretas. In H. Boyer (Ed.), *De l'école occitane à l'enseignement public : vécu et représentations sociolinguistiques* (pp. 81-87). Paris : L'Harmattan.

Rouquette, M.-L. (2007). Le rôle de l'implication personnelle dans la réception des campagnes d'information et de prévention. In L. Charles, P. Ebner, I. Roussel & A. Weill (Eds.), *Evaluation et perception de l'exposition à la pollution atmosphérique* (pp. 115-120). Paris: La Documentation française.

Rouquette, M.-L. (2009). *La pensée sociale. Perspectives fondamentales et recherches appliquées*. Toulouse : Erès.

Rouquette, M.-L. (2009a). *La pensée sociale. Perspectives théoriques et recherches appliquées*. Ramonville St Agne : Erès.

Rouquette, M.-L. (2009b). Pensée sociale et contradiction. In M.-L. Rouquette (Ed.), *La pensée sociale* (pp. 91-98). Toulouse : Érès.

Rouquette, M.-L. (2011). Que hay de social en las representaciones sociales? *Revista de psicologia Universidad de Antioquia, 3*(1), 95-101.

Rouquette, M.-L., & Guimelli, C. (1995). Les « canevas de raisonnement » consécutifs à la mise en cause d'une représentation sociale : essai de formalisation et étude expérimentale. *Les Cahiers Internationaux de Psychologie Sociale, 28*, 32-43.

Rouquette, M.-L., & Rateau, P. (1998). *Introduction à l'étude des représentations sociales*. Grenoble : Presses Universitaires de Grenoble.

Rouquette, M.-L., Guimelli, C., Brouillet, D., & Artz, J. (1976). Influence de la pertinence et de la structure sous-jacente sur la mémorisation des énoncés. *Bulletin de psychologie, XX*, 59-64.

Rouquette, M.-L., Sautkina, E., Castro, P., Felonneau, M. L., & Guillou-Michel, E. (2005). Social representations theory and environmental studies. In B. Martens & A. Keul (Eds.), *Designing social innovation – planning, building, evaluating* (pp. 107-115). Göttingen: Hogrefe & Huber.

Roussel, I., Gailhard-Rocher, I., Lelievre, F., Lefranc, A., Tallec, A., Menard, C., & Beck, F. (2009) Diversité des perceptions de la pollution de l'air extérieur, Disparités sociales et territoriales. Comment construire une politique égalitaire ? *Air Pur, 76*, 30-35.

Roussiau, N. (1996). Représentation sociale et théorie de l'engagement. Toulouse : Thèse de doctorat de l'Université Toulouse Le Mirail.

Roussiau, N., & Bonardi, C. (2001). Engagement dans un acte problématique et dynamique représentationnelle. In P. Moliner (Ed.), *La dynamique des représentations sociales* (pp. 89-121). Grenoble : Presses Universitaires de Grenoble.

Roussiau, N., & Bonardi, C. (2001). Les représentations sociales : état des lieux et perspectives. Sprimont : Mardaga.

Roussiau, N., & Soubiale, N. (1995-1996). Approche expérimentale de la modification d'une représentation sociale sous l'effet de la communication d'un message. *Bulletin de Psychologie, 422*, 88-99

Rudman, L. A., & Goodwin, S. A. (2004). Gender differences in automatic in-group bias: Why do women like women more than men like men? *Journal of Personality and Social Psychology, 87*, 494-509.

Ruscher, J. B. (2001). *Prejudiced communication: A social psychological perspective*. New York: Guilford Press.

Sabbagh, C., Resh, N., Mor, M., & Vanhuysse, P. (2006). Spheres of Justice within Schools: Reflections and Evidence on the Distribution of Educational Goods. *Social Psychology of Education, 9*(2), 97-118.

Saguy, T., Dovidio, J. F., & Pratto, F. (2008). Beyond contact: Intergroup contact in the context of power relations. *Personality and Social Psychology Bulletin, 34*, 432-445.

Sahakian, W. S. (1982). *History and systems of social psychology*. New-York: Hemisphere, 2nde édition.

Sahdra, B., & Ross, M. (2007). Group identification and historical memory. *Personality and Social Psychology Bulletin, 33*(3), 384-395.

Said, E. (1976, 1978). *Orientalism*. Harmondsworth: Penguin/New York: Random House.

Sainsaulieu, R. (1990). *L'entreprise une affaire de société*. Paris : Presses de la FNSP.

Salazar-Orvig, A. & Grossen, M. (2001) Représentations sociales et analyse de discours produit dans des focus groups : un point de vue dialogique. *Bulletin de psychologie, 57*(3), 263-272.

Salès-Wuillemin, E. (2011). Contrat de communication et représentations sociales. In P. Castel, E. Salès-Wuillemin, & M.-F. Lacassagne (Eds.), *Psychologie sociale, communication et langage* (pp. 87-106). Bruxelles : De Boeck.

Sales-Wuillemin, E., Girandola, F., & Gosling, P. (2011). *Représentations sociales et dissonance cognitive*. 53e Congrès de la Société Française de Psychologie, Metz, France.

Salès-Wuillemin, E., Gosling, P., & Girandola, F. (2014). *Représentations sociales et dissonance cognitive: réflexions sur la résistance au changement*. 10e colloque International de Psychologie Sociale en Langue Française, Institut de Psychologie, Paris Descartes, France.

Salès-Wuillemin, É., Morlot, R., Fontaine, A., Pullin, W., Galand, C., Talon, D., & Minary-Dohen, P. (2011). Evolution of nurses'social representations of hospital hygiene: From training to practice. *Revue Européenne de Psychologie Appliquée/European Review of Applied Psychology, 61*, 51-63.

Salesses, L. (2004). *Rôle du niveau de connaissance dans le processus de structuration d'une représentation sociale : l'exemple d'Internet*. Aix-en-Provence : Thèse de Doctorat de l'Université de Provence.

Salmaso, P., & Pombeni, L. (1986). Le concept de travail. In W. Doise & A. Palmonari (Eds.), *L'étude des représentations sociales* (pp. 196-205). Neuchâtel : Delachaux et Niestlé.

Sammut, G. (2013). Measuring attitudes and Points of View: social judgment of proposals for the revision of student stipends in higher education. *Psychology & Society, 5*(1), 54-66.

Sammut, G. (2015). Social Representations: A Revolutionary paradigm?, In G. Sammut, E. Andreouli, G. Gaskell & J. Valsiner (Eds.), *The Cambridge Handbook of Social Representations* (pp. 3-11). Cambridge: Cambridge University Press.

Sammut, G., & Bauer, M. W. (2011). Social influence: modes and modalities. In D. Hook, B. Franks, and M. W. Bauer (Eds.), *The social psychology of communication* (pp. 87-106). Palgrave Macmillan: Basingstoke, UK.

Sammut, G., & Gaskell, G. (2010). Points of view, social positioning and intercultural relations. *Journal for the Theory of Social Behaviour, 40*(1), 47-64.

Sammut, G., & Gaskell, G. (2012). Explaining social behavior *in situ*: the study of points of view. In S. Salvatore, A. Gennaro, & J. Valsiner (Eds.), *Making sense of infinite uniqueness: The emerging system of idiographic science* (Yearbook of Idiographic Science, Volume IV) (pp. 45-54). Charlotte, NC: Information Age.

Sammut, G., & Sartawi, M. (2012). Perspective-taking and the attribution of ignorance. *Journal for the Theory of Social Behavior, 42*(2), 181-200.

Sammut, G., Andreouli, E., Gaskell, G., & Valsiner, J. (2015). *The Cambridge Handbook of Social Representations*. Cambridge, UK: Cambridge University Press.

Sammut, G., Daanen, P., & Moghaddam, F. M. (2013). *Understanding the Self and others: Explorations in intersubjectivity and interobjectivity*. London: Routledge

Sampson, E.E. (1988). The debate on individualism: Indigenous psychologies of the individual and their role in personal and societal functioning. *American Psychologist, 43*, 15-22.

Sanchez-Mazas, M., & Licata, L. (2005). *L'Autre : Regards psychosociaux*. Grenoble : Presses Universitaires de Grenoble.

Santos, M. D. F. D. S., Almeida, A. M. D. O., Mota, V. L., & Medeiros, I. (2010). Representação social de adolescentes sobre violência e suas práticas preventivas. *Temas em Psicologia, 18*(1), 191-203.

Sarbin, T. R. (1986). *Narrative psychology. The storied nature of human conduct*. London: Praeger.

Sartre, J.-P. (1943/2003). *Being and Nothingness*. London: Routledge.

Sauvé, L. (1994). *Pour une éducation relative à l'environnement*. Montréal : Guérin-Eska.

Sauvezon, C. (2001). Cultures organisationnelles et représentations sociales: éléments centraux et éléments périphériques. *Bulletin de psychologie, 54*(3), 315-328.

Sayre, B., Bode, L., Shah, D., Wilcox, D., & Shah, C. (2010). Agenda setting in a digital age: tracking attention to california proposition 8 in social media, online news and conventional news. *Policy and Internet, 2*, 7-32.

Scanfeld, D., Scanfeld, V., & Larson, E. L. (2010). Dissemination of health information through social networks: Twitter and antibiotics. *American Journal of Infection Control, 38*, 182-188.

Schank, R. C., & Abelson, R. P. (1977). *Scripts, Plans, Goals and understanding*. Erlbaum: Elsevier Science.

Schein, E. H. (2010). *Organizational culture and leadership. Vol.2*. San Francisco: John Wiley & Sons.

Scherer, K. R., & Giles, H. (1977). *Social Markers in Speech*. Cambridge University Press/Editions de la Maison des Sciences de l'Homme.

Scheufele, D. A. (2000). Agenda-Setting, Priming, and Framing Revisited: Another Look at Cognitive Effects of Political Communication. *Mass Communication & Society, 3*(2/3), 297-316.

Schlossberg, L. (2001). "Introduction: Rites of passing." In M. C. Sanchez & L. Schlossberg (Eds.), *Passing: Identity and Interpretation in Sexuality, Race and Religion* (pp. 1-12). New York: New York University Press.

Schnapper, D. (1997). *Contre la fin du travail*. Paris : Les éditions Textuel.

Schuman, H. & Scott, J. (1989). Generations and Collective Memory. *American Sociological Review, 54*, 359-81.

Schuman, H., & Rodgers, W. L. (2004). Cohorts, Chronology, and Collective Memories. *Public Opinion Quarterly, 68*, 217-254.

Schuman, H., Belli, R. F., & Bischoping, K. (1997). The generational basis of historical knowledge. In J. W. Pennebaker, D. Paez, & B. Rimé (Eds.), *Collective memory of political events: Social psychological perspectives* (pp. 47-77). Mahwah, NJ: Lawrence Erlbaum.

Schütz, A. (1967). *The Phenomenology of the Social World*. Evanston: Northwestern University Press.

Schwartz, S. H. (1999). A theory of cultural values and some implications for work. *Applied psychology: an international review, 48*(1), 23-47.

Schwarz, N., & Clore, G. L. (1988). How do I feel about it? Informative functions of affective states. In K. Fiedler & J. Forgas (Eds.), *Affect, cognition, and social behavior* (pp. 44-62). Toronto: Hofgrefe International.

Scott, J. & Zac, L. (1993). Collective memories in Britain and the United States. *Public Opinion Quarterly, 57*, 315-351.

Seca, J.-M. (2010). *Les représentations sociales*. Paris : Armand Colin

Ségalat, L. (2010). *La scienza malata*. Milano: Cortina.

Seglen, Per O. (1997). Why the Impact Factor of journal should not be used for evaluating research. *BMJ, 314*, 498-502.

Seidmann, S., Thomé, S., & Di Iorio, J. (2011) Representaciones sociales y dialogicidad: la psicología social y la construcción del sujeto de la educación. In S. Seidmann, & C.P. Sousa (Eds.), *Hacia una psicología social de l'educación* (pp. 49-66). Buenos Aires: Editorial Teseo.

Semetko, H. & Valkenburg, P. (2000). Framing European Politics: A Content Analysis of Press and Television News. *Journal of Communication, 50*(2), 93-109.

Semprini, A. (1995). *L'objet comme procès et comme action*. Paris : L'Harmattan.

Sénémeaud, C., Girandola, F., Georget, P., & Salès-Wuillemin, E. (2013). Comment résiste-t-on au changement d'attitude ? Processus psychosociaux à l'œuvre lors d'une mise en dissonance cognitive ou d'un attaque persuasive. In. V. Fointiat., F. Girandola., & P. Gosling (Eds.), *La dissonance cognitive : quand les actes changent les idées* (pp. 165-190). Paris : Armand Colin.

Sensales, G., & Areni, A. (2006). De la nature à l'environnement : représentations et idéologies. In K. Weiss & D. Marchand (Eds.), *Psychologie sociale de l'environnement* (pp. 107-120). Rennes : Presses Universitaires de Rennes.

Sensales, G., & Greenfield, P. M. (1995). Attitudes toward Computers, Science, and Technology: A Cross-Cultural Comparison between Students in Rome and Los Angeles. *Journal of Cross-Cultural Psychology*, *26*, 229-242.

Serfaty, V. (2000). De la répulsion à la fascination : l'Internet et les représentations des NTIC. *ASp. la revue du GERAS*, *27/30*, 231-241.

Shepard, R. N. (1972). A taxonomy of some principal types of data and of multidimensional methods for their analysis. In R. N. Shepard, A. K. Romney & S. Nerlove (Eds.), *Multidimensional Scaling: Theory and Applications in the Behavioral Sciences* (Vol. 1, pp. 21-47). New York: Seminar Press.

Sherif, C. W., & Sherif, M. (1968). *Attitude, Ego-Involvement, and Change*. New York: John Wiley & Sons.

Sherif, C. W., Sherif, M., & Nebergall, R. E. (1965). *Attitude and Attitude Change: The Social Judgement-Involvement Approach*. Philadelphia: Saunders.

Sherif, M. (1935). A study of some social factors in perception. *Archives of Psychology*, *27*(187), 1-60.

Sherif, M. (1936). *The psychology of social norms*. New York: Harper.

Sherif, M. & Hovland, C. (1980/1961). *Social Judgement, Assimilation and contrast effects in communication and attitude change*. Westport : Greenwood.

Sherif, M., & Cantril, H. (1947). *The psychology of ego-involvements*. New York: Wiley.

Sherif, M., & Hovland, C. L. (1961). *Social Judgment: Assimilation and Contrast Effects in Communication and Attitude Change*. New Haven: Yale University Press.

Sidanius, J., & Pratto, F. (2001). *Social Dominance : An Intergroup Theory of Social Hierarchy and Oppression*. Cambridge: Cambridge University Press.

Siegel, J., Dubrovsky, V. J., Kiesler, S., & McGuire, T. W. (1986). Group processes in computer mediated communication. *Organizational Behaviour and Human Decision Processes*, *37*, 157-187.

Signiorielli, N. (1989). Television and conceptions about sex roles: Maintaining conventionality and the status quo. *Sex Roles*, *21*(5/6), 337-356.

Signorini, A., Segre, A. M., & Polgreen, P. M. (2011). The use of twitter to track levels of disease activity and public concern in the us during the influenza a H1N1 pandemic. *PLoS One*, *6*.

Silver, B. D., Abramson, P. R., & Anderson, B. A. (1986). The presence of others and overreporting of voting in American national elections. *Public Opinion Quarterly*, *50*(2), 228-239.

Simon, B., Reichert, F., & Grabow, O. (2013). When Dual Identity Becomes a Liability: Identity and Political Radicalism Among Migrants. *Psychological Science*, *24*(3), 251-257

Six, B., & Eckes, T. (1991). A closer look at the complex structure of gender stereotypes. *Sex Roles*, *24*, 57-71.

Skandrani-Marzouki, I., Lo Monaco. G., Marzouki, Y. (2015). Unconscious context effects on social representations: Evidence from the subliminal emotional priming paradigm. *North American Journal of Psychology*, *17*(3), 509-524.

Slovic, P. (2000). *The Perception of Risk*. London: Earthscan

Smeekes, A., & Verkuyten, M. (2013). Collective self-continuity, group identification and in-group defense. *Journal of Experimental Social Psychology*, *49*, 984-994.

Smeekes, A., Verkuyten, M., & Poppe, E. (2011). Mobilising opposition towards Muslim immigrants: National identification and the representation of national history. *British Journal of Social Psychology*, *50*, 265-280.

Smith C. P. (2000). Content analysis and narrative analysis. In H.T. Reis, & C.M. Judd (Eds.) *Handbook of research methods in social and personality psychology* (pp. 313-335). Cambridge: Cambridge University press.

Smith, N., & Joffe, H. (2012). How the public engages with global warming: A social representations approach. *Public Understanding of Science*, *22*(1), 16-32.

Smith, P. B., Bond, M. H., & Kagitcibasi, C. (2006). *Understanding social psychology across cultures : living and working in a changing world*. Thousand Oaks, California: Sage.

Smith, P. H., Giles, H., Hewstone, M. (1979). Sociolinguistic : a social psychological perspective. In R. N. St Clair & H. Giles (Eds.), *The Social and Psychological Contexts of Language*. Hillsdale, NJ.

Smith, S. (2009). New media spread the word on H1N1. *The Boston Globe*.

Smyrnaios, N., & Ratinaud, P. (2014). Comment articuler analyse des réseaux et des discours sur Twitter : l'exemple du débat autour du pacte budgétaire européen. *tic&société*, *7*(2).

Solomonidou, C., & Tassios, A. (2007). A phenomenographic study of Greek primary school students'representations concerning technology in daily life. *International Journal of Technology and Design Education*, *17*, 113-133.

Soromenho-Marques, V. (2005). A constelação ambiental: Metamorfoses da nossa visão do mundo. In. L. Socska, *Contextos humanos e psicologia ambiental* (pp. 11-37). Lisboa: Fundação Calouste Gulbenkian.

Souchet, L., & Girandola, F. (2013). Double foot-in-the-door, social representations, and environment: application for energy savings. *Journal of Applied Social Psychology*, *43*(2), 306-315.

Souchet, L., Girandola F., & Tafani, E. (2010). *Engagement et dynamique des représentations sociales : simple et double soumission forcée.* 8e Congrès International de Psychologie Sociale en Langue Française, Nice, France.

Sousa, C. P., & Villas Bôas, L. P. S. (2011). Los estudios de representaciones sociales y los desafíos para la investigación en educación. In S. Seidmann & C. P. Sousa (Eds.), *Hacia una psicología social de l'educación* (pp. 23-48). Buenos Aires: Editorial Teseo.

Sousa, C. P., Pardal, L. A., & Villas Bôas, L. P. S. (2009). *Representações sociais sobre o trabalho docente.* Aveiro: Universidade de Aveiro.

Spears, R., & Lea, M. (1994). Panacea or Panopticon? The hidden power in computer-mediated communication. *Communication Research, 21*, 427-459.

Spears, R., Lea, M., & Postmes, T. (2007). Computer mediated-communication and social identity. In A. N. Joinson, K. Y. A. Mckenna, T. Postmes & U.-D. Reips (Eds.), *The Oxford Handbook of Internet Psychology* (pp. 253-269). New York: Oxford University Press.

Spears, R., Lea, M., Corneliussen, R. A., Postmes, T., & Haar, W. T. (2002). Computer-mediated-communication as a channel for social resistance: the strategic side of SIDE. *Small Group Research, 33*(5), 555-574.

Spellman, B. A., & Holyoak, K. J. (1992). If Saddam is Hitler then who is George Bush? Analogical mapping between systems of social roles. *Journal of Personality and Social Psychology, 62*, 913-933.

Spini, D., & Doise, W. (1998). Organizing principles of involvement in human rights and their social anchoring in value priorities. *European Journal of Social Psychology, 28*(4), 603-622.

Spini, D., & Doise, W. (2005). *Universal Rights and Duties as Normative Social Representations*. In N. J. Finkel & F. Moghaddam (Eds.), *The psychology of human rights and duties: Empirical contributions and normative commentaries* (pp. 21-48). Washington, DC: American Psychological Association.

Sproull, L., & Kiesler, S. (1991). *Connections: new ways of working in the networked organization*. Cambridge, MA: MIT Press.

Srull, T. K., & Wyer, R. S. (1989). Person memory and judgment. *Psychological Review, 96*, 58-83.

Staerklé, C. (2009). Policy attitudes, ideological values and social representations. *Social and Personality Psychology Compass, 3*, 1096-1112.

Staerklé, C. (2013). The true citizen: Social order and intergroup antagonisms in political lay thinking. *Papers on Social Representations, 22*, 1.1-1.21.

Staerklé, C. (2015). Social order and political legitimacy. In G. Sammut, E. Andreouli, G. Gaskell & J. Valsiner (Eds.), *The Cambridge Handbook of Social Representations* (pp. 280-294). Cambridge, UK: Cambridge University Press.

Staerklé, C., Clémence, A., & Spini, D. (2011). Social representations: A normative and dynamic intergroup approach. *Political Psychology, 32*, 759-768.

Staerklé, C., Delay, C., Gianettoni, L., & Roux, P. (2007). *Qui a droit à quoi. Représentation et légitimation de l'ordre social*. Grenoble: Presses Universitaires de Grenoble.

Steele, C. M. (1997). A threat in the air: How stereotypes shape intellectual identity and performance. *American Psychologist, 52*(6), 613–629.

Steele, C. M., & Aronson, J. (1995). Stereotype threat and the intellectual test performance of African-Americans. *Journal of Personality and Social Psychology, 69*(5), 797-811.

Stephenson, W. (1935). Correlating persons instead of tests. *Journal of Personality, 4*(1), 17-24.

Stewart, I. (2004). La représentation sociale de la profession d'infirmier/ère : effets de contexte liés à un changement de genre. *Psychologie et Société, 4*(1), 171-209.

Stewart, I., & Fraïssé, C. (2009). Les schèmes cognitifs de base: un modèle pour étudier les représentations sociales. In M.-L. Rouquette (Ed.), *La pensée sociale. Recherches fondamentales et appliquées* (pp. 99-119). Ramontville Saint-Agne : Erès.

Stewart, I., & Marchand, D. (2006). Représentation et mémoire urbaine : repères et identité dans une ville en transition. In K. Weiss & D. Marchand (Eds.), *Psychologie Sociale de l'Environnement*. (pp. 63-73). Rennes : Presses Universitaires de Rennes.

Stoetzel, J. (1943). *Théorie des opinions*. Paris : Presses Universitaires de France.

Stone, C. B., Barnier, A. J., Sutton, J., & Hirst, W. (2010). Building consensus about the past: schema consistency and convergence in socially shared retrieval-induced. *Memory, 18*, 170-184.

Strange, J. J., & Leung, C. C. (1999). How anecdotal accounts in news and in fiction can influence judgments of a social problem's urgency, causes, and cures. *Personality and Social Psychology Bulletin, 25*, 436-449.

Suleiman, Y. (2013). *Narratives of Conversion to Islam in Britain: Female Perspectives*. Cambridge: Center for Islamic Studies.

Suler, J. R. (2004). The online disinhibition effect. *CyberPsychology and Behavior, 7*, 321-326.

Suls, J., Wan, C.K., Sanders, G.S. (1988). False consensus and false uniqueness in estimating the prevalence of health-protective behaviours. *Journal of Applied Social Psychology, 18*, 66-79.

Sutter, J. D. (2009). *Swine flu creates a controversy on Twitter. CNN Online.*

Swann, W. B., J.-R., Gómez, A., Dovidio, J. F., Jetten, J., & Hart, S. (2010). Dying and killing for one's group: Identity fusion moderates responses to intergroup versions of the trolley problem. *Psychological Science, 21*(8), 1176-1183.

Swann, W. B., J.-R., Gómez, A., Seyle, C. D., Morales, J. F., & Huici, C. (2009). Identity fusion: The interplay of personal and social identities in extreme group behavior. *Journal of Personality and Social Psychology, 96*(5), 995-1011.

Tafani, E. (2001). Attitudes, engagement et dynamique des représentations sociales : études expérimentales. *Revue Internationale de Psychologie Sociale, 14*(1), 7-29.

Tafani, E. & Bellon S. (2001). Principe d'homologie structurale et dynamique représentationnelle. In P. Moliner (Ed.), La dynamique des représentations sociales (pp. 163-194). Grenoble : Presses Universitaires de Grenoble.

Tafani, E., & Souchet, L. (2001). Changement d'attitude et dynamique représentationnelle : les effets de l'engagement dans des pratiques sociales. In Moliner, P. (Ed.), *La dynamique des représentations sociales* (pp. 59-88). Grenoble : Presses Universitaires de Grenoble.

Tafani, E., & Souchet, L. (2002). Commitment in a pro- versus counter-attitudinal behavior and social representation dynamics. *Swiss Journal of Psychology, 61*(1), 33-44.

Tafani, E., Bellon, S. & Apostolidis, T. (2002). Théorie des champs sociaux et dynamique représentationnelle : approche expérimentale des effets des asymétries posititonnelles sur la structure d'une représentation sociale. *Revue Internationale de Psychologie Sociale, 15*(2), 57-90.

Tafani, E., Falomir, J. M., & Mugny, G. (2000). Influence sociale et représentations sociales : études expérimentales sur le groupe d'amis idéal. In J.-L. Beauvois, R.-V. Joule & J.-M. Monteil (Eds.), *Perspectives cognitives et conduites sociales* (Vol. 7, pp. 95-124). Rennes : Presses Universitaires de Rennes.

Tafani, E., Haguel, V., & Menager, A. (2007). Des images de marque aux représentations sociales des marques : une application au secteur de l'automobile. *Les Cahiers Internationaux de Psychologie Sociale, 73*, 27-46.

Tafani, E., Marfaing, B., & Guimelli, C. (2006). Rôle de l'implication et des émotions dans le traitement et la diffusion d'un message : une approche expérimentale des rumeurs. *Les Cahiers Internationaux de Psychologie Sociale*, *70*(2), 3-20.

Tafani, E., Mugny, G., & Bellon, S. (1999). Irréversibilité du changement et enjeux identitaires dans l'influence sociale sur une représentation sociale. *Psychologie et Société, 1*, 73-104.

Tafani, E., Souchet, L., Codaccioni, C., & Mugny, G. (2003). Influences majoritaire et minoritaire sur la représentation sociale de la drogue. *Nouvelle Revue de Psychologie Sociale*, *2*(3), 343-354.

Tajfel, H. (1969). Cognitive aspects of prejudice. *Journal of Social Issues*, *25*(4), 79-97.

Tajfel, H. (1974). Social Identity and Intergroup Behavior. *Social Science Information*, *13*, 65-69.

Tajfel, H. (1981). *Human groups and social categories. Studies in social psychology*. Cambridge: Cambridge University Press.

Tajfel, H. (1982). *Social identity and intergroup relations*. Cambridge: Cambridge University Press.

Tajfel, H., & Turner, J. C. (1979). An integrative theory of intergroup conflict. In W. G. Austin & S. Worchel (Eds.), *The Social Psychology of Integroup Relations* (pp. 33-47). Monterey, CA: Brooks/Cole.

Tajfel, H., & Turner, J. C. (1986). The social identity theory of intergroup behavior. In S. Worchel & W. G. Austin (Eds.), *The psychology of intergroup relations* (pp. 7-24). Chicago: Nelson-Hall.

Tajfel, H., Billig, M., Bundy, R., & Flament, C. (1971). Social categorization and intergroup behaviour. *European Journal of Social Psychology, 1*, 149-177.

Tapscott D. & Williams A.D. (2008). *Wikinomics. How Mass Collaboration Changes Everything*. New-York (USA): Penguin Group.

Tarde, G. (1901). *L'opinion et la foule*. Paris: Félix Alcan (réédition Presses Universitaires de France: 1989).

Tateo, L. (2001). Hal is your pal. The social representation of computer among teenagers. In T. Slama-Cazacu (Ed.), *Human and Computer* (pp. 256-275). Constantza (Romania): Europolis Publishing House.

Tateo, L. (2014). Science at the supermarket: multiplication, personalization and consumption of science in everyday life. *Integrative psychological & behavioral science*, *48*(2), 161-175.

Tavani, J. L., Piermattéo, A., Collange, J., & Lo Monaco, G. (2014). Pour une prise en compte des représentations sociales dans l'étude de la santé au travail : des pistes pour la prévention. *Archives des maladies professionnelles et de l'environnement*, *75*(5), 478-491.

Tavani, J. L., Zenasni, F., & Pereira-Fradin, M. (2009). Social representation of gifted children: A preliminary study in France. *Gifted and Talented International*, *24*(2), 61-70.

Tavani, J.-L., Collange, J., Rateau, P., Rouquette, M.-L., & Sanitioso, R.B. (2015). Tell me what you remember and I will know who you are. The link between collective memory and social categorization. *Group processes and intergroup relations*, *24*, 1-18.

Taylor, C. (1992). *Multiculturalism:Examining the Politics of Recognition*. Princeton, New Jersey: Princeton University Press.

Taylor, S. (1991) Asymmetrical effects of Positive and Negative Events: the Mobilization-minimization hypothesis. *Psychological Bulletin, 110*, 67-85.

Tcherkassof, A. (2008). *Les émotions et leurs expressions*. Grenoble : Presses Universitaires de Grenoble.

Techio, E., Bobowik, M., Páez, D., Cabecinhas, R., Liu, J. Zubieta, E. & Espinosa, A. (2010). Social Representations of History, Wars and Politics in Latin America, Europe and Africa. *Revista de Psicología Social, 25*(1), 11-26.

Ţepordei, A. M., Havârneanu, M. G., & Boncu, Ş. (2010). When norms turn perverse: the lack of contextual rationality and traffic norms violation. *Buletinul Laboratorul Psihologia Câmpului Social, 24*.

Tesser, A., (1988). Toward a self-evaluation maintenance model of social behavior. In L. Berkowitz (Ed.), Advances in experimental social psychology, Vol. 21 (pp. 181-227). New-York: Academic Press.

Thévenet, M. (1993). *La culture d'entreprise*. Paris : Presses Universitaires de France.

Thomas, W. I., & Znaniecki, F. (1918). *The polish peasant in Europe and America*. Boston: Richard G. Badger.

Thommen, E., Châtelain, F., & Rimbert, G. (2004). L'interprétation d'indices non verbaux par les enfants. *Psychologie Française*, *49*(2), 145-160.

Thompson, J. B. (1984). *Studies in the Theory of Ideology*. Cambridge: Polity Press.

Thompson, J. B. (1990). *Ideology and Modern Culture*. Cambridge: Polity Press.

Thurstone, L.L. (1928). Attitudes can be measured. *American Journal of Sociology*. *33*, 529-554.

Tidwell, L. C., & Walther, J. B. (2002). Computer-mediated communication effects on disclosure, impressions, and interpersonal evaluations: Getting to know one another a bit at a time. *Human Communication Research, 28*, 317-348.

Tileagă, C. (2006). Representing the "other": A discursive analysis of prejudice and moral exclusion in talk about Romanies. *Journal of Community and Applied Social Psychology*, *16*, 19-41.

Tileagă, C. (2013). *Political psychology: Critical perspectives*. Cambridge, UK: Cambridge University Press.

Todorov, T. (1981), *Bakhtine Mikhaïl le principe dialogique, suivi de Écrit du Cercle de Bakhtine*. Paris : Seuil.

Toft, M. D. (2007). Getting Religion? The Puzzling Case of Islam and Civil War. *International Security, 31*(4), 97-131.

Tomei, A., & Mugny, G. (2003). Self-competence, source credibility and social influence on a social representation. *International Review of Social Psychology*, *16*(1), 55-70.

Toomela, A., & Valsiner, J. (2010). *Methodological thinking in psychology: 60 gone astray?* Charlotte, NC: Information Age.

Torres-Salinas, D. Cabezas-Clavijo, A., & Jiménez-Contreras, E. (2013). *Altmetrics* New indicators for scientific communication in Web 2.0. *Comunicar*, *21*(41), 53-60.

Trepte, S. (2006). Social Identity Theory. In B. Jennings & P. Vorderer (Eds.), *Psychology of Entertainment* (pp. 255-271). NJ: Lawrence Erlbaum Associates.

Triandis, H. C. (1978). Some universals of social behavior. *Personality and Social Psychology Bulletin, 4*, 1-16.

Trinquier, M.-P. (2013). Représentations des enseignants, pratiques verbales et statuts scolaires des élèves. *Revue française de pédagogie, 185*(4), 103-116.

Tsirogianni, S., & Sammut, G. (2014). Transitivity Analysis: A framework for the study of social values in the context of points of view. *British Journal of Social Psychology, 53*(3), 541-556.

Tsoukalas, I. (2006). A method for studying social representations. *Quality & Quantity, 40*(6), 959-981.

Turner, J. C., Hogg, M., Oakes, P., Reicher, S., & Wetherell, M. (1987). *Rediscovering the social group: a self-categorization theory*. Oxford: Blackwell.

Tutiaux-Guillon, N. (2012). A traditional Frame for Global History: the narrative of Modernity in French Secondary School. In M. Carretero, M. Asensio & M. Rodríguez-Moneo (Eds.), *History Education and the Construction of National Identities* (pp. 109-124). Charlotte, NC: IAP.

Twitter (2015a). *Twitter selected company metrics, 2nd quarter 2015.*

Twitter (2015b). *About Twitter page.*

Tyler, T. R. (1980). Impact of directly and indirectly experienced events: The origin of crime-related judgements and behaviors. *Journal of Personality and Social Psychology, 39*(1), 13-28.

Tyler, T. R., & Cook, F. L. (1984). The mass media and judgements of risk: Distinguishing impact of personal and societal levels judgements. *Journal of Personality and Social Psychology, 47*(4), 693-708.

Ulucanlar, S. Faulkner, A., Peirce, S., & Elwyn, G. (2013). Technology identity: The role of sociotechnical representations in the adoption of medical devices. *Social Science & Medicine, 98*, 95-105.

Upshaw, H.S. (1965). The effect of variable perspectives on judgments of opinion statements for Thurstone scales: Equal-appearing intervals. *Journal of Abnormal and Social Psychology, 64*, 85-96.

Upshaw, H.S. (1969). The personal reference scale: An approach to social judgment. In L. Berkowitz (Ed.), *Advances in experimental social psychology* (Vol. 4, pp. 315-371). New York: Academic Press.

Uribe Patino, F. J. (1997). *Los referentes ocultos de la psicologia política*. Mexico: Universidad Autónoma Metropolitana.

Vaast, E. (2007). Danger is in the eye of the beholders: Social representations of Information Systems security in healthcare. *Journal of Strategic Information Systems, 16*, 130-152.

Vala, J. (1990). Identités sociales et représentations du pouvoir. *Revue Internationale de Psychologie Sociale, 3*(3), 451-471.

Vala, J. (1998). Représentations sociales et perceptions intergroupes. In J.-L. Beauvois, R.-V. Joule, & J.-M. Monteil (Eds.), *Perspectives cognitives et conduites sociales* (pp. 289-311). Neuchâtel : Delachaux et Niestlé.

Vala, J. (1998). *Social identities, social representations and the study of the citizenship and European identity*. Paper presented at the Workshop on Modelling processes involved in the construction of European citizenship and identity among young people: a social psychological approach.

Vala, J. (2013). Racisms: Social representations, racial prejudice and normative pressures. *Papers on Social Representations, 22*, 6.1-6.29.

Valence, A. (2010). *Les représentations sociales*. Bruxelles : De Boeck.

Valence, A., & Roussiau, N. (2012). Les représentations des Droits de l'Homme et de l'immigration: une approche systémique de la pensée sociale. *Les Cahiers Internationaux de Psychologie Sociale, 95-96*, 371-392.

Valence, A., & Roussiau, N. (2014). Le rôle de l'implication et des systèmes de croyances au sein des représentations sociales. *Psychologie Française, 59*(4), 301-315.

Valentim, J. P. (2005). Luso-tropicalismo e lusofonia: uma perspectiva psicossocial. *Via Latina, 6*(2), 67-73.

Valentim, J. P. (2011). Social psychology and colonialism. In J. P. Valentim (Ed.), *Societal approaches in social psychology* (pp. 180-194). Berne: Peter Lang.

Vallerand, R. J. (Eds.)(1994). *Les Fondements de la Psychologie Sociale*. Boucherville : Gaëtan Morin.

Valsiner, J. (2013). Creating Sign Hierarchies: Social Representation In Its Dynamic Context. *Papers on Social Representations, 22*, 16.1-16.32.

Van Dijk, T. A. (1991). *Racism and the press*. London New York: Routledge.

Van Dijk, T. A. (1996a). Discourse, power and access. In C. R. Caldas-Coulthard & M. Coulthard (Eds.), *Texts and Practices: Readings in Critical Discourse Analysis* (pp. 84-104). London: Routledge.

Van Dijk, T. A. (1996b). Power and the news media. In D. L. Paletz (Ed.), *Political Communication in Action: States, Institutions, Movements, Audiences*. New Jersey, USA: Hampton Press.

Van Leeuwen, T. (2014). The meaning of referencing in the humanities and social sciences and its interpretation in an evaluative context, Workshop Internazionale "La valutazione della ricerca nelle Humanities and Social Science", ANVUR (National Agency for the Evaluation of Universities and Research Institute), Roma 17 novembre 2014.

Van Noorden, R. (2014). Online collaboration: Scientist and the social network. *Nature, 512*(7513), 126-129.

Van Raan, A.F.J. (2005). Fatal attraction: Conceptual and methodological problems in the ranking of universities by bibliometric methods. *Scientometrics, 62*(1), 133-143.

Vangroenweghe, D. (1986). *Du sang sur les lianes : Léopold II et son Congo*. Bruxelles: Didier Hatier.

Varela, S. (2002). Medio Ambiente y representación social. In. R. García Mira, J.-M. Sabucedo & J. Romay (Eds.) *Psicología y Medio Ambiente. Aspectos Sociales, Educativos y Metodológicos* (pp. 133-147). Universidad de La Coruña.

Vega, J. (2009). Swine flu conspiracies swirl. *kxan.com* [On-line].

Vergès, P. (1989). Représentations sociales de l'économie : une forme de connaissance. In D. Jodelet (Ed.), *Les Représentations sociales* (pp. 407-428). Paris : Presses Universitaires de France.

Vergès, P. (1992). L'évocation de l'argent. Une méthode pour la définition du noyau central d'une représentation. *Bulletin de psychologie, 45*, 203-209.

Vergès, P. (1994). Approche du noyau central : propriétés quantitatives et structurales. In C. Guimelli (Ed.), *Structures et transformations des représentations sociales* (pp. 233-253). Neuchâtel : Delachaux et Niestlé.

Vergès, P. (1995). Représentations sociales partagées, périphériques, indifférentes, d'une minorité: méthodes d'approche. *Les Cahiers Internationaux de Psychologie Sociale, 28*, 77-95.

Vergès, P. (2001). L'analyse des représentations sociales par questionnaires. *Revue française de sociologie, 42*(3), 537-561.

Vergès, P., & Bouriche, B. (2001). L'analyse des données par les graphes de similitude. *Sciences humaines*, Juin, 2-90.

Verkuyten, M. (2013). *Identity and Cultural Diversity: What Social Psychology Can Teach Us*. New York: Routledge.

Vermès, G. Sellier, F., & Ohayon, A. (1993). Des psychologies sociales en France entre 1913 et 1947. *Sociétés Contemporaines, 13*(1), 197-208.

Véron, B. (2008). Les discussions sur les forums électroniques. In F. Hamelin (Ed.), *Les radars et nous* (pp. 107-153). Paris : L'Harmattan.

Veyne, P. (1983). *Les Grecs ont-ils cru à leurs mythes ?* Paris : Seuil.

Viaud, J. (1996). *Changement des représentations sociales ou déplacement social des sujets dans l'espace des représentations ?* Paris : Thèse de doctorat de l'université Paris V.

Viaud, J. (2003). Mémoire collective, représentations sociales et pratiques sociales. *Connexions, 80*(2), 13-30.

Viaud, J., & Orfali, B. (2007). Régimes politiques et systèmes économiques : champs de représentation et catégories. Des interrogations scolastiques au sens commun. *Les Cahiers Internationaux de Psychologie Sociale, 75/76*(3-4),141-156.

Vieno, A., Gini, G., Santinello, M., Lenzi, M., & Nation, M. (2011). Violent behavior and unfairness in school: multilevel analysis of Italian schools. *Journal of Community Psychology, 39*(5), 534-550.

Vigour, C. (2005). *La comparaison dans les sciences sociales : pratiques et méthodes*. Paris : La Découverte.

Villas Bôas, L. (2010). *Brasil : Idéia de Diversidade e Representações Sociais*. Sao Paolo : Ed. Annablume.

Vincent, N. (2014). Outputs and access. Two issues in the evaluation of HSS research, Workshop Internazionale "La valutazione della ricerca nelle Humanities and Social Science", ANVUR (National Agency for the Evaluation of Universities and Research Institute), Roma 17 novembre 2014.

Volkan, V. D. (2001.) Transgenerational Transmissions and Chosen Traumas: An Aspect of Large-group Identity. *Group Analysis, 34*, 79-97.

Vollhardt, J. R. (2012). Collective victimization. In L. Tropp (Ed.), *Oxford handbook of intergroup conflict* (pp. 136-157). New York, NY: Oxford University Press.

Voloshinov V. (1930). La structure de l'énoncé. In T. Todorov (Ed.), *Bakhtine Mikhaïl le principe dialogique, suivi de Écrit du Cercle de Bakhtine* (pp. 287-316). Paris : Editions du Seuil.

Volpato, C., & Contarello, A. (1995). Relations personelles et culture : Une analyse de textes littéraires. *Social Science Information, 34*, 205-24.

Volpato, C., & Contarello, A. (1999). Towards a social psychology of extreme situations: Primo Levi's If This is a Man and social identity theory. *European Journal of Social Psychology, 29*, 239-258.

Vonk, R., & Ashmore, R. D. (2003). Thinking about gender types: Cognitive organization of female and male types. *British Journal of Social Psychology, 42*, 257-280.

Vovelle, M. (1979). *Iconographie et histoire des mentalités*. Paris : Editions du CNRS.

Wachelke, J. F. R. (2009). Índice de centralidade de representações sociais a partir de evocações (INCEV): exemplo de aplicação no estudo da representação social sobre envelhecimento. *Psicologia Reflexão e Crítica, 22*, 102-110.

Wachelke, J. F. R. (2011). *Structural relations among social representations: cognem associations within a representational system* (Doctoral dissertation). Università degli studi di Padova, Padua, Italy.

Wachelke, J. F. R. (2012). Context effects and inter-representation activation: an experimental study. *Papers on Social Representations, 21*, 8.1-8.28.

Wagner W., & Kronberger N. (2002). Discours et appropriation symbolique de la biotechnologie. In C. Garnier & M.-L. Rouquette (Eds.), *Les formes de la pensée sociale* (pp. 119-147). Paris : Presses Universitaires de France.

Wagner-Egger, P., & Joris, V. (2004). L'obscure clarté de la lune : croyances et représentations. *Cahiers Internationaux de Psychologie Sociale, 63*, 3-28.

Wagner-Egger, P., Bangerter, A., Gilles, I., Green, E., Rigaud, D., Krings, F., ... & Clémence, A. (2011). Lay perceptions of collectives at the outbreak of the H1N1 epidemic: heroes, villains and victims. *Public Understanding of Science, 20*(4), 461-476.

Wagner, W. (1992). Social cognition versus social representations: a comment on Duveen and De Rosa. *Papers on Social Representations, 3*, 109-115.

Wagner, W. (1994). Fields of research and socio-genesis of social representations: a discussion of criteria and diagnostics. *Social Science Information, 33*(2), 199-228.

Wagner, W. (1996). The Social representation paradigm. *The Japanese Journal of Experimental Social Psychology, 35*(3), 247-255.

Wagner, W., & Hayes, N. (2005) *Everyday discourse and commonsense*. Basingstoke: Palgrave.

Wagner, W., & Kronberger, N. (2001). Killer tomatoes! Collective symbolic coping with biotechnology. In K. Deaux & G. Philogene (Eds.), *Representations of the social* (pp. 147-164). Oxford: Blackwell.

Wagner, W., Duveen, G., & Themel, M. (2000). I have some faith at the same time I don't believe – Cognitive polyphasia and cultural change. *Journal of Community and Applied Social Psychology, 10*, 301-314.

Wagner, W., Duveen, G., Farr, R., Jovchelovitch, S., Lorenzi-Cioldi, F., Markovà, I., & Rose, D. (1999). Theory and method of social representations. *Asian Journal of Social Psychology, 2*(1), 95-125.

Wagner, W., Duveen, G., Themel, M., & Verma, J. (1999). The modernisation of tradition: Thinking about madness in Patna, India. *Culture & Psychology, 5*, 413-446.

Wagner, W., Elejabarrieta, F., & Lahnsteiner, I. (1995). How the sperm dominates the ovum – objectification by metaphor in the social representation of conception. *European Journal of Social Psychology, 25*, 671-688.

Wagner, W., Holtz, P., & Kashima, Y. (2009). Constructing and deconstructing essence in social groups: Identity projects, stereotyping, and racism. *Journal for the Theory of Social Behaviour, 39*, 363-383.

Wagner, W., Kronberger, N., & Seifert, F. (2002). Collective symbolic coping with new technology: Knowledge, images and public discourse. *British Journal of Social Psychology, 41*, 323-343.

Wagner, W., Kronberger, N., Nagata, M., Sen, R., Holtz, P., & Palacios, F. F. (2010). Essentialist Theory of "Hybrids": From Animal Kinds to Ethnic Categories and Race. *Asian Journal of Social Psychology*, *13*(4), 232-246.

Wagner, W., Mecha, A., & Carvalho, M. R. (2008). Discourse and representation in the construction of Witchcraft. In T. Sugiman, K. J. Gergen, W. Wagner, & Y. Yamada (Eds.), *Meaning in Action. Constructions, Narratives, and Representations* (pp. 37-48). N.Y.: Springer.

Wagner, W., Sen, R., Permanadeli, R., & Howarth, C. S. (2012). The veil and Muslim women's identity: cultural pressures and resistance to stereotyping. *Culture & Psychology, 18*(4), 521-541.

Wagner, W., Sen, R., Permanadelli, R., & Howarth, C.S. (2012). The veil and Muslim women's identity: Cultural pressures and resistance to stereotyping. *Culture & Psychology, 18*(4), 521-541.

Wagner, W., Valencia, J., & Elejabarrieta, F. (1996). Relevance, discourse and the « hot » stable core of social representation. A structural analysis of word associations. *British Journal of Social Psychology, 35*, 331-352.

Wagoner, B. (2008). Making the familiar unfamiliar. *Culture & Psychology, 14*(4), 467-474.

Wagoner, B. (2012). Notes on a social psychology of thinking: A comparison of Bartlett and Moscovici. *Papers on Social Representations, 21*(1), 6.1-6.14.

Wakefield, J. R. H., Hopkins, N., Cockburn, C., Shek, K. M., Muirhead, A., Reicher, S., & van Rijswijk, W. (2011). The impact of adopting ethnic or civic conceptions of national belonging for others'treatment. *Personality and Social Psychology Bulletin*, *37*(12), 1599-1610.

Walzer, M. (2004). *Arguing about war*. New York & London: Yale University Press.

Washer, P. (2004). Representations of SARS in the UK newspapers. *Social Science and Medicine*, *59*(12), 2561-2571.

Washer, P. (2006). Representations of mad cow disease. *Social Science and Medicine*, *62*, 457-466.

Washer, P. (2010). *Emerging Infectious Diseases and Society*. Basingstoke: Palgrave Macmillan.

Washer, P., & Joffe, H. (2006). The "hospital superbug": Social representations of MRSA. *Social Science & Medicine*, *63*, 2141-2152.

Washer, P., Joffe, H., & Solberg, C. (2008). Audience readings of media messages about MRSA. *Journal of Hospital Infection*, *70*, 42-47.

Weaver, D., Graber, D. A., McCombs, M. E., Eyal, C. H. (1981). *Media agenda-setting in a presidential election: Issues, images and interests*. New York: Praeger.

Weber, M. (1971). *L'Éthique protestante et l'esprit du capitalisme*. Paris : Plon.

Wegner, D. M. (1995). A computer network model of human transactive memory. *Social Cognition, 13*, 319-339.

Weigel, R. H., Loomis, J. W., Soja, M. J. (1980). Race relations on prime time television. *Journal of Personality and Social Psychology, 39*(5), 884-893.

Weiss, K., & Marchand, D. (2006). *Psychologie sociale de l'environnement*. Rennes : Presses Universitaires de Rennes.

Weiss, K., Colbeau-Justin, L., & Marchand, D. (2006). Entre connaissance, mémoire et oublis : représentations de l'environnement et réactions face à une catastrophe naturelle. In K. Weiss & D. Marchand (Eds.), *Psychologie sociale de l'environnement* (pp. 145-156). Rennes : Presses Universitaires de Rennes.

Weiss, K., Michel-Guillou, E., & Navarro, O. (2014). Psychologie sociale et psychologie environnementale : confrontations et complémentarités. In D. Marchand, S. Depeau, & K. Weiss (Eds.), *L'individu au risque de l'environnement. Regards croisés de la psychologie environnementale* (pp. 87-112). Paris : In Press.

Weiss, K., Moser, G., & Germann, C. (2006) Perception de l'environnement, conceptions du métier et pratiques culturales des agriculteurs face au développement durable. *European Review of Applied Psychology, 56*, 73-81.

Weiss, K., Richard, I., & Michel-Guillou, E. (2014). Changement climatique et pratiques agricoles. In D. Marchand, S. Depeau, & K. Weiss (Eds.), *L'individu au risque de l'environnement. Regards croisés de la psychologie environnementale* (pp. 299-321). Paris : In Press.

Wertsch, J. V. (2002). *Voices of collective remembering*. Cambridge: Cambridge University Press.

Wette, W. (2006). *La Wehrmacht*. Barcelona: Critica.

Winter, J.P, Eyal, C.H. (1981). Agenda-setting for the civil-rights issues. *Public Opinion Quarterly, 45*, 376-383.

Wish, M., Deutsch, M., & Biener, L. (1970). Differences in conceptual structures of nations: an exploratory study. *Journal of Personality and Social Psychology, 16*(3), 361-373.

Wish, M., Deutsch, M., & Biener, L. (1972). Differences in perceived similarity of nations. In A. K. Romney, R. N., Shepard, & S. Nerlove (Eds.), *Multidimensional Scaling: Theory and Applications in the Behavioral Sciences* (Vol. 2, pp. 289-313). New York: Seminar Press.

Wittenbrink, B., Judd, C. M., & Park, B. (1997). Evidence for racial prejudice at the implicit level and its relationship with questionnaire measures. *Journal of personality and social psychology*, *72*(2), 262-274.

Wolter, R. P. (2008). *Pensée sociale et situations de crise : Le rôle des nexus dans l'implication personnelle et les modes de raisonnement*. Paris : Thèse de Doctorat de l'Université Paris- Descartes.

Wolter, R. P. (2009). Les objets à forte valence affective : la notion de *nexus*. In M.-L. Rouquette (Ed.), *La pensée sociale* (pp. 59-72). Ramonville Saint-Agne : Érès.

Wolter, R. P., & Rouquette, M.-L. (2010). Situations de crise et modes de raisonnement : effets de l'intensité du positionnement sur le choix d'un canevas de raisonnement. *Les Cahiers Internationaux de Psychologie Sociale*, *87*, 479-481.

Wolter, R. P., Gurrieri, C., & Sorribas, E. (2009). Empirical illustration of the hierarchical organisation of social thought: a domino effect? *Interamerican Journal of Psychology*, *43*(1), 1-11.

Wood, W., & Eagly, A.H. (2010). Gender. In S. T. Fiske, D. T. Gilbert, & G. Lindzey (Eds.), *Handbook of social psychology* (Vol. 1, pp. 629-667). New York: Wiley.

Worobey, M., Gemmel, M., Teuwen, D. E., Haselkorn, T., Kunstman, K., Bunce, M., Muyembe, J. J., Kabongo, J. M. M., Kalengayi, R. M., Van Marck, E., Gilbert, M. T. P., & Wolinsky, S. M. (2008). Direct evidence of extensive diversity of HIV-1 in Kinshasa by 1960. *Nature, 455*, 661-664.

Worobey, M., Santiago, M. L., Keele, B. F., Ndjango, J. B. N., Joy, J. B., Labama, B. L., Dhed'a, B. D., Rambaut, A., Sharp, P. M., Shaw, G. M., & Hahn, B. H. (2004). Origin of AIDS: contaminated polio vaccine theory refuted. *Nature, 428*, 820.

Yang, K. S. (1996). Psychological transformation of the Chinese people as a result of societal modernization. In M. H. Bond (Ed.), *The handbook of Chinese psychology* (pp. 479-498). New York: Oxford University Press.

Yeung, N. C. J., & von Hippel, C. (2008). Stereotype threat increases the likelihood that female drivers in a simulator run over jaywalkers. *Accident Analysis & Prevention, 40*(2), 667-674.

Young, J. (1999). *The exclusive society: Social exclusion, crime and difference in late modernity*. London: Sage.

Yzerbyt, V. (1997). Automaticité et contrôle. In J.L. Beauvois & J. Ph. Leyens (Eds.), *La psychologie sociale, 3 : l'ère de la cognition sociale (pp. 173-189)*. Grenoble : Presses Universitaires de Grenoble.

Yzerbyt, V., Corneille, O., & Estrada, C. (2001). The interplay of subjective essentialism and entitativity in the formation of stereotypes. *Personality and Social Psychology Review, 5*(2), 141-155.

Yzerbyt, V., Rocher, S., & Schadron, G. (1997). Stereotypes as explanations: A subjective essentialistic view of group perception. In R. Spears, P. J. Oakes, N. Ellemers, & S. A. Haslam (Eds.), *The social psychology of stereotyping and group life* (pp. 20-50). Oxford, UK & Cambridge, USA: Basil Blackwell.

Zajonc, R. B. (1966). *Social psychology : an experimental approach*. Belmont, CA: Wadsworth.

Zanna, M. P., & Rempel, J. K. (1988). Attitudes: A new look to an old concept. In D. Bar-Tal & A. W. Kruglanski (Eds.), *The social psychology of knowledge* (pp. 315-334). Cambridge: Cambridge University Press.

Zbinden, A., Souchet, L., Girandola, F., & Bourg, G. (2011). Communication engageante et représentations sociales : une application en faveur de la protection de l'environnement et du recyclage. *Pratiques psychologiques, 17*, 285-299.

Zebiri, K. (2008). *British Muslim Converts: Choosing Alternative Lives*. Oxford: One World Publications.

Zeruvabel, E. (2003). *Times Maps: Collective Memory and the Social Shape of the Past.* Chicago: University of Chicago Press.

Zigoni, A. (2015). *An introduction to Scopus and bibliomerics.* 2015 Winter Session International Lab Meeting European/Int. Joint PhD on Social Representations and Communication, Rome, 26 January 2015.

Zimbardo, P. G. (1969). The human choice: Individuation, reason, and order vs. deindividuation, impulse, and chaos. In W. J. Arnold & D. Levine (Eds.), *Nebraska Symposium on Motivation* (pp. 237-307). Lincoln: University of Nebraska Press.

Zouhri, B. (2013). *Représentation et identité sociale : études empiriques du rôle du noyau central dans la construction et la protection de l'identité sociale*. Thèse de doctorat de l'Université d'Aix-Marseille, Aix-en-Provence.

Zouhri, B. & Rateau, P. (2015). Social representation and social identity in the black sheep effect. *European Journal of Social Psychology, 45*(6), 669-677.

Zuccala, A. (2014). *Importance of books and development of book citation indices for evaluating the humanities, Workshop Internazionale "La valutazione della ricerca nelle Humanities and Social Science"*, ANVUR (National Agency for the Evaluation of Universities and Research Institute), Roma 17 novembre 2014.

Zucker, H. G. (1978). The variable nature of news media influence. In B. D. Ruben (Ed.), *Communication yearbook 2* (pp. 225-240). New Brunswick, NJ: Transaction Books.

Zweigenhaft, R. L. (1970). Signature size: A key to status awareness. *Journal of Social Psychology, 81*, 49-54.

INDEX

TABLE DES MATIÈRES

CHAPITRE 10

FOCUS 10

PARTIE 2
Champs d'application

CHAPITRE 11

FOCUS 11

CHAPITRE 12

PARTIE 3
Les développements actuels

CHAPITRE 26

FOCUS 26

CHAPITRE 27

FOCUS 27

CHAPITRE 28